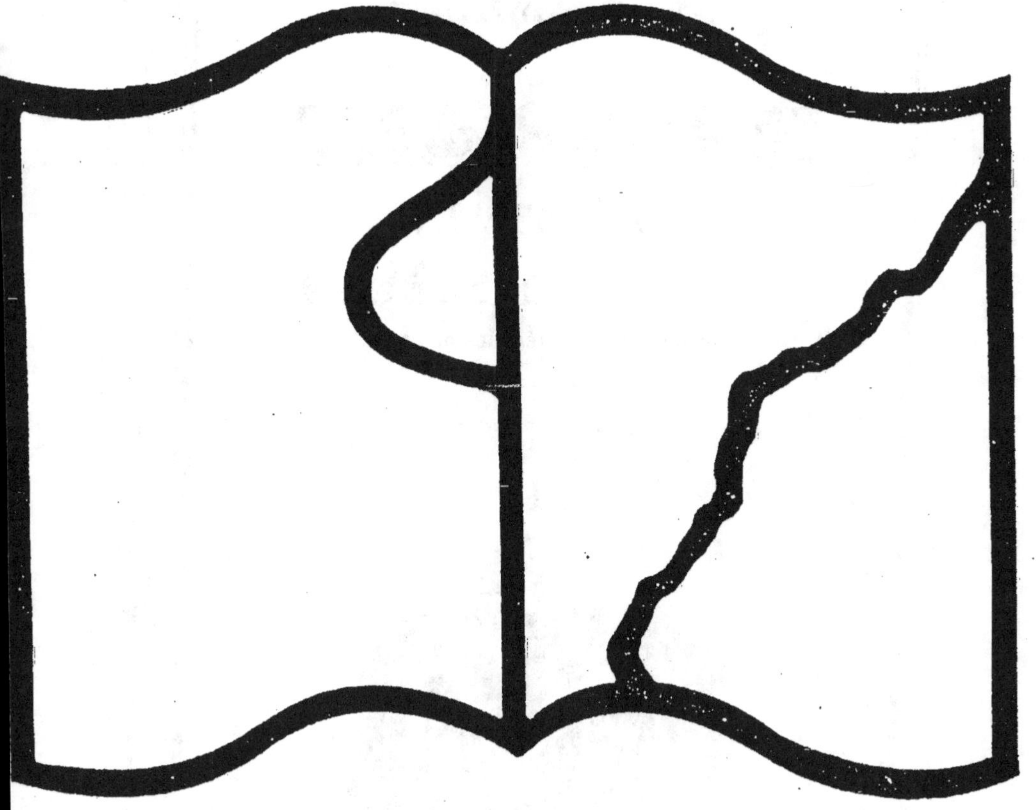

Texte détérioré — reliure défectueuse

NF Z 43-120-11

SUPPLÉMENT

AU

MAGASIN

THÉATRAL,

CHOIX DE PIÈCES

JOUÉES SUR LES THÉATRES DE PARIS.

Tome Deuxième

VI.

PARIS,

MARCHANT, Éditeur, Boulevart Saint-Martin, 12;

BRUXELLES,

Aug. JOUHAUD, Passage de la Comédie, 9.

1835.

LE

MAGASIN THÉATRAL.

SUPPLEMENT

AU

MAGASIN

THEATRAL,

CHOIX DE PIÈCES

JOUÉES SUR LES THÉATRES DE PARIS.

Tome Deuxième.

PARIS,

MARCHANT, Éditeur, Boulevart Saint—Martin, 12.

BRUXELLES,

Aug. JOUHAUD, Passage de la Comédie, 9.

1835.

TABLE DES MATIÈRES.

FIN DU SUPPLÉMENT.

MARINO FALIERO,

TRAGÉDIE EN CINQ ACTES,

Par M. Casimir Delavigne,

DE L'ACADÉMIE FRANÇAISE,

REPRÉSENTÉE POUR LA PREMIÈRE FOIS, SUR LE THÉATRE DE LA PORTE-SAINT-MARTIN,
LE 30 MAI 1829.

PERSONNAGES.	ACTEURS.	PERSONNAGES.	ACTEURS.
MARINO FALIERO, doge......	M. LIGIER.	PIETRO, gondolier............	M. SERRE.
LIONI, patricien, un des Dix....	M. AUGUSTE.	STROZZI, condottiere.........	M. MOESSARD.
FERNANDO, neveu du doge.....	M. MARIUS.	VEREZZA, affidé du conseil des	
STÉNO, jeune patricien, un des		Dix....................	M. ÉDOUARD.
Quarante..................	M. LOCKROY.	VICENZO, officier du palais ducal.	M. DUGY.
ISRAEL BERTUCCIO, chef de		ÉLÉNA, femme du doge........	Mme DORVAL.
l'arsenal.................	M. GOBERT.	LES DIX, LA JUNTE, LES SEIGNEURS DE LA NUIT,
BERTRAM, sculpteur...........	M. JEMMA.	GONDOLIERS, CONDOTTIERI, GARDES, PERSON-
BENETINDE, chef des Dix......	M. PAUL.	NAGES PARÉS ET MASQUÉS.

La scène est à Venise, en 1355.

ACTE PREMIER.

L'appartement du Doge.

SCÈNE PREMIÈRE.

ÉLÉNA. *Elle est assise et brode une écharpe.*

Une écharpe de deuil, sans chiffre, sans devise!
Hélas! triste présent, mais je l'avais promise,
Je devais l'achever... Vaincu par ses remords,
Du moins après ma faute, il a quitté nos bords;
Il recevra ce prix de l'exil qu'il s'impose.

Elle se lève et s'approche de la fenêtre.

Le beau jour! que la mer où mon œil se repose,
Que le ciel radieux brillent d'un éclat pur;
Et que Venise est belle entre leur double azur!
Lui seul ne verra plus nos lagunes chéries:
Il n'est qu'une Venise! on n'a pas deux patries!...
Je pleure... oui, Fernando, sur mon crime et le tien.
Pourquoi pleurer? j'ai tort: les pleurs n'effacent rien.
Mon bon, mon noble époux aime à me voir sourire;
Eh bien! soyons heureuse, il le faut... Je veux lire.

Elle s'assied et ouvre un livre.

Le Dante, mon poète! essayons... Je ne puis.
Nous le lisions tous deux: je n'ai pas lu depuis.

Elle reprend le livre qu'elle avait fermé.

Ses beaux vers calmeront le trouble qui m'agite.

« C'est par moi qu'on descend au séjour des douleurs;
» C'est par moi qu'on descend dans la cité des pleurs;
» C'est par moi qu'on descend chez la race proscrite;

» Le bras du Dieu vengeur posa mes fondemens;
» La seule éternité précéda ma naissance,
» Et comme elle à jamais je dois survivre au tems:
» Entrez, maudits, plus d'espérance! »

Quel avenir, ô ciel! veux-tu me révéler?
Je tremble: est-ce pour moi que ces vers font parler
La porte de l'abîme, où Dieu dans sa colère
Plonge l'amant coupable et l'épouse adultère?
Où suis-je et qu'ai-je vu? Fernando!

SCÈNE II.

ÉLÉNA, FERNANDO.

FERNANDO.

Demeurez !
Le doge suit mes pas ; c'est lui que vous fuirez.
Près de vous, Éléna, son neveu doit l'attendre.

ÉLÉNA.

Vous ne me direz rien que je ne puisse entendre,
Fernando, je demeure.

FERNANDO.

Eh quoi ! vous détournez
Vos yeux qu'à me revoir j'ai trop tôt condamnés !
Qu'ils me laissent le soin d'abréger leur supplice.
Quelques jours, et je pars, et je me fais justice ;
Faut-il vous le jurer ?

ÉLÉNA.

Ce serait vainement :
Lorsqu'on doit le trahir, que m'importe un serment ?

FERNANDO.

Quel prix d'un an d'absence où j'ai langui loin d'elle !

ÉLÉNA.

Cette absence d'un an devait être éternelle ;
Mais j'ai donné l'exemple, et ce n'est plus de moi
Qu'un autre peut apprendre à respecter sa foi.

FERNANDO.

Ne vous accusez pas, quand je suis seul parjure.

ÉLÉNA.

Quelque reproche amer qui rouvre ma blessure,
Pourquoi me l'épargner ? Le plus cruel de tous
N'est-il pas votre aspect, et me l'épargnez-vous ?
Où fuir ? comment me vaincre ? où trouver du courage
Pour comprimer mon cœur, étouffer son langage ?
Pour me taire en voyant s'asseoir entre nous deux
L'oncle par vous trahi, l'époux... Mais je le veux ;
Je veux forcer mes traits à braver sa présence,
A sourire, à tromper, à feindre l'innocence ;
Ils mentiront en vain : si ma voix, si mon front,
Si mes yeux sont muets, ces marbres parleront.

FERNANDO.

Ah ! craignez seulement de vous trahir vous-même !
Vos remords sont les miens près d'un vieillard qui
                         [m'aime.
Je me contrains pour lui, que la douleur tûrait,
Pour vous, que son trépas au tombeau conduirait.
Mais tout à l'heure encor quelle angoisse mortelle
Me causait de ses bras l'étreinte paternelle !
Tout mon sang s'arrêtait, quand sa main a pressé
Ce cœur qui le chérit et l'a tant offensé !
Ses pleurs brûlaient mon front qui rougissait de honte.

ÉLÉNA.

Et le tourment qu'il souffre à plaisir il l'affronte,
Il le cherche, et pourquoi ?

FERNANDO.

Pour suspendre un moment,
En changeant de douleurs, un plus affreux tourment.
Ce n'est pas mon amour, n'en prenez point d'ombrage,
Restez, ce n'est pas lui qui dompta mon courage ;
J'en aurais triomphé ! mais c'est ce désespoir
Que n'ont pu, dans l'exil, sentir ni concevoir
Tous ces heureux bannis de qui l'humeur légère
A fait des étrangers sur la rive étrangère.

C'est ce dégoût d'un sol que voudraient fuir nos pas ;
C'est ce vague besoin des lieux où l'on n'est pas,
Ce souvenir qui tue ; oui, cette fièvre lente,
Qui fait rêver le ciel de la patrie absente.
C'est ce mal du pays dont rien ne peut guérir,
Dont tous les jours on meurt sans jamais en mourir.
Venise !...

ÉLÉNA.

Hélas !

FERNANDO.

O bien qu'aucun bien ne peut rendre !
O patrie ! ô doux nom que l'exil fait comprendre,
Que murmurait ma voix, qu'étouffaient mes sanglots,
Quand Venise en fuyant disparut sous les flots !
Pardonnez, Éléna ; peut-on vivre loin d'elle ?
Si l'on a vu les feux dont son golfe étincelle,
Connu ses bords charmans, respiré son air doux,
Le ciel sur d'autres bords n'est plus le ciel pour nous.
Que la froide Allemagne et que ses noirs orages
Tristement sur ma tête abaissaient leurs nuages !
Que son pâle soleil irritait mes ennuis ! [bres nuits.
Ses beaux jours sont moins beaux que nos plus som-
Je disais, tourmenté d'une pensée unique :
Soufflez encor pour moi, vents de l'Adriatique !
J'ai cédé, j'ai senti frémir dans mes cheveux
Leur brise qu'à ces mers redemandaient mes vœux.
Dieu ! quel air frais et pur inondait ma poitrine !
Je riais, je pleurais ; je voyais Palestrine,
Saint-Marc que j'appelais, s'approcher à ma voix,
Et tous mes sens émus s'enivraient à la fois,
De la splendeur du jour, des murmures de l'onde,
Des trésors étalés dans ce bazar du monde ;
Des jeux, du bruit du port, des chants du gondolier !...
Ah ! ces fers dans ces murs qu'on ne peut oublier !
Un cachot, si l'on veut, sous leurs plombs redoutables,
Plutôt qu'un trône ailleurs, un tombeau dans nos sables,
Un tombeau, qui parfois, témoin de vos douleurs,
Soit foulé par vos pieds et baigné de vos pleurs !

ÉLÉNA.

Que les vôtres déjà n'arrosent-ils ma cendre !
Mais... ce ne fut pas moi, je me plais à l'apprendre,
Qui ramenai vos pas vers votre sol natal.
Il n'est plus cet amour qui me fut si fatal.
Quand sa chaîne est coupable un noble cœur la brise ;
N'est-ce pas, Fernando ?... Je voudrais fuir Venise,
Dont les bords désormais sont votre unique amour,
Et pour vous y laisser m'en bannir à mon tour.

FERNANDO.

Vous, Éléna ?

ÉLÉNA.

Qu'importe où couleraient mes larmes ?
A ne les plus cacher je trouverais des charmes.
Oui, mon supplice, à moi, fut de les dévorer,
Lorsque, la mort dans l'ame, il fallait me parer,
Laisser là mes douleurs, en effacer l'empreinte,
Pour animer un bal de ma gaîté contrainte :
Heureuse, en leur parlant, d'échapper aux témoins,
Dans ces nuits de délire, où je pouvais du moins
Au profit de mes pleurs tourner un fol usage,
Et sous un masque enfin reposer mon visage.

FERNANDO.

Je ne plaignais que moi !

ÉLÉNA.

Mon malheur fut plus grand :
J'ai tenu sur mon sein mon époux expirant.
Tremblante à son chevet, de remords poursuivie,
Je ranimais en vain les restes de sa vie.
Je croyais, quand sur lui mes yeux voyaient poser
Un sommeil convulsif qui semblait m'accuser,
Qu'un avis du cercueil, qu'un rêve, que Dieu même

Lui dénonçait son crime à son heure suprême;
Et que de fois alors je pris pour mon arrêt
Les accens étouffés que sa voix murmurait!
Comment peindre le doute où flottaient mes pensées,
Quand ma main, en passant sur ses lèvres glacées,
Interrogeait leur souffle, et que, dans mon effroi,
Tout, jusqu'à son repos, était sa mort pour moi?
Je fus coupable, ô Dieu! mais tu m'as bien punie,
La nuit où, dans l'horreur d'une ardente insomnie,
Il se leva, sur moi pencha ses cheveux blancs,
Et pâle me bénit de ses bras défaillans;
Il me parla de vous!

FERNANDO.

De moi!

ÉLÉNA.

Nuit vengeresse!
Nuit horrible! et pourtant j'ai tenu ma promesse.
Jusqu'au pied des autels j'ai gardé mon secret.
L'offrande qu'à nos saints ma terreur consacrait,
Je la portais dans l'ombre au fond des basiliques;
Je priais, j'implorais de muettes reliques,
Et sans bruit, sous les nefs je fuyais, en passant,
Devant le tribunal d'où le pardon descend.

FERNANDO.

Mais le ciel accueillit votre ardente prière.

ÉLÉNA.

Celle des grands, du peuple et de Venise entière,
La mienne aussi peut-être; et vous, vous qu'aujourd'hui
Je trouve à mes chagrins moins sensible que lui,
Celle qui vous toucha quand vous m'avez quittée
Pour l'oublier si tôt, l'avez-vous écoutée?

FERNANDO.

Si je l'entends encor, c'est la dernière fois:
Je pars. L'Adriatique a revu les Génois;
Venise me rappelle, et sait que leur audace
A quelques beaux trépas va bientôt laisser place.
Vos vœux seront remplis, je reviens pour mourir.

ÉLÉNA.

Pour mourir!

FERNANDO.

Mais ce sang que le fer va tarir,
Avant de se répandre où Venise l'envoie,
A battu dans mon sein d'espérance et de joie.
Il palpite d'amour! à quoi bon retenir
Ce tendre et dernier cri que la mort doit punir?
Je vous trompais; c'est vous, ce n'est pas la patrie,
Vous, qui rendez la force à cette ame flétrie,
Vous, vous que je cherchais sous ce climat si doux,
Sur ce rivage heureux qui ne m'est rien sans vous!
C'est votre souvenir qui charme et qui dévore.
C'est ce mal dont je meurs, et je voulais encore
Parler de ma souffrance aux lieux où vous souffrez,
Respirer un seul jour l'air que vous respirez,
Parcourir le Lido, m'asseoir à cette place
Où les mers de nos pas ont effacé la trace,
Voir ces murs pleins de vous, ce balcon d'où mes yeux
En vous les renvoyant recevaient vos adieux...

ÉLÉNA.

Par pitié!...

FERNANDO.

Cette fois l'absence est éternelle:
On revient de l'exil, mais la tombe est fidèle.
Je pars,.. Je mourrai donc, sûr que mon souvenir
De mes tourmens jamais ne vint t'entretenir,
Ce prix qui m'était dû, qu'en vain je lui rappelle,
Cette écharpe, jamais...Dieu! qu'ai-je vu! c'est elle!
La voilà! je la tiens... Ah! tu pensais à moi!

Elle est humide encore, et ces pleurs je les crois.
Tu me trompais aussi; nos vœux étaient les mêmes.
Allons! je puis mourir: tu m'as pleuré, tu m'aimes!

ÉLÉNA, *qui veut reprendre l'écharpe.*

Fernando!

FERNANDO.

Ton présent ne me doit plus quitter;
C'est mon bien, c'est ma vie! et pourquoi me l'ôter?
Je le garderai peu; ce deuil est un présage:
Mais d'un autre que moi tu recevras ce gage,
Mais couvert de mon sang, pour toujours séparé
De ce cœur, comme lui, sanglant et déchiré,
Qui, touché des remords où son amour te livre,
Pour cesser de t'aimer, aura cessé de vivre.

ÉLÉNA.

On vient!

FERNANDO, *cachant l'écharpe dans son sein.*

Veillez sur vous un jour, un seul moment,
Par pitié pour tous trois.

ÉLÉNA.

Il le faut; mais comment
Contempler sans pâlir ces traits que je revère?

FERNANDO.

Quel nuage obscurcit leur majesté sévère!

SCÈNE III.

Les Précédens, FALIERO.

FALIERO, *absorbé dans sa rêverie.*

Tous mes droits envahis! mon pouvoir méprisé!
Que n'ai-je pas souffert, que n'ont-ils point osé?
Mais après tant d'affronts dévorés sans murmure,
Cette dernière insulte a comblé la mesure.

ÉLÉNA.

Qu'entends-je?

FERNANDO.

Que dit-il?

FALIERO, *les apercevant.*

Chère Éléna, pardon!
Fernando, mes enfans, dans quel triste abandon

À Fernando.

Je languirais sans vous !... Tu nous restes, j'espère?

FERNANDO.

Mais Votre Altesse oublie...

FALIERO.

Appelle-moi ton père,
Ton ami.

FERNANDO.

Que l'état dispose de mon bras;
Qui peut prévoir mon sort?

FALIERO.

Qui? moi. Tu reviendras.
La mort, plus qu'on ne pense, épargne le courage.
Regarde-moi! j'ai vu plus d'un jour de carnage;
Sous le fanal de Gênes et les murs des Pisans,
Plus d'un jour de victoire, et j'ai quatre-vingts ans.
Tu reviendras. Ce sceptre envie du vulgaire
Moissonne, Fernando, plus de rois que la guerre.

FERNANDO.

Écartez vos ennuis!...

FALIERO.

Pour en guérir, j'attends
Ce terme de ma vie, attendu trop long-tems.
Tu portes sans te plaindre une part de ma chaîne,
Pauvre Eléna ; je crus mon heure plus prochaine,
Lorsqu'à mon vieil ami je demandai ta main.
C'est un jour à passer, me disais-je, et demain
Je lui laisse mon nom, de l'opulence, un titre ;
Mais un pouvoir plus grand de nos vœux est l'arbitre.
La faute en est à lui !

ÉLÉNA.

Qu'il prolonge vos jours,
Comme il les a sauvés !

FALIERO.

Sans toi, sans ton secours,
Je succombais naguère, et t'aurais affranchie.
Comme elle se courbait sous ma tête blanchie !

A Fernando.

Ah ! si tu l'avais vue ! ange compatissant,
Pour rajeunir le mien elle eût donné son sang !

FERNANDO.

Nous l'aurions fait tous deux.

ÉLÉNA.

Nous le devions.

FALIERO.

Je pense
Qu'avant peu mes enfans auront leur récompense.
Qu'il vous soit cher ce don, bien qu'il vienne un peu
Vivez, soyez heureux, et pensez au vieillard. [tard.

ÉLÉNA.

Hélas ! que dites-vous ?

FALIERO.

Eléna, je t'afflige...
Pour bannir cette idée, allons, sors, je l'exige.
Je veux à Fernando confier mon chagrin ;
Mais toi, tu le connais. L'aspect d'un ciel serein
A pour des yeux en pleurs un charme qui console.

ÉLÉNA.

Souffrez...

FALIERO.

Crains la fatigue, et sors dans ma gondole.
Contre l'ardeur du jour prends un masque léger,
Qui, sans lasser ton front, puisse le protéger.
Va, ma fille.

ÉLÉNA.

O bonté !

Elle sort.

SCÈNE IV.

FALIERO, FERNANDO.

FALIERO.

C'est elle qu'on outrage !

FERNANDO.

Eléna !

FALIERO.

Moi ; c'est moi.

FERNANDO.

Vous !

FALIERO.

Ecoute et partage

Un fardeau qu'à moi seul je ne puis supporter.
C'est mon nom, c'est le nôtre à qui vient d'insulter
Un de ceux dont nos lois, sur les bancs des quarante,
Font siéger à vingt ans la jeunesse ignorante.
Lois sages !

FERNANDO.

Qu'a-t-il fait ?

FALIERO.

Le dirai-je ? irrité
D'un reproche public, mais par lui mérité,
L'insolent sur mon trône eut l'audace d'écrire...
Je les ai lus comme elle et tous ont pu les lire,
Ces mots... mon souvenir ne m'en rappelle rien ;
Mais ces mots flétrissaient mon honneur et le sien.

FERNANDO.

Le lâche, quel est-il ?

FALIERO.

Cherche dans la jeunesse,
Qui profane le mieux dix siècles de noblesse,
Qui fait rougir le plus les aïeux dont il sort?
Tête folle ! être nul, qu'un caprice du sort
Fit libre, mais en vain ; car son ame est servile ;
Courageux, on le dit ; courageux entre mille,
Dont un duel heureux marque le premier pas ;
Du courage ! à Venise, eh ! qui donc n'en a pas ?
Un Sténo ?

FERNANDO.

Lui, Sténo !

FALIERO.

Bien que brisé par l'âge,
Je n'aurais pas, crois-moi, laissé vieillir l'outrage.
Près de Saint-Jean et Paul il est un lieu désert,
Où, pour lui rendre utile un de ces jours qu'il perd,
Mon bras avec la sienne eût croisé cette épée...

FERNANDO.

Il vit !

FALIERO.

Pour peu de jours, ma vengeance est trompée.
Sans leur permission puis-je exposer mon sang ?
Privilège admirable ! il vit grâce à mon rang.
Où vas-tu ?

FERNANDO.

Vous venger.

FALIERO.

Bien ! ce courroux t'honore.
Bien ! c'est un Faliero ; je me retrouve encore :
C'est mon ardeur, c'est moi ; c'est ainsi que jadis
Mon père à son appel eût vu courir son fils.
Mais l'affront fut public, le châtiment doit l'être.
Les quarante déjà l'ont condamné peut-être.

FERNANDO.

Eh quoi ! ce tribunal où lui-même...

FALIERO.

Tu vois
Comme Venise est juste et maintient tous les droits !
Nos fiers avogadors avaient reçu ma plainte ;
Aux droits d'un des quarante oser porter atteinte !
Quel crime ! l'eût-on fait ? mais leur prince outragé,
Qu'importe ? et par ses pairs Sténo sera jugé.

FERNANDO.

S'ils l'épargnaient ?

FALIERO.

Qui ? lui ! l'épargner ! lui, ce traître !
Oui, traître à son serment, à Venise, à son maître.
L'épargner ! qu'as-tu dit ? l'oseraient-ils ? sais-tu
Qu'il faut que je le voie à mes pieds abattu ?
Sais-tu que je le veux ; que la hache est trop lente

A frapper cette main, cette tête insolente?

FERNANDO.

O fureur!

FALIERO.

De mon nom, toi l'unique héritier,
Toi, mon neveu, mon fils, connais-moi tout entier :
Lis, mon ame est ouverte et montre sa faiblesse.
C'est peu de l'infamie où s'éteint ma vieillesse;
Cet affront dans mon sein éveille des transports,
D'horribles mouvemens inconnus jusqu'alors.
J'en ai honte et je crains de sonder ma blessure :
Devine par pitié; comprends, je t'en conjure,
Comprends ce qu'à mon âge un soldat tel que moi
Ne pourrait sans rougir confier, même à toi.
Eléna !... se peut-il ? si ce qu'on ose écrire...
Mais sur ses traits en vain je cherche le sourire.
D'où vient que mon aspect lui fait baisser les yeux?
Pourquoi loin des plaisirs se cacher dans ces lieux?
Pourquoi fuir cet asile, ou, par la pénitence,
Le crime racheté redevient l'innocence?
Le sien est-il si grand, si terrible?... Insensé !
Tout me devient suspect, le présent, le passé;
J'interroge la nuit, les yeux fixés sur elle,
Jusqu'aux pleurs, aux aveux d'un sommeil infidèle,
Et j'ai vu, réveillé par cet affreux soupçon,
Ses lèvres se mouvoir et murmurer un nom.

FERNANDO.

Grand Dieu!

FALIERO.

Ne me crois pas; va, je lui fais injure;
Sténo !... jamais, jamais! sa vie est encore pure;
Jamais tant de vertu ne descendrait si bas;
Je n'ai rien soupçonné, rien dit; ne me crois pas !
Mais Sténo, mais celui dont le mensonge infâme
De cette défiance a pu troubler mon ame,
La déchirer ainsi, la briser, la flétrir,
Qu'on l'épargne ! ah ! pour lui c'est trop peu de
[mourir !
Il aurait, le cruel qui m'inspira ces doutes,
Plus d'une vie à perdre, elles me devraient toutes,
Oui toutes, sans suffire à mes ressentimens,
Leur sang, leur dernier souffle et leurs derniers tour-
[mens.

Il tombe sur un siége. Après une pause.

Homme faible, où m'emporte une aveugle colère?
A Zara, quand j'appris la perte de mon frère,
Je domptai ma douleur et je livrai combat.
Prince, ferai-je moins que je n'ai fait soldat?

A Fernando.

L'état doit m'occuper : je vais dicter, prends place :

Fernando s'assied près d'une table.

« Moi, doge, aux Florentins. » Ecris!

FERNANDO.

Ma main se glace.

FALIERO.

Allons! calme ce trouble... Ils recueillaient les voix;
Qu'ils sont lents !

FERNANDO.

Poursuivez.

FALIERO.

Qu'ai-je dit aux Génois ?

FERNANDO.

Votre Altesse écrivait au sénat de Florence.

FALIERO.

Ah ! je voudrais en vain feindre l'indifférence !
Je ne le puis : je cède et me trouble à mon tour;
Mais on arrive enfin; je respire !

SCÈNE V.

LES PRÉCÉDENS, LE SECRÉTAIRE DES QUA-
RANTE.

LE SECRÉTAIRE.

La cour
Dépose son respect aux pieds de Votre Altesse.

FALIERO.

Leur respect est profond : jugeons de leur sagesse.
La sentence ! donnez.

LE SECRÉTAIRE.

La voici.

FERNANDO, à son oncle.

Vous tremblez.

FALIERO.

Moi! non. Je... non... pourquoi?... Lis, mes yeux
Lis.   [sont troublé,

FERNANDO, lisant.

« Il est décrété d'une voix unanime
» Que Sténo, convaincu...

FALIERO.

Passe, je sais son crime.

Le châtiment !

FERNANDO.

Un mois dans les prisons d'état.

FALIERO.

Après?

FERNANDO.

C'est tout.

FALIERO, froidement.

Un mois !

FERNANDO.

Pour ce lâche attentat !

LE SECRÉTAIRE, au doge.

La cour, de Votre Altesse attend la signature.

FERNANDO, à son oncle, qui s'approche de la table.

Et vous...

FALIERO.

C'est mon devoir.

FERNANDO.

Quoi! d'approuver l'injure?

FALIERO.

Un mois! Dieu!

La plume tombe de ses mains.
Au secrétaire, en lui remettant le papier.

Laissez-nous.

LE SECRÉTAIRE.

L'arrêt n'est pas signé.

Non? j'ai cru...

FALIERO.

Il signe rapidement, et le rendant au secrétaire.

Sortez donc.

SCÈNE VI.

FALIERO, FERNANDO.

FERNANDO.

Et sans être indigné ,
Vous consacrez vous-même une telle indulgence ?

FALIERO, *en souriant.*

Tu le vois.

FERNANDO.

Quel sourire ! il demande vengeance.

FALIERO.

Nos très-nobles seigneurs à l'affront qu'on m'a fait
N'ont-ils pas aujourd'hui pleinement satisfait ?
Le châtiment railleur dont la faute est punie
Mêle à leur jugement le sel de l'ironie.
Ce soir chez un des Dix, où je suis invité,
Le vainqueur de Zara , par eux félicité,
Les verra s'applaudir d'avoir pu lui complaire.
Ils auront les honneurs d'un arrêt populaire.
Quoi ! justice pour tous ; hors pour le souverain,
C'est de l'égalité ! Les gondoliers demain ,
Égayant de mon nom une octave à ma gloire,
Chanteront sur le port ma dernière victoire.
Eh bien ! je ris comme eux.

FERNANDO.

Plus triste que les pleurs,
Cette joie est amère ; elle aigrit vos douleurs.

FALIERO, *qui se lève, avec violence.*

Où sont les Sarrasins, que je leur rende hommage !
Sur l'autel de saint Marc et devant son image ,
Avec ce même bras qui leur fut si fatal
Je leur veux à genoux jurer foi de vassal !

FERNANDO.

Est-ce vous qui parlez ?

FALIERO.

Que les vaisseaux de Gênes ,
Du port, forcé par eux , n'ont-ils rompu les chaînes !
Dans ses patriciens frappez Venise au cœur :
Venez : qu'au doigt sanglant d'un Génois , d'un vain-
Je passe l'anneau d'or, ce pitoyable gage, [queur,
Cet emblème imposteur d'un pouvoir qu'on outrage.

FERNANDO.

Est-ce au duc de Venise à former de tels vœux ?

FALIERO.

Moi, duc ! le suis-je encor ? moi, le dernier d'entr'eux ?
Moi, prince en interdit ; moi, vieillard en tutelle ,
Moi que la loi dédaigne et trouve au-dessous d'elle !

FERNANDO.

Son glaive était levé, quand le mien s'est offert :
Il s'offre encore.

FALIERO.

Attends !

FERNANDO.

Vous avez trop souffert,
Punissez.

FALIERO.

Et comment ?

FERNANDO.

Je reviens vous l'apprendre.

FALIERO.

Que pourrais-tu, toi seul ?

FERNANDO.

Ce que peut entreprendre
Un homme contre un homme.

FALIERO.

Et contre tous ?

FERNANDO.

Plus bas !
Le courroux vous égare.

FALIERO.

Il m'éclaire : à ton bras
Un coupable suffit : mais s'ils sont tous coupables ,
Que me font et l'un d'eux et ses jours misérables ?
Me venger à demi, c'est ne me pas venger.
L'offenseur n'osa rien, osant tout sans danger :
Au-dessous de son crime un tel pardon le place,
Et de son insolence il n'avait pas l'audace.
Il n'outragea que moi : l'arrêt qu'ils ont rendu
Dans un commun outrage a seul tout confondu,
Un tribunal sacré qu'au mépris il condamne,
La loi qu'il fait mentir, le trône qu'il profane.
Si j'élève la voix, que d'autres se plaindront !
Ils ont, pour s'enhardir à m'attaquer de front,
Essayé sur le faible un pouvoir qui m'opprime,
Et monté jusqu'à moi de victime en victime.
Un peuple entier gémit, Doge , ce n'est plus toi,
C'est lui que tu défends ; c'est l'état , c'est la loi,
C'est ce peuple enchaîné, c'est Venise qui crie :
Arme-toi : Dieu t'appelle à sauver la patrie !

FERNANDO.

Seigneur , au nom du ciel...

FALIERO.

Opprobre à ma maison,
Si de leurs oppresseurs je ne leur fais raison !
Quels moyens ?... je ne sais : les malheurs de nos armes
A Venise ulcérée ont coûté bien des larmes.
On s'en souvient : je veux... Si pour briser leurs fers
J'essayais.. il vaut mieux.. non, je puis.. je m'y perds.
Je cherche et ne vois rien qu'à travers des nuages.
Mille desseins confus , mille horribles images,
Se heurtent dans mon sein , passent devant mes yeux ;
Mais je sens qu'un projet vengeur, victorieux,
Au sortir du chaos où je l'enfante encore
Pour les dévorer tous dans le sang doit éclore.

FERNANDO.

Ah ! que méditez-vous ? craignez...

FALIERO.

Tu m'écoutais !
J'ai parlé : qu'ai-je dit ? pense au trouble où j'étais :

A voix basse.

C'est un rêve insensé. Ce que tu viens d'entendre ,
Il faut...

FERNANDO.

Quoi ?

FALIERO.

L'oublier, ou ne le pas comprendre

A un officier du palais, qui entre.

Que veut-on ?

SCÈNE VII.

LES PRÉCÉDENS, VICENZO.

VICENZO.

La faveur d'un moment d'entretien ;
Et celui qui l'attend...

FALIERO.

Fût-ce un patricien ,
Non : s'il est offensé , qu'il s'adresse aux quarante.

VICENZO.

Sa demande à l'état doit être indifférente ;
C'est un homme du peuple, à ce que j'ai pu voir,
Un patron de galère.

FALIERO.

Un instant ! mon devoir
Est d'écouter le peuple ; il a droit qu'on l'écoute ,
Le peuple ! il sert l'état. Allez, quoi qu'il m'en coûte,
Je recevrai cet homme.

Vicenzo sort.

Implorer mon secours,
C'est avoir à se plaindre ; on peut par ses discours
Juger...

FERNANDO.

Je me retire?

FALIERO.

Oui, laisse-nous. Arrête !
Ne cherche pas Sténo ; réserve-moi sa tête ;
Il est sacré pour toi.

Fernando sort.

Cet homme à des amis,
Et par eux... Après tout, l'écouter m'est permis,
Je le dois : mais il vient.

SCÈNE VIII.

FALIERO , ISRAËL BERTUCCIO.

FALIERO.

Que voulez-vous ?

ISRAËL.

Justice !

FALIERO.

Vain mot ! pour l'obtenir l'instant n'est pas propice.

ISRAËL.

Il doit l'être toujours.

FALIERO.

Avez-vous un appui ?

ISRAËL.

Plus d'un : mon droit d'abord, et le doge après lui.

FALIERO.

L'un sera méprisé : pour l'autre, il vient de l'être.
Votre nom ?...

ISRAËL.

N'est pas noble, et c'est un tort.

FALIERO.

Peut-être.

ISRAËL.

Israël Bertuccio.

FALIERO.

Ce nom m'est inconnu.

ISRAËL.

Noble, jusqu'à mon prince il serait parvenu.

FALIERO.

Auriez-vous donc servi ?

ISRAËL.

Dans plus d'une entreprise.

FALIERO.

Sur moi ?

ISRAËL.

Partout.

FALIERO.

En brave ?

ISRAËL.

En soldat de Venise.

FALIERO.

Sous plus d'un général ?

ISRAËL.

Un seul, qui les vaut tous.

FALIERO.

C'est trop dire d'un seul.

ISRAËL.

Non.

FALIERO.

Quel est-il ?

ISRAËL.

C'est vous.

FALIERO.

Israël !... Oui, ce nom revient à ma mémoire ;
C'est vrai, brave Israël, tu servis avec gloire :
Tu combattis sous moi.

ISRAËL.

Mais dans des jours meilleurs ,
On triomphait alors.

FALIERO, avec joie.

A Zara !

ISRAËL.

Comme ailleurs ;
Vous commandiez !

FALIERO.

Allons : dis-moi ce qui t'amène ;
Parle à ton général, et conte-lui ta peine ;
Dis, mon vieux camarade !

ISRAËL.

Eh bien ! donc je me plains...
M'insulter ! on l'a fait ! Par le ciel et les saints,
Israël sans vengeance, et réduit à se plaindre !...
Pardon, mon général, je ne puis me contraindre :
Qui souffre est excusé.

FALIERO.

Je t'excuse et le dois :
Rappeler son affront, c'est le subir deux fois.

ISRAËL.

Deux fois ! subir deux fois l'affront que je rappelle !
Que maudit soit le jour où, pour prix de mon zèle,
Votre prédécesseur, mais non pas votre égal ,
Me fit patron du port et chef de l'Arsenal !

FALIERO.

C'était juste.

ISRAËL.

Et pourtant, sans cette récompense,
Viendrais-je en suppliant vous conter mon offense ?
Chargé par le conseil de travaux importans...
Je tremble malgré moi, mais de fureur.

FALIERO.

J'entends.

ISRAËL.

Je veillais à mon poste : un noble vient, déclare

Qu'il faut quitter pour lui nos vaisseaux qu'on répare.
Il maltraite à mes yeux ceux qui me sont soumis :
Je cours les excuser ; ils sont tous mes amis,
Tous libres, par saint Marc, gens de cœur, gens utiles,
Dois-je donc, pour un noble et ses travaux futiles,
Me priver d'un seul bras sur la flotte occupée ?
Le dois-je ? prononcez.

FALIERO.

Non, certe.

ISRAEL.

Il m'a frappé !....
Que n'est-ce avec le fer !

FALIERO.

Du moins tu vis encore.

ISRAEL.

Sans honneur : le fer tue et la main déshonore.
Un soufflet ! sur mon front ce seul mot prononcé
Fait monter tout le sang que l'état m'a laissé.
Il a coulé mon sang dont la source est flétrie,
Mais sous la main d'un noble et non pour la patrie.
L'outrage est écrit là : sa bague en l'imprimant
A creusé sur ma joue un sillon infamant.
Montre donc maintenant, montre tes cicatrices,
Israël, la dernière a payé tes services.

FALIERO.

Et l'affront qu'on t'a fait......

ISRAEL.

Je ne l'ai pas rendu :
Je respecte mes chefs. A prix d'or, j'aurais dû
Me défaire de lui sous le stylet d'un brave.
Mais j'ai dit : Je suis libre, on me traite en esclave ;
Pour mon vieux général tous les droits sont sacrés ;
Il me rendra justice, et vous me la rendrez.

FALIERO.

On ne me la fait pas ; comment puis-je la rendre ?

ISRAEL.

On ne vous la fait pas ? à vous ! pourquoi l'attendre ?
Si j'étais doge...

FALIERO.

Eh bien ?

ISRAEL.

Je...

FALIERO, vivement.

Tu te vengerais !

ISRAEL.

Demain.

FALIERO.

Tu le peux donc ?

ISRAEL.

Non... mais je le pourrais,
Si j'étais doge.

FALIERO.

Approche et parle sans mystère.

ISRAEL.

On risque à trop parler ce qu'on gagne à se taire.

FALIERO.

Tu sais qu'un mot de moi peut donner le trépas :
Tu le crains ?

ISRAEL.

Je le sais, mais je ne le crains pas.

FALIERO.

Pourquoi ?

ISRAEL.

Notre intérêt nous unit l'un à l'autre ;
J'ai ma cause à venger, mais vous avez la vôtre.

FALIERO.

Ainsi donc, pour le faire, il existe un complot ?
De quelle part viens-tu ?

ISRAEL.

De la mienne. En un mot,
Pour soutenir nos droits voulez-vous les confondre ?

FALIERO.

Je veux t'interroger avant de te répondre.

ISRAEL.

Qui m'interrogera, vous, ou le doge ?

FALIERO.

Moi.
Pour le doge, il n'est plus.

ISRAEL.

C'est parler : je vous croi.

FALIERO.

Parle donc à ton tour.

ISRAEL.

Si le peuple murmure
Du joug dont on l'accable et des maux qu'il endure,
Est-ce moi qui l'opprime ?

FALIERO.

Il comprend donc ses droits ?

ISRAEL.

La solde que l'armée attend depuis deux mois,
Si d'autres, la payant, tentent par ce salaire
De nos condottieri la bande mercenaire,
Puis-je l'empêcher, moi ?

FALIERO.

Vous avez donc de l'or ?

ISRAEL.

Si de vrais citoyens, car il en est encor,
Des soldats du vieux tems, du vôtre, et qu'on méprise,
Par la foi du serment sont liés dans Venise ;
Aux glaives des tyrans qu'ils veulent renverser,
Suis-je un patricien, moi, pour les dénoncer ?

FALIERO.

Achève.

ISRAEL.

J'ai tout dit.

FALIERO.

Ce sont là des indices.
Le reste, ton projet, tes amis, tes complices ?

ISRAEL.

Mon projet ? c'est le vôtre.

FALIERO.

En ai-je un ?

ISRAEL.

Mes moyens ?
Mon courage, cette arme...

FALIERO.

Et les armes des tiens ?..
Tes complices ? leurs noms ?

ISRAEL.

Je n'ai pas un complice.

FALIERO.

Quoi ! pas un ?

ISRAEL.

En a-t-on pour rendre la justice ?

FALIERO.

Tes amis, si tu veux.

ISRAEL.

Quand vous serez le leur.

FALIERO.

Moi! je...

ISRAEL.

Vous reculez!

FALIERO.

Agir avec chaleur,
Concevoir froidement, c'est le secret du maître.
Puis-je rien décider avant de tout connaître?
Mais le sénat m'appelle; un plus long entretien
Pourrait mettre au hasard mon secret et le tien.

ISRAEL.

Vous revoir au palais serait risquer ma tête...
Le seigneur Lioni vous attend à sa fête;
J'irai.

FALIERO.

Te reçoit-il?

ISRAEL.

Mon bras sauva ses jours;
J'eus tort : c'est un de plus.

FALIERO.

Affable en ses discours,
Dans ses actes cruel, esprit fin, ame dure,
Assistant du même air au bal qu'à la torture,
Soupçonneux mais plus vain; et dans sa vanité
Épris d'un fol amour de popularité.
Il doit te recevoir.

ISRAEL.

Il en a le courage.
Du marin parvenu le rude et fier langage
Le trompe en l'amusant, et sans prendre un soupçon
Dans la bouche de fer il trouverait mon nom.

FALIERO.

Mais la torture est prête aussitôt qu'il soupçonne.

ISRAEL.

Je la supporterais de l'air dont il la donne.

FALIERO.

Tu me gagnes le cœur.

ISRAEL.

Vos ordres, général?

FALIERO.

J'irais à leurs regards m'exposer dans un bal,
Rendre en les acceptant leurs mépris légitimes,
Chercher mes ennemis!

ISRAEL.

Non, compter vos victimes.

FALIERO, *vivement.*

Je n'ai rien décidé.

ISRAEL.

Voulez-vous me revoir?

FALIERO.

Plus tard.

ISRAEL, *qui fait un pas pour sortir.*

Jamais.

FALIERO.

Reviens.

ISRAEL.

A ce soir.

FALIERO, *après une pause.*

A ce soir!

FIN DU PREMIER ACTE.

ACTE II.

Le palais de Lioni : salon très-riche, galerie au fond; une table où sont disposés des échecs.

SCÈNE PREMIÈRE.

LIONI, VEREZZA, DEUX AUTRES AFFIDÉS DU CONSEIL DES DIX, *sur le devant de la scène;* SERVITEURS *occupés des apprêts d'un bal;* BERTRAM, *au fond, dans un coin.*

LIONI, *bas à Verezza.*

On vous a de Sténo renvoyé la sentence;
Vous l'exécuterez, mais avec indulgence.
L'état veut le punir comme un noble est puni :
Des égards, du respect.

VEREZZA.

Le seigneur Lioni
Me parle au nom des Dix?

LIONI.

Leur volonté suprême
Laisse-t-elle un d'entr'eux parler d'après lui-même?
Vous pouvez être doux, en voici l'ordre écrit.

Le prenant à part.

Cet autre ne l'est pas : il regarde un proscrit,

Par jugement secret traité comme il doit l'être;
Le prisonnier des plombs : une gondole, un prêtre;
Au canal Orfano. Sortez.

A ses valets.

Partout des fleurs!
Que les feux suspendus et l'éclat des couleurs,
Que le parfum léger des roses de Byzance,
Les sons qui de la joie annoncent la présence,
Que cent plaisirs divers d'eux-mêmes renaissans
Amollissent les cœurs et charment tous les sens.

A Bertram.   Aux valets.

Approchez-vous, Bertram. Laissez-nous.

SCÈNE II.

LIONI, BERTRAM.

LIONI.

Ma colère
A cédé, quoique juste, aux pleurs de votre mère;

Le sein qui vous porta nous a nourris tous deux ;
Je m'en suis souvenu.

BERTRAM.

Monseigneur !...

LIONI.

Malheureux !
Quel orgueil fanatique ou quel mauvais génie
De censurer les grands t'inspira la manie ?

BERTRAM.

Je leur dois tous mes maux.

LIONI.

Bertram, sans mon appui,
Sur le pont des Soupirs tu passais aujourd'hui ;
On t'oubliait demain.

BERTRAM.

Je demeure immobile ;
Quoi ! le pont des Soupirs !

LIONI.

Sois un artiste habile,
Un sculpteur sans égal ; mais pense à tes travaux,
Et, quand tu veux blâmer, parle de tes rivaux.
L'état doit aux beaux-arts laisser ce privilége,
C'est ton droit ; plus hardi, tu deviens sacrilége.

BERTRAM.

On ne l'est qu'envers Dieu.

LIONI.

Mais ne comprends-tu pas
Que ceux qui peuvent tout sont les dieux d'ici-bas ?..
On t'aime à Rialto, dans le peuple on t'écoute,
Dis que je t'ai sauvé : tu le diras ?

BERTRAM.

Sans doute ;
De raconter le bien le ciel nous fait la loi.

LIONI.

Et d'oublier le mal ; mais tes pareils et toi,
Les mains jointes, courbés sur vos pieux symboles,
Des pontifes divins vous croyez les paroles :
Du pouvoir qu'ils n'ont pas ils sont toujours jaloux,
Et vous ouvrant le ciel, ils le ferment pour nous.

BERTRAM.

Non pour vous, mais pour ceux que leur Dieu doit
[maudire.

LIONI.

Tu te crois saint, Bertram, et tu crains le martyre.
La torture...

BERTRAM.

Ah ! pitié !

LIONI.

Des grands parle à genoux.

BERTRAM.

De ma haine contre eux je vous excepte, vous.

LIONI.

Que leur reproches-tu ?

BERTRAM.

Ma misère.

LIONI.

Sois sage,
Travaille, tu vivras.

BERTRAM.

Promettre est leur usage :
Car l'ivoire ou l'ébène à leurs yeux est sans prix,

Quand il doit de mes mains passer sous leurs lambris.
Mais l'ont-ils, ce travail achevé pour leur plaire,
J'expire de besoin et j'attends mon salaire.

LIONI.

A-t-on des monceaux d'or pour satisfaire à tout ?
Je les verrai : mais parle, on célèbre ton goût ;
Quels marbres, quels tableaux, aux miens sont
Regarde ces apprêts : que t'en semble ? [comparables ?

BERTRAM.

Admirables !

LIONI.

Voyons, j'aime les arts et prends tes intérêts :
À voix basse.
Les Dix, pour tout savoir, ont des agens secrets,
Et nous payons fort cher leur utiles services ;
Tu nous pourras comme eux rendre ces bons offices.
De nos patriciens plus d'un s'en fait honneur.

BERTRAM.

Je préfère pourtant...

LIONI.

Quoi ?

BERTRAM.

Mourir, monseigneur.

LIONI.

Insensé !

BERTRAM.

Mais comptez sur ma reconnaissance.

LIONI.

Me la prouver, je crois, n'est pas en ta puissance.

BERTRAM.

Le dernier peut un jour devenir le premier.

LIONI.

Comment ?

BERTRAM.

Dieu nous l'a dit.

LIONI.

Garde-toi d'oublier
Que des vertus ici l'humilité chrétienne
Est la plus nécessaire, et ce n'est pas la tienne.
Sténo !... sors.

SCÈNE III.

LIONI, BERTRAM, STÉNO.

Il porte un domino ouvert qui laisse voir un costume très-élégant ;
il a son masque à la main.

STÉNO, à Bertram.

Gloire à toi, Phidias de nos jours ;
J'ai reçu ton chef-d'œuvre, et le dois toujours,
Mais un mois de prison va régler mes dépenses ;
Je le paîrai bientôt.

BERTRAM, à part, en s'inclinant.

Plutôt que tu ne penses.

SCÈNE IV.

LIONI, STÉNO.

LIONI.

Qui ? vous, Sténo, chez moi !

STÉNO.

C'est mal me recevoir.

LIONI.

Condamné le matin , venir au bal le soir !

STÉNO.

Ma journée est complète et la nuit la couronne :
Je veux prendre congé de ceux que j'abandonne :
Demain je suis captif; à votre prisonnier
Laissez du moins ce jour, ce jour est le dernier.

LIONI.

Le doge vient ici ; je reçois la duchesse ,
Et....

STÉNO.

Sa beauté vaut mieux que son titre d'altesse.
Que ne m'est-il permis de choisir mes liens !
Les fers de son époux sont moins doux que les siens.

LIONI.

Il ne faut pas plus loin pousser ce badinage ;
Même en vous punissant croyez qu'on vous ménage.

STÉNO.

J'aime votre clémence et l'effort en est beau :
M'ensevelir vivant dans la nuit du tombeau !
Et pourquoi? pour trois mots que j'eus le tort d'écrire;
Mais le doge irrité , jaloux jusqu'au délire ,
Prouva que d'un guerrier mille fois triomphant
La vieillesse et l'hymen ne font plus qu'un enfant.
Au reste il est ici l'idole qu'on encense ,
Pour lui rendre en honneur ce qu'il perd en puissance.

LIONI.

A ces honneurs, Sténo , gardez-vous d'attenter.
Par égard pour nous tous , qu'il doit représenter
Au timon de l'état , dont nous tenons les rênes ,
Il faut baiser ses mains en leur donnant des chaînes.
Ainsi donc pour ce soir, je le dis à regret ,
Mais...

STÉNO.

Mon déguisement vous répond du secret.
Non : ne me privez pas du piquant avantage
D'entendre , à son insu, l'auguste personnage.
Autour de la duchesse heureux de voltiger,
C'est en la regardant que je veux me venger.
Je veux suivre ses pas , dans ses yeux je veux lire ;
Tout voir sans être vu , tout juger sans rien dire ;
Et de votre pouvoir invisible et présent
Offrir, au sein des jeux , l'image en m'amusant.

LIONI.

Veiller sur vous , Sténo , n'est pas votre coutume.

STÉNO.

Qui peut me deviner, caché sous mon costume ?
Sous ce masque trompeur, le peut-on ? regardez :
Noir comme le manteau d'un de vos affidés.

LIONI.

Respectons les premiers ce qu'il faut qu'on redoute.

STÉNO.

Je ne ris plus de rien : je sais ce qu'il en coûte ,
Pas même des époux ! N'est-il pas décrété
Que c'est un crime ici de lèse-majesté ?

LIONI.

Incorrigible !

STÉNO.

Eh non ! un mot vous épouvante ;
Mais ne redoutez plus ma liberté mourante :
C'est son dernier soupir ; il devait s'exhaler

Contre un vieillard chagrin qui vient de l'immoler.

LIONI.

Vous abusez de tout.

STÉNO.

Il le faut à notre âge :
Le seul abus d'un bien en fait aimer l'usage.
Quoi de plus ennuyeux que vos plaisirs sensés ?
Ils rappellent aux cœurs, trop doucement bercés
Par un retour prévu d'émotions communes,
Ce fade mouvement qu'on sent sur les lagunes.
En ôtez-vous l'excès, le plaisir perd son goût.
Mais l'excès nous réveille, il donne un charme à tout.
Un amour vous suffit ; moi le mien se promène
De l'esclave de Smyrne à la noble Romaine ,
Et de la courtisane il remonte aux beautés
Que votre bal promet à mes yeux enchantés.
Le jeu du Casino me pique et m'intéresse ;
Mais j'y prodigue l'or, ou j'y meurs de tristesse.
Si la liqueur de Chypre est un heureux poison ,
C'est alors qu'affranchi d'un reste de raison ,
Mon esprit pétillant qui fermente comme elle ,
Des éclairs qu'il lui doit dans l'ivresse étincelle.
Mes jours , je les dépense au hasard , sans compter.
Qu'en faire ? ou en a tant ! Peut-on les regretter !
Pour les renouveler, cette vie où je puise
Est un trésor sans fond qui jamais ne s'épuise ;
Ils passent pour renaître , et mon plus cher désir
Serait d'en dire autant de l'or et du plaisir.
Je parle en philosophe.

LIONI.

Et je réponds en sage :
Vous ne pouvez rester.

STÉNO.

Quittez donc ce visage ;
Dans la salle des Dix il vous irait au mieux ,
Mais tout, excepté lui , me sourit en ces lieux.

LIONI.

Flatteur !

STÉNO.

Chaque ornement , simple avec opulence,
Prouve le goût du maître et sa magnificence.

Plusieurs personnes parées ou masquées traversent la galerie du fond.

LIONI.

Soyez donc raisonnable : on vient de tous côtés ,
J'aurais tort de permettre...

STÉNO.

Oui : mais vous permettez.
Vous de qui la raison plane au-dessus des nôtres,
Ayez tort quelquefois par pitié pour les autres.
Mes adieux au plaisir seront cruels et doux :
C'est vouloir le pleurer que le quitter chez vous.

UN SERVITEUR DE LIONI , *annonçant.*

Le doge !

LIONI.

Fuyez donc ; s'il vous voit...

STÉNO.

Impossible !
Je me perds dans la foule et deviens invisible.

SCÈNE V.

FALIERO, ÉLÉNA, FERNANDO, BENE-
TINDE, LIONI, ISRAEL, Sénateurs,
Courtisans, etc.

LIONI, au doge.

Posséder son altesse est pour tous un bonheur ;
Mais elle sait quel prix j'attache à tant d'honneur.

FALIERO.

Je ne devais pas moins à ce respect fidèle
Dont chaque jour m'apporte une preuve nouvelle.

LIONI, à la duchesse.

Madame, puissiez-vous ne pas trop regretter
Le palais que pour moi vous voulez bien quitter.

ÉLÉNA.

Vous ne le craignez pas.

LIONI, à Fernando.

Quelle surprise aimable !
Fernando de retour !

FERNANDO.

Le sort m'est favorable,
Je reviens à propos.

LIONI, lui serrant la main.

Et pour faire un heureux,
A Benetinde, qui cause avec le doge.

Salut au chef des Dix ; le plus cher de mes vœux
Est que de ses travaux ma fête le repose.

BENETINDE.

Occupé d'admirer, peut-on faire autre chose ?

Au doge, en reprenant sa conversation.

Vous penchez pour la paix ?

FERNANDO.

J'ai vu plus d'une cour,
Et pourtant rien d'égal à ce brillant séjour.

ÉLÉNA.

C'est un aveu flatteur après un long voyage.

LIONI.

Aux nobles Vénitiens.   A Israël

Soyez les bienvenus ! Je reçois ton hommage,
Mon brave !

ISRAEL, bas à Lioni.

Sous le duc j'ai servi vaillamment ;
Il peut me protéger, présentez-moi.

LIONI, le prenant par la main.

Comment !
Viens.

ÉLÉNA, regardant une peinture.

De qui ce tableau ?

LIONI, qui se retourne en présentant Israel.

D'un maître de Florence ,
Du Giotto.

LE DOGE, à Israel.

Dès ce soir vous aurez audience.

BENETINDE, regardant le tableau tandis qu'Israël
cause avec le doge.

Où se passe la scène ?

LIONI, qui se rapproche de lui.

Eh, mais ! à Rimini ,
La belle Francesca , dont l'amour est puni ,
Voit tomber sous le bras d'un époux trop sévère
Le trop heureux rival que son cœur lui préfère.

ÉLÉNA, à part.

Je tremble.

LIONI.

Quel talent ! regardez : le jaloux
Menace encor son frère expirant sous ses coups.

BENETINDE.

Son frère ou son neveu ?

FERNANDO.

Dieu !

LIONI, à Benetinde.

Relisez le Dante :

A la duchesse.

Son frère Paolo. Que la femme est touchante !
N'est-ce pas ?

ÉLÉNA.

Oui , sublime.

Ici les premières mesures d'une danse vénitienne.

LIONI.

Ah ! j'entends le signal.

Au doge.

Monseigneur passe-t-il dans le salon de bal ?

FALIERO.

Ces divertissemens ne sont plus de mon âge.

LIONI, lui montrant les échecs.

On connaît votre goût : voici le jeu du sage.

FERNANDO, à Éléna.

Pour le premier quadrille acceptez-vous ma main ?

ÉLÉNA.

On vous a devancé.

LIONI, offrant la main à Éléna.

Je montre le chemin.

A Israel qu'il laisse avec le doge.

Fais ta cour.

BENETINDE, qui les suit, à Fernando.

Donnez-moi quelques détails sincères
Sur ce qu'on dit de nous dans les cours étrangères.

Tout le monde sort , excepté le doge et Israël.

SCÈNE VI.

FALIERO, ISRAEL. Ils se rapprochent par
degrés.

FALIERO.

Enfin nous voilà seuls.

ISRAEL.

Décidons de leurs jours.

FALIERO.

Quel mépris dans leurs yeux !

ISRAEL.

Fermons-les pour toujours.

FALIERO.

Même en se parlant bas qu'ils montraient d'insolence

ISRAEL.

Nous allons pour toujours les réduire au silence.

FALIERO.

De leur sourire amer j'aurais pu me lasser.

ISRAEL.

La bouche d'un mourant sourit sans offenser.

FALIERO.

Ne peut-on nous troubler ?

La musique recommence.

ISRAEL.

Le plaisir les enivre.
Ils pressentent leur sort et se hâtent de vivre.
De ce bruyant concert entendez-vous les sons ?

FALIERO.

Le tems vole pour eux.

ISRAEL.

Et pour nous : agissons.

FALIERO.

La liste de vos chefs ?

ISRAEL, *qui lui remet un papier.*

La voici.

FALIERO.

Tu m'étonnes.
Tu te crois sûr de moi, puisque tu me la donnes.

ISRAEL.

Je le puis.

FALIERO, *ouvrant le papier.*

Pas de noms !

ISRAEL.

Mais des titres; voyez !

FALIERO.

Qui sont peu rassurans.

ISRAEL.

Plus que vous ne croyez.

FALIERO.

Un pêcheur, un Dalmate, un artisan !

ISRAEL.

Qu'importe ?
Chacun a trente ami pour lui prêter main-forte.

FALIERO.

Un gondolier.

ISRAEL.

Trois cents; car je lui dois l'appui
De tous ces compagnons non moins braves que lui.

FALIERO.

Que fais-tu d'un sculpteur ?

ISRAEL.

Le ciel, dit-on, l'inspire.
Homme utile ! avec nous c'est saint Marc qui conspire.

FALIERO.

Des esclaves !

ISRAEL.

Nombreux.

FALIERO.

Mais qui vous ont coûté
Beaucoup d'or ?

ISRAEL.

Un seul mot.

FALIERO.

Et lequel ?

ISRAEL.

Liberté.

FALIERO.

Mille condottieri vous coûtent davantage.

ISRAEL.

Rien.

FALIERO.

Dis vrai.

ISRAEL.

J'ai promis...

FALIERO.

Eh ! quoi donc?

ISRAEL.

Le pillage.

FALIERO.

Je rachète Venise, et donne pour rançon...

ISRAEL.

Le trésor ?

FALIERO.

Tous mes biens.

ISRAEL.

Que j'accepte en leur nom.

FALIERO, *lui rendant la liste.*

Deux mille! avec ce nombre il faut tout entreprendre.
C'est peu pour attaquer !

ISRAEL.

C'est beaucoup pour surprendre.

FALIERO.

J'en conviens; mais sans moi pourquoi n'agis-tu pas?

ISRAEL.

C'est qu'il nous faut un chef, s'il vous faut des soldats.

FALIERO.

Et vous m'avez choisi ?

ISRAEL.

Pour vaincre.

FALIERO, *écoutant.*

Le bruit cesse ;
Occupons-nous tous deux.

ISRAEL.

Comment ?

FALIERO.

Le tems nous presse:
Des échecs !... c'est pour moi qu'on les a préparés.

Lui faisant signe de s'asseoir.

Qu'ils servent nos projets.

ISRAEL, *assis.*

Ces nouveaux conjurés
Seront discrets du moins.

FALIERO.

Silence !

SCÈNE VII.

LES PRÉCÉDENS, LIONI.

Plusieurs personnes, pendant cette scène et la suivante, traversent le salon, se promènent dans la galerie, s'arrêtent à des tables de jeu, jettent et ramassent de l'or; enfin tout le mouvement d'une fête.

LIONI, *à Faliero.*

Votre Altesse
Dédaigne nos plaisirs.

FALIERO.

Non : mais j'en fuis l'ivresse.

LIONI.

Mon heureux protégé joue avec monseigneur !

FALIERO, *posant la main sur l'épaule d'Israël.*

J'honore un vieux soldat.

LIONI.

Digne d'un tel honneur.

ISRAEL.

C'est un beau jour pour moi.

LIONI, *à Faliero.*

Vous aurez l'avantage ,
Puisque ce noble jeu de la guerre est l'image.

ISRAEL.

Je tente , je l'avoue, un combat inégal.

LIONI, *regardant la partie.*

Voyons si le marin vaincra son amiral.

Au doge.

Vous commencez ?

FALIERO.

J'espère achever avec gloire.
Je ne puis décider où penche la victoire ;

LIONI.

Le salon me réclame, et vous m'excuserez.

FALIERO.

D'un maître de maison les devoirs sont sacrés;
Remplissez-les.

LIONI, *en se retirant.*

Pardon !

SCÈNE VIII.

FALIERO , ISRAEL.

On circule dans le salon et on joue dans la galerie; de tems en tems on voit Sténo, masqué, poursuivre la duchesse.

ISRAEL.

Haut.   *A voix basse.*

Au roi !... c'est un présage.

Voulez-vous être roi ?

FALIERO.

Pour sortir d'esclavage.

ISRAEL.

Pour nous en délivrer.

FALIERO.

Roi de sujets heureux.

ISRAEL.

Qu'ils soient libres par vous, et soyez roi par eux.

FALIERO.

Je veux voir tes amis.

ISRAEL.

Sur quel gage repose
Le salut incertain de leurs jours que j'expose ?

FALIERO.

Ma parole en est un qu'ils doivent accepter.

ISRAEL.

Sur ce gage en leur nom je ne puis pas traiter.

FALIERO.

Il a suffi pour toi.

ISRAEL.

Mais j'en demande un autre
Pour garant de leur vie.

FALIERO.

Et quel est-il ?

ISRAEL.

La vôtre.

FALIERO.

Tu veux que je me livre ?

ISRAEL.

Et je dois l'exiger.

FALIERO.

Chez toi ?

ISRAEL.

Non; sous le ciel quand je cours un danger,
J'aime les lieux ouverts pour s'y perdre dans l'ombre.

FALIERO.

Quelle nuit choisis-tu ?

ISRAEL.

Cette nuit.

FALIERO.

Elle est sombre.

ISRAEL.

Belle d'obscurité pour un conspirateur,
Profonde , et dans le ciel pas un seul délateur.

FALIERO.

Mais sur la terre?

ISRAEL.

Aucun. Comptez sur ma prudence.
N'admettez qu'un seul homme à cette confidence.

FALIERO.

Qui donc ?

ISRAEL.

Votre neveu.

FALIERO.

Non, j'irai seul.

ISRAEL.

Pourquoi?

Pour que ma race en lui vive encore après moi.
Le lieu ?

La musique se fait entendre , tout le monde rentre dans la salle de bal.

ISRAEL.

Saint-Jean et Paul.

FALIERO.

Conspirer sur la cendre
De mes nobles aïeux ranimés pour m'entendre !

ISRAEL.

Ils seront du complot.

FALIERO.

Et le plus révéré,
Dont l'image est debout près du parvis sacré,
Me verra donc trahir ma gloire et mes ancêtres !

ISRAEL.

Trahir ! que dites-vous?

FALIERO.

Oui, nous sommes des traîtres.

Si le sort est pour eux ; mais, s'il nous tend la main,
Les traîtres d'aujourd'hui sont des héros demain.

FALIERO.

Je doute...

ISRAEL.

Il est trop tard.

FALIERO.

Avant que je prononce,
Je veux méditer; sors : mais attends ma réponse.

ISRAEL.

C'est lui livrer des jours qu'elle peut m'arracher...

FALIERO.

Eh bien ! l'attendras-tu ?

ISRAEL.

Je viendrai la chercher.

SCÈNE IX.

FALIERO, *seul.*

Où tend le noir dessein dont je suis le ministre ?
A ces accens joyeux se mêle un bruit sinistre,
Pour eux... pour moi, peut-être ! Ah ! le danger
[n'est rien.
L'acte lui seul m'occupe : est-ce un mal ? est ce un
[bien ?
Je suis chef de l'état ; j'en veux changer la face ;
Élu par la noblesse, et mon bras la menace.
Les lois sont sous ma garde, et je détruis les lois.
De quel droit cependant ? Les abus font mes droits.
Si le sort me trahit, de qui suis-je complice ?
De qui suis-je l'égal, si le sort m'est propice ?
De ceux dont nous heurtons la rame ou les filets,
Quand ils dorment à l'ombre au seuil de nos palais.
De pêcheurs, d'artisans une troupe grossière
Va sous ses lambeaux secouer la poussière,
Pour envahir nos bancs et gouverner l'état ?
Voilà mes conseillers, ma cour et mon sénat !...
Mais de nos sénateurs les aïeux vénérables,
Qui sont-ils ? des pêcheurs rassemblés sur des sables.
Mes obscurs conjurés sont-ils moins à mes yeux ?
Des nobles à venir j'en ferai les aïeux,
Et si mon successeur reçoit d'eux un outrage,
Il suivra mon exemple en brisant mon ouvrage.
C'est donc moi que je venge ?.. Objet sacré, c'est toi !
Éléna, noble amie, as-tu reçu ma foi
Pour que ton protecteur te livre à qui t'offense ?
Puisque leur lâcheté m'a remis ta défense,
Je punirai l'affront..... et, s'il est mérité ?
Qui l'a dit ?... Au transport dont je suis agité
Je sens qu'elle devient ma première victime ;
Elle expire : elle est morte...Ah! ce doute est un crime.
La voici ! qu'elle parle et dispose à son gré,
Du sort et des projets de ce cœur déchiré !

SCÈNE X.

FALIERO, ÉLÉNA.

ÉLÉNA.

Eh quoi ! vous êtes seul ? Venez : de cette fête
Si le vain bruit vous pèse, à le fuir je suis prête.

FALIERO.

Je dois rester pour toi.

ÉLÉNA.

Voudrais-je prolonger
Des plaisirs qu'avec vous je ne puis partager ?
J'en sens peu la douceur ; ce devoir qui m'ordonne
D'entendre tout le monde en n'écoutant personne,
Ces flots de courtisans qui m'assiégent de soins,
Et croiraient m'offenser, s'ils m'importunaient moins,
D'un tel délassement me font un esclavage.
Avec la liberté qu'autorise l'usage,
Un d'eux, couvert d'un masque et ne se nommant pas,
Me lasse, me poursuit, s'attache à tous mes pas.

FALIERO, *vivement.*

Qu'a-t-il dit ?

ÉLÉNA.

Rien pourtant, rien qu'il n'ait pu me dire ;
Mais je conçois l'ennui que ce bal vous inspire,
Et prompte à le quitter, j'ai cependant, je croi,
Moins de pitié pour vous que je n'en ai pour moi.

FALIERO.

Ce dégoût des plaisirs et m'attriste et m'étonne :
A quelque noir chagrin ton ame s'abandonne.
Tu n'es donc plus heureuse, Éléna ?

ÉLÉNA.

Moi, seigneur !

FALIERO.

Parle.

ÉLÉNA.

Rien auprès de vous ne manque à mon bonheur.

FALIERO.

Dis-moi ce qui te trouble : est-ce la calomnie ?
L'innocence la brave et n'en est pas ternie.
Doit-on s'en affliger quand on est sans remords ?

ÉLÉNA.

Je suis heureuse.

FALIERO.

Non : malgré tous vos efforts,
Vos pleurs mal étouffés démentent ce langage :
Vous me trompez.

ÉLÉNA, *à part.*

O ciel !

FALIERO.

A ma voix prends courage :
Ne laisse pas ton cœur se trahir à demi ;
Sois bonne et confiante avec ton vieil ami :
Il va t'interroger.

ÉLÉNA, *à part*

Je frémis !

FALIERO.

Ma tendresse
Eût voulu te cacher le doute qui m'oppresse ;
Mais pour m'en affranchir j'ai de puissans motifs :
Un instant quelquefois, un mot, sont décisifs.
Un mot peut disposer de mon sort, de ma vie...

ÉLÉNA.

Qu'entends-je ?

FALIERO.

En me rendant la paix qui m'est ravie.
N'as-tu pas, réponds-moi, par un discours léger,
Un abandon permis que tu crus sans danger,
Un sourire, un regard, par quelque préférence,
Enhardi de Sténo la coupable espérance ?

ÉLÉNA, *vivement.*

Sténo !

FALIERO.

Non, je le vois ; ce dédain l'a prouvé ;

Non ; pas même un regard par l'honneur réprouvé,
D'un penchant combattu pas même le murmure
Ne t'a parlé pour lui , non , jamais ?

ÉLÉNA.

Je le jure.

FALIERO.

Assez, ma fille , assez. Ah! ne va pas plus loin :
Un serment ! ton époux n'en avait pas besoin.

ÉLÉNA.

Je dois...

FALIERO.

Lui pardonner un soupçon qui t'accable :
Il fût mort de douleur en te trouvant coupable.

ÉLÉNA , à part.

Taisons-nous !

FALIERO.

Doux moment ! mais je l'avais prévu ,
Mon doute est éclairci.

SCÈNE XI.

FALIERO , ÉLÉNA , FERNANDO , ISRAEL.

ISRAEL , à Fernando.

Je vous dis qu'on l'a vu.

FERNANDO.

Ici ?

ISRAEL.

Lui-même.

FERNANDO.

En vain son masque le rassure.

FALIERO.

Qui donc ? parlez.

ISRAEL.

Sténo.

FALIERO.

Sténo !

ÉLÉNA , à part.

J'en étais sûre ,
C'était lui.

FALIERO.

Voilà donc comme ils ont respecté
Ma présence et les droits de l'hospitalité !

FERNANDO.

C'en est trop.

FALIERO.

Se peut-il ! ton rapport est fidèle ?

ISRAEL.

J'affirme devant Dieu ce que je vous révèle.

FALIERO.

Lioni le savait : c'était un jeu pour tous...
J'y pense : un inconnu vous suivait malgré vous.

ÉLÉNA.

J'ignore...

FALIERO.

C'est Sténo.

FERNANDO.

Châtiez son audace.

FALIERO , faisant un pas vers le salon.

Je veux qu'avec opprobre à mes yeux on le chasse.

ÉLÉNA.

Arrêtez.

FALIERO , froidement.

Je vous crois : ne nous plaignons de rien ;
Ce serait vainement ; retirons-nous.

ISRAEL , bas au doge.

Eh bien ?

FALIERO , bas à Israël.

A minuit.

ISRAEL , en sortant.

J'y serai.

FALIERO.

Sortons : je sens renaître
Un courroux dont mon cœur ne pourrait rester maître.

ÉLÉNA.

Vous ne nous suivez pas , Fernando ?

FALIERO.

Non : plus tard.
Reste et donne un motif à mon brusque départ.
Que Lioni surtout en ignore la cause ;
Il le faut ; d'un tel soin sur toi je me repose
Point de vengeance ! adieu.

SCÈNE XII.

FERNANDO , seul.

Que j'épargne son sang !
Mais je vous trahirais en vous obéissant !
Mais je dois le punir, mais il tarde à ma rage
Que son masque arraché , brisé sur son visage...
On vient. Dieu! si c'était... Gardons de nous tromper :
Observons en silence , il ne peut m'échapper.

Il se retire sous la galerie du fond.

SCÈNE XIII.

FERNANDO , STÉNO.

STÉNO , qui est entré avec précaution , en ôtant son
masque.

Personne! ah , respirons !

Il s'assied dans un fauteuil et se sert de son masque comme d'un
éventail.

Que la duchesse est belle !
Je la suivais partout. Point de grâce pour elle.

Regardant son masque.

L'heureuse invention pour tromper un jaloux !
Nuit d'ivresse!.. un tumulte! Ah! le désordre est doux;
Mais il a son excès : tant de plaisir m'accable.

Dans ce moment on entre dans la galerie ; on s'y promène et l'on
y danse.

FERNANDO , à voix basse.

Je vous cherche , Sténo.

STÉNO.

Moi !

FERNANDO.

Je cherche un coupable.

STÉNO.

Dites un condamné , surpris par trahison.

FERNANDO.

Vous vous couvrez d'un masque , et vous avez raison.

STÉNO, *qui se lève en souriant.*
Je sais tout le respect qu'un doge a droit d'attendre.

FERNANDO.
Vous le savez si peu, que je veux vous l'apprendre.

STÉNO.
Mes juges, ce matin, l'ont fait impunément;
Mais une autre leçon aurait son châtiment.

FERNANDO.
Ma justice pourtant vous en réserve une autre.

STÉNO.
C'est un duel?

FERNANDO.
A mort : ou ma vie, ou la vôtre !

STÉNO.
Dernier des Faliero, je suis sûr de mes coups,
Et respecte un beau nom qui mourrait avec vous.

FERNANDO.
Insulter une femme est tout votre courage.

STÉNO.
Qui la défend trop bien l'insulte davantage.

FERNANDO.
Qu'avez-vous dit, Sténo?

STÉNO.
La vérité, je crois.

FERNANDO.
Vous aurez donc vécu sans la dire une fois.

STÉNO.
Ce mot-là veut du sang.

FERNANDO.
Mon injure en demande.

STÉNO.
Où se répandra-t-il?

FERNANDO.
Pourvu qu'il se répande,
N'importe.

STÉNO.
Où d'ordinaire on se voit seul à seul ;
Près de Saint-Jean et Paul ?

FERNANDO.
Oui, devant mon aïeul.
Je veux rendre à ses pieds votre chute exemplaire.

STÉNO.
Beaucoup me l'avaient dit, aucun n'a pu le faire.

FERNANDO.
Eh bien ! ce qu'ils ont dit, j'ose le répéter,
Et ce qu'ils n'ont pas fait, je vais l'exécuter.

STÉNO.
A minuit !

FERNANDO.
A l'instant !

STÉNO.
Le plaisir me rappelle ;
Mais l'honneur à son tour me trouvera fidèle.

FERNANDO.
Distrait par le plaisir, on s'oublie au besoin.

STÉNO.
Non : ma pitié pour vous ne s'étend pas si loin.

FERNANDO.
J'irai de cet oubli vous épargner la honte.

STÉNO.
C'est un soin généreux dont je vous tiendrai compte.
Nos témoins ?

FERNANDO.
Dieu pour moi.

STÉNO.
Pour tous deux.

FERNANDO.
Aujourd'hui
Un de nous deux, Sténo, paraîtra devant lui.

FIN DU DEUXIÈME ACTE.

ACTE III.

La place de Saint-Jean et Paul : l'église d'un côté, le canal de l'autre : une statue au milieu du théâtre. Près du canal une Madone éclairée par une lampe.

SCÈNE PREMIÈRE.

PIETRO, BERTRAM, STROZZI, *aiguisant un stylet sur les degrés du piédestal.*

PIETRO.
Bertram, tu parles trop.

BERTRAM.
Quand mon zèle m'entraîne,
Je ne consulte pas votre prudence humaine.

PIETRO.
J'ai droit d'en murmurer, puisqu'un de tes aveux
Peut m'envoyer au ciel plus tôt que je ne veux.

BERTRAM.
Lioni...

PIETRO.
Je le crains, même lorsqu'il pardonne.

BERTRAM.
Pietro le gondolier ne se fie à personne.

PIETRO.
Pietro le gondolier ne prend pour confidens,
Quand il parle tout haut, que les flots et les vents.

BERTRAM.
Muet comme un des Dix, hormis les jours d'ivresse.

PIETRO.
C'est vrai, pieux Bertram : chacun a sa faiblesse;
Mais par le Dieu vivant !...

BERTRAM.
Tu profanes ce nom.
Je veux jusqu'au succès veiller sur ma raison.

STROZZI.
Foi de condottiere, si tu tiens ta parole,
A toi le collier d'or du premier que j'immole.

PIETRO.
Que fait Strozzi ?

STROZZI.
J'apprête, aux pieds d'un oppresseur,
Le stylet qui tûra son dernier successeur.

PIETRO.
Le doge !

BERTRAM.
Il insulta, dans un jour de colère,

Marino Faliero. 2

Un pontife de Dieu durant le saint mystère ;
Qu'il meure !

PIETRO.

Je le plains.

STROZZI.

Moi je ne le hais pas ;
Mais ses jours sont à prix : je frappe.

BERTRAM.

Ainsi ton bras
S'enrichit par le meurtre et tu vends ton courage.

STROZZI.

Comme Pietro ses chants en côtoyant la plage ;
Comme toi, les objets façonnés par ton art.
Ton ciseau te fait vivre et moi c'est mon poignard.
L'intérêt est ma loi ; l'or, mon but ; ma patrie,
Celle ou je suis payé ; la mort, mon industrie.

BERTRAM.

Strozzi, ton tour viendra.

PIETRO.

Fais trève à tes leçons.
Leurs palais sont à nous ; j'en veux un : choisissons.

BERTRAM.

Il en est qu'on épargne.

PIETRO.

Aucun. Bertram, écoute :
Si je te croyais faible...

BERTRAM.

On ne l'est pas sans doute ,
En jugeant comme Dieu qui sauve l'innocent.

PIETRO.

Pas un seul d'épargné !

STROZZI.

Pas un !

PIETRO.

Guerre au puissant !

STROZZI.

A son or !

PIETRO.

A ses vins de Grèce et d'Italie !

STROZZI.

Respect aux lois !

PIETRO.

Respect au serment qui nous lie !
Plus de patriciens ! qu'ils tombent sans retour ;
Et que dans mon palais on me serve à mon tour.

BERTRAM.

Qui donc, Pietro ?

STROZZI.

Le peuple : il en faut un peut-être.

PIETRO.

Je veux un peuple aussi ; mais je n'en veux pas être.

BERTRAM.

Si, pour leur succéder, vous renversez les grands,
Sur les tyrans détruits mort aux nouveaux tyrans.

PIETRO, *prenant son poignard.*

Par ce fer !

BERTRAM, *levant le sien.*

Par le ciel !

STROZZI, *qui se jette entre eux.*

Bertram, sois le plus sage.
Vous battre ! à la bonne heure, au moment du partage.
Rejoignons notre chef qui vous mettra d'accord,

PIETRO.

Plus bas ! j'entends marcher : là, debout près du bord,
Montrant le doge couvert d'un manteau.
Je vois quelqu'un.

STROZZI, *à voix basse.*

Veux-tu me payer son silence !
Le canal est voisin.

BERTRAM.

Non , point de violence !

PIETRO,

Bertram a peur du sang.

BERTRAM, *à Strozzi.*

Viens.

STROZZI.

Soit : mais nous verrons,
Si je le trouve ici quand nous y reviendrons.

Ils sortent.

SCÈNE II.

FALIERO.

Il s'avance à pas lents et s'arrête devant Saint-Jean et Paul.

Minuit !... personne encore ! je croyais les surprendre ;
Mais mon rôle commence, et c'est à moi d'attendre.
Mes amis vont venir... Oui , doge, tes amis,
Ils presseront ta main. Dans quels lieux ? j'en frémis :
Deux princes dont je sors dorment dans ces murailles ;
Ce qui n'est plus que cendre a gagné des batailles.
Ils m'entendront !... Eh bien ! levez-vous à ma voix,
Regardez ces cheveux blanchis par tant d'exploits,
Et, de vos doigts glacés comptant mes cicatrices,
Aux crimes des ingrats mesurez leurs supplices !
O toi, qu'on rapporta sur ton noble étendard,
Vaincu par la fortune où j'ai vaincu plus tard,
Vaillant Ordelafo , dont je vois la statue,
Tend cette main de marbre à ta race abattue ;
Et toi, qui succombas, rongés par les soucis ,
D'un trône où sans honneur je suis encore assis,
Mânes de mes aïeux , quand ma tombe royale
Entre vos deux tombeaux remplira l'intervalle,
J'aurai vengé le nom de ceux dont j'héritai,
Et le rendrai sans tache à leur postérité !

SCÈNE III.

FALIERO , ISRAEL , BERTRAM , PIETRO , STROZZI , CONJURÉS.

ISRAEL.

Hâtons-nous : c'est ici ; l'heure est déjà passée.

STROZZI.

Pietro , Bertram et moi , nous l'avions devancée ;
Mais tu ne venais pas.

ISRAEL.

Tous sont présens ?

STROZZI.

Oui, tous,
Hors quelques-uns des miens qui veilleront sur nous ;
Braves dont je réponds.

PIETRO.

Et trois de mes fidèles,
Couchés, sur le canal , au fond de leurs nacelles ;
Leur voix doit au besoin m'avertir du danger.

ISRAEL.

A Pietro. Au doge retiré dans un coin de la scène.
Bien !... Je comptais sur vous.

BERTRAM.

Quel est cet étranger ?

FALIERO.

Un protecteur du peuple.

ISRAEL.

Un soutien de sa cause,
Et celui que pour chef Israël vous propose.

PIETRO.

Qui peut te remplacer ?

ISRAEL.

Un plus digne.

STROZZI.

Son nom?

FALIERO, *s'avançant et se découvrant.*

Faliero !

PIETRO.

C'est le doge.

TOUS.

Aux armes, trahison !

STROZZI.

Frappons : meure avec lui le traître qui nous livre.

ISRAEL.

Qu'un de vous fasse un pas, il a cessé de vivre.

BERTRAM.

Attendons, pour frapper, le signal du beffroi.

FALIERO.

J'admire ce courage enfanté par l'effroi :   [armes !
Tous, le glaive à la main , contre un vieillard sans
Leur père !... Pour qu'un glaive excite ses alarmes,
Enfans, la mort et lui se sont vus de trop près,
Et tous deux l'un pour l'autre ils n'ont plus de secret.
Elle aurait quelque peine à lui sembler nouvelle,
Depuis quatre-vingts ans qu'il se joue avec elle.
Je viens seul parmi vous, et c'est vous qui tremblez !
Ce sont là les grands cœurs par ton choix rassemblés,
Ces guerriers qui voulaient, dans leur zèle héroïque,
D'un ramas d'oppresseurs purger la république ,
Destructeurs du sénat , l'écraser, l'abolir ?
D'un vieux patricien le nom les fait pâlir.
Que tes braves amis cherchent qui leur commande.
Pour mon sang, le voilà ! qu'un de vous le répande :
Toi, qui me menaçais, toi , qui veux m'immoler,
Vous tous... Mais de terreur je vous vois reculer.
Allons!pas un d'entre eux, je leur rends cet hommage,
N'est assez lâche, au moins , pour avoir ce courage.

STROZZI.

Il nous fait honte, amis !

BERTRAM.

Nous l'avons mérité.
Avant qu'on le punisse il doit être écouté.

ISRAEL.

Vos soldats, Faliero, sont prêts à vous entendre.

FALIERO.

Eh bien ! à leur parler je veux encor descendre.
Est-ce un tyran qu'en moi vous prétendez punir ?
Ma vie est, jour par jour, dans plus d'un souvenir :
Déroulez d'un seul coup cette vaste carrière.
Mes victoires ! passons : je les laisse en arrière ;
Mon règne devant vous, pour vous imposer moins ,
Récuse en sa faveur ces glorieux témoins.
Quand vous ai-je opprimés? qui de vous fut victime?
Qui peut me reprocher un acte illégitime ?
Il est juge à son tour, celui qui fut martyr ;
C'est avec son poignard qu'il doit me démentir.
Justes , puis-je vous craindre? ingrats, je vous défie.
Vous l'êtes : c'est pour vous que l'on me sacrifie.
C'est en vous défendant que sur moi j'amassai
Ce fardeau de douleurs dont le poids m'a lassé.
Pour vous faire innocents, je me suis fait coupable,
Et le plus grand de vous en est le plus misérable.
Jugez-moi : le passé fut mon seul défenseur;
Êtes-vous des ingrats, ou suis-je un oppresseur?

BERTRAM.

Si Dieu vous couronnait, vous le seriez peut-être.

FALIERO.

Vous savez qui je fus; voici qui je veux être :
Votre vengeur d'abord. Vous exposez vos jours;
Le succès à ce prix ne s'obtient pas toujours;
Toujours la liberté : qui périt avec gloire,
S'affranchit par la mort comme par la victoire.
Mais le succès suivra vos desseins généreux,
Si je veux les servir : compagnons, je le veux.
La cloche de Saint-Marc à mon ordre est soumise ;

Trois coups, et tout un peuple est debout dans Venise :
Ces trois coups sonneront. Mes cliens sont nombreux,
Mes vassaux plus encor; je m'engage pour eux.
Frappez donc! dans son sang noyez la tyrannie;
Venise en sortira, mais libre et rajeunie.
Votre vengeur alors redevient votre égal.
Des débris d'un corps faible à lui-même fatal ,
D'un état incertain, république ou royaume,
Qui n'a ni roi, ni peuple, et n'est plus qu'un fantôme,
Formons un état libre où règneront les lois,
Où les rangs mérités s'appuiront sur les droits ,
Où les travaux , eux seuls, donneront la richesse ;
Les talens , le pouvoir; les vertus, la noblesse.
Ne soupçonnez donc pas que , dans la royauté,
L'attrait du despotisme aujourd'hui m'ait tenté.
Se charge qui voudra de ce poids incommode !
Mes vœux tendent plus haut : oui, je suis prince à
Général à Zara , doge à Venise ; eh bien !   [Rhode,
Je ne veux pas descendre, et me fais citoyen.

PIETRO , *en frappant sur l'épaule du doge.*

C'est parler dignement !
Le doge se recule avec un mouvement involontaire de dédain.
D'où vient cette surprise ?

Entre égaux !...

ISRAEL.

De ce titre en vain on s'autorise,
Pour sortir du respect qu'on doit à la vertu.
Vous, égaux ! à quel siège as-tu donc combattu?
Sur quels bords? dans quels rangs? s'il met bas sa
                                        [naissance,
Sa gloire au moins lui reste, et maintient la distance.
Il reste grand pour nous, et doit l'être en effet
Moins du nom qu'il reçut que du nom qu'il s'est fait.
Sers soixante ans Venise ainsi qu'il l'a servie ;
Risque vingt fois pour elle et ton sang et ta vie ;
Mets vingt fois sous ses pieds un pavillon rival,
Et tu pourras alors te nommer son égal!

PIETRO.

Si par ma liberté j'excite sa colère ,
Il est trop noble encor pour un chef populaire.

FALIERO.

Moi t'en vouloir! pourquoi? Tu n'avais aucun tort,
Aucun. Ta main, mon brave, et soyons tous d'accord !
Je me dépouille aussi de ce nom qui vous gêne :
Pour l'emporter sur vous , mon titre c'est ma haine.
Si ce titre par toi m'est encor disputé,
Dis-moi qui de nous deux fut le plus insulté..
Compare nos affronts : autour du Bucentaure,
Quand vos cris saluaient mon règne à son aurore,
Je marchais sur des fleurs , je respirais l'encens;
Ces fiers patriciens à mes pieds fléchissaient ;
Ils semblaient mes amis... Hélas ! j'étais leur maître.
Leur politique alors fut de me méconnaître.
Captif de mes sujets, sur mon trône enchaîné,
Flétri , j'osai me plaindre et je fus condamné ;
Je condamne à mon tour. Mourant , je me relève,
Et sans pitié comme eux , terrible , armé du glaive,
Un pied dans le cercueil, je m'arrête, et j'en sors
Pour envoyer les Dix m'annoncer chez les morts.
Mais prince ou plébéien, que je règne ou conspire,
Je ne puis échapper aux soupçons que j'inspire,
Les vôtres m'ont blessé. Terminons ce débat :
Qui me craignait pour chef me veut-il pour soldat?
Je courbe devant lui ma tête octogénaire,
Et je viens dans vos rangs servir en volontaire.
Faites un meilleur choix, il me sera sacré ;
Quel est celui de vous à qui j'obéirai?

ISRAEL.

C'est à nous d'obéir.

BERTRAM.

Je donnerai l'exemple.
Un attentat par vous fut commis dans le temple;
Expiez votre faute en vengeant les autels.

FALIERO.

Je serai l'instrument des décrets éternels.

STROZZI.

Aux soldats étrangers on a fait des promesses ;
Les tiendrez-vous ?

FALIERO, *lui jettant une bourse.*

Voici mes premières largesses.

PIETRO.

Mes gondoliers mourront pour leur libérateur.

FALIERO.

Tel qui fut gondolier deviendra sénateur.

TOUS.

Honneur à Faliero !

ISRAEL.

Jurez-vous de le suivre ?

TOUS.

Nous le jurons !

ISRAEL.

Eh bien ! que son bras nous délivre !

Au doge.

Quand voulez-vous agir ?

FALIERO.

Au lever du soleil.

BERTRAM.

Si tôt !

FALIERO.

Toujours trop tard dans un projet pareil. [mes.
Bien choisir l'heure est tout pour les succès des hom-
Le hasard devient maître au point où nous en sommes ;
Qui sait s'il vient nous perdre ou s'il doit nous servir ?
Otez donc au hasard ce qu'on peut lui ravir.

BERTRAM.

Mais tous périront-ils ?

PIETRO.

Sous leurs palais en cendre.

ISRAEL.

Il faut achever l'œuvre ou ne pas l'entreprendre.
Bertram, qu'un d'eux survive au désastre commun,
En lui tous revivront ; ainsi tous, ou pas un :
Le père avec l'époux, le frère avec le frère,
Tous, et jusqu'à l'enfant sur le corps de son père !

BERTRAM.

Faliero seul commande et doit seul décider.

ISRAEL, *au doge.*

Prononcez !

FALIERO, *après un moment de silence.*

Ah ! cruels ! qu'osez-vous demander ?
Mes mains se résignaient à leur sanglant office ;
Mais prendre sur moi seul l'horreur du sacrifice !...

A Israël.

Tu peux l'ordonner, toi ! tu ne fus qu'opprimé ;
Mais moi, s'ils m'ont trahi, jadis ils m'ont aimé.
En s'avançant sur le devant de la scène , tandis que les conjurés
attendent avec anxiété sa décision.

Nous avons confondu notre joie et nos larmes :
Les anciens du conseil sont mes compagnons d'armes,
Mes compagnons d'enfance. Au sortir de nos jeux,
J'ai couché sous leur tente, et j'ai dit avec eux,
A la table où pour moi la coupe s'est remplie,
Ces paroles du cœur que jamais on n'oublie.
Adieu, vivans récits de nos premiers combats !
Je ne verrai donc plus, en lui tendant les bras,
Sur le front d'un vieillard rajeuni par ma vue,
Un siècle d'amitié m'offrir la bienvenue.
Je tue, en les frappant, le passé, l'avenir,
Et reste sans espoir comme sans souvenir.

ISRAEL, *avec impatience.*

Eh quoi ! vous balancez ?

UN GONDOLIER, *hors de la scène.*

« Gondolier, la mer t'appelle ;
» Pars et n'attends pas le jour.

PIETRO.

C'est un avis : silence !

LE GONDOLIER.

» Adieu, Venise la belle ;
» Adieu, pays mon amour !

ISRAEL.

Un importun s'approche ; évitons sa présence.

LE GONDOLIER.

» Quand le devoir l'ordonne,
» Venise, on t'abandonne,
» Mais c'est sans t'oublier.

FALIERO.

Que chacun à ma voix revienne au rendez-vous,
Et sans nous éloigner, amis, séparons-nous.

LE GONDOLIER.

» Que Saint-Marc et la Madone
» Soient en aide au gondolier ! »

Pendant les deux derniers vers et la reprise, les conjurés sortent
d'un côté : une gondole s'arrête sur le canal. Fernando et Sténo
en descendent.

SCÈNE IV.

FERNANDO, STÉNO.

FERNANDO ; *il tire son épée et d'une voix étouffée*
par la fureur.

L'instant est favorable et la place est déserte !

STÉNO, *avec calme.*

Du sang-froid, Fernando ; vous cherchez votre perte.

FERNANDO.

Défends-toi !

STÉNO.

Calmez-vous : je prévois votre sort.

FERNANDO.

Le tien.

STÉNO.

Je dois...

FERNANDO.

Mourir ou me donner la mort.

En garde !

STÉNO, *tirant son épée.*

Il le faut donc ; mais c'est pour ma défense.

FERNANDO.

Enfin ta calomnie aura sa récompense.
Ils combattent.

STÉNO.

Vous êtes blessé.

FERNANDO.

Non.

STÉNO.

Votre sang coule.

FERNANDO.

Eh bien !

Celui que j'ai perdu va se mêler au tien :
Meurs, lâche !

STÉNO.

Vaine atteinte ! et la mienne...

FERNANDO.

Ah ! j'expire.
Il chancelle et tombe sur les degrés du piédestal de la statue.

La fortune est pour vous.

STÉNO.

Mais je dois la maudire,

Et je veux...

FERNANDO.

Laissez-moi, non ; j'aurai des secours.

Avec force.

On vient. Non : rien de vous ! Fuyez, sauvez vos jours.
Sténo s'éloigne, tandis que les conjurés accourent et se répandent
sur la place.

SCÈNE V.

FERNANDO, FALIERO, ISRAEL, BERTRAM, PIETRO, STROZZI, Conjurés.

ISRAEL.

Un des deux est tombé.

FALIERO.

Jusqu'à nous parvenue,
Cette voix... ah ! courons !... cette voix m'est connue.
C'est Fernando, c'est lui !

FERNANDO.

Le doge !

FALIERO.

O désespoir !
O mon fils ! qu'as-tu fait ? mon fils !

FERNANDO.

Moi, vous revoir,
Expirer à vos pieds !.... Dieu juste !

FALIERO.

Je devine
Par quel bras fut porté le coup qui t'assassine :
Par eux, toujours par eux ! Ils m'auront tout ravi.
Du trépas de Sténo le tien sera suivi.

FERNANDO.

Il s'est conduit en brave.

FALIERO.

O trop chère victime,
Que de ce cœur brisé la chaleur te ranime !
N'écarte pas la main qui veut te secourir...
Mon fils ! si près de toi, je t'ai laissé périr !
Mon espoir ! mon orgueil !.. je n'ai pu le défendre.
Au cercueil, avant moi, c'est lui qui va descendre,
Et ma race avec lui !

FERNANDO.

C'en est fait ; je le sens...
Ne me prodiguez plus des secours impuissans.
Une sueur glacée inonde mon visage...

FALIERO.

Que fais-tu ?

FERNANDO, *essayant de se soulever.*

Je voudrais... donnez-m'en le courage,
O Dieu !

FALIERO.

D'où naît l'horreur qui semble te troubler ?

FERNANDO.

Je veux... c'est à genoux que je veux vous parler.
Je ne puis...

FALIERO, *le serrant dans ses bras.*

Sur mon cœur ! sur mon cœur !

FERNANDO.

Ah ! mon père,
Grâce ! pardonnez-moi.

FALIERO.

Quoi ? ta juste colère ?
C'est celle d'un bon fils !

FERNANDO.

Grâce ! Dieu vous entend ;
Désarmez le courroux de ce Dieu qui m'attend.

FALIERO.

Comment punirait-il ta désobéissance ?
L'arrêt qui doit t'absoudre est prononcé d'avance.
Je te bénis. En paix de mon sein paternel
Va déposer ton ame au sein de l'Éternel.
Ne crains pas son courroux ; fût-il inexorable,
Il ne trouverait plus où frapper le coupable ;
Je t'ai couvert, mon fils, de pardons et de pleurs.

FERNANDO.

Mon père, embrassez-moi. Venise... et toi... je meurs.

ISRAEL, *à Faliero après un moment de silence.*

Balancez-vous encor ?

FALIERO, *qui se relève en ramassant l'épée de Fernando.*

L'arme qui fut la sienne
De sa main défaillante a passé dans la mienne :
Juge donc si ce fer, témoin de son trépas,
Au moment décisif doit reculer d'un pas.   [demeure,
Vengeance !... Au point du jour !... pour quitter sa
Que chacun soit debout dès la quatrième heure.
Au portail de Saint-Marc, par différens chemins,
Vous marcherez le fer et le feu dans les mains,
En criant : Trahison ! sauvons la république !
Aux armes ! les Génois sont dans l'Adriatique !
Le beffroi sur la tour s'ébranle à ce signal ;
Les nobles convoqués par cet appel fatal,
Pour voler au conseil en foule se répandent
Dans la place où déjà vos poignards les attendent.
A l'œuvre ! ils sont à nous ; courez, moissonnez-les !
Qu'ils tombent par millier sur le seuil du palais.
A Strozzi.
Toi, si quelqu'un d'entre eux échappait au carnage,
Du pont de Rialto ferme-lui le passage.
A Bertram.   *A Pietro.*
Toi, surprends l'arsenal ; toi ; veille sur le port ;
Israël à Saint-Marc ; moi, partout où la mort
Demande un bras plus ferme et des coups plus terribles.
Relevez de mon fils les restes insensibles :
Mais par ces tristes jours, dont il était l'appui,
Par ces pleurs menaçans, jurez-moi, jurez-lui
Qu'au prochain rendez-vous où les attend son ombre,
Pas un ne manquera, si grand que soit leur nombre ;
Qu'il iront à sa suite unir et périssant
Le dernier de leur race au dernier de mon sang
Par vos maux, par les miens, par votre délivrance,
Jurez tous avec moi : vengeance, amis !

TOUS, *excepté Bertram, en étendant leurs épées sur le cadavre de Fernando.*

Vengeance !

ACTE IV.

Le palais du Doge : même décoration qu'au premier acte.

SCÈNE PREMIÈRE.

ÉLÉNA, FALIERO.

Éléna est assise, le coude appuyé sur une table : elle dort.

FALIERO, *qui entre par le fond.*

Qu'ils ramaient lentement dans ces canaux déserts !
Le vent du midi règne ; il pèse sur les airs,
Il m'oppresse, il m'accable... Expirer avant l'âge,
Lui que je vis hier s'élancer sur la plage,
Franchir d'un pas léger le seuil de ce séjour !
Il arrivait joyeux : aujourd'hui quel retour !

Apercevant la duchesse.

Éléna m'attendait dans ses habits de fête.
Sa parure de bal couronne encore sa tête.

Le deuil est là, près d'elle, et le front sous des fleurs,
Elle a fermé ses yeux sans prévoir de malheurs.
Laissons-les du sommeil goûter en paix les charmes;
Ils ne se rouvriraient que pour verser des larmes.

ÉLÉNA, *endormie.*

Hélas !

FALIERO.

D'un rêve affreux son cœur est agité ;
Moins affreux cependant que la réalité :
Bientôt...

ÉLÉNA, *de même.*

Mort de douleur... en te trouvant... coupable.

FALIERO.

D'un soupçon qui l'outrage, ô suite inévitable !
Jusque dans son repos, dont le calme est détruit,
De mon funeste aveu le souvenir la suit.
Chère Éléna !

ÉLÉNA, *s'éveillant.*

Qu'entends-je? où suis-je? qui m'appelle?

FALIERO.

Ton ami.

ÉLÉNA.

Vous ! c'est vous !

FALIERO.

À mes désirs rebelle,
Par tendresse, il est vrai, pourquoi m'attendre ainsi ?

ÉLÉNA.

Que vous avez tardé !

FALIERO.

Je l'ai dû.

ÉLÉNA.

Vous voici !
C'est vous!.. Dieu! quels tourmens m'a causés votre ab-
Je marchais, j'écoutais : dans mon impatience, [sence!
Quand le bruit d'une rame éveillait mon espoir,
J'allais sur ce balcon me pencher pour vous voir.
La gondole en passant m'y laissait immobile ;
Tout, excepté mon cœur, redevenait tranquille.
J'ai vu les astres fuir et la nuit s'avancer,
Et des palais voisins les formes s'effacer,
Et leurs feux qui du ciel perçaient le voile sombre,
Éteints jusqu'au dernier, disparaître dans l'ombre.
Que l'attente et la nuit allongent les momens !
Je ne pouvais bannir mes noirs pressentimens.
Je tressaillais de crainte, et pourquoi ? je l'ignore.

FALIERO.

Tu trembles sur mon sein.

ÉLÉNA.

Quand donc viendra l'aurore?
Oh! qu'un rayon du jour serait doux pour mes yeux !
Funeste vision ! quelle nuit ! quels adieux !
Il m'a semblé... j'ai cru... l'abîme était horrible,
Et mes bras, que poussait une force invincible,
Vous traînaient, vous plongeaient dans cet abîme ou-
[vert.
Malgré moi, mais toujours, toujours! Que j'ai souffert!
J'entends encor ce cri qui du tombeau s'élève,
Qui m'accuse... O bonheur! je vous vois, c'est un rêve!

FALIERO.

Ne crains plus.

ÉLÉNA.

Loin de moi quel soin vous appelait?

FALIERO.

Tu le sauras.

ÉLÉNA.

Si tard, dans l'ombre!...

FALIERO.

Il le fallait.

ÉLÉNA.

Pour vous accompagner, pas un ami?

FALIERO.

Personne.

ÉLÉNA.

Pas même Fernando ?

FALIERO.

Lui, grand Dieu !

ÉLÉNA.

Je frissonne.
Vous cachez dans vos mains votre front abattu.
O ciel! du sang !

FALIERO.

Déjà?

ÉLÉNA.

Le vôtre ?

FALIERO.

Que dis-tu ?

ÉLÉNA.

Que n'est-il vrai !

ÉLÉNA.

Parlez !

FALIERO.

Un autre...

ÉLÉNA.

Osez m'instruire.
Qui ? j'aurai du courage et vous pouvez tout dire :
Qui donc ?

FALIERO.

Il n'est plus tems de te cacher son sort ;
Sous mes yeux Fernando...

ÉLÉNA.

Vous pleurez : il est mort.

FALIERO.

Digne de ses aïeux, pour une juste cause ;
La tienne !

ÉLÉNA.

C'est pour moi !

FALIERO.

Près de nous il repose,
Mais froid comme ce marbre, où penché tristement,
Je pleurais, j'embrassais son corps sans mouvement ;
Pleurs qu'il ne sentait plus, douce et cruelle étreinte
Qui n'a pu ranimer une existence éteinte !
J'ai trouvé sur son cœur réchauffé par ma main
Ce tissu malheureux qui le couvrait en vain :
Quelque gage d'amour !

Il présente à Éléna une écharpe qu'il tire de son sein.

ÉLÉNA, *qui la saisit.*

La force m'abandonne.
Objet funeste, affreux !

FALIERO.

Ah! qu'ai-je fait? pardonne.
J'aurais dû t'épargner...

ÉLÉNA.

Non ! c'est mon châtiment.
Ne m'accusait-il pas à son dernier moment?
Lui qui mourait pour moi ! .. Fernando !

FALIERO.

Je l'atteste
Par son sang répandu, par celui qui me reste,
Ceux qui causent nos maux gémiront à leur tour.

ÉLÉNA.

Nuit d'horreur !

FALIERO.

Que doit suivre un plus horrible jour.

ÉLÉNA.

Le deuil, à son lever, couvrira ces murailles.

FALIERO.

Ce jour se lèvera sur d'autres funérailles.

ÉLÉNA.

Quoi !...

FALIERO.
La mort est ici, mais elle en va sortir.

ÉLÉNA.
Quel projet formez vous ?

FALIERO.
Prête à les engloutir,
Du Sénat et des Dix la tombe est entr'ouverte.

ÉLÉNA.
Par vous ?

FALIERO.
Pour te venger.

ÉLÉNA.
Vous conspirez ?

FALIERO.
Leur perte.

ÉLÉNA.
Vous !

FALIERO.
Des bras généreux qui s'unissent au mien
Sont armés pour punir mes affronts et le tien.

ÉLÉNA.
Ciel ! une trahison, et vous l'avez conçue !
Abjurez un dessein dont je prévois l'issue.
N'immolez pas Venise à vos ressentimens :
Venise, qui du doge a reçu les sermens,
Est votre épouse aussi, mais fidèle, mais pure,
Mais digne encor de vous...

FALIERO.
Moins que toi ! leur injure
Rend tes droits plus sacrés.

ÉLÉNA.
Eh bien ! si c'est pour moi
Que vos jours en péril, que votre honneur...

FALIERO.
Tais-toi !

ÉLÉNA, à part.
Qu'allais-je faire, ô ciel !

FALIERO.
Tais-toi : quelqu'un s'avance.

SCÈNE II.

FALIERO, ÉLÉNA, VICENZO.

VICENZO.
Le seigneur Lioni demande avec instance
Une prompte entrevue...

FALIERO.
A cette heure ?

VICENZO.
A l'instant,
Pour révéler au doge un secret important.

FALIERO.
Lioni !

VICENZO.
Devant vous faut-il qu'on l'introduise ?
Il y va, m'a-t-il dit, du salut de Venise.

FALIERO.
Attendez : est-il seul ?

VICENZO.
Les seigneurs de la nuit
Entourent un captif que vers vous il conduit.

FALIERO.
L'a-t-on nommé ?

VICENZO.
Bertram.

FALIERO, bas.
Bertram !

ÉLÉNA, bas au doge.
Ce nom vous trouble.

FALIERO.
A Éléna. A Vicenzo.
Moi ! Qu'ils viennent tous deux.

SCÈNE III.

ÉLÉNA, FALIERO.

FALIERO, à Éléna.
Sors !

ÉLÉNA.
Ma frayeur redouble.

Ce Bertram...

FALIERO.
Ne crains rien.

ÉLÉNA.
C'est un des conjurés.

FALIERO.
Calme-toi.

ÉLÉNA.
Je ne puis.

FALIERO.
Mais vous me trahirez !

Sortez !

ÉLÉNA.
Non, je suis calme.

SCÈNE IV.

FALIERO, ELENA, LIONI, BERTRAM.

LIONI, s'avançant vers le doge.
Un complot nous menace :
De ce noir attentat j'ai découvert la trace,
Et j'accours...

Il s'arrête en voyant Éléna.
Mais, pardon !

FALIERO.
Madame, laissez-nous.

ÉLÉNA.
Affreuse incertitude !

SCÈNE V.

FALIERO, LIONI, BERTRAM.

FALIERO, froidement à Lioni.
Eh bien ! que savez-vous ?
J'écoute.

LIONI.
J'étais seul, en proie à la tristesse
Qui suit parfois d'un bal le tumulte et l'ivresse,
De je ne sais quel trouble agité sans raison.
Un homme, c'était lui, client de ma maison,
Que j'honorai long-tems d'une utile assistance,
Et qui m'a dû tantôt quelque reconnaissance,
Réclame la faveur de me voir en secret.
Écarté par mes gens, il insiste : on l'admet.
« Devant Dieu, me-dit-il, voulez-vous trouver grâce?
» Ne sortez pas demain. » Je m'étonne; à voix basse,
L'œil humide, il ajoute en me serrant la main:
« Je suis quitte avec vous; ne sortez pas demain. »
Et pourquoi?... Les regards inclinés vers la terre,
Immobile, interdit, il s'obstine à se taire.
J'épiais sa pâleur de cet œil pénétrant
Dont je cherche un aveu sur le front d'un mourant;
Je le presse; il reprend d'une voix solennelle :
« Si la cloche d'alarme à Saint-Marc vous appelle,
» N'y courez pas, adieu ! » Je le retiens alors :
On l'entoure à ma voix, on l'arrête; je sors.

Quatre rameurs choisis sautent dans ma gondole,
Il y monte avec moi : je fais un signe ; on vole,
Et je l'amène ici, pour qu'au chef de l'état
Un aveu sans détour dénonce l'attentat.

FALIERO.

Il n'a rien dit de plus ?

LIONI.

Mais il doit tout vous dire.
Je ne suis pas le seul contre qui l'on conspire.
Si j'en crois mes soupçons, Venise est en danger :
Qu'il s'explique, il le faut.

FALIERO.

Je vais l'interroger.

Il s'assied entre Bertram et Lioni, qui est appuyé sur le dos de son fauteuil.

A Bertram.

Approchez : votre nom ?

BERTRAM.

Bertram.

LIONI, *bas au doge.*

On le révère ;
On cite à Rialto sa piété sévère :
Parlez-lui du ciel.

FALIERO.

A Lioni.

Oui. Bertram, regardez-moi.

BERTRAM.

Seigneur...

LIONI.

Lève les yeux.

FALIERO.

N'ayez aucun effroi.

LIONI.

Si tu ne caches rien, ta grâce est assurée.

FALIERO.

Je sauverai vos jours, ma parole est sacrée ;
Vous savez à quel prix ?

BERTRAM.

Je le sais.

FALIERO.

Descendez
Au fond de votre cœur, Bertram, et répondez,
Quand vous aurez senti si votre conscience
Vous fait ou non la loi de rompre le silence.....

LIONI.

Quels sont les intérêts dont tu vas disposer ;

FALIERO.

Et quels jours précieux vous pouvez exposer,

BERTRAM.

J'ai parlé ; mon devoir m'ordonnait de le faire.

LIONI.

Achève.

FALIERO.

Et maintenant il vous force à vous taire,
Si je vous comprends bien ?

BERTRAM.

Il est vrai.

LIONI.

L'Éternel
Te défend de cacher un projet criminel.

FALIERO, *se levant.*

Ce projet, quel est-il ?

BERTRAM.

Je n'ai rien à répondre.

LIONI.

Mais ton premier aveu suffit pour te confondre,

BERTRAM.

Une voix m'avait dit : Sauve ton bienfaiteur.

LIONI.

Je suis donc menacé ?

FALIERO.

Lui seul ?

LIONI.

Quel est l'auteur,
Le chef de ce complot ?

FALIERO.

Parlez.

BERTRAM.

Qu'il me pardonne ;
J'ai voulu vous sauver, mais sans trahir personne.

LIONI.

Serais-tu son complice ?

FALIERO.

Ou seulement un bruit,
Quelque vague rapport vous aurait-il instruit ?

BERTRAM.

Je ne mentirai pas.

LIONI.

Alors que dois-je craindre ?
Quel poignard me poursuit ? où, quand doit-il m'atteindre ?
Comment ?

BERTRAM.

De ce péril j'ai dû vous avertir ;
C'est à vous désormais de vous en garantir.
Ma tâche est accomplie.

LIONI.

Et la nôtre commence :
Les douleurs vont bientôt....

BERTRAM, *fesant un pas vers le doge.*

Quoi ! vous...

FALIERO.

Notre clémence
Suspend encor l'emploi de ce dernier moyen.

Bas à Lioni.

Réduit au désespoir, il ne vous dirait rien.

LIONI.

Bas à Bertram. A Bertram.

Il faiblit. Tu l'entends ; nous voulons tout connaître.
Songe que Dieu t'écoute.

FALIERO.

Et qu'il punit le traître.

BERTRAM.

Malheureux !

LIONI.

Que tu peux mourir dans les tourmens,
Sans qu'on te donne un prêtre à tes derniers momens.

BERTRAM.

Dieu ! qu'entends-je ?

FALIERO.

Oui, demain.

LIONI.

N'accordons pas une heure,
Non : pas même un instant ; qu'il s'explique ou qu'il meure.

BERTRAM.

Je ne résiste plus.

LIONI.

Parle donc.

BERTRAM.

Eh bien !

FALIERO, *se levant.*

Quoi ?

BERTRAM.

Je vais tout dire.

LIONI.

Enfin !

BERTRAM, *au doge.*

A vous seul.

FALIERO.

Suivez-moi.

Faisant un signe à Lioni.

Je reviens.

SCÈNE VI.

LIONI.

Il me sauve, et c'est moi qu'il redoute !
Le doge l'épargnait ; mais par bonté sans doute.
Ces longs ménagemens me semblaient superflus :
Pour un patricien qu'aurait-il fait de plus ?
Il interrogeait mal ; point d'art ! aucune étude !
Mais a-t-il, comme nous, cette froide habitude
De marcher droit au but, sans pitié, sans courroux,
Et, si la mort d'un seul importe au bien de tous,
De voir dans la torture, à nos yeux familière,
Le chemin le plus court qui mène à la lumière ?...
C'est étrange : Bertram frémit en l'abordant,
Et ne veut à la fin que lui pour confident.
On eût dit qu'un secret leurs yeux d'intelligence...
Voilà de mes soupçons ! J'ai tort : de l'indulgence !
Par l'âge et les travaux le doge est affaibli ;
Mais au dernier moment d'où vient qu'il a pâli ?
Réfléchissons : j'arrive, et, contre mon attente,
Il est debout ; pourquoi ? point d'affaire importante :
Quel soin l'occupait donc ? Mon aspect l'a troublé ;
Il s'est remis soudain, mais il avait tremblé.
Il nourrit contre nous une implacable haine :
S'il osait... Lui ; jamais !... Chancelante, incertaine,
La duchesse en parlant semblait craindre mes yeux.
Son effroi la ramène ; il faut l'observer mieux ;
Je lirai dans son cœur.

SCÈNE VII.

LIONI, ÉLENA.

LIONI.
Votre Altesse, j'espère,
D'une grave entrevue excuse le mystère.

ÉLENA.
Il ne m'appartient pas d'en sonder les secrets ;
Mais le doge est absent ?...

LIONI.
Pour de grands intérêts.
Puis-je sans trop d'orgueil penser qu'une soirée
Où d'hommages si vrais je vous vis entourée,
Vous a laissé, madame, un heureux souvenir ?

ÉLENA.
A part.
Charmant : j'y pense encor. Qui peut le retenir ?
A Lioni.
Ce prisonnier sans doute occupe Son Altesse ?

LIONI.
Lui-même. Qu'avez-vous ?

ÉLENA.
Rien.

LIONI.
Il vous intéresse ?

ÉLENA.
Moi !... mais c'est la pitié qui m'intéresse à lui :
Je plains un malheureux. Et son sort aujourd'hui...

LIONI, avec indifférence.
Sera celui de tous.

ÉLENA, à part.
Que dit-il ?

LIONI, à part.
Elle tremble.

ÉLENA.
D'autres sont accusés ?

LIONI, froidement.
Tous périront ensemble.
Il a fait tant d'aveux !

ÉLENA, vivement.
A vous, seigneur ?

LIONI.
Du moins
Au doge qui l'écoute.

ÉLENA.
Au doge et sans témoins ?

LIONI.
Sans témoins.

ÉLENA, à part.
O bonheur !

LIONI, à part.
Ce mot l'a rassurée.
A Élena.
Mais Votre Altesse hier s'est trop tôt retirée.
Ce bal semblait lui plaire, et le doge pourtant
Ne l'a de sa présence honoré qu'un instant.

ÉLENA.
Ses travaux lui rendaient le repos nécessaire.

LIONI.
Il veille encor.

ÉLENA, vivement.
C'est moi, je dois être sincère,
C'est moi qui fatiguée...

LIONI.
Et vous veillez aussi...
Pour ne le pas quitter ?

ÉLENA.
Seule, inquiète ici,
J'attendais...

LIONI, vivement.
Qu'il revînt ? Une affaire soudaine
L'a contraint de sortir ?

ÉLENA.
Non ; mais sans quelque peine
Je ne pouvais penser que chez lui de retour
Un travail assidu l'occupât jusqu'au jour ;
Et vous partagerez la crainte que m'inspire
Un tel excès de zèle.

LIONI.
En effet.

ÉLENA, à part.
Je respire.

LIONI, à part.
J'avais raison.

ÉLENA.
Il vient.

SCÈNE VIII.

ELENA, LIONI, FALIERO.

FALIERO, qui prend Lioni à part.
Le coupable a parlé.

LIONI,
Eh bien, Seigneur ?

FALIERO.
Plus tard le Conseil assemblé
Apprendra par mes soins tout ce qu'il doit apprendre.
Sous le pont des Soupirs Bertram vient de descendre :
Reposez-vous sur moi, sans vous troubler de rien ;
Je ferai mon devoir.

LIONI, à part, après s'être incliné.
Je vais faire le mien.

SCÈNE IX.

ELENA, FALIERO.

FALIERO.
La victoire me reste !

ÉLÉNA.

A quoi tient votre vie ?

FALIERO.

Qu'importe ! elle est sauvée.

ÉLÉNA.

Un mot vous l'eût ravie.

FALIERO.

Du cachot de Bertram ce mot ne peut sortir :
Renais à l'espérance.

ÉLÉNA.

Et comment la sentir ?
Mon cœur s'est épuisé dans cette angoisse affreuse ;
Plaignez-moi : je n'ai pas la force d'être heureuse.

FALIERO.

Une heure encore d'attente !

ÉLÉNA.

Un siècle de douleurs.
Quand je crains pour vos jours !

FALIERO.

Qu'ils tremblent pour les leurs !
Adieu.

ÉLÉNA.

Vous persistez ?

FALIERO.

Mourir, ou qu'ils succombent !

ÉLÉNA.

Vous mourrez !... C'est sur vous que vos projets retom-
[bent !
Ma terreur me le dit. C'est Dieu, mon cœur le sent,
C'est Dieu qui m'a parlé, la mort, la voix du sang.
C'est Fernando, c'est lui dont le sort vous menace,
Qui du doigt au cercueil m'a montré votre place.
Voulez-vous me laisser seule entre deux tombeaux ?
Grâce ! j'ai tant pleuré ! ne comblez pas mes maux.
Cédez ; vous n'irez pas ! non : grâce ! il faut me croire.
Grâce pour moi, pour vous, pour soixante ans de gloire !

FALIERO.

Mais ma gloire, c'est toi : ton époux, ton soutien
Perdra-t-il son honneur en mourant pour le tien ?
Je ne venge que lui.

ÉLÉNA.

Que lui !

FALIERO.

Pour le défendre.
Ma confiance en toi m'a fait tout entreprendre.
Sur ton pieux respect, sur ta jeune raison,
Si je me reposais avec moins d'abandon ;
Pour lui faire un tourment de ma terreur jalouse,
Avili par mon choix, si j'aimais une épouse,
Qui, chargée à regret du fardeau de mes ans,
Pourrait à leurs dédains livrer mes cheveux blancs ;
Non, non, je n'irais pas, combattu par mes doutes,
Affronter les périls que pour moi tu redoutes.

ÉLÉNA.

Grand Dieu !

FALIERO.

Je n'irais pas follement irrité,
Pour venger de son nom l'opprobre mérité,
Pour elle, pour sa cause et ses jours méprisables,
Ternir un siècle entier de jours irréprochables.
Non, courbé sous la honte et cachant ma douleur,
Je n'aurais accusé que moi de mon malheur.

ÉLÉNA.

Qu'avez-vous dit ?

FALIERO.

Mais toi, toi qu'ils ont soupçonnée,
Digne appui du vieillard à qui tu t'es donnée,
Modèle de vertu dans ce triste lien,
Ange consolateur, mon orgueil, mon seul bien...

ÉLÉNA.

O tourment !

FALIERO.

Tu verrais de ta vie exemplaire,
L'outrage impunément devenir le salaire !
Ah ! je cours...

ÉLÉNA.

Arrêtez !

FALIERO.

Ne te souviens-tu pas
De l'heure où ton vieux père expira dans nos bras ?
A son dernier soupir il reçut ta promesse
De m'aimer, d'embellir, d'honorer ma vieillesse :
Tu l'as fait.

ÉLÉNA.

C'en est trop !

FALIERO.

Je promis à mon tour
De veiller sur ton sort jusqu'à mon dernier jour.
Ton père me l'ordonne.

ÉLÉNA.

Écartez cette image.

FALIERO.

C'est lui...

ÉLÉNA.

Je parlerais !

FALIERO.

C'est lui qui m'encourage
A remplir mon devoir, à tenir mon serment,
A défendre sa fille.

ÉLÉNA.

A la punir.

FALIERO.

Comment ?

ÉLÉNA.

Vengez-vous ; punissez. Le sang qu'il vous demande
C'est le mien. Punissez ; votre honneur le commande ;
Mais n'immolez que moi, moi seule : cet honneur
Pour qui vous exposez repos, gloire, bonheur,
Je l'ai perdu !

FALIERO.

Qu'entends-je ? où suis-je ? que dit-elle ?
Qui, vous ?

ÉLÉNA.

Fille parjure, épouse criminelle,
Mon père au lit de mort, vos bienfaits et ma foi,
Tout, oui, j'ai tout trahi.

FALIERO.

Point de pitié pour toi !
Mais il est un secret qu'il faut que tu déclares :
Ton complice ?

ÉLÉNA.

Il n'est plus.

FALIERO.

Éléna, tu t'égares.
Comprends-tu bien les mots qui te sont échappés ?
Sais-tu que, s'il est vrai, tu vas mourir ?

ÉLÉNA.

Frappez !

FALIERO, *levant son poignard.*

Reçois ton châtiment !... mais non : Qu'allais-je faire ?
Tu tremblais pour ma vie, et ta frayeur m'éclaire.
Non, non ; en t'accusant tu voulais me sauver.

Le poignard tombe de ses mains.

A ce sublime aveu qui pouvait s'élever
De cette trahison ne fut jamais capable.
Dis que tu m'abusais, que tu n'es pas coupable,
Parle, et dans mon dessein je ne persiste pas ;
J'y renonce, Éléna, parle... ou viens dans mes bras,
Viens, et c'en est assez !

ÉLÉNA.

Hélas ! j'en suis indigne.

J'ai mérité la mort : frappez, je m'y résigne.
Ah ! frappez !

FALIERO.

Et le fer de mes mains est tombé ;
A sa honte, à mes maux, je n'ai pas succombé !
D'un tel excès d'amour redescendre pour elle
Au mépris?... non : la haine eût été moins cruelle.
Mais on vient ; mon devoir m'impose un dernier soin :
Le danger me ranime... Ah ! j'en avais besoin.
J'entends mes conjurés ; ce sont eux ; voici l'heure.
Redevenons moi-même : il faut agir.

SCÈNE X.

FALIERO, ÉLÉNA, VEREZZA, Seigneurs de la
Nuit, Gardes.

VEREZZA.

Demeure :
Envoyé par les Dix, je t'arrête en leur nom,
Doge, comme accusé de haute trahison.

ÉLÉNA.

Plus d'espoir !

FALIERO.

M'arrêter, moi, ton prince !

VEREZZA.

Toi-même :
Voici l'ordre émané de leur conseil suprême.
Obéis.

Quatre heures sonnent.

FALIERO.

Je commande, et votre heure a sonné.
Juge des factieux qui m'auraient condamné,
J'attends que le beffroi les livre à ma justice.
Écoute : il va donner le signal du supplice.
Je brave ton sénat, tes maîtres, leurs bourreaux,

Et l'ordre qu'à tes pieds ma main jette en lambeaux.

VEREZZA.

Ton espérance est vaine.

ÉLÉNA.

Aucun bruit !

FALIERO.

Quel silence !

VEREZZA.

Tu n'as pas su des Dix tromper la vigilance ;
Les cachots ont parlé : ne nous résiste pas.

FALIERO.

C'en est donc fait ; marchons.

ÉLÉNA.

Je m'attache à vos pas.

FALIERO, qui la ramène sur le devant de la scène.

A voix basse.

Vous !.. et quels sont les droits de celle qui m'implore?
Son titre? que veut-elle? ai-je une épouse encore ?
Je ne vous connais pas ; je ne veux plus vous voir.
Contre un arrêt mortel, qu'il m'est doux de prévoir,
Ma vie à son déclin sera peu défendue,
Pour que la liberté vous soit enfin rendue,
Eléna, je mourrai ; c'est tout ce que je puis ;
Vous pardonner, jamais !

A Éléna qui le suit, les mains jointes.

Non, restez !

A Verezza.

Je vous suis.

FIN DU QUATRIÈME ACTE.

ACTE V.

Une salle voisine de celle où les Dix sont entrés pour délibérer. Autour de la salle, les portraits
des doges ; au fond, une galerie ouverte qui donne sur la place, à la porte deux soldats en sentinelle.

SCÈNE PREMIÈRE.

FALIERO, ISRAEL.

ISRAEL. Il est assis.

Un plan si bien conduit ! ô fortune cruelle,
Attendre ce moment pour nous être infidèle !
Quand je voyais crouler leur pouvoir chancelant,
Quand nous touchions au but.. mais j'oublie en parlant
Que mon prince est debout.

FALIERO, à Israël, qui fait un effort pour se lever.

Demeure : la souffrance
Vient de briser ton corps sans lasser ta constance.
Je voudrais par mes soins adoucir tes douleurs ;
Que puis-je ?

ISRAEL.

Dans vos yeux je vois rouler des pleurs.

FALIERO.

Je pleure un brave.

ISRAEL.

Et moi, tandis qu'on délibère,
Je fais des vœux pour vous, qui me traitez en frère.

FALIERO.

Comme autrefois.

ISRAEL.

Toujours le frère du soldat,
Consolant le blessé qui survit au combat.

FALIERO.

Ces tems-là ne sont plus.

ISRAEL.

Mais alors quelle joie,
Quand nous fondions les mers pour saisir notre proie!

FALIERO.

En maître sur les flots du golfe ensanglanté,
Que mon Lion vainqueur voguait avec fierté!
Tu t'en souviens?

ISRAEL.

O jours d'éternelle mémoire!
Que Venise était belle après une victoire!

FALIERO.

Et nous ne mourrons pas sous notre pavillon.

ISRAEL.

Misérable Bertram! parler dans sa prison,
Nous trahir, comme un lâche, à l'aspect des tortures!
Comptez donc sur la foi de ces âmes si pures,
Sur leur sainte ferveur! Et tremblant, indigné,
Le tenant seul à seul vous l'avez épargné?

FALIERO.

Il pleurait.

ISRAEL.

D'un seul coup j'aurais séché ses larmes.

FALIERO.

Peut-être.

ISRAEL.

Dans mes bras, si j'eusse été sans armes,
J'aurais, en l'étouffant, voulu m'en délivrer:
Mon général sait vaincre, et je sais conspirer.

FALIERO.

Pourquoi tous tes amis n'ont-ils pas ton courage?

ISRAEL.

Ils viennent de partir pour leur dernier voyage.
Strozzi vend nos secrets qu'on lui paie à prix d'or;
Il vivra. Mais Piétro, je crois le voir encor:
L'œil fier, d'une main sûre et sans reprendre haleine,
Il vide, en votre honneur, sa coupe trois fois pleine,
S'avance, et répétant son refrain familier:
« Que saint Marc soit, dit-il, en aide au gondolier. »
Il s'agenouille alors, il chante et le fer tombe.

FALIERO.

Nous le suivrons tous deux.

ISRAEL.

Non: pour vous sur ma tombe
Le soleil de Zara doit encor se lever.

FALIERO.

Qu'espères-tu? jamais.

ISRAEL.

Trop lâches pour braver
Le peuple furieux rassemblé dans la place,
De condamner leur père ils n'auront pas l'audace.
Moi, pendant tout un jour qu'ont rempli ces débats,
J'ai su me résigner; que ferais-je ici-bas?
Je n'ai point de famille et n'ai plus de patrie;
Mais vous, votre Eléna, votre épouse chérie...

FALIERO, avec douleur.

Israël!...

ISRAEL.

Ah! pardon! ce nom doit vous troubler.
Un marin tel que moi ne sait pas consoler.
Son bon cœur qui l'entraîne a besoin d'indulgence.

FALIERO, après lui avoir serré la main.

Ils reviennent.

ISRAEL, se relevant.

Debout j'entendrai ma sentence.

SCÈNE II.

FALIERO, ISRAEL, BÉNETINDE, LIONI,
STÉNO, LES DIX, LES MEMBRES DE LA JUNTE,
GARDES.

BÉNETINDE.

Le crime reconnu, les témoins écoutés,
Tel est l'arrêt des Dix par la junte assistés:
Israël Bertuccio, sois puni du supplice
Qu'on réserve au forfait dont tu fus le complice.
Meurs: c'est le châtiment contre toi prononcé.
Sur le balcon de marbre où le doge est placé,
Quand des jeux solennels il contemple la fête,
Le glaive de la loi fera rouler ta tête.

ISRAEL.

Est-il prêt? je le suis.

LIONI.

Tu n'as plus qu'un moment:
Un aveu peut encor changer ton châtiment.
Que cherches-tu?

ISRAEL.

Ces mots ont droit de me confondre;
Je cherchais si Bertram était là pour répondre.

LIONI.

Fidèle à son devoir, il a su le remplir.

ISRAEL.

Oui, comme délateur: quand doit-on l'anoblir?

BÉNETINDE.

Ainsi tu ne veux pas nommer d'autres coupables?

ISRAEL.

Et, si je dénonçais les traîtres véritables,
Périraient-ils?

BÉNETINDE.

Ce soir.

ISRAEL.

Je vous dénonce tous.
Finissons: vos bourreaux m'ont lassé moins que vous.

Il retombe assis.

BÉNETINDE, à Faliero.

Le doge en sa faveur n'a-t-il plus rien à dire?

FALIERO.

Chef des Dix, quel que soit l'arrêt que tu vas lire,
J'en appelle.

BÉNETINDE.

A qui donc?

FALIERO.

A mon peuple ici-bas,
Et dans le ciel à Dieu.

BÉNETINDE.

Que Dieu t'ouvre ses bras,
C'est ton juge: après nous, tu n'en auras pas d'autre.

FALIERO.

Son tribunal un jour me vengera du vôtre.

Montrant Sténo.

Il le doit: parmi vous je vois un assassin.

BÉNETINDE.

En vertu de sa charge admis dans notre sein,
A siéger malgré lui Sténo dut se résoudre.

STÉNO.

Doge, un seul vœu dans l'urne est tombé pour t'ab-
[soudre.

FALIERO.

Lisez, j'attends.

BENETINDE, *d'une voix émue.*

Puissé-je étouffer la pitié
Que réveille en mon cœur une ancienne amitié !

A Faliero.

« Toi, noble, ambassadeur, général de Venise,
» Et gouverneur de Rhode à tes armes soumise,
» Duc de Vald-Marino, prince, chef du sénat,
» Toi doge, convaincu d'avoir trahi l'état...

Passant la sentence à Lioni.

Achevez, je ne puis.

LIONI.

» Tu mourras comme traître.
» Maudit sera le jour où tu fus notre maître.
» Tes palais et tes fiefs grossiront le trésor;
» Ton nom disparaîtra, rayé du livre d'or.
» Tu mourras où ton front ceignit le diadème ;
» L'escalier des Géans, à ton heure suprême,
» Verra le criminel, par ses pairs condamné,
» Périr où le héros fut par eux couronné.

Montrant les portraits des doges.

» Entre nos souverains, contre l'antique usage,
» Tu ne revivras pas dans ta royale image.
» A la place où ton peuple aurait dû te revoir,
» Le tableau sera vide, et sur le voile noir
» Dont la main des bourreaux recouvre leur victime,
» On y lira ces mots : Mis à mort pour ses crimes ! »

FALIERO.

Bords sacrés, ciel natal, palais que j'élevai,
Flots rougis de mon sang, où mon bras a sauvé
Ces fiers patriciens qui, sans moi, dans les chaînes
Rameraient aujourd'hui sur les flottes de Gênes,
De ma voix qui s'éteint recueillez les accens !
Si je fus criminel, sont-ils donc innocens?
Je ne les maudis pas : Dieu lui seul peut maudire.
Mais voici les destins que je dois leur prédire :
Faites pour quelques-uns, les lois sont des fléaux ;
Point d'appuis dans un peuple où l'on n'a point d'é-
[gaux.

Seuls héritiers par vous des libertés publiques,
Vos fils succomberont sous vos lois despotiques,
Esclaves éternels de tous les conquérans,
Ces tyrans détrônés flatteront des tyrans.
Leurs trésors passeront, et les vices du père
Aux vices des enfans légueront la misère.
Nobles déshonorés, un jour on les verra,
Pour quelques pièces d'or qu'un juif leur jettera,
Prostituer leurs titres, et vendre les décombres
De ces palais déserts où dormiront vos ombres.
D'un peuple sans vigueur mère sans dignité,
Stérile en citoyens dans sa fécondité,
Lorsque Venise enfin, de débauche affaiblie,
Ivre de sang royal, opprimée, avilie,
Morte, n'offrira plus que deuil, que désespoir,
Qu'opprobre aux étrangers, étonnés de la voir;
En sondant ses cachots, en comptant ses victimes,
Ils diront : Elle aussi, mise à mort pour ses crimes !

BENETINDE.

Par respect pour ton rang nous t'avons écouté,
Et tant tu vivras tu seras respecté.
Tu nous braves encor : le peuple te rassure;
Mais autour du palais vainement il murmure.
N'attends rien que de nous : d'une part de tes biens
Tu pourras disposer pour ta veuve et les tiens.

Dis-nous quels sont tes vœux; car ton heure est pro-
[chaine;
Parle.

FALIERO.

Laissez-moi seul.

BENETINDE, *montrant Israël.*

Qu'au supplice on l'entraîne.

ISRAEL ; *il s'avance et tombe à genoux devant le
doge.*

Soldat, je veux mourir, béni par cette main
Qui de l'honneur jadis m'a montré le chemin.

FALIERO.

A revoir dans le ciel, mon vieux compagnon d'armes !
Jusqu'à ton dernier jour toi qui fus sans alarmes,
Sois sans remords !

Il le relève.

Avant de subir ton arrêt,
Embrasse ton ami...

ISRAEL.

Mon prince daignerait...

FALIERO.

Titre vain ! entre nous il n'est plus de distance :
Quand la mort est si près l'égalité commence.

Israel se jette dans les bras du doge.

BENETINDE, *aux soldats qui entourent Israel.*

Allez !

Aux membres de la Junte.

Retirons-nous.

SCÈNE III.

FALIERO.

Qui l'eût pensé jamais?
J'expire abandonné par tous ceux que j'aimais :
Lui seul ne me doit rien, il m'est resté fidèle,
Mais quoi ! de tant d'amis, qui me vantaient leur zèle,
Dont j'ai par mes bienfaits mérité les adieux,
Pas un qui devant moi ne dût baisser les yeux!
Et même dans la tombe où je m'en vais descendre,
Celui qui fut mon fils... ne troublons pas sa cendre :
Je l'ai béni !... Des biens me sont laissés par eux :
Donnons-les. A qui donc? Pourquoi faire un heureux?
Puis-je y trouver encore une douceur secrète?
Je n'ai pas dans le monde un cœur qui me regrette.

Il s'assied près de la table, où il écrit.

Qu'importe?

SCÈNE IV.

ELENA, FALIERO.

ELENA.

J'ai voulu vous parler sans témoin ;
Enfin on l'a permis. Puis-je approcher?

Le doge ne tourne pas la tête et reste immobile sans lui répondre.

Du moins

Répondez.

Le doge continue de garder le silence.

Par pitié, daignez me le défendre ;

J'entendrai votre voix.

Même silence du doge.

M'éloigner sans l'entendre,
Il le faut donc !

Elle fait un pas pour sortir, revient, se traîne jusqu'auprès de Faliero, saisit une de ses mains, et la baise avec transport.

FALIERO, *Il se retourne, la prend dans ses bras, la couvre de baisers et de larmes, et lui dit :*

Ma fille a tardé bien long-tems !

ÉLÉNA.

O ciel ! c'est mon arrêt qu'à vos genoux j'attends ;
Celle que vous voyez sous sa faute abattue,
Elle a causé vos maux, c'est elle qui vous tue,
Et vous lui pardonnez !

FALIERO, *la relevant.*

Qui ? moi ! je ne sais rien.

ÉLÉNA.

Quoi ! vous oubliez tout !

FALIERO.

Non : car je me souvien
Que tu m'as fait aimer une vie importune ;
Tes soins l'ont prolongée, et dans mon infortune,
Tu m'adoucis la mort, je le sens.

ÉLÉNA.

Espérez !
Partout de vos vengeurs ces murs sont entourés.

FALIERO.

Ils ne feront pourtant que hâter mon supplice.

ÉLÉNA.

On n'accomplira pas cet affreux sacrifice :
Ils vont vous délivrer ; entendez-vous leurs cris ?

FALIERO.

Je voudrais te laisser l'espoir que tu nourris ;
Mais la nuit qui s'approche est pour moi la dernière.
Ne repousse donc pas mon unique prière.

ÉLÉNA.

Ordonnez : quels devoirs voulez-vous m'imposer ?
Je m'y soumets.

FALIERO, *lui remettant un papier.*

Tiens, prends ! tu ne peux refuser :
C'est le présent d'adieu d'un ami qui s'absente,
Mais que tu reverras.

ÉLÉNA.

C'en est trop !... innocente,
J'aurais pu l'accepter ; coupable...

FALIERO.

Que dis-tu ?
Si c'est un sacrifice, accepte par vertu :
Supporter un bienfait peut avoir sa noblesse.
Sois fière encore du nom qu'un condamné te laisse ;
Des monumens humains que sert de le bannir ?
De mes travaux passés l'éternel souvenir,
Sur les mers, dans les vents, planera d'âge en âge ;
Et jamais nos neveux ne verront du rivage
Les vaisseaux sarrasins blanchir à l'horizon,
Sans parler de ma vie et murmurer mon nom.
Sois fière de tous deux.

ÉLÉNA.

Qu'avec vous je succombe ;
Je n'ai pas d'autre espoir.

FALIERO.

Et demain sur ma tombe,
Qui donc, si tu n'es plus, jettera quelques fleurs ?
Car tu viendras, ma fille, y répandre des pleurs,
N'est-ce pas ?

ÉLÉNA.

Moi ! grand Dieu !

FALIERO.

Toi, que j'ai tant aimée,
Que j'aime !

ÉLÉNA.

Sans espoir, de remords consumée,
Je vivrai, si je puis, je vivrai pour souffrir.

FALIERO.

Songe à ces malheureux qui viennent de périr :
Veille sur leurs enfans dont je plains la misère.

ÉLÉNA.

Je prodiguerai l'or.

FALIERO.

Qu'ils te nomment leur mère ;
Fais-moi chérir encor par quelque infortuné.

ÉLÉNA.

Mais je pourrai mourir quand j'aurai tout donné ?...

FALIERO.

Digne de ton époux ; et ton juge suprême,
Indulgent comme lui, pardonnera de même.

La lueur et le passage des torches qu'on voit à travers les vitraux du fond indiquent un mouvement dans la galerie. Vorezza paraît accompagné de deux affidés, qui portent le manteau et la couronne du doge. Faliero leur fait signe qu'il va les suivre, et se place entre eux et Éléna, de manière qu'elle ne puisse les apercevoir.

J'ai besoin de courage, et j'en attends de toi.
Épargne un cœur brisé.

ÉLÉNA.

C'est un devoir pour moi :
Quand le moment viendra je serai sans faiblesse.

FALIERO.

Eh bien !... il est venu.

ÉLÉNA, *avec désespoir.*

Déjà !

FALIERO, *la serrant contre son sein.*

Tiens ta promesse...
Adieu !

ÉLÉNA.

Jamais ! jamais ! Non, ne me quittez pas !
Non, non ! je veux... j'irai... j'expire dans vos bras.

FALIERO.

Elle ne m'entend plus : elle pâlit, chancelle,
L'abandonner ainsi !... Grand Dieu, veillez sur elle !

Il la place dans un fauteuil.

Cette mort passagère a suspendu tes maux :
Adieu, mon Éléna ! Froid comme les tombeaux,
Mon cœur ne battra plus quand le tien va renaître ;
Mais il meurt en t'aimant.

Il lui donne un dernier baiser, lui couvre du manteau ducal, il place la couronne sur sa tête, et suit Vorezza. Le tumulte s'accroît ; on entend retentir avec plus de force ces cris : Faliero ! Faliero ! Grâce ! Grâce !

SCÈNE V.

ELENA, *qui se ranime par degrés.*

Je l'obtiendrai peut-être...
Votre grâce... oui... marchons.

Regardant autour d'elle.

Ciel! par eux immolé,
Il va périr... mais non... les cris ont redoublé :
Le peuple au coup mortel peut l'arracher encore.

Se laissant glisser à genoux.

Dieu clément! c'est leur père! O mon Dieu, je t'implore!

Les portes vont s'ouvrir. Frappez tous; brisez-les !...
La foule a pénétré dans la cour du palais ;
On les force à laisser leur vengeance imparfaite !
Il est sauvé, sauvé ! courons...

LIONI, *suivi des Dix; il paraît dans la galerie du fond, un glaive d'une main et la couronne ducale de l'autre, et crie au peuple :*

Justice est faite !

Eléna tombe privée de sentiment.

FIN.

IMPRIMERIE DE DONDEY-DUPRÉ, RUE SAINT-LOUIS, N° 46, AU MARAIS.

NAPOLÉON
BONAPARTE,
DRAME EN SIX ACTES ET EN VINGT-TROIS TABLEAUX,
Par M. Alexandre Dumas,

REPRÉSENTÉ POUR LA PREMIÈRE FOIS, SUR LE THÉATRE ROYAL DE L'ODÉON, LE....

PERSONNAGES.

NAPOLÉON.
UN ESPION.
LE LORRAIN.
JUNOT, Sergent.
LE Général CARTAUX.
SALICETTI. |
FRÉRON. } représentans.
GASPARIN. |
LE Général DUGOMMIER.
UN CAPORAL.
UNE SENTINELLE.

JOSÉPHINE.
LE Général DUROC.
UN BANQUISTE.
UN CRIEUR PUBLIC.
UN PASSANT.
UN AUTRE.
UN MARCHAND DE PARAPLUIES.
CHARLES BOURIENNE.
UN HUISSIER.
LABREDECHE.
UN MERVEILLEUX.
UNE FEMME DU PEUPLE.
UN ENFANT.

LE Général BERTHIER.
CAULAINCOURT.
DAVOUST.
RAPP.
MORTIER.

TALMA.
LE MINISTRE DE LA GUERRE.
UN HUISSIER.
MURAT.
L'EMPEREUR D'AUTRICHE.
LE ROI DE SAXE.
— DE BAVIÈRE.
— DE WURTEMBERG.
— DE PRUSSE.
PREMIER SOLDAT.
DEUXIÈME SOLDAT.
TROISIÈME SOLDAT.
QUATRIÈME SOLDAT.
UN AIDE-DE-CAMP.
UNE JEUNE FEMME.

UNE ESTAFETTE.
UN ENVOYÉ.
BERTHIER.
RAGUSE.
TREVISE.
LES MARECHAUX.
CAULAINCOURT.
ROUSTAN.

LE Marquis DE LA FEUILLADE.
UN HUISSIER.
UN SOLLICITEUR.
UN VIEUX MILITAIRE.
LE MINISTRE.
LE GRAND-MARECHAL.

DEUXIEME HUISSIER.
LA MARQUISE.
LE GRAND PARENT.
UN MEDECIN.
L'ABBÉ.
LA PETITE COUSINE.
UN VALET.
UN MATELOT.
UN CAPITAINE DE VAISSEAU.
PREMIER GARDE-DU-CORPS.
DEUXe GARDE-DU-CORPS.
UN VALET DE PIED.
UN FACTIONNAIRE.
UN COURTISAN.
QUATRE COURTISANS.
UN GENDARME.

SIR HUDSON LOWE.
MARCHAND.
ANTOMARCHI.
BERTRAND.
LAS CASES.
UN OFFICIER ANGLAIS.
MADAME BERTRAND.
LES ENFANS.
PEUPLE, MARCHANDS, SOLDATS DE TOUTES ARMES, DAMES, GRISETTES, VIVANDIÈRES, MARÉCHAUX.

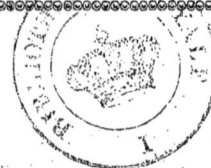

ACTE PREMIER.

Premier Tableau.

TOULON. — 1793.

L'intérieur d'une redoute. — Des embrasures où sont des canons et entre lesquelles on aperçoit Toulon; puis, derrière la chaîne de rochers où sont échelonnés les forts de Lartigues, Saint-Antoine et Faron.

SCÈNE PREMIÈRE.

Des soldats sont couchés par terre. Une sentinelle monte la garde au lever du rideau; trois hommes viennent le relever; un réquisitionnaire prend sa place.

LE RÉQUISITIONNAIRE. La consigne?

LA SENTINELLE. Ne laisser passer personne au milieu des travaux. Surveiller la route de Toulon à Marseille.

LE RÉQUISITIONNAIRE. Le mot d'ordre?

LA SENTINELLE. Toulon et liberté.

LE RÉQUISITIONNAIRE. Bon. (Les soldats

s'éloignent.) Dites donc! dites donc! (*Ils reviennent.*) Comment avez-vous di ça!

LA SENTINELLE. Toulon et liberté.

LE RÉQUISITIONNAIRE. Et je laisserai passer tous ceux qui me diront ça.

LES SOLDATS. Oui.

LE RÉQUISITIONNAIRE. Vous pouvez filer maintenant. (*Il répète en allant de long en large.*) « Toulon et liberté....... Toulon et liberté. » C'est ça.

(Chantant.)

> Ah ! le triste état
> Que d'être gendarme !
> Ah ! le noble état
> Que d'être soldat !
> Quand le tambour bat,
> Adieu nos maîtresses ;
> Quand le tambour bat,
> La nation s'en va. (3 *fois*.)

LE SERGENT JUNOT , *qui s'est levé au commencement du couplet et qui l'a suivi par derrière au moment où il se retourne.* Dis donc, citoyen réquisitionnaire, comment t'appelles-tu ?

LE RÉQUISITIONNAIRE. Je m'appelle Lorrain , vu que je suis de la Lorraine.

JUNOT. Eh bien ! citoyen Lorrain , en descendant de garde tu iras achever ta faction à la garde du camp.

LE RÉQUISITIONNAIRE. Pourquoi ça , sergent?

JUNOT. Parce qu'on ne chante pas sous les armes.

LE RÉQUISITIONNAIRE. C'est dit ! —une autre fois je m'en souviendrai —Il est bon enfant le sergent; il aurait pu m'envoyer au cachot. Faut se consoler.

SCENE II.

LES MÊMES , BONAPARTE.

BONAPARTE , *entrant.* Et vous me faites dire qu'il n'y a plus d'artilleurs qui veuillent servir ma batterie ?

JUNOT. Le fort Mulgrave n'est qu'à 120 toises , et à la dernière attaque soixante-dix artilleurs ont été tués sur quatre-vingts. (*Un boulet passe et coupe des branches d'arbre qui tombent aux pieds de Bonaparte.*) Tenez, ils tirent comme à une cible.

BONAPARTE. Il fallait faire un appel aux hommes de bonne volonté.

JUNOT. Je l'ai fait, et pas un ne s'est offert.

BONAPARTE. Ah! c'est comme cela ! Sergent , écrivez sur ce papier en grosses lettres : *Batterie des hommes sans peur.*

(Un boulet enlève une partie de l'épaulement et couvre de terre le sergent qui écrit.)

JUNOT , *secouant son papier.* Bon ! je n'aurai pas besoin de sable.

BONAPARTE. Ton nom?

JUNOT. Junot.

BONAPARTE. Je ne l'oublierai pas.

LORRAIN. Qui vive?

JUNOT. Imbécille ! tu vois bien que c'est le général en chef et les représentans du peuple.

SCENE III.

LES MÊMES , LE GÉNÉRAL CARTAUX , SALICETTI, GASPARIN, FRÉRON.

BONAPARTE , *au sergent.* Mets cet écriteau en avant de la batterie, tout le monde maintenant voudra en être.

CARTAUX. Citoyen commandant , nous avons reçu de Paris un plan d'attaque, et nous venons te le communiquer.

BONAPARTE. Et quel est l'auteur de ce plan?

CARTAUX. Le célèbre général d'Arçon.

BONAPARTE. Qui n'a peut-être jamais vu la ville. —C'est le cinquième qu'on envoie de Paris, et le dernier de mes canonniers en ferait un moins mauvais que le meilleur d'eux tous... Voyons ce plan.

CARTAUX, *lisant.* Le général Cartaux s'emparera de tous les points occupés par l'ennemi du côté de la terre, en abandonnant entièrement la mer.

Il se rendra maître, à quelque prix que ce soit, des forts Faron, Saint-Antoine, Lartigues, Sainte-Catherine et Lamalgue.

Une fois maître de ces forts, il fera procéder sans relâche au bombardement de la ville.

BONAPARTE. Et combien d'hommes de renfort nous envoie-t-il pour exécuter ce plan?

CARTAUX. Pas un ; il faudra nous contenter de ce que nous avons.

BONAPARTE. Soixante mille hommes ne suffiraient pas ; et avec les renforts venus de l'armée de Lyon , nous sommes à peine trente mille.

FRÉRON. Il faudra pourtant bien exécuter les ordres du comité, ou ta tête , citoyen général , répond du succès.

BONAPARTE , *lui prenant la main.* Citoyen représentant , vois-tu d'ici cette citadelle incrustée comme un nid d'aigle aux flancs de cette montagne?....... C'est le fort de Faron que ton comité parisien nous ordonne de prendre. Si tu veux que j'exécute ses ordres, trouve-moi des soldats qui aient des ailes et amène-moi l'hippogriffe pour les y conduire.

GASPARIN. Eh bien! bornons-nous à la prise du fort Lamalgue.

BONAPARTE. Oui, et pour y arriver tu feras passer tes trente mille hommes entre le feu de quatre forts et celui du camp retranché qui est en avant de Toulon, et quand tu y auras laissé la moitié de tes hommes, avec le reste tu iras attaquer le fort Lamalgue, étoilé par Vauban, avec ses angles opposés aux angles, sa batterie de soixante pièces d'artillerie et ses trois mille hommes de garnison. (*S'asseyant sur une pièce.*) Insensés!

CARTAUX, *à Bonaparte.* Citoyen commandant, as-tu dirigé une batterie de quatre obusiers sur la poudrière?

BONAPARTE. Oui.

CARTAUX. Eh bien?

BONAPARTE. J'y ai jeté vingt obus dont dix-sept ont porté.

CARTAUX. Sans résultat?

BONAPARTE. Sans résultat.

CARTAUX. Il faut continuer.

BONAPARTE. Inutile!

CARTAUX. Pourquoi?

BONAPARTE. La poudre a été transportée dans la ville.

FRÉRON. Il faut tirer sur la ville alors, et profiter de l'explosion du magasin où on l'a transportée pour faire une attaque.

BONAPARTE. Oui, ce serait bien;—mais qui m'indiquera celle des huit cents maisons de Toulon qu'il faut incendier?

FRÉRON. Brûle tout.

BONAPARTE. Est-ce à moi, qui suis Corse, de te rappeler que Toulon est français?

SALICETTI. Qu'importe! Turenne a bien brûlé le Palatinat.

BONAPARTE. C'était nécessaire à ses desseins; ici c'est un crime inutile.

FRÉRON. Serais-tu aristocrate par hasard? (*Bonaparte hausse les épaules.*) Citoyen général, il faut en finir. — Attaque la ville comme tu l'entendras; mais que dans huit jours la ville soit prise...... ou dans neuf jours je t'envoie à Paris comme suspect... et dans quinze, — tu comprends.

CARTAUX. Oui, oui : eh bien! alors, je m'en tiens au plan du comité... L'attaque générale aura lieu demain.

BONAPARTE. Tu te perds, et l'armée aussi.

CARTAUX. Mais que faire alors?

BONAPARTE, *se levant et montrant sur la carte le fort du Petit-Gibraltar.* C'est là qu'est Toulon.

CARTAUX. Là?... mais pas du tout... Il nous montre l'issue de la rade..... Toulon n'est pas de ce côté..... (*A part:*) Prendre le Petit-Gibraltar pour Toulon!

BONAPARTE, *avec force.* C'est là qu'est Toulon, vous dis-je. Prenons ce fort aujourd'hui, et demain ou après-demain nous entrons dans la ville.

SALICETTI. C'est le mieux défendu.

BONAPARTE. Preuve qu'il est le plus important.

GASPARIN. Le commandant lui-même l'a jugé tellement imprenable, qu'il a dit que, si nous l'emportions, il se ferait jacobin.

BONAPARTE. Qu'on me charge de l'attaque, et dans douze heures je lui enfonce moi-même, ou mon épée dans la poitrine, ou le bonnet rouge sur la tête.

SALICETTI. Mais nous perdrons dix mille hommes.

BONAPARTE. Dix mille, vingt mille; qu'importe! pourvu qu'il m'en reste trois mille pour y mettre une garnison.

FRÉRON. Ah! voilà le philantrope qui ne veut pas brûler huit cents maisons et veut faire tuer dix mille hommes.

BONAPARTE, *s'éloignant.* Niais!

CARTAUX. Ainsi donc, citoyen commandant, tiens-toi prêt à foudroyer la ville.

BONAPARTE. D'ici?

CARTAUX. Oui... Pendant ce tems.

BONAPARTE. Il y a deux portées de canon.

CARTAUX. Non... Tu peux tirer.

BONAPARTE. Canonniers, commencez le feu.

(*Les canonniers commandent sur toute la ligne :* En action! — Chargez!. *Bonaparte pointe la pièce lui-même, prend une mèche, met le feu, et revient sans regarder où a porté le boulet.*)

GASPARIN, *qui a regardé attentivement.* Il a raison, le boulet est tombé à deux cents toises au moins des ouvrages extérieurs.

FRÉRON. N'importe, ce jeune homme me déplaît : il sent l'aristocrate; mais nous le ferons bien obéir.

GASPARIN. Citoyens, le commandant paraît savoir ce qu'il faut faire mieux que personne, il faudrait le charger...

FRÉRON, *sans l'écouter, à Curtaux.* Général, viens donner tes ordres, et que dans une heure on commence l'attaque.

(*Bonaparte le suit des yeux avec compassion; Cartaux sort avec Salicetti, Gasparin, Fréron, etc.*)

SCÈNE IV.

BONAPARTE, LORRAIN, L'ESPION, UN SERGENT.

BONAPARTE, *seul.* Quand seront-ils donc las de nous envoyer des médecins et des peintres pour nous commander?,.,.. — Ils ont beau dire, c'est là qu'est Toulon...

LORRAIN, *à un paysan qui cherche à se glisser sans être aperçu.* Qui vive?,.,.. qui vive?...

LE PAYSAN, *avec un accent provençal très-prononcé.* Qu'est-ce qu'il faut que je réponde?

LORRAIN. Eh bien..., répond : Citoyen paysan, pardi!

LE PAYSAN. Citoyen paysan.

LORRAIN. C'est bon....... Et puis, maintenant, retourne d'où tu viens..... on ne passe pas.

LE PAYSAN, *sans accent.* On ne passe pas?

BONAPARTE, *tressaillant au changement de voix.* Si! — par ici l'on passe.

LE PAYSAN, *entrant en scène.* Merci, mon officier.

BONAPARTE. Ecoute donc.

LE PAYSAN, *à part.* Que me veut-il?

BONAPARTE. Tu es de ce pays?

LE PAYSAN. Je suis d'Ollioules.

BONAPARTE. Ah!... Et par quel hasard te trouves-tu de ce côté?

LE PAYSAN. C'est ces gueusards d'Anglais qui m'ont requis de force à Toulon, où j'étais, pour travailler aux fortifications du fort Malbousquet.

BONAPARTE. Et ils t'ont renvoyé?

LE PAYSAN. Non; je me suis sauvé.

BONAPARTE. Pourquoi?

LE PAYSAN. Il y avait trop d'ouvrage et pas assez d'argent.

BONAPARTE. Et tu vas?...

LE PAYSAN. A Marseille.

BONAPARTE *lui tend la main.* Bon voyage!

LE PAYSAN *lui donne la main.* Merci, citoyen.

BONAPARTE, *l'arrêtant.* A quels travaux t'employait-on?

LE PAYSAN. A la tranchée.

BONAPARTE. Et tu mettais des gants pour travailler?

LE PAYSAN, *à part.* Demonio! (*Haut.*) Pourquoi!...

BONAPARTE. Oui, si tu n'avais pas pris cette précaution, il me semble que le soleil et la fatigue t'auraient hâlé et durci les mains... Vois, moi, qui me pique d'avoir la main blanche et belle..... — Un paysan..... qui a travaillé..... Combien de jours?

LE PAYSAN. Quinze.

BONAPARTE. Quinze jours aux fortifications..... l'a aussi blanche et aussi belle que la mienne... Quel fat j'étais! (*A un de ceux qui sont près de lui.*) It is the spy!

LE PAYSAN, *effrayé.* Moi!

BONAPARTE. Tu sais l'anglais?

LE PAYSAN, *à part.* Imbécile!

BONAPARTE. Ah! ce n'est pas étonnant... tu es resté quinze jours avec les habits rouges, et tu as eu le tems d'apprendre leur langue.

LE PAYSAN. J'en ai retenu quelques mots.

BONAPARTE. Assez pour lire l'adresse d'une lettre que l'on t'aura chargé de porter, n'est-ce pas?

LE PAYSAN. Moi? et à qui?

BONAPARTE. Et que sais-je?.... à quelque ci-devant, sans doute, pour lui annoncer que Louis XVII a été proclamé à Toulon.

LE PAYSAN. Diable d'homme!.... — Ah!... si tu crois cela, tu n'as qu'à me fouiller.

BONAPARTE. Non.... il suffira que tu me remettes ce que tu as dans cette poche.

LE PAYSAN, *tirant de sa poche et donnant à mesure.* Voilà un briquet.... un couteau espagnol....

BONAPARTE. Oui, qui peut au besoin servir de poignard.

LE PAYSAN. Et un portefeuille qui n'est pas élégant; mais nous autres, nous ne sommes pas des muscadins....... Regarde dans les poches si tu veux; va, citoyen commandant, je n'ai pas de secrets, moi!

BONAPARTE, *examinant le portefeuille.* Et moi je ne suis pas curieux.... (*S'arrêtant à une feuille plus blanche que les autres.*) Tu avais craint de manquer de papier, que tu as fait ajouter cette feuille?

LE PAYSAN. Cette feuille?

BONAPARTE. Oui... Tu vois bien qu'elle n'est ni du même grain, ni de la même couleur. — Prête-moi ce couteau.

LE PAYSAN. Ma foi, je n'y ai pas fait attention; tout ce que je sais, c'est que c'est du papier blanc. Si tu veux écrire dessus....

BONAPARTE. C'est mon intention; mais auparavant, il est humide, il faudrait le sécher.

LE PAYSAN, *troublé.* Au feu?

BONAPARTE. Oui : en prenant garde de le brûler, cependant! — Canonnier, une mèche!

LE PAYSAN. Ciel et terre!

(*Il regarde autour de lui, voit que la sentinelle seule l'empêche de fuir. Il tire un pistolet de sa poche, s'élance sur la sentinelle, tire le coup et blesse au bras Lorrain qui le saisit : aussitôt une lutte s'engage.*)

BONAPARTE, *hautement.* Arrêtez l'espion des Anglais et des émigrés! (*On se précipite sur lui; Lorrain, qui ne l'a pas lâché, le ramène sur le devant de la scène.*) Maintenant approche cette mèche. (*A l'espion.*) Eh bien! qu'en dis-tu? n'est-ce pas une merveille comme ce papier se couvre?.... Signé du général en chef Hood.... «A Monsieur, frère du roi!»

L'ESPION. Je suis perdu!

BONAPARTE. Misérable!

L'ESPION. Sot, oui; misérable, non.

BONAPARTE, *avec mépris.* Un espion!

L'ESPION. Eh bien! les Anglais ont reçu ma parole d'espion, je les ai bien servis; tu as été plus fin que moi, voilà tout. (*Se retournant.*) Sergent, neuf hommes de piquet.

BONAPARTE. Comment?

L'ESPION. Eh bien! oui. — Le procès d'un espion se borne à ces deux mots : *pris et fusillé.* La procédure est bientôt faite.

BONAPARTE. Où diable le courage va-t-il se nicher?

L'ESPION. Ah! tu es bien fier du tien, toi. Beau mérite! le courage d'un soldat! à qui il faut le bruit des instrumens de guerre et l'odeur de la poudre pour l'exciter, et qui, s'il tombe, prononce en mourant le mot patrie! Le véritable courage, c'est le mien; c'est celui de l'homme qui obscurément risque vingt fois par jour une vie qu'il ne peut perdre que d'une manière ignominieuse, à laquelle les hommes ont attaché le mot honte, pour une mort infâme, pour la mort d'un faussaire ou d'un assassin.

BONAPARTE. Et qu'es-tu donc, toi?

L'ESPION. Je suis un homme qu'aucun préjugé n'arrête, qu'aucun danger n'effraie, qui joue depuis trop long-tems avec la mort pour la craindre; qui, si un grand homme m'avait compris, me serais attaché à lui, corps et ame, comme son démon familier; qui...

UN SERGENT, *entrant avec neuf hommes commandés.* Qui est-ce qu'on fusille?

L'ESPION, *se retournant.* Moi.... —Qui, dis-je, pouvant revêtir tous les costumes, emprunter toutes les mœurs, parler toutes les langues, lui aurais rendu en services de vie et de mort mille fois la valeur de l'or qu'il m'aurait jeté. —Voilà ce que je suis maintenant : un espion, une espèce d'animal pensant, une variété de l'homme dont le cœur bat, dont la voix parle, qui pourrait sauver un empire peut-être.... et qui, dans dix minutes, sera un cadavre ayant huit balles dans le corps, et bon tout au plus à jeter aux poissons de la rade.... Entends-tu? voilà ce que je suis.

BONAPARTE. As-tu quelque chose à me demander?

L'ESPION. Ah! vous autres soldats, quand vous êtes où j'en suis, vous demandez qu'on ne vous bande pas les yeux et qu'on vous laisse commander le feu vous-mêmes...... Vous êtes privilégiés en tout! — Moi qui ne puis pas réclamer cela, je demanderai qu'on ne me fasse pas attendre.

BONAPARTE. Je te donne cinq minutes. Tu peux les employer à charger le sergent de tes dernières volontés. Peut-être as-tu une femme, des enfans, une mère...

L'ESPION. Rien. (*Bonaparte s'assied rêveur et écrit.*) Sergent, —voilà dans le manche de ce couteau un billet de vingt-cinq livres sterling, —c'est à peu près six cents francs, —payable en bon or, vois-tu, et non pas en misérables assignats... Prends-le, tu en donneras la moitié à tes hommes, si je tombe sans faire un mouvement; s'ils ne me tuent pas raide, tout est pour toi.— Où est le mouchoir?

LE SERGENT. Le voici.

L'ESPION. Donne.

(Il se bande les yeux.)

LE SERGENT *le prend par la main et le conduit au fond du théâtre.* A genoux.

L'ESPION, *relevant son bandeau.* Laissez-moi voir encore une fois le ciel.... —C'est bien. — Je suis prêt.

(*A un premier roulement de tambour, les soldats s'alignent; à un second roulement, ils apprêtent leurs armes; au troisième, ils mettent en joue.*)

BONAPARTE *se levant, et d'une voix forte.* Arme au bras! (*Il fait un geste de la main.*) Allez... (*Ils sortent. — Courant à l'espion et lui arrachant le bandeau.*) Viens ici. — Ta mort me serait inutile et j'ai besoin de la vie. Tu es brave. — Eh bien! qu'as-tu?

L'ESPION. Rien... Attendez... Un éblouissement. —Mes genoux fléchissent. —Laissez-moi m'asseoir.

BONAPARTE. Tu es brave. —Ta vie touchait par un mot à l'éternité. — Je n'ai pas laissé prononcer ce mot; tu me dois donc tous les jours qui te restent, le ciel que tu vois, l'air que tu respires.... Tout cela m'appartient. Me consacres-tu tout cela?

L'ESPION, *se levant avec solennité.* Eternellement. Et je serai ton valet, ton chien, ton espion enfin. — Eux ne m'ont donné que de l'argent, toi tu me donnes la vie.

BONAPARTE. Je te crois. Ecoute, et viens ici.

L'ESPION. Un instant. Je ne serai qu'à toi, je n'appartiendrai qu'à toi? —Tu ne pourras ni me donner ni me vendre?

BONAPARTE. Non.

L'ESPION. Si tu faisais l'un ou l'autre, je redeviendrais libre à l'instant?

Napoléon.   2

BONAPARTE. Je t'y autorise.

L'ESPION. C'est bien. Parle.

BONAPARTE. Ton laissez-passer du général Hood te rouvre les portes de Toulon?...

L'ESPION. J'y entrerai et en sortirai à toute heure.

BONAPARTE. Dans quelle partie de la ville ont été transportées les poudres qui se trouvaient dans ce bâtiment?

L'ESPION. Dans les caves d'une maison de la rue Saint-Roch ou Roch, comme ils l'ont appelée.

BONAPARTE. Eh bien! retournes-y à l'instant même. Au moyen d'une grenade, il faut mettre le feu à ces poudres.

L'ESPION. Bien.

BONAPARTE. Tu attendras le signal. Une fusée tirée d'ici te le donnera, et pendant que Toulon, réveillée en sursaut comme par un tremblement de terre, aura besoin de sa garnison pour contenir le peuple, et de son peuple pour éteindre l'incendie, je m'emparerai du Petit-Gibraltar, qui est la clef des portes. — Entends-tu?

L'ESPION. Oui.

BONAPARTE. Es-tu décidé?

L'ESPION, *se disposant à partir*. Je pars. (*Revenant.*) Le mot d'ordre?...

BONAPARTE, *hésitant*. Le mot d'ordre?

L'ESPION. Ne le dis pas, si tu veux, citoyen commandant; mais on tirera sur moi, on me tuera probablement; et alors qui rentrera dans la ville? qui mettra le feu aux poudres?

BONAPARTE. Tu as raison. — D'ailleurs, je ne veux pas me confier à toi à demi..... *Toulon et liberté*.

(*L'espion fait un signe et s'éloigne rapidement.*)

LA SENTINELLE. On ne passe pas.

L'ESPION, *à demi-voix*. Toulon et liberté.

SCENE V.

BONAPARTE *seul, puis* GASPARIN *et* JUNOT.

BONAPARTE. Voilà encore un de ces représentans du peuple.

GASPARIN, *entrant*. Je te cherchais.

BONAPARTE. Me voilà.

GASPARIN. Sais-tu que tu me parais le seul ici qui entende quelque chose à un siège?

BONAPARTE. Dis-tu ce que tu penses?

GASPARIN. Oui.

BONAPARTE. Eh bien! tu dis vrai, citoyen représentant.

GASPARIN. Si j'étais le maître, je te chargerais de diriger tous les travaux... Je

l'ai demandé, mais le général en chef et mes deux collègues s'y sont opposés; ils tiennent à leur plan d'attaque.

BONAPARTE. Ils ont tort.

GASPARIN. Écoute, il y a déjà six jours que j'ai écrit au comité. — Je demande le remplacement de Cartaux par Dugommier.

BONAPARTE. A la bonne heure; avec celui-là nous nous entendrons.

GASPARIN. Je l'attends de moment en moment. — Mais ils ont décidé pour cette nuit l'attaque du fort Faron et de Lartigues.

BONAPARTE. Nous y serons tous écrasés.

GASPARIN. Oses-tu prendre sur toi une grande responsabilité?

BONAPARTE. Je ne crains rien.

GASPARIN. Tu commandes l'artillerie; oppose-toi à ce qu'aucune pièce sorte de cette batterie. — Gagne du tems. Dugommier arrivera; ton plan sera adopté. — Je le crois bon. — S'il réussit, tu es général de brigade; s'il manque, ta tête tombe sur l'échafaud.

BONAPARTE. Pas une pièce d'artillerie ne bougera de place; je prends tout sur moi.

GASPARIN. Mais réponds-tu de tes hommes?

BONAPARTE. Vois-tu cette batterie : depuis qu'elle est dressée ici, deux cents artilleurs ont été tués sur leurs canons. — Pas un seul n'y voulait faire le service; il y a une heure que j'y ai fait mettre cet écriteau avec le titre de *Batterie des hommes sans peur*. — Junot!

LE SERGENT JUNOT, *s'avançant*. Citoyen commandant?

BONAPARTE. Combien d'hommes se sont fait inscrire pour cette batterie?

JUNOT. Quatre cents environ.

BONAPARTE, *à Gasparin*. Tu vois si l'on peut compter sur ces hommes-là...

GASPARIN. Surtout commandés par toi. — Adieu; et souviens-toi que je suis le premier qui ait deviné et reconnu en toi le génie militaire.

BONAPARTE. Ton nom?

GASPARIN. Gasparin.

BONAPARTE. Je ne l'oublierai pas..... fussé-je sur mon lit de mort.

GASPARIN. Adieu, et vive la république!

BONAPARTE. Vive la république! — Adieu. (*Après qu'il est parti.*) Junot, as-tu reçu quelque éducation?

JUNOT. Pas trop, mon commandant.... Je sais lire, écrire, un peu de mathématiques... Quant au latin et au grec...

BONAPARTE. C'est inutile pour lire Vauban, Folard et Montecuculli... Nous avons une bonne traduction de Polybe et des *Commentaires de César* : c'est tout ce qu'il faut.

JUNOT. Quant à ma famille...

BONAPARTE. Je ne m'informe jamais de cela... Je te demande, veux-tu être bon Français avec moi, — voilà tout.

JUNOT. Oui, mon commandant.

BONAPARTE. Je ne sais si je deviendrai autre chose que commandant d'artillerie... à tout hasard, veux-tu être mon secrétaire?

JUNOT. Je le veux bien.

BONAPARTE. Eh bien! va dire à Muiron, qui est ton capitaine, je crois..... que je te demande à lui; — puis tu reviendras.

(Junot sort.)

SCENE VI.
BONAPARTE, ALBITTE, FRÉRON, DUGOMMIER.

(*Les représentans du peuple Albitte et Fréron donnent aux fond des ordres aux canonniers qui sont aux pièces.*)

BONAPARTE, *qui entend du bruit.* Qui touche à mes pièces?

ALBITTE. Nous — qui en avons besoin ailleurs et qui les faisons transporter où nous en avons besoin.

BONAPARTE. Citoyens représentans, ces pièces ne bougeront pas de là... — Canonniers, en batterie.

(Les canonniers arrachent les pièces aux représentans et les replacent.)

FRÉRON. Tu méconnais nos ordres!

BONAPARTE. Faites votre métier de représentans du peuple, et laissez-moi faire celui d'artilleur.

FRÉRON. Mais...

BONAPARTE. Encore une fois ces pièces ne bougeront pas de là, je les enclouerai plutôt. — D'ailleurs cette batterie est où elle doit être; j'en réponds sur ma tête.

FRÉRON. Enfant, on la risque en désobéissant aux ordres des représentans du peuple.

BONAPARTE. Eh bien! elle peut tomber, mais elle ne pliera pas... Espionnez la gloire, retournez à Paris, dénoncez à la barre... c'est votre métier; le mien est de prendre Toulon, je le prendrai, j'en jure sur mon nom!

FRÉRON. Et quel est ton nom?

BONAPARTE. Napoléon Bonaparte.

(Le tambour bat aux champs, on entend les cris de *Vive la République!*)

ALBITTE. Qu'est cela?

BONAPARTE. Rien... le nouveau généra qui arrive.

FRÉRON. Quel est-il?

BONAPARTE. Dugommier.

FRÉRON. Eh qui te l'a dit, quand nous l'ignorons nous? Dugommier! — c'est impossible.

BONAPARTE. Ecoutez alors.

FRÉRON. Il vient de ce côté; allons au-devant de lui, peut-être nous cherche-t-il.

(Entrent Dugommier et Gasparin.)

BONAPARTE. Non, c'est moi qu'il cherche.

DUGOMMIER. Le commandant d'artillerie?

BONAPARTE. Me voilà, citoyen général.

DUGOMMIER. Tu es un brave jeune homme : —éloignez-vous, citoyens, nous avons à causer... — Gasparin m'a parlé de ton plan d'attaque... Je l'approuve entièrement. Te sens-tu la force de l'exécuter?... S'il manque, je prends tout sur moi; s'il réussit, je t'en laisse l'honneur.

BONAPARTE. J'en réponds.

DUGOMMIER. Donne donc tes ordres.

BONAPARTE. Nous allons attaquer?

DUGOMMIER. A l'instant.

BONAPARTE. Canonniers, tirez une fusée de signal.

DUGOMMIER. Que vas-tu faire?

BONAPARTE. Attendez... (*Moment de silence, explosion dans Toulon, tocsin, etc.*) Maintenant la ville est trop occupée de ses affaires pour se mêler des nôtres.

DUGOMMIER. Citoyens soldats, obéissez aux ordres de ce commandant comme s'ils étaient les miens.

BONAPARTE. L'armée de siége se divisera en quatre colonnes; deux observeront les forts de Malbousquet, Balaguier et l'Eguillette. Un autre restera en réserve pour se porter partout où il y aura du danger : c'est moi qui la commande. La quatrième aura l'honneur de marcher sous les ordres du général en chef. Le capitaine Muiron, qui connaît les localités, se portera à l'avant-garde avec un bataillon..... Pendant ce tems je jetterai quelques centaines de bombes dans le Petit-Gibraltar. (*Tambours.*) Ah! voilà nos voisins les Anglais qui s'éveillent. Allons, enfans, vive la liberté! vive la république!

TOUT LE MONDE. Vive la république!

BONAPARTE. Commencez le feu.

(Les canonniers crient : *En action, chargez!*)

DUGOMMIER. Citoyens représentans, avancez et récompensez ce jeune homme; car si l'on était ingrat envers lui, je vous préviens qu'il s'avancerait tout seul. — Allons, enfans, au pas de charge!

TOUS LES SOLDATS. Vive la république!

DUGOMMIER. En avant! et la Marseillaise.

(Ils sortent tous en chantant *la Marseillaise*.)

FIN DU PREMIER ACTE.

ACTE II.

Deuxième Tableau.

FOIRE DE SAINT-CLOUD.

Baraques, marionnettes, cafés, lanternes magiques.

SCENE PREMIERE.

UN SALTIMBANQUE, LABREDÈCHE LORRAIN, UN MARCHAND, DEUX PASSANS, UN CRIEUR.

LE SALTIMBANQUE, *sur un tabouret, désignant alternativement deux tableaux avec une grande baguette.* Entrez, entrez, citoyens, vous y voyez la fameuse bataille des Pyramides remportée par le général en chef Bonaparte sur le féroce Mourad-Bey, le plus puissant chef des Mamelucks. Vous y voyez encore la grande bataille de Marengo remportée par le premier consul Bonaparte. Vous remarquerez dans le coin à gauche la mort du citoyen général Desaix, qui tombe dans les bras de son aide-de-camp en prononçant ces paroles mémorables : — Allez dire au premier consul que je meurs avec le regret de n'avoir pas assez fait pour la république. — Entrez, entrez, citoyens; on ne paie qu'après avoir vu, et si vous n'êtes pas contens, on ne vous demande rien, absolument rien, rien du tout. Entrez, entrez, citoyens.

LABREDÈCHE. Le grand homme est-il bien ressemblant?

LE SALTIMBANQUE. Parfaitement.

LABREDÈCHE. Il faut que j'entre là! — et de l'enthousiasme! — On dit que le premier consul sait tout ce qu'on dit de lui en bien ou en mal. Ce sera une apostille pour ma pétition.

LE SALTIMBANQUE, *au Lorrain.* Pardon! citoyen, on n'entre pas ici avec sa pipe.

LORRAIN. Comment, muscadin, on n'entre pas avec sa pipe? Figure-toi donc qu'avec cette pipe je suis entré dans des palais égyptiens, que ta cahïane et tout ton mobilier, toi compris, seraient passés par le soupirail de la cave...,

LE SALTIMBANQUE. C'est possible, parce qu'en Egypte, tout le monde fume.

LORRAIN. C'est juste.

LE SALTIMBANQUE. Mais ici ça gêne la société.

LORRAIN. C'est juste qu'on t'a dit. Qu'est-ce que tu veux de plus?

(Il entre.)

UN MARCHAND. Achetez, achetez. — Citoyenne, un beau parapluie. — Citoyen, un belle canne.

UN CRIEUR. Voilà ce qui vient de paraître à l'instant. C'est la marche de la cérémonie qui aura lieu demain, pour le couronnement du premier consul Bonaparte, sous le nom de Napoléon Iᵉʳ, empereur des Français, avec le détail des rues où passera le cortége. Voilà ce qui vient de paraître à l'instant sur le Moniteur. C'est le détail...

UN PASSANT. Combien?

LE CRIEUR. Deux sous..... Voilà ce qui vient de paraître...

LE PASSANT. C'est bon à savoir. Si je ne réussis pas ce soir, — eh bien! demain, d'une fenêtre, d'un grenier nous verrons... — Il devait être ici de sept heures et demie à huit heures. (*Donnant son papier à un homme du peuple.*) Eh bien? qu'est-ce que tu dis de cela, toi?

L'HOMME. Je dis que ça sera une belle cérémonie.

LE PASSANT. Et tu es content?

L'HOMME. Tiens, je crois bien! — y a distribution gratis.

LE PASSANT. Et voilà le peuple sur lequel nous comptons! — De quel quartier es-tu, citoyen?

L'HOMME. Faubourg Saint-Marceau, connu dans la révolution.

LE PASSANT. Eh! qu'est-ce que pense ton faubourg si républicain?

L'HOMME. Il est content.

LE PASSANT. Et il se voit tranquillement arracher la liberté ?

L'HOMME. Voyez-vous, citoyen, la liberté, c'est le pain à deux sous la livre. Y a de l'ouvrage, et on paie en argent. Vive la liberté et l'empereur Napoléon ! Je ne connais que ça.

LE PASSANT. Les misérables ! pas un mot pour leur souverain légitime.

LE MARCHAND. Achetez, achetez, etc.

LE PASSANT, *suivant des yeux un homme dans la foule.* Est-ce lui ? (*A demi-voix.*) Saint-Régent et Carbon.

DEUXIÈME PASSANT. Cerachies et Aréna.

PREMIER PASSANT. C'est toi ?—Eh bien ! quelles nouvelles ?

DEUXIÈME PASSANT. J'ai fait passer un billet à George Cadoudal.

PREMIER PASSANT. Comment ?

DEUXIÈME PASSANT. Dans son pain. Je lui dis que ce soir nous avons un rendez-vous ici, que Bonaparte y vient quelquefois déguisé pour connaître l'opinion du peuple, et que, si nous pouvons le joindre... Enfin... il nous connaît.

PREMIER PASSANT. Et Moreau ?

DEUXIÈME PASSANT. Ah ! Moreau ! Il n'y a rien à attendre de lui ; il fait de la délicatesse, de la grandeur d'ame. Nous étions parvenus à soulever les soldats en sa faveur, tous les moyens d'évasion étaient préparés, il a refusé d'en profiter ; il veut être jugé. — Quant aux frères Polignac....

PREMIER PASSANT. Chut !... Il n'y a pas un instant à perdre. Demain on le couronne ; s'il allait faire grâce aux conspirateurs, cela ruinerait le parti royaliste, en le dépopularisant encore. Et puis des gens graciés, il n'y a plus moyen de les faire conspirer. Ecoute. L'un de nous le suivra s'il vient ce soir, et au moment où il le frappera, l'autre criera au voleur à l'autre bout du marché. (*Apercevant l'espion qui rôde autour de lui.*) Cet homme nous observe toujours ; — viens.

LE CRIEUR. Voilà ce qui vient de paraître, etc.

LABREDÈCHE, *sortant de la baraque.* Tenez, mon ami ; — enchanté ! il est impossible de ne pas le reconnaître, quand on a eu le bonheur de voir une seule fois le grand homme....... Je crois que voilà un homme qui m'écoute.

LORRAIN, *sortant.* Je vous dis que je ne paierai pas.

LE SALTIMBANQUE. Et pourquoi ?

LORRAIN. Parce que vous avez dit que l'on ne payait que si l'on était content, et que je ne suis pas content du tout.—C'est

pas pour les deux sous ; et la preuve....., (*Se retournant.*) Garçon ! un petit verre... (*Il avale le petit verre et paie.*) Vous voyez bien que c'était pas pour les deux sous. Mais vous m'avez fait des pyramides qui me suffoquent, cré coquin, et puis à Marengo, le premier consul n'est pas ressemblant...

∞∞∞∞∞∞∞∞∞∞∞∞∞∞∞∞∞∞∞∞∞∞∞∞∞∞∞∞∞∞∞∞∞

SCENE II.

LES MÊMES, BONAPARTE, DUROC.

LORRAIN. Oh ! c'est que ce n'est pas à moi qu'il faut en faire accroire sur celui-là, au moins !—et me dire qu'il a les yeux noirs, quand il les a bleus ! Je l'ai vu à Toulon quand il a dit : Ces batteries-là ne bougeront pas de là. Je l'ai vu aux Pyramides quand il a dit : Du haut de ces monuments, quarante siècles vous contemplent ! Et tu te figures bien qu'après avoir été contemplé par quarante siècles, c'est pas toi qui me feras peur, entends-tu, paillasse ! — Je l'ai vu au 18 brumaire, quand ils ont voulu l'assassiner, et que Murat nous a dit : Grenadiers, il y a là-dedans cinq cents avocats qui disent que Bonaparte est un.... — Ils en ont menti, que je dis. Eh bien ! alors, dit-il, en avant, grenadiers, et faites-moi évacuer la salle aux avocats. — Ça ne fut pas long. Et il vient me dire à moi que son Bonaparte est ressemblant ! Tandis que je l'ai vu vingt fois face à face comme je vous vois....... (*Voyant Bonaparte.*) Cré.... Cré.... Cré... coquin !

BONAPARTE. Chut ! et paie. (*A un marchand.*) Eh bien ! comment va le commerce ?

LE MARCHAND. Bien. Ça reprend. Oh ! il était tems que premier consul se décidât à se faire empereur.

BONAPARTE. Tout le monde est donc content ?

LE MARCHAND. Je crois bien !

BONAPARTE, *à Duroc.* Tu vois, Duroc... (*Au marchand.*) Et les Bourbons ?

LE MARCHAND. Bah ! qui est-ce qui y pense ?

BONAPARTE. Il y a des conspirations tous les jours.

LE MARCHAND. Oui, parce que tant qu'il ne sera pas empereur et l'hérédité dans sa famille, ils auront l'espoir de revenir, si on l'assassine. Mais quand il faudra assassiner ses trois frères, tout le monde....... bah ! — Et puis, tenez, il a un tort, le premier consul : il s'expose trop. On dit que tous les soirs il sort déguisé... Eh bien! qu'est-ce qui empêche un assassin?...

DUROC. Le citoyen a raison, et le premier consul a tort. — Vous entendez.

BONAPARTE. Oui; mais n'est-ce pas le moyen de savoir ce que l'on pense véritablement de moi. Crois-tu que le danger imaginaire que je cours ne soit pas bien racheté par le plaisir d'entendre faire mon éloge, de voir tout un peuple me regarder comme son sauveur? — Duroc, quand un jour peut-être on m'appellera usurpateur, j'aurai besoin de cette voix de ma conscience qui me criera : Le seul souverain légitime est l'élu du peuple; et qui plus que toi est souverain légitime?...

Pendant ce tems, un homme, qui s'est approché de lui, tire un poignard, lève la main, et va pour le frapper, lorsque l'espion se jette au-devant de lui.)

DUROC. A l'assassin !

L'ESPION, *qui a détourné le coup.* On se jette au-devant du couteau, on reçoit le coup, et l'on ne crie pas.

CRIS DU PEUPLE. A l'assassin !

BONAPARTE. Silence ! — Je puis être reconnu au milieu de ce tumulte. Donne ta bourse à cet homme qui m'a sauvé, et demande-lui son nom. — A demain aux Tuileries.

((Il sort.)

DUROC, *à l'espion.* La personne que vous avez sauvée désire savoir votre nom.

L'ESPION. Ai-je demandé le sien?

DUROC. Voilà sa bourse.

L'ESPION, *montrant son bras.* Voilà mon sang.

DUROC. Prends.

L'ESPION, *jetant la bourse au peuple.* Tenez, mes amis, buvez à la santé du premier consul. C'est lui qui était tout à l'heure au milieu de vous.

TOUS. Vive le premier consul !

Troisième Tableau.

Les Tuileries.

SCENE III.

CHARLES, *puis* JOSÉPHINE.

CHARLES, *entrant.* Neuf heures et demie : — le premier consul est en retard.

JOSÉPHINE, *de la porte.* Charles! Charles!

CHARLES. Ah ! madame !...

JOSÉPHINE. Mon mari n'est pas encore sorti de sa chambre?

CHARLES. Vous savez qu'il m'a dit de ne le réveiller que lorsque j'aurais de mauvaises nouvelles, et aujourd'hui, je n'en ai que de bonnes.

JOSÉPHINE. Pour tout le monde?

CHARLES. Oui.

JOSÉPHINE, *vivement.* Il a signé?

CHARLES. Hier.

JOSÉPHINE. Et... a-t-il grondé?

CHARLES. Un peu..... Il trouve que six cent mille francs de dettes en six mois...

JOSÉPHINE. Neuf mois.

CHARLES. Eh bien! neuf mois.... — Il trouve, dis-je...

JOSÉPHINE. Charles, s'il savait!...

CHARLES. Ah ! madame, qu'est-ce que vous allez me dire ?...

JOSÉPHINE. Charles, vous qui êtes son ami de collége...

CHARLES. Ah ! mon Dieu, vous m'épouvantez.

JOSÉPHINE. S'il savait que je n'ai osé en avouer que...

CHARLES. Les trois quarts?...... les deux tiers ?

JOSÉPHINE, *à demi-voix.* La moitié.

CHARLES. Douze cent mille francs de dettes! Savez-vous ce que la nation accorde par an au premier consul?

JOSÉPHINE. Oui, cinq cent mille francs.

CHARLES. Eh bien! cela suffit à tout : pensions, faveurs, gratifications, traitemens, tout est pris là-dessus.

JOSÉPHINE. Charles, je vous jure que ce n'est pas ma faute.

CHARLES. Voyons... en conscience. J'ai vu un mémoire de Leroy : — trente-quatre chapeaux pour un mois!...

JOSÉPHINE. Ah ! vous savez que Bonaparte n'aime pas à me voir plusieurs fois les mêmes chapeaux.

CHARLES. Oui; mais trente-quatre pour un mois : est-ce que vous en mettez deux par jour ?

JOSÉPHINE. Non, mais ces fournisseurs me tourmentent, ils m'envoient des caisses pleines d'objets du meilleur goût; je ne sais lesquels choisir; alors ils me disent de garder tout, qu'ils n'ont pas besoin d'argent. — Je me laisse tenter ; puis, sans que je sache comment, cela fait des sommes énormes.

CHARLES. Douze cent mille francs !

JOSÉPHINE. Oh! d'abord tout cela n'a point passé à ma toilette... — N'ai-je point mes pensions aussi... — Mes veuves, mes orphelins? Une main qui se tend vers moi peut-elle s'éloigner vide?

CHARLES. Oui, je sais que vous êtes bonne.

JOSÉPHINE. Si vous saviez comme cela fait du bien de donner!... — Puis je leur dis de prier pour le premier consul... pour moi.

CHARLES. Pour vous!... et que pouvez-vous désirer?

JOSÉPHINE. Charles.... je suis quelquefois bien malheureuse!... — Ah! ce n'est point Bonaparte qui.... non, vous savez s'il est bon avec moi! — Mais empereur, empereur, sera-t-il toujours le maître?... — Charles, vous a-t-il jamais parlé de divorce?

CHARLES, vivement. Jamais.

JOSÉPHINE. Oh! s'il vous en parlait, Charles, au nom du ciel! au nom de ce qu'il y a de plus sacré au monde... — Oh! le voilà, je l'entends.... Je me sauve.... — Charles, ne lui parlez pas des six cent mille francs qui restent...... Plus tard..... plus tard....

CHARLES. Et le bon sur le trésor?

JOSÉPHINE. Ah! donnez, j'oubliais.

SCÈNE IV.

BONAPARTE, CHARLES, un HUISSIER.

BONAPARTE, à l'huissier. Un homme viendra ce matin; — il prononcera ces deux mots : *Toulon et liberté*. Vous me l'amènerez par cette porte. (*L'huissier sort.*) Asseyez-vous, Charles, nous aurons de la besogne aujourd'hui. Avez-vous les journaux? que disent-ils?

CHARLES. Les journaux français?

BONAPARTE. Non, ils ne disent que ce que je veux; je sais d'avance ce qu'il y a dedans... — Les journaux étrangers?

CHARLES. Les journaux anglais parlent de la guerre, et protestent de leur amour pour la paix.

BONAPARTE. Leur amour pour la paix! — Et pourquoi alors n'observent-ils pas le traité d'Amiens? Pourquoi s'obstinent-ils, contre toutes leurs promesses, à garder Malte, l'entrepôt de la Méditerranée, le relais de l'Égypte? J'aimerais mieux leur abandonner le faubourg Saint-Antoine.

SCÈNE V.

LES MÊMES, L'HUISSIER, puis L'ESPION.

L'HUISSIER. Voilà la personne qu'attend le citoyen premier consul.
(L'espion entre enveloppé d'un manteau, Charles veut se retirer; Bonaparte lui fait signe de rester.)

BONAPARTE, à l'espion. Eh bien! qu'y a-t-il de nouveau?

L'ESPION, montrant Charles. Nous ne sommes pas seuls.

BONAPARTE. Parlons bas.... Que dit-on du couronnement?

L'ESPION. C'est le vœu général.

BONAPARTE. Et les jacobins, complotent-ils toujours?

L'ESPION. Vous êtes prévenu contre eux; ce ne sont point les jacobins qui sont à craindre, ce sont les royalistes.

BONAPARTE. N'importe, ma police est mal faite.

L'ESPION. Je le crois.

BONAPARTE. J'ai manqué d'être assassiné hier à Saint-Cloud.

L'ESPION. Je le sais.

BONAPARTE. Comment?

L'ESPION. J'y étais.

BONAPARTE. Qui t'y avait envoyé?

L'ESPION. Personne.

BONAPARTE. Un homme me sauva la vie.

L'ESPION. En se jetant entre vous et l'assassin.

BONAPARTE. Et il a reçu le coup.

L'ESPION, ouvrant son manteau et montrant son bras. Dans le bras.

BONAPARTE, après un silence. Comment! c'est toi?

L'ESPION. Vous voyez qu'un espion peut être bon à autre chose qu'à faire la police; — quand ce ne serait qu'à servir de gaîne à un poignard!...

BONAPARTE. Que puis-je faire pour toi? que veux-tu?

L'ESPION. Pour moi! et quels sont les titres ou le rang que l'on accorde à un espion? On lui donne de l'or, et vous ne m'en laissez pas manquer; on lui donne des ordres, — et j'attends les vôtres.

BONAPARTE. Eh bien! retourne au milieu du peuple, au milieu duquel je vais passer dans une heure pour aller à Notre-Dame. Dis que l'empereur Napoléon chérira encore plus ses sujets que le premier consul n'aimait ses concitoyens. Dis.... dis enfin tout ce que ton dévouement pour moi t'inspirera. (*L'espion sort.*) Que cet homme est bizarre!

SCENE VI.

BONAPARTE, CHARLES.

BONAPARTE. Vous avez beau dire, monsieur mon secrétaire, la France a assez de république. Le Directoire a fait plus contre elle que la Montagne. — Et voyez ce qu'il reste de vieux Romains ! — Sur trois millions cinq cent soixante-quatorze mille huit cent quatre-vingt-dix-huit votes, deux mille cinq cent soixante-neuf seulement sont négatifs. Vous voyez donc bien que c'est la France entière qui me donne le titre d'empereur, — et non moi qui le prends.

CHARLES. Votre Majesté aura beau faire...

BONAPARTE. Non, non, dites toujours : *Citoyen premier consul... (Regardant sa montre.)* Vous avez encore une heure à être républicain. — Eh bien ! que disiez-vous ?

CHARLES. Je disais, citoyen premier consul, que vous auriez beau faire, les rois de l'Europe vous regarderaient toujours comme leur cadet.

BONAPARTE. Eh bien ! je les détrônerai tous, et alors je serai leur aîné.

CHARLES. Prenez garde, si vous refaites le lit des Bourbons, de n'y pas coucher dans dix ans.

BONAPARTE. Monsieur mon secrétaire ! donnez-moi la liste des maréchaux de l'empire, — que je la signe. — Appelez les noms.

CHARLES. Berthier, Murat, Moncey, Jourdan, Masséna, Augereau, Bernadotte, Soult, Brune, Lannes, Mortier, Ney, Davoust, Bessières, Kellermann, Lefèvre, Pérignon et Serrurier.

BONAPARTE. Dix-huit républicains ! — Eh bien ! vous verrez si un seul refusera le bâton de maréchal, parce qu'il lui sera donné par la main d'un empereur. — Je n'ai qu'un regret aujourd'hui : c'est de ne pouvoir joindre à cette liste les noms de Desaix et de Kléber. Votre misérable Directoire ! s'il ne m'avait pas oublié — ou plutôt confiné en Égypte ; s'il m'avait envoyé, comme il me l'avait juré, hommes et argent, je n'en serais pas revenu comme un fugitif. — Il est vrai qu'arrivé, j'ai pris ma revanche. — Quels immenses projets cette bicoque de Saint-Jean-d'Acre est venue renverser ! Si je l'avais prise, je trouvais dans la ville les trésors du pacha et des armes pour trois cent mille hommes ; je soulevais et j'armais toute la Syrie ; je marchais sur Damas et Alep ; je grossis-

sais mon armée de tous les chrétiens, des Druses, et des mécontens que je recrutais, à mesure que j'avançais dans le pays ; j'arrivais à Constantinople avec des masses armées ; je fondais dans l'Orient, à la place de l'empire turc, un nouvel et grand empire qui fixait ma place dans la postérité, et peut-être revenais-je à Paris par Andrinople ou par Vienne, après avoir anéanti la maison d'Autriche... — Tout cela pouvait être, — et tout cela est à refaire. (*Un silence.*) Combien le port de Boulogne contient-il de bâtimens de descente ?

CHARLES. Neuf cents. — Et à quand notre entrée à Londres ?

BONAPARTE. Je n'en sais rien encore. — Oh ! c'est par l'Inde, c'est dans l'Inde qu'il faut l'attaquer ; c'est dans son commerce, et non dans son gouvernement qu'il faut l'atteindre. Quand je serai maître de tous les ports de la Méditerranée et de l'Océan ; quand, sous peine de désobéir à ma volonté, on ne pourra y recevoir une voile anglaise, nous verrons !...

CHARLES. Mais pour cela il vous faut une monarchie européenne.

BONAPARTE, *se mettant à griffonner.* Oui, quand je l'aurai !... Fou que je suis !... — Voilà de bonnes plumes.

CHARLES. C'est que je les taille moi-même, attendu que, chargé de déchiffrer votre écriture, il est de mon intérêt que vous écriviez le moins mal possible.

BONAPARTE. Oui, oui. (*Le regardant fixement.*) Que pensez-vous de moi, Charles ?

CHARLES. Mais je crois que vous ressemblez à un architecte habile, vous bâtissez derrière un échafaudage que vous ferez tomber quand tout sera fini.

BONAPARTE. Vous avez raison ; je ne vis jamais que dans deux ans. — Écrivez : — « L'École Polytechnique recevra désormais une organisation toute militaire. Les élèves porteront des uniformes, et seront assujétis à la discipline des casernes. » — J'en veux faire une pépinière de grands hommes. Ce sera des généraux pour mon successeur. — J'ai bien fait de retrancher une lettre à mon nom : je gagne une signature sur neuf.

CHARLES. Si vous voulez signer ?

(On entend sonner les cloches.)

BONAPARTE, *s'interrompant.* Laissez-moi écouter le son des cloches ; vous savez combien je l'aime.

CHARLES. Surtout le son de celles-ci, qui vous annoncent que dans une demi-heure le premier consul Bonaparte sera l'empereur Napoléon.

BONAPARTE. Vous vous trompez : elles me rappellent les premières années que j'ai passées à Brienne. J'étais heureux alors.... (*Entre Joséphine.*) Eh bien ! que viens-tu faire ici, Joséphine? —Voulez-vous nous laisser, Charles?

(Charles sort.)

SCÈNE VII.

BONAPARTE, JOSÉPHINE.

BONAPARTE. Tu n'es pas encore en costume?

JOSÉPHINE. Non, mon ami ; ce manteau impérial me coûte à jeter sur mes épaules. — Oh ! dis-moi : —n'as-tu pas de funestes pressentimens ?

BONAPARTE. Moi, non ; et lesquels?

JOSÉPHINE. Ne crains-tu pas que la fortune ne puisse te reconnaître sous ton nouveau titre? Elle te cherchera sous une tente et te trouvera sur un trône.

BONAPARTE. Enfant! Eh! serai-je jamais autre chose que le soldat de Toulon, le général d'Arcole ou le consul de Marengo ? Ma fortune m'a toujours suivi ; pourquoi veux-tu qu'elle s'arrête quand je vais toucher le but? Pourquoi l'étoile de Bonaparte ne serait-elle pas celle de Napoléon?

JOSÉPHINE. Oh! n'étais-tu pas assez grand ?

BONAPARTE. Crois-tu que ce soit une vaine ambition qui me fasse désirer un nouveau titre? crois-tu que je ne m'estime pas ce que je vaux ? — et que le manteau impérial ou la main de la justice me donneront à moi une plus haute opinion de moi? L'Europe est vieille, —et ma mission est de la régénérer : — il faut que je l'accomplisse. Je ne voudrais pas être empereur, que le peuple m'élèverait malgré moi sur le pavois impérial. Mais je veux l'être, parce que, de même que seul je pouvais sauver la France, seul je puis la consolider. Général, un boulet pouvait m'emporter, et avec moi étaient perdues mes victoires. Consul à tems, un coup d'état, un coup de main peut me chasser comme j'ai chassé le Directoire ; consul à vie, il suffit d'un assassin, — et Cadoudal attend encore sous les verrous la peine d'un crime qu'il ne tente pas même de nier. Depuis quatre ans et demi que dure le consulat, la France est placée en viager sur ma tête ; l'empire et l'hérédité peuvent seuls... — Mais que je suis fou de faire de la politique avec toi, frivole et jolie, conseiller bâti de gaze et de dentelle! Non, ma Joséphine, plus de ces conver-

sations, elles attristent tes yeux et ta bouche, et tous deux doivent sourire : soulage les malheureux, achète des chiffons et fais des dettes, beaucoup de dettes : voilà ta vocation à toi ; suis-la, et ne tente pas d'arrêter la mienne. — Ce n'est pas la plus heureuse !

JOSÉPHINE. Pardon !—mais je veux encore te dire....

BONAPARTE. Quoi?

JOSÉPHINE. Tu parles d'hérédité ! — pour qui ?...

BONAPARTE. J'aurai un fils, Joséphine. Le destin ne m'a pas conduit si haut par la main pour m'abandonner tout-à-coup. — Peut-être serai-je malheureux un jour ; — mais c'est quand il n'aura plus rien à m'accorder, —quand, comblé de tous les biens, je ne pourrai plus que descendre. Mon existence est une de ces grandes combinaisons du sort que la fortune veut compléter, dans son bonheur comme dans ses revers. — Joséphine, j'aurai un fils.

JOSÉPHINE. Mon Dieu ! quelle est donc ton intention?.... Ecoute, j'adopterai qui tu voudras ; tout enfant que tu me présenteras, en me disant : « Aime-le, » je l'aimerai comme j'aime Eugène, — mon Eugène ; ce sera mon fils, aussi cher que si je l'avais porté dans mon sein....

BONAPARTE. Eh bien! Joséphine, —oui, — si le sort me refuse un fils, oui, j'en adopterai un digne de moi, qui aura le cœur de sa mère — et le courage de son père.... — Me comprends-tu ?

JOSÉPHINE. Oh! je n'ose espérer...

BONAPARTE. Espère.

JOSÉPHINE. Eugène.

BONAPARTE. Eugène Beauharnais.

JOSÉPHINE. O mon ami! mon Bonaparte !

BONAPARTE. Allez, mon impératrice ! Notre-Dame vous attend, et j'ai une couronne d'or à mettre sur vos beaux cheveux.

JOSÉPHINE, *avec mélancolie.* Ami, — j'aimerais mieux les fleurs de la Malmaison.

(Elle sort.)

BONAPARTE. Bonne Joséphine! — Qu'y a-t-il, Charles?...

CHARLES. Le sénat vient vous supplier d'accepter l'empire.

BONAPARTE. Dans un instant je vais le recevoir.

(Il sort.)

SCÈNE VIII.

CHARLES, *puis* LABREDÈCHE, Huissiers.

LABREDÈCHE, *dans l'antichambre, parlant avec l'accent italien.* Ze vous dis que ze souis de la société de notre Saint-Père le Pape, — un mousicien de sa chapelle : (*Il chante en fausset.*) Voyez... et que ze viens prendre les ordres de Sa Majesté l'empereur, — ze veux dire du premier consoul.

CHARLES, *à part.* Oh! mon Dieu, encore cet homme, le plus intrépide solliciteur que je connaisse, et qui a toujours un parent mort victime de l'autre gouvernement! — Eh bien! qu'y a-t-il?.

LABREDÈCHE. Ah! citoyen secrétaire, tirez-moi des mains de vos citoyens huissiers ; ce sont de véritables geôliers ; j'ai été obligé de renoncer à ma qualité de Français, dont je suis si fier en ce jour immortel, afin d'arriver...

CHARLES. Eh bien! monsieur, vous voilà ; que voulez-vous?.

LABREDÈCHE. Vous ne me reconnaissez donc pas?

CHARLES. Au contraire, je me rappelle qu'en 98...

LABREDÈCHE. Je sollicitais.

CHARLES. Qu'en 1802...

LABREDÈCHE. Je sollicitais encore.

CHARLES. Enfin maintenant...

LABREDÈCHE. Je sollicite toujours. — Que voulez-vous? ce n'est pas ma faute ; c'est celle de ceux qui ne m'accordent pas ce que je demande ; — mais j'espère que sous le gouvernement paternel de Sa Majesté l'empereur, j'obtiendrai enfin justice ; car vous savez que mon père...

CHARLES. Oui, oui.

LABREDÈCHE. Mon malheureux père est mort victime de son dévouement à la république, en combattant les chouans...

CHARLES. Ah! votre père était républicain?...

LABREDÈCHE. Non, non. (*A part.*) Que diable ai-je dit là, le jour du couronnement?...

CHARLES. Royaliste, alors?.

LABREDÈCHE. Royaliste? encore moins, monsieur.

CHARLES. Mais, enfin, il était l'un ou l'autre.

LABREDÈCHE. Il était monarchiste, monsieur!... (*A part.*) Voilà le mot trouvé!... (*Haut.*) Mais non partisan de la vieille monarchie, non, non ; il rêvait une dynastie nouvelle, un trône militaire ; — il disait comme M. de Voltaire : (*Le premier qui fut roi...*) Qu'il serait heureux aujourd'hui s'il n'était pas mort victime...

CHARLES. Mais vous n'avez jamais pu appuyer vos demandes d'un extrait mortuaire.

LABREDÈCHE. Comment voulez-vous?... Les mairies brûlées... — J'espère donc avoir part aux grâces qui seront accordées à l'occasion du grand jour...

CHARLES. Mais si vous êtes si dévoué à l'empereur, pourquoi ne pas vous engager? Sa Majesté aura besoin d'hommes.

LABREDÈCHE. M'engager, moi?... moi? — je suis fils unique de femme veuve. (*A part.*) J'ai tué mon père, je peux bien ressusciter ma mère. (*Haut.*) Mais avec votre protection, monsieur le secrétaire....... si vous daignez.

CHARLES. Donnez.

LABREDÈCHE. Douze cents francs... une pension de 1,200 francs..... ou une place dans les vivres. (*Près du bureau.*) Quand je pense que c'est ici que le grand homme s'est assis hier encore!... (*Se retournant.*) Voyez-vous, une place dans les vivres me serait peut-être plus agréable qu'une pension... parce que dans les vivres, sur une place de quinze cents francs, avec un peu d'économie, on peut mettre par an six ou sept mille francs de côté..... (*Revenant au bureau.*) Que c'est sur ce bureau qu'il a signé ses immortels décrets ; que cette plume encore mouillée d'encre est celle avec laquelle il signera peut-être mon brevet de pension!....... Parce que, tout bien considéré, voyez-vous, j'aime mieux une pension qu'une place ; cela n'entraîne pas à des heures de bureau ; on se présente tous les trimestres seulement, — tous les trimestres, n'est-ce pas?

CHARLES. Oui.

LABREDÈCHE. Soyez tranquille, je serai exact. — Ainsi donc, vous avez la bonté de me dire que vous regardez cette faveur comme accordée?

CHARLES. Moi? point du tout!

LABREDÈCHE. Je vous demande bien pardon, cela vous est échappé. Mais vous voulez vous soustraire à ma reconnaissance, c'est d'une belle âme, monsieur!... Si je pouvais vous montrer la mienne, vous verriez qu'elle n'est pas indigne... — Ainsi voilà la plume, voilà la pétition..... — Une signature, un *Bonaparte*, — je veux dire un *Napoléon!*... qu'il n'aille pas se tromper, diable!

CHARLES. Je la mettrai sous ses yeux, voilà tout ce que je puis vous dire.

LABREDÈCHE, *A part*. Et moi je cours sur le chemin de Notre-Dame lui remettre celle-ci, parce que si celui-là m'oublie... (*Haut.*) Adieu, monsieur, adieu, mon bienfaiteur! je vais joindre ma voix à toutes celles qui louent, qui bénissent..... Huissier, vous voyez comme je suis avec monsieur le secrétaire : — il désire que désormais j'entre toujours sans faire antichambre.

CHARLES. Huissier, vous voyez bien ce monsieur qui sort?

L'HUISSIER. Oui, monsieur.

CHARLES. Eh bien! reconnaissez-le pour ne jamais le laisser entrer.

Quatrième Tableau.

La façade des Tuileries.

SCENE IX.

LABREDÈCHE, LORRAIN, Peuple, Bourgeois, Militaires.

PLUSIEURS VOIX. Le voilà, le voilà!... non... — si... — pas encore.

UNE VOIX. Je vous dis que le cortége doit passer à onze heures précises. Voilà l'imprimé.

UN MONSIEUR. Il est onze heures un quart.

LORRAIN. Dites donc, est-ce que vous êtes chargé de faire l'appel, citoyen? il me semble qu'il est bien libre de sortir quand il voudra.

UNE FEMME. On dit que l'impératrice s'est trouvée mal.

LORRAIN. Je crois plutôt que c'est le pape, moi; — quand nous avons été au-devant de lui à Avignon, il était déjà tout malade qu'il m'en a fait de la peine.

UN MONSIEUR. Eh! non, il se porte très-bien.

LORRAIN. Ah! il se porte bien! c'est donc pour ça que mon officier qui commandait son escorte a eu si peur qu'y ne lui passât entre les mains, qu'il a voulu en donner un récépissé à l'officier de l'autre escorte, — et comme on aurait pu réclamer à Paris mieux qu'il n'avait reçu à Avignon, il a mis sur le susdit récépissé : — Reçu un pape en assez mauvais état... — Voilà comme il se porte bien.

LABREDÈCHE, *survenant*. Pas du tout, mon ami, pas du tout; c'est que l'empereur reçoit le sénat: moi je sors du cabinet de l'empereur, rien que ça, et je sais à quoi m'en tenir.

LE PEUPLE. Ah! v'là la fenêtre qui s'ouvre.

UN MONSIEUR. Il va paraître; l'empereur va venir au balcon : — le voilà! le voilà!

LABREDÈCHE. Laissez-moi passer.

LORRAIN. Dites donc, citoyen, vous avez le coude pointu, je ne vous dis que ça.

UNE FEMME. Est-il malhonnête ce monsieur!... vous voyez bien que vous ne pouvez pas passer.

LABREDÈCHE. Il faut que l'empereur me voie, il faut que l'empereur m'entende...

TOUS. Le voilà! le voilà!

UN ENFANT. Maman, prends-moi dans tes bras, je ne vois pas.

TOUS. Vive le premier consul!

(*Il salue*)

LABREDÈCHE. Vive l'empereur!

TOUS. Vive l'empereur!

LABREDÈCHE. Vive Napoléon-le-Grand!

LORRAIN, *se découvrant*. Vive le général Bonaparte!

FIN DU DEUXIÈME ACTE.

ACTE III.

Cinquième Tableau.

DRESDE.

Le palais du roi.

SCÈNE PREMIÈRE.

NAPOLÉON, BERTHIER.

NAPOLÉON, *dictant à Berthier*. Arrivée au Niémen, l'armée se disposera ainsi : à l'extrême droite, en sortant de la Galicie sur Droguizzin, le prince de Schwartzemberg et trente-quatre mille Autrichiens; à leur gauche venant de Varsovie, et marchant sur Bialystock et Grodno, le roi de Westphalie avec soixante dix-neuf mille deux cents Westphaliens, Saxons et Polonais ; à côté d'eux le prince Eugène achèvera de réunir vers Mariendol et Pilony soixante-dix-neuf mille cinq-cents Bavarois, Italiens et Français ; puis l'empereur, avec deux cent vingt mille hommes commandés par le roi de Naples, le prince d'Eckmühl, les ducs de Dantzick, d'Istrie, de Reggio, d'Elchingen ; enfin, devant Tilsitt, Macdonald et trente-deux mille cinq cents Prussiens, Bavarois et Polonais, formeront l'extrême gauche de la grande armée. —Ainsi Berthier, combien d'hommes en mouvement depuis le Guadalquivir et la mer des Calabres jusqu'à la Vistule?

BERTHIER. Six cent dix-sept mille.

NAPOLÉON. Combien présens?

BERTHIER. Quatre cent vingt mille.

NAPOLÉON. Combien d'équipages de ponts?

BERTHIER. Six.

NAPOLÉON. De voitures de vivres?

BERTHIER. Onze mille.

NAPOLÉON. De pièces de canon?

BERTHIER. Treize cent soixante-douze.

NAPOLÉON. Bien.

BERTHIER. Et Votre Majesté croit pouvoir compter sur les soixante mille Autrichiens, Prussiens et Espagnols, qui marchent dans l'armée?

NAPOLÉON. Oui.

BERTHIER. Votre majesté ne craint pas qu'ils se souviennent de Wagram, d'Iéna et de Saragosse?

NAPOLÉON. Ils ne s'en souviendront pas tant que je serai vainqueur. Il faut se servir de ses conquêtes pour conquérir ; d'ailleurs la campagne ne sera pas longue ; c'est une guerre toute politique : ce sont les Anglais que j'attaque en Russie ; ensuite on se reposera : c'est le cinquième acte, le dénouement. — Datez mes ordres d'ici de Dresde, — et envoyez mes ordonnances aux journaux de Paris. Vous reviendrez avec Caulaincourt, Murat, Ney, et nos autres maréchaux.

BERTHIER. Votre Majesté recevra-t-elle ce matin les rois de Wurtemberg, de Prusse et de Westphalie, et quelque autres qui demandent à faire leur cour à Votre Majesté?

NAPOLÉON. Plus tard ; — j'attends Talma. Vous les inviterez au spectacle pour ce soir, je les y conduirai. Allez.

●○●○○○●○○○●○○○●○●○●○○○●○○●○●○●○○●○●○○●○○●○●○●○● ●○○

SCENE II.

NAPOLÉON, UN HUISSIER, TALMA, PUIS CAULAINCOURT.

L'HUISSIER. M. Talma.

NAPOLÉON. Faites entrer. (*Talma entre, l'huissier sort.*) Vous vous faites bien attendre Talma.

TALMA. Sire, ce n'est pas ma faute ; j'ai donné en entrant dans la cour au milieu d'un embarras de rois dont j'ai eu toutes les peines du monde à me retirer.

NAPOLÉON. Quand êtes-vous arrivé?

TALMA. Hier soir, sire.

NAPOLÉON. Êtes-vous trop fatigué pour jouer aujourd'hui!

TALMA. Non, sire.

NAPOLÉON. Songez que vous aurez un parterre de têtes couronnées. — Quelles nouvelle du Théâtre-Français ?

TALMA. Des querelles.

NAPOLÉON. Toujours ! Entre?...

TALMA. Entre les sociétaires, pour les rôles, pour les emplois.

NAPOLÉON. Je réglerai tout cela à Moscou. Votre république de la rue Richelieu me donne plus de mal que mes cinq ou six royaumes.

TALMA. Et que jouerais-je? *Mahomet?*

NAPOLÉON. Non, non, ils prendraient cela pour une application; d'ailleurs, depuis que j'ai vu l'Egypte, je trouve Voltaire encore plus faux qu'auparavant.

TALMA. J'ai cependant entendu Votre Majesté louer *OEdipe.*

NAPOLÉON. La fatalité antique le soutient. Voyez-vous, tout le théâtre de Voltaire est un système dont 93 est la dernière pièce. Mais dites-moi, Talma, comprenez-vous, avec sa haine pour les rois, ses éloges exagérés de Louis XIV, roi d'opéra qui entendait assez habilement la mise en scène de la royauté, rien de plus ; qui faisait six mille francs de pension à Boileau, et laissait mourir de faim Corneille.. Corneille que j'aurais fait ministre s'il eût vécu de mon tems !

TALMA. Je vois que je jouerai ce soir du Corneille.

NAPOLÉON. Oui, il est toujours beau sans cesser d'être vrai, celui-là. Il agrandit les héros dont il s'empare... Il ne les force pas à se baisser pour passer par les petits escaliers de Versailles et les portes de l'œil-de-bœuf; ses Grecs sont Grecs, ses Romains, Romains... Ils ont les jambes et les bras nus, et ne portent pas la livrée de Louis XIV.

TALMA. Votre Majesté me semble bien sévère.

NAPOLÉON. Ah! j'aime peu votre littérature moderne, Talma! elle a pris autant de peine pour s'éloigner de ses deux grands modèles, Corneille et Molière, que les Grecs en prenaient pour se rapprocher d'Eschyle et d'Aristophane. — Legouvé et Dubelloy ont eu un instant l'intention de nous faire une littérature nationale; — mais comme ces gardiens chargés de conserver les monumens du moyen âge, qui font blanchir les vieilles statues couchées sur les vieux tombeaux, — Dubelloy badigeonne Bayard, et Legouvé regratte Henri IV. – Quand nous imiterons les Grecs, que ce soit sur des sujets grecs, et alors ne nous écartons pas de leur belle simplicité. — Voyez l'*Agamemnon* de Lemercier... — Il faudra cependant en venir là, Talma, que l'on parlât comme la nature... — Je suppose qu'un jour on me mette en scène, moi! — Croyez-vous que je me ressemblerai si l'on me fait faire des phrases sonores et de grands gestes, — moi—bonhomme, — qui n'ai d'éloquence que par boutade, et qui gouverne le monde — les bras croisés.

TALMA. Votre Majesté a dû voir que cette opinion est la mienne.

NAPOLÉON. Oui, oui, vous êtes toujours simple et naturel, vous. Aussi a-t-on été long-tems sans vous comprendre. — Vous jouerez le rôle d'Auguste, Talma, — et je voudrais qu'Alexandre fût là ce soir pour vous entendre dire: «Soyons amis, Cinna. » — Adieu; voilà Caulaincourt que j'ai fait demander.

TALMA. Adieu, sire.

NAPOLÉON. A propos: — ils disent que c'est vous qui m'apprenez à me tenir sur mon trône; c'est pour cela que je m'y tiens bien. — A ce soir. (*Se retournant.*) Je ne suis pas content de vous, Caulaincourt.

CAULAINCOURT, *qui entre.* Et comment aurai-je eu le malheur de déplaire à Votre Majesté?

NAPOLÉON. Vous blâmez hautement la campagne de Russie.

CAULAINCOURT. Oui, sire.

NAPOLÉON. Et quels sont vos motifs? Parlez; vous savez que j'aime qu'on soit franc.

CAULAINCOURT. Sire, jusqu'à présent nous n'avons combattu que des hommes, et vous avez vaincu; — mais la Russie! une campagne n'y est possible que de juin à octobre: hors l'intervalle compris entre ces deux époques, une armée engagée dans ces déserts de boue et de glace y périt tout entière sans gloire! La Lithuanie est l'Asie encore plus que l'Espagne n'est l'Afrique. Les Français ne se reconnaissent plus au milieu d'une patrie qu'aucune frontière ne limite. On ne s'étend pas ainsi sans s'affaiblir. C'est perdre la France dans l'Europe.... Car enfin, lorsque l'Europe sera la France, il n'y aura plus de France. Déjà même le départ de Votre Majesté la laisse solitaire, déserte, sans chef, sans armée... — Qui donc la défendra?

NAPOLÉON. Ma renommée. J'y laisse mon nom et la crainte qu'inspire une nation armée.

CAULAINCOURT. Je ne parle encore que de succès; mais en cas de retraite, sur quoi s'appuiera Votre Majesté? sur la Prusse, que nous dévorons depuis cinq ans, et dont l'alliance n'est que feinte ou forcée?...

NAPOLÉON. Ne suis-je pas assuré de sa tranquillité par l'impossibilité où je l'ai mise de remuer, même dans le cas d'une défaite? Oubliez-vous que je tiens dans ma main sa police civile et militaire? D'ailleurs, ne puis-je pas compter sur sept rois qui me doivent leurs nouveaux titres? Six mariages ne lient-ils pas la France avec les maisons de Bade, de Bavière et d'Autriche? Tous les souverains de l'Europe ne doivent-ils pas être effrayés comme moi du gouvernement militaire et conquérant de la Russie? de sa population sauvage qui s'augmente d'un demi-million d'hommes tous les ans? Pourquoi menacer mon absence des différens partis existans dans l'intérieur de l'empire? Je n'en vois qu'un seul: celui de quelques royalistes. Eh bien! qu'ai-je besoin d'eux? Quand je les soutiens, je me fais tort à moi-même dans l'esprit du peuple; car, que suis-je, moi? roi du tiers-état; n'étant pas né sur le trône, il faut que je m'y soutienne comme j'y suis monté, —par la gloire. Un simple particulier comme j'étais, devenu souverain comme je le suis, ne peut plus s'arrêter; il faut qu'il monte sans cesse; ou il redescend à compter du jour où il reste stationnaire. Ces hommes que ma fortune a hissés après elle n'ont déjà plus assez de leurs bâtons de maréchaux. C'est à qui les échangera contre des sceptres et des couronnes; ma famille me tiraille de tous côtés par mon manteau impérial; chacun réclame un trône, ou pour le moins un grand-duché. Il semble, à entendre mes frères, que j'aie mangé l'héritage du feu roi notre père. Eh bien! le moyen de contenir toutes ces ambitions, de réaliser toutes les espérances, c'est la guerre, la guerre toujours! — Et croyez-vous donc que je n'en sois pas las de la guerre? L'empereur Alexandre pèse seul au sommet de l'immense édifice que j'ai élevé ; il y pèse jeune, plein de vie. Ses forces augmentent encore, quand déjà les miennes décroissent. Il n'attend que ma mort pour arracher à mon cadavre le sceptre de l'Europe. Il faut que je prévienne ce danger, quand l'Italie, la Suisse, l'Allemagne, la Prusse et l'Autriche marchent sous mes aigles, — et que je consolide le grand empire en rejetant Alexandre et la puissance russe, affaiblie par la perte de toute la Pologne, au delà du Borysthène.

CAULAINCOURT. Votre majesté parle de sa mort, et si sur le champ de bataille où elle s'expose comme le dernier de ses soldats :...

NAPOLÉON. Vous craignez la guerre pour mes jours ! C'est ainsi qu'au tems des conspirations on voulait m'effrayer de Cadoudal. Il devait tirer sur moi ; eh bien ! il aurait tué mon aide-de-camp. Quand mon heure sera venue, une fièvre, une chute

de cheval à la chasse me tueront aussi bien qu'un boulet. — Les jours sont écrits !

CAULAINCOURT. Sire...

NAPOLÉON, *le conduisant à une fenêtre.* Voyez-vous là-haut cette étoile ?

CAULAINCOURT. Non, sire.

NAPOLÉON. Regardez bien.

CAULAINCOURT. Je ne la vois pas, sire.

NAPOLÉON. Eh bien ! moi je la vois. — Passons au salon, l'heure de la réception est arrivée.

(Ils entrent au salon du fond. — La porte reste ouverte, et l'huissier annonce successivement :)

Sa majesté le roi de Saxe,
Sa majesté le roi de Wurtemberg,
Sa majesté l'empereur d'Autriche,
Sa majesté le roi de Naples,
Sa majesté le roi de Bavière,
Sa majesté le roi de Prusse.

(A mesure qu'un roi entre, Napoléon le reçoit ; il apparaît un instant au milieu d'eux, et le théâtre change.)

Sixième Tableau.

Les hauteurs de Borodino.

SCENE III.

MURAT, UN OFFICIER, UN SOLDAT, UN DOMESTIQUE.

UN OFFICIER, *à la tête d'une colonne.* Halte !

MURAT. Julien, aie soin de mon cheval et amène-m'en un autre. Lave la blessure qu'il a reçue au cou avec de l'eau-de-vie et du sel, — et tu m'apporteras un sabre plus lourd que celui-ci. — Ces Russes, il faut les fendre jusqu'à la ceinture pour qu'ils tombent.

DEUXIÈME SOLDAT. Il est bien heureux de les joindre ces gredins-là ! Voilà quatre cents lieues qu'ils nous font faire, et on n'a encore eu le plaisir de leur dire deux mots qu'à Vitepsk et à Smolensk.

MURAT. Je crois qu'ils nous attendent ici, mes braves. Bagration, Barclay et Kutusoff sont réunis et nous aurons de la besogne demain, ou je ne m'y connais pas. (*Jetant un de ses gants.*) Ici la tente de l'empereur : là la mienne. Vous, partout autour de nous ; couchez-vous près de vos armes, et ne dormez que d'un œil.

LE DOMESTIQUE. Voilà le sabre que votre Majesté a demandé ; son cheval l'attend.

MURAT. Bien. Messieurs, venez avec moi éclairer les flancs.

SCENE IV.

LES SOLDATS *au bivouac.*

DEUXIÈME SOLDAT. En voilà un qui a de bonnes jambes, à la bonne heure.

TROISIÈME SOLDAT. On dit qu'y veut s'faire roi des Cosaques.

QUATRIÈME SOLDAT. Bah ! et son royaume de Naples ?...

PREMIER SOLDAT. On le donnera à un autre, donc ! — Ah ça ! qu'est-ce qu'il y a pour la marmite, les enfans ? (*Se retournant.*) Dites donc, les anciens, peut-on vous demander du feu ? — Ces gaillards-là ! ils ont un pot au feu soigné ! — Ah ça ! vous, voyons ; apportez à la masse, et de l'ordre surtout : (*les soldats ouvrent successivement leurs sacs*) de la farine, de la farine et de la farine... Eh bien ! avec ça nous aurons au premier service de la bouillie, au second de la bouillie, et au troisième de la bouillie... — Mille dieux ! en Prusse, en Allemagne, on avait toujours quelque dindon, quelque poule.....

SCENE V.

LES MÊMES, LORRAIN.

LORRAIN, *lui faisant passer une oie sous le nez.* Qu'est-ce que tu dis de ça, le vieux ?

PREMIER SOLDAT. Je dis que si c'était dans notre bouillie, ça lui donnerait une fameuse couleur.

LORRAIN, *mettant l'oie dans la marmite.* Eh bien ! gare les éclaboussures ! et une place au feu, place de soldat, rien que ça, parce qu'on ne sait pas lire. La largeur de la main entre les deux genoux. — Voilà.

PREMIER SOLDAT. Ah ça ! mais d'où viens-tu, toi ? tu n'es pas de l'escouade.

LORRAIN. J'arrive de l'Andalousie ; et je vous en souhaite des Andalouses... (*Il envoie un baiser.*) Je ne vous dis que ça.— Quant aux hommes en Espagne, voyez-vous, c'est des drôles de particuliers : des manteaux qui marchent et une épée qui relève ; — voilà tout.

PREMIER SOLDAT. Ah ça ! qu'est-ce que ça mange ? Ça mange-t-il ?

LORRAIN. Ça mange de l'ail au chocolat... ou du chocolat à l'ail, je ne sais pas au juste. Ça se dit noble comme la cuisse à Abraham ; ça n'a pas le sou dans sa poche ; c'est sec comme de l'amadou, noir comme une taupe, — et ça fume comme un tulliau de poêle ; — voilà l'Espagnol.

PREMIER SOLDAT. C'est un joli peuple tout de même.

LORRAIN. Et le peuple russien, qu'est-ce que ça est ? car il faut faire connaissance avec ses nouveaux amis...

PREMIER SOLDAT. Mais la cavalerie, ce qu'on appelle vulgairement *Cosaques*, c'est des chevaux avec des cordes, des lances avec des clous et des figures avec des barbes. Quant à ce que ça mange, on ne peut pas le dire, attendu que, comme on ne trouve rien dans le pays, y n'y a pas d'échantillon...

LORRAIN. Et le pays par lui-même est-il agricole ?

PREMIER SOLDAT. Agréable ?

LORRAIN. Oui, agréable ou agricole, comme tu voudras...

PREMIER SOLDAT. Du tout. Par exemple, du brouillard à couper au couteau !

LORRAIN. Du brouillard, voilà une grande affaire ! J'ai été dans des peillys où les cavaliers ne se servent pas d'autre chose pour cirer leurs bottes. — C'est à cause du pôle.

PREMIER SOLDAT. Q'est-ce qu'y dit, hein ?

DEUXIÈME SOLDAT. Je ne sais pas. Il dit le pôle.

LORRAIN. Pour en revenir aux Espagnols...

UN SOLDAT. Ah ! bah, tes Espagnols ! Un joli peuple ! — Pas gai du tout.

LORRAIN. Pas gai ? — Il chante toute la journée.

UN SOLDAT. Quoi ?

LORRAIN. Les vêpres.

UN SOLDAT. Merci.

LORRAIN. Tenez, moi, je vas vous donner une idée du chant national. C'est l'histoire d'un vieux chrétien, brave homme, ma parole d'honneur !... — Écoutez, et le refrain en chœur ! (*Au tambour.*) Voyons, donne ton *la*, toi ! (*Il tire des castagnettes.*) Et toi aussi, fifmardo ! — En avant ! marche !

PREMIER COUPLET.

La mort a surpris dans un coin
Le valeureux don Sanche ;
Il est mort la tasse au groüin,
Couché sur une planche.

(*Avec accompagnement de castagnettes.*)

Tra, tra, etc.

Issu d'un alguazil hargneux,
Il naquit en Castille,
Où, dans des sentimens pieux,
Sa mère mourut fille...
Tra, tra, etc.

Un quart d'heure avant son trépas,
Son redoutable père,
D'un petit bien qu'il n'avait pas
Le nomma légataire.
Tra, tra, etc.

De la disette quand le vent
Soufflait dans sa cuisine,
Il se régalait gravement...
D'un air de mandoline.
Tra, tra, etc.

L'azur et le carmin des fleurs
Brillaient à son panache ;
Cupidon suspendait les cœurs
Au croc de sa moustache.
Tra, tra, etc.

SIXIÈME ET DERNIER COUPLET.

Celui-ci se chante le crêpe au bras et la larme à l'œil, — tenue de rigueur.

Pour payer son enterrement,
Ses anciennes maîtresses
Ont, avec leurs bagues d'argent,
Vendu leur fausses...

- (*Bruit de tambours.*)

UN SOLDAT. L'empereur !

TOUS, *se levant.* L'empereur !

LORRAIN. L'empereur ? — Cré coquin ! v'là quatre ans que nous ne nous sommes vus ; nous allons nous trouver joliment changés.

<hr>

SCÈNE VI.

LES MÊMES, NAPOLÉON, DAVOUST, *Suite.*

NAPOLÉON. Bonsoir, mes enfans, bonsoir ; j'ai voulu passer cette nuit au milieu de vous. Il paraît enfin qu'ils vont nous attendre.

PREMIER SOLDAT. Pourvu qu'ils n'évacuent pas la nuit comme d'habitude...

NAPOLÉON. Non, non ; Murat a reconnu leurs feux. C'est une bataille décisive, enfans. Comme aux Pyramides, mon brave, — car tu y étais.

PREMIER SOLDAT. Un peu.

NAPOLÉON, *à un autre.* Tu te souviendras d'Austerlitz, toi ! c'est là que tu as eu la croix.

DEUXIÈME SOLDAT. Oui, pour avoir....

NAPOLÉON. Pris un drapeau. — Eh bien ! êtes-vous contens, mes amis ? votre capitaine a-t-il soin de vous ? votre solde est-elle bien payée ?

PREMIER SOLDAT. Oh ! la solde est au courant. — Il n'y a que la ration qui est en retard.

NAPOLÉON. Voyons votre soupe. (*Il la goûte.*) Elle est bonne.

LORRAIN. Je crois bien. J'ai décroché une oie à balle ; et une oie sauvage qui s'en allait vers le midi, — signe de froid.

NAPOLÉON *à part.* Oui, signe de froid ; (*haut*) mais nous aurons du bon feu à Moscou, mes amis ; et nous y attendrons le printems. — J'ai soif ; reste-t-il de l'eau dans les bidons ?

LORRAIN. Non, mais j'ai aperçu une source en venant. Attendez...

(Il sort.)

NAPOLÉON, *au prince d'Eckmühl.* Davoust, — savez-vous que la retraite de ces gens-là m'épouvante ! Tout est brûlé sur la route. Cela ressemble à un plan arrêté. On dirait que d'avance toutes leurs positions ont été prises étapes par étapes. Alexandre se tait. Je n'ai négligé aucune occasion de lui proposer la paix. Il faut que je sois à Moscou pour qu'il se décide, — sinon nous y prendrons nos quartiers d'hiver...

LORRAIN, *la figure pleine de sang, et apportant de l'eau.* Voilà.

NAPOLÉON. Qu'as-tu donc ?

LORRAIN. Rien. J'ai pas vu un ravin et j'ai roulé dedans : — histoire d'arriver plus vite.

NAPOLÉON. Essuie ce sang, il empêche de voir tes cicatrices. (*Après avoir bu.*) Ton eau est excellente. Tes cicatrices te vont bien. — En voilà une que je ne te connaissais pas.

LORRAIN. Ah ! c'est un Espagnol, — un *don*, un *signor*, qui m'a envoyé de derrière une haie ma feuille de route pour l'autre monde. Heureusement que je me suis arrêté à la moitié de l'étape.

NAPOLÉON. Tu ne sais pas lire, n'est-ce pas ?

LORRAIN. Non, sire ; — mais y n'y a pas d'affront : c'est la faute de mon père.

NAPOLÉON. J'ai créé pour les braves comme toi, qui ne savent pas lire, des places de gardes de l'aigle. Ils ont le grade d'officier. Ce sont eux qui veillent de chaque côté du drapeau, et ils n'ont d'autres fonctions que de le défendre. Je te nomme garde de l'aigle du sixième.

LORRAIN. Merci, mon empereur. — Allons ! allons ! V'là mon bâton de maréchal !

NAPOLÉON, *se retirant sous sa tente avec Davoust*, — *à Murat qui entre.* Ah ! te voilà, Murat ! Eh bien ?

MURAT. Ils tiennent toujours. Des redoutes s'élèvent le long de la Moscowa ; tout fait présager que demain nous les retrouverons dans les retranchemens.

NAPOLÉON. C'est une bataille d'artillerie qu'il faut livrer ; — tant mieux.

MURAT, *à Davoust.* A propos d'artillerie, prince, pourquoi hier une de vos batteries a-t-elle refusé deux fois de tirer malgré mon ordre exprès ?

DAVOUST. Parce que je ménage mes soldats et ne verse leur sang que lorsque c'est absolument nécessaire.

MURAT. Oui, vous êtes prudent...

DAVOUST. Et votre Majesté est par trop téméraire, elle ; d'ailleurs nous verrons ce qu'il restera de votre cavalerie à la fin de la campagne : elle vous appartient, vous pouvez en disposer ; quant à l'infanterie du premier corps, tant qu'elle sera sous mes ordres je ne la laisserai pas prodiguer.

MURAT. Oubliez-vous que si vous commandez à l'infanterie, je vous commande à vous ? L'empereur vous a mis sous mes ordres.

DAVOUST. Et l'empereur a eu tort.

MURAT. Ah ! je sais bien que votre prudence envers l'ennemi et votre inimitié envers moi datent de l'Egypte ; mais si nous avons des différends, l'armée ne doit pas en souffrir, et nous pouvons les vider entre nous deux.

DAVOUST. Votre Majesté descendrait jusqu'à se battre avec un simple maréchal ?

MURAT. Je me bats bien avec un Cosaque !...

NAPOLÉON, *roulant un boulet sous son pied.* C'est bien, messieurs ; — je désire qu'à l'avenir vous vous entendiez mieux ; — car tous deux vous m'êtes nécessaires : Murat avec sa témérité, et vous, Davoust, avec votre prudence.—Allez prendre quelque repos ; il ne vous sera pas inutile pour la journée de demain. (*Ils sortent.*) Ce sera une terrible bataille ! — mais j'ai quatre-vingt mille hommes ; j'en perdrai vingt mille, j'entrerai avec soixante mille dans Moscou, les traîneurs nous y rejoindront, puis les bataillons de marche, et nous serons plus forts qu'avant la bataille. Quatre heures du matin... — Tous dorment, seul je veille avec ma pensée, pensée de guerre et de destruction ! Oh ! dormez, enfans, rêvez de vos mères et de votre patrie : — demain des milliers de vous seront couchés encore, mais sur une terre froide et sanglante... (*Une pause.*) Que c'est une bizarre fortune que la mienne ! homme obscur comme eux, et qui traîne à ma suite des milliers d'hommes ! Oh ! il y a des momens où, quand je suis seul, face à face avec mon génie, je frissonne, car je doute ! — Si ce que je crois mon étoile n'était que de l'audace et mon génie du hasard ! Quelle affreuse responsabilité que celle de la vie de tant de milliers d'hommes qui se lèveraient un jour sanglans et mutilés pour m'accuser devant Dieu, — devant Dieu qui me dirait : Tu n'as point reçu mission de faire ce que tu as fait, donc que les pleurs et le sang retombent sur ta tête !.... — Oh ! c'est impossible !

Quels hommes ! ne dirait-on pas une race à part, ayant plusieurs existences à risquer ? Il y a treize ans qu'avec eux je suis venu tenter l'Orient par l'Égypte, et les briser contre ses portes. Dans l'intervalle nous avons conquis l'Europe, et les voilà, conduits par moi toujours, revenant par le Nord dans cette Asie, pour s'y briser encore peut-être !.... Qui les a poussés dans cette vie errante et aventureuse ? Ce ne sont point des barbares cherchant de meilleurs climats, des habitations plus commodes, des spectacles plus enivrans ; au contraire, ils possédaient tous les biens, ils les ont abandonnés pour vivre sans abri, sans pain, et pour tomber chaque jour successivement ou morts ou mutilés sur la route que je parcours, qui embrasse le cercle du monde, que je sème de tombeaux et qui conduit à l'immortalité. — au néant. (*On entend battre la diane.*) Le jour, déjà le jour ! (*Tout le monde s'est levé.*) Eh bien, Duroc ?

DUROC, *suivi de plusieurs maréchaux.* L'ennemi a conservé sa même position.

NAPOLÉON. Battons-nous ! Mes amis, voilà le soleil d'Austerlitz.

MURAT. Qu'ordonne votre majesté ?

NAPOLÉON, *aux maréchaux qui l'entourent.* Voici le plan général. — Pendant le combat mes aides-de-camp vous porteront mes ordres particuliers. Eugène sera le pivot. C'est la droite qui engagera la bataille. Dès qu'à la faveur du bois elle aura enlevé la redoute qui lui est opposée, elle fera un à gauche, marchera sur le flanc des Russes, ramassant et refoulant toute leur armée sur leur droite et dans la Kalouga.

Trois batteries de soixante canons chacune seront opposées aux redoutes russes, deux en face de leur gauche, la troisième dans leur centre. Poniatowski et son armée s'avanceront par la vieille route de Smolensk ; vous attendrez ses premiers coups de canon pour donner : ce sera le signal. — Allez, messieurs.

Soldats ! voilà la bataille que vous avez tant désirée. Désormais la victoire dépend de vous ; elle nous est nécessaire, elle nous donnera l'abondance, de bons quartiers d'hiver, et un prompt retour dans la patrie. Conduisez-vous comme à Austerlitz, à Friedland, à Vitepsk et à Smolensk ; que la postérité la plus reculée cite votre conduite dans cette journée ; que l'on dise de vous : « Il était à cette grande bataille, sous les murs de Moscou. »

(*Le théâtre change.*)

Septième Tableau.

Le Kremlin.

SCÈNE VII.

NAPOLÉON, MARÉCHAUX.

NAPOLÉON, *entrant avec les maréchaux.* Moscou vide ! Moscou déserte ! en êtes-vous bien sûr ? — Allez, Mortier, et tâchez de découvrir quelques habitans. Ici tout est nouveau, eux pour nous, nous pour eux : peut-être ne savent-ils pas même se rendre. — Pas la moindre fumée, pas le plus léger bruit ! c'est l'immobilité de Thèbes, c'est le silence du désert. Trévise, surtout point de pillage! vous m'en répondez sur votre tête.

Me voilà donc enfin dans Moscou, dans l'antique palais des czars, dans le Kremlin!... — Il était tems. — Où est Murat?

UN MARÉCHAL. A la tête de sa cavalerie, poursuivant l'arrière-garde russe sur le chemin de Vladimir.

NAPOLÉON. Je l'aime ce Murat! toujours ardent, infatigable, comme en Italie, comme en Égypte! six cents lieues et soixante combats ne l'ont point fatigué. Le voilà qui traverse Moscou au pas de course, sans s'arrêter au Kremlin, — où je m'arrête, moi! Ah! que vous êtes froids, messieurs!... savez-vous bien où nous sommes?

BERTHIER. Oui, sire, à six cents lieues de Paris, avec une armée diminuée de quarante mille hommes par la bataille de la Moskowa, sans vivres, sans habits, sans munitions.

NAPOLÉON. Eh bien! ne sommes-nous pas dans la capitale ennemie? Moscou, veuve de ses trois cent mille habitans, vous paraît-elle trop étroite pour loger quatre-vingt mille hommes. Ces palais que vous partagerez entre vous, sont-ils moins somptueusement commodes que vos hôtels du faubourg Saint-Honoré et du quai d'Orsay? — Pour moi, j'avoue que j'aime mes Tuileries et mon Louvre; mais pour cet hiver, je me contenterai du palais des Romanoff et des Rurik.

CRIS DANS LA RUE. Un Français! un Français!

NAPOLÉON. Entendez-vous? un Français! Faites-le venir; que je sache quelque chose de ce bizarre secret. — Moscou déserte! (Apercevant l'espion.) Ah! c'est toi?

L'ESPION. Oui, sire.

NAPOLÉON. D'où sors-tu?

L'ESPION. De prison.

NAPOLÉON. De prison?

L'ESPION. J'ai été reconnu pour Français et arrêté à Moscou lorsqu'on a appris que votre majesté avait passé le Niémen.

NAPOLÉON. Est-il vrai que la ville soit déserte?

L'ESPION. J'ai vu sortir les derniers Russes par la porte de Kolumna.

NAPOLÉON. Ah! les Russes ne savent pas encore l'effet que produira sur eux la perte de leur capitale! Vous l'avez entendu, messieurs? Moscou est à nous, entièrement à nous; que chacun établisse son quartier dans la partie de la ville qui lui plaira, — mais avec ordre: songez que c'est notre Paris pour cet hiver. Allez, messieurs, et envoyez-moi le travail de Paris: je n'ai pas pu m'en occuper depuis Smolensk. — A compter d'aujourd'hui, mes décrets seront datés du Kremlin. (Ils sortent. A l'espion.) Eh bien! qu'as-tu vu dans cette Russie?

L'ESPION. Un peuple âpre et dur comme sa terre, pétri pour l'esclavage, ignorant pour un siècle encore, et repoussant la civilisation, comme les autres le despotisme.

NAPOLÉON. Oui, oui, et il n'en est que plus dangereux, puisque la volonté d'un seul peut remuer ces énormes masses. Malheur, malheur à l'Europe, si je ne frappe pas le colosse au cœur! car si je le manque, qui le tuera? Mais d'ici je veille, sentinelle du monde civilisé, un pied sur l'Asie, un pied sur l'Europe. Enfans!..... ils n'ont vu dans mon désir d'arriver à Moscou que la vanité de signer un décret daté de la Ville Sainte, assis sur le trône de Rurik et abrité par la croix d'or du grand Iwan... — Dieu me donne le tems et la force, et je fais de Moscou une des portes d'entrée de mon royaume européen! J'appelle d'ici l'univers à la civilisation, comme le muezzin appelle du haut des minarets les mahométans à la prière. Et alors, (regardant autour de lui) quelle voix s'élèvera pour dire: « Napoléon n'est pas l'envoyé de Dieu? » — Et quand je pense que je pouvais ne pas atteindre cette Moscou, être arrêté par une fièvre, une chute de cheval, un boulet, — et qu'alors on eût cru cette vaste combinaison une guerre ordinaire, une querelle d'empereur à empereur, un vulgaire envahissement de terrain!...

L'ESPION. O Napoléon! Napoléon! ce n'est pas moi, du moins, que tu accuseras de ne pas te comprendre.

NAPOLÉON. Non, non, je le sais, et je te rends justice. Mais, va; voici le portefeuille de Paris et mon ministre qui vient travailler avec moi.
(Le duc de Bassano vient travailler avec l'empereur.)

SCÈNE VIII.

NAPOLÉON, LE MINISTRE, puis MORTIER, MURAT ET LES AUTRES MARÉCHAUX.

NAPOLÉON. Avez-vous dressé les trois décrets que je vous ai demandés?

LE MINISTRE. Oui, sire.

NAPOLÉON. Voyons, quel est celui-ci?

LE MINISTRE. Il est relatif aux maisons de prêt actuellement existantes dans la ville de Florence.

NAPOLÉON. Ah ! c'est la défense de recevoir aucun dépôt et de prêter sur nantissement, n'est-ce pas ? Ajoutez : le Mont-de-Piété de la ville de Florence est conservé. Tous les actes relatifs à l'établissement seront exempts des droits de timbre et d'enregistrement. De cette manière on pourra prêter à huit pour cent aux malheureux qu'on ruine en leur prêtant à quinze et à vingt. — Quel est celui-ci ?

LE MINISTRE. La création d'une commission spéciale pour l'exécution des travaux de redressement et d'élargissement du Gardon.

NAPOLÉON. Bien. Dieu aidant, j'espère que dans dix ans la France sera traversée en tous sens par trente canaux navigables. — Et celui-ci ?

LE MINISTRE. Un règlement sur le Théâtre-Français, sur les emplois des sociétaires, sur les pensions, — sur celle de Talma, qui est portée à trente mille francs.

NAPOLÉON. Donnez, si nous passons l'hiver à Moscou, je veux y avoir la moitié de ma troupe ; je lui enverrai l'ordre d'être ici à la fin d'octobre. — Qu'est cela ? — ce ne peut être le jour encore !

CRIS DANS LA RUE. Le feu ! le feu !

NAPOLÉON, s'élançant vers la fenêtre. Le feu au Palais marchand, au centre de la ville, dans son plus riche quartier ! — Malheur ! c'est quelque soldat ivre qui nous incendie un palais.

MORTIER, entrant. Sire, sire, le feu !

NAPOLÉON. Eh bien ! je le sais, je le vois d'ici. — Ah ! je ne me trompe point : par là, vers la porte de Dorogomilow ! Ce feu encore !.... — Trévise, eh bien ! vous le voyez, je vous charge de la police de la ville ; je remets Moscou, la riche Moscou endormie, entre vos mains, et voilà que de tous côtés les flammes surgissent !...

MORTIER. Sire, je ne sais, mais les flammes sortent des maisons fermées ; le feu a été mis intérieurement.

NAPOLÉON. Le feu mis, oui, par quelque pillard qui aura voulu séparer l'or de l'étoffe...—Oh ! voyez, voyez, et qu'on porte des secours.

MURAT, entrant. Sire, les pompes sont brisées ; c'est un complot, ce sont les Russes qui nous brûlent ;—ils ont changé Moscou en une machine infernale.

NAPOLÉON. Voyez comme le feu accourt ! le vent est donc complice ?

L'ESPION, entrant. Sire, sire, pardon ! mais tout brûle, tout est en feu.

NAPOLÉON. Et qui brûle la ville ? qui a mis le feu ?

L'ESPION. Les Russes, les Mougiques.

NAPOLÉON. Impossible.

L'ESPION. Regardez, et voyez-les courir au milieu de cet enfer de flammes.

NAPOLÉON. Faites faire feu dessus, tuez-les comme des bêtes féroces !..... — mais cette ville est donc bâtie de sapin et de résine ?

DES CRIS, au dehors. Le feu au Kremlin ! le feu !

MURAT. Sortons, sire, sortons.

NAPOLÉON. Oh ! restez, messieurs ! n'avez-vous pas peur que ce palais vous tombe sur la tête ? — Restez et écoutez : A la lueur des flammes de Moscou allumées par les Russes, guerre éternelle aux Russes ! — Ils nous chassent de leur première capitale :. — poursuivons-les dans la seconde. — Laissez brûler et écoutez-moi.

LES SOLDATS, au dehors. L'empereur ! l'empereur !

NAPOLÉON, de la fenêtre. Me voilà, enfans, ne craignez rien. Je veille sur vous. Dieu sur moi. — Laissez brûler, messieurs, et si le feu épargne quelque chose, anéantissez ce que le feu épargnera. A compter de cette heure, Moscou n'existe plus sur la carte du monde ; la Russie n'a plus qu'une capitale : c'est Saint-Pétersbourg, et dans douze jours nous y serons.

TOUS. Saint-Pétersbourg !

UN MARÉCHAL. Sire, y songez-vous ? Saint-Pétersbourg, impossible !

NAPOLÉON. Et c'est vous, soldats de fortune, enfans de la guerre, qu'une si grande résolution étonne ? Ne voyez-vous pas que nous sommes tous perdus si nous reculons ? L'hiver, l'âpre hiver de la Russie va nous saisir à moitié route de la France...

UN MARÉCHAL. Sire, sire, le feu !

NAPOLÉON. Et que ferez-vous alors ? Mes soldats, mes enfans, que feront-ils quand vos mains et les leurs se gèleront sur la poignée de vos sabres et les canons de leurs fusils ; quand ils tomberont à chaque pas et qu'ils ne pourront plus se relever ; quand il faudra qu'ils reculent au milieu de l'hiver par une route dévastée par leur passage ? — Notre force est plutôt morale que matérielle : un prestige nous entoure. Jusqu'à présent nous sommes les invincibles ; un pas en arrière, et le prestige est détruit. — Voilà Moscou, Paris, Saint-Pétersbourg ; — voyez et choisissez.

LES MARÉCHAUX. Paris.

NAPOLÉON. Ah ! oui, Paris ! Là sont vos hôtels splendides, vos voitures à six chevaux, vos terres presque royales. Paris ! et y arriverez-vous à ce Paris qui vous rend timides, lâches, traîtres ?

UN MARÉCHAL. Sire, le feu ! le feu ! on ne peut plus rester ici.

NAPOLÉON, *frappant du pied.* J'y reste bien, moi ! — et m'écrase ce palais plutôt que d'en sortir pour retourner en France ! À Saint-Pétersbourg ! Là, la paix, la gloire, les regards du monde, les applaudissemens de l'univers ! — Non ! vous ne voulez pas ! Eh bien ! meure le projet le plus gigantesque qu'ait enfanté le cerveau d'un homme ! Vous croyez ne m'ôter que Moscou, et vous m'arrachez le monde. (*Il déchire la carte.*) Vous voulez la retraite ? eh bien ! vous l'aurez ; et tombent sur vous tous les malheurs de cette funeste retraite ! Allez tout ordonner pour elle, — et laissez-moi. Ah ! laissez-moi, vous dis-je ; je vous l'ordonne, je le veux.

SCÈNE IX.

NAPOLÉON , *puis* L'ESPION.

NAPOLÉON, *seul.* Oh ! c'est une mer de feu ! — Faiblesse humaine ! le souffle de Dieu seul pourrait éteindre cet incendie ! O Napoléon ! tu te crois plus qu'un homme, parce que tu couvres la moitié de la terre de tes tentes et de tes soldats ; parce qu'un mot de toi renverse des rois et déplace des trônes. Eh bien ! te voilà faible, sans pouvoir, en face de l'incendie. Chaque pied de terrain qu'il gagne te dévore un empire, Napoléon ! Napoléon !.... Eh bien ! essaie ta puissance, ordonne à ce feu de s'éteindre, à cet incendie de reculer, et s'ils obéissent, tu es plus qu'un homme, tu es presqu'un dieu. — Oh ! mes plus belles provinces pour Moscou. Rome, Naples, Florence, mon Italie tout entière, je pourrai la reprendre ; mais Moscou, Moscou, jamais !

L'ESPION, *se précipitant.* Sire, au nom du ciel ! Sire, le Kremlin est miné ! mon Dieu ! les escaliers craquent, les portes s'embrasent. Vous êtes sous un ciel de feu, sur une terre de feu, entre deux murailles de feu.

NAPOLÉON. Moscou ! Moscou !

L'ESPION, *se tournant vers la porte.* Grenadiers, à moi, à l'empereur ! sauvez l'empereur. Par ici, par ici ; il ne veut pas sortir, et le Kremlin est miné.

(Les grenadiers entrent.)

NAPOLÉON, *revenant à lui, avec calme.* Soldats, détachez la croix d'or du grand Iwan ; — elle ira bien au dôme des Invalides.

(Il sort. — Le théâtre change.)

Huitième Tableau.

Une masure sur les bords de la Bérésina.

SCÈNE X.

L'ESPION, *puis* UNE FEMME, DES SOLDATS.

L'ESPION, *entrant, la barbe longue et couverte de glaçons et de neige.* Une masure ! du moins Napoléon aura un abri pour cette nuit. Quel tems ! quel pays ! — Désolation ! Ah ! voilà du feu... — les Cosaques l'abandonnent à peine ; mais avec quoi le rallumer ? (*Arrachant un volet.*) Bien ! ce contrevent ! — mon manteau le remplacera...

(Il rallume le feu et suspend son manteau devant la fenêtre.)

UN JEUNE HOMME, *se traînant jusqu'à la porte.* Du feu ! pitié, secours !

L'ESPION, *prenant son fusil.* Au large, c'est la cabane de l'empereur.

LE JEUNE HOMME. Oh ! au nom de l'empereur, grâce, grâce, je suis une femme.

L'ESPION. Une femme !

LA FEMME. Oui, oui. Me sauverez-vous si je suis une femme ?

L'ESPION. Viens ici, et réchauffe-toi.

LA FEMME. Vous n'avez rien à me donner ?

L'ESPION. Quelques gouttes de ce vin. (*Lui donnant une gourde.*) Ce que vous laisserez sera pour l'empereur. — Il est sauvé, n'est-ce pas ?

LA FEMME. Oui, et à tems. — Vous ne savez pas... le pont fléchit.

L'ESPION. Si, si, je le sais. (*A des militaires qui veulent entrer.*) Arrière ! c'est la cabane de l'empereur.

LES SOLDATS. Allons plus loin.

LA FEMME. Et croyez-vous que l'empereur trouve cette cabane ?

L'ESPION *prend un tison enflammé et l'agite sur la porte.* L'empereur ! l'empereur !

SOLDATS, *dans l'éloignement.* Hé !

SOLDATS, *à l'espion.* Camarade, du feu, hein ! Donnez-nous du feu !

L'ESPION. Prenez.

(Ils prennent du feu et sortent.)

SOLDATS, *au dehors.* As-tu du bois? où y a-t-il du bois?

NAPOLÉON, *de la porte.* Mes amis, démolissez cette cabane, prenez le chaume qui la couvre. Faites du feu, faites du feu.

LES SOLDATS. Et vous, et Votre Majesté?

NAPOLÉON, *ôtant son gant et leur prenant la main.* Moi, j'ai chaud; tenez.

PREMIER SOLDAT. Non, sire, nous aimerions mieux mourir.

NAPOLÉON. Mes enfans?

L'ESPION. Arrière!...

NAPOLÉON. Laissez entrer les gardes de l'aigle! Il faut que leurs mains se réchauffent pour soutenir leur drapeau.

(Le drapeau et les gardent entrent.)

LORRAIN, *à l'espion.* Oh! s'il vous plaît, camarades, une petite place au feu, place de sous-officier! — Cré coquin que j'ai les mains gourdes!.... — Dites donc, camarade, sans indiscrétion, peut-on vous demander ce que vous avez de gelé?

L'ESPION. Rien.

LORRAIN. Vous êtes bien heureux. Faites-moi l'amitié de me dire si j'ai encore mon nez.. C'est que je ne le sens plus depuis Smolensk... Avec ça que j'ai une faim! — Allons, allons, serrons la ceinture d'un cran: — j'ai dîné.

NAPOLÉON. Le canon! le canon! c'est l'avant-garde de Kutusofb et de Wittgenstein qui a rejoint mon arrière-garde..... Mais Ney est là, Ney, le brave des braves! Charles XII! Charles XII!..... (*A un aide-de-camp.*) Eh bien! le canon a changé de direction... Qu'est-ce que ce canon?

L'AIDE-DE-CAMP. Titchakoff, avec trente mille hommes, qui nous attaque en flanc.

NAPOLÉON. Et l'armée, l'armée passe-t-elle la Bérésina?

L'AIDE-DE-CAMP. Le tiers est passé à peu près, mais le pont fléchit...

NAPOLÉON. Je le sais.

L'AIDE-DE-CAMP. Et d'un moment à l'autre...

NAPOLÉON. Silence. — Et vous dites que Titchakoff...

L'AIDE-DE-CAMP. Voilà son canon qui se rapproche.

NAPOLÉON. Combien le bataillon sacré compte-t-il encore d'hommes?

L'AIDE-DE-CAMP. Cinq cents, à peu près.

NAPOLÉON. Qu'ils maintiennent Titchakoff et ses trente mille hommes, et qu'ils donnent à l'armée le tems de passer la Bérésina; — en se déployant sur une seule ligne, ils feront croire à un nombre triple. — Allez. — Oh! le pont! le pont! Je l'avais bien dit à Eblé que les chevalets n'étaient pas assez forts. A chaque instant je tremble d'entendre les cris des milliers de malheureux qui s'engloutiront! Mon Dieu!... — Quelqu'un a-t-il du vin?

L'ESPION. En voici quelques gouttes.

NAPOLÉON. Merci. (*Il va pour boire et voit un de ses grenadiers mourant, qui se débat; il lui porte la gourde.*) Tiens, mon brave! (*Cris de détresse mêlés aux houras des Cosaques.*) Ah! voilà le pont qui se brise!

VOIX, *au dehors.* Le pont! le pont!

VOIX. L'ennemi! les Cosaques!

NAPOLÉON. A nous, enfans! dehors et marchons: la moitié de l'armée est engloutie, il faut sauver le reste.

LA FEMME, *à l'espion.* Oh! par pitié, ne me laissez pas ici; je ne puis marcher.

L'ESPION *l'enveloppe dans son manteau et l'emporte dans ses bras.* Venez, il me reste encore quelque force.

(Ils sortent. — Le théâtre change.)

Neuvième Tableau.

La Bérésina.

SCÈNE XI.

(L'empereur, un bâton à la main, avec quelques soldats; les musiciens du premier corps l'apercevant, crient:)

L'empereur! l'empereur!

(Ils jouent: *Où peut-on être mieux?*)

NAPOLÉON. Non, mes enfans, jouez: *Veillons au salut de l'empire.*

(A mesure que la musique s'éloigne, les soldats deviennent plus rares; ils tombent, la neige les couvre.)

(Tableau.)

FIN DU TROISIÈME ACTE.

ACTE IV.

Dixième Tableau.

Les Tuileries.

SCENE PREMIERE.

NAPOLÉON, SECRÉTAIRE, ENVOYÉS, puis L'ESPION.

NAPOLÉON, *aux envoyés.* Toute l'Europe marchait avec nous il y a un an, toute l'Europe marche aujourd'hui contre nous. Il me faut une levée de trois cent mille hommes ; dites en mon nom au sénat que je compte sur lui.

UN ENVOYÉ. Sire, le sénat vous supplie de tenter un dernier effort pour faire la paix, c'est le besoin de la France et le vœu de l'humanité. Le peuple aussi demande des garanties, sans cela il est impossible...

NAPOLÉON. Messieurs, avec ce langage, au lieu de nous réunir, vous nous diviserez. Ignorez-vous que dans une monarchie le trône et la personne du monarque ne se séparent point...? Qu'est-ce que le trône ? un morceau de bois couvert d'un morceau de velours : — mais dans la langue monarchique, le trône — c'est moi. Vous parlez du peuple : ignorez-vous que c'est moi qui le représente par-dessus tout ? On ne peut m'attaquer sans attaquer la nation elle-même. S'il y a quelque abus, est-ce le moment de faire des remontrances quand deux cent mille Cosaques sont prêts à franchir nos frontières ? Vous demandez au nom de la France des garanties contre le pouvoir. Ecoutez la France, elle n'en demande que contre l'ennemi. — Si la France connaît parmi mes maréchaux un général plus capable que moi de repousser l'agression étrangère, qu'elle le nomme — et je lui remettrai moi-même mon épée. Allez, messieurs, et portez mes ordres au sénat. (*A un secrétaire.*) Ecrivez : — Des ingénieurs seront envoyés sur les routes et dans les places du Nord. (*A un autre secrétaire.*) Ecrivez : — Les manufactures d'armes de Saint-Etienne, Liége et Maubeuge, mettront à la disposition du gouvernement...

PREMIER SECRÉTAIRE, *répétant.* Du Nord.

NAPOLÉON, *allant à lui.* Ils seront chargés de relever les vieilles murailles qui servent de rempart à la France... (*A un autre.*) Ecrivez : L'armée d'Allemagne vient de rentrer dans nos limites par les ponts de Mayence.

DEUXIÈME SECRÉTAIRE, *répétant.* Du gouvernement...

NAPOLÉON. Cent cinquante mille fusils et trente mille sabres d'ici à quinze jours au plus tard. — Donnez.

(Il signe.)

TROISIÈME SECRÉTAIRE, *répétant.* Par les ponts de Mayence.

NAPOLÉON. Elle formera et étendra sa ligne depuis Huningue jusqu'aux sables de la Hollande. — Donnez.

PREMIER SECRÉTAIRE, *répétant.* Les vieilles murailles qui servent de rempart...

NAPOLÉON. A l'ancienne France ; de tracer des redoutes sur les hauteurs propres à servir de points de ralliement en cas de retraite... — Mettez le cachet, messieurs, et expédiez. — Dans nos retraites...

PREMIER SÉÉRÉTAIRE. Je n'y suis pas, sire.

NAPOLÉON. Bien. (*A un autre.*) Mettez-vous à mon bureau et écrivez : — M. le ministre de la guerre : — M. le trésorier de la couronne versera entre les mains du ministre de la guerre...

PREMIER SECRÉTAIRE, *répétant.* Dans nos retraites...

NAPOLÉON. Enfin de tout préparer pour la rupture des digues et des ponts qu'il faudra abandonner.

(Il signe.)

TROISIÈME SECRÉTAIRE, *répétant.* Du ministre de la guerre...

NAPOLÉON. La somme de trente millions.

LE MINISTRE. Votre Majesté sait que le grand-trésorier n'a plus d'argent.

NAPOLÉON. Ah !... Eh bien ! alors, déchirez... (*Ecrivant.*) Voilà un bon de trente millions sur mon trésor privé.

LE MINISTRE. Sur votre trésor privé?... Votre Majesté sait que ces fonds étaient destinés à des placemens secrets pour assurer le sort de sa famille en cas de revers...

NAPOLÉON, *sévèrement.* Monsieur, l'empereur n'a rien à lui ; — l'argent qu'il possède appartient à son peuple ; et en cas de revers il léguera au peuple sa femme et son fils. — Allez, messieurs. — Restez, monsieur le ministre; j'ai des instructions à vous donner. (*Déployant une carte.*) Trois grandes armées se présentent pour entrer en France. Celle de Schwartzemberg pénètre par la Suisse; l'empereur Alexandre, le roi de Prusse et l'empereur d'Autriche la suivent en personne : elle offre un total de deux cent mille hommes. La seconde est commandée par le maréchal Blücher ; elle a forcé le passage de Manhein et se jette dans la Lorraine : elle est forte de cent cinquante mille hommes. La troisième, sous les ordres du prince de Suède, renforcée des Russes de Voronzoff et des Prussiens de Bulow, après avoir traversé le Hanovre et détruit le royaume de Westphalie, s'est renforcée des Anglais de Graham et a pris la Hollande et la Belgique. — Elle est forte de deux cent mille hommes. — Ces forces rassemblées sont donc de cinq cent cinquante mille hommes, qui, en réunissant leurs réserves, peuvent être portées à huit cent mille. — Quelles sont les forces que vous pouvez mettre à ma disposition ?

LE MINISTRE. Quatre vingt mille hommes à peu près.

NAPOLÉON. En tout?

LE MINISTRE. En tout.

NAPOLÉON. Ce n'est pas beaucoup. — Mais je les battrai séparément. Je tâcherai de ne les avoir que trois contre un. — Je les joindrai dans les plaines de la Champagne, — à Châlons ou à Brienne. — Faites partir le maréchal Victor, et qu'il annonce mon arrivée aux troupes. — Je pars cette nuit. — Adieu, monsieur le ministre. Prévenez l'impératrice et son fils que je vais passer chez elle, après avoir reçu les chefs de la garde nationale.

L'HUISSIER. Sire, un homme est entré avec le mot d'ordre. — Il dit qu'il faut qu'il vous parle à l'instant même.

NAPOLÉON. Faites entrer. (*Reconnaissant l'espion.*) Ah ! c'est toi ! Eh bien ! qu'y a-t-il?

L'ESPION. Sire, — les ennemis les plus dangereux de Votre Majesténe sont pas à la frontière.

NAPOLÉON. Parle vite.

L'ESPION. Une régence royaliste vient d'être organisée à Paris.

NAPOLÉON. Dans quel but?

L'ESPION. De ramener les Bourbons.

NAPOLÉON. Comment le sais-tu ?

L'ESPION. J'en suis membre.

NAPOLÉON. Quels sont les chefs?

L'ESPION. Voici la liste.

NAPOLÉON. Où se réunit-on ?

L'ESPION. Au château d'Ussé, en Touraine.

NAPOLÉON. Les Bourbons ! les Bourbons ! ils verront, si jamais les Bourbons règnent sur eux !... — Ainsi, ennemi à l'étranger, ennemi au dedans !—du sang sur le champ de bataille, du sang sur la place de Grève : — c'est trop à la fois.—Une victoire peut seule nous sauver ; il faut vaincre encore, toujours! (*Écrivant.*) Tiens, porte cet ordre à Fouché; qu'il veille sur eux, —mais sans les arrêter... je ne le veux pas.—Sors par ici. Voilà les chefs de la garde nationale. (*Entrent les chefs de la garde nationale.*) Messieurs, — je pars avec confiance. — Je vais combattre l'ennemi. — Je vous laisse ce que j'ai de plus cher : l'impératrice et mon fils. — Jurez-vous de les défendre?

LES CHEFS. Nous le jurons !

NAPOLÉON. Des lettres-patentes confèrent la régence à l'impératrice ; je lui ai adjoint le prince Joseph, comme lieutenant-général de l'empire. — Vous reconnaîtrez leur pouvoir et leur obéirez ?...

LES CHEFS. Nous le jurons !...

NAPOLÉON. Monsieur le prince de Neufchâtel, tout est-il prêt pour mon départ?

BERTHIER. Sa majesté montera en voiture quand elle voudra.

NAPOLÉON. Allons embrasser ma femme et mon fils — pour la dernière fois peut-être !...

(*Il sort.—Changement.*)

Onzième Tableau.

MONTEREAU.

Une hauteur sur laquelle se trouve une batterie de canons qui tirent.

SCÉNE II.

NAPOLÉON.

(*Il est assis sur l'affût d'un canon. — Il fouette sa botte avec une cravache et se parle à lui-même.*)

Allons, allons, Bonaparte ; — sauve Napoléon? (*Se levant et courant aux artilleurs.*) Dans les rues, mes amis, dans les rues ; — les Wurtembergeois s'y encombrent. Trop haut donc, — vous pointez trop haut! (*Il pointe lui-même.*) Feu !

(On entend le canon ennemi qui répond et le sif-

flement des boulets ; quelques artilleurs tom—
bent.)

UN ARTILLEUR. Sire , éloignez-vous.

NAPOLÉON. Ne soyez point jaloux, mes
amis : — c'est mon ancien métier.

UN ARTILLEUR. Sire, c'est un véritable
ouragan de fer... Eloignez-vous.

NAPOLÉON. Soyez tranquilles, mes enfans ; le boulet qui me tuera n'est pas encore fondu. Ah ! les voilà qui débouchent
au-delà de la ville ! Courez, monsieur ;
que le général Pajol se porte sur Monte-
reau par la route de Melun. Où donc est
le corps du duc de Bellune ? Ah ! je les
tiens dans mes deux mains..... Je les tiens
tous !... Faudra-t-il encore qu'ils me glis-
sent entre les doigts !... Bellune , pourquoi
n'arrive-t-il pas de l'autre côté de la Seine ?

UN AIDE-DE-CAMP , accourant. Sire, il est
arrivé trop tard pour passer la Seine à
tems ; il était fatigué. Il s'est mis à la pour-
suite de l'ennemi.

NAPOLÉON. Trop tard... fatigué ! Suis-je
fatigué, moi ! Mes soldats sont-ils fatigués,
eux ? Non , nous nous comprenons trop
bien pour être fatigués. Courez dire au général Château de prendre deux mille hommes de cavalerie et de couper la retraite.

UN AIDE-DE-CAMP. Il est tué.

NAPOLÉON. Château tué ! c'était un brave.
Bellune ! Bellune !... Ils ne veulent plus se
battre. Ils sont trop riches, tous ! Je les ai
gorgés de diamans ; il leur faut du repos
dans leurs terres, dans leurs châteaux !....
(A un aide-de-camp.) Allez dire au général
Gérard de prendre le commandement du
corps d'armée du général Victor , et à
Victor que je lui permets de se retirer dans
ses terres... Allez. Que de tems perdu !

LES SOLDATS , arrivant. Vive l'empereur !

NAPOLÉON , regardant avec sa lorgnette.
Qu'est-ce qu'ils font donc ? Comment le
général Guyon n'est-il pas là avec ses chasseurs et son artillerie ?

UN AIDE-DE-CAMP. L'ennemi les a surpris
et a enlevé ses pièces.

NAPOLÉON. Ses pièces ! Il a laissé prendre ses pièces ! Allons, voilà qu'ils ne tirent
plus maintenant !

UN ARTILLEUR , traversant. Des munitions! Camarades, avez-vous des munitions?

NAPOLÉON. Qui t'envoie ?

L'ARTILLEUR. Le général Digeon.

NAPOLÉON. Comment Digeon ! Digeon ,
ce brave, lui aussi les munitions lui manquent ! Comment n'a-t-il pas pris ses précautions ? Croit-il que mes batailles soient
des escarmouches où l'on tire cinq cents
coups de canon ! Lui ! lui ! un de mes

meilleurs généraux d'artillerie ! Allez, allez, il est trop tard. Laisser pour la
dixième fois s'échapper l'armée ennemie ,
que pour la dixième fois je tenais à bras
le corps !... D'où arrives-tu, toi ?

L'ESTAFETTE. De la forêt de Fontainebleau.

NAPOLÉON. Montbrun la défend toujours , j'espère ?...

L'ESTAFETTE. Il a été obligé de l'abandonner aux Cosaques.

NAPOLÉON. Ainsi, encore une victoire
inutile ; encore du sang perdu ! Et tout
cela, parce que Bellune n'a pas marché
assez vite !... Fatigué ! fatigué ! et moi,
vais-je en berline ? Ah ! je ferai juger Digeon
par un conseil de guerre, et malheur à
lui !

LE GÉNÉRAL SORBIER. Sire , vous savez
que Digeon est un brave.

NAPOLÉON. Si je le sais ! c'est justement
parce que je le sais qu'il est plus coupable.
Quel exemple pour les autres ! Monsieur le
général, il y a des exemples qui sont pires
que des crimes.

LE GÉNÉRAL. Rappelez-vous sa belle
charge de Champ-Aubert, ses deux chevaux tués à Montmirail, ses habits criblés
de balles à Nangis !...

NAPOLÉON. Oui, oui ; au fait, n'en parlons plus.

(Une estafette apporte une lettre.)

NAPOLÉON, après l'avoir lue. Murat aussi !
Murat, pour qui je devais être sacré ;
Murat, mon beau-frère ; il se déclare
contre moi !..... Allons, voilà l'armée de
Lyon devenue inutile.

UN AIDE-DE-CAMP. Un courrier.

NAPOLÉON. De qui ?

LE COURRIER. Du duc de Trévise.

NAPOLÉON. Eh bien ! il poursuit l'ennemi
du côté de Château-Thierry, n'est-ce pas ?..
et il le reprendra entre lui et Soissons ?...

LE COURRIER. Soissons est rendu.

NAPOLÉON. Quel est le général qui y
commandait ?

LE COURRIER. Le général Moreau.

NAPOLÉON. Ce nom-là m'a toujours porté
malheur. Voilà encore un plan de campagne changé ! L'ennemi s'avance sur Paris
par Villers-Cotterets et Nanteuil.

LE COURRIER. Il est à Dammartin.

NAPOLÉON. A dix lieues de ma capitale !
Pas un instant à perdre pour la sauver....
Allons, messieurs.... Ah ! nous lui ferons
payer cher son audace !... Il s'aventure au
milieu de nos provinces et nous laisse derrière lui pour lui fermer la retraite. Depuis le commencement de la campagne j'ai
rêvé cette manœuvre. Partez, messieurs,

sur toutes les villes de guerre ; que les troupes les abandonnent et marchent sur Paris. Faites passer cet ordre par estafettes. Si Paris tient seulement deux jours, nous les prenons entre trois feux ; pas un n'échappe.

TOUS. Un courrier de Paris, un courrier de Paris !

NAPOLÉON. Que m'apportes-tu ?

LE COURRIER. Une lettre de M. de Lavalette.

NAPOLÉON, *lisant.* « Sire, votre présence » est nécessaire à Paris, sur lequel l'en- » nemi marche de tous côtés. Si vous vou- » lez que la capitale ne soit point livrée à » l'ennemi, il n'y a pas un seul instant à » perdre. » Oui, je vaudrais mieux qu'une armée au milieu d'eux ; ma présence excitera mes braves Parisiens. Monsieur le maréchal, je vous laisse le commandement des troupes. Marchez par Fontainebleau ; faites parvenir des ordres à Raguse et à Trévise ; qu'ils se hâtent, qu'ils marchent sur Paris. Des chevaux à ma voiture. Il faut que je sois dans ma capitale avant ce soir. Oh ! quelle guerre ! Qu'ils marchent sans retard à triple étape. Nous nous rallierons tous au canon de Montmartre.

Douzième Tableau.

Un salon du faubourg Saint-Germain.

SCÈNE III.

LE MARQUIS DE LA FEUILLADE, LE BARON, LE VICOMTE.

LE MARQUIS. Ah ! bonsoir, monsieur le baron. Quelles nouvelles ?

LE BARON. Mauvaises. Bonaparte a battu les Prussiens à Champ-Aubert et à Montmirail.

LE MARQUIS. Est-ce sûr ?

LE BARON. Tenez, demandez au vicomte.

LE VICOMTE. Ah ! mon cher, tout est perdu. Les alliés sont en pleine retraite. On les a poursuivis sabrant jusqu'à Château-Thierry. Le peuple se lève, il s'est armé avec les fusils prussiens dont les routes sont couvertes ; si Soissons tient, tout est perdu.

LE MARQUIS. Savez-vous si les souverains alliés ont reçu à tems nos lettres ?

LE BARON. Elles ont été remises à un homme sûr.

LE VICOMTE. La paix n'est point à craindre alors ?

LE MARQUIS. Non. Les conditions qu'on lui imposera ne sont point acceptables. Il faut qu'il ait l'air de vouloir la guerre. Qu'est-ce que cela ?

LE BARON. Quoi ?

LE MARQUIS. Ce bruit ?

LE BARON, *de la fenêtre.* Qu'y a-t-il, mon brave ?

UN HOMME, *de la rue.* Dix mille prisonniers russiens qui passent sur le boulevart. Venez les voir.

UN CRIEUR. Voilà ce qui vient de paraître ! Bulletin de la grande victoire remportée par l'empereur Napoléon à Montmirail et à Champ-Aubert.

LE MARQUIS. Allons ! (*Se jetant dans un fauteuil.*) Que faire ?

LE BARON. Cela ne peut pas durer. Cet homme les bat partout où il se trouve, c'est vrai ; mais il ne peut pas être partout... Avez-vous reçu des lettres du comte d'Artois ?

LE VICOMTE. Oui..... Il est en Franche-Comté, à la suite des Russes.

LE MARQUIS. Et ses fils ?

LE VICOMTE. Le duc d'Angoulême est au quartier-général des Anglais dans le midi. Le duc de Berry est à Jersey. Tout va bien par là.

LE BARON. Mais il faudrait le faire savoir aux souverains alliés.

TOUS. Sans doute, sans doute.

LE MARQUIS. Avez-vous vu la proclamation de Louis XVIII datée d'Hartwell ? Très-bien ! des pardons, des places...

LE VICOMTE. Eh bien ! mais il est impossible que Bonaparte avec ses quarante mille hommes puisse même résister...

LE MARQUIS. Mais les alliés le croient bien plus puissant.

LE BARON. Il faudrait les prévenir de sa faiblesse.

TOUS. Certes !

LE VICOMTE. Mais il faudrait un homme sûr qui ne craignît point de passer à travers les rangs français..... Quant à Paris, il n'y a rien à craindre : la police est pour nous.

LE MARQUIS. J'irai, moi, si vous voulez.

LE BARON. Vous ?

LE VICOMTE. Vous ?

LE MARQUIS. Oui. Si je suis fusillé, eh bien ! vous direz à ma mère : Il est mort digne de vous, digne de son père, il est mort pour ses princes légitimes.

LE BARON. Comment passerez-vous?

LE MARQUIS. Avec une livrée. J'aurai l'air d'appartenir à quelque général de l'armée. Mais un passeport?

LE VICOMTE. J'en ai trois ou quatre en blanc, que la préfecture m'a donnés en cas de besoin.

LE MARQUIS. Eh bien! vite alors..... car il n'y a pas un instant à perdre... Donnez-moi les lettres. (*Appelant.*) Germain !

GERMAIN. Monsieur?

LE MARQUIS. Donne-moi une de tes redingotes de livrée, et va chercher un cheval de poste. Tu m'attendras au coin de la rue de Rohan et Saint-Honoré. J'irai à franc étrier jusqu'à Villers-Cotterets ; de là je passerai à pied..... Bien : les lettres du comte d'Artois et du duc de Berry. Vous, voyez ici le duc de...

TOUS. Oui, oui.

LE MARQUIS. Ne dites pas à ma mère où je suis. Elle aime bien son roi ; mais elle aime encore mieux son fils.

TOUS. Adieu, adieu, mon brave marquis.

LE VICOMTE. Bonne réussite.

LE BARON. Bon voyage, mon ami.

LE MARQUIS. Venez me conduire.

Treizième Tableau.

Une rue de Paris.

SCÈNE IV.

LABREDÈCHE, OUVRIERS, GENS DU PEUPLE.

UN OUVRIER. Donnez-nous des fusils ! Des fusils ! — Nous ne demandons pas mieux que de nous battre, nous ! que les riches se cachent, c'est bien ; mais qu'on nous donne des armes, puisque les Prussiens sont à Montmartre !

TOUS. Oui, des armes ! des armes !

UN OUVRIER. Dites donc, les autres ! j'arrive de la Poudrière. Voilà des cartouches.

DES OUVRIERS. Des fusils, alors ; des fusils !

UN OUVRIER. Faut aller à la Ville.

UN ARMURIER, *ouvrant sa boutique.* Tenez, mes braves, j'en ai, moi, des fusils ; des fusils de munition, des fusils de chasse, des carabines ! — Prenez, prenez tout, — et laissez-m'en un pour moi.

LES OUVRIERS. Ah ! bravo ! bravo !

LABREDÈCHE. Ça s'échauffe, ça s'échauffe.

UN OUVRIER. Mille tonnerres ! il y a du son dans les cartouches.

TOUS. Du son !

UN OUVRIER. Il y en a dans celle-ci, du moins.

UN ÉLÈVE DE L'ÉCOLE POLYTECHNIQUE. Camarades, on nous a donné des boulets qui n'étaient pas de calibre ; et des gargousses de cendre.

OUVRIERS. On nous trahit, on nous vend.

L'ÉLÈVE. A l'Arsenal ! à l'Arsenal !

(Des élèves passent au fond, traînant des pièces et portant des boulets.)

OUVRIERS. Vive l'Ecole Polytechnique !

LABREDÈCHE. Quels petits gaillards ! Si je leur parlais de mes deux frères gelés en Russie ?

TOUS. A Montmartre ! à Montmartre !

UN OUVRIER, *à Labredèche.* Viens-tu à Montmartre avec nous, toi?

LABREDÈCHE. Non, mes braves, non ; je reste ici pour faire des barricades.

UN OUVRIER. Ah ça ! est-ce que tu as peur?

LABREDÈCHE. Moi, peur ! du tout ; c'est que je n'ai pas de fusil.

L'ARMURIER. Tiens, en voilà un, mon brave.

UN OUVRIER. Mets des cartouches dans tes poches, et viens.

LABREDÈCHE. Dites donc, dites donc, mon ami, faites-moi l'amitié d'éteindre votre cigare. C'est que je sauterais comme une poudrière, moi !

L'OUVRIER. Ah ! bah !

LABREDÈCHE. Ce n'est pas pour moi, mais pour les citoyens que je peux blesser en éclatant.

UN AGENT DE POLICE. Les rassemblemens sont défendus.

UN OUVRIER. Pardi ! si nous nous rassemblons, c'est pour aller nous battre.

DES GENS, *se mêlant parmi eux.* Mais vous voyez bien que vous êtes trahis. Allez, croyez-moi, n'allez pas vous faire tuer.

OUVRIER, *revenant.* Mes amis, on ne veut pas nous laisser sortir de la barrière, mille dieux ! Nous sommes plus de dix mille armés. C'est une trahison ! tonnerre !...

OUVRIERS. Forçons les portes.

FEMMES. Sonnons le tocsin !

TOUS. Ah ! oui , le tocsin !

(Cris qui se prolongent.—Une estafette à cheval.)

OUVRIERS. Quelle nouvelle ? Quelle nouvelle ?

L'ESTAFETTE. L'empereur ! l'empereur qui revient du côté de Fontainebleau ! il n'est plus qu'à six lieues d'ici. Du courage ! du courage !

UN OUVRIER. Nous en avons, si on voulait nous conduire... Ah ! voilà le tocsin ! L'empereur revient, sais-tu ?

UN AUTRE. Il est à la barrière de Fontainebleau.

UN AUTRE. On dit qu'il est entré déguisé.

UN AUTRE. L'impératrice est partie avec le roi de Rome. (Bruit.) Qu'est-ce que c'est ?

UN AUTRE. Arrêtez ! arrêtez ! un homme qui a mis la cocarde blanche.

L'HOMME , qui se sauve. Mes amis ! mes amis !

UN OUVRIER. Canaille ! brigand ! c'est donc toi qui veux nous ramener les Bourbons ?

L'HOMME. Mes amis, je vous en prie...

OUVRIERS. Va-t'en ! tu ne vaux pas une balle. A Montmartre, mes amis ! à Montmartre !

UN OUVRIER , à Labredèche. Eh bien ! est-ce que tu ne viens pas ?

LABREDÈCHE. Vous voyez bien que je suis en serre-file ; je suis en serre-file, file, file.

UN OUVRIER , courant après ceux qui viennent de passer. Ah ! dites donc, dites donc, vous autres ! avez-vous un fusil, des cartouches ?

LABREDÈCHE. Mon ami, mon ami, voilà votre affaire ; je reviens de la barrière, où je me suis battu comme un démon... voilà le reste de trois cents cartouches, et voilà un fusil qui en a descendu...

L'OUVRIER, prenant le fusil. Merci ; mais vous ?

LABREDÈCHE. Moi , je suis chargé d'une mission importante et dangereuse.

L'OUVRIER. Allons , bon courage.

LABREDÈCHE. Et vous aussi. (L'ouvrier s'en va.) Ramassons cette cocarde. Au fait, ce n'est pas si beau que la cocarde tricolore, mais c'est la couleur de la légitimité. Mettons la légitimité dans une poche, l'usurpation dans l'autre... Dieu décidera la question. Je ne m'en mêle plus, moi : c'est trop embrouillé...

(On entend dans le lointain des cris :)

A Montmartre ! à Montmartre !

(Le théâtre change.)

Quatorzième Tableau.

Fontainebleau.

SCENE V.

NAPOLÉON , DES MARÉCHAUX , ROUSTAN, UN ENVOYÉ, DOMESTIQUES SOLDATS.

NAPOLÉON, s'élançant dans l'appartement. Des chevaux , des chevaux !

ROUSTAN. On les met à la voiture , sire.

NAPOLÉON. Quinze lieues... Quinze lieues de Fontainebleau à Paris : c'est trois heures qu'il me faut. Mes braves Parisiens, comme ils se défendent !

UN DOMESTIQUE. Les chevaux sont mis.

NAPOLÉON. Partons.

UN DOMESTIQUE. Un envoyé du duc de Vicence.

NAPOLÉON. Arrivant de Paris ? (A l'envoyé.) Qu'y a-t-il, monsieur ?

L'ENVOYÉ. Paris s'est rendu, sire...

NAPOLÉON. Qu'est-ce que vous dites ? Paris rendu ? cela ne se peut pas.

L'ENVOYÉ. La capitulation a été signée à deux heures du matin. Et dans ce moment les alliés entrent dans la capitale.....

NAPOLÉON. Paris rendu ! et dans un moment les colonnes que je ramène de la Champagne déboucheront par la route de Sens.

L'ENVOYÉ. Et par la route d'Essonne ; vous pouvez voir d'ici l'avant-garde des troupes qui sortent de Paris.

NAPOLÉON. Paris rendu ! en êtes-vous bien sûr ?

L'ENVOYÉ. Demandez aux ducs de Raguse et de Trévise...

NAPOLÉON. Oh ! Raguse , Raguse , est-ce vrai que vous avez rendu Paris ?

LE DUC DE RAGUSE. Un ordre du prince Joseph m'a enjoint de traiter.

NAPOLÉON. Et l'impératrice ? et mon enfant ? Vous m'en répondez , maréchal , de mon enfant !

LE DUC DE RAGUSE. Leurs majestés se sont retirées sur la Loire avec les ministres.

NAPOLÉON. Combien me ramenez-vous d'hommes, messieurs.

LE DUC DE RAGUSE. Moi, neuf mille.

LE DUC DE TRÉVISE. Moi, six mille.

NAPOLÉON, à Ney. Prince, où sont les troupes que vous commandiez?

NEY. Sire, elles rejoignent le quartier-général.

NAPOLÉON. Combien d'hommes? Paris rendu!...

NEY. Dix mille.

NAPOLÉON. Et vous, messieurs?

TARENTE et NEUFCHATEL. Quinze mille, à peu près...

NAPOLÉON. Ainsi donc, j'ai encore ici quarante mille hommes sous la main?

NEY. Oui, mais découragés, fatigués...

NAPOLÉON. Qu'est-ce que vous dites, monsieur le prince?

(Il se montre à la fenêtre.)

TOUS LES SOLDATS. Vive l'empereur! vive l'empereur! Sur Paris! sur Paris! Marchons sur Paris!

NAPOLÉON, revenant. Vous entendez! eux ne se fatiguent pas, messieurs! Monsieur le duc de Raguse, placez votre quartier-général à Essonne. C'est vous qui serez mon avant-garde.

LE DUC DE RAGUSE. Sire, c'est une grande responsabilité!...

NAPOLÉON. Si je connaissais un homme plus sûr que toi, mon vieux camarade, c'est à lui que je confierais ton empereur. Je serai tranquille, Marmont, tant que tu veilleras sur moi. Monsieur le maréchal de Trévise, vous établirez votre camp à Mennecy; ce qui viendra de Paris se ralliera derrière votre ligne; ce qui arrivera de Champagne prendra une position intermédiaire du côté de Fontainebleau. Les bagages et le grand parc seront dirigés sur Orléans. Donnez vos ordres.

LE DUC DE TARENTE, à demi-voix. Il va nous faire marcher sur Paris... Et nos femmes, nos enfans qui y sont en otages!... Quand finira-t-on?...

NAPOLÉON, se retournant. Hein! vous m'avez entendu, messieurs.

VOIX DANS L'ANTICHAMBRE. Le duc de Vicence! le duc de Vicence!

LE DUC DE TARENTE. Caulaincourt!

NAPOLÉON. Caulaincourt!

LE DUC DE TARENTE. Quelle nouvelle? Qu'y a-t-il, monsieur le duc? Eh bien! Paris?

CAULAINCOURT. Rendu.

LES MARÉCHAUX. Les alliés?...

CAULAINCOURT. Y sont entrés ce matin.

NAPOLÉON. Eh! messieurs, c'est à moi que le duc de Vicence a affaire, je pense; donnez donc vos ordres. Allez, allez. (Ils sortent.) Qu'y a-t-il, Caulaincourt? voyons, parlez...

CAULAINCOURT. Sire, le sénat a proclamé la déchéance...

NAPOLÉON. De qui?

CAULAINCOURT. De l'empereur Napoléon...

NAPOLÉON. Ma déchéance, à moi? le sénat?.. Ah! les malheureux! Avez-vous vu les souverains alliés?

CAULAINCOURT. Tous...

NAPOLÉON. Et Alexandre?

CAULAINCOURT. Oui.

NAPOLÉON. Eh bien! que disent-ils, eux? Quelles sont les conditions qu'on impose? Parlez vite... ne voyez-vous pas que je brûle?

CAULAINCOURT. Il y a un parti violent pour les Bourbons...

NAPOLÉON. Les Bourbons! les Bourbons! C'est moi qui suis l'empereur. Ils m'ont tous reconnu comme tel, ils m'ont appelé leur frère... Les Bourbons! c'est impossible...

CAULAINCOURT. Sire, il n'y a peut-être qu'un moyen de conserver le trône dans la famille de Votre Majesté; c'est d'abdiquer en faveur du roi de Rome, avec la régence de l'impératrice...

NAPOLÉON. Mais, monsieur le duc, j'ai ici quarante mille hommes; l'ennemi vient d'en laisser douze mille dans les fossés de Paris. Leurs généraux sont dispersés dans les hôtels. En huit jours je peux faire marcher cent mille hommes sur la capitale...

CAULAINCOURT. Sire, on est las de la guerre...

NAPOLÉON. Les Parisiens se réveilleront au bruit de mon canon!...

CAULAINCOURT. Sire, des cris de Vive le roi! vivent les Bourbons! ont été proférés hier dans les rues; beaucoup de fenêtres étaient pavoisées de drapeaux blancs. Sire, au nom du ciel!... il m'en coûte... sire, abdiquez en faveur du roi de Rome...

NAPOLÉON. Eh! que diraient mes vieux généraux?.. (Se tournant vers le fond.) Maréchaux, entrez, entrez tous... Où est Raguse?

UN MARÉCHAL. A l'avant-garde...

NAPOLÉON. Savez-vous ce qu'on me propose? une abdication en faveur du roi de Rome...

UN MARÉCHAL. Et croyez-vous que les souverains alliés s'en contenteront?

NAPOLÉON. S'en contentent?

UN MARÉCHAL. Alors, sire...

NAPOLÉON. Eh bien!...

UN MARÉCHAL. Il faut abdiquer, puisque le roi de Rome peut être reconnu. S'ils ne reconnaissaient pas le roi de Rome, nous vous dirions : Sire, nous sommes prêts à marcher..

NAPOLÉON. Ah! c'est votre avis aussi à vous..Vous voulez du repos! Ayez-en donc. Ah! vous ne savez pas combien de chagrins et de dangers vous attendent sur vos lits de duvet!... Quelques années de cette paix que vous allez payer si cher en moissonneront un plus grand nombre que la guerre la plus désespérée. Allons.. (Il écrit.) « Les » puissances ayant proclamé que l'empereur » Napoléon était le seul obstacle au réta- » blissement de la paix en Europe, l'em- » pereur Napoléon, fidèle à son serment, » déclare qu'il est prêt à descendre du » trône, à quitter la France et même la vie » pour le bien de la patrie, inséparable » des droits de son fils, de ceux de la ré- » gence de l'impératrice, et du maintien » des lois de l'empire...

» Fait en notre palais de Fontainebleau,
» le 5 avril 1814.

» NAPOLÉON. »

Tenez, messieurs : c'est bien ma signature; vous devez la reconnaître : elle est sur tous vos brevets de maréchaux et sur toutes vos dotations de princes... Partez, monsieur le duc, et portez-leur ce chiffon. C'est la spoliation d'un beau trône. Oh! si j'avais fait comme eux quand ils étaient comme moi!... Allez, messieurs, et laissez-moi seul. (Au duc.) Tarente et Trévise vous accompagneront.

SCENE VI.

NAPOLÉON, puis CAULAINCOURT, GOURGAUD, UN SECRÉTAIRE, UN HUISSIER.

NAPOLÉON, seul, prenant un médaillon. Ah! mon fils, mon enfant! pour toi, tout pour toi... Oui, je puis tout subir, tout supporter. Ces hommes que j'ai tirés à moi... que j'ai dorés sur toutes les coutures! Il n'y a que mes soldats qui me soient restés fidèles et dévoués..... Il faut que je les remercie. (Il appelle.) Monsieur le secrétaire...

LE SECRÉTAIRE, entrant. Sire?

NAPOLÉON. Ecrivez : L'empereur remercie l'armée pour l'attachement qu'elle lui témoigne; parce qu'elle reconnaît que la France est en lui, et non dans cet amas

de pierres, de rues et de boue qu'on appelle la capitale. Le sénat s'est permis de disposer du gouvernement français; il a oublié qu'il doit à l'empereur le pouvoir dont il abuse maintenant. Si long-tems que la fortune lui est restée fidèle, le sénat l'a été. Si l'empereur avait méprisé ces hommes comme on le lui a reproché alors, le monde reconnaîtrait aujourd'hui qu'il a eu des raisons qui motivaient son mépris. Il tenait sa dignité de la nation, la nation seule pouvait l'en priver. Il a toujours... (Au duc de Vicence.) Qu'y a-t-il, Vicence? et pourquoi n'êtes-vous point parti?

CAULAINCOURT. J'ai rencontré un courrier au moment où j'allais monter en voiture, et il m'a remis cette nouvelle dépêche... Lisez...

NAPOLÉON. Ah! une formule d'abdication toute faite pour moi... et pour mon fils!... Abdiquer pour mon fils! Jamais...

CAULAINCOURT. Sire, Louis XVIII a été proclamé roi.

NAPOLÉON. Que m'importe? n'avez-vous pas entendu tout à l'heure mes maréchaux me dire que si l'on exigeait que j'abdiquasse pour mon fils, ils seraient prêts à marcher sur Paris? Ah! s'ils sont insensibles aux affronts qu'on fait à leur empereur, ils vengeront du moins leur vieux camarade. Duc, appelez-les. Dans six heures nous serons devant Paris.

CAULAINCOURT. Il n'y a personne dans l'antichambre.

NAPOLÉON. Dites à l'huissier de les appeler...

CAULAINCOURT, à un huissier. Santini, appelez les maréchaux... Comment! ils n'y sont plus?

NAPOLÉON, se retournant. Que dit-il? Cet homme se trompe... Je demande mes maréchaux.

L'HUISSIER SANTINI. Sire, ils sont montés à cheval tout à l'heure, et sont partis l'un après l'autre.

NAPOLÉON. Pour aller où!

SANTINI. Ils ont pris la route de Paris.

NAPOLÉON, après un silence. Oh! je suis donc bien méchant!

CAULAINCOURT. Vous le voyez, sire; eux aussi vous abandonnent.

NAPOLÉON. Que m'importe? Il me reste Raguse : Raguse et moi suffirons à notre armée, et notre armée nous suffira, monsieur le duc...

GOURGAUD, entrant. Sire, sire, toute la route de Fontainebleau est découverte. Le duc de Raguse est passé à l'ennemi avec les dix mille hommes qu'il commandait.

NAPOLÉON. Et lui aussi! l'ingrat Raguse!

l'enfant que j'avais élevé sous ma tente ; lui à qui je disais de veiller quand je dormais ; lui un trahisseur ! Oh ! il sera plus malheureux que moi... Laissez-moi seul, messieurs.

CAULAINCOURT. Sire...

NAPOLÉON. Laissez-moi seul, je vous en prie.

GOURGAUD. Sire, Fontainebleau est à découvert du côté de Paris ; qu'ordonnez-vous, sire ?

NAPOLÉON. Rien. (*Ils sortent.*) Ah ! c'est un infâme abandon... Je le vois bien : les alliés me craignent, autant comme général de mon fils que comme empereur de France... Mon enfant ! mon pauvre enfant ! lui pour qui j'amassais des couronnes ! Et c'est moi qui le prive de la sienne ! Tant que je vivrai ils trembleront ! Oh ! quelle idée ! Oui !... moi mort, mon fils est le légitime héritier de mon empire. Du fond de mon tombeau je ne suis plus à craindre. Les souverains auraient honte de dépouiller l'orphelin... Que je suis heureux d'avoir conservé le poison de Cabanis ! C'est le même qu'il avait préparé pour Condorcet .. (*Il détache précipitamment de son cou un petit sachet qu'il ouvre et dont il verse le contenu dans un verre.*) Ils diront que je n'ai pas eu le courage de supporter la vie... que la mort est une fuite... Que m'importe ce qu'ils diront ! N'ai-je pas ma raison en moi ? (*Coupant de ses cheveux et les mettant dans un papier.*) Pour mon fils... Allons, allons ; c'est un toast à sa fortune. (*Il boit*). Adieu, mon fils ; adieu, France.

(*Il tombe assis la tête dans ses mains.*)

L'ESPION, *de la porte.* Que fait-il ?

NAPOLÉON. Ah ! voilà le poison... Eh bien ! Cabanis qui m'avait dit que ce poison était rapide comme la pensée..... Ah !..... depuis quatre ans que je le porte sur moi, il sera affaibli..... il n'a de force que pour me faire souffrir et pas assez pour me tuer... Ah !

L'ESPION, *entrant.* Plus de doute, l'empereur est empoisonné... Sire...

NAPOLÉON. Silence !

L'ESPION. Au secours ! au secours ! l'empereur se meurt ! Roustan ! Roustan ! Ah ! le misérable ! lui aussi l'a abandonné... Constant ! Personne ! (*Il sonne.*) Ah ! si le sang était du contre-poison !.. au secours ! au secours !

NAPOLÉON. Il n'en est pas besoin. Le poison est comme les boulets. La mort ne veut pas de moi...

CAULAINCOURT, *entrant.* Qu'y a-t-il ?

L'ESPION. Ah ! monsieur le duc, où est le médecin Ivan ?...

CAULAINCOURT. Il part à l'instant même à cheval... Mais qu'a donc l'empereur ?

L'ESPION. Il s'est...

NAPOLÉON, *à l'espion.* Silence, sur ta tête ! (*A Caulaincourt.*) Rien, monsieur le duc... une indisposition... (*A part.*) Dieu ne le veut pas !

CAULAINCOURT. Que votre majesté est pâle !...

NAPOLÉON. Monsieur le duc, quelle est la résidence qu'on m'accorde si j'abdique ?..

CAULAINCOURT. Corfou, la Corse ou l'île d'Elbe...

NAPOLÉON. Je choisis l'île d'Elbe. Me permet-on d'emmener quelqu'un de ma maison ou de mon armée ?

CAULAINCOURT. Quatre cents grenadiers, et les personnes de votre maison que vous désignerez. Si votre majesté se décide, Bertrand, Drouot et Cambronne demandent la faveur de vous suivre.

NAPOLÉON. Eux ne m'ont jamais rien demandé aux jours de ma fortune... La postérité récompensera les courtisans du malheur. (*Il s'approche lentement de la table et écrit.*) « Les puissances alliées ayant » proclamé l'empereur Napoléon » le seul obstacle au rétablissement de la » paix en Europe, l'empereur Napoléon, » fidèle à son serment, déclare qu'il re- » nonce pour lui et ses enfans aux trônes » de France et d'Italie, et qu'il n'est aucun » sacrifice, même celui de sa vie, qu'il » ne soit prêt à faire aux intérêts de la » France.

» Le 6 avril 1814. »

Êtes-vous content, monsieur le duc ?

CAULAINCOURT. Je n'ai plus qu'une grâce à vous demander.

NAPOLÉON. Laquelle ?

CAULAINCOURT. Que votre majesté me permette de l'accompagner à l'île d'Elbe.

NAPOLÉON. Vous, Caulaincourt ? Cela ne se peut pas.

CAULAINCOURT. Sire...

NAPOLÉON. Retournez à Paris, votre présence y est attendue avec impatience. (*A un huissier.*) Allez dire au général Petit de mettre ses soldats sous les armes dans la grande cour... Je veux dire adieu à mes braves pour la dernière fois. Adieu, Caulaincourt ; la France me regrettera ! et tous ceux qui auront pris part à ma ruine seront un jour maudits par elle. Adieu, Caulaincourt, adieu.

CAULAINCOURT, *lui baisant la main.* Adieu, sire...

(Il sort par le fond.—Napoléon prend son chapeau sur la table, reste un instant pensif et sort par la gauche.—Le théâtre change.)

Quinzième Tableau.

La cour de Fontainebleau.

SCENE VII.

Le Général PETIT, LORRAIN, Soldats, *puis* NAPOLÉON.

LORRAIN. Dites donc, hé! les anciens!
on dit comme ça qu'on va nous renvoyer
dans nos foyers respectives!... Ça ne vous
va pas, hein?

TOUS LES SOLDATS. Non! non!...

LORRAIN. Ni à moi non plus. Ils disent
encore que l'empereur n'est plus empereur... Ils en ont menti, n'est-ce pas?

TOUS. Oui, oui!

LORRAIN. Et on ne nous le prendra pas
tant que nous resterons quatre hommes
pour lui faire un bataillon carré, n'est-ce
pas?

TOUS. Nous mourrons tous!

LORRAIN, *faisant sonner son fusil.* Cré
coquin! qu'ils y viennent maintenant!

LE GÉNÉRAL PETIT. Soldats, à vos
armes!

DANS LES RANGS. L'empereur! l'empereur! l'empereur!

(Napoléon paraît au fond, sur le grand escalier.)

TOUS LES SOLDATS. Vive l'empereur!
à Paris! à Paris!

(Napoléon fait un signe de la main.)

DANS LES RANGS. Chut! silence! Il va
parler.

NAPOLÉON. Soldats de ma vieille garde,
je vous fais mes adieux. Depuis vingt ans
je vous ai trouvés constamment dans le
chemin de l'honneur et de la gloire; dans
ces derniers tems comme dans ceux de
notre prospérité, vous n'avez cessé d'être
des modèles de bravoure et de fidélité.
Avec des hommes tels que vous, notre
cause n'était pas perdue, mais la guerre
était interminable : c'eût été la guerre
civile, et la France n'en serait devenue que
plus malheureuse. J'ai donc sacrifié tous
nos intérêts à ceux de la patrie. Je pars.
Vous, mes amis, continuez de servir la
France. Son bonheur était mon unique
pensée : il sera toujours l'objet de mes
vœux! Ne plaignez pas mon sort; si j'ai
consenti à me survivre, c'est pour servir
encore à votre gloire Je veux écrire les
grandes choses que nous avons faites ensemble! Adieu, mes enfans. Je voudrais
vous presser tous sur mon cœur; que j'embrasse au moins votre drapeau... (*Le général Petit saisit l'aigle et la présente à Napoléon qui l'embrasse.*) Adieu, encore une
fois, mes vieux compagnons! que ce baiser
passe dans vos cœurs...

FIN DU QUATRIÈME ACTE.

ACTE V.

Seizième Tableau.

PARIS. — 1815.

Le ministère de la guerre. L'antichambre du ministre. Jour d'audience. Deux huissiers. Solliciteurs
au fond.)

SCENE PREMIÈRE.

DEUX HUISSIERS, SOLLICITEURS,
LABREDÈCHE.

L'HUISSIER. Le numéro 4.

UN SOLLICITEUR, *se levant.* C'est moi.

LABREDÈCHE, *entrant.* Bonjour, mes
amis, bonjour.

L'HUISSIER. Monsieur?...

LABREDÈCHE. Comment, vous ne me
reconnaissez pas?

L'HUISSIER. Ah! n'est-ce pas monsieur
dont le père était fusillé...

LABREDÈCHE. Oui, mon ami. Eh bien!
il l'est toujours; et je sollicite, vous savez,
vous devez le savoir, vous, car voilà huit
mois que je vous le répète chaque jour
d'audience publique... Ah ça! vous m'avez
gardé mon numéro, n'est-ce pas?

L'HUISSIER. Nous en avons toujours de
côté pour les habitués.

LABREDÈCHE. Dites pour les amis, et je

suis de vos amis, de vos véritables amis. N° 9. Où en est-on.

L'HUISSIER. Le numéro 4 vient d'entrer.

LABREDÈCHE. Bravo! le jour où j'obtiendrai la pension qui m'est si bien due, comme seul et unique rejeton d'une famille qui s'est sacrifiée pour la bonne cause, je n'oublierai pas, mon brave, tout ce que vous avez fait pour moi. Est-ce le journal d'aujourd'hui que vous tenez là?

L'HUISSIER. Oui, mardi 28 février 1815.

SCÈNE II.

LES MÊMES, UN ANCIEN MILITAIRE.

LE MILITAIRE. Voulez-vous me donner un numéro, s'il vous plaît?

L'HUISSIER, à son camarade. Veux-tu voir s'il reste des numéros?

DEUXIÈME HUISSIER. Voici le n° 18.

LE MILITAIRE. Mon tour sera bien long à venir... Mon ami, n'en auriez-vous pas de plus rapprochés? Vous le voyez, nous ne sommes encore que sept ou huit...

L'HUISSIER. Non.

LE MILITAIRE. Voilà déjà deux fois que l'heure de l'audience publique se passe avant que mon numéro n'arrive. Et peut-être qu'aujourd'hui encore son excellence...

L'HUISSIER. Eh bien! vous reviendrez mardi prochain.

LE MILITAIRE, s'asseyant. Si d'ici là je ne suis pas mort de faim.

LABREDÈCHE, à l'huissier. J'ai déjà vu cette figure-là ici.

L'HUISSIER. C'est un solliciteur.

LABREDÈCHE. Les antichambres sont encombrées de ces gens-là... Eh! qu'y a-t-il sur le journal?

L'HUISSIER, lisant. « Le roi a entendu » la messe dans ses appartemens... »

LABREDÈCHE. Ah! tant mieux! tant mieux!

L'HUISSIER. «...Le ministre de la guerre » a travaillé avec Sa Majesté...

LABREDÈCHE. Peut-être aura-t-il mis ma pétition sous les yeux du fils de Saint-Louis... (Élevant la voix.) C'est un grand homme que votre ministre! et je dis cela parce qu'il ne peut pas m'entendre..... Je ne suis pas flatteur.

L'HUISSIER, lisant. « Le marquis de La-» feuillade vient d'être nommé colonel du » 3e régiment de chasseurs à cheval. »

LE MILITAIRE. Colonel... un enfant!

LABREDÈCHE. C'est un homme dévoué... un royaliste pur, sans doute, qui a des droits acquis, et qui, comme moi, aura été victime...

L'HUISSIER. Oui, oui. Son père avait un poste élevé dans la maison de Louis XVI... Il était du gobelet ou de la garde-robe... je ne sais pas trop.

LABREDÈCHE. C'est juste. Et dit-on que son régiment prendra le nom des chasseurs Lafeuillade?

LE MILITAIRE, à part, d'une voix sourde. Sous l'empereur, il s'appelait l'Intrépide.

DEUXIÈME HUISSIER, appelant. N° 6.

LABREDÈCHE. Il a dit n° 6, n'est-ce pas? Mon tour approche. Y a-t-il autre chose?

L'HUISSIER, lisant. « Sa majesté a nom-» mé chevaliers de la Légion-d'Honneur » M. le comte de Formont, capitaine des » chasses de S. A. R. Monsieur; M. le » marquis de Larrigues, troisième valet-» de-chambre de S. A. R. monseigneur le » duc de Berry; M. de.... » (Le militaire arrache son ruban.) Ma foi, il y en a un trop long... vingt-sept ou vingt-huit nominations..... « Son éminence l'archevêque de » Toulouse a été reçu en audience particu-» lière de sa majesté... »

DEUXIÈME HUISSIER, appelant. Numéro 7.

L'HUISSIER. Pardon, il faut que je vous quitte...

SCÈNE III.

LES MÊMES, excepté L'HUISSIER.

LABREDÈCHE. Ne vous gênez pas, mon ami, ne vous gênez pas. (Allant à l'ancien militaire.) Monsieur sollicite une place, une pension?...

LE MILITAIRE. Ni l'une, ni l'autre; je demande de l'activité.

LABREDÈCHE. C'est difficile, c'est difficile dans ce moment.

LE MILITAIRE. J'ai vingt ans de service.

LABREDÈCHE. Voilà pourquoi: c'est le tour à d'autres... et vous étiez?...

LE MILITAIRE. Capitaine.

LABREDÈCHE. Capitaine... Vous concevez..... C'est un grade qui convient à des fils de famille. Nous n'avons plus de guerre; il nous faut des jeunes gens qui sachent soutenir notre ancienne réputation de galanterie et de légèreté dans les salons, qui puissent ouvrir un bal, chanter une romance, broder au tambour... D'ailleurs, vous serviez le tyran?

LE MILITAIRE. Le tyran!

LABREDÈCHE. Écoutez, l'ancien gouvernement m'a fait assez de mal, pour que j'aie le droit... D'ailleurs je ne l'ai jamais flatté, moi! Lorsque l'ogre de Corse était

ur le trône, je l'appelais toujours *Buona-*
parte.

DEUXIÈME HUISSIER. N° 9.

LABREDÈCHE. Me voilà! me voilà!

(*Il se glisse chez le ministre.*)

SCENE IV.

LE MILITAIRE, Solliciteurs.

LE MILITAIRE. On a bien fait de l'appeler... (*Il prend le journal.*) « Des nouvelles
arrivées de l'île d'Elbe annoncent que son
souverain paraît n'avoir plus aucun goût
pour les exercices militaires. Depuis son
arrivée, il n'a pas passé en revue les six
cents hommes qui l'ont suivi. Il s'occupe
constamment de botanique. On assure que
la plupart des militaires qui sont auprès de
lui demandent à revenir en France... »
Que n'y suis-je, moi!

SCENE V.

Les Mêmes, LE MARQUIS DE LAFEUILLADE,
en colonel.

LAFEUILLADE. Puis-je parler à son excellence?

L'HUISSIER. Mais... je ne sais si son excellence peut en ce moment...

LAFEUILLADE. Son excellence peut toujours pour moi. Je suis le marquis de Lafeuillade, qui vient d'être nommé colonel.

L'HUISSIER. Ah! pardon. Son excellence...

LAFEUILLADE. Est avec quelqu'un?

L'HUISSIER. Non, non, ce n'est pas quelqu'un. Je vais annoncer monsieur le marquis. (*Ouvrant la porte.*) M. le marquis de
Lafeuillade.

LE MINISTRE, *de son appartement, à La-*
bredèche qui en sort à reculons. C'est bien,
c'est bien... Écrivez à sa majesté; vous
avez des droits à ses bontés, mais sur la
liste civile : tâchez de vous procurer les
certificats constatant que votre mère est
morte sur l'échafaud, et que votre père a
été fusillé... Et alors nous verrons.

LABREDÈCHE. Votre excellence n'oubliera pas les persécutions dont j'ai été
victime sous l'usurpateur...

LE MINISTRE. Non, non,

LABREDÈCHE. Monseigneur voudra
bien... (*On lui ferme la porte au nez.*) Il a
raison, je demanderai au roi lui-même;
l'auguste fils de saint Louis ne refusera pas
au dernier rejeton d'une famille qui s'est

entièrement sacrifiée à sa dynastie la justice qu'il attend... (*A l'huissier.*) Adieu,
mon ami; à mardi prochain.

L'HUISSIER. La voiture de monseigneur!

LE MILITAIRE. Allons, encore huit jours
de retard!.. Oh! il faut que je lui parle...
Il m'entendra, dussé-je l'arrêter de force.

SCÈNE VI.

Les Mêmes, LE MINISTRE, le marquis
DE LAFEUILLADE.

LE MINISTRE. Mais comment donc, c'é-
tait une justice, mon jeune ami; je suis
enchanté d'avoir fait cela pour vous...
Vous concevez : j'aurais voulu vous faire
nommer maréchal de camp tout de suite...
Mais cela aurait fait crier. Plus tard,
quand vous aurez fait trois mois de garnison.

LE MILITAIRE. Monseigneur...

LE MINISTRE, *le regardant par-dessus l'é-*
paule. Hein?

LE MILITAIRE. Je suis ancien militaire...
J'ai vingt ans de service. On m'a renvoyé
sans pension...

LE MINISTRE. L'heure de l'audience est
passée. Revenez dans huit jours.

LE MILITAIRE. Voilà deux mois que je
viens chaque mardi, et qu'il m'est impossible de parvenir jusqu'à votre excellence...

LE MINISTRE. Ce n'est pas ma faute.

LE MILITAIRE. Monseigneur, j'ai fait
toutes les campagnes de la révolution et
de l'empire.

LE MINISTRE. Et vous demandez du service?.... vous êtes bien heureux de ne pas
être exilé...

LE MILITAIRE. Exilé, pour avoir servi
mon pays?

LE MINISTRE. Non : pour avoir servi les
jacobins et l'usurpateur.

LE MILITAIRE. Monseigneur, il y avait
au moins quelque danger à courir dans ce
tems-là; par conséquent, quelque honneur...

LE MINISTRE. Eh bien! allez demander
récompense à ceux que vous avez servis.

LE MILITAIRE. Sont-ce là les promesses
que l'on nous avait faites au retour du roi?

LE MINISTRE. S'il fallait que sa majesté
rendît compte de sa conduite à tous ces...

LE MILITAIRE. Achevez, monsieur le
ministre.

LE MINISTRE. Allons, allons; je n'ai pas
le tems de vous écouter...

LE MILITAIRE, *l'arrêtant.* Vous m'écouterez pourtant ! (*A Lafeuillade, qui porte la main à son épée.*) Oh ! laissez votre épée où elle est, jeune homme ; elle y est bien. (*Au ministre.*) Vous m'écouterez, car je vous parle au nom de soixante mille braves, qui comme moi meurent de faim. Vous avez fait plus de mal à la France depuis un an, que nos ennemis eux-mêmes n'osaient le désirer ; mais prenez-y garde ! on n'essaie pas impunément d'avilir une nation, et vous l'avez essayé. Vous avez prodigué à des espions et à des valets cette croix que nous n'osons plus porter, de peur d'être confondus avec eux... Malheur à vous ! Vous avez substitué aux enfans de la patrie des hommes qu'elle ne connaît pas...

nés à l'étranger, et qui ne sauront pas la défendre contre l'étranger... Malheur à vous ! Vous avez débaptisé nos victoires, renversé nos arcs de triomphe et remplacé Kléber et Desaix par Cadoudal et Pichegru. . Malheur à vous ! Mais le tems n'est pas loin où vous voudrez par toutes vos larmes payer nos larmes. Ce ne sera pas assez ! car nous voudrons du sang. Malheur, malheur à vous !... Allez, allez maintenant.

LE MINISTRE. Gendarmes, arrêtez cet homme.

LE MILITAIRE. Au moins me voilà sûr d'avoir du pain...

(Le théâtre change.)

Dix-septième Tableau.

L'ILE D'ELBE.

Porto-Ferrajo, dimanche, 26 février 1815.—En vue le brick *l'Inconstant.*

SCENE VII.

NAPOLÉON, LORRAIN, *montant la garde.*

NAPOLÉON. Eh bien ! mon vieux grognard, tu ne dis rien ?

LORRAIN. On ne parle pas sous les armes.

NAPOLÉON. Ah ! ah ! tu es sévère sur la consigne...

LORRAIN. Il y a quelque part vingt-deux ans, c'était à Toulon, que le duc... je ne me rappelle pas son nom de duc... Junot enfin, me fit faire deux jours de garde-du-camp pour avoir chanté :

Ah ! le triste état..

Vous n'étiez alors que commandant d'artillerie, et moi simple conscrit ; nous avons fait notre chemin depuis ce tems...

NAPOLÉON. Eh bien ! je te relève de ta consigne. T'ennuies-tu ici, voyons ?

LORRAIN. Fastidieusement.

NAPOLÉON. Veux-tu retourner en France ?

LORRAIN. Avec vous ?

NAPOLÉON. Avec moi, tu sais bien que c'est impossible. Sans moi ?

LORRAIN. Sans vous ! non.

NAPOLÉON. Et crois-tu que tes camarades pensent comme toi ?

LORRAIN. Tous.

NAPOLÉON. Tu as pourtant des parens en France ?...

LORRAIN. Un enfant n'a pas de plus proche parent que son père... et, cré coquin !

vous êtes notre père à nous, ou je ne m'y connais pas. Je crois bien aussi que j'ai quelque part une vieille mère ;.. y a à peu près quatorze ans que j'ai reçu de ses nouvelles... J'étais en Italie... Beau pays, mille dieux ! pas trop chaud, pas trop froid ; et des victoires pour se rafraîchir !... La v'là sa lettre : je me la suis fait lire vingt fois, vu que je ne sais pas lire moi-même... Tant y a que depuis Marengo je n'ai plus entendu parler de la vieille. Elle m'aura peut-être bien écrit *poste restante* à Vienne ou à Moscou ; mais nous passions toujours si vite, qu'on n'avait pas le tems d'aller au bureau.. Je ne sais plus où elle a établi son bivouac maintenant ; mais pourvu que le bon Dieu lui envoie tous les jours sa ration de pain et un peu de cendre chaude dans sa chaufferette, elle ira, elle ira la bonne femme... Ah ! ne parlons plus de ça ! ne parlons plus de ça !

NAPOLÉON. Nous avons une grande revue sur le port aujourd'hui.

LORRAIN. Oui, oui ; ça fait toujours plaisir. Ah ! j'avoue que nous avions besoin que le goût vous en reprît. Sire, je n'étais pas content de vous, moi !

NAPOLÉON. Bah !

LORRAIN. Ah ! bon, que je disais : le v'là encore dans son jardin, qui bêche et qui greffe ! Cré coquin ! peut-on oublier comme ça ce qu'on se doit à soi-même... Quand on a été quelque chose enfin !...

NAPOLÉON. Ah ! tu disais cela !..... (*Se retournant.*) Qu'est-ce que c'est donc que cette barque ? peut-être vient-elle de France ?

LORRAIN. Oui, quelque contrebandier de Livourne, quelque pêcheur de la Spezzia ; mais de la France... (*Il fredonne :* Va t'en voir s'ils viennent, Jean, etc. S'interrompant.) Qui vive ?

NAPOLÉON. Attends, attends ; c'est un ami, je crois.

◌◌◌◌◌◌◌◌◌ ◌◌◌◌◌◌◌◌◌◌◌◌◌◌◌◌◌◌◌◌◌◌◌◌◌◌◌

SCÈNE VIII.

NAPOLÉON, LORRAIN, L'ESPION.

L'ESPION. Toulon et liberté !

NAPOLÉON. Oui ; ne laisse approcher personne : j'ai à parler à cet homme. (*A l'espion.*) C'est toi...

L'ESPION. Oui, sire.

NAPOLÉON. D'où viens-tu ?...

L'ESPION. De France.

NAPOLÉON. Directement ?

L'ESPION. Non ; par Milan et la Spezzia.

NAPOLÉON. Qu'avais-tu vu à Paris ?

L'ESPION. Regnault et...

(Il lui parle bas.)

NAPOLÉON. Que t'ont-ils donné pour moi ?

L'ESPION. Rien ; ils ont eu peur que je ne fusse pris et fouillé.

NAPOLÉON. Dis qu'ils m'ont oublié comme les autres.

L'ESPION. Dites pas plus que les autres.

NAPOLÉON. On pense donc encore à moi en France ?

L'ESPION. Toujours.

NAPOLÉON, *s'échauffant petit à petit.* On y fait sur moi beaucoup de fables, de mensonges !... tantôt on dit que je suis fou, tantôt que je suis malade..... On prétend qu'on veut me transporter à Sainte-Hélène.. Je ne leur conseille pas. J'ai des vivres pour six mois, des canons et des hommes pour me défendre. Les rois ne voudraient pas se déshonorer. Ils savent bien qu'en deux ans le climat m'y assassinerait. Comment se trouve-t-on en France des Bourbons ?

L'ESPION. Sire, ils n'ont point réalisé l'attente des Français : chaque jour le nombre des mécontens s'augmente.

NAPOLÉON, *s'échauffant.* Je croyais, lorsque j'abdiquais, que les Bourbons, instruits et corrigés par le malheur, ne retomberaient pas dans les fautes qui les avaient perdus en 89. J'espérais que le roi gouvernerait en bonhomme. C'était le seul moyen de se faire pardonner les Cosaques. Depuis qu'ils ont remis le pied en France, ils n'ont fait que des sottises. Leur traité du 23 avril m'a profondément indigné !

D'un trait de plume ils ont dépouillé la France de la Belgique : les limites de la France, c'est le Rhin. C'est Talleyrand qui leur a fait faire cette infamie ! On lui aura donné de l'argent. La paix est facile à ces conditions. Si j'avais voulu comme eux signer la ruine ou la honte de la France, ils ne seraient point sur mon trône ! mais j'aurais mieux aimé me trancher la main !.. j'ai préféré renoncer au trône que de le conserver aux dépens de ma gloire et de l'honneur français. Une couronne déshonorée est un horrible fardeau. Mes ennemis ont dit que je ne voulais pas la paix ; ils m'ont représenté comme un misérable fou, avide de sang et de carnage ; mais le monde connaîtra la vérité : on saura de quel côté fut l'envie de verser le sang. Si j'avais été possédé de la rage de la guerre, j'aurais pu me retirer avec mon armée au-delà de la Loire, et savourer à mon aise la guerre des montagnes..... Ils m'ont offert l'Italie pour prix de mon abdication ; je l'ai refusée : quand on a régné sur la France, on ne doit pas régner ailleurs. (*Une pause.*) Mes généraux vont-ils à la cour ? Ils doivent y faire une triste figure !...

L'ESPION. Ils sont irrités de se voir préférer les émigrés, qui n'ont jamais entendu le bruit du canon.

NAPOLÉON. Les émigrés seront toujours les mêmes. Tant qu'il ne s'est agi que de faire la belle jambe dans mon antichambre, j'en ai eu plus que je n'en ai voulu. Quand il a fallu montrer de l'homme, ils se sont sauvés comme des... J'ai fait une grande faute en rappelant en France cette race antinationale..... Que disent de moi les soldats ?

L'ESPION. Ils disent que l'on reverra le petit caporal, et quand on les force de crier *Vive le roi*, ils ajoutent tout bas : *de Rome...*

NAPOLÉON. Ils m'aiment donc toujours ? Que disent-ils de nos défaites... je veux dire de nos malheurs ?

L'ESPION. Ils disent que la France a été vendue.

NAPOLÉON. Ils ont raison ! Sans l'infâme défection du duc de... je ne lui ferai pas l'honneur de prononcer son nom, les alliés étaient tous perdus... il n'en serait pas échappé un seul..... Ils auraient eu aussi leur vingt-neuvième bulletin ! Le maréchal est un misérable. Il s'est balafré pour jamais. Il a perdu son pays et livré son prince ; tout son sang ne suffirait pas pour expier le mal qu'il a fait à la France. C'est sa mémoire qu'il me faut ! j'y attacherai le mot *trahison*, et je la dévouerai à l'exécration de la postérité: (*Une pause.*) D'après ce que tu viens de m'apprendre, je vois que mon opinion sur la France est exacte. La race des Bourbons n'est plus en état de régner; son gouvernement est bon pour les prêtres, les nobles et les vieilles comtesses, et ne vaut rien pour la génération actuelle. Oui, le peuple a été habitué dans a révolution à compter dans l'état... il ne redeviendra pas le patient de la noblesse et de l'église. L'armée ne sera jamais aux Bourbons; nos victoires et nos malheurs ont établi entre elle et moi un lien indestructible. Avec moi, elle peut retrouver la puissance et la gloire; avec les Bourbons, elle n'attrapera que des injures et des coups. Les rois ne se soutiennent que par l'amour ou la crainte; et les Bourbons ne sont ni craints ni aimés... Ils se jetteront d'eux-mêmes à bas du trône; mais ils peuvent s'y maintenir long-tems! Les Français ne savent point conspirer!... il faut que je les aide; ils n'attendent que moi. J'ai pour moi le peuple, l'armée... et contre moi quelques vieilles marquises dont les carlins n'oseront pas même aboyer derrière mon ombre..... Allons! le jour que j'attendais est levé; l'heure est venue. Le sort en est jeté... Monsieur le grand maréchal!

SCÈNE IX.

Les Mêmes, LE GRAND-MARÉCHAL.

LE GRAND-MARÉCHAL. Sire!

NAPOLÉON. Mon armée est-elle prête?

LE GRAND-MARÉCHAL. Elle s'avance, selon l'ordre de votre majesté, pour passer sa revue sur le port... On entend le tambour d'ici.

NAPOLÉON, *lui donnant de petits soufflets.*

Monsieur le maréchal, avez-vous fait vos adieux à votre femme?

LE GRAND-MARÉCHAL. Et pourquoi, sire? Vous ne me renvoyez pas, je l'espère...

NAPOLÉON. Non, mais je vous emmène.

LE GRAND-MARÉCHAL. Puis-je savoir?..

NAPOLÉON. Tout à l'heure. (*Les soldats arrivent au son de la musique, qui exécute : Veillons au salut de l'empire. Napoléon fait un signe, la musique cesse.*) Soldats! vous avez tout quitté pour suivre votre empereur malheureux... aussi votre empereur vous aime. Soldats, j'ai encore compté sur vous; nous allons faire une dernière campagne. Depuis un mois le brick *l'Inconstant* et trois felouques sont préparés par mes soins, armés en guerre, approvisionnés pour huit jours. Mes quatre cents grenadiers monteront le brick avec moi; les deux cents chasseurs corses, les cent chevau-légers polonais feront la traversée sur les felouques. Soldats!..... je n'ai plus qu'un mot à vous dire : Nous allons en France, nous allons à Paris.

LES SOLDATS. En France! à Paris! vive la France! vive l'empereur!

LORRAIN. Cré coquin!... je suffoque.

(On entend un coup de canon.)

NAPOLÉON. Voilà le signal du départ. Amis! la première terre que nous verrons sera la terre de France. A vos rangs! grenadiers; en avant, marche!

(*La musique exécute l'air : Ah! ça ira, ça ira, pendant que l'armée descend.*)

LORRAIN. Eh bien! on m'oublie, moi! on ne me relève pas! je suis sacrifié dans une île déserte?..

L'ESPION. Donne.... j'achèverai ta faction. C'est moi qu'on oublie.

(*L'armée descend dans les canots.* — Le théâtre change.

Dix-huitième Tableau.

Une salle du faubourg Saint-Germain.

SCÈNE X.

LA MARQUISE, LABRÉDÈCHE, LAFEUILLADE, Les Grands Parens, Un Abbé, La Petite Cousine, *donnant le bras à Lafeuillade.*

UN VALET, *ouvrant la porte du salon.* Madame la marquise de Lafeuillade est servie.

LA MARQUISE. Combien je remercie madame la baronne de Corbelle de m'avoir procuré le plaisir de vous recevoir, monsieur!... et vous d'avoir bien voulu accepter ce petit dîner de famille!

LABRÉDÈCHE. J'étais loin de m'attendre, madame la marquise, quand j'entrevis monsieur l'autre jour chez son excellence, que j'aurais le plaisir de me trouver avec lui à la table de ses respectables parens. (*Lisant les étiquettes.*) Le chevalier de Labrédèche.

LA MARQUISE. Madame la baronne de Corbelle n'ayant pu me dire quel était précisément votre titre, à tout hasard, j'ai mis chevalier...

LABREDÈCHE. Ce n'est pas précisément le mien... Quelque chose de mieux ! Mais j'aime beaucoup ce titre, c'est celui que je portais à l'époque où mon malheureux père !... d'ailleurs chevalier a quelque chose de léger, de galant, de français enfin... On dit : Le chevalier de Lauzun... le chevalier de... de... de... enfin, nous avons beaucoup de chevaliers...

LAFEUILLADE. Et monsieur le chevalier espère obtenir ce qu'il sollicite ?

LABREDÈCHE. Oh! sans doute ; je suis une victime de l'ancien gouvernement.

UN GRAND PARENT. A propos !... vous savez, marquise : il ne s'appelait pas Napoléon... On a découvert cela.

TOUS. Et comment s'appelait-il donc ?

LE GRAND PARENT. Il s'appelait... Nicolas.

LABREDÈCHE. Vraiment !

LE GRAND PARENT. Foi de gentilhomme ! c'était aujourd'hui dans la *Quotidienne*... Il s'appelait Nicolas.

LABREDÈCHE. Nicolas ! Nicolas ! quel nom roturier !

L'ABBÉ. C'est celui d'un grand saint.

LABREDÈCHE. Eh bien ! il avait usurpé le nom de votre grand saint; cet homme-là ne respectait rien.

L'ABBÉ. Rien... c'est le mot. Il avait décrété la liberté des cultes.

UN MONSIEUR. Il ne croyait pas à la médecine.

LABREDÈCHE. Il dînait en dix minutes... Hein! quel homme dénaturé ! Je disais donc que le ministre, qui a de grandes bontés pour moi, s'étant assuré que ma famille avait tout perdu à la révolution, que mon père avait été fusillé, que moi-même j'avais pris une part active à la guerre de la Vendée...

LA MARQUISE. Comment ! vous étiez dans la Vendée ?

LABREDÈCHE. Oui, madame, à la fameuse bataille de Torfou, où Kléber et ses trente mille Mayençais ont été battus par nous. Il n'en serait pas resté un, madame, si Kléber n'avait pas appelé un de ses aides-de-camp nommé Schwardin, et ne lui avait pas dit : « Schwardin, prenez deux cents » hommes et allez vous faire tuer au pont » de Beausset ; vous sauverez l'armée. » Hein! quel despotisme !

LE GRAND PARENT. Pardieu ! s'il m'avait ordonné cela à moi, je lui aurais répondu : « Je n'ai pas d'ordres à recevoir d'un ré-» publicain, d'un bleu, d'un brigand, » d'un roturier comme vous... »

LABREDÈCHE. Eh bien ! il n'osa pas lui répondre cela.

LA MARQUISE. Et ?...

LAFEUILLADE. Il répondit : « Oui, gé-» néral, » et se fit tuer.

LE GRAND PARENT. Le lâche !...

LABREDÈCHE. Je disais donc que le ministre, voyant tous mes droits, m'a renvoyé au roi. De sorte que je vais profiter de la première occasion de mettre sous les yeux de sa majesté le tableau des pertes que j'ai faites... Mais je ne sais comment arriver jusqu'au pavillon Marsan. Je n'ai pas encore pu obtenir mes entrées à la cour...

LA MARQUISE. Mais voici mon frère qui est maître de la garde-robe et qui fera...

LA PETITE COUSINE. Ma tante, le maître de la garde-robe, n'est-ce pas celui qui...

LA MARQUISE. Taisez-vous, petite.... Quand on va se marier, on ne dit pas de ces choses-là.

LABREDÈCHE. Mademoiselle va se marier ! et quel est l'heureux mortel ?...

LA MARQUISE. C'est mon fils. Un mariage de convenance.... de fortune. La petite, telle que vous la voyez, a vingt-neuf quartiers.

LABREDÈCHE. Et monsieur le marquis ?..

LA MARQUISE. Trente-un.

LABREDÈCHE. Mais c'est fort joli !... vingt-neuf quartiers qui en épousent trente-un, cela fait un total de soixante... Je n'en ai encore que onze, moi.

LE GRAND PARENT. Mais, monsieur le chevalier, le nom de Labredèche ne m'est pas particulièrement connu... Je sais pourtant mon d'Hosier par cœur.

LABREDÈCHE. C'est un nom vendéen.

LE GRAND PARENT. Il y a dans la noblesse vendéenne un Labretèche ?...

LABREDÈCHE. Labredèche.

LE GRAND PARENT. Tèche.

LABREDÈCHE. Dèche! dèche! dèche !...

LE GRAND PARENT. Ah ! je me le rappelle, monsieur... Mais il me semble qu'à l'occasion du sacre, l'usurpateur vous avait accordé...

LABREDÈCHE. Oui, c'est vrai, il m'a flétri d'une pension de douze cents francs... Je l'ai refusé ! mais il m'a menacé de me faire fusiller, et vous concevez..... C'est à cette même époque, monsieur le baron, qu'il vous imposa le titre de comte...

LE GRAND PARENT. Oui, oui ; mais heureusement il est tombé, le despote !

LABREDÈCHE. Oui, heureusement !

LE GRAND PARENT. Et j'ai perdu mon titre.

LABREDÈCHE. Et moi ma pension.

LE GRAND PARENT. Mais je réclame mon titre.

LABREDÈCHE. Et moi ma pension...

LE GRAND PARENT. Nous les aurons, mon ami, nous les aurons.

LABREDÈCHE, *à part*. Il m'a appelé *son ami*, son ami! un homme qui voit tous les jours le roi face à face!.. (*Avec enthousiasme*,) Ah! monsieur le grand-maître! oui, le bon tems va revenir! D'abord, monsieur le colonel, j'espère bien qu'on ne se battra plus l'hiver; on prendra ses quartiers depuis le mois de septembre ou d'octobre jusqu'au printems... Quant à nous qui avons émigré, car j'ai émigré, moi, madame, un des premiers même, on nous rendra nos biens que des spoliateurs...

L'ABBÉ. Et ceux du clergé, j'espère!

LABREDÈCHE. Comment donc! mais certainement; chaque évêque rentrera dans ses droits de vasselage; chaque...

LA PETITE COUSINE. Ma tante, qu'est-ce que c'est que le droit de vasselage?

LA MARQUISE. Chut donc, petite! Vous faites des questions d'une inconvenance...

LABREDÈCHE. Chaque évêque aura mille paysans, chaque curé sa dîme, et le plus petit abbé ses six mille francs de rente, rien que pour dormir, et le double s'il ronfle...

LE GRAND PARENT. Ah! monsieur; ce tems est encore bien éloigné...

LABREDÈCHE. Nous y touchons, monsieur, nous y touchons! Voyez la *Quotidienne*, la *Gazette*, journaux estimables! petit à petit on fait des empiétemens sur la révolution. La *titus* commence à être de mauvais ton; l'aile de pigeon reprend faveur, et la queue pointe imperceptiblement... Quant à ces dames, elles ont toujours été de l'opposition: elles n'ont pas quitté le rouge.

LA MARQUISE, *se levant*. Messieurs, si vous voulez passer au salon, le café nous y attend.

LABREDÈCHE. Madame la marquise!

LAFEUILLADE. Ma petite cousine!

LE GRAND PARENT. Ma chère sœur!

LA MARQUISE. L'abbé, apportez Cocotte.

L'abbé prend la perruche sur son bâton et ferme la marche.—Le théâtre change.

Dix-Neuvième Tableau.

Le pont du vaisseau.

SCENE XI.

NAPOLÉON, BERTRAND, LORRAIN, UN SECRÉTAIRE, CAPITAINE, MATELOTS

NAPOLÉON. Monsieur le grand-maréchal!

BERTRAND. Sire...

NAPOLÉON. Je vous ai remis avant de partir de l'île d'Elbe un paquet cacheté.

BERTRAND. Le voici.

NAPOLÉON. Il contient deux proclamations que j'ai rédigées d'avance. Mettez-vous à cette table avec mon secrétaire, et faites-en des copies.

(Le secrétaire et le grand-maréchal s'asseyent.)

LORRAIN, *faisant passer sa tête par les écoutilles*. Pardon, sire; excuse, sire... ce n'est que pour deux mots.

NAPOLÉON. Parle, mon brave.

LORRAIN. Voyez-vous, sire, nous sommes quatre cents dans l'entrepont, où on ne peut tenir que cent cinquante; ça fait que nous sommes un peu gênés...

NAPOLÉON. Du courage, mes braves; la traversée ne sera pas longue maintenant.

LORRAIN. Quand je dis un peu, c'est une manière de parler: nous sommes gênés beaucoup..... je leur ai bien donné un moyen: c'est de se coucher les uns dessous et les autres en travers; mais c'est à qui ne voudra pas être dessous...

NAPOLÉON. Eh bien?

LORRAIN. Eh bien! ils demandent à prendre un petit peu d'air sur le pont, parce qu'ils étouffent... Oh!... ma parole d'honneur, c'est qu'on étouffe là-dedans... Tenez, en voilà qui sont plus pressés que les autres, et qui passent leur tête.

NAPOLÉON, *à part*. Pauvres gens! (*Haut.*) Mes amis, pour nous tous il est important qu'on prenne ce navire pour un bâtiment marchand, et cela serait impossible si vous étiez tous sur le pont; mais que la moitié de vous sorte quelques instans, et l'autre moitié lui succédera.

TOUS. Vive l'empereur!

(Ils sortent.)

UN MATELOT, *dans les haubans*. Une voile! une voile!

NAPOLÉON. Vient-elle sur nous?

LE MATELOT. Droit vent arrière.

NAPOLÉON. Quelle est-elle?

LE MATELOT. Brick.

NAPOLÉON. Armé en guerre?

LE MATELOT. Oui.

NAPOLÉON. Quel pavillon?

LE MATELOT, Français.

NAPOLÉON. Le reconnais-tu?

LE MATELOT. C'est *le Zéphyr*, capitaine Andrieux.

NAPOLÉON. Canonniers... à vos pièces ! (*Aux soldats.*) Tous sur le pont; que chacun se couche avec son fusil à côté de lui et se tienne prêt. S'il ne nous attaque pas, nous le laisserons passer, enfans ; s'il nous attaque, nous le prendrons... Ah ! ah ! on l'aperçoit. Vrai Dieu ! il vient à nous comme un cheval de course... Trente-six bouches à feu ! et nous n'en avons que vingt-quatre... Capitaine, qu'en dites-vous ?

LE CAPITAINE. Votre majesté commande ici.

NAPOLÉON. Allons, me voilà officier de marine : soit. Donnez-moi votre porte-voix... Silence, enfans ! le voilà qui nous parle.

On aperçoit le brick *le Zéphyr* qui croise *l'Inconstant*. Le capitaine est sur le pont avec un porte-voix, et crie :)

LE CAPITAINE DU ZÉPHYR. Hé ! pour quel port faites-vous voile ?

NAPOLÉON. Golfe Juan.

LE CAPITAINE. D'où venez-vous ?

NAPOLÉON. Ile d'Elbe.

LE CAPITAINE. Comment se porte l'empereur ?

NAPOLÉON. Bien.

LE CAPITAINE. Bon voyage.

NAPOLÉON, *rendant avec tranquillité le porte-voix au capitaine.* Merci. Eh bien ! monsieur le grand-maréchal, où en êtes-vous de votre proclamation ?

LE GRAND-MARÉCHAL. Sire, il est impossible de la lire.

NAPOLÉON. Donnez. (*Essayant de lire.*) Maudite écriture. (*La froissant dans sa main et la jetant à la mer.*) Ecrivez :

« Proclamation de sa majesté l'empereur à l'armée.

» Au golfe Juan, 1er mars 1815.

» Napoléon, par les constitutions de l'empire, empereur des Français, roi d'Italie.

» Soldats,

» Nous n'avons pas été vaincus. Deux hommes sortis de nos rangs ont trahi nos lauriers, leur pays, leur bienfaiteur.

» Soldats, dans mon exil j'ai entendu votre voix ; je suis arrivé à travers tous les obstacles et tous les périls. Votre général, appelé au trône par le choix du peuple et élevé sur votre pavois, vous est rendu. Venez le joindre. Arrachez ces couleurs que la nation a proscrites, et qui pendant vingt-cinq ans ont servi de ralliement à tous les ennemis de la France. Arborez cette cocarde tricolore : vous la portiez dans vos grandes journées. Nous devons oublier que nous avons été les maîtres des nations,

mais nous ne devons pas souffrir qu'elles se mêlent de nos affaires.

» Qui prétendrait être maître chez nous ? qui en aurait le pouvoir ? Reprenez ces aigles que vous aviez à Ulm, à Austerlitz, à Iéna, à Eylau, à Friedland, à Tudela, à Eckmühl, à Essling, à Wagram, à Smolensk, à la Moscowa, à Lutzen et à Montmirail. Pensez-vous que cette poignée de Français si arrogans puisse en soutenir la vue ? Ils retourneront d'où ils viennent, et, s'ils le veulent, ils règneront comme ils prétendent avoir régné pendant dix-neuf ans.

« Soldats, venez vous ranger sous les drapeaux de votre chef ; son existence ne se compose que de la vôtre ; son intérêt, son honneur, sa gloire, ne sont autres que votre intérêt, votre honneur et votre gloire. La victoire marchera au pas de charge, et l'aigle impériale aux couleurs nationales volera de clocher en clocher, jusqu'aux tours de Notre-Dame.

» Dans votre vieillesse, entourés et considérés de vos concitoyens, ils vous entendront avec respect raconter vos hauts faits : vous pourrez dire avec orgueil : « Et moi » aussi je faisais partie de cette grande ar-» mée qui est entrée deux fois dans les » murs de Vienne, dans ceux de Rome, » dans ceux de Berlin, de Madrid, de » Moscou, et qui a délivré Paris de la » souillure et de la trahison que la présence » de l'ennemi y avait empreintes. »

» Honneur à ces braves soldats, la gloire de la patrie ; et honte éternelle aux Français criminels, dans quelque rang que la fortune les ait fait naître, qui combattirent vingt-cinq ans avec l'étranger pour déchirer le sein de la patrie.

« Signé NAPOLÉON »

LORRAIN. Si, ma parole d'honneur, c'est bien ! J'en ai les larmes aux yeux, moi !.. Et pourtant je n'ai pleuré qu'une fois dans ma vie, quand j'ai quitté ma pauvre mère... Bonne femme !

LE MATELOT, *dans les haubans.* Terre !

UN AUTRE. Terre !

NAPOLÉON. A genoux ! enfans ; et vous, messieurs, découvrez-vous : c'est la France ! (*Moment de silence solennel.*) Et maintenant il n'y a plus à nous cacher. Hissez le pavillon tricolore et assurez-le par un coup de canon.

(Tous mettent leurs bonnets à poil au bout de leurs baïonnettes, en criant : *Vive la France !*)

NAPOLÉON, *au général.* Général, prenez dix hommes, deux officiers ; allez reconnaître la côte avec la felouque *la Caroline.* Eh bien ! oui, mes amis, c'est notre

France, notre France chérie. Nous allons la revoir! Notre Paris si beau, avec ses ponts d'Austerlitz et d'Iéna, son Panthéon et sa Colonne.

LORRAIN. Cré coquin! sire, croyez-vous que ces gueux de Cosaques n'ont pas emporté tout cela pour le mettre dans des cabinets de curiosités?... Ma colonne surtout!...

NAPOLÉON. Non, mon ami, sois tranquille; d'ailleurs s'ils l'avaient abattue, nous leur reprendrions assez de canons pour en refondre une autre. A la côte! A la côte! (*Tout le monde s'embarque sur des chaloupes. Napoléon met le pied sur la terre de France.*) Salut, sol sacré! France bien aimée! Dieu m'est témoin que je n'aurais jamais remis le pied sur ton rivage, si je ne croyais le faire pour le bonheur de tes fils et le bien du monde! Monsieur le grand-maréchal, laissez approcher ces hommes; ce sont mes enfans. Venez, mes amis; c'est moi, votre empereur, votre père, votre Napoléon...

UN PAYSAN, *se jetant à ses pieds.* Sire, je suis un vieux soldat. Je ne croyais jamais vous revoir; je ne vous quitte plus.

NAPOLÉON. Eh bien! vous le voyez, Bertrand, voilà déjà du renfort. Enfans, nous sommes débarqués au milieu d'un bois d'oliviers, c'est de bon augure. . Lorrain, ton fusil; voilà le seul coup de fusil qui sera tiré d'ici à Paris. En marche, mes enfans! à Paris!

TOUS. A Paris! à Paris!

(*Le théâtre change.*)

Vingtième Tableau.

Les Tuileries.

SCÈNE XII.

UN AIDE-DE-CAMP, GARDES-DU-CORPS.

UN AIDE-DE-CAMP. Faites préparer des relais tout le long de la route; voilà un passeport. Qu'on n'attende pas un instant. Quelles nouvelles, messieurs?...

PREMIER GARDE-DU-CORPS. Vous le savez mieux que nous; on dit que Monsieur est revenu hier accompagné d'un seul gendarme.

L'AIDE-DE-CAMP. C'est vrai; mais le maréchal Ney...

DEUXIÈME GARDE. Comment! vous ne savez pas?

PREMIER GARDE. Quoi?

DEUXIÈME GARDE. Il a été abandonné de tous ses soldats, et forcé de se joindre à Bonaparte.

PREMIER GARDE. Les maires et les officiers municipaux courent à sa rencontre, et quand on lui refuse les clefs, le peuple brise les portes et les jette à ses pieds.

DEUXIÈME GARDE. Ah! messieurs!

SCÈNE XIII.

LES MÊMES, LAFEUILLADE, LABRÉDECHE, *puis* RÉGNIER.

LAFEUILLADE. Bonjour, mes amis.

TOUS. Des nouvelles? des nouvelles?

LAFEUILLADE. Eh bien! l'empereur vient au pas de course.

PREMIER GARDE DU CORPS. Où est-il à peu près?

LAFEUILLADE. Le sait-on! cet homme va comme le vent.

UN AIDE-DE-CAMP. Monsieur le colonel de Lafeuillade, le roi veut vous voir... Entrez.

LAFEUILLADE. Adieu.

L'AIDE-DE-CAMP. Messieurs, vous ne quitterez pas l'uniforme. Il est possible que vous montiez à cheval d'un moment à l'autre.

DEUXIÈME GARDE. Ah! voilà Régnier qui passe. (*Par la fenêtre.*) Quelles nouvelles?

RÉGNIER, *de la rue.* On dit que l'empereur a manqué d'être assassiné, mais que l'assassin a été arrêté.

DEUXIÈME GARDE. C'est une infamie d'avoir mis sa tête à prix comme celle d'un chien enragé.

PREMIER GARDE. Tous les moyens sont bons pour se débarrasser d'un homme aussi dangereux.

DEUXIÈME GARDE. C'est-à-dire que vous l'assassineriez, vous?

PREMIER GARDE. Ma foi! je crois que j'aimerais mieux être un assassin qu'un traître.

DEUXIÈME GARDE. Monsieur, vous allez me rendre raison...

PREMIER GARDE. Monsieur, vous savez qu'on nous a défendu de sortir.

DEUXIÈME GARDE. Eh bien! ici.

D'AUTRES. Dans ce palais, messieurs? quand le roi a besoin de nous?...

PREMIER GARDE. Où courez-vous, monsieur le grand-maître?

LE GRAND-MAITRE. Porter un ordre du roi... Messieurs, vous servirez d'escorte. (*A son domestique.*) Cours chez moi, et prépare mon ancien habit de sénateur. Je tâcherai d'y être dans une heure. Rassure ma femme; dis-lui que je ne me compromettrai pas, qu'elle soit tranquille..... (*Grand bruit au dehors.*) Qu'est cela?

TROISIÈME GARDE. Un rassemblement.

PREMIER GARDE. Ah! Régnier, qu'y a-t-il?

UN GARDE, *de la rue.* Un homme qu'on vient d'arrêter avec le drapeau tricolore...

LABREDÈCHE, *de la rue.* C'est moi, c'est moi qui l'ai arrêté!

TOUS LES GARDES-DU-CORPS. Bien! mon brave, bien!

VALET DE PIED, *traversant.* Les équipages de madame la duchesse d'Angoulême!

TOUS LES GARDES. Comment!

LABREDÈCHE, *entrant avec un drapeau tricolore.* Me voilà avec mon trophée.

PREMIER GARDE. Donnez, donnez.

DEUXIÈME GARDE. Est-ce que madame part?...

LABREDÈCHE. Tout le monde déménage donc? j'ai manqué d'être emballé tout vif en traversant le pavillon Marsan. Laissez donc, laissez donc; j'ai pris ce drapeau au risque de ma vie, et je ne le lâche pas...(*A part.*) Cela peut servir : on dit que l'autre a couché à Fontainebleau.

LE CAPITAINE. A cheval! messieurs, à cheval!

(*Tous les gardes sortent.*)

UN VALET. Les équipages de M. le comte d'Artois sont prêts.

UN AIDE-DE-CAMP. Imbécile! Où allez-vous, monsieur l'introducteur des ambassadeurs?

L'INTRODUCTEUR. Faites agréer mes excuses au roi... j'apprends que ma femme vient d'accoucher...(*A part.*) Si l'empereur consentait à être le parrain!...

LABREDÈCHE *dépose son drapeau derrière un meuble.* Ah! monsieur le maître de la garde-robe, un instant, un instant! Vous ne vous en irez pas comme cela. Ma pétition! ma pétition! Ah! j'ai voulu voir ce que vous pensiez; vous vous êtes trahi devant moi : c'est un piége que je vous ai

tendu... Et vous appelez un brigand, un ogre, Napoléon-le-grand, empereur des Français, roi d'Italie, protecteur de la confédération du Rhin, médiateur de la confédération suisse!... Ma pétition...

LE GRAND-MAITRE. Monsieur, c'est impossible; je l'ai mise sous les yeux du roi, et sa majesté ayant égard à vos services et aux malheurs de votre famille, vous a accordé une pension de douze cents francs.

LABREDÈCHE. Une pension de douze cents francs!

LE GRAND-MAITRE. Elle est enregistré au grand-livre depuis hier, et en voici le brevet.

LABREDÈCHE. Le brevet enregistré... et l'autre qui sera ici dans une demi-heure... Eh bien! il ne se ruine pas, votre roi!..... ses grâces ne lui coûtent pas cher. Il accorde hier, et il s'en va aujourd'hui : sa pension m'aura été payé un jour... Douze cents francs par an, c'est trois livres dix sous que j'ai droit de toucher... Je ne veux rien de la famille des Bourbons! je suis un homme désintéressé... J'aime et j'admire l'empereur, entendez-vous? Je déchire votre brevet... (*A part.*) Ne jetons pas les morceaux... Cela peut servir... (*Haut.*) Apprenez, monsieur, que j'ai eu deux frères gelés en Russie... (*A part.*) Je crois que c'est le moment de replacer mes frères...

UN AIDE-DE-CAMP. Factionnaire, ne laissez sortir personne...

LABREDÈCHE. Eh bien! me voilà enfermé ici, moi? compromis avec la famille royale? (*A des courtisans.*) C'est une indignité, messieurs!...

LA SENTINELLE. Messieurs, on ne passe pas.

PLUSIEURS VOIX. Comment! Pourquoi?

QUELQU'UN. Mais je serai compromis, moi, si l'empereur me trouve ici...

LE COMTE. Si j'avais pu du moins quitter cet habit!..

LABREDÈCHE. Monsieur le comte... (*A part.*) Diable! il a des décorations, des crachats pour douze cents francs au moins... une année de ma pension..... Monsieur le comte, si vous voulez le mien, vous pourrez vous mêler dans la foule sans être reconnu...

LE COMTE. Oh! mon ami, quel service! (*Ils changent d'habits.*) Là! mon chapeau, donnez-moi le vôtre... Je me sacrifie.

DES VOIX. C'est le roi qui nous perd tous.

D'AUTRES. Non, c'est la chambre...

D'AUTRES. Si le roi n'avait pas proposé des lois...

LAFEUILLADE. Le roi va passer, messieurs; silence, quelles que soient les opinions!... Royalistes, n'oubliez pas qu'il est le fils de saint Louis... Libéraux, souvenez-vous que c'est à lui que vous devez la Charte. Respect au malheur et aux cheveux blancs!...

(Louis XVIII passe : profond silence. Les courtisans le suivent et parlent en sortant.)

PREMIER COURTISAN. Vas-tu à Gand?

DEUXIÈME COURTISAN. Non.

TROISIÈME COURTISAN. Et monsieur le comte!

QUATRIÈME COURTISAN. J'accompagne sa majesté.

RÉGNIER. Et moi je reste ici. On a dû parler à l'empereur...

LABREDÈCHE, *tirant de sa poche une cocarde tricolore.* Arborons les couleurs nationales!... maintenant l'autre peut venir.

UN DE CEUX QUI SONT RESTÉS. Oh! monsieur, où vous êtes-vous procuré cette cocarde? Si je pouvais en avoir une!...

UN SECOND COURTISAN. Et moi!

UN TROISIÈME. Et moi aussi!

UN QUATRIÈME. On ne nous en vendrait pas peut-être?...

LABREDÈCHE. J'en ai, messieurs! j'en ai pour nous tous! Il y a long-tems que je conspire! J'avais des correspondances avec l'île d'Elbe. Il y a trois mois que je sais que notre grand empereur va revenir... Quel homme!

UN AUTRE. Et on l'appelait un tyran!

LABREDÈCHE. Un tyran, lui!..... Lui si bon, qui m'avait donné une pension parce que mes deux frères avaient été gelés en Russie. (*A part.*) Ce n'est plus le moment de parler de mon père... Ah! messieurs, qu'est-ce qu'on entend?

PLUSIEURS PERSONNES, *entrant.* L'empereur vient d'entrer à Paris.

LABREDÈCHE, *à un huissier.* Mon ami, voilà cinq francs; courez chez moi, rue de la Harpe, au cinquième; faites mettre quatre lampions sur ma croisée... Un jour de fête, morbleu!... Vive l'empereur!

CRIS DANS LE LOINTAIN. Ah! ah! le voilà... le voilà.

LABREDÈCHE. Entendez-vous, monsieur? le voilà le conquérant du monde! il s'approche; nous allons le voir face à face.

UN AUTRE. Quel bonheur!

CRIS PLUS RAPPROCHÉS. Vive l'empereur! Vive l'empereur!

(Des officiers généraux entrent.)

LABREDÈCHE. Soyez les bienvenus, messieurs; nous vous attendons, nous attendons l'empereur.

UN OFFICIER. Il nous suit, messieurs...

BRUIT DE VOIX. Le voilà! Vive l'empereur! Sire... non! nous vous porterons. C'est dans nos bras que Votre Majesté doit rentrer dans son palais...

NAPOLÉON, *entrant.* Oui, mes enfans, oui, je vous remercie. Oui, je suis votre père, votre empereur... Votre joie me va au cœur. Mes amis, vous savez : quand l'empereur revient aux Tuileries, on remet le drapeau...

DES VOIX. Un drapeau! un drapeau!

LABREDÈCHE. Quel trait de lumière! Un drapeau! moi, j'en ai un drapeau... que j'ai apporté au milieu de mille dangers! un drapeau que je conservais caché depuis huit mois, pour cette mémorable journée! Le voilà, sire. Je suis heureux d'être le premier à offrir à votre majesté cette preuve de dévouement à son auguste personne.

PLUSIEURS VOIX. Arborons-le! Arborons-le!

NAPOLÉON, *à Labredèche.* Je vous ai déjà vu.

LABREDÈCHE. Sire, votre majesté m'avait accordé une pension de douze cents francs...

DES COURTISANS. Votre majesté veut-elle recevoir nos félicitations?

TOUS. Sire... Votre majesté....

NAPOLÉON. Oui, messieurs; mais n'oublions pas que c'est une révolution de soldats et de sous-lieutenans; d'autres en profiteront peut-être, mais c'est le peuple qui a tout fait, c'est à lui que je dois tout.

L'HUISSIER. Sire, les envoyés de la chambre des députés sont là...

NAPOLÉON. Faites entrer.

UN AUTRE HUISSIER. Les envoyés de la chambre des pairs!

NAPOLÉON. Messieurs les envoyés de la chambre des députés! la chambre s'est rendue indigne de la confiance de la nation en faisant payer au peuple les dettes contractées à l'étranger pour répandre le sang français. J'abolis la chambre des députés.

Messieurs les envoyés de la chambre des

pairs! la chambre est composée en partie d'hommes qui ont porté les armes contre la patrie; ils ont intérêt au rétablissement des droits féodaux et à l'annulation des ventes nationales. Je casse la chambre des pairs.

J'appellerai les électeurs au champ de mai, et là je consacrerai les droits du peuple; car le trône est fait pour la nation et non la nation pour le trône.

J'espère la paix; je ne crains pas la guerre; mes aigles ont toujours les ailes déployées, et ma devise est celle des preux: Fais ce que dois, advienne que pourra...

TOUS. Vive l'empereur!

BERTRAND. Sire, vous êtes plus grand que jamais...

NAPOLÉON, *à part*. Puissé-je un jour ne pas regretter l'île d'Elbe!

FIN DU CINQUIÈME ACTE.

ACTE VI.

Vingt-et-unième Tableau.

SAINTE-HÉLÈNE. — 1821.

La vallée de James-Town. Point de vue d'où Napoléon considérait la rade, sur le versant de la chaîne de montagnes opposé à Longwood, et qui regarde Plantation-House. Le chemin, large d'abord et bifurqué, se rétrécit ensuite et disparaît à son point de jonction sur le plan incliné de la côte, au bas de laquelle se laissent apercevoir quelques sommités d'édifices. C'est la ville de James-Town, au-delà de laquelle on découvre la mer. La scène est encaissée à droite et à gauche de roches escarpées où les deux branches de chemin disparaissent et s'enfoncent : l'une, à la droite du spectateur, mène à Longwood; l'autre, à sa gauche, conduit à Briars.

SCÈNE PREMIÈRE.

NAPOLÉON, SIR HUDSON LOWE, SANTINI, UN SOUS-OFFICIER.

(Napoléon est sur la cime d'un rocher, regardant l'Océan.)

SIR HUDSON LOWE, *sur le devant, parlant à un sous-officier*. Si le général Bonaparte veut sortir à cheval aujourd'hui, comme j'ai reçu de nouveaux ordres de mon gouvernement, vous l'accompagnerez à dix pas de distance; jamais plus loin.

LE SOUS-OFFICIER. Yes, sir Hudson Lowe.

(Napoléon, pensif, descend du rocher et s'éloigne lentement par la droite.)

SIR HUDSON LOWE. Rappelez-vous, monsieur, que quiconque essaiera de favoriser l'évasion du général sera puni de mort. Je vous rappelle cela, parce que vous n'êtes dans l'île que depuis un mois.

LE SOUS-OFFICIER. Yes, sir.

(Hudson Lowe s'éloigne. — Santini paraît du côté opposé, met le gouverneur en joue; mais apercevant l'officier anglais, il abaisse son fusil.)

SANTINI, *à part*. Demonio d'Inglese!...

(Il se rapproche en chantant.)

« Ma tu chi sai
» Si soverrai di me... »

LE SOUS-OFFICIER, *qui l'a vu mettre en joue Hudson Lowe*. Ah! voï chassez, sir?..

SANTINI. Oui, l'empereur est si mal nourri que je veux ajouter quelque chose à son dîner.

LE SOUS-OFFICIER. Et qu'est-ce que voï chassez?

SANTINI. Des petits oiseaux, des alouettes.

LE SOUS-OFFICIER. Yes! yes! des alouettes! Voï avez un bel fousil...

SANTINI. C'est un fusil de France.

LE SOUS-OFFICIER. Montrez.

SANTINI. Pourquoi?

LE SOUS-OFFICIER. Jé voulé voir s'il être bien en joue... J'y être chassir aussi...

SANTINI. Ah! ah!

LE SOUS-OFFICIER. Yes, yes. (*Mettant en joue.*) Bien! (*Il tire dans une tronc d'arbre; la balle fait sauter des éclats. Il va à l'arbre, et, avec un couteau, il retire la balle; puis, revenant à Santini:*) Ah! voilà le petit plomb avec lequel vous tirez les alouettes?... Vous tirez bien, mon ami, si vous tuez à tout coup.

SANTINI. Que veut dire cela?

LE SOUS-OFFICIER. Et pour qui était cette balle?

SANTINI. Pour le gouverneur, et celle qui reste pour moi.

LE SOUS-OFFICIER. Pour tuer le gouverneur?

SANTINI. Vous n'êtes donc pas Anglais?

LE SOUS-OFFICIER. Imbécille!

SANTINI. Comment êtes-vous ici?

LE SOUS-OFFICIER. Pour sauver l'empereur.

SANTINI. Vos moyens?

LE SOUS-OFFICIER. Il les saura.

SANTINI. Se fiera-t-il à vous?

LE SOUS-OFFICIER. Oui.

SANTINI. Il vous connaît donc?

LE SOUS-OFFICIER. Oui.

SANTINI. Depuis long-tems?

LE SOUS-OFFICIER. Avant que tu n'eusses entendu prononcer son nom.

SANTINI. Je le sers depuis sept ans, moi.

LE SOUS-OFFICIER. Et moi depuis trente, entends-tu?

SANTINI. Et comment lui parlerez-vous?

LE SOUS-OFFICIER. Je l'accompagnerai à cheval.

SANTINI. Il ne voudra pas sortir.

LE SOUS-OFFICIER. Alors j'entrerai.

SANTINI. Il ne reçoit pas d'officiers anglais.

LE SOUS-OFFICIER. Tu lui diras que j'ai le mot d'ordre.

SANTINI. Il n'en donne pas.

LE SOUS-OFFICIER. Il m'en a donné un à moi.

SANTINI. Lequel?

LE SOUS-OFFICIER. *Toulon* et *liberté*.

SANTINI. Vous êtes Français?

LE SOUS-OFFICIER. Aussi vrai que tu es Corse.

SANTINI. Quelle est votre famille?

LE SOUS-OFFICIER. Je n'en ai pas.

SANTINI. Etes-vous soldat?

LE SOUS-OFFICIER. Non.

SANTINI. Mais qui êtes-vous?

LE SOUS-OFFICIER. Un espion. Va.

SANTINI. Adieu.

L'ESPION. Au revoir.

(Ils se séparent.—Le théâtre change.)

Vingt-deuxième Tableau.

La chambre à coucher de Napoléon, à Longwood. Au fond, à gauche, son lit de fer. A droite, une cheminée où sont suspendus deux portraits de l'impératrice, et celui du roi de Rome: la cheminée supporte aussi un petit buste en marbre du roi de Rome. Du même côté, un canapé encombré de livres, derrière lequel est une porte. Au pied du canapé, du côté de la cheminée, un portrait de Marie-Louise et du roi de Rome Au-dessus, la grosse montre d'argent du grand Frédéric, laquelle a pour pendant la montre de Napoléon. A gauche, la porte du cabinet de l'empereur. Au milieu un petit guéridon.

SCENE II.

LAS CASES, MARCHAND, *puis* NAPOLÉON.

LAS CASES, *feuilletant une brochure.* Quel infâme libelle!

MARCHAND. Encore contre l'empereur?

LAS CASES. Cet archevêque de Malines! cet aumônier du dieu Mars, écrire l'ambassade de Varsovie! Aussi quelle hâte sir Hudson Lowe a mise à nous l'envoyer!.. tandis qu'hier il a retenu l'ouvrage de ce membre du parlement anglais....

MARCHAND. Songez donc, monsieur le comte, qu'il y avait en lettres d'or, sur la couverture. *à Napoléon-le-Grand*...

LAS CASES. L'adresse était bien mise!

MARCHAND. Aussi l'empereur ne l'a-t-il pas reçu.

LAS CASES. Opprobre et pitié.

MARCHAND. L'empereur! l'empereur!

NAPOLÉON, *entrant.* Vous cachez quelque chose, Las Cases.

LAS CASES. Rien... un nouveau libelle contre votre majesté.

NAPOLÉON. Donnez, donnez donc, enfant; est-ce que vous croyez que je suis sensible à leurs coups d'épingle?.. Ah c'est de ce pauvre abbé! il calomnie, il injurie!.. Ce que c'est que d'avoir perdu une ambassade!

LAS CASES. Sire...

NAPOLÉON. Laissez-les tirer à poudre et mordre sur le granit. Quand ils voudront être lus, ils seront justes; quand ils voudront être beaux, ils me loueront. Donnez-moi le *Morning-Chronicle* et le *Statesman.*

MARCHAND. Le gouverneur les a supprimés.

NAPOLÉON. Ah! c'est bien.

LAS CASES. Votre majesté a abrégé sa promenade aujourd'hui.

NAPOLÉON. Oui. *(A Marchand.)* Faites-moi donner du café. *(A Las Cases.* Ils m'ont parqué, mon cher. Sainte-Hélène, avec ses huit lieues de tour, est trop étendue! moi qui me trouvais à l'étroit en Europe!... ou plutôt, l'air des montagnes est trop pur... Il me faut ma vallée malsaine... On me toise l'espace, et un soldat anglais me couche en joue quand j'approche des limites... Comment les souverains d'Europe peuvent-ils laisser polluer en moi le caractère sacré de souveraineté?.... Ne voient-ils pas qu'ils se tuent de leurs propres mains à Sainte-Hélène?... Toutefois je ne me plaindrai pas; les plaintes sont au-dessous de ma dignité et de mon caractère... J'ordonne ou je me tais.

LAS CASES. Le monde vous vengera, sire; et vous êtes plus grand ici qu'aux Tuileries.

NAPOLÉON. Je le sais bien, et cela me fait passer sur beaucoup de choses!... Mais si c'est à ce prix qu'on devient un homme de Plutarque!... Au moins Régulus n'a souffert que trois jours.

MARCHAND. Voici votre café, sire. Il y avait là le médecin de sir Hudson Lowe...

NAPOLÉON. Et pourquoi le médecin de sir Hudson Lowe?

MARCHAND. Il a appris que votre majesté était souffrante.

NAPOLÉON. Et il m'envoie son médecin?...

(Il flaire son café et le jette.)

MARCHAND. Est-ce que ce café est mauvais, sire?

NAPOLÉON. Non; mais Corvisart m'a toujours dit de me défier du café qui sent l'ail. Il me semble pourtant que du café m'aurait fait du bien... Mais je n'en ai encore pris de bon qu'une fois depuis que je suis ici, et j'ai été mieux pendant trois jours... Marchand, il faudra vous en procurer à quelque prix que ce soit.

MARCHAND. Sire, nous n'avons pas d'argent.

NAPOLÉON. Vous le troquerez contre un bijou quelconque à moi. *(Bruit au dehors.)*

Eh bien! qu'y a-t-il? quel est ce bruit? voyez; c'est la voix de Santini... voyez.

SIR HUDSON LOWE, *dans la coulisse.* French dog!

SANTINI. Birbone!

NAPOLÉON. Oh! une dispute entre Santini et le gouverneur.

MARCHAND, *de la porte.* On n'entre pas.

SIR HUDSON LOWE. Il faut que je lui parle.

NAPOLÉON, *à Marchand.* Laissez... laissez..... Je vous écoute, sir Hudson! mais parlez de la porte; c'est de là que me parlent mes valets.

SIR HUDSON LOWE. Général Bonaparte...

NAPOLÉON. D'abord je ne suis pas pour vous le général Bonaparte : je suis l'empereur Napoléon. Nommez-moi du titre qui m'appartient, ou ne me nommez pas.

SIR HUDSON LOWE. J'ai reçu l'ordre de mon gouvernement de ne vous appeler que...

NAPOLÉON. Ah! oui, de lord Castelreagh, de lord Bathurst! Qu'ils m'appellent comme ils voudront: ils ne m'empêcheront pas d'être moi. Eux tous, et vous qui me parlez, vous serez oubliés avant que les vers aient eu le tems de digérer vos cadavres; ou si vous êtes connus, ce sera pour les indignités que vous aurez exercées contre moi; tandis que l'empereur Napoléon demeurera toujours l'étoile des peuples civilisés!.... Parlez maintenant; que voulez-vous?

SIR HUDSON LOWE. Que le Corse Santini soit remis entre mes mains.

NAPOLÉON. Et qu'a fait le Corse Santini?

SIR HUDSON LOWE. Il a frappé l'un des soldats anglais qui abattaient les arbres qui sont sur le chemin de Plantation-House.

LAS CASES. Et pourquoi abattait-on ces arbres?

NAPOLÉON. Pourquoi, mon pauvre Las Cases? pourquoi? Parce que l'empereur Napoléon aimait à se reposer sous leur ombre qui seule brisait la force de leur soleil du tropique... S'ils pouvaient faire rougir la terre, ils le feraient.

SIR HUDSON LOWE. Le gouvernement ignorait...

NAPOLÉON. Vous ne l'ignoriez pas, vous! vous qui m'avez vu vingt fois m'y asseoir, sous cette ombre qui me rappelait mes hêtres d'Europe!

SIR HUDSON LOWE. On en plantera d'autres.

NAPOLÉON, *se levant*. Malheureux! Et que voulez-vous faire de Santini?

SIR HUDSON LOWE. Le renvoyer en France.

NAPOLÉON. Oh! je vous le livre alors, et de grand cœur!... Seulement je demande à lui dire adieu... Vous le fouillerez en sortant... Si c'est tout ce que vous aviez à me dire... allez.

SIR HUDSON LOWE. J'ai reçu des ordres de mon gouvernement pour restreindre la dépense de votre table.

NAPOLÉON. Je ne croyais pas que ce fût possible. Et que m'accorde-t-on?

SIR HUDSON LOWE. A compter d'aujourd'hui, vous n'aurez qu'une table de quatre personnes; une bouteille de vin par tête, et un dîner prié par semaine...

NAPOLÉON. C'est bien : vous pouvez restreindre encore, et si j'ai trop faim, j'irai m'asseoir à la table du 53°. Ce sont des braves ; ils ont reçu le baptême de feu..... Ils ne repousseront pas le plus vieux soldat de l'Europe. Est-ce tout?

SIR HUDSON LOWE. J'ai à vous demander compte du refus que vous avez fait de mon médecin... Les vôtres peuvent mourir ou retourner en France, et alors qui prendra soin de votre santé?

NAPOLÉON. J'ai refusé votre médecin, parce qu'il est le vôtre, et que nous vous croyons capable de tout..... mais vous entendez : *de tout!* Et tant que vous resterez avec votre haine, nous resterons avec notre pensée.

SIR HUDSON LOWE. Vous avez tort. Moi qui ai demandé pour vous en Angleterre un palais de bois et des meubles...

NAPOLÉON. Je n'ai besoin ni de meubles ni de palais ; je ne demande qu'un bourreau et un linceul. Marchand, mes bottes ; je vais monter à cheval.

MARCHAND. Les voilà, sire.

NAPOLÉON. Ce sont des bottes neuves?..

MARCHAND. Oui.

NAPOLÉON. Où les as-tu eues?

MARCHAND. Sire...

NAPOLÉON. Où les as-tu eues? J'espère que tu ne te serais pas abaissé à en demander à ce gouverneur!...

MARCHAND. Non, sire... non!.. mais il y a long-tems que, sans le dire à votre majesté... j'essaie... je tente... Enfin... c'est moi qui les ai faites.

NAPOLÉON, *lui serrant la main*. Mon ami!... Voyez ceci, sir Hudson Lowe! et rendez-en compte à votre gouvernement.

SIR HUDSON LOWE. Vous êtes décidé à monter à cheval?

NAPOLÉON. Oui.

SIR HUDSON LOWE. Je vais donc donner l'ordre au sous-officier qui vous servira d'escorte...

NAPOLÉON. Ah! j'aurai un geôlier cavalcadour!.... Otez mes bottes, Marchand ; je ne monterai pas à cheval. Je prendrai un bain.

SIR HUDSON LOWE. Vous en avez déjà pris un ce matin, et l'eau est rare dans l'île...

NAPOLÉON, *après une pause*. Ecrivez, Las Cases. (*A sir Hudson Lowe.*) Restez, monsieur. (*Dictant.*) « Ce qui fera la honte » du gouvernement anglais, ce ne sera pas » de m'avoir envoyé à Sainte-Hélène, mais » d'en avoir donné le commandement à » sir Hudson Lowe. Quant à lui... à comp- » ter d'aujourd'hui, je voue son nom à » l'exécration des peuples ; et quand on » voudra dire un peu plus qu'un geôlier ; » un peu moins qu'un bourreau... on dira : » *Sir Hudson Lowe...* » (*Il pousse avec violence la porte, qui se ferme sur le gouverneur.*) ... Ah! je sentais que je prenais ma figure d'ouragan, et je ne voulais pas compromettre ma colère avec cet homme... Eh bien! quand vous vous plaigniez du brave amiral George Cockburn!... C'était un homme un peu massif, un peu brusque, un peu requin! mais celui-ci..... c'est un fléau plus grand que toutes les misères de cet affreux rocher...

LAS CASES. Sire, il fallait toujours sortir. Le docteur O'Meara vous a prescrit l'exercice du cheval.

NAPOLÉON. Oui... oui... je sais bien que j'en aurais besoin ; mais comment voulez-vous que je me trouve bien d'une promenade limitée comme un manége?... moi qui faisais tous les jours quinze ou vingt lieues à cheval! moi que mes ennemis avaient surnommé *le cent mille hommes!* Marchand, donnez-moi mes éperons. (*A Las Cases.*) Tenez, Las Cases, voilà les éperons que je portais à Dresde et à Champ-Aubert ; je vous les donne, mon ami ; gardez-les ; je ne monterai plus à cheval.

LAS CASES, *à genoux*. Votre majesté me

fait chevalier, sans que j'aie mérité de l'être...

NAPOLÉON. Prenez, mon ami... c'est un monument... et vous êtes curieux de monumens, je le sais... Il fallait venir me voir quand je possédais l'épée de François Ier et celle du grand Frédéric !

LAS CASES. Il me semble qu'à la place de votre majesté, j'aurais voulu porter l'une ou l'autre.

NAPOLÉON, *lui pinçant l'oreille.* Niais ! j'avais la mienne...

LAS CASES. Que votre majesté me pardonne !.. je suis quelquefois d'une bêtise !.

NAPOLÉON, *à Santini qui entre.* Ah ! c'est toi, Santini.... (*Avec gaîté.*) Comment, brigand, tu te permets de battre un soldat anglais... et cela parce qu'il abat un arbre au pied duquel j'aimais à me reposer ?.... Est-ce vrai ?

SANTINI. Sire, outré des mauvais traitemens du gouverneur...

NAPOLÉON. Il avoue... voyez-vous le misérable qui avoue?...

SANTINI. Ah ! s'ils ne m'avaient pas arraché mon fusil !

NAPOLÉON. Eh bien?

SANTINI. J'aurais envoyé ce chien d'Anglais...

NAPOLÉON. Eh bien ! qu'une pareille idée te revienne, et tu verras comme je te traiterai !... Messieurs, voilà Santini qui voulait tuer le gouverneur... Il me ferait de belles affaires ! Vilain... (*Cherchant un mot.*) Corse !

SANTINI. Oui, il fallait que l'île fût débarrassée du gouverneur ou de moi : le malheur veut que ce soit moi qui parte, sire ! moi qui comptais mourir près de votre majesté !

NAPOLÉON. Oui, c'est vrai. Tu pars, mon pauvre Santini...

SANTINI. Ah ! si votre majesté le permettait, je resterais malgré eux ; il faudrait qu'ils m'emportassent par morceaux.

NAPOLÉON. Non pas ! ce n'est pas un séjour regrettable que Sainte-Hélène. Dépêche-toi d'en sortir, puisque tu le peux... Quant à moi... ils me feront mourir ici, c'est certain.

SANTINI. Votre majesté est sortie de l'île d'Elbe aussi !...

NAPOLÉON. Sainte-Hélène me gardera ; va, mon ami. Pars ; l'air de la mer est pur... L'Océan est immense. Il doit être doux de respirer l'air de la mer et d'être bercé par les vagues de l'Océan... Dans quelques jours tu verras succéder à ce ciel ardent un ciel semé de nuages... (*Allant à la fenêtre.*) Oh ! des nuages ! des nuages !

SANTINI. Sire, n'avez-vous aucun message, aucune lettre à me donner ?... je retourne en France.

NAPOLÉON. Non... Ils te l'enlèveraient d'ailleurs... Seulement si ton destin te conduisait du côté de Vienne, tâche de voir mon fils, mon pauvre enfant. Tu lui diras : « J'ai quitté votre père mourant, exilé du » monde, jeté sur un rocher, au milieu » de l'Océan. De tous les biens qu'il a » perdus, il ne regrette que vous : c'est » vous qu'il appelle quand il parle seul, » vous qu'il nomme quand il rêve la nuit. » Les seuls portraits qui décorent sa cham- » bre sont les vôtres... Et lorsqu'il mourra, » il se fera apporter votre buste et mourra » les yeux fixés sur lui... » Voilà ce que tu diras à mon fils, Santini ; puis que je t'ai embrassé et que tu es parti...

SANTINI, *embrassant l'empereur.* Sire, vous le reverrez...

NAPOLÉON. Comment !

SANTINI. Il y a un officier anglais dans l'antichambre... Il faut que vous le voyez.

NAPOLÉON. Jamais...

SANTINI. Il m'a dit de vous répéter ces deux mots : *Toulon et liberté.*

NAPOLÉON, *tressaillant.* C'est bien, je lui parlerai. Et maintenant, mon ami, as-tu de l'argent.

SANTINI. Non, sire ; mais qu'importe !

NAPOLÉON. As-tu quelques bijoux?

SANTINI. J'ai été obligé de les vendre tous depuis que je suis dans l'île.

NAPOLÉON, *fouillant dans ses poches.* Marchand, apportez-moi quelques couverts d'argent.

SANTINI. Pourquoi, sire !

NAPOLÉON. Bien. Brisez-les maintenant. Ils les lui enlèveraient en disant qu'il m'a volé... (*Écrivant quelques mots.*) Prends, mon ami, prends aussi ce papier...

SANTINI. Une pension, sire !

NAPOLÉON. Maintenant... adieu... laisse-moi... N'oublie pas mon fils. Adieu. Suivez-le, messieurs, et envoyez-moi l'officier anglais qui est dans l'antichambre..... (*Ils sortent en pleurant, l'espion entre.*) Ah ! c'est toi ; je m'étonnais de ne pas t'avoir vu plus tôt.

L'ESPION. Merci ; ce mot est déjà une récompense.. Je n'ai pas pu, sire. Lorsqu'un congrès vous déporta en 1815 , j'eus la pensée de vous accompagner. On ne voulut pas de moi sur *le Bellérophon* ; on ne voulut pas de moi sur *le Northumberland*. J'offris d'être soldat, matelot, valet... on me refusa. Or , depuis 1815 , il ne s'est pas écoulé un jour, une heure , une minute , sans que je fusse tourmenté de la pensée de votre évasion. Je me fis naturaliser Anglais , je m'engageai ; je passai à l'Ile-de-France , aux grandes Indes... Puis un jour on m'embarqua pour Sainte-Hélène , et depuis un mois je suis près de vous, sans que vous ayez pu vous douter qu'un cœur dévoué à l'empereur et à la France battait sous cet uniforme rouge...

NAPOLÉON. Eh bien ?

L'ESPION. Sire , peut-être avez-vous remarqué un vaisseau à l'ancre , si loin que ses voiles semblent les ailes étendues d'un goéland ?

NAPOLÉON. Oui , et je me suis étonné qu'il restât toujours à la même place.

L'ESPION. C'est qu'il vous attend , sire...

NAPOLÉON. Et comment m'y rendre ?...

L'ESPION. Dans une barque qui est cachée à l'autre extrémité de l'île.

NAPOLÉON. Et ne suis-je pas toujours accompagné d'un officier anglais ?

L'ESPION. Et ne suis-je pas l'officier qui vous accompagne ?

NAPOLÉON. C'est vrai... Et quand pourrai-je partir !

L'ESPION. Quand vous aurez dit : Je le veux. Le vaisseau restera là jusqu'à ce que j'allume un amas de branches sèches au haut de ce rocher. Ils sauront alors que l'entreprise a échoué, et ils partiront. Mais les momens sont précieux, sire. Il m'a fallu cinq ans pour obtenir cette minute... faites qu'elle ne soit pas perdue.

NAPOLÉON. Tu m'es dévoué : je le savais. (*Lui présentant sa tabatière.*) Prends ceci comme un souvenir...

L'ESPION. De l'or !...

NAPOLÉON. C'est une tabatière.

L'ESPION. Mais en or !

NAPOLÉON, *gravant son chiffre dessus avec un poinçon.* Tiens : mon chiffre est dessus... gravé par moi...

L'ESPION. Oh ! maintenant !...

NAPOLÉON. Maintenant , monte sur la barque, et va-t'en.

L'ESPION. Sans vous ?...

NAPOLÉON. Sans moi.

L'ESPION. C'est vous que je suis venu chercher ; je ne partirai pas sans vous ; il faut que je vous rende à la France ; il faut que je vous restitue au monde. Une grande idée m'est venue ; il faut que je l'accomplisse ; il faut que je délivre l'empereur Napoléon, ou que j'y meure ! Dans l'un ou l'autre cas, mon nom est fait ! il vivra...

NAPOLÉON. Ah! de l'ambition! je te croyais dévoué. Je me trompais ..

L'ESPION. Un soir, à Saint-Cloud, cessa mon dévoûment, qui avait commencé à Toulon. Vous m'aviez laissé la vie, je sauvai la vôtre ; nous étions quittes. De ce jour où je cessai d'être votre obligé , je devins votre enthousiaste. Sire, rappelez-vous l'île d'Elbe , vous m'y reçûtes mieux , et vous revîntes en France.:.

NAPOLÉON. Eh bien ! c'est pour cela. Je ne ferais que ce que j'ai déjà fait : et à quoi bon ?

L'ESPION. Sire , vous continuerez votre histoire.

NAPOLÉON. Et quel chapitre y ajouterais-je? Ma carrière regorge .. En sortant d'ici , je risque de tomber : en restant je puis monter encore...

L'ESPION. Je te devine, et je t'écoute à genoux. Parle, parle.

NAPOLÉON, *le regardant.* C'est cela, tu m'as compris. Vois-tu, ce qui n'est qu'admiration vulgaire deviendra culte. Jésus-Christ n'eût pas fondé une croyance , s'il n'avait eu ses quarante jours de passion... Or , ma passion à moi... ma croix, c'est Sainte-Hélène : je la garde, il me la faut.

L'ESPION. Kléber avait raison : tu es grand comme le monde.

NAPOLÉON. M'évader! m'enfuir ! manquer ma mort, pour quelques jours, quelques heures peut-être qui me restent à vivre... Car , je sens là, vois-tu , tout ce qu'on sent quand on va mourir..... Où trouverai-je un tombeau plus imposant à ton avis? Sainte-Hélène, taillée à pic, n'est-elle point un magnifique piédestal pour la statue colossale que m'élèveront un jour les peuples?

L'ESPION. Mais votre fils ! votre fils !

NAPOLÉON. Eh bien! mon nom n'est-il pas un assez bel héritage ?

L'ESPION. C'est bien ; tout est dit.

NAPOLÉON. Où vas-tu?

L'ESPION, *sortant.* Je reviens...

NAPOLÉON. Cet homme avait l'instinct
des grandes choses : pourquoi a-t-il marché
à côté de sa vie ! (*Se retournant.*) Qu'est-
là ? le feu ? un incendie ?

L'ESPION, *rentrant.* Rien ; c'est moi qui
ai mis le feu au signal.

NAPOLÉON. Et le vaisseau va partir ?

L'ESPION. Oui.

NAPOLÉON. Et toi ?

L'ESPION. Moi, je reste.

NAPOLÉON. Oh ! malheureux !..... voilà
le gouverneur. Qu'as-tu fait ?

SIR HUDSON LOWE, *de la porte.* Pourquoi ce feu ? est-ce un signal ?

L'ESPION. Oui.

SIR HUDSON LOWE. Pourquoi ?

L'ESPION. Pour correspondre avec le
vaisseau qui est à l'ancre, en mer.

SIR HUDSON LOWE. Et que fait là ce
vaisseau ?

L'ESPION. Il attendait l'empereur, si
l'empereur eût voulu fuir.

SIR HUDSON LOWE. Et l'empereur ?

L'ESPION. N'a pas voulu.

SIR HUDSON LOWE, *étonné.* N'a pas
voulu ?...

L'ESPION. Non. Vous ne pouvez pas
comprendre...

SIR HUDSON LOWE. Et qui avait fait
ce complot ?

L'ESPION. Moi.

SIR HUDSON LOWE. Vous ?.. un Anglais ?..

L'ESPION, *jetant son chapeau.* Moi ! un
Français !

SIR HUDSON LOWE, *après une pause.*
Vous connaissez le bill ?

L'ESPION. Oui.

SIR HUDSON LOWE. La peine ?

L'ESPION. Oui.

SIR HUDSON LOWE. Êtes-vous prêt ?

L'ESPION. Oui.

SIR HUDSON LOWE. Votre procès ne sera
pas long.

L'ESPION. Je le sais.

SIR HUDSON LOWE. La grande vergue.

L'ESPION. Soit !.. j'aurai les honneurs du
coup de canon.
(*A Napoléon.*) Adieu, sire. Vous entendez...
je vais être pendu. C'est un peu votre faute :
vous pouviez me faire fusiller à Toulon...
Adieu !
                    (Il sort avec le gouverneur.)

NAPOLÉON. A revoir... bientôt ! Je sens...
Mon Dieu ! Ah ! ah !
(Il se couche sur son canapé et reste sans con-
                    naissance.)

MARCHAND, *de la porte.* Peut-on entrer ?
sire, peut-on entrer ? L'empereur couché !
pâle, ne répondant pas ! Oh ! venez, docteur, et voyez...

ANTOMARCHI. Il est évanoui ! Trans-
portons-le dans son lit ; l'air du soir lui
fera du bien.

                    (On le transporte. Le théâtre change.)

Vingt-troisième Tableau.

La chambre à coucher.

SCÈNE III.

MARCHAND, LAS CASES, BERTRAND, ANTOMARCHI.

MARCHAND, *frappant à la porte.* Monsieur de Las Cases... monsieur de Las
Cases !

LAS CASES. Eh bien ! comment va
l'empereur ?

MARCHAND. Il s'affaiblit de plus en plus.
Savez-vous quelque chose de cet espion
français, et pourquoi depuis huit jours il
n'a pas été exécuté, quand le bill porte que

tout Français qui essaiera de favoriser la
fuite de l'empereur sera exécuté à l'instant
même ?

LAS CASES. Il était porteur d'un brevet
de sous-officier anglais, et, considéré
comme tel, il n'a pu être jugé que par un
conseil de guerre ; mais cela ne le sauvera
pas. Antomarchi est allé à la ville pour en
savoir des nouvelles.

MARCHAND. Son arrestation a fait plus
de mal à l'empereur qu'une année de souffrance.

LAS CASES. Oh ! Marchand ! le voir

ainsi s'éteindre jour par jour, heure par heure, et ne pas pouvoir lui porter secours au prix de mon sang, de ma vie ! Il me semble que l'Europe nous dira à tous : « Vous étiez là, près de lui, et vous l'avez laissé mourir ! »

BERTRAND, *de la porte.* L'empereur demande son testament ; il veut y ajouter quelques legs.

LAS CASES. Je le lui porte. Marchand, tâchez de savoir où en est la procédure du Français. Je donnerais dix années de ma vie pour apprendre à l'empereur qu'il est sauvé.

MARCHAND, *le suivant jusqu'à la porte.* Oh ! si l'empereur était plus mal, rappelez-moi. Son testament !.. Il craint d'avoir oublié quelqu'un. ... le monde qui le calomnie saura s'il était bon !

UN SOLDAT ANGLAIS. Une lettre du gouverneur pour le général Bonaparte.

MARCHAND. Bien. Dois-je la lui remettre ? Peut-être contient-elle quelque nouvelle de France... C'est le cachet de sir Hudson Lowe ; cela ne promet rien de bon.

BERTRAND, *de la porte.* Marchand, l'empereur a vu par la fenêtre un soldat anglais porteur d'une lettre ; il la demande.

MARCHAND. Monsieur le maréchal, elle est du gouverneur ; oserez-vous la lui remettre ?

BERTRAND. Il la veut.

(Il rentre.)

MARCHAND. Ah ! voilà le docteur Antomarchi. Eh bien ! quelles nouvelles ?

ANTOMARCHI. Condamné.

MARCHAND. A mort ?

ANTOMARCHI. A mort.

(On entend sonner violemment dans la chambre.)

MARCHAND. Désespoir ! qu'est cela ?

LAS CASES, *sortant.* Antomarchi ! Antomarchi ! Oh ! docteur, venez, venez, l'empereur a une crise affreuse ! Une lettre qu'on lui a remise contenait l'arrêt du conseil de guerre !

NAPOLÉON, *dans la coulisse.* Laissez-moi ! laissez-moi !

ANTOMARCHI. Sire...

NAPOLÉON. Arrière !

LAS CASES. Ah ! voyez, voyez qu'il est pâle !

NAPOLÉON. Écoutez, écoutez tous mon dernier legs !... et je voudrais que l'univers tout entier fût là pour l'entendre... Je lègue l'opprobre de ma mort à la maison régnante d'Angleterre !... Et maintenant j'en ai fini avec le monde. Venez, mes amis, mes enfans, je ne suis plus l'empereur... Je suis un homme mourant, qui souffre... un père qui vous bénit. Ah ! si Larrey était ici, mon brave Larrey ! il ne me guérirait pas, je le sens bien ; mais peut-être qu'il déplacerait mon mal ; et souffrir autre part, ce serait presque du repos. Cela me mord, cela me ronge ! c'est comme un couteau dont la lame se serait brisée dans les chairs. Oh ! cela est atroce !.. Fermez cette fenêtre. Oui, oui, mon pauvre Marchand ; comme cela... merci. Que je ne voie plus ce ciel ardent ! c'est le ciel qui me tue. Oh ! mes amis !... où sont les nuages de Charleroi ?.. mon enfant...

ANTOMARCHI. Portons l'empereur dans son lit.

NAPOLÉON. Non ; je souffre trop. Prenez ce manteau, couvrez-moi de ce manteau. Il ne me quittera plus... c'est celui que je portais à Marengo... Ah ! mes amis, que je vous donne de peine, et qu'on a de mal à mourir !...

ANTOMARCHI. Que faites-vous, sire ?

NAPOLÉON. Je prie ! Tout le monde n'a pas l'avantage d'être athée, ou médecin, docteur..... Maintenant je voudrais voir mon fils de plus près... O mon fils, mon enfant ! s'il savait que son père est ici mourant, gardé par des geôliers !... Mais il ne sait rien... il est heureux, il joue... pauvre petit ! N'est-ce pas qu'il saura un jour ce que j'ai souffert ?.. par vous, mes amis ; par ce bon Las Cases ; par mes mémoires, si l'Angleterre ne les détruit pas... Ah ! si mon fils ne portait pas bien le nom de son père !... Si ces Autrichiens qui l'entourent allaient lui inspirer de l'horreur pour moi !.. mon fils me haïr, mon Dieu ! Ah ! dites-moi que mon fils ne me haïra pas ! qu'il ne haïra pas son père. (*Entre le gouverneur.*) Oh ! que veut encore cet homme...

LAS CASES, *à sir Hudson Lowe.* Sortez, monsieur, sortez.

SIR HUDSON LOWE. J'ai ordre de mon gouvernement de ne pas quitter le général Bonaparte, du moment où l'on pourra craindre...

LAS CASES, *levant une cravache.* Silence !

NAPOLÉON. Laisse, laisse cet homme, Las Cases !... Je ne le verrai pas, je regarde mon fils... Ouvrez la fenêtre. L'air du soir me fera du bien peut-être... Le soleil se couche, s'éteint, et moi aussi ! Ah !

un nuage! un nuage qui ait passé sur la France!... France! ma chère France! Mon enfant! Donnez-moi un de ses portraits : celui qui est brodé par Marie-Louise... Je ne puis plus voir son buste, mais je le sentirai encore dans mes mains. Merci!.. Ah! s'il était là! si je sentais ses petites mains... si je voyais ses beaux cheveux blonds!..... Mais rien... Rien! à deux milles lieues!.. Oh! ma poitrine!.. On dirait qu'on me tenaille... Oh! ces rois!.. qu'ils viennent donc voir leur patient!... cet uniforme rouge me fait mal! Mon épée!... donnez-moi mon épée!... A moi!... à moi mes grandes batailles!... Marengo! Austerlitz! Iéna! Waterloo!... Waterloo!...

(Il tombe sur le lit.)

BERTRAND. Secourez l'empereur, secou-rez-le, monsieur Antomarchi! ne voyez-vous pas qu'il se meurt...

NAPOLÉON. Pour mon fils... mon nom... rien que mon nom... (*Une pause.*) Tête armée! mon Dieu! mon Dieu! nation française!

(Il meurt.)

ANTOMARCHI, *mettant sa main sur le cœur de Napoléon.* L'empereur est mort.

(On s'agenouille.)

SIR HUDSON LOWE , *tirant sa montre.* Six heures moins dix minutes... bien.

(On entend un coup de canon.)

LE DOCTEUR ARNOTT , *se retournant.* Qu'est cela?

SIR HUDSON LOWE. Rien : un espion qu'on vient de pendre...

FIN.

IMPRIMERIE DONDEY-DUPRÉ, RUE SAINT-LOUIS, N° 46, AU MARAIS.

CHARLOTTE,

ou

UN MARIAGE D'AMOUR,

DRAME EN QUATRE ACTES,

Par M. Ancelot,

REPRÉSENTÉ POUR LA PREMIÈRE FOIS, A PARIS, SUR LE THÉATRE DE L'AMBIGU-COMIQUE, LE 26 MARS 1833.

PERSONNAGES.	ACTEURS.	PERSONNAGES.	ACTEURS.
ARTHUR D'AIGLEMONT.	M. ALBERT.	LA COMTESSE D'AIGLE-	
DE MONVAL............	M. FOSSE.	MONT................	Mlle ÉLISA JAC.
BERTRAND, père de Char-		LA BARONNE D'ALBY..	Mlle MATHILDE.
lotte..................	M. MONTIGNY.	CHARLOTTE BERTRAND.	Mlle IRMA.
PIERRE MOULIN, cousin		MADAME DUTOUR.......	Mlle CLORINDE.
de Charlotte............	M. CULLIER.	FEMME DE CHAMBRE...	Mlle ANNA.
UN DOMESTIQUE.......	M. FLEURI.		

Nota. Les personnages sont placés en tête de chaque scène comme ils doivent l'être au théâtre; le premier occupe la droite de l'acteur.

ACTE PREMIER.

Le théâtre représente un salon dans l'hôtel du comte d'Aiglemont.—Guéridon à droite de l'acteur; un secrétaire à gauche.—Porte au fond; portes latérales.

SCÈNE PREMIÈRE.

LA BARONNE D'ALBY, LA COMTESSE D'AIGLEMONT, LE COMTE ARTHUR D'AIGLEMONT.

LA COMTESSE. Ma chère baronne, pour une femme qui a couru la poste durant trois jours et trois nuits, vous êtes d'une fraîcheur admirable.

LA BARONNE. La joie de nous revoir me fait oublier la fatigue.

LA COMTESSE. Ce voyage de Nice vous a mise en état de défier un hiver de Paris avec tous ses bals et toutes ses fêtes, et,

pour accompagner dans le monde une jeune veuve aussi jolie que vous, il faut avoir renoncé comme moi à toutes prétentions, avoir pris son parti d'être vieille.

LA BARONNE. Vous vous êtes bien pressée.

LA COMTESSE. J'ai vu qu'il y avait dans la société une place à prendre, celle de vieille femme; personne ne veut l'occuper; je me trouve bien de m'en être emparée avant que le monde ne me la destinât; j'ai gagné ainsi des amies parmi les jeunes femmes, et la connaissance que j'ai acquise de leur caractère m'aidera à diriger

SUPPL.

le choix de mon fils : n'est-il pas vrai, Arthur ?

ARTHUR. Ma mère !..

LA COMTESSE. Je l'avoue, il est une espérance qui peut encore embellir ma vieillesse ; vous la connaissez.

ARTHUR. Je vous en prie, ma mère !...

LA COMTESSE. Oui, Arthur, il faut qu'une femme aimable et jeune vienne animer notre retraite. Chaque jour qui s'écoule enlève quelque chose à la gaîté de mon caractère, et le vôtre, mon ami, a tout le sérieux de notre époque. La raison est la folie de ce siècle.

LA BARONNE. Il me semble pourtant qu'avec le titre de comte, vingt-cinq ans, et quarante mille livres de rentes, on a de quoi prendre la vie gaîment. Tant de gens sont obligés d'être heureux à moins.

LA COMTESSE. Bon ! pense-t-on à être heureux à présent ?

ARTHUR. Ma mère, vous êtes sévère pour notre époque.

LA BARONNE. J'espère vous raccommoder avec elle ; et, d'abord, pour égayer cette matinée, venez avec moi ; nous ferons un tour de promenade au bois de Boulogne, puis vous permettrez que j'entre dans quelques magasins ; je suis arriérée de trois mois sur les modes ! pas la moindre élégance à Nice !.. de vrais malades !.. Je n'irai plus à de pareilles eaux. Je ne saurais de quinze jours me montrer dans un salon... Pendant cette retraite forcée nous ferons des lectures, de la musique ; je veux me mettre au courant de tout, car, après les toques d'Herbaut et les robes de Victorine, l'esprit et les talens sont encore ce qui réussit le plus dans le monde. (A Arthur). Vous nous accompagnerez, n'est-ce pas ?

ARTHUR. Pardon, mille fois !... mais je ne puis être des vôtres, aujourd'hui.

LA COMTESSE. Arthur, quels sont donc ces nouveaux amis qui occupent tout votre tems et que je ne connais pas ? Voudriez-vous, mon fils, vous éloigner de la bonne compagnie ?

ARTHUR. Ma véritable place est-elle donc au milieu des cercles futiles occupés de chasse, de chevaux et de modes nouvelles ? Aurais-je tort, à vos yeux, ma mère, si je me rapprochais de gens abaissés peut-être par la fortune, mais élevés par leurs sentimens ?

LA BARONNE, à part. Mon Dieu ! qu'il est devenu singulier !

LA COMTESSE. Croyez, mon fils, que ma tendresse seule...

ARTHUR. Veuillez vous en rapporter aux principes que j'ai reçus de vous et à mon désir de vous complaire !.. J'ai quelques affaires ce matin, mais je vous reverrai bientôt.

LA COMTESSE. Vous nous donnerez votre soirée ?

LA BARONNE. Je vous montrerai les croquis que j'ai faits pendant mon voyage, et nous étudierons ensemble quelques airs de Meyer-Beer.

ARTHUR. Je serai à vos ordres.

LA COMTESSE. Depuis votre départ, il n'a pas ouvert un piano, ni touché un crayon : il est vrai qu'il n'était presque jamais ici ; votre séjour dans l'hôtel me procurera un double bonheur.

UN DOMESTIQUE. Mme Dutour demande si madame veut voir quelques objets qu'elle apporte.

ARTHUR, à part. Mlle Dutour !..... ah, mon Dieu !... sortons. (Haut.) Permettez, mesdames, que je vous quitte.

SCÈNE II.
LA BARONNE, LA COMTESSE.

LA BARONNE, à la comtesse. Faites entrer, je vous prie, j'ai tant d'emplettes à faire !

LA COMTESSE, au domestique. Qu'elle entre. (A la baronne). Je vous la recommande ; je prends à sa famille un intérêt tout particulier.

LA BARONNE. Il suffit. Je lui donne ma pratique. Mais, mon Dieu, que votre fils est changé !

LA COMTESSE. Vous savez qu'il a toujours été sérieux.

LA BARONNE. Oui ; mais aujourd'hui, il est inquiet, préoccupé.

LA COMTESSE. L'agitation de l'amour ressemble quelquefois à l'inquiétude.

LA BARONNE. De l'amour ? lui !... c'est possible ; mais certainement ce n'est pas pour moi.

LA COMTESSE. Détrompez-vous, ma chère Angeline : son amour, les désirs, les espérances qu'il a conçus, il m'a tout confié quand vous êtes devenue libre. Il voulait vous suivre à Nice ; mais cela n'était pas convenable, et, pour parler de mariage, j'ai voulu attendre que votre deuil fût fini. Soyez sûre qu'Arthur vous aime.

LA BARONNE. Vous permettrez du moins que, pour lui répondre, j'attende qu'il m'ait parlé.

UN DOMESTIQUE, annonçant. Mme Dutour

SCENE III.

LA BARONNE , LA COMTESSE , MA-
DAME DUTOUR, *portant des cartons.*

LA COMTESSE. Entrez, madame Dutour ; voici une jeune dame qui s'arrangera de quelques objets ; je lui ai dit tout
l'intérêt que je prends à vous.

MADAME DUTOUR. Madame la comtesse
est bien bonne.

AIR : *Que de mal , de tourmens* (Fiancée).

Elle a depuis long-tems
Jugé de mes talens,
Ce que j'ai de plus frais est pour elle ;
J'achète, je revends,
Les gazes, les rubans,
Et l'on peut se fier à mon zèle.
Je fournis, chaque jour,
Et la ville et la cour ;
Bien des attrait passés,
Par moi , sont remplacés :
Que de femm'es , entre nous,
Me doivent des époux !...
On sait depuis long-tems
Jusqu'où vont mes talens,
Dans quel genre et comment je travaille ;
Par mon art fortuné,
Le tems est enchaîné ;
J'amincis, je redresse une taille ;
J'embellis, j'rajeunis,
Le tout à juste prix.

Oui, mesdames, tout le monde vous
dira que pour les corsets, la probité et
le rouge végétal, Mme Dutour ne laisse
rien à désirer.

LA BARONNE. Madame Dutour, avez-
vous des gants de Suède ?

MADAME DUTOUR. Sans doute : première
qualité, arrivant de Saint-Pétersbourg.

LA BARONNE , *riant.* Ah !... eh bien,
une douzaine de gants de Suède de Saint-
Pétersbourg.

LA COMTESSE. Comment va votre cousine , Charlotte Bertrand ? Est-elle entièrement guérie ?

MADAME DUTOUR. On le serait à moins ; et
je voudrais avoir l'argent de tous les juleps,
de tous les consommés qu'elle a pris. Celle-là peut se vanter d'avoir été soignée !...
Un médecin qui venait en voiture , et le
fils de madame la comtesse qui payait
tout !.. C'est tout de même heureux pour
la famille cet accident-là.

LA BARONNE. Qu'est-ce donc ?

LA COMTESSE. C'est toute une histoire.
Il y a six semaines , mon fils traversait la
rue Saint-Honoré en tilbury ; il avait un
cheval anglais fort vif. Une jeune fille
(ces gens qui vont à pied sont si impru-
dens !) passe au moment où le cheval
était lancé...

LA BARONNE. Oh ! mon Dieu !

LA COMTESSE. Arthur le retint assez vite
pour qu'il ne la touchât que légèrement ;
elle tomba pourtant, et , dans sa chute, un
vaisseau se rompit dans la poitrine, ce
qui donna pendant quelque tems des inquiétudes pour sa vie.

LA BARONNE. Cette pauvre petite !...
Mais elle est guérie ?

MADAME DUTOUR. Elle doit sortir aujour-
d'hui pour la première fois, et sans doute
elle viendra remercier madame la comtesse ; car elle n'a manqué de rien , grâce
à Dieu !.. Vous savez que , pendant tout
le tems de sa maladie, il lui était défendu de parler : pas un mot !.. c'était pitié !..
heureusement que j'allais de tems en
tems , le soir, lui conter les nouvelles du
quartier. Et puis, on m'a dit que monsieur le comte y venait tous les jours ! moi,
je ne l'ai jamais vu , parce que mon commerce me retenait aux heures où il y allait ; et j'en suis bien fâchée , car je voudrais le connaître monsieur votre fils qui
est si bon !..... Enfin, ça désennuyait
un peu ma cousine ; nous autres pauvres
gens ne sommes pas habitués à ne rien faire.

LA BARONNE , *à part.* Monsieur le comte
y allait tous jours ! (*Haut*). Elle est jolie ?

MADAME DUTOUR. C'est la beauté de la
famille... et dans les Bertrand (car je suis
une Bertrand de mon nom de fille) le sang
est très-beau ! Quoique ce soit une ouvrière qui n'a que son aiguille, ça a déjà été
recherché en mariage, et je crois bien
qu'elle a quelque chose dans le cœur pour
Pierre Moulin, garçon boulanger et filleul
du père Bertrand.

LA BARONNE. Ah ! vous croyez ?

MADAME DUTOUR. On a de l'expérience,
et on ne se trompe guère là-dessus. Figurez-vous que j'ai beau dire, je ne peux
pas distraire ma cousine.

AIR : *Vous souvient-il* (Keliy).

Je lui rappelle en vain de la Chaumière
Les doux plaisirs et les galans propos ;
De Tivoli, la gaîté printanière,
Et le Vauxhall, et Saint-Cloud , et Mousseaux.
De nos jeux, compagne assidue,
A notre appel elle est sourde aujourd'hui...
Quand du plaisir la voix est méconnue,
C'est que l'amour parle plus haut que lui.

LA BARONNE. Et vous pensez que c'est
pour Pierre Moulin ?

MADAME DUTOUR. Certainement : mais le
pauvre garçon est arrivé hier du pays, où
il était allé pour la conscription, et il a
eu le malheur de tirer le numéro un ! Il
est sûr de son affaire celui-là. Vous sentez bien que ce n'est pas un garçon boulan-

ger qui peut acheter un remplaçant ; ah !
si le père Bertrand avait pu !.. ce mariage
lui tenait au cœur... il aime tant sa fille !
Mais un ancien sergent, qui n'a que sa
solde de retraite et les deux cent cinquante
francs de sa croix, ça n'est pas grand'
chose !... Et attendre que Pierre ait fait
ses huit ans... c'est bien long pour une
jeunesse.

LA COMTESSE. Il me vient une idée :
rassurez votre cousine ; son prétendu ne
partira pas.

MADAME DUTOUR. A-t-elle du bonheur
cette fille-là !

LA BARONNE. Madame Dutour, ces
trois pièces de rubans, dix douzaines
de gants blancs, et tous ces divers
objets. Faites porter cela dans mon appartement.

MADAME DUTOUR. Je vais les porter moi-
même.

LA COMTESSE. Moi, ces gants de couleur.

MADAME DUTOUR. Est-ce tout pour aujourd'hui, mesdames ?

LA COMTESSE. Oui ; faites ma commission près de votre cousine.

MADAME DUTOUR. Certainement, madame la comtesse. Ah ! vous n'avez pas
affaire à des ingrats ! Le père Bertrand se
mettrait au feu pour vous et pour monsieur
le comte, qui a été son commandant. Car
il n'y a pas plus de cinq ans que le père
Bertrand ne sert plus : il était sergent de
canonniers dans le régiment de monsieur
le comte. Comme on se retrouve pourtant !..
Ces dames n'ont plus besoin de rien ?...
J'ai bien l'honneur de les saluer.

LA COMTESSE. Bonjour, madame Dutour.

SCENE IV.

LA BARONNE, LA COMTESSE.

LA COMTESSE. Êtes-vous prête ? partons-
nous, chère baronne ?

LA BARONNE, rêvant. Il est trop tard : je
me sens fatiguée ; veuillez remettre notre
course à demain.

LA COMTESSE. Comme il vous plaira.

LA BARONNE, à part. Il y allait tous les
jours.

UN DOMESTIQUE, entrant. Une jeune
fille et un ancien militaire, amenés par
monsieur le comte, demandent si madame
la comtesse veut les recevoir.

LA COMTESSE. C'est sans doute la petite
Bertrand et son père ? Qu'ils entrent.

LA BARONNE. Ah ! (A part.) Je vais
donc la voir.

SCENE V.

BERTRAND, CHARLOTTE, ARTHUR, LA COMTESSE, LA BARONNE.

ARTHUR, à part. La baronne est encore
là ! (Haut.) Je vous présente un ancien
camarade, et mademoiselle sa fille à qui
mon imprudence a failli être si funeste. Il
y a déjà long-tems que je désirais vous faire
faire sa connaissance, mais elle sort aujourd'hui pour la première fois.

LA COMTESSE. Bonjour, mon enfant ;
commencez-vous à vous rétablir ?

CHARLOTTE. Oui, madame ; je vais bien.

ARTHUR. Asseyez-vous donc, mademoiselle.

LA BARONNE, à part. Que d'empressement !

LA COMTESSE. Je suis charmée qu'enfin
vous soyez mieux.

BERTRAND. Bath ! la voilà maintenant
meilleure que neuve, grâce aux soins du
commandant.

ARTHUR. Ma mère, voici une vieille
moustache à qui je dois la vie : c'est le
brave Bertrand ; il a reçu certain éclat
d'obus qui devait m'appartenir.

LA BARONNE. Cela fait mal un éclat
d'obus ?

ARTHUR. Cela tue assez souvent.

LA COMTESSE. C'est très-beau, monsieur
Bertrand.

BERTRAND. Ma foi, madame, vous en
auriez fait autant à ma place ; un obus
tombe dans la batterie aux pieds du commandant ; je me dis : Si le commandant
est tué, qui est-ce qui commandera la
batterie ? au lieu que, si je suis tué, il
y a d'autres pointeurs. Là-dessus, je me
jette sur le commandant et je le serre
comme une nouvelle mariée.

ARTHUR. Et vous avez eu une cuisse
cassée.

BERTRAND. Bah !... on l'a raccommodée,
et elle va à peu près.

LA COMTESSE. Vous n'avez qu'une fille,
monsieur Bertrand.

BERTRAND. C'est tout mon bien.

ARTHUR. Ma mère, vous ne vous attendez pas à la surprise que mademoiselle
vous a préparée : c'est un voile qu'elle a
brodé pour vous.

BERTRAND. Elle y travaillait sur son lit ;
je lui disais quelquefois : Charlotte, tu vas
te faire du mal ! elle répondait : C'est égal !
c'est pour la mère de monsieur Arthur.

CHARLOTTE, présentant le voile. Si madame veut bien l'accepter ?...

LA COMTESSE. C'est vraiment très-bien!..
(*A la baronne.*) Regardez donc?

LA BARONNE. C'est charmant!... mais il a fallu bien du tems pour faire cette broderie.

ARTHUR. Vous vous serez fatiguée?

CHARLOTTE. Non! ça m'occupait et m'empêchait d'avoir du chagrin quand j'étais seule.

LA BARONNE. Du chagrin!.... lorsque M. Arthur n'était pas là peut-être?

CHARLOTTE. Oui; car il était si gai quand il me voyait, que j'étais triste quand je ne le voyais pas.

LA BARONNE. Ah!...

LA COMTESSE, *présentant un portefeuille.* Tenez, ma chère amie, je vous prie d'accepter ce souvenir.

CHARLOTTE. Madame est bien bonne!.. Oh! comme c'est joli!.. Ah!.. madame... non!.. je ne puis le prendre.

ARTHUR. Qu'avez-vous?

LA COMTESSE. Gardez-le, ma chère, gardez-le.

CHARLOTTE. Non, madame, je n'en veux pas.

ARTHUR. Vous pleurez!... Qu'y a-t-il donc?

CHARLOTTE. Regardez, monsieur Arthur, regardez plutôt!

ARTHUR. De l'argent!.. ma mère, qu'avez-vous fait?

LA COMTESSE. Mon enfant, il ne faut pas que cela vous afflige : je ne sais trop si j'aurais rencontré votre goût en vous faisant un cadeau, et c'était....

BERTRAND. Elle est équipée au complet, madame; elle n'a besoin de rien.

LA COMTESSE. Je vous en prie.

CHARLOTTE. Non, madame, non!..

AIR : *Depuis long-tems j'aimais Adèle.*

Croyez à ma reconnaissance!
Mais je refuse un tel présent.

(*Elle ôte les billets du portefeuille et les rend à la comtesse.*)

Ce souvenir de bienveillance,
Je le reçois tel qu'il est à présent!
Votre bonté, le bonheur de vous plaire.
Voilà tout ce que j'espérai!
Si j'accepte un autre salaire,
Vous voyez bien que j'y perdrai!...

LA COMTESSE. Mais c'est de l'enfantillage.

LA BARONNE. Non, ce sont des sentimens héroïques!... Monsieur Arthur, votre protégée est fort jolie!... Il faut que je vous quitte; adieu.

LA COMTESSE. A tantôt!.... Eh bien, Arthur, n'offrez-vous pas la main à la baronne?

ARTHUR. Ah! je vous demande mille pardons.

LA BARONNE, *riant.* Non, non!.. je me reprocherais de vous déranger; je ne veux pas absolument : restez.

BERTRAND. Charlotte, mon enfant, il se fait tard, salue madame, et en marche avant que le brouillard tombe.

ARTHUR. Ma voiture va vous conduire, et, si vous le permettez, je vous accompagnerai; j'ai une visite à faire dans votre quartier.

LA COMTESSE. Arthur, je voudrais vous parler.

CHARLOTTE. Mon Dieu, monsieur Arthur, nous irons bien à pied, je suis forte à présent.

BERTRAND. Vrai, mon commandant, c'est inutile une voiture; ça lui donnerait de mauvaises habitudes, voyez-vous! et d'ailleurs, si elle est lasse, les *Omnibus* sont là!.. Monsieur et madame, je vous salue.

ARTHUR. Au moins, je vais vous donner la main jusqu'au bas de l'escalier.

CHARLOTTE. Votre maman veut vous parler.

ARTHUR, *à la comtesse.* Je reviens à l'instant.

SCENE VI.

LA COMTESSE, *seule.*

Il a été d'un ridicule achevé!... Quoi? pas plus d'attention à la baronne que si elle lui était tout-à-fait indifférente!... Il m'en parlait si souvent il y a deux mois!.. Et cette petite fille... c'est qu'elle est fort jolie!.. Il la regardait avec un air... Des idées romanesques passeraient-elles par la tête de mon fils?... Il y a des exemples de semblables folies!... Oh, non!... cela est impossible!... une couturière.... sans éducation....

SCENE VII.

LA COMTESSE, ARTHUR.

ARTHUR. N'est-il pas vrai, ma mère, qu'elle est bien jolie?

LA COMTESSE. Oui, elle n'est pas mal... Mais comme tu as été froid avec la baronne!

ARTHUR. Vous avez eu bien tort d'offrir de l'argent à Charlotte.

LA COMTESSE. Sais-tu que la baronne a une fort belle fortune?

ARTHUR. Quelle noblesse d'ame chez cette jeune fille!

LA COMTESSE. Ah ça, Arthur, jouons-nous aux propos interrompus?

ARTHUR. Que voulez-vous dire, ma mère?

LA COMTESSE. Je vous parle de Mme d'Alby, et vous ne vous occupez que de cette petite ouvrière. Allons, Arthur, en voilà assez. Souviens-toi de ce que je te disais, il y a trois mois, au sujet de la baronne.

ARTHUR. Quoi donc?

LA COMTESSE. Que c'est la femme qu'il te faut.

ARTHUR. Ma femme!

LA COMTESSE. Tu en paraissais fort épris alors.

ARTHUR. Je l'ai toujours trouvée fort aimable; mais...

LA COMTESSE. C'est un excellent parti.

ARTHUR. Nos caractères ne se conviennent pas.

LA COMTESSE. Arthur!...

ARTHUR. Ma mère!...

LA COMTESSE. Je ne vous reconnais plus: seriez-vous amoureux?

ARTHUR. Amoureux?... moi!

LA COMTESSE. De cette jeune fille peut-être?

ARTHUR. Eh mais, n'en serait-elle pas bien digne?

LA COMTESSE. Cela annoncerait une perversité détestable : c'est une pauvre enfant, sans expérience, sans appui... Et vous chercheriez à la séduire.

ARTHUR. La séduire!.. oh, ma mère!.

LA COMTESSE. Quels sont donc vos projets? Vous ne songez pas sans doute à l'épouser.

ARTHUR. J'avoue que ma pensée ne s'est point arrêtée sur l'avenir; la beauté de Charlotte, la naïve candeur de son ame, la noblesse de ses sentimens, tout m'enchante, et je cède sans réflexion au charme qui m'attire vers elle.

LA COMTESSE. Vous êtes fou, Arthur?

ARTHUR. Je vous répète que je n'ai pris aucune résolution.

LA COMTESSE, *avec dédain*. En vérité, c'est bien heureux!

ARTHUR. Mais enfin, si elle était devenue nécessaire à mon bonheur! si je me contentais de rencontrer les plus rares vertus, les plus précieuses qualités de l'ame dans la femme que j'associerais à mon sort, ferais-je donc une si grande **folie**?

LA COMTESSE. Le comte d'Aiglemont épouser une couturière!

ARTHUR. Comment, vous, ma mère,

dont l'esprit est si éclairé, pouvez-vous obéir à de vieux préjugés?

LA COMTESSE. Changez donc les idées du monde.

ARTHUR. Eh! qu'importe le monde!

LA COMTESSE. Eh, mon Dieu! l'éducation de cette fille la sépare de vous plus encore que sa naissance. Mon cher Arthur, croyez-en votre mère! Charlotte n'a ni vos habitudes, ni vos idées; et, dans l'intimité, cette disconvenance se ferait sentir à chaque instant. C'est là qu'est la vraie mésalliance.

ARTHUR. Son cœur est si noble!

LA COMTESSE. Il vous serait agréable d'avoir pour beau-père votre sergent?

ARTHUR. C'est le plus honnête homme du monde. Et qu'importe d'ailleurs une légère différence de rang? Les grands principes de l'égalité ne sont-ils pas maintenant reconnus?

LA COMTESSE. L'égalité!... ne voit-on pas depuis quarante ans ce que c'est que cette égalité? Un mensonge adressé par des ambitieux à la crédulité des sots. Ecoutez-moi, Arthur, vous vous croyez un philosophe; mais je vous connais! malgré vous, les habitudes, l'éducation, les préjugés si vous voulez, reprendraient bientôt leur empire, et alors que de malheurs!.... Allons, mon ami, qu'il ne soit plus question d'une pareille folie; et n'oubliez pas que, si jamais vous vouliez céder à des idées romanesques, ma tendresse pour vous me ferait un devoir de m'y opposer.

ARTHUR. Ma mère!...

LA COMTESSE. Eh bien?

ARTHUR. J'ai vingt-cinq ans.

LA COMTESSE. A merveille, mon fils!.. ajoutez que vous avez le droit de me chasser de cette maison; qu'elle vous appartient, car je n'ai apporté à votre père d'autre dot que ma noblesse.

ARTHUR. Oh! vous savez bien que ma fortune est la vôtre.

LA COMTESSE. Non; je ne voudrais rien de vous; je sortirais d'ici; j'aimerais mieux l'indigence et toutes ses privations que la société d'une grisette qu'il faudrait appeler ma fille.

ARTHUR. Ma mère, ne nous tourmentons pas d'avance en songeant à un avenir fort incertain encore.

LA COMTESSE. Oui, Arthur, oui, tu as raison, n'en parlons plus; tu ne saurais oublier que tout le bonheur de ma vieillesse repose sur la noblesse de tes sentimens.

ARTHUR. Adieu, ma mère, adieu!

SCÈNE VIII.

LA COMTESSE, seule.

Il n'y a pas un moment à perdre. Je le connais : rien ne l'arrêtera si une fois il prend un parti. Sauvons-le de son extravagance ; oui, c'est le meilleur moyen. (*Elle se place à une table et écrit.*) En lui ôtant tout espoir... (*Un domestique entre.*) Portez ces lettres à leur adresse, et faites diligence.

SCÈNE IX.

PIERRE, LA BARONNE, LA COMTESSE.

LA BARONNE. Ah ! ah ! ah !..... Si vous saviez ce qui vient de m'arriver.

LA COMTESSE. Il paraît que ce n'est pas un événement malheureux. Mais quel est ce garçon ?

LA BARONNE. Oh, il n'est pas dans l'usage de se faire annoncer. Imaginez que, tout à l'heure, j'étais occupée de ma toilette ; j'entends marcher derrière moi, je me retourne avec frayeur, et je vois ce jeune homme qui, après m'avoir regardé des pieds à la tête, me demande si c'est à monsieur le comte d'Aiglemont qu'il a l'honneur de parler.

PIERRE. Pardon, excuse... J'ai eu tort ; mais il m'arrive toujours comme ça des accidens qui fâchent mes protecteurs. Ce n'est pas ma faute : je suis né malheureux qu'on ne peut pas s'en faire une idée.

LA COMTESSE. Que vouliez-vous ?

LA BARONNE. La protection du comte Arthur ; mais dans cette occasion, la mienne la vaudra bien. C'est le prétendu de Charlotte Bertrand.

LA COMTESSE. Le prétendu de Charlotte !

PIERRE. Quand je dis le prétendu, c'est-à-dire que j'avais la prétention de l'être il y a six mois ; le père Bertrand est mon parrain ; mais il y a du nouveau, et ça n'est pas du beau !

LA COMTESSE. Quoi ! vous savez ?

PIERRE. Je sais..... je sais que je suis si enguignonné que j'ai été le plus mal chanceux de l'arrondissement ; j'ai amené le numéro *un ;* je ne l'ai pas manqué ! c'est-il avoir du malheur ? moi, à qui il ne sort jamais un numéro à la loterie, du premier coup j'attrape celui-ci.

LA BARONNE. Mais si ce n'était que cela ?

PIERRE. C'est bien assez, j'espère ! Un conscrit ! le beau parti que ça fait !..... Comme disait le père Bertrand, si j'étais seulement sergent ?.... mais, d'ici là, laisser sa prétendue à Paris ; moi encore qui suis né sous une mauvaise étoile.

LA BARONNE. Le pauvre garçon !

PIERRE.

AIR du Déjeuner de Garçon.

Pareil guignon n'se vit jamais,
A mes trousse's le diable s'attache ;
Un habit neuf, dès que je le mets,
Est sûr d'attraper une tache...
Contre moi tout sembl' s'arranger,
C'est vraiment une chose unique !
Voyez si je dois enrager !
J'sais à pein' l'état d'boulanger,
Qu'on fait l'pain à la mécanique. (*bis.*)

LA BARONNE. En vérité ?

PIERRE. Et ne voilà-t-il pas une suite de mon malheur ? L'accident de cette pauvre Charlotte, juste le jour où j'étais parti pour aller au pays, et parti à pied !..... Cent quarante-trois lieues pour chercher ce numéro-là ! c'était bien la peine de me déranger. Enfin, le père Bertrand m'a dit que M. le comte d'Aiglemont a des bontés pour la famille, et je venais le prier.... Mais, bah ! il est sorti.

LA COMTESSE. Consolez-vous, tout n'est pas perdu ; vous pouvez encore épouser Charlotte.

PIERRE. Ça serait-il possible ? Je crois que j'en deviendrai fou ; je l'aime tant !

LA BARONNE. Et vous aime-t-elle ?

PIERRE. Dam ! on n'est jamais bien sûr de ces choses-là ; mais c'est une brave fille, et une fois son mari...

LA COMTESSE. Eh bien ! je veux vous acheter un remplaçant, et vous aider ensuite à vous mettre en ménage.

PIERRE. Oh ! vrai, madame, ne vous riez pas de moi ! Je me sens tout bouleversé par ce que vous venez de me dire.

LA COMTESSE. Croyez-moi, Pierre, je vous le répète, je veux vous marier à Charlotte.

PIERRE. Oh ! pour le coup, me v'là déguignonné.

LA COMTESSE. Mais il faut que le mariage se fasse promptement.

PIERRE. Comment donc ? tout de suite, tout de suite.

LA COMTESSE. Il faut commencer par chercher un remplaçant ; je me charge de payer.

PIERRE. Ça ne sera pas difficile : qu'est-ce qu'on ne trouve pas à Paris avec de l'argent ? et des hommes, des hommes... il y en a à tout prix.

LA BARONNE. Oui, les plus chers sont

seulement plus adroits que ceux qui les achètent.

PIERRE. Oh ! je marchanderai, comme si les écus sortaient de ma poche.

UN DOMESTIQUE. Mlle Charlotte Bertrand.

PIERRE. Charlotte !

SCENE X.

PIERRE, LA BARONNE, CHARLOTTE, LA COMTESSE.

CHARLOTTE. Madame la comtesse m'a fait demander.

LA COMTESSE. Oui, mon enfant, entrez sans crainte, je m'occupe de vous.

LA BARONNE. J'espère, monsieur Pierre, que voilà une bonne journée.

PIERRE. Oh ! fameuse !

LA COMTESSE. Charlotte, je veux assurer votre bonheur.

LA BARONNE. Mme la comtesse lève tous les obstacles qui s'opposaient à votre mariage avec ce jeune homme.

CHARLOTTE. Qu'est-ce que j'entends ?

PIERRE. Tiens... comme elle est saisie... Ecoutez donc, mamzelle Charlotte...

CHARLOTTE. Madame la comtesse...

LA COMTESSE. Remettez-vous... et vous, Pierre, allez bien vite vous occuper de votre remplaçant. Allez, vous reviendrez plus tôt.

PIERRE. J'y vais, madame la comtesse, mais...

LA COMTESSE. Allez donc.

PIERRE. Je m'en vas... (A part.) J'aurais voulu parler à mamzelle Charlotte pourtant.... elle n'a pas l'air satisfait.... Est-ce que le guignon y serait encore ?

SCENE XI.

LA BARONNE, CHARLOTTE, LA COMTESSE.

CHARLOTTE. Madame la comtesse, vos bontés pour moi sont bien grandes, je vous remercie... mais je ne veux pas me marier.

LA BARONNE, à part. Je devine.

LA COMTESSE. Et quelles sont vos raisons ?

CHARLOTTE. Mes raisons ?.... je n'en ai pas : seulement, je ne veux pas me marier, je ne me marierai jamais.

LA COMTESSE. Mais, il y a six mois, vous pensiez différemment : vous aviez accueilli la demande de ce garçon. Qui a pu vous faire changer d'idée ?

CHARLOTTE. Je.... je ne sais pas : mais j'en ai changé.

LA BARONNE. Depuis cette époque, mademoiselle a peut-être fait des comparaisons qui ne sont pas à l'avantage de Pierre.

LA COMTESSE. Mon enfant, c'est votre bonheur que je veux ; Pierre a l'air d'un honnête garçon, et je vous promets qu'avec lui vous serez dans l'aisance, et votre vieux père aussi.

CHARLOTTE. Mon père ?.... mon travail lui suffira toujours.

UN DOMESTIQUE. Le notaire que madame la comtesse a fait demander.

LA COMTESSE. Qu'il attende dans mon cabinet ; je vais lui parler. Vous, Charlotte, restez ici ; réfléchissez à ce que je vous propose, et soyez sûre que vous auriez à vous repentir si vous cédiez à quelques idées folles. Allons, à mon retour, j'espère vous trouver plus raisonnable. (A la baronne.) Parlez-lui, ma chère baronne.

SCENE XII.

LA BARONNE, CHARLOTTE.

LA BARONNE, à part. Elle est jolie !..... mais pas de tournure !.... Et c'est à cette grisette qu'il me sacrifierait. Voyons si du moins son esprit a été cultivé. (Haut.) Pourquoi donc, mademoiselle, vous éloignez-vous de moi ? causons un instant ; je soupçonne que votre père vous a fait donner une éducation au-dessus de votre état ?

CHARLOTTE. A moi ?..... ô mon Dieu, non, madame.

LA BARONNE. Comment !... vous n'avez rien appris ?

CHARLOTTE. Si fait ; j'ai appris lire, à écrire, puis à coudre et à broder.

LA BARONNE. Mais, dans vos momens de loisir, la lecture...

CHARLOTTE. Mon travail ne m'en laissait pas le tems.

LA BARONNE. Ah !.... ainsi, les longues visites du comte d'Aiglemont se passaient à vous parler d'amour ?

CHARLOTTE. Qui a pu vous le dire ?

LA BARONNE. Cela se devine. Et que répondez-vous !

CHARLOTTE. Hélas ! moi, faible et malade, je ne pouvais parler que bien peu et bien rarement.

AIR de Céline.

Il fallait garder le silence ;
Mais j'aimais tant à l'écouter !...

LA BARONNE.

Il jurait tendresse et constance ,

Et, lorsqu'il devait vous quitter,
Il promettait, tout entier à sa flamme,
De revenir vers ses seules amours!

CHARLOTTE.
Il ne promettait rien, madame,
Mais il revenait tous les jours.

LA BARONNE. Et qu'espérez-vous?

CHARLOTTE. Moi, madame! je n'espère rien.

LA BARONNE. Vous avez raison!... pourquoi donc refuser un mariage convenable?

CHARLOTTE. Je n'aime pas celui qu'on me propose.

LA BARONNE. J'entends..... le pauvre Pierre ne pourrait vous offrir qu'un modeste sort qui ne vous suffit plus. Vous rougiriez maintenant d'être la femme d'un ouvrier.

CHARLOTTE. Moi, rougir!...

LA BARONNE. Sans doute; avec lui, une simple robe, un bonnet, seraient toute votre parure; il ne pourrait vous donner ni chapeaux, ni bijoux...

CHARLOTTE. Tout cela n'est pas fait pour moi; je vous le répète, madame, je n'ai que mon travail.

LA BARONNE. Et l'amour du comte?

CHARLOTTE. Que voulez-vous dire?

LA BARONNE. Quoi de plus naturel? le comte est riche, il est généreux...

CHARLOTTE. Ah! madame!

LA BARONNE. Eh bien! vous pleurez?... Je ne veux pas vous affliger; je ne vous dis que ce que tout le monde doit croire.

CHARLOTTE. Qu'entends-je?..... on pourrait penser...

LA BARONNE. De bonne foi, que voulez-vous qu'on pense? On connaît le comte d'Aiglemont; jeune, aimable, prompt à s'enflammer, mais non moins prompt à changer d'amour, on le verrait passer toutes ses journées chez une jolie ouvrière de dix-huit ans, et vous voudriez que l'on crût à l'innocence de ses visites!...

CHARLOTTE. Arrêtez, madame!..... j'ai pu supporter la misère, mais je n'ai pas appris à supporter la honte. Et mon pauvre père?... s'il pouvait soupçonner?..... ah! il en mourrait.

LA BARONNE. Je le crois: c'est un brave militaire, rempli d'honneur, qui n'a rien de plus cher que la réputation de sa fille; aussi, désirait-il vivement vous voir établie.

CHARLOTTE. Ah! qu'est-ce que je viens d'entendre?... Malheureuse!..... jamais je n'avais songé... Elle dit vrai...

LA BARONNE. Ce mariage qu'on vous propose vous sauverait de cruels regrets. Un jour viendra, Charlotte, où, repoussée de votre famille, délaissée par le comte, en butte à son mépris...

CHARLOTTE. Son mépris!

LA BARONNE. En vous mariant, vous ne le verriez pas dédaigner un jour cet amour qu'il sollicite maintenant; vous ne le verriez pas insensible à votre douleur; vous pourriez l'oublier en vous occupant de vos nouveaux devoirs; vous conserveriez l'estime de tous ceux qui vous connaissent, et lui-même respecterait votre vertu.

CHARLOTTE. Ah! madame, ce conseil...

LA BARONNE. Est dicté par l'intérêt que vous m'inspirez. Un moment de courage vous épargne des chagrins, des remords, et à votre père un opprobre auquel il ne survivrait pas.

CHARLOTTE. Madame...

LA BARONNE. Réfléchissez; il est tems encore.

CHARLOTTE. Oui, vous avez raison: le déshonneur!... le monde est si méchant!

LA BARONNE. Décidez-vous, mon enfant.

CHARLOTTE, à elle-même. Il est riche, noble...

AIR: *J'ai pris goût à la république.*

Moi, je ne suis qu'une pauvre ouvrière,
On oserait, hélas, me mépriser!...

LA BARONNE.

Un sort heureux vous attend avec Pierre.

CHARLOTTE.

Oui... je consens, madame, à l'épouser.
C'en est donc fait!... Si je revois le comte,
Je tâcherai de cacher ma douleur;
Et, pour échapper à la honte,
Puisqu'il le faut, j'accepte le malheur.

LA BARONNE. Bien, mon enfant, très-bien: je vais annoncer votre résolution à la comtesse.

CHARLOTTE. Oui, oui! dites-le-lui..... dites-le-lui tout de suite!..... aurai-je la force de le vouloir long-tems?

LA BARONNE. Je vais la chercher; remettez-vous, remettez-vous.

SCÈNE XIII.

CHARLOTTE, *seule.*

Tout est fini!.. Et cette bague.. le seul de ses cadeaux que j'aie accepté..... parce qu'elle porte son nom! Il faudra m'en séparer.

SCÈNE XIV.

CHARLOTTE, ARTHUR.

ARTHUR. Ah! voilà des baisers qui m'appartiennent.

CHARLOTTE. Laissez-moi, monsieur le comte.

ARTHUR. Qu'avez-vous, Charlotte?..... pourquoi me fuyez-vous ?

CHARLOTTE. Je le dois, Je ne vous reverrai plus...Je ne veux plus vous revoir... Je me marie.

ARTHUR. Vous vous mariez!

CHARLOTTE. Pierre, un jeune homme honnête, qui convient à mon père, qui... me convient aussi, m'avait demandée il y a six mois... et... je l'épouse. Tenez, monsieur le comte, reprenez cet anneau...

ARTHUR. Ah! vous l'épousez!...Et vous l'aimez? et vous êtes contente? •

CHARLOTTE.

AIR : *Soldat français* (de Julien).

Oui, c'en est fait, ah ! je voudrais mourir.
Auprès de lui la force m'abandonne ;
Il faut pourtant me résoudre à le fuir :
L'honneur le veut, et sa mère l'ordonne.
De l'homme que j'osai nommer.
    Mon ame ne peut être éprise ;
Mais sous son nom l'on devra m'estimer,
    Et si mon cœur ne peut l'aimer,
Je ne veux pas qu'on me méprise.

Contente.

ARTHUR. Quelle pâleur !...

ARTHUR. Ah! je devine tout !..... ma Charlotte !

CHARLOTTE. Ce seul mot m'a ôté toutes mes forces : je ne pourrai jamais être à un autre.

LA COMTESSE, *en dehors*. Avancez, monsieur Bertrand.

ARTHUR. Ah! ma mère...

°°°

SCENE XV.

PIERRE, BERTRAND, CHARLOTTE, ARTHUR, LA COMTESSE, LA BARONNE.

LA COMTESSE. Avancez aussi, Pierre ; voici votre femme. Arthur, depuis six mois, ces jeunes gens s'aiment.

PIERRE. Quand je dis six mois, permettez, madame la comtesse, c'est vrai pour moi : il y a six mois que j'aime mamzelle Charlotte ; mais elle?... Dam ! je ne sais pas. Enfin, puisqu'elle veut bien consentir....

LA COMTESSE. Oui, elle désire ce mariage.

ARTHUR. Charlotte, répondez !.... Répondez !... vous êtes seule maîtresse de votre sort ; personne ici ne doit, ni ne veut vous contraindre. Parlez.

CHARLOTTE. Mon père?...

BERTRAND. Que veux-tu?

CHARLOTTE. Je ne veux tromper personne. Je ne peux pas épouser Pierre, car je n'ai jamais eu d'amour pour lui.

PIERRE. Allons!... quand je vous dis que je suis ensorcelé!... Madame la comtesse, je n'ai plus besoin de votre argent, je me fais soldat, et vous verrez encore que je n'aurai pas le bonheur d'attraper un boulet de canon.

LA COMTESSE, *à Charlotte*. Que signifie cela? N'aviez-vous pas accepté tout à l'heure ?

LA BARONNE, *à part*. Voilà toute ma diplomatie perdue.

BERTRAND. Il me semble, Charlotte, qu'il y a du louche dans tout ça ; et, vois-tu, le père Bertrand a toujours été droit son chemin !..... Je veux que ça s'éclaircisse.

CHARLOTTE. Mon père!...

LA COMTESSE. Je voulais vous assurer une existence honnête : vous ne le voulez pas !... Vos motifs pour refuser, les avoueriez-vous sans rougir ?

ARTHUR. Ah !

BERTRAND. Qu'est-ce que j'entends là ? Charlotte, tu es mon unique enfant ; mais, tu le sais bien, j'aimerais mieux te voir morte que méprisée. Ecoute, si Pierre veut encore de toi ?...

PIERRE. Comment!... si j'en veux?

BERTRAND. Il faut l'épouser : l'amour viendra après. Vois-tu, ce que dit madame la comtesse me donne des idées...Je veux que tu te maries.

CHARLOTTE. Jamais.

BERTRAND. Oses-tu bien ?...

LA COMTESSE. C'en est trop : que les caprices de cette fille ne nous occupent pas plus long-tems. Laissez-nous.

ARTHUR. Oh ! ne la renvoyez pas ainsi, je vous en conjure : elle est libre de ses actions.

LA COMTESSE. Et moi, ne le suis-je pas de me délivrer des gens qui m'importunent?

ARTHUR, *s'animant*. Ma mère...

LA COMTESSE. Faut-il, pour vous plaire, que je fasse ma société d'une grisette ?

BERTRAND. Madame la comtesse...

CHARLOTTE, *à Bertrand*. Venez... venez.

ARTHUR. Je ne souffrirai pas qu'on les outrage devant moi.

LA COMTESSE. Et moi, je ne souffrirai pas plus long-tems sa présence. Sortez, sortez à l'instant même.

ARTHUR. Restez.

LA BARONNE, *à part*. Que va-t-il faire?

LA COMTESSE. Sortez, dis-je, ou je vous fais chasser de chez moi.

ARTHUR. La chasser..... Chasser mon brave camarade.....

BERTRAND. Laissez-nous sortir, mon commandant.

CHARLOTTE. Je ne puis rester; je suis chez votre mère.

ARTHUR. Chez ma mère..... Non, personne n'a le droit de vous faire sortir d'ici.

LA COMTESSE. Que dites-vous?

CHARLOTTE. Laissez-moi m'en aller.

ARTHUR. Jamais!... Vous le voulez, ma mère?... Vous m'y forcez?...

LA COMTESSE. Comment?..... que prétendez-vous faire?...

ARTHUR. Comtesse d'Aiglemont... vous êtes chez vous.

FIN DU PREMIER ACTE.

ACTE II.

Le théâtre représente un salon ouvrant sur un parc : une table est à la droite de l'acteur.

SCENE PREMIERE.

PIERRE, BERTRAND.

BERTRAND. Avance donc à l'ordre, camarade : ah! je t'apprendrai à passer comme ça sans pousser une reconnaissance.

PIERRE. C'est que, voyez-vous, père Bertrand, je n'osais pas.

BERTRAND. Joli propos de soldat!..... Mais, Dieu me pardonne, tu es caporal, et il n'y a que neuf mois que tu es parti; tu a gentiment fait ton chemin tout de même! Ne vas donc pas me dire : je n'ose pas, comme si tu étais une recrue de quinze jours!... et ça, parce que je suis dans un beau château?... Eh bien, puisque je suis le beau-père.

PIERRE. C'est précisément à cause de ça!... Mamzelle Charlotte était si jolie!

BERTRAND. Est-ce que tu y songerais encore, conscrit?

PIERRE. Oh non! Je sais bien que c'est une grande dame! Mais en vous revoyant, père Bertrand, ça m'a fait tout de même un certain effet!... Savez-vous que vous avez là un beau bivouac?

BERTRAND. Je n'en suis pas plus fier. Depuis que ma fille est mariée au commandant, qui est si riche, moi je suis riche aussi! Eh bien, s'il faut te dire la vérité, je m'ennuie.

PIERRE. Vous êtes difficile.

BERTRAND. Quand j'étais canonnier, je ne m'ennuyais pas! C'est un si bel état que l'état de soldat!... Et les coups de fusil?... hein, c'est-il amusant? qu'en dis-tu?

PIERRE. Moi, je n'ai jamais entendu que ceux de l'exercice à feu.

BERTRAND. Mais tu me disais tout à l'heure que tu as fait une campagne.

PIERRE. Oui, sûrement, j'arrive d'Italie.

BERTRAND. Ah! l'Italie! J'y ai été aussi dans le tems : il y faisait chaud.

PIERRE. Pardine, je crois bien! un soleil superbe.

BERTRAND. J'y ai déchiré joliment des cartouches. Et toi?

PIERRE. Moi!... j'y ai eu trois mois la fièvre.

BERTRAND. Ah!... Et dans quelle ville est-ce que tu étais?

PIERRE. Dans Ancône.

BERTRAND. Je comprends : tu t'es battu contre les Autrichiens?

PIERRE. Pas du tout!... nous sommes très-bien avec les Autrichiens.

BERTRAND. Vous avez donc rossé les soldats du pape?

PIERRE. Pas davantage!... Nous sommes au mieux avec le pape.

BERTRAND. Contre qui donc est-ce que vous vous battiez?

PIERRE. Contre personne.

BERTRAND. C'est une drôle de guerre!

PIERRE. C'est la nouvelle mode.

BERTRAND. C'est moins dangereux que de mon tems.

PIERRE. Oh! je sais bien. Vous avez joliment gagné les Invalides, vous! Mais aussi, voilà une fameuse retraite. Vous buvez du meilleur, et vous mangez à la table du maître, comme en pays ennemi.

BERTRAND. Qu'est-ce que tu dis donc là? En pays ennemi!... le commandant est mon gendre.

PIERRE. Ce mariage-là a dû faire un fier bruit dans le quartier! Moi, je n'ai pas eu le courage de rester un jour de plus, et je vas à Paris, pour la première fois, depuis ce moment-là. Le régiment est de service le mois prochain.

BERTRAND. Je suis bien aise de t'avoir trouvé sur la route.

PIERRE. Oh! je me souviendrai toute ma vie du jour où le commandant a dit :

« Comtesse d'Aiglemont, vous êtes chez vous ! »

BERTRAND. La mère a eu beau crier, il a épousé Charlotte ; la vieille ne l'a plus revu, et, depuis neuf mois que le mariage est fait, nous demeurons ici, à cinq lieues de Paris. Sais-tu bien que monsieur mon gendre a sacrifié une place de quatre mille deux cents francs sans barguigner ? Le ministre de la guerre lui a dit : « Ce mariage ne me convient pas. » Et lui il a répondu : « Mon général, je donne ma démission. » Pas plus gêné que ça.

PIERRE. Voyez-vous !

BERTRAND. Le commandant n'est pas ici aujourd'hui : il est allé à Paris pour tâcher de se raccommoder avec sa mère ; la chère dame est fière.

PIERRE. Est-ce qu'il a emmené mademoiselle... madame... comment donc dire ?... Madame la comtesse ?... Ouf ! j'ai bien de la peine à lâcher ce mot-là.

BERTRAND. Non, tu la verras tout à l'heure : c'est qu'elle est à prendre sa leçon de français.

PIERRE. Comment, sa leçon de français !... Est-ce qu'elle ne sait pas le français comme vous et moi ?

BERTRAND. Si fait, comme toi-z-et moi ; mais c'est que son mari, vois-tu, il est difficile ; il est toujours à éplucher ce qu'elle dit si bien, qu'elle veut apprendre... là... tu m'entends ?

PIERRE. Oh ! oui, elle va devenir savante, elle prendra de belles manières, elle rougira de nous !... Moi aussi, j'apprendrai, j'étudierai !...

BERTRAND. Apprends l'exercice, mon garçon.

PIERRE. Ah ! vous verrez, quelque jour, père Bertrand !... Je ne veux pas qu'elle ait honte de moi, et avec du travail..... Laissez-moi faire !

BERTRAND. Je crois que tu en tiens toujours un peu ?

PIERRE. Ah dam, ça ne peut pas se passer si vite. Et est-elle heureuse ?

BERTRAND. Je t'en réponds !... Son mari l'aime tant ! Par exemple, il est drôle ; il lui défend de parler une demoiselle qu'est ici, et qu'il appelle sa femme de chambre ; c'est pourtant une fille qu'est très-bien !... A ça près, c'est le meilleur mari du monde : si elle a envie de quelque chose, elle l'a tout de suite. Il rabâche un peu ; il trouve bien souvent à redire quand elle parle ; et, l'autre jour encore, vois donc ce que c'est que les gens susceptibles, il lui disait : « Charlotte, je vous ai répété vingt fois qu'il ne faut pas dire :

monsieur un tel et son épouse ; on dit sa femme. »

PIERRE. Ah !

BERTRAND. Il lui avait fait commencer la musique, le piano... Mais au bout d'un mois, le commandant s'est impatienté ; il a dit que ce n'était pas la peine ; qu'elle n'apprendrait jamais. Eh ! pardieu, je ne me trompe pas !

AIR de la Maison de Plaisance.

La voilà !   (bis.)
Vois comme elle est jolie !

PIERRE.

Ell' me semble embellie ;
Quel trouble je sens là !

SCENE II.

PIERRE, BERTRAND, CHARLOTTE,
entrant par la porte de gauche.

BERTRAND, à Charlotte.

Approche, et réponds-moi, ma chère,
Ce luron-là, le r'connais-tu ?

CHARLOTTE.

Eh mais, c'est notre cousin Pierre !

BERTRAND.

D'Italie, il est revenu.
Tremblant comme un conscrit d'la veille,
Il ne voulait pas s'arrêter ;
Mais je l'ai contraint à rester.
Ai-je bien fait !

CHARLOTTE.

C'est à merveille !
Oui, vous avez fait à merveille !

ENSEMBLE.

BERTRAND.

Le voilà !   (bis.)
Sa campagne est finie ;
On n'meurt que d'maladie
Dans des guerr's comm' cell's-là.

PIERRE.

La voilà !   (bis.)
Dieu ! comme elle est jolie !
Ell' me semble embellie ;
Quel trouble je sens là !

CHARLOTTE.

Le voilà !   (bis.)
Je vous en remercie !
Pierre, si je l'en prie,
Avec nous restera !

BERTRAND. Vois-tu, Charlotte, Pierre va rejoindre son régiment à Paris, et je lui ai dit : Il faut que tu déjeunes avec nous.

CHARLOTTE. Certainement, mon père, vous avez très-bien fait.

PIERRE. Madame, c'est que je suis bien mal équipé pour déjeuner avec vous.

CHARLOTTE. Comment donc, monsieur Pierre, est-ce que c'est là une raison ?

BERTRAND. C'est bien, Charlotte, tu es une brave fille. Pierre, dis-moi, quel vin veux-tu à ton déjeuner?

PIERRE. Ça m'est égal! Mon Dieu, le meilleur.

BERTRAND. Va, sois tranquille!... Et le café, et le petit verre... tu vas voir. (*Il sonne.*) C'est comme ça qu'ils viennent. (*A un domestique qui entre.*) Dites donc, monsieur Michel, vous prierez le cuisinier de nous faire à déjeuner pour trois.

LE DOMESTIQUE. Est-ce que monsieur le comte revient aujourd'hui?

CHARLOTTE. Je ne crois pas; mais c'est monsieur qui déjeune avec nous.

LE DOMESTIQUE. Ah!... monsieur?

CHARLOTTE. Oui; et dépêchez-vous, je vous prie. Monsieur Pierre, asseyez-vous donc: vous devez être bien las.

PIERRE. Oh! j'ai de bonnes jambes.

BERTRAND. A propos! moi qui oubliais que je dois remettre en état les pistolets du commandant!... Pierre, cause un peu avec Charlotte: je ne tarderai pas à revenir.

SCÈNE III.

PIERRE, CHARLOTTE.

CHARLOTTE. Il s'est passé bien des choses depuis que nous nous sommes vus.

PIERRE. Oui, on m'a écrit là-bas que votre cousine Annette est mariée.

CHARLOTTE. Ah?...

PIERRE. Vous n'en saviez rien?... Et madame Dutour, la mercière, qui est votre cousine aussi, y a-t-il long-tems que vous ne l'avez vue?

CHARLOTTE. Pas depuis mon mariage.

PIERRE, *à part.* Ce que c'est que de devenir grande dame! (*Haut.*) Et votre cousin Langlumeau, est-il établi?

CHARLOTTE. Je ne sais pas.

PIERRE, *à part.* Il paraît qu'elle ne s'occupe guère de ses parens.

UN DOMESTIQUE. Madame, voilà monsieur le comte qui arrive.

CHARLOTTE. Mon mari!... ah! quel bonheur!

SCÈNE IV.

PIERRE, LE COMTE, CHARLOTTE.

LE COMTE, *entrant par le fond.* Bonjour, ma chère amie.

CHARLOTTE. Embrasse-moi encore, mon chéri.

LE COMTE, *à demi-voix.* Avec qui êtes-vous donc? Quel est cet homme?

PIERRE. Je vous salue, mon commandant.

LE COMTE. Mais je crois vous reconnaître. N'êtes-vous pas...

PIERRE. Pierre Moulin, servant dans le 3e régiment d'infanterie, caporal dans la première du deuxième.

LE COMTE. Et vous rejoignez? c'est très-bien! Michel, faites-lui donner à déjeuner. Adieu, mon ami; si vous le désirez, je vous recommanderai à votre colonel.

PIERRE. Merci, mon commandant. Madame, je vous salue; bien des complimens à mon parrain.

LE COMTE. Qui donc, son parrain?

CHARLOTTE. C'est mon père. Pierre est notre parent... de loin: mon père l'avait invité à déjeuner avec nous.

LE COMTE, *à part.* Allons!... encore celui-là.

CHARLOTTE, *voyant le mécontentement du comte, et allant à Pierre.* Adieu, Pierre.

LE COMTE. Attendez... restez, Pierre; vous déjeunerez avec nous, et vous repartirez ensuite.

PIERRE. Faites excuse, mon commandant! je n'ai plus faim et je suis pressé.

LE COMTE. Mais...

CHARLOTTE, *bas à Pierre.* Restez; vous voyez qu'il le veut bien.

PIERRE. Bien des remercîmens: je n'ai que le tems de prendre mes jambes à mon cou.

LE COMTE. Puisqu'on ne peut vous retenir, adieu donc. Si je puis vous être utile, disposez de moi.

CHARLOTTE, *à demi-voix.* Si vous aviez besoin d'argent, Pierre?

PIERRE. Vous êtes bien honnête.

CHARLOTTE. Oh! ne vous gênez pas.

PIERRE, *à part.* Elle a bon cœur, pourtant! (*Haut.*) Je vous salue, monsieur et madame.

SCÈNE V.

CHARLOTTE, LE COMTE.

LE COMTE. Qu'avez-vous, Charlotte?

CHARLOTTE. Je n'ai rien. C'est ce pauvre garçon qui s'en va bien triste; il dira que je suis fière, et c'est notre parent, après tout.

LE COMTE. J'ai fait ce que j'ai pu pour le retenir; quand j'ai su qui il était; mais j'attends du monde aujourd'hui, et vos parens...

CHARLOTTE. C'est toujours quand vous

revenez à Paris que vous parlez de mes parens, parce que vous avez vu le grand
monde. Dans les premiers mois de notre
mariage, vous restiez avec moi, et vous
n'en parliez pas.

LE COMTE. Pardon, ma chère amie!...
Mais vous devez comprendre...

CHARLOTTE. Pourquoi me dire vous?
Est-ce que vous ne m'aimez plus?

LE COMTE. Je t'aimerai toujours.

CHARLOTTE. Ah! ces paroles me font
bien du bien.

LE COMTE. Ne dis donc pas bien du bien;
est-ce qu'on parle ainsi?

CHARLOTTE. Oh! ne te fâche pas. Mon
maître est content de moi; il dit que je
fais des progrès. Y avait-il bien des fautes
dans la dernière lettre que je t'ai écrite hier?

LE COMTE. Quand je vois à chaque ligne
que tu m'aimes, peu m'importe ton style.
Mais tu ne me demandes pas de nouvelles
de mon voyage à Paris.

CHARLOTTE. As-tu vu ta mère! Etes-vous
raccommodés?

LE COMTE. Oui, et sans un mot d'explication. Je me suis jeté dans ses bras, elle
a pleuré, et tout est oublié. Elle va venir
aujourd'hui même avec la baronne d'Alby,
à qui je dois cette réconciliation.

CHARLOTTE. La baronne d'Alby!... Ah!
oui, c'est cette jeune dame... Je m'en rappelle.

LE COMTE. Il faut dire: Je me la rappelle. Je t'en prie, tâche de t'observer
quand elle sera là.

CHARLOTTE. Tu ne m'as jamais tant repris qu'aujourd'hui. Ecoute, mon Arthur,
je ferai de mon mieux pour qu'on ne dise
pas que ton épouse... (mouvement du comte)
que ta femme ne te fait pas honneur.
Laisse faire! va, l'hiver prochain, puisque
tu veux retourner à Paris et me mener
dans les salons, tu verras comme je serai
savante!... Je commence déjà à bien savoir
ma géographie.

LE COMTE. Ta géographie!...

AIR : *Je sais attacher des rubans.*

Oui, je sais sur le bout du doigt
L'Europe, l'Asie et l'Afrique;
Et c'est après-demain qu'on doit
M'enseigner enfin l'Amérique;
Toutes vos dames du grand ton,
Sur ce point-là, monsieur, je les défie...
Et vous verrez comment, dans un salon,
Je parlerai géographie.

LE COMTE. Dans un salon! Hélas, ma
chère, ce n'est pas cela qu'il importe de
savoir! Mais dans ce moment, pensons à
recevoir ma mère et Mme d'Alby, qui

vont arriver bientôt. Tu es en grand négligé; si tu te parais?

CHARLOTTE. Si tu m'aimes comme je
suis, qu'ai-je besoin de plaire à d'autres?

LE COMTE. Je t'aime on ne peut davantage telle que tu es, mais je voudrais que
Mme d'Alby et ma mère te trouvassent
jolie... très-jolie.

CHARLOTTE. Que tu es singulier!... Je
ferai ce que tu désireras; et pourtant je ne
voudrais pas faire une grande toilette : je
suis encore un peu gauche.

LE COMTE. Eh bien! oui, tu as raison!
pas de toilette. Promets-moi seulement de
bien retenir mes leçons pendant le dîner.

CHARLOTTE. Oh! sois tranquille!... Tu
seras content de moi : je sais qu'il ne faut
pas couper son pain; qu'il faut... qu'as-tu
donc à rire?

LE COMTE. Je ris de toi et de moi-même.
Va, chère Charlotte, sois toujours douce
et bonne comme tu l'es, tu n'auras pas
besoin d'autre art pour me charmer.

CHARLOTTE. Que je suis heureuse! Pour
de l'amour et de la docilité, tu sais que j'en
aurai toujours.

SCÈNE VI.

LE COMTE, *seul.*

Excellente enfant!... En vérité, j'ai
honte de gâter un si aimable naturel par
toutes ces conventions niaises qu'on appelle
les bonnes manières!... Pauvre Charlotte,
ta candeur et ta simplicité valent mieux
que les talens qui te manquent. Ah! vous
voilà, Bertrand?

SCÈNE VII.

LE COMTE, BERTRAND.

BERTRAND. Bonjours, commandant.
Vous avez fait un bon voyage?

LE COMTE. Très-bon.

BERTRAND. Allons, tant mieux.

LE COMTE. Aviez-vous quelque chose à
me dire?

BERTRAND. Oui, vraiment.

LE COMTE. Eh bien! parlez.

BERTRAND. Je viens vous dire adieu : je
m'en retourne à Paris.

LE COMTE. A Paris! vous? Et pourquoi?

BERTRAND. J'ai des affaires.

LE COMTE. Quelles affaires pouvez-vous
avoir?

BERTRAND. Oh! nous autres pauvres diables, nous n'avons pas de grandes affaires, et ce n'est pas la peine de vous ennuyer. Adieu donc, commandant ; je vous souhaite une bonne santé, et je décampe.

LE COMTE. Que diable avez-vous, Bertrand ? vous semblez de mauvaise humeur.

BERTRAND. Moi ?... Oh ! pas du tout.

LE COMTE. Si fait, soyez franc : que vous est-il arrivé ? Quelqu'un vous aurait-il offensé ?

BERTRAND. Offensé ?... Personne. Je serais bien bon de m'offenser, par exemple ! Je sais bien que je ne suis pas le maître ici ; que ce n'est pas à moi de commander : c'est à celui qui paie la soupe à inviter qui il veut pour la manger ; c'est trop juste, et j'aurais tort de me plaindre. Aussi, je ne me plains pas, et je file.

LE COMTE. Ah ! je vous comprends enfin, Bertrand ! Pierre vous a parlé. Mais est-il bien extraordinaire que...?

BERTRAND. Non, morbleu, ça n'est pas extraordinaire ! Et si j'étais un homme comme vous, chef d'escadron, riche, noble, tout ce que vous voudrez... eh bien, je me donnerais des airs bien plus que vous. Mais, voyez-vous, je sens que je ne suis pas ici à ma place ; et l'histoire de Pierre, qui s'en va le cœur gros et le ventre vide parce qu'il s'est piqué, ça m'a fait ouvrir les yeux. Je me suis dit : « Que fais-tu là ? » Et alors mon parti a été bientôt pris !... Je retourne rue du Faubourg-Saint-Denis.

LE COMTE. Bertrand, je ne vous laisserai pas partir comme cela.

BERTRAND. Non, tenez, puisque j'ai tant fait que de me déboutonner, je m'en vas vous dire toute la vérité. Je m'embête ici.

LE COMTE. Ah !...

BERTRAND. Oui, je m'embête, parce que je n'y suis pas à mon aise, et je n'y suis pas à mon aise, parce que je n'y suis pas comme j'ai l'habitude d'être.

Air *de Turenne.*

N'gêner personne est mon premier principe ;
Mais, pour cela, faut bien qu'je m'gêne pas :
Dans vos salons, j'peux pas fumer ma pipe,
J'dîne à six heures et j'déjeune à midi ;
Et d'mes façons plus d'une fois on a ri !...
J'pourrais m'fâcher, et chaque jour j'en tremble,
P't-être qu'vous-même à la fin vous grogn'rez...
Mais, quand un' fois nous nous s'rons séparés,
Nous s'rons sûrs de bien vivre ensemble.

LE COMTE. Il me semble que vous ne faites ces réflexions-là que d'aujourd'hui seulement ?

BERTRAND. Faites excuse, mon commandant !... Il y a long-tems que je pense tout ça. Je suis vieux, queuquefois un peu grognon ; j'aime à fréquenter de vieux troupiers comme moi, à faire avec eux une partie de dominos à l'estaminet ; là, je suis à mon aise ; ici, je me gêne et je vous gêne. Les étrangers qui viendront vous voir riront de moi et de vous ; vous perdrez vos amis, et je perdrai les miens !... Pour ma fille, elle est votre femme, vous devez la garder. Elle prendra les airs des grandes dames, si elle peut ; et puis, quand même, si on se moque d'elle, vous êtes son mari, c'est votre devoir de couper les oreilles aux rieurs, et vous les couperez !... je vous connais !

LE COMTE. Bertrand, vous me faites de la peine.

BERTRAND. Et à moi aussi, ça me fait de la peine de vous quitter : mais que voulez-vous ? Séparons-nous bons amis ; je reviendrai vous voir plus d'une fois, le matin, quand vous serez seul ; je vous demanderai à déjeuner, pour le second s'entend ! Je ne suis pas fâché, mon commandant ; je vous aime tout de même ; mais adieu. Ce soir, je veux fumer ma pipe à l'estaminet du Cheval blanc.

LE COMTE. Au moins, je vous reverrai bientôt ?

BERTRAND. Oui, à la bonne heure ! Ah ça, nous ne parlerons pas à ma fille de tout ce que nous venons de dire ; c'est entre nous. Adieu, mon commandant.

SCÈNE VIII.

LE COMTE, *seul.*

Je trouve tant de vertus... et pourtant... si peu de bonheur !

UN DOMESTIQUE, *apportant une harpe, des pinceaux et de la musique.* Voilà tout ce que monsieur le comte a demandé.

LE COMTE. C'est bien. La baronne pourra nous chanter quelques airs nouveaux. Il y a si long-tems que je n'ai entendu de bonne musique !.... Comme elle est aimable !.... Venir ici ! Elle à qui j'ai préféré... Mais elle a tant de grâce ! tant d'esprit !... Je crois, en vérité, que, depuis mon mariage, elle est encore embellie !... Pourvu que Charlotte soit bien ?... Elle n'est pas en beauté aujourd'hui !... Si elle allait être timide et gauche ?... Je tremble !.. Quelle faiblesse !.. J'en ai honte !.. Ne sont-ce pas de sots préjugés que j'ai sacrifiés ?... Et la naïveté de Charlotte n'est-elle pas préférable à la coquetterie de la baronne ?

SCENE IX.

LE COMTE, CHARLOTTE.

CHARLOTTE. Arthur, une voiture entre dans le parc.

LE COMTE. C'est sans doute ma mère et Mme d'Alby.

CHARLOTTE. Oh! mon Dieu, comme j'ai peur!

LE COMTE. Allons au-devant d'elles..... Mais remettez-vous..... remettez-vous donc!.. Et, je t'en prie, Charlotte, prends bien garde à ce que tu diras... Ah! les voici.

SCENE X.

LA BARONNE D'ALBY, LA COMTESSE, LE COMTE, CHARLOTTE.

LA COMTESSE. Bonjour, Arthur. Bonjour... madame.

CHARLOTTE. Je suis...

LE COMTE, l'interrompant. Que je suis heureux de vous voir! Permettez que je vous présente Mme d'Aiglemont.

LA BARONNE. Il y a long-tems que je désirais faire avec madame une plus ample connaissance.

CHARLOTTE. Vous êtes bien bonne, madame, et je vous remercie bien, car...

LE COMTE, l'interrompant. N'êtes-vous pas fatiguée?

LA BARONNE. Pas du tout. Mais, en vérité, chère comtesse, ce château est délicieux.

LA COMTESSE. J'y ai trouvé, dans des tems malheureux, un abri contre les chagrins.

LA BARONNE. Et votre fils y cherche aujourd'hui un asile contre les plaisirs.

LE COMTE. C'est que je crois que si les chagrins détruisent le bonheur, les plaisirs le dérangent.

LA COMTESSE. Et vous êtes heureux?

LE COMTE. Très-heureux.

LA COMTESSE, à demi-voix. En êtes-vous bien sûr?

LE COMTE. Très-heureux.

LA COMTESSE, à Charlotte. Et vous, madame?

CHARLOTTE. Si je suis heureuse?.... Il est toujours près de moi.

LA BARONNE. Ce bonheur-là peut suffire pendant l'été; mais, cet hiver, vous reviendrez à Paris. Il ne faut pas nous enlever entièrement monsieur le comte, et vous-même vous ne devez pas vous séquestrer du monde.

CHARLOTTE. Je ferai ce que mon mari voudra; et j'avoue que je ne serai pas fâchée de revoir ma famille, mes amies d'enfance, car...

LE COMTE, l'interrompant. Oui, sans doute, oui, nous irons à Paris. (A la baronne.) Si vous vouliez jeter un coup-d'œil sur le parc, sur les jardins?

LA BARONNE. Tout à l'heure. Oh! vous aurez le tems de faire le propriétaire, je vous promets de tout examiner. (Regardant la harpe et la musique.) Ah! je vois que les arts charment votre solitude. Cette harpe, ces pinceaux sont à madame?

CHARLOTTE. Non, vraiment; vous sentez bien que ce n'est pas...

LE COMTE, l'interrompant. La comtesse ne s'est occupée que du piano; et c'est à votre intention que j'ai fait apporter cela ici.

LA BARONNE. J'en suis reconnaissante.

LA COMTESSE, à part. Pauvre Arthur, comme il est embarrassé.

UN DOMESTIQUE, entrant. Monsieur le comte, un exprès apporte cette lettre de l'auberge voisine; on attend une réponse.

LE COMTE. Vous permettez, madame. (Il ouvre la lettre.) Ah! c'est de cet étourdi de Monval; il arrive d'Italie.

LA BARONNE. Il revient? J'en suis charmée.

LE COMTE. Écoutez ce qu'il m'écrit.

« Mon cher Arthur, j'arrive d'Ancône
» et, en m'arrêtant près de ton château,
» j'apprends que tu l'habites en ce moment,
» et, de plus, que tu t'es marié pendant
» mon absence. Je peux rester ici quelques
» heures, et si tu veux me présenter à la
» comtesse d'Aiglemont, que je n'ai pas
» l'honneur de connaître, j'irai déposer
» mes hommages à ses pieds, heureux de
» rencontrer chez toi un avant-goût des
» plaisirs que je vais retrouver à Paris.
» J'attends ta réponse à l'auberge.
» Ton affectionné et bien ennuyé camarade,

　　　　　　　　» LÉON DE MONVAL. »

LA BARONNE. Il faut qu'il vienne; il nous amusera.

LE COMTE. Je ne demande pas mieux.

LA COMTESSE. Allez le chercher, Arthur.

LE COMTE. Vous avez raison, ma mère; l'auberge est ici près: je vais le chercher, et j'amène à vos pieds le conquérant d'Ancône.

SCÈNE XI.

LA BARONNE, LA COMTESSE, CHARLOTTE.

LA COMTESSE. Ma chère amie, vous devriez exécuter quelque chose sur cette harpe.

LA BARONNE. Cela n'amuserait peut-être pas Mme d'Aiglemont.

CHARLOTTE. Oh! si fait, madame.

LA BARONNE. Quel est cet ouvrage que j'aperçois?

CHARLOTTE. C'est une broderie.

LA BARONNE. C'est extrêmement joli.

CHARLOTTE. Vous trouvez!... Celle que vous portez est bien plus belle: est-ce votre ouvrage?

LA BARONNE, *souriant.* Mon ouvrage!.. non: elle sort de chez Minette.

CHARLOTTE. Mon Dieu!... Elle est déchirée.

LA BARONNE. Vraiment?... c'est sans doute en descendant de voiture.

CHARLOTTE. Je peux y coudre un point.

LA BARONNE. Oh! je ne voudrais pas que vous prissiez cette peine.

CHARLOTTE. Je vous en prie, ce sera un plaisir pour moi de vous être utile.

LA BARONNE. Non, non! c'est trop de bonté!... Je n'y consentirai point.

LA COMTESSE, *à part.* Sa naïve simplicité me touche.

UN DOMESTIQUE, *annonçant.* M. de Monval.

SCÈNE XII.

CHARLOTTE, LA BARONNE, LA COMTESSE, MONVAL.

MONVAL. Mille pardons, mesdames, de me présenter ainsi!.. Je n'ai pas eu la patience d'attendre.

LA COMTESSE. Mon fils est allé vous chercher.

MONVAL. Ce cher Arthur est bien bon! mais à peine mon exprès était-il parti, que j'ai réfléchi: c'est ce qui m'arrive toujours. J'ai songé que n'ayant que quelques heures à rester ici, il était ridicule d'en passer une dans une misérable auberge; et je me suis mis en route; j'aurai

pris un autre chemin qu'Arthur. J'étais empressé d'offrir mes hommages respectueux à la comtesse d'Aiglemont. (*Il s'adresse à la baronne.*) Mais j'ignorais tout le bonheur de mon ami. (*A la comtesse.*) Je ne pensais pas non plus vous rencontrer en ce château, madame. (*Il regarde Charlotte.*) Eh mais, je suis ici tout-à-fait en pays de connaissance... Est-ce que vous ne vous souvenez plus de moi?

LA COMTESSE, *à part.* Que vais-je apprendre? Profitons de son erreur.

CHARLOTTE. Je me souviens d'avoir vu monsieur chez Mme Robert, lingère, rue Saint-Honoré.

LA BARONNE, *à Monval.* Ah! vous connaissez des lingères?

MONVAL. En tout bien, tout honneur! Une ancienne femme de chambre de ma mère, qui a recueilli un héritage, et élevé un magasin où l'on voit toujours des demoiselles de boutique charmantes.

LA BARONNE. En vérité?

MONVAL. Mme Robert a été vingt ans à la maison; elle m'a soigné quand j'étais enfant, et la reconnaissance...

LA BARONNE. Les jolies filles de boutique.

MONVAL. Et mon goût pour l'observation, m'ont conduit quelquefois chez elle. (*A Charlotte.*) Qu'est devenue cette charmante personne, à l'œil noir, à la physionomie piquante...

CHARLOTTE. Celle que vous meniez promener si souvent? Cécile Bizot?...

MONVAL. Non... non!...

CHARLOTTE. Ah!..... ma cousine Dutour?.....

SCÈNE XIII.

CHARLOTTE, LA BARONNE, MONVAL, LE COMTE, LA COMTESSE.

LE COMTE. Te voilà, mon cher Monval!.. Parbleu, tu m'as fait courir...

MONVAL. Pardonne-moi, mon ami: je désirais tant te revoir!..., Mais mon empressement eût été encore plus vif si j'avais su qui je trouverais ici.

LE COMTE. En effet!... Je suis désolé de ne t'avoir pas présenté moi-même à la comtesse d'Aiglemont.

MONVAL. Pendant dix mois hors de France, je n'ai rien su de ce qui se passait dans notre cher Paris. J'ai appris à l'auberge que tu étais marié!.. Reçois tous mes complimens : les grâces, la beauté, une société délicieuse...

LE COMTE. Je mène une vie retirée.

MONVAL. Je comprends! pour quelques mois!... Premiers momens de l'amour, que n'oublierait-on pas pour vous? Mais il ne faut pas d'égoïsme; tu n'as pas quitté le monde pour toujours.

LA BARONNE. Nous espérons bien que M. d'Aiglemont passera l'hiver à Paris.

MONVAL. A la bonne heure! J'oublierai tous mes ennuis près de vous. On a tant besoin de s'amuser, quand on a du chagrin!

LE COMTE. Le tien ne nous donnera pas d'inquiétude.

MONVAL. Oh! j'en a un réel : une passion malheureuse!

LA COMTESSE. Vous, monsieur de Monval!

MONVAL. Oui, moi, ne riez pas! Savez-vous que j'ai été aussi sur le point de me marier? Mais c'était bien différent!.. Une vraie folie; un mariage d'amour; une jeune fille qui ne m'apportait pour dot que des vertus!... J'ai réfléchi à l'inconvenance, et j'ai rompu.

LE COMTE. Comment! M. de Monval n'a pas craint d'abandonner une jeune fille dont il était aimé?

MONVAL. Entre nous, c'était un mariage extravagant!... Une famille ridicule!... Il m'a fallu du courage!.. Mais il n'y a rien de tel que nous autres étourdis pour agir raisonnablement.

AIR : *Je loge au quatrième étage.*

Vrai, c'est à tort que l'on nous fronde,
Car nous en sommes tous témoins ;
Sur dix sottises, dans le monde,
Les sages en font neuf au moins :   *(bis.)*
Oui, sans peine la raison quitte
Les gens qui sermonnent toujours ;
On n'en a plus pour sa conduite,
Quand on met tout dans ses discours !

LE COMTE. C'est souvent un devoir et non une sottise que d'agir contre l'usage.

MONVAL. Bah! Il est déjà assez difficile d'avoir raison contre tout le monde; jugez donc s'il fallait avoir raison à soi tout seul!... J'ai senti cela, et je cherche à me distraire. Je vais retrouver à Paris d'anciens souvenirs. (*A Charlotte.*) Vous disiez donc que la cousine Dutour...

CHARLOTTE. Monsieur, elle s'est établie mercière, rue aux Ours.

MONVAL. Rue aux Ours!..... qui aurait dit cela?

LE COMTE, *s'approchant.* Mais...

MONVAL. Laisse-moi donc : je connaissais Mlle Charlotte Bertrand.

LE COMTE. Vous connaissiez?...

MONVAL. Mais honni soit qui mal y pense!... Mlle Charlotte était une vertu sévère.

LE COMTE. Monsieur!...

MONVAL. Ne vas-tu pas prendre de grands airs parce que tu es marié? D'ailleurs, mademoiselle appartient à madame, et j'ai trop de respect...

CHARLOTTE, *à part.* Malheureuse!

LE COMTE. Qu'osez-vous dire?

LA BARONNE. Vous vous trompez, monsieur.

CHARLOTTE. Arthur! Arthur!

MONVAL. Que signifie cela?

LE COMTE. Que vous êtes mépris, et que voici la comtesse d'Aiglemont.

MONVAL. Grand Dieu! qu'ai-je fait?... Mais qui se serait douté?.. Veuillez m'excuser, madame!.. Et toi, mon ami, crois que si j'avais pu croire...

LE COMTE. Je ne vous en veux pas : je ne dois pas vous en vouloir; vous ignoriez...

LA COMTESSE. Sans doute. Allons, qu'il ne soit plus question de tout cela. Je voudrais prendre un instant de repos.

LA BARONNE. Et moi, changer de toilette.

LA COMTESSE. Nous vous retrouverons ici, monsieur de Monval?

MONVAL. Je ne sais, madame, si j'aurai ce bonheur : il faut que je me rende à Paris.

LE COMTE. En effet, après une campagne, on est pressé de raconter ses exploits, de montrer ses trophées, ses blessures.

MONVAL. Il n'y en a pas pour tout le monde.

LE COMTE. Comment donc! Demain, chez Tortoni, au foyer de l'Opéra, M. de Monval sera un héros. Il a contribué à la prise d'Ancône!

MONVAL. Arthur!..

LE COMTE. Comme on va frémir dans les boudoirs, dans les coulisses, au seul récit de ses dangers!.. A combien de processions avez-vous assisté?

MONVAL. Encore une fois, Arthur !...

LE COMTE. Il faudra nous envoyer un exemplaire du journal qui publiera la relation de vos prouesses : cela nous divertira.

MONVAL. D'Aiglemont, ce ton de persiflage...

LE COMTE. Oh, j'ai tort !.. Il est dangereux de plaisanter un guerrier tel que M. de Monval.

MONVAL, *à demi-voix.* Peut-être.

LA COMTESSE. Eh bien ! messieurs, que veut dire cela ?

LA BARONNE. Etes-vous fous tous les deux ?

CHARLOTTE, *à part.* Arthur a l'air fâché.

LE COMTE. Ce n'est rien, mesdames, rien qu'un badinage, et M. de Monval a l'esprit bien fait.

LA COMTESSE. A la bonne heure! (*A demi-voix au comte.*) Mon cher Arthur, mon fils, revenez à vous, et supportez le sort que vous avez choisi. (*à la baronne.*) Allons, ma chère amie !.. (*à Monval, qui lui offre la main et la reconduit.*) Monsieur de Monval, à revoir !.. Vous êtes l'hôte de mon fils.

MONVAL. Je ne l'oublierai pas.

SCÈNE XIV.

CHARLOTTE, LE COMTE, MONVAL.

MONVAL. Ah ça, Arthur, avez-vous perdu la raison ? Que dois-je penser d'un pareil langage ?

LE COMTE. Est-ce qu'il vous offense ?

MONVAL. Vous devez comprendre que si je n'étais pas chez vous...

LE COMTE. Oh, ne vous gênez pas !... Mais, silence : nous causerons de cela tout à l'heure dans le parc. (*Haut.*) Eh bien, monsieur de Monval, ne faisons-nous pas un tour de promenade ?

CHAROTTE. Arthur, vous me quittez?

LE COMTE. Pour un instant, ma chère amie. Occupez-vous de ma mère, de la baronne : je reviens bientôt. Ne faut-il pas que je fasse les honneurs de ma maison à un ancien ami ?

CHARLOTTE. Ne soyez pas long-tems. Ici, je n'ai que vous.

LE COMTE. N'êtes-vous pas chez vous, madame ?... Mais j'aperçois votre père ; il vous cherche, il veut vous parler.

MONVAL, *à part.* Ah ! c'est là le beau-père.

LE COMTE, *à Monval.* Allons, je suis à vous.

SCÈNE XV.

CHARLOTTE, BERTRAND.

BERTRAND. Qu'est-ce qu'il y a donc? tu es toute je ne sais comment.

CHARLOTTE. Rien, rien, mon père.

BERTRAND. Si fait, parbleu, il y a quelque chose ! Et qu'est-ce que c'est que ce nouveau venu ? Il m'a regardé d'une façon qui ne me plaît pas !... Ah, bast !... Ecoute donc, il y a une heure que je te cherche pour te dire adieu : je vais à Paris.

CHARLOTTE. Vous partez?

BERTRAND. Oui, j'ai quelques affaires.

CHARLOTTE. Hélas ! mon Dieu, je crois deviner, et je n'ose pas vous retenir.

BERTRAND. Pierre est encore là ; je vais faire route avec lui ; il avait envie de te faire ses adieux.

CHARLOTTE. Qu'il vienne.

BERTRAND, *à la cantonnade.* Allons, Pierre, avance, mon garçon.

SCÈNE XVI.

CHARLOTTE, PIERRE, BERTRAND.

PIERRE. Madame veut donc bien permettre ?...

CHARLOTTE. Oui ; adieu, Pierre ; ayez bien soin de mon père.

PIERRE, *à part.* Quelle douce voix !... (*Haut.*) Adieu donc.... madame la comtesse !....

CHARLOTTE. Mon ami !...

PIERRE. Oh ! ne croyez pas, madame, que je sois fâché de votre bonheur ! Vous n'étiez pas faite pour être la femme d'un pauvre ouvrier : non !

AIR : *En amour comme en amitié.*

Votre bonheur ne doit pas m'attrister ;
Il n' pouvait pas, hélas ! êtr' mon ouvrage !
P't-êtr' pour toujours il me faut vous quitter.
Que vot' sort soit heureux et qu'un autre l' partage.
Mais si, pour vous, ma fidèle amitié
Avait conçu des espérances vaines,
Si quelque jour vous éprouviez des peines,
Souffrez que j' vienne en prendre la moitié.

BERTRAND. Allons donc ! qu'est-ce que c'est que toutes ces idées-là ?... Voyons, il est tems de se mettre en route.

(On entend deux coups de feu.)

CHARLOTTE. Qu'est-ce que cela ?...

BERTRAND. Des chasseurs, sûrement. Embrasse-moi, Charlotte, et porte-toi bien.

CHARLOTTE. Au moins, mon père, je vous reverrai bientôt ?

BERTRAND. Oui, sans doute, oui, mon enfant, je viendrai te voir. Adieu.

PIERRE. Adieu, madame : soyez bien heureuse.

SCÈNE XVII

CHARLOTTE, *seule.*

Ils sont partis ! Me voilà seule !... seule !

UNE VOIX, *dans la coulisse.* Au secours ! Michel ! Joseph !

CHARLOTTE. Grand Dieu ! qu'y a-t-il ?

LA BARONNE. Qu'est-ce donc ?

LA COMTESSE, *accourant.* Qu'est-il arrivé ?

SCÈNE XVIII.

LA BARONNE, BERTRAND, LE COMTE, *entrant par la porte du fond ; il est blessé au bras, et s'appuie sur Bertrand et sur* PIERRE, *qui place un siège au milieu du théâtre ;* CHARLOTTE, LA COMTESSE.

CHARLOTTE. Ah ! mon mari !

LA COMTESSE. Mon fils !

LA BARONNE. Du secours ! du secours ! Un chirurgien !

BERTRAND. Pas tant de bruit ; il n'y a pas de danger : le camarade n'en est pas quitte à si bon marché ; il a une jambe cassée !

LA BARONNE. Comment ? et pourquoi ?

BERTRAND. Dam ! le commandant aura voulu châtier cet insolent qui se sera moqué de Charlotte.

LA COMTESSE. Hélas ! j'en tremblais !

LE COMTE, *assis.* Ce n'est rien, ce n'est rien ; tranquillisez-vous.

CHARLOTTE. Mon Arthur !..... Dieu, comme il est pâle !.. Il va perdre connaissance !.. Malheureuse que je suis !

LA COMTESSE. Laissez-moi, laissez-moi secourir mon fils !

CHARLOTTE. Oh ! ne me repoussez pas.

LA COMTESSE. Retirez-vous.

CHARLOTTE. Non, non !... c'est à moi de le soigner.

LA COMTESSE. Malheureuse !..... c'est vous qui l'avez tué.

CHARLOTTE. Ah !...

BERTRAND, *qui a pansé la blessure.* Eh ! je vous dis qu'il n'y a pas d'inquiétude pour sa vie.

LA BARONNE. Il ouvre les yeux.

LA COMTESSE. Mon fils !

LE COMTE. Ma mère !... *(Ils s'embrassent.)* Charlotte !

CHARLOTTE. Oh ! pardonne-moi ! pardonne-moi !... Je suis cause... Ah ! il n'y a pas de bonheur possible entre nous.

LE COMTE. Que dis-tu ?

CHARLOTTE. Arthur, votre cœur, je peux le deviner souvent ; mais vos idées, je ne peux pas les comprendre !.... Je vous fais honte !.. J'ai exposé les jours !...

LE COMTE. Charlotte !...

CHARLOTTE. Cette blessure..... cette blessure....

BERTRAND. Soyez donc tranquille : ce ne sera rien.

PIERRE, *à part.* Comme elle souffre !

LA BARONNE, *à part.* Il a rougi d'elle !... son règne est passé !

FIN DU DEUXIÈME ACTE.

ACTE III.

Le théâtre représente la chambre de Charlotte dans l'hôtel du comte d'Aiglemont. — Au lever du rideau, Charlotte est endormie sur un fauteuil à gauche de l'acteur, près d'une table, sur laquelle brûle une bougie presque consumée. Une autre table est à droite, une causeuse et une toilette.

SCÈNE PREMIÈRE.

CHARLOTTE, *endormie* ; LE COMTE, *entrant suivi d'un domestique qui porte un riche nécessaire et le dépose sur la table à droite.*

LE COMTE. Posez cela ici, et laissez-moi. Que vois-je? Charlotte!.. Elle dort! La bougie brûle encore.... Elle ne s'est pas couchée!.. son sommeil paraît agité.

CHARLOTTE, *dormant.* Une... deux... trois... Trois heures du matin!... Il ne reviendra plus!... Comme le bal est brillant!... Que de fleurs, de diamans!... Comme elles sont jolies, ces femmes!... Comme elles dansent bien!

LE COMTE. Pauvre Charlotte!

CHARLOTTE. Si je pouvais aussi.. non!. Elles rient toutes... elles se moquent de moi... Dieu! sortons. (*Elle s'agite, fait un mouvement pour se lever et s'éveille.*) Ah!... Arthur, mon Arthur!... te voilà!... tu rentres?

LE COMTE. Chère amie, je suis rentré depuis long-tems : il est dix heures du matin.

CHARLOTTE. Ah!... je me suis endormie... là... je ne sais comment.

LE COMTE. Veiller ainsi! Charlotte, tu te rendras malade.

CHARLOTTE. Je lisais... je travaillais... le sommeil m'a surprise.

LE COMTE. Tu me trompes!... ton inquiétude seule t'a fait attendre mon retour.

CHARLOTTE. Cher Arthur, pardonne! Quand je te sais rentré dans ton appartement, je dors mieux... je repose plus tranquille.

LE COMTE. Les réunions se prolongent tard.

CHARLOTTE. Oui, bien tard.

LE COMTE. Depuis trois mois que nous sommes de retour à Paris, tu partageais

avec moi ces devoirs de la société, puis tu y as renoncé.

CHARLOTTE. Tu n'as que trop éprouvé d'humiliations à cause de moi. Arthur, ces plaisirs, tu n'en jouissais pas quand j'étais là! Inquiet de tout ce que je disais, troublé par la crainte de me voir l'objet des railleries de tes belles dames, tu étais malheureux! Et moi, comme je souffrais! Seule, auprès de toi, je suis parvenue peut-être à m'exprimer sans trop de ridicule ; mais, dans ces brillans salons, je me sens gauche et embarrassée ; je ne peux pas trouver une parole ; je te fais rougir!... Je l'ai vu, et je me suis dit : Laissons-lui les amusemens auxquels il est habitué ; n'ôtons rien à son bonheur, ajoutons-y seulement l'amour. Quand il sera las de ces plaisirs bruyans, il reviendra près de moi. Dans le monde, il s'amusera ; ici, il sera aimé.

LE COMTE. Bonne Charlotte! Je ne t'oublie pas ; vois ces bagatelles, je les ai achetées pour toi... Cela te plaît-il?

CHARLOTTE. C'est charmant!.... Que tu es bon de penser à moi!!

LE COMTE. Chère amie!

CHARLOTTE. Tu baises ma main, comme si j'étais une grande dame.

LE COMTE, *l'embrassant.* L'aimes-tu mieux ainsi?

CHARLOTTE. Il y a des momens où je suis bien heureuse! Celui-ci, par exemple, je ne t'avais pas vu seul depuis bien des jours!... Viens t'asseoir là, près de moi. T'es-tu bien amusée à ce bal? Qui as-tu vu?

LE COMTE. Toute la France y était d'abord, la belle duchesse de La Trémouille.

CHARLOTTE, *riant,* la Trémouille!... Oh! quel drôle de nom!

LE COMTE. C'est un nom qu'il n'est pas permis d'ignorer en France.

CHARLOTTE. Ah!... Ensuite?

LE COMTE. Quand je te nommerais

d'autres personnes, leurs noms te seraient tout aussi inconnus.

CHARLOTTE. C'est vrai!... Mais tu y as vu Mme d'Alby?

LE COMTE. Oui, sans doute.

CHARLOTTE. Et qu'a-t-on fait?

LE COMTE. Ce qu'on fait partout. Mme Malibran a chanté un air d'*Otello*... Mais tu ne connais pas la musique italienne; tu n'as pas voulu d'une loge aux bouffes.

CHARLOTTE. Tu sais bien que ce n'est pas ma faute: le jour où tu m'y as conduite, je me suis endormie au premier acte.

LE COMTE. Après la musique, on a dansé; on a joué à l'écarté, et l'on a soupé.

CHARLOTTE. Et les toilettes?

LE COMTE. Charmantes!... mais dire de quoi elles se composaient me serait impossible.

CHARLOTTE. As-tu dansé?

LE COMTE. J'ai valsé avec Mme d'Alby.

CHARLOTTE. Elle était bien mise?

LE COMTE. Comme un ange!... Une robe de tulle garnie de camélias...

CHARLOTTE. Ah!... Vous avez retenu sa toilette à elle!... Avez-vous gagné à l'écarté?

LE COMTE. Je n'ai pas joué: je suis resté à causer. On racontait des histoires si drôles et d'une façon si piquante!..

CHARLOTTE. Dites-les-moi.

LE COMTE. Il faudrait, pour que cela t'intéressât, connaître les personnages.

CHARLOTTE. C'est juste!... Et qui contait ces histoires?... Mme d'Alby, sans doute?

LE COMTE. Elle... et d'autres.

CHARLOTTE. Arthur!... il y a eu dans notre union un hasard malheureux; nous n'avons eu ni l'un ni l'autre le tems de réfléchir.

LE COMTE. Que dis-tu?

CHARLOTTE. Pendant quelque tems, j'ai cru qu'à force d'étudier je pourrais m'élever jusqu'à vous... mais je vois bien qu'il y a des choses qu'il faut apprendre dès l'enfance. Vous-même, vous avez renoncé à m'instruire; vous ne me reprenez plus.

LE COMTE. Tu as fait des progrès: ton langage s'est épuré.

CHARLOTTE. Oh! je sens bien que tu ne peux pas causer avec moi comme tu le fais.. avec Mme d'Alby, par exemple.

LE COMTE, *embarrassé.* Mme d'Alby.

CHARLOTTE. Près d'elle, près de ta mère, je suis mal à l'aise: si tu savais combien j'ai besoin de trouver des gens qui ne me dédaignent pas!... et puisque je ne pourrai jamais convenir à tes parens, permets-moi de recevoir quelquefois les miens.

LE COMTE. Je ne m'y oppose pas, si tu crois que cela peut te rendre heureuse.

CHARLOTTE. Depuis mon mariage, je n'ai vu aucune de mes amies d'enfance, et je t'avoue, Arthur, que je n'avais pas attendu ta permission pour engager une cousine à venir passer la journée avec moi.

LE COMTE. A la bonne heure.

CHARLOTTE. A propos, j'oubliais: voilà une invitation de Mme de Vérigny. Elle m'est adressée.

LE COMTE. La sœur de Monval. C'est à son frère que tu dois cette invitation: il a pour toi, lui, tous les égards que la comtesse d'Aiglemont est en droit d'attendre.

CHARLOTTE. Tu le lui as appris un peu rudement il y a trois mois.

LE COMTE. Ah oui! une jambe cassée!... Pauvre ami! j'en ai été désolé; c'est un étourdi, mais il a un cœur excellent. Oh! mon Dieu, bientôt onze heures!... Pardon, ma chère amie, il faut que je te quitte; je déjeune avec quelques amis, puis je dois monter à cheval.

CHARLOTTE. Tu iras au bois de Boulogne? il y a des femmes qui savent monter à cheval? Mme d'Alby, sans doute?

LE COMTE. Oui, je crois qu'oui!... Mais, à revoir, tu dois être fatiguée; repose-toi jusqu'à mon retour.

~~~~~~

SCÈNE II.

CHARLOTTE, *seule.*

Il s'en va!... Je ne sais pourquoi je me sens si agitée: il m'aime!... j'en suis sûre!.. S'il avait préféré Mme d'Alby, il l'aurait épousée... Pourquoi donc ce nom me fait-il mal?.. C'est moi, moi seule qu'il aime!... ah! si je cessais de lui plaire!... mais chassons ces tristes idées; il faut que je m'occupe de ma toilette. Ma cousine Dutour viendra sûrement de bonne heure; je me fais une joie de la revoir, de causer avec elle. (*Une femme de chambre entre.*) Sophie, je vais m'habiller; ma toilette.

AIR: *Muse des bois.*

A mes ennuis, à ma longue tristesse,
Son amitié va dérober un jour;

Des doux plaisirs qui charmaient ma jeunesse,
Je crois déjà saluer le retour,
Quand le présent nous livre à la souffrance,
Vers le passé qu'on aime à revenir !
Puisqu'à jamais j'ai perdu l'espérance,
Consolons-nous avec le souvenir.

∞∞∞∞∞∞∞∞∞∞∞∞∞∞∞∞∞∞∞∞∞∞∞∞∞∞∞∞

SCÈNE III.

CHARLOTTE, MADAME DUTOUR, SOPHIE.

MADAME DUTOUR, *à la cantonnade*. Ne m'annoncez pas ; je suis Mme Dutour, la cousine de madame ; je n'ai pas besoin qu'on m'annonce. Bonjour, ma cousine ; comment ça va-t-il, ma cousine ?

CHARLOTTE. Pas mal aujourd'hui ; et vous ?

MADAME DUTOUR. A merveille !... Ah ça, je viens vous remercier de l'amabilité que vous avez eue de m'inviter à passer la journée avec vous.

CHARLOTTE. Est-ce que vous ne pouvez pas ?

MADAME DUTOUR. Si fait ! si fait ! je serai seulement obligée de vous quitter une heure pour une affaire de mon commerce, et puis je reviendrai ; c'est pour ça que j'arrive de bonne heure. Entre amies, on a bien des choses à se raconter, quand il y a longtems qu'on ne s'est vu. Il paraît que M. d'Aiglemont, votre mari, mon cousin, ne se souciait guère de me voir depuis trois mois que vous êtes à la ville. Enfin, je me disais : Il faudra bien finir par faire connaissance, puisque c'est mon cousin ! mais c'était vexant d'avoir un cousin comte et si riche, et de ne pas le connaître. Car je ne l'ai jamais vu votre mari !... Est-il joli garçon ?

CHARLOTTE. Il est très-bien.

MADAME DUTOUR. Tant mieux ; ça ne peut pas nuire. (*Elle examine les robes.*) Oh ! que c'est joli tout cela ! quelle belle robe ! qui est-ce qui aurait dit que vous seriez un jour comtesse ? et de si belles parures !... (*Elle soupire.*) Comme vous êtes heureuse, cousine !... mais je vous trouve plus sérieuse qu'autrefois.

CHARLOTTE. Ma santé n'est pas très-bonne.

MADAME DUTOUR. Ça ne sera rien ; est-ce qu'on peut être malade quand on a de fameux médecins, le tems de se soigner, et le cœur content.

CHARLOTTE, *à part*. Le cœur content !

MADAME DUTOUR. Ce n'est pas que je me plaigne ! Dieu merci ! je n'ai pas de raison d'être triste, je suis veuve, et mon commerce va son train.

CHARLOTTE, *à part*. Quel langage ! quelles manières !... Est-ce qu'elle était ainsi autrefois ?

MADAME DUTOUR. Y a-t-il long-tems que vous avez vu notre parent Pierre Moulin.

CHARLOTTE. Pas depuis mon retour à Paris.

MADAME DUTOUR. Vous ne savez pas, ma chère, ce n'est plus le même homme, il passe sa vie le nez dans les livres, il travaille, il étudie, aussi il est déjà sergent-major !... il a perdu son air gauche, il a une tournure à présent !... c'est un charmant cavalier, je dis cavalier, quoiqu'il soit dans l'infanterie. On voulait le marier, ah bien oui ! Il paraît qu'il a une passion dans le cœur.

CHARLOTTE. Ah ! en vérité !

MADAME DUTOUR. Oui, mais impossible de savoir pour qui ! Ah ça ! dites donc, ma cousine, votre belle-mère m'a ôté sa pratique, elle se gante à présent chez Walker ; vous devriez bien lui parler en ma faveur. Au reste, je la verrai sûrement ici, et je lui parlerai moi-même.

CHARLOTTE, *à part*. Dieu ! que dira-t-elle ?

MADAME DUTOUR. Tout-à-l'heure, Mme la baronne d'Alby me disait encore : « Madame Dutour, personne ne me gante mieux que vous. »

CHARLOTTE. Mme d'Alby !

MADAME DUTOUR. Oui, j'ai toujours sa pratique, et puis sa femme de chambre est une de mes amies.

CHARLOTTE, *à part*. Sa femme de chambre !

MADAME DUTOUR. Elle a une bonne condition, bien des profits... Mme d'Alby est généreuse. (*A Sophie.*) Vous riez, mademoiselle ? je suis sûre que vous n'avez pas à vous plaindre de votre maîtresse.

CHARLOTTE. Cette pauvre Sophie... vous me faites penser que je ne lui ai rien donné depuis long-tems. Tenez, voilà un schall dont je vous fait présent.

SOPHIE. Madame la comtesse est bien bonne.

MADAME DUTOUR. C'est qu'il est fort beau... Un Ternaux avec des palmes. Mais,

ma cousine, c'est trop de donner un schall
comme ça.

CHARLOTTE. Ma chère parente, voulez-
vous me faire un grand plaisir?

MADAME DUTOUR. Qu'est-ce que c'est?

CHARLOTTE. C'est de porter, en souvenir
de moi, cette chaîne d'or que j'aurais
voulu vous offrir plus tôt.

MADAME DUTOUR. Oh! c'est charmant!
Grand merci, ma cousine : ça va faire jaser
les bonnes amies, elles sont encore capables
de dire que c'est M. Benoît qui m'en a fait
présent.

CHARLOTTE. Qu'est-ce que M. Benoît?

MADAME DUTOUR. C'est mon locataire,
un jeune homme fort aimable. Il est à
Paris pour faire son droit, et je lui loue
une chambre garnie, trente francs par
mois. Ne font-ils pas des propos dans le
quartier?

CHARLOTTE. Ah!

MADAME DUTOUR. Oui, vraiment.

AIR : *Amis, voici la riante semaine.*

Je sais qu' mon nom figur' dans leurs harangues,
Mais heureus'ment je ris de leurs discours;
Penser qu' partout il est des mauvais' langues,
Et qu'on en trouv' mêm' dans la rue aux Ours!
Dans les conv'nanc' en vain l'on se renferme;
Ils ont osé dir', le croiriez-vous bien?...
Qu' monsieur Benoît n' payait jamais son terme,
Et que pourtant je n' le log' pas pour rien!

CHARLOTTE. Il faut mépriser de pareils
propos.

MADAME DUTOUR. Ah! c'est bien ce que
je fais! comme si on ne pouvait pas prendre
le bras de son locataire pour faire un tour
le dimanche?... Est-ce que les grandes
dames n'ont pas de cavaliers à leurs ordres?

CHARLOTTE. Je ne sais pas.

MADAME DUTOUR. Oh! je le sais bien,
moi, seulement ce n'est pas long-tems le
même, ça change plus souvent que nous
autres; je vois ça dans mes pratiques....
C'est comme leur toilette, ça ne leur dure
guère... Mais puisqu'elles ont le moyen...
Par exemple, la baronne d'Alby, depuis
deux mois c'est toujours le même.

CHARLOTTE. Ah! vraiment! contez-moi
donc cela.

MADAME DUTOUR. Je l'ai vu plus d'une
fois, un joli homme... et tenez, hier encore, la baronne choisissait des rubans, et
il est venu lui apporter un beau bouquet de
fleurs naturelles, pour un bal où il la conduisait le soir. Et, ce matin, la femme de
chambre m'a dit qu'elle avait attendu sa
maîtresse jusqu'à trois heures du matin.

CHARLOTTE. Trois heures... C'est sûrement un homme né et élevé dans la société, l'un n'a point à rougir de l'autre... Ils
vont tous les jours dans les fêtes ensemble.

MADAME DUTOUR. Non, pas tous les
jours : mais, quand ils ne vont pas dans le
monde, on veille tout de même chez
Mme d'Alby : le jeune homme vient, ils font
de la musique, la baronne joue de la
harpe, ils chantent, ils lisent ensemble, ou
bien ils dessinent.

CHARLOTTE. Oui, ils ont les mêmes
goûts, les mêmes talens, ils peuvent passer
le tems ensemble sans ennui : s'ils se marient, ils seront heureux.

MADAME DUTOUR. Et moi alors je ven-
drai gros pour la corbeille.

CHARLOTTE, *vivement.* Que je serais contente si Mme d'Alby se mariait.

MADAME DUTOUR. Vous?

CHARLOTTE, *se remettant.* Sans doute!
vous feriez de bonnes affaires dans cette
occasion.

MADAME DUTOUR. Merci, ma cousine.
Ah! ils ont l'air tous les deux joliment
d'accord.

CHARLOTTE. Mais comment avez-vous
appris tout cela?

MADAME DUTOUR. Par la femme de
chambre.

CHARLOTTE. Et savez-vous le nom de ce
monsieur?

MADAME DUTOUR. Ma foi, non, je n'ai
pas songé à le demander; mais si vous voulez le savoir...

CHARLOTTE. C'est inutile. Ah! j'entends,
je crois, la voix de mon père.

SCÈNE IV.

MADAME DUTOUR, BERTRAND,
CHARLOTTE, PIERRE.

CHARLOTTE. Bonjour, mon père; vous
voilà donc! Il y a près de quinze jours que
je ne vous ai vu.

BERTRAND. C'est vrai, mon enfant :
mais il ne faut pas m'en vouloir.

PIERRE. Madame la comtesse...

CHARLOTTE. Ah! monsieur Pierre... je
suis bien aise de vous voir.

PIERRE. Madame la comtesse est bien bonne.

BERTRAND. Je l'ai presque entraîné de force; il ne voulait pas venir, mais quand on a quelque chose à demander aux gens, c'est bien le moins qu'on se dérange.

CHARLOTTE. Serais-je assez heureuse pour pouvoir vous être utile?

PIERRE. Mon Dieu! madame, c'est une indiscrétion que M. Bertrand me fait commettre.

CHARLOTTE, à part. Quel changement! comme il s'exprime!

BERTRAND. C'est une lettre qu'il écrit à son colonel, et j'ai pensé que ton mari voudrait bien l'apostiller. Oh! c'est que Pierre est en passe d'aller loin. Regarde-le donc, Charlotte; il est sergent-major, et je gagerais qu'il ne tardera pas à être officier. Mais aussi, quelle conduite! pas d'estaminet, pas de billard, pas de domino. Le travail, le devoir, il ne connaît que ça.

MADAME DUTOUR. Qu'est-ce que je vous disais, ma cousine?

BERTRAND. Ah! il vaut mieux que moi.. en un an il m'a dépassé.

CHARLOTTE, avec intérêt. C'est très-bien, monsieur Pierre.

PIERRE. Rien n'est plus naturel, madame; que ne ferait-on pas pour mériter l'approbation des personnes qui nous ont témoigné de l'intérêt?.... Il est si cruel de faire rougir les gens qu'on aime.

CHARLOTTE. Oh! oui, vous avez raison, cela est bien cruel.

PIERRE. J'ai gagné bien peu de chose encore; mais avec de la persévérance, du travail, j'espère... Ah! si vous ne me refusiez pas vos conseils, s'il m'était permis de vous voir quelquefois...

CHARLOTTE. Je vous recevrai toujours avec plaisir, Pierre. Vous ne doutez pas de mon amitié.

PIERRE. Je désire la mériter un jour.

BERTRAND. Ainsi, tu parleras de sa lettre au commandant, et de l'apostille.

CHARLOTTE. Certainement, mon père.

BERTRAND. Eh bien! je te l'apporterai tantôt. (A demi-voix.) Ah ça! dis-moi, es-tu toujours contente? Ton mari?..

CHARLOTTE. Il est toujours bon pour moi; je suis heureuse.

BERTRAND. Bien sûr?

CHARLOTTE. Oui, mon père.

BERTRAND. Allons, j'en suis bien aise. (A part.) Elle ne se doute de rien; ou bien on m'a fait des contes.

UN DOMESTIQUE, annonçant. M. de Monval.

CHARLOTTE, à part. Dans quel moment! (Haut.) Dites que je n'y suis pas.

MADAME DUTOUR. Et pourquoi donc, cousine?

BERTRAND. Comme ça vous a l'air grande dame! Je n'y suis pas.

CHARLOTTE. C'est pour vous: cela vous dérangerait.

MADAME DUTOUR. Pas du tout. Si je me souviens bien, j'ai connu un monsieur de Monval... Si c'était lui?... Faites entrer, ma cousine.

CHARLOTTE. Mais...

BERTRAND. Si je te gêne, je m'en irai.

CHARLOTTE. Me gêner..... vous, mon père... Qu'on entre.

PIERRE, à part. Qui lui veut ce monsieur de Monval?

SCÈNE V.

BERTRAND, PIERRE, MADAME DUTOUR, MONVAL, CHARLOTTE.

MONVAL. Je n'ai pu passer devant l'hôtel de madame la comtesse sans éprouver le désir de savoir de ses nouvelles. Pardon, madame, si je me présente de si bonne heure.

MADAME DUTOUR. C'est lui!... Est-ce que M. de Monval ne me reconnaît pas?

MONVAL. Eh mais, c'est madame Dutour.

MADAME DUTOUR. Moi-même : il y a bien long-tems qu'on ne vous a vu. Dire que monsieur n'entrerait pas dans mon magasin, quand il passe rue aux Ours.

MONVAL, souriant. Mais c'est que je ne passe jamais rue aux Ours.

CHARLOTTE. Monsieur de Monval, mon mari est sorti; vous auriez peut-être désiré le voir?

MADAME DUTOUR. C'est joli, monsieur, d'oublier ses anciennes connaissances! Ah, je vois ce que c'est : vous êtes surpris de me trouver dans cette belle hôtel?... mais puisque je suis sa parente.

MONVAL, souriant. La parente de l'hôtel! Je sais que vous êtes la cousine de madame, et croyez que mes égards...

MADAME DUTOUR. Qu'est-ce que c'est

que, toutes ces simagrées-là? Est-ce que vous avez oublié nos parties de campagne avec Fanny et Malvina?

MONVAL, *embarrassé.* Je n'ai rien oublié, je vous assure.

MADAME DUTOUR. Cette pauvre Malvina! elle a eu une inclination malheureuse; elle a voulu se périr.... elle était si sentimentale... Fanny se porte toujours bien... Ma cousine les a bien connues aussi.

CHARLOTTE, *à part.* Je suis au supplice.

PIERRE. Madame Dutour!...

MADAME DUTOUR. Qu'est-ce que vous faites donc, ma cousine? Voilà qui est soigné... mais c'est mal de ne pas prendre tous ces articles-là chez moi; vous auriez meilleur marché, et tout aussi bien établi.

CHARLOTTE, *avec impatience.* C'est mon mari....

MADAME DUTOUR. Il faut lui dire d'acheter à la maison: il vaut mieux que les profits soient dans la poche de sa cousine que dans celle d'une étrangère.

CHARLOTTE, *à part.* Qu'elle me fait souffrir!

PIERRE, *à part.* Pauvre femme... venons à son secours. (*Haut.*) Père Bertrand, puisque madame la comtesse a la bonté de se charger de ma lettre, si vous voulez venir avec moi, je vous la remettrai.

BERTRAND. Tu as raison, Pierre, il ne faut pas perdre de tems.

PIERRE. Madame Dutour, si vous sortez, je vous offre mon bras.

MADAME DUTOUR. Ah! je vous remercie, et je profiterai de votre offre; je vas terminer une affaire, comme je vous l'ai dit, ma cousine, et je serai ici dans une heure au plus tard. Je verrai donc ce qu'on appelle la bonne compagnie. C'est sans doute l'endroit où l'on s'amuse le mieux?

MONVAL. C'est celui où l'on s'ennuie de meilleure grâce.

MADAME DUTOUR. Allons, Pierre, donnez-moi votre bras.

BERTRAND. A revoir, ma fille; je reviendrai t'apporter la lettre.

CHARLOTTE. A bientôt, mon père.

MADAME DUTOUR. Sans rancune, monsieur de Monval. A tout à l'heure, cousine.

PIERRE. Recevez tous mes remerciemens, madame la comtesse.

CHARLOTTE. Adieu, Pierre: nous nous reverrons.

SCÈNE VI.

MONVAL, CHARLOTTE.

MONVAL. Madame...

CHARLOTTE, *à part.* Qu'elle est commune... Autrefois, je ne m'en apercevais point.

MONVAL. Elle ne m'entend pas.

CHARLOTTE, *à part.* Si je paraissais à mon mari telle qu'elle me paraît à moi.

MONVAL. Madame!...

CHARLOTTE. Ah, pardon!

MONVAL. Depuis long-tems, madame, je voulais vous parler à cœur ouvert: vous excuserez la franchise d'un ami. Je vous assure qu'il faut absolument que vous vous amusiez, car vous avez du chagrin.

CHARLOTTE. Bonne raison... Mais je n'ai pas de chagrin, et je ne me soucie pas de m'amuser.

MONVAL. Vous avez tort. Il est des femmes qui croient que la vertu c'est l'ennui... Au contraire. Trouver des compensations aux maux de la vie, voilà la vraie sagesse; c'est la mienne.

CHARLOTTE. Que voulez-vous dire?

MONVAL. Qu'il est tems enfin de quitter la solitude où vous vivez au milieu de Paris; qu'il faut que vous voyez du monde.

CHARLOTTE. Et qui puis-je voir?

MONVAL. La comtesse d'Aiglemont, jeune, riche et belle, n'a qu'à choisir sa société: elle est l'égale de tout le monde.

CHARLOTTE. Moi, non, non... je ne suis plus l'égale de personne.

MONVAL. Je ne vous comprends pas.

CHARLOTTE. Cette société brillante, où Arthur a été élevé, où il a voulu me placer, je le sens, je ne puis pas, je ne pourrai jamais y prendre mon rang.

MONVAL. Vous êtes trop sévère pour vous-même.

CHARLOTTE. Non!... Quand je fus admise dans quelques-uns de ces salons, la rougeur d'Arthur, son embarras, m'apprirent que je n'y étais pas comme les autres... Si vous saviez ce que j'ai souffert.

MONVAL. Vous?

CHARLOTTE. Renfermant mes regrets, j'espérai, jusqu'à ce jour, rencontrer dans mes amies d'enfance un cœur qui pût m'entendre... Mais faut-il le dire? faut-il avouer ce que j'éprouve?

MONVAL. Parlez, parlez à un ami.

CHARLOTTE. J'avais enfin obtenu d'Arthur la permission de revoir ma famille; je me réjouissais aujourd'hui de retrouver l'ancienne compagne avec qui j'ai été élevée... Eh bien, sa présence a détruit mon espoir? Est-ce elle qui a changé? Est-moi qui ne suis plus la même? Nous ne pouvons plus nous comprendre; et je me sens condamnée à n'avoir jamais d'amie nulle part... Pardon, monsieur de Monval, j'aurais dû cacher de semblables idées... Mes paroles se sont échappées malgré moi!... Depuis un an, c'est la première fois que j'aie dit toute ma pensée.

MONVAL. Je suis digne de l'entendre. On me crois superficiel; irais-je porter dans le monde des sentimens dont il rirait?..... Mais pour un cœur tel que le vôtre, il y a dans mon ame de quoi l'apprécier et l'admirer! Jamais tant de vertus unies à tant de grâce ne s'étaient offertes à mes yeux.

CHARLOTTE, *à part.* Ah! lui non plus ne peut pas être mon confident. (*Haut, avec une gaîté contrainte.*) Je ne sais, en vérité, pourquoi je m'afflige ainsi. Ne songeons plus à tout cela; Arthur m'aime: son amour me suffit.

MONVAL. Qu'il est heureux! (*A part.*) Ne la détrompons pas.

CHARLOTTE. Je ne veux plus penser à ce monde qui ne mérite pas mes regrets. Quelques connaissances nous resteront peut-être; madame votre sœur ne dédaigne pas de m'inviter, et si vous vous mariez, monsieur de Monval...

MONVAL. Me marier!... oh! je n'y songe pas.

CHARLOTTE. Eh bien, moi, j'y songe pour vous.

MONVAL. Vous, madame!

CHARLOTTE. Oui, alors, vous pourriez être mon ami.

MONVAL, *riant.* Comment!... vous m'avez peut-être aussi choisi une femme?

CHARLOTTE. Vous riez?... mais cela est vrai: j'avais pensé à la baronne d'Alby.

MONVAL. Madame d'Alby!

CHARLOTTE. Elle est la seule femme qui vienne quelquefois chez moi; elle me témoigne de l'amitié...

MONVAL. Quand je penserais au mariage, je ne pourrais pas m'occuper d'elle.

CHARLOTTE. Ah! oui... en effet! on m'a dit, je m'en souviens...

MONVAL, *vivement.* Quoi? que vous a-t-on dit?

CHARLOTTE. Oh! des propos que je crois sans fondement: on prétend qu'un jeune homme est fort assidu auprès d'elle; mais vous obtiendrez aisément la préférence.

MONVAL. Je ne la solliciterai point: celle dont la réputation n'est pas intacte ne saurait être ma femme.

CHARLOTTE. Comment!... il serait vrai? non, cela ne peut pas être: la comtesse d'Aiglemont, ma belle-mère, l'avait elle-même choisie pour son fils avant notre mariage.

MONVAL. Alors, il n'y avait rien à dire: mais depuis...

CHARLOTTE. Ah!

SCENE VII.

MONVAL, LE COMTE, CHARLOTTE.

LE COMTE. Eh bonjour, mon cher Monval; je ne m'attendais pas à te trouver ici. La promenade a été délicieuse: on s'étonnait de ne pas te voir.

MONVAL. En effet, on connaît mes goûts champêtres; mais on m'a promis ma nouvelle calèche que pour demain. Mon ami, quatre chevaux anglais et deux grooms qui ont couru à Epsom. Dès que viendront les beaux jours, je ne quitterai plus le bois, la solitude convient à mes goûts.

LE COMTE. Ils sont si simples!

MONVAL. Vrai, je ne me reconnais pas; il y a une heure que je parle raison. Aussi, madame me trouve-t-elle si grave, qu'elle me juge digne d'être mari.

CHARLOTTE. N'est-il pas vrai que M. de Monval ferait bien de se marier?

LE COMTE. Pourquoi pas?

MONVAL. Ah! tu approuves ce projet? mais si je te disais quelle femme on me propose?...

LE COMTE. Qui est-elle?

CHARLOTTE. J'avais pensé à la baronne d'Alby.

LE COMTE. La baronne !... Quelle idée !

MONVAL. Eh bien, me le conseilles-tu ?

LE COMTE. Il faut que vous soyez folle pour songer à marier les gens... De quoi vous mêlez-vous ?

CHARLOTTE, *elle se lève.* Pourquoi vous fâcher, Arthur ?... Quand j'ai parlé de cela, j'ignorais tout ce qu'on peut dire contre madame d'Alby.

LE COMTE. Comment !... que peut-on dire ?... Je la défendrai contre la calomnie.

MONVAL, *à part.* Allons, il m'a cassé une jambe pour sa femme ; veut-il me casser l'autre pour sa maîtresse.

CHARLOTTE, *à part.* Je ne comprends rien à sa colère. (*Haut.*) Personne ne l'accuse ; le hasard seul m'a appris...

LE COMTE. Quoi ?... qu'avez-vous appris ?

CHARLOTTE. Qu'elle souffre les assiduités d'un jeune homme ; mais elle est libre ; elle l'épousera sans doute.

LE COMTE, *à part.* Elle ne sait rien. (*Haut.*) Qui vous a dit qu'elle aime quelqu'un.

CHARLOTTE. Oh ! je suis bien instruite !... Mais je ne partage point des soupçons injurieux ; et, si la baronne voit souvent celui qu'elle aime, loin de la blâmer, moi, je l'approuve.

MONVAL, *à part.* Pauvre femme !

CHARLOTTE. Avant de s'unir par des nœuds éternels, ils sauront s'ils peuvent se convenir. Qu'elle est heureuse, Arthur !... Jamais à ses côtés, l'homme qu'elle chérit ne s'ennuiera.

LE COMTE, *troublé.* Charlotte !...

CHARLOTTE. Hier, c'était lui qui l'avait conduite à ce bal où vous l'avez rencontrée.

Air d'Aristippe.

Vous m'avez dit qu'on l'entourait d'hommages ;
Comme il devait jouir de ses succès !
Elle n'a point à craindre des outrages,
Car un grand nom protège ses attraits ;
Celui qui l'aime ignore les regrets ;
En la voyant si noble et si belle,
D'orgueil, de joie il sent battre son cœur ;
Enfin, jamais il ne rougira d'elle...
Comprenez-vous tout son bonheur ?...

LE COMTE, *à part.* Quel supplice ! (*Haut.*) Vous vous trompez ; vous imaginez tout cela. Personne n'est amoureux de la baronne.

CHARLOTTE. Je suis sûre de ce que je dis.

LE COMTE, *troublé,* Comment ?...

CHARLOTTE. Oui, sans doute ; ce matin encore, la femme de chambre de la baronne racontait...

LE COMTE. Mais c'est une horreur qu'un pareil espionnage.

CHARLOTTE. Ne vous mettez pas en colère, mon ami... Que nous importe après tout ?

SCÈNE VIII.

MONVAL, LE COMTE, CHARLOTTE, MADAME DUTOUR.

MADAME DUTOUR, *à la cantonade.* Je vous dis encore une fois de ne pas m'annoncer.

CHARLOTTE, *à part.* Dieu ! madame Dutour !...

LE COMTE. Quelle est cette voix ?

CHARLOTTE. C'est la voix de ma cousine.

LE COMTE. Ah !...

MADAME DUTOUR, *entrant.* Eh bien, ma cousine, vous voyez que je n'ai pas été long-tems.

LE COMTE, *à part.* Ah ! mon Dieu !... n'est-ce pas cette marchande ?...

MADAME DUTOUR, *étourdiment.* Tiens !... voilà le jeune homme dont je vous parlais ce matin.

CHARLOTTE. Que dites-vous ?

MADAME DUTOUR. Qu'y a-t-il donc, cousine ?

CHARLOTTE. Parlez... parlez !... Mme d'Alby... ce jeune homme...

MADAME DUTOUR. Eh bien ! le voilà !

CHARLOTTE, *avec un cri déchirant.* Ah ! mon mari !

MADAME DUTOUR. Son mari !

CHARLOTTE. Tout est fini..... Je me meurs !...

LE COMTE. Charlotte !.... Charlotte ! (*A Mme Dutour.*) Ah ! madame, qu'avez-vous fait ?

MADAME DUTOUR. Ma pauvre cousine !... et dire que c'est moi... (*Au comte.*) Aussi, pourquoi ne voyez-vous pas vos parens ? Si je vous avais connu, ça ne serait pas arrivé.

SCENE IX.

LE COMTE, MONVAL, BERTRAND, CHARLOTTE, MADAME DUTOUR.

BERTRAND. Pardon, excuse, la société... c'est que je viens apporter à Charlotte une lettre..... Dieu !..... ma fille !... est-elle morte ?

MADAME DUTOUR. Non, non..... elle n'est qu'évanouie ; un saisissement, le chagrin...

BERTRAND. Quel changement !..... ah !

commandant, la fille du pauvre soldat était si fraîche et si joyeuse !... Regardez la femme du riche comte d'Aiglemont !

MADAME DUTOUR. Elle se ranime !

LE COMTE, s'approchant. Charlotte...

BERTRAND, l'arrêtant. Laissez-moi, monsieur le comte, laissez-moi soigner mon enfant !

LE COMTE, à part. Hélas ! quel sera notre avenir ?

MADAME DUTOUR. Épousez donc un grand seigneur !

FIN DU TROISIÈME ACTE.

ACTE IV.

Le théâtre représente un salon de l'hôtel du comte d'Aiglemont. — Porte au fond, portes latérales.

SCENE PREMIERE.

LE COMTE, seul, assis et pensif.

Une séparation !... oui, elle est nécessaire : cette situation est insupportable. Ah ! ma pauvre mère avait raison !... elle est morte en m'annonçant ce qui arrive, et peut-être mon mariage a-t-il abrégé le peu d'années qui lui restaient à vivre. Depuis deux ans que je suis l'époux de cette jeune fille qu'elle repoussait, ai-je été heureux ?.... ! Oh non ! elle me l'avait dit : sans les mêmes goûts, sans les mêmes idées, les mêmes habitudes, il n'y a point de bonheur dans l'intimité !.... Fatigué de cette disconvenance perpétuelle, j'ai eu des torts !... et, quand il fallait rentrer, l'ennui de voir une femme triste, pâle et qui a pleuré !... Et son père ?... ils ne disaient rien ni l'un ni l'autre !..... Mais quel silence !..... j'aurais mieux aimé des reproches !.. comment repousser ce muet désespoir qui m'accuse ?.... Malheureuse Charlotte !... depuis un an qu'elle connaît mes torts envers elle, à peine si nous avons passé une heure ensemble !.. sous le même toit, nous vivons étrangers l'un à l'autre ; qu'avons-nous à nous dire ?..... Ah ! son père dit vrai : il faut que cette situation change.

(Il appuie sa tête dans ses mains.)

SCENE II.

MADAME DUTOUR, BERTRAND, LE COMTE.

MADAME DUTOUR. Allons donc, père Bertrand.

BERTRAND. Je n'ai pas le courage.

MADAME DUTOUR. Vous qui n'en manquiez pas devant le canon !

BERTRAND. Ah ! que ne m'a-t-il emporté avant un jour comme celui-là !

LE COMTE. Eh bien ! qui est là ?..... ah ! c'est vous.

MADAME DUTOUR, à Bertrand. Voilà le moment.

BERTRAND. Je venais...

MADAME DUTOUR. Monsieur... mon cousin, car vous êtes mon cousin, c'est le père Bertrand qui veut vous parler.

LE COMTE. Une autre fois : je suis pressé.

MADAME DUTOUR, l'arrêtant. Un moment, s'il vous plaît. Ah ça, cousin Bertrand, je vais parler, moi, si...

BERTRAND, avec effort. Non, non !..... c'est à moi.... je suis son père !.... Monsieur le comte, Charlotte était tout mon bien.

LE COMTE. Encore des reproches !

BERTRAND. Des reproches ?..... jamais, mon commandant ! c'est seulement au sujet de l'affaire en question.

LE COMTE. Quelle affaire ?

MADAME DUTOUR. Eh bien ! votre séparation avec Charlotte.

LE COMTE. Ah !...

BERTRAND. Ça ne pouvait pas durer, je l'avais dit, mon commandant ; mais il vous avait pris une idée de grand seigneur, d'homme riche... ça ne cède pas !.... Vous aviez vu ma pauvre Charlotte, jeune, jolie, sage, vous en avez fait votre femme : ça ne vous convenait pas, commandant. Je disais : il y aura du grabuge ! Votre mère aussi le disait ; mais les jeunes croient toujours avoir plus de raison que les vieux, soit dit sans vous offenser !...... car, après tout, ce qui est fait est fait, n'en parlons plus.

LE COMTE. Oui, oui, n'en parlons plus ! tout cela est fatigant.

MADAME DUTOUR. Ah! les hommes, les monstres d'hommes !... dire qu'ils se lassent de tout !

BERTRAND. Je sens ça, commandant, et je vais emmener ma fille. Ce soir, nous partons... pour ne jamais vous revoir.

LE COMTE. Ce soir !

MADAME DUTOUR. C'est bien ce qu'ils ont de mieux à faire.

BERTRAND. Charlotte ne sait rien. Quand, il y a trois mois, je suis venu vous demander votre autorisation pour vous séparer, j'avoue que j'espérais encore. Il faut du tems pour les formalités, et, à votre âge, on change plus d'une fois d'idée en trois mois !.... il se pouvait..... mais non ! j'ai bien vu... il n'y a pas eu un retour envers elle !... à peine si vous lui avez parlé trois fois... Tout est fini : pourtant je n'ai encore rien osé lui dire..... Elle vous a tant aimé !...

MADAME DUTOUR. Ah! c'est bien vrai... Et comme elle s'est façonnée !... c'est vraiment comme une grande dame à présent, et bien mieux, ma foi !... Certes, votre Mme d'Alby ne la vaut pas.

LE COMTE, à Bertrand. Vous disiez donc?...

BERTRAND. Que, si vous le permettez, et pour vous épargner les larmes de ma pauvre fille, je l'emmènerai comme pour faire un petit voyage d'un mois... à cette jolie ferme que vous avez absolument voulu lui donner il y a deux ans..... car vous avez toujours été généreux !..... Et si ce malheureux mariage a mal tourné, c'est qu'on ne se refait pas, et que votre éducation, vos préjugés...

LE COMTE. Bertrand !...

MADAME DUTOUR. Du moins, dans cette campagne, Charlotte ne sera plus forcée de voir quelqu'un qui ne l'aime plus !

LE COMTE. Elle recevra tous les six mois la pension convenue... et je désire qu'elle soit heureuse... car je ne me plains pas... je n'ai jamais eu à me plaindre d'elle. Il est trop vrai que nous ne nous convenons pas...

BERTRAND. C'est ce que j'avais prévu !... Il ne me reste plus qu'à vous prier de signer cette pièce que les gens de loi ont rédigée... tenez.

LE COMTE. Voyons.

MADAME DUTOUR, à part. Aura-t-il bien le cœur de signer ?

LE COMTE. C'est cela.

MADAME DUTOUR. Avoir été si amoureux !... fiez-vous-y donc !

BERTRAND. Je n'avais jamais pleuré !... mais le malheur de mon enfant..... Ah! c'est plus fort que moi. Dès que ma fille... saura tout, je lui ferai signer cela, et je vous le renverrai, monsieur le comte. Allons, nous n'avons plus que faire ici.

MADAME DUTOUR. Ah! un moment..... laissez-moi dire un mot d'adieu, car je me retiens de parler depuis une heure... Savez-vous bien, monsieur le comte, qu'il y a des gens qui pourraient vous dire votre fait ?.... mais le père Bertrand est un si brave homme !.. laissez-moi donc parler.. et ma cousine, c'est cela une perfection... à sa place, je vous aurais laissé grogner, moi, et j'aurais toujours eu une voiture, des laquais, des belles robes et des loges aux spectacles..... Mais Charlotte, c'était la perle des filles... pas plus de gloriole et de vanité que sur ma main... elle vous aimait, vous, sans toutes ces belles choses.. elle ne s'est plus souciée de rien quand elle a vu que vous ne l'aimiez plus... c'était un cœur comme il ne s'en trouve guère, comme vous n'en trouverez jamais... peut-être que vous la regretterez, la pauvre femme.

BERTRAND. Venez donc...

MADAME DUTOUR. Je voudrais qu'il la regrettât... ça serait bien fait... me voici, père Bertrand, me voici... je vous salue, monsieur, puisque mon cousin ne veut pas me laisser parler... j'en aurais encore long à dire... mais il ne veut pas que je parle... Adieu, monsieur, adieu... je vous salue.

SCENE III.
LE COMTE, seul.

Cette femme m'impatientait.... mais le pauvre Bertrand..... ah! chassons cette idée.. Charlotte aura sa liberté... moi, je reprendrai la mienne... la voici..... encore de la tristesse, sans doute.

SCENE IV.
CHARLOTTE, LE COMTE.

CHARLOTTE. Je croyais avoir entendu la voix de mon père... mais vous voici, Arthur... je suis bien aise de vous rencontrer ; j'allais demander à vous voir ; car je pars pour un mois, et je voulais savoir si vous n'aviez rien à me dire, si vous êtes bien... depuis quelque tems vous paraissez souffrir... si mes soins pouvaient vous être utiles, je ne partirais pas, quelque plaisir que me fasse ce voyage.

LE COMTE. Vous êtes contente de partir?

CHARLOTTE. J'avoue que je me réjouis de revoir la campagne. Depuis un an, nous n'avons pas quitté la ville... ce n'est pas un reproche... je sais bien que vous ne pouviez pas revoir votre terre avec moi; vous vous y étiez trop ennuyé la première année de notre mariage.

LE COMTE. La solitude ne vous effraie pas?

CHARLOTTE. J'y suis habituée ici; et j'ai su me créer enfin des occupations qui me la rendent douce. D'ailleurs, je ne serai pas seule; mon père, mon cousin Pierre et Mme Dutour viennent avec moi.

LE COMTE. Mme Dutour, cette femme si commune!

CHARLOTTE. Elle m'a donné des soins, elle m'a consolée dans des jours bien malheureux; sa bonté me cache ses manières...... et puis, je n'ai pas le droit d'être difficile.

LE COMTE. Ah! ne vous comparez pas à elle!... quelle différence!... (*Il la regarde avec attention.*) Vous vous êtes formée: votre figure aussi a gagné!..... je vous trouve aujourd'hui une fraîcheur..... une gaîté...

CHARLOTTE. J'avais tant souffert!..... mais enfin j'ai beaucoup réfléchi.

LE COMTE. Vous avez réfléchi?

CHARLOTTE. Oui: l'amour et le chagrin sont deux sources inépuisables de pensées. Mon esprit s'est éclairé et mon cœur s'est fortifié dans le malheur: maintenant j'apprécie la vie ce qu'elle vaut.

AIR *de Léocadie.*

Une chimère, un doux mensonge,
Séduit le pauvre genre humain;
On marche, et poursuivant un songe
On croit voir, au bout du chemin,
Le bonheur, qui nous tend la main,
Il recule sans qu'on s'en doute;
Eh bien! s'il se tient éloigné,
Prenons les plaisirs sur la route,
C'est toujours (*bis.*) autant de gagné. (*bis.*

LE COMTE. Mais vraiment, voilà de la philosophie.

CHARLOTTE. Que voulez-vous? il l'a bien fallu! Pendant long-tems une seule idée m'occupa; je ne voyais rien au-delà!.. à présent, la lecture, l'aspect de la campagne, l'amitié, les fleurs, tout a du charme pour moi! Grâce à vous, j'ai pu faire un peu de bien; des pauvres me bénissent, il y a des gens qui m'aiment... vous ne le croyez peut-être pas?

LE COMTE. Ah!...

CHARLOTTE. C'est qu'ils sont indulgens.. Eh bien! tout cela compose une existence douce; je me dis: je n'ai fait de mal à personne!... oui, vraiment, je sens que je ne suis plus malheureuse, et je me trouve aussi moins timide.

LE COMTE. Vous serez heureuse!

CHARLOTTE. Vous riez de pitié en songeant à un bonheur qui diffère tant de votre bonheur à vous si brillant et si animé.

LE COMTE, *tristement.* Le bonheur!

CHARLOTTE. Vous l'avouerai-je, Arthur? je n'ai pas toujours eu d'aussi sages idées; je peux le dire maintenant. Vous souvenez-vous de m'avoir conduite cinq ou six fois dans de riches salons? Si vous saviez combien l'éclat des lumières, des toilettes, le charme de la musique, jusqu'à ma parure à moi m'éblouissaient, moi, pauvre fille, qui n'avais jamais rien vu? Ah! si, au milieu de tout ce prestige, j'avais rencontré vos yeux se portant sur moi avec plaisir, avec amour, j'aurais été heureuse, enivrée..... et ce monde m'eût paru un délicieux séjour!... mais vous, rougissiez de moi, vos regards y cherchaient une autre.. (*Le comte fait un mouvement.*) Non, non, ne parlons plus de cela: ce tems s'est effacé; pardon, Arthur, ne vous affligez pas! je ne souffre plus: ma vie est calme, que la vôtre soit brillante!..., Je n'ai pas un désir... je n'ai pas même un regret.

LE COMTE. Je m'étonne de tout ce que j'entends: est-ce possible? De telles idées, de tels progrès!... Mais vous étiez si jeune!... Et les femmes... elles devinent avec leur cœur! Charlotte, il n'en est aucune à qui vos idées et vos sentimens ne fissent honneur, et je reviens à peine de ma surprise.

CHARLOTTE, *riant.* Depuis près de deux ans, c'est la première fois que vous faites attention à moi, et que vous écoutez quand je parle.

LE COMTE, *à part.* La première... et la dernière fois!

UN DOMESTIQUE. M. de Monval.

CHARLOTTE. Je me retire: j'ai quelques préparatifs de départ.

LE COMTE. Mais ce n'est que pour ce soir, et je compte bien vous revoir.

CHARLOTTE. Je ne partirai pas sans vous dire adieu. Monsieur de Monval, je vous salue.

MONVAL. Quoi donc?.. on parle de départ!

CHARLOTTE. Nous nous reverrons dans un mois.

SCÈNE V.

LE COMTE, MONVAL.

MONVAL, *à part*. Grand Dieu !... Elle part...

LE COMTE, *à part*. Jamais elle ne m'a paru si belle... (*Haut.*) Eh bien, qu'as-tu donc, mon ami ? Te voilà encore soucieux et triste... En vérité, tu deviens fou.

MONVAL. Ou sage,... car je suis terriblement ennuyeux, n'est-ce pas ?

LE COMTE. Pas mal,... Toi qui étais si gai, qui te moquais de tout... On dit, et sans horreur je ne puis le redire...

MONVAL. Quoi donc ?

LE COMTE. Que c'est l'amour... (*Monval soupire.*) Allons, c'est fini, tu es un homme perdu. On te traite donc bien mal ? on est donc bien coquette, bien capricieuse !...

MONVAL. Fais-moi grâce de tes conjectures, mon ami ; tu es à côté de la vérité, et tu ne la rencontreras jamais... Tu ne sais pas, tu ne veux pas savoir qu'il est des femmes... non pas, qu'il est une femme dans le monde qui n'eut jamais un caprice, jamais un tort ; qui n'a jamais compris le plaisir d'humilier une rivale, ni d'exciter l'admiration ; dont l'ame élevée n'aperçoit des petits intérêts de la vie que les maux qu'elle peut consoler ; et à qui la vertu est si naturelle qu'elle n'imagine pas qu'on ait remarqué qu'elle est la plus vertueuse et la plus belle des femmes.

LE COMTE. Et toi, tu as découvert cette merveille ?... Dans quel pays inconnu ?

MONVAL. Mon ami, les choses merveilleuses manquent beaucoup moins dans ce monde que les gens capables de les découvrir.

LE COMTE. Il me semble que tu nous traites avec bien du mépris, nous autres, qui avons le malheur de ne pas rencontrer de femmes parfaites. Nous sommes assez à plaindre, et tu ne devrais pas encore nous accuser... Ce n'est pas notre faute.

MONVAL. Qui sait ?

LE COMTE. Je t'assure que moi j'ai cherché, cherché...

MONVAL. Oui, tes recherches ont été nombreuses.

SCÈNE VI.

LES MÊMES, MADAME DUTOUR.

MADAME DUTOUR. Pardon, messieurs, je croyais trouver ici ma cousine, et je vous dérange ; mais, au reste, il ne faut pas vous fâcher, monsieur le comte, ce sera la dernière fois, puisque Charlotte va quitter aujourd'hui la maison avec moi pour n'y plus revenir.

MONVAL. Que dites-vous ? n'y plus revenir.

MADAME DUTOUR. Ah ! vous ne connaissez pas la conduite de monsieur ? vous ne savez pas que tout est fini, et qu'il a signé ce matin l'acte de séparation ?

MONVAL. Arthur... serait-il possible ? tu te séparerais de Charlotte ?

LE COMTE. Tout se fait d'un commun accord ; ce mariage fut une folie de jeunesse ; il a fait son malheur et le mien : nous l'avons senti tous deux. Une loi nécessaire et désirée viendra bientôt sans doute nous rendre notre liberté tout entière, et chacun de nous alors pourra se choisir un avenir meilleur.

MADAME DUTOUR. Et certes, si le divorce est rétabli, ma cousine ne manquera pas de prétendans, j'en connais.

LE COMTE. Comment ?

MADAME DUTOUR. Oui, j'en connais ! Qu'y a-t-il d'étonnant à cela ?

LE COMTE. C'est qu'il me semble que vous attachiez vos regards sur Monval, et, si je ne savais quelle passion il a dans le cœur, je pourrais croire...

MONVAL. Quel que soit le sentiment qui veille dans mon ame, sachez au moins que jamais l'amour le plus violent ne me ferait trahir les devoirs de l'amitié, et que la liberté seule de celle que j'aime pourrait m'engager à rompre le silence que je m'étais imposé.

LE COMTE, *pensif*. Sa liberté !

MONVAL. Adieu, Arthur ! (*A part.*) Ils se séparent !...

SCÈNE VII.

LE COMTE, MADAME DUTOUR.

LE COMTE. Cette femme qu'il trouve si supérieure aux autres femmes... qu'il adore en silence depuis long-tems... ce serait elle...

MADAME DUTOUR. Eh bien, pourquoi pas ?

LE COMTE. Il ose l'aimer..... Vous osez me le dire !

MADAME DUTOUR. Ne faut-il pas se gê-ner?. Elle ne vous est plus rien à présent!. Ah! ne voulez-vous pas être comme le chien du jardinier?

LE COMTE. Eh! madame... (*A part.*) Charlotte l'aimerait-elle? Ah, tâchons de rejoindre Monval et d'éclaircir mes doutes.

SCÈNE VIII.

MADAME DUTOUR, *seule*.

Bon, il est vexé... Mais il ne se doute pas encore de ce qui l'attend; sa baronne d'Alby à qui il a sacrifié Charlotte, il ne soupçonne pas qu'elle le plante là pour épouser le vieux duc de Saint-Omer, et que le mariage se fait aujourd'hui même... Oh! l'affaire a été bien menée...

SCÈNE IX.

MADAME DUTOUR, CHARLOTTE PIERRE.

CHARLOTTE. Ah! vous voilà!

MADAME DUTOUR. Oui, ma cousine; je viens vous demander l'heure précise du départ, afin de venir vous prendre.

CHARLOTTE. Dans deux heures.

MADAME DUTOUR. C'est bien: j'ai quelques ordres à donner pour mon absence, puis je suis toute à vous. Notre cousin est-il du voyage?

PIERRE. J'ai obtenu un congé d'un mois, et je suis bien heureux.

MADAME DUTOUR. Allez, allez, nous nous amuserons. A revoir, et comptez sur moi à l'heure fixe.

SCÈNE X.

CHARLOTTE, PIERRE.

PIERRE. Ah! quel mois nous allons passer....

CHARLOTTE. Nous reprendrons nos études et nos lectures que depuis quelques jours les préparatifs de ce voyage ont interrompues.

PIERRE. Ai-je un autre bonheur sur la terre? Que ne vous dois-je pas? C'est au désir de devenir digne de votre amitié et aux heures passées près de vous que je dois le peu que je sais. Avec vous j'étais si heureux d'apprendre!

CHARLOTTE. Et moi, je n'avais point de honte de ne point savoir.

PIERRE. Depuis que vous m'avez té-
Charlotte.

moigné de l'amitié, le malheur, qui m'accompagnait jadis, a disparu; mes chefs m'ont distingué, me voilà sous-lieutenant... Votre père en est tout surpris; moi-même j'ai peine à me reconnaître... Et cependant tout cela est si naturel auprès de vous!.. Mes idées, mon langage se sont formées sur les vôtres; il me semble que les mots que vous prononcez sont les seuls que j'aime à dire, je cherche dans les livres qui vous plaisent ce qui peut vous intéresser; et, près de vous, je me sens à mon aise, je me sens heureux...

CHARLOTTE. Et moi, Pierre, je n'ai pas avec vous cette timidité, cette crainte que m'inspirent mon mari et les gens du monde.

PIERRE. Nés tous deux dans la même classe, formés ensuite par la réflexion; le chagrin et l'étude, nos idées sont les mêmes; nous ne pouvons rougir ni l'un ni l'autre; bien que j'admire votre supériorité, elle ne m'humilie pas, et je sens, à chaque minute, que, si les choses eussent été autrement, il y aurait eu bien du bonheur.

CHARLOTTE. Pierre...

PIERRE. Pardonnez-moi... Je ne cesse de faire des efforts pour vous obéir: je n'oublie pas que c'est à la condition qu'une froide amitié s'exprimera seule que vous m'avez permis de vous voir souvent. Jugez du prix que j'attache à ce bonheur puisque, depuis une année, je n'ai pas dit un mot de mon unique pensée dans ce monde. Ah! qu'il faut aimer pour en agir ainsi!

CHARLOTTE. Je suis Mme d'Aiglemont... Quel que soit mon sort, je ne peux ni ne veux l'oublier. Mais ne parlons plus de cela, et dites-moi, mon ami, savez-vous si mon père a quelque chagrin? Il me paraît plus soucieux depuis quelque tems, et ce matin j'ai cru voir une larme dans ses yeux.

PIERRE. Le père Bertrand pleurer!.... Mon Dieu; seriez-vous menacée de quelque malheur?

CHARLOTTE. Moi?... oh! je ne crois pas... que peut-il m'arriver maintenant?

UN DOMESTIQUE. M. de Monval, informé du départ de Mme la comtesse, demande instamment à être reçu.

CHARLOTTE. Qu'il vienne.

PIERRE. Vous le recevez?

CHARLOTTE. Il est le seul parmi les amis de mon mari qui ait eu des égards pour moi.

PIERRE. Oh! oui, je le sais. J'ai deviné plus encore... Il vous aime!...

CHARLOTTE. Pierre...

SCENE XI.

MONVAL, CHARLOTTE, PIERRE.

MONVAL. Elle n'est pas seule. (*Haut.*) Comment, madame, partir ainsi sans qu'on puisse vous voir et vous parler... Vous me pardonnerez de ne l'avoir pas souffert et d'avoir forcé votre consigne.

PIERRE, *à part*. Ces gens-là ne doutent de rien.

CHARLOTTE. Mais c'est un court voyage... et à mon retour...

MONVAL. Un mois... un court voyage... quand il s'agit de ne plus vous voir; quand pendant ce mois...

CHARLOTTE. Eh bien?

MONVAL. Des événemens peuvent changer une situation.

CHARLOTTE. Que voulez-vous dire?

MONVAL. Il peut se passer tant de choses dans un mois.

CHARLOTTE, *souriant*. Mais, en vérité, monsieur de Monval, si vous n'aviez pas pris l'habitude, depuis quelque tems, de parler par énigmes, vous m'inquiéteriez.

MONVAL. Vous inquiéter... Ne comprenez-vous pas, madame, que je sais tout.

CHARLOTTE. Quoi donc?

MONVAL. Ce que vous voulez en vain me cacher; je suis instruit, vous dis-je.

CHARLOTTE. Instruit...

MONVAL. Et vous me pardonnerez si j'ai osé, en apprenant que vous quittiez cette maison pour jamais...

CHARLOTTE. Pour jamais?

PIERRE. Que dit-il?

MONVAL. Si j'ai osé vous demander la permission de vous revoir. Quand nos nœuds sont rompus.....

CHARLOTTE. Rompus.....

MONVAL. Tout ne s'est-il pas fait de votre consentement? Pourquoi ce mystère?

CHARLOTTE. Attendez donc.. comment.. Parlez-vous sérieusement, monsieur de Monval?... Je ne sais ce qui se passe là... Mais voilà une étonnante nouvelle..... Quoi... je ne serais plus la femme de M. d'Aiglemont..... Pierre, cela est-il vrai? est-ce possible?

PIERRE. Je ne sais rien..... Mais ne m'avez-vous pas dit que votre père a pleuré?

CHARLOTTE, *indignée*. Ah! oui... c'est cela... me repousser ainsi... Et que tout le monde le sache, quand je l'ignore encore... Mon Dieu!..

MONVAL. Comment, il se pourrait que vous ne fussiez pas instruite?

CHARLOTTE. Pardon, pardon... Je vous entends à peine; une foule de pensées sont là... Je suis libre... Je ne suis plus la femme du comte d'Aiglemont.

MONVAL. Mais vous êtes par vos vertus et vos grâces mille fois au-dessus de ces vains avantages que vous perdez.

CHARLOTTE. Je suis libre!

MONVAL. Vous pourrez entendre désormais ces mots si doux à prononcer près de vous : je vous aime!

PIERRE, *à part*. Comme elle est émue!

CHARLOTTE, *à part, regardant Pierre*. Combien il serait heureux de les dire!

PIERRE, *à part*. C'est moi qu'elle regarde.

MONVAL. Un jour, le plus fortuné des hommes pourra les entendre de votre bouche.

CHARLOTTE, *regardant Pierre*. Peut-être.

PIERRE, *à part*. Mon Dieu..... ne me trompai-je pas?

MONVAL. Madame, si j'osais... s'il m'était permis...

CHARLOTTE. Monsieur de Monval, ce que je viens d'entendre apporte à mon esprit bien des idées nouvelles; c'est une autre destinée qui commence; j'ai eu trop peu à me louer du passé, pour ne pas craindre l'avenir!... mais je peux vous assurer que la reconnaissance et l'amitié vous y tiendront une place... Ce serait vous tromper que vous laisser espérer davantage.

PIERRE. Il est congédié.

SCÉNE XII.

LE COMTE, CHARLOTTE, MONVAL, PIERRE.

LE COMTE, *à la cantonnade*. Eh bien! les chevaux de poste attendront : ils sont venus trop tôt.

CHARLOTTE. La voiture est là... Monsieur de Monval, je vous salue.

MONVAL. Recevez mes hommages respectueux.

CHARLOTTE, *au comte*. Je rentre chez moi, monsieur le comte. Pierre, veuillez, je vous prie, aller chercher mon père et ma cousine. Monsieur d'Aiglemont, je n'ignore plus maintenant que je vous dis un dernier adieu.

LE COMTE. Charlotte!..

CHARLOTTE. Oui, je ne suis plus que Charlotte Bertrand.

LE COMTE. Sous ce nom vous m'avez aimé.

CHARLOTTE. Je n'aurais jamais dû le quitter.

LE COMTE. Vous maudissez notre mariage.

CHARLOTTE. Il vous a rendu si malheureux !

LE COMTE. Et vous avez tant souffert.

CHARLOTTE. M'avez-vous entendu me plaindre ?

LE COMTE. Non ! mais votre résignation même m'apprenait que vous étiez malheureuse : votre douleur muette m'était cruelle.

CHARLOTTE. Vous ne la verrez plus.

LE COMTE. Ah ! quelle froideur ! Quoi ! au moment de nous séparer pour toujours, vous n'avez rien à me dire ?

CHARLOTTE. Rien !

LE COMTE. Me quitter ainsi !

CHARLOTTE. Et que puis-je vous dire ?. Un jour, monsieur le comte, l'idée vous prit de donner votre main, votre titre à une pauvre fille !.. elle n'en fut pas plus fière !.. Il vous convient de les lui ôter... elle n'en doit pas être plus humble.

LE COMTE. J'ai cru cette séparation nécessaire à votre bonheur comme au mien. Depuis long-tems nous nous voyons à peine ; vous paraissez m'éviter avec soin !... Et pourtant aujourd'hui j'ai senti une impression bien pénible, je l'avoue, quand votre père m'a présenté l'acte de séparation pour le signer.

CHARLOTTE. Il est signé ?..

LE COMTE. Oui !... mais votre nom n'y est pas encore !... vous pouvez refuser et rien ne sera fait.

CHARLOTTE. Ah !

LE COMTE. Savez-vous que, depuis plus d'une année, nous n'avions pas eu une conversation aussi longue que ce matin ! elle a bien changé mes idées !.. Mon Dieu ! comment avez-vous pu vous former ainsi ?

CHARLOTTE. Vous me trouvez changée ?

LE COMTE. Oui ! et d'autres que moi vous l'auront dit déjà ; car vous êtes faite pour être aimée : vous avez inspiré des sentimens vifs et sincères.

CHARLOTTE. Vous croyez ?

LE COMTE. Je le sais.

CHARLOTTE. Et c'est sans doute à cette découverte que je dois l'attention que vous daignez m'accorder aujourd'hui ?

LE COMTE. Mais votre cœur aussi est bien changé ! Vous avez reçu avec indifférence la nouvelle de notre séparation ; vous m'en parlez avec calme !. . pas un regret, pas une larme !.. quelle différence !.. quand mes torts vous furent connus, quand vous apprîtes qu'une autre...

CHARLOTTE. Ah ! oui, sans doute, alors j'ai eu des jours de malheur, de larmes, de désespoir, car je perdais tout mon bien, votre amour ! Aujourd'hui, vous m'enlevez un nom, une fortune, que sais-je ? je n'y fais pas attention... depuis long-tems il me semble que je n'ai plus rien à perdre.

LE COMTE. Vous ne me pardonnerez jamais, je le vois bien, et votre haine, votre colère...

CHARLOTTE. De la colère ? non, je vous quitte sans aucun ressentiment, et je vous jure que je ne vous hais pas le moins du monde.

LE COMTE. Ah ! c'est bien pis... vous ne m'aimez plus !

CHARLOTTE. Qu'importe ? Que ferait mon amour maintenant ?

LE COMTE. Il pourrait tout réparer.

CHARLOTTE. Non, car aucun pouvoir ne saurait faire que ces jours affreux qui ont brisé mon cœur n'aient pas existé ! Qui fera disparaître ces nuits où le sommeil se refusait à mes yeux brûlans de larmes ; ce désespoir que donne un avenir de malheur quand on n'a que vingt ans, et d'un malheur qu'on ne peut fuir, car chaque instant du jour vous le fait sentir ; il est là, chez vous, à votre côté ; on le trouve en s'éveillant ; il est dans toutes vos actions, dans toutes vos pensées... Ah ! monsieur le comte, un mariage mal assorti est le plus grand mal du monde, le seul mal qui soit sans remède.

LE COMTE. Oh ! Charlotte, ne dis pas cela, les torts peuvent être reconnus, oubliés... On peut revenir à celle envers qui l'on fut injuste, et retrouver près d'elle le bonheur et l'amour.

CHARLOTTE. L'amour !... il s'use enfin dans cette lutte avec la douleur ; des années de larmes effacent quelques jours heureux, il ne reste plus, de ces passions qui ont agité l'âme, qu'une fatigue qui appelle le calme, la retraite et la liberté.

LE COMTE. Quoi ! si je vous disais : cet amour qui m'entraînait vers une autre, il n'existe plus ; ces préventions qui me fesaient rougir de vous dans le monde, je les ai vaincues !... je reviens à vous, et je vous redemande le bonheur, la confiance.. enfin soyez à moi comme autrefois... rendez-moi votre amour.

CHARLOTTE. Hélas !...

LE COMTE. Eh bien ! que répondriez-vous ?

CHARLOTTE. Qu'il est trop tard.

LE COMTE. Qu'entends-je ?

CHARLOTTE. Ma naissance est obscure, monsieur le comte ; mais mon âme n'est point étrangère à de nobles sentimens.

Heureuse de votre amour, j'ai tâché de m'élever jusqu'à vous, votre dédain a repoussé mes efforts; votre inconstance a déchiré mon cœur; les outrages de votre famille ont révolté mon orgueil!..., et maintenant...

AIR : *T'en souviens-tu ?*

Après deux ans de souffrance et de larmes,
Lorsque vous-même avez rompu nos nœuds,
Vous voulez bien me trouver quelques charmes,
Et vous venez me rapporter vos vœux !
De ses affronts mon âme enfin s'indigne;
Entre nous deux il n'est plus de lien;
De votre nom mon nom n'était pas digne,
Et votre cœur n'est plus digne du mien.

LE COMTE. Ainsi, Charlotte...

CHARLOTTE. Que vous dirai-je, monsieur le comte? mes sentimens...

LE COMTE. Sont à un autre, peut-être?.. (*Elle se tait.*) Ne pas répondre c'est tout dire !

SCENE XIII.

LE COMTE, CHARLOTTE, BERTRAND, MADAME DUTOUR, PIERRE.

CHARLOTTE. Mon père, on vous rend votre fille.

PIERRE. Quoi !.. tu sais tout?

CHARLOTTE. Oui !..... Ce papier que M. le comte vous a remis...

BERTRAND. Le voilà.

MADAME DUTOUR. Mais savez-vous ce qui se passe? regardez donc par la fenêtre?

PIERRE. Eh bien ! c'est un mariage à l'église en face.

LE COMTE, *se levant.* Un mariage !... Ils vont promettre de s'aimer toujours !... Quels sont les fous qui peuvent faire de semblables promesses quand la plus sage même n'a pu les tenir ; quand l'amour de Charlotte a cessé !

CHARLOTTE. C'est vous qui l'avez voulu.

LE COMTE. Elle signe !...

CHARLOTTE. Adieu, monsieur le comte.

LE COMTE. J'ai tout perdu, et par ma faute !

FIN.

IMPRIMERIE DE DONDEY-DUPRÉ, RUE SAINT-LOUIS, 46, AU MARAIS.

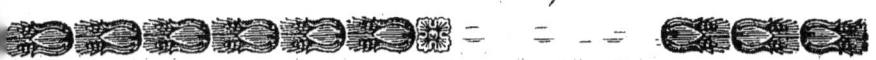

LES ENRAGÉS,

TABLEAU VILLAGEOIS EN UN ACTE,

Par MM. Brazier et Dartois,

REPRÉSENTÉ POUR LA PREMIÈRE FOIS, A PARIS, SUR LE THÉATRE DES VARIÉTÉS,
LE **20 OCTOBRE 1829**.

PERSONNAGES.	ACTEURS.	PERSONNAGES.	ACTEURS.
Mme CATHERINE, jeune fermière......	Mlle PAULINE.	HUBERT, soldat artilleur.....	M. VERNET.
AGATHE, sa servante........	Mme LAFONT.	PAYSANS,	
CHRISTOPHE, garçon de ferme.	M. ODRY.	PAYSANNES.	

La scène se passe dans un village des environs de Noyon.

Le théâtre représente un hameau. A gauche l'entrée d'une ferme. Sur le premier plan tenant à la ferme, la porte d'une grange avec une fenêtre de grenier à foin au-dessus ; à droite, des arbres.

SCÈNE PREMIÈRE.

AGATHE, *sortant de la grange en parlant à la cantonnade.*

Vous m'ennuyez, monsieur Christophe !.. Eh bien ! je suis méchante ! eh bien ! oui, je suis méchante pour vous, parce que vous êtes toujours sur mes talons... Vous devez m'épouser ?... le plus souvent... il n'y a encore rien de fait... Restez à votre ouvrage, ou sans ça, je m'enfuis d'un autre côté... d'ailleurs, je vais fermer la porte en dehors... (*Elle la ferme.*) Ah ! que ce garçon-là est tannant et bête !... ah ! bête !... Il sait que je ne l'aime pas... eh bien ! il s'entête à vouloir m'épouser... il ne sait pas ce qu'il risque, c'est Mme Catherine, notre fermière, qui lui a fourré ça dans la tête, parce qu'il y a un an, Christophe la sauva pendant l'incendie qui a consumé la grange... mais encore, s'il avait quelque chose pour plaire, j'suis pas ben difficile, s'il était seul'ment galant, bien fait, aimable... on verrait... mais il n'a que la bourgeoise à la bouche ; quand il a dit la bourgeoise, il a tout dit.

Suppl.

AIR *de Catinat.*

Quand je lui dis que je n' l'aim' pas,
Y m' dit qu' la bourgeois' veut qu' je l'aime,
Quand j' lui défends d' suivre mes pas,
La bourgeoise le veut de même...
Que veut-on que j' pens' d'après ça,
D'un animal que rien n'dégoise,
Et qui sans dout' ne m'épousera
Qu' pour fair' plaisir à la bourgeoise.

(*Elle se frotte les mains.*)

Nous verrons !.. nous verrons.

SCÈNE II.

AGATHE, CATHERINE.

CATHERINE, *appelant.* Agathe ! Agathe ! Ah ! te voilà ici : je te croyais avec Christophe.

AGATHE. Merci, madame Catherine ! mais, vous voulez donc que je n'sois pas un moment sans lui ?

CATHERINE. Ecoute, Agathe : tu es une bonne fille, tu m'as été confiée par tes parens qui sont pauvres, et je me suis chargée de ton sort à condition que tu m'obéirais en tout, et que je pourrais disposer de toi... Je ne désire que ton bien, et c'est pour ça que je veux te marier avec Christophe.

AGATHE. Le bien que vous me voulez me ferait bien plus d'plaisir en me mariant avec un autre, madame Catherine.

CATHERINE. Christophe est un garçon brave et honnête.

AGATHE. J'en conviens.

CATHERINE. Qui travaille comme quatre.

AGATHE. C'est juste.

CATHERINE. Qui laboure comme un cheval.

AGATHE. Est-c' qu'on prend un mari pour le faire labourer?

CATHERINE. On prend un mari pour qu'il fasse tout.

AGATHE. Il y a une chose que Christophe ne pourra jamais faire; c'est d' se faire aimer de moi, toujours.

CATHERINE. Pourquoi?

AGATHE. Parc' que d'abord il est laid.

CATHERINE. Mais pas trop...

AGATHE. Pas trop... mais assez... ensuite, il est bête.

CATHERINE. C'est ça qui t'effraie? tu es encore joliment arriérée. Ecoute, crois-tu que je m'y connaisse?..

AGATHE, *riant*. Dam!... vous avez été mariée.

CATHERINE. Eh bien! il y a deux espèces de maris, la bonne espèce et la mauvaise.

AGATHE. Christophe sera d' la mauvaise.

CATHERINE. La bonne espèce, c'est les maris qui n'ont pas d'esprit.

AGATHE. Alors, Christophe sera de la bonne.

CATHERINE. La mauvaise espèce c'est les autres.

AGATHE. C'est égal... tout ça n'me tente pas... j' suis difficile; et j' veux aimer mon mari.

CATHERINE. Ça n'empêch' pas de l'aimer, petite nigaude... Tu sais aussi quel service Christophe m'a rendu; je lui dois la vie; sans lui, je périssais au milieu des flammes lors de l'incendie de ma grange.

AGATHE. Mon Dieu! madame Catherine,

je voudrais vous obliger; mais Christophe est aussi par trop pataud.

CATHERINE. Bah!

AIR : *On n'entre pas gratis.*

Allons, je n' te dis que ça;
Obéis-moi, ma chère!...

AGATHE.

Jamais je n' pourrais m' plaire
Avec ce nigaud-là.
J' veux un mari, madame,
Ardent comme un tison;
Et qui dans l'occasion
S' mette au feu pour sa femme.

CATHERINE, *riant*.

Puisqu'il s'y est mis pour moi,
Il s'y mettrait pour toi.

AGATHE.

Si l'on s' disait du moins :
C'est un homme incapable,
Mais on peut l'rendre aimable
Avec de petits soins.

CATHERINE, *la calmant*.

S'il n'faut qu'ça, chère amie,
Pour marier c'pauvr' garçon,
Je lui donn'rai leçon
D'amour et d'galanterie...
Je l'formerai pour toi.
Tu l'épous'ras pour moi.

(Elle appelle.)

Christophe !.. Christophe !

SCÈNE III.

LES MÊMES, CHRISTOPHE, *paraissant à la croisée du grenier.*

CHRISTOPHE. Me v'là, la bourgeoise!

CATHERINE. Qu'est-c' que tu fais dans l' grenier?

CHRISTOPHE. Dans le grenier... je fais des fagots et des bottes de foin.

CATHERINE. Descends ici.

CHRISTOPHE. J' peux pas... je suis t'enfermé, c'est encore un' niche de mamzelle Agathe... Voyons, Agathe !.. mettez-moi l'échelle... tendez-moi l'échelle.

AGATHE, *lui mettant l'échelle le long du mur.* Allons, la voilà l'échelle, imbécille!

CHRISTOPHE, *mettant le pied dessus.* Merci ! à c't'heure, tenez-la... j'ai pas envie de m' casser l' cou pour vous faire plaisir... Voyons.... voyons, pas d' bêtises, pas d'bêtises! calez l'échelle avec vot' pied... calez-la... calez-la.....

AGATHE, *à part.* Il est gentil, mon futur !

CHRISTOPHE, *descendant.* Pourvu que les échelons n'aillent pas casser... (*Il tombe sur le pied d'Agathe.*) N'a !... m'y v'là.

AGATHE, *jetant un cri et boitant.* Ah ! le vilain maladroit !

CATHERINE, *avec humeur.* Imbécille !... tu lui as fait mal.

CHRISTOPHE, *bêtement.* Tiens, c'est drôle... je m'en ai pas fait... Excusez, mamzelle... c'était pas sur votr' pied que j' voulais marcher.

AGATHE, *boitant.* C'est bon !... c'est bon !

CHRISTOPHE. Vous voyez bien que je n' l'y ai pas fait d' mal, puisqu'all dit qu' c'est bon.

CATHERINE, *impatientée.* En v'là assez !

CHRISTOPHE. J'ai pas envie d'r'commencer.

CATHERINE, *les prenant tous deux par la main.* Ecoutez, mes amis.

CHRISTOPHE, *ricanant.* Oh ! la bourgeoise qui m'appelle ses amis !

CATHERINE. Vous avez bien entendu parler de Pierre Hubert ?

CHRISTOPHE, *cherchant.* Pierre Hubert !

CATHERINE. Le fils du vieux garde-champêtre qui s'est engagé il y a six ans ?

CHRISTOPHE. Si je connaissais Pierre Hubert... je m'en rappelle qu'un jour... non, c'était un matin, oui, ma foi, c'était un jour ; il m' dit comme ça : quelle heure est-il, j' lui dis, je n' sais pas ; nous avons bien ri ce jour-là.

CATHERINE. Eh bien ! il est sur le point de r'venir.

CHRISTOPHE. Tiens, on avait dit qu'il était mort... mais puisqu'il revient, c'est qu' c'étaient des ment'ries.

CATHERINE. Il revient avec un grade.

CHRISTOPHE. Ah ! il ne revient pas seul ?

AGATHE. Taisez-vous donc, Christophe.

CATHERINE. Tais-toi donc... il revient et pour consoler son vieux père, je lui ai promis de l'épouser.

CHRISTOPHE. Ah ! c'te folie !.. Le vieux père d'Hubert est bien vieux !

CATHERINE. Eh ! non,.. c'est le fils Hubert dont je parle.

CHRISTOPHE. A la bonne heure.., car l' père est ben cassé... il est cassé comme tout... il est abîmé c' pauvre bonhomme ! Comme ça, vous allez vous r'marier ?

CATHERINE. Dam ! je m'ennuie d'être veuve, on dit qu'Hubert est bon soldat.

CHRISTOPHE. Et vous voulez avoir un mari qu'ait servi ?

CATHERINE. J'ai résolu de faire nos deux noces ensemble.

AGATHE. Je ne suis pas pressée. Faites d'abord la vôtre.

CHRISTOPHE. C'est poli pour moi, mais ça n'y f'ra de rien ; je vas t'être votre homme, vous allez t'être ma femme ; nous allons t'être mariés. Vous pourrez m'pincer, m'égratigner, m' donner des coups de poing toute la journée ; je vas donc connaître le vrai bonheur.

CATHERINE, *appuyant.* Bien entendu que je vous donne un coin de terre, et que j' vous établis fermiers.

CHRISTOPHE. C'est trop juste. Je m'marierais pas sans ça. Pas bête !

AGATHE. C'est galant !

CHRISTOPHE. J' sais pas faire d' complimens, moi ; c'est pas mon ouvrage, tant pis !

CATHERINE. Agathe te donnera de l'amabilité.

AGATHE. Oh ! ça n'est pas mon ouvrage non plus, tant pis !

Air de Léocadie.

Je sais laver à la fontaine,
Je sais repasser les bonnets,
Je sais tricoter des bas d'laine,
Je sais filer l'chanvre et vendr' les œufs frais,
J'sais faire encor couver les p'tits poulets.
J' sais battr' le beur', fair' le fromage ;
Quant aux enfans, j' les soigne assez..,
Qu'on n' m'en demand' pas davantage,
Car voilà tout ce que je sais.

CHRISTOPHE. Moi, c'est autre chose.

Même air.

Je sais remplir toutes mes tâches ;
Des champs je connais les travaux.
J' sais donner à manger aux vaches,
Je sais donner à boire aux ch'vaux,
Je sais soigner les ânes et les veaux,
Je sais mener à l'herb' nouvelle
Les p'tits moutons pour qu'ils soient engraissés.
N' me d'mandez pas autr' chose, mamzelle,
Car voilà, oui, voilà tout ce que je sais.
Je n' sais pas lir', mademoiselle,
Je n'sais pas écrire, mademoiselle,
Je n' sais pas calculer, mademoiselle.
Et voilà, oui, voilà tout ce que je sais.

CATHERINE. Tu peux à présent montrer tout l'amour que tu as pour Agathe.

CHRISTOPHE. Vous entendez c' que dit la bourgeoise, mamzelle Agathe. J' peux vous montrer tout mon amour, à dater d'à c' t'heure. Dites donc, la bourgeoise, comment qu'on fait pour montrer son amour, s'il vous plaît?

CATHERINE. Dam! as-tu de l'amour?

CHRISTOPHE. J' sais pas, puisque j' vous l' demande.

AGATHE, *vivement*. Madame Catherine, vous voyez bien qu'il ne m'aime pas.

CHRISTOPHE. J' dis pas ça, j' dis pas ça; je dis qu' j'ai pas encore d'amour pour vous, mais j'ai pas dit que j' vous aimais pas. Oh! moi, je n' vous aim'rais pas, vous qui m' faites des niches si gentilles, vous qui me r'poussez toujours quand j' vous approche, vous qui, hier encore, m'avez jeté deux échalas dans les jambes qui m'a fait tomber sur le nez, je vous ai- m'rais pas; qui donc que j'aim'rais pour lors?

CATHERINE. Allons, allons... vous êtes deux niais, et vous ferez un bon ménage. Christophe, il faut être galant.

CHRISTOPHE. Parbleu!

CATHERINE. Je t'autorise à rester avec Agathe, à la suivre partout.

AGATHE, *pleurant*. Ah! madame Cathe- rine.

CHRISTOPHE. Il le faut bien, pour que je vous montre mon amour.

CATHERINE. Agathe, tu me r'mercieras un jour de t'avoir donné Christophe pour mari.

AGATHE. Je n' crois pas.

CHRISTOPHE, *avec malice*. Ah? que si! Ah! que si!

AGATHE. Mais, madame Catherine...

CATHERINE, *avec sévérité*. En voilà assez.

AIR : *Heureux sous la loi*.

C'mariage est d'mon goût,
N'espérez pas que je fléchisse;
C'mariage est d' mon goût,
J'veux qu'on m'obéisse
Avant tout!

AGATHE, *à part*.

J' suis vraiment effrayée.
Jamais, je le sens là,
Je n' pourrai m' croir' mariée
Avec un homm' comm' ça. } (*bis*.

ENSEMBLE.

C' mariage est d'mon } goût.
C' mariage est d' son.
N'y a pas d'espoir qu'on la } fléchisse.
N'espérez pas que je
Etc., etc.

(Catherine sort.)

SCENE IV.

CHRISTOPHE, AGATHE.

CHRISTOPHE. Ah! ça, voyons, mam- zelle Agathe, vous avez entendu la bour- geoise, à présent entendons-nous. J' vous avertis que je suis déterminé à avoir de l'amour pour vous. Je crois que je suis disposé à avoir d' l'amour.

AGATHE. Et moi, j' suis disposée à ne jamais vous aimer.

CHRISTOPHE. Alors, ça n'est pas naturel; ou bien, c'est qu'vous avez une inclination qu'eut' part.

AGATHE. Du tout. Je n'vous aime pas, parc' que je n' vous trouve pas aimable.

CHRISTOPHE. Vous n' me trouvez pas aimable? ça n'est pas encore naturel; vous y mettez d' la mauvaise volonté.

AGATHE. Non, c'est mon cœur qui ne me dit rien pour vous.

CHRISTOPHE. Votre cœur est un enfant. Moi, je vous avertis que je ferai ce qu' voudra la bourgeoise. Tant pis si ça vous taquine.

AIR : *Vaudeville de Partie et Revanche*.

Dans le fond ce mariag' me flatte,
Quand j' pens' que j' vas vous épouser.
J' vous avouerai, ma p'tit' mamzelle Agathe,
Que ça commence à m'amuser;
Oui, ça commence à beaucoup m'amuser.

AGATHE.

Votre joie est un peu précoce.

(*A part.*)

Va, si c' mariag' se fait jamais,
Amus' toi bien avant la noce,
Car tu ne riras pas après.

Mais, voyons? Est-c' que vous ne pour- riez pas en épouser une autre à ma place?

CHRISTOPHE. Puisque la bourgeoise veut qu' ça soye vous. Moi, j'en épous'rais dix autres si l'on voulait. D'ailleurs, la- quelle qui m' conviendrait?

AGATHE. Voyons, cherchons!

CHRISTOPHE. Oui, ça y est, cherchons!

Voulez-vous m'donner l'bras pour que nous cherchions ensemble?

AGATHE. Nous avons d'abord la fille du père Petit?

CHRISTOPHE. Elle est trop grande ; j'en veux pas.

AGATHE. Il y a la nièce de m'sieur Legrand.

CHRISTOPHE. Elle est trop petite ; j'en veux pas non plus.

AGATHE. Eh ben! la fille de Richard le berger.

CHRISTOPHE. Ah! ben oui! Vous savez ben que l'chien d'son père est devenu enragé.

AGATHE. Qu'est-c' que ça fait?

CHRISTOPHE. Elle le caressait toujours.

AGATHE. Eh bien!

CHRISTOPHE. Eh bien! quand on caresse un animal comme ça, il en reste toujours queuqu' chose ; et on n'entend parler que d'enragés cette année. Oh! rien que l'idée, ça serait ma sœur, ma tante, ma cousine, ça s'rait vous-même, vous êtes pourtant gentille... eh bien! je ne vous toucherais pas du bout des doigts.

AGATHE. Poltron!

CHRISTOPHE. Mais vous n'êtes pas la fille du berger. J'ai pas peur.

(Il lui prend la main.)

AGATHE, *la retirant et jetant un cri.* Ah!

CHRISTOPHE. Quoi donc? je vous ai fait mal à la main?

AGATHE, *embarrassée.* Oui.

CHRISTOPHE, *bêtement.* Vous vous êtes coupée?

AGATHE, *avec malice.* Non! c'est qu'hier, en jouant avec le caniche du voisin Roussel...

CHRISTOPHE, *effrayé.* Il vous a mordu?

AGATHE, *vivement.* Oh! un petit peu... Ça n'est rien.

CHRISTOPHE, *criant.* Dieu! vous avez été mordue.

AGATHE, *allant à lui vivement.* Eh bien! oui! oui! quoi! j'ai été mordue.

CHRISTOPHE, *effrayé, reculant.* Ne me touchez pas.

AGATHE, *plus vivement.* Est-ce que je vous fais peur à présent?

CHRISTOPHE, *reculant.* Non! mais vous me faites trembler!

AGATHE, *allant toujours à lui.*

AIR : *Et voilà comme tout s'arrange.*
Allons, donnez-moi donc la main.

CHRISTOPHE, *reculant.*
Quel malheur! un' fill' si jolie!

AGATHE, *avançant.*
Faut aller ensemble au jardin.

CHRISTOPHE, *reculant.*
Ne m'approchez pas, ou je crie.

AGATHE, *avec douceur.*
Pourquo donc ainsi me r'pousser?
Vous voyez qu' je n'suis pas changée.
Je vous permets de m'embrasse.

CHRISTOPHE.
Elle consent à m'embrasser...
Il faut qu'elle soit enragée.
Plus de doute, elle est enragée.

(Il se sauve.)

AGATHE, *courant aprés lui.* Christophe! Christophe!

CHRISTOPHE, *se sauvant.* Au secours! au secours!

●●●●●●●●●●●●●●●●●●●●●●●●●●●●●●●●●●

SCENE V.

AGATHE, *seule, riant.*

Ah! ah! ah! par exemple! j'ai eu là un' bonne idée! ça m'est venu sans y penser... c'est bon pour m'débarrasser de lui. C'est Minette qui m'a donné hier un coup de griffe, et il s'imagine... Il faut convenir que c'pauvre Christophe est joliment crédule, et quand il sera marié... j'ai peut-être tort de n'pas en vouloir ; car enfin, un mari confiant, ça n'est pas à dédaigner. Oh! si j'étais forcée d'épouser Christophe, je serais bien tranquille, je ne craindrais pas les cancans avec lui.

AIR : *Il dort toujours.*

Il me croirait, (*bis.*)
A cela je mettrais ma gloire.
Femme a toujours un mensong' prêt,
Qu'il faut qu'un mari sache croire.
Il me croirait. (*bis.*)

Il me croirait. (*bis.*)
La confiance a tant de charmes ;
Et si la parol' me manquait,
J'aurais bientôt trouvé queuqu's larmes.
Il me croirait. (*bis.*)

HUBERT, *entrant.* Ah! m'y voilà.

AGATHE. Tiens, voilà un militaire.

〜〜〜〜〜〜〜〜〜〜〜〜〜〜〜〜〜〜〜〜〜〜〜〜〜〜

SCÈNE VI.

AGATHE, HUBERT, *en artilleur.*

HUBERT.

AIR : *Et pourtant papa.*

Allons, du courage ;
A force d' marcher,
J'ai de mon village
Retrouvé l'clocher.
L' vin n' me fait pas peur !
Et dans l' voisinage
J' vas pointer l' meilleur.
Je suis artilleur. (*Quatre fois.*)

AGATHE, *voulant rentrer.* Ce garçon me paraît bien gai.

HUBERT, *lui barrant le chemin.* Pardon, jeun' fille, on peut vous embrasser, si je n' m'abuse ?

AGATHE. Finissez.

HUBERT.

Même air.

Mettez-y d' la grâce,
Puisque vous voici ;
Faut que j' vous embrasse
La premier' d'ici.
Allons, d' la douceur ;

(*Voulant l'embrasser.*)

Pas d' cri, pas d' grimace,
L' bruit n' me fait pas peur
Je suis artilleur. (*Quatre fois.*)

C'est une payse !

AGATHE, *lui donnant un soufflet.* Attrape !

HUBERT. Je n' me suis pas assez méfié de la payse.

AGATHE. Pardon, monsieur le militaire, je croyais que c'était un autre.

HUBERT. C'était pas un' raison pour taper si fort.

AGATHE. Je croyais qu' c'était un ami ; mais c'est votre faute, est-ce qu'on embrasse comme ça une fille qu'on n' connaît pas ?

HUBERT. C'est pour faire connaissance.

AGATHE, *le regardant en dessous.* Oh ! c'est différent, il n'est pas mal.

HUBERT. Je suis Français et guerrier, c'est dire que la beauté doit avoir ma première effusion, et que la gloire et la victoire doivent me suivre partout, dans les amours comme dans les combats ; ici, je suis dans le département des amours, si je ne m'abuse.

AGATHE, *à part.* Comme il parle bien !

HUBERT. Le myrthe et le laurier s'enlacent sur mon front, et je reviens dans mon village pour conjuguer.

AGATHE. Quoi ! vous êtes Pierre Hubert, le fils du garde-champêtre ?

HUBERT. Oui, mademoiselle, Pierre Hubert est mon père, si je n' m'abuse !

AGATHE, *criant.* Madame Catherine ! madame Catherine !

(*Elle rentre dans la ferme.*)

〜〜〜〜〜〜〜〜〜〜〜〜〜〜〜〜〜〜〜〜〜〜〜〜〜〜

SCÈNE VII.

HUBERT, CHRISTOPHE ; *il paraît au moment où Agathe entre dans la ferme.*

CHRISTOPHE. Ah ! la voilà qui rentre dans la ferme comme un' furieuse.

HUBERT. C'est un joli brin d' fille !

CHRISTOPHE. J'ai pas pu trouver madame Catherine pour l'avertir. (*Apercevant Hubert.*) Je m' trompe pas, c'est un militaire.

HUBERT, *allant à lui.* C'est Christophe !

(*Il lui serre la main.*)

CHRISTOPHE. Tiens ! c'est m'sieu Hubert ! Dieu ! que vous êtes devenu bel homme !

HUBERT. Je n' pouvais pas faire autrement.

AIR *de Plantade.*

C'est le servic' qui forme
Le physiqu' et l'moral ;
Avec un uniforme
Tout s'dév'loppe au total.
Je march' dans la carrière
Depuis cinq ans seul'ment ; (*bis*)
J'n'ai plus qu'un pas à faire (*bis*)
Pour avoir de l'avancement.
Plan, plan, etc.

2e COUPLET.

L'amour m'est nécessaire ;
Les femm's ont tous mes vœux.
Cell' que j'vois la dernière
Est cell' que j'aim' le mieux.
Mais jamais stationnaire
Quand j'peins mon sentiment, (*bis*)
Près d'ma particulière (*bis*)
Il m'faut l'avancement.
Plan, plan, etc.

CHRISTOPHE, *ôtant son chapeau.* Ah !

a, dites donc, vous allez être notre bourgeois?

HUBERT. Comment?

CHRISTOPHE. Puisque vous épousez ma bourgeoise! J'étais sur l'point d'faire comm' vous, mais il est arrivé un p'tit malheur à ma future. A propos de ça, n'avez-vous pas aperçu c'te jeunesse qu'est entrée dans la ferme tout-à-l'heure?

HUBERT. Je crois bien que je l'ai aperçue; j'ai causé avec elle.

CHRISTOPHE, *effrayé*. Vous avez causé avec elle, et vous a-t-elle touché?

HUBERT. Je t'en réponds qu'elle m'a touché; elle a voulu me sauter aux yeux, d'abord...

CHRISTOPHE. Elle ne vous a pas mordu?

HUBERT. Pourquoi veux-tu qu'elle m'ait mordu?

CHRISTOPHE. J'ai des raisons pour vous demander ça.

HUBERT. Tu veux faire le farceur, si je ne m'abuse?

CHRISTOPHE. Vous vous abusez, artilleur; pour en revenir à nos moutons, avez-vous été mordu par la jeune fille?

HUBERT. Ah! ça, paysan, est-ce que tu aurais l'envie de m'faire enrager?

CHRISTOPHE. Enragé! du tout... ce n'est pas moi. (*A part.*) Faut que j'lui tende un piége. (*Haut.*) Eh! bien, artilleur, est-ce que nous n'songeons pas à nous rafraîchir? nous avons d'l'eau excellente ici.

HUBERT. De l'eau! canard, fi donc! je ne peux pas sentir l'eau.

CHRISTOPHE. Vous avez de la répugnance pour l'eau?

HUBERT. J'ai de l'horreur!

CHRISTOPHE. De l'horreur. (*A part.*) Holà! il va avoir un accès! Ah! tu n'aimes pas l'eau.

(Il chante en s'en allant.)

Je vais aller trouver monsieur son père
Tout le long, le long, le long de la rivière.

(Il disparaît.)

HUBERT. Eh bien! où donc est-il?

SCENE VIII.

HUBERT, AGATHE, *sortant de la ferme.*

AGATHE. Mme Catherine n'est pas à la ferme; tiens, vous êtes encore là?

HUBERT. Je vous attendais; mais dites-moi un peu, la belle enfant, est-ce que Christophe est devenu fou?

AGATHE. C'est bien possible, il veut m'épouser.

HUBERT. Ah! c'est vous qui êtes sa future?... mais il dit qu'il vous est arrivé un malheur.

AGATHE, *riant.* Un malheur... ah! ah! ah!... il s'imagine que je suis enragée!

HUBERT. Heim!

AGATHE. Est-ce que vous le croyez aussi?

HUBERT. Pas si bête! C'est donc ça qu'il me demandait si vous ne m'aviez pas mordu? Il paraît que ça gagne ce pays aussi! Figurez-vous qu'à Paris, ousque j'ai passé deux jours, c'est une rage.

AIR : *Vaudeville de l'Actrice.*

Tous les enragés sont en course;
Il en arrive de toute part;
Y en a sur la place de la Bourse,
Au Vaudeville, au boulevart;
Pour l'avenir, il est à craindre
Qu'on ne veuille plus s'faire comédien;
Car les acteurs commenc't à s'plaindre
Qu'on leur fait faire un métier d'chien.

AGATHE. Si ça fait du bien à leurs comédies?

HUBERT. Ça les fait mousser, comme ils disent.

AGATHE. Moi, ça m'a bien réussi, car ça me débarrasse de Christophe.

HUBERT. Vous ne l'aimez pas beaucoup, si je ne m'abuse?

AGATHE. Je ne l'aime pas du tout; et quand il sera mon mari, je l'aimerai encore moins... Le raisonnement que je me fais est assez raisonnable, voyez si je n'ai pas raison.

AIR : *Ah! vous avez des droits superbes.*

J'suis un' bonn' fille et j'aime à rire
Sur l'hymen qui m'offre sa loi,
Je n'sais rien encor; je puis dire,
Et Christoph' n'en sait pas plus qu'moi.
Je voudrais perdre mon ignorance;
S'instruire est si doux et si beau!
On ne se mari' pas, je pense,
Pour ne rien savoir de nouveau.

HUBERT. C'est juste, vous voulez savoir. Eh bien! jeunesse, je me charge d'votre éducation.

AGATHE, *soupirant*. Ah! je crois que je profiterais avec vous, mais ça n'se peut pas; vous épousez Mme Catherine, et vous ne pouvez pas avoir deux femmes; d'ailleurs, ça n'm'arrangerait pas.

HUBERT. C'est vrai! je n'peux pas cumuler. Oh! mais l'artilleur sait vaincre la difficulté, et je vous promettrais bien de n'épouser que vous, si vous vouliez me donner un gage d'amour.

AGATHE. Je n'ai rien à vous donner.

HUBERT. Oh! que si!... si je ne m'abuse!... Vous pourriez me donner un doux regard ou un mot d'espoir, un sourire flatteur ou autre... Et cette main qui tout-à-l'heure m'a effleuré.

AGATHE. Ma main!

DUO *de Beancourt.*

J'suis la plus sage
De ce village;
Mais vot' langage,
Sans pein' va là.
Cett' main, sans m'surprendre,
Vous pouvez la prendre,
Mais je n'donn' que ça.

      (*Il lui prend la main.*)

ENSEMBLE.

HUBERT.

Cett' main, moi, je la prends toujours,
C'est un à-compte pour les amours.

AGATHE.

Comment n'pas aimer ce discours!
J'voudrais qu'il me parlât toujours.

      (*Il lui baise la main.*)

J'suis la plus sage
De ce village.

UBERT.

Un autre gage
M'attachera...
Qu'un baiser bien tendre...

AGATHE.

Vous pouvez le prendre,
Mais je n'donn' que ça!

      (*Il l'embrasse.*)

ENSEMBLE.

HUBERT.

C'baiser, moi, je le prends toujours,
C'est un à-compte pour les amours.

AGATHE.

Comment n'pas aimer ce discours!
Ainsi parlera-t-il toujours?

CATHERINE, *en dehors*. Où est-il? où est-il?

AGATHE, *effrayée*. Voilà Mme Catherine.

HUBERT. Vous allez voir comme je vais la recevoir froidement.

SCÈNE IX.

LES MÊMES, CATHERINE.

CATHERINE, *gaîment*. Où est-il?... on l'a vu passer dans le village... Eh! le voilà; bonjour, bonjour, monsieur Hubert!

HUBERT, *embarrassé*. Madame Catherine!

CATHERINE. Allons, allons, mon garçon, tu es un brave.

HUBERT, *à part*. C'est une jolie veuve!

CATHERINE, *lui tendant les bras*. Viens, m'embrasser, viens m'embrasser, mon garçon.

HUBERT. Avec plaisir; je n'peux pas résister à ça.

      (*Il l'embrasse.*)

AGATHE, *à part*. Tiens, il l'embrasse des deux côtés; si c'est comme ça qu'il y va froidement.

CATHERINE, *avec abandon*. Comme vous me r'gardez, monsieur Hubert! N'est-ce pas qu'il est bien agréable pour un soldat, en revenant dans son village, de trouver une femme toute prête à épouser, et une bonne ferme à faire valoir?

HUBERT, *caressant sa moustache*. C'est vrai, que c'est attrayant! (*Bas à Agathe.*) Je n'peux pas dire l'contraire.

CATHERINE, *lui montrant la ferme*. Voilà la ferme.

HUBERT. Elle doit être d'un bon produit.

CATHERINE, *lui tendant la main*. Et voilà la fermière.

HUBERT. La fermière est comme la ferme, si je ne m'abuse. (*A part.*) Cett' femme est entraînante.

CATHERINE. Ah! mon cher ami, vous faites bien d'arriver; tout est prêt pour notre mariage.

HUBERT. Quand vous voudrez, madame Catherine! le plus tôt sera...

AGATHE, *bas à Hubert.* Qu'est-c' que vous dites donc là?

HUBERT.

AIR : *J'ai de l'argent.*

J'suis soldat, (*bis.*)
Il faut que j'fass' mon état.
J'suis soldat, (*bis.*)
J'vais partout comme au combat.

CATHERINE.

Vous me trouvez donc d'votr' goût?

HUBERT.

J'aim' les veuv's par dessus tout.

AGATHE, *bas à Hubert.*

Mais vous v'nez de m'dire ici...

HUBERT, *bas à Agathe.*

Les jeun's fill's me plais'nt aussi...
J'suis soldat, etc. (*bis.*)

CATHERINE.

Vous m'trouvez donc sans défaut?

HUBERT.

Vous êt's la femm' qu'il me faut,
Et j'vous l'prouv'rai joliment.

AGATHE, *bas à Hubert.*

Mais vous v'nez d' m'en dir' autant.

HUBERT, *bas à Agathe.*

J'suis soldat! etc. (*bis.*)

CATHERINE.

Vous savez que j'ai du bien?

HUBERT.

Ça n' me décid'rait en rien,
Je prends votr' cœur avant tout.

AGATHE, *bas à Hubert.*

Vous en prenez donc partout?

HUBERT.

J' suis soldat! etc. (*bis.*)

Oui, agréable veuve! je trouve en vous l'amour, la fidélité... la vertu...

AGATHE, *le tire par son habit.* Encore!

HUBERT, *à part.* J'crois que j'm'abuse.

CATHERINE, *à Hubert.* Ah! ça, voyons, au moment d'être heureux, on dirait que vous avez quelque chose qui vous retient.

AGATHE, *lâchant son habit.* Oh! là! là!

HUBERT, *embarrassé.* Ce qui me retient, c'est-à-dire ce qui me retenait... L'artilleur est entre deux feux.

CATHERINE, *froidement.* Expliquez-vous, monsieur Hubert.

AGATHE, *de même.* Oui, parlez, monsieur, il ne faut tromper personne.

HUBERT. Vous le voulez, apprenez qu' vous voyez un bigame.

AGATHE. Un bigame!

CATHERINE. Vous êtes marié avec deux femmes?

HUBERT. Je ne le suis pas de fait, mais je l'suis d'intention, et si la chose pouvait s'arranger, je s'rais capable...

CATHERINE, *étonnée.* V'là du nouveau, par exemple!

HUBERT. Oui, c'est du nouveau! l'inflammation a eu lieu tout-à-l'heure.

CATHERINE. Et les deux femmes?

HUBERT, *à part.* Un détour adroit. (*Haut.*) Les deux femmes sont ici présentes.

CATHERINE. Quoi! c'est Agathe?

AGATHE. Oui, madame Catherine; mais ça n'est pas ma faute.

HUBERT. C'est vrai que je l'ai embrassée, nonobstant sa défense.

CATHERINE, *sévèrement.* Vous l'avez embrassée; Agathe, rentrez à la ferme, et préparez-vous à me quitter; dès aujourd'hui vous n'êtes plus à mon service.

AGATHE, *pleurant.* Comment, vous me remerciez!

CATHERINE, *en colère.* Je n' vous remercie pas... j' vous renvoie; qui est-c' qui s'en serait douté!... avec son air d'innocence, comme ça trompe!... Ah! il vous faut un uniforme.

AIR : *Adieu, je vous fuis, bois charmant.*

Vous sortirez d' chez moi ce soir,
Contre vous je suis furieuse.

AGATHE, *pleurant.*

Vous r'grett'rez de n' plus avoir
Une aussi bonne travailleuse...

CATHERINE.

Jamais je n' vous pardonn'rai c'la,
S' faire embrasser d' celui que j'aime!
Mamsell', pour travailler comm' ça,
J' f'rai bien mon ouvrage moi-même.

HUBERT, *à part.* La veuve tient à m' posséder, si je ne m'abuse.

CATHERINE, *à Hubert.* Hubert, allez

trouver votre père; tout l' village va se rendre ici! nous vous attendrons pour signer.

HUBERT, *à Agathe.* Agathe, si j'avais été votre mari, vous auriez eu d' la satisfaction. (*A Catherine.*) Puisque je s'rai à vous, madame Catherine, vous aurez du contentement; adieu!

(Il sort en chantant : Je suis soldat., etc.)

AGATHE, *à part.* C'est bien consolant pour moi.

(Elle rentre.)

SCENE X.

CATHERINE, *seule.*

Me voilà bien, moi, avec mes deux mariages. C'pauvre Christophe, que je m'étais fait un' fête d'établir. Je ne le donn'rai pas maintenant à Agathe; je n'ai pas envie qu'il soit malheureux; cette petit' sotte n'a jamais eu l'adresse de le dégourdir. Ah! une idée! si j'essayais, moi; au fait, pourquoi pas? Christophe n'est pas beau, c'est vrai! mais il est bon, il est au courant de l'ouvrage, il connaît le trantran d'un' ferme; justement le voici, essayons. Qu'est-c' que je risque?

SCENE XI.

CATHERINE, CHRISTOPHE, *accourant.*

CHRISTOPHE. Madame Catherine!... enfin, j' vous découvre, je trotte après vous d'puis une heure; il faut que j' vous prévienne que mamzell' Agathe et votr' prétendu...

CATHERINE. Comment, tu sais tout ça?

CHRISTOPHE. Tiens, je crois bien que j' sais tout ça! Je les ai vus tous les deux, et ensemble, encore, et j'ai couru un fier danger. (*A part.*) Un coup de dent est sitôt donné, hein!

CATHERINE. Il ne faut plus songer à Agathe, tu sens bien que je n' veux plus qu' tu l'épouses.

CHRISTOPHE. Il n'y a pas d' risque! une petite enragée comm' ça!

CATHERINE. Mais il te faut une autre femme.

CHRISTOPHE. Il y en a d'autres, il y en a pour tout le monde, des femmes.

CATHERINE. Oui, mais je veux qu' la tienne soit une bonne femme.

CHRISTOPHE. Ah! vous voulez qu'ell' soit bonne? c'est plus difficile à trouver, pas vrai?

CATHERINE. Pas si difficile que tu crois.

CHRISTOPHE. Vous croyez! (*Il la regarde.*) Dieu! qu'ell' paire de z'yeux elle a la bourgeoise!

CATHERINE, *lui prenant la main.* Mon cher Christophe.

CHRISTOPHE, *à part.* Elle a la main et l'organe douces, la bourgeoise.

CATHERINE. Pourquoi les dimanches, à la danse, ne m'as-tu jamais invitée à danser?

CHRISTOPHE, *balbutiant.* C'est que, c'est que... Ça n'est pas pour un autre motif, la bourgeoise.

CATHERINE. Pour quel motif?

CHRISTOPHE. C'est pas l'embarras, j' vous aurais bien fait danser comme une autre, mais c'est qu' j'aurais pas osé vous prendre comme nous faisons avec les jeunes filles vulgaires.

CATHERINE, *avec intention.* Mais, quand tu m'as sauvée de l'incendie, tu n'as pas eu peur de ça.

CHRISTOPHE. Oh! non, je vous ai saisitte par-là. (*Il lui prend la taille, et se retire tout confus.*) Oh! ça brûle! ousque je vas donc?

CATHERINE. Eh bien! je veux qu' nous dansions ensemble, et je veux que tu m'engages à l'instant même pour ce soir. (*Elle va s'asseoir sur une chaise.*) Tiens, je suppose que j' suis assise avec toutes les jeunes filles, allons, viens me prier comme tu fais avec les autres.

CHRISTOPHE, *ricanant.* Oh! oh! c'est bête, ça; c'est égal, je vas le faire tout d' même. (*Il va à elle d'un air gauche, lui prend les deux mains, et lui dit en l'attirant à lui :*) Mamzelle, je vous r'tiens pour la première contredanse.

CATHERINE *se lève, passe son bras dans celui de Christophe, et prend un air très-doux.* Bien volontiers, monsieur Christophe.

CHRISTOPHE, *s'arrêtant en tenant le bras de Catherine.* (*A part.*) Ah! mon Dieu! qu'est-c' que j' sens-là?... Mon cœur fait le saut d' carpe, comme un goujon dans la poêle.

Air : *Ah ! que j' suis bien, etc.*

Ah ! comm' ça bat ! (*bis.*)
Ah ! mon Dieu, la bourgeoise.
Ah ! comm' ça bat. (*bis.*)
J' suis dans un drôl' d'état.

CATHERINE, *à part.*

Le v'là qui s' dégoise.

CHRISTOPHE.

Oh ! la p'tit' sournoise.

CATHERINE, *à part.*

Le pauvre garçon !
En tient cette fois pour tout d' bon.

CHRISTOPHE, *à part*

Dieu ! comme elle me toise !
Ell' va m' chercher noise ;
Ses petits yeux brillans
Commenc'nt à dev'nir effrayans !

CATHERINE, *à part, riant.*

C'est qu'il en reste de là,
Comme en revenant de Pontoise.
Je suis sûre que v'là
La premièr' fois qu'il éprouve cela

CHRISTOPHE.

Je me sens tout changé.
Je vous en préviens la bourgeoise
Sauvez-vous, car j'ai
Une frayeur d'être enragé !
Ah ! comme ça bat ! etc., etc, (*bis.*)

CATHERINE, *le cajolant.* Je danserai tant
que vous voudrez avec vous, monsieur
Christophe.

CHRISTOPHE, *la faisant sauter.* Tant que
j' voudrai, ah ! ah ! j'ai des vertigos qui
m'passent par la tête.

CATHERINE. Je te promets de ne danser
qu'avec toi.

CHRISTOPHE, *avec passion.* Qu'avec moi,
madame Catherine, sauvez-vous, sauvez-
vous, j' vas vous mordre, j' vas faire comme
les enragés de Paris, je vas me mettre à
quatre pattes, je vas grincer des dents, je
vas me jeter par la fenêtre.

CATHERINE. Il me fait peur.

CHRISTOPHE. La bourgeoise ! j'ai envie
de vous embrasser.

CATHERINE. Ah ! alors tu ne me fais plus
peur.

SCENE XII.

LES MÊMES ; AGATHE, *sortant de la ferme,
avec un paquet au bout d'un bâton ; elle
voit Christophe embrassant Catherine.*

AGATHE. Que vois-je ?

HUBERT, *paraissant dans le fond, et voyant
Christophe embrassant Catherine.* Est-c' que
j' m'abuse ?
(Il disparaît.)

CHRISTOPHE. V'là quelqu'un.

CATHERINE. C'est vous, Agathe !

CHRISTOPHE. Ne dites pas que je suis là !

AGATHE. N' vous dérangez pas, madame
Catherine ! c'est moi que j' pars ; mais ce
qui me console, c'est que l' baiser que j'ai
reçu de votre futur, mon fiancé vient
d' vous l' rendre.

CHRISTOPHE. Alors, vous êtes quittes.

AGATHE, *pleurant.* Adieu, madame Catherine !

CATHERINE. Restez, Agathe !
(On entend la ritournelle.)

CHRISTOPHE. Qu'est-c' que c'est que ça !

CATHERINE, *à Agathe.*

Air : *Contredanse de la semaine des amours.*

C'est l' galoubet, c'est le tambour
Avec tout le village ;
Qui vienn'nt pour fêter en ce jour
Et l'hymen et l'amour.

CHRISTOPHE.

Ah ! craignez à votre tour
La rage
Qui me ravage.

CATHERINE.

Va, c' n'est pas un accès d' rage

AGATHE.

C'est un accès d'amour.

SCENE XIII.

LES MÊMES, HUBERT, MUSICIENS,
PAYSANS, PAYSANNES.

CHŒUR.

C'est l' galoubet, etc., etc.

HUBERT, *arrivant en désordre.* Il faut
que je le trouve, il faut que je me venge !

TOUS LES VILLAGEOIS. Qu'est-ce que c'est, monsieur Hubert?

HUBERT. Mes amis, je suis dans un accès de rage!

CHRISTOPHE. Là! je ne lui fais pas dire! Entourez-moi, braves villageois!

TOUS, *à Christophe.* Est-ce qu'il est fou?

CHRISTOPHE.

AIR : *Garde à vous.*

Garde à vous! (*bis.*)
Voilà la catastrophe!

TOUS.

Qne veut dire Christophe?

CHRISTOPHE.

Redoutez son courroux!
Garde à vous! (*ter.*)

HUBERT.

Que chacun soit tranquille!
Je n' cherch' qu'un imbécille.

CHRISTOPHE.

Il m'a r'gardé, je crois,
Garde à moi!

HUBERT, *saisissant la main de Christophe.*
C'est à Christophe que j'en veux! j'ai une dent contre toi.

CHRISTOPHE. Ne mordez pas!

HUBERT. Tu es un libertin, un séducteur, si je n' m'abuse!

TOUS. Qu'a-t-il fait?

HUBERT. Il va épouser Agathe et il a embrassé ma prétendue, tu m'en feras raison.

AGATHE. Mais, monsieur Hubert, il ne faut pas le tuer pour ça! Vous m'avez bien embrassé, vous! s'il vous provoquait?

CHRISTOPHE. Oui, si je vous provoquais!

HUBERT. Tu me provoques? eh bien! alignons.

CHRISTOPHE. Non, j'ai dit : si je vous provoquais! mais je ne vous provoque pas; seulement ne mordez pas!

HUBERT. Dindon!

CHRISTOPHE. J'aime mieux ça!

CATHERINE. Allons, monsieur Hubert, pas de bataille un jour de noce!

HUBERT, *à part.* La veuve est encore singulière.

CATHERINE. Monsieur Hubert, vous ne devez voir ici que des amis; j'ai vot' parole, vous m'appartenez, par ainsi, faisons

la paix, et tapez là dedans! v'là vot' femme!

(*Elle lui met la main dans celle d'Agathe.*)

TOUS. Est-ce bien possible?

AGATHE. Est-ce bien possible! que vous êtes aimable, madame Catherine!

AIR : *Tyrolienne de Guillaume Tell.*

Vous me donnez ce mari-là;
Ah! ah! ah! ah!
Qu'est-c' que j' sens là!
Déjà
A ce mot là,
L' chagrin s'en va.
Ah! ah! ah! ah!
Tout c' qui plaira
Est là.

J'aime l'ouvrage,
J' connais ton courage;
Dans not' ménage,
Comm' tout marchera.
Ah! ah! ah! ah!

ENSEMBLE.

LE CHŒUR.

Puisqu'elle prend ce mari-là,
La constance,
Je le pense,
Les fixera.
Leur tendresse
Intéresse,
Leur sagesse
Brillera.
Que l'ivresse qu'ils ont là
Dure sans cess ;   } (*bis.*)
On l'imitera.   }

Elle aime l'ouvrage,
Il a du courage,
Dans leur ménage,
Comm' tout marchera!

AGATHE.

Vous me donnez ce mari-là,
Ah! ah! ah! ah!
Qu'est-c' que j' sens là?
Déjà
A ce mot-là,
L' chagrin s'en va.
Ah! ah! ah! ah!
Tout c' qui plaira
Est là.
Cett' famill' là,
Ah! ah! ah! ah!
S'augmentera,
Ah! ah! ah! ah!
Toujours pour ça,
Ah! ah! ah! ah!
L'amour s'ra là.

J'aime l'ouvrage,
J' connais ton courage;
Dans not' ménage,
Comm' tout marchera !

CATHERINE. Et moi, j'épouse Christophe.

CHRISTOPHE. Ça y est, vous serez toujours la bourgeoise.

HUBERT. Tu vois que personne n'est enragé.

CATHERINE. Et que tout le monde est amoureux.

AGATHE. C'est plus gentil.

CHRISTOPHE. C'est égal, je ne voudrais pas être à sa place; pourvu que la nuit de ses noces, elle n'aille pas le mordre à la joue!

CHŒUR.

AIR : d'Adam

Puisque { nous entrons / vous entrez } en ménage,
Heureux époux { moquons-nous / moquez-vous } des caucans

Il faut { nous / vous } aimer à la rage,
Pour faire enrager les méchans.

AGATHE, au public.

Air, vaudeville du *Château perdu.*

Dans les ballets, comm' dans les mélodrames,
On met partout le sentiment au jeu,
Au boulevard, laissons pleurer les dames,
Aux Variétés, tâchons de rire un peu.
Si les acteurs mérit'nt quelques éloges,
Si les auteurs par vous sont protégés,
Dans le parterre, à la gal'rie, aux loges...

CHRISTOPHE.

Applaudissez comme des enragés.

FIN.

IMPRIMERIE DE DONDEY-DUPRÉ, RUE SAINT-LOUIS, 46, AU MARAIS.

ANGÈLE,

DRAME EN CINQ ACTES,

Par M. Alexandre Dumas,

REPRÉSENTÉ POUR LA PREMIÈRE FOIS, SUR LE THÉATRE DE LA PORTE-SAINT-MARTIN,
LE 28 DÉCEMBRE 1833.

PERSONNAGES.	ACTEURS.	PERSONNAGES.	ACTEURS.
ALFRED D'ALVIMAR	M. BOCAGE.	LA COMTESSE DE GASTON	Mlle VERNEUIL.
HENRI MULLER	M. LOCKROY.	ANGÈLE	Mlle IDA.
JULES RAYMOND, jeune peintre	M. CHILLY.	ERNESTINE, marquise de Rieux.	Mlle MÉLANIE.
MULLER père	M. HÉRET.	ANGÉLIQUE, tante d'Angèle.	Mme ADOLPHE.
DOMINIQUE, domestique d'Alfred	M. VISSOT.	LOUISE, femme de chambre d'Angèle	Mlle OUDRY.
UN NOTAIRE	M. TOURNAN.	FANNY, femme de chambre de la vicomtesse	Mlle ADÈLE.
UN CHASSEUR	M. TOURNOIS.	UNE DAME	Mlle CLOUET.
UN INVITÉ	M. DAVESNE.	PLUSIEURS PERSONNES invitées au bal.	
UN DOMESTIQUE	M. FONBONNE.	DOMESTIQUES.	

Le premier et le second actes se passent à Cotterets, dans les Pyrénées; les trois derniers à Paris.

ACTE PREMIER.

Le théâtre représente un appartement de l'établissement des bains; sur le premier plan, deux fenêtres latérales; sur le deuxième, deux portes; au fond, une alcôve fermant avec des rideaux; de chaque côté de l'alcôve, deux cabinets de toilette.

SCÈNE PREMIÈRE.

ERNESTINE, puis LOUISE.

ERNESTINE, *regardant par la fenêtre, à gauche.* Depuis une heure il se promène avec elle, sans daigner s'apercevoir que je suis là, le regardant et pleurant; ou plutôt il m'a vue, mais maintenant que lui importe, et qu'a-t-il besoin de se cacher? ne me suis-je pas mise entièrement à sa merci? — Oh! je ne puis supporter plus long-tems ce supplice! (*Elle sonne.*) Louise! Louise!

SUPPL.

LOUISE, *entrant.* Madame?...

ERNESTINE. Allez dire à M. d'Alvimar que sa sœur l'attend pour prendre le thé.

LOUISE. Où le trouverai-je?

ERNESTINE. Tenez, là. Ne le voyez-vous pas dans le jardin?

LOUISE. Avec mademoiselle Angèle?.... Oui, oui; j'y vais, madame.

(*Elle sort.*)

ERNESTINE. Depuis la nouvelle de la révolution qui a éclaté à Paris, il a complétement changé à mon égard. Cette enfant, qu'il ne songeait pas même à regarder, maintenant il ne la quitte plus ; ses yeux la poursuivent et la fascinent à son tour, comme ils m'ont fascinée et poursuivie..... Oh! cet homme a un but caché que Dieu connaît seul. (*A Alfred, qui entre par une des portes du cabinet de toilette.*) Eh quoi! vous entrez de ce côté?

ALFRED. N'est-ce point pour cela que vous m'avez donné cette clef?

SCENE II.

ERNESTINE, ALFRED.

ERNESTINE. Mais si l'on voyait entrer chez moi par cette porte dérobée, que voudriez-vous qu'on pensât?

ALFRED. Il m'aurait fallu faire le tour par le grand escalier.

ERNESTINE. Au fait, ce serait prendre trop de peine, quand il ne s'agit que de l'honneur d'une femme.

ALFRED. Est-ce pour me faire faire un cours de prud'hommie que vous m'avez dérangé?

ERNESTINE. Dérangé... le mot est gracieux.

ALFRED. Il a le mérite d'exprimer exactement ma pensée.

ERNESTINE. Et vous ne prenez plus la peine de la cacher, n'est-ce pas?

ALFRED, *se versant du thé.* Ma chère Ernestine, vous êtes, depuis quelques jours, dans une disposition d'esprit bien fâcheuse.

ERNESTINE. Vous mettez tant de soin à l'entretenir!

ALFRED. Prenez-vous une tasse de thé?

ERNESTINE. Merci.

ALFRED, *feuilletant le journal.* Ah! il est question de votre mari.

ERNESTINE. Du marquis de Rieux? — Et comment?

ALFRED. Il suit la famille déchue.

ERNESTINE. Dans sa position auprès d'elle, c'est presque un devoir.

ALFRED. Qu'il remplit par ostentation.

ERNESTINE. Vous calomniez jusqu'au dévouement.

ALFRED. Jusqu'à ce qu'on m'en cite un véritablement désintéressé.

ERNESTINE. Celui du marquis.

ALFRED. Pourquoi plus qu'un autre?

ERNESTINE. Mais c'est celui du lierre qui s'attache aux débris.

ALFRED. Parce qu'il ne sait comment s'accrocher aux murs neufs.

ERNESTINE. Athée!

ALFRED. Sceptique, tout au plus. — Hélas! la vie humaine est ainsi faite, Er-

nestine; sa superficie est resplendissante de passions généreuses et d'actions désintéressées. — C'est l'eau d'un étang dont la surface reflète les rayons du soleil. — Mais, regardez au fond, elle est sombre et boueuse. Certes, votre mari fera sonner bien haut son attachement à ses princes légitimes, son exil volontaire près d'un exil forcé; en le répétant aux autres, il finira peut-être par croire lui-même qu'il est un modèle de générosité; il ne fera pas attention que sa grandeur d'ame n'est qu'un composé de petites bassesses; qu'il bâtit une pyramide avec des cailloux. Il y a plus; si quelqu'un allait lui dire: Vous quittez la France, non que vous soyez dévoué à vos princes légitimes, non parce que les grands malheurs réclament les grands dévouemens, mais parce que votre titre de marquis vous fait plaisir à entendre prononcer, et qu'à la cour du roi déchu seulement, on vous appellera marquis; parce que vous aviez trois ou quatre croix qui ne vont bien que sur un habit à la française, et que vous tenez à conserver votre habit à la française et à porter vos croix, qui font la seule différence qui existe entre vous et le valet de chambre de sa majesté; parce que toutes vos habitudes enfin étaient enfermées dans un cercle qui s'est déplacé, et que vous avez suivi, comme l'atmosphère suit la terre. Je crois que celui qui lui dirait cela l'étonnerait tout le premier.

ERNESTINE. Mais je ne vous ai jamais entendu parler ainsi.

ALFRED. C'est que pour la première fois je pense tout haut devant vous.

ERNESTINE. Oh! si je vous avais connu!.....

ALFRED. Eh bien?

ERNESTINE. Je ne vous eusse pas aimé, Alfred.

ALFRED. Et vous eussiez bien fait, Ernestine.

ERNESTINE. Oh! mon Dieu!

ALFRED. Je désirais être pour vous l'objet d'un caprice et non d'une passion; pourquoi m'avez-vous donné plus que ne demandais?

ERNESTINE. Mais dites-moi donc que tout ceci n'est qu'une plaisanterie atroce. — N'est-ce pas, n'est-ce pas que vous raillez?

ALFRED. Je n'ai jamais parlé si sérieusement.

ERNESTINE. Vous me torturez à plaisir.

ALFRED. Non, je vous éclaire à regret. Rappelez-vous ma conduite, et vous me rendrez plus de justice. Quand je vis ce que je n'avais envisagé que comme une liaison passagère devenir, de votre part, un sentiment profond, je pensai qu'il était tems de l'arrêter là : je prétextai un voyage aux eaux. Je suis venu ici ; car je présumais que vous finiriez par faire quelque imprudence qui nous perdrait tous deux. Cette imprudence n'a point tardé ; et un jour, sous prétexte vous que ne pouviez vivre sans moi, vous êtes arrivée ici sous le titre de ma sœur.

ERNESTINE. Malheureux ! mais je vous aimais tant que je ne pouvais supporter votre absence.

ALFRED. Un jour de plus, peut-être, et vous eussiez craint mon retour.

ERNESTINE. Mais, malheureux ! vous ne croyez donc à rien ?

ALFRED. Vous vous trompez, Ernestine; je ne révoque pas les choses en doute; je vois au-delà ; voilà tout.

ERNESTINE. Vous êtes glaçant.

ALFRED. Je suis vrai.

ERNESTINE. Mais où donc avez-vous étudié le monde ?

ALFRED. Dans le monde.

ERNESTINE. Et sans doute vous vous croyez meilleur que les autres ?

ALFRED. Je le fus.

ERNESTINE. Et vous vous êtes lassé de l'être ?

ALFRED. La vie humaine se sépare généralement en deux parties bien tranchées : la première se passe à être dupe des hommes.

ERNESTINE. Et la seconde ?

ALFRED. A prendre sa revanche.

ERNESTINE. Vous en êtes à la dernière.

ALFRED. J'ai trente-trois ans.

ERNESTINE. Est-ce un rêve ?

ALFRED. Tenez, Ernestine, vous n'êtes point une femme ordinaire. Ecoutez, et vous me connaîtrez.

ERNESTINE. Je ne vous connais que trop pour mon malheur.

ALFRED. Et si je guéris, avec des paroles vraies, l'amour que j'ai fait naître avec des paroles fausses, ne demeurerez-vous pas mon obligée, puisque vous aurez l'expérience de plus ?

ERNESTINE. Parlez donc.

ALFRED. Je n'ai pas toujours été désenchanté de tout, comme je le suis, Ernestine. Je suis entré dans la vie par une porte dorée. Mon père était maître d'une fortune immense et j'étais son seul enfant. En 1819, j'avais vingt-un ans : la mort m'enleva mon père ; un procès injuste ma fortune. C'est de là que date mon premier doute. Le doute, quand il naît, commence aux hommes et ne s'arrête pas même à Dieu. Je rassemblai les débris de ma fortune, vingt mille francs à peu près. Ce n'était pas tout-à-fait la moitié de ce que je dépensais en un an. L'éducation universitaire que j'avais reçue et qui m'avait fait vingt fois le premier du collège ne m'avait rien appris pour la vie réelle. J'avais tout effleuré, rien approfondi. Au milieu d'un salon je paraissais apte à tout; rentré chez moi, j'étais accablé moi-même de la conviction de mon impuissance. N'importe, je ne voulus pas me rendre sans lutter. Je divisai la faible somme qui me restait en quatre parties ; je me donnai quatre ans pour réussir à rétablir ma position, ou à m'en créer une autre, par tous les moyens honorables que l'industrie met aux mains des hommes. Ce fut une espèce de défi porté au monde et à Dieu, après lequel je pensais que je ne devais plus rien ni à l'un ni à l'autre, si je ne réussissais pas. Je tentai tout. En quatre ans j'usai en forces et en courage ce qu'il en suffirait à une existence tout entière de douleurs. A la fin de ce terme, les derniers restes de ma fortune glissèrent petit à petit entre mes mains, et je me trouvai à vingt-cinq ans, ruiné, las de tout, isolé, sans un seul ami sur la terre, sans un seul parent au monde, malheureux autant qu'il est donné à une créature humaine de le devenir, et cependant n'ayant pas en face de Dieu une seule action mauvaise à me reprocher, je vous le jure, Ernestine, sur tout ce que je regardais autrefois comme sacré. Je balançai un instant entre le suicide et la vie nouvelle où j'allais entrer.

ERNESTINE. Mais c'est tout un monde nouveau que vous m'ouvrez là.

ALFRED. Oui, n'est-ce pas, vous ne pouviez vous douter, quand vous voyiez l'homme des salons et des femmes, l'homme des petits soins futiles et de la galanterie empressée, que cette tête éventée et ce cœur joyeux avaient jamais pu renfermer une pensée profonde et une amère agonie ! Cela est pourtant ainsi ; il y a en moi deux hommes, dont le second dans quelque tems n'aura rien conservé du premier.

Du moment où je me suis décidé à vivre, je jetai les yeux sur le monde ; il semblait qu'un voile était tombé de ma vue, tant chaque chose m'apparut sous sa véritable forme. Je reconnus dès les hommes qui étaient encore ce que j'avais été, et je me pris à rire en voyant comme autour d'eux chacun tirait à soi un lambeau de leur honneur ou de leur fortune, jusqu'à la fin ils se trouvassent nus et désespérés comme je l'étais. Puis, dès que je fus convaincu que le mal particulier concourait au bien général, il me parut de droit incontestable de rendre aux individus le mal que la société m'avait fait, du moment que du mal des autres naîtrait un bien pour moi ; car faire le mal pour le plaisir du mal est un travail inutile. Alors je me pris à réfléchir. Je me dis qu'il serait d'un homme de génie de rebâtir avec les mains frêles et délicates des femmes cet échafaudage de fortune que la main de fer des événemens et des hommes avait renversé. Ce calcul en valait un autre, et j'y trouvais de plus le plaisir. Dès lors je devins courtisan de caresses ; les boudoirs furent mes antichambres ; une déclaration d'amour me valut une place ; un premier baiser, la croix. Les femmes sont d'admirables solliciteuses : j'utilisai le crédit de chacune ; j'obtins pour moi et je n'ôtai rien à personne ; une brouille leur laissait leur crédit, où je voyais qu'elles allaient l'user en ma faveur ; c'est de la délicatesse ou je ne m'y connais pas.

ERNESTINE. Mais aucune ne vous a donc aimé ?

ALFRED. Toutes en ont eu l'air ; mais comme jusqu'à présent aucun malheur n'en est résulté, je commence à en douter. Je vous en fais juge vous-même, Ernestine. Vous connaissez quelques-unes des femmes qui m'ont porté où je suis : je dois à Mme de Breuil un secrétariat d'ambassade à Madrid. J'y restai trois mois ; quand je revins, je n'eus pas besoin de me brouiller avec elle. La jolie Mme d'Orsay voulait un amant titré : grâce à elle je devins baron. Nous nous séparâmes ; son amour n'en devint que plus aristocratique, et je fus remplacé par un comte. A vous, Ernestine, je dus cette croix et un bonheur si réel que je tremblai de le voir finir, et cela est si vrai que, dès que je m'aperçus que votre amour prenait les symptômes d'une passion, je partis. Ce qui devait nous sauver tous deux vous perdit seule ; vous vîntes me rejoindre et vous eûtes tort. Eh bien ! comprenez-vous maintenant ? Cet ouragan de trois journées qui a soufflé sur la vieille cour, en l'emportant avec lui, vient de renverser l'édifice que six ans de calculs et de peine avaient bâti. Pensions, titres, croix, le bras nu du peuple vient de m'arracher tout cela ; tout est à recommencer, tout est à refaire, et j'ai trente-trois ans, trente-trois ans !... et là, là... (Frappant son cœur.) Du dégoût, comme un homme qui sort vieux de la vie. Oh !

je crois que j'échangerais volontiers cette existence pleine de force et de santé contre l'existence de ce jeune Henri Muller, le fils de notre hôte, qui mourra avant un an peut-être, qui mourra du moins les yeux sur la vie, regrettant ce monde et croyant à un autre.

ERNESTINE. Oh ! Alfred, qui m'eût dit que ce serait vous que je plaindrais ?

ALFRED. Oui, plaignez-moi, car vous êtes la seule femme qui me connaissant puissiez me plaindre. Et il a fallu pour que je vous dise ces choses, il a fallu que mon cœur fût brisé, et ce n'a pu être que par une blessure que sortît à vos yeux tout le secret de ma vie passée et future.

ERNESTINE. Et maintenant ?...

ALFRED. Maintenant, je vous l'ai dit, j'ai tout perdu.

ERNESTINE. Tout..... Écoutez, Alfred, moi aussi j'ai tout perdu. La fortune du marquis était en pensions et en places ; mais il me reste pour quarante mille francs à peu près de diamans, partageons.

ALFRED. Merci, Ernestine, vous êtes bonne ; gardez-les : je vois que vous ne m'avez pas compris.

ERNESTINE. Mais qu'allez-vous devenir ?

ALFRED. Je vous ai dit que c'était tout un édifice à rebâtir.

ERNESTINE. Et vous allez vous remettre à l'œuvre ?

ALFRED. Je m'y suis remis.

ERNESTINE. Comment ? cette jeune Angèle...

ALFRED. En sera la première pierre.

ERNESTINE, sonnant Louise qui entre. Faites préparer ma voiture.

ALFRED. Vous partez ?

ERNESTINE. Je pars.

ALFRED. Je n'ai pas besoin de vous dire que je ne vous accompagne pas.

ERNESTINE. Je le devine.

ALFRED. Et où allez-vous ?...

ERNESTINE. Le sais-je ?...m'enfermer... m'ensevelir dans une retraite.

ALFRED. A quoi bon ? Et qu'y ferez-vous ?

ERNESTINE. J'y pleurerai ma faute !

ALFRED. Ernestine !..... avant un an je vous donne rendez-vous dans le monde, des perles au cou, des fleurs sur le front.

ERNESTINE. Mais vous oubliez, malheureux..... que par vous j'ai tout perdu..... fortune et position...

ALFRED. Vous changerez de position et vous referez une fortune.

ERNESTINE. Par quels moyens ?

ALFRED. Je vous promets, quand nous nous rencontrerons, de ne pas exiger de vous cette confidence.

ERNESTINE. Oh! vous feriez douter à une fille de la vertu de sa mère.

LOUISE, *entrant.* Madame, le postillon attèle.

ERNESTINE. C'est bien, venez m'aider à faire mes préparatifs de départ.

(Elles entrent toutes deux dans la chambre voisine.)

SCÈNE III.

ALFRED, *puis* DOMINIQUE.

ALFRED. Oh! ces événemens qui retombent sur moi, comme le rocher de Sisyphe... Quand je commence à croire que ma fortune a pris son équilibre... Oui, je l'aurais aimée et aimée long-tems.... J'ai fait avec elle le fanfaron d'égoïsme, et au fond du cœur... ah!

DOMINIQUE, *entrant.* Monsieur part-il aussi?

ALFRED. Non, Dominique.

DOMINIQUE. Ah! c'est que l'ami de monsieur, ce jeune peintre...

ALFRED. Jules Raymond?

DOMINIQUE. C'est cela. Il arrive de sa tournée dans les Pyrénées, et comme il retourne à Paris .. si monsieur était parti, il aurait eu bonne compagnie.

ALFRED. Il a demandé après moi?

DOMINIQUE. Tout de suite; ai-je eu tort de lui dire que monsieur était ici?

ALFRED. Pas du tout.

JULES, *dans l'escalier.* Dominique, Dominique! mais où diable est-il donc que je l'embrasse?

ALFRED. Par ici, cher ami. (*A Dominique.*) Passe chez madame, et vois si tu peux lui être bon à quelque chose. (*Dominique sort.*) Par ici.

SCÈNE IV.

ALFRED, JULES RAYMOND.

JULES. Dieu te soit en garde, mon don Juan; que fais-tu de la vie?

ALFRED. Demande-lui plutôt ce qu'elle fait de moi, et nous verrons ce qu'elle osera te répondre.

JULES. Ah! de l'ingratitude! tu la traites comme une maîtresse.

ALFRED. Crois-moi, Jules, il est facile d'être reconnaissant envers elle quand on la traverse comme toi, n'en acceptant que ce qu'elle a de bon; riche assez pour repousser avec de l'or ce qu'elle a de mauvais, et une palette à la main pour railler ce qu'elle a de ridicule.

JULES. Allons, tu es dans ton jour de fièvre... Parlons d'autre chose.

ALFRED. Oui... Je te croyais de l'autre côté de la Sierra Moréna.

JULES. J'ai repris la poste, mon ami, et je brûle les routes. Je veux revoir Paris en ce moment. Je retrouverai toujours la Sierra, les Alpes, les Cordilières; mais le Paris de juillet, tout chaud de sa révolution... avec ses pavés mouvans... ses maisons criblées de balles, cela se voit une fois, non dans la vie d'un homme, mais dans la durée d'un monde! et je veux le voir... entends-tu?

ALFRED. Hâte-toi donc alors, enthousiaste!..... car il ne faut qu'un jour pour remettre en place des milliers de pavés... Il ne faut qu'un peu de plâtre pour effacer la trace de bien des balles... et vienne une pluie d'été, le sang que la liberté aura versé dans les rues sera lavé à tout jamais... et alors... va, enthousiaste, va, poète-artiste... et tâche de deviner qu'une révolution a passé par là.

JULES. Mon ami, permis à toi de la calomnier. Je connais ton opinion.

ALFRED. Mon opinion!..... Est-ce que j'en ai une?

JULES. Tu étais un gentilhomme de l'ancienne cour.

ALFRED. Je serai un citoyen de la nouvelle.

JULES. Que feras-tu de la marquise de Rieux?

ALFRED. Demande-moi plutôt ce que j'en ai fait?

JULES. Il n'y a qu'un mois que tu étais au mieux avec elle.

ALFRED. Il y a une heure que j'y suis au plus mal.

JULES. Elle est donc à Cotterets?

ALFRED, *montrant la porte.* Elle est là.

JULES. Et qu'y fait-elle?

ALFRED. Ses malles.

JULES. Elle retourne à Paris?

ALFRED. Dans dix minutes.

JULES. Je te laisse.

ALFRED. Pourquoi cela?

JULES. Il y aura une scène d'adieux...

ALFRED. En restant tu me l'épargneras.

JULES. Ma foi, non.

ALFRED. Je t'en prie.

JULES. La voilà.

SCÈNE V.

LES PRÉCÉDENS, ERNESTINE.

ERNESTINE, *sans voir Jules.* Adieu, monsieur. (*L'apercevant.*) Ah! pardon, vous êtes en compagnie?

ALFRED. Aviez-vous quelque chose à me dire?

ERNESTINE. Oh! rien je vous jure.

ALFRED, *lui tendant la main.* Ernestine, soyez heureuse.

ERNESTINE. J'aurais envie, par pitié, de faire le même vœu pour vous.

ALFRED. Qui vous en empêche?

ERNESTINE. Ce serait presque un blasphème contre la Providence.

ALFRED. A revoir.

ERNESTINE. Oh! adieu, j'espère... (*A Jules.*) Monsieur, je vous salue. (*A Alfred.*) Vous permettez que votre domestique m'accompagne jusqu'à ma voiture?

ALFRED. Disposez de lui.

(Elle sort.)

ERNESTINE. Venez, Dominique.

SCÈNE VI.

JULES, ALFRED.

JULES. Cette femme-là t'aimait véritablement, Alfred.

ALFRED. Je le crois.

JULES. Et tu as eu le courage de rompre avec elle!

ALFRED. Monsieur le peintre, comment représenteriez-vous la nécessité?

JULES. Sourde et aveugle.

ALFRED. Et tu auras raison; c'est ainsi qu'elle est faite, et cependant, si tu n'avais pas été là, peut-être aurais-je eu la faiblesse de retenir cette femme.

JULES. Il n'y a pas de tems de perdu. (*Allant vers une croisée.*) Par cette fenêtre tu peux la rappeler.

ALFRED. Ce serait une folie — Merci, Jules.

JULES. Elle monte en voiture.

ALFRED. C'est bien.

JULES. Elle regarde de ce côté! Un signe, Alfred, un regard de toi, et elle ne part pas.

ALFRED. Il faut qu'elle parte.

JULES. Le postillon monte à cheval; elle dit adieu à ton domestique; elle lui jette une bourse; la voiture s'ébranle—Adieu, belle marquise, adieu!

ALFRED, *se levant lentement et allant à la fenêtre.* Oui, la voiture s'éloigne; à peine si on l'aperçoit dans le nuage de poussière que soulèvent ses roues. —Elle tourne le coude que fait la route. — Le chemin reste vide; tout ce qui s'est

passé n'était qu'un rêve; je me réveille libre : je respire.

JULES. Libre! Mais de cette fenêtre, et avec elle tu vois s'envoler tout ton espoir d'avenir.

ALFRED. Elle ne laisse plus qu'elle ne m'emporte.

JULES. Comment?

ALFRED. Regarde par cette autre fenêtre; il ne s'agit dans ce monde que de savoir changer à tems ses points de vue : c'est un axiome de peinture.

JULES. Eh bien! c'est le jardin de l'établissement des bains.

ALFRED. Qu'aperçois-tu sous ce mélèze?

JULES. Une jeune personne de quinze à seize ans.

ALFRED. Comment trouves-tu cette enfant?

JULES. Elle me paraît charmante.

ALFRED. C'est la fille du général comte de Gaston.

JULES. Son père a été tué en 1815.

ALFRED. Elle porte un noble nom, n'est-ce pas?

JULES. Certes.

ALFRED. Avant un mois elle sera ma femme.

JULES. Tu es fou.

ALFRED. En ai-je l'air?

JULES. Et ses parens?

ALFRED. Elle n'a que sa mère.

JULES. Elle ne consentira jamais.

ALFRED. La jeune fille m'aime.

JULES. Et... riche?

ALFRED. Non; mais comprends-tu, Jules? Le nouveau gouvernement, chancelant encore sur sa base demi-populaire, trop faible pour fonder un système nouveau, n'a d'autre ressource que de se jeter entre les bras des hommes de Napoléon; un mois encore, et toutes les capacités de 1812 seront rentrées aux affaires. La comtesse Gaston a conservé sur cette noblesse d'épée et d'épaulettes toute l'influence que lui donne le nom de son mari. Sais-tu une place à laquelle ne puisse parvenir son gendre?

JULES. Voilà justement pourquoi tu as peu de chances de le devenir.

ALFRED. Je croyais t'avoir dit que cette enfant m'aimait.

JULES. Eh bien?

ALFRED. Dans quelques jours, la mère revient de Madrid, où elle sollicite la levée du séquestre de biens assez considérables que son mari y acheta pendant le règne de Joseph : je lui demanderai la main d'Angèle.

JULES. Elle te la refusera.

ALFRED. Oui, si je lui en laisse la possibilité.

JULES, *riant*. Tu es un infâme.—Pauvre enfant! Innocente et belle, entrant dans la vie à peine, et qui ne se doute pas que sa vie ne lui appartient déjà plus; qu'un démon l'a enlacée dans un cercle invisible dont elle ne pourra sortir; et que ses jours vont se faner comme les fleurs dont elle se fait une couronne!—Adieu je me perdrais en restant plus long-tems avec toi. —A propos, si tu as besoin de moi, tu sais que mon amitié, ma bourse, tout est à ton service.

ALFRED. Merci de ton amitié; je l'ai et je la garde; quant à ta bourse, tu connais mes principes là-dessus.

JULES. C'est une bizarre délicatesse.

ALFRED. Que je pousse à l'excès.

JULES. Nous nous reverrons à Paris.

ALFRED. A l'hôtel de ma belle-mère. Chut! Henri Muller.

JULES. Oh! comme il est changé depuis mon passage ici.

SCENE VII.

LES PRÉCÉDENS, HENRI.

HENRI. Salut, messieurs. Vous ne me reconnaissiez pas, monsieur Jules; je comprends: il y a bientôt trois mois que nous ne nous étions vus.

JULES. Mais non: je vous trouve mieux.

HENRI. Merci; mais vous oubliez que je suis médecin. (*A Alfred*.) Je venais vous demander, monsieur, si madame votre sœur retourne à Paris, ou ne fait qu'une excursion dans nos montagnes.

ALFRED. Elle retourne à Paris.

HENRI. Ainsi, cet appartement qu'elle occupait demeure libre?

ALFRED. Dès ce moment il est à votre disposition.

HENRI. C'est que, comme il est le plus commode de l'établissement, mon père compte l'offrir à mademoiselle Angèle de Gaston.

ALFRED. Au fait, il est très-convenable.

HENRI. Et la comtesse arrivant....

ALFRED. Quand?

HENRI. Demain.

ALFRED. Ah!

JULES. Demain: tu entends.

ALFRED. J'ai vingt-quatre heures devant moi, et j'ai une double clef de l'appartement. (*A Henri*.) C'est avec le plus grand plaisir, monsieur, que je saisis cette occasion de vous être agréable.

HENRI. Merci; mademoiselle Angèle craignait...

ALFRED. Je vais moi-même la rassurer.

HENRI. Elle est au jardin avec sa tante.

ALFRED. Je le sais; mille grâces. Je vais envoyer Dominique, afin qu'il enlève de cette chambre les effets qui pourraient m'appartenir.—Viens-tu, Jules?

JULES. Adieu, monsieur Muller; si vous venez à Paris, nous nous reverrons; je l'espère.

HENRI. Vous partez?

JULES. A l'instant. Au revoir.

HENRI. Dieu le veuille.

SCENE VIII.

HENRI, *seul*, *puis* DOMINIQUE.

HENRI. Cet appartement est donc celui que va habiter Angèle! cette chambre sera la sienne! Sur cette causeuse où je suis elle fera sa prière du soir, et peut-être y mêlera-t-elle mon nom, car elle doit prier pour tous ceux qui souffrent; et puis, c'est là qu'elle dormira d'un sommeil aux rêves purs comme ceux des anges.. Oh! jeune fille! que la vie est pour toi fraîche et joyeuse à parcourir; car en la voyant si innocente et si pure, quel est, je ne dirai pas l'homme, mais le démon même, qui tenterait de la souiller!... Dieu te la fasse longue de tous les jours qui manqueront à la mienne!...

(*Pendant ces quelques mots, dits lentement et avec faiblesse, deux femmes de chambre sont entrées, ont préparé le lit; Dominique a pris quelques objets.*)

DOMINIQUE, *à Henri*. Je crois que c'est tout, monsieur.

HENRI. Très-bien.—Et la clef?

DOMINIQUE. Elle est à la porte.

HENRI. Allez dire à ces dames qu'elles peuvent venir. (*Il va lentement à la fenêtre.*) La voici! Qu'elle a l'air heureux! Cet Alfred qui ne la quitte pas; il revient de ce côté avec elle; qu'a-t-il donc besoin de l'accompagner sans cesse? (*Il tousse, et porte sa main avec douleur à sa poitrine.*) Cette chaleur me tue.

ALFRED, *dans le corridor*. Par ici, mesdames, par ici.

SCENE IX.

HENRI, MADAME ANGÉLIQUE, AL-FRED, ANGÈLE.

MADAME ANGÉLIQUE, *achevant une his-toire.* Et cette aventure est arrivée à une de mes amies qui me l'a raconté elle-même.

ALFRED. C'est horrible ! heureusement que de nos jours de pareilles choses ne se renouvellent pas. (*A part.*) Encore cet Henri. (*A Henri.*) Vous avez voulu, com-me fils du maître de l'établissement, in-staller vous-même ces dames.

HENRI. J'ai veillé à ce que rien ne leur manquât.

ANGÈLE. Et je vous en remercie.

MADAME ANGÉLIQUE. Est-ce que ma chambre est aussi grande que celle-ci ? J'y mourrai de peur.

HENRI. Beaucoup moins grande.

MADAME ANGÉLIQUE. Tant mieux, et où est-elle ?

HENRI. En voici la porte.

MADAME ANGÉLIQUE. Monsieur Henri, ayez la bonté de m'y accompagner.

ANGÈLE. Oh ! c'est que je vous livre ma tante pour la plus grande peureuse...

HENRI. Je suis prêt, madame, à faire avec vous la visite de votre appartement.

MADAME ANGÉLIQUE. Oh ! c'est qu'il arrive tant de choses ! Tenez, une dame du couvent où j'étais m'a vingt fois ra-conté...

(Elle entre avec Henri.)

SCENE X.

ALFRED, ANGÈLE.

ANGÈLE. Ma pauvre tante, elle devrait bien se corriger de ses frayeurs.

ALFRED. Ce n'est pas moi qui le lui con-seillerai.

ANGÈLE. Et pourquoi cela ?

ALFRED. Parce que j'en profite, et que je dois à la dernière d'être un instant seul avec vous.

ANGÈLE. Egoïste !

ALFRED. Ne le deviendrez-vous donc jamais ?

ANGÈLE. N'ai-je point assez de défauts ?

ALFRED. Je donnerais une de vos vertus pour vous voir celui-là.

ANGÈLE. Parlons d'autre chose. Votre sœur est donc partie ?

ALFRED. Vous l'avez vue monter en voiture.

ANGÈLE. Je croyais qu'elle devait rester plus long-tems.

ALFRED. C'était son intention d'abord.

ANGÈLE. Se trouvait-elle mal ici ?

ALFRED. Une petite querelle entre nous..

ANGÈLE. Fi ! entre frère et sœur. Je pa-rie que vous aviez tort.

ALFRED. Voilà bien un jugement de femme !

ANGÈLE. C'est-à-dire ?

ALFRED. Partial.

ANGÈLE. Et pourquoi ?

ALFRED. Vous ne savez pas la cause de la querelle ; et d'avance vous la jugez.

ANGÈLE. J'ai tort, et je ne demande pas mieux que de me rétracter.

ALFRED. Et pour cela il faut que je vous raconte...

ANGÈLE. Sans doute, ou je persiste dans ma première opinion.

ALFRED. Plus tard.

ANGÈLE. Pourquoi pas tout de suite ?

ALFRED. Il y a encore dans vos yeux trop de curiosité et pas assez d'indulgence.

ANGÈLE. Ai-je donc l'air bien sévère ?

ALFRED. Regardez-moi en face, que j'en juge.

ANGÈLE, *souriant.* Voyez.

ALFRED. Je me hasarde.

ANGÈLE. Et moi, j'écoute.

ALFRED. Ma sœur avait pour moi des projets de mariage avec une amie de pen-sion.

ANGÈLE. Jolie ?

ALFRED. Ma sœur le dit.

ANGÈLE. Et vous ?

ALFRED. Je le croyais il y a trois mois.

ANGÈLE. Après.

ALFRED. Aujourd'hui, je lui ai dit positivement qu'elle devait renoncer à cet espoir.

ANGÈLE. Et pourquoi ?

ALFRED. Parce que j'en aimais une autre.

ANGÈLE. Vous ?

ALFRED. Je croyais que vous le saviez.

ANGÈLE. M'avez-vous jamais confié ce secret ?

ALFRED. Non, mais peut-être auriez-vous pu le deviner.

ANGÈLE. Oui.

ALFRED. Et comme la mère de la per-sonne que j'aime arrive demain, que de-main je compte avouer à la mère ce que je n'ai point encore osé dire à la fille.....

ANGÈLE, *étourdiment.* Ma mère répondra que je suis trop jeune encore.

ALFRED, *avec passion.* Vous savez donc de qui il est question? Ah!

ANGÈLE. Que vous êtes cruel!

ALFRED. Et que répondra sa fille?...

ANGÈLE. Hélas!... la consultera-t-on?

ALFRED. Mais si on la consulte?...

ANGÈLE. Il me semble que seulement alors il sera tems qu'elle donne son avis, en supposant encore que cet avis lui soit demandé par sa mère.

ALFRED. Angèle! c'est vous qui êtes cruelle; pourquoi ne pas vouloir que je sois fort de votre aveu?

ANGÈLE. Oh!

ALFRED. Ou du moins de votre consentement. Pourquoi ne pas vouloir que je puisse dire à votre mère : C'est non seulement en mon nom, mais en celui de votre fille que, je viens vous la demander à genoux? Quelle influence voulez-vous que mes paroles prennent sur elle, ces paroles d'un étranger qu'elle ne connaît pas, qu'elle n'a jamais vu, qu'elle ne reverra peut-être jamais? Mais si je puis lui dire en même tems : Le bonheur de votre fille, de votre jeune et belle Angèle est lié au mien, et notre bonheur à tous deux est dans un mot de votre bouche. Dites, dites, Angèle, votre mère aura-t-elle courage de ne pas le prononcer? dites-moi, au nom du ciel, dites-moi si je puis prier pour nous deux?

ANGÈLE. Voici ma tante.

ꙮꙮꙮꙮꙮꙮꙮꙮꙮꙮꙮꙮꙮꙮꙮꙮꙮꙮꙮꙮꙮꙮꙮꙮꙮꙮꙮꙮ

SCENE XI.

Les Précédens, MADAME ANGÉLIQUE, HENRI.

ALFRED, *faisant semblant de continuer une conversation, et feignant de ne pas voir les arrivans.* J'étais en Espagne alors. Vous ne connaissez pas l'Espagne, mademoiselle? Des villes et des hommes du moyen âge; le quinzième siècle exhumé vivant avec ses moines, ses cavaliers, ses amours.

MADAME ANGÉLIQUE. Et ses voleurs.

ALFRED, *se retournant* Ah!

HENRI. Rassurez-vous, madame, ils ne passent pas la Bidassoa.

ALFRED. Demandez à M. Henri s'il n'est pas de mon avis.

HENRI. Je ne connais pas l'Espagne.

ALFRED. Quoi! si près que vous en êtes, vous n'avez pas été curieux de voir Madrid avec ses balcons de fer et son Escurial sombre comme un couvent? Barcelone, qui étend ses deux bras à la mer comme un nageur qui s'élance? Grenade la mauresque, avec ses palais à dentelles de pierre?

Cadix, qui semble un vaisseau prêt à mettre à la voile, et que la terre retient par un ruban? puis, au milieu de l'Espagne, comme un bouquet sur le sein d'une femme, Séville l'andalouse, la favorite du soleil, aux bosquets d'orangers, aux haies de laurier-rose? Oh! le ciel de l'Andalousie et l'amour d'une Française, ce serait le paradis dans ce monde!

ANGÈLE. Enthousiaste!

ALFRED. Oui, vous avez raison. Vous me faites souvenir que l'enthousiasme est une fleur de la jeunesse, dont le désenchantement est le fruit. Oh! n'en veuillez pas à mon cœur de s'être conservé plus jeune que mon âge.

ANGÈLE. Et vous, monsieur Henri, êtes-vous enthousiaste?

HENRI. L'enthousiasme est le partage de l'homme heureux; la croyance seule reste à celui qui souffre. Je crois, voilà tout; et c'est mon âge, à moi, qui est moins vieux que mon cœur.

ANGÈLE. Mais quelle différence d'années y a-t-il donc entre vous deux?

ALFRED. Dix ans, je crois.

MADAME ANGÉLIQUE. Mais ce n'est rien que dix ans.

HENRI. Dix ans ne sont rien, dites-vous? Si Dieu me les accordait, je croirais qu'il me fait don de l'éternité.

LOUISE, *entrant.* Monsieur Henri, monsieur Muller vous demande.

HENRI, *prenant son chapeau.* Vous le voyez, mesdames, mon père est comme moi; il calcule la rapidité du tems, et il veut que je le passe près de lui.

MADAME ANGÉLIQUE. Je le lui pardonne, si vous promettez de revenir demain nous faire un instant compagnie.

HENRI. Pour vous attrister encore.

ANGÈLE. Qu'importe que vous nous laissiez un peu de votre mélancolie, si vous emportez un peu de notre gaîté.

HENRI. Merci. Votre gaîté est dans la candeur de votre âme. Soyez long-tems gaie.

MADAME ANGÉLIQUE, *à Louise.* Prenez cette bougie pour éclairer M. Henri, nous avons assez de la lampe. — Bonsoir, monsieur Henri.

HENRI, *se retournant.* Bonsoir, mesdames.

(Pendant qu'il sort et que madame Angélique le reconduit, Alfred baise vivement la main d'Angèle.)

ANGÈLE. Que faites-vous?...

MADAME ANGÉLIQUE, *se retournant.* Heim?

ALFRED, *ramassant l'ouvrage d'Angèle et*

le lui présentant. L'ouvrage de mademoiselle qui était tombé... (*A Angèle.*) Le
voici.

〰〰〰〰〰〰〰〰〰〰〰〰〰〰〰〰〰〰〰〰

SCÈNE XII.

LES MÊMES, *moins* HENRI.

(Madame Angélique s'assied de l'autre côté d'une
petite table à laquelle est Angèle ; Alfred au
milieu d'elle, plus près d'Angèle. Toutes deux
prennent leur ouvrage et travaillent.)

MADAME ANGÉLIQUE. Comment , monsieur d'Alvimar , votre sœur osait coucher
seule ici ?

ALFRED , *à madame Angélique.* Sans la
moindre crainte. (*A Angèle.*) Votre main,
Angèle.

MADAME ANGÉLIQUE. Dans ces grands
appartemens ?

ALFRED, *à madame Angélique.* Quel danger voulez-vous qu'il y ait ? (*A Angèle.*)
Oh ! de grâce !...

MADAME ANGÉLIQUE. Il me semble toujours, ou moindre vent qui agite ces rideaux, qu'il y a quelqu'un caché derrière.

ALFRED, *bas à Angèle.* Oh ! Angèle, Angèle ! (*Haut à madame Angélique.*) Je ferai
avec vous, si vous le voulez, une visite
domiciliaire. (*Bas, à Angèle toute pensive,
qui lui abandonne sa main.*) Merci , merci.

MADAME ANGÉLIQUE. Nous l'avons faite
avec M. Henri... et cette nuit je n'ai pas
peur... mais c'est une précaution qu'il faut
toujours prendre. Tenez, une dame de
mes amies. Tu sais , Angèle , madame de
Caumont, me racontait souvent une aventure arrivée à sa mère. Tu ne travailles
pas , Angèle.

ANGÈLE , *tressaillant.* Si , ma tante.

ALFRED. Mademoiselle vous écoute.

MADAME ANGÉLIQUE. C'est une aventure
horrible qui me fait frémir toutes les fois
que j'y songe.

ANGÈLE *à Alfred, qui pose sa tête sur son
épaule.* Monsieur Alfred... ah !

ALFRED. Laissez vos cheveux... vos
beaux cheveux toucher mon visage...

MADAME ANGÉLIQUE, *approchant la
lampe du bord de la table, et se baissant pour
chercher.* Pardon , ma laine est tombée.

ALFRED. L'aile d'un ange qui m'effleu-
rerait en passant ne me ferait pas plus
délicieusement tressaillir. (*A madame Angélique.*) Voulez-vous permettre , madame ?

MADAME ANGÉLIQUE. (*Pendant ce récit,
Alfred s'approche d'Angèle, lui saisit la main
à plusieurs reprises ; une scène muette s'éta-

blit entre eux.*) Merci ; je l'ai. La mère de
Mme de Caumont voyageait donc toute
seule , avec un petit épagneul qu'elle aimait beaucoup. En traversant la forêt de
Compiègne, elle fut surprise par un orage
qui devint si violent, que les chevaux s'ef-
frayèrent , et que le postillon fut emporté
par eux. Heureusement ils accrochèrent,
sur le revers de la route ; une borne mil-
liaire ; une roue se brisa , mais la voiture
fut arrêtée. C'était auprès d'une maison
isolée où l'on apercevait une lumière. Le
postillon frappa à la porte et demanda
l'hospitalité, qu'on lui refusa d'abord ;
mais lorsqu'il eut dit que c'était pour une
dame seule, la porte s'ouvrit, et un homme qui avait l'air d'un braconnier parut
sur le seuil. Quand Mme de Caumont le
vit, elle eût donné la moitié de sa fortune
pour pouvoir continuer sa route ; mais
c'était impossible. Elle affecta de la tranquillité , cacha son petit chien sous son
manteau et pria son hôte de la conduire à
sa chambre. Quant au postillon, il déclara
qu'il passerait la nuit près de ses chevaux.
Cette chambre était effrayante d'humidité
et de délabrement ; les murs étaient nus et
noirs, et de mauvais rideaux d'étoffe rouge
pendaient devant les fenêtres. Au fond était
une espèce de grabat. Quand l'homme se
fut retiré, la frayeur de Mme de Caumont
devint telle, qu'elle n'osa pas même visiter la chambre ; elle alla droit au lit , s'y
jeta tout habillée , plaça sur une chaise la
lumière qui n'éclairait que bien faiblement,
et posa son petit chien près d'elle. Le pauvre animal tremblait de tous ses membres,
et grognait continuellement ; elle avait
beau lui parler avec la voix la plus douce
qu'elle pouvait faire, il continuait de gémir. Tout-à-coup ses yeux se tournèrent
vers un côté de la chambre, et ne quittè-
rent plus cette direction ; ses poils se hé-
rissèrent ; aux gémissemens sourds qu'il
avait fait entendre succédèrent des aboie-
mens. Mme de Caumont vit bien qu'il y
avait là quelque chose d'extraordinaire ;
elle chercha à percer l'obscurité, et enfin,
au-dessous du lambeau de rideau qui
tremblait devant la fenêtre, elle aperçut...
Monsieur Alfred, levez un peu cette lampe,
s'il vous plaît. Elle aperçut les deux jambes d'un homme. (*Alfred tourne le bouton
de la lampe du côté opposé ; elle s'éteint.*)
Ah !

ALFRED. Pardon. Que je suis maladroit !

MADAME ANGÉLIQUE. Appelez, sonnez.

ALFRED. Oui, oui. (*Prenant Angèle dans
ses bras.*) Angèle, chère âme ! (*Angèle veut
parler.*) Prenez garde !

ANGÈLE. Alfred ! Alfred ! grâce.

MADAME ANGÉLIQUE. Monsieur Alfred, ayez la bonté d'appeler.

ALFRED. Oh ! un mot, un mot d'amour !

ANGÈLE. Ah !...

MADAME ANGÉLIQUE. Qu'as-tu ?

ANGÈLE, *tombant sur une chaise.* Rien... rien !... Je meurs.

ALFRED, *sonnant.* Votre histoire l'a effrayée. (*A Angèle.*) Remets-toi, Angèle, remets-toi, mon amour. Oh ! je t'aime, va, je t'aime ! (*S'élançant vers la porte du corridor.*) Mais venez donc, vous êtes d'une lenteur...

(*Louise paraît avec deux bougies.*)

MADAME ANGÉLIQUE. Ah ! je renais.

ANGÈLE *accablée, à Alfred.* Oh ! monsieur !...

MADAME ANGÉLIQUE. Que vous êtes bon, monsieur Alfred !

ALFRED. J'avais commis la faute, c'était à moi de la réparer. Mais il se fait tard, j'abuse de votre hospitalité. Êtes-vous mieux ?

ANGÈLE. Oui.

ALFRED, *à madame Angélique.* Je vous conseille de laisser la porte de communication ouverte.

MADAME ANGÉLIQUE. Point du tout, je me renferme chez moi, je me barricade.

ALFRED. Très-bien. Bonsoir, madame. Bonsoir, mademoiselle. (*A madame Angélique, en montrant Angèle.*) Voyez, nous sommes encore toute tremblante de la peur que vous nous avez faite. (*Lui prenant la main.*) Angèle, chère Angèle !

MADAME ANGÉLIQUE. Il ne faut pas t'effrayer ainsi, petite ; cette maison est sûre.

ALFRED. Oui, oui, et songez surtout qu'il n'y a aucun danger. Si cette nuit par hasard vous entendiez du bruit, il ne faudrait pas donner l'alarme à votre tante, entendez-vous. Répétez-lui que cette maison est sûre, madame.

MADAME ANGÉLIQUE. Je te proteste qu'il n'y a aucun danger.

ALFRED. Vous entendez, mademoiselle ?

ANGÈLE. Plaît-il ? Je ne comprends pas. (*A part.*) Qu'est-ce donc que j'éprouve ?

ALFRED. Est-ce de l'amour ?

ANGÈLE. J'en ai bien peur.

ALFRED, *sortant.* Bonsoir, mesdames, bonsoir.

SCENE XIII.

ANGÈLE, MADAME ANGÉLIQUE.

MADAME ANGÉLIQUE. Ce jeune homme est charmant, n'est-ce pas, Angèle ?

ANGÈLE, *préoccupée.* Oui, ma tante.

MADAME ANGÉLIQUE. Une pureté de sentimens, une exaltation de jeunesse ! Oh ! Angèle, voilà l'homme que je voudrais te donner pour mari.

ANGÈLE. Oui, ma tante.

MADAME ANGÉLIQUE. Mais quoique j'aie quelque pouvoir sur toi comme tante et marraine, tu dépends de ta mère, de ta mère qui t'aime, mais qui cependant t'a toujours tenue éloignée d'elle. Tiens, j'ai eu parfois une singulière idée : c'est que ta mère voulait se remarier, et qu'elle craignait que ta présence ne nuisît à ce projet. N'est-ce pas ?

ANGÈLE, *distraite.* Oui, ma tante.

MADAME ANGÉLIQUE. Qu'as-tu donc ? tu me réponds sans me comprendre.

ANGÈLE. Moi ? rien. Je suis fatiguée, j'ai sommeil.

MADAME ANGÉLIQUE. Veux-tu que je t'aide à faire la visite de ta chambre ?

ANGÈLE. Comme vous voudrez.

MADAME ANGÉLIQUE. D'abord je vais fermer la porte. (*Elle ferme la porte d'entrée et met la clef en dedans, puis elle prend la bougie d'une main et le bras d'Angèle, qui la suit préoccupée.*) Voyons ces cabinets. (*Elle ouvre celui qui est au pied du lit.*) Rien. L'autre. (*Elle l'ouvre.*) Angèle.

ANGÈLE. Eh bien ?

MADAME ANGÉLIQUE. Il y a une porte dans celui-ci.

ANGÈLE. Une porte ? Oui.

MADAME ANGÉLIQUE. En as-tu la clé ?

ANGÈLE. La clef, je le crois ; bonsoir, ma tante.

MADAME ANGÉLIQUE. Bonsoir, chère enfant. Dors bien, et si tu entends quelqu'un, ne crie pas au voleur, personne ne viendrait ; crie au feu. Adieu, petite.

ANGÈLE. Adieu ! (*Madame Angélique entre dans sa chambre et s'enferme à double tour.*) Oh ! qu'est-ce que j'éprouve donc ?.. Alfred... Je lui ai dit que je l'aimais, je crois... Est-ce que l'on peut vivre ainsi, la poitrine oppressée et le front brûlant ?... Est-ce de l'amour cela ?... et l'amour fait-il tant souffrir ?... Il faut qu'il y ait dans la vie des choses que j'ignore, que l'on m'ait cachées.

MADAME ANGÉLIQUE. Angèle, es-tu couchée ?

ANGÈLE, *à genoux sur la causeuse, essayant de prier.* Je fais ma prière, ma tante. Alfred, Alfred... Mon Dieu... demain, demain je le reverrai encore, il pressera encore ma main, il me dira avec sa voix si tendre : Angèle, chère Angèle... Oh ! c'est la première fois que mon nom me semble si doux... Angèle, chère Angèle ; Alfred ! cher Alfred ! (*Priant encore.*) Mon Dieu, prenez mon cœur. (*S'interrompant.*) Je ne puis penser qu'à lui, parler que de lui, prier que lui. Oh ! un sommeil profond qui me conduise bien vite à demain, mon Dieu, mon Dieu !

(*Elle entre dans l'alcove.*)

MADAME ANGÉLIQUE. Es-tu couchée, Angèle ?

ANGÈLE, *dans l'alcove.* Dans un instant je vais l'être.

MADAME ANGÉLIQUE. Tu n'as pas peur ?

ANGÈLE. Non.

MADAME ANGÉLIQUE. Bonsoir.

ANGÈLE, *passant sa tête entre les rideaux et soufflant la bougie qui est sur la petite table.* Bonsoir, ma tante.

(Elle referme les rideaux de l'alcove. — La toile tombe.)

FIN DU PREMIER ACTE.

ACTE II.

La salle à manger, rez-de-chaussée, porte au fond donnant sur la grande route, deux portes latérales, cheminée.

SCÈNE PREMIÈRE.

MADAME ANGÉLIQUE, ANGÈLE ET ALFRED *prenant le thé* ; HENRI *debout et adossé à la cheminée.*

HENRI. Vous me permettrez d'assister à votre déjeuner, mesdames ?

MADAME ANGÉLIQUE. Bien plus, nous vous prions de le partager.

HENRI. Je vous rends grâces ; je ne prends le matin qu'une tasse de lait.

ALFRED, *à madame Angélique.* Eh bien, madame, la nuit s'est passée sans accident.

MADAME ANGÉLIQUE. J'ai eu un instant bien peur... j'ai cru entendre du bruit dans la chambre d'Angèle... mais je rêvais probablement. Je t'ai appelée, petite ; mais tu ne m'as pas répondu... m'as-tu entendue ?

ANGÈLE, *les yeux baissés.* Non, ma tante.

MADAME ANGÉLIQUE. A ton âge on dort si bien.

HENRI. Cependant, mademoiselle est pâle ce matin, et paraît souffrante.

ANGÈLE. Moi... vous trouvez, monsieur Henri ?.. mais non, vous vous trompez...

MADAME ANGÉLIQUE. C'est vrai, au moins ; n'est-ce pas, monsieur Alfred ?

ALFRED. Je ne trouve pas... mademoiselle est comme de coutume, fraîche et jolie.

MADAME ANGÉLIQUE. Docteur, faites attention que vous me répondez d'elle.

ANGÈLE, *bas à Alfred.* Je suis au supplice, parlez d'autre chose.

ALFRED. Quelle heure avez-vous, monsieur Henri ?

HENRI. Dix heures.

ALFRED. Madame de Gaston tarde bien à arriver, mademoiselle...

ANGÈLE. Pourvu qu'aucun accident...

HENRI. Que voulez-vous qu'il y ait à craindre.

MULLER père, *entrant.* Ces dames me permettront-elles de leur présenter mes hommages ?

MADAME ANGÉLIQUE. Mais certainement, monsieur Muller ; soyez le bien-venu.

MULLER. Comment ces dames se sont-elles trouvées de leur nouveau logement ?

MADAME ANGÉLIQUE. Parfaitement, monsieur Muller. Asseyez-vous, je vous prie.

MULLER, *s'asseyant près de son fils qui est debout.* Je pensais te rencontrer ici. Comment te trouves-tu ?...

HENRI, *lui donnant la main.* Bien, mon père, bien.

MULLER. Ta main est bien brûlante ?

HENRI. Ce n'est rien, mon père.

ALFRED, *vivement.* Monsieur Muller, sans être indiscret, puis-je vous demander si le tableau que je vous ai vu porter ce matin dans cette chambre est de mon ami Jules Raymond ?

MULLER. Non, monsieur, c'est un portrait de mon fils.

ALFRED. Peint par?

MULLER. Lui-même.

MADAME ANGÉLIQUE. Comment!.. vous êtes peintre, monsieur Henri?

HENRI. Oui, madame; j'avais d'abord eu l'intention de me livrer aux arts.

MULLER. Mais les médecins lui ont défendu de continuer, l'odeur des couleurs lui faisait mal à la poitrine. J'ai interposé mon autorité paternelle, et j'ai tant fait que l'artiste est devenu docteur.

HENRI. Et le docteur vous a désobéi, mon père, en redevenant artiste.

MULLER. Je n'ai pas le courage de te gronder de cette faute, mon ami, lorsque je pense que dans quelques mois tu vas me quitter!...

MADAME ANGÉLIQUE. Pour voyager?

HENRI. Dans le midi de la France d'abord, puis de là peut-être irai-je à Paris. L'air trop vif de ces montagnes m'est contraire, et mon père me tourmente pour les quitter... J'ai voulu en partant lui laisser un souvenir de moi... Lorsqu'on se sépare, Dieu seul sait combien de tems doit durer l'absence.

MULLER. Et pendant ce tems, au moins, en voyant ton portrait si ressemblant, je croirai te voir toi-même; et si tu ne peux pas me répondre, je pourrai au moins te parler.

HENRI, *lui prenant la main.* Pauvre père!

MADAME ANGÉLIQUE. Monsieur Muller, voulez-vous nous faire voir ce portrait?

MULLER. Bien volontiers, mesdames, Henri, offre ton bras à mademoiselle...

ALFRED, *bas.* Restez, Angèle.

ANGÈLE. Pardon, monsieur Henri; mais j'attends ma mère de moment en moment, et je ne voudrais pas quitter cet appartement, dont les fenêtres donnent sur la route.

HENRI. Avez-vous besoin de moi, mon père?

MADAME ANGÉLIQUE, *prenant son bras.* Oui, certes, pour recevoir nos complimens.

SCENE II.

ALFRED, ANGÈLE.

ALFRED. Angèle, chère Angèle... Mais remettez-vous donc!...

ANGÈLE. Oh! mon Dieu! mon Dieu!..,

ALFRED. Mon amour!....

ANGÈLE. Oh! Alfred! qu'ils ont raison quand ils s'étonnent de me voir ainsi!... Je me sens rougir et pâlir dix fois dans une minute, mes larmes m'étouffent.... Oh! que je voudrais pleurer!

ALFRED. Reprends quelque empire sur toi, chère enfant...

ANGÈLE. Il devait m'arriver malheur : c'était la première fois que je m'endormais sans prier Dieu.

ALFRED. Les anges ont-ils besoin de prier?

ANGÈLE. C'est un crime, n'est-ce pas?

ALFRED. Oh! si c'est un crime, il est à moi seul, il est à mon amour... Oh! non, non, il n'y a pas de crime, car tu es mon épouse devant Dieu, Angèle. Il n'y a pas de crime, car si j'étais coupable, je ne serais pas si heureux.

ANGÈLE. Vous êtes donc heureux....

ALFRED. Je suis au ciel.

ANGÈLE. Et c'est à moi que vous devez ce bonheur?

ALFRED. A toi, oui, oui... A toi seule.

ANGÈLE. Redites-le-moi encore, que je souffre moins.

ALFRED. A toi, oui, à toi seule.. Tel est ici-bas le sort fortuné de la femme, Angèle; Dieu l'a fait descendre sur la terre pour être la source de tout bien, et chaque faveur qu'elle accorde à celui qu'elle aime est un bonheur de plus qu'elle sème sur la vie.

ANGÈLE, *tristement.* Oui, c'est cela, elle donne le bonheur et elle garde la honte.

ALFRED. La honte, Angèle? Oh! qui saura jamais qu'il y a un secret entre nos deux ames?

ANGÈLE. Qui le saura? celui à qui hier, pour la première fois, je n'ai pas adressé ma prière.

ALFRED. Il l'oubliera, en nous voyant à genoux devant l'autel, et, comme un bon père, il ne songera plus qu'à bénir.

ANGÈLE. Oh! que ce soit le plus tôt possible, mon Alfred, car j'aurai jusque-là bien du doute dans l'esprit et bien du remords dans l'ame.

ALFRED. Aujourd'hui même je parlerai à ta mère.

ANGÈLE. Ma mère!... elle va venir, elle va m'embrasser au front, comme lorsque mon front était pur et innocent!... Oh! Alfred.... êtes-vous bien sûre que Dieu n'a pas donné aux mères le don de la double vue?...

ALFRED. Non, mon Angèle... Abandonne-toi à moi.

ANGÈLE. Oui... vous avez raison, prenez ma vie, je vous la donne; n'est-ce pas à vous, à vous seul maintenant; qu'il appartient de la faire heureuse où désespérée?... Oh! ne l'oubliez jamais, Alfred, c'est une vie bien jeune et bien pure que je vous livre... Car elle n'est plus à moi, quand même je ne voudrais pas vous la donner…. Tout mon pouvoir sur elle s'est évanoui…. J'étais faible, je me suis appuyée contre vous ;… maintenant, voyez-vous, c'est vous seul qui serez mon Dieu ; votre volonté fera ma joie ou ma douleur… Je vivrai… voilà tout… C'est vous qui respirerez et qui agirez pour moi.

ALFRED. Oh! repose-toi en mon amour.

ANGÈLE. Vous ne seriez pas heureux, voyez-vous, si vous me trompiez… vous ne pourriez pas l'être… Vous auriez au fond du cœur une voix qui vous crierait : Il y avait sous le ciel une enfant pure, innocente et heureuse ; son bonheur lui venait de Dieu, et moi, homme… je lui ai ravi ce bonheur, en jouant, dans un moment de caprice ; et cette action, cette action infâme, qui n'est dans ma vie qu'un souvenir d'une minute… est pour elle, la malheureuse, une éternité de honte et de désespoir !… Oh! Alfred! Alfred! cela ne sera pas… cela ne peut pas être !…

ALFRED. Non… je te le jure, Angèle, sur ce qu'il y a de plus sacré…

ANGÈLE. Oh! merci, mon ami ; vous êtes bon…. et puis…. vous m'aimez, n'est-ce pas ?

ALFRED. Avec passion… et toi?…

ANGÈLE. Moi… je ne puis vous dire si je vous aime, car je ne sais pas ce que c'est que l'amour ; mais ce que je sais…. oh! c'est que je donnerais mon sang, que je donnerais ma vie pour vous épargner une douleur.

ALFRED. Ange à moi !… Ainsi tout est dit, tu n'as plus de craintes?…

ANGÈLE. Je n'en veux plus avoir, du moins…

ALFRED. Tu te fies à moi ?…

ANGÈLE. Entièrement.

ALFRED. Eh bien! écoute, Angèle ; va les rejoindre, car notre absence à tous deux pourrait leur donner des soupçons… Pendant ce tems-là, moi j'irai sur la route d'Espagne au-devant de ta mère ; je voudrais la voir le premier ; je voudrais aussi qu'elle me vît avant les autres. Elle n'osera descendre la montagne en voiture ; je la rencontrerai, je lui parlerai, et en arrivant ici, je ne serai plus un étranger pour elle.

ANGÈLE. Oh! oui… c'est bien…. Dieu vous conduise au-devant l'un de l'autre!…

ALFRED. Comment la reconnaîtrai-je ?

ANGÈLE. Brune, jeune, jolie.

ALFRED. Jeune?

ANGÈLE. Oui… ma mère n'a que trente-un ans, et elle est belle, plus belle que moi… N'allez pas devenir amoureux de ma mère, monsieur !…

ALFRED. Oh! quelle idée folle ! ..

ANGÈLE. Adieu, mon ami, adieu, mon Alfred… et pensez à votre pauvre Angèle qui ne pense qu'à vous….

ALFRED. Toujours !…Ma foi, j'aurai là une femme charmante!

SCENE III.

HENRI, ALFRED.

HENRI. Monsieur d'Alvimar, deux mots, s'il vous plaît.

ALFRED. À vos ordres, monsieur.

HENRI. Je voudrais avoir l'honneur de vous parler de mademoiselle Angèle de Gaston.

ALFRED. Je vous écoute.

HENRI. Puis-je exiger de vous la promesse que cette conversation restera à jamais entre nous deux?

ALFRED. Je vous la donne.

HENRI. Sur l'honneur?

ALFRED. Sur l'honneur.

HENRI. Vous aimez Angèle?

ALFRED. La question est franche.

HENRI. Que la réponse soit de même.

ALFRED. Il faudrait que je susse d'abord dans quel intérêt vous la faites?

HENRI. J'aime mademoiselle de Gaston, monsieur.

ALFRED. Alors nous sommes rivaux.

HENRI. Seulement, moi, monsieur, je l'aime d'un amour discret, triste et profond ; d'un amour qu'elle ne connaîtra jamais, que personne ne connaîtra jamais : car j'ai votre parole que cet entretien n'aura point d'écho.

ALFRED. Permettez-moi de vous dire, monsieur, que je ne comprends pas trop le but de cette confiance que vous me rendrez la justice d'avouer que je ne réclamais pas.

HENRI. Je veux vous l'expliquer : je ne dirai jamais à Angèle : je vous aime ; car je ne peux pas être son époux ; mais vous comprendrez que celui auquel je céderai la place, et qui lui dira : je vous aime ; doit le devenir.

ALFRED. Tout en reconnaissant en bonne morale la vérité de cet axiôme, vous conviendrez que je pourrais, vis-à-vis de vous, me soustraire à son application. Cependant, monsieur, comme mes intentions sont pures et honorables ; je n'hésiterai point à vous répondre. Ma position sociale, et je dis cela sans craindre que personne m'accuse de présomption, me permet d'aspirer à la main de mademoiselle de Gaston, et je compte, aujourd'hui même, la demander à sa mère.

HENRI. Et sans doute, vous vous sentez dans le cœur tout ce qu'il faut d'amour pour rendre cette enfant heureuse.

ALFRED. Ici, monsieur, cesse, je le crois, votre droit d'interrogation, ou du moins ma volonté de répondre : mademoiselle de Gaston me paraît devoir être la seule appréciatrice de mes sentimens à son égard, et je ne répondrai qu'un mot à votre question : elle m'aime, monsieur.

HENRI. Elle vous aime ?

ALFRED. J'en suis sûr.

HENRI. Tout est dit alors ; faites le bonheur d'Angèle.

ALFRED. Aviez-vous autre chose à me dire ?

HENRI. Non, monsieur.

ALFRED. Alors vous permettez...

HENRI. Il y a des hommes heureux !... Dieu a versé à pleines mains dans leur berceau tous les biens de cette vie !... Il y a des hommes heureux !...

❦❦❦❦❦❦❦❦❦❦❦❦❦❦❦❦❦❦❦❦❦❦❦❦❦❦❦

SCÈNE IV.

HENRI, MADAME ANGÉLIQUE, ANGÈLE, MULLER.

ANGÈLE. Oh ! c'est d'une ressemblance parfaite, monsieur Henri. On n'aperçoit point encore la voiture de ma mère...

MULLER. Je vais envoyer un homme à cheval sur la route ?

ANGÈLE. Oui, si vous le voulez bien.

HENRI. Je crois la chose inutile, mademoiselle ; M. d'Alvimar, que je quitte, s'est dirigé de ce côté.

ANGÈLE. Ah ! vous quittez M. d'Alvimar ?

HENRI. J'avais une explication à lui demander ; il me l'a donnée.

ANGÈLE. Une explication !...

MADAME ANGÉLIQUE. Qu'as-tu donc, Angèle ?

ANGÈLE. Rien, ma tante.

MADAME ANGÉLIQUE. Prends ton ouvrage.

ANGÈLE. J'ai fini la pèlerine que je brodais pour ma mère.

MADAME ANGÉLIQUE. Alors assieds-toi près de moi.

ANGÈLE. Ma bonne tante !...

MADAME ANGÉLIQUE. Eh bien ! ta bonne tante..... que lui veux-tu ?..... Sais-tu une chose, Angèle ? c'est que, lorsque tu étais enfant et que tu venais t'asseoir ainsi à mes pieds en m'appelant ta bonne tante, tu avais toujours une petite faute à te faire pardonner.

ANGÈLE. Mais, ma tante, je n'ai rien fait.

MADAME ANGÉLIQUE. Je ne t'accuse pas, mon Angèle ; d'ailleurs tu n'es plus un enfant, tu vas avoir seize ans.

HENRI. Vous souffrez ?

ANGÈLE. Non, monsieur Henri ; pourquoi cela ?

HENRI. Voilà deux ou trois fois, depuis un instant, que vous changez de couleur.

ANGÈLE. Mais..... vous-même en ce moment... vous êtes très-pâle...

HENRI. Eh bien !.. c'est cela... moi... je souffre.

MADAME ANGÉLIQUE. Comme vous ressemblez en ce moment à votre portrait !... Pourquoi donc lui avez-vous donné cette expression de douleur ?...

HENRI. Pour qu'il fût ressemblant.

MADAME ANGÉLIQUE. Voulez-vous que je vous dise une chose, monsieur Henri ; c'est que j'ai quelquefois pensé qu'il y avait au fond de ce jeune cœur-là un amour caché.

HENRI. Un amour !.... est-ce que je puis aimer, moi !...

ANGÈLE. Douteriez-vous que ce sentiment existât ?

HENRI. Douter de l'amour !... Dieu m'en garde, mademoiselle..... je n'ai point encore assez connu les biens de ce monde pour les blasphémer, et, en supposant que je les connaisse jamais, je prendrai trop tôt congé d'eux pour en être las et en douter... Douter de l'amour !.... moi !.... est-ce que je doute du soleil qui seul me fait vivre, qui le matin tire de la nuit ces montagnes, qui les anime à midi, en ruisselant sur elles, et qui le soir dore encore leur sommet au moment de leur dire adieu ?....... Oh ! non, non ! j'y crois, et le ciel m'en est témoin, à cet amour ardent, profond, immense, qui s'empare de toute la vie, qui nous donne en ce monde une compagne que nous espérons retrouver dans l'éternité, et qui permet qu'après nous, sur cette terre, notre nom revive dans d'autres êtres que cet amour à leur tour fera heureux comme nous.

MADAME ANGÉLIQUE. Eh ! pourquoi, mon cher Henri, renonceriez-vous à éprouver un bonheur que vous peignez si bien ?...

HENRI. Pourquoi ?..... pourquoi, mademoiselle Angèle me disait-elle tout à l'heure que j'étais pâle ?..... Pourquoi me disait-elle que je pleurais en embrassant mon père ?... Pourquoi ?.... c'est que j'hésite à marcher dans ma vie, parce que je sens que l'air m'y manque et que l'horizon y est trop étroit..... parce que ma mère est morte à mon âge... parce que j'ai perdu un frère et une sœur aînés à l'âge de vingt-quatre ou vingt-cinq ans... Parce que mon père, enfin..... (riant amèrement) comme il vous disait ce matin, m'a fait renoncer à la peinture, dont les couleurs me faisaient mal à la poitrine.

ANGÈLE. Eh bien! en supposant qu'il existe pour votre santé de pareilles craintes, il a voulu, en faisant de vous un médecin, que vous puissiez veiller vous-même sur cette santé filiale qui lui est si chère, et à laquelle prennent tant d'intérêt tous ceux qui vous connaissent.

HENRI. Et à quoi a-t-il réussi?... Croyez-vous qu'il serait heureux l'homme à qui Dieu aurait permis de lire dans sa vie, en lui marquant d'avance l'heure à laquelle il doit mourir?..... Eh bien! cet homme, c'est moi... Je regarde dans ma vie... et je m'y trouve face à face avec la mort... Je ne la crains pas, et cependant je me révolte contre elle, quoique je sente l'impossibilité de la combattre. Chaque soir, dévoré par ce feu intérieur qui fait bouillir mon sang, je compte quelques pulsations de plus dans mes artères; chaque matin, après une nuit fiévreuse, je me lève plus faible et plus fatigué de mon sommeil qu'un autre ne l'est de sa veille... chaque heure qui apporte autour de moi un bonheur, enlève une espérance en moi..... Et vous voulez que j'aime!..... Vous voulez que je sois aimé!..... Que je fasse une épouse veuve avant de la faire heureuse!... Que je lègue à des enfans qui mourront jeunes, comme je dois mourir jeune, une maladie que ma mère m'a léguée en mourant jeune!....... Vous voulez que je connaisse l'amour!... Oh! si je le sentais dans mon cœur mourant, de peur qu'une femme ne le partageât, je l'y enfermerais, je l'y cacherais à tous les yeux, je l'y étoufferais entre mes deux mains, dussé-je en l'étouffant me briser la poitrine!...

ANGÈLE. Henri!... Monsieur Henri!...

HENRI. Je crois si bien à la vie, moi, à l'honneur des hommes, à la pureté des femmes; je devine tant de bonheur, tant de félicité au-delà de cet horizon qui borne ma vue!... Oh! Angèle! Angèle! plaignez-moi!... Être plaint par vous.... cela me consolera peut-être...

ANGÈLE. Oui, je vous plains, mais je ne vous crois pas.

HENRI. Et puis, de bon que j'étais, Angèle, cela me rend envieux et mauvais. Je ne puis voir un homme destiné par sa force à vivre de longues années, à aimer, à être aimé, car l'amour, Angèle, c'est tout ce que je regrette de la vie, je vous le jure; je ne puis voir cet homme sans dire: mon Dieu, qu'a-t-il donc fait de bien, et moi qu'ai-je fait de mal?....... Quand tout haletant je monte sur nos Pyrénées, espérant qu'un air plus pur sera plus facile à respirer, si, sur mon chemin

s'élève un jeune arbre plein de sève, je deviens jaloux de cette force végétative qui me manque, et je le brise; si sous mes pas s'ouvre une pauvre fleur, fraîche et tremblante au soleil, je la foule aux pieds..... Enfin il y a des momens de désespoir.... où trouvant encore cette vie de souffrance trop longue, je suis prêt à l'abréger par le suicide.

ANGÈLE. Oh!...

HENRI. Oui, car en mourant de ma main, il me resterait au moment suprême le doute que j'aurais pu vivre et que Dieu ne m'avait pas condamné. Pardon... pardon si je vous dis tout cela... mais depuis que les anges ne descendent plus sur la terre, il faut bien se plaindre aux femmes! devant un homme!... Oh! pour des années d'existence, je n'aurais pas laissé échapper une de ces ridicules lamentations.

MADAME ANGÉLIQUE. Mon pauvre enfant!

ANGÈLE. Monsieur Henri!...

HENRI. Oh! qu'Alfred est heureux! Une voiture, mademoiselle!

ANGÈLE. Voyez, monsieur Henri, je ne l'avais pas entendue... et cependant... cependant c'est celle de ma mère...

HENRI. Que vous êtes bonne!

ANGÈLE, *courant*. Ma mère! ma mère! Oh! mon Dieu! qu'avez-vous?...

MADAME ANGÉLIQUE. Elle aura été arrêtée par des voleurs.

SCÈNE V.

LES PRÉCÉDENS, MADAME DE GASTON.

LA COMTESSE DE GASTON. Sois tranquille, chère enfant, c'est un reste de frayeur qui me rend encore pâle et tremblante; mais...... toi-même...... voyons, comment es-tu?... bien.... allons, je suis contente. Oh! ma pauvre tante! vous avez bien manqué ne plus me revoir, allez!...

ANGÈLE. Mon Dieu! mais qu'est-il donc arrivé?

LA COMTESSE. Remercie d'abord monsieur, Angèle; car c'est à lui seul que tu dois d'embrasser ta mère.

ANGÈLE. Oh! monsieur!

LA COMTESSE, *apercevant Henri*. Pardon, monsieur Henri, je ne vous avais pas vu.

ANGÈLE. Mon ami! cher Alfred!

MADAME ANGÉLIQUE. Et combien a-t-il tué de brigands?

LA COMTESSE. Il ne s'agit pas de brigands, bonne tante; mais bien de ma folie, qui, malgré mes trente-un ans, me fait toujours faire des imprudences d'enfant. Je connaissais de nom le précipice qu'on appelle le Trou de la Bastide ; je voulus le voir en passant ; je fis arrêter ma voiture et je pris seule le sentier qui y conduit ; tu connais cet endroit, Angèle ?

ANGÈLE. Oh ! oui, ma mère, un précipice de quatre-vingts pieds à peu près, du haut duquel se jette une cascade superbe, mais que je n'ai jamais vue ; car je n'ai point encore osé m'avancer sur la pointe de rocher d'où l'on dit qu'on la découvre parfaitement.

LA COMTESSE. Eh bien ! moi, moi ta mère, j'ai été plus folle que toi et c'est à toi de me gronder. Je me suis avancée sur cette pointe de rocher, et arrivée à l'extrémité, j'ai vu l'abîme dans toute sa profondeur. Un instant je fus tout entière à ce spectacle ; mais bientôt cette cascade qui tombe, et qui en tombant rejaillit en poussière, le bruissement de cette eau qui tournoie dans le bassin qu'elle s'est creusé, la vapeur qui montait comme un nuage, firent sur moi une telle impression que je détournai les yeux. Ils se portèrent vers la langue de rocher humide et glissante sur laquelle j'étais debout, et qui offrait à peine une place à mes deux pieds....... Je m'épouvantai de me trouver ainsi suspendue ; je voulus reculer, je sentis que si je faisais un mouvement, l'équilibre me manquait et que j'étais perdue... Alors, je reportai malgré moi ma vue sur le précipice, et il me sembla au fond du gouffre béant, dans ses eaux bouillonnantes, voir le démon du vertige qui riait et qui m'appelait à lui. C'était une fascination complète. Le ciel tournait sur ma tête, la terre tourbillonnait sous mes pieds ; je sentis que ma volonté m'échappait. Une pensée rapide comme un éclair vint me rappeler à la fois tous les souvenirs de mon existence. Je songeai à des choses oubliées ; je vis, dans une seconde, apparaître dans une vision tous les êtres qui me sont chers ; je sentis que machinalement je me penchais en avant ; je jetai un cri terrible, un cri d'adieu à la création, et je fermai les yeux en me laissant aller..... Au même instant un bras de fer me saisit, m'enleva... puis je ne sentis plus rien., j'étais évanouie..... (Se jetant dans les bras de sa fille.) Oh ! embrasse-moi...... embrasse-moi donc encore... mon enfant !..... (A Alfred.) Mais vous pouviez vous perdre avec moi, le savez-vous bien ?

ALFRED. Je pouvais vous sauver, madame, et je n'ai pensé qu'à cela.

ANGÈLE. Mais comment vous êtes-vous trouvé là, à l'instant même, dans un endroit écarté de la route !

ALFRED. C'est bien simple. Je me promenais sur le grand chemin, je vis une voiture arrêtée... Je demandai à qui elle appartenait. Le postillon me répondit que c'était une femme jeune et belle.... La curiosité me poussa du côté où vous étiez...

ANGÈLE. Oh ! dites la Providence !... Une seconde fois que je vous remercie !...

ALFRED. Chut ! Cela pourra nous servir.

HENRI, à part. Cet homme-là a tous les bonheurs... (Haut.) J'espère, madame, que cette frayeur n'aura pas de suites.

LA COMTESSE. Vous nous quittez déjà, monsieur ?

HENRI. Je vous laisse tout entière à votre fille, madame ; car chacun de nous lui enlève une part de votre retour.

LA COMTESSE. J'aurai le plaisir de vous revoir avant mon départ.

HENRI. Est-il donc si prochain ?

LA COMTESSE. Dans une heure je me remets en route.

HENRI. J'aurai l'honneur de prendre congé de vous, madame... (A Alfred.) Rappelez-vous votre promesse, monsieur.

ALFRED. Je reste pour l'accomplir.

SCÈNE VI.

LES PRÉCÉDENS, moins HENRI.

ANGÈLE. Eh ! quoi ! vous repartez sitôt, ma mère ?

LA COMTESSE. Oui, mon enfant, j'ai reçu à Madrid, avec la nouvelle de la révolution, une lettre du nouveau ministre de la guerre ; c'est, comme tu le sais, un ancien ami de ton père ; il m'écrit de presser mon retour, car il espère me faire obtenir, en qualité de veuve d'officier-général, la pension que l'autre gouvernement m'a toujours refusée. Le vent de la faveur n'arrive que par bouffées et passe vite ; il faut que je me hâte, pendant qu'il souffle.

ANGÈLE. Et m'emmenez-vous, ma mère ?

LA COMTESSE. Non, mon enfant.

ANGÈLE. Oh ! vous avez raison... bien raison, car ma santé...

LA COMTESSE. Ne m'inquiète pas le moins du monde, car je te trouve très-bien... Aussi n'est-ce point à cause d'elle que je te laisse ici ; mais, en arrivant à Paris, j'aurai des démarches à faire ; je ne pourrais m'occuper assez de toi ; je t'écrirai de venir me rejoindre aussitôt mes affaires terminées.

ANGÈLE. Quand vous le voudrez, ma mère !

MADAME ANGÉLIQUE. Oui, mais il faudra qu'alors je la laisse partir, moi, et je compte l'emmener dans mon Dauphiné.

LA COMTESSE. Ma tante, vous savez que c'est votre fille et que je vous ai cédé tous mes droits sur elle ; ainsi vous en ferez ce que bon vous semblera.

MADAME ANGÉLIQUE. En attendant, puisque tu pars, ma chère amie, voudras-tu te charger d'une lettre pour la supérieure du couvent où a été élevée Angèle ? tu sais que c'est mon amie...

LA COMTESSE. Mais certainement, ma tante...

MADAME ANGÉLIQUE. Eh bien! je vais me dépêcher de l'écrire.

ALFRED, *à Angèle.* Tâchez de trouver un prétexte pour me laisser seul avec votre mère.

ANGÈLE. Ma tante, voulez-vous que je vous serve de secrétaire ?

MADAME ANGÉLIQUE. Oui, ma petite, viens...

ANGÈLE. Vous permettez, maman?

LA COMTESSE. Oui, va.

SCENE VII.
LA COMTESSE, ALFRED.

LA COMTESSE, *à Alfred qui prend son chapeau.* Vous vous retirez, monsieur ?

ALFRED. Je crains d'être indiscret en restant plus long-tems.

LA COMTESSE. Vous ne le croyez pas... Mais réfléchissez donc que je pars dans une heure...; que je ne sais quand je vous reverrai ; que je n'ai point encore eu le tems de vous exprimer toute ma reconnaissance, et que si vous me quittiez maintenant, j'ignorerais jusqu'au nom de mon sauveur..., et je ne veux pas l'ignorer, moi.

ALFRED. Je vous remercie, madame, car j'étais déjà préoccupé de cette attristante idée, que les existences humaines sont tirées en sens divers, par des fils si opposés, que souvent le hasard nous jette en face d'une personne, nous y laisse juste le tems de nous la faire connaître, puis nous entraîne à l'autre extrémité des lieux qu'elle habite, sans espoir de la revoir jamais, et pour regretter toujours de l'avoir vue.

LA COMTESSE. Est-ce que vous apparteniez à l'ancienne cour?

ALFRED. Pourquoi cela, madame?...

LA COMTESSE. Parce que vous êtes d'une galanterie qui sent son faubourg St-Germain... Oh!

ALFRED. Vous avez deviné juste, madame; je me nomme le baron d'Alvimar; je

jouissais, près de l'ancienne famille royale, d'un certain crédit, et je devais à des services rendus une croix, une pension et un titre.

LA COMTESSE. Et la chute des Bourbons vous a fait perdre tout cela?...

ALFRED. Je n'en sais rien..., mais je vous avoue que j'en ai peur...

LA COMTESSE. Vous êtes-vous exilé depuis la révolution seulement?...

ALFRED. Non, madame, quelque tems avant qu'elle n'arrivât j'avais prévu la catastrophe. J'avais vainement voulu faire comprendre à nos hommes d'état que la route où l'on s'engageait n'était point la voie populaire, et que même pour les hommes de génie le chemin du despotisme est semé d'abîmes politiques. Je revins si souvent sur ce sujet, qu'un jour on me donna à entendre que ma franchise déplaisait au château. Ces demi-confidences sont faciles à comprendre. Je quittai donc Paris, déplorant en mon ame l'aveuglement de ceux à qui je devais tout... Ma prédiction n'a point tardé à se réaliser, et j'ai entendu d'ici le bruit de leur trône écrasé, et le grand cri de joie et de liberté qu'a jeté le peuple.

LA COMTESSE. Eh bien! monsieur, maintenant que tout va se reformer sur de nouvelles bases, qui vous empêcherait de vous rattacher franchement à la nouvelle dynastie? L'ancien gouvernement, par son ingratitude, vous a dégagé de votre reconnaissance; les hommes qui étaient en disgrâce hier sont aujourd'hui les hommes en faveur; et, en supposant que vous ayiez besoin d'une réconciliation avec la cause de la liberté, il me sera facile de vous en ouvrir toutes les voies.

ALFRED. Oh! madame...

LA COMTESSE. Quelque chose que je fasse pour vous, voyons, ne resterai-je pas votre éternelle obligée?

ALFRED. Mille grâces de cette offre, madame; mais je ne puis l'accepter. Je tremblerais, isolé comme je le suis, n'ayant aucun motif de famille pour me rattacher au nouveau gouvernement, qu'on ne vît, dans ma conduite, un calcul, et non une conviction politique.

LA COMTESSE. Mariez-vous alors ; on a dans ce cas une famille qui s'occupe de soi : on ne sollicite plus, on accepte..... voilà tout.

ALFRED. J'y ai bien songé, madame ; mais quelle probabilité, dans la position où je me trouve, sans autre fortune que ce qu'on était convenu d'appeler avant la révolution mes talens diplomatiques qu'une famille puissante veuille replanter dans la terre de la faveur un pauvre arbre déraciné par l'ouragan politique.

LA COMTESSE. Je crois que vous jugez mal le monde ou vous-même... (*Riant.*) Voulez-vous que je vous cherche une femme? Et si vous n'êtes pas trop difficile...

ALFRED. Oh! de votre main, madame, je m'engage à la prendre les yeux fermés. Mademoiselle Angèle ne retourne pas avec vous à Paris?

LA COMTESSE. Non, sa santé réclame de grands soins; les bals, les soirées, les nuits de danse et de veille la tueraient!..

ALFRED. Mais... vous, madame, qui tout à l'heure me donniez le conseil de prendre une femme, ne songez-vous pas à lui choisir un mari?

LA COMTESSE. Angèle !.... mais c'est un enfant...

ALFRED. Elle a seize ans! et vous devez vous être mariée plus jeune encore...

LA COMTESSE. C'est vrai; mais écoutez, vous m'avez fait votre confession, je vais vous faire la mienne. La manière dont nous avons fait connaissance, votre dévouement pour moi, ma reconnaissance pour vous, ont établi entre nous deux, ce me semble, dans l'espace d'une heure cette je ne sais trop comment dire, notre langue est pauvre en synonymes, cette intimité, cette confiance, veux-je dire, qui n'est habituellement le résultat que d'une plus longue liaison. Je vais donc vous raconter mes projets, comme je le ferais à un vieil ami. Je date de l'empire, telle que vous me voyez, et si votre galanterie vous en faisait douter, ma franchise pourrait vous en convaincre; c'était une des vertus de l'époque. Je fus mariée au général Gaston, pendant le court intervalle qui sépara les deux chutes de l'empire. Napoléon était un dieu militaire, vous le savez : mon mari dont il était l'idole, au moment de son retour de l'île d'Elbe, se rattacha non seulement à sa fortune, mais alla au-devant d'elle. Le général fut tué à Waterloo. Sa mort me condamna à la retraite. Bientôt je donnai le jour à un enfant qui jamais ne vit son père... Cet enfant, c'est Angèle. J'eus seize ans le jour de sa naissance. A peine si j'avais effleuré les enivremens du monde; les soins que je donnai à ma fille ne m'en firent connaître que les douceurs maternelles. La disgrâce dans laquelle se trouvait le nom de mon mari ne m'en laissait guère espérer d'autres. Ma fortune même était à peine suffisante pour moi et mon enfant. Ma tante Angélique, à titre de marraine, voulut se charger de ma

fille, la sépara de moi, l'emmena dans une terre qui lui appartenait; si bien que nous changeâmes presque de rôles, et qu'elle devint la mère d'Angèle et moi sa tante... C'est ainsi que, pendant quinze ans, je restai dans mon isolement de veuve... Tout-à-coup, voilà qu'aujourd'hui ma fortune prend un caractère nouveau. La lettre que j'ai reçue du ministre fait preuve que je vais jouir de quelque crédit. Impuissante pour moi-même, car quelle faveur peut solliciter une femme? je puis beaucoup pour un homme que je présenterais. Cette influence me met à même de doubler sa fortune s'il en a une, ou de lui créer une position, s'il n'en a pas. Et à moins qu'on ne me dise, monsieur, que je suis trop vieille et pas assez jolie pour songer à un second mariage, j'avoue que j'aurai l'amour-propre de ne pas le croire impossible.

ALFRED. Oh! madame...

LA COMTESSE. Vous êtes trop galant pour n'être pas de mon avis... je le savais bien.

ALFRED. Mais je ne vois pas comment cela empêcherait mademoiselle Angèle...

LA COMTESSE. Pardon; si je marie ma fille avant moi, je me donne, dans mon gendre, un maître qui aura le droit de contrôler ma vie, qui, quand je voudrai à mon tour prendre un mari, dira à sa femme : Mais ta mère est folle... comment, elle va être bientôt grand'mère, et elle se remarie... Savez-vous qu'alors il aura peut-être raison; Angèle à seize ans à peine; elle peut très-bien attendre un an ou deux; moi j'en ai trente-un passés; n'est-il pas plus simple que j'assure d'abord ma position, que j'emploie mon crédit en faveur de l'homme qui voudra bien accepter ce crédit pour ma dot?... Je suis à peu près certaine d'obtenir pour mon mari ou pour celui qui sera sur le point de le devenir, tout ce que je demanderai, et peut-être alors m'assurerai-je, par la reconnaissance, un bonheur que mon âge peut-être ne me permet plus d'exiger de l'amour...

ALFRED, *à part.* Ah!...

LA COMTESSE. Car, vous concevez; ma position et celle de mon mari solidement établis une fois, alors à l'aide du crédit de son beau-père, je m'occupe à son tour du bonheur d'Angèle... Dites-moi, monsieur, est-ce que ce n'est point là le calcul d'une femme raisonnable et en même tems d'une bonne mère de famille?

ALFRED. Ajoutez que c'est encore celui d'une femme pleine d'esprit et de grâces... qui ne pourra faire qu'un heureux et fera mille jaloux....

LA COMTESSE. Toujours des réminiscences de l'ancienne cour ?

ALFRED. La vérité doit être de mode à la nouvelle.

LA COMTESSE. Comme vous le voudrez; mais enfin, voilà pourquoi... car puisque je me trouve entraînée à vous faire ces confidences, autant tout vous dire, voilà pourquoi je laisse Angèle ici; elle est jeune, elle est jolie, Angèle, et je suis, sinon jalouse, du moins inquiète; c'est terrible, savez-vous, pour une femme de trente-et-un ans, d'avoir près d'elle une jeune et blonde tête comme celle-là ?

ALFRED. Oh! madame, qu'avez-vous à craindre ?...

LA COMTESSE. Ses quinze ans.

ALFRED. Mais elle a l'air de votre sœur, et voilà tout; elle est jolie, c'est vrai.... Mais regardez-vous donc, madame, vous, vous êtes belle et dans toute la puissance de votre beauté. Vous parlez d'enchaîner à vous un homme par la reconnaissance; mais, madame, fût-il riche et puissant comme un roi, celui que vous aimerez sera plus heureux du bonheur que vous lui apporterez que de celui qu'il possédera.

LA COMTESSE. Vrai?

ALFRED. Oh! je vous le jure.

LA COMTESSE. Ainsi vous approuvez le plan que j'ai formé.

ALFRED. Je le trouve admirable!... me permettrez-vous, à mon arrivée à Paris, de vous aider dans vos recherches ?

LA COMTESSE. Vous y revenez donc?

ALFRED. Voilà plusieurs jours que je serais parti déjà, si mon domestique avait pu me trouver une chaise de poste à acheter dans toute la ville; mais c'est une chose rare qu'une chaise de poste à Cotterets.

LA COMTESSE. Mais écoutez donc; voulez-vous faire une chose : ma voiture contient quatre personnes; ma femme de chambre seule m'accompagne, acceptez une place, et je vous ramène....

ALFRED. Vous, madame!... Mais ne craignez-vous point...

LA COMTESSE. Le monde!.... Vous n'avez donc pas entendu que je viens de vous dire que ma femme de chambre était en tiers avec nous; d'ailleurs, je vous enlève par égoïsme.... Il peut se trouver encore un précipice sur la route...

ALFRED. Oh! madame... mais ce voyage serait pour moi un bonheur.... une ivresse....

LA COMTESSE. Prenez garde, un mot de plus, et je retire ma parole.

ALFRED. Oh! non, non, je l'accepte, et s'il le faut, je la réclame.

LA COMTESSE. Alors, si vous voulez faire placer vos malles....

ALFRED. Non, mille grâces, cela vous retarderait trop; mon domestique partira ce soir par la diligence et les accompagnera. Voulez-vous que je l'appelle?

LA COMTESSE. Certes!... Ainsi vous êtes prêt ?

ALFRED, *sonnant.* Oui, madame.

LA COMTESSE. Angèle!...

ALFRED, *à Dominique qui entre.* Je pars à l'instant pour Paris; tu prendras ce soir la diligence; je te laisse le soin de faire mes malles et de régler mes comptes avec monsieur Muller : tiens, voici de l'argent.

DOMINIQUE. C'est bien, monsieur.

LA COMTESSE, *à Dominique.* Mon ami, savez-vous si ma chaise est prête?

DOMINIQUE. Le postillon vient d'y mettre les chevaux.

LA COMTESSE. Dites-lui de faire avancer. (*Dominique sort.*) Angèle!...

ANGÈLE, *de l'escalier.* Me voilà, maman.

❦❦❦❦❦❦❦❦❦❦❦❦❦❦❦❦❦❦❦❦❦❦❦❦❦❦❦❦❦❦❦❦❦❦

SCÈNE VIII.

LES PRÉCÉDENS, ANGÈLE, MADAME ANGÉLIQUE.

LA COMTESSE. Allons, mon enfant...

ANGÈLE, *bas à Alfred.* Eh bien!

ALFRED. Tout va au mieux.

ANGÈLE. Oh! je respire!... Eh! quoi, vous partez déjà, ma mère, ma bonne mère, je suis si heureuse!.. Oh! embrassez-moi... déjà partir!...

LA COMTESSE. Tu vois... la voiture attend... Angèle, monsieur m'accompagne...

ANGÈLE. Monsieur ?...

ALFRED. Oui... (*Bas.*) Votre mère a sur vous des projets qu'il faut que je combatte; et je réussirai, j'espère, à vaincre une résolution que je crois fortement arrêtée dans son esprit; mais comme elle n'a personne à Paris, et qu'il lui faut quelqu'un pour l'aider dans ses démarches, je me suis offert; je veux me rendre utile, nécessaire si je le puis; et alors, cher ange, quand je lui aurai rendu tous ces petits services de bureaux, de ministère, services si importans pour une femme; tu comprends, car une femme ne peut aller solliciter d'antichambre en antichambre; une récompense me sera due, je la demanderai... Cette récompense sera Angèle, mon Angèle chérie qui m'aura peut-être oublié, mais à laquelle, moi, je penserai toujours.

ANGÈLE. Moi.... vous oublier.... Oh! mon Dieu... Ah! je ne sais pas pourquoi,

Alfred, mais j'ai le cœur bien serré.....

ALFRED. Notre séparation ne sera pas longue, chère enfant!... Rapporte-t'en à mon amour.

ANGÈLE. Oh! que j'ai besoin d'y croire!

ALFRED. Chut! (*Haut.*) Mademoiselle a-t-elle quelque commission?...

ANGÈLE. Merci.

LA COMTESSE. Eh bien! voilà que tu pleures... Allons, embrasse-moi... encore.. là... encore, tu sais bien que je t'aime...

ANGÈLE. Oui, maman, mais cela n'empêche pas que vous me laissez ici...

LA COMTESSE. Mais... ce matin... tu ne voulais pas venir avec moi...

ANGÈLE. Oh! ce matin... c'était autre chose... (*Bas.*) Il restait lui!

LA COMTESSE. Aussitôt mes affaires terminées, je t'écris, je te le promets.... (*A Henri qui entre.*) Ah! monsieur Henri, je désespérais presque de pouvoir vous faire mes adieux.... Si vous venez à Paris, j'espère que l'une de vos premières visites sera pour moi.

HENRI. Jamais offre n'a été reçue avec autant de reconnaissance, madame, ni avec un plus vif désir d'en profiter.

LA COMTESSE. Ainsi, c'est parole donnée... (*A Alfred.*) Je vous attends, monsieur.

ALFRED. A vos ordres, madame.

LA COMTESSE. Adieu, ma bonne tante... adieu, Angèle; bientôt, va... bientôt.

ANGÈLE. Ma mère... ma mère...

HENRI, *à madame Angélique.* Dites-moi, madame, et monsieur d'Alvimar?

MADAME ANGÉLIQUE. Il retourne à Paris avec ma nièce.

HENRI. Ah! voilà le secret des larmes d'Angèle.

FIN DU DEUXIÈME ACTE.

ACTE II.

Un boudoir servant de passage du salon à une chambre à coucher; au fond, une porte et une fenêtre; deux portes latérales.

SCENE PREMIERE.

ALFRED.

Madame la comtesse de Gaston est-elle rentrée?

LE DOMESTIQUE. Oui, monsieur, elle est à sa toilette.

ALFRED. C'est bien. Donnez-moi une plume, du papier et de l'encre.

LE DOMESTIQUE. Monsieur va écrire?

ALFRED. Pourqoui cette question?

LE DOMESTIQUE. Parce qu'un ami de monsieur l'attend chez lui.

ALFRED. Son nom?

LE DOMESTIQUE. Jules Raymond.

ALFRED. Oh! faites-le entrer ici. Je n'ai pas le tems de remonter chez moi; d'ailleurs, je compte le présenter à madame la comtesse. — Ajoutons-le à ma liste. Jules Raymond! il arrive bien pour peu qu'il soit danseur.

LE DOMESTIQUE. Monsieur Jules Raymond.

ALFRED. Ah! cher ami, tu es un garçon bien aimable de penser à moi.

JULES. Et tu es le premier auquel j'ai pensé: ainsi tu vois que je ne te vole pas ton compliment.

ALFRED. Voyons, d'où viens-tu, éternel coureur?

JULES. De la Suisse.

ALFRED. Ah! bravo!

JULES. Mais, dis-moi donc, il me semble que les affaires ont admirablement marché en mon absence.

ALFRED. Mais oui, pas mal.

JULES. Tiens, je croyais qu'on ne portait plus la croix de Saint-Louis.

ALFRED. C'est celle de la légion-d'honneur.

JULES. Et tu es rentré dans ta pension?

ALFRED. Le ministre l'a doublée.

JULES. Et ta place de premier secrétaire à Rome t'a-t-elle été rendue?

ALFRED. Non, mais je suis nommé, à compter d'aujourd'hui, je crois, ministre plénipotentiaire à Bade.

JULES. Je t'en fais mon compliment. Je n'ai pas besoin de te demander comment vont les amours; il est probable qu'ils suivent la même marche.

ALFRED. Tu connais mon système.

JULES. Ainsi tes projets ont réussi.

ALFRED. Complètement.

JULES. Alors tu épouses mademoiselle Angèle.

ALFRED. Non, je me marie avec madame de Gaston.

JULES. Ah ça! mais, mon ami, tu me dis-là des choses de l'autre monde.

ALFRED. En doutes tu?

JULES. Ma foi, je te l'avoue...

ALFRED. Viens au bal ce soir, et tu apprendras de la bouche même de la comtesse ce que tu ne veux pas croire de la mienne... La comtesse doit ce soir annoncer notre mariage comme une chose arrêtée.

JULES. Eh ! mais sa fille?

ALFRED. Angèle? Elle est près de sa tante, au fond du Dauphiné. Aussitôt après son mariage sa mère la fera venir.

JULES. Mais la comtesse est donc toute puissante !

ALFRED. Tout-à-fait. Elle a joint à son influence personnelle celle de la maîtresse du ministre, une dame de Varly, de Varcy, je ne sais pas trop. Cette dame a été sensible, dans la position fausse où elle se trouve, à quelques égards que la comtesse a eus pour elle. Depuis ce tems elle en fait tout ce qu'elle veut : sa pension lui a été rendue, un arriéré payé. Enfin, je ne sais quelle chose encore elle a obtenue.

JULES. Allons, mon cher ami, je te fais mon compliment.

ALFRED. Je te préviens que je ne le recevrai que ce soir au bal.

JULES. Il faudrait au moins pour y venir que je fusse invité par la comtesse.

ALFRED. Je l'attends pour lui remettre la liste des invitations que j'ai faites en son nom, et lorsque le domestique t'a annoncé, je t'ai porté au nombre de mes danseurs.

JULES. Eh bien, soit...., Mais je n'ai point de tems à perdre alors. Neuf heures; et à quelle heure s'ouvre le bal?....

ALFRED. A dix...... Hâte-toi donc si tu veux danser la première contredanse avec la comtesse.

JULES. Je pars. Annonce-moi d'avance : tu pourrais n'être pas là pour me présenter.

ALFRED. Sois tranquille.

JULES. Allons, une nouvelle séparation de sept mois, car il y a sept mois que nous nous sommes vus, je crois, et je te retrouve ambassadeur.

ALFRED. C'est possible. Adieu.

JULES. Au revoir.

SCÈNE II.

ALFRED, LA COMTESSE.

LA COMTESSE. Avec qui causiez-vous donc là?

ALFRED. Ah! je vous fais mon compliment; vous êtes merveilleusement belle avec cette toilette.

LA COMTESSE. Flatteur! je ne vous demande pas cela; je vous demande quel est ce jeune homme qui s'en va.

ALFRED. Un ami à moi, qui a l'honneur d'être connu de vous, je crois : Jules Raymond, un peintre, un artiste.

LA COMTESSE. Oui, je le connais de nom ; mais pas autrement.

ALFRED. Eh bien! je vous le présenterai ce soir, vous permettez?

LA COMTESSE. Certainement.

ALFRED. Voici la liste des personnes que j'ai invitées en votre nom.

LA COMTESSE. Parlons d'abord de vos affaires... J'ai vu le ministre.

ALFRED. Ah !

LA COMTESSE. Votre nomination est signée.

ALFRED. Ma nomination de ministre plénipotentiaire.

LA COMTESSE. Oui.

ALFRED. Et vous consentirez à vous exiler avec moi?

LA COMTESSE. J'irai au bout du monde avec mon mari.

ALFRED. Que vous êtes bonne!

LA COMTESSE. Non, je vous aime. (Alfred lui baise la main.) D'ailleurs, je ferai revenir Angèle ; nous l'emmènerons avec nous ; et nous lui trouverons là-bas quelque joli petit baron allemand bien blond, bien mélancolique, bien rêveur...

ALFRED. Est-ce que vous avez le brevet.

LA COMTESSE. Non, il est entre les mains de madame de Varcy, qui, comme vous le savez, a enlevé d'assaut cette affaire : elle vient ce soir ; je vous présenterai à elle, et c'est elle-même qui s'est chargée de vous remettre votre nomination.

ALFRED. Merci. Maintenant à notre liste.

LA COMTESSE, la repoussant doucement. C'est bien; vous avez invité mes amis, n'est-ce pas? Vos amis sont les miens, je serai donc heureuse de les recevoir... Ah ! de mon côté, j'ai fait une invitation que j'ai oublié de vous dire.

ALFRED Laquelle?

LA COMTESSE. J'ai trouvé hier chez moi la carte de M. Henri Muller.

ALFRED. Ah! il est à Paris.

LA COMTESSE. Il y arrive, je crois, venant du midi.

ALFRED. Et sa santé?

LA COMTESSE. Toujours plus mauvaise; aussi je doute qu'il vienne.

ALFRED. Et moi, je suis sûr qu'il viendra.

LA COMTESSE. J'en serai bien aise, c'est un bon jeune homme. Maintenant, monsieur, vous me permettrez de vous rappeler que vous êtes en retard.

ALFRED. C'est vrai; dix minutes pour ma toilette, et je suis à vous.

LA COMTESSE. Allez. (Sonnant.) Fanny?

FANNY. Madame la comtesse?

LA COMTESSE. Dites-moi, est-ce que vous trouvez que cette robe me va bien?

FANNY. Parfaitement.

LA COMTESSE. Et ma coiffure?

FANNY. A merveille.

LA COMTESSE. Allez me chercher mon bouquet.

FANNY. Madame la comtesse...

LA COMTESSE. Eh bien?

FANNY. Une dame qui descend de voiture désire parler à madame.

LA COMTESSE. Déjà une de nos danseuses!

LE DOMESTIQUE. Oh! non, madame, elle arrive en chaise de poste.

LA COMTESSE. Elle prend mal son tems. N'importe, faites entrer. (A Fanny.) Mon bouquet n'est point dans l'antichambre, il est chez moi. Quelle peut être cette dame qui m'arrive à cette heure? quelque amie de pension, quelque.....

SCENE III.

LA COMTESSE, ANGÈLE.

ANGÈLE. Ma mère!

LA COMTESSE. Angèle, toi!

ANGÈLE. Ma mère... ma mère, vous m'aimez donc?

LA COMTESSE. Comment, chère enfant, si je t'aime?.... Mais qu'as-tu?.... pourquoi ce retour imprévu? ce deuil!...

ANGÈLE. Ma pauvre tante Angélique...

LA COMTESSE. Oh! mon Dieu!

ANGÈLE. Subitement... sans qu'on s'en doutât... comprends-tu?

LA COMTESSE. Pauvre tante!...

ANGÈLE. Alors, je me suis trouvée seule, malade. Moi aussi j'ai pensé que je pouvais mourir, mourir loin de vous..... et je ne voulais pas mourir loin de ma mère.

LA COMTESSE. Toi, mourir?..... quelles idées!...

ANGÈLE. Oh! vous ne savez pas ce que j'ai souffert!

LA COMTESSE. En effet, tu es bien changée.

ANGÈLE. Oui... j'hésitais à revenir; cependant, de peur... de peur que vous ne soyez mécontente.... Mais je me suis dit : maman m'aime... n'est-ce pas, maman, que tu m'aimes?...

LA COMTESSE. Oh! chère petite!

ANGÈLE. Elle me pardonnera d'arriver ainsi; car, pour rester dans ce vieux château, toute seule... oh! je serais morte, ma mère, je serais morte!

LA COMTESSE. Eh bien! non, non... te voilà, calme-toi.

ANGÈLE. Comme vous êtes belle, vous, ma mère. Vous allez en soirée?

LA COMTESSE. Cela tombe horriblement mal... Comment faire... je ne puis maintenant fermer ma porte.

ANGÈLE. Comment, c'est ici...

LA COMTESSE. Eh oui..., mon Dieu, si M. d'Alvimar était là, il me donnerait un conseil.

ANGÈLE. N'est-il point à Paris?

LA COMTESSE. Si... il me quitte, au contraire. Il va revenir.

ANGÈLE. Ah!

LA COMTESSE. Qu'as-tu? comme tu pâlis!

ANGÈLE. Ce n'est rien, rien, ma mère.

LA COMTESSE. Que faire, mon Dieu...; maudit bal!

ANGÈLE. Il est anoncé, donnez-le.

LA COMTESSE. Y seras-tu?

ANGÈLE. Moi, ma mère... oh! le pourrais-je, fatiguée, malade comme je le suis... non, je vous en prie. Ma petite chambre est-elle toujours libre?

LA COMTESSE. Oui, elle t'attendait, car j'allais t'écrire de revenir... Nous parlions de toi avec M. d'Alvimar, il y a dix minutes, et nous faisions ensemble des projets...

ANGÈLE. Sur moi?

LA COMTESSE. Oui.

ANGÈLE. Que vous êtes bonne! (On entend sonner.) Oh! maman, c'est déjà quelqu'un; je me sauve.

LA COMTESSE, ouvrant la porte latérale. Tiens, voilà ta chambre.

ANGÈLE. Merci. (Allant à la porte.) Louise! Louise, faites porter tous mes effets dans ma chambre... tenez, là, là.... au revoir, ma mère, aimez-moi un peu... Oh! j'ai tant besoin de votre amour.

LA COMTESSE. Allons... j'irai t'embrasser lorsque je serai débarrassée de tout le monde.

ANGÈLE. Oui, ma mère.

UN DOMESTIQUE, de l'autre porte. Les personnes invitées par madame la comtesse commencent à arriver.

LA COMTESSE. Faites-les entrer au salon... Ah! excepté madame de Varcy, que vous introduirez de ce côté; puis, vous viendrez me prévenir qu'elle y est. Voyons, Fanny, Fanny... tout va-t-il bien?...

FANNY. Très-bien.

LA COMTESSE. Mon bouquet.

FANNY. Le voici.

LA COMTESSE. C'est tout... oui... allons.

FANNY, leur indiquant la porte d'Angèle. Par ici... par ici... tenez...

LOUISE. Oui, oui... je le sais.

SCÈNE IV.

ALFRED, FANNY.

ALFRED, *de la porte du fond.* Fanny.

FANNY. Monsieur.

ALFRED. Où est madame la comtesse?

FANNY. Au salon.

ALFRED. Est-ce qu'il y a beaucoup de monde?

FANNY Mais pas mal déjà.

ALFRED. Ce diable de Muller, cela me contrarie de le trouver ici; il va me parler d'Angèle, et je n'y pense déjà que trop.

UN DOMESTIQUE, *annonçant.* Madame de Varcy. (*A madame de Varcy.*) Je vais prévenir madame la comtesse.

SCÈNE V.

ALFRED, ERNESTINE.

ALFRED. Ah! ma protectrice inconnue. (*Se retournant.*) Ernestine de Rieux!

ERNESTINE. Non, monsieur, madame de Varcy.

ALFRED. Ah! voilà qui est d'une exactitude scrupuleuse, madame... Je vous avais donné rendez-vous dans le monde au bout de combien? de... huit mois, je crois... en robe de bal, des perles au cou, des fleurs sur la tête. Vous avez devancé l'époque... et cependant, madame, rien ne manque à l'exactitude de la toilette dans laquelle je comptais vous rencontrer.

ERNESTINE. Oui, vous êtes un prophète d'infamie; oui, et tout ce que vous m'avez prédit est arrivé.

ALFRED. Madame... ceci m'a l'air d'une confidence; et je vous ai promis de ne pas vous demander par quels moyens...

ERNESTINE. Mais je me suis promis de vous le dire, moi. En vous quittant je suis revenue à Paris résolue à m'enfermer... à ne voir personne..... Ah! je lisais mal au fond de mon cœur..... Je voulais bien m'éloigner du monde; mais je ne voulais pas que le monde s'éloignât de moi. J'espérais qu'il viendrait me chercher... il m'abandonna... sans m'oublier... Mon absence servit de texte à ses conversations, de but à ses calomnies... on allait jusqu'à supposer des choses que ma présence seule pouvait démentir... je n'osais rentrer dans la société. Cependant... isolée... comme je l'étais..... sans appui..... j'en trouvai un... un soutien puissant!.... je compris que le monde est ainsi fait, que lorsqu'on ne marche pas sur les préjugés, ils marchent sur vous; qu'il faut les

fouler aux pieds si l'on ne veut pas qu'il vous écrasent... On avait méprisé la pauvre femme, humiliée et repentante... je me couronnai de ma honte... et l'on m'adora comme une reine.

ALFRED. Ainsi vous êtes l'amie du ministre...

ERNESTINE. Oh! monsieur, point de vaine pudeur de mots, dites sa maîtresse.

ALFRED. Il n'en est que plus méritoire à vous, dans cette haute position, de vous rappeler encore vos anciens amis.

ERNESTINE, *amèrement.* Comment voulez-vous que je vous oublie?

ALFRED. Oh! mais je m'entends... vous les rappeler... pour leur être utile... voilà ce que je veux dire; car si je suis bien informé, c'est à votre protection, madame, que je dois ma nomination.

ERNESTINE. Oui, monsieur, et j'ai voulu vous en remettre moi-même le brevet.

ALFRED, *l'ouvrant.* Vous êtes trop bonne... (*Lisant.*) Mais il y a une erreur, madame... mon départ est fixé à trois jours.

ERNESTINE. Ce n'est point une erreur.

ALFRED. Mais je ne puis partir en ce moment.

ERNESTINE. Eh bien, vous ne partirez pas.

ALFRED. Mais alors...

ERNESTINE. La place de ministre plénipotentiaire étant vacante, et ne pouvant rester inoccupée à cause de son importance... à votre refus, une autre personne y sera envoyée.

ALFRED. Ah! ah!... je commence à comprendre... et je vois maintenant de quelle manière vous vous souvenez de vos anciens amis. Vous avez su mon prochain mariage, et...

ERNESTINE. Je ne sais rien, monsieur.

ALFRED. Savez-vous, madame, que nous jouons un jeu qui pourra bien devenir une guerre?

ERNESTINE. Quelque nom que vous lui donniez, monsieur, et à quelque conséquence qu'il entraîne, je suis prête à faire votre partie.

ALFRED. Eh bien, je jouerai cartes sur table; vous savez que je suis franc. J'aime la comtesse de Gaston...

ERNESTINE. Tiens!... Je croyais que c'était sa fille.

ALFRED. Vous êtes puissante; mais elle n'est pas sans crédit... je lui dois beaucoup.

ERNESTINE. De l'amour, du dévouement!... Je ne vous reconnais plus, monsieur, et vos principes...

ALFRED. M'ont conduit à mon but.

ERNESTINE. Vous n'y touchez pas encore.

ALFRED. Peu de chose m'en sépare du moins.

ERNESTINE. Vous estimez bien peu ma volonté, ce me semble.

ALFRED. Savez-vous que vous me rendriez fat?

ERNESTINE. Oh! vous auriez tort de le devenir.

ALFRED. Votre dépit ressemble tant à un reste d'amour.

ERNESTINE. Dites à un commencement de haine...

ALFRED. Contre moi?...

ERNESTINE. Oh! oh! non, je ne vous hais pas.

ALFRED. Madame...

ERNESTINE. Je marque un point... vous vous fâchez...

ALFRED. Madame... c'est assez plaisanter.

ERNESTINE. Aussi je cesse..... Partirez-vous, monsieur?

ALFRED. Je ne partirai pas.

ERNESTINE. Vous avez trois jours pour vous décider.

ALFRED, *lui remettant le brevet*. Voici ma réponse.

ERNESTINE. Très-bien... Voulez-vous m'offrir la main pour entrer au bal?

ALFRED. Voici madame de Gaston qui va vous y introduire.

SCENE VI.

LES PRÉCÉDENS, LA COMTESSE, *entrant*.

LA COMTESSE. Pardon, madame, on est, il est vrai, venu me dire que vous étiez ici... mais forcée de faire un premier quadrille... je n'ai pu venir qu'après la contredanse... Vous vous êtes présenté tout seul, monsieur, à ce qu'il paraît?

ALFRED. J'avais déjà eu l'honneur de rencontrer madame.

LA COMTESSE. Voulez-vous entrer?..... nous manquons de jolies femmes.

ALFRED. Je voudrais bien vous parler.

LA COMTESSE. Moi aussi.

ALFRED. Je vous attends, alors.

LA COMTESSE. Ici?

ALFRED. Oui.

SCENE VII.

ALFRED *seul, puis* LA COMTESSE.

ALFRED. Ah! elle veut me faire plier sous sa volonté, cette femme! âme perdue qui veut perdre celle des autres pour racheter la sienne... nous verrons!.. Le mi-

nistre, le ministre... il n'est pas inamovible... on parle d'une nouvelle combinaison... et ma nomination par celui-ci pourrait bien être un titre de destitution aux yeux de l'autre... Oh! venez, venez...

LA COMTESSE. Eh! mon Dieu! qu'y a-t-il, et comme vous paraissez agité?

ALFRED. Il faut que vous annonciez ce soir notre mariage... et publiquement.

LA COMTESSE. Ce soir... Je venais justement vous dire que cela me paraissait impossible.

ALFRED. Et pourquoi?

LA COMTESSE. Angèle est arrivée.

ALFRED. Angèle!!...

LA COMTESSE. Au moment où vous me quittiez.

ALFRED. Angèle est ici!

LA COMTESSE. Là, dans cette chambre.

ALFRED. Ah!...

LA COMTESSE. Et vous comprenez... il est impossible que j'annonce publiquement un mariage que ma fille ignore encore, et que je vous avoue ne savoir trop comment lui apprendre.

ALFRED. Vous avez raison, c'est impossible... de toute impossibilité... vous avez raison.

LA COMTESSE. Ainsi, c'est quelques jours de retard, et voilà tout...

ALFRED. Oui, oui..... trois ou quatre jours.. il vaut mieux retarder...

LA COMTESSE. Oh! je vous remercie de comprendre cela.

RAYMOND, *entrant*. Mille pardons, madame la comtesse, de vous poursuivre jusqu'ici..... mais vous m'avez donné des droits sur lesquels je vous préviens que je ne laisserai pas empiéter....... même par Alfred... Vous m'avez promis cette contredanse...

LA COMTESSE. Oui, monsieur, et je ne l'avais pas oubliée.

JULES. Mille grâces, madame....... (*La musique joue.*) Entendez-vous?

LA COMTESSE. Me voici, monsieur.

SCENE VIII.

ALFRED *seul, puis* LOUISE.

ALFRED. Angèle ici! qui ramène cette enfant malgré mes lettres? Angèle ici..... et moi entre ces deux femmes; et cela au moment de réussir! Misérable ambition de petites choses! Tout cela pour parvenir à être ministre plénipotentiaire, et voilà tout! Angèle ici... là!... Ah!... j'ai cru que c'était elle.

LOUISE. C'est vous que je cherchais, monsieur.

ALFRED. Me voilà.

LOUISE. Une lettre pour vous.

ALFRED. De qui?

LOUISE. De ma maîtresse.

ALFRED. D'Angèle? Ce n'est pas possible!
oh! non... dites, dites...

LOUISE. Cela est cependant, monsieur.

ALFRED. Oh! que faire?...

LOUISE. Elle vous attend pour décider
cela avec vous.

ALFRED. Plus tard.. j'irai tout à l'heure.

LOUISE. Eh! monsieur, il n'y a pas une
minute à perdre.

ALFRED. Allons, alors!...

LOUISE. M. Henri Muller.

SCÈNE IX.

HENRI MULLER, seul.

Oh! que je souffre; cet air échauffé par
les bougies, parfumé par les fleurs... m'é-
touffe..... Ce bruit, ces éclats, ce tourbil-
lonnement me tuent... on respire ici, du
moins!... (Il jette son chapeau sur un sofa
et s'y assied lui-même.) Oh! je n'aurais
pas dû venir..... mais j'espérais entendre
parler d'Angèle... et je n'ai pas même osé
prononcer son nom devant sa mère, de
peur que mon émotion ne me trahît.....
Que ces hommes et ces femmes sont heureux!.. la belle chose qu'un bal pour ceux
qui peuvent y vivre!...

SCÈNE X.

MULLER assis, ALFRED, sortant pâle et agité de la chambre d'Angèle.

ALFRED. Que faire?... que devenir?....
où trouver l'homme qu'il me faut, et cela
à l'instant même?

HENRI, se levant. Monsieur d'Alvimar.

ALFRED. Henri Muller!... (Se frappant
le front.) Ah! il n'y a pas d'autre moyen.

HENRI. Qu'avez-vous?...

ALFRED. Monsieur... vous êtes homme
d'honneur... et vous savez ce que c'est que
l'honneur..... il faut que vous m'aidiez à
sauver celui d'une femme!...

HENRI. Comment cela, monsieur?...,...
expliquez-vous?

ALFRED. En votre qualité de médecin...
on a dû parfois vous faire des demandes
semblables à celle que je vais vous adresser..... Promettez-moi de m'accorder la
mienne... promettez-le-moi?

HENRI. Si elle ne sort en rien des devoirs de mon état.... si même elle ne com-
promet que ma personne...

ALFRED. Elle est dans les devoirs de votre
état; et ne peut point vous compromettre.

HENRI. Alors parlez...

ALFRED. Assez loin d'ici pour qu'il n'y
ait pas un instant à perdre, monsieur, une
jeune fille.... en ce moment.... une jeune
fille de haute noblesse..... une jeune fille
dont le déshonneur rejaillirait sur toute
une famille..... une jeune fille va devenir
mère.

HENRI. Je comprends ce que vous demandez de moi, monsieur.

ALFRED, avec anxiété. Eh bien?

HENRI. Je suis prêt à vous suivre.

ALFRED. Ecoutez, monsieur, ce n'est pas
tout...

HENRI. Après.

ALFRED. Cette jeune fille, vous pourriez
la rencontrer dans le monde plus tard.....
un jour...

HENRI. Un pareil secret est sacré, monsieur; je ne la reconnaîtrais pas.

ALFRED. Mais elle vous reconnaîtrait,
vous... et elle en mourrait... elle en mourrait de honte, monsieur!..... Ecoutez, ne
me rendez pas service à demi... permettez
une chose.

HENRI. Laquelle?

ALFRED. Que je vous bande les yeux!....
que je vous conduise ainsi jusque dans sa
chambre...

HENRI. Je vous comprends, monsieur.

ALFRED. Et vous y consentez?

HENRI. J'allais vous le proposer!

ALFRED, à part. Je suis sauvé!

HENRI, prenant son chapeau. Je suis prêt.

ALFRED. Descendez, monsieur, descendez le premier... et attendez-moi au coin
de la rue dans un fiacre; je vous rejoins...
Allez, allez.

ALFRED. Louise...

LOUISE. Monsieur?

ALFRED. Dans un quart d'heure, je reviens... rassure ta maîtresse.

LOUISE. Hâtez-vous!

ALFRED. Je cours...

SCÈNE XI.

ALFRED, RAYMOND, ERNESTINE.

ERNESTINE. Avez-vous réfléchi, monsieur?

ALFRED. Oui.

ERNESTINE. Et qu'avez-vous décidé?

ALFRED. Envoyez-moi demain le brevet.

ERNESTINE. Et dans trois jours...

ALFRED. Je pars!...

RAYMOND. Eh bien?...

ALFRED. Quoi?

RAYMOND. Qui épouses-tu décidément,

car on n'a point annoncé ton mariage?
Est-ce la mère... est-ce la fille?...

ALFRED. Ni l'un ni l'autre!...

RAYMOND. Voilà bien le garçon le plus
original que je connaisse.

ERNESTINE. Oui, oui......... il est assez
bizarre.

SCÈNE XII.

LES PRÉCÉDENS, **LA COMTESSE**, DAMES
ET MESSIEURS *de la société.*

LA COMTESSE, *entrant.* Comment! vous
partez déjà?

ERNESTINE. Mais il se fait tard.

LA COMTESSE. Oh! deux heures tout au
plus...

ERNESTINE. Vous avez arrêté toutes les
pendules.

LA COMTESSE. Décidément?—Tom, la
pelisse de madame, alors.

ERNESTINE. Vous trouverez mon domestique dans l'antichambre... une livrée
lie de vin, des aiguillettes noir et argent.

LA COMTESSE. Oh! que c'est mal de nous
quitter si tôt.

RAYMOND. Mais vous le voyez, madame... il n'y a point que nous.... tout le
monde part.

LA COMTESSE. C'est votre exemple.

TOM. Voici la pelisse de madame.

RAYMOND. Oserai-je vous offrir mon bras
jusqu'à votre voiture?

ERNESTINE. Mille grâces.

LA COMTESSE. Et moi mille remerciemens.

SCÈNE XIII.

LA COMTESSE, TOM, LOUISE.

TOM. Il n'y a plus personne au salon.
Madame la comtesse ordonne-t-elle qu'on
éteigne?

LA COMTESSE. Oui, certainement. Fermée... ah! je comprends. Elle aura craint
que quelqu'un en se trompant...

LOUISE. Madame la comtesse!...

LA COMTESSE. Oui, j'ai promis à Angèle de venir l'embrasser.

LOUISE. C'est... c'est que mademoiselle
Angèle dort, madame... et vous la réveil-
lerez.

LA COMTESSE. Vous avez raison; elle
doit être si fatiguée, cette pauvre enfant!... Dites-lui que je suis venue; qu'au
milieu du bal, j'ai vingt fois pensé à elle...
et demain qu'elle reste au lit, je viendrai
la voir.

LOUISE. Oh! je tremblais!..... mon
Dieu..... Maintenant vont-ils venir?.....
Mon Dieu! ayez pitié de ma maîtresse....
On frappe..... on frappe..... C'est lui...
Monsieur Alfred!

ALFRED. Silence! (*A Henri.*) Nous sommes arrivés, monsieur. Prenez garde....
bien. Vous m'avez donné votre parole d'honneur de ne point chercher à reconnaître.

HENRI. Je vous la renouvelle.

ALFRED, *à Louise qui tient la porte ouverte.* Pas de lumière dans l'appartement?

LOUISE. Aucune.

ALFRED, *entraînant Henri.* Entrons.

FIN DU TROISIÈME ACTE.

ACTE IV.

La chambre d'Angèle.

SCÈNE PREMIÈRE.

ANGÈLE, *couchée sur une chaise longue;*
LOUISE, *entrant; puis après* LA COM-
TESSE, *ensuite* HENRI.

ANGÈLE. L'avez-vous vu?

LOUISE. Pas encore.

ANGÈLE. A-t-il lu ma lettre, au moins!

LOUISE. Son domestique la lui a remise
quand il est rentré cette nuit.

ANGÈLE. Oh! me laisser ainsi depuis
trois jours! Alfred! Alfred!

LOUISE. Voici madame...

ANGÈLE. Chut! retirez-vous!...

LA COMTESSE. Puis-je entrer?

ANGÈLE. Oui, ma mère.

LA COMTESSE. Eh bien, comment te
trouves-tu?...

ANGÈLE. Très-bien, maman...

LA COMTESSE. Tu ne veux donc pas me
dire ce que tu as?

ANGÈLE. Mais que voulez-vous que je
vous dise, ma mère; je n'ai rien...

LA COMTESSE. Vois... Oh! tu me caches
quelque chose...

ANGÈLE. Moi, moi... Rien, oh! rien,
je vous jure.

LA COMTESSE. Si, tu as quelques chagrins, dis-les-moi..... Voyons, doutes-tu
de mon amour?

ANGÈLE. Je serais bien malheureuse, ma mère, si j'en doutais!

LA COMTESSE. Mais je puis douter du tien, moi..... Voilà trois jours que tu es souffrante et que, malgré mes prières, tu refuses de voir un médecin.... Tu veux donc mourir?

ANGÈLE. Ma mère...

LA COMTESSE. Ecoute.... Je comprends ta répugnance pour un médecin étranger... pour un homme que tu ne connaîtrais pas. Mais... pour un ami...

ANGÈLE. Que voulez-vous dire?

LA COMTESSE. Si M. Henri, par exemple...

ANGÈLE. Henri Muller...

LA COMTESSE. Oui, il est à Paris.

ANGÈLE. Oh! M. Henri..... Oh! lui moins que tout autre...

LA COMTESSE. Je lui ai écrit.

ANGÈLE. De venir?

LA COMTESSE. Oui.

ANGÈLE. Oh!

LA COMTESSE. Et...

ANGÈLE. Et..... et..... il est là, n'est-ce pas?... Voilà ce que vous voulez dire.

LA COMTESSE. Eh bien, oui.

ANGÈLE. Ma mère, ma mère, au nom du ciel!

LA COMTESSE. Mais il existe donc quelque chose, quelque chose que tu ne peux pas avouer..... Mais que veux-tu que je suppose alors... Voyons.

ANGÈLE. Rien..... rien.... rien....

LA COMTESSE. Ainsi tu consens!

ANGÈLE. Faites tout ce que vous voudrez, ma mère.

LA COMTESSE, allant à la porte. Monsieur Henri... venez...

HENRI, entrant. Madame.

LA COMTESSE. J'ai obtenu d'elle qu'elle vous voie. Oh! je vous la recommande, monsieur Henri, c'est mon enfant chérie, voyez-vous...Oh! vous me répondez d'elle.

HENRI. Est-elle donc si souffrante?...

LA COMTESSE. Je ne sais ce qu'elle a... Tâchez de découvrir son secret, si elle en a un. Parlez-lui comme on parle à une sœur... Je vous laisse avec elle, pour que vous soyez plus libre... Devant moi... Je ne sais qu'imaginer. Vous comprenez...... enfin, monsieur Henri.... Tout, tout.... Faites tout pour elle.

HENRI. J'ignore si je puis quelque chose, madame, mais je suis bien entièrement à vous...

LA COMTESSE. Je vous laisse.... J'attendrai chez moi. Venez me trouver après l'avoir quittée; aussitôt après, je vous prie...

HENRI. J'irai.

LA COMTESSE. J'y compte.

HENRI. Mademoiselle... mademoiselle!

ANGÈLE. Et ma mère où est-elle?

HENRI. Sortie un instant.

ANGÈLE. Oh!

HENRI. Je croyais que vous auriez plus de plaisir à revoir un ancien ami.

ANGÈLE. Pardon...

HENRI, s'asseyant près d'elle. Voulez-vous me donner votre main?

ANGÈLE. Ma main!...

HENRI. C'est à titre de médecin que je vous la demande.

ANGÈLE. Et c'est à titre d'ami que je vous la donne.

HENRI. Elle est bien brûlante..... Vous avez la fièvre.

ANGÈLE, retirant sa main. Dieu!... . si l'on pouvait reconnaître!

HENRI. Qu'avez-vous?... dites-moi.

ANGÈLE. Rien.

HENRI. C'est impossible..... vous souffrez, vous devez souffrir du moins... Vous êtes pâle, changée...

ANGÈLE. Ne me regardez point ainsi, monsieur Henri..... vous me faites mal; vous me mettez au supplice...

HENRI. Mon Dieu! que puis-je vous dire? que puis-je vous faire?...

ANGÈLE. C'est le chagrin de la mort de ma bonne tante... c'est le voyage qui m'a fatiguée... et pas autre chose... quelques jours me remettront.

HENRI. Et quand êtes-vous arrivée?

ANGÈLE. Il y a quatre jours, le soir du bal...

HENRI. M. d'Alvimar m'avait dit que ce n'était que le lendemain....

ANGÈLE. Il s'est trompé sans doute, car je l'ai vu quelque tems après être descendue de voiture.

HENRI. Et pourquoi ne pas vous être montrée un instant?

ANGÈLE. J'étais en deuil, j'étais fatiguée.

HENRI. Et où étiez-vous pendant ce tems?

ANGÈLE. Dans cette chambre.

HENRI. Dans cette chambre?

ANGÈLE. Oui, c'est la mienne.

HENRI, frappé d'une idée. J'en ai vu sortir Alfred, en effet... pâle, agité... au moment où... (Il regarde Angèle fixement, puis il se relève, recule, et s'écrie avec explosion:) C'est impossible!...

ANGÈLE. Quoi, quoi donc?

HENRI, regardant autour de lui. Mon Dieu!... mon Dieu!...

ANGÈLE, le regardant aller vers la porte, et se soulevant sur ses bras. Que fait-il?...

HENRI, *ouvrant la porte.* Voilà la fenêtre... au rez-de-chaussée... voilà la porte...
voici un meuble auquel je me suis heur-
té... (*Marchant droit à Angèle épouvantée.*)
Angèle, Angèle..... répondez-moi comme
vous répondriez à Dieu.

ANGÈLE. Que voulez-vous? que voulez-
vous?...

HENRI. Angèle... la nuit du bal...

ANGÈLE, *répétant machinalement.* La
nuit du bal.

HENRI. Ah!.... un homme conduit par
Alfred.

ANGÈLE. Eh bien?...

HENRI. Les yeux bandés...

ANGÈLE. N'achevez pas!...

HENRI. Est entré ici... dans votre chambre.

ANGÈLE. Comment le savez-vous?

HENRI. C'était moi!...

ANGÈLE, *se jetant à ses pieds, le front
contre terre.* Mon Dieu! mon Dieu! tuez-
moi...

HENRI, *se tordant les bras.* Oh! oh!...

ANGÈLE, *soulevant sa tête doucement,
puis regardant Henri, puis se relevant tout-
à-coup.* Et mon enfant, monsieur, qu'avez-
vous fait de mon enfant?...

HENRI. Que dites-vous? je n'entends
pas, que dites-vous?..

ANGÈLE. Mon fils... c'était un fils... on
m'a dit que le médecin l'avait emporté.
Oh! qu'est-il devenu?..... vous m'en répondez, monsieur!

HENRI. Il vit.

ANGÈLE. Oh! il vit... il vit, pauvre
ange... Vous l'avez vu... vous avez vu mon
enfant? Henri... oh! mon bon Henri, que
je vous embrasse...

HENRI. Angèle! vous me tuez.

ANGÈLE. Nous irons le voir, n'est-ce
pas?.. Aussitôt que je pourrai sortir, nous
irons ensemble; vous ne me refuserez point
de me conduire près de lui, n'est-ce pas?
Une mère qui demande à voir son enfant,
c'est sacré... on ne peut pas empêcher une
mère de voir son enfant... son enfant est à
elle. Oh! l'on ne peut pas la priver de son
enfant!

HENRI. Nous irons.

ANGÈLE. Quand?

HENRI. Bientôt.

ANGÈLE. Mon fils!..

HENRI. Parlons d'autre chose...

ANGÈLE. Et de quoi voulez-vous que
j'ose parler, si ce n'est de lui?..

HENRI. Parlons de son père.

ANGÈLE. Oh!..

HENRI. Point de honte, Angèle... la
honte est pour l'infâme!

Angèle.

ANGÈLE. Henri, s'il m'épouse!

HENRI. Oui... mais il faut qu'il vous
épouse.

ANGÈLE. Il me l'a promis.

HENRI. Quand?

ANGÈLE. Pendant cette nuit fatale.

HENRI. Et depuis?..

ANGÈLE. Oh! monsieur, je ne l'ai pas
revu.

HENRI, *entre ses dents.* Le misérable!....

ANGÈLE. Oh! voilà ce qui me faisait
mourir... ne rien savoir... ne point oser
me confier à personne; des remords, des
craintes, de la honte plein le cœur..... Et
ma mère, qui ne me quittait pas.

HENRI. Il faut tout lui dire, Angèle.

ANGÈLE. Oh! je n'oserai jamais.

HENRI. Alors, je le lui dirai, moi... car
il faut que cet homme vous épouse; il le
faut... Voulez-vous, moi... que je lui dise,
à votre mère?

ANGÈLE. Non, non, non... par grâce...
j'aime mieux encore moi-même.

HENRI. Il faut lui tout avouer, lui dire
qu'elle aille trouver cet homme; car, si
elle n'y va pas... j'irai, moi...

ANGÈLE. Non... oh! non, pas vous.

HENRI. C'est qu'il n'y a pas une minute
à perdre.... Voyez-vous, Alfred est capable de tout... de partir, de s'éloigner.

ANGÈLE. Oh! vous le calomniez.....
Henri...

HENRI. Dieu le veuille!

ANGÈLE. Eh bien!... aujourd'hui.

HENRI. Oh! ce n'est point aujourd'hui,
c'est tout de suite...

ANGÈLE. Mon Dieu!

HENRI. J'ai bien le droit d'exiger quelque chose de vous, Angèle... Eh bien!
j'exige qu'à l'instant même vous avouiez
tout à votre mère.

ANGÈLE. Quelques minutes de grâce.

HENRI. Pas une seconde... Je vais l'aller
trouver, lui dire de venir... Angèle... Angèle... du courage... Votre mère vous aime; et puis d'ailleurs il le faut!..

ANGÈLE. Allez donc!.. (*Henri sort.*) Oh!
oh!... (*Sanglotant.*) Que je suis malheureuse, mon Dieu!.. oh!.. oh! mon Dieu!

SCÈNE II.

ANGÈLE, LA COMTESSE.

LA COMTESSE, *entrant.* Un secret! Quel
peut être ce secret?

ANGÈLE, *se rejetant en arrière.* Ma mère!

LA COMTESSE. Eh bien, mon enfant,
me voilà... Me crains-tu?.. crains-tu de
me dire, à moi, à moi, ta mère, ce que
tu as dit à un étranger?..

3

ANGÈLE. Oh ! je ne lui ai rien dit ; il a deviné !

LA COMTESSE. Eh bien, causons un peu et je devinerai aussi, moi.

ANGÈLE. Vous ?

LA COMTESSE. Oui. Ne suis-je pas une mère indulgente ? Voyons.

ANGÈLE. Oh ! si...

LA COMTESSE. Eh bien, ma pauvre enfant ?

ANGÈLE. Oh ! ma mère !

LA COMTESSE. Allons, te voilà comme lorsque tu étais toute petite, et que le soir, fatiguée d'avoir joué toute la journée, tu venais dormir la tête sur mes genoux ; tu me disais tout alors ; moi, c'était toi... pas un de tes petits secrets n'échappait à ta mère, et je n'avais pas même besoin de les aller chercher au fond de ton cœur : ils venaient tout seuls au-devant de moi jusque sur tes lèvres rosées... Oh ! mon enfant, voyons... qui t'a fait pâle et pleurante ainsi ? quelque chagrin, quelque douleur... quelque amour, peut-être ?..

ANGÈLE, secouant la tête. Oui, oui...

LA COMTESSE. Eh bien ! à qui veux-tu parler de cet amour, si ce n'est à ta mère ?.... Voyons, conte-moi cela. Tu ne peux aimer qu'un homme digne de toi... Parle, parle.

ANGÈLE. Je n'oserai jamais...

LA COMTESSE. Voyons, écoute... moi aussi j'ai un secret à te confier.

ANGÈLE. Vous ?

LA COMTESSE. Oui... je vais commencer... et quand ta mère t'aura tout dit .. à ton tour tu lui diras tout, n'est-ce pas ?

ANGÈLE. Que vous êtes bonne !

LA COMTESSE. Tu es raisonnable, on peut tout te dire... Puis, tu me donneras des conseils, peut-être.

ANGÈLE. Moi... Ah ! vous vous moquez de moi, maman.

LA COMTESSE. Eh bien ! voilà qu'à mon tour je suis presque aussi embarrassée que toi. Angèle... je me marie.

ANGÈLE, se jetant à son cou. Vous, ma mère ?

LA COMTESSE. Eh oui... je fais cette folie... mais je ne t'en aimerai pas moins, mon enfant... mais je n'en ferai pas moins tout au monde pour ton bonheur... Ton beau-père te sera un appui, un soutien de plus...

ANGÈLE. Oh ! oui, vous faites bien, vous avez raison.

LA COMTESSE. Tu m'approuves donc ?

ANGÈLE. Oh ! ma mère... ai-je le droit de vous désapprouver ?...

LA COMTESSE. Eh bien ! voilà qui doit te

mettre à ton aise auprès de moi... Voyons, parle, mon enfant...

ANGÈLE. Oh ! moi...

LA COMTESSE. Mais, c'est donc une chose bien affreuse, que tu n'oses pas me l'avouer, après ce que je t'ai dit ?

ANGÈLE. Oh ! oui, ma mère, bien affreuse !

LA COMTESSE. Voyons, mais tu m'inquiètes..... sérieusement..... Comment tu crains, à moi ?..

ANGÈLE, se précipitant à ses pieds. Ma mère !.. si j'avais là mon enfant, je le mettrais à vos pieds, et alors... Vous me pardonneriez peut-être ?

LA COMTESSE. Malheureuse enfant, que dis-tu ?

ANGÈLE. Je dis, ma mère ! pardon ! pardon !..

LA COMTESSE. Voyons, continue.

ANGÈLE. Je dis qu'un homme est venu.. je ne savais pas moi, ma mère... j'étais avec ma tante...

LA COMTESSE. Oh !..

ANGÈLE. Pauvre tante, ce n'est pas sa faute, ma mère... Je l'ai aimé cet homme... Vous n'étiez pas là, j'étais sans conseil, sans défense.

LA COMTESSE. Oh ! oh !..

ANGÈLE. Eh ! ma mère, vous voyez bien que vous ne me pardonnez pas...

LA COMTESSE, la relevant. Oh ! si, si, mon enfant, ma pauvre enfant !... Oh ! si je te pardonne ; car tout cela c'est ma faute... Si j'avais veillé sur toi, comme je devais le faire... Mais au moins cet homme, quel est-il ?

ANGÈLE. Oh ! vous aviez bien dit, ma mère, digne de moi par sa naissance, sa position sociale.

LA COMTESSE. Son nom ?

ANGÈLE. D'ailleurs, vous le connaissez... il est votre ami.

LA COMTESSE. Mais nomme-le donc.

ANGÈLE. Alfred d'Alvimar.

LA COMTESSE, tombant à genoux. Oh !... oh ! maintenant c'est à toi de me le pardonner, ma fille !

ANGÈLE. Comment ?

LA COMTESSE. Alfred d'Alvimar...

ANGÈLE. Eh bien ?

LA COMTESSE. C'est lui que j'allais épouser.

ANGÈLE, épouvanté. Cet homme vous aime, madame ?

LA COMTESSE. Il me l'a dit, du moins.

ANGÈLE, se renversant en arrière. Mon Dieu, Seigneur, ayez pitié de nous !..

ACTE V.

Une pièce faisant suite à une antichambre à perron qui descend dans un jardin : cette pièce sépare l'appartement de la comtesse de Gaston de celui d'Alfred d'Alvimar. — Elle a deux portes latérales.

SCÈNE PREMIÈRE.

ALFRED, DOMINIQUE.

Dominique lit les journaux. — Alfred entre par le fond.)

ALFRED. Dominique, rien de nouveau ?

DOMINIQUE. Non, monsieur.

ALFRED. Personne n'est venu ?

DOMINIQUE. La femme de chambre de mademoiselle Angèle, voilà tout. Elle venait vous supplier, de la part de sa maîtresse, de passer chez elle.

ALFRED. C'est bien. (*Dominique se retire dans la première antichambre.*) Pauvre enfant !.. Quelle fatalité maudite pèse sur elle ! Il y a des momens où je suis prêt à tout dire à Ernestine et à faire un appel à son cœur. Mais le secret d'Angèle au pouvoir de cette femme, c'est impossible. Il y en a d'autres où je suis prêt à me jeter aux pieds de madame de Gaston, à lui tout avouer, au risque de perdre tout avenir. Toutes ces choses, qui tout à coup ont tourné ainsi, et qui jusque-là n'avaient eu pour dénouement que quelques larmes, suivies d'un prompt oubli... Cette enfant qui est là, qui souffre, qui me demande et que je n'ose plus voir... Je lui écrirai, j'écrirai à sa mère. Je lui dirai tout, et quand ma position sera fixée je réparerai tout. Madame de Gaston me pardonnera ; ses protections sont presqu'aussi puissantes que celles d'Ernestine. Mais partons d'abord, partons.

DOMINIQUE. Monsieur ?

ALFRED. Quoi ?

DOMINIQUE. Le chasseur de madame de Varcy.

LE CHASSEUR, *entrant.* De la part de madame la marquise.

ALFRED. Bien. Mon brevet ! Ah ! elle reprend confiance en moi : je ne devais le trouver qu'en arrivant à Vienne. Que m'écrit-elle ? « Une nouvelle combinaison ministérielle vient d'être arrêtée au con- » seil, tous les ministres se retirent, ex- » cepté celui des affaires étrangères ! » Tout le crédit de madame de Gaston s'écroule, et celui d'Ernestine se double. La nouvelle sera demain, 13 mars, dans le *Moniteur.* Oh ! me voilà à la merci de cette femme. Mais les événemens sont donc d'accord avec elle..... Dominique, je n'y suis pour personne.

LE CHASSEUR. Il n'y a pas de réponse, monsieur ?

ALFRED. Dites à madame la marquise que dans un quart d'heure je pars.

LE CHASSEUR. Accompagnez-vous votre maître ?

DOMINIQUE, *sortant.* Oh ! je le suis partout. Je suis son homme de confiance plutôt que son domestique...

SCÈNE II.

HENRI, LA COMTESSE.

HENRI *ouvre l'une des deux portes latérales et reste sans entrer. La comtesse entre.* Du courage, madame, je serai là.

LA COMTESSE. Et vous, monsieur Henri, de la prudence ; nous sommes bien malheureuses, ne nous faites pas plus malheureuses encore.

HENRI. Soyez tranquille..... Mais vous-même, du calme, de la mesure !

LA COMTESSE. J'en aurai..... du reste, vous en jugerez..... Cette porte seule vous séparera de nous, et vous entendrez..... n'est-ce pas ?

HENRI. Parfaitement...

SCÈNE III.

LA COMTESSE, DOMINIQUE, *puis* ALFRED.

LA COMTESSE. Votre maître est-il chez lui ?

DOMINIQUE. Non, madame.

LA COMTESSE. Rentrera-t-il bientôt ?

DOMINIQUE. Je ne sais.

LA COMTESSE. N'importe, je vais l'attendre.

DOMINIQUE. Mais, madame la comtesse, peut-être M. d'Alvimar restera-t-il dehors jusqu'à la nuit.

LA COMTESSE, *s'asseyant.* Eh bien ! je l'attendrai jusqu'à la nuit.

D'ALVIMAR, *dans l'antichambre.* Non, non... Les chevaux à la voiture.

LA COMTESSE. Vous vous trompiez, mon ami ; le voici...

ALFRED, *entrant.* Vite, Dominique, il faut... (*S'interrompant.*) La comtesse !..... (*Allant à elle.*) Ah ! madame, que je suis heureux, fatigué que je suis de visages diplomatiques, de trouver, en rentrant chez moi, un pareil contraste !...

LA COMTESSE. Faites sortir cet homme, monsieur.

ALFRED. Dominique, laissez-nous. (*A part.*) Mets les chevaux à la voiture. (*Le domestique sort.*) Eh bien, maintenant, madame... que toutes nos démarches sont terminées, et terminées heureusement.... à quand mon mariage ?...

LA COMTESSE. C'est ce que je venais vous demander de la part d'Angèle...

ALFRED, *lâchant la main de la comtesse.* Ah !...

LA COMTESSE. Cette enfant vous aime... vous l'aimez aussi...

ALFRED. Moi !

LA COMTESSE. Oh ! si vous ne l'aimiez pas, comment nommeriez-vous votre conduite avec elle? et si, après votre conduite avec elle, vous ne l'épousiez pas..... comment alors nommeriez-vous votre refus ?

ALFRED. Mais, madame, après ce qui était convenu entre nous...

LA COMTESSE. Rien n'était convenu, monsieur... ou j'ai tout oublié...

ALFRED. Madame...

LA COMTESSE. Mais je sais qu'il était convenu avec ma fille, monsieur, que vous me demanderiez la main de ma fille... vous me l'avez demandée, et je vous l'accorde...

ALFRED. Mais je ne puis...

LA COMTESSE, *se levant.* Ah ! vous ne pouvez..... parce que nous sommes deux femmes, n'est-ce pas? parce que nous n'avons ni père, ni mari qui nous défendent.... Vous ne pouvez..... lorsque vous avez déshonoré une enfant..... si jeune qu'elle ignorait ce que c'était que le déshonneur... vous ne pouvez... dites-vous....

ALFRED. Mais, madame, depuis ce tems... un autre amour... que je crus partagé...

LA COMTESSE. Je ne vous comprends pas, monsieur.

ALFRED, *se relevant.* Alors je vois qu'il faut être clair et précis... je vais l'être... Je ne puis épouser Angèle...

LA COMTESSE. Ah !...

ALFRED. Mes projets d'avenir...

LA COMTESSE. Malheureux..... malheureux que vous êtes !

ALFRED. Madame !

LA COMTESSE. Vos projets d'avenir !.... et qui les a réalisés jusqu'à présent?.... Oh ! oh ! tout cela c'est ma faute... mais vous voulez donc que j'aie des remords toute ma vie? que ces remords me conduisent au tombeau dans le désespoir et dans les larmes ; car c'est moi, oui, monsieur, c'est moi, moi qui suis la seule cause du malheur de mon enfant... c'est moi qui, en quelque sorte, me suis jetée entre elle et vous... Oh ! notre première conversation m'est bien présente, allez. Vous veniez pour me la demander, monsieur, lorsque, comme une folle, comme une insensée, je vous ai développé mes projets à moi..... Oh ! qui pouvait se douter aussi..... J'aurais dû deviner tout cela.... ou plutôt j'aurais dû, comme c'est le devoir d'une mère, veiller sur ma fille, ne pas la perdre un instant de vue, m'oublier pour elle..... et je n'ai rien fait de tout cela..... aussi ma fille est perdue, aussi je suis perdue.....

ALFRED, Perdue...

LA COMTESSE. Oui, monsieur... si vous résistez à mes larmes... et je n'ai que mes larmes, monsieur..... car je ne puis vous y forcer, moi..... je ne puis que me traîner à vos pieds, en baiser la poussière, vous crier avec les sanglots et les gémissemens d'un cœur brisé : Rendez l'honneur à ma fille, épousez ma fille..... Puis, si vous me repoussiez, monsieur, et ce serait affreux..... la prendre dans mes bras..... l'emporter hors du monde..... dans quelque coin, dans quelque retraite... où nous puissions cacher nos larmes..... Ah ! oui, voilà tout ce que je puis... Oh ! je le sais, monsieur, je le sais, et voilà ce qui fait mon désespoir...

ALFRED. Oh ! madame... mais vous vous exagérez...

LA COMTESSE. Notre malheur, monsieur !..... oh ! non..... celui de ma fille, peut-être... car c'est la moins coupable de nous deux... et par conséquent la moins malheureuse. Mais moi !..... oh ! voir sa fille à seize ans... retranchée de la société, comme si le linceul des morts avait passé sur elle... maudissant le jour où elle est née, et peut-être la mère qui l'a mise au jour... pleurant, pleurant et se dire : C'est moi, c'est sa mère. Oh ! je m'exagère pas mon malheur... oh ! monsieur, monsieur, dites, en est-il, en connaissez-vous un plus grand?...

ALFRED. Oui, je sais que la fatalité nous pousse.

LA COMTESSE. Et votre enfant, monsieur... Pauvre enfant ! qui n'a point de mandé à naître, et qui est né... né dans la honte, pour vivre dans la honte... que vous condamnez à une vie sans avenir, qui fera rougir sa mère, et qui rougira d'elle.... Oh! cet enfant... au nom de cet enfant!..... Dieu, monsieur, a voulu que l'homme le plus implacable eût des entrailles de père... Vous vous laisserez toucher..... Mon Dieu! j'avais des choses si puissantes à vous dire, avant de vous voir... et, maintenant que je vous vois, je n'ai que des larmes... Oh! prenez pitié de nous, monsieur... prenez pitié de nous, et le Seigneur vous bénira..... Oh! je le vois... oh! vous vous attendrissez!... Mon Dieu! mon Dieu!.... donnez-moi de ces mots, de ces accens du cœur qui persuadent, qui entraînent!..... Mon Dieu! je vous le demande à genoux!

ALFRED. Eh bien! madame, voyons...

LA COMTESSE. Oui, oui. Voyons, que voulez-vous, que désirez-vous?... Moi, je me retirerai dans un couvent..... je vous abandonnerai le peu que j'ai... vous paierez ma dot, et voilà tout.

ALFRED. Oh!

LA COMTESSE. Oui; à un homme, je le sais, il faut de la fortune, et vous ferez bien d'accepter ce que je vous offre, monsieur. Mais, à moi, il ne me faut rien.... plus rien...

ALFRED. Eh bien, meurent mes projets d'avenir et d'ambition! Madame, montez dans ma voiture; allez chez votre notaire... amenez-le ici; et... si vous voulez bien me faire l'honneur de m'accorder la main de mademoiselle Angèle...

LA COMTESSE. Vous dites, monsieur?... Ah!...

ALFRED. Je dis, ma mère, que suis prêt à devenir son époux.

LA COMTESSE. Ah!... vous n'êtes pas un homme, vous êtes un ange! laissez-moi vous baiser les mains, vous embrasser les genoux. Oh! mon Dieu, mon Dieu!..... mon enfant, ma pauvre enfant!... tu n'auras donc rien à reprocher à ta mère!..... Oh! monsieur, monsieur... oh! que je vous remercie!...

ALFRED. Eh bien! madame, ne perdez pas un instant; allez...

LA COMTESSE. Oui... oui... Adieu...

ALFRED, revenant vivement en scène et sonnant. Dominique! Dominique!

DOMINIQUE, paraissant. Monsieur?

ALFRED. Un cabriolet de place... le premier venu... et à la poste aux chevaux.

DOMINIQUE. Nous partons.

ALFRED. A l'instant..... à la minute..... cours. (Dominique sort.) Voyons; ai-je tout ce qu'il faut... de l'or... des billets... mon passeport... Ah! mon brevet.

SCÈNE IV.

HENRI, ouvrant la porte. Il est très-pâle.

L'infâme!.. (Il va à la porte du fond, la ferme et met la clef dans sa poche. Il s'approche de la table; écrit quelques lignes sur un morceau de papier, puis revient s'asseoir sur une chaise.) A nous deux, maintenant.

ALFRED, se précipitant dans la chambre, va à la porte, la secoue violemment, se retourne et aperçoit Henri. Ah!... (Les deux hommes se regardent avec une expression de colère croissante, puis Alfred marche à Henri et lui dit froidement:) Monsieur, quelles sont vos armes?

HENRI. Ah! vous devinez donc pourquoi je suis ici?

ALFRED, avec une violence concentrée. Oui, je le devine, et je vous en rends grâce. Voilà donc un homme enfin... J'étais fatigué d'avoir affaire à des femmes, et j'aime mieux que ce soit vous qu'un autre qui vienne ainsi; car je suis aussi las de vous que vous pouvez l'être de moi; et peut-être suis-je aussi las de l'existence que je le suis de vous: ainsi tuez-moi, ou que je vous tue... peu m'importe..... car, si je ne suis pas débarrassé de vous..... du moins je le serai de la vie..... Mais dépêchons, monsieur, dépêchons, je vous en prie.

HENRI. Oh! ce n'est pas moi qui vous ferai attendre.

ALFRED. Alors, quelles sont vos armes? vite, vite! quant à moi, tout ce vous voudrez. L'épée vous convient-elle?

HENRI. Ah! vous le voyez, monsieur... je suis si faible, qu'à peine si mon bras pourrait la porter..... du premier coup, vous me désarmeriez... et alors je serais à votre merci..... alors vous feriez de la magnanimité, vous me feriez grâce.

ALFRED. Oh! non; soyez tranquille...

HENRI. Alors vous m'assassineriez.

ALFRED. Eh bien, monsieur, le pistolet... A quinze pas, dix balles à tirer, jusqu'à ce que l'un de nous deux tombe...

HENRI. Vous auriez trop d'avantages encore, monsieur, car ma vue est faible et ma main tremble. Je ne veux pas me placer en face de vous comme une victime, mais comme un ennemi.

ALFRED. Eh bien! monsieur, faites vos conditions; égalisez le combat, si la chose est possible, et tout ce que vous proposerez, je l'accepterai. Oui, tout, tout, tout;

pourvu que ce soit à l'instant même...

HENRI. Eh bien! monsieur, à bout portant, un seul pistolet chargé sur deux... Feu en même tems, et alors c'est le moyen que l'un des deux tombe..... Alors, les avantages de l'adresse et de la force disparaissent; c'est le jugement de Dieu... monsieur... et prenez garde, Dieu est juste!

ALFRED, *avec impatience*. C'est bien..... c'est bien... Mais où trouverons-nous des témoins qui permettent ce duel?

HENRI. Nous nous en passerons.

ALFRED. Et l'accusation d'assassinat?..

HENRI, *tirant de sa poche le papier qu'il a écrit*. Voilà qui fera preuve contre elle.

ALFRED. « Fatigué de la vie, je me suis tué moi-même... Qu'on n'accuse personne de ma mort. »

HENRI. Si je succombe, monsieur, on trouvera ce papier sur moi.

ALFRED, *prend une plume, écrit la même phrase, et met l'écrit dans sa poche*. C'est bien! Maintenant au bois de Boulogne.

HENRI. Ce n'est point la peine... Nous avons là un jardin.

ALFRED. Acceptez-vous mes pistolets?

HENRI. Oh! parfaitement.

ALFRED. Je vais les chercher.

HENRI, *l'arrêtant*. Un instant, monsieur! cet appartement n'a-t-il pas deux sorties?

ALFRED, *le regardant, et avec colère*. Eût-il les cent portes de Thèbes, monsieur, je vous donne ma parole d'honneur que je ne sortirai que par celle-ci.

HENRI. Je vous y attendrai.

∞∞∞∞∞∞∞∞∞∞∞∞∞∞∞∞∞∞∞∞∞∞∞∞∞∞∞

SCENE V.

HENRI, *puis* ANGÈLE.

HENRI. Oh! mon Dieu, ce n'est pas la vie que je vous demande, vous le savez; mais, avant que je meure, faites de moi l'instrument de votre vengeance, et je vous bénirai.

ANGÈLE, *entr'ouvrant la porte*. Monsieur Henri, êtes-vous là?

HENRI. Angèle!..

ANGÈLE. Ma mère m'a dit de venir vous joindre, elle rentre avec un notaire... Oh! mon Dieu, tout est donc décidé?

HENRI, *à part*. Pauvre enfant?

ANGÈLE. Ainsi c'est à vous, monsieur Henri, à vous que je devrai du moins d'être heureuse mère, si je ne suis pas heureuse épouse.

HENRI. Si vous n'êtes pas heureuse épouse, Angèle?.. Ce mariage, en s'accomplissant, n'aurait-il pas fait votre bonheur?

ANGÈLE. Mon bonheur... Ah! le bonheur fut l'ange gardien de mes jeunes années; il s'est envolé avec elles.

HENRI. Cependant, Angèle... le bonheur est dans l'amour.

ANGÈLE, *amèrement*. Et croyez-vous qu'Alfred m'aime?

HENRI. Mais vous l'aimez... vous?

ANGÈLE. Henri... Si le déshonneur avait été pour moi seule... s'il n'eût point, en m'atteignant, rejailli sur ma mère et sur mon enfant...

HENRI. Eh bien?

ANGÈLE. Mon ami, je vous le jure, j'eusse préféré le déshonneur, la mort même, à devenir la femme de cet homme.

HENRI. Que dites-vous, Angèle?

ANGÈLE. Je dis que je n'ai plus qu'un instant où je puisse pleurer; que je n'ai plus qu'un ami à qui je puisse tout dire... Et cet instant, c'est celui-ci, et cet ami, c'est vous... Oh! oh! mes larmes m'étouffent, Henri... Oh! laissez-moi pleurer.

HENRI. Oui, pleurez, Angèle... pleurez....

ANGÈLE. Quel avenir de douleurs me promet cet homme! si j'en juge par le passé.

HENRI. Et cependant vous avez pu l'aimer... vous si pure, si candide... Nulle voix d'en haut ne vous a avertie de voiler vos yeux et votre cœur, lorsque ce démon s'est approché de vous.

ANGÈLE. Oh! si, si!.. ne blasphémez pas Dieu... Ce fut de la fascination et non pas de l'amour.

HENRI. Vous... vous, Angèle, vous ne l'auriez jamais aimé?... Oh!... cela ne se peut pas.

ANGÈLE. C'est d'aujourd'hui seulement que je vois clair dans mon cœur... depuis ce secret fatal que ma mère m'a révélé.

HENRI. Quel secret?

ANGÈLE. Oh! vous ne le saurez jamais, Henri! car ce secret n'est pas le mien.... Eh bien, depuis que ce secret m'a été connu... il m'a semblé qu'un voile tombait de mes yeux. Mon malheur fut le résultat d'un charme, d'un prestige, d'une surprise... mais je vous le répète, oh! je sens là que je ne l'ai jamais aimé... et j'en suis fière.

HENRI. Oh! mon Dieu, mon Dieu! suis-je assez malheureux, suis-je assez condamné!

ANGÈLE. Vous, Henri!

HENRI, *tombant sur une chaise*. Elle ne l'a jamais aimé... elle ne l'a jamais aimé... elle aurait donc pu m'aimer, moi...

ANGÈLE. Que dites-vous?

HENRI. Mon Dieu! mais vous m'avez donc choisi pour épuiser tous les désespoirs?..Vous m'avez montré la vie, et vous me l'ôtez... vous m'avez montré l'amour, et vous me l'ôtez encore... Oh! mon Dieu, mon Dieu! c'est plus qu'un homme n'en peut supporter.... Prenez pitié de moi.... ou tuez-moi de suite...

ANGÈLE. Henri!

HENRI. Oh! une heure seulement de son amour.... cette heure, mon Dieu, vous pouviez me l'accorder cependant... Etait-ce trop d'une heure de bonheur dans ma vie condamnée... Oh! je serais mort si heureux, si elle m'avait dit une fois seulement : Henri, je t'aime.... Car je vous aimais, moi, Angèle ; je vous aimais avec passion, avec délire, et j'ai renfermé cet amour dans ma poitrine ; et je lui ai donné mon cœur à dévorer. Ah! Angèle! Angèle!...

(Il sanglote.)

ANGÈLE. Monsieur Henri, vous oubliez que je vais être la femme de monsieur Alfred d'Alvimar.

HENRI. Oh! non, non, grâce au ciel, cela ne sera pas.

ANGÈLE. Comment?

ALFRED, paraissant. Me voilà, monsieur.

HENRI, revenant à lui. Ah! vous avez été bien long-tems... Vous avez été trop long-tems.

ALFRED. Mes pistolets étaient emballés ; il m'a fallu le tems d'en charger un.

HENRI. Vous-même...

ALFRED. Vous choisirez.

HENRI. s'éloignant. Très-bien.

ANGÈLE. Où allez-vous ?

HENRI, revenant sur ses pas. Angèle... priez Dieu !

ANGÈLE. Et pour qui ?

HENRI. Pour vous... — Allons, monsieur..?.

※※※※※※※※※※※※※※※※※※※※※※※※※※※

SCÈNE VI.

ANGÈLE, puis LA COMTESSE et un NOTAIRE.

ANGÈLE, seule. Oh! que signifient ces paroles, et pourquoi sortent-ils ensemble?.. Grâce au ciel, je ne serai pas la femme de M. d'Alvimar, a-t-il dit. Eh! mon Dieu! mais a-t-il oublié qu'il n'y a pas pour moi de milieu entre le malheur et la honte?... Oh! ma mère, ma mère, venez.

LA COMTESSE, au notaire. Par ici, monsieur, je vous prie...Voici une table, de l'encre, des plumes... ayez la bonté de rédiger le contrat...

LE NOTAIRE. Oui, madame, à l'instant.

LA COMTESSE, à Angèle. As-tu vu M. d'Alvimar ?

ANGÈLE. Oui, mais une minute seulement.

LA COMTESSE. Où est-il ?

ANGÈLE. Sorti avec M. Henri...

LA COMTESSE. Ensemble?...

ANGÈLE. Et très-animés, ma mère.

LA COMTESSE. Auraient-ils eu quelque querelle ?...

ANGÈLE. J'en ai peur...

LA COMTESSE. Oh! mon Dieu! mon Dieu! que dis-tu ?

ANGÈLE. Ma mère !...

LA COMTESSE. Eh bien?...

ANGÈLE. Avez-vous entendu?...

LA COMTESSE. Le bruit d'une arme à feu !

ANGÈLE. Ils se battent...

LA COMTESSE, lui montrant le notaire. Silence... Mon Dieu !

(Elles restent toutes deux debout et immobiles, à côté l'une de l'autre, sans oser se retourner.— Henri Muller monte lentement les degrés du perron, plus faible et plus pâle que jamais, et vient s'appuyer sur la chaise du notaire, sans être vu par lui.)

※※※※※※※※※※※※※※※※※※※※※※※※※※※

SCÈNE VII.

LES MÊMES, HENRI MULLER.

LE NOTAIRE, à la comtesse. Les noms et prénoms du futur époux, madame, s'il vous plaît ?

HENRI. Henri Muller.

LA COMTESSE et ANGÈLE, se retournant. Oh !...

HENRI. Et ajoutez, monsieur, que je reconnais mon enfant !

LA COMTESSE. Henri, Henri ! qu'est-ce que cela veut dire ?

HENRI, à mi-voix, s'avançant. Cela veut dire que, cette fois encore, cet homme vous trompait, madame.

LA COMTESSE. Il est parti ?

HENRI. Il est mort....

ANGÈLE. Oh !.. oh !.. mon Dieu.

HENRI. Angèle... il y avait sous le ciel un homme devant lequel vous auriez eu à rougir lorsqu'il aurait passé près de vous. Cela ne devait pas être : cet homme je l'ai tué.

ANGÈLE. Vous oubliez, Henri, qu'il y en a encore un autre qui sait tout, et devant lequel aussi j'aurai à rougir.

HENRI. Oh !... oh !... celui-là a si peu de tems à vivre.

FIN.

IMPRIMERIE DE DONDEY-DUPRÉ, RUE SAINT-LOUIS, N° 46, AU MARAIS.

L'HOMME DU MONDE,

DRAME EN CINQ ACTES,

Par MM. Ancelot et Saintine,

REPRÉSENTÉ POUR LA PREMIÈRE FOIS, SUR LE THÉATRE ROYAL DE L'ODÉON,
LE 25 OCTOBRE 1827.

PERSONNAGES.	ACTEURS.	PERSONNAGES.	ACTEURS.
LE COMTE DE SELMAR..	M. BOCAGE.	LA MARQUISE DE TERNY.	Mlle MILEN.
LE BARON DE BLÉVILLE.	M. DUPARAI.	EMMA, pupille de la marquise..................	Mlle ANAÏS.
ARTHUR BRÉMONT, pupille du baron de Bléville..	M. MICHELOT.	LA Vsse D'ORBIGNY......	Mlle CHARTON.
SAINT-PAULIN..........	M. PROVOST.	SUZETTE, sœur de lait d'Emma..................	Mlle BROHAN.
UN MAGISTRAT de la ville.	M. PAUL.	DOMESTIQUES, CONVIÉS.	
JEAN-LOUIS, mari de Suzette....................	M. MÉNÉTRIER.	UNE DÉPUTATION DE LA VILLE.	

La scène se passe, pendant les deux premiers actes, dans la terre de madame de Terny; pendant le troisième et le quatrième à Plombières; pendant le cinquième, près de la chaumière de Suzette, à une demi-lieue de Plombières.

ACTE PREMIER.

Le théâtre représente un salon ouvrant sur des jardins.

SCÈNE PREMIÈRE.

MADAME DE TERNY, SAINT-PAULIN.

SAINT-PAULIN. Eh bien! madame, avez-vous été contente de nous à la répétition? Moi, du moins, je savais mon rôle!

MADAME DE TERNY. A merveille! Mais vous l'avez joué si souvent!

SAINT-PAULIN. Il est vrai que ce M. Théodore Leclercq me donne bien de l'occupation cet été.

MADAME DE TERNY. Et à moi; qui, en ma qualité de maîtresse de maison, me suis résignée à l'emploi de souffleur!

SAINT-PAULIN. A la campagne il faut bien faire quelque chose.

MADAME DE TERNY. Je l'avoue, de tous les plaisirs champêtres la comédie de société est celui que j'aime le mieux.

SAINT-PAULIN. Oh! je le conçois, et je gagerais que c'est moins la comédie que les acteurs qui vous amusent. Les prétentions, les petites rivalités exercent votre esprit observateur et malin.

MADAME DE TERNY. Comment donc? Je crois que vous me flattez? Ce n'est pourtant pas là votre habitude! Frondeur sévère, souvent même un peu médisant...

SAINT-PAULIN. C'est que dans le monde on n'est pas accoutumé à la franchise. Quant à vous, madame, le censeur le plus rigide est contraint de vous rendre justice.

MADAME DE TERNY. Cependant j'ai mes défauts.

SAINT-PAULIN. Oui, sans doute, madame! Je vous reprocherai seulement de n'avoir pas ceux de votre âge.

MADAME DE TERNY. Comment cela?...

Allons, ne craignez pas de me dire mes vérités.

SAINT-PAULIN. Eh bien! selon moi, vous avez conservé un caractère de jeunesse, un amour des plaisirs...

MADAME DE TERNY. Ici, je vous interromps, mon cher Saint-Paulin! J'avoue que je suis loin de me condamner à la retraite, et de fuir les plaisirs que la société procure; mais ce n'est pas pour moi que je les recherche. Emma ne peut s'éloigner de moi: irai-je la forcer de vivre dans la solitude, de subir les ennuis d'un âge qui n'est pas le sien?

SAINT-PAULIN. Fort bien. Je sais que vous avez assez d'esprit pour trouver d'excellentes raisons; mais je vous ai vue souvent effacer par le goût de votre parure nos dames les plus brillantes: on ne vous eût pas donné trente ans.

MADAME DE TERNY. J'en ai cinquante.

SAINT-PAULIN. Allons? vous poussez la coquetterie (pardonnez à ma franchise) jusqu'à vous vieillir pour paraître encore plus extraordinaire. Ne vous ai-je pas vue attirer autour de vous un cercle nombreux, tandis que nos dames les plus jeunes et les plus élégantes étaient délaissées? Cela fait crier, et non sans raison.

MADAME DE TERNY. N'allez-vous pas, comme Mme d'Orbigny, me reprocher d'accaparer pour moi seule le brillant comte de Selmar?

SAINT-PAULIN. Le comte de Selmar! Cela n'a rien de surprenant, et ce n'est pas là-dessus que je gronderai. Le comte n'est plus un jeune homme.

MADAME DE TERNY. Mais il a...

SAINT-PAULIN. Quarante-deux ans bien comptés.

MADAME DE TERNY. Vous croyez?

SAINT-PAULIN. J'en suis sûr; et depuis deux ans son ambition le pousserait à se faire élire député, si son amour-propre ne lui défendait de montrer son extrait de baptême.

MADAME DE TERNY. Est-ce donc là un si grand âge?

SAINT-PAULIN. Pour un homme à bonnes fortunes!... Oui!

MADAME DE TERNY. Ah! je vous en supplie, épargnez M. de Selmar; car, pour ma part, je déclare que j'en raffole.

SAINT-PAULIN. Je suis loin de chercher à l'attaquer. Il y a si long-tems qu'il est à la mode, que l'engouement qu'il inspire est légitimé par le temps qui consacre tout.

MADAME DE TERNY. Encore des méchancetés!... Mais heureusement voici son meilleur ami qui vient à mon aide.

SCÈNE II.

LES MÊMES, BLÉVILLE, ARTHUR.

MADAME DE TERNY. Eh! arrivez donc, mon cher Bléville!... Bonjour, monsieur Arthur.

BLÉVILLE. Madame, je vous salue de tout mon cœur. Nous venons de faire, mon pupille et moi, une promenade délicieuse dans votre parc.

MADAME DE TERNY. Vous revenez à propos pour défendre M. de Selmar.

BLÉVILLE. Moi!

SAINT-PAULIN. Oui; on l'accuse d'avoir... quarante-deux ans.

BLÉVILLE. Parbleu, c'est un tort dont je voudrais pouvoir m'accuser moi-même.

ARTHUR. Son âge, il est vrai, l'avertit qu'il est tems d'être autre chose qu'un homme aimable.

SAINT-PAULIN. C'est ce que je dis.

MADAME DE TERNY. Et c'est ce que, nous autres femmes, nous n'approuvons pas.

BLÉVILLE. Vous êtes sévère, monsieur! le comte de Selmar n'a point uniquement consacré sa vie à de frivoles triomphes de salons; quand nos troubles civils ne lui laissèrent pour héritage qu'une illustre origine, descendu tout-à-coup du rang où le hasard l'avait placé, il y sut remonter par le noble emploi qu'il fit de ses talens; vous ne pouvez ignorer qu'il a rempli avec succès plus d'une mission diplomatique. En ce moment même il existe un projet admirable conçu par lui, et qui, s'il était adopté, assurerait à l'industrie et au commerce de tout le nord de la France et à notre bonne ville de Plombières d'immenses avantages. Mais, depuis deux ans, ce projet est mis de côté.

MADAME DE TERNY. Vous voyez?...

SAINT-PAULIN. Ah! oui, monsieur le baron, des projets pour l'industrie!... Quelque nouvelle machine à vapeur!..... quelque mécanique qui marche avec des souris! Eh bien! qu'on lui donne une médaille, et qu'on n'en parle plus.

BLÉVILLE. Non, monsieur, ce n'est point une machine à vapeur, ce n'est point une mécanique; c'est un bon traité de commerce, et je l'en remercie! car je suis commerçant, moi; j'ai mes usines, mes manufactures, et, tout baron que je suis, après avoir servi mon pays avec mon épée, je ne crois pas déroger en contribuant à l'enrichir.

ARTHUR. Que M. de Selmar consacre à de nobles occupations les facultés précieuses qu'il a reçues de la nature, et je lui rendrai justice, ainsi que vous, mon ami : je le reconnais pour un diplomate distingué. Mais je ne puis compter parmi ses titres à l'estime sa réputation de séducteur; il n'y a point de gloire à tromper une femme.

BLÉVILLE. Arthur, je t'en supplie, respecte dans le comte de Selmar mon ami.

SAINT-PAULIN. J'aime à voir notre jeune avocat prendre en main la défense du beau sexe ; et, si quelque chose m'étonne, c'est que M. de Terny protége si vivement M. de Selmar ; car enfin la vicomtesse d'Orbigny est votre amie, et la maniére dont il s'est conduit avec elle...

BLÉVILLE. La légèreté, les inconséquences de M. d'Orbigny peuvent au moins excuser...

MADAME DE TERNY. Allons, messieurs, trève de médisances et de suppositions !...

SAINT-PAULIN. Ah ! vous nommez cela des suppositions?... Mais nous nous oublions auprès de vous ; c'est dans deux heures que nous devons jouer notre proverbe: je crois, monsieur de Bléville, que nous n'avons pas trop de tems pour repasser nos rôles ; vous surtout qui ne savez jamais le vôtre.

MADAME DE TERNY. Il est vrai que vous donnez un mal au pauvre souffleur !

BLÉVILLE. C'est singulier ! au collége j'avais toujours le prix de mémoire.

SAINT-PAULIN. Voyons, venez, je vous ferai répéter. Quant à M. Arthur, il n'a pas daigné être des nôtres.

MADAME DE TERNY. Je le garde avec moi, j'ai à lui parler.

SCÈNE III.

MADAME DE TERNY, ARTHUR.

ARTHUR. Vous voulez me parler, madame ; je divine quel va être le sujet de notre entretien.

MADAME DE TERNY. Monsieur Arthur, lorsque, à votre dernière visite, vous avez eu assez de confiance en moi pour me faire part de l'état de votre cœur et du sentiment que vous inspire mon Emma, je vous demandai quelques jours pour réfléchir et pour interroger les inclinations de la pauvre enfant.

ARTHUR. Eh bien, madame !.. Ah ! vous allez prononcer mon arrêt ! Puis-je espérer?

MADAME DE TERNY. Oui. Je vous crois digne de faire le bonheur d'Emma.

ARTHUR. Ah madame !... et... m'aime-t-elle ?

MADAME DE TERNY. Elle a pour vous beaucoup d'amitié.

ARTHUR. De l'amitié?...

MADAME DE TERNY. Ne vous hâtez pas de vous plaindre. L'amitié est jusqu'à présent le sentiment le plus vif qu'elle ait éprouvé. Quoique douée d'une ame ardente et sensible, Emma est trop jeune encore pour avoir pu se rendre compte de ses affections. Ce qu'elle croit être de l'amitié deviendra peut-être bientôt quelque chose de plus tendre.

ARTHUR. S'il était vrai !

MADAME DE TERNY. Mais, mon cher Arthur, il ne faut point vous aveugler sur la fortune qu'Emma pourrait vous apporter en vous donnant sa main.

ARTHUR. L'amour, tel que je le ressens, a-t-il jamais pu se régler d'après un vil intérêt?

MADAME DE TERNY. Ecoutez : Emma n'est, vous le savez, que ma fille adoptive. Son père, homme d'une probité sévère et reconnue, était mon intendant. Il mourut, laissant cette enfant en bas âge. Je pris soin d'elle, je l'élevai, et je l'aime comme ma fille, mais j'ai des neveux. Je donnerai à Emma une dot sortable !..

ARTHUR. Eh, madame !...

MADAME DE TERNY. Encore une fois, écoutez. Il ne s'agit point ici de vous, mais de votre famille. Les amoureux sont toujours désintéressés.

ARTHUR. Madame, ainsi qu'Emma, je n'ai point connu mon père ; ainsi qu'elle je n'ai connu pour famille qu'un bienfaiteur. Ma fortune, dont je n'ai jamais demandé compte à mon tuteur, M. de Bléville, peut, je crois, nous suffire.

MADAME DE TERNY. Mais le baron de Bléville connaît-il vos projets ?

ARTHUR. Il les ignore, madame ; vous seule au monde avez reçu la confidence de mon amour.

MADAME DE TERNY. Il faut le consulter.

ARTHUR. Je vais lui en parler sur-le-champ. Il ne veut que mon bonheur ! Je suis certain d'avance de son consentement !

MADAME DE TERNY. Encore une petite clause à ajouter à notre traité. La présence d'Emma est devenue pour moi un besoin ; et puis j'aime la jeunesse, le bruit, les plaisirs qui l'entourent ; c'est pour moi une habitude... Je ne veux point me retrouver isolée. Vous resterez avec moi, en famille ; j'élèverai vos enfans, je les aimerai comme j'aurai aimé leur mère, et quand vos filles seront grandes, je les conduirai au bal.

ARTHUR, *lui baisant les mains.* Quel avenir vous me faites entrevoir ! Comment vous prouver ma reconnaissance !

MADAME DE TERNY. Silence ! voici Emma !... Il n'est pas tems encore de lui faire part de nos projets.

SCENE IV.

MADAME DE TERNY, ARTHUR, EMMA.

EMMA. *Elle arrive en sautant.* Ah ! c'est vous, ma bonne mère !... Bonjour, monsieur le philosophe !

ARTHUR. Philosophe !.... parce que je n'ai point accepté de rôle dans le proverbe ?... Si pourtant vous l'aviez exigé ?..

EMMA. Oh, du tout ! vous ne sauriez pas jouer les rôles d'amoureux.

MADAME DE TERNY. Que deviens-tu donc, mon Emma ? tu sembles nous fuir ?

EMMA. J'étais dans mon pavillon ; je travaillais à mon paysage.

ARTHUR. La solitude a donc bien des charmes pour vous ?

EMMA. Je n'étais pas seule. M. de Selmar avait la bonté de me donner des conseils ; il a tant de goût ! il a même corrigé mon dessin.

ARTHUR. Vous avez en lui une confiance sans bornes !

EMMA. Il est si bon pour moi ! Il ne me traite point comme un enfant, quoique ce soit un homme supérieur ! Avec lui, il y a toujours à profiter. Il me prodigue ses sages avis, il m'apprend comment on doit se conduire dans le monde ; il me dit les personnes qu'il faut éviter, celles que je dois accueillir !... (*A demi-voix et avec sentiment.*) Qu'il parle bien, et que j'ai de plaisir à l'entendre !

ARTHUR, *bas, à madame de Terny.* Puisse le comte ne pas abuser d'un pareil ascendant !

MADAME DE TERNY, *bas, à Arthur.* Quelle idée vous avez là !

EMMA. Mais, en me parlant de M. de Selmar, vous me faites oublier que j'étais venue ici pour vous annoncer l'arrivée de Suzette.

MADAME DE TERNY. Ta sœur de lait ?

EMMA. Oui !... elle vient de Plombières exprès pour vous présenter son mari, M. Jean-Louis. Ah ! quel drôle de mari !.. cependant, ils font très-bon ménage.

MADAME DE TERNY. Je le crois bien, ils sont mariés depuis trois jours !

ARTHUR. Elle a votre âge, Emma ! c'est un exemple qu'elle vous donne.

EMMA. Moi ! je ne suis pas pressée ! (*A Mme de Terny.*) Pouvez-vous la recevoir?

MADAME DE TERNY. Certainement ! à l'instant : cette bonne Suzette !

EMMA, *allant vers la porte.* Viens, Suzette !... monsieur Jean-Louis, approchez ! (*A Mme de Terny et à Arthur.*) Vous allez voir

SCENE V.

LES MÊMES, SUZETTE, JEAN-LOUIS.

SUZETTE, *au bras de son mari, et faisant des révérences dans le fond.* Madame...

MADAME DE TERNY. Avancez donc, Suzette. J'ai appris avec plaisir que vous aviez fait un mariage qui vous convient sous tous les rapports.

SUZETTE. Oui, madame ; nous nous sommes épousés d'inclination.

JEAN-LOUIS. C'est vrai, madame, d'inclination.

EMMA, *à demi-voix à Arthur.* On ne s'en douterait guère. N'est-ce pas qu'il n'est pas beau ?

ARTHUR, *idem.* S'ils s'aiment, ils sont heureux.

MADAME DE TERNY. Vous restez au château aujourd'hui, n'est-il pas vrai, mon enfant ? Et vous ne partirez pas sans venir me parler.

SUZETTE. Si vous le permettez, madame, nous ne nous en irons que demain, mais de grand matin, parce que c'est jour de marché.

JEAN-LOUIS. Ah ! oui, c'est jour de marché.

MADAME DE TERNY. Emma, tu seras bien aise sans doute de causer avec la compagne de ton enfance. Nous vous laissons : monsieur Arthur, donnez-moi le bras.

(*Arthur et Mme de Ternay sortent.*)

EMMA. Que je suis contente de te voir, ma chère Suzette ! Nous allons causer ensemble : j'ai bien des choses à te dire.

SUZETTE. Vous êtes bien bonne, mademoiselle.

EMMA. Ne m'appelle donc pas mademoiselle ; appelle-moi Emma, comme autrefois.

SUZETTE. Que je vous aime !... Mais qu'est-ce que tu fais là, Jean-Louis ? Va prendre l'air, tu vas t'ennuyer.

JEAN-LOUIS. Ah! c'est vrai, j'vas me promener.

SUZETTE. C'est bien!

SCÈNE VI.

EMMA, SUZETTE.

EMMA. Tu l'aimes bien, ton mari?

SUZETTE. Ah! oui, c'est un bon garçon... Il n'a pas un grand esprit....Mais, dam! nous autres, nous ne pouvons pas avoir ce qu'il y a de mieux.... Si j'avais voulu, là, à Plombières, chez ma tante qui tient la maison des eaux, il y avait un beau monsieur qui m'faisait la cour. Dam! c'était un agent-de-change.

EMMA. Vraiment?

SUZETTE. Oui-dà! Il tournait toujours autour de moi; il disait que je lui inspirais de l'intérêt; il me faisait de belles phrases; il voulait m'apprendre l'orthographe.

EMMA. Ah!

SUZETTE. Oui, mais il me parlait toujours d'amitié et jamais de mariage. Parce que, voyez-vous, ces beaux messieurs, quand ils parlent d'amitié à des jeunes filles comme nous, c'est qu'ils veulent les enjôler.

EMMA. Pourquoi cela?

SUZETTE. Et puis, il avait quarante ans.

EMMA. Eh bien! cela seul devait te rassurer. Un homme de quarante ans! (*Avec un sentiment concentré.*) On dit que c'est l'âge de M. de Selmar.

SUZETTE. Qui est-ce qu'c'est qu'ça, M. de Selmar?

EMMA. Tiens! elle ne connaît pas M. de Selmar!... C'est un comte, un homme très-distingué, dont tout le monde recherche les suffrages. Il a pour moi beaucoup (*avec hésitation*) d'amitié.

SUZETTE. D'l'amitié! C'est un enjôleux!

EMMA. Que tu es simple!.. C'est un ami de ma mère adoptive.

SUZETTE. Il est vrai qu'à la ville vous avez d'autres idées... Mais, dites-moi, qu'est-ce donc qu'on prépare au château? J'ai vu, en passant dans la cour, de grandes toiles peintes, des arbres et des maisons en papier.

EMMA. Ah! tu ne sais pas? Nous allons jouer la comédie.

SUZETTE. Vraiment?

EMMA. Oui, tu vas me voir dans un proverbe; je serai mise comme toi, en paysanne. Tiens, voilà mon costume; regarde; j'ai fait venir les dessins de Paris. (*Elle conduit Suzette vers un portefeuille placé sur une table.*)

SUZETTE. Oh! que c'est joli!.. En voilà qui sont bien drôles! Quels grands bonnets!... Mais qu'est-ce que vous faites dans c'te comédie.

EMMA. Je représente une jeune paysanne qu'on séduit, qu'on enlève.

SUZETTE. Ah! Et qu'est-ce qui vous enlève?

EMMA. M. de Selmar... Oh! comme il joue bien!... Mais le voici lui-même.

SUZETTE. C'est un bien bel homme!

SCÈNE VII.

LES MÊMES, SELMAR.

SELMAR, *à la cantonnade.* C'est très-bien; que dans une demi-heure mon valet de chambre soit dans mon appartement. Adressez-vous pour le reste à M. de Saint-Paulin; c'est lui que tous ces soins concernent. (*S'approchant.*) Vous êtes seule, charmante Emma.

EMMA. Voici Suzette, ma sœur de lait.

SELMAR, *lui faisant un léger salut* Ah!.. Eh bien! Emma, vous êtes-vous préparée? L'instant approche.

EMMA. Oui, je crois que je sais bien mon rôle... Et vous?

SELMAR. J'avouerai que je l'ai un peu négligé: d'autres pensées m'occupent.

EMMA. En effet. Qu'avez-vous donc? Depuis ce matin vous paraissez triste, rêveur?

SELMAR. Je m'étonne que vous vous en soyez aperçue; l'heureuse insouciance de votre âge...

EMMA. Moi, insouciante! Non, monsieur: croyez que je prends une part très-vive aux chagrins de mes amis.

SELMAR. Si j'étais du nombre, vous me plaindriez peut-être.

EMMA. Vous plaindre! Vous! Que pouvez-vous avoir à désirer? Partout on vous recherche, on vous vante, on vous aime!..

SELMAR. On m'aime!...

EMMA. Je le crois; les plaisirs semblent vous suivre en tous lieux.

SELMAR. Et que sont tous ces plaisirs frivoles pour un homme digne d'apprécier le vrai bonheur, et qui n'a pu rencontrer encore une ame qui répondît à la sienne?

SUZETTE, *à part, regardant toujours les gravures.* Qu'est-ce qu'il lui dit donc là?

SELMAR. Combien je préfère à ce tourbillon du monde les heures paisibles que, dans votre joli pavillon, nous consacrons ensemble aux beaux-arts, que nous aimons tous deux! Sur un objet du moins, Emma, nos ames s'entendent!

EMMA. Alors, qui peut causer cette mélancolie que je ne comprends pas ? moi, je me trouve heureuse ! Et si mon âge ne s'opposait pas à ce que j'obtinsse votre confiance...

SELMAR. Non, Emma, vous ne pouvez pas, vous ne devez pas savoir ce qui se passe au fond de mon cœur : et cependant...

EMMA. Que vous manque-t-il donc ? Ma mère n'a-t-elle pas réuni dans son château tous les amusemens ? N'y trouvez-vous pas mille distractions ?

SELMAR. Hélas ! c'est loin d'ici que je devrais en chercher !

EMMA, à part, Que veut-il dire ? Je crains de le deviner !

SUZETTE, à part. Comme elle est devenue sérieuse !

SCENE VIII.

LES MÊMES, BLÉVILLE, SAINT-PAULIN, puis MADAME DE TERNY.

SAINT-PAULIN, à Bléville. Je vous dis qu'il faut mettre l'habit obligé ; vous faites l'oncle, et dans les comédies tous les oncles sont galonnés.

BLÉVILLE. Cela m'est égal, je garde mon habit !

SAINT-PAULIN. Au moins, vous mettrez du rouge ?

BLÉVILLE. Du tout !

SAINT-PAULIN, à Selmar. Eh bien, monsieur le comte ! vous ne vous disposez pas ? (A part.) Encore ensemble !

SELMAR. Je ne me ferai pas attendre.

MADAME DE TERNY, entrant un livre à la main. Allons, Emma, dépêche-toi d'aller t'habiller, tout le monde arrive.

EMMA. Suzette, tu vas m'aider.

UN DOMESTIQUE. Mme la vicomtesse d'Orbigny vient d'entrer au château.

SELMAR, à part. La vicomtesse ! quel contre-tems !

MADAME DE TERNY. Elle ne devait venir que demain ! Il faut que j'aille la recevoir : cher comte, donnez-moi la main. Etes-vous bien sûr de votre rôle, monsieur le séducteur ?

SAINT-PAULIN, à part. Je crois qu'il vient de le répéter.

BLÉVILLE. Allons !

(Selmar donne la main à Mme de Terny, Bléville et Saint-Paulin sortent d'un côté ; Emma de l'autre avec Suzette. La toile tombe.)

FIN DU PREMIER ACTE.

ACTE II.

Le théâtre représente une partie du parc de Terny : un pavillon est à la gauche du spectateur. Au lever du rideau, on aperçoit Emma occupée à dessiner dans le pavillon.

SCÈNE PREMIÈRE.

EMMA, dans le pavillon ; puis MADAME DE TERNY, LA VICOMTESSE D'OR-BIGNY, en costume du matin.

EMMA, dans le pavillon. Combien j'aime à travailler dans ce pavillon ! Je crois toujours que je vais l'y revoir ! Comme j'étais troublée hier au soir ! Devrais-je encore penser à lui ?... (Regardant son dessin.) J'ai bien suivi les conseils qu'il m'a donnés ; je crois qu'il sera content !

MADAME DE TERNY. Le hasard a bien dirigé vos pas, car c'est ici la partie la plus tranquille, la plus retirée du parc, on ne s'y croirait jamais aussi près du château ; mais je m'étonne, ma chère vicomtesse, de vous voir déjà levée ! C'est vraiment admirable !

MADAME D'ORBIGNY. Je n'ai pu dormir de toute la nuit ! J'avais besoin de respirer l'air frais du matin.

MADAME DE TERNY. Qu'est-ce donc qui a pu vous troubler ?

MADAME D'ORBIGNY. Vous connaissez le duc mon oncle ? J'attends de lui aujourd'hui même un message important qui m'apportera peut-être une heureuse nouvelle ; on parle de grands changemens, et j'espère...

MADAME DE TERNY. Puissé-je bientôt vous faire mon compliment !

MADAME D'ORBIGNY. Merci ! — Quel est cet élégant kiosque ?

MADAME DE TERNY. C'est la retraite d'Emma, de mon enfant d'adoption.

MADAME D'ORBIGNY, avec intention. Ah!.. Elle aime la solitude !

MADAME DE TERNY. Quelquefois, pour se distraire : car, malgré son âge et sa gaîté naturelle, elle pense, elle réfléchit! C'est aujourd'hui une manie à la mode parmi la jeunesse. Eh! je ne me trompe pas, elle a été aussi matinale que nous; la voici!

EMMA, *descendant les marches.* Bonjour, ma bonne mère!...... Madame, j'ai bien l'honneur de vous saluer.

MADAME D'ORBIGNY. Nous vous troublons dans vos graves occupations, ma chère Emma.

EMMA. Je suis loin de m'en plaindre, madame; vous voir est toujours un bonheur pour moi; mais vous devez l'avoir observé vous-même : à la campagne on aime encore dix fois mieux ses amis. On y est souvent tout surpris de courir avec plaisir au-devant d'un visiteur qui, à Paris, n'excite que notre indifférence. Ainsi, jugez si votre présence me comble de joie!

MADAME D'ORBIGNY, *à Mᵐᵉ de Terny.* Sa remarque est juste : on m'a même assuré que ce qu'elle applique ici à l'amitié pouvait aussi s'appliquer à l'amour. On a vu parfois un homme aimable se prendre tout-à-coup d'une belle passion pour un joli minois qui, à la campagne, avait peu de concurrence à craindre; et, rentré dans le tourbillon de la capitale, trouver son cœur de glace devant la beauté qu'il avait adorée... au grand air.

MADAME DE TERNY. Cela s'est vu!

EMMA, *à part.* C'est qu'il n'aimait pas!

MADAME DE TERNY. Ma chère vicomtesse, avez-vous été satisfaite de notre petite soirée? Vous avez retrouvé ici de vos anciennes connaissances, le comte de Selmar, le baron de Bléville, et cet original de Saint-Paulin.

MADAME D'ORBIGNY. Oh! pour celui-là, partout où il y a une fête on est sûr de le rencontrer; un peu peintre, un peu poète, un peu gourmand, et très-gros joueur, on l'a surnommé l'*indispensable.* Mais quel est ce jeune homme qui semblait prendre peu de part aux plaisirs de la soirée, et qui, seul dans un coin durant le proverbe, n'a ensuite adressé la parole qu'à Emma?

EMMA. C'est un jeune homme rempli de raison, M. Arthur Brémont, un sage, ne s'occupant que de choses sérieuses; bon musicien, mais ne chantant jamais; allant au bal, mais n'y dansant pas; ayant horreur de l'écarté, et se fâchant contre nous lorsqu'au spectacle nous nous occupons d'autre chose que de la pièce qu'on joue. Vous voyez qu'il vous édifiera.

MADAME D'ORBIGNY. Je le crains, si le portrait n'est pas flatté.

MADAME DE TERNY. Emma le plaisante toujours; mais vraiment, c'est un jeune homme charmant, qui promet d'être un jour la gloire du barreau. (*A demi-voix.*) Il a des vues sur Emma; il m'en a parlé.

MADAME D'ORBIGNY, *avec surprise.* Ah!... (*A part.*) Ce n'est pas là ce qu'on m'avait dit (*Haut.*) Mais vous voyez, ma chère amie, que je n'avais pas tort de vous accuser de vous emparer du comte de Selmar : on prétend que, depuis quinze jours, il ne sort pas de chez vous.

MADAME DE TERNY. Il a, en effet, beaucoup d'amitié pour moi : et puis sa terre est si voisine de la mienne!

MADAME D'ORBIGNY. Les relations du voisinage ne sont pas toujours un titre auprès de lui : plus d'une fois il a dû passer devant ma maison de campagne pour se rendre à Plombières, et il n'a point jugé à propos de s'arrêter pour une ancienne connaissance.

MADAME DE TERNY. Vous m'étonnez! Il paraissait cependant très-empressé à vous faire sa cour l'hiver dernier.

MADAME D'ORBIGNY. Cela est vrai; mais malheur à qui se fierait aux faux semblans d'amitié du comte de Selmar!

EMMA, *à part.* Que dit-elle?

MADAME DE TERNY. Ses liaisons multipliées sont peut-être la seule cause de sa légèreté apparente.

MADAME D'ORBIGNY. Il le dit.

MADAME DE TERNY. On avoit même, dans le tems, au sujet de ses assiduités près de vous, parlé d'un mariage...

MADAME D'ORBIGNY. Le comte de Selmar ne se mariera jamais!

EMMA, *à part.* Jamais!

SCENE II.

LES MÊMES, BLÉVILLE, ARTHUR, SAINT-PAULIN.

BLÉVILLE. En vérité, mesdames, c'est superbe! Levées à dix heures du matin! je vous fais mon compliment. Je n'ai pas eu tant de vertu, mais ce diable de rôle m'avait fatigué.

MADAME DE TERNY. Certes, il m'a plus fatiguée que vous; j'en ai bien dit une bonne moitié.

SAINT-PAULIN. Il faut avouer que notre proverbe a été tout de travers, et ce n'est pas ma faute! Mˡˡᵉ Emma ne savait ce qu'elle devait dire, M. de Selmar se perdait dans ses *à parte*!.., Du reste, la soirée a été charmante ! Un souper délicieux, des glaces, du punch en abondance, un écarté d'enfer jusqu'à trois heures du matin ; j'ai gagné vingt-cinq louis !... Il n'y a qu'à la campagne qu'on s'amuse comme cela !

ARTHUR, *à Emma.* Ne l'écoutez pas ! vous avez joué à ravir.

EMMA. Vous trouvez ?... Je suis charmée d'obtenir votre suffrage.

ARTHUR. Vous y attachez donc quelque prix ?

EMMA. Beaucoup !... Douteriez-vous de mon amitié ?

ARTHUR. Je serais trop malheureux.

SAINT-PAULIN. Ah ! j'aperçois monsieur le comte !

M. D'ORBIGNY, *à part.* Le voilà !

EMMA, *à part.* C'est lui !

SCÈNE III.

LES MÊMES, SELMAR.

SELMAR. Mesdames... (*A part.*) Encore la vicomtesse ! (*A Mme de Terny.*) C'est en vain, madame, que vous cherchez les endroits écartés ; vous le voyez, nous sommes tous sur vos traces.

SAINT-PAULIN, *à part.* Diable d'homme ! Il paraît qu'il exerce une influence sur toutes les figures de femmes ! elles ont subitement changé d'aspect en sa présence !

SELMAR, *saluant froidement Mme d'Orbigny.* Votre arrivée nous a surpris, madame ; nous ne croyions pas jouir sitôt du bonheur de vous revoir.

MADAME D'ORBIGNY, *à part.* Le cruel !

SELMAR, *bas à Emma en lui baisant la main.* Emma, notre retraite est profanée ! (*Haut.*) Bonjour, mon cher Bléville ; monsieur Arthur, je vous salue... Eh bien ! madame, avez-vous décidé comment, ce matin, vous disposeriez de vos instans ?

MADAME DE TERNY. Nous vous attendions, mon cher comte : vous savez que jamais nous ne prenons une décision sans vous consulter.

BLÉVILLE. Corbleu, ne m'envoyez pas à la pêche, comme l'autre jour ! Trois heures pour prendre un barbillon ! et de la petite espèce encore !

SAINT-PAULIN. Pour ma part, je n'ai point attenté à la vie d'une *ablette* depuis le terrible anathème qui a déclaré qu'une ligne est un instrument qui a une bête à chaque bout.

SELMAR. Eh bien ! la chasse?

MADAME D'ORBIGNY, *à part.* Encore un moyen de me fuir !

BLÉVILLE. La chasse ! à la bonne heure et tâchons qu'elle soit bonne ! J'ai peu de jours encore à passer ici.

MADAME DE TERNY. Vous songez à nous quitter ?

BLÉVILLE. Vous n'ignorez pas, madame, que je dois aller aux eaux de Plombières : mon médecin m'y envoie , et tant qu'il ne m'enverra pas plus loin , j'obéirai.

ARTHUR. Mais la chasse nous éloignera de ces dames.

SELMAR. Nullement ! ces dames feront une promenade sur l'eau , et nous nous rejoindrons au bout du petit lac.

MADAME DE TERNY. J'attends encore du monde, et je désire être au château pour le recevoir.

SELMAR. Non , l'exercice ne peut que vous être salutaire, et vous serez de la partie ! la charmante Emma fera , en votre place , les honneurs de chez vous. (*A demi-voix.*) Vous devez tenir compagnie à la vicomtesse. (*A part.*) Il m'importe qu'il en soit ainsi !

SAINT-PAULIN , *à part.* Et moi qui croyais qu'il ne venait ici que pour la petite ! Il y a quelque chose là-dessous !

SELMAR , *s'approchant d'Emma.* C'est vous qui remplirez momentanément l'emploi de maîtresse de maison, et je suis certain que vous vous en acquitterez à merveille.

EMMA , *bas.* Je ne vous reverrai donc point de la matinée ? Je voulais vous montrer mon dessin ; j'ai bien travaillé.

SELMAR , *bas.* Je le verrai.... bientôt....

SAINT-PAULIN. Tous les arrangemens sont-ils faits , convenus ?

SELMAR. Tous !

SAINT-PAULIN. Eh bien , partons !

(Il offre la main à Mme d'Orbigny, Selmar à Mme de Terny et à Emma, Arthur arrête Bléville.)

ARTHUR. Mon ami, j'ai à vous parler ; accordez-moi un instant.

BLÉVILLE. Je suis à toi. Avant que tout le monde soit prêt, nous avons du tems.

SCÈNE IV.

BLÉVILLE, ARTHUR.

ARTHUR. Mon ami, vous avez parlé de départ ; mais peut-être ignorez-vous qu'un motif puissant me retient ici.

BLÉVILLE. Au contraire, je l'ai deviné ; et c'est pour cela que je veux t'emmener avec moi.

ARTHUR. Si vous avez lu dans mon cœur, pouvez-vous blâmer le sentiment qu'il éprouve?

BLÉVILLE. Non, Arthur, je ne le blâme pas, mais il m'afflige.

ARTHUR. Pourquoi?

BLÉVILLE. Mon ami, tu aimes Emma? Il serait peut-être plus sage de l'oublier.

ARTHUR. L'oublier! est-ce possible!

BLÉVILLE. Il y a trente ans, j'aurais probablement pensé comme toi; mais aujourd'hui c'est fort différent!

ARTHUR. Mᵐᵉ de Terny connaît mes sentimens, elle encourage mes espérances.

BLÉVILLE. Tes espérances!...

ARTHUR. Qu'avez-vous?

BLÉVILLE. Mon enfant, tu veux te marier? Tu as placé dans ton union avec Emma tous tes rêves de bonheur! et s'il existait un obstacle!

ARTHUR. Qu'entends-je? Quel est-il? Ah! parlez.

BLÉVILLE. Il le faut!... le voila venu ce moment que j'éloignais de tous mes vœux!... Arthur, Mᵐᵉ de Terny ne voit en toi que mon pupille, qu'un enfant qui me fut confié par un ami, à son lit de mort; toi-même, tu te crois orphelin!

ARTHUR. Eh bien?

BLÉVILLE. Je t'ai trompé! ton père existe!....

ARTHUR. Que dites-vous?

BLÉVILLE. Oui, il existe, mais tu ne le connaîtras jamais.

ARTHUR. Ah! qui peut le contraindre à se dérober à la tendresse de son fils? Est-il malheureux? Est-il coupable?

BLÉVILLE. Le nom qu'il porte est sans tache, mais ce nom ne peut être le tien! Ta mère...

ARTHUR. Achevez!

BLÉVILLE. Elle ne fut point sa femme!

ARTHUR. O ciel!

BLÉVILLE. Elle était la femme d'un autre!... Aussi malheureuse que coupable, arrachée par ton père à tous ses devoirs, enlevée à son époux, et bientôt délaissée, le chagrin et le remords terminèrent ses jours deux années après ta naissance. Mourante, elle te remit dans mes bras, me fit promettre de ne jamais t'abandonner, et je reçus son dernier soupir.

ARTHUR. Tout est fini pour moi!

BLÉVILLE. Mon cher Arthur, mon enfant, je devais te révéler le secret de ta naissance: il m'en a coûté; mais Mᵐᵉ de Terny, mais Emma oublieront peut-être...

ARTHUR. Qu'avez-vous dit? Qui! moi! je pourrais avoir la pensée d'offrir à celle que j'aime un si triste partage! Moi, qui osais à peine lui présenter un nom que je croyais honorable et que je brûlais de rendre célèbre, je chercherais à lui faire partager l'amour d'un infortuné qui ne saurait quel nom donner à la compagne qui s'associerait à son sort! Une telle idée ne saurait entrer dans mon ame!... Tout est fini!... Isolé pour toujours, je ne puis unir mon existence à celle de personne! Il n'est dans le monde qu'un seul être auquel des liens puissent m'attacher, c'est mon père! Faites-le-moi connaître, que je le voie, que je le presse dans mes bras; il n'aura pas le courage de repousser son fils.

BLÉVILLE. Il veut rester inconnu.

ARTHUR. Quels sont donc les obstacles qui le séparent de moi?

BLÉVILLE. Quand tu naquis, ton père était fort jeune: ta naissance pouvait nuire à sa fortune et à ses projets.... J'ai juré de garder son secret; ne m'interroge pas; ne tente même point de le découvrir. Ton père vit peut-être bien loin de toi, un lien puissant le retient peut-être sous un autre climat: voilà ce que tu dois te dire. Mais avant de l'accuser, songe que s'il n'a pu veiller lui-même aux soins qui furent donnés à ton enfance, il n'y resta pas étranger. C'est à lui que tu dois la fortune dont tu as joui jusqu'à ce jour; il veut même l'augmenter encore!...

ARTHUR. Qu'il garde sa fortune! Je n'en veux point, je ne l'accepterai pas!

BLÉVILLE. Que dites-vous, Arthur? de votre père!...

ARTHUR. De mon père? Je n'en ai point! Celui qui ordonne que nous restions à jamais séparés l'un de l'autre; celui dont les bras ne s'ouvriront point pour serrer sur son cœur l'enfant malheureux qui lui dut la vie, non, celui-là n'est point mon père! il n'est pour moi qu'un étranger dont les bienfaits m'humilieraient.

BLÉVILLE. Arthur, mon cher Arthur, mon enfant!....

ARTHUR. C'en est donc fait! Un instant m'a tout ravi! Rêves de ma jeunesse, espoir de bonheur, tout a disparu! Je suis seul au monde! seul à jamais!

BLÉVILLE. Et moi? et ton vieil ami? crois-tu qu'il t'abandonne?

ARTHUR, *se jetant dans ses bras.* Oh! non!...

BLÉVILLE. Allons, calme-toi, tout n'est peut-être pas encore désespéré... Voyons, sèche tes larmes, chasse des idées pénibles; nous arrangerons peut-être tout cela. Que

diable! tu me fais pleurer aussi, et j'en'aime pas à m'attendrir.

ARTHUR. Mon seul ami! mon père!...

BLÉVILLE. Oui, oui, quoi qu'il arrive,
je serai toujours ton ami, tu seras toujours
mon enfant!.. Tu ne me quitteras pas,
tu viendras avec moi aux eaux, et le
tems, j'espère, adoucira tes peines.
(*A part.*) Je tenterai encore un effort.

ARTHUR, *apercevant Emma qui entre.*
Mon ami, c'est elle!... malheureux que
je suis!

BLÉVILLE. Du courage, mon enfant!...
Viens avec moi, suis-moi; allons, Arthur,
soyons hommes!

(Ils sortent.)

SCENE V.

EMMA *seule, dans la plus grande agitation.*

Ils semblent m'éviter! auraient-ils lu sur
mon front? suis-je donc coupable?... Cependant il ne me parlait que d'amitié....
oui! mais pourquoi ses regards étaient-ils
si vifs? pourquoi sa main pressait-elle la
mienne avec tant de force? pourquoi, lorsque j'entendis du bruit, mon premier mouvement fut-il de m'enfuir? Je l'aime;
oui... c'est de l'amour!... Moi, qui depuis
mon enfance entends ce nom retentir à mes
oreilles; moi, qui, jeune, trop jeune peut-
être, fus conduite par ma mère adoptive dans
ces cercles brillans où ma naissance ne m'appelait pas, je sais ce que j'éprouve!... Eh
bien! quand je l'aimerais! est-ce donc un
crime?... ne m'aime-t-il pas aussi.... Ah!
oui, il m'aime, je n'en saurais douter!
Mais sa fortune, son rang, son âge!...
L'amour égalise tout... Je l'ai entendu
dire, je l'ai lu; mais cela est-il bien vrai?
Je ne l'ai pas vu? (*On entend Saint-Paulin
rire dans la coulisse.*) On vient!... où me
cacher? Ah! je ne puis donc plus supporter la vue de personne!

(Elle se réfugie dans un bosquet qui la dérobe
aux yeux de Mme d'Orbigny et de Saint-Paulin
qui entrent.)

SCENE VI.

EMMA, SAINT-PAULIN, MADAME
D'ORBIGNY.

SAINT-PAULIN, *entrant en riant.* Ah! ah!
ah!... le tour est impayable!

MADAME D'ORBIGNY. Expliquez-vous
donc!.... Je crois que vous n'avez que l'intention d'exciter ma curiosité.

SAINT-PAULIN, *riant.* Non pas; je vous
jure, et vous serez aussi surprise que je
l'ai été. Mais personne ne peut nous entendre? car enfin il faut être discret!..

MADAME D'ORBIGNY. Personne. Eh bien?

EMMA, *à part.* Que va-t-il dire? ah!
je tremble.

SAINT-PAULIN. Imaginez-vous que je
viens de surprendre le comte de Selmar...

MADAME D'ORBIGNY. Le comte de Selmar?

EMMA, *à part.* Grand Dieu!

SAINT-PAULIN. Faisant à la petite Emma
une déclaration d'amour... comme dans
un roman.

MADAME D'ORBIGNY, *cherchant à sourire.*
Vous êtes sûr?...

SAINT-PAULIN. Je l'ai entendu, vous
dis-je, madame. (*A part.*) Elle n'a point
l'air charmée de la confidence.

EMMA, *à part.* C'était lui qui nous
épiait!

SAINT-PAULIN. Cela n'est-il pas fort
original?

MADAME D'ORBIGNY. Mais comment s'é-
taient-ils trouvés ensemble?

SAINT-PAULIN. Ma foi, l'affaire était finement combinée, et je rends justice au
comte. M. de Bléville était ici avec M. Arthur en grande conférence; Mme de
Terny donnait des ordres pour la promenade sur l'eau; tous, nous disposions
notre attirail de chasse; vous, madame,
vous étiez allée au devant du messager
de M. votre oncle.... Mais, pardon,
est-ce une indiscrétion que de vous deman-
mander s'il apportait de bonnes nouvelles?

MADAME D'ORBIGNY. Mon oncle vient
d'être nommé ministre.

SAINT-PAULIN. Ministre!... Madame la
vicomtesse, je vous prie de recevoir...

MADAME D'ORBIGNY. Continuez?

SAINT-PAULIN, *à part.* Ministre!...
L'ambitieux Selmar se repentira d'avoir
délaissé la nièce d'un ministre!... (*Haut
et d'un ton plus respectueux.*) Enfin, madame, vous comprenez que le comte mit
à profit les instans pour faire sa déclaration. Cependant tout était prêt pour la
chasse; je venais le chercher, lorsque le
son de sa voix arriva jusqu'à moi; je
m'arrête, étonné de l'émotion qui perçait
dans ses paroles.

EMMA, *à part.* Que je souffre!

SAINT-PAULIN. Et j'entends le brillant
Selmar épuiser toute son imagination a-
moureuse et diplomatique pour prouver
à un enfant que l'amour c'est de l'amitié;
qu'il faut obéir à son cœur; qu'un regard
d'Emma avait décidé de son sort; qu'il
aimait pour la première fois!... Sur mon

honneur ! je crois qu'il l'a dit. Enfin, une foule de lieux communs qu'il débitait, du reste, d'un ton très-passionné. Mais au premier mouvement que je fis, la jeune fille s'échappa, et, l'instant d'après, le comte me reçut avec le calme et la gravité d'un procureur du roi.

EMMA, *à part.* Ne partiront-ils pas ?

MADAME D'ORBIGNY. Bien que ces détails ne me touchent que par l'intérêt que je porte à la jeune Emma....

EMMA, *à part.* A moi !

MADAME D'ORBIGNY. Je vous remercie de me les avoir donnés. (*On entend un coup de fusil dans le lointain.*) Mais la chasse est commencée... que je ne vous retienne pas plus long-tems.

SAINT-PAULIN. Je vous recommande le secret, madame la vicomtesse ; n'en faites part, je vous en prie, qu'à vos amis intimes. Nous ne tarderons pas à vous revoir, je l'espère, à l'extrémité du petit lac.

(Il sort en riant.)

SCÈNE VII.

MADAME D'ORBIGNY, EMMA, *toujours cachée.*

MADAME D'ORBIGNY. Homme perfide ! c'est donc pour elle qu'il m'a trahie ! Cette jeune fille l'aime... point de doute !..

EMMA, *à part.* J'étouffe !...

(Elle pousse un soupir.)

MADAME D'ORBIGNY, *qui l'entend.* Quelqu'un ! (*S'avançant vers Emma et l'apercevant.*) Grand Dieu !.. vous étiez ici !...

EMMA. Ah ! madame !...

MADAME D'ORBIGNY. Lorsque j'étais avec M. Saint-Paulin, vous avez entendu ?...

EMMA. J'ai tout entendu, madame !...

MADAME D'ORBIGNY. Emma, ne cherchez point à m'abuser : le comte de Selmar vous aime !

EMMA. Oui, madame, il.... m'aime...

MADAME D'ORBIGNY. Et vous l'aimez ?

EMMA. Je le crois... Jamais, jusqu'à ce jour, il ne m'avait parlé que comme un ami, comme un frère. Il éclairait mon inexpérience, formait mon esprit en m'aidant à penser, me faisait aimer les arts en m'en développant tout le charme. Ah ! ce que je ressens, je le jure, je l'éprouvai d'abord comme une sorte de respect ; sa présence m'imposait, et, s'il ne m'avait donné tant de preuves de sa bonté, je crois même qu'un sentiment de crainte m'aurait poursuivie auprès de lui. Pouvais-je penser que c'était là de l'amour ?

MADAME D'ORBIGNY. Hélas ! c'est l'amour comme on l'éprouve à votre âge pour un homme tel que lui.

EMMA. Oui, je le sens bien maintenant. Mais cet amour, du moins il le partage ; il me l'a juré. Ah ! ne vous hâtez pas de juger son cœur d'après ce que vous a dit un méchant. Un noble caractère ne change pas si vite. Je le connais, croyez-moi. Le comte est bon, sensible...

MADAME D'ORBIGNY, *à part.* Lui sensible ! Un ambitieux !

EMMA. Pensez-vous qu'il veuille me tromper ?

MADAME D'ORBIGNY. Pauvre Emma !.. Qu'espérez-vous donc ?

EMMA. J'espérais... le bonheur.

(Elle pleure.)

MADAME D'ORBIGNY. Emma, remettez-vous, mon enfant. Ah ! si vous voulez connaître le bonheur, hâtez-vous d'arracher de votre cœur l'image du comte de Selmar.

EMMA. Être heureuse sans lui !

MADAME D'ORBIGNY. Croyez-en mes avis, Emma !... Que de regrets vous vous préparez !... C'est la compassion que m'inspirent votre jeunesse et votre candeur qui seule me fait parler en ce moment. Étouffez un amour qui ne fait que de naître, un amour dont vous pouvez triompher. Brisez, brisez ce lien qui commence à vous enchaîner, ou vous êtes perdue ! Vous n'ajoutez encore qu'une foi faible et douteuse à mes conseils : eh bien ! que mon exemple vous serve de leçon. Jeune encore, riche, environnée d'hommages et de séductions, j'ignorai long-tems ce que c'était que le véritable amour. Jetée au milieu d'un monde frivole, imbue de ses faux principes, coquette et légère, je me glorifiais de voir un adorateur de plus à mes pieds. Le sentiment n'était rien pour moi : obtenir les préférences des hommes les plus brillans, humilier mes rivales, voilà quel était le seul but de mon ambition. Que j'ai payé cher des plaisirs menteurs ! Ma première jeunesse se passa dans l'éblouissement des fêtes et des projets de bonheur ; mais bientôt ma légèreté et mes nombreuses inconséquences éloignèrent de moi les gens les plus dignes d'estime. Des mots offensans vinrent souvent frapper mon oreille. Sans ma grande fortune et sans le rang que j'occupais dans le monde, peut-être n'eussé-je été qu'un objet de mépris : mais je me mettais au-dessus de l'opinion. Cependant l'instant vint où un amour véritable m'éclaira sur ma situation. Un homme doué des dons extérieurs et d'un esprit impérieux s'empara de toute mon existence. Tout changea alors à mes yeux : les reproches qu'on pouvait adresser à ma conduite déchirèrent mon ame, dès qu'il put en devenir le témoin. Alors, Emma, comme vous, plus que vous peut-être, je connus l'amour; comme vous je crus être aimée pour la vie : celui que j'adorais ne ménagea ni les sermens ni les protestations. Emma, il me trompait!

EMMA. Il vous trompait!... Ah! c'était donc....

MADAME D'ORBIGNY. C'était le comte de Selmar.

EMMA. Lui!

MADAME D'ORBIGNY. Lui-même! Et ne pensez pas que votre jeunesse et votre innocence obtiennent grâce devant lui. L'opinion publique est tout pour le comte: ambitieux et frivole, les convenances sociales sont les seules règles de sa conduite: comme moi vous leur serez sacrifiée. Perdez tout espoir d'être à lui. M'eût-il aimée comme je l'aimais, les torts de ma jeunesse me défendaient de songer à devenir son épouse. Votre fortune, votre naissance, Emma, vous interdisent à jamais un semblable espoir.

EMMA. Ah! madame, oui, je suivrai vos conseils; oui, vous aurez été mon ange tutélaire. Vous m'avez montré l'abîme : malheur à moi si je m'y laissais entraîner!

MADAME D'ORBIGNY. Bien, mon enfant; armez-vous de courage : il en faut.

EMMA. Je le fuirai!...

MADAME D'ORBIGNY, *l'embrassant.* Du moins qu'un sentiment commun nous rapproche. Comptez, Emma, comptez toujours sur mon amitié.

UN DOMESTIQUE, *arrivant.* Madame la vicomtesse, Madame vous demande et n'attend plus que vous.

MADAME D'ORBIGNY. J'y vais. Adieu, Emma; séchez vos larmes; que votre mère adoptive ne se doute de rien. (*A part.*) Je vais le rejoindre et veiller sur lui et sur elle. (*Haut.*) Adieu.

(Elle sort.)

SCÈNE VIII.

EMMA, *seule.*

Oui, je le fuirai... Il le faut... Il me tromperait peut-être aussi... Oh! alors tout serait fini!... Hier encore l'avenir s'offrait à moi si riant!... Qui donc a pu changer tout ainsi à mes yeux?

SCÈNE IX.

EMMA, SELMAR.

SELMAR, *à part, en arrivant.* Elle est seule!... Tout occupés de leur chasse, ils ne s'apercevront pas sitôt de mon absence... (*Regardant autour de lui.*) Voilà Mᵐᵉ de Terny et la vicomtesse qui s'éloignent à leur tour.

EMMA, *sans le voir.* Comme le ciel s'obscurcit tout-à-coup! Je suis heureuse encore qu'il m'ait empêchée d'aller avec eux. On eût vu que j'avais pleuré... Et puis j'ai si grand'peur de l'orage! Rentrons. Mais quel était son but en m'empêchant de l'accompagner?... Est-ce pour pouvoir s'entretenir plus aisément avec madame d'Orbigny.

SELMAR, *paraissant.* Non, Emma, car me voici.

EMMA. Grand Dieu!

SELMAR. Eh quoi! ma présence vous inspire-t-elle de l'effroi? ne suis-pas votre ami, Emma?

EMMA. Je l'ai cru; mais vous-même m'avez désabusée. Je sais maintenant quels étaient vos projets, quelle en pouvait être la suite. Vous vouliez me tromper!

SELMAR, *faisant un pas vers elle.* Moi, vous tromper?

EMMA. N'approchez pas!... Oui, vous vouliez me tromper, comme vous en avez trompé tant d'autres. Mais je suis éclairée maintenant sur vous... Ne venez plus me parler de votre feinte amitié : je ni crois pas!

SELMAR, *froidement.* C'est à moi que s'adressent ces reproches? A moi? Emma, ma chère Emma, si un ami perfide vous égara, s'il peut vous perdre, c'est celui qui fit entrer la défiance dans votre cœur, qui vous fait me repousser, moi, dont tous les vœux ne demandent au ciel que votre bonheur! Mais vous avez mieux aimé voir par les yeux d'un autre; consulter le cœur d'un autre pour savoir ce que vous devez aimer ou haïr...

EMMA. Je ne vous hais pas.

SELMAR. On a cherché à vous prévenir contre moi, on y a réussi. Emma, je m'en afflige, je vous plains; mais je ne m'abaisserai pas jusqu'à me défendre.

EMMA. Qui vous dit que ma conviction ne vienne point de moi seule? Ne puis-je avoir recueilli de moi-même ces bruits généralement répétés contre vous?

SELMAR. Non. Votre esprit juste et que les passions n'ont point encore faussé eût su facilement distinguer la vérité de l'erreur ; mais je sais d'où le coup est parti. Une femme irritée contre moi de ce que mon cœur n'a pu répondre au sien, irritée contre vous de ce que vous possédez seule un amour dont elle n'était point digne...

EMMA, *à part*. S'il était vrai !

SELMAR. Mais à quoi bon chercher à combattre de basses calomnies auxquelles vous n'eussiez pu ajouter foi si le moindre souvenir d'amitié vous eût parlé en ma faveur ? J'avais cru mériter votre confiance; on peut me la ravir si facilement ! Adieu Emma, un sentiment qui n'est point partagé n'est plus que qu'un tourment pour celui qui l'éprouve. Il faut le vaincre, et je l'essaierai. Vous ne me reverrez plus ! Adieu.

(Il fait un mouvement pour partir en examinant la contenance d'Emma. — On entend le tonnerre gronder sourdement.)

EMMA. Vous partez !.. Ah !.. Que dira-t-on d'un tel départ?

SELMAR. C'est vous qui le voulez !

EMMA. Moi ?

SELMAR. Voilà donc le prix d'une amitié si tendre... si pure !... Je vous ai entourée de soins, de respects... Toujours vos plus simples désirs ont tellement été des ordres pour moi, qu'en ce moment même... je crains de me rapprocher de vous, puisque vous m'avez repoussé.

EMMA, *à part*. C'est vrai !

SELMAR. Vous, qu'avez-vous fait pour moi? Vous n'avez suivi que les conseils de mes ennemis ; vous avez abusé de l'ascendant que vous avez sur mon ame, et lorsqu'enfin mon secret m'est échappé, lorsque vous êtes sûre de votre triomphe, vous m'accablez des marques de votre indifférence !

EMMA, *faisant quelques pas vers lui*. Est-ce donc à moi de me justifier ?

SELMAR, *à part*. Elle se rapproche !..

EMMA. Cela me serait trop facile ; mais dois-je vous dire tout ce que j'éprouve ? Pour vous, monsieur le comte, aimer n'est peut-être pas la plus importante affaire de votre vie. Vous pouvez ressentir d'autres passions avec celle-là... Pour moi, c'est tout !... (*Selmar fait un mouvement pour se rapprocher d'Emma ; elle lui fait signe de rester en place.*) Non, restez ! Ecoutez-moi. Vous êtes riche ; vous appartenez à une grande famille ; et moi,

pauvre orpheline, que puis-je espérer en vous aimant?...

(On entend un coup de tonnerre. Emma se rapproche encore de Selmar par un mouvement de frayeur.)

SELMAR, *saisissant la main d'Emma*. Le bonheur !

EMMA. Ah !.... l'orage !...

SELMAR. Que craignez-vous, Emma? N'êtes-vous pas près de moi?

EMMA, *avec une grande émotion*. Je.... ne... crains rien !... Vous avez parlé du bonheur....

SELMAR. Oui, du bonheur le plus vif, le plus vrai, celui d'être aimé de ce qu'on aime, de passer ses jours ensemble, de ne vivre que l'un pour l'autre.

EMMA. Mais... on dit que vous ne vous marierez jamais !

SELMAR. Toujours de la défiance ! Toujours me juger d'après les autres. Emma, vous ne m'aimez pas !

EMMA. Je ne vous aime pas !

(Coup de tonnerre ; Emma se rapproche encore de lui.)

SELMAR, *la pressant dans ses bras*. Ah!.. si tu m'aimais !

EMMA. Il en doute !

SELMAR, *avec feu*. Eh bien ! tu dois vouloir mon bonheur !... m'enivrer de tes regards, sentir ton cœur battre contre le mien....

EMMA. Ah ! oui, c'est déjà le bonheur!..

SELMAR. Mais ce n'est point assez ?

EMMA, *avec terreur*. Comment?

SELMAR. Il est des liens qui échappent aux yeux les plus clairvoyans.

EMMA. Vous m'effrayez !

(Elle veut se dégager de ses bras, il la retient fortement.)

SELMAR. Reste ! tu resteras ! Osons tromper les regards du monde.

EMMA. Que me voulez-vous? Ayez pitié de moi !

SELMAR. Ecoute, Emma ; ma famille... l'opinion publique, peuvent s'opposer peut-être à une alliance entre nous ; mais la publicité seule fait-elle la sainteté du mariage ? En fait-elle la douceur ?.... Ne peut-on, par le mystère, s'affranchir de la tyrannie d'un préjugé cruel? C'est souvent par un sacrifice entier que l'amour force le monde à le légitimer.... M'aimes-tu ?

EMMA. Plus que ma vie !.... mais..... laissez-moi !...

SELMAR. Non! tu ne m'aimes point! Ne veux-tu pas me comprendre ?

EMMA, *se débarrassant de ses bras, et*

reculant devant lui. Grâce! Selmar, grâce!

(Dans ce moment le tonnerre, qui roulait doucement depuis quelques instans, éclate tout-à-coup
avec force. Emma pousse un cri, fait un mouvement pour se rapprocher encore de Selmar,
puis tout-à-coup se réfugie dans le petit pavillon et ferme la porte sur elle.)

SELMAR. Ah!

(La toile tombe.)

FIN DU DEUXIÈME ACTE.

ACTE III.

Le théâtre représente une salle commune de la maison des bains.

SCENE PREMIERE.

SUZETTE, SAINT-PAULIN.

SAINT-PAULIN. Eh! je ne me trompe pas, c'est la jolie Suzette que j'ai vue dernièrement chez Mme de Terny : comment donc, ma belle enfant, vous trouvez-vous aux eaux de Plombières ?

SUZETTE. C'est ma tante qui tient cet hôtel ; moi, je demeure à une demi-lieue de la ville, mais, comme il y a maintenant beaucoup de voyageurs aux eaux, je suis venue pour aider ma tante.

SAINT-PAULIN. Très-bien! C'est un séjour charmant que Plombières : il y a long-tems que je n'y suis venu.

SUZETTE. Vous n'êtes pas malade, monsieur ?

SAINT-PAULIN. Non, mon enfant ; et pour ne pas le devenir, je me garde bien de prendre les eaux. Tantôt je vais au Mont-d'Or, tantôt à Aix, tantôt à Baden ; que voulez-vous? Dans cette saison, tous nos amis nous abandonnent, il faut bien courir après eux.

SUZETTE. En effet, vous allez vous trouver ici en pays de connaissance.

SAINT-PAULIN. Oui, je sais que M. de Selmar et Mme d'Orbigny sont arrivés depuis quelques jours. Hier, j'ai gagné trente louis au comte. Je suis au courant de tout ce qui se passe.

SUZETTE. Alors vous savez que M. le baron de Bléville et M. Arthur sont ici depuis hier soir?

SAINT-PAULIN. Je m'étonnais aussi de ne pas les avoir rencontrés.

SUZETTE. C'est qu'ils étaient allés faire une tournée dans le département, visiter les manufactures de M. de Bléville. Et, tenez, je les entends, les voici.

SCÈNE II.

LES MÊMES, BLÉVILLE, ARTHUR.

BLÉVILLE, *à Arthur, en entrant*. Oui, je te le répète, jamais il ne faut désespérer : tout peut s'arranger.

ARTHUR. Ah! c'est vous, mademoiselle Suzette!

BLÉVILLE. Bonjour, Saint-Paulin.

ARTHUR, *à Suzette*. Depuis quelque tems, avez-vous reçu des nouvelles de Mme de Terny?

SUZETTE. Oui; elle m'a envoyé un beau cadeau, et j'ai reçu une petite lettre de ma sœur de lait.

ARTHUR. Ah!

SUZETTE. Mais j'ai bien du chagrin, car il paraît qu'elle est devenue triste, mélancolique, et que personne ne peut deviner ce qu'elle a.

SAINT-PAULIN. Excepté moi, pourtant!

ARTHUR. Vous, monsieur de Saint-Paulin!

SAINT-PAULIN. Eh! sans doute, est-ce que vous n'avez pas remarqué comme moi que la petite n'était pas indifférente aux soins que lui rendait le comte de Selmar.

ARTHUR. Le comte de Selmar?

BLÉVILLE. Allons donc, Saint-Paulin, toujours de la médisance! Brisons là !

SUZETTE. A revoir, monsieur Arthur ! Messieurs, vous n'avez pas d'ordre à me donner.

BLÉVILLE. Non, mon enfant.

(Suzette sort.)

SCÈNE III.

SAINT-PAULIN, BLÉVILLE, ARTHUR.

ARTHUR. Y a-t-il long-tems que M. de Selmar a quitté le château de Terny?

SAINT-PAULIN. Très-peu de jours après l'instant où il apprit l'élévation de l'oncle de la vicomtesse d'Orbigny au ministère.

BLÉVILLE. Quel rapport?....

SAINT-PAULIN. C'est vous qui me le demandez! Il est maintenant au comble de tous ses vœux! son projet est adopté!

BLÉVILLE. Vraiment?

SAINT-PAULIN. Il est lui-même chargé de la mission diplomatique qui doit en amener l'exécution. Et tout cela, grâce à la vicomtesse. Aussi, je me doutais bien que la vieille passion du comte se rallumerait: à ses yeux, ce n'est plus la même femme! Il aimait jadis Mme d'Orbigny, il adore la nièce du ministre.

ARTHUR, *à part*. Et un pareil homme peut inspirer de l'amour!

SAINT-PAULIN. Il doit partir dans quelques jours pour l'Allemagne. Oh! il réussira dans sa négociation! il est adroit, il sait se faire des amis partout! Dans ce moment, il communique ses plans à la municipalité de Plombières; il est l'objet de l'enthousiasme général!

BLÉVILLE. Je le conçois: car si, comme je n'en doute pas, sa mission réussit, le commerce et l'industrie de cette province en recevront des développens immenses.

SAINT-PAULIN. Je le souhaite! Quant à moi, je n'y entends rien! mais ce que je sais, c'est qu'il a loué un hôtel magnifique, qu'il va donner des fêtes somptueuses, et que nous nous amuserons.

SCÈNE IV.

Les Mêmes, SELMAR.

SELMAR. Ah, mon cher Bléville, que je suis aise de vous revoir! Vous savez la nouvelle? mes plans sont adoptés.

BLÉVILLE. Je vous en félicite.

SELMAR. Me voici rentré dans la carrière! Je puis maintenant être utile, ne m'épargnez pas! Vous, et votre chère pupille, vous pouvez disposer de moi comme du meilleur de vos amis.

ARTHUR. J'ai l'honneur de vous remercier, monsieur le comte.

SELMAR. Mon cher Saint-Paulin: je connais votre obligeance; ce soir même, je donne une fête; je suis accablé d'affaires, et j'ai compté sur vous pour ordonner tout cela.

SAINT-PAULIN. Comment donc, monsieur le comte! Mais vous me placez là dans mon élément!

SELMAR. Eh bien! soyez assez aimable pour vous rendre à mon hôtel: je m'en rapporte entièrement à vous.

SAINT-PAULIN. Soyez tranquille! Un concert pour les amateurs, un bal pour les jeunes personnes, un wisht et un boston pour les naturels du pays, six tables d'écarté pour les gens aimables, un souper magnifique pour tout le monde, deux gendarmes et des lampions à la porte!.... et je réponds de l'effet!

SELMAR. Allez donc, mon cher Paulin!

SAINT-PAULIN. J'y cours!

SELMAR. Vous nous quittez, monsieur Arthur?

ARTHUR. Pardon, monsieur!... Mon ami, je vous reverrai bientôt.

BLÉVILLE. Oui, va, et compte toujours sur ma tendresse.

SCÈNE V.

BLÉVILLE, SELMAR.

SELMAR, *le regardant sortir*. Eh quoi! cette figure triste et sévère ne s'éclaircira-t-elle jamais? Il n'a rien du caractère de son âge!

BLÉVILLE. Et c'est vous qui blâmez sa tristesse! Selmar, n'est-elle pas votre ouvrage?

SELMAR. Comment?

BLÉVILLE. Maintenant il connaît son sort, il sait que les bras de son père le repoussent.

SELMAR. Pourquoi lui avoir révélé le secret de sa naissance?

BLÉVILLE. Je l'ai dû, mais je ne vous ai point trahi! Il nourrissait l'espoir d'un hymen que sa position rend difficile. Depuis qu'il connaît son destin, il renonce à offrir à celle qu'il aime le partage d'un avenir dévoué à la douleur. Son ame noble et généreuse ne recule devant aucun sacrifice!... Mais le laisserons-nous donc livré à des chagrins, à des regrets éternels?...

SELMAR. Eternels!... Que dites-vous là, mon ami? Je conçois qu'aujourd'hui la passion de ce jeune homme s'exprime de la sorte; mais cette idée qu'une seule femme peut lui donner le bonheur est au nombre de ces chimères qu'il ne faut pas même combattre par des raisons. Il sera le premier à s'en étonner avant peu. J'aime Arthur, et je voudrais le voir heureux!

BLÉVILLE. Eh bien, pourquoi ne feriez-vous pas tout ce qu'il vous est possible de faire pour l'unir à la jeune Emma qu'il aime?

SELMAR. L'unir à Emma! non, non!... ce mariage est impossible.

BLÉVILLE. Je sais qu'après une révélation indispensable, les scrupules de

Mme. de Terny s'opposeront sans doute à cet hymen ; mais vous avez de l'empire sur elle, elle a quelque confiance en moi. Ne pourrions-nous, sans compromettre votre secret, triompher de ses scrupules?

SELMAR. Je vous le répète, mon ami, cette union est impossible : n'en parlons plus.

BLÉVILLE. Selmar!

SELMAR. Eh bien?

BLÉVILLE. Je ne sais, mais je frémis des soupçons qui s'élèvent dans mon ame!

SELMAR. Mon ami! mon cher Bléville! pas un mot de plus sur ce sujet!

BLÉVILLE. Ainsi, je cherchais en vain à m'abuser! Sa naissance n'est pas le seul obstacle que vous deviez opposer à son bonheur!

SELMAR. Vous vous trompez : le malheur d'Arthur est dans sa position bien plus que dans ma conduite envers lui.

BLÉVILLE. Corbleu!.. vous n'avez pas le cœur d'un homme! L'ambition, le prix que vous attachez à l'opinion ont gâté en vous un noble caractère, et détruit toute la sensibilité de votre ame.

SELMAR. Bléville!

BLÉVILLE. Dieu sait de quels torts vous vous êtes rendu coupable!... Allez, Selmar, poursuivez tous les succès du monde! Je souhaite que les triomphes de l'ambition vous paient les sacrifices qu'ils vous imposent.

SCÈNE VI.

SELMAR, seul.

Ses reproches ne sont que trop fondés! Plus d'une lettre m'est parvenue qui a dû rester sans réponse. Malheureuse enfant! elle s'accuse et ne me maudit pas! Et moi, il me faut maintenant auprès d'une autre feindre un amour que je ne ressens plus. La voici!...

SCÈNE VII.

SELMAR, MADAME D'ORBIGNY.

MADAME D'ORBIGNY. Je vous trouve enfin, mon cher comte!

SELMAR. Pardonnez, madame, si je suis resté si long-tems éloigné de vous.

MADAME D'ORBIGNY. Vous savez que je vous pardonne aisément! En vérité, Selmar, j'ai peine quelquefois à croire que c'est vous que je vois!

SELMAR. Ne rappelez pas des erreurs dont mon cœur ne fut jamais complice! Egaré par l'amour des plaisirs, par la vanité peut-être, j'ai poursuivi de frivoles succès!... Combien je me suis abusé! Se livrer sans contrainte à une affection pure et dévouée; sentir que toutes nos pensées ont un écho dans une ame; c'est là le seul bonheur véritable, et, grâce à vous, c'est là mon destin!

MADAME D'ORBIGNY. Vous, heureux! J'ai besoin de le croire pour atténuer les reproches je m'adresse à moi-même.

SELMAR. Que dites-vous?

MADAME D'ORBIGNY. Naguère, j'ai lu dans le cœur d'une enfant, j'ai tremblé pour son avenir!.. (Mouvement de Selmar.) Vous m'avez bientôt rassurée! Elle est jeune; les impressions sont fugitives à son âge!... Moins faible que moi, elle vous oubliera, et, je le sens, ce sera pour elle un bonheur!

SELMAR. Quelles idées sont les vôtres! J'ai payé, comme tout le monde, à ses jeunes attraits le tribut d'hommages qui leur est dû : pouvais-je supposer?...

MADAME D'ORBIGNY. Si vous me trompez, Selmar, laissez-moi mon erreur : la vérité serait trop cruelle!

SCÈNE VIII.

LES MÊMES, SAINT-PAULIN.

SAINT-PAULIN. Monsieur le comte, tout marche au gré de vos souhaits. Vous voyez que j'ai été expéditif.

SELMAR. Je vous remercie, mon cher Saint-Paulin.

SAINT-PAULIN. Votre fête sera charmante!... Mais j'ai encore une bonne nouvelle à vous donner.

MADAME D'ORBIGNY. Qu'est-ce donc?

SAINT-PAULIN. Il nous arrive de nouveaux convives : je viens de voir entrer dans la cour la voiture de Mme de Terny.

MADAME D'ORBIGNY. Mme de Terny!

SELMAR, à part. Que vient-elle faire ici?

SAINT-PAULIN, à part. Ils n'ont pas l'air enchanté! (Haut.) J'étais bien sûr que Mme de Terny ne resterait pas long-tems seule dans sa terre! Cette femme-là a l'instinct des fêtes! elle les sent de six lieues à la ronde; elle a deviné la vôtre!

MADAME D'ORBIGNY. Arrivée ici avant elle, il me semble que c'est à moi de lui faire les honneurs; je vais la recevoir.

SAINT-PAULIN. Vous n'irez pas loin,

madame : je l'entends monter ; la jeune Emma l'accompagne.

(Mme d'Orbigny s'avance vers le fond du théâtre.)

SELMAR, *sur le devant.* Emma!.. puisse-t-elle ne pas se trahir en ma présence !

SCENE IX.

LES MÊMES, MADAME DE TERNY, EMMA.

MADAME D'ORBIGNY, *à Mme de Terny.* Que vous êtes aimable de venir nous surprendre à Plombières!

MADAME DE TERNY. C'est moi qui me réjouis de vous voir!.... Ah! c'est vous, mon cher comte, je suis charmée de vous trouver encore ici : j'ai appris tous vos succès, et vous ne doutez pas de la part sincère que j'y prends.

SELMAR, *à part, regardant Emma.* Comme elle est pâle !

MADAME DE TERNY. Bonjour, Saint-Paulin!... Il m'a fallu quitter ma terre : depuis quelques jours, ma pauvre Emma est triste, abattue.

MADAME D'ORBIGNY, *à part.* Qu'entends-je ?

MADAME DE TERNY. On lui prescrit des distractions : j'espère que le changement de lieu lui fera du bien.

SELMAR. Ce n'est sans doute qu'une tristesse passagère : dans la jeunesse, les chagrins sont fugitifs ; la vie est si belle à seize ans ! l'avenir est paré de tant d'espérances !

EMMA, *à part.* Le cruel me parle d'espérances!

MADAME D'ORBIGNY, *à Emma.* Ma chère Emma, nous parviendrons, j'espère, à vous rendre le calme ; nul ne le désire plus que moi.

SELMAR. Oui ; ces nuages se dissiperont bientôt. L'intérêt véritable et si naturel, l'amitié sincère que mademoiselle inspire à tout ce qui l'entoure, chasseront aisément une mélancolie... sans motif.

MADAME DE TERNY. Le mouvement qui règne maintenant à Plombières la distraira de cette tristesse que je ne puis comprendre. Nous resterons dans ce pays jusqu'à la fin de la belle saison; l'air y est pur, le climat excellent.

SAINT-PAULIN. Excellent! c'est le mot! Je n'ai pas vu de contrée où l'on vécût aussi vieux.

EMMA. On peut y mourir jeune !

MADAME DE TERNY. Quelles sont ces funestes pensées, ma chère Emma?..

EMMA. Ma bonne mère!..... (*A part.*) N'a-t-il plus même un regard pour moi !

SCENE X.

LES MÊMES, SUZETTE.

SUZETTE, *accourant.* Oh, madame, que je suis aise! vous voilà donc arrivée à Plombières!... Et ma chère sœur !... ah ! la voici!... (*A part.*) Mon Dieu, comme elle est changée !

MADAME DE TERNY. Mon appartement est-il prêt, ma chère Suzette ?

SUZETTE. Oui, madame ; je venais vous en avertir.

MADAME DE TERNY. Tant mieux, car je me sens un peu fatiguée.

MADAME D'ORBIGNY. Nous allons vous installer nous-mêmes. Donnez-moi le bras.

MADAME DE TERNY. Volontiers.

EMMA, *à Suzette.* Suzette, reste avec moi.

MADAME DE TERNY, *à Emma.* Tu ne me suis pas?... Non, tu aimes mieux rester avec ta sœur de lait !... Suzette, tâchez de la distraire.

SELMAR, *à part.* Il faudra que je lui parle !

SCÈNE XI.

EMMA, SUZETTE.

SUZETTE. On m'avait bien dit que vous étiez indisposée, mais je ne croyais pas que ce fût si grave. Qu'avez-vous donc?

EMMA. Je ne sais, une tristesse profonde!...

SUZETTE. Vous viendrez me visiter dans notre maison! Je suis à présent plus heureuse de jour en jour, et je m'applaudis bien d'avoir épousé Jean-Louis, et de n'avoir pas écouté ce beau monsieur dont je vous ai parlé.

EMMA. Oui, Suzette, tu as eu bien raison !

SUZETTE. Vous n'savez pas, j'aurai bientôt une faveur à vous demander : c'est Jean-Louis qui en a eu l'idée ! vous lui avez plu de suite! Il m'a dit comme ça : Si, c'te belle demoiselle voulait être la marraine de not' premier? Acceptez-vous?

EMMA. Ma pauvre Suzette!..

SUZETTE. Eh bien! mais nous avons le tems, vous n'aurez plus de chagrins à cette époque-là!

EMMA, *avec intention.* Je l'espère!

<hr />

SCENE XII.

SUZETTE, EMMA, SELMAR.

SELMAR, *en entrant.* Elle est encore là!

SUZETTE, *à Emma.* Voilà M. de Selmar!

EMMA, *à part.* Grand Dieu, donnez-moi la force de lui parler!

SELMAR, *à demi-voix, à Emma.* Emma, j'épiais l'instant de vous revoir.

EMMA, *d'un ton piqué.* Je ne l'aurais pas cru!

SELMAR. Vous êtes injuste!

EMMA. J'avais pourtant des raisons de penser que M. de Selmar m'avait tout-à-fait oubliée : mes lettres restées sans réponse...

SELMAR. Vos lettres!...

SUZETTE, *à part.* Il paraît que je suis de trop puisqu'ils se parlent tout bas : il ne faut pas être indiscrète. Je m'en vais! Oh! ma pauvre Emma!

(Elle sort.)

EMMA. Ne les avez-vous point reçues?

SELMAR. Oui, elles me sont parvenues; mais, dans votre intérêt, je ne devais pas y répondre. Fallait-il risquer votre repos, votre bonheur? Un abus de confiance, des regards curieux ne pouvaient-ils tout dévoiler! Et quels n'eussent pas été mes regrets!... Non, Emma, votre avenir m'est trop cher!...

EMMA. Mon avenir!... L'intérêt que vous m'exprimez, monsieur le comte, a droit de m'étonner! Ne craignez-vous pas que Mme d'Orbigny...

SELMAR. Je ne m'occupe que de vous, Emma!... Le monde ignore un sentiment qu'il condamnerait : de votre discrétion, comme de la mienne, dépend votre sort futur : cachez donc à tous les regards une tristesse qui m'afflige.

EMMA, *affectant un ton d'insouciance.* En effet, pourquoi mon front porterait-il

l'empreinte de la douleur? Vous avez raison de me reprocher ma tristesse!... Eh bien! monsieur, je tâcherai de sourire! Je tâcherai d'oublier tout!... Pourquoi m'affligerais-je?.. Vous songez à mon bonheur! et je dois être tranquille!... Vous ne m'avez jamais trompée!...

(Elle fond en larmes.)

SELMAR. Emma, ma chère Emma, vous déchirez mon cœur! Remettez-vous!... Si l'on vous surprenait!.. Vous êtes prévenue contre moi!... Mais je n'ai pas cessé un instant de penser à vous, je suis toujours votre ami, votre meilleur ami!... oui, je veux l'être!

EMMA. Vous!... vous, qui m'avez abandonnée seule avec mes remords! vous, qui, tandis que je gémissais dans les larmes, prodiguiez à une autre les sermens trompeurs qui m'ont perdue?

SELMAR. Bannissez à jamais cette pensée injurieuse! Les apparences vous abusent!.. Si vous connaissiez ma situation!..

EMMA. Eh bien! je veux encore ajouter foi à vos paroles : mais, à mon tour, c'est moi qui vous interroge! osez me répondre : Selmar, m'aimez-vous?

SELMAR. Emma, cette question!..

EMMA. Répondez! M'aimez-vous?

SELMAR. Ah! vous m'inspirerez toujours l'intérêt le plus tendre : Emma ne me sera jamais étrangère, et bientôt vous aurez une preuve des sentimens que mon cœur vous conserve.

EMMA. Comment?

SELMAR. Écoutez, écoutez-moi avec calme : Emma, vous ne connaissez pas le monde : un premier amour n'y décide pas toujours du destin de notre existence; rarement les circonstances s'accordent avec nos vœux; il est des obstacles dont on ne peut triompher : mais le tems vient à notre secours; les premières impressions s'effacent, des émotions plus paisibles leur succèdent, alors des liens approuvés par les convenances...

EMMA. Que veut-il dire?..

SELMAR. Oui, Emma, le soin de votre avenir occupera toutes mes pensées; je n'aurai pas un moment de repos que je ne l'aie assuré! Dans ce monde, dont vous devez être encore l'ornement, je veux vous savoir heureuse, considérée...

EMMA. Je vous entends!.. Sortez!

SELMAR. Emma!..

EMMA. Sortez! sortez, vous dis-je! Je

vous connais maintenant ! Laissez-moi, je ne crains plus rien, je n'attends plus rien de vous !

SELMAR. Calmez vos sens !

EMMA. Laissez-moi! ou j'appelle, et je dévoile à tous les yeux votre honte... et la mienne !

SELMAR. Emma, vous l'ordonnez !... je m'éloigne ; mais plus tard vous me jugerez mieux ; je vous reverrai !...

EMMA. Jamais !

SCENE XIII.

EMMA, *seule.*

Tout est donc fini !... Le cruel !... Mon cœur se brise !... Que devenir !... Ma tête s'égare !

SCENE XIV.

EMMA, MADAME D'ORBIGNY.

MADAME D'ORBIGNY, *entrant.* Que vois-je? Dans quelle agitation est-elle?

EMMA, *dans l'égarement.* Selmar ! Selmar!...

MADAME D'ORBIGNY, *s'approchant.* La malheureuse!... Ah ! revenez à vous ! Entendez-moi !

EMMA. C'est vous ! Qui vous amène ? Venez-vous me redemander son cœur ? je ne l'ai plus !

MADAME D'ORBIGNY. Mon enfant, je vous en conjure !.. (*A part.*) L'infortunée ! Elle l'aimait autant que moi !

SCENE XV.

LES MÊMES, ARTHUR.

MADAME D'ORBIGNY. C'est vous, monsieur Arthur ! Ah ! venez, venez !

ARTHUR. Emma ! Grand Dieu !

EMMA, *toujours dans l'égarement.* Laissez-moi! laissez-moi !

MADAME D'ORBIGNY. Je sais tout l'intérêt que vous lui portez : aidez-moi à la secourir.

(*On approche une chaise.*)

ARTHUR. Hélas ! madame, dans quelle situation je la retrouve ! Il fut un tems où je crus acquérir le droit de la rendre heu-

reuse : naguère encore j'espérais que mon amour...

EMMA. L'amour ! que parle-t-il d'amour !.... oui, c'est cela ! ils ont tous ce mot sur les lèvres !

(*Elle s'assied.*)

ARTHUR, *à ses genoux.* Emma, ne me reconnaissez-vous pas ? c'est l'ami de votre enfance !

EMMA, *le regardant.* Arthur!... Ah ! c'est vous !.. ne me quittez pas.

(*Elle lève les yeux sur Mme d'Orbigny, et cache son visage dans ses mains.*)

MADAME D'ORBIGNY. Quel malheur si cruel?..

EMMA. Le malheur ! j'aurais des forces pour le supporter, je n'en ai point contre le déshonneur !

ARTHUR. Qu'entends-je?

EMMA. Ah ! madame, si j'avais écouté vos conseils!..

ARTHUR. Mes horribles pressentimens seraient-ils justifiés ?

EMMA. Je suis perdue !

MADAME D'ORBIGNY. Que dites-vous, Emma? votre esprit s'égare.

EMMA. Non, je n'ai plus rien à ménager. Selmar !.. Ah ! madame, pardonnez-moi !

ARTHUR. Quoi ! il serait possible?

EMMA. Je n'ai plus qu'à mourir !

MADAME D'ORBIGNY. Non ! renaissez à l'espérance !.... Son malheur m'éclaire : je sens qu'un noble dévouement peut nous réconcilier avec nous-mêmes ! je lui sacrifierai tout !.. Emma, consolez-vous ! Le ciel vous envoie une amie !

EMMA. Vous, madame !

MADAME D'ORBIGNY. Oui, moi, qui yeux effacer tous mes torts. Croyez-moi, il ne me résistera pas !

ARTHUR, *à part.* S'il résistait !... (*Haut.*) Emma, ne voyez plus en moi qu'un frère qui vous consacre toute son existence !.. Moi aussi je veux vous protéger !

EMMA, *prenant la main d'Arthur, et posant sa tête sur le sein de Mme d'Orbigny.* Quoi ! vous avez pitié de moi !.. Mais c'en est fait, je n'espère plus rien !

ARTHUR, *à part.* Il ne reste plus qu'un moyen ! je l'emploierai ! Je renonce à tout, à l'espoir, au bonheur ; mais qu'Emma soit heureuse !

FIN DU TROISIÈME ACTE.

ACTE IV.

Le théâtre représente un riche salon, dans l'hôtel du comte de Selmar.

SCENE PREMIERE.

SELMAR, SAINT-PAULIN, DOMESTIQUES.

SELMAR. Oui, Saint-Paulin, ce sera très-bien ainsi ; veillez à ces soins de détail, je vous en prie. Encore ? Que me veut-on ?

UN DOMESTIQUE. Nous désirons savoir, monsieur le comte, où se placeront les orchestres ?

SAINT-PAULIN. Dans la pièce voisine ; on dansera dans la galerie. Allons, suivez-moi ! si je n'étais pas là !

(Il sort avec les domestiques.)

SELMAR, seul. Des fêtes ! toujours des fêtes ! sans cesse le sourire sur les lèvres, et pourtant !... Que vois-je ? c'est vous, mon cher Bléville ! déjà ! c'est pousser bien loin l'exactitude.

SCENE II.

SELMAR, BLÉVILLE.

BLÉVILLE. Ce n'est pas votre bal qui m'attire près de vous.

SELMAR. Qu'est-ce donc ? En effet, vous paraissez soucieux.

BLÉVILLE. Écoutez, Selmar ; mon ancien et fidèle attachement m'a donné le droit de vous parler à cœur ouvert ; et je veux en user une dernière fois !

SELMAR. Parlez, Bléville.

BLÉVILLE. Mon ami, car, malgré votre faiblesse, je veux encore vous croire digne de ce titre, c'est à votre cœur que je viens m'adresser aujourd'hui.

SELMAR. De quoi s'agit-il ?

BLÉVILLE. Je viens encore vous parler de votre fils ! peut-être il est d'autres infortunés que vous pourriez consoler !... mais je ne chercherai point à surprendre vos secrets, et je ne veux songer qu'au malheureux Arthur. Depuis l'instant où il m'a fallu lui dévoiler son destin, une profonde mélancolie s'est emparée de son âme, je m'effraie des souffrances qu'il tâche en vain de me cacher ; vous avez pu vous-même remarquer sur son visage la trace de ses chagrins.

SELMAR. Et croyez-vous qu'ils ne soient pas retombés sur mon cœur ?

BLÉVILLE. Eh bien ! adoucissez-en l'amertume ! Je vous en conjure une fois encore ; rendez-lui la tendresse d'un père ; réparez, autant qu'il est en vous, des torts dont il est la victime.

SELMAR. Et le puis-je, mon cher Bléville ? Ne comprendrez-vous donc jamais ma situation ? Les lois ne me défendent-elles pas de le reconnaître pour mon fils ? Si je bravais assez les convenances pour lui donner publiquement ce titre, qu'y gagnerait-il ? et moi que n'y perdrais-je pas ? Dernier héritier d'un nom illustre, ne dois-je pas, en avançant en âge, songer à remplacer les plaisirs et les succès de la jeunesse par une existence honorable et brillante, qu'un grand mariage et de hauts emplois peuvent seuls m'offrir ? Irais-je placer à mes côtés une preuve de mes erreurs, qui renverserait mes espérances ? et dans quel moment ! Ne voyez-vous pas la popularité qui s'attache à mon nom ? Ne voyez-vous pas les yeux du monde plus que jamais fixés sur moi ? Le succès que je viens d'obtenir peut me conduire à tout ; que ma mission réussisse, et bientôt une place d'ambassadeur...

BLÉVILLE. Et voilà donc le fruit de vos remords !

SELMAR. Ne me condamnez pas, mon cher Bléville ! Je vous le répète, ma carrière est tracée ! Plus tard peut-être il me sera possible... mais, aujourd'hui, tous mes travaux, tous mes sacrifices seraient perdus ! L'envie est excitée, elle veille, et m'observe : quel serait contre moi le déchaînement de ces hommes aux paroles austères, dont le masque de la vertu couvre les visages hypocrites ? Ma faiblesse leur donnerait des armes, leur intolérance m'accablerait !... Mon ami, mon cher Bléville, mon secret vous appartient, et j'ose encore espérer...

BLÉVILLE. Adieu, je vous quitte, vous ne me reverrez plus.

SELMAR. Eh quoi! vous pourriez m'abandonner!...

BLÉVILLE. Vous avez détruit toutes mes espérances! quand j'amenai dans ce monde, où vous vivez, ce jeune homme dont j'élevai l'enfance, je pensais que ses rares qualités, que ses nobles vertus triompheraient enfin de vos préjugés : je me disais : l'ame de Selmar s'ouvrira à un tendre sentiment, la présence de son fils lui deviendra nécessaire, et peut-être un jour!.. Je me suis trompé! aucun sentiment vrai ne peut arriver jusqu'à votre ame! adieu; cet enfant, que vous repoussez, c'est moi qui l'adopterai; le monde lui enlève un père, l'amitié le lui rendra!

SCENE III.

SELMAR, seul.

Il s'éloigne! Il m'abandonne!... Un ami de vingt années!.... Qui remplira désormais le vide de mon existence? Des flatteurs, des hommes que la fortune amène et que chasserait un revers! J'ai résisté à ses désirs; l'ambition élève une barrière entre mon fils et moi!... Pauvre Arthur! j'éprouve à son aspect un plaisir qu'il est loin de partager! Sans le savoir, il m'inflige le châtiment de mes erreurs, il me fuit, ne dissimule qu'à peine les sentimens que je lui inspire!... Et, malgré moi, j'admire cette vertu sévère qui me condamne et me repousse... Si je cédais au cri de ma conscience?... Mais quoi! placer près de moi un censeur austère dont l'esprit exalté ne peut comprendre ni notre tems, ni nos mœurs; dont la vertu intraitable me forcerait peut-être à rougir!... Révéler vingt années de torts!... Non, non, cela est impossible!...

SCENE IV.

SELMAR, UN DOMESTIQUE.

LE DOMESTIQUE. Monsieur le comte, on vient d'apporter à l'hôtel cette lettre qu'on m'a chargé de vous rendre à l'instant même.

SELMAR. Donnez! (Le domestique sort.) C'est de la vicomtesse d'Orbigny! encore! lisons!...

« Selmar, j'ai tout appris, le secret d'Emma m'est connu ; des illusions qui me furent long-tems chères sont détruites ; vous le savez, Selmar, une immense fortune aplanit les obstacles que les différences de rang peuvent opposer à un mariage : quelque illustre que soit votre nom, personne ne vous blâmera d'épouser une des plus riches héritières de France. »

Qu'ai-je lu! quel changement? Elle sait tout, et cette femme si jalouse naguère!... son cœur paraît calme et satisfait!.... Serait-il donc vrai que les sentimens généreux qui conduisent au dévouement donnassent à l'ame des plaisirs plus vifs que tous les succès du monde!... Mais pourrai-je accepter une semblable proposition? que penserait-on de moi? Cela ne se peut ; je ne me décide point ainsi. (Il froisse la lettre et la met dans sa poche.) Et cependant, malheureuse Emma! jamais je ne fus plus aimé!... Si une compagne douce, bonne, sensible, peut contribuer à notre bonheur, qui, plus qu'elle, pouvait me rendre heureux? Ce cœur si naïf!... Mais que dirait le monde?...

Resterai-je donc toujours isolé? quelle sera ma vieillesse? Bléville me l'a dit : plus de plaisirs, et pas de bonheur! Mon fils du moins m'aurait embellie peut-être! ses vertus auraient fait mon orgueil et ma joie!... Ah! c'est trop écouter une voix mensongère! La société peut-elle donc imposer des sacrifices continuels? La nature n'a-t-elle pas aussi ses droits! c'est trop résister, c'est trop languir dans un doute accablant!... Mon fils!...

SCENE V.

SELMAR, ARTHUR, UN DOMESTIQUE.

LE DOMESTIQUE, annonçant. Monsieur Arthur Brémont.

(Il sort.)

SELMAR. Mon cher Arthur, c'est vous!

ARTHUR. Monsieur le comte!...

SELMAR. Je ne vous attendais pas si tôt.

ARTHUR. Je désirais, monsieur, vous entretenir seul : l'affaire qui m'amène ne souffre ni témoins, ni retard.

SELMAR. Expliquez-vous.

ARTHUR. J'ai quitté, il y a peu d'instans, mademoiselle Emma.

SELMAR. Eh bien?

ARTHUR. Vous avez passé un mois au château de Terny.

SELMAR. Ensuite ?

ARTHUR. Le désespoir de l'infortunée m'a révélé son destin.

SELMAR. Elle vous a choisi pour confident !

ARTHUR. Non, monsieur ; mais, sans chercher à surprendre ses secrets, j'ai lu dans son ame, et j'ai juré de tout faire pour la rendre au bonheur.

SELMAR. Je ne sais, monsieur, qui vous a donné le droit de vous occuper de cela ?

ARTHUR. Je vais vous l'expliquer. Il fut un tems, monsieur, où, tout à l'amour qu'elle m'inspirait, j'espérais unir son existence à la mienne ; elle était pour moi l'image de la félicité sur la terre !... Des circonstances fatales, qu'il est inutile de développer devant vous, m'ont forcé de renoncer à sa main, mais je ne lui en ai pas moins consacré ma vie ; je lui ai offert les secours d'une amitié fraternelle et dévouée. Vous seul, monsieur, pouvez réparer des maux que vous seul avez causés ; et je me plais à croire qu'en songeant à cette jeune fille, qui avait apporté dans la vie tant de chances de bonheur, et qui maintenant ne voit plus que la mort pour se soustraire à l'opprobre, vous n'hésiterez pas à remplir un devoir imposé par l'honneur et par l'amour.

SELMAR. Vous allez trop loin, monsieur Arthur ! C'est à moi seul qu'appartient le droit de régler ma conduite ; je n'accorde à personne le pouvoir de disposer de mes actions ; et vous devez comprendre, monsieur Brémont, que ce n'est pas votre avis que je consulterai !

ARTHUR. Les sentimens nobles sont communs à tous les hommes, monsieur le comte : et je ne pense pas que l'éclat de votre rang et de votre naissance vous dispense d'entendre la vérité, ni que l'obscurité de mon nom puisse me contraindre à la taire.

SELMAR. Qui vous parle de rang et de naissance ?... Vous vous méprenez sur mes intentions, monsieur Arthur : jamais ni ma naissance ni la vôtre ne peuvent être pour moi une raison de vous offenser. Moi ! vous reprocher !... Quelle idée ! Cela n'est pas, cela ne peut pas être ! je n'ai voulu parler que de votre âge... Vous êtes jeune, Arthur !...

ARTHUR. Monsieur !...

SELMAR. Oui, monsieur Brémont, mon expérience me donne de grands avantages,

et je veux bien m'exprimer franchement avec vous. Le dévouement chevaleresque, l'enthousiasme exagéré de votre caractère, annoncent votre peu de connaissance du monde : ce n'est point par de tels motifs que les hommes se dirigent, et ceux en qui la réflexion ne détruit pas ces erreurs de la jeunesse sont destinés à être dupes toute leur vie. Vous paraissez étonné de ce que je vous dis là ; mais le tems vous en démontrera la vérité. Aujourd'hui, par exemple, si vous étiez à ma place, vous vous croiriez obligé de tout sacrifier à un amour insensé.

ARTHUR. Il me semble, monsieur, qu'il ne s'agit plus de satisfaire une passion, mais bien d'accomplir un devoir.

SELMAR. Vous appelez cela un devoir !... Ce n'est pas ainsi qu'on se marie. Le mariage est un engagement public dont on doit compte à la société.

ARTHUR. Quoi ! vous pourriez l'abandonner ! la livrer au désespoir, à une mort certaine ! Serait-ce possible ?

SELMAR. Ne me croyez pas insensible à son malheur ! Il est pour moi le sujet d'un chagrin réel ; je me fais à moi-même de vifs et cruels reproches, soyez-en sûr ; mais cessez de vous alarmer. Le moment du désespoir est passé ; Emma peut attendre de moi tous les soins, tous les secours : je m'étonne et je m'afflige d'une confiance... que pourtant vous ne trahirez pas ; je vous connais, et je suis convaincu que ce funeste secret demeurera enseveli à jamais dans votre sein.

ARTHUR. Et qui vous dit, monsieur, qu'elle pourra sans cesse le cacher à tous les regards ? qui vous dit que vos coupables séductions n'auront dévoué qu'un seul être au malheur et à l'opprobre ?

SELMAR. Monsieur Arthur !...

ARTHUR. Je n'ai point interrogé l'infortunée, je n'ai vu que sa douleur ; mais je frémis !... Quel serait son sort ? quel serait le vôtre, si mes craintes étaient fondées ? Un jour, un malheureux maudirait la vie que vous lui auriez donnée ! Sa mère, placée entre la nature et l'honneur, serait forcée de sacrifier l'un ou l'autre : sans espérance, sans avenir, il invoquerait la mort ; et son désespoir porterait les regrets et le remords dans les dernières années de notre vie !

SELMAR. Arrêtez, Arthur, arrêtez !..... (A part.) Quelle épreuve cruelle !

ARTHUR. Oui, monsieur, telle serait votre premier châtiment.

SELMAR. Non, non, de telles douleurs n'existent pas; ces maux, que vous peignez avec tant de chaleur, ils sont imaginaires; aucun être ne les a sentis!... N'est-il pas vrai, Arthur? ah! rétractez de semblables paroles.

ARTHUR. Ces maux sont vrais, monsieur; ces douleurs ont été senties!

SELMAR, à part. Malheureux enfant!

ARTHUR. Mais, que dis-je? l'attendrissement qui se peint dans vos yeux m'annonce que vous céderez à la voix de votre cœur : vous rendrez à l'espoir et à l'existence une infortunée dont le crime fut de vous aimer. Quel sera votre bonheur, lorsque, ramenant la gaîté sur ce front où la douleur est empreinte, vous remplirez enfin vos promesses!

SELMAR. Mes promesses! Je n'en ai fait aucune : je ne l'ai point trompée : jamais je ne lui ai promis de l'épouser, parce que jamais Emma ne peut être ma femme.

ARTHUR. Est-ce là votre dernière résolution?

SELMAR. Je n'en changerai point.

ARTHUR. Croyez-vous donc pouvoir agir ainsi sans enfreindre les lois de l'honneur?

SELMAR. L'honneur n'est point placé là.

ARTHUR. Le séducteur peut-il échapper au juste blâme qu'il mérite?

SELMAR. C'est si je faisais un tel mariage que le monde me blâmerait.

ARTHUR. Mais le sentiment du devoir ne parle-t-il pas plus haut que cette voix trompeuse?

SELMAR. Mes premiers devoirs sont ceux que ma naissance et la société m'imposent. Vous ne connaissez encore que les passions de la jeunesse.

ARTHUR. Dites, monsieur, que les lois de la vertu.

SELMAR. Je règle mes actions sur les principes du monde.

ARTHUR. Dites sur ceux de l'intérêt.

SELMAR. J'obéis à l'usage.

ARTHUR. Dites à l'égoïsme.

SELMAR. Monsieur!... vous êtes injuste : la solitude et peut-être des chagrins ont aigri votre esprit, et vous rendent trop sévère. Ecoutez les conseils de mon amitié.

ARTHUR. Votre amitié! je la repousse. Je n'accorde point la mienne à qui ne peut conserver mon estime.

SELMAR. Monsieur Arthur!

ARTHUR. Celui qui ne craint pas de porter le désespoir dans le cœur d'une infortunée; celui qui ose offenser un être faible, qui n'a ni le droit de se plaindre ni le pouvoir de se venger, celui-là ne doit inspirer que le mépris!

SELMAR. C'en est trop! et une telle audace!... (A part.) Que fais-je? (Haut.) Je vous fais compliment, monsieur, du beau feu qui vous anime, lorsqu'il s'agit du bonheur des femmes. Elles vous sauront gré, j'espère, d'un si grand dévouement; je souhaite qu'elles vous en récompensent.

ARTHUR. Vous ne m'avez donc pas compris, monsieur?

SELMAR. Je vous entends à merveille! Vous voulez que j'épouse Emma, ou que je vous rende raison de mes torts envers elle? J'en suis fâché, mais l'un et l'autre me sont également impossibles. Des menaces ne peuvent rien sur moi. En vous choisissant pour chevalier, on a pris un fort mauvais moyen, je vous en avertis. Je ne me marierai pas, et je ne me battrai point avec vous.

ARTHUR. Je saurai bien vous y contraindre.

SELMAR. Je ne crois pas.

ARTHUR. Tant de cruauté ne peut rester impunie, et je vais...

SCENE VI.

LES MÊMES, SAINT-PAULIN.

SAINT-PAULIN. Venez donc, monsieur le comte; la foule commence à se précipiter dans vos salons : on arrive de tous côtés.

UN DOMESTIQUE, annonçant à la porte du salon. Monsieur le marquis et madame la marquise Dadgeville. Madame la baronne Delbois. Monsieur le comte de Salignac.

SELMAR. Combien je suis heureux, mesdames, et que je dois vous remercier de votre aimable exactitude!

LE DOMESTIQUE. Monsieur d'Esparville. Mesdames de Ligny.

SELMAR. Veuillez agréer mes hommages respectueux.

ARTHUR, à part. Il peut sourire!

(Le théâtre se remplit de monde.)

SELMAR. Monsieur Saint-Paulin, seriez-

vous assez bon pour donner un coup d'œil
dans les pièces voisines? les danses peuvent
commencer.

(Il sort.)

ARTHUR, *à demi-voix à Selmar*. Monsieur le comte, je ne vous quitte pas : vous
m'entendrez!

SELMAR, *haut et souriant*. C'est fort bien,
monsieur. (*Bas.*) Jeune homme, imitez
ma prudence, retirez-vous, point d'éclat
fâcheux! (*Haut.*) Je regrette vivement,
mesdames, de ne pouvoir vous offrir ici
des plaisirs plus variés.

LE DOMESTIQUE, *annonçant*. Madame
la vicomtesse d'Orbiguy.

SELMAR, *à part*. J'espérais qu'elle ne
viendrait pas. (*Haut, allant lui donner la
main.*) Que vous êtes bonne, madame !
Vous daignez embellir cette modeste fête.

●○○○○○○○○○○○○○○○○○○○○○○○○○○○○○○○○○○○○

SCENE VII.

LES MÊMES, MADAME D'ORBIGNY.

(Pendant toute cette scène on entend les orchestres ; le bal s'ouvre ; on voit passer les danseurs
dans le fond.)

MADAME D'ORBIGNY, *à demi-voix sur le
devant du théâtre*. Selmar, vous avez reçu
ma lettre?

SELMAR, *de même*. Oui, madame.

MADAME D'ORBIGNY, *de même*. Eh bien!
qu'avez-vous résolu?

SELMAR, *de même*. Ce n'est ici ni le lieu,
ni le moment...

MADAME D'ORBIGNY, *de même*. Je vous
demande pardon, j'exige une réponse.

SELMAR. Messieurs, les tables de jeu
sont dressées.

(Les domestiques dressent des tables ; les joueurs
se placent ; tout le monde paraît occupé. Saint-
Paulin, qui est rentré, se tient auprès d'une des
tables.)

MADAME D'ORBIGNY, *à voix basse sur le
devant du théâtre*. Vous cherchez en vain à
m'éviter, Selmar : répondez-moi?

(Pendant toute cette scène, Arthur se mêle à la
foule, et de tems en tems porte les yeux sur Selmar.)

SELMAR, *de même*. Eh bien! madame,
puisqu'il faut s'expliquer, le double
moyen dont on s'est servi ne peut réussir
près de moi! Des offres d'argent! des menaces!... C'est une sorte de conspiration !
Je ne cède jamais à de pareils motifs.

MADAME D'ORBIGNY, *de même*. Ainsi,
vous vous décidez à l'abandonner à son
désespoir ?

SELMAR, *haut vers les tables de jeu*. Je
parie vingt louis pour monsieur le baron.
(*A demi-voix, revenant à M*me *d'Orbigny.*)
Finissons, madame, je n'aime ni les reproches ni les sermons.

MADAME D'ORBIGNY, *de même*. Homme
égoïste et faux! rien ne peut vous toucher!
Eh bien! Emma va paraître à vos yeux.
Elle sera pour vous l'image vivante du
remords.

SELMAR, *de même*. Eh! de quel droit,
madame, prétendez-vous diriger ma conduite? Me suis-je occupé de la vôtre?
Vous ai-je empêché de porter ailleurs un
amour...

MADAME D'ORBIGNY, *de même*. Qu'entends-je? et c'est vous, cruel ?...

(Plusieurs joueurs se rapprochant.)

SAINT-PAULIN. Monsieur le comte, vous
avez gagné. Une vole, et le coup du lion !

SELMAR, *à M*me *d'Orbigny*. Je vous le
disais, madame, le bonheur est partout
où vous êtes! mais pourquoi priver les
salons du bal de votre présence? Venez,
que j'aie l'honneur de vous conduire ; les
danseurs me rendront grâces!

UN DOMESTIQUE, *annonçant*. Madame
la marquise de Terny.

SELMAR, *à part*. Emma n'est point avec
elle !..... je respire ! (*Haut.*) Permettez,
madame...

●○○○○○○○○○○○○○○○○○○○○○○○○○○○○○○○○○○○○

SCÈNE VIII.

LES MÊMES, MADAME DE TERNY.

MADAME D'ORBIGNY. Emma ne vous a
point accompagnée?

MADAME DE TERNY. Non, elle s'est sen-
tie fatiguée ; elle a besoin de repos : je ne
voulais pas la quitter, mais cette chère
enfant a tant insisté pour que je vinsse ici,
que je n'ai pu résister à ses désirs.

SELMAR, *à part*. Elle aurait été bien
fâchée de rester chez elle. (*Haut.*) Combien nous eussions gémi de votre absence!

ARTHUR, *qui de tems en tems se rapproche*. L'infortunée! elle souffre; et il est
heureux!

MADAME DE TERNY. Cette fête est vraiment magnifique, mon cher comte! Il n'y
a que vous pour déployer tant d'élégance,
et un faste de si bon goût.

SELMAR. Vous êtes trop indulgente ! Si vous désiriez parcourir avec moi la galerie ?...

MADAME DE TERNY. Très-volontiers.

SCENE IX.

LES MÊMES, SAINT-PAULIN.

SAINT-PAULIN. Encore un triomphe ! Monsieur le comte, une députation du conseil municipal de la ville vient d'être introduite : elle vous apporte l'hommage de la reconnaissance publique.

SELMAR. Qu'on fasse entrer. Je suis fier d'un pareil honneur !

SCENE X.

LES MÊMES, LA DEPUTATION.

SELMAR. Comment ai-je pu mériter, messieurs ?...

UN DES DÉPUTÉS. Monsieur le comte, la philantropie qui respire dans le projet que vous avez bien voulu nous communiquer, les avantages immenses qu'il doit assurer au commerce et à l'industrie de cette province, justifient assez l'enthousiasme qui accueille votre présence en nos murs. Souffrez, monsieur le comte, qu'une province dont vous défendez les plus chers intérêts sollicite l'honneur de vous compter au nombre de ses enfans.

SELMAR. J'accepte avec une vive reconnaissance la faveur qu'on daigne m'accorder ; et mon plus beau titre, messieurs, sera toujours celui de votre concitoyen.

LE PEUPLE, dans la rue. Vive le comte de Selmar !

SELMAR. Qu'entends-je ?

LE DÉPUTÉ. Le peuple, qui sait tout ce qu'il vous doit, est devant votre hôtel ; il ne peut commander à sa joie ; il désire vous voir. Rendez-vous à ses vœux : venez jouir de cette gloire pacifique, récompense des plus nobles vertus.

SELMAR. C'est trop, messieurs, c'est trop, je ne puis...

ARTHUR, à part. On le vante, on l'admire, on exalte son nom !... Est-ce donc là ce qu'on appelle la gloire ?

LE DÉPUTÉ. Ne nous résistez pas.

SELMAR. Vous l'exigez ?

SCENE XI.

LES MÊMES, BLÉVILLE.

BLÉVILLE. Où est-elle ? où est-elle ?

SELMAR, allant au-devant de lui. Ah ! enfin mon cher Bléville.

BLÉVILLE. Laissez-moi ! (A Mme d'Orbigny.) Emma n'est pas ici ?

MADAME D'ORBIGNY. Non, sans doute !

BLÉVILLE. Pauvre enfant ?

MADAME D'ORBIGNY. Qu'est-il donc arrivé ?

BLÉVILLE. Elle a disparu de l'hôtel, seule, à pied ; on vient de s'apercevoir de sa fuite ; le concierge, qui l'a vue sortir, assure qu'elle était en proie à un affreux égarement.

ARTHUR. Emma ! grand Dieu !...

SELMAR, à part. Qu'ai-je entendu !

MADAME DE TERNY, s'approchant. Emma, dites-vous ! Qu'y a-t-il ?

BLÉVILLE. Venez, suivez-moi ; il n'y a pas un moment à perdre ; courons à sa recherche.

(Bléville, Mme de Terny, Mme Dorbigny sortent.)

ARTHUR. Et il triomphe !.... C'est trop me contenir !

LE PEUPLE, dans la rue. Vive le comte de Selmar !

LE DÉPUTÉ. Entendez-vous ces acclamations ?

ARTHUR. Arrêtez ! cessez d'exalter le plus lâche des hommes.

TOUT LE MONDE. O ciel !

ARTHUR. Oui ! M. le comte de Selmar est un lâche !

SELMAR. Monsieur !...

ARTHUR. Ne croyez pas imposer silence à ma juste fureur ! Vous me rendrez raison, ou vous êtes le dernier des hommes.

SELMAR. Malheureux ! que faites-vous ? De telles paroles se paient de la vie.

ARTHUR. Je le sais !

SELMAR. Jeune insensé !

ARTHUR. Trève de discours ! Vous avez tantôt refusé de me satisfaire, reculerez-vous encore ?

SELMAR, à part. Juste ciel ! que faire ? que devenir ? que résoudre ?..... Tous les yeux sont attachés sur moi !... Malheureux !...

ARTHUR. Je vous attends!

SELMAR. Vous le voulez?.. Il le faut!.. (*A part.*) Non, jamais!

ARTHUR. Vous déciderez-vous enfin?

SELMAR. C'est vous qui m'y forcez!..... Vous!..... (*A part.*) On m'observe, on murmure, on s'étonne déjà de mon hésitation!... (*Haut.*) Eh bien! demain à sept heures, à l'entrée du bois, j'aurai deux témoins.

ARTHUR. J'y serai!..... (*A part.*) Du moins je l'aurai vengée! Je suis content!

LE PEUPLE, *dans la coulisse.* Vive le comte de Selmar!

FIN DU QUATRIÈME ACTE.

ACTE V.

Le théâtre représente un grand hangar attenant aux derrières d'une maison de paysan; dans le fond est la lisière d'un bois situé sur une colline. Un banc grossier est placé dans le hangar, à la droite du spectateur.

SCENE PREMIERE.

SUZETTE, JEAN-LOUIS.

SUZETTE. Jean-Louis, Jean-Louis, arrive donc !

JEAN-LOUIS. Me v'là, ma femme!

SUZETTE. Vas-tu partir pour le marché de Plombières? v'là qu'il est bientôt sept heures.

JEAN-LOUIS. J'y vas, ma femme, j'y vas.

SUZETTE. Dépêche-toi donc : l'orage se prépare; tu seras pris par la pluie.

JEAN-LOUIS. Je me dépêche, ma femme.

SUZETTE. Et ne reste pas trop long-tems à la ville ; il y a peut-être encore une fête comme celle que j'y ai vue hier. Oh! que c'était beau! Comme ils sont heureux ces gens riches !

JEAN-LOUIS. Ah! qu' c'est vrai, qu'ils sont heureux ces gens riches !

SUZETTE. Encore? Pas toujours! La dernière fois que j'ai vu ma pauvre sœur de lait, cette chère Emma, qui m'a donné une si bonne dot, elle avait l'air bien triste. Comme elle était changée! Dam, une jeune fille qui ne se marie pas !..... Mais pourquoi ne se marie-t-elle pas?

JEAN-LOUIS. Ah! c'est vrai qu' c'est étonnant!

SUZETTE. Eh bien! tu n'es pas encore parti ! Allons, adieu, Jean-Louis, adieu. Tu n'oublies rien?

JEAN-LOUIS. Si fait, not' femme! J'oubliais de t'embrasser.

SUZETTE. Si c' n'est qu' ça!.... Allons, tiens, dépêche-toi, et va-t'en.

SCENE II.

SUZETTE, puis EMMA.

SUZETTE. Enfin le v'là parti!..... Quel lambin que c't'homme-là ! Il n'est jamais prêt! heureusement qu'il n'y a pas loin d'ici à Plombières... Mais qu'est-ce que je vois là-bas? c'est une femme, une jeune fille!.... Oh! la pauvre créature! comme elle a l'air abattu!.. elle vient de ce côté. Eh mais, est-ce possible?..... Non, je ne me trompe pas, c'est elle. Ah ! mon Dieu!

EMMA, à l'entrée du hangar. Je ne me soutiens plus : prenez pitié de moi !

SUZETTE. Emma, chère Emma, c'est vous !

EMMA. Qui a prononcé mon nom ?..... c'est toi, Suzette! Le ciel ne m'a donc pas entièrement abandonnée?... Ah! la fatigue m'accable !

(Elle s'assied sur le banc.)

SUZETTE. Emma, qu'avez-vous donc?

EMMA. Je ne sais,!....là la fièvre !....

SUZETTE. Comme elle est brûlante !

EMMA. J'ai marché toute la nuit; je voulais venir auprès de toi. Que la route est longue !

SUZETTE. Dans quel état je vous revois ! Que vous est-il donc arrivé?

EMMA. A moi?.. rien.. ils ne songeaient qu'à leurs fêtes !..... ils ne m'ont pas vue sortir !... J'avais besoin de me soustraire à ses mépris et à leur pitié.

SUZETTE, à part. Que dit-elle?

EMMA. J'ai dû les fuir!..... que penseront-ils ?... Mme d'Orbigny est si bonne! Arthur est si généreux!.... je n'accepterai point leurs sacrifices : puissent-ils perdre mon souvenir! et moi aussi, puissé-je tout oublier!

(Ici on aperçoit sur la colline un domestique qui fait des signes dans la coulisse: la vicomtesse d'Orbigny paraît un instant après, voit de loin Emma et se dirige vers elle.)

SCÈNE III.

Les Mêmes, *ensuite* MADAME D'OR-
BIGNY.

EMMA. Suzette, es-tu heureuse?

SUZETTE. Je serais heureuse, si vous
l'étiez vous-même.

EMMA, *souriant.* Oh! je le serai!.. oui!..
je sens déjà que je respire plus librement.

MADAME D'ORBIGNY, *entrant.* Enfin je
l'ai retrouvée! Chère Emma!

EMMA. Que vois-je? vous ici, madame!

MADAME D'ORBIGNY. Pensiez-vous donc
vous dérober aux tendres soins de l'amitié!
(*A part.*) Quelle effrayante pâleur. (*A demi-
voix.*) Suzette, rentrez dans votre chaumière, préparez des secours, envoyez
chercher un médecin; mes gens sont là.

SUZETTE, *à demi voix.* J'y vais, madame;
fiez-vous à moi. Pauvre sœur!

SCÈNE IV.

MADAME D'ORBIGNY, EMMA.

EMMA. Vous m'aimez donc toujours?

MADAME D'ORBIGNY. En pourriez-vous
douter? Dès que nous eûmes appris votre
fuite, j'envoyai mes gens sur vos traces;
enfin, après des recherches infructueuses,
des renseignemens plus sûrs sont venus
nous guider. Je vous revois, Emma! Vous
n'abandonnerez pas votre mère adoptive!
Vous reviendrez avec moi.

EMMA. Non, j'ai trop souffert! Je ne
porterai point le désespoir dans le cœur
de celle qui me servit de mère: qu'elle
ignore tout!... Si vous saviez!... Ecoutez:
je connaissais vos desseins; mais moi, je
ne voulais plus rien, même de ce qui
pouvait me rapprocher de lui: ma résolution était prise; et tandis que ma bienfaitrice était absente, trompant la surveillance qui m'entourait, je quittai ce
lit où me retenaient la douleur et l'accable-
ment. Sans être vue, je sortis de l'hôtel...
Oh! quelle nuit! Je ne sais comment il
se fit que, sans le vouloir, je passai devant
sa demeure!... Une brillante illumination,
le bruit des instrumens... tout semblait y
parler de plaisir!... Je pleurais!... Et des
gens, assemblés en foule devant sa porte,
poussaient des cris et faisaient des vœux
pour son bonheur!..... Je m'éloignai.....

J'errai à travers les détours des rues....;
J'errai long-tems... toujours poursuivie
par ce bruit de danses et ces acclamations!...
J'ignore comment, malgré moi, je me retrouvai de nouveau à cette même place...;
mais tout y était silencieux!... Plus de
cris de joie, plus de clarté... Seulement,
dans l'ombre, un groupe d'hommes se
tenait, qui semblaient s'entretenir d'un
événement récent!... J'eus peur, et je me
cachai dans l'angle d'une maison. Oh!
madame, si mes sens ne m'ont pas abusée,
si la fièvre qui me tourmentait n'a pas
trompé mon imagination, qu'ai-je entendu, grand Dieu!... « Ils doivent se
battre, disait-on; « Arthur l'a provoqué
publiquement, et demain le sang de
l'un d'eux... » Puis je n'entendis plus
rien!... Je marchais, je marchais toujours;
j'étais déjà loin des portes de la ville, et toujours je croyais entendre, au milieu des
pensées sinistres qui m'assiégeaient, retentir
ces chants et ces cris qui proclamaient son
bonheur.

MADAME D'ORBIGNY. Pauvre enfant!
chassez ces idées pénibles; j'espère encore
que des jours plus heureux....

EMMA. J'ai froid!...

SCÈNE V.

Les Mêmes, SUZETTE.

SUZETTE, *à M*me *d'Orbigny.* Tout est
prêt; le médecin est là!

MADAME D'ORBIGNY. Chère Emma! venez,
suivez-moi, appuyez-vous sur mon bras.

SUZETTE. Entrez dans ma chaumière:
l'orage s'annonce, déjà la pluie commence
à tomber; ne restez pas ici plus long-
tems.

(M*me* d'Orbigny emmène Emma dans la chaumière, Suzette les suit.)

SCÈNE VI.

SELMAR, SAINT – PAULIN et un
Témoin.

SAINT-PAULIN, *arrivant sous le hangar.*
Monsieur le comte, nous trouverons ici
un abri. Nous pourrons attendre que l'o-
rage soit apaisé.

SELMAR, *à la cantonnade.* Laissez ma
voiture sous ces arbres.

SAINT-PAULIN. Singulière chose que ce

point d'honneur! Risquer des jours si précieux, un avenir si brillant pour quelques mots prononcés par un extravagant qui ne tient à rien dans le monde!... Heureusement l'adresse de M. le comte est connue, et je plains l'insensé...

SELMAR. Que dites-vous, Saint-Paulin?.. Allez voir si nos adversaires paraissent, et indiquez-leur cet abri.

(Saint-Paulin et l'autre témoin s'éloigne.)

SCÈNE VII.

SELMAR, seul.

SELMAR. Quelle horrible pensée il osait exprimer! Non, Arthur, non, tes jours sont en sûreté!..... La tyrannie de l'opinion a dû m'amener ici; mais c'est pour moi seul que sera le danger!... Fatal événement!... voilà donc les suites d'une première erreur!... Et il le faut! Et c'est mon fils!... Puis-je reculer maintenant? Les regards de mes amis ne semblaient-ils pas me reprocher déjà mon hésitation? Funeste préjugé! loi cruelle de l'honneur! Malgré moi, je dois t'obéir! Au moment où j'atteins au but de tous mes efforts!... où la route est ouverte à mon ambition!... Non! jamais homme n'endura une pareille souffrance!

SCÈNE VIII.

SELMAR, SAINT-PAULIN.

SAINT-PAULIN. Personne n'a encore paru; et moi, monsieur le comte, dans l'intérêt de l'humanité, j'ai profité de ce retard pour aller dans le village chercher un chirurgien : car, dans ces sortes d'affaires, c'est là le témoin le plus utile.

SELMAR. Je vous en remercie.

SAINT-PAULIN. Oh, ce n'est pas que je sois inquiet pour vous!

SELMAR. Saint-Paulin, c'est pour moi que je vous en remercie.

SAINT-PAULIN. Je ne l'ai point vu; mais il ne peut tarder à venir. Il est occupé dans cette chaumière, m'a-t-on dit, auprès d'une jeune fille fort malade.

SELMAR. Une jeune fille!... Encore un être qui souffre!

SAINT-PAULIN, remontant le théâtre. Ils ne viennent pas!

SELMAR. L'orage redouble. (Se rapprochant de la chaumière.) N'entends-je pas un gémissement?

SAINT-PAULIN, dans le fond. Les voici!

(Selmar frémit.)

SCÈNE IX.

SELMAR, SAINT-PAULIN, ARTHUR, DEUX TÉMOINS D'ARTHUR, LE SECOND TÉMOIN DE SELMAR.

ARTHUR. Pardon, monsieur le comte, je me suis fait attendre; mais nos chevaux pouvaient à peine avancer.

SELMAR. Monsieur Arthur, j'avais espéré que des réflexions plus sages vous amèneraient à reconnaître vos torts envers moi, et c'était les réparer.

ARTHUR. Non, monsieur, je suis prêt! Marchons.

SAINT-PAULIN. Un instant, messieurs! la pluie tombe par torrens : êtes-vous donc si pressés? Il est impossible de se battre par un tems pareil. J'en appelle à ces messieurs.

(Il regarde les trois témoins qui font un signe d'adhésion.)

ARTHUR. Eh bien, nous sommes à couvert ici; ce lieu est écarté, pourquoi sortir?

SELMAR. Si vous l'exigez!... Vous avez réfléchi, monsieur Arthur?

ARTHUR. Toute réflexion faite ici serait tardive, monsieur! Allons!

(Les quatre témoins se rangent de chaque côté, Arthur met la main sur la garde de son épée.)

SELMAR, à part. Il le faut donc!

SCÈNE X.

LES MÊMES, SUZETTE, ouvrant la porte de la chaumière.

SUZETTE. Qui parle si haut? Des étrangers!... (S'adressant à Saint-Paulin, qui se trouve près d'elle.) De grâce, messieurs! Il y a ici une jeune fille malade!... Mais, que vois-je? monsieur Arthur!..... Des épées!.... Ah! mon Dieu! que veulent-ils donc faire?...

SAINT-PAULIN. Silence! Éloignez-vous!

SUZETTE. Ah! monsieur Arthur! venez, c'est Emma qui est ici!

SELMAR, ARTHUR, *à part.* Emma !

SUZETTE. Elle n'a peut-être plus que quelques heures à vivre !

ARTHUR. Grand Dieu !

SUZETTE. Venez.

ARTHUR, *dans la plus grande agitation.* Allez, retirez-vous, retournez auprès d'elle ! (*A demi-voix.*) Moi, je ne dois plus songer qu'à la venger ! (*A Selmar.*) Vous l'avez entendue, monsieur, l'épée à la main.

SUZETTE. Ah ! qu'est-ce qui va se passer ?

(*Elle rentre avec les marques de la plus grande frayeur.*)

SCÈNE XI.

SELMAR, ARTHUR, SAINT-PAULIN,
Les Témoins, *puis* BLÉVILLE.

SELMAR, *à part.* Malheureuse Emma !... Ce gémissement.....

ARTHUR, *l'épée à la main.* Plus de retard ? Plus d'hésitation ! Défendez-vous !

BLÉVILLE, *accourant au milieu d'eux.* Arrêtez !...Arthur !...Selmar ?...Qu'alliez-vous faire ?

ARTHUR. Vous, ici !..... Qui vous a révélé ?

BLÉVILLE. J'ai tout appris ! Croyez-vous que cet affreux combat s'achèvera ? Jetez loin de vous, jetez ces armes criminelles ! Je vous l'ordonne !... Oui, Arthur !... Oui, Selmar, je vous l'ordonne ! (*S'approchant de Selmar.*) Quoi ! c'est vous ! Vous !...

SELMAR, *bas à Bléville.* Vous n'avez rien à craindre pour lui.

BLÉVILLE, *à Selmar.* Rien à craindre !... (*Se tournant vers Arthur.*) Arthur, par toute l'autorité...

ARTHUR. Laissez-moi, laissez-moi ! Vous ne savez pas tout ce que j'ai à venger !

BLÉVILLE, *l'entraînant sur le devant du théâtre et à demi-voix.* Encore une fois, Arthur, respecte-le !

ARTHUR. Lui ! à quel titre ?

BLÉVILLE. Le plus sacré de tous !

ARTHUR. Qu'entends-je ?

BLÉVILLE. Oui, malheureux...

ARTHUR. N'achevez pas !

BLÉVILLE. Il est ton père !

ARTHUR. Dieu puissant !

SCENE XII.

LES MÊMES, EMMA, *éperdue, accourant suivie par* Mme *d'Orbigny et Suzette.*

EMMA, *entrant.* Je le veux, je le veux ! Ne me retenez pas ! Où est-il ? (*Se jetant aux genoux d'Arthur.*) Arthur, grâce, grâce pour lui.

SELMAR, *à part.* Emma !... Grand Dieu !

MADAME D'ORBIGNY. Suzette, soutenez-la !

SUZETTE. Pauvre sœur ! Et la moindre émotion peut la tuer.

(*Les deux femmes relèvent Emma qui semble près de s'évanouir, et la portent sur le banc.*)

BLÉVILLE. Prodiguez-lui vos soins !..... (*Aux témoins.*) Messieurs, cette affaire est terminée; M. Arthur adresse, par ma bouche, ses excuses à monsieur le comte de Selmar ! (*Prenant Arthur par la main.*) N'est-il pas vrai, Arthur ?

ARTHUR, *dans le plus grand abattement.* Oui !..... l'honneur de monsieur le comte est intact ! De sa main je recevrais la mort sans me plaindre ! (*S'approchant de Selmar, et à voix basse.*) Je sais maintenant que j'ai reçu de vous un présent plus funeste.

(*Selmar fait un mouvement.*)

MADAME D'ORBIGNY. Silence ! Elle paraît se ranimer !

(*Tout le monde se groupe autour d'Emma à l'exception de Selmar.*)

EMMA, *rouvrant les yeux.* Où suis-je ?... C'est vous, Arthur !... (*Elle lui tend la main; elle tourne les yeux vers Selmar.*) C'est lui !

SELMAR. Emma, revenez à vous !...

EMMA. Il n'est plus tems ! La douleur, le remords ont usé ma vie !..... La force m'abandonne !...Arthur, pardonnez-lui !... Pardonnez-moi !... Consolez ma mère !...

SELMAR, *s'avançant vers Emma.* Chère Emma !

EMMA. Que vois-je ?... Des larmes dans ses yeux !..... Il m'a pleurée !... Selmar, entendez-vous la foudre ?

(*Ici on entend rouler le tonnerre. Emma tombe dans les bras des femmes.*)

ARTHUR. O ciel!..... Emma!...

MADAME D'ORBIGNY. L'infortunée!...

SELMAR , *à part.* Ambition! vaine opi-nion du monde!... Me rendrez-vous ce que vous m'avez coûté?

(La toile tombe.)

FIN.

IMPRIMERIE DE DONDEY-DUPRÉ, RUE SAINT-LOUIS, N° 46, AU MARAIS.

LES ROUÉS,

COMÉDIE HISTORIQUE MÊLÉE DE CHANTS EN TROIS ACTES,

Par MM. T. Sauvage et Bayard.

Représentée pour la première fois à Paris, sur le théâtre de l'Ambigu-Comique, le 10 septembre 1833.

PERSONNAGES.	ACTEURS.	PERSONNAGES.	ACTEURS.
PHILIPPE, duc d'Orléans,	MM. ALBERT.	MIMI, fille de Pellevin.	Mmes BALTHAZAR.
L'abbé DUBOIS.	CONSTANT.	HÉLÈNE BRIOLLET.	CLORINDE.
Le Chevalier de RAVANNES.	CULLIER.	GERMAINE, servante de Mme Gervais,	
PELLEVIN, marchand drapier.	THÉNARD.	Seigneurs, Pages du duc d'Orléans.	
LE CHANCELIER.		Membres du Parlement.	
EDMOND, page.	Mmes SOPHIE.	Parens et amis de Mme Gervais.	
Mme GERVAIS, jeune veuve.	GAUTIER.		

L'action se passe en 1715, le premier acte à Paris, le deuxième à Surène, et le troisième à Paris, au Palais-Royal.

ACTE PREMIER.

Un salon chez Madame Gervais. Fenêtre à gauche. Portes latérales. Porte au fond. Une table, fauteuils.

SCÈNE PREMIÈRE.

MADAME GERVAIS, MIMI.

Au lever du rideau, Madame Gervais est assise à droite, un livre à la main : elle est pensive. Mimi est debout près de la fenêtre à gauche.

MAD. GERVAIS. M. Desœillets ne vient pas !

MIMI, *à la fenêtre*. Si je voyais passer M. Dupuis !

(1) Les indications sont prises de la scène ; l'acteur inscrit le premier tient toujours la droite du théâtre.

MAD. GERVAIS. Toujours à la fenêtre ! que regardez-vous ?

MIMI. Je regarde... qu'il y a beaucoup moins de monde, aujourd'hui, du côté du Palais-Royal.

MAD. GERVAIS. C'est tout simple... on disait hier que le roi se portait mieux... les courtisans abandonnent son neveu, le duc d'Orléans ; ils sont tous à Versailles.

MIMI. Ainsi, ma cousine, après la mort du roi, c'est Monsieur le duc d'Orléans qui sera régent... L'avez-vous vu quelquefois, ma cousine ?

MAD. GERVAIS, *sèchement*. Jamais, Mademoiselle.

SCÈNE II.

MADAME GERVAIS, PELLEVIN, MIMI.

PELLEVIN, *entrant par le fond.* Ah! enfin, me voilà!... c'est moi... bonjour.

MIMI. Mon papa!

MAD. GERVAIS, *se levant.* M. Pellevin...

PELLEVIN. Ne vous dérangez pas, ma belle cousine, ne vous dérangez pas... Comment cela va-t-il?.. bien, n'est-ce pas? Toujours fraîche, toujours jolie... Et vous, petite fille?.. toujours l'air mélancolique, les yeux rouges... Allons, allons, de la gaîté; je vous apporte de bonnes nouvelles.

MAD. GERVAIS. Est-ce de la santé du roi?

PELLEVIN. Du roi?... je n'en sais rien... et, ma foi, au point où il nous a conduits par ses guerres et ses palais, le mieux pour nous et pour lui, c'est, je crois, une prompte fin.

MAD. GERVAIS. Pouvez-vous parler ainsi de la mort d'un si grand roi, de Louis XIV, vous, un Français!..

PELLEVIN. Je suis drapier.

AIR : *Tu ne vois pas, jeune imprudent.*

Ma foi! tout ce que je puis voir
Dans cette mort longtemps prévue,
C'est qu'on vendra beaucoup de noir,
Et ma boutique en est pourvue.

MAD. GERVAIS.

Vous n'en seriez pas accablé?...

PELLEVIN.

Pourquoi?.. Dans l'état que j'exerce,
D'un malheur on est consolé
Quand il fait aller le commerce.

Mais les nouvelles dont je vous parlais ne concernent pas la cour... ce sont des nouvelles de mariage.

MAD. GERVAIS. Comment?

PELLEVIN. Oh! ce n'est pas vous, ma cousine...

MAD. GERVAIS. Mais je le pense bien, et je ne comprends pas...

PELLEVIN. Oh! c'est-à-dire... mais suffit, belle veuve, je m'entends... Ce mariage, c'est pour mademoiselle ma fille, si elle y consent... avec M. Dupuis.

MIMI. Oh! avec plaisir, mon papa.

MAD. GERVAIS. En vérité!... comment se fait-il?.. ce M. Dupuis qui a voulu la séduire... N'est-ce pas pour qu'il perdît ses traces, que vous l'avez amenée ici... chez moi?

PELLEVIN. Ah! voilà... Dupuis vint avant-hier aux Piliers des Halles; il entre chez moi pour avoir du drap... un habit complet... Sa présence me fit monter le sang à la tête... et j'avais grande envie de lui donner un peu de ma demi-aune sur le dos... Heureusement je me rappelai que j'étais marchand de drap... et que j'avais un autre moyen de me venger... Je lui coupai un quart de moins, c'était plus honnête. Pendant que je le servais poliment... comme je viens de vous dire... il me parlait de ma fille... qu'il adorait... D'abord, ils adorent toujours, ces messieurs... toutes les petites marchandes du quartier des Innocens en ont des preuves... Il cherchait à savoir sa retraite... et moi, je ne répondais rien... c'était plus adroit... j'aurais peut-être lâché quelque bêtise... il avait l'air d'y compter... Eh bien! me dit-il alors, si mon amour était sincère, si je voulais le bonheur de votre fille... si je l'épousais... L'épouser!... diable! c'est différent, lui dis-je... Il était très ému, je l'étais aussi; ma demi-aune me tomba des mains... et il me paya sans marchander... Il a des qualités, ce jeune homme!

MIMI. Oh! oui, il en a!

PELLEVIN. Et puis... un assez bon parti... un huissier de la maison de monseigneur le duc d'Orléans. Le soir même, je courus au Palais-Royal... Je m'informai de M. Dupuis au jeune page, qui vint à moi pour savoir où je faisais faire mes perruques. Je profitai de la plaisanterie pour l'interroger... et je sortis enchanté de tout ce que j'avais appris; le lendemain, c'était hier, Dupuis est revenu, nous avons causé, fait nos conditions... Et, comme son service le retient tout le jour, vous serez mariés, cette nuit, à une chapelle particulière... près du Palais-Royal... par un prêtre de l'aumônerie de monseigneur le duc... C'est Dupuis qui a arrangé tout cela.

MIMI. Comment, sitôt!...

PELLEVIN. Eh bien! qu'as-tu donc?

MIMI. Ça me fait peur!

PELLEVIN. Il va venir te rassurer lui-même; car je l'attends ici, pour vous le présenter.

MIMI. Oh! quel bonheur! Je vais guetter son arrivée.

Elle va pour sortir, et s'arrête près de la fenêtre à écouter.

MAD. GERVAIS. Mais savez-vous, cousin, que voilà un mariage qui va bien vite!

PELLEVIN. Que diable voulez-vous!... une jeune fille à garder, c'est trop chanceux!

AIR :

Vraiment, nous vivons dans un temps
Où les cœurs trop tôt se conviennent;
Regardez tous nos jeunes gens,
Ce qu'on leur refuse, ils le prennent.
(A demi voix.)

Je crains un malheur, un éclat;
Et je ne veux pas que ma fille
Me fasse, sans un bon contrat,
L'honneur d'augmenter ma famille.

MAD. GERVAIS. Vous penseriez...

PELLEVIN. Eh ! mon Dieu ! voilà une petite tête qui me fait trembler !.. Si vous voyiez la lettre qu'elle m'a écrite !

MIMI, *le tirant par son habit.* Mon papa !...

PELLEVIN. Oh ! une lettre superbe !... Je ne sais pas où elle a trouvé cet esprit là... ça n'est pas dans ma boutique, toujours. On dirait que l'amour d'un certain M. Desœillets, et les soupirs de son neveu... Ah! vous rougissez, cousine !...

MAD. GERVAIS. Moi ! pas du tout... C'est mademoiselle qui vous a dit... (*A part.*) Oh ! les petites filles !

MIMI, *à part.* Est-il bavard, mon papa !...

(Elle sort lentement par le fond.)

PELLEVIN. C'est votre secret, belle cousine, je n'en dirai rien... D'abord, je l'avoue, ça m'a fait de la peine, parce que moi aussi j'avais des idées... j'espérais vous voir un jour à la place de ma défunte... dans mon comptoir, et mieux encore... Mais je sais que c'est M. Desœillets... un galantin à ce qu'il paraît !..

MAD. GERVAIS. Monsieur Desœillets est un fort honnête homme que je n'avais pas l'honneur de connaître... lorsqu'il vint un jour chez moi pour me rendre une somme assez forte qu'il devait, disait-il, à feu mon mari... Il fut témoin des inquiétudes que me causait mon procès... voulut s'en mêler ; et, grâce à son crédit, l'affaire a pris une tournure favorable...

PELLEVIN. Il a fait tout cela... et gratis !

MAD. GERVAIS. Touchée de ce procédé, je l'ai reçu comme il le méritait... il me fit quelques politesses...

PELLEVIN. Il vous présenta son neveu... un grand jeune homme...

MAD. GERVAIS, *vivement.* Qui ne me plaît pas !... et quoiqu'il ne vienne ici que pour m'acheter ma maison de Surène, si je ne dois plus le recevoir...

PELLEVIN. Je n'ai pas dit cela?...

On entend parler dehors.

MAD. GERVAIS. Ah! M. Desœillets!..

PELLEVIN. Pardon!.., pardon!... je me retire...

MAD. GERVAIS. Eh! non, restez, je le veux.... je vous en prie !

ecececececececececececececececececececececececececececece

SCÈNE III.

MADAME GERVAIS, DESŒILLETS, HENRI (1), PELLEVIN.

DESŒILLETS, *à madame Gervais, lui baisant la main.* Belle dame... voulez-vous permettre!...

HENRI. Pardon!... nous dérangeons un tête-à-tête.

PELLEVIN. Ah ! c'est le neveu.

DESŒILLETS. Eh! mais, belle dame, vous avez ce soir un petit air préoccupé, chagrin.

HENRI. Des larmes dans vos jolis yeux!.. quelques peines secrètes... voilà celles que je voudrais partager...

MAD. GERVAIS. Monsieur !...

DESŒILLETS. Moi, du moins... ne suis-je pas votre ami?

HENRI, *bas à Desœillets.* Quelle est cette figure-là ?

DESŒILLETS, *bas.* Je ne la connais pas.

MAD. GERVAIS, *à Desœillets.* Oh! vous, oui, je le crois... je suis sensible à votre amitié... vous êtes si bon, si aimable!... mais aujourd'hui vos assiduités chez moi ont éveillé la malveillance, qui suppose si aisément des torts à une femme... à une veuve.

HENRI. Surtout lorsqu'elle est jeune et jolie !

MAD. GERVAIS. Dans ce quartier il y a tant de méchantes femmes!

DESŒILLETS. Il y en a tant de laides !

MAD. GERVAIS. Et ce matin... ici... on s'est permis des soupçons qui m'ont vivement affectée.

HENRI, *vivement.* Vous, madame !... et quel est l'impertinent!... Nommez-le, et je le fais enfermer à la Bastille (*Se reprenant.*) C'est-à-dire, je lui fais couper les oreilles !

PELLEVIN, *s'éloignant en se cachant les oreilles* Hem !... comme il y va !

DESŒILLETS. Holà! monsieur... mon neveu !

MAD. GERVAIS. Grâce pour les oreilles

(1) Desœillets, costume de riche financier ; Henri, costume bourgeois élégant.

de ma famille, M. Henri. Si vous tenez à me plaire, vous ne reparaîtrez plus chez moi. (*A Desœillets.*) Ni votre oncle.

DESOEILLETS, *tiré par Henri.* Qu'entends-je !... vous me repoussez.... moi qui, dans la gêne où vous êtes, mettrais à vos pieds une belle fortune...

PELLEVIN, *passant entre Desœillets et Madame Gervais.* Que la cousine ne refuserait peut-être pas de la main d'un mari ?

DESOEILLETS. D'un mari !... (*A part.*) Diable !

PELLEVIN, *montrant Desœillets.* Monsieur est un homme en qui on peut avoir confiance. (*Montrant Henri.*) Mais voilà un gaillard qui me ferait peur ! Dame, écoutez donc, il faut qu'une femme soit sur ses gardes... les roués sont à la mode... c'est-à-dire les mauvais sujets qui suivent les traces de l'abbé Dubois et de son élève.

DESOEILLETS, *à part.* Aïe ! a'e !

HENRI, *gaîment.* Bah! vraiment, l'abbé Dubois... est-ce que vous le croyez capable...

PELLEVIN. De tout! c'est un drôle qui pervertit son élève, dont il partage les orgies.

Air : *de Masaniello.*

Un coquin d'abbé, que Dieu damne,
Faisant commerce des amours;
C'est, je crois, le diable en soutane,
Il la déchire tous les jours.
C'est un indigne qu'il faut pendre,
En dépit du petit collet.

HENRI, *riant.* Bravo! (*A Desœillets.*) C'est pour toi...

Que n'est-il là, pour vous entendre !
Peut-être il se corrigerait.

DESOEILLETS. Ah ça! et le prince n'a-t-il rien mérité?

PELLEVIN. Eh! eh! je ne dis pas.

Même air.

Un débauché sans conscience,
N'ayant pour loi que ses défauts!
Ah! si jamais il règne en France;
Ce sera le Roi des ribauds.
Sur l'autel même, il irait prendre
Une femme qui lui plairait...

DESOEILLETS, *bas à Henri.* Bravo! c'est à vous.

S'il était là pour vous entendre,
Peut-être il se corrigerait.

SCÈNE IV.

MIMI, MADAME GERVAIS, PELLEVIN, DESOEILLETS, HENRI.

MIMI, *accourant.* Le voilà! le voilà!

MAD. GERVAIS. Qui donc?

MIMI. Eh bien! Dupuis, mon prétendu... Je viens de le voir accourir... je le croyais déjà ici.

HENRI. Votre prétendu!... Est-ce que mademoiselle Mimi se marie!

MIMI. Oui, monsieur.

DESOEILLETS. Un bon mariage ?

PELLEVIN. Excellent!.. Un huissier de la maison de monseigneur le duc d'Orléans.

HENRI, *saisissant le bras de Desœillets.* Ah! diable!

DESOEILLETS. *bas.* Prenez garde!

PELLEVIN. C'est lui qui peut nous en dire sur son maître !.. Il sait toutes les histoires, toutes les roueries du Palais-Royal... Et ce matin, il me contait un tour que le prince et son précepteur ont joué à deux petites marchandes... (*A Madame Gervais.*) C'est à faire dresser les cheveux! (*Aux autres.*) C'est à mourir de rire !

MIMI. Ah ! le voici !

HENRI, *entraînant Desœillets.* Allons-nous en.

Elle va au-devant de Dupuis.

DESOEILLETS, *le retenant.* Vous nous perdez !

Ils se retirent vers le fond à gauche, causant ensemble, et tournant le dos à Dupuis.

SCÈNE V.

MADAME GERVAIS, PELLEVIN, MIMI, DUPUIS, DESOEILLETS, HENRI.

PELLEVIN. Ma belle cousine, je vous présente M. Dupuis, mon gendre.

DUPUIS, *saluant.* Madame...

HENRI, *bas.* Je ne connais pas...

Desœillets le pousse.

DUPUIS, *apercevant Mimi.* Ah! mademoiselle Mimi... que je suis heureux de vous revoir !

MIMI. Et moi aussi !

Elle va se placer à la première à droite

HENRI, *bas.* Eh! mais cette voix!

DESOEILLETS, *de même.* C'est Ravannes!

PELLEVIN. C'est un brave jeune homme... il a des principes, dame !.. et de sévères... Ce n'est pas lui qui se laisserait corrompre par ce coquin d'abbé Dubois !.. Il en parle avec une colère...

DUPUIS. Certainement... c'est le plus mauvais sujet des abbés chrétiens!.. Précepteur du prince, il a changé ses qualités en défauts; il est toujours là pour encourager ses vices et présider à ses folies...

(*Desœillets s'est approché de lui, il l'aper-çoit.*) Ciel! (*Se reprenant.*) C'est-à-dire, Monsieur l'abbé est un homme d'esprit et de talent... S'il est un peu facile avec le Duc d'Orléans, c'est que le prince est si capricieux, si intraitable lorsque ses passions l'entraînent!.. (*En ce moment, il voit la figure d'Henri, qui a pris, près de lui, la place de Desœillets.*) Ah!

PELLEVIN. Qu'avez-vous donc?

MAD. GERVAIS. Vous voilà tout interdit...

MIMI. Tout pâle...

DUPUIS. Moi!.. pas du tout... je ne crois pas... (*Bas à Pellevin et à Madame Gervais.*) C'est que ma franchise devant des étrangers que je n'avais pas vus... cela peut me compromettre... et ma place... (*A part.*) Je ne sais plus où j'en suis.

PELLEVIN. Ah! diable!.. c'est juste!

MAD. GERVAIS. Ne craignez rien. (*Présentant Dupuis.*) M. Desœillets et son neveu.

DESOEILLETS, *appuyant*. M. Desœillets.

HENRI, *de même*. Et son neveu.

DUPUIS. *comprenant*. Ah! fort bien.

PELLEVIN. Oh! sois sans crainte... ce sont de braves gens. (*Montrant Desœillets.*) Celui-ci surtout... N'est-ce pas, compère, vous n'êtes pas homme à vous fâcher de ce qu'on a dit de ce méchant abbé qui court notre charnier des Innocens pour livrer nos jeunes filles?.. Vous savez la chanson :

» Où allez-vous Monsieur l'abbé ?
» Vous allez-vous casser le....

MAD. GERVAIS. M. Pellevin!

DESOEILLETS. *à part*. Diable d'homme !
Henri part d'un éclat de rire.

PELLEVIN, *frappant sur l'épaule d'Henri*. Ça vous fait rire, vous m'avez l'air d'un bon enfant... j'aime ça... et puis, à sa figure, on voit tout de suite que ce n'est pas un de ces roués... Tant mieux, je ne les aime pas...Qu'il m'en tombe un sous ma demi-aune, il sera roué, et de la belle manière... Ah ça! belle cuisine, il faut que nous causions de la cérémonie, du contrat de mariage... de mes conventions avec Dupuis... Passons dans votre chambre.

HENRI. Permettez! nous enlever madame... si tôt!..

MAD. GERVAIS. Je vous ai dit, monsieur...

DESOEILLETS. Et votre maison de Surêne que mon neveu doit acheter?... Il faut que cela finisse... Vous nous donnerez à souper ce soir, à mon neveu et à moi.

MAD. GERVAIS. Plaît-il?

HENRI. Bravo ! j'adopte le souper.

MAD. GERVAIS. Mais permettez...

DESOEILLETS. Après cela congédié... Nous conviendrons de tout... (*A Henri.*) Vous brusquez l'affaire... la maison est à vous... et ensuite votre serviteur...

MAD. GERVAIS. Puisque vous le voulez ainsi... (*A Desœillets.*) Vous serez là!..

HENRI.

Air : *Valse de Robin.*

A ce soir!

DESOEILLETS.

Nous viendrons, madame.

PELLEVIN, *à Madame Gervais*.

L'oncle me plaît fort aujourd'hui ;
Et je crois, vraiment qu'une femme
Peut avoir confiance en lui.

MAD. GERVAIS, *à Mimi*.

Pour ce souper, allez, ma chère,
Donnez des ordres, hâtez-vous.

MIMI.

Oui, cousine. (*A Henri.*) Mais, je l'espère,
Bientôt j'en donnerai chez nous.

ENSEMBLE.

PELLEVIN, *donnant la main à Madame Gervais*.

Passons chez vous. Mais, sur mon âme,
L'oncle me plaît fort aujourd'hui :
Et je crois vraiment qu'une femme
Peut avoir confiance en lui.

DESOEILLETS.

A ce soir, nous viendrons, madame;
Vous terminerez avec lui,

(*A Henri.*)

Et je veux de votre flamme,
Vous guérir enfin aujourd'hui.

HENRI.

A ce soir, nous viendrons, madame :
Ce projet me convient aussi.
J'obtiendrai le prix de ma flamme,
Je vais être heureux aujourd'hui.

MAD. GERVAIS, *à Mimi*.

Oui, ce soir vous serez sa femme :
L'époux que vous avez choisi
Obtiendra le prix de sa flamme,
Vous serez unis aujourd'hui.

DUPUIS.

Ah! quel bonheur ! elle est ma femme !
Et pourtant, je l'avoue ici,
Je suis honteux, au fond de l'âme,
De les abuser tous ainsi.

MIMI.

Quoi! ce soir je serai sa femme !
D'un tel bonheur, vraiment, ici,
Je n'osais pas, au fond de l'âme,
Former le souhait aujourd'hui.

Mimi sort par le fond, dont Dupuis ferme la porte. — Pellevin et Madame Gervais sortent par la droite.

SCÈNE VI.

DESŒILLETS, DUPUIS, HENRI.

HENRI, *vivement*. Un petit souper...
Ah ! je te comprends, tu es adorable !...

DESŒILLETS. Adorable ! c'est le mot,
vous adorez tout le monde !

DUPUIS, *revenant, à Desœillets*. Vous ici,
Monsieur l'ab...

DESŒILLETS. *changeant de ton et de manière*. Silence !... Ici, point de titres...
point de qualités !

DUPUIS, *à Henri, le saluant*. Mais, monseigneur...

HENRI. Point de monseigneur !.....
M. Henri... voilà mon nom.

DUPUIS. Eh bien ! va pour M. Henri...
Il paraît M. Henri, que vous êtes amoureux ?

HENRI. Oui, Ravannes..., oui, comme
un fou !... j'aime plus que je n'ai jamais
aimé... mais aussi, une femme si jolie et
si sage !... qui me résiste, qui me repousse... c'est la première !.. Sa froideur et ses dédains ne font qu'irriter mon
amour !

DUPUIS. Et toute la cour, qui ne vous
croit occupé que du soin de faire tourner
en votre faveur la crise que doit amener
la mort du roi !

HENRI. Le roi va mieux... J'en suis enchanté, pour lui d'abord, et un peu pour
moi... cela me donne un peu de répit
pour mes plaisirs... Et sans les scrupules
de cette veuve, la plus aimable, la plus
séduisante créature... qui n'est peut-être
pas aussi indifférente à mon amour qu'elle
le paraît..... et la preuve, c'est qu'elle
veut m'éloigner... elle a peur...

DUPUIS. Et pourquoi ne vous connaît-
elle pas ?... Elle accorderait au prince,
peut-être...

HENRI Rien... je ne la verrais plus...
elle me chasserait... c'est une vertu...

DESŒILLETS. C'est une bégueule.

HENRI. J'ai fait faire, en secret, ces
jours derniers, au nom d'un grand seigneur, des propositions, qu'elle a repous-
sées avec indignation ; et en ce moment
même, si je suis reçu, c'est grâce à ce coquin de Dubois !

DESŒILLETS. Oui, elle m'attire près
d'elle, moi, bonhomme simple et vertueux
comme un marguillier ; elle me ménage...
je crois même que je suis aimé !

HENRI. Et moi !... je suis jaloux !...
ce qui rend encore l'aventure plus pi-

quante... Mais, prends garde !... je ne
te quitte plus !. Elle sera à moi, entends-
tu ? avant vingt-quatre heures, tu me l'as
promis.

DESŒILLETS. Vous l'aurez... Au fait,
je crois qu'il est temps que vous preniez
ma place ici... ou, ma foi... Écoutez
donc ; votre belle veuve a confiance en
moi... et je ne répondrais pas de faire
éternellement l'amour *in partibus*...

HENRI. malheureux !.. si tu osais...

DUPUIS. Je ne m'y fierais pas !

DESŒILLETS. Chut !... jeune homme,
silence sur cette rencontre !

HENRI. De la discrétion, Ravannes, et
je paye toutes tes dettes.

DUPUIS. Vrai !... Ah ! que de bontés..
pour mes créanciers !... Quelle nouvelle
pour la rue Beaubourg !... Tous les Juifs
vont illuminer !...

DESŒILLETS. Nous oublierons l'un et
l'autre, l'éloge que tu faisais de nous, ici,
tout-à-l'heure.

DUPUIS. Pardon !... c'était dans l'esprit de mon rôle...

HENRI. Ton rôle !.. En effet... qu'est-
ce que cela veut dire ?.. ce mariage avec
la fille du marchand de drap... Voyons,
explique-toi.

DUPUIS. Monseig... M. Henri... j'aime
autant... plus que vous peut-être....
mademoiselle Mimi est si jolie !..

DESŒILLETS. Je parie que c'est un mariage de contrebande !...

HENRI, *plus sévèrement*. Comment ! est-
ce de cela qu'on parlait à l'hôtel des pages ?... ce jeune homme de ma maison,
qui veut tromper une famille de bourgeois ?... cette fausse chapelle... ce faux
prêtre !..

DESŒILLETS. C'est une roquerie !..

HENRI. Hem !...

DUPUIS. C'est ma première, monseigneur.

DESŒILLETS, *à Henri*. C'est juste !...
nous ne comptons plus.

HENRI. N'as-tu pas d'autre moyen ?

DUPUIS, *regardant Desœillets*. Que voulez-vous ; dans cette diable de famille, il
n'y a pas moyen d'arriver au but... sans
qu'un abbé y ait passé.

HENRI, *riant*. Parbleu ! je le sais bien...
(*A Desœillets*). Ne te parlait-on pas tout-
à-l'heure de mariage, à toi ?... ah ! ah ! ah !

Desœillets rit plus fort.

DUPUIS. Tiens, ce ne serait peut-être
pas le premier !...

DESŒILLETS, *ne riant plus*. Monsieur !..
que dites-vous ?... (*A Henri*) N'en croyez
rien !

HENRI. Eh ! qu'est que ça me fait ?...
Il est plaisant avec ses scrupules !.... Ah
çà ! et si Madame Gervais veut t'épouser
sérieusement ?...

DESOEILLETS, *brusquement*. Je ne pousserai pas jusques-là, je l'espère bien !...
Aussi c'est pour en finir que je lui ai demandé à souper ici... Nous ne serons
que nous trois... Je sors sous un prétexte... vous restez seul avec elle, vous
vous expliquez, vous vous déclarez, vous
l'attendrissez... vous...

HENRI. Oui, je serai éloquent, je serai
passionné, je serai heureux !...

DESOEILLETS. A la bonne heure, mais
sortons.

Air : *des Gascons*.

J'entends la famille arriver,
Partons vite !... En cette demeure,
N'oubliez pas que, dans une heure,
Il faut tous deux nous retrouver.

HENRI, *à Dupuis*.

De Mimi respecte l'honneur,
Et retire-toi sans scandale.

DUPUIS.

Les exemples de monseigneur
Me plaisent mieux que sa morale!

ENSEMBLE.

J'entends, etc.

Desœillets et Henri sortent par le fond.

DUPUIS. Dans la confidence du prince!..
c'est un commencement de faveur.

SCÈNE VII.

MADAME GERVAIS, PELLEVIN, DUPUIS, *ensuite* MIMI.

PELLEVIN. Ah ! Dupuis, mon garçon,
écoute... Je viens de causer avec Madame
Gervais; elle approuve tout.

DUPUIS, *saluant Madame Gervais, et
passant au milieu*. Madame est bien bonne!

PELLEVIN. Seulement, elle désire que
ma fille soit mariée par son confesseur.

DUPUIS, *à part*. Ah ! mon Dieu!

MADAME GERVAIS. Un bon et digne
prêtre de Saint-Roch, en qui j'ai confiance.

DUPUIS. Mais permettez... c'est impossible (*A part*). Diable! voilà qui dérange..

PELLEVIN. Comment ! est-ce que ça te
contrarie ?

DUPUIS. Moi ! pas du tout.... au contraire... Du moment que cela convient à
Madame... (*à part*) Je vous demande
un peu quelle idée il leur est venue là !...

PELLEVIN. Sois tranquille... je verrai
ton chapelain,..., je lui demanderai excuse.

DUPUIS. Non, non... c'est inutile.., j'y
passerai moi-même, en allant au Palais-
Royal.... où ma charge m'appelle en ce
moment.

MIMI, *entrant sur les derniers mots*.
Comment, vous partez ?

PELLEVIN. Il a raison, le devoir avant
tout.

DUPUIS. Cela vous chagrine... mais,
rassurez-vous !... je ne vous ferai pas
attendre longtemps... (*à part*) Elle est
bien jolie... mais, ma foi ! ce n'est plus
mon compte ! (*Haut*) Adieu !

Il sort.

SCÈNE VIII.

MIMI, MADAME GERVAIS, PELLEVIN.

MIMI, *le regardant sortir*. Oh ! le gentil
petit mari que j'aurai là... Ah ! ma cousine, voici une lettre qu'on vient de monter pour vous.

MADAME GERVAIS. C'est bien, donnez..
(*En l'ouvrant, à Pellevin.*) Vous soupez
avec nous.

PELLEVIN. Merci, merci... les préparatifs de la noce... le prêtre à prévenir...

MADAME GERVAIS, *parcourant la lettre*.
Ah ! que vois-je ?... quel bonheur !..

PELLEVIN. Qu'est-ce donc ?

MADAME GERVAIS. Une lettre d'Hélène... cette pauvre fille de Brives-la-Gaillarde... vous savez...

PELLEVIN. Elle avait épousé, m'a-t-on
dit, un jeune précepteur, qui avait commencé par la séduire.

MADAME GERVAIS. Et qui, après, a disparu, laissant sa femme dans la misère.

MIMI. Quelle indignité !

MADAME GERVAIS. Voici sa lettre :
(*Lisant.*) « Ma chère Lucile, Dieu soit
» loué ! je sais enfin où trouver mon coquin
» de mari !.. Tandis que je suis ici mal-
» heureuse et abandonnée, il vit, dit-on,
» à Paris, dans le luxe et les plaisirs.

PELLEVIN. Ah! mon Dieu !

MAD. GERVAIS, *continuant*. « C'est un
» scélérat, je cours le chercher... Je pars
» ce soir de Brives-la-Gaillarde... j'arrive
» chez vous mardi, je découvre le mons-
» tre mercredi... et je veux mourir s'il
» n'est pas pendu avant dimanche. Votre
» bonne amie, HÉLÈNE. »

PELLEVIN. Tudieu ! quelle bonté !

MAD. GERVAIS. Toujours folle !.. Mais mardi... c'est demain !

PELLEVIN. A la bonne heure !.. Nous la verrons... elle sera de la noce ; car nous ferons la noce demain... Ah ! si vous aviez voulu, nous en aurions fait deux... Mais non, n'en parlons plus... Adieu, belle cousine. (*A Mimi.*) Toi, va vite à ta toilette... et fais-toi bien jolie !

MIMI. Dame ! je tâcherai. Est-ce donc si difficile !

PELLEVIN, *à Madame Gervais, avec un soupir.* Adieu !..

Il sort par le fond.

SCÈNE IX.

MADAME GERVAIS, GERMAINE.

Germaine apporte de la lumière et met le couvert, à droite.

MAD. GERVAIS. Pauvre cousin !.. il ne sent pas que ses habitudes, ses manières ne peuvent me convenir... (*A la domestique.*) Ah ! Germaine, trois couverts, entendez-vous ?.. (*A elle-même.*) Et pourtant j'ai besoin d'un ami, d'un protecteur... Ce malheureux procès qui me ruine !.. et quand je pense que toujours seule, exposée à la déclaration du premier fat... du neveu de M. Desœillets, par exemple ! Oh ! celui-là...

Air : *Restez, restez, troupe jolie.*
Il est bien !.. Mais il veut me séduire,
Et son audace me fait peur;
Car moi-même je n'ose lire
Ce qui se passe dans mon cœur.
Ah ! je le vois, c'est un trompeur !
Son amour n'est qu'un badinage;
Et parfois, si je pense un peu
A prendre l'oncle en mariage,
C'est pour échapper au neveu.

La domestique sort.

SCÈNE X.

DESOEILLETS, HENRI, MADAME GERVAIS.

DESOEILLETS, *un pâté sous le bras et des bouteilles dans les poches.* Nous voici !.. Le souper... bravo !.. nous arrivons juste pour nous mettre à table.

HENRI. A table donc !

MAD. GERVAIS. Vous êtes exacts, messieurs.

HENRI. Nous n'avions garde d'y manquer. (*Bas, à Desœillets.*) Dis donc, si tu me laissais !

DESOEILLETS. Un pâté d'Amiens, un vrai morceau d'église... et ici, dans mes poches, j'apporte ma cave... un vin délicieux !... le duc d'Orléans n'en a pas de meilleur !..

HENRI. *bas.* Laisse-nous !..

DESOEILLETS. Maintenant placez-vous, de grâce... (*Henri et Madame Gervais vont se mettre à table.*) Je suis à vous... j'ai deux mots à dire.

MAD. GERVAIS. Pardon... je vous suis.

DESOEILLETS, *revenant.* Madame...

HENRI. Restez, mon oncle !.. vous verrez... plus tard...

DESOEILLETS. Volontiers... je ne vous quitte pas, j'aime mieux ça.

HENRI, *la prenant par la main.* Asseyez-vous, madame... Oh ! la jolie main !

Ils sont assis, et, pendant la scène, Desœillets, boit et mange à pleine bouche.

MAD. GERVAIS. Permettez... il s'agit de ma maison de Surêne.

DESOEILLETS, *la bouche pleine.* De Surène ?.. Un peu de Bordeaux... Mon neveu l'achète ?

HENRI. Oui, madame, je l'achète... fixez le prix vous-même, quel qu'il soit, j'y souscris d'avance...

MAD. GERVAIS. Mais...

HENRI. Une maison habitée par vous... où tout vous rappellera à mon souvenir...

DESOEILLETS. *la bouche pleine.* Elle lui convient beaucoup.

MAD. GERVAIS. Pardon... le prix...

HENRI. C'est un cadeau que je veux faire à une personne... que j'aime avec passion... belle comme vous... mais aussi insensible...

MAD. GERVAIS, *voulant se lever.* Monsieur...

DESOEILLETS, *la retenant.* Qu'est-ce que c'est ?.. est-ce qu'il se serait permis... (*Buvant.*) A votre santé, belle dame !

HENRI. A la beauté la plus piquante !

MAD. GERVAIS. Revenons à ma maison, je vous en prie.

HENRI. C'est juste... une petite maison à Surène, c'est un peu loin... mais si on était sûr d'y souper souvent comme ici, en tête à tête avec vous... et sans le tiers.

Il donne un coup de pied par dessous la table à Desœillets.

DESOEILLETS, *se frottant la jambe.* Merci, mon neveu.

MAD. GERVAIS. M. Henri !..

HENRI. Dame ; il me semble que nous parlons de la maison !.. Mon Dieu ! que vous êtes jolie avec cet air boudeur ! ces yeux baissés.

MAD. GERVAIS, *riant.* Il me semble que nous n'en parlons plus !

HENRI. Ah ! ce qui m'occupe vaut cent fois mieux, et, en échange, je donnerais toutes les maisons du monde !... et même un palais !.. (*Bas à Desœillets.*) Va-t-en ! va-t-en !

DESŒILLETS. Vous verrez qu'il donnerait jusqu'à l'héritage de son oncle...

HENRI. Parbleu ! et l'oncle aussi... (*Bas.*) Va-t-en donc !

MAD. GERVAIS. Vous êtes fou !..

⊛⊛⊛⊛⊛⊛⊛⊛⊛⊛⊛⊛⊛⊛⊛⊛⊛⊛⊛⊛⊛⊛⊛⊛⊛⊛⊛⊛⊛⊛⊛⊛

SCÈNE XI.

Les Mêmes, MIMI, *en mariée.*

MIMI, *une lettre à la main et pleurant.* Ah ah! ah! quel malheur!..

DESŒILLETS, *avec impatience.* Que nous veut cette petite fille ?..

MAD. GERVAIS, *se levant.* Qu'est-ce donc ?.. qu'avez-vous ?..

MIMI. Mon mariage... c'est fini !..

DESŒILLETS. Il est manqué!.. (*Bas à Henri.*) Ravannes a eu des remords.

HENRI, *haut.* Tant mieux !..

MIMI. Comment! tant mieux ?... mais c'est affreux ce que vous me souhaitez-là!.. que le ciel vous le rende !

MAD. GERVAIS. Voyons, expliquez-vous, ce mariage...

MIMI. Eh bien ! ma cousine, il est remis... M. Dupuis, mon prétendu... m'écrit que son service le retient cette nuit au palais...

HENRI. Ce n'est pas vrai...

MIMI. Hein! ce n'est pas vrai? Par exemple !.. voyez plutôt...

Madame Gervais prend la lettre.

DESŒILLETS, *se levant.* Qu'en savez-vous, Henri ?..

MAD. GERVAIS. En effet... Mais votre père n'est pas prévenu... et tous ses ordres que j'avais donnés...

MIMI. Et ma toilette... Mais on ne peut donc compter sur rien ?..

HENRI. Pauvre petite !.. (*Bas.*) J'arrangerai cela... Sortez !

Mimi le regarde avec surprise

DESŒILLETS *passant près de Madame Gervais.*

AIR : *du Premier prix.*

A mon valet, pour ma voiture;
Je vais donner contr'ordre ici...

MAD. GERVAIS.

Ah! restez je vous en conjure!

DESŒILLETS

Je suis à vous !
(*Il sort.*)

HENRI, *bas à Mimi.*
Sortez aussi !

MIMI.
Je vais donc ôter ma couronne !
J'avais cru qu'elle servirait,
Et qu'un autre... à qui je pardonne,
Viendrait détacher mon bouquet.

MAD. GERVAIS. Mimi, restez !...

MIMI, *avec impatience.* Je vais ôter tout cela !

MAD. GERVAIS. Mais, quand je vous dis...

⊛⊛⊛⊛⊛⊛⊛⊛⊛⊛⊛⊛⊛⊛⊛⊛⊛⊛⊛⊛⊛⊛⊛⊛⊛⊛⊛⊛⊛⊛⊛⊛

SCÈNE XII.

HENRI, MADAME GERVAIS.

HENRI, *retenant Madame Gervais.* Eh ! quoi ! vous me fuyez?!...

MAD. GERVAIS. Mais... monsieur... des ordres à donner...

HENRI. Ah! c'est trop de rigueur!... me refuser un mot, un regard, un sourire, à moi qui donnerais ma vie pour être aimé de vous!...

MAD. GERVAIS. Que dites-vous, monsieur?...

HENRI. Oui, madame, oui... je vous aime. (*Elle fait un mouvement.*) Ah ! vous ne me quitterez pas ainsi!...

MAD. GERVAIS. Grand Dieu!... est-ce un piège!...

HENRI, *avec emportement.* Ce moment où je pourrais m'expliquer, vous ouvrir mon cœur, je l'appelais de tous mes vœux... et je ne le laisserai pas échapper!.. Eh bien ! oui, c'est l'amour, l'amour seul qui m'a conduit en ces lieux... Qui m'y retient, malgré vos rigueurs... qui me fait braver vos dédains, vos mépris, à moi qui n'y suis pas accoutumé!... qui pourrais d'un mot... (*D'un ton plus tendre.*) Mais non, mon bonheur, je veux le devoir à votre amour, au mien... vous l'avez deviné!.. j'en atteste ce soin avec lequel vous m'évitez sans cesse!... ce n'était pas de l'indifférence...

MAD. GERVAIS. Ah! c'est offreux!...

HENRI, *légèrement, passant son bras autour d'elle.* Allons, plus de ces grands airs... un peu d'abandon... je veux croire tout ce que je désire... Vous cédez...

MAD. GERVAIS. Laissez-moi, monsieur, laissez-moi; songez à votre oncle !...

Elle regarde autour d'elle.

HENRI, *avec entraînement.* Mon oncle!..
eh! que m'importe!.. mon oncle... que lui
importe à lui-même!... il ne viendra pas...
apprenez donc...

MAD. GERVAIS, *avec effroi.* Monsieur...

HENRI, *se reprenant.* Eh bien! ce n'est
que par lui que j'ai pu vous fléchir... ce
n'est qu'après lui que j'ai pu pénétrer
jusqu'à vous!... vous auriez repoussé ma
jeunesse, la violence de mon amour vous
aurait effrayée... je me suis placé derrière
lui... j'ai attendu le moment de parler à
mon tour... mais, maintenant, il n'est plus
temps de feindre!...

MAD. GERVAIS. Grand Dieu!.. Vous me
trompiez tous?..

HENRI. Non, non.. Dès mon entrée
dans cette maison, je me suis trahi!...

MAD. GERVAIS. Sortez, monsieur!..

HENRI. Non, il n'est plus en mon pouvoir... au vôtre.... Je reste.... je vous
aime... vous m'aimerez!... vous êtes à
moi!...

MAD. GERVAIS. O ciel!.. Sortez!... je
vous l'ordonne, je le veux!...

HENRI. Et moi, je veux...

Il s'élance après elle.

MAD. GERVAIS, *s'échappant.* Ah!...

*Au moment où elle va sortir, la porte s'ouvre
et M. Desœillets paraît.*

⸫⸫⸫⸫⸫⸫⸫⸫⸫⸫⸫⸫⸫⸫⸫⸫⸫

SCÈNE XIII.

MADAME GERVAIS, DESŒILLETS, HENRI.

DESŒILLETS. Eh bien! qu'est-ce donc?..
que se passe-t-il?..

MAD. GERVAIS. Monsieur!... monsieur!.. je sors, laissez-moi!...

DESŒILLETS, *la retenant.* Comment!...
je ne comprends pas... ce trouble!...

HENRI. Madame me fuyait...

DESŒILLETS, *à part.* Parbleu! je le sais
bien!...

MAD. GERVAIS, *à Henri.* Oh! ne m'approchez pas!.. un pareil langage... chez
moi...

HENRI. Vous le repoussez en vain... vous
n'échapperez pas à mon amour...

MAD. GERVAIS. Vous l'entendez!

DESŒILLETS. Qu'est-ce que c'est que
ça?..eh! mais, mon neveu, vous me la
donnez belle!.. il vous sied bien de parler
ainsi, drôle que vous êtes...

HENRI. Comment!

DESŒILLETS. Taisez-vous!.. vous êtes
un insensé... (*A demi voix.*) Un maladroit!... (*Haut.*) Et je vous apprendrai à

respecter un oncle comme moi!... (*A
Madame Gervais.*) Ne craignez rien!... me
voilà!... j'avais l'œil sur lui.

MAD. GERVAIS. Eh! quoi, monsieur vous
saviez...

DESŒILLETS. Je savais tout, madame!..
Est-ce que ce malheureux ne m'a pas avoué
qu'il ne pouvait vivre sans vous!... depuis
huit jours, il n'existe, il n'est heureux
qu'aux lieux où vous êtes!... en votre
absence, triste, désolé, il vous cherche,
il vous appelle... il s'écrie qu'il mettra
à vos pieds, ses jours, sa fortune!

HENRI. Une couronne!

DESŒILLETS. S'il l'avait!..

MAD. GERVAIS. Quoi! monsieur, et vous
avez permis....

DESŒILLETS. Je n'ai rien permis!... au
contraire, malgré son désespoir, sa
colère, je lui ai défendu de vous parler de
sa folle passion... j'avais sa parole d'honneur!.. et voilà comme il l'a tenue!.. je ne
sais qui me retient que je ne le... allons,
mauvais sujet...

Il le prend au collet.

HENRI, *à part, le repoussant.* Malheureux!

DESŒILLETS. Laissez donc; je vous
déguise!... (*Haut.*) Demandez pardon à
madame, et que tout soit fini!..

MAD. GERVAIS. Jamais!.. j'en suis
fâchée... mais l'un et l'autre... désormais,
monsieur, je ne puis plus vous revoir!..

HENRI. Madame...

DESŒILLETS.
Air: Ah! si madame me voyait.
C'est juste!.. après de tels aveux,
(*A Madame Gervais*)
Mon avis en tout est le vôtre..
(*A Henri.*)
Nous ne pouvons plus, l'un et l'autre,
Nous revoir encore en ces lieux!
Sortez, monsieur!..

HENRI.
Comment! (*A part.*) l'infâme!

DESŒILLETS.
Car, vous êtes coupable, ici,
D'avoir pu manquer à madame!..
(*Bas à Henri.*)
Et de n'avoir pas réussi!..

Et une femme aimée de votre oncle!...
Sortez, vous dis-je. Sors, malheureux, et
ne reparais jamais devant moi!.. où je te
déshérite!..

HENRI. Eh! que m'importe votre héritage!.. gardez-le.. je m'en moque!.. j'aime
madame Gervais, je ne puis renoncer à
elle... j'en mourrais...

DESŒILLETS. Vous n'en mourrez pas!..

HENRI. Eh bien! non... je reviendrai...
elle sera à moi, malgré elle, malgré vous!..

DESOEILLETS. Va-t-on !.. je te donne ma malédiction !..

MAD. GERVAIS, *se jetant au devant de Desœillets*. Ah! monsieur!

Henri sort.

●●●●●●●●●●●●●●●●●●●●●●●●●●●●●● ●●●

SCÈNE XIV.

DESOEILLETS, MADAME GERVAIS.

DESOEILLETS, *se jetant sur un fauteuil près de la table et avalant un grand verre de vin.* Non, laissez-moi, madame... c'est une infamie... il abuse de ma faiblesse... mais c'en est fait... je ne le verrai plus!..

MAD. GERVAIS. C'est trop peut-être !..

DESOEILLETS. Non, non!.. le drôle... je vous devais... Ah!.. le voilà déshérité et maudit!.. (*A part.*) Ce que c'est que d'aller à la comédie!..

MAD. GERVAIS. Eh bien! M. Desœillets, voilà ce que je ne puis permettre... tout cela à cause de moi!.. et votre neveu...

DESOEILLETS, *se levant vivement.* Au fait... il est un peu fou!.. mais il est bon!.. vous voulez qu'il revienne?..

MAD. GERVAIS. Au contraire, je veux que vous le suiviez... je veux être seule, vivre seule!

DESOEILLETS. Que dites-vous ?..

MAD. GERVAIS. L'avouerai-je enfin?.. tout m'effraie et m'épouvante!.. je ne sais quel péril me menace ; mais je ne suis pas tranquille... entourée de pièges, d'ennemis... (*Mouvement de Desœillets.*) Oui... cette lettre mystérieuse, où l'on me fait des offres dont je rougis encore... ce poursuites de votre neveu... ce qu'il me disait ici de ses projets... que vous connaissiez !.. oui, vous-même, il semble que vous encouragez son amour...

DESOEILLETS. O ciel... mais non, non, vous ne le pensez pas !..

MAD. GERVAIS, *très émue.* Et sans défense, sans protecteur, sans appui, laissez-moi tous!..

Elle va s'asseoir à gauche.

DESOEILLETS, *appuyé sur son fauteuil.* Et moi!.. oh!.. ce n'est pas à mon âge qu'on trompe... mais à mon âge on peut aimer encore... ah! cent fois mieux que dans l'âge des passions... c'est un amour vrai... c'est le dernier!.. Vous ne me croyez pas?..

MAD. GERVAIS. Si fait !.. j'ai besoin de vous croire !.. ah! cette position est trop affreuse!.. vous ne voulez pas me tromper, vous m'aimez?.. eh bien! je m'abandonne à vous. (*Elle se lève.*) Vous savez quels sont

mes vœux, vous m'avez laissé comprendre les vôtres... écoutez-moi... vous le savez... M. Dupuis devait épouser ma cousine cette nuit, tout était prêt... Il retarde son mariage... je n'ai rien décommandé... la chapelle, l'aumônier, les témoins, tout le monde nous attend... on va venir nous chercher...

DESOEILLETS. Eh bien !

MAD. GERVAIS. Qu'un mariage se fasse... et que ce soit le nôtre...

DESOEILLETS. Le nôtre!

MAD. GERVAIS. Voici ma main, elle est à vous!

DESOEILLETS. Permettez...

MAD. GERVAIS. C'est ma condition... elle est irrévocable!.. vous acceptez... ou tout est rompu... vous sortez de ces lieux avec votre neveu et je ne vous revois jamais!..

DESOEILLETS. Madame!.. (*A part.*) Diable!.. la chapelle, le prêtre, les témoins, tout est faux... il nous l'a dit... c'est un tour de page... mais il est trop fort!..

MAD. GERVAIS. Vous ne répondez pas?..

DESOEILLETS. Mais un mariage si prompt, si inattendu... ne pouvons-nous... sans presser une cérémonie... inutile...

MAD. GERVAIS. Adieu, monsieur, adieu!..

DESOEILLETS. Madame!..

On entend la ritournelle du final.

MAD. GERVAIS. On vient pour le mariage.

DESOEILLETS, *à part.* Impossible!..

●●●●●●●●●●●●●●●●●●●●●●●●●●●●●●●●●●●●●

SCÈNE XV.

HENRI, *dans la foule,* DESOEILLETS, MADAME GERVAIS, PELLEVIN, MIMI, LA NOCE.

FINAL.

Air : *Fragment du premier final de la Fiancée.*

CHŒUR.

Chantons l'hymen, sa douce ivresse,
Quel beau moment! quel jour heureux!
Qu'à les fêter chacun s'empresse,
Pour leur bonheur formons des vœux.

PELLEVIN.

Nous voici, l'heure nous appelle.
Partons vite pour la chapelle.

MIMI, *pleurant.*

Nous n'irons pas...

TOUS.

Il se pourrait!..

MIMI, *de même.*

Monsieur Dupuis...

PELLEVIN.

Hein! que dit-elle?

MAD. GERVAIS.

Le mariage est remis en effet.
Monsieur Dupuis nous écrit un billet
Pour s'excuser.

MIMI, aux invités.

Douleur cruelle!
J'avais déjà le chapeau, le bouquet,
Et ma toilette était si belle!

PELLEVIN.

Comment, mon gendre?...

MAD. GERVAIS.

Il ne peut cette nuit.

PELLEVIN.

Et la raison?

MAD. GERVAIS, elle lui montre la lettre.

Voyez ce qu'il écrit.

Pendant qu'il lit, le chant cesse, la musique continue.

HENRI, de l'autre côté, à part, à Desœillets. Eh bien!..

DESŒILLETS, de même. Tout est fini!..

HENRI. Malheureux!..

DESŒILLETS. Il n'y a qu'un moyen...

HENRI. Emploie-le!.. sans toi, je ne l'aurais jamais aimée... rends-la moi... ou je ne te revois plus!

DESŒILLETS. Vous le voulez!.. eh bien! ma foi!..

Le chant reprend.

PELLEVIN, aux invités.

Jusqu'à demain, amis, il faut attendre,
Soumettons-nous.

MAD. GERVAIS, les congédiant.

Adieu donc!

DESŒILLETS, les arrêtant.

Un instant!
C'est un hymen qu'ici chacun attend.
Amis, moi je veux vous le rendre.

PELLEVIN.

Voulez-vous devenir mon gendre?

DESŒILLETS.

Non... madame, à sa main, m'a permis de
prétendre.

MAD. GERVAIS.

Oui... je vous la donnais.

DESŒILLETS.

Eh bien, moi, je la prends.

HENRI, bas.

Que dit-il? que fais-tu?

DESŒILLETS, de même.

Paix donc! je vous la rends.

PELLEVIN.

Le gaillard a bien su s'y prendre.

CHŒUR.

Chantons l'hymen, sa douce ivresse,
Quel beau moment! quel jour heureux!
Qu'à les fêter chacun s'empresse,
Pour leur bonheur formons des vœux.

Desœillets donne la main à Madame Gervais.
On se dispose au départ. —La toile tombe.

ACTE DEUXIÈME.

Un salon de campagne; une petite porte à gauche sur le premier plan, et, sur le second, du même côté, une porte à deux battans; à droite, une autre porte; fenêtres et porte au fond donnant sur un jardin orné pour une fête; une table disposée pour écrire; fauteuils.

SCÈNE PREMIÈRE.

MIMI, MADAME GERVAIS, PELLEVIN,
PAYSANS et DOMESTIQUES au fond, décorant le jardin.

MADAME GERVAIS, entrant conduite par Pellevin; elle est en mariée. C'est bien, mes amis, c'est bien!... je vous remercie de vos complimens et de vos fleurs... Germaine, portez du vin dans le bosquet de tilleuls... Allez, mes amis, et dès que mon mari sera arrivé, je vous rejoindrai avec lui...

Les paysans sortent.

PELLEVIN. Qu'est-ce donc, cousine, vous soupirez?... est-ce que vous n'êtes pas heureuse? est-ce que vous n'êtes pas contente?

MADAME GERVAIS. Oh! je ne dis pas cela... mais, mon mari, qui a voulu que la fête eût lieu ici... dans cette maison... et qui, plutôt que de me suivre...

PELLEVIN. Vous a quitté..... au fait, c'est drôle!

Air : de Catinat.

Il s'en va comme il est venu,
Après la noce, tout de suite;
Ma foi! je n'aurais pas voulu,
A sa place, partir si vite.
Du bien que l'on vient d'obtenir.
Nous devons être plus avares,
Et sur le bonheur à venir,
J'aurais voulu prendre des arrhes.

Mais, un peu de patience! ses affaires l'appelaient à Sèvres,... et il doit vous rejoindre à Surène...

MIMI. Mais, il y est déjà venu!

MADAME. GERVAIS. Monsieur Desœillets?

MIMI. Sans doute... vous savez, vous m'aviez envoyée en avant pour tout mettre en ordre,.. il était ici, il visitait la maison... il distribuait les chambres... il a choisi pour les mariés celle qui est au

bout de ce corridor.. la chambre bleue..
et même il a cassé votre jolie lampe de
nuit qui était sur la cheminée.

MADAME GERVAIS. Et comment cela ?

MIMI. Je ne sais... une maladresse...

PELLEVIN. Ah ! ça, Mimi, où t'a-t-il logée, toi ?

MADAME GERVAIS, *montrant la petite
porte.* Ici, sans doute... cette pièce donne
par une petite porte dans mon alcôve...

MIMI. Il en fait son cabinet.

PELLEVIN. C'est juste... heureux cousin ! il n'aura qu'un pas à faire ! (*à Madame
Gervais*). Eh bien ! eh bien ! encore cet
air de tristesse !... de la gaîté, cousine !..

On entend du bruit, Mimi remonte la scène.

MADAME GERVAIS. Oui, vous avez raison !... Eh ! mais, quel bruit ! ... que
se passe-t-il donc ?

ᐧᐧᐧ ᐧᐧᐧᐧᐧᐧᐧᐧᐧᐧᐧᐧᐧᐧᐧᐧᐧᐧᐧᐧᐧ ᐧᐧᐧ ᐧᐧᐧᐧᐧᐧᐧᐧᐧᐧᐧᐧ

SCÈNE II.

MIMI, Madame GERVAIS, HÉLÈNE.
PELLEVIN.

HÉLÈNE. Eh ! oui, c'est moi... Hélène
Briolet... son amie !

MADAME GERVAIS. Hélène !..

PELLEVIN. L'infortunée de Brives-la-
Gaillarde !

HÉLÈNE, *très gaiment.* C'est toi, bonjour, mon ange ; comment te portes-tu ?..
bien !... toujours belle... (*Apercevant
Pellevin.*) Tiens ! c'est le père Pellevin...
bonjour, mon vieux !

PELLEVIN. Mademoiselle...

HÉLÈNE. Mademoiselle !... encore un
qui se moque de moi !..

MADAME GERVAIS. Y pense-tu ?

HÉLÈNE, *légèrement.* Oh ! il n'y a pas de
mal, j'y suis habituée... Demoiselle, je
l'ai été, je ne le suis plus et ça revient au
même... malheureusement. (*Changeant de
ton.*) Ah ! mes amis !.. j'ai versé bien des
larmes !

Elle essuye des larmes.

MADAME GERVAIS. Pauvre Hélène !

HÉLÈNE, *pleurant.* Une pauvre jeune
fille, mariée à un scélérat qui l'a planté
là, pour ne plus la revoir... ah !

PELLEVIN. Mais, vous l'avez retrouvé !..

HÉLÈNE. Eh ! mon Dieu ! pas encore...
mais je suis sur sa trace et si je le tiens
une fois ! je viens à Paris tout exprès pour
faire du bruit... j'irai au parlement, au
roi lui-même !...

MADAME GERVAIS. Mais enfin, où est-
il ?... que fait-il ?..

HÉLÈNE. Ce qu'il fait !... rien de bon !..
ce qu'il est... il est abbé !

PELLEVIN *et* **MADAME GERVAIS.** Abbé !..

HÉLÈNE. Oui, abbé... tout ce qu'il y a
de plus abbé... depuis longtemps je le savais, mais je n'osais pas me l'avouer à
moi-même... un mari abbé, qu'est-ce
que vous voulez que j'en fasse !...

MADAME GERVAIS. Je ne reviens pas de
ma surprise !

PELLEVIN. C'est un conte !..

HÉLÈNE. Rien de plus vrai : vous le savez bien, jeune encore, j'étais demoiselle
de compagnie chez Monsieur Defermont.
Il y avait près du fils de la maison, un
petit précepteur, bien laid, bien mauvais
sujet... mais, bien aimable !.. trop aimable peut-être !.. M. Defermont, qui
s'en aperçut, me dota et il lui ordonna
de m'épouser ou de sortir de chez lui. On
dit qu'il était déjà dans les ordres..... le
moyen de le savoir !... il ne faisait pas
même sa prière !.. le drôle fut tenté par
la dot, il m'épousa, et huit jours après, il
décampa avec elle ! impossible de le découvrir !.. je restai privée de tout !... et
pendant que je me recommandais à Dieu,
lui, se donnait au diable !... il paraît
qu'il a fait fortune... qu'il vit à Paris,
dans le luxe et les plaisirs..... c'est du
moins ce que me mande une personne qui
n'ose m'en dire davantage ; mais, puisqu'il est en évidence, j'aurai de ses nouvelles !... me voilà !... il a beau me renier,
je suis sa femme, je le crierai partout....
je l'imprimerai s'il le faut, et je signerai :
Madame l'abbé Dubois !

PELLEVIN. Dubois !.. l'abbé Dubois !..
est-ce que ce serait le précepteur du duc
d'Orléans... son âme damnée ?..

MAD. GERVAIS. Y pensez vous ?

HÉLÈNE. Celui-là ou un autre, ça m'est
égal... je le découvrirai, je le poursui-
vrai... si du moins il me faisait passer
quelques douceurs... une pension... un
bon revenu... je ne dis pas... parce qu'enfin l'argent, ça console... mais non, rien
du tout, ma chère !

AIR : *Que de mal, de tourment.*

Que de maux, que d'ennuis !
Quels jours et quelles nuits,
J'ai passés au fond de ma retraite,
Depuis qu'époux flambé,
Ce scélérat d'abbé
Est parti sans tambour, ni trompette !
Si vous saviez tous deux
Combien il est affreux,
D'avoir toujours ainsi
Un absent pour mari,
Lorsqu'à tant de malheurs
On joint encor des mœurs !
Lorsque l'on a des mœurs !
Je languis, je maigris,

Et je viens à Paris
Pour avoir, du moins, un vrai veuvage !
Je veux qu'il soit pendu !
Ce plaisir m'est bien dû,
Ce serait depuis mon mariage,
Le seul plaisir complet
Que l'abbé m'aura fait.

PELLEVIN. Pendu!.. bravo!... Il faut que
ce soit aux piliers des Halles... je louerai
mes fenêtres.

MAD. GERVAIS. Tu es folle!..

HÉLÈNE, *toujours gaîment.* Tu ne sais
pas ce que c'est que d'être enchaînée à un
individu qui ne peut être votre mari, ni
en public, ni en particulier!... Oh! les
hommes! ce sont des monstres!..

PELLEVIN. Merci!

HÉLÈNE. Tu es heureuse, toi!.. tu es libre, tu peux te remarier.

PELLEVIN. C'est fait!..

HÉLÈNE. Hein!.. qu'est-ce qu'il dit le
vieux père? tu es remariée?

MAD. GERVAIS. De ce matin.

HÉLÈNE. Et ton mari?..

MAD. GERVAIS. Je l'attends.

HÉLÈNE. Comment! est-ce qu'il se fait
aussi attendre!.. un mariage!.. c'est donc ça
que chez toi, là-bas, à Paris, j'ai trouvé à
tout le monde un air de fête... on m'a dit
que tu étais à Surène... moi, qui étais impatiente de t'embrasser, je ne me le suis
pas fait répéter deux fois... j'ai lancé mon
fiacre jusqu'ici au grand galop.... deux
rosses qui en mourront...j'espérais que
tu m'aiderais dans mes démarches... mais
tu es de noce et l'on ne peut se passer de
toi... je ne veux pas t'enlever à ton mari
pour courir après le mien... adieu donc,
indique-moi seulement un avocat.....

MAD. GERVAIS. Comment! nous quitter
ainsi!

PELLEVIN. C'est impossible !

HÉLÈNE. Je n'ai pas une minute à perdre !

MAD. GERVAIS. Bon ! vingt-quatre heures!.. donne-les moi ce soir, je te présente à mon mari, et demain, je t'accompagnerai où tu voudras, à Versailles s'il le
faut.

PELLEVIN. Justement... j'ai mon gendre
futur, Monsieur Dupuis, huissier du cabinet du duc d'Orléans, qui sera bientôt le
maître... il pourra vous servir.

HÉLÈNE. Vrai!.. vous lui parlerez pour
moi!.. je le verrai!

MAD. GERVAIS. Aujourd'hui même!

HÉLÈNE. Eh bien! j'accepte.

PELLEVIN. Ainsi vous restez à la noce?

HÉLÈNE, *gaîment.* Une noce! une noce!..
non, je ne peux pas voir un mariage sans
que ça me fende le cœur!.. ça me rappelle

le mien! et puis, ce costume de voyage...

MAD. GERVAIS. Cela me regarde!.. j'ai
ici ce qu'il te faut, je me charge de ta toilette... viens...

PELLEVIN. Allez vite et je vous retiens
pour le premier menuet!...

HÉLÈNE. Le menuet! j'en raffole !
(*Dansant.*)

Air : *du procès du baiser.*

Glissez,
Passez,
Tournez en cadence;
Rien n'est
Coquet
Comme un menuet.
Par goût,
Surtout,
J'aime cette danse,
Ses pas,
Ses lacs
Sont remplis d'appas.

(*Pleurant.*)

Femme abandonnée,
Aux pleurs condamnée,
Sur ma destinée,
Que j'en répandis !

(*Gaîment.*)

Mais de la vengeance
Je vois l'espérance,
Heureuse d'avance,
Au chagrin je dis :
Passez,
Glissez,
Tournez en cadence;
Rien n'est
Coquet, etc.

Pellevin reprend le refrain en dansant avec elle;
puis elle entre dans la chambre à gauche, avec
Madame Gervais. Pellevin sort par le fond.

SCÈNE III.

MIMI, *seule.*

Dépêchez-vous! le bal va bientôt commencer!.. Dieu! que c'est gentil une noce!
ces chants, ces fleurs et cette toilette de
mariée !.. Quand je pense que ce devrait
être moi...

Air : *Voilà trois ans qu'en ce village.* (Léocadie.)

Hélas ! encore un mariage,
Et pourtant ce n'est pas le mien!
J'ai seize ans,.... ou dit qu'à cet âge,
On doit former un doux lien,
J'en pleurerais si ce n'était le sien!
Chacun se dit : voilà la jeune épouse,
C'est la reine de ce beau jour,
Ce n'est pas que je sois jalouse,
Mais, mon Dieu, quand viendra mon tour?

Tout le village vous regarde;
Le bailli vous donne la main ;
Le suisse avec sa hallebarde,
Devant vous ouvre le chemin ;
Viennent après bedeaux et sacristain.

L'on parait belle comme un ange !
Beau voile, gants blancs, robes à jour;
Que ça va bien, la fleur d'orange !...
Ah ! mon Dieu, quand viendra mon tour ?

SCÈNE IV.

HENRI, MIMI.

HENRI, *entrant par le fond.* C'est ici...
cette maison de Surêne... (*Apercevant Mimi.*) Ah ! mademoiselle...

MIMI. Monsieur Henri !..

HENRI. Votre cousine... Madame Gervais... où est-elle ?

MIMI. Là, dans la chambre à coucher.

HENRI. Ciel !.. et son mari... M. Desœillets ?..

MIMI. Mon Dieu ! qu'est-ce donc ? comme
vous êtes pâle !..

HENRI. Est-il arrivé ?.. est-il là ?..

MIMI. Non, pas encore.

HENRI. Ah ! je respire !

MIMI. Pendant la cérémonie... on lui a
remis un billet qui l'a forcé à partir sur le
champ... mais vous le savez... vous étiez
là, vous aviez l'air bien malheureux... ce
n'est pas vous qui lui avez écrit ?

HENRI, *sans l'écouter.* Et il n'a pas revu
Madame Gervais ?

MIMI. Non,.. à moins qu'à Paris, en
mon absence...

HENRI. Comment ! vous croiriez ?..

MIMI. Mais, dites-moi, M. Dupuis... il
ne revient plus... vous m'avez dit hier un
mot que je ne comprends pas... c'est égal,
je l'ai retenu... J'arrangerai cela... Vous
l'avez dit...

HENRI. Oui, c'est vrai... je me rappelle... en effet, je veux du bien à M. Dupuis... j'ai un peu de crédit auprès de ses
chefs... je lui ferai donner un congé, s'il
en a besoin... mais à une condition... vous
aller guetter son arrivée...

MIMI. De M. Dupuis ?..

HENRI. Non, de l'abbé... je veux dire de
M. Desœillets... et vous m'en préviendrez... allez.

MIMI, *à part.* C'est singulier !.. il me dit
ça d'un air... j'y vais, j'y vais.
Elle sort par le fond.

SCÈNE V.

HENRI. *seul.* S'il l'avait revue !.. s'il o-
sait... ah ! le malheureux !.. je suis jaloux
de lui, j'étouffe, je ne puis rester en place...
il a reçu mon billet, il s'est éloigné, il a

obéi... c'est bien ! mais ce mariage tout
supposé, tout ridicule qu'il est, lui livre
celle que j'aime plus que je n'ai jamais aimé !.. il respectera ses charmes... il l'a juré... mais tient-on de pareils sermens ?..
un homme comme lui ! (*Regardant par la
porte de droite.*) Elle est là... chez elle... je
reste en sentinelle !..

SCÈNE VI.

DESŒILLETS, HENRI.

DESŒILLETS. Il me demande ?..

HENRI. Ah ! c'est toi !..

DESŒILLETS, *froidement.* Oui, j'ai un
peu tardé... mais, enfin, j'arrive... on doit
m'attendre...

HENRI. Et quel est ton projet ?..

DESŒILLETS. Mon projet !.. mais il est
tout simple... ma femme est ici... je viens
la rejoindre...

HENRI. Que dis-tu, malheureux ?.. mais
tu le sais, dans ce mariage... tout est faux.

DESŒILLETS. Raison de plus pour finir
par une vérité...

HENRI. Eh ! quoi tu oserais ?.. mais non...
tu crains ma vengeance ! Trompe-moi,
vole-moi, pille-moi... à la bonne heure !..
mais morbleu ! respect à mes plaisirs !..
souviens-toi de tes promesses... C'était
pour moi que tu la trompais... c'était pour
assurer ton bonheur... je ne sais comment... mais enfin... tu l'a juré...

DESŒILLETS. C'est possible... j'ai juré
tant de choses que je n'ai pas tenues !.. et
ce matin, j'ai changé d'avis... il m'a semblé que, puisque je me damnais, il valait
mieux que ce fût pour mon propre
compte... que pour un ingrat.

HENRI. Un ingrat !

Air : *Il me faudra quitter l'empire.*

Prends garde, je vois l'artifice !..
De le scène que tu me fais !..
Car je ne sais aucun service
Que ma bonté n'ait couvert de bienfaits,
Et j'ai souvent rougi de ses effets
A voir la splendeur importune
Dont grâce à moi tu parais revêtu,
Il semblerait que la fortune
Veut faire enrager la vertu.

Tu cherches un prétexte pour me trahir !

DESŒILLETS. Vous trahir !.. si je l'avais
voulu, il y a longtemps que je m'en serais
passé la fantaisie... et, en ce moment encore, la duchesse du Maine, qui veut faire
son mari régent, m'achèterait plus cher
que vous ne me paierez jamais... Ah ! c'est
que pour elle je suis plus qu'un homme
de plaisir... un homme d'intrigue qui re-

muerait Paris, la France, l'Europe, s'il le fallait pour vous donner la régence.

HENRI. Ah! parbleu! je le sais bien!

DESOEILLETS. Vous le savez!. et pourtant, vous avez réuni vos partisans, vous leur avez tout promis, tout donné.... les conseils de régence sont formés, les ministres sont nommés... et moi, rien.... mordieu! rien!

HENRI. Comment! ce n'est que cela?... mais que veux-tu?. on crierait contre moi.

DESOEILLETS. On crierait? et qui donc?.. la cour? le clergé?... ils en ont bien vu d'autres!...le peuple?... que lui importe!.... Je haineux Richelieu l'a saigné comme un bourreau; l'hypocrite Mazarin l'a pillé comme un arabe, et, vices pour vices, le peuple doit préférer ceux qui ne font de mal à personne, et qui font du bien à tant de monde.... à vous tout le premier.

HENRI. Eh! mon Dieu! fais-toi ministre comme eux.... cardinal même... je ne demande pas mieux; mais, viens à mon secours... tiens tes promesses...

DESOEILLETS. Tiendrez-vous les vôtres?

HENRI. Je te le jure!... Si tu savais tout ce que j'ai souffert depuis ce matin!.. il me semblait que ce bien allait m'échapper.. que tu voulais me le ravir... j'étais inquiet.. soupçonneux...

DESOEILLETS. Ah! c'est mal!.... me soupçonner d'aller sur vos brisées... vous qui allez sur les miennes.... rappelez-vous la réponse de ce vieux roi, qui ne veut pas mourir, à sa vieille dévote de Maintenon,... je n'ai jamais aimé les dévotes, qui me le rendent bien!... La marquise m'accusait d'aimer le jeu, le vin et les femmes!... « Je le sais, lui répondit le royal héritier de Scarron; mais convenez du moins que l'abbé ne perd, ne s'énivre et ne s'attache jamais!... » C'est vrai... Madame Gervais est belle assurément, et je ne dis pas.... mais...

Air : de Calpigi.

Désormais tous deux, il me semble
Que nous sommes liés ensemble,
Car nous avons fait un traité
Qui, par moi, sera respecté.
Vous le savez bien, je me flatte
D'être un habile diplomate,
Et je tiens toujours un serment....
Quand je ne puis faire autrement.

HENRI. Voyons.... quels sont tes projets... quel est ton plan?

DESOEILLETS. Vous le saurez.... plus tard... (*Montrant le cabinet.*) Là.... en attendant, écrivez-moi un billet qui m'annonce votre départ pour Bordeaux...

HENRI. Comment?...

DESOEILLETS, *disposant tout pour écrire.* Il le faut... pour éloigner les soupçons...

HENRI. Tout ce que tu voudras.... je m'abandonne à toi.

Il passe à la droite près la table.

DESOEILLETS. Des adieux bien tendres... une lettre bien sentimentale... cela vous est si facile!

SCÈNE VIII.

HENRI, DESOEILLETS, DUPUIS.

DUPUIS. Quel air de fête!.... des bouquets partout!

DESOEILLETS. Ah! c'est Ravannes!...

DUPUIS. Pardon!.... on m'invite à me rendre ici... Que s'est-il donc passé?...

HENRI, *à la table.* C'est bien, Ravannes... vous avez renoncé à ce mariage... je suis content de toi!...

Il écrit.

DESOEILLETS. *à part.* Moi... c'est différent... il en profite!...

DUPUIS, *s'inclinant.* Prince quand j'ai compris que cela pouvait déplaire à votre Altesse...

DESOEILLETS. Comment, vrai! c'est un remords!

DUPUIS, *bas à Desoeillets.* Chut! vous ne savez pas... une idée de la famille.

Air : de Mariano.

Au lieu de ce faux mariage
Que j'avais préparé pour moi,
C'en était un selon l'usage,
Mariage de bon aloi.

DESOEILLETS.

Qu'ai-je entendu....

HENRI.

Hein? que dis-tu?

DESOEILLETS.

Rien. (*A part.*) J'en mourrai!
(*A Dupuis,*)
Tout est faux?...

DUPUIS.

Tout est vrai!

DESOEILLETS.

La chapelle?..

DUPUIS.

Oui!

DESOEILLETS.

Le prêtre?...

DUPUIS.

Aussi!
C'était, je crois,
Leur confesseur.

DESOEILLETS, *pâle et défait.*

Tais-toi.

HENRI, *lui remettant le billet.*

Tiens, lis, abbé...puisque tu mènes
Si bien mes affaires...

DESOEILLETS.

Vraiment !...

(*à part.*)
Mais c'est le diable, assurément,
Qui s'est mêlé des miennes.

HENRI. Eh ! mais, qu'as-tu donc ?..... comme te voilà pâle.

DUPUIS. En effet...

DESOEILLETS. Moi... pas du tout.... je n'ai rien... (*A part.*) Dieu ! s'ils savaient !...

SCÈNE VIII.

HENRI, PELLEVIN, DESOEILLETS, DUPUIS.

PELLEVIN. Ah ! mes compères, je vous trouve à propos !... venez donc animer la fête !... une noce sans mariés, ça ne va guères !...

DUPUIS. Une noce !..

PELLEVIN. Ah ! c'est toi mon garçon !... (*A Desœillets.*) Bonjour, cousin..... (*A Dupuis.*) Tu ne sais pas... en ton absence, les préparatifs n'ont pas été perdus..... Madame Gervais a pris la place de ma fille, et monsieur Desœillets la tienne.... ils sont mariés !..

DUPUIS. Vous.

DESOEILLETS, *lui serrant la main, à part.* Silence !...

DUPUIS, *à part.* Ah ! mon Dieu ! je comprends !..

PELLEVIN, *à Henri.* Et vous, jeune homme, vous êtes des nôtres..... De la gaîté, morbleu !... moi, je suis un gaillard... Mais où sont ces dames..... la mariée ?..... (*A Desœillets*). Vous l'avez vue ?..

DESOEILLETS. Non..... non..... pas encore.

PELLEVIN. Je vais la chercher... (*Revenant près de Dupuis*) A propos, elle n'est pas seule.. car Dupuis, il faut que je te dise, nous avons quelqu'un à te présenter..... à te recommander.... une pauvre femme bien malheureuse..... (*Avec un rire étouffé*). La femme d'un coquin d'abbé... d'un abbé Dubois...

DESOEILLETS. Hein ?...

DUPUIS. Qu'est que vous dites là ?....

HENRI. Comment !.. de l'abbé Dubois... du Palais-Royal ?

DESOEILLETS, *vivement.* C'est faux !.. c'est impossible !...

PELLEVIN. Oh ! celui-là.... je ne dis pas... (*Riant*). Quoiqu'il en soit bien capable !.. C'est une drôle d'aventure... elle vous contera ça..... C'est pour faire pendre son perfide qu'elle arrive tout exprès de Brives-la-Gaillarde.

DESOEILLETS, *à part.* Ah ! mon Dieu !

PELLEVIN. C'est bien la malheureuse la plus gaie !..... une petite femme qui n'est pas mal du tout... (*Remontant la scène*). Eh, tenez, la voyez-vous là-bas, comme elle danse... à gauche !...

DESOEILLETS, *à demi voix.* Ma femme !

HENRI. Tu dis ?

DUPUIS, *à part, riant.* Sa femme !...

PELLEVIN, *entre Henri et Desœillets.* La femme de l'abbé....je l'ai retenue... mais je cours prévenir ces dames... et puis, après, en avant le feu d'artifice et la danse !... D'abord, il faut s'amuser à la noce... ça porte bonheur aux mariés..... et puis, il y a là des petites filles jolies, jolies !... le sang est superbe, dans la famille.... et si le cœur vous en dit... à un autre !

AIR : *Gai, gai, etc.*

Gai, gai, marions-nous
On a beau rire
Et médire,
Gai, gai, marions-nous,
Il faut bien y passer tous !

L'hymen est comme un duo,
Lorsque la chanson commence...
Mais plus tard, on a la chance,
De la chanter en trio.

TOUS.

Gai, gai, marions-nous, etc.

DUPUIS, *poussant le bras à Desœillets.*

Convenez, maris heureux,
Qu'il est souvent agréable
D'envoyer sa femme au diable :
Surtout quand on en a deux !

PELLEVIN. Raison de plus...

TOUS.

Gai, gai, marions-nous, etc.

Pellevin sort. Henri et Dupuis éclatent de rire. Desœillets est furieux.

SCÈNE IX.

HENRI, DESOEILLETS, DUPUIS.

HENRI, *tombant sur un fauteuil.* Ah ! ah ! ah ! ta femme !... j'en rirai toute ma vie !..

DESOEILLETS. Mais, non... je vous le jure !..

HENRI. Oh ! ne te fâche pas... ah ! ah ! ah !...

DUPUIS, *à demi voix.* Ah ! ah ! ah ! dites donc, et l'autre..

DESOEILLETS, *avec colère.* Veux-tu te

taire !.. (*A Henri*). Et vous, prince, riez,
riez.... c'est fort plaisant pour moi....
et pour vous... car, bien certainement,
je ne resterai pas ici... je me sauve !...

HENRI, *le retenant*. Y penses-tu ? m'a-
bandonner ainsi dans ma position !...

DESOEILLETS. Et la mienne !... si cette
maudite femme s'est mis dans la tête que
je suis son mari !.... ce qui n'est pas au
moins.....je défie qu'on en ait la preuve.
(*A part*). Et pour raison !... (*Haut*).
Mais, je sais qu'il y a une espèce de
folle qui s'attache à mes pas... qui croit
m'effrayer... du reste, pas de conduite....
des amans qui l'animent contre moi... si
elle me trouve ici, elle me reconnaîtra,
elle criera.. et nous sommes tous perdus !..
bonsoir...

HENRI. Ah ! reste !... et Madame Gervais...

DESOEILLETS. Oh ! pour elle.., ce n'est
qu'une plaisanterie... une simple plaisanterie !.. entendez-vous.

HENRI. Non, tu ne me quitteras pas
ainsi ! mon sort est dans ces mains... tu
m'a fait des promesses, tu les tiendras....
ou je ne te revois jamais !...

DESOEILLETS.

Air : *Je loge au quatrième étage.*

Quoi ! me trouver entre deux femmes,
Ou, pour mieux dire, entre deux feux !
Non pas, j'éviterai ces dames :
Je tiens à conserver mes yeux.
Si j'échappe à la châtelaine,
Mon Hélène m'attend, hélas !

DUPUIS.

Vraiment ! elle se nomme Hélène !

DESOEILLETS.

Et moi, je suis son Ménélas.

Ecoutez, il y a un moyen, un seul
d'empêcher l'éclat qui perdrait tout !....
voilà Ravannes, il est jeune, adroit, spirituel.... il faut qu'il nous débarasse de
madame... c'est-à-dire de cette femme !...

DUPUIS. Moi !

HENRI. Tu as raison !...

DUPUIS. Mais, comment ?

HENRI.

Air : *Est-il un supplice égal.*

Prix de ton dévouement,
Je t'offre un régiment.

DESOEILLETS.

Allons, enfant, courage !

DUPUIS.

Quoi ! le don est formel !

HENRI.

Je te fais colonel.

DESOEILLETS.

Un dernier tour de page !

HENRI.

Tu vois le prix.

DUPUIS.

Volontiers, j'y souscris !
Bientôt, gagnant la plaine,
Nouveau Pâris,
En invoquant Cypris,
J'enlève votre Hélène !

ENSEMBLE.

DUPUIS.

Ah ! vraiment, c'est charmant,
Avoir un régiment !
Un tel prix m'encourage.
Oui, le don est formel,
Me voilà colonel :
Un dernier tour de page.

HENRI *et* DESOEILLETS.

Prix de ton dévouement,
Accepte un régiment.
Allons, enfant, courage !
Oui, le don est formel,
On te fait colonel !
Un dernier tour de page.

DESOEILLETS. Mes femmes, je me
sauve !

*Il s'échappe en courant et entre dans
la chambre à droite.*

HENRI. Je suis ici chez mon oncle... et,
j'invite la mariée à danser. (*A Ravannes*).
On t'a chargé de l'enlèvement d'Hélène,
enlève-là !

═══════════════════════════════

SCÈNE X.

HÉLÈNE, MADAME GERVAIS, HENRI,
DUPUIS.

On apporte deux bougies.

MADAME GERVAIS. Mais, viens donc, il
est arrivé et je veux.... (*Apercevant
Henri*). Ah !...

HENRI. Pardon !..... madame... mon
oncle m'a dit que vous aviez bien voulu
permettre...

MADAME GERVAIS, *sans le regarder*. Je
croyais trouver ici M. Desœillets...

DUPUIS, *allant à Madame Gervais*. Il
vient de nous quitter,.... mais, on m'a
dit, madame, que je pouvais être utile à
quelqu'un de vos amis...

MADAME GERVAIS. En effet M. Dupuis...

HÉLÈNE, *passant à Dupuis*. Comment !
est-ce que monsieur serait l'huissier du
cabinet... le gendre de M. Pellevin ?...
oui ! ah ! mon Dieu !... mon Dieu !....
monsieur, que je suis aise de vous rencontrer... vous êtes jeune, et la jeunesse est
si bonne, si aimable !... j'ai toujours
aimé la jeunesse.... aussi, vous ne me
refuserez pas le petit service que j'attends
de vous.... on vous a parlé de moi...
(*S'attendrissant*). Hélas ! vous voyez une
pauvre femme trahie, abandonnée par un
perfide qui m'a épousée avec la croix et la

bannière et qui m'a laissé là pour elles...
je viens le poursuivre, le dénoncer, le forcer à me reconnaître.... vous m'aiderez, on me l'a promis... (*Prenant un air gracieux*). Et croyez, monsieur, que je serai éternellement reconnaissante de la bonté que vous aurez eue pour votre très-humble et très-obéissante servante, Hélène, femme Dubois!..

DUPUIS. Madame...

HENRI *à part*. Ah! ça, mais, c'est un moulin à paroles que la femme à l'abbé!..

MADAME GERVAIS. C'est bien... M. Dupuis t'indiquera la marche à suivre..... mais, plus tard.

HÉLÈNE. Tout de suite.... j'aime mieux ça!..

MADAME GERVAIS. Cette indiscrétion...

DUPUIS. Pas du tout... Madame a raison... il se présente aujourd'hui même une occasion qu'on ne retrouverait peut-être jamais...

HÉLÈNE. Laquelle! je m'y cramponne!.

DUPUIS. Monseigneur le duc d'Orléans est à St-Cloud ce soir... mais seul..... l'abbé Dubois, qui pourrait bien être le vôtre...

HÉLÈNE. Oh! ce serait trop heureux!

MADAME GERVAIS. Comment!

HÉLÈNE. Sans doute... la fortune....

HENRI, *à part*. Voilà deux époux qui aime l'argent en diable!..

DUPUIS. L'abbé Dubois est à Paris.... St-Cloud est près d'ici... il y a en bas un carrosse, je le prends... en une heure, j'y conduis madame, je la présente au prince et je la ramène à Surêne avant la fin du bal.

HENRI. Voilà un plan qui me paraît très bien...

HÉLÈNE. Et à moi aussi!...

MADAME GERVAIS. Pourquoi ne pas remettre à demain?

DUPUIS. Demain, madame, je ne réponds plus de rien!

HENRI. Madame regrettera peut-être le bal?..

HÉLÈNE. Je l'ai ouvert avec Pellevin.... et je viendrai le finir avec toi, si tu veux, mon garçon... je serai bien gaie, bien légère... surtout si j'ai obtenu justice de mon abbé.

HENRI. Je vous conseille de ne pas l'épargner!..

HÉLÈNE. Sois tranquille, mon fils!... la vengeance sera bonne... il y a assez longtemps que je pleure, il faut que je me fasse à rire à mon tour!..

DUPUIS. Je suis à vos ordres!..

MADAME GERVAIS. Tu nous reviendras!..

DUPUIS. Dans une heure!..

HENRI. Madame, voulez-vous accepter ma main pour passer à la danse?

MADAME GERVAIS, *sans le regarder*. Attends-moi, Hélène... je t'accompagne jusqu'à la voiture.

Air: *Petit blanc.*

HENRI.
Quel dédain! Ah! madame!

MAD. GERVAIS.
Sortons!

HÉLÈNE, *lui montrant Henri*.
Mais un aveu,
Je crois lire en ton âme,
Que c'est là ce neveu
Qui t'intéresse un peu.

MAD. GERVAIS, *bas*.
Ah! tais toi, je t'en prie,
N'ais-je pas fait un choix?
Je le hais!

HÉLÈNE.
Pauvre amie,
Pas tant que tu le crois.

DUPUIS, *parlant*. J'ai gagné mon régiment!

ENSEMBLE.

HÉLÈNE et DUPUIS.
Suivez-moi, } partons vite.
Guidez-moi, }
Le temps presse, il le faut;
A regret je vous quitte;
Nous reviendrons bientôt.

MAD. GERVAIS, *à part*.
Laissons-le, partons vite;
Et cachons, il le faut,
Qu'à regret je le quitte,
Mais qu'il parte bientôt.

HENRI.
Je le vois, je l'irrite,
Mais restons, il le faut;
A regret on me quitte,
Je le saurai bientôt.

Dupuis entraîne Hélène, Madame Gervais sort avec eux par le fond.

HENRI, *seul*. Pas un mot, pas un regard, et cependant elle est émue!...

SCÈNE XI.

HENRI, DESŒILLETS.

DESŒILLETS, *sortant avec précaution*. Elle est partie?

HENRI. A l'instant...

DESŒILLETS. Dieu soit béni!

HENRI. Te voilà sauvé!

DESŒILLETS. Et vous, prince, vous êtes perdu!

HENRI. Que veux-tu dire?

DESŒILLETS. Que parmi toute cette famille, qui est bien composée des figures les plus grotesques!.. je ne sais pas où on les a prises!... il y a deux jeunes filles....

que vous connaissez....les petites marchandes du palais.

HENRI. Ah ! mon Dieu !...

DESOEILLETS. Il n'y a pas de danger pour moi... j'étais si bien affublé la nuit de cette aventure, que je les défierais de me reconnaître aujourd'hui... mais vous c'est différent !...

HENRI. Parbleu si elles me voyent !

DESOEILLETS. Elles ne vous verront pas... La noce va venir par ici... cachez-vous... de ce côté... (*Henri va entrer par la grande porte à gauche. — Ouvrant la porte du cabinet à gauche.*) Non, là... dans ce cabinet.. en attendant mieux...

HENRI. Puis-je sortir par le fond?

DESOEILLETS. Gardez-vous-en bien !.. c'est l'alcove de la mariée... restez là... je vous rejoindrai...

HENRI. Mais, ton projet ?..

DESOEILLETS. Vous le saurez.... On vient... les gens de la noce.... entrez !

HENRI. J'y suis !

Il entre dans le cabinet.

SCÈNE XII.

DESOEILLETS , MADAME GERVAIS, HENRI, *dans le cabinet, dont la porte reste ouverte. — On voit au fond les gens de la noce circuler. — Les danses se forment.*

MADAME GERVAIS, *en dehors.* Venez par ici... venez... après l'allemande.

DESOEILLETS. Madame Gervais !..... ma femme !

HENRI. Prends garde... je suis là !....
Il ferme à moitié la porte.

MADAME GERVAIS, *entrant.* C'est vous, mon ami !...j'ai bien de la peine à vous trouver !

DESOEILLETS. Ne m'en parlez pas... ces maudites affaires... (*A part*). Le fait est qu'elle est très bien !

MADAME GERVAIS, *lui prenant la main.* Qu'avez-vous donc? cet air distrait...

DESOEILLETS. Non, cher amie, je ne suis occupé que de vous... vous êtes si belle !... et cette main... (*Il va pour l'embrasser. Henri, qui le regarde, lui fait signe, il la laisse aller*). (*A part*) Diable !

MADAME GERVAIS. Eh bien, oui, cette main, elle est à vous... est-ce que vous la repoussez ?

DESOEILLETS, *la prenant.* Moi !.. au contraire... (*Henri lui fait des signes*). Oh ! ma foi, tant pis... c'est bien le moins !

MADAME GERVAIS, *lui retenant la main.* Qu'est-ce donc? que tenez-vous là ?

DESOEILLETS, *montrant un papier.* Rien... un billet, une lettre de ce pauvre Henri.

MADAME GERVAIS. Votre neveu ?

DESOEILLETS , *l'observant.* Son amour était un vrai délire, et plutôt que d'être témoin de mon bonheur, il vient de partir; voyez, ses adieux sont déchirans.

MADAME GERVAIS, *émue.* Ah ! sitôt; pauvre jeune homme !.. eh bien, je crois qu'il a eu raison; je ne suis pas fâchée de son départ.

DESOEILLETS , *de même.* Ni moi non plus, car je le vois, son amour vous a touchée.

MADAME GERVAIS. Taisez-vous, jaloux.

HENRI , *à part.* Des regrets, à moi.... ah !

Il ferme vivement la porte.

SCÈNE XIII.

MIMI, MADAME GERVAIS, PELLEVIN, DESOEILLETS, TOUTE LA NOCE

AIR : *de la Servante justifiée.*

CHOEUR.

Amis que la nuit,
Par nous, sans bruit,
Soit égayée !
A l'heureux époux!
Conduisons tous
La mariée.

PELLEVIN.

Seuls tous deux !
C'est scandaleux !
Mais patience !
La nuit, aux amans,
Laisse je pense,
Assez de temps.

CHOEUR.

Amis, que la nuit, etc.

PELLEVIN. Voyons, une ronde en attendant.

TOUS. Oui, une ronde, une ronde !

DESOEILLETS. Volontiers ; et surtout du nouveau.

MADAME GERVAIS. Oh ! le cousin sait tout ce que l'on chante dans Paris.

MIMI. C'est le Lully du quartier.

TOUS. Allons, une ronde, une ronde !

PELLEVIN. Voici du nouveau..... elle est du duc d'Orléans lui même, paroles et musique.

Chanson du Régent.

AIR nouveau de M. Pâris.

Insensés ! nous ne voyons pas
Les chagrins des autres états,
Et nous voulons changer le nôtre.
Souvent contre celui d'un autre,
A qui le sien déplaît autant ;
Et voilà comme
L'homme
N'est jamais content.

TOUS.

Et voilà comme, etc.

n danse. Pendant le refrain du couplet, Madame Gervais, conduite par les dames, entre dans la chambre à gauche.

PELLEVIN. Chut ! silence... la mariée a disparue.

MIMI. Quand je pense que ce devrait moi.

DESŒILLETS, à part. Quel sacrifice... le est si jolie...

PELLEVIN, à Desœillets, bas. Dites donc, vous... (Haut). Second couplet !

L'enfant voudrait devenir grand,
Le vieillard être adolescent,
La fille être femme et puis veuve,
La veuve se donner pour neuve.
La vieille fixer un amant ;
    Et voilà comme
        L'homme
    N'est jamais content.

TOUS, en dansant.

Et voilà comme, etc.

Pendant le refrain, Desœillets est conduit par des jeunes gens à la chambre nuptiale.

PELLEVIN. Oh, oh ! le marié file ; heureux cousin !... j'ai le cœur serré.....
mais il nous reste le bon vin et les rondes, ça étourdit... Troisième couplet..

On se dispose à danser.

La ronde est brusquement interrompue par l'arrivée d'Hélène.

SCÈNE XIV.

PELLEVIN, HÉLÈNE, MIMI, CHŒUR

HÉLÈNE; entrant furieuse et en désordre.
C'est une infâmie... c'est une horreur !
TOUS. Qu'est-ce, qu'avez-vous ?
HÉLÈNE. Ce que j'ai, ce que j'ai..... je n'en puis plus, j'étouffe !
PELLEVIN. Eh mais, ma danseuse, d'où venez-vous comme ça ?
HÉLÈNE. D'où je viens ?... de Paris... le scélérat, comme il m'a fait courir ! Elle est belle, sa protection... Il me fait monter en carosse pour me conduire à Saint-Cloud.... il part le premier à cheval... nous brûlons le pavé... c'est à perdre la respiration.
TOUS. Eh bien ?

HÉLÈNE.

Air : Pourquoi me réveiller. (Gentilhomme de la Chambre.)

Vraiment c'est une horreur,
    Que j'endure,
    Une telle injure !
J'épouserai d'honneur
Celui qui serait mon vengeur ?

Rêvant à mon procès,
Dans ce fiacre qui roule,
Déjà je me berçais
De l'espoir de succès ;
Un cahot tout-à-coup,
M'éveille près du Roule !
Ce n'était pas du tout
Le chemin de Saint-Cloud.
Arrête donc, cocher !
    Ma colère est vaine,
        Il m'entraîne ;
    Rien ne peut le toucher,
Il aurait risque d'accrocher.
    La portière en débris,
    Enfin cède à ma rage,
    Et les passans surpris
    S'amassent à mes cris.
    Aux badauds de Paris,
    Je conte mon outrage :
    Au lieu d'être attendris,
    On répond par des ris......

Il est vrai que j'étais pourpre de colère, les yeux en feu, le bonnet de travers ; mais ce n'est pas une raison... et j'aurais eu du plaisir à les souffleter tous ; mais, de peur d'être reprise, j'attrappe un fiacre et je reviens ventre à terre chercher ici le traître qui m'a enlevée, et lui demander raison de sa conduite... car

Vraiment c'est une horreur,
    Que j'endure,
    Une telle injure !
J'épouserais d'honneur
Celui qui serait mon vengeur.

TOUS.

C'est trop plaisant d'honneur, etc.

HÉLÈNE. Eh bien, vous riez aussi, vous !
PELLEVIN. Allons allons, silence ! les mariés sont retirés dans leur appartement... vite au salon... Venez.
HÉLÈNE. Allez tous au diable !

CHŒUR.

Même air qu'en entrant.

Des heureux époux,
Respectons tous
Le tête-à-tête !
Mais à notre tour,
Jusques au jour,
Menons la fête !

Ils sortent tous en chantant.—L'air du chœur continue jusqu'à la fin de l'acte.

SCÈNE XV.

HÉLÈNE, DESŒILLETS.

HÉLÈNE, assise à droite. Et moi je reste ; j'étouffe encore. (On ouvre la petite porte à gauche). Qu'est-ce que c'est que ça.
DESŒILLETS, refermant la petite porte. A présent, il s'agit d'éviter madame Dubois.
HÉLÈNE, s'avançant, après avoir pris la bougie qui reste. Un homme !... il...
DESŒILLETS. Quelle est cette femme ?..

HÉLÈNE. Eh! mais... je ne me trompe pas ! ces traits... ces lui !...

DESOEILLETS. Cette voix... c'est elle!

HÉLÈNE. Scélérat !...

DESOEILLETS. Coquine !...

Il souffle la bougie, se sauve, et referme la porte.

HÉLÈNE, dans l'obscurité. Oses-tu bien?...

arrêtez... c'est lui.... Dubois.... mon mari... mon abbé !... (*Elle va heurter contre un fauteuil.* — *La musique, qui a toujours été crescendo, couvre sa voix.* — *Elle tombe assise.*). Ah , je suis morte !

Le rideau tombe.

ACTE TROISIÈME.

Un riche salon au Palais-Royal, Au fond, grande fenêtre à balcon. Portes latérales. Galerie à gauche.

SCÈNE PREMIÈRE.

EDMOND, PAGES, VALETS DE PIED.

Au lever du rideau, les valets versent du champagne aux pages qui trinquent en chantant.

CHOEUR.

Air : *Buvons à plein verre.* (Fra Diavolo.)

Point d'Argus
Sévère,
Buvons à plein verre ;
Le dieu qu'on révère
Ici, c'est Bacchus.

EDMOND.

Si l'épouse altière
D'un monarque austère,
Trop longtemps fit taire
Nos vœux, nos désirs ;
Grâce à la régence
Qui bientôt commence,
Renaîtront en France
Les jeux, les plaisirs.

TOUS.

Point d'Argus
Sévère, etc.

Ravannes entre.

SCÈNE II.

EDMOND, RAVANNES, *en costume militaire,* PAGES.

EDMOND. Messieurs !... Messieurs !... voici Ravannes !... notre ancien camarade, il va nous mettre au courant.... Eh ! monsieur l'officier...

RAVANNES. Edmond !... ah ! bonjour messieurs, bonjour. (*A part*). Que je voudrais savoir ce qui s'est passé là bas.. cette nuit !

EDMOND. Nous diras-tu pourquoi le rince à peine de retour, ce matin, est reparti précipitamment dans une voiture le la cour qui l'attendait?

RAVANNES. Il n'est pas dans son appartement ?

EDMOND. Eh ! non !... mais où est-il?.. ce n'est pas chez une de ses maîtresses... car il n'y va pas en pareil équipage... et d'ailleurs monsieur le duc de Saint-Simon était avec lui... il avait l'air de lui faire un sermon en deux ou trois points... il est si amusant M. de Saint-Simon !... je ne puis jamais le voir sans bâiller, moi.

RAVANNES. Sorti !... sorti ! je ne comprends pas... l'abbé Dubois n'était pas avec lui ?...

EDMOND. Eh! non!. puisque je t'ai dis que M. de Saint-Simon était là, et tu sais bien que sa figure produit sur l'abbé, l'effet de l'eau bénite sur le diable !... eh mais qu'as-tu donc ?.. laisse-là ton air Caton et viens rire avec nous !... tiens, quand tu es entré, nous nous partagions les honneurs, les emplois, les pensions du nouveau règne !... moi, d'abord je tournais la tête à toutes les femmes..... La Fillon m'a prédit que je serai le plus grand petit mauvais sujet de la cour.. et la Fillon s'y connaît, n'est-ce pas , messieurs?...

RAVANNES. Vous songez à l'avenir, enfans !

EDMOND. Fi donc !

AIR : *Pour le trouver je vais en Allemagne.*

Moi, l'avenir fort peu je m'en occupe;
C'est l'affaire de nos neveux.
Des longs projets je ne suis pas la dupe,
Je sais mettre un terme à mes vœux ;
Joie et plaisirs voilà ce que je veux !
Ma vie à moi n'est que folle et légère,
Je pense, si jamais j'ai pensé,
A l'avenir quand on remplit mon verre,
Et, quand il est vide, au passé.

RAVANNES. Et dites-moi... que sait-on de Versailles ?

EDMOND. Que le grand roi est tout près d'être bien petit et que la vieille Maintenon intrigue déjà pour ce boiteux de duc du Maine... dont elle voudrait faire un régent... mais nous sommes là !.. et dussions-nous mettre tous les bâtards à la Bastille, le prince l'emportera... nous avons pour nous, notre droit notre épée, et la morale publique.

Ils éclatent de rire.

RAVANNES. Que vous êtes fous !...

EDMOND. Et toi, tu es d'un sérieux !.. tiens !... voilà l'abbé qui va nous donner des nouvelles.

SCÈNE III.

EDMOND, DUBOIS, *il est en manteau court, et porte une petite calotte.* RAVANNES.

DUBOIS. Eh !.. mais je ne me trompe pas... c'est Ravannes !..

EDMOND, *fredonnant.* Où allez-vous, monsieur l'abbé ?...

DUBOIS. Chez Monseigneur...

EDMOND. Vous allez vous casser le...

DUBOIS, *sévèrement.* Plaît-il ?

EDMOND. Le prince n'y est pas !...

DUBOIS. Éloignez-vous, je vous prie... j'ai à parler à M. de Ravannes.

EDMOND. A la bonne heure; parlez lui, mais n'attendez pas de réponse ce matin, car il ne dit rien... il est discret comme un jésuite.

DUBOIS, *regardant Ravannes.* Discret !... c'est bien !...

EDMOND, *étourdiment.* Avez-vous des nouvelles de la cour, monsieur l'abbé !... le roi est-il mort ? prenons-nous le deuil ? à quand les fêtes...

Ils se pressent tous autour de lui.

DUBOIS. Ah! messieurs, je vous en prie.. monsieur Edmond...

EDMOND. Je m'en vais..... je les emmène... (*Bas*). Mais à une condition.. c'est que je serai de service au premier petit souper de la régence. (*A part*). Allons, messieurs... laissons ces deux mauvais sujets se faire leurs confidences.....

Ils passent dans le fond en riant.

SCÈNE IV.

DUBOIS, RAVANNES.

DUBOIS. Ravannes.... le prince est rentré..

RAVANNES. Avant le jour...

DUBOIS. Pas possible!...

RAVANNES. J'étais là...

DUBOIS. Que t'a-t-il dit?...

RAVANNES. Rien !... il était furieux... il vous maudissait...

DUBOIS. Il en est bien capable !... l'ingrat !...

RAVANNES. Il paraît que M. de St.-Simon, est venu le chercher pour le conduire à Versailles...

DUBOIS. L'as-tu vu partir?

RAVANNES. J'étais rentré chez moi... rêvant à cette intrigue d'hier... dont je ne puis saisir le fil... mais dans laquelle je crains de découvrir des choses qui me répugnent, qui me blessent le cœur.

DUBOIS. Imbécile !... et dis-moi, es-tu retourné là bas!... à Surène...

RAVANNES. Ma foi non; après l'évasion de votre Hélène, je n'ai pas osé... j'ai craint la bombe qui allait éclater...

DUBOIS. Maladroit!... me la renvoyer ainsi...

RAVANNES. Ce n'est pas ma faute !... toutes les poissardes du Roule attirées par ses cris ont entouré la voiture... elle s'est échappée au milieu d'elles...

DUBOIS. Eh!... je le sais bien, de par tous les diables!... son retour à Surène a failli me perdre et je ne sais ce qui est arrivé après mon départ... mais j'ai donné des ordres.... tu préviendras le lieutenant de police que je l'attends chez moi ce matin... il faut qu'il l'enlève à quelque prix que ce soit.

RAVANNES. Quoi!... vous voulez?...

DUBOIS. Je veux éviter un scandale... nous touchons au but.... le roi est mal.... fort mal... le prince, une fois au pouvoir, j'ai mes plans... il faut que j'entre aux affaires.... que je m'élève aux honneurs... au ministère...

RAVANNES, *souriant.* Et au chapeau...

DUBOIS, *s'échauffant.* Pourquoi pas?... je serai coiffé, mitré, crossé, de par tous les diables !... il n'y a pas d'évêque en France qui l'ait mieux mérité que moi... Et !... qui s'y opposerait?... le prince?... je saurais me rendre nécessaire à sa politique comme à ses plaisirs... Rome ? mais les consciences du Vatican seront-elles moins élastiques que celles de Versailles... devant certains argumens?... je serai prince aussi, moi... prince de l'Église!... premier ministre !

Air: A soixante ans on ne doit pas remettre.

Allons, morbleu ! l'abbé, ferme, courage...
Tu peux à tout aspirer à bon droit ;
Mais cette route où ton ardeur t'engage
N'est, souviens-t'en, qu'un sentier fort étroit;
Renverse tout !... Succès au plus adroit...
        Qu'importe que la foule en gronde...
Plaisirs, honneurs, voilà tout mon souci;
Et si je perds, en agissant ainsi,

Le paradis que promet l'autre monde...
Je me le donne au moins en celui-ci.

RAVANNES, *saluant*. Bravo !... monseigneur.

DUBOIS. Ah ! dans mon rêve je l'avais oublié.

RAVANNES. Voilà des projets...

DUBOIS Je compte sur ta discrétion !... sur ton zèle..; et pour commencer... un des premiers actes du prince sera de tenir sa promesse, de te donner un régiment.

RAVANNES. Ah ! monsieur l'abbé !...

DUBOIS. En attendant... aide-moi... à prévenir un éclat qui me perdrait sans retour... que ces femmes disparaissent et ta fortune est faite... surtout, ne te remonte plus chez Madame Gervais... chez le marchand de drap...

RAVANNES. Oh !.. moi... qu'importe !...

DUBOIS Il importe beaucoup.

EDMOND, *paraît à la porte de gauche et annonce*. Monseigneur !

DUBOIS. Chut !... voici le prince !.. cours chez le lieutenant de police ! qu'il vienne... je l'attends.

SCÈNE V.

DUBOIS, LE PRINCE, *en grand habit de cour*, RAVANNES, EDMOND, Seigneurs, Pages.

LE PRINCE. Oui, qu'on donne des ordres, qu'on prévienne mon aumônier, pour qu'il officie sur le champ dans la chapelle du palais... je vais m'y rendre... allez, messieurs... et priez pour le roi. Ah ! Ravannes... en sortant de la chapelle... je vous retrouverai ici...

DUBOIS, *bas à Ravannes*. Hâte-toi.
Ravannes sort par la galerie. Tous les seigneurs et les pages sortent par la droite.

SCÈNE VI.

DUBOIS, LE PRINCE.

DUBOIS. Le roi, monseigneur?

LE PRINCE, *assis*. Il est fort mal...

DUBOIS. Vous avez appris ?...

LE PRINCE. Rien de bon !... il y a des intrigues pour m'enlever la régence... on cherche à me perdre dans les esprits... on monte le peuple contre moi... on me peint à ses yeux comme un homme sans principes; on nomme les gens qui m'entourent, toi le premier...

DUBOIS. Et que dit-on de moi?

LE PRINCE. Mais, ce que j'en pense; que tu es un grand coquin.

DUBOIS. Trouvez-moi un honnête homme qui vous fasse le même profit.

LE PRINCE. Sans conscience, sans probité, sans mœurs.

DUBOIS. J'ai perdu tout cela à votre service.

LE PRINCE. Tous les vices et pas une vertu.

DUBOIS. Si ça vous rapporte davantage.

LE PRINCE. Oh! tais-toi, tais-toi; et cette nuit, cette nuit!... Ah ! quelle idée infernale t'est passée par l'esprit.

DUBOIS. Est-ce à vous à vous en plaindre ? Au fait, je vous reconnais là : amoureux comme un page, vous courez après le bonheur; vous le payeriez de tous vos titres à la régence; vous êtes heureux et voilà le remords qui vous poursuit comme un écolier.

LE PRINCE, *se levant*. Heureux!... ah! n'est pas ainsi que j'aurais voulu l'être : cette femme si confiante, trahie par celui à qui elle s'est donnée; livrée comme une victime à mon silence... et moi, sans pitié, par une nuit profonde, quand elle nommait son mari... quand elle te croyait là, au lieu de moi... ah ! cela fait horreur. J'ai trompé des bourgeoises, des grisettes qui m'aimaient, du moins, qui étaient fières de mon amour ; mais là, dans ce projet que j'ai connu trop tard pour te résister, il y a un mélange de perfidie et de lâcheté qui soulève le cœur... Ah ! je ne te pardonnerai jamais.

DUBOIS. Plaisanterie que tout cela ; mais, dites-moi, vous n'avez rien entendu, des cris, des menaces, au bout du corridor?

LE PRINCE. Eh ! que sais-je ?.. hors de moi, inquiet et tremblant, je respirais à peine; vingt fois j'ai voulu lui révéler cet horrible mystère, mais ma langue était glacée, l'expression même de mon ivresse venait expirer sur mes lèvres.

DUBOIS. Eh quoi! madame Gervais ne sait donc pas...?

LE PRINCE. Rien... rien... Profitant d'un instant de sommeil, je me suis évadé, non comme un amant heureux, mais comme un misérable, qui craint le jour et la justice.

DUBOIS. Elle ne sait rien encore, tant mieux.

LE PRINCE. Mais, juge donc... si en ce moment cette affreuse aventure venait à être connue, quel parti mes ennemis pourraient en tirer!.. la cour... le parlement... la ville tout entière.

DUBOIS. Bah! on en rirait...

LE PRINCE. Et le duc du Maine serait régent, peut-être.

DUBOIS. Diable ! ne badinons pas.

LE PRINCE. Les bourgeois feraient un bruit du diable.

DUBOIS. Contre qui?.. ils ne vous connaissent pas... et vous n'êtes pas tenté de revoir le veuve?

LE PRINCE. Eh bien, si fait ! car, vois-tu, Dubois, depuis hier.... depuis ce matin... je l'aime cent fois davantage... il faut qu'elle me pardonne, qu'elle soit à moi ; je me charge de son sort, de sa fortune... je veux qu'elle n'ait pas un désir à former... Je l'environnerai de tout l'éclat du luxe et des plaisirs.

DUBOIS. Oh ! en ce cas, je vous réponds d'elle... au lieu d'un mari... comme moi... on lui donne un amant... comme vous... Elle allait végéter, obscurément honnête et vertueuse à mille écus de rente ; ou la fait à son insu femme du monde, presque de la cour, riche et brillante... elle est à vous... mais plus tard, quand vous serez au pouvoir et que rien ne pourra vous l'enlever. Évitons pour aujourd'hui un scandale que ferait peut-être la vertu de madame Gervais ; il y a de ces bourgeoises si bizarres... parlez-moi des vertus de la cour ! elles ne crient pas, celles-là. Mais, voyons, prince, avez-vous pris vos mesures ? vous êtes-vous assuré du parlement ?

LE PRINCE. Je quitte le premier président.

DUBOIS. Et moi, j'ai vu les conseillers, de votre part... Oui, pendant que vous vous livriez au plaisir, je travaillais à votre triomphe. J'ai couru toute la nuit ; je fais gagner le peuple ; les troupes sont bien disposées.

LE PRINCE. Merci, merci !... je n'oublierai pas tes services.

DUBOIS. Et vous me faisiez des reproches ?

LE PRINCE. Ah ! le traître... comme il sait toujours me ramener !... et pourtant j'étais furieux contre toi ; il y a des momens où je voudrais te faire pendre...

DUBOIS. Je ne vous laisserais pas faire... et, tenez, vous me regretteriez. Voyez-vous, prince, il faut pour ministres préférer les esprits souples et féconds en ressources.. aussi, une fois régent, comptez sur moi : les affaires, les plaisirs, les finances et les maîtresses, je mènerai tout de front. Dame ! tout cela se tient, les maîtresses et les finances surtout... et, si vous pouvez disposer d'un chapeau de cardinal...

LE PRINCE. Malheureux ! y penses-tu ? et ta femme ?

DUBOIS. Je n'en ai pas.

LE PRINCE, sévèrement. Prends garde... au moindre scandale tout est rompu entre nous... tu me perdrais.

DUBOIS. C'est cela... reconnaissance de prince. Mais je mets bon ordre à ce qui me regarde. Songeons à vous... vous allez?..

LE PRINCE. A ma chapelle.

DUBOIS. Pour la santé de Louis XIV ?

LE PRINCE. Sans doute.

DUBOIS, riant. Tâchez de paraître bien triste.

LE PRINCE. Certainement.

DUBOIS, riant plus fort. Comme une veuve qui voit partir son vieux mari.

LE PRINCE. C'est un grand roi.

DUBOIS, riant. Dont vous héritez à peu près.

LE PRINCE. Je prierai pour lui.

DUBOIS, riant. Pour qu'il vive ?

LE PRINCE. Mais... (Riant malgré lui.) Infâme!... (Reprenant son sérieux.) Silence!

ఌఌఌఌఌఌ ఌఌఌఌఌఌఌఌ ఌఌఌఌఌఌఌఌ

SCÈNE VII.

DUBOIS, RAVANNES, LE PRINCE.

RAVANNES, entrant vivement O ciel !

LE PRINCE. Qu'est-ce, Ravannes ?

RAVANNES. Pardon, Prince, je suis tout tremblant. .... une lettre de monsieur Pellevin.

DUBOIS. Du marchand de draps ?

RAVANNES. Il m'annonce sa visite pour ce matin.

DUBOIS. Diable ! voilà qui commence mal.

LE PRINCE. Éloignez-le.. éloignez-le !

RAVANNES. Il ne viendra pas seul.

DUBOIS. Écris que tu es.. à Saint-Cloud, par exemple.

EDMOND, entrant par la gauche. Monseigneur, l'aumônier est à l'autel.

LE PRINCE. C'est bien. (Bas à Dubois). Dubois, que personne de cette famille n'entre au Palais... je reverrai madame Gervais, mais plus tard. (A Ravannes). Ravannes, de la discrétion. (Haut à Dubois). Me suivez-vous, M. l'abbé ?

DUBOIS. A la chapelle ? merci.. j'ai l'intention d'écrire pour le lieutenant de police, que j'attends. (A Ravannes). Eh vite..... mets-toi en campagne, et que les bourgeois perdent nos traces. Oublie ta maîtresse, je t'en donnerai deux.

LE PRINCE, élevant la voix. Ravannes, je vous fais capitaine de mes gardes.

Il sort par la gauche.

DUBOIS, *à mi-voix*. Et moi, je te promets une abbaye.

Il sort par la droite.

SCÈNE XIII.

RAVANNES, EDMOND, *ensuite* HÉLÈNE, PELLEVIN.

EDMOND. dis donc, chevalier, je te fais mon compliment... mais j'oubliais... il y a là deux femmes charmantes, qui te demandent.

RAVANNES. Moi?

EDMOND. Non pas toi, si tu veux; mais cela revient au même : elles veulent parler à monsieur Dupuis, l'huissier du cabinet.

RAVANNES. O ciel!.. à monsieur Dupuis?

EDMOND. N'est-ce pas ton nom de guerre et d'amour?.. et le vieux marchand, à qui j'ai donné un jour de si bons renseignemens sur toi.

Pellevin et Hélène paraissent dans le fond.

RAVANNES. Il est avec elles?

EDMOND. Juste... et sa grosse perruque aussi.

RAVANNES. Grand Dieu!

EDMOND. Eh! tiens, le voilà.

PELLEVIN, *à la cantonnade*. C'est bien, c'est bien; je vous rejoins.

HÉLÈNE. Et moi, je ne sors pas d'ici. (*Apercevant Ravannes*). Ah! ah! c'est toi;.. je te retrouve donc enfin, mon joli conducteur.

PELLEVIN. Comment, M. Dupuis?

EDMOND. L'huissier du cabinet.

Il passe à la droite de Ravannes.

HÉLÈNE. Un huissier!.. laissez-donc, avec ce costume!..

PELLEVIN. En effet... il est brave comme un prince.

RAVANNES, *embarrassé*. Ce costume?.. ah! oui... habit de cérémonie, service extraordinaire. (*A part*). Allons, nous voilà bien.

HÉLÈNE. Voyons un peu, monsieur l'huissier, en service extraordinaire, où me menais-tu hier? réponds-moi. Ah! ah! te voilà déconcerté.

RAVANNES. Moi! pas du tout, je vous jure... Le prince n'était pas à St-Cloud, et je voulais vous présenter ici, au Palais-Royal, quand votre brusque fuite...

HÉLÈNE. Laisse donc, c'était un piège... tu étais payé pour ça.

RAVANNES. Quoi! vous pourriez m'accuser?

EDMOND. Oh! quelle commère.

PELLEVIN. Allons donc, ça ne se peut pas.

RAVANNES. Ah! çà, vous n'étiez pas

seuls?.. on m'a dit qu'une autre dame...

HÉLÈNE. Certainement; cette bonne Lucile, que j'ai forcée à m'accompagner.

RAVANNES. Lucile? madame Gervais?

PELLEVIN. Elle vient de nous quitter pour entrer à la chapelle.

RAVANNES, *surpris*. Dans la chapelle?.. (*A part*). Malédiction!

HÉLÈNE. Que dis-tu là?

RAVANNES. Rien,.... seulement qu'il faut aller la chercher sur-le-champ; l'amener ici.

HÉLÈNE. Moi, d'abord, j'attends le prince pour me jeter à ses pieds, pour lui demander justice et protection.

RAVANNES. C'est cela; mais je veux vous conduire ensemble près du prince.

PELLEVIN. Je cours la rejoindre et je la ramène.

RAVANNES. Bravo!... toi, Edmond... c'est-à-dire, monsieur le page, vous allez conduire monsieur Pellevin jusqu'à la chapelle. (*A Pellevin*). Allez vite, allez. (*Bas à Edmond*). Une fois sorti avec cette autre dame, fais-les disparaître à quelque prix que ce soit, renfermer dans une pièce du palais s'il le faut.

EDMOND. Mais...

RAVANNES. La faveur du prince est à ce prix.

EDMOND. En ce cas, sois tranquille.

Il sort avec Pellevin.

HÉLÈNE, *prenant Ravannes par le bras*. Oui, mon huissier galonné! Te voilà tout interloqué; qu'est-ce que tu disais à ce godelureau?

RAVANNES. Moi? rien, je vous assure; mais je vais vous conduire.

HÉLÈNE. Où donc?

RAVANNES, *voulant l'entraîner*. Ne craignez rien; venez, il n'y a pas une minute à perdre.

HÉLÈNE, *résistant*. Non pas, non pas, je vois encore là-dessous la griffe du diable... ou de mon abbé.

RAVANNES. Suivez-moi, vous dis-je.

Air: *Fragment de Fra-Diavolo.*

Pourquoi me résister?

HÉLÈNE.

Ici, je veux rester.

RAVANNES.

Oh! de grâce,
Quittez la place.

HÉLÈNE.

Tu n'es qu'un imposteur.

RAVANNES.

Non, vraiment; et d'honneur,
Je ne veux que votre bonheur.

SCÈNE IX.

DUBOIS, RAVANNES, HÉLÈNE.

La porte du cabinet à droite s'ouvre, Dubois sort un papier à la main.

DUBOIS. Cet ordre au lieutenant de police, et je suis débarrassé de ma femme.

RAVANNES. Ciel !

(Reprise du chant.)
ENSEMBLE.

DUBOIS, *à part.*

Ceci rend le calme à mon âme.
Avec cet ordre, Dieu merci,
Je fais coffrer ma tendre femme ;
C'est la traiter en bon mari.

HÉLÈNE, *sans le voir.*

Oui l'on s'entend avec l'infâme,
Mais j'attendrai le prince ici ;
Il est galant près d'une femme,
Et fera pendre mon mari.

RAVANNES, *apercevant Dubois.*

O ciel ! c'est l'abbé ! Quelle gamme.
Tous deux vont se chanter ici !
Laissons monsieur avec madame,
La femme est digne du mari.

DUBOIS. Ciel !.. c'est elle !
HÉLÈNE. C'est bien lui, enfin !
RAVANNES, *à Dubois.* Ma foi, j'ai fait ce que j'ai pu. (*A part*). A l'autre maintenant.

Il sort par le côté de la chapelle.

HÉLÈNE. Va, va; je reste.
DUBOIS, *tombant dans un fauteuil.* C'est le diable qui me la renvoie.

SCÈNE X.

DUBOIS, HÉLÈNE.

HÉLÈNE. Ah ! je te tiens enfin, double scélérat.
DUBOIS, *à part.* Elle m'a reconnu tout de suite... jouons serré.

Il se lève et va pour sortir.

HÉLÈNE, *le retenant.* Reste.... ne crois pas m'échapper.
DUBOIS. Qu'est-ce, ma bonne ? que me vouiez-vous ? je ne vous connais pas.
HÉLÈNE. Tu ne me connais pas, monsieur l'abbé ? moi, ta légitime épouse.
DUBOIS. Allons donc, taisez-vous et sortez.
HÉLÈNE. Je ne sortirai pas.... oh ! tu as beau prendre tes grands airs, ne crois pas m'effrayer; je ne suis pas timide, vois tu ; puisque je t'ai retrouvé je ne te quitte pas.

DUBOIS. Oh ! quelle harpie.
HÉLÈNE. Tu es mon mari : je le crierai partout, à la ville, à la cour.
DUBOIS. On ne te croira pas..... Moi, précepteur d'un prince, son ami, son confident...
HÉLÈNE. Quand tu serais le diable.
DUBOIS. Un homme d'église..
HÉLÈNE. Eh bien ! je suis une femme d'église !
DUBOIS. Silence ! Ces cris, ce scandale...
HÉLÈNE. Ah ! c'est ce que tu crains. Tant mieux ! Je ferai du bruit, j'en ferai !... Tous ces grands seigneurs, et le prince lui-même, je veux les attirer ici... les rendre témoins...
DUBOIS. Miséricorde !
HÉLÈNE. Ah ! tu ne me connais pas.... rappelle-toi les promesses que tu m'as faites avant la noce, la dot que tu as reçue après..... et ce vieux prêtre qui nous a mariés...
DUBOIS. Beau chef-d'œuvre qu'il a fait là...
HÉLÈNE. Tu conviens donc...
DUBOIS. *l'amenant jusqu'au bas de la scène.* Eh bien ! oui... Après tout, c'est le meilleur parti pour empêcher un éclat conjugal qui amuserait tout le monde, excepté moi... Je te connais donc... mais tremble ! je suis puissant...
HÉLÈNE. Ça m'est égal...
DUBOIS. J'ai vingt moyens de te perdre.
HÉLÈNE. Je m'en moque...
DUBOIS. Tu n'es pas ma femme !.... tu ne l'as jamais été... où est la preuve ?...
HÉLÈNE. Dans les registres du vieux curé...
DUBOIS. Elle n'y est plus...
HÉLÈNE. Comment ?.. tu aurais eu l'audace..... Mais à Brives, tout le mec de dira.
DUBOIS. Que tu as eu des amans.... trois, quatre...
HÉLÈNE. Ce n'est pas vrai !..
DUBOIS. Je sais leurs noms.
HÉLÈNE. Et quand cela serait !... une pauvre femme, trahie, abandonnée...
DUBOIS. Ainsi, folle.... ou coquine, choisis...
HÉLÈNE. Que veux-tu dire ?
DUBOIS. J'attends le lieutenant de police...
HÉLÈNE. Pourquoi faire ?
DUBOIS. Pour te renfermer...
HÉLÈNE. O ciel !... mais ne l'espère pas, je me plaindrai, je crierai...
DUBOIS. Folle !...
HÉLÈNE. Je dirai que je suis ta femme.

DUBOIS. Folle!

HÉLÈNE. Que tu as déchiré les régistres, emporté ma dot, que tu es mon abbé, enfin...

DUBOIS. Folle!..., folle!.... folle à lier...

HÉLÈNE, *hors d'elle.* Misérable!.. folle, moi!.. Tu veux donc que je le devienne...

DUBOIS, *s'exaltant.* Mais toi, malheureurse.... sais tu ce que tu veux me faire perdre? de belles charges, de beaux traitemens, l'amitié du prince, et plus encore, tout ce que j'espère... car le roi, est en train de mourir... mon élève est régent, et sous lui, je puis tout obtenir...Le titre de premier ministre, la mître d'évêque, le chapeau de cardinal...

HÉLÈNE. Grand Dieu!...

DUBOIS. Oui, tout cela... en perspective... Je veux l'avoir... je l'aurai... à moins qu'un scandale...

HÉLÈNE. Ainsi, à toi des honneurs, des dignité, de l'or, de l'or.... à pleines mains... et à moi, la misère ou la prison! Non jamais... sois ministre, cardinal, si tu veux... je partagerai tout! fusses-tu pape!..

DUBOIS, *avec effroi.* Tai toi...(*A part*). Je crois entendre...

HÉLÈNE. Tiens!.. on a bien vu la papesse Jeanne...

DUBOIS. Ecoute! (*A part*). Allons, les grands moyens (*haut*). Le lieutenant de police nous est dévoué, je l'attends...Ta liberté est dans mes mains.... une fois renfermée... tu auras beau crier: folle! aimes-tu mieux cela que la vie douce et commode... que peut mener à Brives... ou ailleurs, madame Dubois, libre de ces actions... veuve... du premier venu...

HÉLÈNE. Par exemple!....une pareille proposition... quand je puis me venger... quand je puis...

DUBOIS. Avec une bonne pension...

HÉLÈNE. Hein?

DUBOIS.

Air: *Verse, verse le vin de France* (d'Adam).

Voyons je t'offre cent louis,

HÉLÈNE.

Cent louis! après tant d'alarmes,
Tant de chagrins et tant d'ennuis;
Est-ce donc là payer mes larmes,
Payer mes larmes.

DUBOIS.

Trois cents?

HÉLÈNE.

Quel langage est ce là?
L'on a trop de fierté dans l'ame,
Jamais l'or ne me séduira.

DUBOIS.
Laissez-vous faire encor, Madame.

HÉLÈNE.
Jamais, infâme!

DUBOIS.
Cinq cents!

HÉLÈNE.

Non; l'honneur d'une femme,
Croyez-moi, vaut mieux que cela.

DUBOIS.

Non, ma foi, l'honneur de ma femme,
J'en réponds, ne vaut pas cela.

Même air.
Sans pitié tu vois mes terreurs,
Tu jouis de ton avantage.
Va pour six cents...

HÉLÈNE.
Tous tes honneurs
Valent pour toi bien davantage.

DUBOIS.
Morbleu! j'enrage!
Huit cents...

HÉLÈNE, *hésitant.*
Non... (*a part.*) C'est joli déjà.

DUBOIS.
O ciel! vers nous quelqu'un s'avance.
Mille...

HÉLÈNE.
Mille! qu'on garantira.

DUBOIS.
Mille louis payés d'avance.

HÉLÈNE, *avec joie.*
Payés d'avance,
J'accepte; car en conscience,
Le coquin ne vaut pas cela.

DUBOIS.
Accepte, car, en conscience,
Un mari ne vaut pas cela.

SCÈNE XI.

HÉLÈNE, RAVANNES, DUBOIS.

RAVANNES, *rentrant.* Monsieur l'abbé, monsieur l'abbé!

DUBOIS. Qu'est-ce? qu'y a-t-il?

RAVANNES. Un grand tumulte se fait entendre; les cloches sonnent de tous côtés; on accourt au palais.

DUBOIS. Des nouvelles de Versailles... je cours. (*Vivement et à Hélène*). Silence! pas un mot, c'est convenu...

HÉLÈNE. C'est convenu... et le paiement?

DUBOIS. Ce soir. (*A Ravannes*). Chevalier, je vous recommande madame; faites-la reconduire chez elle.

Il sort.

HÉLÈNE. Dans le carrosse d'hier..? non pas, non pas!

SCÈNE XII.

HÉLÈNE, Madame GERVAIS, RAVANNES.

MADAME GERVAIS, *pâle et défaite.* Laissez-moi, laissez-moi... je ne sortirai pas!

HÉLÈNE. Lucile!

MADAME GERVAIS, *se jetant dans ses bras.* Ah! c'est toi... ne me quitte pas.

RAVANNES Madame...

MADAME GERVAIS. Vous, Monsieur Dupuis.. vous ainsi.. que s'est-il donc passé? pourquoi veut-on m'arracher de ces lieux? pourquoi M. Pellevin a-t-il été enlevé malgré lui... malgré mes cris?

HÉLÈNE. Ah, çà! mais c'est donc une forêt que ce Palais-Royal?

RAVANNES. Mesdames, au nom du ciel, sortez d'ici... suivez moi... redoutez des malheurs

MADAME GERVAIS. Des malheurs... et lesquels? Ah! je ne sais quel trouble j'éprouve.... votre conduite d'hier avec Hélène; cette personne qu'elle a rencontrée chez moi; la disparution de mon mari; la position où je me retrouve, mon trouble même, votre embarras; et tout-à-l'heure au milieu de la foule, à la chapelle... cette ressemblance d'un grand seigneur... oh! non, non... j'ai mal vu... je suis folle!

RAVANNES. Venez...

HÉLÈNE. Sortons; j'ai promis de me taire.

MADAME GERVAIS. Et moi, je veux demander justice pour monsieur Pellevin; je veux revoir...

RAVANNES, *la prenant par le bras.* Impossible! il faut absolument.... (*Apercevant le Prince*). Ah...

SCÈNE XIII.

HÉLÈNE, Madame GERVAIS, RAVANNES, LE PRINCE, EDMOND, Courtisans, Pages, Suite.

EDMOND, *annonçant,* Le Prince.

LE PRINCE. C'est bien, messieurs, c'est bien; dans un instant je retourne à la cour.

MADAME GERVAIS. Grand Dieu!

RAVANNES, *vivement, au Prince.* Mon-

seigneur, on vous attend dans votre cabinet.

MADAME GERVAIS, *s'avançant.* Monseigneur...

LE PRINCE, *se retournant.* Qu'est-ce?.. que vois-je?

MADAME GERVAIS, *hors d'elle.* Ces traits, cette voix... oh! non... pardonnez.

LE PRINCE. Vous ici, madame... Madame Gervais...

MADAME GERVAIS. Monsieur Henri...

LE PRINCE, *bas.* Silence, de grâce (*haut, à sa suite*). Et vous, sortez tous; sortez... je veux être seul.

HÉLÈNE, *à madame Gervais.* Quoi donc? je ne te quitte pas.

MADAME GERVAIS, *s'attachant à elle, et regardant le Prince.* Oh! non...

EDMOND, *bas, à Ravannes.* Dis donc, ça a l'air d'une bombe qui éclate.

LE PRINCE, *revenant à madame Gervais.* Madame....(*aux seigneurs, avec impatience*). Sortez donc.

RAVANNES, *entraînant Hélène.* Venez, madame, venez.

Tout le monde sort.

SCÈNE XIV.

Madame GERVAIS, LE PRINCE.

MADAME GERVAIS, *jusqu'alors immobile et les yeux fixés sur le prince; elle se ranime tout-à-coup en se voyant seule.* Grand Dieu! où suis-je? seule... laissez-moi...

LE PRINCE. Ah! je vous en supplie...

MADAME GERVAIS, *reculant.* Laissez-moi, Monsieur Henri..... Monseigneur.

LE PRINCE. Henri... je ne veux pas d'autre nom: rien n'est changé en moi; c'est toujours le même amour

MADAME GERVAIS. Ah! prince...

LE PRINCE. Oui, cet amour violent, passionné, qui m'a conduit à vos pieds, et que vos mépris, vos dédains n'ont fait qu'irriter encore....

MADAME GERVAIS. Mais lui, votre oncle, M. Desœillets, mon mari?

LE PRINCE. Oh! grâce, grâce!

MADAME GERVAIS. Grâce.... vous me faites trembler...

LE PRINCE. Je vous aimais... je voulais être aimé; c'était là mon ambition, mon bonheur,...et votre vertu me repoussait. Le prince vous eût épouvantée;

l'offre d'une fortune vous eût fait horreur... il a fallu vous tromper pour vous vaincre : un autre s'est placé entre nous ; vous l'aimiez, lui.

MADAME GERVAIS. Lui? où est-il?

LE PRINCE. Grâce à votre erreur, je pouvais vous voir, tous les jours, à toute heure, vous parler malgré vous de cet amour que vous désespériez... Et hier encore, quand vous vouliez nous bannir de votre présence, ce mariage...

MADAME GERVAIS. Grand Dieu! n'achevez pas.

Air : *Je n'ai pas vu ces bosquets de lauriers.*

Ah! tout mon sang s'est glacé dans mon cœur,
Et, malgré moi, je tremble, je frissonne !...
Vous qui devez consoler le malheur,
Vous, le premier sur les marches du trône ;
Au nom des lois vous qui devez, sur nous,
Etendre une main protectrice,
N'achevez pas !... vous, notre espoir à tous ;
Si c'est un piège, un crime... c'est à vous
Que j'en dois demander justice ?
   Elle tombe accablée dans un fauteuil.

LE PRINCE, *à ses pieds.* Pardon, pardon !. je suis coupable, je te demande ma grâce.. je te la demande à genoux... l'amour ne fait-il donc rien pardonner ?... Parle, prononce, demande... ma vie est à toi... je veux l'employer à t'entourer de soins, de tendresse.... il n'y aura pas une femme qui ne te porte envie... à toi, à toi, pour toujours... crois-en mes larmes, mes remords... laisse-toi fléchir.

MADAME GERVAIS. Jamais, jamais.

LE PRINCE. Oh! ne me repousse pas.. je t'aime comme un furieux.... comme un insensé... depuis hier, cent fois davantage... Ne me fait pas expier mon crime.

MADAME GERVAIS. Son crime ?

LE PRINCE. Oui, ce bonheur que j'ai usurpé... cette nuit.

MADAME GERVAIS, *se levant, et le fuyant.* Ah! mon Dieu, mon Dieu! soutiens-moi... je me meurs !...
   Elle tombe à genoux.

LE PRINCE, *la prenant dans ses bras.* Oh! reviens à toi... Ce projet infernal, ce n'est pas moi qui l'ai formé, ce crime abominable, ce n'est pas qui l'ai préparé. je serais mort cent fois, plutôt que d'en avoir la pensée.. D'abord j'ai voulu fuir... refuser ce bonheur que j'avais tant demandé... je le repoussais avec effroi.. Mais tu étais là, près de moi, dans l'ombre... toi, si cruelle, si sage... toi que j'aimais tant... je n'ai pas eu tant de courage.

MADAME GERVAIS, *se cachant la tête dans ses mains.* Ah! misérable !

LE PRINCE. Oui, moi, moi seul... Mais toi, toujours pure...

MADAME GERVAIS, *s'éloignant de lui.* Perdue... perdue pour jamais. .... Me venger! n'ai-je pas les lois qui me protégeront ?... oui... j'irai me jeter aux pieds du roi. ... j'irai lui demander justice de cet infâme attentat... de vous, que j'avais raison de fuir, de redouter... de vous, que je tremblais d'aimer.

LE PRINCE. De m'aimer!... moi!..

MADAME GERVAIS. Ah! vous me faites horreur à présent. Et l'infâme qui ma trahie... lui, mon mari...

LE PRINCE. Il ne l'est pas, il ne l'a jamais été... un piège, une ruse... Mais je te vengerai... le veux-tu ?

MADAME GERVAIS. Mon mari.... Qui donc ? qui donc ?

━━━━━━━━━━━━━━━━━━━━━━━━━━━━━━━

SCÈNE XV.

EDMOND, DUBOIS, LE PRINCE, Madame GERVAIS.

EDMOND, *annonçant.* Monsieur l'abbé Dubois.
   Il sort.

LE PRINCE. Ciel!... (*A Dubois*). Va-t-en, va-t-en.

DUBOIS, *allant à lui.* Monseigneur, le roi est mort.

MADAME GERVAIS, *le reconnaissant.* Ah!...
   Elle tombe évanouie.

LE PRINCE. Malheureux! Du secours !

DUBOIS. Silence! n'appelez pas.. Diable, Madame Gervais !..

LE PRINCE, *qui la tient dans ses bras.* De l'air... de l'air!.. elle est morte.

DUBOIS. Non, évanouie. (*Allant ouvrir la fenêtre dans le fond*). Ce n'est rien.

LE PRINCE. Lucile, Lucile !

DUBOIS. Tenez, elle revient... Vous, prince, du courage... Autre chose doit vous occuper en ce moment... Le roi est mort... La duchesse du Maine crie que son mari est régent... Mais voici la cour qui arrive en foule dans ce palais, pour saluer le soleil levant. Le parlement est dans cette galerie.

MADAME GERVAIS, *se relevant avec égarement.* Le parlement! où est-il ?.. J'irai à lui, je lui dirai : me voilà... ils m'ont trompé lâchement, un prêtre... un prince..

Mais il y a des lois... vous rendez la justice... vengez-moi...

DUBOIS. Malheureuse !...

MADAME GERVAIS. N'approchez pas,
n'approchez pas !

Elle s'élance à la croisée ouverte.

LE PRINCE. Grand Dieu !

MADAME GERVAIS. Si vous faites un pas,
je suis morte.

LE PRINCE. Revenez à vous.

DUBOIS. Pas de scandale... Pour moi,
que m'importe ?... mais vous perdriez
le prince. Confiez-vous à son amour,
comptez sur ses largesses.... Il est plus
puissant que jamais.... il est régent de
France.

MADAME GERVAIS. Régent de France !

LE PRINCE. Il t'aime, il n'aimera jamais que toi.

MADAME GERVAIS. Régent de France !...
et vous son ministre, sans doute... Infâmes ! n'approchez pas... Du scandale, de
la vengeance, à quoi bon ?

AIR : *O mon pays. (Madame Duchambge.)*

Ne craignez rien ; le mépris... le silence
Couvriront tout... gardez votre bonheur,
Régnez, la France est en votre puissance ;
Mais à moi seul appartient mon honneur.
Lorsque des lois, lâche dépositaire,
Du crime, un prince ose se faire un jeu,
Quand la justice abandonne la terre,
Il faut aller la demander à Dieu !

*Elle monte sur la croisée et se précipite dans
la rue.*

LE PRINCE, *courant vers la croisée.* Lucile ! arrêtez... ah !

DUBOIS. Trente pieds... quelle folie !

SCÈNE XVI.

DUBOIS, LE PRINCE, RAVANNES,
EDMOND, LE CHANCELIER, LE
PRÉSIDENT DU PARLEMENT, MA-
GISTRATS, COURTISANS, PAGES, *etc.*

RAVANNES, *annonçant d'un côté.* Messieurs du parlement.

EDMOND, *de l'autre côté.* Messieurs du
conseil.

DUBOIS, *ranimant le prince.* Prince,
prince !

LE PRINCE. C'est toi qui l'as tuée.

DUBOIS. Eh ! morbleu, il s'agit bien de
cela. Le parlement, les ministres, toute la

cour... Songez que vous jouez la régence.

*Les ministres, le parlement, etc., sont entrés
des deux côtés ; le prince cherche à faire
bonne contenance.*

LE PRÉSIDENT DU PARLEMENT. Monseigneur, les destinées de la France sont
remises en vos mains.

Cris au dehors.

LE PRINCE. Grand Dieu ! je crois entendre...

DUBOIS, *bas, se rapprochant.* Régent...

LE CHANCELIER. Prince, nous partageons l'émotion que vous cause la mort
du roi.

LE PRINCE. C'est bien, messieurs, c'est
bien. (*Cris plus fort au-dehors*). Quels
cris ?

DUBOIS, *vivement.* Prince, ce sont les
acclamations du peuple.

LE LIEUTENANT DE POLICE. Monseigneur,
la France déjouera les intrigans qui veulent vous enlever la régence.

PELLEVIN, *en dehors.* J'entrerai, j'entrerai.

LE PRINCE. Messieurs ! Messieurs !

SCÈNE XVII ET DERNIÈRE.

HÉLÈNE, DUBOIS, LE PRINCE,
PELLEVIN, RAVANNES, EDMOND,
MINISTRES, COURTISANS, PAGES.

HÉLÈNE, *entrant tout en pleurs.* Morte,
morte !

Elle s'arrête en pleurant.

PELLEVIN, *entrant tristement, et se jetant
aux genoux du prince.* Prince, c'est à vos
genoux..... (*Reconnaissant le prince*).
Ciel !

LE PRINCE, *troublé, et cherchant à se remettre.* Eh bien ! monsieur... qu'est-ce ?
que se passe-t-il ? qu'avez-vous à m'apprendre ?

PELLEVIN. Monsieur... non, monseigneur... c'est Madame Gervais, qui vient
d'expirer sous cette fenêtre..... Madame
Gervais... M. Henri... non, non...

DUBOIS, *vivement.* Ah ! cette pauvre
femme que je n'ai pas voulu présenter à
Son Altesse.

PELLEVIN. Comment..... (*Reconnaissant Dubois*). Ah !

RAVANNES, *à Pellevin*. Pas un mot ou à la Bastille...

PELLEVIN. Vous aussi.

Il se relève, et reste interdit.

LE PRINCE. Une femme... qui implorait ma pitié.... et que vous refusiez de me présenter !... vous avez causé sa mort peut-être... Ah ! l'abbé, je ne vous le pardonnerai jamais !

DUBOIS. Prince...

LE PRINCE. Partez pour l'Angleterre, et attendez mes ordres.

HÉLÈNE, *bas, à Dubois*. Et moi ?

DUBOIS. Silence !... je serai ministre.

FIN.

Imprimerie de Mad. De Lacombe, Faub. Poissonnière, N. 1.

TERESA,

DRAME EN CINQ ACTES,

Par M. Alexandre Dumas,

REPRÉSENTÉ POUR LA PREMIÈRE FOIS , SUR LE THÉATRE ROYAL DE L'OPÉRA-COMIQUE , LE...

PERSONNAGES.	ACTEURS.	PERSONNAGES.	ACTEURS.
LE BARON DELAUNAY.		M. DE SORBIN.	
TERESA.		LE GÉNÉRAL CLÉMENT.	
ARTHUR DE SAVIGNY.		LAURE DE SOUZA.	
AMÉLIE DELAUNAY.		PLUSIEURS INVITÉS , HOMMES ET FEMMES.	
DULAU.		DOMESTIQUES.	
PAOLO.			

La scène se passe à Paris , chez Delaunay.

ACTE PREMIER.

Un salon.

SCÈNE PREMIÈRE.

AMÉLIE , ARTHUR , LAURE.

AMÉLIE. Et vers quelle époque étiez-vous à Venise?

ARTHUR. A la fin de 1829.

LAURE. Et la reine de l'Adriatique mérite-t-elle la réputation que lui ont faite les poètes?

ARTHUR. C'est la seule ville du monde qui ait arrêté Byron trois ans.

AMÉLIE. En a-t-elle conservé le souvenir?

ARTHUR. Amélie, les cités dont les monumens s'écroulent oublient vite les hommes. Oui, quelques Vénitiens se souviennent encore peut-être d'avoir vu passer par leurs rues un étranger hautain, au front pâle, qu'on appelait Byron; et ils se souviennent de lui, non parce qu'il est l'auteur du Corsaire et de Child-Harold, non qu'il soit pour eux comme pour nous une espèce d'ange rebelle et déchu, sur le front duquel Dieu a écrit du doigt : GÉNIE ET MALHEUR ; mais parce que , dans une ville où leur race est presque inconnue, il conduisait avec lui quelques superbes chevaux qui l'emportaient au galop sur les dalles humides de la place Saint-Marc, où un piéton peut se soutenir à peine ; mais parce, qu'on le voyait, au Lido, franchir avec eux les tombes du cimetière juif, que n'ose pas, sans y être forcé, traverser le soir un chrétien.

AMÉLIE. Oh ! voilà qui me désenchante de Venise.

ARTHUR. Cela devrait tout au plus, Amélie, vous désenchanter de ses habitans. Rarement, je l'ai remarqué du moins, les peuples sont en harmonie avec les villes qu'ils habitent. Il faut voir Venise, chère Amélie , du haut de l'obélisque de Saint-Marc, Venise plongeant ses pieds dans l'eau comme la Vénus marine ; sillonnée le soir en tous sens par ses mille gondoles noires, avec un fanal au front ; se croisant comme des étoiles qui filent ; il faut voir Venise du Lido, lorsque le matin, entourée d'un brouillard, chaque brise qui arrive de l'Adriatique déchire et emporte avec elle un coin de son voile, et laisse apercevoir tour à tour un palais, un pont, une église: on dirait, passez-moi la comparaison, Amélie, on dirait une coquette qui, par calcul, ne veut que petit à petit découvrir sa beauté.

LAURE. Monsieur Arthur, voilà une description qui me semble plus d'un poète que d'un voyageur.

AMÉLIE. Une fois mariés, Arthur, nous irons à Venise ensemble. Vous me le promettez, n'est-ce pas?

ARTHUR. Oui, mon Amélie; et je trouverai alors Venise encore plus belle, car vous m'accompagnerez cette fois sur l'obéliste de Saint-Marc, vous serez près de moi au Lido; et si je n'oublie pas Venise pour vous, Venise me paraîtra bien belle, Amélie, car je la verrai avec le regard d'un homme heureux.

AMÉLIE. Et vous allâtes ensuite?...

ARTHUR. A Naples.

AMÉLIE. A Naples, où est en ce moment mon père!... Oh! parlez-moi de Naples, Arthur.

ARTHUR. Votre père va revenir, Amélie, et je ne veux pas le priver du plus grand plaisir d'un voyageur, celui de raconter.

LAURE. Ou plutôt, dites, monsieur le poète, que les souvenirs que vous avez rapportés de Naples ne sont pas de ceux que vous voulez confier à Amélie.

ARTHUR. Et pourquoi pas, Laure?

AMÉLIE. Que veut-elle dire?

ARTHUR. Ecoutez, Amélie, et je vais vous faire ma confession tout entière. Votre père va revenir, et son retour sera suivi de notre mariage. Cette union, je l'espère du moins, doit être pour nos deux existences un avenir de bonheur: il faut donc, pour qu'aucun reproche ne vienne le troubler, que vous me connaissiez comme je vous connais. Votre cœur est calme, Amélie; aucune passion ne l'a jamais tourmenté; mais à vous seule peut-être en ce monde Dieu accorda d'être pure et belle comme un ange. Vous m'aimez plus comme un frère peut-être que comme un mari... Oh! ce n'est point un reproche, car, avant moi, vous n'aviez aimé personne, même comme un frère... Je suis moins heureux que vous, Amélie, et je vous apporte une ame moins pure: un amour violent a bouleversé deux ans de ma vie. Mon excuse est dans quelques mots: je ne vous connaissais pas encore, Amélie!...

AMÉLIE. Oh! racontez-moi cela!

LAURE. Comment! c'est ainsi que tu reçois de pareils aveux!

AMÉLIE. Sans doute. N'as-tu pas entendu? n'a-t-il pas dit que cette passion était éteinte, et que, lorsqu'elle est née, il ne me connaissait pas encore? Eh bien! il me connaît maintenant, il m'aime: que m'importe un passé qui ne m'appartenait pas, quand l'avenir peut être à moi? Oh? racontez-moi tout, Arthur!

ARTHUR. Merci, Laure: vous m'avez sauvé, quoique ce ne fût pas votre intention peut-être, ce qu'avait d'embarrassant un aveu, qu'en amant craintif je retardais, mais qu'en homme loyal je comptais faire.

AMÉLIE. Voyons, dites vite... Son nom d'abord.

ARTHUR. Son nom ne m'appartient pas, Amélie: c'est la seule chose que je ne puis vous apprendre.

AMÉLIE. Vous avez raison toujours..... Mais vous pouvez me raconter comment vous l'avez connue, me dire si vous l'avez aimée beaucoup, long-tems; si elle vous aimait, elle; si elle était jolie; quelle âge elle avait... Vous pouvez me dire tout cela.

ARTHUR. Et vous me pardonnerez tout cela, même si je vous dis qu'elle était jolie, n'est-ce pas?

AMÉLIE. Arthur...

ARTHUR. Eh bien?...

AMÉLIE. Regardez-moi. M'aimez-vous!

ARTHUR. De toute mon ame!

AMÉLIE. Je vous pardonne.

ARTHUR. Vous êtes charmante!

AMÉLIE. Pas de complimens. Mon histoire.

ARTHUR. J'étais à Naples depuis huit jours à peu près: j'habitais, au pied du Vésuve, une de ces villas délicieuses qui bordent le golfe d'Ischia, lorsque, vers le milieu d'une nuit, je fus réveillé par une violente secousse: à la lueur sanglante qui pénétrait dans l'appartement, au mugissement du vent qui traversait l'espace, à la pluie de feu qui tombait, je reconnus que le volcan allait me rendre témoin d'une de ces irruptions que j'avais tant désiré voir. A peine pris-je le tems de m'habiller et de jeter un manteau sur mes épaules, car chaque marche de l'escalier tremblait et craquait sous mes pas. Je me précipitai dans la rue. C'était une chose effrayante à voir que cette population tout entière fuyant sur une terre mouvante, entre deux rangées de maisons qui oscillaient comme des arbres que le vent courbe. Deux femmes marchaient devant moi , sans soutien, sans protecteur : je saisis leurs bras. Un passage conduisait au bord de la mer ; je le pris , les entraînant toutes deux. Un pêcheur détachait sa barque pour fuir à l'autre bord ; je le forçai de nous y donner place ; car , quoique la mer fût agitée comme par une tempête, il y avait moins de danger encore sur elle qu'au milieu des rues où les édifices croulaient. Je donnai de l'or au batelier , je fis entrer les deux femmes sous une espèce de tente dressée à la poupe, et qui pouvait les garantir de la pluie de cendres qui tombait. Le pêcheur déploya sa voile au vent, et la barque partit, rasant les vagues comme un oiseau de mer attardé.

LAURE. Mais c'est tout un roman , monsieur Arthur.

AMÉLIE. Laissez-le donc dire.

ARTHUR. Du moment où les deux femmes que le hasard avait mises sous ma protection furent en sûreté , le désir de voir le spectacle qui se développait devant mes yeux devint mon unique pensée : je m'appuyai contre le mât de notre petite embarcation, et je regardai. Oh! Amélie, il ne faut pas même essayer de peindre... Figurez-vous une colonne de feu qui s'élance à deux cents pieds de hauteur et retombe en gerbes ; des ruisseaux de lave ardente qui bondissent en cascades ; une mer de flammes qui descend à la rencontre de l'autre, la chasse devant elle, recule à son tour, repousse et est repoussé... deux élémens qui luttent comme deux hommes. .une nature à l'agonie qui semble demander grâce; des ombres échevelées courant çà et là sur le rivage, dans une atmosphère rougeâtre, comme les damnés du Dante, et vous n'aurez qu'une pâle idée d'une nuit à Naples, au milieu du golfe d'Ischia, pendant une irruption du Vésuve. Pour moi, j'étais debout, immobile, les bras croisés, le regard fixe, la poitrine haletante, quand, dans un mouvement de la barque, je sentis un bras qui se retenait au mien, et j'entendis une voix qui disait derrière moi : « N'est-ce pas que c'est sublime? » Je me retournai, et, pardon... Amélie... c'est ici que je vous demande la permission de dire toute la vérité... cette femme, vue ainsi à la lueur de l'incendie , avec ses yeux noirs, ses cheveux épars, son teint de Napolitaine, que le reflet du volcan éclairait d'une lueur fantastique, cette femme, elle était superbe! Vous devinez que c'est elle que j'aimai. La manière dont je l'avais connue, le romanesque de notre rencontre , la facilité que le service que j'avais rendu à elle et à sa mère me donnait de les revoir, tout

cela établit entre nous un lien que son père , au retour d'un voyage, rompit d'un mot... Elle était riche, j'ai peu de fortune. Un jour, en arrivant à l'heure accoutumée, j'appris qu'elle était partie : une lettre d'elle m'annonça qu'elle obéissait à son père, et m'ordonna de retourner en France, sans savoir ce qu'elle était devenue. Je lui obéis, je revins. Vous étiez en pension , Amélie : votre père me parla de vous comme d'un ange de candeur et de beauté. Il me connaissait depuis long-tems, me savait honnête homme, partait pour l'Italie, voulait vous laisser un soutien ; et, malgré la différence d'opinion de nos familles , puisqu'il était colonel de l'empire, et que le sang breton de mon père avait coulé dans la Vendée, il m'offrit le titre de votre époux...

AMÉLIE. Que vous refusâtes sans balancer... Merci, monsieur.

ARTHUR. Je ne vous connaissais pas, Amélie... et puis...

AMÉLIE. Je divine maintenant : c'est, désespérant de ce mariage, qu'il me donna Laure, la fille de son ami tué près de lui sur le champ de bataille, pour compagne ou plutôt pour sœur... n'est-ce pas, Laure? qu'il installa Dulau chez lui comme tuteur, et qu'il vous permit, à vous, monsieur, de nous rendre visite chaque jour... Est-ce bien cela? ai-je tout dit?

ARTHUR. Non, Amélie, car vous oubliez d'ajouter que, du jour où je vous vis, je désirai vous revoir... Je vous regardai d'abord comme une sœur : votre caractère, qui se développa sans contrainte sous mes yeux, me fit bientôt envier le sort de celui qui serait un jour votre mari... puis j'en fus jaloux d'avance... enfin je pensai que ce pouvait être moi. Je m'habituai à cette pensée ; le souvenir d'un autre amour s'effaça peu à peu , et finit par ne plus se présenter à mon esprit que comme un songe... Je me souviens d'elle encore sans doute , mais seulement comme d'un épisode frappant et inséparable de cette nuit où j'ai vu Naples tremblante, la mer soulevée, et le Vésuve en flammes.

AMÉLIE. Oh! en effet , cela devait être bien beau! Nous irons aussi à Naples, mon ami : nous regarderons ensemble, à notre tour, du milieu du golfe d'Ischia , une irruption du Vésuve ; et vous verrez, monsieur, que, quoiqu'on ait les yeux bleus et le teint d'une Française , on peut être jolie aussi à la lueur fantastique d'un volcan.

LAURE. Voilà Dulau.

SCENE II.

Les Mêmes, DULAU.

DULAU. Mes enfans, mes enfans, une bonne nouvelle !...

AMÉLIE. Une lettre de mon père?

DULAU. Justement.

ARTHUR. Datée de Naples?

DULAU. De Lyon.

AMÉLIE. De Lyon! mon père en France ! Oh! mais, Dulau, vous êtes un tuteur barbare ! Montrez-moi donc sa lettre !

DULAU. Me remercieras-tu, Amélie?

AMÉLIE. Oh! je vous embrasserai !

ARTHUR. A moi la récompense, Amélie, car c'est moi qui ai la lettre.

AMÉLIE. Oh! voyons, voyons !

ARTHUR, *lisant.* « Mon cher Dulau , je suis arrivé ce matin à Lyon : je ne m'y arrête que pour prendre un instant de repos ; je repars dans quelques heures, et serai à Paris presqu'en même tems que ma lettre. »

AMÉLIE. Presqu'en même tems, Arthur ! entendez-vous ?... Et cette lettre est arrivée ?...

DULAU. Ce matin.

AMÉLIE. Et vous nous apprenez cette nouvelle à trois heures de l'après-midi !

DULAU. Je rentre à l'instant, et on me la remet en rentrant.

AMÉLIE. Voyons, Arthur, si papa dit autre chose.

ARTHUR. « Rien ne pouvait m'être plus agréable que ce que tu me dis de l'amour d'Arthur pour Amélie. »

DULAU. Assez, assez, monsieur : ceci est une affaire entre nous deux mon vieil ami ; ce sont nos secrets à nous, et ils ne vous regardent pas.

AMÉLIE. Rendez-lui sa lettre, Arthur, car nous savons tout ce que nous voulions savoir : papa arrive ; votre tutelle finit aujourd'hui, monsieur Dulau ; et Dieu en soit loué ! car vous rendiez votre pupille bien malheureuse ! (*lui prenant les deux mains*) entendez-vous, mon bon Dulau !

DULAU. Ingrate !

ARTHUR. Concevez-vous, Amélie?... votre père de retour ; plus d'intervalle entre nous, et le bonheur !.. Mais vous ne pensez donc pas?...

AMÉLIE. Monsieur, je ne pense qu'au plaisir de revoir mon père, et pas à autre chose ; et, jusqu'à ce que je l'aie vu, je vous oublierai, j'oublierai Dulau, Laure, tout le monde ; je sauterai comme une folle, je courrai par toute la maison en criant : « Mon père va arriver ! » Je le dirai aux passans , aux domestiques , à mes tourterelles ; je..... je..... Ah ! ah ! mon père !....

DULAU. Eh bien ! la petite folle !...

ARTHUR. Le baron !...

DELAU. Delaunay !...

SCENE III.

Les Précédens, DELAUNAY.

DELAUNAY. Ma fille ! mon enfant ! ma bonne Amélie !...

AMÉLIE. Mon père !...

DULAU. Mon vieil ami !...

ARTHUR. Monsieur !...

DELAUNAY, *à sa fille.* Ah ça ! mais, me lâcheras-tu ? que je me débarrasse de ce manteau qui m'enveloppe les bras... Que diable ! j'en ai besoin pour vous embrasser tous. Ah ! mes bons amis !.. Ah ça ! maintenant, laissez-moi un peu regarder ma fille.

AMÉLIE. Eh bien ! papa ?...

DELAUNAY. Je te trouve enlaidie à faire peur.

AMÉLIE. Oh ! vous me flattez !

DELAUNAY. Non... demande à Arthur... Votre avis, Arthur ?

ARTHUR. Oh ! monsieur , mes lettres ne vous l'ont-elles pas dit ?

DELAUNAY. Oui, nous causerons de vos lettres : elles ne sont guère en harmonie avec ce que vous me disiez ici, dans cette même chambre...

ARTHUR. Pardon !...

DELAUNAY. Que jamais...

ARTHUR. De grâce !... J'étais insensé !

DELAUNAY. Et maintenant ?...

ARTHUR. Maintenant , il ne tient qu'à vous que je sois heureux.

DELAUNAY. Nous reparlerons de tout cela plus tard ; car pour le moment, mes enfans, quoique j'aie grand plaisir à vous revoir, nous avons des choses très-pressées à faire. Toi, mon Amélie, charge-toi de mon appartement, dont je rentre en possession ce soir, et où je veux que rien ne manque. Laure, le département du dîner te regarde. Nous avons du monde : ainsi mets tous mes domestiques en réquisition. Vous êtes des nôtres, Arthur ; seulement vous irez mettre un habit : nous avons des dames, une soirée ; et, si Amélie m'en prie bien, peut-être qu'on dansera.

AMÉLIE. Oh ! papa, je t'en prie bien !

DULAU. Mais d'où t'arrive donc tout ce monde?

DELAUNAY. Ce sont nos amis de Paris, à qui j'ai écrit en même tems qu'à toi..... une réunion de retour, d'anciennes connaissances à revoir. (*A Amélie et à Arthur qui causent.*) C'est convenu : vous danserez ensemble la première contredanse... Mais allez chacun à vos affaires, ou sinon le tems vous manquera... Allez... Au revoir, Arthur. Pardon, Laure, de la peine. Va, ma fille, va !...

(Ils sortent tous trois)

SCÈNE IV.

DELAUNAY, DULAU.

DELAUNAY. Ah! nous voilà seuls, enfin!

DULAU. Oui, cela me tardait.

DELAUNAY. Parlons de ma fille.

DULAU. Tu l'as vue.

DELAUNAY Charmante!... Et Arthur?..

DULAU. C'est un loyal et brave jeune homme.

DELAUNAY. Je l'avais bien jugé. Le baron de Sorbin?..

DULAU. Le protège toujours. Déjà plusieurs fois la place de secrétaire d'ambassade lui a été offerte.

DELAUNAY. Et il a refusé?

DULAU. En acceptant il fallait quitter Amélie.

DELAUNAY. Ainsi ils s'aiment?

DULAU. Comme deux fous.

DELAUNAY. Tant mieux!... Que je te remercie, Dulau, d'avoir consenti à t'écarter de tes habitudes de garçon, pour jouer le rôle de père de famille!

DULAU. Mes habitudes!.... je suis resté garçon pour n'en pas prendre. Je suis venu chez toi : eh bien! ç'a été un plaisir, une distraction, un bonheur... Ces enfans m'amusaient : j'étais heureux de les voir... Si j'avais été marié, cela n'aurait pas arrangé ma femme, ou il aurait fallu emménager chez toi toute une maison, ce qui était bien difficile ; et je ne pouvais rendre à un excellent ami un service dont je suis récompensé par le service même. Tous les vieux garçons ne sont pas égoïstes, Delaunay : comme, en tout ce que j'ai à faire, je n'ai que ma volonté à consulter, elle est toujours celle des gens que j'aime. Je suis paresseux : c'est à mes amis de vivre pour moi : ils pensent et j'agis ; et à tout ce qu'ils peuvent me proposer, je ne connais que deux réponses : je veux bien, ou ça m'est égal. Des habitudes!.... eh! sais-tu qu'on meurt d'une habitude perdue?

DELAUNAY. Ce que tu dis est vrai, Dulau : tu es bien la meilleure créature que je

Teresa.

connaisse. Ainsi c'est convenu : je ne te dois pas de remerciemens, et c'est au contraire toi... A propos, comment te trouvais-tu dans ton appartement?

DULAU. Parfaitement.

DELAUNAY. Eh bien! quoique ta tutelle soit finie, il faut y rester, et demeurer avec nous tous.

DULAU. Je le veux bien.

DELAUNAY. Maintenant, pourquoi désirais-tu tant te trouver seul avec moi?

DULAU. Ah! c'est que je ne voulais pas te demander devant tes enfans si tu étais fou.

DELAUNAY. Pourquoi cela?

DULAU. Tu arrives ; et, fatigué comme tu dois l'être, au lieu de te reposer, de te soigner, tu parles de soirée, de bal...

DELAUNAY. Eh bien?...

DULAU. Ah ça! mais le soleil de Naples t'a donc brûlé le cerveau?

DELAUNAY. A moi?... Mais je suis toujours le même.

DULAU. C'est-à-dire que je ne te reconnais plus; jusqu'au style de tes lettres qui est changé ; et, sans la signature, j'aurais cru que c'était un jeune homme amoureux, Arthur, par exemple, qui m'écrivait.

DELAUNAY, *riant.* Bah!

DULAU. Puis, voilà, quand je te revois, quand tes cheveux blancs me prouvent que tu es toujours mon vieil ami, voilà que tu me parles de soirée, de réunion, de bal... Danserais-tu par hasard?

DELAUNAY. Pourquoi pas?

DULAU. Et tes quinze campagnes?..

DELAUNAY. Je les ai oubliées.

DULAU. Tes blessures?..

DELAUNAY. Je ne les sens plus.

DULAU. Mon ami, sérieusement, tu me fais peur.

DELAUNAY. Et toi pitié. Franchement, Dulau, la vieillesse ne vient-elle pas assez vite, sans que nous fassions la moitié du chemin pour aller au-devant d'elle? Qui nous fait vieux d'ailleurs? Ce n'est point notre âge, mais nos infirmités. J'ai cinquante-neuf ans, il est vrai, mais mon cœur, encore chaud et ardent, semble battre dans la poitrine d'un jeune homme.... Oui, tu l'as dit, c'est le soleil de Naples, son air vivace avec lequel on boit la vie... C'est mon bonheur de voir Amélie et Arthur réaliser en s'aimant un de mes rêves les plus doux... C'est encore autre chose que tu sauras plus tard.

DULAU. Allons, allons, va toujours.

DELAUNAY. Mais toi, Dulau, je te le répète, tu me fais pitié... Je te trouve vieilli depuis que je t'ai quitté.

DULAU. J'ai un an de plus...

DELAUNAY. Cette perruque te change.

DULAU. C'est toujours la même.

DELAUNAY. Ah ! Dulau , Dulau ! tu vieillis bien !

DULAU. J'ai soixante ans, trois mois et un jour ; juste quatorze mois plus que toi.

DELAUNAY. Eh bien ! Dulau , je gage que si tu avais une femme jeune, jolie, un peu coquette.., pour elle et pour toi, qui jetât ta perruque au feu, te décidât à adopter le pantalon et te fît faire un habit, demain tu ne paraîtrais pas plus de quarante ans.

DULAU. Oui , mais je saurais toujours que j'ai soixante ans, trois mois et un jour.

DELAUNAY. Tu l'oublierais quelquefois du moins.

DULAU. Et si ma femme m'en faisait souvenir ?...

DELAUNAY. Tu ne crois donc pas qu'il existe ici-bas des êtres angéliques créés pour notre bonheur de tous les âges , qui puissent nous aimer d'un amour d'épouse et de fille , parce que nous serons à la fois pour eux mari et père ; qui , jeunes, consentent à être le soutien du vieillard, l'accompagnent jusqu'au bord de la tombe.... et arrivés là , l'aident à mourir ?... Croire au bonheur et à l'amour pour la jeunesse seulement , penser que ces soleils de l'ame n'éclairent qu'un côté de la vie , c'est douter de la bonté de Dieu , Dulau , c'est blasphémer !

DULAU. Un instant , mon cher ! Voilà de bien grands mots pour moi !. Je ne suis ni athée ni blasphémateur : je suis peureux. Les êtres que tu me dépeins sont les exceptions de l'espèce.

DELAUNAY. Eh bien ! ne peux-tu pas rencontrer une exception ?

DULAU. Mon ami, je n'ai pas la fatuité de croire que c'est pour moi que le ciel les a faites... D'ailleurs, toi, qui prêches les autres , que ne te remaries-tu toi-même ?

DELAUNAY , riant. Cela pourrait bien arriver...

DULAU. Ah !

DELAUNAY. Que dirais-tu alors?

DULAU. Moi? que tu as raison , si cela t'arrange.

DELAUNAY. Mais, toi ?...

DULAU. Moi , je resterai garçon.

DELAUNAY. Silence !...voilà Amélie.

SCÈNE V.

LES PRÉCÉDENS , AMÉLIE.

AMÉLIE. C'est fini , papa.

DELAUNAY. Tout est prêt?

AMÉLIE. Tout.

DELAUNAY. Merci , mon enfant.

LAURE , entrant. M. le baron...

DELAUNAY. Qu'y a-t-il ?

LAURE. Les noms et la quantité des convives.

DELAUNAY. Viens ici. Voici la liste.

AMÉLIE. Dix-neuf couverts.

LAURE. Bien.

DELAUNAY. Tu ordonneras qu'on en mette vingt : un nom a été oublié.

LAURE. La place de chacun ?

DELAUNAY. Moi au milieu.

LAURE. Amélie en face de vous ?

DELAUNAY. Non : Amélie cédera sa présidence à la personne dont le nom est oublié.... Amélie prendra place à ma droite, toi à ma gauche , je serai entre mes deux filles comme je suis en ce moment... Entendez-vous ?

AMÉLIE. Oui , papa.

LAURE. C'est donc une dame qui se trouvera en face?

DELAUNAY. C'est une dame. Tu la placeras entre Arthur et Dulau. Le reste des convives à ton choix.

LAURE. Je vais faire exécuter vos ordres.

AMÉLIE. Mon père , si c'est un grand dîner, il faut que je fasse une toilette, moi.

DELAUNAY. Non , ce sont nos amis. Une fleur dans tes cheveux, et cela suffira.

AMÉLIE. Mais nous avons une étrangère: la dame placée vis-à-vis de vous.

DELAUNAY. Qui t'a dit que ce fût une étrangère , Amélie ?

AMÉLIE. Ah ! c'est vrai... Je suis folle ! Laure , tu viendras quand tu auras fini : nous nous coifferons de la même manière.

UN DOMESTIQUE. Un domestique étranger demande à parler à M. le baron.

DELAUNAY. Je sais qui c'est : faites entrer. Quant à toi , Dulau , si j'ai un conseil à te donner, c'est de changer quelque chose à ton acoutrement, à moins que tu ne consente à être présenté à nos convives comme le grand-père d'Amélie.

DULAU. J'aurais un fils bien fou, mon cher Delaunay.

DELAUNAY. Cela se peut... Mais tu y consens, n'est-ce pas ?

DULAU. Je le veux bien , si cela te fait plaisir.

(Delaunay l'accompagne.)

SCÈNE VI.

DELAUNAY, PAOLO.

DELAUNAY. C'est vous , Paolo.

PAOLO. La signora Teresa envoie demander à monsieur le baron à quelle heure elle pourra venir.

DELAUNAY. Tout de suite. Mettez les chevaux à la voiture. Vous retournerez la chercher, Paolo, et la remènerez ici.

PAOLO. Je le ferai.

DELAUNAY. Sa toilette était achevée.

PAOLO. Oui, monsieur.

DELAUNAY. Et elle était belle?

PAOLO. Comme la madone d'Ischia!...

DELAUNAY. Restez, Paolo : la voiture n'est pas encore prête. J'aime à parler de Teresa avec vous, qui avez quitté l'Italie pour la suivre. Vous seul et moi, en France, connaissons le trésor que je possède... N'est-ce pas, Paolo, que je suis un homme heureux?...

PAOLO, *profondément.* Oui !..

DELAUNAY. Et si elle regrettait Naples, son ciel bleu, son golfe couleur de son ciel, vous m'aideriez à la consoler en lui parlant de tout cela... N'est-ce pas, Paolo?

PAOLO, *amèrement.* Moi ?..

DELAUNAY. Sur une terre étrangère, vous êtes pour elle plus qu'un serviteur, vous êtes un compatriote !

PAOLO. Monsieur le baron, quand j'abandonnai, sur le rivage de Pouzole, la barque que mon père m'avait léguée avec la liberté, pour entrer, il y a trois ans, au service de la signora Teresa del Monte... je savais que pour elle, à compter de ce jour, je prenais, au-dessous de son chien favori, une place, celle de valet... Pour elle seulement je suis donc un valet et pas autre chose: elle ordonne et j'obéis... pour les autres, je suis Paolo.

DELAUNAY. Ai-je jamais oublié ces conventions qui, au premier abord, m'avaient paru étranges... mais que j'ai comprises lorsque Teresa m'a dit que, dans un tremblement de terre, vous aviez, à l'aide de votre barque probablement, sauvé sa vie et celle de sa mère... dites, Paolo, les ai-je jamais oubliées?.. Celui à qui je dois la vie de ma Teresa a-t-il à me reprocher un mot dur, un geste offensant?

PAOLO. Non, monsieur le baron, et je vous en suis reconnaissant.

DELAUNAY. Et s'il eût voulu être à nos yeux autre chose qu'un valet?...

PAOLO. Je ne l'ai pas voulu, monsieur.

DELAUNAY. Quand vous me connaîtrez mieux, Paolo, j'espère que vous n'établirez entre votre maîtresse et moi aucune différence... Jusque-là, je veillerai à ce qu'elle seule ici vous donne des ordres. On vient... Silence ! car on ignore encore tout ici.

SCÈNE VII.

LES MÊMES, ARTHUR.

ARTHUR, *de la porte, et posant son chapeau sur une chaise, sans voir Paolo, et sans être vu de lui.* Monsieur le baron, votre voiture est prête.

DELAUNAY. Merci, mon ami. Paolo....

PAOLO. J'y vais !

(Arthur et Paolo se rencontrent à la porte, et restent tous deux stupéfaits en face l'un de l'autre.)

ARTHUR. Paolo !...

PAOLO. Arthur !...

(Delaunay se retourne : Paolo s'incline et sort.)

SCÈNE VIII.

LES PRÉCÉDENS, AMÉLIE, *entrant avec Laure.*

AMÉLIE. Est-ce que vous allez déjà nous quitter, mon père?

DELAUNAY. Non, mon enfant.... et pourquoi?

AMÉLIE. J'ai vu votre voiture dans la cour.

DELAUNAY. Demande à Laure : je parie qu'elle devine où elle va.

LAURE. Chercher la personne inconnue.

AMÉLIE. Oh! papa, qui est-ce donc?

DELAUNAY. Cela vous intrigue fort, n'est-ce pas?.. Il n'y a pas jusqu'à Arthur que ce mystère n'ait rendu tout pensif.

ARTHUR, *sortant de sa rêverie.* Moi !..

AMÉLIE. Oh! vous vous trompez, mon père : cela ne m'inquiète pas le moins du monde. Comment me trouvez-vous coiffée, Arthur?

ARTHUR. Plaît-il?

AMÉLIE. Oh! que vous êtes maussade ! On fait pour vous seul des frais de toilette, et voilà comme vous y répondez! Autant vaudrait s'habiller pour Dulau.

DULAU, *à Delaunay, lui montrant son nouveau costume.* Qu'en dis-tu ?

DELAUNAY. A la bonne heure ! Tu n'es plus reconnaissable!

DULAU. Je t'annonce quelques-uns de tes convives, que j'ai vu entrer dans la cour.

UN DOMESTIQUE. M. le général Clément.

DELAUNAY. Mon vieux camarade. Vous avez donc repris du service?

LE GÉNÉRAL. Oui, mon ami ; et vous.

DELAUNAY. Moi, général?.. On a été trop injuste envers moi pour que je m'expose à de nouvelles injustices. Voici ma fille : faites-lui votre cour.

LE DOMESTIQUE. M. le conseiller d'état baron de Sorbin.

DELAUNAY. Soyez le bien-venu, notre protecteur! Vous n'avez point oublié ce jeune homme, et je vous en rends grâces.

LE BARON. Comment l'oublier!... Mais j'espère que nous en ferons un de nos premiers diplomates; et, s'il avait voulu quitter Paris, il serait déjà...

DELAUNAY. Je connais ses raisons pour y rester.

LE DOMESTIQUE. M. d'Artigues; M. de Chabannes; etc., etc.

ARTHUR, à part. Une voiture!...

DELAUNAY, à part. La voilà... Oh! c'est à peine si j'ose regarder ma fille.... Si cette pauvre enfant allait croire que je l'aimerai moins!.. (Allant à elle). Amélie...

AMÉLIE. Eh bien! mon père, qu'avez-vous donc? votre main tremble...

LAURE, à Arthur, de l'autre côté du théâtre. Arthur, vous êtes bien pâle!... Souffririez-vous?

ARTHUR. Moi!.. Point du tout.

DELAUNAY. Mon Amélie, si la personne que j'attends te paraissait devoir porter atteinte à ton bonheur futur, pardonne à ton père de ne pas t'avoir consultée, pardonne....

AMÉLIE. Mais quelle est-elle donc, mon Dieu?

DELAUNAY. Tu vas le savoir.... Elle vient! La voilà!

PAOLO. Madame la baronne Delaunay.

ARTHUR. C'est elle!

SCÈNE IX.

LES PRÉCÉDENS, TERESA.

DELAUNAY. Oui, mes amis, madame la baronne Delaunay, ma femme, que j'ai l'honneur de vous présenter. Madame, voici ma fille dont je vous ai parlé tant de fois : on vous prendra souvent pour sa sœur.

TERESA. Non, monsieur, car j'aurai pour elle toute la tendresse d'une mère.

DELAUNAY, conduisant sa femme à Dulau. Dulau, mon plus cher et plus ancien ami.

TERESA. Monsieur voudra bien ne pas séparer la femme du mari.

DULAU. Certainement, madame, je....

DELAUNAY. Dulau, c'est une des exceptions dont je te parlais tout à l'heure. Mon gendre futur, chère Teresa, M. Arthur de Savigny.

TERESA. Monsieur...

ARTHUR. Madame...

PAOLO, de la porte. Monsieur le baron, on annonce que vous êtes servi.

DELAUNAY. Messieurs, offrez la main à ces dames. Arthur, votre belle-mère attend votre bras... (Arthur et Teresa hésitent.) Eh bien!...

ARTHUR, offrant son bras. Teresa!...

TERESA. Arthur!...

(Paolo les regarde.)

PAOLO, tombant sur une chaise. Santa Maria! prenez pitié de moi!

FIN DU PREMIER ACTE.

ACTE II.

Même décoration.

SCÈNE PREMIÈRE.

DELAUNAY, TERESA, sortant de leur appartement.

(Pendant cette scène, Teresa laisse tomber, sans s'en apercevoir, un bouquet qu'elle tenait à la main.)

DELAUNAY. Pardon, chère Teresa, de la peine que tu vas prendre; mais un père a aussi sa corbeille de noces à donner à sa fille; et quel goût meilleur que le tien peut présider à ces emplettes?

TERESA. Soyez tranquille : je m'en charge, mon ami.

DELAUNAY. Et si, par hasard, un cachemire, une parure nouvelle, convenaient à ma belle Teresa, qu'elle les prenne doubles... Elle comprend?

TERESA. Que vous êtes bon! Et jusqu'à quelle somme puis-je aller pour les cadeaux que vous destinez à votre fille?

DELAUNAY. A notre fille, Teresa... Que ce mot ne t'effraie pas : en te voyant l'on saura bien que tu n'es sa mère que de nom.

TERESA. Oui, mais je n'y suis pas encore habituée... Cela viendra.

DELAUNAY. Merci. Tu peux mettre à

ces achats dix à douze mille francs ; bien entendu que les cachemires et la parure doubles ne sont pas compris dans cette somme.

TERESA. Merci à mon tour. Je n'en abuserai pas.

DELAUNAY. Adieu, chère enfant ; et reviens vite. Adieu.

SCENE II.

DELAUNAY, DULAU.

DELAUNAY. Ah ! c'est toi, Dulau ?

DULAU. Moi-même. Bonjour.

DELAUNAY. As-tu bien dormi ?

DULAU. Pardieu ! ma chambre est sur la cour : on n'entend pas le moindre bruit... J'y suis parfaitement.

DELAUNAY. Mon pauvre Dulau, je vais être obligé de te faire déménager.

DULAU. Comment cela ?

DELAUNAY. Si nos enfans se marient, comme je l'espère, l'appartement que tu habites, et qui est trop grand pour toi ..

DULAU. Sera parfaitement pour eux.

DELAUNAY. Mais la chambre qu'occupe Amélie...

DULAU. Elle est charmante.

DELAUNAY. Et tu consentirais à la prendre ?

DULAU. Certainement.

DELAUNAY. C'est qu'elle est sur la rue, et que dès le matin, le bruit...

DULAU. Oh ! ça m'est égal.

DELAUNAY. Tu es excellent !

DULAU. Non, mon ami : je suis garçon, et un garçon est bien partout.

DELAUNAY. As-tu vu ma femme, ce matin ?

DULAU. Pas encore.

DELAUNAY. Vous êtes toujours bien ensemble ?

DULAU. Je serais bien difficile : elle est si bonne pour moi !

DELAUNAY. Avoue donc que j'ai bien fait de me marier.

DULAU. Te trouves-tu plus heureux que lorsque tu étais garçon ?

DELAUNAY. Mille fois !

DULAU. Tu as bien fait alors.

DELAUNAY. Une seule chose me fait de la peine...

DULAU. Laquelle ?

DELAUNAY. Il y a du froid entre Amélie et Teresa ; et je ne sais à quoi l'attribuer. Hier j'ai grondé Amélie : elle s'est mise à pleurer.

DULAU. Oh! quand elles se connaîtront davantage...

DELAUNAY. Tu as raison. Que comptais-tu faire ce matin ?

DULAU. Une promenade sur le boulevart.

DELAUNAY. C'est que j'aurais désiré que tu m'aidasses à préparer les clauses du contrat d'Arthur et d'Amélie.

DULAU. Je suis à toi.

DELAUNAY. Et ta promenade ?...

DULAU. Je la ferai plus tard.

DELAUNAY. Tu es le modèle des amis, Dulau ! Non seulement tu fais ce que tes amis veulent, mais encore, ce qui est plus rare, tu leur laisses faire ce qu'ils veulent.

DULAU. Mon cher Delaunay, pour bien des hommes, vois-tu, l'amitié n'est qu'un mot qui déguise la tyrannie, un moyen d'imposer son opinion et ses habitudes aux autres. On dit qu'elle vit de sacrifices réciproques, l'amitié : je ne suis point de cet avis : elle vit, comme toutes les choses saintes, de liberté. Moi, Delaunay, j'ai peu d'amis ; mais je les aime pour eux et non pour moi : si je suis six mois sans voir l'un d'eux, je me dis : C'est qu'il s'amuse plus avec d'autres qu'avec moi : tant mieux ; quand je le revois, je l'embrasse comme s'il revenait d'un voyage, et je ne lui fais pas de querelle. Ce qui me fâcherait, c'est qu'il eût un chagrin, et ne vînt pas me le confier, si je pouvais quelque chose pour son soulagement ; ce qui me blesserait de sa part, ce n'est pas l'oubli, ce serait le doute. Allons travailler, Delaunay.

DELAUNAY. Viens. (A Paolo, dans l'antichambre.) Je n'y suis pour personne, entendez-vous, Paolo ?

SCÈNE III.

PAOLO, seul, ramassant le bouquet.

J'ai cru qu'ils ne s'en iraient pas... Ils ont manqué vingt fois de marcher dessus. (Il aperçoit Arthur.) Arthur... toujours !

ARTHUR. Mme la baronne Delaunay !...

PAOLO. La signora n'est point chez elle.

ARTHUR. Est-ce un ordre qu'elle vous a donné de dire cela, Paolo, ou n'y est-elle pas réellement ?

PAOLO. La signora est sortie.

ARTHUR. Seule ?

PAOLO. Seule.

ARTHUR. Le baron ?...

PAOLO. Est dans son cabinet de travail.

ARTHUR. Amélie ?...

PAOLO. Dans sa chambre.

ARTHUR. Nous sommes seuls ?

PAOLO. Je le crois.

ARTHUR. Etes-vous dévoué à votre maîtresse, Paolo?

PAOLO. Demandez-le-lui.

ARTHUR. Et savez-vous garder un secret?

PAOLO. J'en cache un là depuis trois ans.

ARTHUR. Vous rappelez-vous le soir du tremblement de terre où je descendis dans votre barque avec elle?...

PAOLO. Si je l'avais oublié, je ne serais pas ici.

ARTHUR. De cette nuit j'aimai Teresa...

PAOLO. Je le sais.

ARTHUR. Je fus aimé d'elle.

PAOLO, à part. Malheur!...

ARTHUR. Je fus aimé d'elle.

PAOLO. Oh! je vous entends, monsieur!

ARTHUR. Eh bien! alors... il faut que je lui parle.

PAOLO. Et si c'est avec intention qu'elle vous évite depuis trois jours...

ARTHUR. Il faut que je lui parle, te dis-je!

PAOLO. Quand?

ARTHUR. Aujourd'hui, pour que je parte demain.

PAOLO. Vous partez?...

ARTHUR. Aussitôt mon entrevue.

PAOLO. Écrivez.

ARTHUR. Pour la lui demander?

PAOLO. Oui.

ARTHUR. Et la lettre?...

PAOLO. Je la lui remettrai.

ARTHUR. Mon ami!...

PAOLO. Oh! ne me remerciez pas.

ARTHUR. Va-t-elle rentrer?

PAOLO. Tout à l'heure.

ARTHUR. Et elle aura mon billet?

PAOLO. En rentrant.

ARTHUR. J'écris.

PAOLO. Donnez.

ARTHUR. La réponse!...

PAOLO. Sera chez vous cinq minutes après qu'elle m'aura été remise.

ARTHUR. Oh! tant de dévouement...

PAOLO. Vous ne pouvez pas en comprendre la cause.

ARTHUR. J'entends du bruit chez Amélie...... il ne faut pas qu'elle me voie...... Adieu.

PAOLO. Insensé!...

SCÈNE IV.

PAOLO, AMÉLIE.

AMÉLIE. Paolo...

PAOLO. Mademoiselle?...

AMÉLIE. Vous êtes seul?...... Je croyais Arthur avec vous.

PAOLO. Il me quitte.

AMÉLIE. Il ne m'a pas demandée?

PAOLO. Non, mademoiselle.

AMÉLIE. Savez-vous pourquoi il n'est point entré pour me voir?

PAOLO. Je ne sais.

AMÉLIE. Depuis deux jours, à peine si je l'aperçois; et toujours distrait, préoccupé... C'est étrange!

SCENE V.

LES PRÉCÉDENS, DELAUNAY.

DELAUNAY. Eh bien! Amélie...

AMÉLIE. Mon père?...

DELAUNAY. Il est onze heures, et tu n'es pas encore venue me dire bonjour, m'embrasser!...

AMÉLIE. Je crains toujours de déranger madame la baronne.

DELAUNAY. Encore madame la baronne!... Amélie, vas-tu recommencer à me faire de la peine?

AMÉLIE. Ce n'est pas mon intention, mon père...

DELAUNAY. Pourquoi ne pas dire maman?

AMÉLIE. Je ne le puis.

DELAUNAY. Mais c'est de l'entêtement!

AMÉLIE. Oh! non papa, je vous l'assure..

DELAUNAY. Ce nom te coûte donc bien à prononcer?

AMÉLIE. J'étais habituée à le donner à une autre.

DELAUNAY. Et Dieu sait si j'ai aimé celle à qui tu le donnais!

AMÉLIE. Alors, mon père, pourquoi donc?...

DELAUNAY. Un reproche, Amélie!...

AMÉLIE. Oh! non,...... mais quand ma pauvre mère est morte, je ne croyais pas qu'un jour il me faudrait appeler une autre femme ma mère; et j'ai peine à en prendre l'habitude.

DELAUNAY. Tu me fais bien mal, Amélie!

AMÉLIE. Oh! mon père, si je le croyais...

DELAUNAY. Ecoute-moi, Amélie; et causons. Je n'ai jamais été parfaitement heureux, mon enfant.

AMÉLIE. Oh! ce n'est pas moi, j'espère...

DELAUNAY. Non; au contraire, car j'allais ajouter que les seuls instans de bonheur pur que j'eusse éprouvés, je te les devais.

AMÉLIE. Merci!

DELAUNAY. J'aimais ta mère... ardemment...

AMÉLIE. Ma pauvre mère!...

DELAUNAY. Eh bien! Amélie, pendant dix ans qu'elle fut ma femme, les guerres continuelles de l'empire m'ont à peine laissé six mois de ma vie auprès d'elle : à chaque instant il fallait la quitter, la quitter en larmes, car peu d'hommes arrivaient au but de la route sanglante que nous tracions à travers l'Europe : c'étaient de longues et meurtrières batailles que celles de Napoléon!..... Il tomba... j'étais colonel... Sa chute interrompit ma carrière : mon grade excepté, aucune de ces distinctions qui gonflent de joie le sein d'un soldat, je ne les avais obtenues ; la croix même ne m'avait été donnée par lui qu'en 1815. Le nouveau gouvernement me défendit de la porter, en même tems qu'il la prostituait à d'autres... Ta mère me restait : elle allait me consoler de tous ces chagrins... elle mourut ; Amélie!

AMÉLIE. Mon père, mon bon père!...

DELAUNAY. Sur toi seule alors se reporta tout mon amour. Eh bien! Amélie, plus toutes mes affections paternelles s'amassèrent sur ta tête chérie, plus je te voyais grandissante et belle, et plus je tremblais d'avance aux nouvelles douleurs qu'amènerait notre séparation.

AMÉLIE. Notre séparation!..... nous séparer! nous, mon père?... jamais!

DELAUNAY. Enfant!... Et Arthur?... Et ton mariage?...

AMÉLIE. Oh! si je l'épouse, c'est à la condition qu'il me laissera toujours près de vous.

DELAUNAY. Tu ne sais pas, pauvre enfant, ce que te coûterait un jour, à remplir toi-même, cette condition que tu lui imposes aujourd'hui! Tu connaîtras plus tard combien prennent tout le cœur ces affections d'épouse et de mère!... La nature regarde devant elle, Amélie, et ne s'occupe pas de ceux qu'elle laisse vieux et fatigués en arrière. Supposons donc que la carrière qu'a embrassé Arthur l'eût forcé à s'éloigner de Paris, tu l'aurais accompagné ; moi, alors, et sans que j'eusse eu le droit de me plaindre, comme autrefois j'avais quitté mes parens malgré leurs larmes, tu me quittais à mon tour malgré les miennes..... Je restais alors vieux et seul... Je n'ai pas eu le courage d'envisager ce sort. A Naples, où m'avait entraîné, comme tu le sais, la nécessité de régler quelques affaires de fortune, je rencontrai un ange d'amour et de pureté, que je ne puis comparer qu'à toi, mon enfant....... Elle me promit, non son amour... je n'osais le lui demander, mais ces soins affectueux qui tiennent à la fois de la fille et de l'épouse. Je me dis : Amélie appréciera son esprit distingué, ses qualités excellentes, et elle l'aimera ; Teresa verra mon Amélie : sa candeur et sa naïveté la toucheront. Tant qu'elles se chériront, qu'elles resteront toutes deux près de moi, je serai complétement heureux ; si l'une des deux me quitte, eh bien! je ne serai malheureux qu'à moitié.

AMÉLIE. Oh! ce ne serait jamais moi!

DELAUNAY. Voilà ce que je me suis dit, ma fille ; et si, arrangeant tout pour mon bonheur, j'ai dérangé quelque chose au tien, pardonne-le-moi, pardonne à ton père : il n'avait pas pu le prévoir.

AMÉLIE. Moi, vous pardonner, mon père!... C'est moi qui suis à vos genoux, c'est moi qui vous demande pardon de vous avoir affligé..... Mais la faute n'en est peut-être pas à moi toute seule, madame la baronne...

DELAUNAY. Encore!

AMÉLIE. Maman! maman!..... Je me trompe.

DELAUNAY. Amélie, tu es injuste : Teresa est aussi bonne que belle.

AMÉLIE. Oui, papa, maman est bonne et belle... mais elle ne m'aime pas.

DELAUNAY. Et pourquoi?

AMÉLIE. Le sais-je?... Mais chut!... c'est elle qui rentre... Papa, ne lui dites pas un mot de tout cela... Voyez-vous? c'est peut-être moi qui ai tort... Oui, oui, je me rappelle... elle serait venue à moi, sans ma froideur qui l'a retenue..... Et je vais lui demander pardon devant vous.

DELAUNAY. Non, non : ma présence contiendrait peut-être vos sentimens à toutes deux : vous feriez par complaisance ce que je demande à votre conviction..... Reste seule, mon enfant....... attends ma femme... ta mère... sois charmante avec elle comme tu l'es avec moi... Reviens vite m'annoncer que, si tu n'as pas retrouvé en elle ce que Dieu ne donne qu'une fois, comme la vie, une mère, je t'ai du moins ramené une bonne et excellente amie. Adieu, mon enfant : je te quitte pour m'occuper, avec Dulau, de toi et d'Arthur. Tu auras soin que l'on ne nous dérange pas.

AMÉLIE. Adieu, mon père... Vous serez content de votre fille... Vous serez heureux... Adieu!

SCÈNE VI.

AMÉLIE, puis TERESA.

AMÉLIE. Oh! il m'en coûtera bien d'appeler cette Italienne ma mère!..... Si l'on ajoutait foi aux pressentimens, je penserais que le malheur me viendra d'elle..... La voici!

TERESA. Encore cette enfant!

AMÉLIE. C'est bizarre! Il semble qu'elle éprouve pour moi le même éloignement que moi pour elle...

TERESA. Dans trois jours elle sera sa femme... la femme d'Arthur!... Ah!...

(Elle veut entrer chez le baron.)

AMÉLIE. Eh bien!.. Elle s'éloigne déjà.. (Haut, en l'arrêtant.) Pardon... mon père travaille en ce moment avec Dulau...

TERESA. A quoi donc, mademoiselle?

AMÉLIE. A notre contrat.

TERESA. Ah! oui... N'est-ce pas demain qu'il se signe?

AMÉLIE. Je le crois.

TERESA. Le contrat de mariage d'Arthur!...

AMÉLIE. Allons, il le faut!... Maman...

TERESA. Sa mère!...

AMÉLIE. Mon père veut que nous causions...

TERESA. Je vous écoute, mademoiselle.

AMÉLIE. Ah! si vous m'appelez mademoiselle, je ne pourrai pas vous appeler maman...

TERESA. Mais qui vous force à m'appeler ainsi?

AMÉLIE. Papa le désire...

TERESA. Et cela vous coûte?

AMÉLIE. Je n'ai pas dit cela.... mais....

TERESA. Mais?...

AMÉLIE. Vous êtes si jeune, que je vous appellerais plutôt ma sœur.

TERESA. Je comprends: vous m'aimeriez mieux pour votre sœur que pour votre mère!...

AMÉLIE. Oh! oui... car alors mon père nous aimerait toutes deux également....... tandis que...

TERESA. Achevez...

AMÉLIE. Tandis que j'ai tremblé un instant qu'il ne vous aimât plus que moi.

TERESA. J'aurais cru en ce moment votre cœur trop plein d'un autre sentiment pour qu'il pût s'apercevoir.... cela fût-il... que je lui avais enlevé quelque chose de l'affection paternelle...

AMÉLIE. Eh! quel sentiment peut donc remplacer la moindre part perdue dans l'amour d'un père?

TERESA. Celui que vous avez pour M. Arthur et qu'il a pour vous serait une compensation, ce me semble.

AMÉLIE. Oh! jamais.... c'est si différent!

TERESA. Et comment l'aimez-vous donc alors?...

AMÉLIE. Arthur?

TERESA. Oui, Arthur.

AMÉLIE. Un peu plus que Laure, mais moins que mon père.

TERESA. Pas davantage?

AMÉLIE. Non.

TERESA. Et vous appelez cela de l'amour?...

AMÉLIE. Ecoutez, maman. En pension j'ai beaucoup entendu parler de l'amour: on m'en faisait mille peintures diverses; d'avance on me disait quelles émotions il amenait avec lui,...... Quand Dulau me présenta M. Arthur et me confiant les projets de mon père sur lui, je me suis dis: Enfin je vais connaître l'amour!..... J'ai alors, chaque fois qu'il me quittait, interrogé mon cœur et cherché les sensations nouvelles que l'amour devait y produire.... Eh bien! cela a été vainement: rien ne m'a annoncé la présence de cet amour. Je me suis habituée à voir Arthur; j'ai du plaisir à le savoir près de moi; je crois qu'il me rendra heureuse et que je le rendrai heureux: je l'épouserai avec joie, car je sais que ce mariage est depuis long-tems le songe doré de mon père. Voilà tout ce que j'éprouve, maman,...... Est-ce cela ce qu'on appelle aimer?

TERESA. Grand Dieu!...... Oui, mon enfant.

AMÉLIE. Oh! tant mieux! Je tremblais de n'avoir pour Arthur que de l'amitié.

TERESA. Amélie, si demain vous appreniez qu'Arthur est votre frère, cela vous rendrait-il bien malheureuse?

AMÉLIE. Oh! non.... Au contraire, car alors vous concevez, maman: mon père ne me marierait peut-être point, et je tremblerais plus de le quitter.

TERESA. Elle ne l'aime pas!... Ah!...

AMÉLIE. Mon Dieu! comme je vous jugeais mal!..... Oh! si je vous avais su tout de suite bonne comme vous l'êtes, mon père n'aurait pas eu besoin de me gronder pour que je vous appelasse maman,

TERESA. Ma fille! ma chère fille!...

AMÉLIE. Mais voyez donc, que j'étais folle de vous craindre et de m'inquiéter!

TERESA. Et vous ne me craignez plus; et vous n'êtes plus inquiète?

AMÉLIE. Tenez, maintenant si je croyais m'apercevoir que papa m'aime moins, c'est à vous que j'irais me plaindre tout de suite ; et vous lui diriez de m'aimer davantage, n'est-ce pas ?

TERESA. Eh! qui ne t'aimerait pas, chère enfant ; qui n'aimerait pas ma fille chérie !

AMÉLIE. Ma mère !..

TERESA. Embrasse-moi donc !...

AMÉLIE. Oh! maman, que je suis heureuse !.. que je t'aime !.. que mon père va être heureux !.., Ah! je cours lui dire que nous nous tutoyons.

SCÈNE VII.

TERESA, puis PAOLO.

TERESA. Elle n'aime pas Arthur !.. Elle ne l'aime pas !

PAOLO, de la porte. Signora...

TERESA. C'est vous, Paolo ?.... Qu'y a-t-il ?

PAOLO. Une lettre.

TERESA. De qui ?

PAOLO. De lui.

TERESA, lisant. Que vois-je !..

PAOLO. Il part.

TERESA. Qui te l'a dit ?

PAOLO. Lui-même.

TERESA. Il t'a parlé de son amour ?...

PAOLO. De quoi vouliez-vous qu'il me parlât ?

THERESA. L'indiscret !

PAOLO. Le malheureux !...

TERESA. Il m'aime donc toujours ?

PAOLO. Comme à Naples.

TERESA. Il t'a fait cette confidence ?

PAOLO. Il me l'a renouvelée.

TERESA. C'est vrai : j'avais oublié que tu étais déjà chez ma mère, lorsqu'il fut question de mon mariage avec lui.

PAOLO. Je m'en souvenais, moi.

TERESA. Et il attend sans doute ?...

PAOLO. Une réponse.

TERESA. Vous vous en chargerez ?..

PAOLO. Si la signora l'ordonne.

TERESA. Allez lui dire que je l'attends.

SCÈNE VIII.

TERESA, seule.

Oui, je comprends la cause de son départ : il veut rompre son mariage... Il m'aime !.. il m'aime toujours ! Quelle fatalité que celle qui m'a ramenée au milieu de cette famille !... Mon Dieu !... et peut-être pour le malheur de tous !..., Il part ! Oh! non, il ne peut pas partir.... Il faut qu'il épouse cette enfant : c'est le vœu de son père... c'est... c'est le mien aussi.. Déjà mon mariage, à moi, est un obstacle à mon amour : que son mariage, à lui, soit un obstacle au sien... Ce double lien sera trop sacré pour être rompu. — Oui, il restera : j'aurai mille raisons à lui donner pour qu'il reste... Et la plus forte de toutes, ô mon Dieu ! est peut-être celle que je n'oserai m'avouer à moi-même ?... C'est lui !...

SCÈNE IX.

TERESA, ARTHUR.

ARTHUR. Enfin, j'ai le bonheur de vous rencontrer, madame !...

TERESA. Vous fuyiez-?

ARTHUR. Je le craignais...

TERESA. Et vous vous trompiez... Quel motif aurais-je eu de le faire ?

ARTHUR. Vous avez raison, madame : c'était presque de la fatuité de le penser.

TERESA. Je ne vous comprends pas....

ARTHUR. C'est que nous ne parlons plus la même langue ?

TERESA. Vous m'avez écrit, monsieur...

ARTHUR. Et vous avez lu ma lettre ?...

TERESA. Ce projet de départ est-il bien arrêté ?

ARTHUR. Plus que jamais !

TERESA. Ainsi, votre mariage ?

ARTHUR. Sera rompu.

TERESA. Vous oserez dire à M. Delaunay ?...

ARTHUR. Je lui écrirai.

TERESA. Quelles raisons lui donnerez-vous ?

ARTHUR. Que je crains de faire le malheur de sa fille.

TERESA. Pourquoi ?

ARTHUR. Parce que je ne l'aime pas.

TERESA. Vous l'aimiez, il y a huit jours.

ARTHUR. Je le croyais... je ne vous avais pas revue !

TERESA. Pensez-vous qu'on ne puisse faire le bonheur d'une femme sans éprouver pour elle une passion violente ?

ARTHUR. Il ne faut pas, du moins, qu'on éprouve cette passion pour une autre.

TERESA. Et que pensez-vous, que dira mon mari de cette rupture ?...

ARTHUR. Peu m'importe !

TERESA. Il en cherchera les motifs..

ARTHUR. Je les lui dirai. D'ailleurs, il sait déjà qu'un premier amour...

TERESA, vivement. Et il en connaît l'objet ?

ARTHUR. Il en ignore le nom.

TERESA. Il sait du moins le lieu où vous l'avez éprouvé....

ARTHUR. Je lui ai dit qu'à Naples....

TERESA. C'est bien !... Et alors, déçu de ses espérances les plus chères, le baron cherchera à savoir quelle est cette personne que vous avez aimée, et qu'il devra haïr, lui.... Il connaît Naples : il écrira ; et une lettre lui peut tout apprendre... Il saura que cette femme inconnue que vous avez aimée, c'était moi... moi, sa femme !... Croyez-vous qu'il pensera qu'un amour si violent dans votre cœur n'a pas laissé de traces dans le mien ?... Et alors, non-seulement il aura à me reprocher, et justement, d'avoir détruit dans le présent ses espérances de père ; mais encore, l'idée que j'ai pu éprouver un premier amour... que peut-être je l'éprouve encore... lui enlèvera dans l'avenir sa tranquillité d'époux... Arthur... et tout cela pour quelques souffrances que le tems et l'habitude calmeront !.... Oh ! vous êtes bien égoïste !

ARTHUR. Teresa, dites bien malheureux !

TERESA. Et vous voulez me rendre malheureuse !..... Vous parti, parce que vous n'avez plus rien à craindre, vous oubliez que vous me laissez ici... moi, craignant tout !

ARTHUR. Mais que faire ?...

TERESA. Rester ici, épouser Amélie.

ARTHUR. Ne m'avez-vous pas compris, Teresa? ne vous ai-je pas dit que je vous aimais ?.... Épouser Amélie !..... épouser cette enfant avec un autre amour dans le cœur ?... et quel amour !.... Lui jurer en face de son père et de Dieu que je l'aimerai, et mentir à Dieu et à son père !..... Oh ! ce serait affreux, ce serait infâme !... Mais vous n'avez donc pas l'idée de ce que c'est qu'aimer ?

TERESA. Arthur !...

ARTHUR. Laissez-moi donc vous dire ce que je souffre, vous épouvanter de ce qui peut arriver !... Mais, Teresa, vous ne savez donc pas que jamais je ne vous ai autant aimée que je vous aime en ce moment ?... Oh ! si vous éprouviez, une heure seulement, ce qui s'est passé dans mon cœur depuis trois jours !.. Teresa, pas de repos, pas de sommeil ; un sang qui brûle... c'est à en devenir fou !... c'est à en mourir !

TERESA. Mais écoutez-moi...

ARTHUR. Vous ne voulez pas que je parte, et vous voulez que j'épouse Amélie !.... Et si je vous obéis, savez-vous que ce sera que l'enfer d'une vie qui se passe près de sa femme qu'on n'aime pas,

près de la femme d'un autre qu'on aime !... Et quand cette femme est celle d'un vieillard qu'on appelle son père... quand nous rencontrant à chaque pas dans cette maison qui nous renfermera tous, ce ne sera qu'à force de contrainte et de dissimulation que nous parviendrons à les cacher, sa fille ses larmes, vous vos regrets, moi mon désespoir.... Oh ! mais, songez-y donc ! y aura-t-il pour nous tous un instant de repos, de bonheur, de tranquillité dans ce monde ?

TERESA. Ah ! vous voyez tout cela ainsi, parce que vous le voyez dans un moment d'exaltation ; parce que j'arrive à peine ; parce que vous m'avez revue tout-à-coup et sans m'attendre.... Moi-même, je ne suis calme que parce que j'étais prévenue, quelque tems d'avance, que j'allais vous revoir, que vous seriez l'époux d'Amélie !... Ainsi sera de vous, Arthur, lorsque des jours, des mois, une année se seront passés près l'un de l'autre !...Ah ! croyez-moi, vous reconnaîtrez que la fièvre qui vous brûle en ce moment n'était point durable... Vous deviendrez mon ami et je deviendrai votre amie... Arrivés à ce point... dites... tout ce que vous envisagez en ce moment avec terreur ne sera-t-il pas délices ?...... Cette habitation sous le même toit, cette facilité de nous voir à toutes les heures de la journée, d'enfermer dans le cercle de notre famille toutes nos affections, toutes nos joies, d'être pour nous un monde isolé au milieu du monde... dites... si ce n'est pas le bonheur, où le cherchera-t-on !..... Et lorsqu'il est là, qu'il y touche, à ce bonheur si rare, si difficile à trouver, l'homme qui le dédaigne, qui le repousse... oh ! dites, Arthur ! dites..... cet homme n'est-il pas un insensé ?

ARTHUR. Eh ! quelles que soient mes craintes, croyez-vous que, si je n'écoutais que la voix de mon cœur, je n'aimerais pas mieux me jeter tête baissée dans ces malheurs que je crains, et marcher en aveugle dans l'avenir ?.... Mais l'avenir, même cet avenir affreux que je peignais tout à l'heure, il aurait des reflets du ciel, des momens à faire envie aux anges ; car enfin je vous verrais, Teresa !..... A cette heure, à cette heure même où je souffre, où je vous prie, où je pleure... Teresa, je suis plus heureux.... que je ne l'ai jamais été depuis deux ans... Au fond de ses chagrins les plus amers, l'amour cache une joie...—Partir ! vous avoir revue et vous quitter !..... Vous avoir revue plus belle, me sentir plus aimant, et partir !... Ai-je dit que je voulais partir ?... Non, quand je suis venu ici, je savais bien que je n'en aurais pas la force... Je n'ai que celle de vous aimer, Teresa... Je m'abandonne en aveugle à votre désir..... Je penserai avec votre pensée, j'agirai avec votre volonté... Me voilà, mon Dieu!..... Puis-je quelque chose pour vous? ordonnez, ordonnez tout.. excepté mon départ.

TERESA. Arthur, que je vous suis reconnaissante.!...

PAOLO. Mademoiselle Laure.

SCÈNE X.

LES PRÉCÉDENS, LAURE.

LAURE. Monsieur le baron, Amélie et monsieur Dulau, attendent monsieur Arthur.

TERESA. Merci, mademoiselle. (A Arthur.) Souvenez-vous de votre promesse !

ARTHUR, bas. Ai-je promis?...

TERESA. Vous savez pourquoi l'on vous demande..... Voulez-vous me donner la main et me conduire chez mon mari?

ARTHUR. Oui, madame... Oh! Teresa, qu'allons-nous faire !...

TERESA. Notre bonheur à tous !...

ARTHUR. Dieu le veuille !...

(Ils sortent.)

SCENE XI.

PAOLO, LAURE.

LAURE. Monsieur Paolo...

PAOLO. Mademoiselle?...

LAURE. Je parie que le mariage d'Arthur et d'Amélie n'aura pas lieu.

(On sonne chez Delaunay.—Paolo y entre : Laure le suit des yeux avec curiosité.—Il en sort presque aussitôt. Laure l'arrête au milieu du théâtre.)

Où vous envoie-t-on?...

PAOLO. Chercher le notaire.

FIN DU DEUXIÈME ACTE.

ACTE III.

Même décoration.

SCÈNE PREMIÈRE.

DULAU, LAURE, DELAUNAY.

DELAUNAY. Dulau, je ne t'offre pas mon cabriolet; j'en ai besoin pour conduire Amélie ce soir à la campagne, où tu ne nous précéderas que de quelques instans.

DULAU. Merci : je serais très-embarrassé de le conduire ; et l'on n'y tient que deux.

LAURE. Le domestique aurait pu mener, et vous, nous suivre à cheval.

DULAU. Bien obligé !..... J'aime mieux les petites voitures; on est un pressé, un peu cahoté, mais on ne tombe que quand on verse.

LAURE. Et vous nous amenez Amélie ce soir ?

DELAUNAY. Ce soir.

DULAU. Et la baronne?...

DELAUNAY. Je ne sais... Peut-être n'ira-t-elle pas à la campagne; peut-être fera-t-elle un voyage long où je l'accompagnerai... Dulau, dans ce cas, je compterais encore sur toi.

DULAU. Toujours. Tu es triste, Delaunay, tu soupires... J'espère que tu ne nous caches rien de malheureux ?

DELAUNAY. Non, mon ami, non, mais Teresa change; elle paraît souffrante.

DULAU. C'est vrai.

DELAUNAY. Eh bien, cela m'inquiète, je voudrais la distraire....... Je te conterai tout cela ce soir... Ne vois-tu pas que nous faisons le désespoir de Laure, qui ne peut pas devenir ce que nous disons.

DULAU. Alors à ce soir. — Adieu.

DELAUNAY. Je vais vous reconduire jusqu'en bas.

SCÈNE II.

TERESA, PAOLO. Teresa fait un signe dans l'antichambre. Paolo paraît.

PAOLO. Signora?...

TERESA. Personne n'est encore sorti de l'appartement de Mme Arthur?

PAOLO. Personne.

TERESA. Monsieur de Savigny m'a priée hier de lui copier quelques airs de notre pays : Paolo, les voici.... Vous lui remettrez cette lettre : ils sont dedans.

PAOLO. Oui, signora.

TERESA. Si monsieur le baron rentre et me demande, je suis au jardin.

PAOLO. L'air du printems est encore bien froid, signora.

TERESA. J'en ai besoin : le front me brûle.

SCÈNE III.
PAOLO, puis ARTHUR.

PAOLO. « A monsieur Arthur de Savigny. » Qu'il est heureux ! (*Arthur entre.*) Elle sort d'ici.

ARTHUR. Où est-elle?...

PAOLO. Au jardin.

ARTHUR. J'y cours !...

PAOLO. Une lettre...

ARTHUR. Pour moi?

PAOLO. D'elle.

ARTHUR. Oh ! donne !... Oh ! oui, elle aussi m'aime !... Elle m'aime toujours !... elle m'aime comme autrefois ! — Elle nous rappelle nos sermens, nos liens....... Oh ! c'est elle qui les a voulus.

PAOLO, *annonçant.* Le baron.

ARTHUR. Lui !..... Je ne le revois pas, après une heure d'absence, que je ne tremble que dans cet intervalle il n'ait surpris mon secret. Oh ! mon Dieu ! mon Dieu ! quel supplice !... Oh ! ses cheveux blancs me font mal !... Il est triste.... Se serait-il aperçu?...

SCÈNE IV.
ARTHUR, DELAUNAY.

DELAUNAY. Bonjour, Arthur.

ARTHUR. Rien encore !...

DELAUNAY. Comment va Amélie?

ARTHUR. Bien, mon père.

DELAUNAY. Tant mieux ! Est-elle prête à partir ce soir pour la campagne?

ARTHUR. Je le crois...

DELAUNAY. Où est-elle?

ARTHUR. Dans sa chambre. Voulez-vous que je l'appelle?

DELAUNAY. Non : je suis bien aise de causer un instant avec vous.

ARTHUR. Avec moi?...

DELAUNAY. N'êtes-vous pas mon fils, mon meilleur ami?

ARTHUR. Et de quoi vouliez-vous me parler?

DELAUNAY. De mes chagrins, Arthur !

ARTHUR. Vous en avez !...

DELAUNAY. Voilà bien la question d'un homme heureux !

ARTHUR. Et ces chagrins...qui les cause?

DELAUNAY. As-tu remarqué la tristesse et la pâleur de Teresa?

ARTHUR. Oui.

DELAUNAY. En devines-tu le motif?

ARTHUR. Je n'ai point cherché à m'en rendre compte.

DELAUNAY. Arthur, pourrais-tu vivre loin de la France, avec l'idée que tu ne la reverrais jamais?

ARTHUR. Oh ! non !

DELAUNAY. Eh bien ! tout le mal de Teresa est dans ce que tu viens de dire : elle regrette Naples !...

ARTHUR. Elle n'y a plus de parens.

DELAUNAY. Et leurs tombes, Arthur !... Il y a sous le ciel qu'ont vu nos yeux en s'ouvrant, dans l'air qu'on a respiré d'une poitrine jeune, libre et joyeuse, dans le pays natal, enfin, un charme qu'aucun autre ne peut rendre !.... Teresa regrette tout cela, mon ami.

ARTHUR. Oh ! oui, oui sans doute !..... C'est cela ; c'est à cela qu'il faut attribuer sa tristesse, sa préoccupation.... à cela, mon père, et pas à autre chose..... Vous avez raison.

DELAUNAY. Elle me le cache de peur de m'affliger : elle craint, cet ange de douceur, que je ne m'impose à moi les privations qu'elle n'a pas la force de supporter ; mais je serai aussi généreux qu'elle.

ARTHUR. Et que ferez-vous?...

DELAUNAY. Je partirai demain pour Naples avec elle.

ARTHUR. Vous !..... vous, vous partiriez !... Dites-vous vrai?...

DELAUNAY. Oui.

ARTHUR. Mais un pareil voyage demande des préparatifs?...

DELAUNAY. Ils sont faits.

ARTHUR. Et sait-elle cela, elle? — Madame la baronne.

DELAUNAY. Pas encore.

ARTHUR. Et Amélie?...

DELAUNAY. Ce n'est qu'au dernier moment que je l'en instruirai : je craindrais ses prières, ses larmes.

ARTHUR. Ah ! oui... car ses prières, ses larmes vous retiendraient, n'est-ce pas?

DELAUNAY. Peut-être !... Hélas ! quand on quitte à mon âge enfans et patrie, quelque courte que soit l'absence, on risque de ne plus les revoir !

ARTHUR. Il ne faut pas qu'il parte.

DELAUNAY. Je te recommande Amélie en mon absence, Arthur.... Tes soins la consoleront : je la saurai heureuse..... aimée de toi, car son bonheur est dans son amour. Voici Teresa : laisse-moi seul avec elle.

ARTHUR *va au-devant de Teresa, et lui dit bas.* Rappelez-vous que vous m'aimez !

TERESA, *à part.* Que veut-il dire?...

SCENE V.

DELAUNAY, TERESA.

DELAUNAY. Viens, ma Teresa.

TERESA. Me voici, mon ami.

DELAUNAY. Où as-tu été ce matin?

TERESA. Au jardin.

DELAUNAY. Sans pelisse, sans manteau, par cet air frais!...

TERESA, *lui donnant la main.* Tenez.

DELAUNAY. Ta main brûle...

TERESA. Oui.

DELAUNAY. Regarde-moi.

TERESA. Eh bien?

DELAUNAY. Vois: la rosée du matin tremble dans tes cheveux.

TERESA. Mon front en a besoin...

DELAUNAY. Comme tes yeux sont fatigués! comme tes joues sont pâles!........ N'est-ce pas, ma Teresa, que ce ciel gris fatigue tes yeux, que ce soleil froid fane ton teint, que ta poitrine respire mal cet air de France?

TERESA. Oh! oui, oui.... c'est cela..... peut-être.... Oui, mon ciel bleu.... mon soleil ardent... mon golfe de Naples, où le soir les étoiles tombent comme des perles... Oh! revoir tout cela comme je le voyais, il y a trois ans, y retrouver les sensations que j'y ai éprouvées, et je serais heureuse...

DELAUNAY. Heureuse!.... Eh bien! ma Teresa, Naples, les orangers de Sorrente qui embaument l'air, le berceau de ta jeunesse, la tombe de tes parens, je puis te rendre tout cela... et je te le rends!

TERESA. Vous!... et comment?...

DELAUNAY. Demain, nous partons.

TERESA. C'est impossible!...

DELAUNAY. Pourquoi?

TERESA. Pourquoi?... Vous ne pouvez quitter ainsi votre patrie, votre maison, votre famille....

DELAUNAY. N'as-tu pas quitté tout cela pour venir avec moi?

TERESA. Mais moi....

DELAUNAY. Mais toi... tu étais jeune, tu avais de longues et joyeuses années à passer au lieu de ta naissance... Ferai-je moins pour toi, moi, vieux et près de la tombe?

TERESA. Mon ami!...

DELAUNAY. Non, Teresa: c'est à celui qui n'a rien à perdre de donner à l'autre. En supposant que j'atteigne le terme ordinaire que la nature a marqué aux hommes, à peine s'il me reste huit ou dix ans à vivre: attendras-tu ces huit ou dix ans au bout desquels tu seras libre pour être heureuse?... Et si je vivais au-delà de ce terme, si ce mal du pays devenait chaque jour plus insupportable... veux-tu que je craigne que tu me maudisses de ne pas mourir?

TERESA. Oh! Delaunay!...

DELAUNAY. Je quitte pour toi, dis-tu, patrie, famille... Ma patrie n'a plus besoin de mes services; c'est à de plus jeunes maintenant à la défendre: j'ai accompli ma tâche envers elle.... Ma famille?... je n'ai qu'une fille: je l'ai mariée à l'homme de son choix, et elle est heureuse. — Mon but est donc atteint dans ce monde: Dieu pourrait m'envoyer la mort, et je n'aurais pas le droit de lui dire: attends; car tout ce que doit faire un homme, je l'ai fait. — Eh bien! loin de là, Dieu veut que je vive, que je vive heureux.... puisque je vivrai avec toi: ton amour seul manquerait à mon bonheur.... Cet amour, je l'ai, n'est-ce pas?... amour de fille.... je n'en réclame pas d'autre.

TERESA, *émue.* Oh! oui... oui!

DELAUNAY. Eh bien! merci à Dieu, à toi, merci! car tous deux vous avez fait pour moi plus que je n'avais droit de demander: exiger plus encore, ce serait de l'ingratitude. — J'ai eu tort de te faire quitter Naples; j'aurais dû penser qu'en me suivant tu obéissais à ton père, qui te voulait voir noble, que tu sacrifiais ton bonheur à l'amour filial... Eh bien! en pensant que je t'ai rendu tout ce que tu chérissais, peut-être oublieras-tu que c'était moi qui un instant t'avais privée de tout cela... Allons, qu'as-tu?...

TERESA, *pleurant.* Oh! vous êtes le meilleur, le plus généreux des hommes?... et vous avez raison, il faut que je parte!

DELAUNAY. Tu vois que j'avais deviné juste, mon enfant.

TERESA. Oui... oui!... Quand partons-nous?

DELAUNAY. Quand tu voudras.

TERESA. Le plus tôt possible!

DELAUNAY. Demain.

TERESA. Demain?... Je serai prête.

DELAUNAY. Oui... oui!... Et quand, arrivés là-bas, nous parcourrons ensemble le beau pays où tu es née, s'il m'échappe un soupir en songeant à la France... alors, du rocher de Capri ou de la pointe de Miniscole, tu me diras, en me montrant la ville qui surgit au milieu de son golfe comme une corbeille de fleurs: Là-bas, vois-tu? c'est Naples... Naples, loin de laquelle je serais morte... Naples, que je n'espérais plus revoir... et que j'ai revue avec délices... Tu me diras cela, n'est-ce pas ?... et au son de ta voix, à l'aspect de ton bonheur... j'oublierai la France, j'oublierai..., j'oublierai tout... pour baiser tes mains, tes genoux, et te dire : Oh! Teresa, quelque chose que j'aie faite pour toi... Oh! toi... toi, en m'aimant... tu as bien fait plus encore !

TERESA. Mon ami, je vous en supplie... oh! laissez-moi, laissez-moi seule... j'ai besoin de pleurer...

DELAUNAY. Oh! oui, oui, pleure de joie... voilà les larmes que j'aime à te voir répandre! Au revoir : je vais donner les ordres nécessaires. Je voudrais aujourd'hui profiter du tems qui me reste pour installer Arthur et Amélie à la campagne, où nous devions passer l'été avec eux. Tu resteras ici, toi, ce petit voyage te fatiguerait inutilement... Ménage tes forces, tu en auras besoin. Demain, je serai de retour, débarrassé de tous les adieux dont je veux t'épargner le spectacle. (*Il sonne.*) Attelez le cheval au cabriolet.

TERESA. Vous ne prenez pas la calèche?

DELAUNAY. Je la garde pour notre voyage. Amélie et moi irons dans le cabriolet; Arthur nous suivra à cheval, et demain, je me servirai de ce même cheval pour revenir. — Allons, ma Teresa, tout est arrangé... souris, pour que je pense à ce sourire en disant adieu à ma fille.

SCENE VI.

TERESA.

TERESA. Oh !... oh! mon Dieu! ce serait bien affreux!... mais partir... oui, je sens là qu'il le faut : loin d'Arthur, je pourrai l'aimer sans crainte de devenir coupable... tandis que près de lui, mon amour d'aujourd'hui sera peut-être demain un remords... Oh! pensons à ce vieillard si bon qui m'appelle sa fille, qui m'a confié ce qui lui reste de jours, ce qu'il espère de bonheur... En quittant Arthur, au moment où il m'aime, malgré mon absence il continuera de m'aimer... Ce n'est point sa femme, ce n'est point la froide Amélie qui effacera en lui mon souvenir... elle qui ne sait aimer d'amour qu'un peu plus qu'elle n'aime Laure... qu'un peu moins qu'elle n'aime son père?...

SCENE VII.

AMÉLIE, TERESA.

AMÉLIE. Je croyais mon père avec toi, maman...

TERESA. Il me quitte.

AMÉLIE. Oh! mon Dieu!... il faut que je lui parle .. Sais-tu, maman, ce qu'il a décidé ?... de partir, de nous quitter, de retourner à Naples?...

TERESA. Oui, mon enfant, c'est son intention... Et qui t'a annoncé cette nouvelle que ton père voulait te cacher?

AMÉLIE. Arthur.

TERESA. Arthur !...

AMÉLIE. Et je lui ai bien promis d'employer toute mon influence pour retenir mon père.

TERESA. C'est lui qui t'envoie, et il te charge d'empêcher ce voyage?...

AMÉLIE. Et je l'empêcherai.

TERESA. Pauvre enfant !...

AMÉLIE. J'ai promis à Arthur que tu te joindrais à moi pour supplier mon père de ne point partir... et tu le feras, n'est-ce pas, maman?... et nous serons deux contre papa... Deux femmes sont bien fortes!.. Nous attaquerons son cœur de deux côtés, et il faudra bien qu'il cède.

TERESA. Je doute, Amélie, que nos prières obtiennent rien de mon mari.... D'ailleurs, ce départ est nécessaire...

AMÉLIE. Oh! maman!...

TERESA. Mais, faisons mieux...

AMÉLIE. Voyons!

TERESA. J'ai un moyen de tout concilier.

AMÉLIE. Oh! dites vite, maman!

TERESA. Ce voyage se fera, et tu ne quitteras point ton père.

AMÉLIE. Je ne comprends pas...

TERESA. Viens avec nous, mon enfant?

AMÉLIE. Et Arthur?...

TERESA. Il restera à Paris, qu'il ne peut quitter en ce moment, à moins de renoncer à ses projets d'avenir.

AMÉLIE. Mais, chère maman, c'est que je ne veux pas me séparer d'Arthur, moi.

TERESA, *étonnée*. Comment...

AMÉLIE. Non, oh! certainement non !

TERESA. Cependant, mon enfant, il faut te décider à quitter ou ton père ou ton mari.

AMÉLIE. Oui, vous avez raison... En ce cas, maman, je resterai près d'Arthur.

TERESA. Amélie..., ne m'as-tu pas dit que tu l'aimais moins que ton père?...

AMÉLIE. C'est vrai... mais je n'étais pas mariée alors.

TERESA. Et depuis ton mariage?...

AMÉLIE. Ecoute... Il ne faut pas le dire à mon père; cela lui ferait de la peine, car je ne sais s'il pourrait le comprendre comme tu le comprendras, toi qui es une femme... mais un sentiment que je ne devinais pas est entré dans mon cœur, s'est emparé presque entièrement de mon être... et j'ai reconnu à mon bonheur... que c'était de l'amour.

TERESA. Enfant!... Mais ton père, ton père!... tu l'aimes donc moins?

AMÉLIE. Non, maman: ce n'est pas mon père que j'aime moins; c'est Arthur que j'aime davantage.

TERESA. Tu l'aimes!...

AMÉLIE. Oh! plus que tu ne peux le comprendre!

TERESA. Et lui!... lui!...

AMÉLIE. Oh! lui...

TERESA avec joie. Dis donc!

AMÉLIE. Il m'aime bien, sans doute... quoique souvent il me semble distrait, préoccupé... mais je sais pourquoi.

TERESA. Tu le sais?...

AMÉLIE. Oui... Quand je regarde dans le passé, quand je songe à mon indifférence pour lui, je m'étonne encore qu'il ait continué de m'aimer comme il l'a fait... Oh! si je pouvais revenir sur ce tems de froideur que je tremble qu'il ne se rappelle! Oh! mais je l'accable de caresses pour lui faire oublier... L'avenir est à moi: je sens que je l'aimerai chaque jour davantage... Et tu me proposes de le quitter, maman! de quitter mon Arthur!... Oh! non, non!... je ferai tout ce que je pourrai près de mon père: je le supplierai de rester; mais si, malgré mes pleurs et mes prières, il part... maman, je resterai près d'Arthur.

TERESA. Elle l'aime! malheureuse que je suis! elle l'aime, et je pars!

AMÉLIE. On vient... Si c'était mon père!... Maman! maman! c'est mon Arthur!... Le voilà! Vois, maman, comme il est pâle!... et a l'air souffrant!... Mon ami!...

⸎⸎⸎⸎⸎⸎⸎⸎⸎⸎⸎⸎⸎⸎⸎⸎⸎⸎⸎⸎⸎⸎⸎⸎⸎⸎⸎⸎⸎⸎⸎⸎⸎

SCENE VIII.

LES PRÉCÉDENS, ARTHUR.

ARTHUR. Eh bien?...

AMÉLIE. Je ne l'ai pas vu.

ARTHUR. Où est-il donc?

AMÉLIE. Descendu donner quelques ordres. Mais il faut qu'il passe dans la salle à manger pour rentrer dans son appartement: je vais l'attendre, et j'empêcherai ce voyage qui nous rendrait tous malheureux... Embrassez votre femme, monsieur; et elle part.

TERESA. Mon Dieu, ayez pitié de moi!

⸎⸎⸎⸎⸎⸎⸎⸎⸎⸎⸎⸎⸎⸎⸎⸎⸎⸎⸎⸎⸎⸎⸎⸎⸎⸎⸎⸎⸎⸎⸎⸎⸎

SCENE IX.

TERESA, ARTHUR.

ARTHUR. Nous sommes seuls enfin!...

TERESA. Elle l'aime!...

ARTHUR. Oh! écoutez-moi, Teresa! car il n'y a pas un instant à perdre.

TERESA. Que me voulez-vous?

ARTHUR. Le baron vous a-t-il parlé de son voyage insensé?

TERESA. Oui.

ARTHUR. Et vous y avez consenti?

TERESA. Je l'ai approuvé.

ARTHUR, amèrement. Bien!

TERESA. Que vouliez-vous donc que je fisse?

ARTHUR. N'y avait-il pas mille moyens de rester?

TERESA. Rester... et pourquoi faire?... rester...

ARTHUR. Vous le demandez!...

TERESA. Amélie reste, elle!

ARTHUR. Sommes-nous ici pour railler, madame!... et puisque c'est pour vous qu'il veut partir, que c'est votre santé qui l'inquiète, ne pouviez-vous le rassurer?

TERESA. Arthur, regardez-moi, et voyez ma pâleur, touchez mes mains: la fièvre les brûle... Pouvais-je dire à ma pâleur de disparaître, à ma fièvre de cesser?... Ne les attribuant plus au regret de mon pays natal, pouvais-je lui dire que cette pâleur, cette agitation, je les devais à votre présence, au malheureux amour dont vous me poursuivez?... Non, n'est-ce pas? Vous voyez bien qu'il fallait que je vous quittasse, que loin de vous seulement je puis être heureuse.

ARTHUR. Et moi, Teresa, et moi que vous abandonnez ainsi, ne devrais-je pas être pour quelque chose dans votre décision?... Vous parlez de votre pâleur, de votre agitation!... mon front est-il souriant, à moi? mon cœur bat-il comme celui d'un homme calme?... Ah! quand je voulais rompre ce mariage, quand je prévoyais les tortures qui me rongent; mais il fallait donc me laisser partir! J'avais des forces alors pour me séparer de vous: maintenant votre présence continuelle les a usées... Vous m'avez retenu, retenu malgré moi ; vous m'avez promis un avenir de bonheur et de calme... Oh ! n'est-ce pas, Teresa, que nous sommes calmes ? n'est-ce pas que nous sommes heureux ? n'est-ce pas que vous avez tenu votre promesse ?

TERESA. Arthur! Arthur!... vous me faites bien du mal!

ARTHUR. Vous aurez disposé de ma vie ; vous aurez ordonné : j'aurai obéi... vous m'aurez fait malheureux, et vous me laisserez malheureux!... Oh ! cela ne sera point, Teresa. C'est une coquette qui se conduirait ainsi, et vous ne l'êtes point... Songez donc qu'il me faut votre présence comme il me faut de l'air... Je m'y suis habitué ; et maintenant c'est ma vie... Il me la faut, Teresa!... Vous ne voulez pas que je meure, n'est-ce pas ? que je meure en désespéré, blasphémant Dieu... Eh bien! alors, restez, restez, je vous en supplie!... Teresa, mon amour, ma vie, mon ange!...

TERESA. Mon Dieu! mon Dieu !

ARTHUR. Mais répondez-moi donc !

TERESA. Eh ! n'ai-je pas répondu à tout... le jour où je vous ai répondu que je vous aimais?

ARTHUR. Oui, vous m'aimez... mais d'un amour commode, qui permet l'absence, la regarde comme un moyen de redevenir fraîche et jolie, de retrouver le bonheur qu'on a perdu..... Ah ! vous appelez cela de l'amour... vous, Italienne, vous!.. Le soleil de France a-t-il déjà refroidi à ce point la lave de vos veines?... Oh ! Teresa, vous ne m'aimez pas, vous ne m'avez jamais aimé !

TERESA. Oh! vous vous trompez, Arthur ; et les passions de l'Italienne, je les ai toutes deux ; amour et jalousie.... Ce sang qui s'est glacé, dites-vous, eh ! j'en donnerais la moitié à l'instant même, pour passer ma vie avec vous sans crime et sans remords!

ARTHUR. Eh bien donc! Teresa, ma Teresa!...

TERESA. Je ne vous aime pas, malheureux!... Eh ! cet amour m'épouvanterait-il s'il était moins violent?.. Croyez-vous que je n'aie pas essayé tous les moyens de le combattre... raison... prière?.. Je ne t'aime pas, Arthur !... et je suis obligée de te fuir pour te résister ! Oh ! laisse-moi donc cette seule voie de salut, ou je me perdrai et je te perdrai avec moi.

ARTHUR. Peu m'importe, Teresa?... avec toi, l'enfer, la mort!... avec toi, entends-tu.... mais avec toi !...

TERESA. Oh! pitié !... grâce !...

ARTHUR. Tu ne partiras pas.... dis.... Oh ! non ! non !...

TERESA. Arthur!...(S'éloignant). Le baron !...

<hr />

SCENE X.

LES PRÉCÉDENS, DELAUNAY, AMÉLIE.

AMÉLIE. Oh ! mon père !... mon bon père!.. je t'en supplie, ne nous quitte pas !

DELAUNAY. Mon enfant, Teresa seule pourrait changer ma résolution.

ARTHUR. Vous l'entendez, madame....

AMÉLIE. Oh ! maman, je t'en prie !...

ARTHUR. Teresa, vous n'avez qu'un mot... un seul mot à dire pour cela... Dites-le donc !

DELAUNAY. Nous reviendrons... vous me reverrez, mes enfans, avant que je ne meure...

AMÉLIE. Mon père !... mon père !..

ARTHUR. Une dernière fois, Teresa....

PAOLO. Le cabriolet de monsieur le baron et le cheval de monsieur Arthur sont prêts.

DELAUNAY. Allons, ma fille, fais tes adieux à ta mère.

AMÉLIE. Il le faut donc!.. mon Dieu!.. Adieu, maman... adieu... ramenez-nous mon père...

DELAUNAY. Console-toi, mon enfant, ma fille bien-aimée...

AMÉLIE. Jamais!... jamais!...

TERESA. Elle l'aime !

ARTHUR, près de Teresa. Madame...

TERESA, bas. Reviens! partir... mourir... mais avant je veux te revoir encore !

ARTHUR. Ce n'est point un rêve !

DELAUNAY. Elle craint de céder aux larmes de ma fille.... Paolo, dites à la baronne que je serai ici demain, et que nous partirons le soir même. — Je n'ai pas besoin de vous dire que vous nous accompagnez... Allons, mes enfans !...

AMÉLIE. Arthur!...

ARTHUR. Oui.... oui !... partons : il se fait tard.

<hr />

SCÈNE XI.

PAOLO, seul.

Partir !... Oh! que ces mots résonnent doucement à mon oreille!... Partir pour l'Italie... revoir Naples !... la revoir avec la signora Teresa !... Naples, où je n'aurai pas toujours devant les yeux cet Arthur que je déteste... cet Arthur que je vais laisser ici plus malheureux que moi, car lui ne verra plus ma noble maîtresse, que je verrai à toute heure, moi !... Oh ! n'est-ce pas, Arthur, que tu échangerais bien ta riche et hautaine position contre celle du pauvre, de l'humble pêcheur de Naples?... Oh ! mon golfe d'Ischia, dont les vagues me berçaient, tout enfant, dans le bateau de mon père ! Oh ! mon ciel pur... je vais rêver à vous, car cette nuit je dormirai : aucune pensée ne viendra me distraire de mes songes.... Teresa... Teresa est seule toute une nuit... seule!.. Respire, Paolo... Paolo, sois heureux !... — Quel est ce bruit ? — Arthur !.. Arthur qui revient seul !.. Oh ! qui le ramène donc?... Il va repartir sans doute.... il ne restera pas... il ne peut pas rester... (A un domestique qui entre.) — Où allez-vous?...

LE DOMESTIQUE. Préparer la chambre de M. Arthur.

PAOLO. Monsieur Arthur ne passe pas la nuit ici !...

LE DOMESTIQUE. Si fait : son cheval s'est donné un écart, et comme le cabriolet du baron ne contient que deux personnes, M. Arthur a été obligé de revenir.

PAOLO. Malédiction !

SCENE XII.

ARTHUR, PAOLO.

ARTHUR. Paolo...

PAOLO, se levant. Signor...

ARTHUR. Que fais-tu là ?

PAOLO. J'attendais les ordres de ma maîtresse, si elle avait à m'en donner.

ARTHUR. Et en attendant,...

PAOLO. Je jouais avec ce stylet.

ARTHUR. C'est l'arme de ton pays.

PAOLO. Et elle est mortelle !..

ARTHUR. La baronne...

PAOLO. S'est enfermée dans son appartement.

ARTHUR. C'est bon, tu peux te retirer.

LE DOMESTIQUE, sortant de l'appartement d'Arthur. Venez-vous?

PAOLO. Tout à l'heure.

LE DOMESTIQUE. Bonsoir.

PAOLO. Adieu. Oh ! je me trompe peut-être : il est possible, après tout, que cela ne soit que l'effet du hasard... Oh ! mon Dieu, que je souffre !... Adieu mes songes ! adieu ma nuit heureuse ! Le démon qui tourmente ma vie, il est là... Oh ! Paolo ! si un de tes compatriotes était à ta place, ce bon stylet à la main... Silence... n'ai-je point entendu ? Ses pas se sont rapprochés de cette porte.... cette porte.... Elle s'ouvre... il vient... c'est lui... Où va-t-il ?...

(Arthur écoute si tout est calme, met la main sur le bouton de la porte de Teresa, puis entre.

ARTHUR. Allons !...

(Paolo l'a suivi dans l'ombre, prêt à lancer le stylet qu'il tient ; puis, quand il voit que la porte de Teresa n'était pas fermée, il jette son stylet.)

PAOLO. Elle en mourrait !...

FIN DU TROISIÈME ACTE.

ACTE IV.

Un salon plus riche.

SCÈNE PREMIÈRE.

LE BARON DE SORBIN, un Domestique.

DE SORBIN. M. Arthur de Savigny est-il visible?

LE DOMESTIQUE. Je le crois... Le nom de monsieur?...

DE SORBIN. Le baron de Sorbin.. (*Sorbin s'assied. En attendant, il ouvre un album qu'il feuillette*). Ah! c'est l'album de la baronne.

Oh! laisse-moi t'aimer pour que j'aime la vie,
Pour ne point au bonheur dire un dernier adieu,
Pour ne point blasphémer les biens que l'homme envie,
Et pour ne pas douter de Dieu.

L'amour a des secrets pour les chagrins de l'ame;
L'amour a des clartés pour les front soucieux;
L'amour semble un reflet d'une céleste flamme
Dont le foyer serait au cieux.

SCÈNE II.

DE SORBIN, ARTHUR.

ARTHUR. Excusez-moi, baron, de vous avoir fait attendre.

DE SORBIN. Comment, mais je lisais des vers charmans qui m'ont bien l'air d'être de vous, car c'est de votre écriture, et ils ne sont pas signés.

ARTHUR. Ah! oui, oui... ce sont des vers que j'avais faits... autrefois... que la baronne m'a prié de mettre sur son album... Pardon de vous recevoir ici baron, mais je voulais causer avec vous.

DE SORBIN. Comment va M. Delaunay? st-il de retour?

ARTHUR. Non : il est, comme vous le avez, en Auvergne depuis trois semaines: sa vente d'une de ses terres l'y retient.

DE SORBIN. Je ne vous demande pas des nouvelles de la baronne : je vous ai aperçu avec elle avant-hier à l'Opéra : elle était resplendissante de fraîcheur et de beauté.

ARTHUR. Ah! vous m'avez vu?... Oui, elle va mieux, beaucoup mieux.

DE SORBIN. Je croyais qu'elle devait faire avec son mari un voyage à Naples.

ARTHUR. Sa santé, en se raffermissant, l'a rendu inutile.... Je suis passé chez vous hier pour avoir l'honneur de vous voir...

DE SORBIN. On me l'a dit : voilà pourquoi, en allant au ministère, je suis entré chez vous.

ARTHUR. Ne vous verra-t-on point à notre soirée?... C'est un anniversaire de naissance de ma femme : elle a aujourd'hui dix-huit ans... Ce serait mal de ne point y venir.

DE SORBIN. Si fait, je n'y manquerai pas... Mais j'ai pensé que vous aviez peut-être à me parler, et ce n'était pas au milieu d'une réunion.

ARTHUR. Je voulais vous demander comment vont mes affaires au ministère.

DE SORBIN. Très-bien.

ARTHUR. C'est que les motifs qui me retenaient à Paris n'existant plus...

DE SORBIN. Ah! c'est vrai : c'était votre futur mariage qui vous faisait tout refuser.... Eh bien! mais si vous consentiez à partir, le ministre des relations extérieures cherche, pour une affaire très-importante, quelqu'un qu'il puisse envoyer à Saint-Pétersbourg... Accepteriez-vous une mission pour cette ville?

ARTHUR. Peu m'importe : j'accepterais tout, pourvu que j'eusse un prétexte suffisant pour quitter Paris.

DE SORBIN. Eh bien! cela pourra s'arranger.

ARTHUR. Oh! merci!.,. Je n'ai pas besoin de vous dire que les mêmes motifs qui me font désirer de partir me font désirer aussi que cette demande que je vous fais reste secrète jusqu'au moment...

DE SORBIN. Soyez tranquille : je vais travailler avec le ministre en sortant d'ici : je lui parlerai de votre affaire, et j'espère ce soir même avoir de bonnes nouvelles à vous en donner.

ARTHUR. Vous êtes un homme charmant!... Vous partez déjà?

DE SORBIN. J'avais à peine le tems de vous dire bonjour, mais je voulais savoir pourquoi vous étiez passé chez moi... Depuis votre mariage, on vous voit si peu, que c'était un événement... A propos, et madame?...

ARTHUR. Un peu souffrante.

DE SORBIN. Ah! est-ce que?...

ARTHUR. Oh! mon Dieu, non.

DE SORBIN. A ce soir.

ARTHUR. Oui... Merci, mille fois merci.

DE SORBIN. Laissez donc... Adieu.

SCENE III.

ARTHUR.

Oh! si Teresa savait que je pense à la quitter!... Mais aussi je ne puis songer sans frémir au retour du baron. En son absence, nous n'avons à craindre que les yeux d'Amélie, qu'il est facile de tromper, tant elle est naïve... et cependant, en face de cette enfant le supplice commence déjà.

SCÈNE IV.

ARTHUR, TERESA.

ARTHUR. Ah!...

TERESA. Eh bien! c'est moi... Je vous fais peur?

ARTHUR. Oh! non, Teresa.

TERESA. Je viens de donner tous mes ordres pour notre petite fête... Concevez-vous, Arthur! le monde, c'est un moyen de s'isoler : nous serons plus libres en face de cent personnes que nous ne le sommes dans nos soirées, avec Amélie.... Oh! le monde, l'enivrement des lumières, le bruissement de la musique, au milieu duquel les regards se croisent sans être épiés, les mains se touchent sans être vues, un mot d'amour s'échange sans être écouté... Je n'ai jamais tant aimé le bal et le spectacle!

ARTHUR. Et vous êtes heureuse, Teresa.

TERESA. Oui, car je veux l'être.... il faut que je le sois.

ARTHUR. Tant mieux!

TERESA. Que vous êtes cruel, Arthur!... Laissez-moi donc vivre de cette vie factice qui me fait oublier... Laissez-moi la fièvre et l'agitation qui m'éblouissent.... Oui, oui, tant que je vous verrai là, Arthur, que je toucherai de tems en tems votre main, que je verrai vos yeux fixés sur les miens, comme en ce moment.... Eh bien! j'oublierai le passé où il y a un crime; j'oublierai l'avenir où il y a un remords, pour le présent, le présent heureux, enivrant, insoucieux... Oh! vous ne saviez pas encore comment aime une femme, Arthur!... mais son amour devient sa vie; il se mêle à son sang... elle le respire avec l'air!...

ARTHUR. Chère Teresa!... Il faudrait

cependant un peu songer à l'avenir, au retour du baron qui ne peut tarder.

TERESA. Et pourquoi y songer? Laissez-moi oublier tout cela plutôt... Est-ce que je songe à la mort qui, elle aussi, peut venir d'un moment à l'autre? Non, je suis rassurée par les battemens de mon cœur que je sens encore jeune pour la vie, je suis rassurée par mon amour qui survivra à tout... Et puis, vienne le malheur, vienne la mort! j'aurai du moins connu les momens heureux de cette vie.

ARTHUR. Oh! Teresa, que je t'envie!

TERESA. Eh bien! fais comme moi : oublie tout avec moi. Oh!... si tu m'aimais comme je t'aime!... Il m'est venu quelquefois une pensée...

ARTHUR. Laquelle?

TERESA. Je te le dirai quand nous serons malheureux, c'est alors que je verrai jusqu'à quel point tu étais digne de cet amour d'Italienne que tu invoquais autrefois, et qu'aujourd'hui... Arthur, je te soupçonne de ne pas comprendre.... Allons, Arthur, allons, du courage...

PAOLO, *entrant.* Le courrier du baron entre dans la cour, et ne précède son maître que de quelques instans.

TERESA. Ah!...

ARTHUR. Laisse-nous, Paolo. Teresa! Teresa! à ton tour, du courage!

TERESA. Il arrive!... entends-tu? il arrive!...

ARTHUR. Avais-tu donc véritablement oublié qu'il dût revenir?

TERESA. Oh! non, non, non... Seulement j'étais moins égoïste que toi : je ne voulais pas t'affliger de ma peine... Je voulais te faire oublier, si je n'oubliais pas... Oublier!.. oh! non pas... Mais il n'y aurait pas de Dieu si l'on oubliait... Arthur, sois content : depuis mon crime je n'ai pas eu une heure, une minute de repos... Le vieillard, il a toujours été là : dans ma veille, dans mon sommeil, dans mes plaisirs, je le voyais... Et quand je cachais ma tête échevelée dans tes bras, Arthur, tu croyais que c'était de l'amour... C'était de la terreur!

ARTHUR. Oh! mon Dieu!...

TERESA. N'est-ce pas que j'étais digne d'envie?

ARTHUR. Oh? non, non!...

TERESA. Eh bien! maintenant, qui de nous deux aimait le mieux, de toi qui tâchais de m'épouvanter de tes craintes, ou de moi qui voulais te rassurer avec mon amour?

ARTHUR. Oh! je t'aime pourtant bien, Teresa!...

TERESA. Prends-y garde ! ces paroles, à cette heure, sont un engagement... Oserais-tu les répéter ! m'aimes-tu toujours autant, Arthur ?

ARTHUR. Oui... oui...

TERESA. Tu sais que je te disais qu'une pensée m'était venue...

ARTHUR. Eh bien !

TERESA. Que je la réservais pour des tems malheureux...

ARTHUR. Laquelle, laquelle, voyons?..

TERESA. Tu n'oseras pas !..

ARTHUR. Qu'est-ce donc?...

TERESA. Écoute !...; Comprends - tu qu'une femme qui a manqué au plus saint de tous les devoirs, qui a manqué sans rien de ce qui fait excuser une faute.... car ne croie pas que rien m'excuse à mes propres yeux, moi... Non, le baron était bon et m'aimait : tout ce que je pouvais désirer était accompli à l'instant... et je suis bien criminelle ! va, je le sais !.. Eh bien ! dis-je, crois-tu qu'une femme qui, comme moi, n'avait aucune excuse pour trahir, puisse revoir en face celui qu'elle a trahi, embrasser ses cheveux blancs, dormir sur sa poitrine?.., Oh ! dis, dis... le crois-tu?...

ARTHUR. Teresa !..

TERESA. Mais dis-moi donc si tu le crois, je ne te demande que cela !

ARTHUR. Hélas !... non...

TERESA. Ah ! tu es comme moi, n'est-ce pas ?.. tu comprends le crime et non l'effronterie... Eh bien ! je suis cette femme que rien ne peut excuser : mon mari va revenir... et, tu l'as dit, je ne puis le revoir !...

ARTHUR. Si cependant...

TERESA. Ah ! c'est qu'il n'y a pas de milieu, vois-tu ?... une fois sur le chemin où tu m'as poussée, il ne faut regarder ni de côté ni en arrière : il faut aller toujours... toujours... et, s'il y a un abîme devant soi... eh bien ! il faut y tomber... Es-tu prêt à fuir, Arthur?

ARTHUR. Oh ! impossible !

TERESA. Je t'avais bien dit que tu n'oserais pas !...

ARTHUR. Mais c'est ce vieillard.... Tu l'oublies donc?

TERESA. Oui, oui... comme l'assassin oublie la victime... Je ne l'oublie pas : je veux le fuir...

ARTHUR. Oh ! mais l'abandonner dans la vieillesse et la douleur !... quelque part que nous fuyons, entendre ses malédictions qui nous poursuivent !.. Oh ! je ne le quitterai pas ainsi...

TERESA. Tu mens !.. ce n'est pas lui qui te retient !

ARTHUR. Et qui donc?

TERESA. Quand on se connaît comme nous nous connaissons, on voit clair dans le cœur l'un de l'autre... et souvent c'est là le premier supplice ! Ce n'est pas ce vieillard qui te retient, Arthur...

ARTHUR. Et qui donc? mon Dieu !...

TERESA. Sa fille... Amélie... ta femme!..

ARTHUR. Teresa, je te jure...

TERESA. Ne jure pas !..

ARTHUR. Eh bien ! oui... Pardon, Teresa.

TERESA. Ah !...

ARTHUR. Cette enfant que j'ai rendue malheureuse...

TERESA. Et moi donc !...

ARTHUR. Cette enfant si douce, si craintive... qui, infortunée, m'a caché ses douleurs... qui pleurant m'a caché ses larmes... dont la voix s'altère... dont la santé s'affaiblit... cette enfant que j'avais promis de rendre heureuse...

TERESA. Tu ne m'avais rien promis, à moi, n'est-ce pas?...

ARTHUR. Oh ! grâce... grâce, Teresa !

TERESA. C'est bien... je n'étais que criminelle : tu veux que je sois hypocrite.... Je pouvais, en face de toi, pleurer seulement.... tu veux encore qu'en face de toi je rougisse !... Eh bien ! crime et honte, j'accepterai tout ce qui me viendra de toi... J'attendrai le baron.

ARTHUR. Une voiture !... (*Teresa va à la fenêtre.*) Eh bien?...

TERESA. C'est lui.

ARTHUR. Où me cacher?... Oh ! pardonne-moi, Teresa... pardonne-moi !...

TERESA. Retirez-vous... vous me perdriez?...

TERESA, *seule.* Allons, Teresa... Allons... un sourire sur les lèvres... et qui pourra distinguer si ta rougeur est celle de la honte ou de la joie?...

SCENE V.

TERESA, DELAUNAY, AMÉLIE, DULAU.

DELAUNAY. Mais, où est donc Teresa?.. Teresa, où est-elle?..

AMÉLIE. Ah ! mon père, tenez, la voilà !

DELAUNAY. Oh ! c'est mal à toi !... Comment, Laure, Dulau, Amélie, attendent en bas mon retour, viennent au devant de moi pour me revoir un instant plus tôt... et toi !...

TERESA. J'allais descendre...

DELAUNAY. Oh! je te pardonne en te voyant si fraîche, si jolie... Amélie, amène-moi Arthur. Ta santé... ta santé si chère!.. elle est donc rétablie, ma Teresa?

TERESA. Oui, je suis heureuse...

DELAUNAY, *l'embrassant.* Oh! laisse-moi.... Tu sais ce que je voulais faire pour te rendre au bonheur.

DULAU. Oui, nous quitter.

TERESA. Je sais que vous êtes bon et généreux entre les hommes... et s'il est des instans où je n'ai pas apprécié votre cœur... ah! Dieu sait que ce n'est pas dans celui-ci!...

SCENE VI.

LES PRÉCÉDENS, ARTHUR, AMÉLIE.

AMÉLIE. Mais venez donc, Arthur, je vous dis que c'est mon père.

DELAUNAY. Eh! viens donc.... Mais il faut que j'aille chercher tout le monde... Ah ça! mais, qu'est-ce que tu fais?... tu me baises la main? Est-ce que tu es fou?

ARTHUR. Oh! mon père!...

DULAU. Ce jeune homme n'est décidément plus le même... J'en préviendrai Delaunay.

DELAUNAY. Revenons à toi, ma petite Amélie... je te trouve pâle, changée.

AMÉLIE. Moi?... Oh! ce n'est rien.

DELAUNAY. Ne trouves-tu pas, Arthur?

ARTHUR. Je ne sais... Mais non... (*A part.*) Oh! mon Dieu!...

DELAUNAY, *à Amélie.* Tu ne m'attendais pas aujourd'hui, hein?... mais j'ai pensé à ton anniversaire: je ne l'ai pas voulu laisser passer sans embrasser ma fille. J'ai pris la poste, j'ai couru nuit et jour, et me voilà... Etes-vous contens de me revoir?

AMÉLIE. Oh! oui.

TERESA, *à Arthur.* J'ai pitié de vous. (*A Delaunay.*) Vous devez être bien fatigué, mon ami; cependant, vous le savez, aujourd'hui nous avons une fête, et si vous voulez y paraître, il faut songer à votre toilette.

DELAUNAY. Oui, oui; d'ailleurs j'ai mille choses à te dire.

DULAU. J'ai aussi à te parler.

DELAUNAY. A moi?...

DULAU. Chut!

DELAUNAY. Qu'est-ce donc?... Allons, Dulau, viens avec nous, Teresa, nous t'attendons.

TERESA. Oh! mon Dieu! mon Dieu! donne-moi des forces!

SCENE VII.

AMÉLIE, ARTHUR.

AMÉLIE. Vous vous en allez, Arthur?

ARTHUR. Oui: je rentrais pour travailler... Aviez-vous quelque chose à me dire?

AMÉLIE. Un mot seulement, et je vous laisse.

ARTHUR. Dites, Amélie.

AMÉLIE. Mon père m'a trouvée pâle et changée.

ARTHUR. C'est vrai; et je m'en suis aperçu moi-même.

AMÉLIE. Ah! tant mieux!... Croyez-vous que ce soit sans cause, Arthur?

ARTHUR. Du moins, je ne la connais pas.

AMÉLIE. Je vais vous la dire... Je suis malheureuse!

ARTHUR. Vous!... et pourquoi?

AMÉLIE. Parce que vous ne m'aimez plus.

ARTHUR. Oh! Amélie!...

AMÉLIE. Vous ne m'aimez plus, Arthur, et il faut que ce soit ma faute... et j'ai cherché en moi tout ce qui pouvait avoir refroidi votre amour: il me semble que je suis toujours la même; seulement, moi, je vous aime davantage.

ARTHUR. Et qui peut vous faire penser?...

AMÉLIE. Tout. D'ailleurs, prissiez-vous la peine de dissimuler votre froideur, il y a dans le cœur qui aime un instinct qui la ferait deviner, Arthur; mais vous ne vous imposez même pas cette obligation.

ARTHUR. Comment!...

AMÉLIE. C'est votre faute: pourquoi m'avez-vous habituée à être chérie, entourée de soins, d'amour? Je m'y suis faite, et maintenant, maintenant que vous êtes distrait, préoccupé toujours...

ARTHUR. Moi?...

AMÉLIE. Tenez, dans ce moment même... Eh bien! je vous impatiente: je vous fatigue... Ecoutez, écoutez une prière... une prière que je vous fais à genoux...

ARTHUR. Oh! Amélie!...

AMÉLIE. Oui, une prière...

ARTHUR. Laquelle?...

AMÉLIE. Prenez sur vous de cacher votre indifférence à mon père: cela le rendrait trop malheureux! Devant lui... devant lui seulement, soyez bon pour moi comme vous l'étiez... Oh! vous ne savez pas comme il m'aime, lui, et comme il souffrirait!...

Eh bien! quand nous serons seuls, je ne vous demanderai rien : vous ne me parlerez pas si vous voulez... Je me tiendrai dans ma chambre et vous dans la vôtre... Oh! oui... oui, j'en aurai le courage... mais que mon père le sache!... que je voie pleurer mon père!... Oh! Arthur... oh! je n'en aurais pas la force.

ARTHUR. Amélie!... chère Amélie!... Oh!... je t'aime cependant...

AMÉLIE, *lui mettant la main sur le cœur.* Oh! ce que tu dis ne vient pas de là, vois-tu!... Ce n'est plus l'accent d'autrefois, qui faisait que tes paroles persuadaient; que tu m'aurais fait croire aux choses les plus impossibles... Non, je ne réclame rien, rien que ce que je viens de te dire... N'est-ce pas que devant mon père tu prendras sur toi de paraître m'aimer?...

ARTHUR. Oh! oui, oui!... plains-moi, Amélie : je suis bien malheureux!... Mais tout cela changera, je te le jure!...

AMÉLIE. Mais, mon Dieu! qu'as-tu donc?

ARTHUR. Rien... rien que je puisse te dire, du moins... des tourmens, des chagrins à moi seul...

AMÉLIE. Quand tu m'aimais, ils eussent été à nous deux...

ARTHUR. Encore!...

AMÉLIE. Non...

ARTHUR. Amélie... c'est la solitude qu'il me faut.

AMÉLIE. Je vous ai tout dit ce que j'avais à vous dire : vous pouvez vous retirer, Arthur.

ARTHUR Oui; mais je reviendrai bientôt, Amélie... J'ai tout arrangé pour un plan de vie à venir... pour que nous ne nous quittions pas, pour que...

AMÉLIE. Ce que vous ferez sera bien fait.

ARTHUR. Allons, allons...

AMÉLIE. Au revoir.

ARTHUR. Que je souffre!...

SCÈNE VIII.

AMLÉIE, *seule.*

Oh! qui me rendra mon Arthur d'autrefois, son air empressé, prévenant, mon Arthur au front riant, à la bouche joyeuse? Des chagrins à lui seul, dit-il... Oh! ils sont à nous deux, car je les connais... Il aime... il aime une autre!... Oh! pauvre Amélie!... Mon Dieu, mon Dieu!

SCÈNE IX.

AMÉLIE, LAURE.

LAURE. Qu'as-tu donc?

AMÉLIE. Moi? rien...

LAURE. Tu as pleuré, Amélie... tu pleures encore!...

AMÉLIE. Non, non.... tu te trompes... Pourquoi pleurerais-je?...

LAURE. Je ne sais, mais tes yeux sont rouges, ta poitrine oppressée...

AMÉLIE. Mais je t'assure que tu te trompes...

LAURE. Je me trompe... et ta voix est pleine de larmes... Mais qu'as-tu donc?

AMÉLIE. Oh! je suis bien malheureuse!...

LAURE. Malheureuse!... et je ne le sais pas, moi, ton amie d'enfance, ta sœur!

AMÉLIE. Laure, ma bonne Laure... Oh! oui, je voudrais bien te dire ce que j'ai...

LAURE. Parler de ses peines, c'est déjà s'en consoler... Voyons, parle... qu'as-tu donc?

AMÉLIE. Oh! c'est une chose affreuse, qui me déchire, qui me torture; des tourmens dont je n'avais pas l'idée... Oh! Laure, Laure!... je suis jalouse!

LAURE. Jalouse! et de qui donc?

AMÉLIE. De qui, si ce n'est d'Arthur?

LAURE. D'Arthur?

AMÉLIE. Oui.

LAURE. Comment, Arthur te trompe?

AMÉLIE. Oui, oui... N'est-ce pas que c'est horrible?... Moi qui l'aime tant... il en aime un autre... une autre que son Amélie!

LAURE. Mais c'est incroyable!

AMÉLIE. J'en suis sûre!

LAURE. Comment cela?

AMÉLIE. Ecoute : il reçoit des lettres qu'il me cache... L'autre jour, je l'ai vu en recevoir une : il la baisait, la pressait contre son cœur... Oh! tu n'as pas d'idée de ce que c'est que la jalousie!... cela glace tout... C'est au point que j'avais un secret à lui dire, un secret qui, en tout autre tems, nous aurait comblés de joie tous deux... Eh bien! je ne m'en sens pas le courage!

LAURE. Et ces lettres?...

AMÉLIE. J'ai remarqué où il les cache, car vingt fois... j'ai honte de t'avouer cela, Laure... mais vingt fois j'ai été sur le point... Ce serait bien mal, n'est-ce pas?

LAURE. Et où les cache-t-il?

AMÉLIE. Dans un tiroir secret du chiffonnier qui est dans le boudoir. Il les met dans un portefeuille, où je suis certaine qu'il y en a beaucoup, et il renferme le portefeuille dans ce tiroir.

LAURE. Comment! tu as un pareil soupçon, et tu ne t'en assures pas!

AMÉLIE. De quelle manière?

LAURE. Il me semble qu'il n'y a qu'une seule...

AMÉLIE. Oh! ce serait affreux!

LAURE. Mais peut-être ôte-t-il avec soin la clef du chiffonnier.

AMÉLIE. J'en ai une qu'il ne connaît pas.

LAURE. Veux-tu que j'aille avec toi?...

AMÉLIE. Oh! non, non... Arthur n'aurait qu'à nous surprendre ensemble...

LAURE. Eh bien! vas-y seule.

AMÉLIE. Je n'aurai jamais le courage de lire une de ces lettres.

LAURE. Ecoute : apporte ici le portefeuille tout entier; et moi je l'ouvrirai, et je te dirai... que tu es une petite folle de t'être inquiétée ainsi, car je suis sûre que ces lettres sont des papiers d'affaires et non des lettres d'amour, et tu les reporteras tout de suite.

AMÉLIE. Tu seras discrète, Laure!... Oh! tu as raison : je suis si malheureuse qu'il faut que cette incertitude cesse... Et si c'est mal!... eh bien! Dieu qui voit ce que je souffre me pardonnera peut-être!

LAURE. Du courage!... Je t'attends.

SCÈNE X.

DELAUNAY, LAURE.

DELAUNAY. Ce que m'a dit Dulau est bien étrange... (Apercevant Laure.) Laure!...

LAURE. Monsieur!...

DELAUNAY. Où est Amélie?

LAURE. Mais... chez son mari, je crois...

DELAUNAY. Bien.

LAURE. Elle va revenir...

DELAUNAY. Je voulais te demander quelque chose, Laure... Je me suis aperçu de la pâleur d'Amélie... cela m'inquiète... Aurait-elle des chagrins?

LAURE. Des chagrins?... Oui, monsieur...

DELAUNAY. Et qui aurait le courage d'en faire à cet ange? Ce n'est pas Arthur, j'espère?...

LAURE. Ecoutez... Vous ne le direz pas!...

DELAUNAY. Parle!

LAURE. Eh bien... c'est lui!

DELAUNAY. Oh!... je vais le trouver à l'instant.

LAURE. Non, non... n'y allez pas!... Amélie s'est peut-être trompée...

DELAUNAY. Eh bien! Arthur est homme d'honneur, et il me dira...

LAURE. Non, monsieur, non; mieux vaut attendre... Amélie, tout-à-l'heure, va savoir si elle se trompait ou non.

DELAUNAY. Comment cela?...

LAURE. Des lettres...

DELAUNAY. Des lettres entre les mains d'Amélie!...

LAURE. Non... elle n'osera pas les ouvrir... Elle allait les apporter ici, et toutes deux...

DELAUNAY. Sortez, Laure.

LAURE. Mais Amélie...

DELAUNAY. Trouvera ici son père au lieu de son amie... Croyez-vous qu'elle ne puisse pas confier à l'un un secret qu'elle confierait à l'autre?

LAURE. Je me retire.

DELAUNAY. Pressez la baronne d'achever sa toilette, et faites, je vous prie, allumer les lustres.

LAURE. Vous ne m'en voulez pas?...

DELAUNAY. Non, mon enfant... Mais laisse-moi.

SCÈNE XI.

DELAUNAY seul, puis AMÉLIE.

DELAUNAY. Oh! si cela était, ce serait bien affreux!... Une enfant que je confie à son honneur, pure et naïve, la tromper!... Oh! cette petite fille ne sait ce qu'elle dit : c'est impossible!

AMÉLIE. Tiens, Laure, les voilà... (Apercevant Delaunay.) Mon père!...

DELAUNAY. Amélie, donne-moi ce portefeuille.

AMÉLIE. Comment... comment!... vous voulez...

DELAUNAY. Je sais tout.

AMÉLIE. Ah!...

DELAUNAY. Tu souffres... et tu te plains à d'autres, mon enfant!... Ne suis-je plus ton père, ton bon père?...

AMÉLIE. Oh! si, si, toujours... toujours mon père chéri!...

DELAUNAY. Pourquoi avouer à Laure ce que tu n'aurais dû dire qu'à moi?

AMÉLIE. Oh! mon père, elle m'a surprise pleurant...

DELAUNAY. Tu es donc bien malheureuse, pauvre Amélie?

AMÉLIE. Oui, bien malheureuse!...

DELAUNAY. Et ces lettres, tu soupçonnes qu'elles sont d'une rivale?

AMÉLIE. J'en suis sûre !

DELAUNAY. Et tu allais confier à Laure, à une enfant, un secret de cette importance !... Ces lettres, Amélie, c'est le déshonneur d'une femme... d'un mari peut-être... et tu allais jeter au vent leur réputation !...

AMÉLIE. Oh ! j'ai eu tort, c'est vrai ; mais j'étais folle, j'avais la tête perdue... je ne savais plus ce que je faisais.

DELAUNAY. Donne-moi ces lettres.

AMÉLIE. Les voilà, mon père... Si elles ne sont pas d'une femme, avouez tout à Arthur, et demandez-lui pardon pour moi ; si je ne me trompais pas, rendez-moi le portefeuille : je le remettrai où je l'ai pris... Mais cachez-moi le nom de cette femme... je la haïrais... Puis serrez-moi bien fort sur votre cœur, car j'aurai bien besoin de votre amour et de votre pitié... Et surtout, pardonnez à Arthur, comme d'avance je lui pardonne.

DELAUNAY. Sois tranquille, mon enfant : je serai prudent.

AMÉLIE. Embrassez-moi, mon père... cela me portera bonheur.. Adieu !... adieu !... Oh ! si je me suis trompée, dites-le-moi bien vite !...

SCÈNE XII.

DELAUNAY, seul.

Pauvre enfant !... si jeune et déjà souffrir ! Oui, l'embarras d'Arthur, en me voyant, m'avait frappé ; la pâleur d'Amélie m'avait serré le cœur... Un secret de cette importance qui allait être abandonné à ces deux enfants !... (Ouvrant le portefeuille.) Un portrait de femme !... Teresa !... le portrait de Teresa entre les mains d'Arthur ! D'où vient cela donc ?... Ces lettres... voyons ces lettres... L'écriture de Teresa ! (Ouvrant.) « Cher Arthur. » Malédiction !... Mais non, c'est folie !... et j'ai mal lu... Voyons... Oh ! ma vue se trouble... Ta Teresa !... Oh ! l'infâme !... C'était elle qu'il avait connue à Naples, qu'il avait aimée ! Et c'est moi qui la lui ramène !... Enfer ! Oh ! à moi, à moi !... quelque chose que je brise, que je déchire !... Oh ! Arthur... malheur à toi !... mort à toi, Arthur !... C'est du sang, du sang qu'il faut !... — Un éclat, une querelle, dont il faudra dire la cause... insensé !... Où, comment chercher un prétexte ?... Il peut tarder à se présenter, et moi, pendant ce tems ,...

moi, moi j'étouffe !... Mon cœur peut se briser, je puis mourir... mourir et ne pas me venger !... et les laisser... Oh ! c'est impossible !... Je vais lui faire dire de venir ici, de venir me trouver... et là, seul à seul...

LE DOMESTIQUE. M. de Serçannes, M. le général Clément.

DELAUNAY. Mais que veulent ces hommes ?... que viennent-ils faire ici ?... Ah ! oui... un anniversaire... une fête... Oh !

SCENE XIII.

DELAUNAY, LE GÉNÉRAL CLÉMENT, DIVERS INVITÉS, DULAU, qui va audevant d'eux, puis M. DE SORBIN, TERESA, ARTHUR.

LE GÉNÉRAL. Ah ! bonsoir, mon cher Delaunay.

DELAUNAY. Bonsoir, général... Je suis heureux de vous voir...

DULAU. Serviteur, général... C'est une soirée d'anniversaire que nous vous donnons ; et ces jours-là sont comptés dans la vie d'un père.

DELAUNAY. Oui... oui... ce sont des jours joyeux !... (A M. de Serçannes.) Monsieur...

LE DOMESTIQUE. M. de Sorbin.

DE SORBIN. Je voudrais parler à Arthur avant d'entrer au salon...

LE DOMESTIQUE. Il est chez lui.

TERESA. Comment ! messieurs, vous êtes arrivés, et vous me laissez seule !

LE GÉNÉRAL. Oh ! madame, nous ne savions pas.

DELAUNAY. Sa Teresa ,...

DULAU. Venez, venez, monsieur de Serçannes : la table de boston vous attend... Je serai des vôtres... Nous ne dansons plus, nous.

TERESA. Monsieur le général, veuillez passer au salon.

DELAUNAY. Non, non, je retiens le général... Recevez ces dames.

TERESA, à une jeune fille. Vous êtes toujours charmante, mon enfant... Entrez au salon : vous y trouverez Laure et Amélie et votre bon ami Dulau, que vous aimez tant à faire enrager.

DE SORBIN. Madame...

TERESA. Nous allons vous voir au salon, messieurs ?...

ARTHUR. Dans un instant.

DELAUNAY. Ah !

DE SORBIN, désignant Arthur. Messieurs ;

je vous présente un envoyé extraordinaire de la cour de France à Saint-Pétersbourg.

DELAUNAY. Arthur !...

LE GÉNÉRAL ET M. DE SERÇANNES. Ah ! monsieur, recevez tous nos complimens.

M. DE SERÇANNES. Et depuis quand cette bonne nouvelle ?

ARTHUR. Depuis ce soir seulement... et place et nouvelle, je dois tout à monsieur...

DE SORBIN. La modestie l'empêche d'ajouter que Sa Majesté joint à cette place le titre de baron et la croix de la Légion-d'Honneur.

LE GÉNÉRAL. Comment ! mais c'est magnifique !..... Recevez mon compliment bien sincère.

ARTHUR. Et vous, mon père...

DELAUNAY. Son père !...

ARTHUR. Vous ne me faites pas le vôtre ?...

DELAUNAY. En effet, monsieur, il y a de quoi !

ARTHUR. Cependant, mon père... monsieur... j'aurais cru que plus que personne...

DELAUNAY. J'applaudirais à une injustice, n'est-ce pas, parce qu'elle favorisait mon gendre ; et je trouverais que cela était bien, parce que cela était avantageux ?... Vous êtes trompé.

ARTHUR. Mais je ne puis m'expliquer...

DELAUNAY. Je vais le faire, moi !

LE GÉNÉRAL. Mais, Delaunay...

DELAUNAY. Ah ! laissez-moi, général... Comment ! une telle injustice ne vous révolte pas ?... et vous restez muet ?... Une place d'envoyé extraordinaire, je conçois cela : quand on ne sait que faire d'un homme... qu'un homme n'est bon à rien, et que cependant l'oreille d'un ministre se lasse d'entendre prononcer son nom, on en fait un envoyé extraordinaire, ou un conseiller d'état... Très-bien !

ARTHUR. Oh ! mais, que dites-vous ?...

DELAUNAY. Silence, monsieur ?... Mais, qu'à cet homme, qui n'a encore rien fait pour son pays, qui garde encore dans ses veines tout son sang d'enfant, on donne le même titre qu'à celui dont les cheveux ont blanchi dans les fatigues des bivouacs, la même récompense qu'à l'homme dont le sang a coulé sur vingt champs de bataille... Oh ! mais c'est une amère dérision de tout ce qui est noble et grand, c'est à n'oser plus saluer dans la rue celui qui porte le même ruban et le même titre que soi !

LE GÉNÉRAL. Mon ami... mon ami !

DELAUNAY. Que si l'on veut absolument chamarrer ces jeunes poitrines, que s'il faut des titres à ajouter au nom de baptême de pareils enfans, eh bien ! qu'on

les envoie auprès du Saint-Père : il les nommera chevaliers servans, et les décorera de l'Eperon-d'Or.

DE SORBIN. Mon ami, la colère de votre père vient de ce que vous avez la croix, et que lui...

ARTHUR. Oh ! vous avez raison.

DE SORBIN. Dites-lui que nous ferons ce que nous pourrons.

ARTHUR. Mon père, je conçois qu'il vous soit pénible, à vous vieux militaire de l'empire, de voir à un jeune homme, qui avoue n'avoir rien fait pour l'avoir, une croix que vous avez tant de fois mérité de porter... Mais croyez que le ministre ne se refusera pas à nos sollicitations...

DELAUNAY. Merci !... Vous me protégerez, n'est-ce pas ?... Fat !...

ARTHUR. Oh !... monsieur...

DELAUNAY. Il vous faudrait quatre ans de votre vie, rien que pour aller, de champ de bataille en champ de bataille, reconnaître où le sang de votre protégé a coulé... Oh ! non, non, merci !... Votre tems est trop précieux, et ce serait une tâche trop longue.

DE SORBIN. Mais, monsieur, cette croix donnée à Arthur est aussi une récompense du sang versé : son père est tombé dans la Vendée, combattant pour la cause royale.

DELAUNAY. Contre laquelle je combattais à cette époque... Je conçois qu'on fasse entre nous deux quelque différence : son père se battait pour un homme, moi pour la France !

ARTHUR. Ah ! monsieur... j'ai pu supporter les injures qui n'étaient adressées qu'à moi, mais celles adressées à mon père...

DELAUNAY. Tout homme qui porte les armes contre son pays est un traître... et son fils est un fils de traître !

ARTHUR. Monsieur, quand le sang coule bravement pour un principe, quel que soit ce principe, la blessure dont il coule peut se montrer à tous, car elle est honorable.

DELAUNAY. Arthur, vous aviez dit que vous ne laisseriez pas insulter votre père... et je l'ai insulté, et je l'insulte encore... J'ai foulé aux pieds sa mémoire.

ARTHUR. Oh ! mon Dieu ! mon Dieu !

DELAUNAY. Je vous ai déjà dit que vous étiez un fat ; je me suis trompé : vous êtes un lâche ! Et si ce n'est point assez... (*Lui jetant les morceaux de son gant à la figure.*) Tenez !

ARTHUR. Puisque vous m'y forcez, monsieur...

DELAUNAY. Allons donc ! Demain, à six

heures, au bois de Boulogne... Général, vous serez mon témoin.

LE GÉNÉRAL. Mais Delaunay !

DELAUNAY. C'est un duel irrémissible, un duel à mort, entendez-vous ?... (*Voyant Amélie.*) Ma fille !...il faut que cette enfant ignore tout, messieurs. Rentrez au salon, je vous prie. Oh! je serai donc vengé !...

SCÈNE XIV.

DELAUNAY, AMÉLIE.

AMÉLIE. Oh ! mon père !... que je suis contente, que je suis heureuse !

DELAUNAY. Heureuse! contente!... et de quoi, Amélie ?

AMÉLIE. Oh ! ne t'ai-je pas vu donner la main à Arthur? N'ai-je pas tout deviné, alors ?

DELAUNAY. Et qu'as-tu deviné?

AMÉLIE. Qu'il n'était pas coupable, puisque tu te réconcilies avec lui... que ces lettres n'étaient pas d'une femme..... N'est-ce pas, c'était cela ?

DELAUNAY. Oui, c'était cela, ma fille.

AMÉLIE. Oh ! bien sûr ?

DELAUNAY. Je te le dis... Pauvre enfant!

AMÉLIE. Et je puis l'aimer autant qu'auparavant?... et plus encore, car.

DELAUNAY. Eh bien ?...

AMÉLIE. Oh ! nouvelle... que je ne lui ai pas dite, à lui, car je croyais qu'il ne m'aimait plus... et que je n'ai voulu te dire à toi qu'aujourd'hui, jour de mon anniversaire, jour de fête...

DELAUNAY. Oh !..... Quelle était - elle donc ?...

AMÉLIE. Ma pâleur, que tu as remarquée.....

DELAUNAY. Eh bien ?

AMÉLIE. Elle n'était point causée par mes seuls chagrins... Je souffre...

DELAUNAY. Toi !...

AMÉLIE. Oh ! mais des souffrances bien douces..... dont je connais la cause, et dont la cause m'est bien chère !..... Comprends-tu ?

DELAUNAY. Non...

AMÉLIE. Eh bien...

DELAUNAY. Eh bien ?

AMÉLIE. Maintenant, quand je prie Dieu pour les jours d'Arthur, je prie non seulement pour mon mari, mais encore pour le père de mon enfant...

DELAUNAY. Le père de son enfant !... Et demain, la mère veuve ! l'enfant orphelin... Et c'est moi !... Oh! mais, mon Dieu, c'est un enfer !... Oh ! oh !...Amélie...Amélie, à moi !..... Oh! tu ne sais pas ce que je souffre !... Oh! de l'air, de l'air !...

AMÉLIE. Mon père évanoui !..... Au secours ! au secours !...

FIN DU QUATRIÈME ACTE.

ACTE V.

Même décoration. — Cinq heures du matin.

SCÈNE PREMIÈRE.

PAOLO, TERESA.

PAOLO. Que la chaise de poste de monsieur le baron soit prête dans dix minutes.

TERESA, *rentrant chez elle.* Qui a donné ces ordres, Paolo?

PAOLO. Le baron, signora.

TERESA. Et pour qui ces préparatifs de départ?

PAOLO. Je l'ignore.

TERESA. C'est bizarre!... Savez-vous pourquoi le baron, après son indisposition, n'est point rentré dans sa chambre?

PAOLO. Il a dit qu'il se retirait chez M. Dulau: voilà tout ce que je sais.

TERESA. Mais je voudrais le voir : je ne puis rentrer chez moi avec de telles inquiétudes... Je vais monter chez Dulau.

PAOLO. La porte est fermée.

TERESA. Comment!...

PAOLO. Signora, avez-vous du courage?

TERESA. Qu'est-il donc arrivé?...

PAOLO. Une querelle avec Arthur.

TERESA. Avec Arthur!... mais légère, sans doute?

PAOLO. Ils se battent dans deux heures.

TERESA. Grand Dieu!... Qu'est-ce que vous dites donc, Paolo?... Eux se battre!... mais c'est impossible!... le beau-père! le gendre!... Vous vous trompez, vous avez mal compris...

PAOLO. Quand je n'aurais rien entendu, quand je n'aurais surpris qu'un de leurs gestes, vu qu'un de leurs regards, je vous répéterais qu'ils se battent aujourd'hui... et j'ajouterais que c'est un duel à mort.

TERESA. Oh! mais c'est de la folie!... Il faut que je voie le baron, que je lui parle... que... j'obtienne de lui...

PAOLO. Et s'il sait tout?...

TERESA. C'est vrai... Opprobre!... Eh bien! c'est à Arthur qu'il faut que je parle: j'exigerai de lui que ce duel fatal n'ait pas lieu... j'en ai bien le droit, je l'espère!... Oh! Paolo! montez chez Arthur... il rentre à peine: dites-lui de venir, que je l'attends, qu'il faut que je lui parle, que c'est moi, moi, Teresa... Ramenez-le... Voyez-vous? vous le prierez bien... n'est-

ce pas?... Oh! mon Dieu!... Allez, Paolo, allez!...

PAOLO, *s'arrêtant.* Le baron...

TERESA. Le baron... Oh! je n'ose l'attendre... Si je pouvais savoir... Tâchez qu'il s'arrête ici... qu'il vous dise... et moi, derrière cette porte... Oh! mais je suis folle : il ne dira rien... il vient chercher Arthur pour se battre... Oh! je me jetterai entre eux...

PAOLO. Le voilà!

TERESA, *se jetant derrière la porte.* Oh! mon Dieu!... miséricorde!...

SCÈNE II.

DELAUNAY, PAOLO.

DELAUNAY. Paolo!...

PAOLO. Monsieur...

DELAUNAY. Que voulais-je donc dire?... Ah!... le bal est-il fini depuis longtems?

PAOLO. Les dernières personnes sortent à peine.

DELAUNAY. Quelle heure est-il?

PAOLO. Cinq heures.

DELAUNAY. La chaise de poste?...

PAOLO. J'ai donné vos ordres.

DELAUNAY. Merci, mon ami... Paolo!...

PAOLO. Monsieur?

DELAUNAY. Dites à Arthur que je l'attends... Je ne vous l'ordonne point, Paolo, je vous en prie.

PAOLO. J'y vais, monsieur...

SCÈNE III.

DELAUNAY, *seul.*

Il faut que cela soit ainsi... Malheur à moi!... mais à moi seul... J'ai voulu intervertir l'ordre de la nature : j'ai attaché la mort à la vie, la jeune fille au vieillard... Malheur à moi! Teresa!... Teresa! Que de fois j'ai passé le seuil de cette porte... avec un cœur joyeux et bondissant comme un cœur de jeune homme!... Insensé que j'étais!... ou plutôt... heureux, heureux que j'étais!...

PAOLO, *à la porte*. Monsieur Arthur est enfermé : il paraît désirer ne pas descendre.

DELAUNAY. Dites-lui que je l'en prie... Entendez-vous bien?... que je l'en prie. (*Paolo sort.*) Oui, je comprends : il est encore plus malheureux que moi, lui : je souffre, et il rougit... Allons, allons, du courage!... Que je suis las! que je suis fatigué!... J'ai vieilli de dix ans depuis hier.

PAOLO, *rentrant*. Le voilà.

DELAUNAY. C'est bien, mon ami. Laissez-nous seuls.

SCENE IV.

DELAUNAY, ARTHUR.

ARTHUR. Vous me demandez, monsieur?

DELAUNAY. Oui. Approchez... et asseyez-vous.

ARTHUR. Merci...

DELAUNAY. Hier, monsieur, ma conduite a dû vous paraître étrange?...

ARTHUR. Il est vrai que j'en cherche la cause.

DELAUNAY. La cause est celle que vous connaissez... n'en cherchez pas d'autre.

ARTHUR. Oh! je respire.

DELAUNAY. Mais de tels emportemens vont mal à mon âge : à soixante ans on doit connaître les hommes, et par conséquent être moins sensible à leurs injustices... J'ai eu tort, monsieur.

ARTHUR. Vous!...

DELAUNAY. J'ai eu tort, monsieur... et je vous ai prié de venir pour vous faire mes excuses.

ARTHUR. Vous, des excuses à moi, mon Dieu!...

DELAUNAY. Oui... Mais comme l'offense a été publique, il faut que la réparation le soit; comme l'outrage a été fait en face d'un homme devant lequel vous devez rester pur pour qu'il vous reste attaché, j'ai écrit à M. de Sorbin, et voici la lettre: c'est vous que je charge de la lui faire tenir.

ARTHUR. Oh! monsieur...

DELAUNAY. Non : prenez-la, je le désire.

ARTHUR. Mais, moi, monsieur, n'ai-je rien à me reprocher dans... dans... cette querelle?... ne me reste-t-il rien à faire?

DELAUNAY. Ce qui vous reste à faire, je vais vous le dire. (*Il étend la main et sonne. Un domestique paraît.*) La chaise de poste est-elle prête?

LE DOMESTIQUE. Oui, monsieur le baron.

DELAUNAY. Allez. Vous me demandez ce qui vous reste à faire, monsieur : il vous reste à partir.

ARTHUR. Partir!... et quand?

DELAUNAY. Dans dix minutes.

ARTHUR. Amélie?...

DELAUNAY. Vous accompagnera.

ARTHUR. Si tôt!...

DELAUNAY. Vous avez une mission pour Saint-Pétersbourg; vos lettres de créance vous ont été remises hier ; le brevet de votre croix est signé : vous partez honoré et honorable... n'est-ce pas?.. Que vous faut-il de plus?

ARTHUR. Mais partir si vite!

DELAUNAY. Je vous avais insulté et je vous ai fait des excuses ; cette lettre prouve que ce n'est point vous qui êtes un lâche... mais que c'est moi qui en suis un... Que vous faut-il de plus?...

ARTHUR. Mais, monsieur!

DELAUNAY, *plus chaudement encore*. Ces injustices qui, hier, m'eussent brisé le cœur si la colère ne m'eût soulagé... je les enferme aujourd'hui dans ma poitrine; la haine qu'elles ont excitée en moi, si je ne puis l'éteindre, je la cache du moins ; d'offensé que j'étais, je redescends au rang de suppliant... je vous supplie de partir... Mais dites-moi, dites-moi donc ce qu'il vous faut encore?

ARTHUR. Oh! laissez-moi prendre congé de mes amis, laissez-moi jusqu'à demain...

DELAUNAY. Mais qu'avez-vous donc encore à lui dire?...

ARTHUR. A qui?...

DELAUNAY. A celle que vous ni moi ne pouvons nommer désormais en face l'un de l'autre.

ARTHUR. Oh!...

DELAUNAY. Il faut, Arthur, que vous soyez bien aveugle et bien insensé!.... Je renonce au seul bien qui me restait dans le monde, à ce qui pouvait me faire fermer la paupière sans maudire Dieu, à la seule chose qui pouvait faire que je dormisse tranquille dans mon tombeau... à la vengeance!.... J'y renonce pour ne pas faire ma fille veuve et son enfant orphelin... et vous, vous... vous ne voyez là qu'une lâcheté dont vous profitez, sans en deviner la cause!... Vous croyez donc que l'âge a brisé mes forces? enfant que vous êtes!... Mais songez donc que cette main, si elle serrait la vôtre, vous ferait mettre à genoux de douleur... et que si elle dirigeait sur votre cœur le bout d'un pistolet ou la pointe d'une épée, plomb ou acier vous irait droit au cœur!... Je voulais que vous partissiez sans explication entre nous deux, et voilà tout : vous en voulez une : soit. Eh bien! je vous la demande... je vais à vous.. Voyons, voyons... si vous oserez me la donner debout...

ARTHUR. Oh! grâce, grâce, mon père!..

DELAUNAY. Eh bien! oui..... à genoux! misérable! à genoux!.... Vous mériteriez que je vous brisasse le front avec le pied!.. Savez-vous que c'est bien infâme ce que vous avez fait!.. Et si je n'avais pu supporter votre crime, à vous, si je m'étais brûlé la cervelle, comme un instant j'en ai eu l'intention.... croyez-vous que le sang du vieillard que vous osez encore appeler votre père ne serait pas retombé, pendant l'éternité, goutte à goutte sur votre cœur, dévorant comme du plomb fondu!... Dites : croyez-vous que vous auriez eu un jour de repos, une nuit de sommeil, un instant de bonheur?... Dites, le croyez-vous?

ARTHUR. Oh! non, non!...

DELAUNAY. Eh bien! quand je veux réserver pour moi seul douleurs et insomnies, quand je veux vous épargner un enfer dans ce monde et dans l'autre, quand pour cela je ne vous demande que de partir... ignorant et par conséquent sans remords!.. non, non! vous voulez rester ; vous ne devinez rien ; et il faut que je vous dise tout!... Eh bien! vous le savez : partez donc, maintenant, et soyez maudit!

ARTHUR. Oh! je mourrai là, plutôt que de partir avec votre malédiction.

DELAUNAY. Partez, vous dis-je! car je puis faire plus que de vous maudire!..... Partez..... Je vais embrasser et préparer ma fille..... Qu'à mon retour je ne vous retrouve pas ici. Après ma mort... vous pourrez y revenir.

ARTHUR. Oh! votre pardon!

DELAUNAY. Arrière!... (*Athur recule.*) Rendez mon Amélie heureuse, monsieur, et à cette condition, à cette seule condition, entendez-vous ? à l'heure de ma mort je vous pardonnerai peut-être..... Mais jusque-là... (*Riant.*) Oh! vous raillez!...

(Il rentre chez Amélie: Arthur le suit des yeux.— Pendant ce tems, Teresa sort mourante de sa chambre, et va s'asseoir à la place où Delaunay était assis.)

SCÈNE V.

TERESA, *assise*, ARTHUR.

ARTHUR. Quelle honte! quel abime!, quel enfer!

TERESA. Oui, vous avez bien raison : c'est horrible!

ARTHUR, *se retournant.* Teresa!...

TERESA. J'étais derrière cette porte: j'ai tout entendu.

ARTHUR. Oh! oh!... Je vous l'avais bien dit!...

TERESA. Oui, oui... à moi la faute... à moi seule!... Et à moi seule la punition!

ARTHUR. Que faire?...

TERESA. Partir... Le vieillard ne vous l'a-t-il pas ordonné?

ARTHUR. Partir!... Et vous?...

TERESA. Ne vous inquiétez pas de moi, Arthur..... Le jour où j'ai trompé mon mari... j'ai pris... pour l'heure où il découvrirait ma faute, une résolution....... que je compte accomplir aujourd'hui même.

ARTHUR. Quelle est-elle? dites, car je tremble!...

TERESA. Rassurez-vous, Arthur : si l'accomplissement de cette résolution ne me rend pas heureuse, elle me rendra tranquille... du moins je l'espère... Mais partez, partez donc!...

ARTHUR. Votre main!...

TERESA. Rien... rien, Arthur!... Une dernière caresse, à l'heure qu'il est, pèserait plus dans la balance divine que toutes mes fautes passées!... Adieu!

ARTHUR. Pour toujours?...

TERESA. Pour toujours!

ARTHUR. Adieu, madame.

SCÈNE VI.

TERESA, *puis* PAOLO.

TERESA. Pars, Arthur.... pars, et sois heureux!.... Il n'y a plus dans mon ame ni jalousie ni amour....... Et puisse Dieu permettre que, comme je te l'ai dit, moi je sois tranquille!... Ah! Paolo!...

PAOLO. J'ai pensé que vous pouviez avoir besoin de moi.

TERESA. Je vous attendais, Paolo.

PAOLO. Me voilà !

TERESA. Quand vous avez quitté l'Italie pour la France, vous avez dû penser que, sur une terre étrangère, isolé comme vous alliez l'être, il pouvait vous arriver un de ces malheurs auxquels on ne peut survivre...

PAOLO. J'ai pensé que vous pouviez mourir !

TERESA. Et contre ce malheur, quel qu'il soit, vous avez dû vous ménager une ressource...

PAOLO. J'en ai deux.

TERESA. Lesquelles?

PAOLO. Ce poison et ce stylet.

TERESA. Partageons.

PAOLO. Il sait donc tout?...

TERESA. Oui.

PAOLO. C'est bien... Prenez.

(Il lui donne le poison.)

TERESA. Merci..... Tu me comprends, toi, Paolo !

PAOLO. Votre main à baiser !..... (Se levant, et regardant la porte par laquelle est sorti Arthur.) Le lâche !

TERESA. Que dites-vous?...

PAOLO. Rien..... Je dis que lorsqu'on vous aime et qu'on vous perd, il faut mourir !

TERESA. Adieu, mon ami !........ Il me reste peu d'instans... et j'ai à prier...

PAOLO. Signora !... priez pour deux !

TERESA. Allons !..... et je reviendrai lui demander grâce.

SCÈNE VII.

TERESA, prête à rentrer chez elle; AMÉLIE, entrant du côté opposé.

AMÉLIE. Maman !.. chère maman !...

TERESA. Amélie !... Ah !...

AMÉLIE. Oh ! ne savez-vous pas que je pars ?

TERESA. Si je le sais ?

AMÉLIE. Et ne voulez-vous pas me dire adieu?...

TERESA. Adieu, Amélie...

AMÉLIE. Chère maman ! un mot, une minute, je vous prie?

TERESA. Que me veux-tu, mon enfant?

AMÉLIE. Je quitte mon père... et il est bien triste, allez !...

TERESA. Oui !...

AMÉLIE. Sa fille le quitte; Laure se mariera ; Dulau, plus vieux que lui, peut mourir ; vous seule lui restez, chère maman !.. Oh ! rendez mon père heureux, et ceux qui vous aiment vous béniront !

TERESA. Oh ! mon enfant !.. ma fille !..

AMÉLIE. Et plus que tous les autres je serai de ceux-là, moi ; et votre nom sera dans toutes mes prières !

TERESA. Ah ! n'oublie pas ce que tu viens de promettre !

AMÉLIE. Oh ! non !.. Et vous serez heureuse si Dieu m'écoute.

TERESA. Et toi, le seras-tu?...

AMÉLIE. Oh ! oui, car Arthur m'aime, et mon bonheur, c'est son amour... Oh ! un instant j'ai bien souffert, car j'ai douté.

TERESA. Toi !.. Et tu es rassurée ?

AMÉLIE. Oui ; et je ne suis plus jalouse.

TERESA. Tu l'as été.

AMÉLIE. Plus que vous ne pouvez croire, ma mère ; et cela m'a fait faire une chose...

TERESA. Laquelle?

AMÉLIE. Oh ! c'est affreux !.. et cependant je n'ai pas la force de m'en repentir, car sans cela je serais encore malheureuse.

TERESA. Qu'as-tu fait?

AMÉLIE. Arthur recevait des lettres...

TERESA. Eh bien !...

AMÉLIE. Qu'il cachait dans un portefeuille.

TERESA. Après ?...

AMÉLIE. J'avais une double clef de l'armoire où il le renfermait ; et hier, pendant le bal, j'ai pris le portefeuille.

TERESA. Et tu l'as ouvert?...

AMÉLIE. Non : je l'airemis à mon père... Oh ! c'était bien mal, n'est-ce pas?...

TERESA. Enfant !... Je te pardonne ma mort... Et c'est Dieu qui a choisi ta main pour me frapper !

AMÉLIE. Que dites-vous, ma mère?

TERESA. Je dis que tu es un modèle de candeur et de pureté; que les crimes peuvent passer à l'entour de toi sans souiller ta robe virginale, et que tes yeux, comme ceux des anges, ne voient de ce monde que ce qui est bien et beau. Adieu, mon enfant.... Sois heureuse... Adieu.

AMÉLIE. Oh ! ma mère ! je le serai... J'en suis sûre !

TERESA, rentrant chez elle. La vertu n'est donc pas un mot !...

SCÈNE VIII.

UN DOMESTIQUE, AMÉLIE, *puis* DELAUNAY *et* ARTHUR.

LE DOMESTIQUE. Madame, tout est prêt.

AMÉLIE. Dulau et Laure?...

LE DOMESTIQUE. Attendent madame en bas pour lui faire leurs adieux.

AMÉLIE. Bien! Allez: dites que j'attends mon père.

(Arthur paraît à la porte du fond, Delaunay à la porte latérale, Amélie est sur le devant.

ARTHUR, *au fond.* Amélie n'est plus chez elle: je puis aller chercher...

(Il va pour passer chez lui, et rencontre Delaunay à la porte.)

DELAUNAY. Encore vous, monsieur!

ARTHUR. Pardon!... j'allais...

DELAUNAY. Là?...

ARTHUR. Oui,... j'y ai oublié...

DELAUNAY. Des lettres, un portefeuille... et un portrait, n'est-ce pas?

ARTHUR. Ah!...

DELAUNAY. C'est inutile: tout est brûlé, déchiré, anéanti.

AMÉLIE. Eh bien! que dites-vous donc là?

DELAUNAY. Rien.... Adieu, mon enfant.... Dieu te conduise par la main! Dieu te donne tout le bonheur qu'il promet aux autres et qu'il ne leur donne pas!...

AMÉLIE. Oh! mon père! c'est au moment de nous quitter que je sens combien je vous aime!

DELAUNAY. Du courage, Amélie!.. Et moi, moi... crois-tu donc mon cœur de fer?... Adieu, mon enfant...

AMÉLIE. Ne venez-vous pas nous conduire jusqu'en bas?

DELAUNAY. Non... A quoi bon?.. Va!

ARTHUR. Monsieur... mon père!..

DELAUNAY. Vous la rendrez heureuse?

ARTHUR. Ah! je vous le jure!

DELAUNAY. C'est bien!... Partez, partez, monsieur, et emmenez cette enfant.... Partez!

AMÉLIE *et* ARTHUR. Adieu, adieu!

SCÈNE IX.

DELAUNAY, *puis* TERESA.

DELAUNAY. Adieu pour jamais!.. Adieu à ma fille, à mon Amélie, à celle vers laquelle je comptais étendre la main à mon lit de mort!... Oh! le reste de ma vie ne sera donc qu'une agonie longue et solitaire!... Je suis bien malheureux!... Et lorsque, prévoyant cela, je donne place à une autre femme dans mes projets et mes espérances... celle-là... Oh! celle-là....

TERESA. Les a détruites, n'est-ce pas!

DELAUNAY. C'est vous, Teresa!...

TERESA. Vous me maudissiez!

DELAUNAY. Je vous plaignais.

TERESA. Oh! vous êtes bon...

DELAUNAY. Je suis juste: le premier tort fut à moi, Teresa: j'aurais dû regarder ma tête blanchie et vos cheveux noirs... j'aurais dû vous laisser libre et heureuse à Naples.

TERESA. Vous m'eussiez épargné un crime et des remords...

DELAUNAY. Que dites-vous, Teresa!... Vous vous égarez: il n'y a ni crime ni remords.... du moins je ne sais rien, je ne veux rien savoir... Une séparation entre nous est nécessaire... et voilà tout. Une séparation, c'est pour vous la liberté... Je vous laisse à Paris... je vous y laisse dans mon hôtel... honorée... Je vous y laisse avec mon nom, ma fortune. Je pars pour l'Auvergne.

TERESA. Seul!.. seul!...

DELAUNAY. Dulau m'accompagne.... Il m'avait dit que je le trouverais à l'heure où j'aurais besoin de lui.... Ah! je l'ai retrouvé comme il avait dit.

TERESA. Oh! mon Dieu! mon Dieu!...

DELAUNAY. N'est-ce pas assez, madame.. Dites: vous conviendrait-il bien mieux que je restasse? avez-vous besoin de mon ombre pour?...

TERESA. J'ai besoin de vos pleurs sur mon tombeau!...

DELAUNAY. Ah!...

TERESA. J'ai besoin de votre bénédiction à mon dernier soupir... de votre bénédiction, entendez-vous?... car mon pardon, je n'ose pas l'espérer, et c'est une affaire entre moi et Dieu.

DELAUNAY. A votre dernier soupir, madame?... Oh! regardez-nous tous deux, et songez lequel doit survivre à l'autre.... Vous êtes belle..., vous êtes jeune: vous vivrez long-tems.

TERESA. Je suis jeune... Est-ce une raison pour ne pas mourir?... Je suis belle... Oh! regardez-moi donc.

DELAUNAY. Oh! mon Dieu!....

TERESA. Je vivrai long-tems.... dites: croyez-vous que l'on vive long-tems avec cette sueur sur le front... et du poison dans la poitrine?

DELAUNAY. Du poison !...

TERESA. Il faut donc tout vous dire.... vous ne devinez donc pas ?... Mais ne voyez-vous pas que je meurs ?...

DELAUNAY. Vous !... Ah ! mon Dieu ! mon Dieu ! du secours !..

TERESA. Ne sortez pas ! ne me quittez pas !..... Je ne veux pas de secours.... Je mourrais pendant ce tems.

DELAUNAY. Toi, mourir !... Non, non, non !... C'est impossible !.... Dulau !.... Laure !...

SCÈNE X.

LES PRÉCÉDENS, DULAU, LAURE.

DULAU. Qu'y a-t-il donc ?.. Ces cris...

LAURE. Dites, dites...

DELAUNAY. Oh ! Teresa !... du poison... Ne comprenez-vous pas ?... Elle s'est empoisonnée !...

PAOLO, *refermant la porte.* Bien !

DULAU. Que faire ?...

DELAUNAY. Un médecin à l'instant... ma fortune à lui... Courez donc, courez donc !...

DULAU *et* LAURE, *à la porte du fond.* Cette porte est fermée !...

DELAUNAY. Mais enfoncez-la !

DULAU *et* LAURE. Ah !

DELAUNAY. Qu'y a-t-il ?...

DULAU. Paolo mort !... Paolo poignardé !...

TERESA, *à Delaunay, en se soulevant.* Hâtez-vous de me pardonner pendant qu'ils ne vous voient pas... et vous leur direz, si vous voulez, que vous m'avez maudite.

DELAUNAY, Pardon et bénédiction sur toi, pauvre femme !... et Dieu ne sera pas plus sévère que je ne l'ai été.

TERESA, *mourant.* Peut-être.

FIN.

LE CONSEIL DE RÉVISION,

OU

LES MAUVAIS NUMÉROS,

TABLEAU-VAUDEVILLE EN UN ACTE,

Par MM. Brunswick, Barthélemy et Chérie.

Représenté pour la première fois sur le théâtre du Palais-Royal, le samedi 4 août 1832.

PERSONNAGES.	ACTEURS.	PERSONNAGES.	ACTEURS.
FRANCIS, sergent,	MM. LEPEINTRE AÎNÉ.	Premier TAMBOUR,	MM. VICTOR AUBRY.
AUGUSTE, ouvrier en soie-		Deuxième TAMBOUR,	LEMONIER.
rie,	AUGUSTE.		
BLOQUET, clerc d'avoué,	LEVASSOR.	*Le conseil de revision composé*	
CHOPIN, employé au télégraphe,	BEAU.	D'un COLONEL,	
MOUFFLET, clarinette,	GASTON.	Du SOUS-PRÉFET,	
Le CAPITAINE-RECRUTEUR,	MASSON.	D'un CHIRURGIEN,	
ADÈLE, fille d'un aubergiste,	Mlle PERNON.	D'un SERGENT.	

La scène est à Beaune.

Le théâtre représente une salle. Portes de côté et de fond. Un bureau à gauche. Un paravent derrière le bureau. Une toise. Un fusil. Une trompette accrochée au mur.

SCÈNE PREMIÈRE.

DEUX TAMBOURS, *arrangeant la salle.* *

PREMIER TAMBOUR. Dis donc, Tympan, puisque v'là la salle du conseil de révision en ordre comme des fusils au ratelier, si nous allions au Soleil d'Or, pincer le p'tit vin du pays... il se laisse boire, à Beaune.

DEUXIÈME TAMBOUR. Il est vrai que c'est une fameuse auberge que le Soleil d'Or; mais impossible, nous sommes de planton ici.

PREMIER TAMBOUR. Et qu'est-ce qui conduira les recrues au régiment?

DEUXIÈME TAMBOUR. Le sergent Francis... c'est bien dommage qu'il ait fait son temps... v'là un militaire fini, fameux sous la cocarde !...

* 2e Tambour, 1er Tambour.

PREMIER TAMBOUR. Et récréatif à la chambrée... oh! comme il nous fait rire... nous en conte-t-il des drôles d'histoires!.. tiens, justement v'là l'lapin.

～～～∞∞∞∞∞∞∞∞ ∞∞∞∞∞∞∞∞∞∞∞∞∞ ∞∞∞∞∞∞∞∞∞

SCÈNE II.

DEUXIÈME TAMBOUR, FRANCIS, PREMIER TAMBOUR.

FRANCIS. Bonjour, les peaux d'ânes!..

LES TAMBOURS. Salut, sergent.

FRANCIS. Dites-donc, le conseil va bientôt s'assembler, j'ai vu le capitaine qui sortait en maraudeur de chez la colonel... j'espère que le conseil ne sera pas long... C'est quatre numéros qui réclament... les 9, 13, 23, 47... ça va encore dire que ça a de mauvaises poitrines!... si on les croyait, à vingt-un ans toute la France serait poitrinaire; on veut embêter le gouvernement... couleur!

PREMIER TAMBOUR. Mais. quelquefois, cependant, ils peuvent se tromper juste.

FRANCIS. Laisse-donc! au dernier tirage n'en y'là-t-il pas un qui arrive, taille de carabinier, un vrai t'atelête, et paff comme cent mille hommes... Le chirurgien-major lui dit: De quoi vous plaignez-vous?.. il répond: Pulmonique!... pulmonique!... condamné au lait d'ânesse... je sors d'une étable, et comme vous le voyez, je le bois pur... pulmonique!... On l'a mis dans les cuirassiers... aussi, on aura l'œil sur ces gaillards-là... il faut que le contingent soit complet... c'est moi qui suis chargé de le conduire au dépôt, c'est mon dernier jour de service, puis je dis adieu au pompon et je rentre dans le civil.

PREMIER TAMBOUR. Comment, sergent, c'est tout-à-fait décidé?

FRANCIS. Irrévocablement!

PREMIER TAMBOUR. Vous avez tort!

FRANCIS. Ah! si nous avions la guerre, je ne dis pas.

AIR : *Voilà le vrai soldat français,*

En guerr', le métier a des charmes,
De s' bucher l' soldat est jaloux;
Il ne quitt' pas un seul instant ses armes!
Il s' bat, il donne, il r'çoit des coups,
La paye est double, il a quinz' sous.
Rosser l'Autrichien et le Russe,
Frotter nos bons amis de Prusse,
Les enfoncer à coups d' boulets,
Sans leur d'mander excuse après.
En guerr', voilà (*ter*) le militaire français.

LES TAMBOURS.

En guerr', voilà, etc.

En tems de paix, monter sa garde,
Rester deux heur's au froid au chaud;
Au citoyen, qui, par mégarde,
Prend la guérit' pour un tonneau,
D'mander cinq sous ou son chapeau.
Aux tuileri's s' montrer funeste,
A la casquett', comme à la veste,
Ne pas laisser passer d' paquets.
Croiser le fer... contr' des barbets.
En paix, voilà (*ter*) le militair' français.

LES TAMBOURS.

En paix, voilà, etc.

∞∞∞∞∞∞ ∞∞∞∞∞∞∞∞∞∞∞∞∞∞∞∞∞∞∞∞

SCÈNE III.

LES MÊMES, ADÈLE.

Les deux tambours se retirent sur le deuxième plan, Adèle et Francis, à gauche.

FRANCIS. Comment! du beau sexe ici?... oh! mais, c'est mademoiselle Adèle, l'héritière du Soleil d'Or.

ADÈLE. Tiens! c'est M. Francis!... on ne vous a pas vu ce matin?

FRANCIS. Il est vrai de dire que depuis deux jours que je suis à Beaune, je n'ai pas quitté l'établissement de monsieur votre père... il fait les choses en conscience...

ADÈLE. Dites-moi, monsieur le sergent, je voudrais parler au chirurgien-major.

FRANCIS. Est-ce pour vous faire exempter?.. mon petit conscrit en jupons!...

ADÈLE, *souriant.* Non, ce n'est pas positivement, pour moi que je viens, mais, c'est pour quelqu'un qui m'intéresse beaucoup.

FRANCIS. Je comprends, je comprends... tambours! par le flanc gauche, pas accéléré... marche... (*Les tambours sortent.*) Voyons, contez-moi ça, je suis discret comme une consigne.

ADÈLE. Je viens faire une démarche auprès du chirurgien, en faveur d'un jeune homme tombé au sort...

FRANCIS. Et qui doit passer devant le conseil aujourd'hui.... Est-ce votre frère?...

ADÈLE. Non.

FRANCIS. Ah! mieux que ça... je comprends encore.

ADÈLE. Il est si bon!... c'est le soutien de sa famille, tout le monde l'aime...

FRANCIS. Et vous faites comme tout le monde, mais, que direz-vous au chirurgien-major?

ADÈLE. Je tâcherai de l'intéresser au sort d'Auguste.

FRANCIS. Oh! disillusionnez-vous, mademoiselle Adèle, le sentiment n'est pas d'ordonnance ici... si votre amant a un mètre cinquante-sept centimètres, enfoncé la sensibilité, et aujourd'hui même en route pour rejoindre le régiment.

ADÈLE. Et plus d'espérance de mariage... Auguste m'oubliera... car on m'a dit qu'il n'y avait rien de plus inconstant que les militaires.

FRANCIS. Ah! ça, c'est vrai, chez le soldat français le sentiment suit la marche du régiment, comme dit la chanson dans la pièce d'Escribe de messieurs Michel et Christine... Cré coquin!... quel malheur quand on est aimé de la beauté et qu'on est joli garçon, qu'on n'ait pas un œil ou une jambe de moins... mais gentille comme vous l'êtes, vous trouverez bientôt un autre amoureux.

ADÈLE. Ah! je le sais bien... trois autres jeunes gens ont demandé ma main, et je ne peux pas les souffrir.

FRANCIS. Oui, mais une fois Auguste parti, ils auront plus de chances...

ADÈLE. J'espère que le conseil les touvera bons aussi.

FRANCIS. Comment?.. vous êtes adorée des 9, 13, 23 et 47?... et quel est donc le numéro qui fait battre votre cœur.

ADÈLE. Le 23.

FRANCIS. Moi, c'est le vin... je mettrai le vôtre à la loterie.

ADÈLE. Son état est perdu!

FRANCIS. Et quel état a-t-il, ce jeune homme?

ADÈLE. Ouvrier en soierie.

FRANCIS. Ouvrier en soierie, et il s'appelle Auguste... n'a-t-il jamais été à Lyon?

ADÈLE. En novembre dernier.

FRANCIS. Si c'était mon homme!

ADÈLE. Que voulez-vous dire?

FRANCIS. Écoutez, jeune fille!... V'là que notre régiment était en garnison à Lyon... un beau jour, les ouvriers disent: nous voulons!... et les maîtres disent: nous ne voulons pas!... là-dessus, on va prendre l'air à la Croix-Rousse, on tire des coups de fusil, des coups de canon de part et d'autre, enfin, on se dit des choses désagréables. Je commandais un petit peloton, et nous battions en retraite sur le pont de la Guillotière, une décharge fait tomber mes hommes, bien... une balle vient me caresser la cuisse, ça me vexe, et je tombe, bon... on se précipite sur moi, et j'entends crier: au Rhône, au Rhône!... on me met poliment sur le parapet... je me

dis alors: Francis, mon ami; il faut t'apprêter à faire la planche.

AIR: À soixante ans.

Quand de la foule un jeune homme s'élance
Il me saisit, m'arrache de leurs bras;
Puis il leur dit: quelle lâche vengeance!
Ah! combattez, mais n'assassinez pas!
C'est un blessé, ne l'assassinez pas!
Des étrangers qu'un même but rallie,
Voient nos discord's avec plaisir,
Déjà, chez nous, ils song'nt à revenir;
Ah! conservez à notr' chère patrie,
Deux bras qui peuvent encore la servir.

Là-dessus ce bon jeune homme panse ma blessure... me place sur ses épaules... il veut me conduire à l'ambulance... je lui dis d'une voix languissante: non au cabaret... nous y arrivons... il n'y avoit pas de médecin... je m'ordonnance un litre à douze... je demande le nom de mon libérateur... —Je m'appelle Auguste, ouvrier en soieries... —puis il disparait après avoir payé le pharmacien... ô cœur vraiment français!...

❦❦❦❦❦❦❦❦❦❦❦❦❦❦❦❦❦❦❦❦❦❦❦❦

SCÈNE IV.

ADÈLE, AUGUSTE, FRANCIS.

AUGUSTE. Ce doit être dans cette salle... (*Apercevant Adèle*.) Comment, vous ici ma petite Adèle?... ah! je devine, l'inquiétude...

ADÈLE. Pardonnez-moi... mais, tant que la décision ne sera pas rendue, je...

FRANCIS, *qui a examiné Auguste*. Cré coquin, c'est lui!

AUGUSTE. Qu'a-t-il donc le sergent?...

FRANCIS. Jeune homme, regardez-moi.

AUGUSTE. Eh bien! après...

FRANCIS.

AIR du Piége.

R'connaissez-moi, je me nomme Francis
Rapp'lez-vous donc un trait qui vous honore!
Lyon, le Rhône... un sergent!..

AUGUSTE.

Ah! j'y suis.
Quoi! vous vous en souv'nez encore!

FRANCIS.

Ah! je conçois qu' son bon cœur, en effet,
N'ait pas gardé l' souvenir de cette histoire;
C'était à lui d'oublier le bienfait,
C'était à moi d'avoir de la mémoire.

Ça me fait plaisir de vous revoir... et

à votre tour, vous allez entrer dans la cocarde?

AUGUSTE. En toute autre circonstance, cela ne m'affligerait pas; mais, regardez mon Adèle, et dites-moi si ce n'est pas cruel de la quitter.

FRANCIS. Le fait est qu'elle est mieux que notre cantinière qui a vu les pyramides d'Egypte.

AUGUSTE. Et mes vieux parens, que vont-ils devenir sans moi, par mon travail, je pouvais les aider... tandis qu'avec ma solde.

FRANCIS. Pas même de quoi leur procurer du tabac... et puis, je sais ce qui vous chiffonne au superlatif... c'est de partir en laissant votre objet au milieu de trois olibrius.

ADÈLE. Moi, j'espère toujours qu'on l'exemptera.

FRANCIS, *frappant sur l'épaule d'Auguste.* Oh! non !... c'est solide ça, voyez-vous; c'est bien conditionné... les parens ont bien fait les choses!.. au surplus, que sait-on, ça pourra mieux tourner que vous ne croyez... en attendant, allons au Soleil d'Or, arroser notre reconnaissance.

AUGUSTE. Merci, mon brave.

FRANCIS. * Laissez donc votre Adèle, elle a à parler au chirurgien-major.

AUGUSTE. Pour moi?...

FRANCIS. Que sait-on...

La beauté a des droits
Sur le cœur des chirurgiens-majors comme sur le
cœur des rois.

Allons, venez, et ne vous désolez pas.

Air : *Espérance, confiance,* (de Fiorella.)

Sa peine est extrême,
Je conçois cela;
Quitter cell' qu'on aime,
Quel chagrin on r'ssent là.

(*A Auguste.*)

Croyez qu' votre belle
S'ra sans accidents !
A peu près fidèle !
Pendant vos cinq ans.
Espérance,
Confiance,
C'est le refrain
Du fantassin,
TOUS TROIS.
Espérance, etc.

(*Francis et Auguste sortent.*)

Adèle, Francis, Auguste,

SCÈNE V.

ADÈLE, *seule.*

L'heure s'avance et je ne vois pas le chirurgien!... ah! si j'osais exécuter mon projet... c'est bien hardi, mais aussi, s'il réussissait, Auguste serait sauvé... je ne serais plus importunée par ces messieurs Bloquet, Chopin et Moufflet, d'autant qu'ils n'ont pas plus que lui des motifs de réforme! oui, oui, c'est décidé... Auguste ne partira pas.

(Elle va pour sortir, Bloquet paraît, pâle, maigre et défiguré, Il peut à peine se soutenir.)

SCÈNE VI.

BLOQUET, ADÈLE.

BLOQUET. Oh! la, la!

ADÈLE, *effrayée.* C'est vous M. Bloquet... comme vous êtes pâle, est-ce que vous êtes souffrant.

BLOQUET. Je parais bien malade n'est-ce pas ?... on dirait que je suis à l'article de la mort... tant mieux... oh ! la, la! laissez faire.

ADÈLE. Comment depuis deux jours seulement que je ne vous ai vu, comme vous voilà défait !...

BLOQUET. Laissez faire, laissez faire... c'est très ingénieux de ma part... oh! la, la!

ADÈLE. Je ne comprends pas.

BLOQUET. Pour me soustraire à la loi et être jugé incapable de servir, afin de rester près de vous, toujours près de vous, j'ai détérioré mon individu, j'ai commis un véritable suicide... Oh! la, la!

Air de Joseph.

Pour rester près de celle que j'aime,
J'exerçai mon imagination ;
J'espère par mon stratagême,
Tromper l' conseil de révision.
Ayez pitié de mon état horrible,
Voyez d'après ce qui se passe en moi,
L'effet qu' font sur un cœur sensible,
L'amour... et la méd'cin' Leroy.

ADÈLE. Comment, M. Bloquet, vous avez pu vous décider.

BLOQUET. Laissez faire, laissez faire... vous devez me trouver bien laid n'est-ce pas?... je ne suis plus ce beau Bloquet de la semaine dernière... mais, rassurez-vous, une fois exempté... je me referai bien vite... je suivrai un régime sévère... biffetek, entre-côte, gigot et haricot de mouton... laissez faire, laissez faire.

Air : *Ah ! ah ! ah !* (Savetier et financier.)

Oh ! la ! la ! la ! la ! la !
Que je souffre, hélas !
Pour mon amie
J' risque ma vie !
Oh ! la ! la ! la ! la ! la !
Je n' puis faire un pas...
L'amour me cass' jambes et bras.
Ne me soyez plus cruelle,
Mes trois rivaux, en ce jour,
Pour vous prouver leur amour,
Ne me valent pas, Adèle.

SCÈNE VII.

CHOPIN, BLOQUET, ADÈE MOUFFLET.

CHOPIN *et* MOUFFLET *entrant*.

Ah ! ah ! ah ! ah ! ah ! ah !
Que je souffre, hélas !
Pour mon amie
J' risque ma vie !
Ah ! ah ! ah ! ah ! ah ! ah !
Je n' puis faire un pas...
L'amour me cass' jambes et bras,
(*Ils se regardent avec surprise.*)

BLOQUET. Qu'est-ce que je vois ? mes rivaux Chopin et Moufflet dans le même état que moi !

CHOPIN, *à part*. Ce scélérat de Bloquet a fait comme nous.

MOUFFLET, *à part*. Je croyais être le seul... (*A Adèle.*) Ah ! mademoiselle Adèle il faut que je vous aime bien...

CHOPIN. Il faut que mon amour pour vous soit d'une fière force...

ADÈLE. Quoi ! M. Chopin, auriez-vous comme M. Bloquet, dérangé votre santé ?

CHOPIN. Pour n'être pas pincé par la conscription, et devenir votre heureux époux... je ne mange pas depuis trois jours, je ne me soutiens qu'avec du coco !

MOUFFLET. Moi, on m'a conseillé de porter de ça... (*Il tire de sa poche deux ou trois têtes d'ail.*) Depuis hier, j'ai une fièvre de cheval.

ADÈLE, *riant.* Messieurs, je vous remercie de ce que vous faites pour moi... (*A part.*) Les beaux maris que j'aurais-là.

TOUS, *reprenant.*

Ah ! ah ! ah !

(*Bloquet s'assied, les deux autres se groupent autour de lui.*)

SCÈNE VIII.

MOUFFLET, CHOPIN, BLOQUET, FRANCIS, ADÈLE.

FRANCIS. Ah ! vous voilà, mademoiselle Adèle... avez-vous vu le chirurgien-major ?

ADÈLE. Non, pas encore... où est Auguste ?

FRANCIS. Il s'est ressouvenu qu'il avait oublié de demander son extrait de naissance à la mairie, j'ai bien peur, qu'à l'appel il ne soit en retard.

ADÈLE, *à part*. Tant mieux !

FRANCIS, *apercevant les trois jeunes gens, bas à Adèle.* Quels sont ces messieurs ?

ADÈLE, *bas*. Ce sont les rivaux d'Auguste.

FRANCIS. Ah ! les 9, 13, 47... bon, j'y suis... quelles figures, mon dieu !... ils me font l'effet d'une ambulance.

ADÈLE, *bas*. C'est exprès, il ont cherché à se rendre malades...

FRANCIS. Ah ! bien... je vais m'amuser un peu.

ADÈLE. Au revoir, mon bon M. Francis, c'est bien dans cette salle que se tiendra le conseil ?... (*A part.*) Pourvu que j'arrive avant Auguste !

FRANCIS, *s'approchant des trois individus.* Salut ! conscrits.

BLOQUET. Conscrits ! pas encore.

FRANCIS. C'est moi qu'est chargé de conduire le contingent au dépôt, mais j'ai bien envie de vous mener aux Invalides, car vous me paraissez bien dégommés.

BLOQUET. Ah ! nous jouissons d'une bien mauvaise santé.

FRANCIS. Mais rassurez-vous... Au régiment, nous avons d'excellens remèdes contre ces sortes d'indispositions !.. voyez-vous, les médecins s'assemblent, on vous tâte le pouls ; après une mûre délibération pour soulager le malade, on lui fait garder un mois le cachot, avec une infusion de pain noir dans de l'eau et une décoction de racine de patience.

BLOQUET. Elle est jolie, votre ordonnance !

FRANCIS. Elle ne manque jamais son effet sur des farceurs comme vous!... car vous êtes des fameux farceurs !...

(Il pousse Bloquet, qui tombe sur Chopin ; celui-ci sur Moufflet.)

BLOQUET. Prenez donc garde, vous renversez le contingent.

FRANCIS (*). Vous avez bien tort de faire les récalcitrans.... Vous ne connaissez pas les agrémens de l'état militaire.... D'abord, on a de beaux appointemens !... neuf sous par jour, ou, si vous le préferez, quarante-cinq centimes, *ad libiton*.... Sur les neuf, vous laissez six sous à l'ordinaire... deux sous à la masse.... qui de neuf paie huit, reste un, avec lequel vous semez de fleurs le chemin de la vie, vous comblez de bienfaits la beauté que vous avez séduite, vous embellissez son existence, vous lui assurez un sort; à sa fête vous lui offrez un cachemire; et, si vous avez de l'ordre et de l'économie, au bout de vos cinq ans, vous vous retirez dans votre château avec dix mille livres de rente.

BLOQUET, à part. Il se moque de nous, le sergent; il se doute de notre ruse..... nous sommes découverts.

(On entend le tambour battre au champ.)

FRANCIS.

Air: *Entendez-vous? c'est le tambour.* (de la Fiancée)

Faut que j' descend', j'entends l' tambour,
Voilà le conseil qui s'avance;
Malgré vos rus's, j' réponds d'avance
Qu' vous s'rez soldats avant la fin du jour.

BLOQUET.

Fallait-il que nous maigrissions !

MOUFFLET.

J' crois qu' nous en s'rons tous les trois pour nos frimes.

FRANCIS.

Vous auriez mieux fait, pauvr's victimes,
De vous donner de bonn's indigestions.

ENSEMBLE.

FRANCIS.

Faut que j' descend', j'entends l' tambour,
Voilà le conseil qui s'avance;
Malgré vos rus's, j' réponds d'avance
Qu' vous s'rez soldats avant la fin du jour.

*Moufflet, Chopin, Francis, Bloquet.

BLOQUET, CHOPIN, MOUFFLET.

Nous sommes pris, j'entends l' tambour,
Voilà le conseil qui s'avance;
Malgré nos rus's, je l' vois d'avance
Nous s'rons soldats avant la fin du jour.

(Francis sort.)

SCÈNE IX.

MOUFFLET, BLOQUET, CHOPIN.

BLOQUET. Nous serons soldats ! est-ce qu'il dit vrai le sergent ?

MOUFFLET. C'était bien la peine de nous mettre dans cet état-là !

CHOPIN. De me laisser mourir de faim!... hier encore j'ai refusé d'aller dîner chez ma tante.

BLOQUET. Loi de canibales, d'anthropophages! Je n'm'y soumettrai point! et qu'on ne dise point pour ça que je suis un mauvais citoyen !... Je suis connu...

Air : *Je suis Français, mon pays avant tout.*

Oui, j'ai donné mille preuv' de civisme;
On cite encore dans le vieux, aujourd'hui,
De mon papa la vie patriotisme;
Et mon cousin, dont tout l' monde parle aussi,
Devant Alger eut un ch'val tué sous lui.
Comme un poltron je n' crains pas qu'on me
f'garde ;
Mon oncl' suivit Bonaparte partout,
Et mon jeun' frer' pour moi monte la garde;
Je suis Français, mon pays avant tout.

CHOPIN. Quitter notre Adèle !..... jamais !...

TOUS. Jamais !...

BLOQUET, à part. Ah! que je suis bête!.. c' fameux moyen qu'on m'a indiqué!.... les autres ne se doute de rien.. bon !

MOUFFLET, à part. Si je faisais comme papa, lors de la première réquisition de 91.

CHOPIN, à part. Ça a déjà réusi à Falempin pour éviter la garde nationale..

PREMIER TAMBOUR, entrant. Messieurs, le conseil va s'assembler; vous ne pouvez rester ici ; passez dans la salle à côté; on vous appelera l'un après l'autre.

BLOQUET, CHOPIN, MOUFFLET, chacun à part.

Air : *Vaudeville des Couturières.*

Chut ! chut ! retirons-nous;
De la prudence,

J'ai bonne espérance,
Chut ! chut ! retirons-nous ;
Du sort, je pense,
Je braverai les coups.

(Ils se retirent dans le cabinet à droite. Le Conseil de révision, composé du Sous-Préfet, d'un Colonel, du Capitaine-Recruteur, d'un Chirurgien et de deux Officiers, entre par la gauche.)

SCÈNE X.

LE SOUS-PRÉFET, LE COLONEL, LE CAPITAINE RECRUTEUR, LE CHIRURGIEN ; DEUX OFFICIERS, LE TAMBOUR.

CHŒUR.

Air : *Travaillez, mesdemoiselles (* de la Fiancée.)*

Les conscrits vont à la ronde
Paraître à ce tribunal ;
Qu'en nous, au moins, tout le monde
Trouve un juge impartial.

(Le Sous-Préfet va se placer sur un fauteuil à gauche devant le bureau ; il invite les autres personnes à s'asseoir : le Colonel se place à sa droite, les deux officiers à sa gauche, le Chirurgien à l'extrême gauche un peu de côté, le Capitaine reste debout.)

LE SOUS-PRÉFET (*). Messieurs, veuillez prendre place. *(Ils s'asseyent).* Il est inutile de vous rappeler les devoirs que nous avons à remplir. La loi attend de nous justice et impartialité... Monsieur le capitaine, veuillez commencer l'appel.

LE CAPITAINE, *prenant la liste.* Auguste Frémont !

LE TAMBOUR, *ouvrant la porte de droite et appelant.* Auguste Frémont !

LE CAPITAINE. Eh bien ?...

LE TAMBOUR. Auguste Frémont !... il paraît qu'il n'y est pas.

ADÈLE, *vétue en homme, entrant par le fond (*).* Voilà !

LE CAPITAINE. Votre nom ?

ADÈLE. Auguste Frémont.

LE CAPITAINE. Votre âge ?

ADÈLE. Vingt-un ans.

LE CAPITAINE. Votre état ?

ADÈLE. Ouvrier en soierie.

LE CAPITAINE. De quoi vous plaignez-vous ?... allons, n'ayez pas peur.

ADÈLE. Faiblesse de complexion.

LE CAPITAINE. Monsieur le chirurgien, examinez ce jeune homme.

ADÈLE, *effrayée, à part (*).* Mon Dieu !.. je n'avais pas songé à cela.

LE CAPITAINE. Les mains ?..

LE CHIRURGIEN. Doigts grêles et faibles... main de femme tout-à-fait.

LE CAPITAINE, *à Adèle.* Prenez ce fusil... *(Le tambour l'apporte. Elle le prend gauchement).* Armez-le...

ADÈLE. Plaît-il ?

LE CAPITAINE, *impatienté.* Armez-le...

(Il lui place brusquement le fusil dans la position d'être armé.)

ADÈLE. Vous me faites mal !...

LE CHIRURGIEN, *qui a examiné.* Le pouce est trop court.

LE CAPITAINE. Oui, le pouce est trop court... Les dents ?...

LE CHIRURGIEN. Complètes... il pourra déchirer la cartouche... Otez votre redingote... *(Mouvement d'Adèle. Elle l'ôte, le tambour la prend et la pose sur une chaise.)* Vous dites faiblesse de complexion ?... Otez votre gilet...

(Nouveau mouvement d'Adèle. Elle l'ôte.)

Mais la poitrine est bonne, bien en dehors.

LE CAPITAINE. C'est peut-être par les jambes qu'il pèche ?

LE CHIRURGIEN. Otez tout...

ADÈLE, *tremblante.* Ah mon Dieu ! mon Dieu !

LE CAPITAINE, *à Adèle, qui paraît hésiter.* Vous n'avez donc pas entendu ?...

ADÈLE. Si, monsieur... mais je...

LE CAPITAINE, *au conseil.* Il sera bon pour le centre. *(A Adèle).* Eh bien ! en finirons-nous ?

ADÈLE, *à part.* Que vais-je devenir ?...

LE SOUS-PRÉFET. Mais il me semble bien petit. Est-ce qu'il n'aurait pas la taille ? voyez donc.

LE CAPITAINE. *(Il fait passer Adèle sous la toise qui se trouve au fond à droite, à côté de la porte. Pendant ce temps, le chirurgien a repris sa place au conseil.)* Il lui manque par bien un centimètre.

ADÈLE, *à part.* Auguste est sauvé !

---

* Le Tambour, le Capitaine, le Chirurgien, le Conseil.
* Le Tambour, Adèle, le Capitaine, le Chirurgien, le Conseil.

* Le Tambour, le Chirurgien Adèle, le Capitaine

LE CAPITAINE, *après avoir consulté le conseil*. Réformé. .... Emportez vos habits. (*Adèle sort vivement. Le capitaine reprend la liste*). Isidore Chopin!

LE TAMBOUR. Isidore Chopin!

(Chopin parait à la porte de droite. Il étend les mains devant lui, marche lentement et avec précaution ; il rencontre une chaise, la renverse, fait un faux pas.)

CHOPIN, *s'adressant à la chaise*. Je vous demande bien pardon, monsieur, j'ai dû vous faire du mal.

LE CAPITAINE. Tournez-vous par ici.

CHOPIN. Qu'est-ce qui me fait l'honneur de m'adresser la parole? (*Il marche vers le capitaine et lui donne un coup de pied dans les jambes*). Allons, bon! v'là que je me cogne contre les pieds de la table! Scélérat d'opticien qui ne m'a pas raccommodé mes lunettes !

(Le capitaine le place devant le bureau.

LE CAPITAINE. Restez là et ne bougez pas.

(Chopin tourne le dos à la table du conseil et s'assied dessus.)

LE COLONEL. Malhonnête!

(Il le pousse vigoureusement, Chopin trébuche.)

CHOPIN. Pas de mauvaises farces! respect au malheur!

LE CAPITAINE, *le prenant par le bras*. Voyons, venez par ici... (*Il le place devant le sous-préfet*). Répondez à monsieur.

CHOPIN. (*) Tiens! c'est toi, Larfayou?.. comment ça va.... te v'là par ici?

LE CAPITAINE. Eh! c'est M. le sous-préfet.

CHOPIN. C'est étonnant comme il ressemble à Larfayou.

LE CAPITAINE. Silence! votre âge?

CHOPIN. Vingt-deux ans.

LE CAPITAINE. De quoi vous plaignez-vous?

CHOPIN. Je ne vois pas, vous le voyez bien... je suis myope.

LE CAPITAINE. Votre état?

CHOPIN. Employé au télégraphe.

LE CAPITAINE, *lui mettant des lunettes et lui ôtant son chapeau de la main*. Vous allez lire avec ces lunettes.

CHOPIN, *à part*. Je suis perdu!.... ma tête tourne, je n'y vois que du feu!...

(Il passe à la droite du théâtre.)

LE CAPITAINE, *au sous-préfet*. Passez-moi un livre.

LE SOUS-PRÉFET. Prenez ce Télémaque.

(Le capitaine le donne à Chopin.)

CHOPIN, *à part*. Oh! je suis sauvé, je l'ai appris par cœur à l'école. (*Feignant de lire*). « Calypso ne pouvait se consoler du » départ d'Ulysse ; dans sa douleur elle se » trouvait malheureuse d'être immor- » telle.... Sa grotte ne résonnait plus » des doux sons de sa voix..... Les nym- » phes qui la servaient n'osaient lui par- » ler...»

LE CAPITAINE. Assez, c'est bien... don- nez... (*Il lui ôte le livre et les lunettes*). Prenez votre chapeau et allez-vous-en.

(Chopin revient en tâtonnant à la table, prend le chapeau à trois cornes du Sous-Préfet, qu'il place sur sa tête, et va pour sortir.)

LE SOUS-PRÉFET. Dites donc, vous vous trompez de chapeau.

CHOPIN. Ah! pardon!

(Il l'échange contre celui du capitaine et s'en coiffe.

LE CAPITAINE. Allons... le mien à pré- sent!... tenez, voici le vôtre.

(Il le lui enfonce sur les yeux.)

CHOPIN. Merci.

(Il sort, et en étendant les mains, il met les doigts dans les yeux du tambour qui a été lui ouvrir la porte du fond.)

LE TAMBOUR. Ah!... il me crève l'œil!.. le maladroit!...

LE CAPITAINE, *appelant*. Ignace Moufflet.

LE TAMBOUR. Ignace Moufflet.

LE CAPITAINE. Eh bien?...

LE TAMBOUR. Personne ne répond. .... Ignace Moufflet!

MOUFFLET, *paraissant à la porte de droite et criant*. Messieurs, quand le tour d'Ignace Moufflet viendra, c'est moi, je suis là.

LE CAPITAINE. C'est justement vous qu'on appelle.

MOUFFLET. C'est bien, je repasserai.

(Il va pour sortir.)

LE CAPITAINE. Restez donc.

MOUFFLET. Je comprends bien, je me retire.

LE CAPITAINE. (*) Ah ça! est-ce qu'il n'entend pas?... (*Le tambour pousse Mouf- flet vers le capitaine*). Votre état?

MOUFFLET. Vingt-deux ans.

LE CAPITAINE. Votre âge.

---

* Le Tambour, le Capitaine, Chopin, le Conseil.   * Le Tambour, Moufflet, le Capitaine, le Conseil.

MOUFFLET. Clarinette.

LE CAPITAINE. Vous êtes donc sourd?

MOUFFLET. Certainement, j'ai cinq pieds ois pouces.

LE CAPITAINE, *bas au chirurgien.* Comment faire pour constater la surdité?

LE CHIRURGIEN, *bas.* Ici l'art ne peut en; mais continuez à lui parler, nous allons faire les épreuves.

LE CAPITAINE, *à Moufflet.* C'est bien, le onseil est convaincu que vous n'entendez as.

MOUFFLET. Oui, monsieur, j'ai été vaciné. (*Le chirurgien a fait signe au tambour; elui-ci s'est approché à pas de loup de Moufflet, et lui sonne brusquement de la trompette à l'oreille. — Au capitaine*). Vous désirez me prise de tabac? (*Le chirurgien passe un pistolet au capitaine, qui le tire à l'oreille de Moufflet. — Au tambour*). Dieu vous bénisse!

LE CAPITAINE, *bas au conseil.* Une dernière épreuve. (*A Moufflet, d'une voix naturelle*). Vous êtes réformé.

MOUFFLET. Merci, je ne suis pas fatigué.
(Il s'assied sur la chaise.)

LE SOUS-PRÉFET. Passons à un autre.

LE CAPITAINE, *à Moufflet.* Vous pouvez vous retirer.

MOUFFLET. Je ne prends rien entre mes repas.

LE CAPITAINE. Tambour, emmenez monsieur.

MOUFFLET, *poussé par le tambour.* Ah! il faut que je sorte... bien.
(Il sort par le fond.)

LE CAPITAINE, *au sous préfet.* M. le sous-préfet, je ne vous complimenterai pas sur votre contingent.

LE SOUS-PRÉFET. Nous en aurons bien un sur quatre.

LE CAPITAINE, *appelant.* Baptiste Bloquet!

LE TAMBOUR. Baptiste Bloquet!
(Bloquet entre par la porte de droite; son air est riant et dégagé.)

LE CAPITAINE. (*) A la bonne heure, en voilà un qui se présente bien et qui promet... Votre nom?

BLOQUET, *bégayant.* Baptiste Bloquet.

LE CAPITAINE. Votre âge?

BLOQUET. Vingt-deux ans.

LE CAPITAINE. Votre état?

BLOQUET. Clerc d'avoué.

LE CAPITAINE. Est-ce que vous êtes bègue de naissance?

BLOQUET. Oui, mais on m'a ordonné, pour remède, de mettre des cailloux dans ma bouche.

LE CAPITAINE, *au conseil.* Mais cet homme est incapable de servir.

BLOQUET. Je vous demande bien pardon, je veux être soldat.

LE CAPITAINE. Alors, pourquoi vous présentez-vous au conseil de révision?

BLOQUET. C'est ma famille qui désire que je devienne avocat ou député.

LE CAPITAINE. Vous tiendriez de fameux discours.

BLOQUET. Je crierais aussi bien qu'un autre : La clôture! aux voix!

LE SOUS-PRÉFET. Allons, puisqu'il veut être soldat, il me semble...

BLOQUET, *à part.* Je suis pincé!

LE CAPITAINE. Il serait imprudent de l'admettre. Il lui faudrait une heure pour crier *qui vive?* il laisserait surprendre un poste.

BLOQUET. Bah! quand je suis de garde, je dis très-bien : Caporal, hors la garde, venez reconnaître papa...

LE CAPITAINE. Comment! venez reconnaître papa!

BLOQUET. Papa patrouille.

LE COLONEL. Pour moi, je ne l'accepte pas.

LE CAPITAINE, *à Bloquet.* Retirez-vous.

BLOQUET. C'est affreux!... c'est infâme. Empêcher un citoyen de montrer son cou.... rage... il y en a qui ne sont pas si so...lides que moi.
(Il sort par le fond.)

LE SOUS-PRÉFET. Messieurs, que décidons-nous quant aux nommés Chopin, Bloquet et Moufflet?

LE CAPITAINE. Auguste est réformé de droit... Mais si vous m'en croyez, n'accordons aux trois autres que des congés provisoires.... La bonne foi des conseils de révision a été souvent surprise! Réservons-nous les moyens de découvrir un jour la vérité.... J'ai des blancs-seings, je dresserai trois congés provisoires d'un an.

LE SOUS-PRÉFET. Messieurs, la séance est levée.

CHŒUR.

Air : *Travaillez mesdemoiselles.*

Les conscrits ont, à la ronde,
Passé devant l'tribunal;
Qu'en nous, toujours, tout le monde
Trouve un juge impartial.
(*Le Conseil se retire par la porte à gauche.*)

---

* Le Tambour, Bloquet, le Capitaine, le Conseil.

SCÈNE XI.

LE CAPITAINE, *assis au bureau et écrivant,*
AUGUSTE.

AUGUSTE, *regardant sortir le conseil.* Le
conseil serait-il déjà levé? ils m'ont fait
attendre à la Mairie pour mes papiers...
je crains bien d'arriver trop tard. (*Apercevant le capitaine*). Pardon, monsieur; est-
ce que la séance est terminée?

LE CAPITAINE. Oui.

AUGUSTE. Et quant à ceux qui ne com-
paraissent pas, que décide-t-on de leur
sort?

LE CAPITAINE, *écrivant toujours.* On les
trouve bons pour le service.

AUGUSTE, *à part.* Allons, il faut partir!
vous verrez que j'aurai assez de malheur
pour qu'un de mes rivaux soit exempté.
(*Au capitaine*). Et combien le conseil en
a-t-il désigné pour partir?

LE CAPITAINE. Trois ont obtenu des
congés provisoires, et l'autre sa réforme
définitive.

AUGUSTE. Et celui-là c'est...

LE CAPITAINE. Auguste Frémont.

AUGUSTE, *étonné.* Auguste Frémont,
dites-vous?

LE CAPITAINE. Oui, et puisque vous
paraissez vous intéresser à lui, voici son
acte de libération.

AUGUSTE, *à part.* Je n'en reviens pas!
(*Lisant à part*). « Auguste Frémont,
» vingt-un ans, ouvrier en soierie. »
C'est bien moi! « Taille un mètre cin-
« quante-cinq centimètres. » Je n'ai que
quatre pieds huit pouces, à présent!... réformé pour la taille... Il y a ici quelque
méprise dont je ne veux pas profiter.

SCÈNE XII.

LES MÊMES, ADÈLE, *toujours sous des
habits d'homme* (*)

ADÈLE, *au capitaine.* Capitaine, je viens
chercher mon congé.

AUGUSTE, *sur le devant de la scène, à part.*
Je voudrais pourtant bien savoir quel est

celui qui s'est permis de prendre mon
nom.

LE CAPITAINE, *à Adèle.* Le quel?

ADÈLE, Celui d'Auguste Frémont.

AUGUSTE. Qu'entends-je?.. serait-ce
mon homme?

ADÈLE, *l'apercevant.* Auguste ici!...
tout est perdu!...

AUGUSTE, *la prenant à part.* C'est donc
vous, mon petit monsieur, qui osez vous
faire passer pour... pour... Adèle!

ADÈLE. Silence!

FRANCIS, *entrant* (*). Qu'entends-je!..
mademoiselle Adèle!...

LE CAPITAINE, *se levant.* Une femme
sous ce déguisement!

ENSEMBLE.

Air de *Wallace.*

Quel est donc ce mystère?
Je n'en puis revenir!
Que prétendiez-vous faire?
Pensiez-vous le servir?

FRANCIS.

Quel est donc ce mystère?
Je n'en puis revenir!
Que prétendiez-vous faire?
Pensiez-vous le servir!

AUGUSTE.

Quel est donc ce mystère?
Je n'en puis revenir!
Que prétendiez-vous faire?
Pensiez-vous me servir?

ADÈLE.

Respectez ce mystère,
Je viens pour vous servir!
Il faut ici vous taire
Et ne pas me trahir.

FRANCIS, *à part.* Je crois que nous
avons fait une boulette.

AUGUSTE (*). Oui, capitaine, c'est moi
qui suis Auguste Frémont... vous allez
tout savoir..... en mon absence, mon
Adèle ignorant les conséquences que pouvait avoir un pareil dévouement, s'est
présentée sous mon nom pour me faire
exempter, mais, j'allais vous apprendre
la vérité.

LE CAPITAINE. Comment mademoiselle!...

AUGUSTE. Je vous en supplie, ne donnez aucune suite à cette affaire, me voilà
prêt à partir.

---

* Auguste, Adèle, Francis, le Capitaine.
** Adèle, Francis, Auguste, le Capitaine.

FRANCIS, *au capitaine*. Pardon, capitaine, ils sont innocents... c'est la faute de ce diable de Cupidon ! ce voltigeur-là a un bandeau sur l'œil et il ne sait pas ce qu'il fait.

LE CAPITAINE. Mais, je ne puis prendre sur moi...

FRANCIS. Allons, une fois le camarade parti tout est dit... personne n'en saura rien... allons capitaine.

LE CAPITAINE. Puisqu'Auguste satisfait à la loi, je promets d'assoupir cette affaire, et je vais faire une feuille de route.

(Il entre dans le cabinet à gauche, Auguste le reconduit.)

FRANCIS, *à Adèle*. ne vous désolez pas.

ADÈLE.

Air : *Lehain, mon cher, est à Lyon.* (de Préville et Taconnet.)

Etre cinq ans sans le revoir !...

FRANCIS.

Je conviens qu' c'est vexant tout d'même.

ADÈLE.

Je le sens à mon désespoir,
Je n' puis quitter celui que j'aime.

FRANCIS.

Vous ne pouvez suivre ses pas.
Chez nous la consigne est sacrée ;
L' gouvernement ne permet pas
Un tel camarad' de chambrée,

AUGUSTE. Je vais dire adieu à mes parens, faire mon paquet et en route.

FRANCIS. C'est bien de prendre votre parti. (*A Adèle qui se dispose à suivre Auguste*). Restez donc ici, jeunesse, vous ne pouvez traverser la ville sous ce déguisement, l'ami Auguste va vous envoyer tout ce qu'il vous faut... allons, mon brave, rappelez-vous ce que je vous disais ce matin.

Espérance,
Confiance,
C'est le refrain
Du fantassin.

(*Auguste sort, par le fond, Francis l'accompagne, Adèle entre dans le cabinet à droite.*)

SCÈNE XIII.

FRANCIS, *puis* LE CAPITAINE.

FRANCIS, *à Adèle, à la cantonnade.* Ne pleurez donc pas, mademoiselle Adèle,

que voulez-vous, c'est la loi, et puis il n'est pas seul... les trois rivaux 9, 13, 47, partent aussi, sans doute...

LE CAPITAINE, *qui est entré sur ces derniers mots.* Vous vous trompez, sergent... ces numéros ne partent pas.

FRANCIS. Et pourquoi donc ça ?

LE CAPITAINE. Bloquet est bègue, Moufflet est sourd et Chopin est miope.

FRANCIS. Capitaine, si j'étais tant seulement un quart-d'heure adjudant-major, je pourais dire que le conseil a fait des bêtises.

LE CAPITAINE. Francis, vous oubliez...

FRANCIS. Pardon, mon capitaine, mais, ces trois individus vous ont subtilisé.... ça m'indigne qu'on trompe mes chefs... je leur ai parlé ce matin... ils sont, comme vous et moi, parfaits au moral comme au physique.

LE CAPITAINE. Mais, comment s'assurer...

FRANCIS. Parbleu !

LE TAMBOUR, *entrant par le fond et sur le second plan.* Capitaine, M. Bloquet est là, il vient chercher son congé.

FRANCIS. Ah! le hazard nous sert à merveille, le farceur va se trouver en face de son objet... faut qu'il se croye seul avec elle... l'amour fera le reste... il a bien trahi le grand Hercule, qui tricottait des bas de laine aux pieds de mademoiselle Omphale. (*Au tambour qui est resté dans le fond*). Faites entrer.

LE CAPITAINE *et* FRANCIS.

Air *des Noces de Gamache.*

Cachons-nous en silence,
Ecoutons tout de là ;
Le voici qui s'avance
Dans le piège il tombera.

(*Ils passent derrière le paravent.*)

SCÈNE XIV.

ADÈLE, BLOQUET, FRANCIS, *et* LE CAPITAINE, *cachés.*

ADÈLE, *qui a repris ses habits de femme, elle sort du cabinet à droite, et se dispose à s'en aller par le fond.* Maintenant, allons rejoindre Auguste.

BLOQUET, *entrant par le fond et rencontrant Adèle.* (*Bégayant*). Vous me fu fuyez.

ADÈLE. Oui.

BLOQUET, *bégayant toujours.* Cru u elle!..
(*A part*). Que c'est gênant de faire l'amour
comme ça !

ADÈLE. Ah! ça, depuis quand parlez-
vous ainsi?...

BLOQUET, *lui prenant la main.*

Air : *Bouton de rose.*

De nai naissance,
J'arti ticule ainsi vraiment;
Mon cœur qui vous aim' d'puis l'enfance
Eprou' près d' vous un battement,
De nai naissance.

ADÈLE. Cessez cette mauvaise plaisanterie... et vous osez dire que vous m'aimez, vous!

BLOQUET, *sans bégayer.* Si je vous aime!
(*Après avoir regardé autour de lui, et emporté par la passion*). Ma foi! tant pis! je ne
peux plus retenir ma langue, il faut que ça
parte... si je vous aime!.... faut-il vous
le dire mille fois par minute!..

FRANCIS, *monté sur une chaise derrière le
paravant, et passant sa tête de temps en temps.*
Comme la langue lui revient.

BLOQUET, *ramenant Adèle qui a fait un
mouvement pour sortir* Non, laissez-moi
vous peindre ma passion!... (*Se jetant à
ses pieds.*) n'écoutez pas mes rivaux!....
(*Moufflet paraît au fond et les écoute.*) serait-
ce un Moufflet qui pourrait me balancer?..
une misérable clarinette qui joue faux à
cinquante centimes le cachet.

MOUFFLET, *s'approchant vivement.* (*)
Qu'est-ce que j'entends?...

FRANCIS. V'là le sourd qui entend !

MOUFFLET. Obscur saute-ruisseau!...
(*A Adèle*). Ne le croyez pas.... heureusement que je l'ai entendu cet infâme Bloquet.

(Il prend la main d'Adèle; Bloquet tient l'autre.)

ADÈLE. Voulez-vous bien me lâcher,
messieurs.

CHOPIN, *paraissant dans le fond.* Qu'est-
ce que je vois?...

FRANCIS. Bon! v'là le myope qui y voit!

CHOPIN. (**) Mes concurrens auprès d'A-
dèle!... mais j'y vois clair.

FRANCIS. Capitaine, trois feuilles de
route.

MOUFLET, CHOPIN, BLOQUET.

Air *du Siége de Corinthe.*

Quelle arrogance!
Monsieur, changez de ton,

De cette offense
Vous me rendrez raison.
(*Francis et le Capitaine sortent de derrière le para-
vent.*)

LE CAPITAINE. (*) Ah! ah! messieurs...

BLOQUET, CHOPIN, MOUFFLET. Nous
sommes pris!

FRANCIS. Oui, mes petits agneaux, et
nous allons voyager pour notre santé.

BLOQUET. Ah! mademoiselle Adèle,
vous avez pu vous prêter.

FRANCIS. Du tout... elle ne savait rien...
(*Il passe près des trois conscrits, et leur délivre
des feuilles de route*). Tenez! M. Chopin,
voilà votre feuille de route.... (*Il la lui
fourre dans les yeux*). M. Blo o quet, v'là la
vô tre..... (*Elevant la voix*), et vous
M. Moufflet...

(Il revient à sa place.)

MOUFFLET. C'est bon, je ne suis pas
sourd!

BLOQUET. C'est un guet-à-pens.... on
a surpris notre bonne foi, nous réclamons.

MOUFFLET et CHOPIN. Oui, nous en ap-
pelons.

LE CAPITAINE. Je ne vous le conseille
pas...... la loi serait sévère !..... vous
avez cherché à tromper le conseil...

FRANCIS. Ce que vous avez de mieux à
faire, c'est de filer doux et d'endosser le
sac. (*On entend un roulement de tambour*).
V'là le moment du départ.

ADÈLE. Et Auguste, où est-il.

FRANCIS. Le voici.

(Auguste entre par le fond, un sac sur le dos.)

BLOQUET. (**) Ce qui me console c'est
qu'il part avec nous.

FRANCIS. Certainement..... puisqu'il
nous accompagnera jusqu'à la première
étape.

ADÈLE. Que voulez-vous dire?

FRANCIS. Ce que je veux dire!... c'est
que vous épouserez votre petit Auguste.

AUGUSTE. Comment, je ne comprends
pas...

FRANCIS. Depuis ce matin, est-ce que
je n'ai pas mon idée fixe en tête?..

Air *de la Sentinelle.*

L'autr' fois, à Lyon, vous fûtes mon sauveur,
Sans votr' secours, je perdais l'existence;
R'prenez courag', Francis a dans le cœur,
Le sentiment de la reconnaissance
Passez-moi c' sac, je ferai votre temps.
Vous n' quitt'rez plus vos parens, votre amie,

---

* Moufflet, Adèle, Bloquet, Francis, le Capitaine.
** Chopin, Moufflet, Adèle, Bloquet, Francis, le Capitaine.

* Moufflet, Bloquet, Chopin, Adèle, Francis, le Capitaine.
** Moufflet, Bloquet, Chopin, Francis, Adèle, le Capitaine.

Mes amis, je puis, je le sens,
D' mon existenc' donner cinq ans
A c'lui qui m'a sauvé la vie,
J' lui dois la vie!

AUGUSTE. Francis! mon ami, je ne souffrirai pas....

FRANCIS. Assez causé... embrassez plutôt votre Adèle qui croyait vous perdre.

BLOQUET. Et dire que je n'ai sauvé la
vie à personne... c'est du guignon!

FRANCIS. Vous, mes petits troupiers,
vous allez faire des par le flanc droite, des
par le flanc gauche.... ça vous apprendra
à vous moquer des conseils de révision!...
allons, en route, mauvaise troupe, et
n'oubliez pas vos numéros.

Air de Partie et Revanche.

Lorsqu'il atteint sa vingt-unième année,
Plus d'un conscrit, qu'on appell' sous l' dra-
peau.
Espère avoir un' chance fortunée,
Qui l' fass' tomber sur un bon numéro,
Et qui l'exempt' de porter le shako.
Mais, sur la frontière, je gage,
Si l'étranger revenait de nouveau,
Tous nos jeun's gens quand viendrait le tirage,
Voudraient avoir un mauvais numéro.

MOUFFLET.

C' mari court vit', chez le commissair',
Porter sa plainte... ah! craignez son destin!..
Il a surpris, la semain' dernière,
Sa femme avec son grand cousin,
En tête-à-tête, en modeste sapin.
On lui demand' l'adress' de la voiture,
Il n' la sait pas... mais, dit-il, c' quiproquo

S'éclaircira... car un' autr fois, je le jure,
J' n'oublirai pas de prendr' le numéro.

CHOPIN.

J'ai feint d'être myop', ma ruse est excusable,
Pour éviter d'être soldat;
Porter lunett's, vous donne un air capable,
Voyez plutôt nos hommes d'état!
Combien de myop's homm's d'état!
Ils cherch'nt en vain, d' la politique,
A démêler le long imbroglio,
On us', pour eux, tout's les r'ssourc's de l'op-
tique..
On n' peut jamais trouver leur numéro.

BLOQUET.

Nous avons vu tomber dans la disgrâce
Des rois et des gouvernemens,
Par l' temps qui cour, les gens en place
Sonts sujets aux changemens,
Il faut s' soumettre aux évèn'mens.
Quelqu's-uns pourtant toute leur vie,
Gardent leur place et restent en repos,
D'puis soixante ans à la lot'rie,
C'est l' même enfant qui tir' les numéros.

FRANCIS.

A notr' théâtre, afin que chacun vienne,
V'là son adress' que j' vous donn' tout au long;
Vous v'nez d' la Bours', prenez la ru' Vivienne,
Vous arrivez en face du Perron,
Vous descendez bien vite le Perron.
Vous êtes dans la galerie!
Tournez à droite, au bout est le bureau;
Cette adress' là, vous suffit, je l' parie,
J' n'ai pas besoin d' vous dir' le numéro.

FIN.

Imprimerie de Mad. De Lacombe, 1, faubourg Poissonnière.

LA
CHAMBRE ARDENTE,

DRAME EN CINQ ACTES ET EN NEUF TABLEAUX,

Par MM. Mélesville et Bayard,

MUSIQUE DE M. PICCINI, DÉCORS DE M. LEFÈVRE,

REPRÉSENTÉ POUR LA PREMIÈRE FOIS, A PARIS, SUR LE THÉATRE DE LA PORTE SAINT-MARTIN, LE 4 AOUT 1833.

PERSONNAGES.	ACTEURS.	PERSONNAGES.	ACTEURS.
LA MARQUISE DE BRIN-VILLIERS............	Mlle Georges.	UN JUGE..............	M. Marchand.
LE CHEVr DE SAINTE-CROIX..............	M. Provost.	UN VALET de la Marquise.	M. Fonbonne.
DESGRAIS............	M. Serres.	UN VALET d'auberge.....	M. Bobin.
LE COMTE DE GUICHE.	M. Delafosse.	UN GARDE SUISSE.....	M. Gosselin.
LE PRESIDENT de la Chambre ardente.......	M. Auguste.	UN HUISSIER..........	M. Tournois.
LE MARQUIS DE FEU-QUIÈRES............	M. Chilly.	UN SOLDAT LIÉGEOIS..	M. Riffaut.
LE BARON D'AUBRAY..	M. Valmore.	MARIE...............	Mlle Ida.
BROWN..............	M. Moessard.	Mlle DE MONTALAIS....	Mlle Juliette.
LARIOLLE............	M. Saint-Paul.	LA VOISIN...........	Mme Adolphe.
PITHOU.............	M. Vissot.	LA SUPÉRIEURE.......	Mlle Georges cade.
UN SEIGNEUR........	M. Tournan.	FEMME MARTINOT.....	Mlle Oudry.
BOSSUET............	M. Héret.	MADAME HENRIETTE...	Mlle Ad. Amant.
L'AVOCAT-GÉNÉRAL...	M. Valkin.		

Peuple de Paris.—Peuple de Liége.—Seigneurs et Dames de la cour.—Gardes suisses.—Soldats liégeois.—Prêtres et Moines.—Juges et Religieuses.—Aides du bourreau.—Agens de police. Huissiers du Palais et de la Chambre.

Les premier, deuxième, troisième et cinquième actes se passent à Paris, et le quatrième à Liége.

ACTE PREMIER.

Premier Tableau.

Le Marché de l'Arsenal.

SCÈNE PREMIÈRE.

LARIOLLE, PITHOU, LA FEMME MARTINOT, *hommes et femmes du peuple; puis* DESGRAIS.

TOUS, *criant.* Ne pressez donc pas!..... prenez donc garde.

LA FEMME MARTINOT. Il n'y a pas moyen d'y tenir.

SUPPL.

LARIOLLE. Tiens, c'est vous, voisine Martinot!

LA FEMME MARTINOT. Ah!.. compère Lariolle, quelle foule! et comme c'est composé! Ils m'ont volé mon mantelet!... un mantelet tout neuf... véritable dentelle de Bruges!.... que je tenais de la femme de chambre de la marquise de Sévigné.

LARIOLLE. Et moi, donc! mon pourpoint qui est en lambeaux!

LA FEMME MARTINOT. Et tout cela pour ne rien voir..... que les juges qui passaient en robes rouges..... une procession d'écrevisses!... beau plaisir, vraiment! encore, si l'on voyait pendre quatre ou cinq empoisonneurs! je ne dis pas; ça vaudrait la peine de se déranger et d'faire une toilette.

LARIOLLE. Bah! depuis que cette chambre ardente est établie à l'arsenal, ils s'assemblent, ils bavardent... et on ne punit personne.

LA FEMME MARTINOT. Et pourtant, on meurt comme mouches dans ce malheureux Paris!

PITHOU. C'est à faire dresser les cheveux!

LARIOLLE. Tous les jours des empoisonnemens!

LA FEMME MARTINOT. Des morts subites dont on ne peut deviner les auteurs.

PITHOU. Ça vous prend au moment où on s'y attend le moins.

LARIOLLE. Dans la rue... à table.

PITHOU. Aussi, on n'ose plus dîner en ville.

LARIOLLE. Ni boire un verre de vin avec un ami.

PITHOU. Il n'y a pas moyen de vivre comme ça!...

LES SUISSES. Hors t'ici... trôle!...

DESGRAIS. Chiens de baragouineurs..... ah ben! ah ben! vous croyez que j'ai peur de vos hallebardes?

PITHOU. C'est Pierre Desgrais!...

LARIOLLE. Le garçon mercier du coin.

LA FEMME MARTINOT. Oh! celui-là se fourre partout..... il nous dira quelque chose. Eh bien! Pierre, viens donc par ici..... est-ce que tu as vu la chambre ardente?

DESGRAIS. Pardi, puisqu'elle m'a parlé.

LARIOLLE. La chambre?

DESGRAIS. Elle m'a fait mettre à la porte, elle-même..... rien que ça!..... mais c'est égal, j'étais très-bien placé..... c'est fort gentil, cette chambre ardente..... toute tendue de noir, avec des flambeaux allumés.

PITHOU. Des flambeaux!

LA FEMME MARTINOT. Pour brûler les criminels?

DESGRAIS. Eh non!... pour éclairer les juges, qui n'y voient goutte.

LARIOLLE. Comment! on n'a encore rien découvert?

DESGRAIS. Et on ne découvrira rien.

LA FEMME MARTINOT. Pourquoi donc?

DESGRAIS. Etes-vous simples pour votre âge!..... parce qu'il n'y a que de grands personnages qui se servent de ces petits moyens-là.... et que les loups ne se mangent pas entre eux... la comtesse de Soissons est déjà allée prendre l'air à l'étranger, on a fermé les yeux.... la duchesse de Bouillon se moque de ses juges..... on se bouche les oreilles..... et le maréchal de Luxembourg, qui paraît aujourd'hui devant la chambre, en sortira blanc comme neige!... on se contentera, pour la forme, de pendre deux ou trois pauvres diables qui n'en peuvent mais!... dam! la justice est une si belle chose, qu'il ne peut pas y en avoir pour tout le monde!...

TOUS. C'est affreux!..... c'est abominable!...

LA FEMME MARTINOT. Mais comment n'y a-t-il que des grands seigneurs de compromis?

DESGRAIS. Ce n'est pas étonnant... ces poisons inconnus, que l'on nomme *poudres de succession*.... parce que ça vous débarrasse, en un clin-d'œil, des parens qui sont tenaces, c'est très-cher!..... ça n'est qu'à la portée des gens riches..... et c'est encore une injustice!... car enfin, j'ai un oncle, moi... je n'y pense pas au moins... ah! Dieu..... le pauvre cher homme.... d'ailleurs, il n'a rien à me laisser... mais une supposition, il aurait de quoi, et je voudrais l'engager à un voyage de long cours, je ne pourrais pas... parce que je n'ai pas une pistole à mon service..... je vous demande si, dans un état civilisé, il doit y avoir des préférences aussi révoltantes?

PITHOU. C'est toujours comme ça.

LA FEMME MARTINOT. Tout à l'avantage des riches!

LARIOLLE. Parbleu! c'est un moyen de se débarrasser du peuple.

DESGRAIS. Oui... le peuple, c'est gênant quelquefois.

LA FEMME MARTINOT. Vous croyez qu'ils en viendront là?

DESGRAIS. C'est si facile!..... imaginez, dame Martinot... on vous empoisonne sans que vous vous en doutiez..... en causant avec vous; en vous donnant une poignée de main; dans une tourte de pigeonneaux: aimez-vous les tourtes de pigeonneaux?

LA FEMME MARTINOT. Sans doute.

DESGRAIS. Eh bien! n'en mangez plus!... dans un biscuit, dans une boisson quelconque..... c'est ce qu'ils appellent vous donner un coup de pistolet dans un bouillon... enfin, il y en a qui poussent la scélératesse jusqu'à vous expédier avec des odeurs, des essences... du tabac!... vous prenez une prise..... et puis, Dieu vous bénisse... l'affaire est faite.

TOUS. Quelle horreur!

LA FEMME MARTINOT. Et l'on ne mettra pas la main sur ces brigands-là!...

DESGRAIS. Si j'étais lieutenant de police ou M. de Louvois, ou seulement notre gracieux monarque, Louis XIV le Victorieux, je les pincerais bien vite!.. d'abord, un empoisonneur, c'est très-aisé à reconnaître: c'est ordinairement un homme bien mis, d'une jolie figure, qui a toujours des petites fioles plein ses poches; qui s'approche de vous d'un air agréable, et,.... (*Bruit sourd au fond.*) Qu'est-ce que c'est que ça?

PITHOU. Le maréchal de Luxembourg, que l'on amène pour entendre son jugement.

DESGRAIS. Ah! le vilain bossu!.... Il ne l'a pas volé, celui-là.

LA FEMME MARTINOT. On dit qu'il a fait un pacte avec le diable.

DESGRAIS. Faut le voir passer.

LARIOLLE. Il va entrer par la grande porte.

TOUS. Courons! courons!

DESGRAIS. Je retiens la première borne.

(Ils sortent.)

SCÈNE II.

LE COMTE DE GUICHE, *seul.*

Quel empressement pour voir humilier celui dont ils ont si souvent célébré les victoires!... voilà bien le peuple!... s'élevant des idoles; puis les brisant, les traînant dans la boue. Mais le maréchal n'est pas coupable... Luxembourg, accusé d'un crime qui n'est que le partage des lâches!.. Ah! ce mystère affreux, ce mystère qui enveloppe tant de forfaits....: qui donc pourra le pénétrer?...

SCÈNE III.

LE COMTE, LE MARQUIS DE FEUQUIÈRES.

LE MARQUIS. Tête bleue! a-t-on jamais vu pareille canaille?... m'obliger à quitter ma chaise au milieu de la rue!

LE COMTE. Eh! c'est le marquis de Feuquières.

LE MARQUIS. Le comte de Guiche!

LE COMTE. Où alliez-vous donc?

LE MARQUIS. Eh! parbleu, faire ma cour à la belle Ninon..... saluer Mlle de Thianges, Mme de Grignan! mes petites visites de la place Royale; lorsque ces maroufles ont failli me renverser, moi, et mes porteurs, par-dessus le parapet!..... j'ai jugé prudent de mettre pied à terre..... mais je ne suis plus présentable.... et j'en serai pour mes frais de campagne... mais vous, mon cher comte, vous, le favori de MONSIEUR, de MADAME Henriette d'Angleterre, l'un de nos jeunes seigneurs les plus brillans, les mieux en cour, que diable faites-vous ici, en pareil équipage?

LE COMTE. J'attends!..... le procès du maréchal occupe tout Paris, et MADAME Henriette, qui lui porte le plus vif intérêt, m'a chargé de lui faire connaître l'arrêt, aussitôt qu'il serait prononcé.

LE MARQUIS. Il paraît qu'il sera condamné.

LE COMTE. Impossible!

LE MARQUIS. La Reynie, qui préside, le dit à qui veut l'entendre.

LE COMTE. Belle caution!.... un misérable vendu à M. de Louvois.

LE MARQUIS. Raison de plus..., il doit le savoir... ce diable de Louvois hait le maréchal comme la peste.

LE COMTE. Et il se sert de cette chambre ardente que le roi vient de créer, pour y traduire ses ennemis, tout ce qui lui porte ombrage.

LE MARQUIS. Ce n'est pas trop maladroit pour un ministre.

LE COMTE. Eh! morbleu, au lieu de satisfaire ses haines personnelles, que ne songe-t-il à nous délivrer du fléau qui nous accable!

LE MARQUIS. Bon!..... les empoisonnemens?... la poudre de succession?... misères!..... cela ne tombe que sur ceux qui ont quelque chose à laisser.. le grand mal!.. Dieu me damne si je m'en inquiète un moment..... car je n'ai pas un écu..... la bassette et ce coquin de Grammont y ont mis bon ordre.

LE COMTE. Ah! marquis, pouvez-vous parler avec cette légèreté de tant d'horreurs... ne voyez-vous pas la consternation qui frappe tout Paris?... dans les familles, plus de confiance, plus d'abandon... chacun se regarde avec terreur, et croit voir son assassin dans son ami le plus dévoué... Le frère se défie de son frère, le père de son fils... il semble qu'une main invisible est là entre eux, qui va donner la mort, et quelle mort, grand Dieu! la plus affreuse, la plus rapide, que l'on ne peut prévoir, que rien ne peut prévenir. Et vous voulez que l'on reste insensible à l'aspect de cet effroi général! Eh bien! ce que ne fait pas le ministre, ce que ne font pas les magistrats, moi, je l'accomplirai.....

je l'ai juré dans mon indignation.... oui , je percerai ce tissu d'horreurs..... j'irai partout... je braverai tout... je découvrirai les coupables... j'y périrai peut-être ; mais n'importe, j'aurai puni les lâches , et vengé leurs victimes.

LE MARQUIS. Quelle chaleur !..... gageons, mon cher comte, que vous êtes amoureux.

LE COMTE. Pourquoi donc?

LE MARQUIS. Oh! c'est que la générosité a toujours quelque arrière-pensée..... Vous tremblez pour quelqu'un?...

LE COMTE. Je ne m'en défend pas... oui, j'adore un ange de candeur, de bonté.

LE MARQUIS. Qu'est-ce que je vous disais?

LE COMTE. Ah! si vous la connaissiez... si vous saviez tout ce que cette ame si pure renferme de douceur, de nobles sentimens?..... sa tendresse est ma vie, mon espoir, mon bonheur..... et il me tarde d'être son époux, pour la défendre, pour veiller sur elle.

LE MARQUIS. Et quelle est donc cette jeune merveille?

LE COMTE. Ah! pour cela, marquis, je n'ai confié mon amour à personne ; et vous n'apprendrez son nom que lorsqu'elle sera comtesse de Guiche.

LE MARQUIS. De la discrétion en affaires de cœur!..... vous allez vous rendre ridicule.

(Il va pour sortir.)

LE COMTE. Attendez..... on referme la porte de l'Arsenal.... le duc est devant ses juges.

SCENE IV.

LES MÊMES, PITHOU, DESGRAIS, LA FEMME MARTINOT, HOMMES ET FEMMES DU PEUPLE ; puis LA VOISIN.

LA FEMME MARTINOT. Ah bien ! je le croyais plus bel homme que ça.

PITHOU. Avait-il un air penaud !

DESGRAIS. Preuve qu'il se sent coupable.

LA FEMME MARTINOT. Mais non , je lui ai trouvé le regard assez calme.

DESGRAIS. Pardi! ils ont tous un front... l'assurance du crime !.... et on ne le brûlera pas, ce huguenot-là !

PITHOU. Je gage que si.

DESGRAIS. Je gage que non.

PITHOU. Veux-tu parier?

DESGRAIS. Tiens, voilà quelqu'un qui pourra nous le dire... la Voisin.

LA FEMME MARTINOT. La tireuse de cartes.

DESGRAIS. A qui toutes les belles dames de la cour vont conter leurs intrigues..... elle en sait long, celle-là. Eh ! par ici ! sorcière.

UNE TROUPE D'ENFANS. Ah ! la Voisin!.. la sorcière !

LA VOISIN. Voulez-vous me laisser, petits drôles... ou je vous lâche un diablotin aux trousses !...

DESGRAIS. Allons, allons, ne vous fâchez pas, vénérable cousine de Belzébuth , et venez par ici.

LA VOISIN. Je n'ai pas le tems, fainéans!

DESGRAIS. Est-ce que c'est jour de sabbat?

PITHOU. Eh non ! on l'attend à la chambre ardente pour la faire griller.

DESGRAIS. Au fait, ça lui revient de droit.

LA VOISIN. Moi ? je ne crains rien.

DESGRAIS. Hum? gibier de Satan, est-ce que tu ne devrais pas déjà avoir découvert ces maudits empoisonneurs ?

LA VOISIN. Oui dà !... pour que la justice m'accuse de lui prendre ses pratiques? Chacun sa besogne !

DESGRAIS. Alors , fais la tienne... disnous notre bonne aventure.

TOUS. Ah oui! dis-nous notre bonne aventure.

LA VOISIN. Je n'ai pas mes cartes.

PITHOU. Bah ! à la physionomie.

DESGRAIS. Au doigt et à l'œil.

PITHOU. On te paiera , sibylle.

LA VOISIN. Oui ! en monnaie de singe !... D'ailleurs, qu'est-ce que vous voulez qu'on lise dans de pareilles figures ?

DESGRAIS. Va toujours... Y a-t-il longtems que tu n'as vu le diable , ton ami intime ?

LA VOISIN. Mais dans ce moment-ci , je le vois parfaitement... il est très-laid.

DESGRAIS. Pas de personnalités. Dismoi seulement ce que je ferai.

LA VOISIN, regardant sa main. Rien... Tu es un paresseux.

DESGRAIS. Non! ce que je deviendrai un jour ?

LA VOISIN. Toi ?... tu seras pendu.

DESGRAIS. Hein ?

LA VOISIN. Ou tu feras pendre les autres.

DESGRAIS. J'aime encore mieux ça !... Par exemple , pendu !

LA VOISIN. Après cela...

DESGRAIS. En voilà bien assez. Qu'est-ce que tu veux qu'il m'arrive après ça ? sorcière du diable!...A vous autres, si vous êtes curieux !...

PITHOU. Non pas.

TOUS. Ni moi, ni moi !

PITHOU. Ça peut porter malheur.

LA FEMME MARTINOT. Pardine ! c'est comme mon mari... à son mariage, on lui a prédit des choses !... ça ne lui a pas manqué.

LA VOISIN. Comment ! vous qui étiez si braves...

LE COMTE, *au marquis.* Et voilà comme on les entretient dans l'erreur... encore une intrigante qui trompe ces bonnes gens ! Parbleu ! je veux les désabuser.

LE MARQUIS. Vous aurez de la peine. Le peuple aime à être trompé...c'est son lot.

LE COMTE, *à la Voisin.* Un moment... à mon tour.

DESGRAIS. Eh bien ! est-ce qu'il n'y a pas assez de place ?... Je trouve le procédé un peu leste.

LE COMTE. Voici ma main... allons, habile devineresse... dis-nous un peu qui je suis, ce que je pense. Vous allez voir son ignorance.

LA VOISIN. Ah ! ah !

LE COMTE. Eh bien ! te voilà déjà embarrassée ?

LA VOISIN. Mais oui... car vous n'êtes pas habitué à porter cet habit.

LE COMTE. Comment ?

LA VOISIN. N'est-ce pas, monsieur le comte ?

LE MARQUIS. Elle vous connaît.

LE COMTE. Elle m'aura vu par hasard. Mais ce n'est pas tout : il faut me dire à quoi je pense en ce moment.

LA VOISIN. Ça se demande-t-il ?... Un jeune homme !... à ses amours.

LE COMTE. Il ne faut pas beaucoup de sorcellerie...

DESGRAIS. C'est un compère.

LA VOISIN. Vous voulez peut-être que je vous désigne la personne ?

LE MARQUIS. Oui, oui..... (*Au comte.*) Parbleu ! il serait charmant que j'apprisse par elle...

LA VOISIN. Dix-sept ans, des yeux bleus.

LE COMTE. Eh ! mais...

LE MARQUIS. Très-bien ! va toujours.

LA VOISIN. Ah ! elle bien jolie, j'en conviens !... et timide !... elle sort du couvent aujourd'hui, pour retourner dans sa famille... qui loge ici près... dans la rue... dans la rue... aidez-moi donc, monsieur le comte.

LE COMTE. Assez... assez... il suffit.

DESGRAIS. Il lui parle bas, voyez-vous !... Cet homme-là m'est suspect.

LA VOISIN. Après cela, si vous le désirez, je puis vous nommer cette aimable personne.

LE MARQUIS. Sans doute, ça devrait être déjà fait.

LE COMTE. Non... non.

LA VOISIN. Eh ! c'est inutile... voilà sa mère qui vient de ce côté.

LE COMTE. Silence ! Tais-toi, tais-toi.

LE MARQUIS. Sa mère !... Comment !... la marquise de Brinvilliers !

DESGRAIS. Il lui a glissé une bourse... Je vous dis que cet homme m'est essentiellement suspect.

PITHOU. Chut ! Voilà Mme la marquise de Brinvilliers qui revient de la messe.

TOUS. La marquise de Brinvilliers !

DESGRAIS. Ah ! la brave dame, celle-là !

PITHOU. Si pieuse !

LA FEMME MARTINOT. Si charitable !

DESGRAIS. Si bonne pour les pauvres !

LA FEMME MARTINOT. Aussi passe-t-elle sa vie dans les églises.

DESGRAIS. Ou dans les hôpitaux, à secourir les malades.

PITHOU. Tenez, tenez... elle sort du collège des jésuites de la rue Saint-Antoine.

LA FEMME MARTINOT. Et elle va regagner son carrosse, pour retourner à son hôtel de la rue Neuve-Saint-Paul.

DESGRAIS. A-t-elle la bonté peinte sur la figure !

LA FEMME MARTINOT. Pauvre chère dame !.... tant de malheurs !.... Encore l'année dernière, son père, son frère et son mari qu'elle a perdus coup sur coup.

DESGRAIS. Ah ! il y a des familles malheureuses !...

SCÈNE V.

LES MÊMES, LA MARQUISE DE BRINVILLIERS.

LE MARQUIS, *au comte.* Soyez tranquille, je ne dirai rien. Je vais lui offrir la main, et je vous présenterai chez elle, quand vous voudrez.

DESGRAIS. Rangez-vous donc, devant Mme la marquise....., Salut, madame la marquise. Ah ! que Dieu nous la conserve, celle-là ! Eh bien ! qu'est-ce qui se passe donc encore ?

LE COMTE. L'arrêt est prononcé.

SCÈNE VI.

LES MÊMES, LARIOLLE, GARDES SUISSES.

LARIOLLE. Dites donc !...le maréchal est acquitté

TOUS. Acquitté !

LE COMTE. Le ciel soit loué.

DESGRAIS. Acquitté !... quelle infamie !... parce que c'est un duc.

PITHOU. Un grand seigneur.

LA FEMME MARTINOT. Un homme riche.

LE COMTE. Eh non, mes amis ; parce que c'est un brave général incapable d'une lâcheté, qui vous a sauvé plus d'une fois.

DESGRAIS. Hum ! il est de la clique !... Il m'est suspect de plus en plus, l'habit noir.

LARIOLLE. Voilà les juges qui passent.... Vont-ils vite !... ils se sentent fautives.

DESGRAIS. Et vous les laissez aller comme ça !.. Mais déchirez donc leur robe... jetez-leur donc des pierres... vous n'avez pas de cœur !

LA FEMME MARTINOT. Vous verrez qu'ils n'en condamneront pas un.

DESGRAIS. Oui, tant que nous ne nous ferons pas justice nous-mêmes !... Gare au premier qui me tombe sous la main.

(Ils veulent forcer la porte de l'Arsenal.)

LES GARDES SUISSES. Allons, rentrez chez fous.

LA FEMME MARTINOT. Doucement, donc, on ne bouscule pas le monde comme cela. Ah ! ah ! j'étouffe.

PITHOU. Prenez donc garde !..... une femme qui se trouve mal.

LE COMTE. En effet, pauvre femme, attendez... attendez, mes amis.

(Il tire de sa poche un flacon, qu'il veut lui faire respirer.)

DESGRAIS. Arrêtez... arrêtez !... en v'là encore un.

TOUS. Qui donc ?

DESGRAIS. Un empoisonneur.

TOUS. Un empoisonneur !

DESGRAIS. Oui, oui... Il y a une heure qu'il rôde autour de nous, d'un air suspect. Je lui ai vu tirer quelque chose de sa poche.

LE COMTE. Sans doute, je voulais lui faire respirer...

DESGRAIS. Voyez-vous, leurs fioles empoisonnées ! est-il pris sur le fait ?... Les monstres ! v'là qu'ils s'attaquent au peuple, maintenant.

LE COMTE. Mais permettez...

DESGRAIS. Arrêtez-le.

PITHOU. Saisissez-le.

LARIOLLE. A la Chambre ardente !

DESGRAIS. Pour qu'il nous échappe encore... non pas. A l'eau ! à l'eau !

LE COMTE. Misérables !

DESGRAIS. Il veut nous assassiner l'scélérat.

TOUS. A l'eau, à mort les empoisonneurs !

LE COMTE. A moi, mes amis ! (Les gardes suisses veulent le dégager.) Ecoutez-moi !... par pitié !... un seul mot !

TOUS. Non, non !... pas de grâce... une corde !... une pierre !... à l'eau !

Deuxième Tableau.

Un salon de la marquise de Brinvilliers.

SCENE PREMIERE.

LA MARQUISE, UN LAQUAIS.

(Elle écrit l'adresse de plusieurs lettres qu'elle remet au laquais.)

A monsieur le président de Lamoignon. Il est un peu mon parent... M. Penautier, receveur général du clergé de France... Madame la princesse de Tingry. Ils doivent presser ma présentation à la cour de MADAME... et c'est un appui qu'il ne faut pas négliger !... qui sait ? Ma fille, ma chère Marie n'arrive pas... c'est aujourd'hui qu'elle revient du couvent... et j'ai besoin de sa présence pour chasser ces folles idées... Pourtant, aucun indice, aucune trace !..... Le seul homme qui pouvait m'inspirer quelques craintes, le seul qui fût maître de mon secret et qui en abusait pour me dominer ! le chevalier de Sainte-Croix vient d'être encore d'être mis à la Bastille !... Dieu merci !... c'est justice !... il était devenu d'une exigence !... impos-

sible de suffire à ses prodigalités, à son goût effréné pour le jeu !... En prison, du moins, il pourra faire des réflexions... et moi, des économies !..... Aussi, j'espère qu'il n'en sortira pas de long-tems, et que je ne le reverrai plus !...

UN LAQUAIS, annonçant. M. le chevalier de Sainte-Croix.

LA MARQUISE. C'est lui !...

SCENE II.

LA MARQUISE, SAINTE-CROIX.

SAINTE-CROIX. Oui vraiment, marquise, c'est moi-même !...

LA MARQUISE. Eh ! mais... je vous croyais à la Bastille.

SAINTE-CROIX. J'y étais parbleu bien aussi pour la troisième fois !... Il paraît que sa majesté veut absolument m'y donner un pied-à-terre.

LA MARQUISE. Et vous en êtes sorti... déjà ?

SAINTE-CROIX. Déjà !... Pest !... le temps ne vous a pas paru aussi long qu'à moi.

LA MARQUISE. Au contraire, chevalier, c'est la surprise, la joie...

SAINTE-CROIX. Je m'en apperçois !... Mais prenez garde, chère marquise.. la joie peut avoir des suites fâcheuses, et il ne faut pas s'y abandonner sans ménagement ! Du reste, ma détention n'avait rien d'alarmant. Légèrement compromis dans l'affaire du maréchal, son acquittement m'a ouvert toutes les portes, et me voilà rendu au monde, aux plaisirs et à l'amitié. A l'amitié surtout... le charme de la vie... le lien des belles âmes... N'est-ce pas, marquise ?

LA MARQUISE. Vous m'aimez donc toujours, chevalier ?

SAINTE-CROIX. Plus que jamais !... Passionnément !

LA MARQUISE. J'entends ! vous avez besoin d'argent.

SAINTE-CROIX. C'est ma foi vrai !... Ce que c'est que deux cœurs qui se comprennent ! Je veux mettre de l'ordre dans mes affaires... J'ai quelques dettes... quelques engagemens d'honneur... Et comme nous avons un compte ouvert ensemble... j'ai pensé qu'un millier de louis.

LA MARQUISE. Mille louis !

SAINTE-CROIX. D'abord... pour le plus pressé... nous verrons ensuite.

LA MARQUISE. Ah ! cela ne suffirait pas ! J'en suis fâchée, chevalier... mais désormais je ne puis vous être d'aucun secours.

SAINTE-CROIX. Comment ?

LA MARQUISE. Je suis ruinée !.. Il ne me reste rien.

SAINTE-CROIX. Rien, absolument ?

LA MARQUISE. Que l'apparence de la richesse, que ce luxe d'emprunt que je suis obligée de conserver aux yeux du monde... mais qui va m'échapper au premier moment !...

SAINTE-CROIX. Que me dites-vous là ?.. Mais c'est affreux !... En si peu de tems... une si belle fortune ! Comment diable avez-vous fait ?...

LA MARQUISE. C'est vous qui me le demandez !.. vous qui me l'avez arrachée par lambeaux !... vous pour qui j'ai tout sacrifié !.. tout ! jusqu'à la dot de ma fille, la fortune de son père !... Ah !... c'est la seule faiblesse que je ne me pardonnerai jamais... que je ne vous pardonnerai jamais ! Ma fille, monsieur ! mais savez-vous bien ce que c'est que ma fille, ma pauvre Marie, mon unique espérance, ma seule richesse?.. que j'aime de tout l'amour qui peut

brûler le cœur d'une mère, comme je ne croyais jamais pouvoir aimer, mille fois plus que je ne vous ai aimé vous-même... car, pour ma fille, pour son bonheur, pour son repos, je vous sacrifierais, je vous perdrais avec joie... vous, vous, Sainte-Croix !

SAINTE-CROIX. Vous êtes bien bonne !

LA MARQUISE. Et maintenant qu'il faut lui assurer un avenir, qu'il faut songer à lui choisir un époux, que mes amis s'attendent pour elle à un riche mariage !... Comment me justifier ?.. Il faut donc dévoiler ma honte... lui avouer que moi, sa mère, j'ai dissipé la fortune immense à laquelle elle était appelée !.. Que faire ?.. Que lui dire ?.. Mais parlez donc, monsieur, que voulez-vous que je lui dise ?...

SAINTE-CROIX. Vous lui direz... tout ce que vous voudrez... Que sais-je... que des malheurs... un fripon d'intendant... il y a une foule d'accidens plus vraisemblables les uns que les autres !.. D'ailleurs, vous avez des ressources, des espérances ?..

LA MARQUISE. Aucune.

SAINTE-CROIX. Comment... est-ce que vous n'avez plus de parens au degré successible ?

LA MARQUISE. Sainte-Croix !

SAINTE-CROIX. Pourquoi me regarder ainsi ? c'est ce que, dans le monde, on appelle des espérances... C'est tout simple... tous les jours, il arrive un malheur... Votre père meurt... votre mari... on hérite de sa famille... Mais dam, on est là pour ça !

LA MARQUISE. Oui, on hérite, et on ne dort plus !

SAINTE-CROIX. Si fait, on dort très-bien !.. moi, je ne fais qu'un somme... Eh parbleu ! n'avez-vous pas encore votre frère aîné, le baron d'Aubray, lieutenant civil de Toulouse... un vieux garçon, avare, riche à millions... Sa fortune vous revient de droit...

LA MARQUISE. Ou du moins à ma fille... à elle seule... il me l'a bien promis !... mais il est si loin de nous.

SAINTE-CROIX. C'est vrai !.. Mais on peut lui écrire... une lettre bien tendre... bien insinuante... avec une encre sympathique... et un peu de poudre.

LA MARQUISE. Chevalier !

SAINTE-CROIX. Eh bien !... voyons... est-ce qu'on ne peut plus écrire à ses parens ? leur adresser des vœux pour leur santé !... C'est ce que me disait ce bon *Exill*, cet honnête Italien... que j'ai retrouvé à la Bastille, car il n'en bouge pas, lui, il y a passé bail, et j'en ai été bien aise; j'ai perfectionné avec lui mon éducation scientifique!..Il m'a enseigné un secret admirable, étonnant, près duquel tous ceux que j'avais déjà ne sont que des jeux d'enfans. Un secret prompt comme l'éclair, qui force la succession la plus rebelle... à vous tomber dans la main... sur-le-champ.

LA MARQUISE. Sur-le-champ?

SAINTE-CROIX. Et sans aucun danger.

LA MARQUISE. Sans danger!..

SAINTE-CROIX. Il suffit pour cela....

LA MARQUISE. Assez, assez, je ne veux pas de détails.

SAINTE-CROIX. Je ne vous conçois pas... Est-ce que vous vous aviseriez à présent d'avoir des scrupules, du remords, des préjugés?..

LA MARQUISE. Je ne sais... mais depuis que ma fille doit revenir près de moi... Attendez... Le bruit d'une voiture !.. c'est elle ! c'est ma chère Marie. Pas un mot de plus, chevalier...

SAINTE-CROIX. Soit, mais songez qu'il me faut ces mille louis, ce soir... J'en ai besoin...

LA MARQUISE. Et vous, songez bien que celui qui me forcerait à rougir devant ma fille n'aurait plus que ma haine... Vous savez ce qu'elle vaut.

SCÈNE III.

Les Mêmes, MARIE, une Femme de chambre, deux Laquais.

MARIE. Maman, maman !

LA MARQUISE. Marie !

SAINTE-CROIX. Eh ! mais... comme elle est bien, cette petite... D'honneur, je n'aurais pas cru qu'elle devînt si jolie.

MARIE. C'est vous... je vous retrouve... Je ne vous quitterai plus, n'est-ce pas?

LA MARQUISE. Jamais, chère enfant!

MARIE. Ah ! que je suis contente! que je suis heureuse! C'est que le couvent n'est pas bien amusant au moins... (Apercevant Sainte-Croix.) Monsieur le chevalier... (Aux domestiques.) Bonjour Marcel... Bonjour, mon vieux Lambert... Vous êtes bien contens de me voir, n'est-il pas vrai?... Et moi aussi... j'étais d'une impatience et d'une inquiétude... Mon Dieu, maman, qu'est-ce que l'on nous contait donc? ces empoisonnemens... Est-il possible qu'il y ait des gens assez cruels, assez méchans...

LA MARQUISE. Comment... on vous a parlé...

SAINTE-CROIX. Quelle folie d'aller effrayer des enfans! On exagère beaucoup...

Je vous assure que votre chère maman et moi, nous sommes fort tranquilles à cet égard. Mais pardon, je vous laisse ; je ne veux pas troubler les premiers épanchemens... Je reviendrai ; nous reprendrons notre entretien... Ces mille louis, il me les faut. et je n'aurai qu'un mot à dire... Au revoir, marquise ; mademoiselle, je vous salue...

LA MARQUISE, bas à un laquais. S'il revenait, dites que je n'y suis pas... je ne veux plus le revoir...

SCENE IV.

LA MARQUISE, MARIE.

MARIE. Ah ! il fait bien de s'en aller... quand il est là, je ne puis pas t'aimer à mon aise... Ah ! pardon, maman, je vous parlais comme à mes bonnes amies du couvent.

LA MARQUISE. Ne te reprens pas... tout ce qui me prouve ta tendresse, me rend si heureuse.

MARIE. Vrai, vous permettez?.. Ah ! tant mieux... car de l'autre manière, il me semble que je t'aime moins, et cela me fait de la peine.

LA MARQUISE. Chère enfant. Mais viens donc ici... que je te voie, que je t'admire... Que tu es bien! comme tu es embellie !

MARIE. Tu trouves?... cela me fait plaisir.

LA MARQUISE. Et pourquoi ?

MARIE. Ah ! d'abord, parce que c'est toujours agréable... et puis... j'ai bien des choses à te dire... oh ! mais des choses sérieuses.

LA MARQUISE. Vraiment !... je t'écoute.

MARIE. Que tu es bonne! Tu te rappelles la dernière fois que tu es venue me voir... tu étais triste... émue... tu me dis, en me serrant dans tes bras. « Chère enfant, pourvu que je vive assez pour te voir heureuse. »

LA MARQUISE. Ah ! le ciel m'est témoin que c'est là mon seul vœu, mon seul désir... Cette ambition que j'avais pour moi-même : ce besoin d'hommages, d'honneurs, de distinctions, c'est pour toi que je l'éprouve maintenant ; et mon rêve de tous les jours, de tous les instans, c'est de te voir au premier rang, de te donner un mari, une grande fortune.

MARIE. Eh bien, je crois que j'en ai trouvé la moitié.

LA MARQUISE. La fortune?

MARIE. Non, le mari... Je ne sais pas s'il est riche, je n'ai jamais pensé à le lui

demander, mais il est si bon ; si aimable!..
Figure-toi un jeune homme qui venait
presque tous les jours voir sa tante, là-
bas, au parloir... Il n'arrivait jamais qu'à
l'heure où j'y étais... tout en causant avec
sa tante, il ne regardait que moi... et
moi, sans m'en douter, je le regardais
aussi... car il est très-bien... Enfin, je ne
sais comment cela c'est fait... mais à force
de nous regarder, il s'est trouvé que nous
nous aimions.

LA MARQUISE. Et il t'a parlé de mariage?

MARIE. Oh! très-souvent.... un jour
même, il est arrivé bien triste... parce que
son père, qui tient beaucoup à l'argent,
lui avait proposé un parti de cinq cents
mille livres qu'il avait refusé.... mais il
craignait que ce ne fût un obstacle... Oh!
monsieur Henri, lui ai-je dit, ne vous désolez pas... j'aurai bien plus que cela, moi...
ainsi, monsieur votre père n'aura aucun
prétexte. J'ai bien fait de lui dire ça....
n'est-ce pas, maman?

LA MARQUISE. Sans doute... mais qui a
pu t'apprendre?..

MARIE. Mon oncle, le baron d'Aubray,
dans sa dernière lettre.

LA MARQUISE. Ah! tu es sûre qu'il t'aime
sincèrement?

MARIE. Oh! très-sûre!.. D'abord il me
l'a dit... et puis, (souriant) tu vas te
moquer de moi... mais une de nos pen-
sionnaires, qui doit se marier, est allée
avant-hier consulter une fameuse devineresse... Je l'ai chargée de lui tout conter,
et elle m'a assurée que je serais très-heu-
reuse avec lui.

LA MARQUISE. Il n'y a plus moyen d'en
douter... Mais tu n'as oublié qu'une
chose... c'est de me dire quel est ce jeune
homme.

MARIE. Je ne te l'ai pas nommé?..ah!
c'est drôle... Eh bien!...

VOIX ÉLOIGNÉES. Arrêtez, ne le lâchez
pas!

MARIE. Ah! mon Dieu!..

LA MARQUISE. Quels cris effrayans!..

MARIE. Quelqu'un monte l'escalier, et
s'élance de ce côté... Ah!

SCENE V.

LES MÊMES, LE COMTE DE GUICHE.

LE COMTE. Sauvez-moi, sauvez-moi!

LA MARQUISE. Le comte de Guiche!

MARIE. C'est lui, maman... c'est lui dont
je te parlais.

LE COMTE. Mme la marquise!.. Marie!..
ah! pardon... j'ignorais... je me suis jeté

dans la première maison qui s'est offerte
à moi.

LA MARQUISE. Quel est donc le danger
qui vous menace?

LE COMTE. Le plus grand de tous.... Le
peuple égaré, furieux, me poursuit, et a
juré ma mort.

MARIE. O ciel!

LE COMTE, chancelant. Pardon... mais
la force m'abandonne.

MARIE et LA MARQUISE. Attendez!..

LE COMTE. Une erreur fatale... Dans leur
aveuglement, ils m'ont pris pour un de ces
misérables qui sèment partout l'effroi et
le poison.

LA MARQUISE. Que dites-vous? (A part.)
Et c'est chez moi qu'il se réfugie!...

MARIE. Le soupçonner!... lui, le plus
généreux des hommes!

LE COMTE. Au milieu du tumulte, j'ai
pu leur échapper... mais s'ils m'ont vu
entrer ici, c'est fait de moi... Je crois
entendre...

LA MARQUISE, à mi-voix. Attendez...

MARIE, au comte. Je tremble.

LA MARQUISE. Ils s'arrêtent... non, non,
les voilà qui s'éloignent... ils se montrent
une autre maison... ils courent à l'autre
bout de la rue.

MARIE. Il est sauvé.

LE COMTE. Pas encore; car la moindre
indiscrétion...

LA MARQUISE. Je réponds de mes gens.
(Aux laquais.) Lambert, vous m'entendez; fermez toutes les portes, mettez-vous
en sentinelle; si l'on essayait d'entrer,
sur votre tête et quoiqu'il arrive, n'ouvrez
à personne.

MARIE. Ah! maman.

(Les valets sortent.)

SCENE VI.

LA MARQUISE, MARIE, LE COMTE.

LA MARQUISE. Rassurez-vous, monsieur
le comte.

MARIE. Oui, oui, vous êtes à l'abri de
tout danger, vous êtes près de nous.. Mais
quelle fatalité!... au moment où je parlais
de vous... où je confiais à ma mère...

LE COMTE. Est-il vrai! Ah! madame,
je suis presque tenté de bénir les dangers
que j'ai courus, puisque je leur dois un
bonheur que je désirais depuis si long-
tems. Vous savez combien je l'aime, que
mon bonheur ne dépend que de vous
seule!

LA MARQUISE. Il me semble, monsieur
le comte, que ce n'est pas trop le moment

de traiter un pareil sujet... A peine échappé à ce péril affreux, lorsque ma fille et
moi en sommes encore tout émues..... Et
puis, vous le dirai-je... dans votre haute
position, honoré de l'amitié de MONSIEUR,
frère du roi, de la protection de MADAME,
appelé par votre naissance aux premières
dignités, je ne puis me flatter que votre
famille consente à une alliance...

LE COMTE. Détrompez-vous, madame,
mon père seul aurait pu s'opposer, mais
ce que j'ai appris de vos intentions, de
votre fortune, le décideront bien vite ; car
pour moi, peu m'importe ! l'amour de
Marie est le seul bien que j'ambitionne...
Qui ne serait fier d'ailleurs de vous appartenir ! vous que l'estime, le respect publics environnent... S'il le fallait, je trouverais un appui dans la bonté de MADAME,
de cette aimable princesse qui n'est heureuse que du bonheur des autres.... Vous
verrez s'il est possible de la connaître
sans l'aimer, sans lui dévouer sa vie....
Vous désiriez être admise auprès d'elle, je
le sais. C'est moi qui me charge de ce soin,
c'est moi qui veux vous conduire à Saint-
Cloud... lui présenter ma belle-mère, ma
femme... Du moins, si vous daignez consentir...

MARIE. Oui, oui, elle consentira.. (Au
comte.) c'est la meilleure, la plus tendre
des mères (A sa mère.) Ah ! maman ! nous
serons si heureux, et toi aussi. (Au comte.)
Monsieur Henri, vous l'aimerez bien,
n'est-ce pas ?

LA MARQUISE, à part. O Dieu ! un parti si brillant... ma fille et moi-même près
du trône... tant d'honneurs !... manquer
un si bel avenir !.. Cinq cent mille livres..
où les trouver ? Le baron d'Aubray, mon
frère, il en a plus du double. Mais il est
loin de nous, et son avarice ne voudra jamais consentir... Ah ! quel tourment ! j'en
ai la fièvre, et ce Sainte-Croix que j'aurais voulu consulter... qui n'est pas là.....
qui m'abandonne ! (Écoutant.) Ah ! c'est sa
voix.

●●●●●●●●●●●●●●●●●●●●●●●●●●●●●●●●●●●●●●

SCENE VII.

LES MÊMES, SAINTE-CROIX, Valets.

SAINTE-CROIX. Eh ! non, vous dis-je,
cette consigne n'est pas pour moi.

MARIE. Qui vient là ? (Au comte.) Ah !
ne craignez rien, c'est un ami de ma
mère !...

SAINTE-CROIX, à la marquise. Il est bien
étonnant qu'on me refuse...

LA MARQUISE, à un valet. En effet, Lambert....

LE VALET. Madame m'avait dit...

LA MARQUISE. C'est bien, c'est bien....
mes ordres ne regardent pas le chevalier.

SAINTE-CROIX. Qu'y a-t-il donc ?

LA MARQUISE. Vous le saurez..... Un
danger qui menaçait M. le comte de
Guiche, que voici... et qui ne me paraît
pas entièrement passé... car ce bruit éloigné.....

SAINTE-CROIX. Oh ! ce n'est rien.... le
peuple qui s'amuse à visiter toutes les
maisons de cette rue, pour retrouver je ne
sais quel pauvre diable...

MARIE. O ciel !

LE COMTE. Calmez-vous.

LA MARQUISE, à sa fille. Ils n'oseront
entrer chez moi.

SAINTE-CROIX. Non, sans doute.... Il
ferait beau voir que cette canaille se per-
mît... (Bas à la marquise.) Je suis revenu
sur mes pas pour vous apprendre une
nouvelle.

LA MARQUISE, bas. Quoi donc ?

SAINTE-CROIX, de même. Votre frère,
le baron d'Aubray...

LA MARQUISE. Il est mort !

SAINTE-CROIX, bas. Du tout !... il arrive demain ; cette nuit peut-être.

LA MARQUISE, bas. Demain !... ici !....

SAINTE-CROIX, bas. Je quitte M. d'Or-
messon qui m'a montré la lettre qui le
lui annonce.

LA MARQUISE, à part. Ah !... pourquoi
vient-il ? Oh ! non, non !...

SAINTE-CROIX. Et d'après ce que nous
disions ce matin...

MARIE. Maman, maman !.. ils sont là !

SAINTE-CROIX. En effet... quelle foule !
ils sont armés de pierres, de bâtons.

LE COMTE. Ils entourent la porte.

UN LAQUAIS, accourant. Ils menacent de
l'enfoncer

LA MARQUISE. N'ouvrez pas !

LE COMTE. Mais c'est vous exposer...

SAINTE-CROIX. Que veulent-ils donc !

LE LAQUAIS. Ils prétendent qu'il y a ici
un empoisonneur.

SAINTE-CROIX. Qu'est-ce que c'est ?

LE LAQUAIS. Ils ont juré de l'avoir,
mort ou vif.

MARIE. Et pas une issue pour le faire
évader !

LA MARQUISE, au comte. Vite, descendez l'escalier, et gagnez le jardin... la petite porte qui donne sur l'autre rue.. Lambert va vous conduire.

SAINTE-CROIX. Il n'est plus tems, ils
ont brisé la porte...

TOUS. Ciel!

LE COMTE. Chère Marie!

MARIE. Que Dieu ait pitié de nous!

ooooooooooooooooooooooooooooooooooooooooooo

SCENE VIII.

LES MÊMES, DESGRAIS, PITHOU, LA-RIOLLE, *Gens du peuple armés.*

TOUS. Il est ici, vous dis-je.

SAINTE-CROIX. Arrêtez!...

MARIE. Écoutez-nous.

LA MARQUISE. Mes amis!

DESGRAIS. C'est lui, le voilà! l'empoisonneur! le scélérat!

TOUS. A mort!

MARIE. Oh! non... tuez-moi d'abord.

DESGRAIS. Rien ne peut le sauver.

LA MARQUISE. Que faites-vous?... chez moi.....

DESGRAIS. C'est madame la marquise!

TOUS. Madame de Brinvilliers!

DESGRAIS, *confus.* Ah! pardon, pardon, madame la marquise.... nous ignorions que c'était votre hôtel... sans cela, bien sûr, nous ne nous serions pas permis d'entrer... sans nous faire annoncer!.....
Mais madame la marquise est trop juste, trop bonne pour le peuple, pour donner asile à un misérable qui a voulu nous empoisonner.

SAINTE-CROIX. Tous à la fois!.... c'est un perfectionnement.

DESGRAIS. Oui, mon gentilhomme; il a commencé par une pauvre femme...

LA MARQUISE. Vous vous êtes trompés, mes enfans! c'est le comte de Guiche...

DESGRAIS. Je ne dis pas, madame la marquise, mais...

LA MARQUISE. Un digne et brave jeune homme, d'une illustre famille...

DESGRAIS. C'est possible...

LA MARQUISE. Un des premiers officiers de cette bonne Henriette, que vous adorez tous, et qui vous fait tant de bien.

DESGRAIS. Je ne dis pas, madame la marquise, mais les meilleurs maîtres peuvent avoir de mauvais domestiques.

PITHOU. Puisqu'on l'a vu!

DESGRAIS. Qu'on l'a pris sur le fait.

LA MARQUISE. Vous vous trompez, vous dis-je..... Je conçois que dans ces tems de malheurs le moindre soupçon vous fasse voir partout le poison et la mort!.. mais celui que vous poursuivez n'est pas coupable, il ne peut l'être, je vous le jure... je connais son honneur, sa loyauté...

TOUS. Cependant...

LA MARQUISE. Ah! j'espère que chez moi personne n'osera douter de mes paroles!... Faut-il vous dire plus? c'est mon gendre! Il va épouser ma fille, ma fille unique... Croyez-vous que je confierais son bonheur à un homme que je n'estimerais pas, et qui aurait perdu ses droits à vos respects?

LE COMTE. Qu'entends-je?... elle consent!.....

TOUS. Votre gendre!

SAINTE-CROIX, *à part.* Le moyen n'est pas maladroit!

DESGRAIS. Ah! c'est différent!..... ce mot seul le justifie..... Le gendre de madame la marquise... l'honneur, la vertu même... ça ne peut être qu'un honnête homme. Et le premier qui voudrait lui ôter un cheveu aurait à faire à moi.

MARIE. Ah! mon ami!

DESGRAIS. Certainement, ma belle demoiselle. (*A ceux qui l'entourent.*) Ah çà! qu'est-ce que vous êtes donc venu me chanter, vous autres, avec vos histoires.. *Je l'ai vu... il a fait ci... il a fait ça.* Vils calomniateurs!... Mille pardons, madame la marquise, de vous avoir effrayée, d'avoir dérangé... les portes de l'hôtel.... J'va vous débarrasser de tous ces drôles-là... Mais si c'était un effet de votre part.. (*Tirant un papier de sa poche.*) J'ai demandé une petite place à M. le lieutenant de police, qui est votre allié à ce qu'on dit.. La mercerie va si mal à présent;...et si madame la marquise était assez bonne pour me recommander, je serais bien sûr d'être nommé.

LA MARQUISE. Volontiers..... volontiers..... (*A part.*) Pour m'en débarrasser...

DESGRAIS. Dieu vous en récompensera! V'là que nous retirons, madame la marquise; mais ce ne sera pas sans vous bénir, vous et vos chers enfans.

TOUS. Oui, oui!

DESGRAIS. Que le ciel vous rende aussi heureuse que vous le méritez!.... et vos enfans aussi!..

TOUS. Oui, oui!

SAINTE-CROIX, *bas à la marquise.* N'oubliez pas que votre frère...

LA MARQUISE, *bas.* Ce soir, au pavillon du jardin... Je vous attends.

TOUS. Vive madame la marquise!

(*Le rideau tombe.*)

FIN DU PREMIER ACTE.

ACTE II.

Troisième Tableau.

L'intérieur d'un pavillon fermé de tous les côtés, éclairé par une lampe. — Des livres, des instrumens de musique. Sur la droite, une cassette ouverte ; et plus haut, un fourneau, un alambic, etc.

SCENE PREMIERE.

LA MARQUISE, SAINTE-CROIX.

(Sainte-Croix couvre et ferme l'alambic. — Ils ôtent leurs masques.)

SAINTE-CROIX. Plus de danger... la vapeur est condensée... Laissons réduire.

LA MARQUISE. De beaucoup ?

SAINTE-CROIX. A la valeur de ce flacon.

LA MARQUISE. Et vous dites que l'effet en est sûr ?

SAINTE-CROIX. Un coup de poignard dans le cœur.

LA MARQUISE. Et des traces ?

SAINTE-CROIX. Aucune !... C'est un secret entre nous et le diable, qui, jusqu'à présent, l'a bien gardé.

LA MARQUISE. Savez-vous, chevalier, que c'est un habile homme, qu'*il Signor Exili* !

SAINTE-CROIX. Un honnête homme surtout, qui expédierait le monde entier, par amitié pour moi !... Il a parcouru l'Italie, recueillant dans toutes les cours mille recettes édifiantes pour se défaire des gens. Inventions de princes et de cardinaux !... Il a comme cela une foule de petits talens de société, à l'usage de ses amis et connaissances..... Nous en profiterons.

LA MARQUISE. Mais un Italien... pouvez-vous compter sur sa discrétion ?

SAINTE-CROIX. Comme sur la vôtre !... et le jour que j'en douterais, tout Florentin qu'il est, et fût-il au centre de la terre, il ferait l'essai de son élixir, qui, de par Dieu ! n'est pas l'élixir de longue vie.

LA MARQUISE. A la bonne heure !... car maintenant, je ne sais...j'ai peur !...moi...

SAINTE-CROIX, *souriant.* Est-ce que vous auriez des remords ?

LA MARQUISE. Non...mais des recherches de la police...

SAINTE-CROIX. Vous avez peur de la police ! vous et moi savons bien cependant qu'il n'y a pas d'argent plus mal gagné.

LA MARQUISE. Mais à défaut d'esprit et de talent, elle peut être servie par le hasard.

SAINTE-CROIX. Vous voulez dire par quelque perfidie... enfantillage !... après ce que nous nous sommes juré... toute personne soupçonnée de savoir le secret de cette cassette... secret de mort, vous le savez... quand ce serait notre ami le plus intime, notre parent le plus cher, doit aller rejoindre les autres. N'oubliez pas notre serment.

LA MARQUISE. Je le tiendrai.

SAINTE-CROIX. Ce doit être fini... donnez le flacon.

LA MARQUISE. Ce sera bien peu.

SAINTE-CROIX. Bah ! cela suffirait pour une famille aussi nombreuse que l'était la vôtre... à une goutte par tête ! votre masque !... la vapeur vous tuerait...et le moindre contact avec le fourneau embraserait le pavillon.

(Sainte-Croix verse l'alambic dans le flacon qu'il tient.)

MARIE, *en dehors et frappant.* Maman, maman, es-tu là ?

LA MARQUISE. Elle passe... elle est loin !

SAINTE-CROIX. Tant mieux pour elle.

LA MARQUISE. Ah !... il m'a pris une sueur froide.

SAINTE-CROIX. Pauvre enfant !...et c'est pour elle que nous travaillons... c'est pour assurer son bonheur et sa fortune.

MARQUISE, *vivement.* Sans doute... donnez-moi ce flacon.

SAINTE-CROIX. Un instant, marquise, c'est un trésor que je ne livre pas ainsi ! le moment est venu de s'expliquer à cœur ouvert et cartes sur table !... faisons nos conditions.

LA MARQUISE. Des conditions ?...encore ! Mais, mon cher Sainte-Croix, je n'ai plus rien à vous donner.

SAINTE-CROIX. Peut-être, ma chère Brinvilliers ! (*Montrant le flacon.*) Savez-vous qu'il y a là au moins dix successions ?

LA MARQUISE. Il ne me reste qu'un frère.

SAINTE-CROIX. Et une fille.

LA MARQUISE. Que voulez-vous dire ?

SAINTE-CROIX. Je vous donne l'un... donnez-moi l'autre.

LA MARQUISE. Ma fille !... vous donner ma fille !... Comment ?... expliquez-vous ?

SAINTE-CROIX. Vous l'aimez bien, votre fille ?

LA MARQUISE. Si je l'aime !... Écoutez, Sainte-Croix... vous rappelez-vous ce tems où, vive, ardente, ivre du premier amour qui ait brûlé mon cœur, je me livrais avec emportement à toute la violence d'une passion... que le monde eût appelée criminelle ?... Pour renverser les obstacles qui s'opposaient à mes plaisirs, pour briser les volontés qui pesaient sur la mienne, rien ne m'eût coûté alors... J'étais née sans doute avec l'instinct du crime, car l'amour...oh non ! jamais l'amour n'a donné à une faible femme ce froid courage, ce sourire glacé, que je conservais encore, quand, d'une main assurée, je versais dans des entrailles qui devaient être sacrées pour moi le poison que vous m'aviez remis !...et lorsqu'assise près de mes victimes, le doigt posé sur l'artère, dont je suivais les bonds irréguliers, j'étudiais, d'un œil calme, les effets de cet horrible breuvage ! ils mouraient lentement, trop lentement à mon gré; et moi, libre, heureuse, j'allais retrouver l'amant à qui je les avais sacrifiés... dites, vous en souvenez-vous ?

SAINTE-CROIX. Oui, parbleu... et j'admirais alors combien il y a de ressources dans un cœur de femme.

LA MARQUISE. Aujourd'hui, cette passion s'est éteinte... elle a fait place à un sentiment plus pur, le seul que la nature ait mis en moi... j'aime ma fille... je l'aime de toutes les forces de mon ame... jamais amour de mère ne fut plus tendre, plus passionné peut-être : il semble que toutes les affections de famille que je n'ai jamais ressenties se soient amassées sur la tête de mon enfant, et soient venues doubler ma tendresse pour elle... et, pour assurer son avenir, son bonheur, sa fortune, rien ne me coûterait ! rien !...dussé-je recommencer pour elle ce que j'ai fait pour vous.

SAINTE-CROIX. Ah ! vous êtes une bonne mère !... Quant à la fortune de Marie... (Montrant le flacon.) Voilà qui vous en répond... c'est bien pour la dot... mais ce n'est pas assez...son bonheur dépend d'une autre personne... d'un mari.

LA MARQUISE. Sans doute.

SAINTE-CROIX. Et je lui en ai trouvé un.

LA MARQUISE. Comment ?

SAINTE-CROIX. C'est moi.

LA MARQUISE. Vous !

SAINTE-CROIX. Eh bien, pourquoi donc cet effroi ?

LA MARQUISE. Ah ! Sainte-Croix ! vous unir ma fille ! à cet ange de candeur et d'innocence !

SAINTE-CROIX. Le bonheur des ménages est dans les contrastes.

LA MARQUISE. Vous avez donc oublié...

SAINTE-CROIX. Rien du tout.

LA MARQUISE. Après tant de crimes !... vous, son mari ! vous !

SAINTE-CROIX. Vous êtes bien sa mère !

LA MARQUISE. Ce mariage n'est pas possible.

SAINTE-CROIX. Il faut qu'il le soit.

LA MARQUISE. Mais enfin...s'il y avait des obstacles ?

SAINTE-CROIX, montrant le flacon. Vous savez que nous avons l'art de les vaincre.

LA MARQUISE. O ciel !

SAINTE-CROIX. Est-ce que, par hasard, ce que vous disiez à ces bonnes gens, du comte de Guiche, n'était pas une ruse pour le sauver ?

LA MARQUISE. Si fait, si fait... D'ailleurs, le comte, si fier de sa noblesse, de sa faveur à la cour... comment supposeriez-vous ?...

SAINTE-CROIX. Alors, quel autre que moi ?... pensez donc aux services que je vous ai rendus... aux sermens, aux secrets qui nous enchaînent l'un à l'autre ; et, croyez-moi, n'admettez personne entre nous : les Sainte-Croix et les Brinvilliers doivent s'unir entre eux comme les têtes couronnées.

LA MARQUISE. Fou que vous êtes !... Mais en effet, vous pouvez avoir raison... et, plus tard, nous verrons... vous rendriez ma fille heureuse !

SAINTE-CROIX. Je vous le jure... je veux faire une fin, et qu'elle soit bonne.

LA MARQUISE, tendant la main vers le flacon. Très-bien, mon gendre. Donnez-moi cela.

SAINTE-CROIX. Vous promettez...

LA MARQUISE. Tout ce que vous voudrez. (On frappe.) Silence !

SAINTE-CROIX, remettant le flacon dans sa poche. Trois coups à cette porte... c'est la Voisin.

LA MARQUISE. Que me veut-elle ?

SAINTE-CROIX. De l'air, de l'air !...là, dans le fond... attendez... cet alambic. (Il fait disparaître l'alambic. Cette cassette... (Il la ferme.) Ma guitare !... Ouvrez.
(Il a pris sa guitare.)

֍֍֍֍֍֍֍֍֍֍֍֍֍֍֍֍֍֍֍֍֍֍֍֍֍֍֍֍

SCENE II.

LES MÊMES, LA VOISIN.

LA MARQUISE. Monsieur de Sainte-Croix ne se trompait pas... c'est la Voisin.

LA VOISIN. Moi-même, madame la marquise... ne craignez rien... j'ai attendu que le jour baissât... personne ne m'a vue.

SAINTE-CROIX. Que nous veut cette sorcière?

LA VOISIN. Sorcière, en effet, monsieur le chevalier... car j'ai deviné que vous étiez dans ce pavillon... comme autrefois, quand je venais montrer dans mes cartes, à madame la marquise, les successions que Dieu devait lui envoyer.

LA MARQUISE. Ah! c'est que vous avez entendu la guitare de M. de Sainte-Croix, qui faisait de la musique, lorsque je suis arrivée, il n'y a qu'un instant.

LA VOISIN. De la musique! c'est donc cela qu'il y a ici une vapeur... qui vous monte à la gorge.

SAINTE-CROIX. Odeur de soufre et de fagot, que la sorcellerie porte toujours avec elle.

LA VOISIN. Ne riez pas ainsi, monsieur le chevalier... il ne faut pas plaisanter de fagot aujourd'hui; il y en a pour tout le monde... et de plus grandes dames que moi pourraient bien en tâter.

LA MARQUISE. Au fait, Voisin, à quoi bon cette visite? et que venez-vous faire chez moi?

LA VOISIN. Vous demander votre protection... ou plutôt celle de votre gendre.

SAINTE-CROIX, quittant sa guitare. Hein?

LA MARQUISE. Mon gendre ne sait ce que vous voulez dire.

LA VOISIN. Voici ce que c'est : toute la cour vient chez moi, pour me consulter, comme vous savez. Il n'y a pas de duchesses... et je dis des plus huppées, qui ne me confient leurs petits secrets... aussi, j'en sais plus sur eux que le comte de Bussy-Rabutin n'en publiera jamais... elles ont recours à mes recettes, les unes, pour conserver leurs attraits, qui s'en vont... les autres, pour retenir leurs amans, qui s'en vont aussi...

SAINTE-CROIX. Ou se défaire de leurs maris, qui ne veulent pas s'en aller.

LA VOISIN. Moi, je cherche à contenter tout le monde; et je leur vends fort innocemment, je vous assure, le secret d'embellir; de se faire aimer.

SAINTE-CROIX. C'est un secret que tu aurais dû garder pour toi.

LA VOISIN. Tiens, de mieux bâtis que vous m'ont dit que je n'en avais pas besoin.

LA MARQUISE. Enfin...

LA VOISIN. Enfin, parmi mes pratiques, il y en a une qui vient de me compromettre... c'est la comtesse de Soissons...

une grande sèche, à qui la nature avare a refusé les dons les plus saillans de son sexe... elle a beau se serrer la taille... rien!... la pauvre dame se désole. Elle est venue me demander un charme qui lui donnât... ce qu'elle n'a pas; moi, toujours obligeante, je lui ai vendu... un peu cher... d'une certaine drogue assez insignifiante... la première venue; et voilà que cette imbécile de comtesse m'écrit hier une lettre qui est tombée sous les yeux du roi.

SAINTE-CROIX. Et cette lettre contenait..

LA VOISIN. Une seule phrase : « Chère Voisin, j'ai beau frotter, il ne vient rien. » Là-dessus, le roi s'inquiète.. on informe.. la police est sur pied... par le tems qui court, on voit du poison partout... le conseil s'assemble, la comtesse est appelée... et l'on apprend, en riant, que Paris et Versailles ont été mis en mouvement, pourquoi?... pour ce qu'elle n'avait pas, ce qu'elle n'a pas, et ce qu'elle n'aura jamais.

SAINTE-CROIX. Ah! ah! ah! la bonne plaisanterie.

LA VOISIN. Une plaisanterie!... pas du tout. Je viens d'apprendre qu'il y avait ordre de faire une descente chez moi, pour y chercher...

SAINTE-CROIX. Ce que madame de Soissons a perdu?

LA VOISIN. Mes papiers, mes registres mes secrets!... mais j'ai appris en même tems que vous pouviez me protéger près d'une personne qui est puissante à la cour et qui vient d'être nommée, aujourd'hui même, membre de la chambre ardente.

LA MARQUISE. Qui donc?

LA VOISIN. Votre gendre.

SAINTE-CROIX. Encore!

LA MARQUISE. Elle ne sait ce qu'elle dit. Sortez!

SAINTE-CROIX. Non, restez... le gendre de Mme de Brinvilliers?

LA VOISIN. Eh oui... M. le comte de Guiche.

SAINTE-CROIX. Ah!

LA MARQUISE. Quelle folie!

LA VOISIN. Une folie!... ce n'est pas un secret; et je tiens de bonne source que, d'après avoir eu l'aveu de madame, le comte a tant fait auprès de son père, le vieux duc, qu'il lui a arraché son consentement.

LA MARQUISE. Il a consenti! c'est bien, c'est bien, je verrai... je parlerai... Laissez-nous.

LA VOISIN. Oh! je vous en prie... vous me connaissez, madame la marquise... vous savez que je suis une honnête femme. On dit que j'ai des amans, c'est possible; que j'ai un faible pour le vin d'Espagne... que voulez-vous? il faut bien m'inspirer pour voir dans l'avenir. Je tire les cartes, je dis là bonne aventure, mais cela ne fait de mal à personne... pas même à ceux à qui j'ai prédit qu'ils seraient pendus... n'est-ce pas, monsieur le chevalier?

SAINTE-CROIX. Oui, va. Je te promets qu'on parlera pour toi... ne fût-ce que pour reconnaître le service que tu viens de me rendre.

LA VOISIN. A vous? par exemple, c'est bien sans intention, mais...

SAINTE-CROIX, *impatienté*. Eh! va-t'en donc, sorcière.

LA VOISIN. Mon Dieu, ne vous fâchez pas... écoutez donc, monsieur le chevalier, si je suis brûlée, il fera chaud pour d'autres.

(Elle sort.)

SCENE III.

LA MARQUISE, SAINTE-CROIX.

SAINTE-CROIX. Ainsi donc, marquise, vous me trompiez!

LA MARQUISE. Comment?

SAINTE-CROIX. Vous me trompiez!... là, il n'y a qu'un instant... Ah! de la trahison, entre nous! mais il n'y a donc plus de bonne foi sur la terre? faudra-t-il désormais que je me défie de vous?... vous de moi?... et que nous nous mettions tous les deux au régime des antidotes?

LA MARQUISE. Quelle idée!...

SAINTE-CROIX. Oh! soyez franche, je vous gêne un peu.... et tout-à-l'heure, peut-être, en m'enveloppant de vos caresses, vous calculiez tout bas ce qu'il me faudrait de sublimé romain pour ajouter un fleuron à votre couronne de marquise... Mais ne vous y jouez pas.... j'ai lutté contre vous. Vous ne vous en êtes jamais douté.... Quand vous vouliez absolument rendre la place de M. le marquis vacante, tous les matins il prenait, de vos mains, une dose qui devait tout doucement l'envoyer.... et moi, tous les soirs, je lui administrais en secret une petite potion contraire, qui le forçait à garder sa place, dont la survivance m'effrayait un peu, je l'avoue; petite lutte qui a duré dix-huit mois!... Si bien que le brave homme vivrait peut-être encore, sans fluxion de poitrine qui s'est rangée de votre côté.

LA MARQUISE. Il suffit, monsieur! il s'agit de ma fille.... et quand M. le comte de Guiche me l'a demandée ce matin, j'ignorais vos désirs, vos projets. Pouvais-je refuser?

SAINTE-CROIX. Non pas ce matin, mais ce soir.... et vous le refuserez.

LA MARQUISE. Impossible!

SAINTE-CROIX. Je le veux.

LA MARQUISE. Et moi, je ne le veux pas. Sacrifier ma fille!... Toute mon ambition était de lui donner un grand nom dans le monde... un rang à la cour!... il me semblait qu'en la rendant heureuse, je me justifierais à ses yeux.... Car, faut-il le dire! je ne puis supporter ses regards; je tremble devant elle, moi, qui vous regarde sans pâlir.... sa candeur me fait mal!... et vous la donner pour femme!... oh! ce serait indigne!... Chevalier, grâce, pitié pour elle! Je vous en supplie, laissez-moi mon enfant.... Soyez notre ami.... Le comte de Guiche est riche, puissant.... Il peut nous être utile.... à moi, à vous-même!

SAINTE-CROIX. Eh! que m'importe!... je n'ai besoin de la protection de personne. Mais, c'est bien.... donnez-lui votre fille, j'y consens : j'ai une autre idée.

LA MARQUISE, *avec joie*. Ah!

SAINTE-CROIX. Qu'est-ce que je voulais? rebâtir ma fortune délabrée.... Il y a moyen de tout arranger!... à vous, la vie de votre frère... à moi, la moitié de sa succession.

LA MARQUISE. La moitié!

SAINTE-CROIX. N'allez-vous pas marchander?

LA MARQUISE. La fortune de ma fille!... ses dernières espérances!...

SAINTE-CROIX. Que je puis détruire en brisant ce flacon.

LA MARQUISE. Arrêtez!

SAINTE-CROIX. Vous consentez? la moitié...

LA MARQUISE. Non, non, jamais! Dépouiller mon enfant! Gardez votre secret. J'en avais d'autres.

SAINTE-CROIX. Que vous ne teniez que de moi, et (*montrant la cassette*) qui sont tous renfermés dans cette cassette.

LA MARQUISE. Eh bien! j'y renoncerai! Je m'adresserai à mon frère lui-même.... J'obtiendrai qu'il me donne la dot de ma fille.... Il est riche.... il est garçon.... Je lui confierai mes craintes, mon embarras... il ne résistera pas aux larmes d'une mère.

MARIE, *en dehors*. Par ici, par ici!

LA MARQUISE. Ma fille, monsieur! Silence!

SCENE IV.

LES MÊMES, MARIE.

MARIE. Maman! Ah! te voilà. C'est singulier.... j'ai frappé tout à l'heure ici!

LA MARQUISE. J'arrive avec le chevalier.

MARIE. C'est que tu ne sais pas.... je te cherchais, je courais comme une folle.... Mon oncle de Toulouse, que tu n'attendais que demain....

LA MARQUISE. Le baron.

MARIE. Il est arrivé !

SAINTE-CROIX. Déjà !

MARIE. Il te cherche aussi.

LA MARQUISE. Mon frère !... Viens, courons !

SAINTE-CROIX. Vous n'irez pas loin, car le voici lui-même.

SCÈNE V.

LES MÊMES, LE BARON D'AUBRAY.

LE BARON. Eh ! bonjour, ma sœur, ma chère marquise !... on a bien de la peine à vous trouver !...

LA MARQUISE. Ah ! mon frère ! si j'eusse pensé vous voir sitôt....

LE BARON. Ma nièce, chère sœur !........ Qu'il est doux de se retrouver, après tant de malheurs !.... la mort a cruellement moissonné dans notre famille.

SAINTE-CROIX. Monsieur le baron veut-il me permettre de lui présenter mes respects ?

LE BARON. Eh ! c'est M. le chevalier de Sainte-Croix.... Bonjour, monsieur, je vous salue. (*Bas à la marquise.*) Toujours l'ami de la maison ? Tant pis ! mon père ne l'aimait pas, ni moi non plus.

SAINTE-CROIX, *à part.* Il tire sur moi... à charge de revanche.

MARIE. J'ai voulu faire reposer mon oncle ; je lui ai offert de se rafraîchir ; il n'a rien voulu accepter.

LE BARON. Merci, merci..... j'étais impatient de vous voir, de vous embrasser, mais il faut que je vous quitte ; j'ai des courses à faire, toute la soirée.... un rendez-vous chez M. le procureur-général.

SAINTE-CROIX. Vous ne le trouverez pas à cette heure-ci, il doit être à la chambre ardente.

LA MARQUISE. En effet.

LE BARON. La chambre ardente !... décidément, elle est donc installée ? Eh bien ! dans nos provinces, on ne veut y croire, pas plus qu'à ces empoisonnemens dont on fait tant de bruit.

LA MARQUISE. Ce n'est que trop vrai, pourtant.... l'air de Paris est infecté.

LE BARON. Parbleu, je le sais bien..... et tenez, on ne m'ôterait pas de la tête que mon pauvre père....

SAINTE-CROIX. Monsieur le baron, j'ai toujours eu la même idée que vous.

LE BARON. Ah ! laissons cela.... C'est un séjour horrible que votre ville ; aussi, j'y resterai le moins possible !... et sous trois jours je repars pour Toulouse !

MARIE. Sous trois jours !...

LA MARQUISE. Sitôt ?

LE BARON. Oui, ma chère ; là du moins je suis heureux !... on y meurt de sa belle mort. Je ne crains rien, je fais un peu de bien à ceux qui m'entourent ; vous savez, marquise.... c'est une vertu de famille....

SAINTE-CROIX. Et ce doit être un grand plaisir quand on a de la fortune.... comme M. le baron. Je conçois qu'avec deux cent mille livres de rente !

LE BARON. Vous n'y êtes pas, mon cher... mettez le double.

SAINTE-CROIX. Quatre cent mille livres !... diable ! c'est beau, et je connais d'honnêtes gens qui se contenteraient de la moitié.

LA MARQUISE. Vous êtes riche, mon frère.... et....

LE BARON. Ah ! pas plus que vous.... je sais que la dot de votre fille est superbe... vous l'avez grossie d'année en année..... Cela devait être, vous avez des goûts simples, des habitudes de dévotion.

MARIE, *apercevant la cassette et à part.* Ah ! le joli coffre !... des bijoux sans doute, des parures pour moi !...

(Elle s'en approche.)

LE BARON, *continuant.* Oh ! votre éloge est ici dans toutes les bouches.

LA MARQUISE. En vérité !.... (*Voyant Marie près du coffre, elle pousse un cri.*) Ah !

LE BARON. Quoi donc ?

MARIE, *se retournant.* Maman !

LA MARQUISE. Ce n'est rien.... j'ai cru que Marie allait se blesser ; restez près de moi, mon enfant !....

MARIE, *à part et revenant.* C'est pour me punir de ma curiosité, et puis c'est peut-être une surprise qu'on me ménage !

LE BARON, *à Marie.* Nous parlons de toi.

(Sainte-Croix ferme la cassette et met la clef dans sa poche.)

SAINTE-CROIX. Le fait est que si Mlle de Brinvilliers est une riche héritière, c'est à sa mère qu'elle le devra.

LE BARON. Parbleu ! je le sais bien, aussi j'ai toujours pensé qu'elle pouvait se passer de ma fortune pour être heureuse.... (*A Marie.*) N'est-ce pas, mon enfant ?

MARIE. Oh ! sans doute.... c'est pour vous seul que je vous aime.

LE BARON. Chère petite ! j'en étais sûr !

et ma foi, je me suis occupé de mon bonheur personnel.

LA MARQUISE. Comment?

SAINTE-CROIX. M. le baron a placé son bien en viager!

LE BARON. Du tout, du tout.... mieux que ça!... Tel que vous me voyez, je viens vous annoncer mon mariage.

LA MARQUISE. Vous êtes marié!

SAINTE-CROIX. Marié!

LE BARON. Pas encore; mais bientôt.... Une filleule de M. le procureur-général.... Il y avait des difficultés d'argent, c'est ce qui m'a empêché de vous en écrire.... Je vous conterai cela plus tard. (*Plus bas.*) En attendant, je cours savoir si le contrat est dressé.... car demain nous le signons.

LA MARQUISE, *à part.* Demain! Ah! grand Dieu!

SAINTE-CROIX. Demain..... c'est bien pressé.

LE BARON. On l'est toujours d'être heureux.... après, je repars pour Toulouse, et je vous emmène.... Voulez-vous?

MARIE. Oh! non, mon oncle, vous vous mariez, c'est très-bien, mais il y en a d'autres....

LE BARON. Hein?... tu baisses les yeux, est-ce que toi aussi?...

LA MARQUISE. Mais je l'espère..... vous saurez tout, mon frère... car vous ne nous quittez pas... vous restez avec moi.... On va vous faire préparer un appartement....

LE BARON. Non pas, non pas, j'ai mes habitudes, qui me conviennent mieux, et à vous aussi!... Laissez-moi m'installer comme à l'ordinaire, dans l'hôtel garni qui est contigu à votre maison, c'est comme si j'étais chez vous.... de ma fenêtre, je vois courir cette petite folle dans le jardin, et c'est plus commode pour moi; je puis sortir, rentrer, sans craindre de déranger personne.

LA MARQUISE. A la bonne heure, puisque cela vous convient.... mais du moins nous vous verrons..... vous souperez avec nous?

LE BARON. Soit, avec plaisir.... En attendant, je cours à mes affaires et je vous laisse aux vôtres.

LA MARQUISE. Je vais donner des ordres.... faire porter à votre hôtel....

MARIE. Je m'en charge, maman.

SAINTE-CROIX. Et si je puis être utile à monsieur le baron....

LE BARON. Je vous remercie, monsieur le chevalier.... A revoir, ma sœur..... (*A Marie.*) Viens, mon enfant, viens; ah! tu as bien des choses à me conter.

MARIE. Sans doute!... nos deux contrats signés le même jour, peut-être.... Ah! que je serais contente!

(*Ils sortent ensemble.*)

SCÈNE VI.

LA MARQUISE, SAINTE-CROIX.

LA MARQUISE. Chevalier....

SAINTE-CROIX. Madame la marquise?

LA MARQUISE. Vous l'avez entendu?

SAINTE-CROIX. Parfaitement.

LA MARQUISE. Demain, il se marie.

SAINTE-CROIX. Et il repart aussitôt....

LA MARQUISE. Je ne sais quel frisson a parcouru mes veines.... Sa confidence m'a brisé le cœur.... je sentais mes cheveux se dresser sur ma tête... j'étouffais, et pourtant j'ai pu lui sourire! Mais écoutez-moi donc, monsieur, regardez-moi donc.

SAINTE-CROIX. Que me voulez-vous?

LA MARQUISE. Ce que je lui veux!... Homme sans merci, sans pitié!... Ce que je lui veux..... vous ne le devinez pas?... Ce mariage!... c'est la ruine de ma fille, de son bonheur, de ses espérances.... c'est tout perdre!... cette alliance brillante!... ô mon Dieu!... Et demain, dans quelques heures, il ne serait plus tems? Ah!.... Votre flacon, chevalier.

SAINTE-CROIX. Vous savez à quel prix!... la moitié.

LA MARQUISE. Votre flacon!

SAINTE-CROIX. Vous me le signerez!....

LA MARQUISE. Votre flacon!...

SAINTE-CROIX, *tirant le flacon de sa poche.* Mais écoutez, du moins....

LA MARQUISE. Ah! je n'écoute rien!... Venez, venez!... Suivez-moi!...

(*Ils sortent.*)

Quatrième Tableau.

Le théâtre représente le jardin de l'hôtel de la marquise.—Dans le fond, un mur qui le sépare d'une rue étroite, de l'autre côté de laquelle on voit plusieurs maisons ; en face, l'hôtel garni où demeure le baron. A gauche, un banc. Dans le mur, du fond, une petite porte. A gauche, on entrevoit l'hôtel de la marquise. — Au lever du rideau, il fait une nuit profonde : la lune est cachée par des nuages.

SCENE PREMIÈRE.

LE COMTE DE GUICHE, *seul.*

(Il entre mystérieusement par la droite.)

Je ne vois rien !... je n'entends personne !... La plaisante chose qu'un juge de la chambre ardente en bonne fortune !.... C'est par ici pourtant que doit être ce pavillon, où Marie va venir sans doute.... car je n'ai pu attendre à demain pour lui apprendre une nouvelle si heureuse !... La marquise est renfermée, dit-on, et ne reçoit personne quoiqu'il soit à peine minuit !.... mais deux mots écrits au crayon et remis au vieux Lambert décideront Marie !... Quelle joie ! quand elle saura que mon père consent à tout.... J'ai eu de la peine ! « Mais, mon fils, votre noblesse.... Monsieur le duc, Mme de Brinvilliers tient à tout ce qu'il y a de mieux » dans la robe... Mais votre rang à la cour? » — Mme Henriette m'a promis que la » marquise serait présentée, et que Mlle de » Brinvilliers entrerait parmi ses demoiselles d'honneur..... Mais la fortune..... » Mlle de Brinvilliers sera plus riche que » moi !... Ce dernier argument a été sans » réplique, et Marie sera ma femme !... » (*Bruit.*) Hein !... qu'entends-je?...

SCENE II.

LE COMTE DE GUICHE, SAINTE-CROIX.

SAINTE-CROIX, *dans le fond.* C'est par cette porte qu'elle entrera.

LE COMTE. J'entrevois dans l'ombre !... Que veut cet homme ?

SAINTE-CROIX, *posant une lanterne sourde qu'il tient sur le banc, et regardant l'hôtel, dans la rue.* Voici l'hôtel garni où s'est logé cet imbécile de provincial qui s'avise de ne pas vouloir souper... Il s'est retiré sans rien prendre... Je suis d'une inquiétude... Sa fenêtre est éclairée.

LE COMTE, *de même.* C'est le chevalier de Sainte-Croix...

SAINTE-CROIX. Heureusement, la marquise est là... qui ne le quitte pas !.. J'entends du bruit... C'est elle sans doute.

LE COMTE, *à part.* Elle... qui donc?.... Marie !

(Il remonte doucement la scène et se trouve entre la marquise qui entre par la petite porte, et Sainte-Croix qui est sur le devant de la scène.)

SCENE III.

LES MÊMES, LA MARQUISE.

SAINTE-CROIX. Eh bien?

LA MARQUISE, *saisissant le bras du comte.* Mort !...

SAINTE-CROIX, *se rapprochant.* Mort !

LE COMTE, *retirant vivement son bras et gagnant la gauche en répétant d'une voix étouffée.* Mort !... qui donc?...

LA MARQUISE, *à Sainte-Croix.* Il était fatigué, un peu souffrant ; je l'ai accompagné malgré lui ; il voulait toujours me renvoyer, cela m'impatientait... On a allumé sa lampe de nuit, il s'est jeté sur son lit, et puis il a congédié tout le monde... On est sorti, je sortais moi-même, désespérée !

SAINTE-CROIX. Ah ! mon Dieu !

LE COMTE, *à part et écoutant.* C'est la marquise!...

LA MARQUISE. Enfin il a demandé un verre d'eau et de sucre, que la maîtresse de l'hôtel a préparé elle-même.

SAINTE-CROIX. Dieu soit loué !

LA MARQUISE. Ah ! chevalier ! quel secret que le vôtre !... quelle arme terrible !.. Une goutte... une seule goutte, et à peine l'eau a-t-elle touché ses lèvres que sa tête est retombée, et... tout a été fini !

LE COMTE. Ah !...

LA MARQUISE, *saisissant le bras de Sainte-Croix.* Il y a quelqu'un ici.

(Le comte disparaît.)

SAINTE-CROIX. On nous a entendus !... quel est le malheureux?...

(Il prend la lanterne sur le banc.)

SCENE IV.

LA MARQUISE, SAINTE-CROIX, MARIE.

MARIE, *entrant par la gauche.* Il m'attend peut-être depuis long-tems !...

LA MARQUISE, *montrant la gauche.* Par là.

SAINTE-CROIX. Malheur à celui... (*Il ouvre sa lanterne.*) Votre fille !

LA MARQUISE. Grand Dieu !

MARIE. Ma mère.

SAINTE-CROIX. Que faisiez-vous ici ? Qu'y venez-vous chercher ? Qui vous amène ?

LA MARQUISE. Chevalier !

SAINTE-CROIX. Savez-vous qu'il y va de la vie ?

LA MARQUISE. C'est ma fille, monsieur ! voyons, Marie... Mon enfant, remettez-vous ; dites-moi !... que veniez-vous faire, à cette heure, seule, dans le jardin ?

SAINTE-CROIX. Vous y étiez..... depuis long-tems ?

MARIE. Mon Dieu, non... j'arrive.

LA MARQUISE. Ah ! vous entendez.

SAINTE-CROIX. Et qui vous attirait ici, seule, au milieu de la nuit ?

MARIE. Ah ! monsieur de Sainte-Croix, vous me faites peur.

LA MARQUISE. Rassure-toi, mon enfant !.... (*Bas à Sainte-Croix.*) Je vous en conjure...

SAINTE-CROIX. Soit, soit... Mais du moins mademoiselle nous dira...

MARIE. Oh ! tout ce que vous voudrez... Je faisais mal, sans doute, de venir ici, et je le vois bien maintenant à votre colère, aux regards de maman. Mais je me disais : quel grand mal après tout... puisqu'il doit être mon mari !...

SAINTE-CROIX. Elle se trouble !

LA MARQUISE. Non, non !.. Son mari !.. M. le comte de Guiche, n'est-ce pas ?

MARIE. Il voulait me voir, me parler, et me suppliait de me trouver à l'instant près du pavillon.

LA MARQUISE. Vous voyez ?.. un rendez-vous d'amour... et s'effrayer !... Quel enfantillage !

SAINTE-CROIX. Un rendez-vous d'amour... bien vrai ?

MARIE. Voici son billet.

SAINTE-CROIX. Ah !... bien !... Mais il était ici ?

LA MARQUISE. Le comte !

MARIE. Oh ! non, pas encore... je ne l'ai pas vu... mais il viendra... vous voyez qu'il a un secret important à m'apprendre. Mais quel bruit ! c'est lui sans doute..... oui, le voilà.

SAINTE-CROIX, *l'apercevant.* En effet !.. je respire !

SCENE V.

LES MÊMES, LE COMTE DE GUICHE.

LA MARQUISE. Ah ! monsieur le comte ! chez moi ! à cette heure... Oh ! ne vous troublez pas... voilà qui dérange un peu votre tête-à-tête !... mais ne craignez rien, je suis bonne mère... je vous pardonne...

LE COMTE. Madame...

SAINTE-CROIX, *à part.* Que le diable emporte les amoureux !

MARIE. Ma mère sait tout, monsieur !...

LA MARQUISE. Oui, mon fils... car vous êtes mon fils, votre père consent à tout, je le sais, et vous venez apprendre sans doute à Marie que le mariage...

LE COMTE. Ce mariage !.. ne se fera pas, madame... il ne se fera jamais !

MARIE. O ciel !

LA MARQUISE. Que dites-vous ?

MARIE. Ce n'est pas possible !.. vous me trompez, Henri... vous ne m'apprendriez pas une pareille nouvelle avec ce sang-froid, cette tranquillité !...

LE COMTE. Il n'est que trop vrai... tout est rompu !

MARIE. Ah ! maman !...

SAINTE-CROIX. Et la raison ?

LE COMTE. Je n'ai pas de compte à vous rendre, monsieur.

LA MARQUISE. Mais à moi, monsieur, vous m'en devez ! Un pareil éclat ?... J'en dois connaître la cause... parlez, parlez... je le veux, je l'exige.

LE COMTE. Vous le voulez !...

MARIE. Oui, monsieur... il faut tout dire !...

LE COMTE. O ciel !... et elle, si douce, si vertueuse !.. tant d'infamie !... ce serait la tuer !

LA MARQUISE. Vous ne répondez pas ? Enfin, cette nouvelle que vous veniez apprendre à ma fille avec tant d'empressement ?.. les termes de votre billet n'annoncent rien de fâcheux.

LE COMTE. Cette nouvelle, madame... c'est que mon père a changé d'idée... que Mme Henriette ne veut pas consentir... on a d'autres vues, d'autres projets... Enfin, madame, dispensez-moi des détails, mais une alliance avec la marquise de Brinvilliers m'est désormais impossible !

MARIE. Ah ! monsieur le comte !...

SAINTE-CROIX. C'est singulier !

LE COMTE, *à part.* Pauvre Marie ! Mais quelle peut être la victime ?

LA MARQUISE, *à part.* D'autres projets !.. on veut le marier ! et à qui donc ?... je le saurai.

SAINTE-CROIX, *bas à la marquise.* Prenez garde... entendez-vous ce bruit dans la rue?

LA MARQUISE, *bas.* O ciel!.. saurait-on déjà!...

LE COMTE. Eh! mais, madame la marquise, on accourt vers cet hôtel... tout le quartier est en mouvement. Ces flambeaux... ce carosse à votre porte!... (*On se met aux fenêtres dans le voisinage, la fenêtre du baron d'Aubray est toujours fermée et obscure, le comte la remarque.*) Ah! cette fenêtre obscure... c'est la seule!... c'est là... je saurai tout.

LA MARQUISE. Qu'est-ce donc?.. voyez, monsieur le chevalier.

SAINTE-CROIX, *bas.* Plus de doute!.. on est instruit... C'est la police!...

UNE VOIX, *en dehors.* Mme la marquise de Brinvilliers!

LA MARQUISE. Grand Dieu!... c'est pour moi... on vient m'arrêter!

SCENE VI.

LES MÊMES, UN OFFICIER, DOMESTIQUES, *suite.*

UN DOMESTIQUE. Madame la marquise... Un officier de la maison du roi!

TOUS. De la maison du roi!

L'OFFICIER. Une lettre de MADAME.

LE COMTE. De MADAME!...

LA MARQUISE. Il se pourrait!... Un pareil honneur!... (*Bas à Sainte-Croix.*) Rien encore!... on ne sait rien!... (*Elle lit la lettre.*) Sur la demande de M. le comte de Guiche, S. A. R. MADAME, duchesse d'Orléans, recevra demain à Saint-Cloud Mme la marquise de Brinvilliers, et sa fille.

LE COMTE, *à part.* Grand Dieu!... et c'est moi...

SAINTE-CROIX. Ah! je renais.

MARIE, *à part.* Paraître à la cour, oh! maintenant, je n'y tiens plus!

LA MARQUISE. Une telle faveur, et c'est à vous, monsieur le comte, à vous que je la dois... Présentée à la cour... vous y serez, sans doute?

LE COMTE. Moi! madame... je siége à la Chambre ardente!

SAINTE-CROIX. Et moi, je veille sur lui!

FIN DU TROISIÈME ACTE.

ACTE III.

Cinquième Tableau.

Une galerie du palais de Saint-Cloud.

SCENE PREMIERE.

LA MARQUISE *en habits de cour,* LE MARQUIS DE FEUQUIERES, DAMES ET SEIGNEURS, *puis* MARIE *et* Mlle DE MONTALAIS.

LE MARQUIS. Parbleu, ce fou de Molière a joué comme un ange!

SAINTE-CROIX. Son *Pourceaugnac?*..... C'est une bouffonnerie assez plate!... et sans la musique de Lulli...

LE MARQUIS. Madame Henriette y riait pourtant de tout son cœur.

SAINTE-CROIX. Son altesse a daigné rire!... Effectivement, c'est très-spirituel, et décidément, il n'y a que ce diable de Poquelin pour le naturel et le bon comique.

TOUS. C'est un homme admirable!

LE MARQUIS, *à la marquise.* Convenez aussi qu'il est impossible de faire les honneurs d'une fête avec plus de grâce que MADAME... Quel charme dans ses moindres discours! comme elle sait attirer tous les cœurs!

LA MARQUISE. Et quelle simplicité! quelle bonté pour chacun!

UN SEIGNEUR. Oh! oui... Digne petite-fille de Henri IV.

LE MARQUIS. Aussi, c'est l'orgueil et l'amour de la France!

SAINTE-CROIX, *à la marquise.* Lui avez-vous été présentée?

LA MARQUISE. Pas encore... j'attends.

LE MARQUIS. Que regardez-vous donc, marquise?

LA MARQUISE. Ces dames que je ne me rappelle pas...

LE MARQUIS. C'est Mme de Lafayette..... Mme de Sévigné... la belle comtesse de Fiesque.

LA MARQUISE. Je vous remercie! (*A*

part.) Celle que l'on veut faire épouser au comte... ne peut pas être parmi elles..... Oh! je la connaîtrai; ma haine la devinera!

LE MARQUIS. Et où est donc votre charmante Marie?

LA MARQUISE. Dans ce salon..... elle a rencontré quelques jeunes personnes de ses amies... (*Bas.*) Eh bien! Sainte-Croix, vous êtes parti après moi?

SAINTE-CROIX, *bas.* On ne savait rien encore.

LA MARQUISE, *bas.* Et mes gens?

SAINTE-CROIX, *bas.* J'ai recommandé de respecter le sommeil de votre frère.

LA MARQUISE, *bas.* Chut! (*Se tournant vers Feuquières.*) Ne dit-on pas que le roi doit honorer cette fête de sa présence?

LE MARQUIS. Certainement; il doit venir de Versailles. J'en sais quelque chose, je suis du quadrille de sa majesté.

LA MARQUISE. Ah! cela sera très-brillant. (*Bas à Sainte-Croix.*) Et le comte de Guiche, vous ne l'avez pas vu?

SAINTE-CROIX, *bas.* Pas encore, et cela m'inquiète.

LA MARQUISE, *bas.* Pourquoi?

SAINTE-CROIX, *bas.* Je ne sais... mais ses regards, sa conduite d'hier au soir....

LA MARQUISE, *bas.* Folie! il ne songe qu'à son nouveau mariage. (*A elle-même.*) Et si je pouvais découvrir celle qui nous l'enlève!

MARIE. Ah! maman, si tu savais quel bonheur je viens d'éprouver! Mlle de Montalais, ma meilleure amie de couvent, qui nous avait quittées l'année dernière, et que je retrouve ici.

LA MARQUISE. Mademoiselle de Montalais!

Mlle DE MONTALAIS. Jugez de notre joie, madame la marquise!... se revoir après une si longue absence!... car nous étions inséparables! C'est à moi que ma chère Marie parlait toujours de sa tendresse pour sa famille, pour son excellente mère!.... Moi, j'ai perdu la mienne, et j'étais impatiente de vous êtes présentée; pour demander un peu de cette amitié qui la rend si heureuse. S'il ne faut, pour la mériter, qu'aimer votre fille comme une sœur, je crois y avoir quelques droits..... N'est-ce pas, Marie?

MARIE. Oh! sans doute.

LE MARQUIS, *bas à la marquise.* Mlle de Montalais, la favorite de MADAME, amie de votre fille... cela peut la mener loin.

Mlle DE MONTALAIS. Mais qu'a-t-elle donc, cette chère Marie?... elle est toute triste.

LA MARQUISE. Ce n'est rien... un chagrin, dont votre amitié la consolera aisément.

MARIE, *tristement.* Oh! non... c'est la seule chose...

Mlle DE MONTALAIS. Tu crois?... c'est ce que nous verrons... je te ferai la guerre!

LA MARQUISE, *bas à Marie.* Et puis, tout n'est pas désespéré.

MARIE. Vous croyez?

LA MARQUISE. Fie-toi à ta mère.

Mlle DE MONTALAIS. Eh! mon Dieu! qui n'a pas ses peines, ses tourmens? (*Gaîment.*) Moi qui vous parle... il ne tiendrait qu'à moi d'être triste, de pleurer... mais à la cour, on n'a pas le tems!... il faut sourire à tout le monde, c'est d'étiquette..... nous nous conterons nos chagrins, et...

UN HUISSIER, *appelant.* Mme la marquise et Mlle de Brinvilliers...

Mlle DE MONTALAIS, *bas.* C'est pour votre présentation... Son altesse vous attend.

LA MARQUISE. Venez, Marie?

MARIE. Ah! mon Dieu! voilà que j'ai peur!

Mlle DE MONTALAIS, *bas.* Ne crains donc rien... elle est si bonne!

MARIE, *bas.* Est-ce que tu ne seras pas avec nous?

Mlle DE MONTALAIS. Je ne puis; il faut que je fasse commencer le bal, dès que le roi paraîtra. Eh! mais, ce bruit de chevaux... ces flambeaux... c'est lui! c'est sa majesté. (*Plusieurs voix.*) Le roi! le roi, messieurs!

TOUS. Le roi!... courons!...

Mlle DE MONTALAIS, *au marquis de Feuquières.* Eh! vite, monsieur de Feuquières, donnez-moi la main.

⬦⬦⬦⬦⬦⬦⬦⬦⬦⬦⬦⬦⬦⬦⬦⬦⬦⬦⬦⬦⬦⬦⬦⬦⬦⬦⬦⬦⬦⬦⬦⬦⬦

SCÈNE II.

LE MARQUIS, Mlle DE MONTALAIS, LE COMTE.

Mlle DE MONTALAIS. Ah! c'est vous, monsieur le comte! comme vous vous êtes fait attendre!

LE COMTE. Oui, la séance s'est prolongée...

Mlle DE MONTALAIS. Et vous en rapportez une tristesse!... Le roi est arrivé... venez-vous?

LE COMTE. Tout à l'heure, en montant le grand escalier, quelqu'un m'a fait demander un moment d'entretien... il s'agit, sans doute, de communications importantes pour la Chambre... et je ne puis me dispenser... je suis à vous dans l'instant.

Mlle DE MONTALAIS. Au moins, ne soyez pas long-tems.

LE MARQUIS, à Mlle de Montalais. Depuis qu'il est de la Chambre ardente, il devient tout-à-fait lugubre! Dieu me damne, si on ne le prendrait plutôt pour un accusé que pour un juge.

(Ils sortent.)

SCÈNE III.

LE COMTE, puis DESGRAIS.

LE COMTE, à lui-même. Toujours cette idée importune!.. (A haute voix, à droite.) Venez, venez, monsieur... nous sommes seuls. Vous êtes envoyé, dites-vous, par M. de la Reynie, le lieutenant de police?

DESGRAIS. Oui, monseigneur.... c'est bien hardi à moi d'oser me présenter...

LE COMTE. Dépêchons, je vous prie..... sa majesté vient d'arriver, et mon devoir m'appelle.. Que me voulez-vous? Qui êtes-vous?

DESGRAIS. Monseigneur ne me remet pas? Il est vrai que nous nous sommes vus dans un moment... C'est moi qui ai failli, hier, avoir le désagrément d'assommer votre excellence.

LE COMTE. En effet, je crois me souvenir... savez-vous qu'il s'en est peu fallu...

DESGRAIS. J'en aurais été bien contrarié?... mais ce n'est pas étonnant... la police était si mal faite!.... cela n'arrivera plus, j'ose le dire, maintenant que j'en fais partie.

LE COMTE. Vous êtes de la police?

DESGRAIS. Attaché au service particulier et secret de M. de la Reynie... grâce à la recommandation de cette bonne et digne Mme de Brinvilliers.

LE COMTE. Ah! c'est elle...

DESGRAIS. Et chargé spécialement de découvrir les auteurs des empoisonnemens... Je les découvrirai, parce qu'avec de l'adresse, de l'intelligence... et de l'obstination, on vient à bout de tout!.. avec cela que j'ai une qualité excellente pour mon nouvel état... j'ai toujours l'air de regarder d'un autre côté, ça donne confiance... et on y voit bien mieux.

LE COMTE. C'est bon, je n'ai pas besoin de savoir les secrets du métier. Mais qui vous amène ici, et comment osez-vous paraître dans le palais de Saint-Cloud, chez MADAME?

DESGRAIS. Oh! monseigneur, nous entrons partout, nous... Je puis même dire qu'il n'y a pas de bonne fête sans nous. Mais ce n'est pas de cela qu'il s'agit: je suis envoyé par M. de la Reynie, pour certains renseignemens que vous lui avez fait demander, ce matin, sur un voyageur arrivé hier soir de Toulouse, et qui a dû descendre à l'hôtel de Strasbourg.

LE COMTE. Presqu'en face l'hôtel de Mme de Brinvilliers? Et savez-vous quel est ce voyageur?

DESGRAIS. Oui, monseigneur, je l'ai su tout de suite... C'est le baron d'Aubray, le frère de Mme la marquise.

LE COMTE. De la marquise!

DESGRAIS. Son propre frère.

LE COMTE. Vous en êtes bien sûr?

DESGRAIS. Je le tiens de la maîtresse de l'hôtel.

LE COMTE. Ah!

DESGRAIS. Mais ce que vous ne savez pas, monseigneur... un petit accident qui lui est arrivé!.... Le pauvre homme est mort subitement dans la nuit!

LE COMTE. Dans la nuit!

DESGRAIS. Chut! ne parlez pas si haut... ça n'aurait qu'à venir aux oreilles de Mme la marquise! Cette pauvre chère dame qui ne se doute de rien... ça pourrait lui faire une révolution.

LE COMTE. Quoi, son frère

DESGRAIS. Mon Dieu oui!... à quoi sert la fortune?... Vous me direz: Il était un peu souffrant le soir, en se couchant... mais on était loin de s'attendre qu'il irait si vite rejoindre ses parens.. Il paraît que, dans cette famille-là, il y a quelque maladie chronique qui les prend à un certain âge; il faut que ça soit dans le sang.

LE COMTE. Il suffit, allez. Et jusqu'à nouvel ordre, pas un mot sur ce que vous avez appris... le plus profond silence.

DESGRAIS. Monseigneur peut être tranquille!... Dans notre état, nous n'avons que des yeux et des oreilles. Monseigneur n'a rien de plus à faire dire à M. de la Reynie?

LE COMTE. Rien.

DESGRAIS. Il va en être instruit sur-le-champ. Si monseigneur avait la bonté de me recommander, de glisser un petit mot pour moi?.... On dit qu'il va y avoir une place vacante au-dessus de la mienne.

LE COMTE. Comment! vous êtes placé d'hier, et vous songez déjà à votre avancement?

DESGRAIS. Dam! monseigneur, qui est-ce qui y songera pour moi?

LE COMTE. C'est bien, c'est bien, laissez-moi.

DESGRAIS. En vous remerciant, monseigneur, de vos bontés et de la promesse que vous daignez me faire!... vous n'obligerez pas un ingrat. Et si jamais vous deviez être arrêté, vous verriez avec quels égards... Ce n'est pas cela que je voulais dire... mais c'est égal. J'ai bien l'honneur de vous saluer.

(Il sort.)

SCENE IV.

LE COMTE, seul.

C'était son frère! son frère! oui!... le lieutenant-civil de Toulouse... Une fortune immense... je comprends!... La cupidité, la soif des richesses... Avec des traits si nobles, avec les dehors de la vertu, de la piété!.... Tout cela n'était donc que déception, que lâche hypocrisie... Et la mort de son père, de son époux... tout s'explique. (Montrant la droite.) Elle est là... au milieu des fêtes, des plaisirs..... quand, il y a à peine quelques heures... Et j'ai été au moment de devenir son gendre, de l'appeler ma mère!.... elle!.... ah! jamais!... Pour être plus sûr de moi, pour que le souvenir de Marie ne vienne pas triompher de ma raison, j'ai donné parole à mon père. Ce mariage qu'il m'avait proposé, que MADAME Henriette désirait elle-même, il se fera... J'épouserai Mlle de Montalais. Mais ce secret horrible que le hasard m'a révélé... puis-je le taire!.. L'honneur, mon devoir, mes nouvelles fonctions; tout ne m'ordonne-t-il pas de nommer les coupables, de les faire punir?... (S'arrêtant.) Et Marie, Marie, grand Dieu! si douce, si pure!... pour prix de sa tendresse pour moi, de cet amour qui faisait mon bonheur... lui léguer la honte, l'infamie! Et si elle-même était instruite du secret de sa fortune?.... si son cœur était complice!.... Oh! non, non... il ne faudrait plus croire à rien, et se défier des anges eux-mêmes. Ah! que je souffre!.. et comment dissiper des doutes aussi affreux?

(Il se jette sur un fauteuil, à gauche.)

SCENE V.

LE COMTE, MARIE, entrant par la droite.

MARIE, sans le voir d'abord. Mon Dieu! je ne sais ce qu'est devenue maman. Au milieu de cette foule et de ces grands appartemens, on se perd. Ciel! monsieur le comte!

LE COMTE. C'est elle!... que lui dire?

MARIE. Impossible de l'éviter!

LE COMTE. Pardon, mademoiselle; je conçois que ma présence doit vous embarrasser.

MARIE. Moi, monsieur le comte!.. oh! non, car je n'ai aucun reproche à me faire.

LE COMTE. J'ai voulu dire que vous deviez me voir avec peine.

MARIE. Il est vrai... et cependant je le désirais.

LE COMTE. Moi aussi, Marie... j'avais besoin d'une explication! Et d'abord, dites-moi, je vous en supplie... Hier, avant mon arrivée, il est venu quelqu'un chez vous?

MARIE, cherchant. Quelqu'un?

LE COMTE. Un étranger.

MARIE. Ah! mon oncle... le baron d'Aubray?

LE COMTE. Votre oncle?

MARIE. Sans doute, je n'ai vu que lui. (Avec espoir.) Est-ce donc là ce qui vous aurait porté ombrage?.... Ah! s'il était vrai!...

LE COMTE. Non, non... ce n'est pas cela. Mais votre oncle... vous l'avez vu aujourd'hui?

MARIE. Mon Dieu non!... Je voulais aller l'embrasser de grand matin, comme je le lui avais promis hier soir. Mais maman me l'a défendu. Elle a dit qu'après un aussi long voyage, il devait être fatigué, qu'il avait besoin de repos. Et je suis partie toute triste... car ce pauvre oncle aura été bien fâché de ne pas me trouver, là, à son réveil.

LE COMTE, à part. A son réveil... Je respire, elle ne sait rien. (Haut.) Marie!

MARIE. Mais, mon Dieu! qu'avez-vous donc?

LE COMTE. Je suis bien à plaindre, bien malheureux!

MARIE. Vous!

LE COMTE. Plus que vous ne pourrez le comprendre! Nous sommes séparés pour la vie... Et je vous aime plus que jamais.

MARIE, *avec joie.* Vous m'aimez, vous m'aimez encore!... Mais alors quelle est donc la cause de votre conduite? Pourquoi cette rupture? ce refus insultant?

LE COMTE. Je ne puis rien vous dire.

MARIE. Si, monsieur, je veux tout savoir... je l'exige, je vous le demande à genoux.

LE COMTE, *très-troublé.* Marie!

MARIE. Vous pensez bien que je n'ai pas été dupe des détours que vous avez employés! Votre père n'est pour rien dans votre résolution, il avait consenti.... Vous étiez sûr de l'appui de MADAME.... C'est donc vous, vous seul, qui avez voulu tout rompre, et il faut qu'un motif bien puissant,... C'est ce motif que je veux connaître, qu'il faut me déclarer. Que vous ayez cessé de m'aimer, que vous m'abandonniez, je m'y attends, je m'y résignerai. Mais que je croie que vous avez voulu me tromper, que je sois forcée de ne plus vous estimer... Ah! c'est trop de tourmens à la fois, et je ne pourrais les supporter! Parlez, je vous en conjure.

LE COMTE. Marie, par grâce, par pitié pour vous-même... Il est trop vrai, il existe un mystère affreux, épouvantable... un mystère qui vous tuerait, si un seul mot s'échappait de ma bouche!... Ainsi, ne m'interrogez pas... Oubliez-moi, séparons-nous... et ne cherchez jamais à connaître un pareil secret!

MARIE. Que voulez-vous dire?... Arrêtez!

LE COMTE. Non, non.

MARIE. Un seul mot.

LE COMTE. Adieu, adieu pour jamais!

(Il sort par la droite.)

SCENE VI.

MARIE, *seule.*

Henri!.. Il ne m'entend plus!.. O mon Dieu!... quel est donc le mystère qu'il n'ose me révéler?... Ah! je ne puis en douter... c'est qu'il en aime une autre... Et la pauvre Marie est condamnée aux larmes et au désespoir!

SCENE VII.

MARIE, Mlle DE MONTALAIS.

Mlle DE MONTALAIS, *à la cantonnade.* C'est bien... Formez toujours les quadrilles. (*Apercevant Marie.*) Ah! c'est toi que je cherchais. Eh, bon Dieu! encore des soupirs, des pleurs, quand tu viens d'obtenir la plus haute distinction... MADAME, à qui tu plais beaucoup, t'a désignée elle-même pour danser vis-à-vis d'elle, au quadrille du roi.

MARIE. Oh! qu'elle daigne me dispenser...

Mlle DE MONTALAIS. Y songes-tu? On ne refuse jamais ces choses-là, et toutes nos duchesses voudraient bien être à ta place.

MARIE. N'importe, je suis trop malheureuse!

Mlle DE MONTALAIS. Mais que t'est-il donc arrivé?... et qui peut t'affliger à ce point? Voyons, Marie... ne peux-tu me le dire à moi, ta sœur, ta meilleure amie?... qui sait... je pourrai peut-être te consoler. Moi aussi, j'étais triste, malheureuse... j'ai versé bien des larmes en secret; et maintenant, tout est changé... Depuis quelques momens, surtout, j'éprouve une joie, un bonheur... Eh bien! il en sera de même pour toi. Ah! mais aussi, tu n'es pas raisonnable, et je finirai par me fâcher...

SCENE VIII.

LES MÊMES, LA MARQUISE DE BRINVILLIERS.

LA MARQUISE, *à elle-même.* Rien encore! Je l'ai suivi de l'œil auprès de toutes ces femmes si brillantes... j'espérais deviner son secret dans ses regards... Rien! (*Elle voit Marie.*) Marie, qu'est-ce donc?

Mlle DE MONTALAIS. Elle se désole, et ne veut pas me répondre.

MARIE, *bas à sa mère.* Maman... je l'ai vu... tout est fini!...

LA MARQUISE, *bas.* Non, non, chère enfant, ne le crois pas.

Mlle DE MONTALAIS, *à la marquise.* C'est quelque chagrin d'amour. Cela se devine tout de suite, surtout quand on en a éprouvé soi-même.

MARIE. Comment, toi aussi, ma pauvre Agathe?

Mˡˡᵉ DE MONTALAIS. Mais sans doute, et mon exemple devrait te donner du courage ; car, j'en suis sûre, j'ai été plus à plaindre que toi.

LA MARQUISE. Tu l'entends ?

Mˡˡᵉ DE MONTALAIS. Figure-toi un jeune homme que j'aimais depuis long-tems en secret... lui, ne m'aimait pas ; il ne m'adressait jamais un mot, une parole d'intérêt. On voulait me le faire épouser ; il me refusa !

MARIE. Il te refusa !

Mˡˡᵉ DE MONTALAIS. Juge de ce que j'ai souffert. J'avais renoncé à tout espoir, toute idée de bonheur ; lorsqu'aujourd'hui, ce matin, je ne sais quel événement, quelle révolution inattendue... tout a changé comme par enchantement.

MARIE, étonnée. Aujourd'hui ?

LA MARQUISE, de même. Ce matin ?

Mˡˡᵉ DE MONTALAIS. Il revient à moi, il m'aime... du moins, je l'espère, puisque c'est lui maintenant qui demande ma main ; il supplie que ce mariage se fasse sur-le-champ. Son père vient d'en parler à MADAME Henriette, qui me l'a confirmé.

MARIE. Son père !

LA MARQUISE. Et ce jeune homme ?

Mˡˡᵉ DE MONTALAIS. Ah ! maintenant, je puis le dire, ce n'est plus un secret. C'est le comte de Guiche.

MARIE, frappée. Dieux !

LA MARQUISE, à part. C'est elle !

Mˡˡᵉ DE MONTALAIS, à Marie. Qu'as-tu donc !

LA MARQUISE, empêchant sa fille de parler. Rien, rien. C'est que sa position ressemble tellement à la vôtre...

Mˡˡᵉ DE MONTALAIS. Raison de plus. Tu verras que mon mariage te portera bonheur, et que toi-même.

MARIE, bas à sa mère. Ah ! je n'y tiens plus !... elle, ma meilleure amie !.. je n'ose plus la regarder, et sa voix me fait mal.

LA MARQUISE, bas. Marie, au nom du ciel...

Mˡˡᵉ DE MONTALAIS, qui a remonté pour écouter l'orchestre du bal. Eh ! mon Dieu ! tandis que nous causons, les quadrilles qui recommencent. (Venant prendre Marie.) Eh ! vite ! eh ! vite ! il ne faut pas faire attendre.

MARIE, résistant. Non, non.

Mˡˡᵉ DE MONTALAIS. Il le faut.

LA MARQUISE, bas. Ma fille, je t'en conjure.

MARIE. Ah ! maman, le coup est porté, je le sens, j'en mourrai !

Mˡˡᵉ DE MONTALAIS. Viens donc vite ! nous n'arriverons jamais à tems.

SCÈNE IX.

LA MARQUISE, seule.

C'est elle ! Je n'ose les suivre ; car, malgré le respect que ce lieu doit m'inspirer... je ne sais ce dont je serais capable. La voilà donc !... je la connais enfin, celle qui m'enlève le fruit de tant de sacrifices !... celle qui condamne ma pauvre Marie à un malheur éternel !... et je l'épargnerais !... Ce flacon de Sainte-Croix, j'espérais ne plus m'en servir ! Mais quand il n'y a plus qu'un seul obstacle... un seul, si faible... si facile à renverser !.. Mais un enfant... une jeune fille !... la compagne de Marie... qui ne m'a jamais offensée... qui ne m'a fait aucun mal... Aucun mal !.. et ma fille qu'elle tue... qu'elle assassine... devant moi !... car, je ne saurais en douter... Marie en mourra... à son âge... un premier amour trompé est un poison plus sûr et plus rapide que tous les nôtres... et je n'oserais la défendre !... je n'oserais sauver le seul bien qui me reste !... Ah ! malheur à toi, fiancée du comte de Guiche... malheur à toi !... Mais ici... quel moyen ?... au milieu d'une fête... en présence de la cour ! et cependant, si je perds cette occasion... qui sait quand je pourrai l'approcher ? qui sait si je la reverrai jamais ? et ce mariage fatal... Ce mariage ?.. mais il ne se fera pas ; le comte a pu céder d'abord aux désirs de son père... aux vœux de la princesse ; mais son amour nous le ramènera... je l'ai vu... je l'ai vu, hier, à ses regards, à la douleur qui se peignait dans tous ses traits ! il était ému, agité... oui, oui, il aime Marie, il l'aime réellement... qu'il la revoie, et il reviendra bien vite à ses pieds.

SCENE X.

LA MARQUISE, SAINTE-CROIX, *quelques* DANSEURS *qui s'approchent des buffets y prennent des fruits glacés, des rafraîchissemens, et les offrent à des dames, qui passent sans s'arrêter ; les danseurs les suivent.*

LA MARQUISE. Ah! c'est vous, Sainte-Croix?

SAINTE-CROIX, *s'approchant du buffet à gauche, et se versant un verre.* Il fait une chaleur dans cette galerie!... et puis un désordre, une confusion!... impossible d'obtenir des laquais un fruit, un verre d'eau d'orange... en voici heureusement!...

LA MARQUISE. Eh bien! le comte de Guiche?

SAINTE-CROIX, *buvant et reposant son verre.* Je l'ai vu, tout fier de sa nouvelle conquête... Vous aviez raison... il n'est occupé que de son mariage, et toute la cour aussi.

LA MARQUISE. Quoi... cet hymen?

SAINTE-CROIX. MADAME Henriette vient de l'annoncer publiquement, et de saluer Mlle de Montalais du nom de comtesse de Guiche.

LA MARQUISE. Déjà!

SAINTE-CROIX. Cela a fait événement. Chacun a exprimé sa joie, vraie ou fausse, cela n'y fait rien!... Il n'y a que votre pauvre Marie qui était pâle, mourante... si je ne l'avais soutenue, elle serait tombée sans connaissance.

LA MARQUISE, *hors d'elle.* Marie!... oh! oui, elle me l'avait dit!... elle en mourra... ah! mon Dieu! que faire? ma tête est en feu! ma raison s'égare!

SAINTE-CROIX. Que voulez-vous? c'est une belle affaire manquée... vous serez obligée d'en revenir à ma première idée... à l'autre alliance que je vous avais proposée. Vous verrez! Eh! tenez... voilà déjà Mlle de Montalais, radieuse, triomphante, belle de son bonheur!... entourée d'hommages, de complimens!... elle ne sait auquel entendre.

LA MARQUISE. Oh! cette femme! elle ose venir près de moi! pour insulter à ma douleur... à mon désespoir!

(Elle s'éloigne par un mouvement brusque, et se trouve près du buffet à gauche. Sainte-Croix a remonté la scène ; Mlle de Montalais et le marquis de Feuquières entrent par la droite.)

SCENE XI.

LES MÊMES, Mlle DE MONTALAIS, LE MARQUIS, *courtisans au fond.*

Mlle DE MONTALAIS, *gaîment.* Je vous remercie, messieurs. Allons, marquis, vous au moins, faites-moi donc grâce de vos fades complimens, et trouvez-moi un verre d'eau d'orange... cela sera beaucoup mieux, voilà une heure que j'en demande.

SAINTE-CROIX, *montrant le buffet à gauche.* Il y en a là-bas d'excellente.

LA MARQUISE, *jetant les yeux sur le vase qui est auprès d'elle.* Là.

LE MARQUIS, *prenant un plateau et un verre sur le buffet à droite.* Volontiers!... heureux de servir d'échanson à la belle comtesse de Guiche.

LA MARQUISE, *à part.* Comtesse de Guiche! jamais!

(Elle jette à la dérobée quelques gouttes du flacon qu'elle tient à la main dans le vase que Sainte-Croix a désigné, et replace précipitamment le flacon dans son sein.)

Mlle DE MONTALAIS. Soit... mais dépêchez-vous.

LE MARQUIS, *traversant le théâtre pour aller au buffet à gauche.* Vous êtes bien pressée de nous quitter!... Ah! c'est qu'il vous attend.

Mlle DE MONTALAIS, *souriant.* C'est possible.

LE MARQUIS, *trouvant la marquise près du buffet, et qui tient le vase comme si elle allait s'en servir.* Pardon, marquise.

LA MARQUISE, *affectant un air gracieux.* Comment donc... mais c'est moi qui aurai le plaisir d'en offrir à madame la comtesse.

Mlle DE MONTALAIS. Vous êtes bien bonne.

(Le marquis tend le plateau et le verre du côté de la marquise, tout en causant avec Mlle de Montalais, qui répond à mi-voix aux complimens que Sainte-Croix a l'air de lui adresser de l'autre côté.)

LE MARQUIS, *à Mlle de Montalais.* Vous le voyez, tout le monde est ravi de ce mariage. Le cavalier le plus aimable de France!

SAINTE-CROIX, *de même.* Et qui arrivera à tout... le roi en fait grand cas.

(A ce dernier mot, la marquise, qui a hésité, verse rapidement dans le verre, et va poser le vase sur le bord de la fenêtre qui est derrière le buffet, de manière que le vase tombe dans le jardin.)

Mlle DE MONTALAIS. Aussi, je suis bien heureuse, je l'avoue, et il serait cruel, en ce moment, de perdre un si bel avenir. (*Voyant que le verre est rempli.*) Mais donnez donc vite, marquis.

(*Elle lui prend le plateau des mains et s'éloigne.*)

LA MARQUISE, *voyant qu'elle ne boit pas.* Eh bien ! que faites-vous ?

Mlle DE MONTALAIS, *au fond du théâtre.* Mais ce n'est pas pour moi !

(*Elle sort en courant.*)

SCENE XII.

LA MARQUISE, LE MARQUIS, SAINTE-CROIX.

LA MARQUISE. Ce n'est pas pour elle !... ô mon Dieu ! ma fille ! ma fille !... (*Vivement à Sainte-Croix.*) Chevalier, courez vite, empêchez.,.

LE MARQUIS. Quoi donc ?

LA MARQUISE. Rien, rien... c'est que je ne vois pas ma fille... et je voulais... (*Passant près de Sainte-Croix et à voix basse.*) Au nom du ciel ! courez, arrêtez-la.

SAINTE-CROIX. Ah ! je devine.

LE MARQUIS. Eh ! mais... qu'avez-vous donc, marquise ? vous pâlissez... vous êtes tremblante. (*La soutenant.*) Asseyez-vous, de grâce.

LA MARQUISE. Non, non, je veux m'assurer...

(*Elle va pour sortir. On entend dans la galerie du bal une rumeur sourde.*)

SAINTE-CROIX. Que se passe-t-il donc ?

LE MARQUIS. Ce bruit dans la salle du bal... Sans doute quelque accident.

LA MARQUISE. Ah ! il n'est plus tems !

SAINTE-CROIX. Restez... je cours m'informer... (*Bas à la marquise.*) De la prudence...

(*Il sort.*)

LA MARQUISE. Ah ! je n'y résiste plus... Marie !... ma fille, je veux la voir !

LE MARQUIS. Eh ! mon Dieu ! calmez-vous... la voici !

SCENE XIII.

LA MARQUISE, LE MARQUIS, MARIE, *puis successivement* Mlle DE MONTALAIS *et plusieurs* OFFICIERS ET DAMES DU PALAIS, *qui traversent le théâtre en courant.*

LA MARQUISE, *courant à sa fille, et l'embrassant avec force.* Marie !

LE MARQUIS, *à Marie.* Qu'est-il donc arrivé ?

MARIE. Je ne sais... je n'ai pu voir... au milieu du désordre, une personne de la cour qui s'est trouvée mal... Tout le monde s'inquiète, se précipite ; on vient de la transporter dans cet appartement. Le roi est auprès d'elle... tenez... entendez-vous ces cris ?

PLUSIEURS VOIX, *dans la coulisse.* Du secours, du secours !

Mlle DE MONTALAIS. Vite, vite ! les médecins du roi.... monsieur l'évêque de Meaux... courez... O mon Dieu !... j'en mourrai.

UN SEIGNEUR, *à mi-voix.* Quel malheur !

UNE DAME, *de même.* Quel événement !

UN AUTRE SEIGNEUR. Il n'y a plus d'espoir !

1er SEIGNEUR. Elle est au plus mal !

LE MARQUIS. Mais qui donc, qui donc, messieurs ?

UN SEIGNEUR. Eh quoi ! ne le savez-vous pas ? c'est MADAME !

LE MARQUIS. MADAME Henriette !

LA MARQUISE. MADAME Henriette !

LE MARQUIS. Par quelle fatalité ?

1er SEIGNEUR. On l'ignore.

LA MARQUISE, *à elle-même.* Et moi, je devine...

TOUS. O mon Dieu !

MARIE. Elle, si bonne ! si jeune !

1er SEIGNEUR. La mère des malheureux !

LE MARQUIS, *avec désespoir.* Que le ciel nous protège !

(*Ils font un mouvement pour remonter la scène. Les rideaux du fond s'ouvrent tout-à-coup, et laissent voir un autre salon richement éclairé ; au milieu, on aperçoit* MADAME, *sur un lit tendu en velours et élevé sur une estrade. Elle est mourante, les cheveux en désordre ; le roi et* MONSIEUR *sont près d'elle, à son chevet ;* Mlle *de Montalais, de l'autre côté, la soutient et donne des signes du plus violent désespoir. Le lit est entouré de grands-officiers, de dames,*

Les personnages en scène reculent à cette vue, et se placent avec recueillement des deux côtés du théâtre. La marquise est tombée inanimée sur un fauteuil.)

SCÈNE XIV.

LES MÊMES, *sur le devant de la scène ; au fond*, LE ROI, MONSIEUR, MADAME, Mlle DE MONTALAIS, GENTILSHOMMES ET DAMES DE SERVICE, PAGES, OFFICIERS, SUITE.

Pantomime dialoguée.

(Les médecins accourent près du lit ; le roi, accablé de douleur, semble les interroger des yeux, et suivre tous leurs mouvemens. Les autres personnages attendent dans le plus profond silence, et les bras étendus vers le lit. Pendant ce tems, la marquise seule, sur le devant de la scène, n'ose lever les yeux autour d'elle, et paraît altérée. Une musique triste et plaintive accompagne toute cette scène.)

LA MARQUISE, *à part.* Qu'ai-je fait !... fatale erreur !... Ces plaintes, ces sanglots... Je crois déjà entendre toute la France me maudire. Ah ! pour la première fois, j'ai horreur de moi-même.

(Un gémissement sourd annonce que les médecins n'ont aucun espoir. MADAME prend les mains du roi, de MONSIEUR, leur sourit, et semble vouloir consoler tous ceux qui l'environnent. La musique prend une teinte religieuse. Bossuet paraît suivi de son clergé.)

TOUS, *à voix basse.* Monsieur l'évêque de Meaux !

(Bossuet s'approche de MADAME, qui se ranime à sa vue. Il l'exhorte, rappelle son courage, lui montre le ciel, et semble demander à Dieu un miracle en sa faveur. Tout le monde s'unit à sa pensée, et tombe à genoux en étendant les bras vers MADAME ; la marquise elle-même s'incline.)

Moment de silence solennel.

Mlle DE MONTALAIS. Elle semble se ranimer... O Dieu ! serait-il possible qu'un miracle... (*La tête de Madame retombe sur l'oreiller. Mlle de Montalais, poussant un cri déchirant.*) Ah !... MADAME se meurt !... MADAME est morte !...

BOSSUET, *tenant la main de Madame.* Dieu seul est grand !

(L'on entend murmurer ces mots à voix basse :)

Le poison ! oui, encore le poison.

SCENE XV.

LES MÊMES, LE COMTE DE GUICHE, *pâle et agité, puis* SAINTE-CROIX.

(Ce dernier a l'air d'épier le comte.)

LE COMTE, *accourant, et s'adressant à la foule qui est sortie.* Arrêtez ! Que l'on ferme les portes du palais... que personne ne puisse sortir.

LA MARQUISE, *à elle-même.* Que dit-il ?

LE COMTE. C'en est trop !... un crime aussi atroce... il n'y a ici qu'une seule personne capable d'exécuter un si lâche forfait... je voulais me taire... je voulais l'épargner... (*Regardant Marie.*) Mais rien ne peut plus m'arrêter !... (*Regardant la marquise.*) Et quand cette nuit même un crime épouvantable...

LA MARQUISE, *à part.* Il sait tout...

LE COMTE, *reprenant en chancelant déjà.* Je le dirai, oui... cette personne si digne de vos respects... de votre estime... c'est... (*Posant la main à son cœur avec un cri douloureux.*) Ah ! je meurs.

(Il tombe mort.)

TOUS. O ciel !

MARIE, *s'élançant près du comte.* Henri !

LE MARQUIS. Il n'est plus !

LA MARQUISE. Ah !...

SAINTE-CROIX, *qui s'est glissé près d'elle.* Je savais qu'il allait parler.

(Le rideau tombe.)

FIN DU TROISIÈME ACTE.

ACTE IV.

Sixième Tableau.

Le théâtre représente l'intérieur d'un couvent, à Liége.

SCÈNE PREMIÈRE.

DESGRAIS, LA VOISIN.

(Desgrais est en abbé; la Voisin en costume mi-séculier, mi-religieux.)

LA VOISIN Entrez, monsieur l'Abbé... entrez... c'est par ici.

DESGRAIS. Pardon, ma chère sœur! que Dieu soit avec vous... *Deus vobiscum.* Je suis au désespoir d'avoir interrompu votre récréation... je vous ai dérangée.

LA VOISIN. Du tout, monsieur l'abbé. (*A part.*) A-t-il l'air calin! je ne puis pas me faire à ça, moi.

DESGRAIS. C'est vous, sans doute, ma sœur, qui êtes la tourière?

LA VOISIN. Ah bien oui!... (*Se reprenant.*) Non, monsieur l'abbé, elle est malade... et comme je ne suis arrivée dans cette maison que depuis quelques jours, j'ai offert à ces dames... (*A part.*) Voilà une figure d'abbé qui ne m'est pas inconnue.

DESGRAIS. Vous avez offert de la remplacer!... c'est bien, ma sœur! Ah! ce n'est que dans ces lieux qu'on trouve la charité chrétienne et des traits angéliques. (*A part.*) J'ai vu cette béguine-là quelque part.

LA VOISIN. Vous voulez parler à quelqu'un du couvent?

DESGRAIS. Oui, ma sœur... monseigneur l'évêque, qui est à Cologne... m'envoie dans sa bonne ville de Liége... pour une mission particulière... (*A part.*) Ah! mon Dieu!... serait-ce? (*Elle revient à lui, il reprend son ton d'abbé.*) Je voudrais bien avoir la béatitude de parler à la supérieure.

LA VOISIN. Très-volontiers... je vais la prévenir, monsieur l'abbé... (*A part.*) Depuis que je suis sortie de France, je crois voir partout des figures...

DESGRAIS, *de même.* Que Dieu vous le rende, ma sœur. (*Marmottant.*) Hum... hum... *Pater... Credo...* (*A part.*) Le diable m'emporte si je m'en souviens... (*La Voisin fait un mouvement, il la reconnaît.*) Oh! c'est la Voisin!

LA VOISIN. Si vous voulez vous donner la peine de vous asseoir...

DESGRAIS. Merci, ma sœur! je vais lire mon bréviaire. (*A part.*) Par exemple, si je ne mets pas la main sur elle, ce sera bien...

(Il voit qu'elle le regarde. Il se remet à marmotter : *Meâ culpâ, meâ culpâ, meâ maximâ...* La Voisin s'éloigne en le regardant comme si elle le connaissait. Elle sort.)

SCÈNE II.

DESGRAIS.

Ouf! diable de rôle d'abbé... j'y perdrai mon latin!.. c'est bien elle!... la Voisin!... ici... à Liége... et cachée!... La Brinvilliers ne doit pas être loin!... si je pouvais la découvrir... j'ai juré à mon lieutenant de police de la ramener pieds et poings liés jusqu'à la Conciergerie!... car maintenant, il n'y a qu'un cri contre cette marquise de l'enfer... La mort de MADAME Henriette, celles du comte de Guiche... son départ pour l'étranger... dès qu'elle a été soupçonnée!... tout cela ne prouve que trop combien est coupable!... mais où s'est-elle réfugiée?... dans un couvent, à Liége... dit-on!... je les ai tous visités... rien encore! et il faut y aller doucement avec ces gens d'orgueil et de bière... si jaloux de leurs gros lourdauds de Flamands tout bouffis priviléges... et qui nous ont déjà refusé l'extradition des plus criminels!... allons, il faut ici de l'adresse, du courage! Pour de l'adresse, j'en ai!... du courage... j'en aurai... deux mille pistoles de récompense! ça rend intrépide!... je n'ai déjà pas trop mal commencé!... cet imbécile que je rencontre près de la frontière... en calotte et en rabat... je savais qu'il était chargé d'une lettre secrète pour la marquise! il avait l'air d'un abbé comme moi d'un cent-suisse... il buvait bien, c'est vrai!...

mais pas en homme d'église !... il s'arrêtait à tous les cabarets comme un malotru !
je me cramponne à lui, je l'invite à se rafraîchir...je bois ferme..il veut faire comme
moi, c'est là que je l'attendais ! je contiens
beaucoup, moi, et lui c'était un tout
petit... pas plus haut que ça ! je le mets
sous la table... j'escamotte la lettre, j'en-
dosse son uniforme... et je fais coffrer ce
cher ami... ce qui m'était facile : j'étais
encore en France, et j'ai sur moi des ordres
en blanc, signés La Reynie, pour me
débarrasser des uns, enrôler les autres...
suivant le besoin... (*Regardant la lettre
qu'il tire de son sein.*) Mais cette maudite
lettre...qui devait me mettre sur la trace!..
pas d'adresse !... pas le plus léger indice...
l'ouvrir ce serait tout perdre... je veux
que cinq cent mille démons... (*Apercevant
les religieuses qui viennent.*) Ah !

(Il se remet à marmotter en lisant son bréviaire.)

SCENE III.

DESGRAIS, LA SUPÉRIEURE, Reli-
GIEUSES.

LA SUPÉRIEURE. C'est monsieur l'abbé
qui m'a fait venir ?...

DESGRAIS. Ah ! pardon, madame la
supérieure, un million de fois pardon,
si je me suis arrêté dans votre retraite...
mais je suis si faible... si fatigué...

LA SUPÉRIEURE. Un siége, mes sœurs...
asseyez-vous, monsieur l'abbé.

DESGRAIS. Merci, mes chères sœurs...
(*A part.*) Elle n'y est pas...(*Haut.*) Et puis,
je ne voulais pas quitter cette maison, sans
vous donner des nouvelles de notre digne
évêque.

LA SUPÉRIEURE. Vous l'avez vu ?... Que
fait-il donc à Cologne si long-tems ?

DESGRAIS. A Cologne ! je ne saurais trop
vous dire... à moins que ce ne soit de
l'eau de...

LA SUPÉRIEURE. Plaît-il ?

DESGRAIS. Pardonnez-moi... c'est que
j'ai la poitrine horriblement...

LA SUPÉRIEURE. Voudriez-vous accepter
quelque chose? du sirop, un look, de la
tisane ?

DESGRAIS. Mille fois trop bonne... j'accepterai un doigt de...

LA SUPÉRIEURE. D'eau sucrée?...

DESGRAIS. Oui, de l'eau... ça serait plus

dans mes goûts... mais comme j'ai chaud,
je prendrai un peu de vin !

LA SUPÉRIEURE. Un peu de vin d'Espagne?... tout de suite... mes sœurs !

DESGRAIS. Je suis désolé de la peine.
(*A part.*) Je n'en vois pas venir d'autres...

LA SUPÉRIEURE. Vous accepterez bien
un biscuit?...

DESGRAIS. Un biscuit!..... pour vous
faire plaisir !... j'en prendrai deux.

(On le sert.)

LA SUPÉRIEURE. Et notre saint évêque
reviendra-t-il bientôt ?

DESGRAIS, *assis et mangeant.* Incessam-
ment. Il m'avait même chargé de l'annoncer dans les couvens de Liége et des environs... je les ai tous vus... il y en a peu
d'aussi beaux que le vôtre..... il est très-
grand votre couvent... très-vaste... pour le
nombre de vos religieuses. Vous avez sans
doute des chambres particulières ?

LA SUPÉRIEURE. Très-peu.

DESGRAIS, *aux sœurs qui le servent.* Merci,
mes chérubins. (*A part.*) Ces coquins d'abbés sont-ils heureux ! (*A la supérieure.*)
Vous offrez l'hospitalité avec une grâce...
(*Regardant les sœurs qui l'entourent.*) Tout
cela est gentil à croquer !... (*Se reprenant.*)
Ces biscuits sont excellens !

LA SUPÉRIEURE. Ah ! oui, les biscuits
de Mme Dunoyer .. elle a une manière de
les faire...

DESGRAIS. Mme Dunoyer !... une sainte
femme!... *sancta femina*.... qui fait très-
bien la pâtisserie...

(Il en prend encore.)

LA SUPÉRIEURE. Vous avez sans doute
quelque mandement à nous communiquer.

DESGRAIS. Oui... oui... (*A part.*) Il paraît décidément qu'elle n'y est pas et je
puis m'en aller !...

(Il se lève pour partir.)

SCENE IV.

LES MÊMES, LA MARQUISE, MARIE.

MARIE. Messœurs, ah ! pardon, madame
la supérieure... vous êtes occupée.

LA SUPÉRIEURE. Venez, venez, ma fille!...
(*A Desgrais.*) C'est mademoiselle Dunoyer.

MARIE. Je vous amenais maman, qui est
toujours bien triste et bien souffrante.

DESGRAIS, *se levant.* Madame Dunoyer!..
je vais lui faire mon compliment... (*Recu-*

nt vivement.) Ah !... c'est elle ! et la Voi-in aussi !... à merveille !

LA MARQUISE. Un étranger !

(Elle fait un mouvement comme pour sortir.)

LA SUPÉRIEURE, *la retenant.* Restez, madame, restez donc.... nous étions avec M. l'abbé, nous causions de vous...

DESGRAIS, *à part.* Pourvu qu'elle ne me reconnaisse pas !... oh ! non... un homme perdu dans la foule !... et puis cet habit.... cette tête évangélique !...

LA SUPÉRIEURE. Il a bien voulu accepter quelques-uns de ces biscuits délicieux..

DESGRAIS, *à part.* Hein !..... ah ! mon Dieu ! c'est elle ! je suis empoisonné !

LA SUPÉRIEURE. Qu'avez-vous donc, monsieur l'abbé ?

DESGRAIS. Rien... rien... (*A part.*) Il me semble que je sens déjà quelque chose...

LA MARQUISE, *le regardant.* Monsieur l'abbé habite Liége ?

DESGRAIS. Pas habituellement..... (*A part.*) Scélérate, va !

LA SUPÉRIEURE. Il arrive de Cologne... et est chargé d'une mission..... eh ! mais, j'y songe, monsieur l'abbé..... c'est sans doute relatif aux affaires de France !

LA MARQUISE, *troublée.* De France ?

LA SUPÉRIEURE. Oui... à ces empoison-nemens, aux poursuites exercées...

DESGRAIS. Aux empoisonnemens ? (*A une sœur qui lui offre des biscuits.*) Merci... merci... je ne prendrai plus rien ! (*A part.*) C'est bien assez !...

LA SUPÉRIEURE. Comme nous sommes sur la frontière, il paraît que plusieurs de ces malheureux se sont réfugiés à Liége, et la France exige...

DESGRAIS. La France exige !.. la France exige... et de quel droit ?

LA SUPÉRIEURE. Il y a surtout une femme que l'on tient à découvrir..... la marquise de Brinvilliers...

LA MARQUISE, *très-troublée.* La mar-quise...

MARIE, *lui serrant la main à la dérobée.* Maman !..... (*Aux religieuses qui s'appro-chent.*) C'est qu'elle a passé une nuit af-freuse !... Si tu rentrais....

LA MARQUISE, *se remettant.* Merci, mon enfant... cela va beaucoup mieux !

DESGRAIS. La marquise de Brinvilliers !.

je ne connais pas !..... ah ! si, attendez donc..... une femme très-intéressante..... très-pieuse.... que l'on accuse sur des ouï-dire... des enfantillages, des bêtises !

MARIE. Oui ! oui, monsieur l'abbé, d'infâmes calomnies !..... car jamais son cœur n'a pu concevoir ces horreurs !... on me l'a dit du moins..... elle est si bonne, elle aime tant sa fille !...

DESGRAIS. Certainement..... certaine-ment !..... du reste, la France sera bien attrapée.. car on assure qu'elle s'est réfu-giée en Espagne.

LA MARQUISE. En Espagne !...

LA SUPÉRIEURE. Tant mieux !.... car si elle était de nos côtés.. cela pourrait nous exposer à des persécutions.

DESGRAIS. Vous croyez que votre con-seil se laisserait intimider... mais ce serait affreux !... trahir la cause du malheur, de l'innocence ! laisser visiter cette terre hos-pitalière !... un couvent peut-être !

LA SUPÉRIEURE. Non pas le nôtre.

DESGRAIS. Pour livrer une pauvre fem-me, une mère, à la justice, au bourreau, peut-être.

MARIE, *poussant un cri étouffé.* Ah !

TOUTES, *la soutenant.* Ah ! mon Dieu, qu'a-t-elle donc ?

(On l'entoure, on la soutient.)

LA MARQUISE. Ma fille... Marie... ah ! monsieur, pourquoi parler devant une pauvre enfant ?.. Marie !

LA SUPÉRIEURE. Rassurez-vous, ce n'est rien.

DESGRAIS. Un étourdissement...

LA MARQUISE. Je vais la conduire...

DESGRAIS. Un moment, madame la marquise.

LA MARQUISE. Qu'entends-je ?

DESGRAIS, *bas.* Il faut que je vous parle.

LA MARQUISE, *avec effroi.* Monsieur !...

DESGRAIS, *de même.* Chut !... c'est de la part de vos amis.

LA SUPÉRIEURE, *soutenant Marie.* Elle revient à elle.

DESGRAIS. Oui, oui, la voilà qui revient.

LA MARQUISE. Depuis quelques jours, elle n'était pas bien..... des chagrins, des idées de retraite... et puisque le hasard a conduit ici monsieur l'abbé, je serais bien aise de le consulter.

DESGRAIS. Je suis à vos ordres, madame.

LA SUPÉRIEURE. Nous vous laissons.

LA MARQUISE. Je vous confie ma fille.

LA SUPÉRIEURE. Monsieur l'abbé, vous ne nous quitterez pas sans visiter le couvent.

DESGRAIS. Non, mes chères sœurs.

(Elles remontent. La marquise les accompagne.)

DESGRAIS, à part. Dire que c'est elle qui m'a fait avoir ma place, et que je vais... mais si on s'arrêtait à ces niaiseries-là, il n'y aurait plus de police... et ôtez la police, qu'est-ce qu'un gouvernement? un corps sans ame!

❀❀❀❀❀❀❀❀❀❀❀❀❀❀❀❀❀❀❀❀❀❀❀❀❀❀❀❀❀❀

SCENE V.

DESGRAIS, LA MARQUISE.

LA MARQUISE. Nous voilà seuls..... que voulez-vous, monsieur! qui êtes-vous?

DESGRAIS. Silence, madame la marquise..... un mot peut vous perdre, et je viens pour vous sauver.

LA MARQUISE. Me sauver! Je ne vous connais pas.

DESGRAIS. Vous avez des amis qui, de loin, veillent encore sur vous! d'excellens amis! il en est un, surtout....., celui qui m'envoie..... il donnerait sa vie pour vous arracher au sort qui vous menace.

LA MARQUISE. Mais qui donc, monsieur, qui donc?

DESGRAIS, à part. Je n'en sais rien. (Haut.) Cette lettre vous l'apprendra. (A part.) Et ça me mettra un peu au courant.

LA MARQUISE, ouvrant la lettre. Ah! c'est de Penautier.... le receveur du clergé de France.

DESGRAIS. Penautier! (Se reprenant.) Madame, un digne homme, un saint homme, que j'ai connu au collège des jésuites. (A part.) Encore un que je vais noter sur mes tablettes.

(Il écrit de côté.)

LA MARQUISE, lisant. « Ayez toute confiance dans celui qui vous remettra cette » lettre. Vos amis ne vous abandonnent » pas. »

DESGRAIS. Les bonnes ames!

LA MARQUISE. Ah!.... Sainte-Croix!

DESGRAIS, vivement. Plaît-il?

LA MARQUISE, lisant. « Sainte-Croix » était avant-hier au plus mal... on déses- » père de le sauver.... le bruit public est » qu'il meurt empoisonné. »

DESGRAIS. Là! toujours.... ils n'en dé-

mordront pas!... comme si nous n'avions pas les fièvres, les catarrhes, les médecins!

LA MARQUISE. Empoisonné!... (A part.) Il vit encore!

DESGRAIS, à part. Je gagerais ma tête que c'est par elle!

LA MARQUISE, lisant. « Que votre nom » et votre retraite soient toujours un mys- » tère. Je fais agir, en votre faveur, le » clergé, l'archevêque, le père La Chaise, » tous les nôtres... je ne puis vous en dire » davantage, mais Croiset vous appren- » dra... » (Regardant Desgrais.) Croiset!

DESGRAIS, à part. C'est mon nom! (Haut.) L'abbé Croiset... oui, madame.

LA MARQUISE, lisant. « Croiset vous » apprendra ce que nous avons résolu pour » votre salut. »

DESGRAIS, à part. Ah diable! il faut que je lui explique... qu'est-ce que je vais lui dire?

LA MARQUISE. Ah! « Post-scriptum. » J'apprends à l'instant même que Sainte- » Croix a succombé. Je viens de voir pas- » ser son convoi. »

DESGRAIS, les yeux au ciel. Que Dieu lui fasse paix!

LA MARQUISE, à part. Enfin!..... il ne me poursuivra plus!.... l'infâme!.... Pour s'emparer de ma fortune, il voulait encore me contraindre à lui donner ma fille. Il me menaçait de lui tout déclarer! lui, qui savait qu'un seul mot prononcé devant elle m'aurait fait tomber morte à ses pieds! (S'apercevant que Desgrais se rapproche pour l'écouter.) Je vois, monsieur l'abbé, que vous êtes digne de toute ma confiance, puisque vous avez celle de M. Penautier. Qu'avez-vous à m'apprendre? je vous écoute.

DESGRAIS, à part. C'est là l'embarrassant?

LA MARQUISE. Parlez.

DESGRAIS, regardant autour de lui. Vous êtes sûr que personne...

LA MARQUISE. Personne.

DESGRAIS. Eh bien! madame la marquise, on sait que vous êtes à Liége.

LA MARQUISE. O ciel!

DESGRAIS. Et, d'un moment à l'autre, la ville peut être visitée à la demande de la France. Voilà ce qui effraie vos amis, et ce qui m'a fait partir en toute hâte; car je vous suis dévoué corps et ame... je suis si indigné de l'injustice des hommes!

une femme si respectable!.... ô Dieu!....
(*A part.*) Si je pouvais pleurer un peu!
(*Haut.*) C'est pour persécuter la religion
dans votre personne, ce qu'ils en font, les
monstres!

LA MARQUISE. Rassurez-vous, ils ne
pourront m'atteindre. Au premier signe,
j'ai une autre retraite, hors la ville, que
je puis gagner sur-le-champ.

DESGRAIS, *à part.* Ah! mon Dieu! elle
m'échapperait! (*Haut.*) Eh bien! madame
la marquise; il faut y aller sur-le-champ;
je vous donnerai la main; je ne vous quitte
pas!...

LA MARQUISE. Comment! aujourd'hui
même?

DESGRAIS. C'est l'avis de M. Penautier.

LA MARQUISE. Mais ce couvent est sûr,
il a ses priviléges.

DESGRAIS. Que l'on viole quand on
veut.... ce gouvernement est si faible....
la France intrigue auprès du conseil des
soixante... et si vous attendez qu'on vous
livre à vos ennemis.

LA MARQUISE, *effrayée.* Oh! non, non,
je me fie à vous..... vous êtes l'ami de
Penautier..... vous êtes le mien. Décidez,
ordonnez, je n'hésite plus.

DESGRAIS, *triomphant, à part.* Je la tiens.

SCENE VI.

LES MÊMES, LA VOISIN.

LA VOISIN. Madame! madame! (*Apercevant Desgrais.*) Encore cet abbé!

LA MARQUISE. Eh bien! ma fille?.....
Marie...

LA VOISIN. Rassurez-vous, elle est
mieux... elle est auprès de la supérieure.

LA MARQUISE. Vous la conduirez près
de moi.

LA VOISIN. Où donc!

LA MARQUISE. Elle le saura.

LA VOISIN, *Bas.* Vous partez?

LA MARQUISE, *de même.* A l'instant
même.

LA VOISIN, *bas.* Et sous la conduite de
cet abbé?

LA MARQUISE. C'est un honnête homme,
qui nous est dévoué.

LA VOISIN. Et si vous étiez reconnue?

LA MARQUISE. Personne, personne,
grâce au ciel, n'est dans mon secret,

(*Elle lui fait signe d'ouvrir la grille.*) Oui,
oui... Je suis tranquille... Le seul homme
qui pouvait encore s'attacher à mes pas,
ce mauvais génie qui était toujours à mes
côtés, pour détruire mes projets, Sainte-
Croix n'existe plus, j'en suis certaine...
Et, Dieu merci, je ne crains plus de le
rencontrer.

(*Elle va pour sortir.*)

SCENE VII.

LES MÊMES, SAINTE-CROIX.

SAINTE-CROIX, *pâle, défait.* Peut-être,
madame la marquise!

LA MARQUISE, *reculant avec un cri.* Ciel!
est-ce un spectre?

LA VOISIN. Monsieur de Sainte-Croix!

DESGRAIS, *à part.* Les voilà trois, à
présent, je ne pourrai jamais les arrêter
tous à moi seul.

SAINTE-CROIX. Je ne dérange personne
ici?.. Madame Dunoyer veut-elle recevoir
mes hommages?

LA MARQUISE, *à part.* Encore lui!

SAINTE-CROIX. Ma présence vous surprend un peu... C'est tout simple; je reviens de si loin!

LA VOISIN *émue.* On annonçait votre
mort à madame.

DESGRAIS. On assurait même que votre
convoi...

SAINTE-CROIX. Oui: il a protégé ma
fuite... car, aujourd'hui, personne n'é-
chappe à la calomnie. Je me suis rappelé
la ruse de cette folle de *Marion Delorme*,
pour se sauver en Angleterre... Et de là, ce
bruit d'une mort qui a fait verser bien des
larmes, n'est-ce pas, madame?

LA MARQUISE. Monsieur...

SAINTE-CROIX. Vous alliez partir en
bonne compagnie?.. Je suis désolé de vous
déranger. (*Bas.*) Il faut que je vous parle.

LA MARQUISE, *suivant son regard.* Laissez-
nous, monsieur l'abbé; je vous demande
la permission...

DESGRAIS. Madame... (*A part.*) Maudit
homme, qui vient tout renverser! (*Haut.*)
Je vous laisse. (*A part.*) Qu'est-ce qu'ils
vont comploter? impossible de savoir!
(*A La Voisin, qui l'observe.* Et bien! venez
donc, ma chère sœur? Ce n'est pas bien
d'écouter.

LA VOISIN, *à part.* Décidément, avec ses

fausses nouvelles et ses révérences, il m'est suspect.

SAINTE-CROIX, *à La Voisin qui sort.* Ah ! Dites à Mlle Marie que sa mère la demande.

LA MARQUISE. Non, non, c'est inutile.

(La Voisin et Desgrais sortent.)

SCENE VIII.

LA MARQUISE, SAINTE-CROIX.

SAINTE-CROIX. Et pourquoi donc, madame ? Je veux parler à votre fille... je lui parlerai !

LA MARQUISE. Vous ne la verrez pas.

SAINTE-CROIX. Je lui parlerai, vous dis-je.

LA MARQUISE. Plus bas, plus bas, je vous en conjure. Que voulez-vous ?.. que venez-vous chercher ici ?

SAINTE-CROIX. Vous me le demandez, vous ?.. Mais regardez-moi donc !.. Voyez cette figure pâle, où la mort a laissé son empreinte livide, pour me rappeler votre amitié et vos bienfaits.

LA MARQUISE. Sainte-Croix !

SAINTE-CROIX. C'est vous !.. oui, c'est vous... je n'en ai pas douté un moment. Savez-vous que c'est infâme ?.. Moi, votre ami, votre confident !.. quand je m'abandonnais, en honnête homme, à la foi des traités, vous n'avez pas plus d'égards pour moi que si j'étais de votre famille !... Et pour me forcer au silence, à un silence éternel, vous m'abandonnez au milieu des angoisses de la mort, et sous la main de la justice. C'est une infernale trahison.

LA MARQUISE. Mais, aussi, savez-vous qu'il est affreux d'avoir toujours près de soi un homme, un démon inexorable, qui ne vous laisse ni repos ni trève... toujours sur vos pas, toujours là, comme un remords vivant, qui vient sourire à vos tortures... et qui, non content de l'or dont on a payé sa discrétion et les crimes qu'il vous a vendus, veut encore vous arracher le cœur de votre enfant ! Ah ! c'est un supplice insupportable... Eh bien ! oui, je l'avoue, j'ai voulu m'en affranchir.

SAINTE-CROIX. A la bonne heure !... c'est la guerre ! Eh bien, soit. Mais, à présent, puisque le ciel m'a sauvé, c'est à moi à prendre ma revanche.

LA MARQUISE. Que voulez-vous dire ?

SAINTE-CROIX. Je sais pourquoi vous avez voulu vous défaire de moi, pour m'enlever votre fille, qui m'appartient, que je réclame.

LA MARQUISE. Oui, pour sa fortune.

SAINTE-CROIX. Eh ! qu'importe ?... J'ai cédé un moment à vos idées d'ambition ; le comte de Guiche n'est plus... et maintenant, cette fortune est à moi. Pour l'avoir, je n'ai pas d'autre moyen que ce mariage ; et il se fera, je le veux.

LA MARQUISE. Jamais !.. ma fille...

SAINTE-CROIX. Eh bien ! elle saura tout.

LA MARQUISE, *l'arrêtant.* Sainte-Croix !

SAINTE-CROIX. Elle saura combien sa mère est digne de sa tendresse, de sa vénération. Je lui livrerai cette cassette, que j'ai pu seul emporter avec moi.

LA MARQUISE. Ah ! mon Dieu !

SAINTE-CROIX. Elle y verra vos lettres, nos traités, tous vos secrets...

LA MARQUISE. Sainte-Croix !

SAINTE-CROIX. Laissez-moi.

LA MARQUISE. Oh ! non, non... Sainte-Croix, j'en mourrais, Pour elle encore, mon ame est pure... et vous voulez qu'elle me maudisse !.. J'embrasse vos genoux !.. que faut-il pour acheter votre silence ?... le peu d'or qui me reste, la fortune de mon frère, ma vie ? tout !.. je vous abandonne tout !.. Mais, par grâce, par pitié, pas un mot !.. pas un mot à ma fille !...

SCENE IX.

LES MÊMES, DESGRAIS.

DESGRAIS. Je n'y plus tenir.... il faut absolument que je sache...

LA MARQUISE. C'est vous, monsieur l'abbé.

SAINTE-CROIX. Que voulez-vous?

DESGRAIS. Pardon, madame la marquise ; une nouvelle importante que je venais vous annoncer. (*A part.*) Le diable m'emporte si je sais ce que je vais lui dire.

LA MARQUISE. Qu'est-ce donc?

DESGRAIS. C'est au sujet du conseil des soixante de la bonne ville de Liége... touchant la délibération... relative à la réponse... que M. de Louvois... Vous comprenez ?

SCENE X.

LES MÊMES, MARIE.

MARIE. Ah ! ma mère !..

DESGRAIS, *à part.* Elle a bien fait de venir.

MARIE. Monsieur le chevalier, vous êtes ici, j'en suis bien contente, car ce que je viens vous apprendre vous regarde aussi.

SAINTE-CROIX. Moi !

MARIE, *regardant Desgrais.* Mais je ne sais...

LA MARQUISE. Tu peux parler devant monsieur.

MARIE. Eh bien, vous êtes menacés tous deux.

TOUS. Que dites-vous?

MARIE. J'étais auprès de la supérieure, quand une lettre d'un membre du grand-conseil lui a appris que les priviléges de ce couvent étaient violés, que la police de France avait fait pénétrer jusqu'ici un de ses agens, avec mission de t'arracher de ces lieux morte ou vive, ainsi que M. de Sainte-Croix.

SAINTE-CROIX. Un agent de police.

LA MARQUISE. Près de moi !

DESGRAIS, *à part.* Aie, aie! voilà que ça se gâte.

MARIE. La supérieure a vu mon trouble, mon effroi... je suis tombée à ses pieds... j'ai tout avoué, en lui demandant sa protection pour toi... pour toi, si indignement calomniée !.. Mes larmes l'ont attendrie... elle m'a serrée dans ses bras... elle te connaît maintenant ; elle ne croit pas un mot de ces infâmes accusations... elle m'a promis de tout braver pour me conserver ma mère.

TOUS. Est-il possible !

MARIE. Elle a demandé aussitôt des soldats pour faire faire respecter les priviléges du couvent... et, si cet espion est découvert, l'ordre du conseil est formel... il sera pendu sur le champ !

DESGRAIS, *à part.* Oh ! me voilà bien.

LA MARQUISE. Ainsi nous sommes trahis, découverts !

MARIE. Heureusement, monsieur le chevalier, vous voici... votre cause est la nôtre... vous nous sauverez.

SAINTE-CROIX. Oui, Marie, c'est le moment de se rapprocher pour faire tête

à l'orage... comptez sur moi, marquise. (*A mi-voix.*) nous réglerons plus tard.

DESGRAIS, *à part.* Et pas une petite porte de derrière....

SAINTE-CROIX. Mais cet agent, quel est-il?

MARIE. Près de toi?

LA MARQUISE. Je n'ai vu que cet abbé.

SAINTE-CROIX. Cet abbé!

DESGRAIS, *à part.* Ah ! mon Dieu! ils me regardent !... le cœur me manque... et les jambes aussi !

LA MARQUISE. C'est un ami de Penautier, il m'a apporté une lettre.

SAINTE-CROIX. Hé ! peut-être une ruse! (*S'approchant de l'abbé.*) Eh bien ! monsieur l'abbé, vous avez entendu? que dites-vous de cela?

DESGRAIS. C'est une grande abomination !.. Mais je le savais.

TOUS. Vous le saviez ?

DESGRAIS. C'est précisément la nouvelle que je venais vous annoncer, quand mademoiselle est entrée.... J'avais découvert qu'il y avait ici quelqu'un vendu à vos ennemis...

LA MARQUISE, *au chevalier.* Vous voyez bien que ce n'est pas lui,

SAINTE-CROIX. Mais qui donc enfin?

DESGRAIS. Qui? (*A part.*) Oh ! quelle inspiration !.. (*Haut.*) c'est une femme...

TOUS. Une femme !

DESGRAIS. Oui... cette tourière, cette fausse tourière, à qui on a promis sa fortune... des monceaux d'or... que sais-je?..

SAINTE-CROIX *et* MARIE. La Voisin.

LA MARQUISE. Y pensez-vous? poursuivie comme moi.

DESGRAIS. C'est cela... elle aura acheté sa grâce... à moins... Dites-moi ; La Voisin, qu'est-ce que c'est?.. Vous êtes sûr que ce n'est pas un homme déguisé?

TOUS. Non, non !

DESGRAIS. Hé! ce ne serait pas impossible... Mais vous concevez maintenant qu'il n'y a pas une minute à perdre... Nous sommes trop près de la frontière, il faut fuir...

SAINTE-CROIX. Il a raison... en Allemagne.

DESGRAIS, *à part.* Ah ! diable! (*Haut, se reprenant.*) j'allais le proposer. (*A part.*) Ce n'est pas trop le chemin de la Conciergerie.

SAINTE-CROIX. Il faut partir cette nuit même.

LA MARQUISE. Comment!

MARIE. Oui, sans doute.

DESGRAIS. Je me charge d'avoir une voiture... des chevaux.

LA MARQUISE. Mais je veux voir cette malheureuse, la confondre !.. car je ne puis croire encore.

DESGRAIS. Non, non, c'est inutile.... ah! mon Dieu! il n'est plus tems... on vient...

MARIE. J'entends les pas des soldats.

SAINTE-CROIX. Et La Voisin, qui les conduit !

LA MARQUISE. Quelle audace !

DESGRAIS. Malédiction sur elle... (*à part.*) Elle va s'expliquer. Ah! quelle idée... *Tirant un papier de sa poche.*) Je n'ai plus que ce moyen... Il m'en reste encore un...

(*Pendant qu'ils remontent tous, il court à la table, et écrit à la hâte quelques lignes sur ce papier.*)

SCENE XI.

LES MÊMES, LA VOISIN, SOLDATS.

(*Le fond est fermé par une grille, derrière laquelle on voit les religieuses se presser.*)

LA VOISIN, *à la cantonnade.* Venez, venez... suivez-moi. Ah! monsieur le chevalier !

SAINTE-CROIX. Que viens-tu faire ici, malheureuse?

LA VOISIN. Hein !

LA MARQUISE. Après une pareille trahison... oser te montrer devant nous!..

LA VOISIN. Je ne comprends pas...

SAINTE-CROIX. Tout est découvert.

LA MARQUISE. Tu as voulu nous perdre...

MARIE. Livrer ma mère à ses ennemis.

LA VOISIN. Mais au contraire, je viens...

DESGRAIS, *derrière elle, et l'interrompant, après avoir glissé son papier dans la poche de La Voisin sans qu'on l'aperçoive.* Ma fille, c'est mal ce que vous avez fait là!..

LA VOISIN. Comment! lui aussi, attends, attends... voici des soldats qui vont t'apprendre à prêcher !

DESGRAIS. Braves soldats! c'est le ciel qui vous envoie pour faire respecter les privilèges de cette maison ; et pour punir une infâme perfidie! arrêtez cette femme.

LA VOISIN. Moi !

TOUS. Oui, arrêtez-la.

LA VOISIN. Jour de Dieu! ne m'approchez pas... le premier qui me touche..... (*Regardant Desgrais.*) Vous croyez aux mensonges de cet abbé du diable, quand c'est lui...

DESGRAIS. Elle a raison... je suis un inconnu. Je ne mérite aucune confiance !... Mais que l'on nous arrête tous deux, et surtout qu'on nous fouille!... Je ne la quitte pas d'abord !

SAINTE-CROIX. Oui, oui, fouillez-la.

(*On l'entoure.*)

DESGRAIS. Et que le ciel nous juge.

LA VOISIN. Me fouiller, moi... Ah! pardi, je ne crains rien.. scélérat..

DESGRAIS. Ni moi non plus.

UN SOLDAT, *trouvant un papier.* Un papier!

SAINTE-CROIX, *le prenant.* Un papier! (*Il lit.*) Commission de la police...

LA VOISIN. Qu'est-ce que c'est?

DESGRAIS. Hein?

SAINTE-CROIX. « Donnez aide et pro-
» tection à La Voisin.. Signé La Reynie! »

DESGRAIS, *à part.* Mon ordre en blanc! je suis sauvé.

TOUS. La Reynie!.... le lieutenant de police!..... Ah!..... l'infâme !..... la malheureuse !

DESGRAIS. Comment, elle était attachée à la police! ah! l'horreur.

LA VOISIN, *au milieu des cris.* Mais non. je vous jure.... je ne sais..... c'est une horreur...

DESGRAIS. Ah! c'est trop fort... emmenez-la...

LA VOISIN. Mais...

DESGRAIS. Ne l'écoutez pas...

LA VOISIN. Il faut...

DESGRAIS. Quelle infamie !

TOUS. Emmenez-la... emmenez-la...

LA VOISIN. Oh! le traître... au secours! Quand je vous dis que c'est lui. Je n'irai pas... je veux parler.

(*Les soldats sortent avec elle.*)

DESGRAIS. La malheureuse!... Que le ciel lui pardonne... Rassurez-vous, madame... calmez-vous, mes sœurs... (*A la marquise*.) Mais vous, voyez quels dangers vous courez.

SAINTE-CROIX. Il faut partir...

DESGRAIS. Cette nuit... à dix heures... je me charge de tout.... Votre auberge, monsieur le chevalier?

SAINTE-CROIX. L'aigle noir... en face du couvent. Nous souperons ensemble.

MARIE. Ah! monsieur l'abbé...

SAINTE-CROIX. Quel service!

LA MARQUISE. Et comment reconnaître?.....

DESGRAIS. Ma récompense est là-haut!

(Ils l'entourent. La toile tombe.)

Septième Tableau.

Le théâtre représente un faubourg, à Liége. — A droite, le couvent; l'auberge de *l'Aigle-Noir*, à gauche. — Dans le fond, un pont, une route, des arbres, etc. A la tête du pont, un poteau avec ces mots: *Route de France.* Du côté opposé, un autre poteau avec ces mots: *Route d'Allemagne.* Il fait nuit.

SCENE PREMIERE.

SAINTE-CROIX, LA VOISIN.

SAINTE-CROIX. Oui, je te crois; tu n'es pas coupable... Mais lui, comment sais-tu?...

LA VOISIN. Quand je vous dis qu'un des soldats qui m'ont arrêtée, celui qu'à force de cajoleries je suis parvenue à séduire pour m'échapper..... c'est un Français, un déserteur.

SAINTE-CROIX. Eh bien!

LA VOISIN. Eh bien! il a reconnu votre scélérat! C'est un abbé de contrebande, qu'on aurait dû arrêter à la douane, et brûler comme marchandise prohibée... C'est le fameux Desgrais!

SAINTE-CROIX. Cet exempt qui a déjà fait arrêter tant de monde?

LA VOISIN. Lui-même.

SAINTE-CROIX. C'est lui qui presse notre fuite...

LA VOISIN. Pour s'emparer de vous. Il a commandé une voiture, des chevaux, et je gage que ce n'est pas pour vous mener en Allemagne!

SAINTE-CROIX. Ah! si je le savais... Tu ne me trompes pas?

LA VOISIN. Moi! moi qui vous sauve! J'ai tort... après le tour que vous m'avez tous joué. Mais l'infâme triompherait, et je ne le veux pas... il faut que je me venge.

SAINTE-CROIX. Mais cette commission de La Reynie, trouvée sur toi?

LA VOISIN. Sur moi! je n'y comprends rien.... Ce doit être encore un tour de sa façon. Le traître en porte peut-être la fabrique avec lui.

SAINTE-CROIX. Et que ne disais-tu?..

LA VOISIN. Oui! quand on m'entraîne, quand on me met la main sur la bouche. Il était si pressé de me voir partir... mais me revoilà; et foi de sorcière, il va danser... Quand je devrais soulever contre lui la ville tout entière.

SAINTE-CROIX. Eh! non.. pas de bruit, de scandale; c'est nous que tu perdrais. Il a sans doute répandu sur nos pas une foule d'agens de son espèce.

LA VOISIN. C'est une si bonne graine... ça pousse si vite!

SAINTE-CROIX. Mais comment prévenir la marquise? Comment l'empêcher de partir? Les portes du couvent sont fermées, et personne n'est reçu. (*A lui-même.*) Le plus sûr est de me défaire de cet homme, coupable ou non; qu'importe! nous devons souper ensemble.

LA VOISIN. J'y serai... et voilà deux mains...

SAINTE-CROIX. Du tout, du tout..... j'ai mieux que ça... c'est-à-dire, j'aurai; car je suis parti sans mes précautions d'usage.

LA VOISIN. Un flacon, ou une tabatière... je comprends

SAINTE-CROIX. C'est toujours un tort de se mettre en route...

LA VOISIN. Sans biscuit.

SAINTE-CROIX. Heureusement, j'ai là-haut, dans ma chambre, les moyens de m'en procurer. Sois tranquille.. (*Lui prenant la main.*) J'aurai de quoi m'assurer de lui (*A part.*) et de toi. Car elle m'est suspecte aussi, et tout ceci n'est pas clair. (*Haut.*) Adieu, du silence, je t'attends là, dans un quart-d'heure.

(Il entre dans l'auberge à gauche.)

LA VOISIN. Mon Dieu ! que de façons pour se défaire d'un coquin .. (*Desgrais paraît enveloppé d'un manteau et s'arrête dans le fond où il se cache.*) Et puis, ce sont des moyens trop doux... j'aime bien mieux ameuter ces bons Flamands contre lui, pour me donner le plaisir de le faire pendre, au milieu du pont, sur la frontière... ça fera pleurer d'un côté, et rire de l'autre... c'est plus drôle ! Oui, oui, je n'ai qu'un mot à leur dire. Un espion français... cela va faire un tapage..

SCÈNE II.

DESGRAIS, *seul, et ensuite un* GARÇON D'AUBERGE.

DESGRAIS. Encore elle !.... comment s'est-elle échappée?.. Elle court vers la ville... pour soulever le peuple contre moi ! Par saint-Pamphile, mon patron, il ne fait pas bon ici....ils sont capables de me jeter dans la Meuse, comme autrefois je voulais jeter ce pauvre comte de Guiche. Le peuple est si grossier ! il ne faut pas l'attendre... (*Il va sonner à l'auberge. Revenant.*) Avec ça que ce stupide conseil des soixante refuse décidément l'ordre d'extradition, sous prétexte que leurs franchises... la liberté... Je vous en donnerai de la liberté, vils choucroutes que vous êtes... (*Allant au garçon qui sort, une lanterne à la main.*) Garçon, vite des chevaux... la voiture?.., il faut atteler... Un louis d'or pour toi.

LE GARÇON. J'y vais, not' maître.

(Il rentre.)

DESGRAIS, *regardant.* Dire que si je puis lui faire passer ce pont, elle est en France.. elle est à nous.. et mes deux mille pistoles.. Voyons si mes hommes sont à leur poste. (*Il regarde.*) Oui, à l'autre bout, enveloppés de manteaux, de larges chapeaux. Bientôt dix heures ! la marquise va venir.. (*Regardant à droite.*) Voici la porte du couvent... La permission d'extradition qu'on me refuse, je la prends, et, s'ils se fâchent, ces petits parpaillots, ils auront à faire à moi.. et au roi de France ; nous ferons entrer nos armées. (*Regardant le garçon qui revient.*) Eh bien ! qu'est-ce que tu fais là?.. ces chevaux ?..

LE GARÇON. C'est que le monsieur qui loge chez nous, en se renfermant dans sa chambre, a défendu de donner des chevaux.

DESGRAIS. Le chevalier?.. oui, je sais.. nous devions partir ensemble, après souper.. nous partons avant.. dépêche-toi!.. Tiens,. deux louis d'or.

LE GARÇON. Mais..

DESGRAIS. En voilà trois.

LE GARÇON. Oh ! dam, j'y vas tout de suite.

DESGRAIS. C'est agréable d'être généreux avec l'argent du gouvernement.. Le chevalier s'est enfermé, bien, il n'aura pas vu cette sorcière, et je le déciderai à partir sans souper.. j'aime mieux ça ; je ne me soucie pas de leur cuisine. (*On roule la voiture. Aux garçons qui mettent les chevaux.*) Allons, allons, dépêchez-vous.

(Le postillon arrive sur son porteur que l'on attelle. Il les aide.)

SCÈNE III.

DESGRAIS, LA MARQUISE, MARIE, RELIGIEUSES, *Garçons dans le fond.*

(Les religieuses sortent du couvent par la porte à droite.)

DESGRAIS, *la voyant.* Ah ! vous voilà, madame la marquise. (*A part.*) Je respire.

LA MARQUISE. Oui, mais je vous avoue que j'hésite encore ; ma fille redoute d'autres dangers..

DESGRAIS. Et vous allez tout perdre !

(On allume les lanternes de la voiture.)

LA MARQUISE *et* MARIE. Que dites-vous ?

DESGRAIS. Que le conseil a tourné.. l'ordre d'extradition est signé..

TOUTES. Pas possible !

DESGRAIS. Je l'ai vu..

MARIE. Ah ! grand Dieu !.. C'est moi maintenant qui te conjure de partir.. (*Lui baisant les mains.*) Tout de suite, tout de suite.... maman, ne perds pas une minute !..

LA SUPÉRIEURE. Oui, oui, madame, partez.

DESGRAIS. C'est le seul moyen !.. je vous conduis en Allemagne.. vous serez tranquille, heureuse.. (*Au postillon.*) Allons donc, postillon. (*A la marquise.*) Mademoiselle vous y rejoindra.. (*Aux garçons,*

Mettez vite les paquets.. Vous n'avez pas de papiers ?

LA MARQUISE. Non.

DESGRAIS, *à part.* Tant pis.

(Bruit éloigné.)

MARIE. Écoutez cette rumeur du côté de la ville.

DESGRAIS, *à part.* Ah! diable.. c'est pour moi ; c'est le peuple et la damnée Voisin.. Gare le plongeon dans la Meuse. (*Haut.*) Eh! vite.. montez, c'est l'ordre du conseil que l'on vient exécuter, ils vont vous arrêter.

MARIE. Pars, maman.

LA MARQUISE. Et le chevalier ?

DESGRAIS. Je cours le prévenir.

(Il va pour entrer. Une détonation se fait entendre; la chambre du chevalier paraît en feu.)

TOUS. Ah! grand Dieu!

LA MARQUISE. Qu'est-ce donc ?

MARIE. Vois-tu ces flammes à cette fenêtre ?

DESGRAIS. Nous voilà entre deux feux! c'est la chambre de M. de Sainte-Croix.

LA MARQUISE. O ciel! je devine.. cette explosion.. le malheureux! Mais la cassette, la cassette, sauvez-la.

DESGRAIS. Une cassette ?

LA MARQUISE. Des papiers importans qui m'appartiennent.. Il y va de ma vie, de mon salut!

MARIE. Comment?

LA MARQUISE, *montrant l'auberge.* Ils sont là.

DESGRAIS. J'y cours!..

SCENE IV.

LA MARQUISE, MARIE, RELIGIEUSES.

MARIE. Les flammes augmentent..

LA SUPÉRIEURE. Il ne pourra jamais pénétrer.

LA MARQUISE. Ah! je donnerais tout

au monde !... (*A part.*) L'infâme, il essayait encore de ce poison d'Exili, et pour qui?.. pour moi, peut-être !.. (*Haut.*) Eh bien, eh bien ?

SCENE V.

LES MÊMES, DESGRAIS.

(Il sort pâle et défait de l'auberge, tenant une petite cassette sous son bras.)

DESGRAIS. C'est un enfer !

LA MARQUISE. Cette cassette ?

DESGRAIS. La voilà!

LA MARQUISE. Et le chevalier?

DESGRAIS. Au milieu des flammes, un masque de verre brisé..... étouffé..... mort !....

LA MARQUISE. Mort! (*A part.*) Il ne me suivra plus.

(Le bruit augmente.)

MARIE. Le bruit augmente! ils viennent, ils approchent...

DESGRAIS. Eh vite! montez!

LE POSTILLON. Quelle route, mon maître?

DESGRAIS. Tu le sauras... brûle le pavé, renverse tout; vingt-cinq louis pour toi.

MARIE ET LA MARQUISE. Adieu, adieu.

DESGRAIS. Montez donc.

LA MARQUISE. Et vous, monsieur l'abbé?

DESGRAIS, *fermant la portière.* Ce n'est pas là ma place.

(Il s'élance sur le siége.)

LA MARQUISE, *dans la voiture.* Que vois-je! grand Dieu! où me conduisez-vous?

DESGRAIS, *criant au postillon.* En France!.. à la chambre ardente.

MARIE. Ah !

LA VOISIN, *entrant de l'autre côté suivie du peuple.* Arrêtez! arrêtez!...

(La toile tombe.)

FIN DU QUATRIÈME ACTE.

ACTE V.

Huitième Tableau.

La salle des séances de la Chambre ardente tendue de noir.

SCENE PREMIERE.

LA MARQUISE, LE PRÉSIDENT, LES JUGES, GREFFIER, AVOCAT-GÉ-NÉRAL, Huissiers; DESGRAIS.

(La Chambre est en séance.)

LE PRÉSIDENT. Marquise de Brinvilliers, malgré les charges qui s'élèvent contre vous...

LA MARQUISE. Mensonges, calomnies...

LE PRÉSIDENT. Les révélations des témoins...

LA MARQUISE. Impostures, messeigneurs...

LE PRÉSIDENT. Vous refusez d'avouer...

LA MARQUISE. Et quoi donc?..... qu'avouerais-je?

DESGRAIS, à part. Nous voilà bien avancés!... nous la tenons, et pas de preuves!

LE PRÉSIDENT. Et la mort de toute votre famille, le crime de Saint-Cloud! ce deuil, cette terreur, qui vous suivent, qui se répandent partout où vous êtes?

LA MARQUISE. Malheur... fatalité!

L'AVOCAT-GÉNÉRAL. Et votre fuite à Liége?

LA MARQUISE. On me menaçait, on m'accusait! Qui donc ici répondra du jugement des hommes? Qui de vous, messeigneurs, n'eût tenté, comme moi, d'échapper aux persécutions, à la calomnie... surtout s'il tremblait pour son enfant, pour une fille adorée, dont l'ame pure se briserait à ces horribles soupçons... et qui, loin de ces lieux, en mourra, peut-être!

LE PRÉSIDENT. Mais cette cassette mystérieuse qu'à la mort de Sainte-Croix, vous réclamiez avec tant d'instances, renfermait, dit-on...

LA MARQUISE. Cette cassette!... l'aurait-on retrouvée?.... l'auriez-vous dans votre pouvoir?

DESGRAIS. Hé non, de par tous les diables! elle sait bien qu'en fuyant sur ce maudit pont, un choc terrible, qui faillit renverser la voiture, la fit échapper de mes mains et sauter dans la Meuse. Comme le peuple me poursuivait, je ne me suis pas amusé à courir après!

LA MARQUISE à part. Je respire!... elle est anéantie! rien ne peut m'accuser.

DESGRAIS. Sans cela, vous la verriez pâlir; car je jurerais...

LA MARQUISE. Suis-je donc déjà condamnée, pour être forcée de subir la vue de cet infâme!

DESGRAIS, à l'huissier. Qu'est-ce qu'elle a dit? je n'ai pas entendu.

LE PRÉSIDENT. Point d'emportement, marquise!... nous connaissons la cause de votre assurance. Vous comptez sur un parti nombreux à la cour, dans la robe, le clergé.... qui croit servir la religion dont vous aviez pris le masque. On assure que vous avez même des amis dans le sein de ce tribunal! mais perdez tout espoir. Le roi veut un exemple : le peuple le demande à grands cris..... et la justice frappera les coupables quels qu'ils soient.

LA MARQUISE. Les coupables, sans doute! mais où sont-ils?

LE PRÉSIDENT. Ainsi, vous refusez de confesser vos crimes, de nommer vos complices?

LA MARQUISE. Je n'en ai point.

LE PRÉSIDENT. Et vous ne direz rien?

LA MARQUISE. Rien!

LE PRÉSIDENT. Passez dans cette salle.

LA MARQUISE. Dans cette salle...

DESGRAIS, à part. C'est cela; on la fera bien parler, là-bas. Nous avons des petits moyens...

LA MARQUISE. Eh mais! où me conduisez-vous?

UN DES JUGES, *bas à la marquise.* Du courage! voici le moment. N'avouez rien, surtout! vos amis vous sauveront.

LA MARQUISE, *à part.* Ah!...

LE PRÉSIDENT, *montrant la gauche.* Marquise de Brinvilliers.

LA MARQUISE. Dans cette salle!..... qu'est-ce donc?

(*Elle entre à gauche.*)

SCÈNE II.

LE PRÉSIDENT, L'AVOCAT-GÉNÉRAL, *plusieurs* JUGES, DESGRAIS.

LE PRÉSIDENT. Voilà ce que je voulais éviter!

L'AVOCAT-GÉNÉRAL. Il faut vaincre son obstination..... pas un aveu! pas une seule trace!

DESGRAIS, *à part.* Elle est encore capable de s'en tirer!

LE PRÉSIDENT. Mais quel bruit! et pourquoi ces cris tumultueux? (*A Desgrais.*) Voyez, voyez ce que c'est, et que les troupes du roi retoublent de surveillance autour de la chambre!

(*Desgrais sort.*)

UN JUGE. Sans doute un mouvement pour sauver la marquise!..... elle a tant d'amis!

LE PRÉSIDENT. On oserait arracher un coupable à la justice!

LE JUGE. Cependant, s'il n'y a pas de preuves!

LE PRÉSIDENT. Rassurez-vous, monsieur le comte; il n'y a ici que des juges, et pas un assassin!..... (*On entend une explosion de cris.*) Ciel! le peuple aurait-il forcé l'entrée de l'Arsenal?

SCÈNE III.

LES MÊMES, DESGRAIS, *rentrant.*

DESGRAIS. Messeigneurs, messeigneurs!. c'est elle, là voilà?

TOUS. Qui donc?

DESGRAIS. Sa fille!

LE PRÉSIDENT. Mlle de Brinvilliers!

DESGRAIS. Elle-même, que nous avions laissée dans ce couvent, et qui est accourue sur les pas de sa mère, sans autre guide qu'une espèce de paysan. Arrêtés tous deux aux portes de Paris, elle a demandé sa mère..... et ce nom détesté lui serait devenu fatal, si ses larmes n'avaient ému tout le monde en sa faveur!..... et tenez... je les entends.

L'AVOCAT-GÉNÉRAL. Qu'on les fasse entrer sur-le-champ!

LE PRÉSIDENT. La fille de la Brinvilliers!... sa complice, peut-être!

SCÈNE IV.

LES MÊMES, MARIE, BROWN.

MARIE, *entrant avec effroi, et s'adressant à Brown.* Rassure-toi... ils ne te poursuivent plus!.... Ah! protection, protection, messieurs!...

LE PRÉSIDENT. Calmez-vous, jeune fille; vous êtes devant la justice.

MARIE. La justice!... c'est ce que je demande, ce que j'implore! pour lui, surtout (*montrant Brown*), un étranger, dont tout le crime est d'avoir eu pitié de moi.. d'être devenu mon guide, mon appui..... ils ont voulu l'assassiner!

LE PRÉSIDENT. Vous vous soutenez à peine, mon enfant. Remettez-vous, et qu'on éloigne cet homme.

MARIE. Oh! non, non. Qu'il reste, qu'il ne me quitte pas! (*A mi-voix à Brown.*) Brown, songe bien à ta promesse.

BROWN. Ne craignez rien, je mourrais plutôt!...

MARIE. Où suis-je donc? ces murs tendus de noir... ces flambeaux... où m'avez-vous amenée?

DESGRAIS. A la chambre ardente.

MARIE. La chambre ardente!... oui, ce lieu terrible.... c'est ici que je dois retrouver ma mère... ils me l'ont dit... et je ne la vois pas! où donc est-elle?.... Oh! par pitié... ma mère!

LE PRÉSIDENT. Jeune fille!

MARIE. Suis-je donc arrivée trop tard?

LA MARQUISE, *en dehors, avec des cris.* Jamais! jamais! laissez-moi!

MARIE. Qu'entends-je!

LE PRÉSIDENT. Eloignez-la.

MARIE. Oh! non, non! je veux la voir!...

SCENE V.

LES MÊMES, LA MARQUISE, JUGES *et* GREFFIER, *la suivant; deux* GARDES, *s'arrêtant à la porte.*

(Elle est pâle, défaite, les cheveux en désordre. Elle entre en fuyant.)

LA MARQUISE, *criant.* Laissez-moi! laissez-moi! ne m'approchez pas!

MARIE, *s'élançant vers elle.* C'est elle.

LA MARQUISE, *la repoussant.* Des tortures!... jamais! jamais!...

MARIE. Ma mère!...

LA MARQUISE. Ah! Marie! ma fille!

MARIE. Oui, ta fille, qui accourt te sauver, ou mourir avec toi.

LA MARQUISE. Près de moi!... enfin, je te retrouve! je te presse sur mon cœur!... (*Aux deux huissiers qui se sont rapprochés d'elle.*) Oh! ne me l'enlevez pas. C'est ma fille! c'est mon enfant! c'est Dieu qui me l'envoie.

MARIE. Dieu! oui, oui; car, s'il ne m'avait soutenue, jamais je ne serais arrivée jusqu'à toi. Si tu savais tout ce que j'ai souffert!

LA MARQUISE, *la tenant dans ses bras.* Pauvre enfant! oh! parle, parle, il y a si long-tems que ta voix n'a frappé mon oreille.

(Les juges se lèvent et font un mouvement pour les faire séparer.)

LE PRÉSIDENT, *les retenant.* Au contraire... écoutons.

LA MARQUISE. Mais quel désordre! comme tes traits sont pâles et abattus par la souffrance! comment es-tu donc venue de si loin?

MARIE. Je ne croyais pas en avoir la force! mais quand j'ai su que tu allais paraître devant ce tribunal affreux, rien n'a pu me retenir. Je me suis échappée du couvent, seule, sans ressources, ne sachant quelle route suivre. Je pleurais, j'appelais ma mère. Vingt fois, j'ai cru que la raison allait m'abandonner. Enfin, j'étais tombée de lassitude, je me sentais mourir, lorsqu'un paysan, un brave homme, accouru à mes cris, me relève, ranime mes forces, m'offre de m'accompagner, de me suivre..... il ne t'accusais pas, lui! oh non! il voyait bien, à mes larmes, que tu étais innocente. (*Montrant Brown.*) Le voilà, ma mère, le voilà, mon guide, mon ami! le seul qui m'ait tendu la main, et qui m'ait dit: *Appuie-toi sur moi, pauvre enfant!*

LA MARQUISE, *émue.* O mon sauveur!

MARIE. Nous partîmes sur-le-champ à pied.

LA MARQUISE. Toi?

MARIE. Oh! j'étais forte, alors!... je ne pleurais plus, j'allais te revoir!..... nous marchions jusqu'à la nuit, sans repos; souvent, sans nourriture, le soir, nous demandions un asile qu'on ne refusait jamais à mes prières. Une seule fois pourtant, je me nommai... Aussitôt toutes les portes se referment; on me fuit, on me repousse avec horreur! (*Lui souriant.*) Mais j'ai tout oublié. Je ne me plains plus, je suis heureuse, je suis dans tes bras!

LA MARQUISE. Chère enfant, que de courage, que de souffrances! (*A part.*) Et quelle punition pour moi. (*Haut.*) Mais, maintenant, je ne crains rien, je puis tout braver, et s'ils me condamnaient...

MARIE. O ciel! que dis-tu?

LA MARQUISE, *à mi-voix.* Tais-toi, tais-toi, ils nous observent!..... ils épient nos moindre paroles, et s'ils trouvaient dans nos regards de quoi me perdre!..... nous n'avons qu'un instant..... écoute, Marie, écoute-moi bien. S'ils me condamnaient, tu peux encore m'arracher au supplice effroyable. Vois Penautier sur-le-champ; il te remettra un papier, un secret! tu ne l'ouvriras pas.

MARIE, *bas.* Oh! non, non! c'est pour te justifier, te sauver.

LA MARQUISE, *de même.* Oui; que personne ne puisse te l'enlever; et quelque part que je sois, fût-ce au pied de l'échafaud, tu viendrais, tu ne le remettrais qu'à moi, qu'à moi seule! Tu me le promets, ma fille?

MARIE. Je te le jure.

LA MARQUISE, *voyant les gardes qui s'approchent d'elle.* Eh bien! que voulez-vous encore?... que demandez-vous?

LE PRÉSIDENT. C'est assez, madame, Il faut que votre fille soit conduite.....

LA MARQUISE. Nous séparer!... Mais elle est libre, du moins?

LE PRÉSIDENT. Elle est sous la main de la justice.

LA MARQUISE. Marie! oh non!... vous voulez m'effrayer... cela n'est pas possible... Ma fille... mon enfant! et pourquoi? Quel est donc son crime?

LE PRÉSIDENT. Le vôtre, peut-être.

L'AVOCAT-GÉNÉRAL. Votre silence vous a donné pour complice.

LA MARQUISE. Ah! ah! monsieur!...

LE PRÉSIDENT. Emmenez-la.

MARIE. Ma mère!...

LA MARQUISE. Et où donc, où donc? dans un cachot?... (*Montrant la porte à gauche.*) Là, peut-être? (*Avec horreur.*) O Dieu! jamais!... des tortures pour ma fille, pour mon enfant!.. Barbares! vous ne me l'arracherez pas! vous me tuerez plutôt... vous déchirerez ces membres qui la protegent avant de porter la main sur ma fille... Ou plutôt... oh Dieu! que faut-il donc pour la sauver? quel aveu voulez-vous? (*Avec une espèce de délire.*) Son âge, sa candeur ne suffisent-ils pas pour la défendre de tout soupçon! Elle! ma complice!... et de quoi? de la mort de mon père? à peine si elle était née... de ma sœur? elle était loin de nous, au couvent, qu'elle ne quittait jamais... de mon mari, de mon frère, du baron d'Aubray?

MARIE. Que dit-elle?

LE PRÉSIDENT, *aux juges, qui font un mouvement.* Silence!

LA MARQUISE, *continuant.* Sa tendresse les aurait défendus. A Saint-Cloud, ce jour fatal, ce crime affreux... pouvait-elle en avoir la pensée?.. Elle pleurait son amour trahi; elle pardonnait à sa rivale... et c'est moi; oui, moi seule!...

MARIE. Ma mère!...

LE PRÉSIDENT, *au greffier.* Écrivez.

LA MARQUISE, *revenant à elle.* Quoi donc! qu'ai-je dit?

MARIE, *aux juges.* Ne la croyez pas..... C'est pour moi, c'est pour me sauver!

LA MARQUISE. Pour la sauver! sans doute. Depuis une heure, vous menacez mon enfant; vous me déchirez, vous me faites subir des tortures mille fois plus horribles que celles qui m'attendent là!.. Oh! oui, vous avez raison..... c'est un moyen plus sûr... Je dirai tout ce que vous voudrez : je me chargerai de tous les crimes dont on m'accuse.

LE PRÉSIDENT. Ainsi, vous rétractez déjà...

LA MARQUISE, *vivement.* Rien, rien... car je n'ai rien avoué.

DESGRAIS. C'est le diable qui s'en mêle!.. Hum! si cette malheureuse cassette, engloutie sous les eaux, pouvait reparaître là, devant elle!

LA MARQUISE. Plût au ciel!... vous seriez confondus.

MARIE. Comment?

LE PRÉSIDENT. Que contenait-elle donc?

LA MARQUISE. Des lettres, des papiers qui auraient proclamé mon innocence; qui m'auraient justifiée à tous les yeux, et fait connaître le seul coupable.

MARIE. Est-il possible?... Ah! maman, rassure-toi : elle n'est pas perdue.

LA MARQUISE. Qu'entends-je?

TOUS. Que dites-vous?

MARIE. J'avais vu le prix que tu y attachais; je l'aurais payée de ma vie. Un batelier est parvenu à la ressaisir sur-le-champ, me l'a remise, et la voilà, je l'apporte!

(*Elle se précipite près de Brown, arrache le manteau, et en dégage un petit coffret qu'elle présente aux juges.*)

LA MARQUISE, *atterée.* Grand Dieu!

LE PRÉSIDENT. Donnez, donnez!

MARIE. Oui, oui; c'est moi qui justifie ma mère... c'est moi qui l'arrache de vos mains. (*La voyant chanceler et allant à elle.*) Eh! mais, qu'as-tu donc? cet effroi... cette pâleur!...

LA MARQUISE. Malheureuse!... laisse-moi.

MARIE. Ma mère... je t'ai sauvée.

LA MARQUISE. Tu m'as perdue!

MARIE. Ciel!...

LE PRÉSIDENT. Il n'y a pas de clef.

DESGRAIS. Qu'importe!

LA MARQUISE. Éloignez ma fille!.. éloignez-la.

MARIE. Non, non... jamais!...

LE PRÉSIDENT, *aux huissiers.* Brisez ce coffre!

LA MARQUISE. Ah!...

Neuvième Tableau.

Le théâtre représente la place de Grève en 1676. — Au milieu du théâtre le bûcher et le poteau;

SCENE PREMIERE.

PITHOU, LARIOLLE, LA FEMME MARTINOT, HOMMES *et* FEMMES DU PEUPLE.

PITHOU, *à ceux qui l'entourent.* Puisqu'elle a été condamnée cette nuit.

LARIOLLE. Je vous dis que la cérémonie n'aura pas lieu.

LA FEMME MARTINOT. On dérangerait tout le monde de ses affaires!...

LARIOLLE. Elle aura sa grâce...

PITHOU. Le roi l'a refusée!...

LA FEMME MARTINOT. Il a bien fait! ça serait manquer au peuple!...

LARIOLLE. Oui, mais il y un complot pour la faire sauver...

LA FEMME MARTINOT. Au fait, elle a tant d'amis!

LARIOLLE. Ce sont les jésuites qui ont manigancé l'affaire... On doit faire sauter la Conciergerie, et pendant le tumulte...

PITHOU. Du tout!... ils doivent attaquer le cortége.

LA FEMME MARTINOT. Non, non... Eh! voilà M. Desgrais... il nous dira ce qu'il en est...

LARIOLLE. Oui, ma foi... en habit galonné... Il a fait son chemin, le petit mercier du coin!...

SCÈNE II.

LES MÊMES, DESGRAIS, GARDES.

DESGRAIS. Rangez-vous, rangez-vous donc!...

LA FEMME MARTINOT. Bonjour, monsieur Desgrais...

LARIOLLE. Serviteur, monsieur Desgrais...

PITHOU. Dites donc, monsieur Desgrais...

DESGRAIS. Qu'est-ce que c'est, hommes du peuple?

PITHOU. Vous ne me remettez pas?.... j'étais vot', camarade...

DESGRAIS. Imbécille!...

PITHOU. C'est ce que je voulais dire!...

LA FEMME MARTINOT. Eh bien! dites donc... il paraît que ça n'aura pas lieu?..

DESGRAIS. Comment!..

PITHOU. Puisque la criminelle a pris la clef des champs, qu'on la fait sauver...

DESGRAIS. Que vous êtes bête, mon cher! (*A lui-même.*) Mon Dieu! que le peuple est borné! (*A ceux qui l'entourent.*) On a essayé de la faire évader... c'est vrai... mais nous étions prévenus... et on vous a reçus!.. D'ailleurs, est-ce que ça a du bon sens, ce que vous dites là?.. Apprenez que lorsque nous avons rendu un arrêt, rien ne peut empêcher... Eh! tenez la preuve... c'est que voilà le cortége...

TOUS. Oui, oui! les voilà! les voilà!...

DESGRAIS. Rangez-vous, rangez-vous! (*Voix dans la foule.*) Place! place! silence!... c'est elle, c'est elle!...

SCENE III.

LES MÊMES, LA MARQUISE, DESGRAIS, UN MOINE, DEUX JUGES, LE GREFFIER, HUISSIERS, GARDES ET SUITE.

LA MARQUISE, *apercevant le bûcher.* Ah!.. (*A part.*) Tout est donc fini!.. Les lâches!.. ils avaient promis de me délivrer!... et maintenant... plus d'espoir!.. plus rien... que la mort!... (*Elle fait un pas, et se trouve en face d'un groupe de dames de la cour, richement parées.*) Voilà un beau spectacle pour vous, mesdames!.. (*A elle-même.*) Une mort infâme!... et je ne puis m'y soustraire!.. Mais Marie!... son serment, l'aurait-elle oublié!... ce papier empoisonné que Penautier devait me faire parvenir!... Elle ne vient pas!.. et rien... rien pour échapper à mes bourreaux!.... Quoi! cette arme terrible que j'ai employée si souvent me manquerait...à moi!..

UN HUISSIER. Madame...

LE MOINE. Du courage, ma fille!..

LA MARQUISE. Un moment! un moment! (*Ecoutant*) Rien!... c'en est fait!.. marhons! (*On entend une voix s'écrier.*) Arrêtez ! arrêtez !...

MARIE. Laissez-moi !.. laissez-moi !.. au nom du ciel !..

LA MARQUISE. C'est elle..... c'est ma fille !..

SCÈNE IV.

LES MÊMES, MARIE.

MARIE. Ne me retenez pas !.. Je veux lui parler... je veux la voir !...

LA MARQUISE. Marie !

MARIE. Ah !... (*Tombant épuisée aux pieds de sa mère.*) Je me meurs !

LA MARQUISE. Marie ! oh ! ciel !... reviens à toi !...

MARIE. Ils voulaient m'empêcher d'arriver jusqu'à toi !... ils m'ont poursuivie, ils m'ont frappée !... (*Avec effroi.*) Les voilà encore ! ma mère ! ma mère !... oh ! protége-moi... défends-moi !...

LA MARQUISE. Te défendre !... moi !... pauvre enfant !... (*A ceux qui s'approchent pour les séparer.*) Un moment !... un moment !... par pitié !... ah ! ne m'enviez pas cette dernière consolation !.. (*A voix basse.*) Les momens sont précieux !... Vite, Marie !... donne... ce papier.

MARIE. Quel papier ?

LA MARQUISE. Celui que... Penautier...

MARIE. Ah ! oui... je me rappelle... un papier qui devait te sauver... ils ont cru me l'arracher !... (*Avec un rire convulsif.*) Oh ! je l'ai... je l'ai bien !... Mais maintenant... tu n'en as plus besoin... tu es justifiée... tu as ta grâce !... n'est-ce pas ?

LA MARQUISE. Oh ! mon Dieu !.. se pourrait-il que sa raison... Marie !... rappelle tes sens... Au nom du ciel ! ce papier... ce papier !... il me le faut...

MARIE. Oui ! oui !... Où est-il donc ? qu'en ai-je fait ?

LA MARQUISE. On te l'a pris ?

MARIE. Oh ! non... non !... rassure-toi... ils ne l'auront jamais ! Tu me l'avais dit... tu aurais été perdue !... Aussi, quand ils

ont voulu le saisir... me l'arracher... je l'ai approché de mes lèvres... je l'ai broyé sous mes dents...

LA MARQUISE. Ah !

MARIE, *montrant sa poitrine.* Il est là... là !... il me brûle, il me dévore !...

LA MARQUISE. Ah ! malheureuse !

MARIE. Oh ! quel supplice affreux !.... Mais qu'est-ce donc, ma mère ? qu'ai-je donc fait pour souffrir autant ?

LA MARQUISE. Désespoir !.. désespoir !.. ma fille !... elle se meurt !... Ah ! c'est l'enfer qui commence !... Marie !

PLUSIEURS VOIX, *dans la foule.* Sa fille ! du secours !... du secours !

LA MARQUISE. Non, non !... si, venez... venez !... accourez tous !... Oh ! mon Dieu ! il est trop tard !...

MARIE. Oui, oui !... je souffre trop..... je vais donc mourir aussi !

LA MARQUISE. Et c'est encore moi !... Ah ! je devais être fatale à tous les miens... et ce dernier crime...

MARIE. Tais-toi ! tais-toi !... laisse-moi t'aimer encore !... Ma mère !... ta main... donne-moi ta main ! (*Elle la baise.*) Adieu ! ah !...

LA MARQUISE. Plus rien ! cette main est glacée !.. Oh ! grâce !.. grâce pour moi !... ange du ciel !... (*A ceux qui se rapprochent pour la conduire au bûcher.*) Ne m'approchez pas, laissez-moi... laissez-moi, vous dis-je... je saurai bien mourir sans vous !

(Elle s'élance et monte sur le bûcher.)

BROWN. Pauvre enfant !... est-ce donc pour cela que je t'avais amenée !...

LE MOINE, *à la Marquise.* Ma fille !... ma fille !... repentez-vous !

LA MARQUISE. Le repentir !.. ah ! je n'aurais voulu le connaître que pour être aimée de cet ange ! (*Montrant sa fille.*) Que pour me rapprocher d'elle !...

LE MOINE, *lui montrant le ciel.* Et ne voulez-vous donc plus la revoir ?...

LA MARQUISE. La revoir !.... ô mon Dieu !...

(Le feu est mis au bûcher. La toile tombe.)

FIN.

IMPRIMERIE DE DONDEY-DUPRÉ, RUE SAINT-LOUIS, N° 46, AU MARAIS.

31

COTILLON III,

OU

LOUIS XV CHEZ MADAME DUBARRY,

COMÉDIE-VAUDEVILLE

EN UN ACTE,

Par MM. Anicet Bourgeois et Emile Vanderburck.

Représentée, pour la première fois, à Paris, sur le théâtre de l'Ambigu-Comique, le 27 février 1831.

PERSONNAGES.	ACTEURS.	PERSONNAGES.	ACTEURS.
LOUIS XV.	M. Constant.	La comtesse DUBARRY.	Mᵐᵉ Baltasar.
L'ARCHEVÊQUE.	M. Millet.	HENRIETTE, sa première camériste.	Mᵐᵉ Clorinde.
JULES, secrétaire de la comtesse.	M. André.	HÉLOISE, demoiselle à son service.	Mᵐᵉ Sophie.
COLAS.	{ M. Paul. { M. Francisque Hutin J°.	UN DOMESTIQUE.	M. Fleury.

La scène est à Versailles dans les petits appartemens.

Le théâtre représente un petit salon élégant de la comtesse.

SCÈNE I.

L'ARCHEVÊQUE, *à la cantonnade.* Gentille camériste, dites bien à madame la comtesse de ne pas se presser pour moi ; son très humble serviteur attendra son bon plaisir... (*S'asseyant.*) Ah! c'est bien dur pour un homme comme moi, pour un archevêque enfin, de venir chaque matin attendre le petit lever de cette comtesse de nouvelle fabrique, qui, du comptoir d'une marchande de modes, est venue sans façon se placer presque sur le trône... O vénérable Fleury, qui dirais-tu si tu voyais ce qui se passe.

Air : Le verre en main sur l'affût d'un canon.

Le temps n'est plus où ta rouge barrette
Commandait seule en ce royal séjour.

Pouvais-tu croire alors qu'une grisette
A ses genoux verrait toute la cour ?
Toi, sous l'autel tu mettais la couronne,
Tu gouvernais avec un goupillon ;
Mais le pouvoir, hélas ! nous abandonne,
De la soutane il passe au cotillon.

Du reste, je n'ai pas positivement à me plaindre de la comtesse... je fais d'elle tout ce que je veux... et cela ne me coûte qu'un peu de complaisance.

SCÈNE II.

L'ARCHEVÊQUE, JULES.

JULES, *entrant.* Que vois-je ! monseigneur l'archevêque à Versailles... sitôt !

L'ARCHEVÊQUE. Que voulez-vous, mon

cher? quand on sollicite, il faut se lever de
bonne heure... Sous le règne de madame
de Pompadour, j'ai manqué le chapeau de
cardinal de vingt-cinq minutes; depuis ce
temps je suis devenu matinal...

JULES. Et pourtant, vous n'êtes pas encore du sacré collège...

L'ARCHEVÊQUE. Non, mais cela viendra... Sous la duchesse de Châteauroux,
Cotillon Iᵉʳ (comme l'a dit Frédéric, roi de
Prusse) je n'étais qu'abbé; je voulus m'a-
muser à faire de la morale, on m'envoya
dire ma messe. Sous madame de Pompadour, Cotillon II, je fus beaucoup plus indulgent, on me fit évêque; sous madame
Dubarry, Cotillon III, je fus archevêque,
et le chapeau de cardinal n'est suspendu
que par un fil au-dessus de ma tête. Vienne
un Cotillon IV, et je suis pape. Ah ça! et
vous, mon cher, êtes-vous content de la
place que je vous ai fait donner? Secrétaire particulier de la favorite, c'est un emploi d'or; vous devez avoir bien du crédit, et j'espère que vous m'aiderez à obtenir ce que je viens solliciter.

JULES. Si votre demande est juste.

L'ARCHEVÊQUE. Il s'agit bien de cela.
Je demande, voilà tout; je suis bien en
cour on n'a rien à me refuser... je vous
dirai, mon cher secrétaire, que mes créanciers me tourmentent...

JULES. Comment! vous avez des dettes?

L'ARCHEVÊQUE. Ah! mon Dieu! oui...
elles datent de ma sortie du séminaire...
aussi ces messieurs s'impatientent-ils, et
je veux m'en débarrasser. La place de contrôleur des gabelles, à Rennes, est vacante; un riche traitant m'en a offert un bon
prix si je puis la lui faire obtenir, et...

JULES. Comment! monseigneur, vous
sollicitez un emploi pour le vendre!

L'ARCHEVÊQUE. Certainement... Ce sont
les revenus fixes de la faveur... Est-ce que
par hasard vous voudriez jouer ici le rôle
de censeur? Mon cher ami, c'est un emploi
qui n'aura pas de succès à la cour de
Louis XV. Tenez, on voulut l'autre jour
faire des remontrances au roi; le peuple
murmure, lui disait-on, il finira peut-être
par se fâcher. Sa Majesté fit là-dessus une
réponse charmante : tant que je vivrai, le
peuple restera tranquille; après moi, mon
successeur s'arrangera comme il pourra.

JULES. Heureux si son règne s'achève
en paix!

L'ARCHEVÊQUE. Eh bah!... Il y a long-
temps qu'on parle de tempête, de volcan,
et rien ne bouge. Nous pouvons encore
dormir tranquilles.

JULES. Insensés que vous êtes... fermez
les yeux sur l'avenir...

Air : N'espérez plus race maudite.

Et demain peut-être la France
Sortira d'un trop long sommeil.
Ah! craignez tout de sa vengeance
Quand sonnera l'heure de son réveil.
Trop abreuvé de mépris et d'outrage,
Le peuple enfin se lassera ;
Autour du trône on voit grossir l'orage,
Et sur les rois la foudre éclatera.

L'ARCHEVÊQUE. Allons, allons, encore
un que Voltaire a perdu... Voltaire... ah!
cet homme nous a fait bien du tort.

JULES. C'est vrai, car il vous a fait connaître, messieurs du haut clergé.

Les prêtres ne sont pas ce qu'un vain peuple pense,
Notre...

L'ARCHEVÊQUE. Taisez-vous, insensé,
taisez-vous, ou je vous excommunie...
Changeons d'entretien. On sort de chez la
comtesse, dieu merci!

SCÈNE III.

Les Mêmes, HENRIETTE.

HENRIETTE. Madame est encore en négligé; mais monseigneur peut entrer.

L'ARCHEVÊQUE. Je me hâte de profiter
de la permission. Henriette, tâchez donc
de convertir ce petit philosophe; c'est
tout-à-fait un Grec dans les remparts de
Troie; c'est un serpent que nous réchauf-
fons dans notre sein.

HENRIETTE. Soyez tranquille, monseigneur, il y a ici quelqu'un qui se chargera
de sa conversion.

L'ARCHEVÊQUE. Et ce quelqu'un n'est
pas loin, n'est-ce pas? S'il résiste à ces
yeux-là, je désespère de son salut. J'entre
chez la comtesse.

SCÈNE IV.

HENRIETTE, JULES.

Pendant les derniers mots de l'archevêque, Jules s'est
assis devant un petit meuble et relit les papiers
qu'il tient à la main.

HENRIETTE, s'appuyant sur le fauteuil.
Eh bien! monsieur le secrétaire, vous craignez le sermon et vous vous faites un rempart de toutes ces paperasses.

JULES, se levant. Si vous voulez me prêcher la morale de monseigneur, ai-je pas

raison de me défier de mes forces ? je pense, comme lui, qu'on ne peut pas résister si l'on vous regarde ou si l'on vous écoute.

HENRIETTE. Allons... on finira par vous former, car vous devenez flatteur et vous mentez déjà avec infiniment de facilité.

JULES. Moi! mademoiselle.

HENRIETTE. Oh! n'essayez pas de vous en défendre. Tenez, moi qui ne fus pas élevée à la cour, tant s'en faut; j'aurai beaucoup plus de franchise que vous. Il y a quelque temps, je vous voyais souvent triste, rêveur; je surprenais par fois de tendres regards, de langoureux soupirs; j'avais l'amour-propre de croire que tout cela m'était adressé. Mais dans les tête-à-têtes que j'avais la bonté de vous accorder, vos regards devenaient froids, vos soupirs se taisaient, et tout cela recommençait quand nous étions trois.

JULES. Comment! mademoiselle, vous vous êtes aperçue...

HENRIETTE. Que vous ne m'aimiez pas. Eh! mon Dieu, oui. Je ne tardai pas à découvrir mon heureuse rivale, et de ce moment je résolus de me venger de vous pour me consoler; car si la vengeance est le plaisir des dieux, c'est aussi le bonheur des femmes.

Air *du vaudeville du Baiser au Porteur.*

En vous voyant si gauche et si timide
Près de l'objet de votre amour,
A vous servir alors je me décide :
Pour vous je déclare en ce jour,
Que votre cœur aime enfin à son tour.
Confidente de votre flamme,
Ma rivale aussi l'apprendra.
Je veux qu'elle soit votre femme,
C'est elle qui me vengera.

JULES. Comment! vous aurez la bonté...

HENRIETTE. De parler pour vous? oui, sans doute. Vous verrez comme je sais faire une déclaration d'amour.

HÉLOISE, *en dehors.* Oui, madame la comtesse. (*Jules fait un mouvement.*)

HENRIETTE. Eh bien! qu'avez-vous donc? Ah! je comprends; le son de sa voix... En vérité, mon cher, vous aimez comme du temps des chevaliers de la table ronde.

ccœcœcœcœcœcœcœcœcœcœcœcœcœcœcœcœcœcœccœ

SCÈNE V.

Les Mêmes, HÉLOISE, *entrant sans voir Jules.*

Mademoiselle Henriette, je viens ici préparer tout ce qu'il faut pour la toilette de madame la comtesse. N'auriez-vous pas vu les bracelets de madame? (*Apercevant Jules, elle baisse les yeux et s'arrête.*)

HENRIETTE. Comment, elle aussi... Eh bien! ma chère amie, qui est-ce donc qui vous empêche d'approcher?

JULES. Mademoiselle, si je suis de trop ici, je me retire.

HENRIETTE, *riant en les regardant.* Ah, ah, ah! les drôles d'amoureux; l'un n'ose plus bouger de place, et l'autre se sauve. Enfans que vous êtes, puisque le hasard vous rassemble, ne détruisez pas ce qu'il a la bonté de faire pour vous.

HÉLOISE. Mais... mademoiselle Henriette, je ne comprends pas...

HENRIETTE. C'est très bien ce que vous dites-là... Une demoiselle doit toujours faire semblant de ne pas comprendre... Mais, voyez-vous, avec vos petites dissimulations vous en resteriez dix ans au premier chapitre... Avancez, mademoiselle, et levez un peu les yeux... Monsieur a quelque chose de très important à vous dire.

HÉLOISE. A moi?

JULES, *bas à Henriette.* Ah! mademoiselle, vous avez deviné ce qui se passe dans mon cœur... mais je n'oserai jamais avouer...

HENRIETTE, *à part.* Ce pauvre garçon!.. je crois vraiment qu'il en est à sa première passion... A son âge... Allons, voyons, puisque je vous l'ai promis, je parlerai pour vous. (*Haut.*) Ma chère Héloïse, monsieur n'ose pas vous dire qu'il vous aime à la folie... Eh bien! vous ne dites rien non plus; allons, comme j'ai fait la demande, je vais faire la réponse. Mademoiselle Héloïse, cameriste de madame la comtesse, reçoit avec plaisir l'hommage de.....

HÉLOISE. Qu'est-ce que vous dites donc mademoiselle?

HENRIETTE. Je réponds... Si j'ai mal dit parlez vous-même.

JULES. Non, non, continuez... vous parlez comme un ange.

HENRIETTE, *regardant Héloïse.* Hem! faut-il que...

HÉLOISE. Puisque vous avez commencé...

HENRIETTE. A la bonne heure. Monsieur (c'est toujours mademoiselle qui parle), je suis sans fortune, profitez de l'amitié que vous porte madame la comtesse pour obtenir un riche emploi, et alors...

HÉLOISE, *à Jules.* alors...

HENRIETTE. Eh bien! alors vous me demanderez en mariage... Je suis orpheline, seule maîtresse de dire oui ou non, et je dirai... Hein! qu'est-ce que vous direz?

HÉLOISE. Dam! ce que vous voudrez, mademoiselle Henriette.

HENRIETTE. Voilà tout ce qu'on vous demande... Là-dessus, monsieur Jules va tomber à vos genoux, vous baiser la main... Allons donc, monsieur, en bonne conscience, je ne puis pas faire encore cela pour vous.

JULES. Ah! mademoiselle, je puis donc espérer...

HENRIETTE. A genoux.

JULES. m'y voilà.

HENRIETTE, *tombant sur un fauteuil.* C'est bien heureux!... Ouf! voilà une déclaration qui m'a donné bien du mal. A présent prenez-vous les mains, levez les yeux au ciel, et vous serez fiancés comme au temps des amours des Gaules, et puisqu'enfin vous voilà d'accord, je me charge de faire venir l'emploi le plus tôt possible.

JULES. Ah! mademoiselle, toutes les femmes ne se vengent pas comme vous.

HENRIETTE.

Air : *du Siège de Corinthe.*

Silence, j'entends la comtesse,
Je veux l'intéresser à vous :
Comptez, enfans, sur ma promesse,
Avant peu vous serez époux.

REPRISE.

Oui, c'est madame la comtesse,
Tous les deux nous comptons sur vous :
Si vous tenez votre promesse,
Avant peu nous serons époux.

SCÈNE VI.

Les Mêmes, L'ARCHEVÊQUE, LA COM-
TESSE.

LA COMTESSE Oui, monseigneur, soyez tranquille, j'ai de la mémoire...

L'ARCHEVÊQUE. Alors vous vous rappellerez aussi que j'attends encore le chapeau de cardinal.

LA COMTESSE. Nous ferons écrire à Rome... Vous aurez votre chapeau pour l'hiver prochain... eh bien! Héloïse, et mes bracelets?

HENRIETTE. Ne la grondez pas, madame, c'est moi qui l'ai retenue.

LA COMTESSE. Monseigneur, voulez-vous bien permettre que devant vous j'achève ma toilette.

L'ARCHEVÊQUE. Comment donc! mais c'est une faveur!

LA COMTESSE. Ah! bonjour, Jules...

vous m'apportez votre travail... attendez un peu, je l'examinerai tout-à-l'heure.

JULES. J'attendrai, madame.

LA COMTESSE. Allons, mesdemoiselles, dépêchons-nous. (*Pendant ce temps Héloïse a approché une toilette; la comtesse s'est assise.*)

L'ARCHEVÊQUE. Si j'osais, j'offrirais à madame la comtesse mes humbles services; à la cour j'ai la réputation d'être une excellente femme-de-chambre.

LA COMTESSE. Comment, monseigneur, vous savez habiller les dames?

L'ARCHEVÊQUE, *à une femme-de-chambre qui apporte des souliers.* Donnez, donnez, mademoiselle.

LA COMTESSE. Ah! voilà, par exemple, le superfin de la galanterie... Me présenter vous-même...

L'ARCHEVÊQUE.

Air : *J'ai vu le Parnasse des dames.*

Comtesse, mes soins et mon zèle
Se forment dans votre salon :
Ce soulier mignon me rappelle
La pantoufle de Cendrillon.
Bas à Jules, qui le regarde avec surprise.
Pourquoi cette mine ébahie?

JULES.

Le trait me passe, il est nouveau.

L'ARCHEVÊQUE. Eh! mon cher...

Dans cette pantoufle jolie,
De loin, moi, je vois un chapeau.

JULES. Ce chapeau-là sera bien mérité. Pauvre peuple! et voilà les services que tu payes!

LA COMTESSE. Eh bien! monseigneur, la cour de Louis XV garde-t-elle toujours rancune à la grisette?

L'ARCHEVÊQUE. Madame la comtesse, nos grandes dames ne vous pardonneront jamais d'être plus jolie qu'elles.

LA COMTESSE. Ou du moins plus aimable. Quand je suis arrivée dans ce château, personne ne s'y amusait qu'avec la permission du grand-maître des cérémonies. Le roi lui-même n'osait qu'en secret braver le cérémonial dont on voulait entourer ses plaisirs. Dieu merci! j'ai changé tout cela.

Air : *d'Henri IV en famille.*

J'ai corrigé l'air trop pesant des cours,
Et sur l'ennui ma victoire est complette :
Dans ce palais ramenant les amours,
J'ai chassé devant moi la morgue et l'étiquette,
Noble sans nom, règne sans majesté,
Le plaisir seul a tressé ma couronne;

A mes genoux il met la royauté,
Et mon boudoir est la salle du trône.

L'ARCHEVÊQUE. Ah! j'aimerais mieux être roi de France un seul jour tout entier, que pape pendant dix ans.

HENRIETTE. Heureusement qu'il ne sera ni l'un ni l'autre.

L'ARCHEVÊQUE. Voici l'heure de ma messe; je me rends à la chapelle du château. Vous le voyez, Dieu lui-même ne passe qu'après vous: vous avez eu ma première visite.

LA COMTESSE. C'est beaucoup trop d'honneur.

L'ARCHEVÊQUE. Vous m'avez promis, comtesse, d'avoir de la mémoire; j'y compte et je reviendrai prendre la commission que vous aurez fait signer au roi.

AIR : *de la walse de Robin des Bois.*

Sans adieu, ma belle comtesse;
Oui, je me rends à mon devoir;
Mais aussitôt après la messe
Je reviendrai vite vous voir.

HENRIETTE.

En attendant qu'on le canonise,
Pour lui va brûler l'encensoir :
Et ce saint homm' pour entrer à l'église
Aura pourtant passé par un boudoir.

REPRISE.

Il quitte à regret la comtesse,
Et va se rendre à son devoir:
Mais aussitôt après la messe
Il reviendra vite la voir.

SCÈNE VII.

Les Mêmes, *excepté* L'ARCHEVÊQUE.

LA COMTESSE, *riant.* Ah! Ah! Ah! rien ne manque plus à ma gloire. Un archevêque m'a présenté mes mules... Certes, si je le puis, je ferai celui-là pape.

JULES. En se dégradant, il aura donc pris le meilleur chemin pour arriver à la fortune.

LA COMTESSE. Ah! voilà mon censeur! je m'étonnais qu'il n'eût encore rien dit; mais je ne me fâcherai pas. Autrefois les rois avaient aussi un fou privilégié qui seul osait leur dire la vérité. Tenez, Jules, vous vous porterez tous ces papiers dans mon cabinet; je n'ai pas le temps de les examiner; il faut que je parle à Henriette. Ah! préparez la commission de contrôleur des gabelles, je la ferai signer au roi aujourd'hui même.

JULES. A qui madame la comtesse fait-elle accorder cet emploi?

LA COMTESSE. Mon dieu! j'ai oublié de demander à l'archevêque le nom de son protégé. Vous le laisserez en blanc.

JULES. Ne savez-vous pas, madame, que cette place est importante... Si l'homme qui vous est recommandé n'était...

LA COMTESSE, *vivement.* Qu'un fripon... Eh! mon cher, il y en a déjà tant en place, qu'un de plus ou de moins...

JULES. Mais cependant.

LA COMTESSE. Assez... Faites ce que je vous dis, et sortez.

JULES, *bas à Héloïse, en sortant.* Ah! mademoiselle, sans vous je quitterais ce château pour n'y jamais rentrer. (*Il sort.*)

LA COMTESSE. Héloïse, laissez-nous.

HENRIETTE, *bas à Héloïse.* Ne vous désolez pas... votre amant est un maladroit... mais je réparerai ses sottises.

SCÈNE VIII.

LA COMTESSE, HENRIETTE.

LA COMTESSE, *regardant sortir Héloïse.* Qu'a donc cette petite fille? elle avait presque les larmes aux yeux en sortant.

HENRIETTE. C'est que vous avez un peu maltraité son prétendu.

LA COMTESSE. Qui? Jules?

HENRIETTE. Lui-même.

LA COMTESSE. Comment! Jules que je croyais la sagesse en personne!

HENRIETTE. Eh! madame, l'amour aime à faire des miracles.

LA COMTESSE. Oui, ma présence ici en est la preuve. Tous les matins quand je m'éveille et que je regarde autour de moi, il me semble que je rêve encore... moi comtesse... et presque reine.

HENRIETTE. Toutes les jolies femmes ne vont pas si loin.

LA COMTESSE. Eh bien! croirais-tu que mon plus grand plaisir est de me rappeler le passé? je me vois encore petite marchande de modes, courant avec toi les rues de Paris, un carton à la main.

HENRIETTE. Oui, je me rappelle aussi les complimens qu'on nous adressait; ils étaient sincères, car vous n'aviez pas alors de chapeau à donner à vos flatteurs.

LA COMTESSE. J'aime à me reporter à ces jours d'indigence et de liberté; l'étiquette alors ne gênait pas mes plaisirs. Tiens, je veux pour aujourd'hui oublier que je suis comtesse, oublie-le toi-même. Plus de madame; reprenons toutes les deux nos surnoms de magasin; redeviens, toi, mademoiselle Chonchon, et moi mademoiselle Manon.

HENRIETTE. Je ne demande pas mieux... l'amitié a besoin d'un peu d'égalité.

LA COMTESSE. Sais-tu que ces souvenirs-là ne nous rajeunissent pas? Il y a cinq ans que nous avons quitté le comptoir.

Air: *Petit blanc.*

Modestes ouvrières
Nous nous aimions déjà.

HENRIETTE.

Tu fis bien tes affaires
Depuis ce moment-là.

LA COMTESSE.

Sans changer pour cela,
Oui, notre premier âge
Eut aussi ses beaux jours.
De notre apprentissage
Je me souviens toujours.
Entre nous point de gêne,
Je veux être à mon boudoir
Le matin presque reine,
Et grisette le soir.

ENSEMBLE.

Entre nous, etc.

LA COMTESSE. Il faut pourtant que je t'apprenne ce qui réveille si vivement en moi le souvenir du passé.

HENRIETTE. Une rencontre peut-être.

LA COMTESSE. Non, une lettre... oh! mais une lettre curieuse. Tiens, tu vas en juger; lis toi-même.

HENRIETTE. Quelle écriture! on la peut lire de loin. « Madame et respectable comtesse, je vous écris ces lignes pour vous dire que je suis une victime des recruteurs et de la milice. On m'a dit au régiment que vous étiez reine depuis huit heures du soir jusqu'à neuf heures du matin, ou à peu près, et que vous pourriez me tirer du pétrin où je suis tombé. J'ai pas fait mes études pour être tambour; mais, pour être pâtissier-rôtisseur. Soyez la bienfaitrice de l'humanité; rendez-moi à ma broche et à mes tourtes. J'ai compté sur votre complaisance, et j'attends pour demain votre réponse, avec laquelle j'ai l'honneur d'être votre respectueux serviteur et sujet, Nicolas Mathon, ci-devant rue Saint-Martin, à la Bonne-Foi, et maintenant à la caserne du Châtelet, tambour. » Nicolas Mathon! notre ancien ami!

LA COMTESSE. Lui-même.

HENRIETTE. Ce pauvre Nicolas!

LA COMTESSE. Voilà justement ce que j'ai dit en lisant cette lettre. Malgré moi je

me suis rappelée combien j'avais aimé cet imbécile-là.

HENRIETTE. Comment! vraiment... tu l'as aimé?

LA COMTESSE. A la folie. Que veux-tu... une première inclination... Enfin j'ai voulu le revoir.

HENRIETTE. Ici! quelle imprudence! Si le roi...

LA COMTESSE. Il n'en saura rien... J'ai écrit moi-même à Colas que la comtesse Dubarry l'attendait à déjeuner aujourd'hui. Ce pauvre garçon ne se doute pas qu'il va retrouver à Versailles cette simple ouvrière qu'il aimait tant, je ris d'avance de sa surprise.

HENRIETTE. Comment! il va déjeûner ici?

LA COMTESSE. Avec moi, quel grand mal, c'est bien sans conséquence.

HENRIETTE. Mais si Louis XV...

LA COMTESSE. Il est à la chasse. Je vais bien vîte renvoyer Jules. Toi, reste ici pour attendre Colas; tu donneras l'ordre que personne ne vienne nous déranger. Le roi et le duc de Cossé ont seuls la clef des escaliers dérobés, et je n'attends ni l'un ni l'autre.

HENRIETTE. Réfléchis avant.

LA COMTESSE. Je n'ai jamais réfléchi de ma vie et je ne commencerai pas aujourd'hui. Un dernier coup-d'œil à ma toilette... Je veux absolument faire tourner la tête à M. Colas. Ah! tiens, je ne donnerais pas cette journée pour la moitié des diamans de la couronne. *Il sort.*

SCENE IX.

HENRIETTE, *seule.*

Vit-on jamais un pareil caprice! Après tout ce n'est qu'une plaisanterie pour passer gaîment la matinée. Au fait, je me rappelle; il était gentil, monsieur Colas; ses grands yeux noirs, quoiqu'un peu bêtes, disaient fort bien je t'aime, et Manon veut encore lire dans ces yeux-là. Allons, exécutons ses ordres... (*elle sonne; des valets paraissent.*) La comtesse n'est visible ce matin pour personne.

UN VALET. Soyez tranquille, mademoiselle, personne n'entrera.

HENRIETTE. Attendez encore... Vous introduirez seulement un jeune homme portant l'uniforme de tambour, et qui vous présentera une lettre de madame la comtesse elle-même. C'est un pauvre diable qu'elle protège...

UN VALET. Je l'introduirai moi-même. (*Dans ce moment la porte du fond s'ouvre. Une tête passe; c'est Colas.*)

SCÈNE X.

Les Mêmes, COLAS.

COLAS. Messieurs, mesdames, c'est-ty ici que demeure madame la comtesse Dubarry?

HENRIETTE. C'est lui!

LE VALET. Quel est cet homme?

HENRIETTE. C'est le protégé de madame. Qu'il entre.

COLAS. C'est-ty ici que...

LE VALET. Oui... Donnez-vous la peine d'entrer.

HENRIETTE, *bas, au valet.* Maintenant, plus personne.

LE VALET. C'est entendu, mademoiselle.

Ils sortent.

SCÈNE XI.

HENRIETTE, COLAS.

HENRIETTE. Puisque Manon est à sa toilette, je rirai avant elle de la surprise de ce pauvre Colas.

COLAS. Dieu! que c'est beau! On marche sur l'or et l'acajou... mais y paraît qu'à la cour c'est comme un verglas; car j' n'ai fait qu'une glissade de l'antichambre ici. Tiens, j'avais pas vu... v'la une demoiselle qu'est restée...

HENRIETTE. Il est toujours le même... l'air aussi bête sous l'uniforme que sous le tablier.

COLAS. C'est la bonne... Oh! non c'est du plus huppé. Voyons un peu comment elle va me recevoir : mademoiselle ou madame, c'est moi...

HENRIETTE, *lui faisant la révérence.* Je le vois bien.

COLAS, *la saluant.* Vous êtes bien honnête, madame; y paraît que c'est bien ici que loge la comtesse de... Ah! mon Dieu, je me souviens plus... Diable de nom, j' peux pas me le fourrer dans la tête; y a du tonneau dans ce nom-là.

HENRIETTE. La comtesse Dubarry; oui, M. Colas, vous êtes chez elle.

COLAS. Colas!.. tiens... vous savez mon nom de baptême?

HENRIETTE. Comment! M. Colas, vous ne reconnaissez pas vos anciens amis? Est-ce que l'air de la cour vous fait déjà perdre la mémoire?

COLAS. Non... du tout... l'air de la cour, ça m'oppresse un peu l'estomac, vû que je n'en ai pas l'habitude.

HENRIETTE. Regardez-moi bien!

COLAS. J'ai beau regarder... Oh! on dirait presque... non... ça ne peut pas être ça.

HENRIETTE, *lui tirant l'oreille.* Comment, tu ne devines pas, imbécille!

COLAS. Imbécille! c'est Chonchon; elle m'appelait toujours comme ça.

HENRIETTE. Moi-même, je suis donc bien changée?

COLAS. Non, au contraire; mais j'étais si loin de te croire si près; avec ça, depuis que je ne t'ai vue, il m'est arrivé une foule d'accidens. Tu sais, d'abord, que Manon a disparu depuis cinq ans. J'ai eu bien de la peine à me consoler de ça; enfin je m'étais fait une raison, et je pâtissais tout doucement, rue Saint-Martin, à la Bonne-Foi, tu sais, quand tout à coup... paf... me voilà milicien. On m'arrache à mes casseroles, à mes tourtières; on me met des baguettes dans la main, une caisse sur l'épaule, et on me dit : au nom du roi, t'es tambour et t'as le pompon de la patrie... tiens, le voilà le pompon de la patrie.

HENRIETTE. Pauvre garçon! mais ce costume te va bien!

COLAS. C'est ce qui vous trompe, il ne me va pas du tout. J'ai pas la moindre vocation pour la peau d'âne, et on m'a conseillé de faire une pétition à la comtesse de... de...

HENRIETTE. Dubarry.

COLAS. C'est ça. J'ai fait ma pétition, et, vois un peu quel bonheur, non seulement elle me répond, mais elle me fait l'honneur de m'inviter à déjeûner, et pas avec ses domestiques, avec elle. C'est ça qu'est populaire! Dis donc, je suis pas en retard, hein?

HENRIETTE, *riant.* Non, non.

COLAS. Au fait, le couvert n'est pas mis... c'est mon estomac qu'avance... Oh! mais fallait-il les voir à la caserne quand l'habit doré en argent est venu m'apporter c'te lettre; ils la mangeaient des yeux! Comment t'es invité par la comtesse?.. Ta fortune est faite. C'est une fameuse protection; elle a le bras long... Moi, qui ne l'ai jamais vue, je ne sais pas si elle a les bras plus longs qu'une autre... Et puis! y me demandaient ma protection; y me disaient : tu me feras caporal, tu me feras sergent, J'ai dit, je commencerai par ne pas me faire tambour, et...

Air de Turenne.

Puisque je vais au pays des largesses,
Du lux', des honneurs, du bon goût,
Mes chers amis comptez sur mes promesses ;
Je ne vous promets rien du tout, *bis.*
J' f'rai comm' ceux dont la cour abonde,
A moi d'abord je vais songer,
Puis, quand j' s'rai las de m' protéger,
Je protégerai tout le monde.

HENRIETTE. Chut ! voici madame.

COLAS. C'est ta comtesse ? Oh ! v'là mon courage qui s'en va... Chonchon ne m'abandonne pas !

HENRIETTE. N'aie donc pas peur, nigaud, c'est peut-être encore une figure de connaissance.

⌘⌘⌘⌘⌘⌘⌘⌘⌘⌘⌘⌘⌘⌘⌘⌘⌘⌘⌘ ⌘⌘⌘⌘⌘ ⌘⌘⌘⌘⌘⌘⌘⌘⌘⌘⌘

SCÈNE XII.

Les Mêmes, LA COMTESSE, *en grande toilette.*

LA COMTESSE. Je ne me trompais pas, Henriette n'est pas seule... C'est lui.

HENRIETTE, *à Colas, qui se baisse jusqu'à terre.* Au lieu de tant baisser la tête, lève donc les yeux, imbécille, et regarde !

COLAS. Ciel ! dieux, c'est-y possible ! Ces yeux, cette taille, cette figure !

HENRIETTE. Ah, ah, ah ! pauvre Colas ! c'est ici le palais des fées.

LA COMTESSE. Mon cher Colas, c'est donc toi !

COLAS. Ah ! madame la comtesse, est-ce Manon qui vous ressemble, ou si c'est vous qui ressemblez à Manon ?

LA COMTESSE. Allons, rassure-toi, mon ami... Pour toi, je ne veux pas être madame la comtesse, mais toujours Manon. Eh bien ! est-ce que tu ne me reconnais **pas encore ?**

COLAS. Pas tout-à-fait, mais ça va venir.

Air du Château Perdu.

Dans ces salons, en vous voyant paraître,
C' lux' étonnant qui m'éblouit déjà,
M'empêch' sans dout' madam' d' vous r'connaître,
On vous appell' comtesse, *et cætera.*
J' me souviens bien encor, je vous le jure,
ces beaux yeux qui me charmaient jadis,
J' te reconnais bien à ta jolie figure,
J' vous r'connais pas à vos brillans habits.

HENRIETTE. Allons, du courage, Colas !

Quand on ne s'est pas vu depuis si long-temps, on s'embrasse.

COLAS. Ah ! j'oserai jamais...

HENRIETTE. Si madame la comtesse veut bien le permettre.

LA COMTESSE. Du tout, c'est Manon qui le permet.

COLAS. Quoi ! vraiment !... c'est drôle, je tremble comme une feuille de papier... Ah ! bah ! tiens, c'est Manon.

Il l'embrasse.

LA COMTESSE. C'est bien heureux.

COLAS. Ah ! je commence à m'y mettre. Dam ! d'puis long-temps j'en avais perdu l'habitude... mais comment se fait-il...

LA COMTESSE. Que je sois comtesse, n'est-ce pas ? je te conterai ça en déjeûnant... Puisque mon convive est arrivé, Henriette, dis qu'on nous serve.

HENRIETTE. Tout de suite.

LA COMTESSE. Tu dois avoir faim, n'est-ce pas ?

COLAS. J'crois qu'oui... car j'ai pas été à la gamelle ce matin exprès pour vous faire honneur.

LA COMTESSE. Tant mieux.

⌘⌘⌘⌘⌘⌘⌘⌘⌘⌘⌘⌘⌘⌘⌘⌘⌘⌘⌘⌘⌘⌘⌘⌘⌘⌘⌘⌘⌘⌘⌘⌘⌘⌘⌘⌘

SCÈNE XIII.

Les Mêmes, PLUSIEURS DOMESTIQUES *apportant des plats.*

HENRIETTE.

Air : *En avant* (Ouverture de *Guillaume Tell*)

Dépêchons, dépêchons,
Courons
De ce pas
Ordonner
L'déjeûner
De monsieur Colas,
Dépêchons,
Dépêchons,
De son embarras,
Ah ! qui ne rirait pas.

COLAS.

Grand Dieu, quel gala,
C'est pour moi tout ça !

LA COMTESSE.

Il faut que je te fête.

COLAS.

Je reste interdit,
J'en perds l'appétit,
Si j' n'en perds pas la tête.

Reprise des valets, qui sortent.

Dépêchons, etc.

Colas les salue en les voyant sortir.

HENRIETTE. Qui donc salue-tu?

COLAS. Tiens, je salue ces messieurs; est-ce qui ne faut pas être poli à la cour? dis-donc, ça doit être des généraux ou des tambours-majors?

LA COMTESSE. Ah! ah, ah! ce sont mes gens, ma livrée.

COLAS. Ah! c'est des gens! Comment j'ai salué des gens!

HENRIETTE, à Colas. A présent, bon appétit, M. Colas

SCENE XIV.

LA COMTESSE, COLAS.

LA COMTESSE. Eh bien! Colas, commence-tu à te remettre de ta surprise?

COLAS. Oui, v'là que je m'apprivoise un peu.

LA COMTESSE. Eh bien! voyons, assieds-toi.

COLAS. Sur ce beau fauteuil, à côté de vous?

LA COMTESSE. Sans doute.

COLAS. Ah! comme on enfonce; on dirait que je m'assis sur un fromage à la crème.

LA COMTESSE. Approche-toi donc! Comme tu me regardes! est-ce que tu ne me trouves plus aussi jolie qu'autrefois?

COLAS. Non... vous êtes trop belle à présent.

LA COMTESSE. Je veux pourtant que tu m'aimes comme dans notre jeune temps.

COLAS. J'pourrai jamais.

LA COMTESSE. Je le veux!

COLAS. Vous fâchez pas, medame la comtesse... j'vas tâcher.

LA COMTESSE. Encore madame la comtesse! je te défends de m'appeler ainsi; appelle-moi Manon et dis-moi toi, comme anciennement.

COLAS. Comment vous voulez que je te tutoie!

LA COMTESSE. Oui, ça me rappelle mon enfance; nous étions pauvres, ignorés; mais nous étions heureux.

COLAS. Y m'semble que vous... que tu n'as pas perdu au change.

LA COMTESSE. Ah! tu n'en sais rien. Voyons, mon ami, en causant tu oublies que tu es venu ici pour déjeûner.

COLAS. C'est vrai... Vois-tu, si j'ai le cœur plein, je commence à sentir que j'ai l'estomac vide.

LA COMTESSE. Voyons, prends ce que tu voudras.

COLAS. Ma foi... je vas me découper ce dindonneau; il est supérieurement rôti... J'aurai pas mieux fait.

SCÈNE XV.

LES MÊMES, LE DUC.

Au moment où Colas va manger, on frappe à une porte latérale. Colas reste la fourchette en l'air et n'ose plus manger.

COLAS. Ah! bon Dieu! qu'est-ce que c'est ça?

LE DUC, en dehors, Comtesse, peut-on entrer,

LA COMTESSE, bas à Colas. Ce n'est rien; c'est le duc.

COLAS. Un duc!

LA COMTESSE. Oui, le duc de Cossé, un de mes protégés.

COLAS. Tu protèges des ducs, toi; Y va entrer: je me sauve!

LA COMTESSE. Du tout, du tout. Je vais le renvoyer... (Haut.) Mon cher duc, je n'y suis pas.

COLAS, bas. Y voudra pas te croire.

LE DUC. Avec qui causez-vous donc?

COLAS. Là, tu vois bien.

LA COMTESSE. Avec mon coiffeur. Je suis à ma toilette; je ne puis vous recevoir.

LE DUC. Alors... je reviendrai plus tard vous présenter mes hommages,

COLAS. C'est moi qui suis le coiffeur... Y donne dans le panneau... Ah! mon Dieu! qu'on est bête à la cour...

LA COMTESSE. Tu vois bien qu'il est parti. Eh bien! tu ne manges pas.

COLAS. Si... si... ça va venir... mais vot' duc m'a coupé l'apétit... Pauvre cher homme! Ah! au fait, il a la soupe chez lui.

LA COMTESSE. Tiens, bois, cela achèvera de te rassurer.

COLAS. Oui, au fait, du vin de roi ça doit être fameux. (Au moment où il porte le verre à ses lèvres, on frappe à l'autre porte.) V'là encore un duc!

LA COMTESSE. Chut!

COLAS, effrayé. Qu'est-ce que c'est? hein?

LA COMTESSE. C'est le roi!..

COLAS, se levant. Le roi!.. Ah! pour le coup y va me faire fusiller au moins.

LA COMTESSE. Quel contre-temps!.. Enfin, celui-là je ne peux pas le renvoyer!

COLAS. Tu vas y ouvrir?.. c'est fait de moi!

LA COMTESSE. N'aie donc pas peur.

Pendant qu'elle va à la porte.

COLAS. Miséricorde!.. où me cacher? Si seulement j'avais apporté ma caisse, je me fourrerais dedans... Dieu! v'là le roi!...

Il se cache sous la table. Louis XV entre; il est en costume simple et s'appuie sur une canne qu'il dépose en entrant près d'un fauteuil.

SCÈNE XIV.

Les Mêmes, LE ROI.

LA COMTESSE. Soyez le bien arrivé, sire.

LE ROI. Bonjour, comtesse... La pluie est venue interrompre la chasse: il a fallu revenir... il me semble que vous m'avez fait bien attendre...

LA COMTESSE, *hésitant.* C'est que je ne pensais pas que votre majesté... (*Bas.*) Comment faire?

LE ROI. Eh bon Dieu! qu'est-ce que tout cela, comtesse? une table servie!

LA COMTESSE. Non, sire, j'avais invité quelqu'un... (*Elle regarde.*) Où est-il donc passé?

LE ROI. Vous attendiez quelqu'un... et qui donc?

En s'approchant de la table, il marche sur la main de Colas.

COLAS, *sous la table.* Haïe! haïe! la main!

LE ROI. Eh! parbleu votre convive est sous la table.

LA COMTESSE. L'imbécile!.. Excusez-le, sire; en apprenant l'arrivée de votre majesté... la crainte... le respect...

LE ROI. Mais qu'il se montre donc; est-ce ma présence qui l'effraie...

COLAS, *passant la moitié de son corps.* Sire, j'ai la permission du caporal.

LE ROI. Un tambour!.. Comment, comtesse, vous recevez des tambours chez vous!

LA COMTESSE. Ah! sire, celui-là est sans conséquence... nous avons été élevés ensemble... c'est... c'est mon frère de lait.

COLAS. Me v'là son frère de lait... pourvu que sa majesté donne dedans...

LE ROI. Ah! je comprends, alors... Mais sors donc de là-dessous, mon garçon... Je ne te voyais pas... j'ai dû te faire mal?

COLAS. Au contraire, sire... vous m'avez écrasé la main...

LE ROI. Allons, voyons, comtesse, faites comme si je n'y étais pas... mettez-vous à table.

LA COMTESSE. Sire! en votre présence...

COLAS. C'est pour le coup que je pourrais pas avaler.

LE ROI. Allons, je le veux.

LA COMTESSE. Vous l'ordonnez, sire?

LE ROI, *riant.* Oui, oui, je l'ordonne.

COLAS. Quel bon roi!.. il veut que ses sujets mangent.

LE ROI. Ce qu'on vous a servi paraît excellent. Ma foi je me sens en bonne humeur... et je veux être des vôtres.

COLAS. Ah! par exemple!

LA COMTESSE. Quoi! votre majesté daignerait...

LE ROI. Oui, ma majesté daigne se mettre à table quand elle a faim.

COLAS. Au fait, sa majesté, il ne faut jamais bouder contre son ventre... Si vous voulez prendre ma place?

LE ROI. Du tout; garde-la... la comtesse t'a invité... et la table est assez grande pour trois... D'ailleurs, j'aime le changement, moi... Je mange tous les jours avec des ministres et des princes, je ne suis pas fâché pour la première fois de ma vie de dîner avec un tambour.

COLAS, *s'asseyant.* Nous nous ressemblons en ça, sire; c'est aussi la première fois qu'il m'arrive de dîner avec un roi.

LE ROI. Allons, verse-moi à boire. De la gaîté, comtesse, nous ne sommes pas au grand couvert.

COLAS. A vot' santé, majesté... Dieu! quel bon vin!.. (*Voyant boire le roi.*) Le roi boit! le roi boit!

LA COMTESSE. Chut!

LE ROI, *riant très fort.* Et de plus, il boit comme un autre... Encore un verre, mon garçon. Tu n'as pas de si bon vin à ta caserne?

COLAS. Nous avons de l'eau à discrétion: mais ça ne vaut pas ça.

LE ROI. Ah ça! et que dit-on de mon gouvernement dans la troupe?

COLAS, *buvant et s'étourdissant peu à peu.* Dam, sire, pas grand chose... Après ça, vous sentez bien que moi qui ne suis milicien que depuis six semaines, je ne suis pas au fait des cancans... Il y avait l'autre jour un sergent de chez nous qui disait que nous étions à c't'heure sous le règne de Cotillon III. Connaissez-vous ça?

LE ROI. Ah, ah, ah! C'est très plaisant; voilà le premier qui a osé me dire cela en face; *in vino veritas.*

COLAS, *se levant.* Vous voulez une tasse?

LE ROI. Tout cela est vraiment délicieux, il y a long-temps que je n'avais fait un si bon repas.

COLAS. C'est comme moi, j'en ai pris au moins pour quinze jours.

LE ROI. Allons, comtesse, laissons dire les mauvaises langues, et vive la joie! à ta santé, Manette!

COLAS. A ta santé, Manon!

LA COMTESSE. Allons... puisque votre

majesté commence... à ta santé, La France!

COLAS. En v'là une fameuse... elle dit toi à une majesté!

LE ROI. Voyons, mon garçon... verse donc.

Air : Verse, verse le vin de France.

Buvons, amis, et buvons frais,
A ma bonne humeur je me livre ;
C'est du bon temps pour les sujets ;
Lorsqu'en paix le prince s'enivre.
Jamais dans ces doux momens-là
Il ne signe d'arrêts sévères ;
Il croit que jamais il n'aura
De tracas, de troubles, de guerres,
Du trône oublions les misères ;
Ça, vidons gaiment nos verres,
La gabelle les remplira.

ENSEMBLE.

Oui, vidons, etc.

COLAS, *un peu animé.* Ah ça! dis donc, ma chère, tu m'as pas mal fait aller, toi... Et tu veux me faire accroire que ce monsieur-là est le roi !

LA COMTESSE. Veux-tu bien te taire...

LE ROI. Comment! ce drôle me conteste ma légitimité !

COLAS. Non ce n'est pas le roi... la preuve c'est que tu l'appelles La France. C'est pas celui qui a gagné la bataille de Fontenoi... c'est ton roi à toi... c'est pas not' roi, à nous.

LE ROI, *bas à la comtesse.* L'épigramme n'est pas mauvaise, en passant ; qu'en dites-vous, comtesse? (*On ouvre la porte.*) Qui vient là?

COLAS. Si c'est encore un roi, y a plus de places.

SCÈNE XVII.

Les Mêmes, JULES.

LA COMTESSE. Entrez... entrez, Jules... Permettez, Sire que je vous présente à signer la commission dont je vous ai parlé hier soir.

LE ROI. Qu'est-ce que cette commission ?

JULES. Sire, c'est l'entrepôt des sels à Rennes.

LE ROI. Volontiers ; à qui destinez-vous cela ?

LA COMTESSE, *à part.* Quelle idée!.. les noms sont restés en blanc, nous les remplirons plus tard.

LE ROI. Ah! vive Dieu! je suis content de ce gros garçon-là et pour lui prouver

que je suis roi, j'ai envie de le régaler des sels de Bretegne.

JULES. Ah! sire, une place de dix mille écus.

COLAS. Tiens, tiens, mais ça me va à à merveille... Faut-il savoir écrire?

LE ROI. Mais à la grande rigueur, je crois qu'oui.

COLAS. C'est que j'écris un peu gros, voyez-vous.

LA COMTESSE. Sire, je tiens à disposer de cette place... Jules, donnez-moi ce qu'il faut pour écrire; je vais remplir moi-même les noms.

Pendant ce temps elle sonne.

JULES. Voilà donc comme on distribue les emplois! O France! voilà pourtant comme on te gouverne !

Au bruit de la sonnette, Henriette est venue ; la comtesse lui a parlé à l'oreille.

HENRIETTE. Je devine... Je vais le chercher.

Elle sort.

COLAS *bas.* J'ai envie de demander au roi qui me reprenne ma peau d'âne.

LE ROI. Eh! voilà notre joyeux archevêque !

SCÈNE XVIII.

Les Mêmes, L'ARCHEVÊQUE.

L'ARCHEVÊQUE. Moi-même, sire.

LE ROI. Entrez donc, mon ami, entrez donc.

L'ARCHEVÊQUE. Sire... je n'osais... Que vois-je? Un tambour !... voilà du nouveau.

COLAS. Tiens, un archevêque!.. me v'là lancé dans une société bien comme il faut.

L'ARCHEVÊQUE. Je venais, sire, vous remercier de la nouvelle grace que Votre Majesté a bien voulu accorder pour moi à Mad. Dubarry.

LE ROI. Cette commission serait-elle pour vous?

JULES. Sortons... je ne pourrais me contenir.

LA COMTESSE. Jules... attendez... C'est vous que je charge de remettre cette commission au titulaire.

JULES. Madame, monseigneur n'est-il pas là?

LA COMTESSE. Je veux que vous portiez vous-même ce brevet à son adresse.

L'ARCHEVÊQUE. N'allez pas plus loin, madame... Que vois-je? le roi accorde à M. Jules Raimond...

JULES. A moi !

LA COMTESSE. Oui, monsieur le raisonneur; pour vous punir de vos impertinentes vérités, je vous renvoie et vous exile en Bretagne.

COLAS. Il paraît décidément que c'est lui qui aura les sels.

LA COMTESSE. Mais c'est à condition que vous épouserez Héloïse et que vous emmènerez, comme votre maître d'hôtel, mon protégé, M. Colas Mathon.

COLAS. Présent!.. Me v'là dans mon centre; pas de tambour et une cuisine.

L'ARCHEVÊQUE. Comtesse... c'est une horreur... un passe-droit.

LA COMTESSE. Une fois par hasard, il faut bien récompenser le mérite... si toutefois le roi daigne approuver.

LE ROI. J'approuve tout, comtesse; mais je veux voir la jeune future de mon nouveau comptable.

LA COMTESSE. La voilà, sire.

LE ROI. Elle est ma foi charmante!

JULES, à la comtesse. Ah! madame, comment reconnaître?..

LA COMTESSE. Vous penserez un peu moins mal de la cour.

LE ROI. Ma chère enfant, je veux que vous emportiez un souvenir de moi.

Il lui donne une bague.

HÉLOÏSE. Sire... c'est trop de bonté.

LE ROI. C'est à regret que je vous vois quitter Versailles... Cette petite est vraiment charmante.

HENRIETTE *bas.* mon cher secrétaire, si vous m'en croyez, vous partirez demain.

JULES. Je vous comprends: je partirai ce soir. (*Il vient prendre Héloïse.*) Sire, permettez...

Héloïse fait la révérence.

LA COMTESSE. Allez, mes amis... et surtout ayez soin de Colas.

COLAS. Est-elle bonne! si elle n'était pas comtesse, et si sa majesté n'était pas là...

LA COMTESSE.

Air : *D'un tailleur on reconnaît l'ordre.*

Tendres amans, avec sollicitude,
J'ai dans ce jour comblé votre bonheur;
Mais je le sens, hélas, l'inquiétude
Vient à présent faire battre mon cœur.
Autour de moi je cherche un défenseur;
De monseigneur je crains quelque chicane,
Car dans ses yeux je lis la trahison;
Vous qui savez ce que peut la soutane,
Contr'elle ici protégez *Cotillon.*

FIN.

Imprimerie de J.-R. MEVREL, passage du Caire, 54.

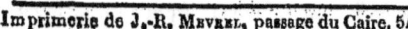

32

LE MOINE,

DRAME FANTASTIQUE EN CINQ ACTES ET HUIT TABLEAUX.

Par L. M. Fontan.

Représenté pour la première fois sur le théâtre royal de l'Odéon, le samedi 28 Mai 1831.

Repris à la Porte Saint-Martin, le vendredi 13 juillet 1832.

PERSONNAGES.		ACTEURS.	
		Odéon.	*Porte St-Martin.*
AMBROSIO, prieur des Franciscain.	MM.	FRÉDÉRICK.	FRÉDÉRICK.
SATAN.		DELAOSTRE.	SERRES.
GUSTAVE, frère d'Antonia.		DELAFOSSE.	CHILLY.
LE CARDINAL XIMENÈS.		ANSÈNE.	MOUSSARD.
LE MARQUIS DE LAS AMARILLAS.		CHILLY.	VISSOT.
LE COMTE D'ALFUENTE.		TOURNAN.	FONDONNE.
ANSELME, Moine,		PAUL.	HÉRET.
PEDRO.		H. HOSTEE.	SEVRIN.
UN GONDOLIER.		WALKIN.	MONVAL.
ANTONIA.	Mᶜˢ	JULIETTE.	JULIETTE.
MATHILDE.		NOBLET.	NOBLET.
DONA JACINTHE.		SAINT-AMAND.	SAINT-AMAND.
DUCHESSE D'ALMEIDA.		LAINÉ.	LAINÉ.
MOINES.			
SEIGNEURS ET DAMES.			
GONDOLIERS.			
DÉMONS, ETC.			

ACTE PREMIER.

Le théâtre représente l'intérieur d'une maison simple, c'est la chambre d'Antonia. Un tableau représentant Ambrosio.

SCÈNE PREMIÈRE.

DONA JACINTHE, *près d'une table, travaillant à l'aiguille.* GUSTAVE *rangeant des papiers.*

DONA JACINTHE. Enfin, le fiancé de votre sœur est arrivé. Après une si longue absence, il revient pour épouser ma chère Antonia. C'est aujourd'hui.

GUSTAVE. Certes, le parti qui s'offre est brillant. Don Gusman réunit tout ce qu'il faut pour plaire : mais êtes-vous bien sûre que ma sœur l'aime?

D. JACINTHE. Si j'en suis sûre.... ah! je m'y connais.

GUSTAVE. Je ne sais.... elle n'a pas semblé vivement émue en apprenant son retour... le nom de Gusman, prononcé devant elle, ne produit pas d'impression sur son âme.... elle est triste, rêveuse; de jour en jour sa mélancolie augmente; je crains bien qu'en interprétant, comme

vous le faites, ses sentimens pour don Gusman, vous ne soyez dans une étrange erreur.

D. JACINTHE. Non... il y a une cause à
ce recueillement profond que vous prenez
pour du chagrin, et cette cause vous ne la
comprendriez pas, vous, qui avez vécu au
milieu du monde, entouré de séductions
et de plaisirs, vous, jeune et brillant
étourdi qui peut-être jamais n'avez
pensé au ciel.

GUSTAVE. Dites toujours! je tâcherai
de comprendre.

D. JACINTHE. Antonia a été élevée par
moi. Je lui ai donné dès son plus jeune
âge, les principes qui m'ont sans cesse
guidée. Elle m'accompagnait dès son enfance dans cette même église de Santa-
Maria où son mariage va être célébré. Elle
s'agenouillait avec moi au pied de l'autel,
et joignait ses prières aux miennes; c'était
un ange.

GUSTAVE. Eh bien!

D. JACINTHE. Toutes ses pensées, toutes
ses affections se tournaient vers Dieu! elle
a grandi depuis, et ses pensées, ses affections sont restées les mêmes.... Quoique
vous en doutiez, don Gusman lui convient
beaucoup, j'en ai la certitude.... cependant, elle lui préférerait encore..

GUSTAVE. Quoi donc?

D. JACINTHE. Une de ces tranquilles retraites où l'on est à l'abri des dangers et
des piéges de ce monde.

GUSTAVE. Un couvent.

D. JACINTHE. Un couvent.... et cette
vocation a été surtout déterminée par les
visites fréquentes que nous rendait, avant
votre départ, un vénérable moine....

GUSTAVE. Un moine!...

D. JACINTHE. Le père Ambrosio, le vertueux prieur des Franciscains!

GUSTAVE. Ah!... il venait souvent ici?

D. JACINTHE. Très souvent.

GUSTAVE. Je croyais que la règle de son
ordre lui défendait de franchir les portes
du monastères.

D. JACINTHE. Oh! le prieur des Franciscains a des priviléges.... c'était le directeur d'Antonia... il affectionnait beaucoup cette chère enfant.... et cela me fait
penser qu'il serait convenable de le prévenir de l'union d'Antonia avec don Gusman.
C'est une marque de respect que je lui
dois.

GUSTAVE. Et vous me disiez tout à
l'heure que c'était surtout depuis les visites
de ce prieur des Franciscains que ma
sœur.....

D. JACINTHE. Oui, depuis ce temps. Les
sages exhortations qu'il lui prodiguait ger-
maient dans cette âme ardente et pleine de
foi. Il amenait quelquefois ici avec lui un
novice du monastère, qu'il paraît extrêmement affectionner. Oh! le gentil petit novice: on le nomme Rosario. Quand il
viendra accompagné d'Ambrosio, je vous
les présenterai tous deux, Gustave. Ce
pauvre enfant était comme Antonia, isolé,
sans appui. La maison du Seigneur a été
son asile, et il est heureux.

GUSTAVE. Ce que vous m'apprenez sur
les dispositions de ma sœur m'afflige, madame Jacinthe...... Ne craignez-vous pas
que ces idées de solitude et de retraite ne
lui fassent refuser la main de don Gusman!

D. JACINTHE. Oh non!... elle y est déterminée, et quoique j'approuve sa pieuse
vocation, je serais la première à user de
toute l'influence que me donne sur elle ma
constante amitié pour la fortifier dans ce
dessein.

GUSTAVE, avec intention. Et si de son
côté, le révérend père Ambrosio usait
aussi, mais dans un sens contraire, de son
influence sur elle: car il en a au moins
autant que vous.

D. JACINTHE, avec impatience. Là, vous
allez recommencer à me contrarier, Gustave.

GUSTAVE. Je me défie des moines, moi.

D. JACINTHE, amèrement. Je ne m'éton-
nerais point, du reste, que vous haïssiez
celui-ci.... il a eu, comme moi, le tort
ineffaçable de combattre, de toute sa puissance, l'avènement au trône d'Espagne
de votre roi français..... il n'aime point
votre nation... Mais laissons cela, je vous
prie.... vous me mettriez en colère!

GUSTAVE. Oh! volontiers. (A part.) Ce
qu'elle m'a dit m'inquiète.... Oh! je n'ai
nulle raison de penser... (Haut). Antonia
tarde bien à se rendre auprès de nous.

D. JACINTHE. Ne faut-il pas qu'elle revête les habits de fiancée pour la cérémonie qui se prépare?

∞∞∞∞∞∞∞∞∞∞∞∞∞∞∞∞∞∞∞∞∞∞∞∞∞∞

SCÈNE II.

LES MÊMES. UN DOMESTIQUE.

LE DOMESTIQUE. Une lettre pour vous,
madame Jacinthe... elle vient de Santa-
Maria.

D. JACINTHE. C'est du père de don Gusman... (*Elle lit*)... Vite! vite! qu'on appelle Antonia. (*Le domestique sort*). On nous attend pour la cérémonie. (*Allant à la fenêtre*). O mon Dieu! les gondoles qui doivent nous conduire ne sont pas encore là.... Gustave, allons hâter leur arrivée.

⸎⸎⸎⸎⸎⸎⸎⸎⸎⸎⸎⸎⸎⸎⸎⸎ ⸎⸎⸎⸎⸎⸎⸎⸎⸎

SCÈNE II.

LES MÊMES, ANTONIA.

D. JACINTHE, *présentant la lettre à Antonia.* Ah! vous voici. ma bonne Antonia!... tenez, ceci vous regarde.

ANTONIA. Bonjour, mon frère; je ne t'avais pas encore vu ce matin. (*Elle l'embrasse.*)

D. JACINTHE. Mais lisez donc.

ATONIA. (*elle lit et pâlit,*) *à part.* Je devais prévoir ce moment cruel, et cependant il m'a retenti là, comme s'il avait été inattendu!

D. JACINTHE, *d'un air riant.* Eh bien!

ANTONIA. J'ai lu.!

GUSTAVE, *à D. Jacinthe*, *bas.* Madame Jacinthe, je crois que les doutes que je vous manifestais sur l'éloignement de ma sœur pour ce mariage, n'étaient pas sans quelque fondement. Jetez les yeux sur elle, elle est près de pleurer.

D. JACINTHE. Eh, non!..... J'étais comme cela, moi, quand j'épousai Don Christoval de Mello... et puis, cette chère enfant, pensez-vous qu'elle n'ait pas le regret de se séparer de moi; de moi qui suis sa seconde mère (*à Antonia*). Antonia, il ne faut pas perdre un instant; c'est aujourd'hui que j'assure pour jamais votre sort. L'époux dont vous allez recevoir les sermens est digne de vous..... aimez-le bien... Votre frère et moi, nous allons au devant des gondoles que j'ai demandées pour nous transporter à Santa-Maria, nous serons de retour bientôt. (*Elle sort en l'embrassant avec Gustave.*)

⸎⸎⸎⸎⸎⸎⸎⸎⸎⸎⸎⸎⸎⸎⸎⸎⸎⸎⸎⸎⸎⸎⸎⸎⸎

SCÈNE IV.

ANTONIA, *seule après un silence.* Oh!.. je puis pleurer maintenant... ils ne sont plus là pour me parler de ce prétendu bonheur qui m'attend, pour épier sur mes traits flétris si je suis contente ou si je souffre.... Infortunée Antonia!... s'ils avaient deviné ton secret!... il mourra

avec moi! Je n'ose qu'en tremblant descendre au fond de mon cœur. Jusqu'à ce jour fatal, j'avais espéré me méprendre sur la nature des sentimens que j'éprouve: je croyais qu'une ardeur si coupable ne pouvait pas s'allumer dans une âme chrétienne; que Dieu ne permettrait pas qu'on l'outrageât ainsi... Un moment, un seul moment, vient de me révéler ma faiblesse: chaque pas que je fais vers l'antel me découvre l'abîme immense où j'allais tomber. Oh! cache bien, pauvre fille; cache bien à tous les yeux, le mal cruel qui te consume, les diverses émotions qui t'agitent..... car c'est un crime que ton amour!... Et ils veulent que j'enchaîne mon existence à celle d'un autre, que j'aille prendre à témoin le ciel de la foi que je garderai à mon époux. Ils veulent que je dise à celui que je n'aime point: « Je t'aime! » que ma main s'unisse à la sienne, que mon sourire réponde à son sourire, quand je ne trouve de consolation et de soulagement que dans les larmes. (*se regardant avec tristesse et un sourire amer*). Me voici pourtant en habits de mariée! j'ai consenti librement à joindre ma destinée à celle de Don Gusman. Le prêtre qui doit bénir nos liens nous attend à Santa-Maria. Une foule nombreuse se pressera bientôt sur mon passage et criera: joie et bénédiction à la jeune fiancée.... Amère dérision!... sanglante ironie!... J'essaierai de rendre mon visage riant... et la mort sera là!

(*Ici on entend les gondoliers chanter le refrain de la chanson.*

Qu'on trouve douce une prière
Du beau prieur des franciscains.

Ce sont les gondoliers! (*se promenant vivement*) Oh, je suis émue!... (*se jetant à genoux*). Mon Dieu! prenez pitié de moi. Le sacrifice qu'on me demande est au dessus de mes forces; étouffez, étouffez dans mon sein une coupable flamme, rendez-moi ce calme de mes premières années, cette indifférence tranquille que ne troublait aucun souvenir, aucun regret, et je cours à l'autel, le front serein et j'obéis aux vœux de dona Jacinthe et de mon frère... mais si je dois sans cesse souffrir comme je souffre, et ma vie entière doit s'écouler dans l'affliction et dans les remords, si elle n'est qu'une lutte continuelle entre la passion funeste qui me dévore et les sermens solennels que je vais prononcer, ô mon Dieu, je vous implore, rappelez à vous la malheureuse Antonia. (*On entend les pas des gondoliers*) Ils viennent!

SCÈNE V.

ANTONIA, GUSTAVE, D. JACINTHE,
GONDOLIERS, JEUNES ESPAGNOLS.

D. JACINTHE, aux gondoliers. Entrez, entrez mes amis. La fiancée n'a plus que le voile nuptial à placer sur son front.

ANTONIA. Je respire à peine.

D. JACINTHE. C'est mon enfant adoptif que je marie, regardez comme elle est charmante.

UN GONDOLIER. Puisse le ciel bénir son union. Nous l'implorerons pour elle dans notre prière du soir.

GUSTAVE. Ma bonne sœur..... il est temps de partir.

ANTONIA. Oh, quelques instans encore... (A part). Mes genoux fléchissent sous moi... mon cœur bat avec violence, jamais, jamais je ne pourrai......

(Ici l'orage commence, mais faiblement).

LE GONDOLIER, à Antonia. Pressons-nous, ma belle demoiselle. L'orage va éclater tout-à-l'heure.

ANTONIA, égarée. L'orage... Oui.... ce jour doit être un jour de malheur et de désespoir, mon frère !... pourquoi don Gusman n'est-il pas ici ?... je veux lui parler.... à lui seul, avant d'aller à l'autel.

GUSTAVE. Ignores-tu donc, Antonia, les coutumes sévères de ta nouvelle patrie ?

ANTONIA. C'est vrai... Je veux lui parler pourtant. (Bas). Oui... quand il s'approchera de moi...

D. JACINTHE. Allons, allons, plus de retard ! tu es prête. Gondoliers, à vos rames et menez nous vite ! à l'église de Santa-Maria !... Mon Antonia, ce moment est le plus beau de ma vie. (au domestique). Pédro, veillez bien sur la maison pendant notre abcence... Allons, allons...

SCÈNE VI.

PÉDRO, seul.

Elle n'a pas l'air trop content, la mariée ! cette pauvre jeune fille ! on contrarie peut-être son inclination... mais ce n'est pas mon affaire à moi... Oh ! ils montent dans la gondole. (Il regarde). Tiens, quel est ce gentil petit novice qui les regarde partir ?.. Je ne me trompe pas, c'est le frère Rosario, celui qui vient si souvent chez nous avec le prieur des Franscicains... il tourne la tête de ce

côté... il m'a aperçu... et le voilà qui entre... que veut-il ?

SCÈNE VII.

LE DOMESTIQUE, MATHIDE, sous le
nom de Rosario.

MATHILDE. Ah ! c'est vous, Pédro ! dites moi...n'est-ce pas dona Jacinthe et sa fille adoptive qui s'éloignent dans cette gondole ?

PEDRO. Oui, mon jeune révérend.... ce sont elles.

MATHIDE. Savez-vous le motif qui les fait quitter ces lieux ?

PEDRO. Certainement.... elle vont à l'église de Santa-Maria où notre demoiselle doit épouser don Gusman.

MATHILDE, (A part). Bien... (Haut). Et.. y a-t-il loin d'ici à Santa-Maria ?

PEDRO. Oh ! si les gondoliers forcent de rames, elles arriveront dans deux heures.

MATHIDE, à part. J'ai le temps !

PEDRO. Par exemple, elles n'auront pas une très belle journée pour le voyage. Le tonnerre semble se rapprocher.(Violent coup de tonner r

MATHIDE, à part. Il m'appelle.. Maître, je vais au rendez-vous ! (Elle vapour sortir).

PEDRO. Eh bien, vous ne restez pas... Que dirai-je de votre part à dona Jacinthe, quand elle sera de retour ?

MATHIDE. Oh ! je la retrouverai à Santa-Maria.

PEDRO, à part. C'est singulier ! le jeune révérend a la voix si douce qu'on la prendrait pour celle d'une femme... ça me fait cet effet là quelquefois.

Coup de tonnerre.

MATHILDE. Oui... oui... Je vous entends bien, maître !...

PEDRO. Vous partez donc.

MATHILDE. A l'instant !.. (à part). J'arriverai à l'autel avant la fiancée !

Elle sort.

Le théâtre représente les rochers de la Sierra Morena.

SCÈNE VIII.

SATAN, assis aa fond sur un quartier de roc.
La foudre gronde.

Je m'ennuie, moi, à l'attendre ; il fait une pluie battante, et le froid est vif sur ces rochers... Elle a dû pourtant entendre le signal... J'ai hâte de savoir des nouvelles de mon moine.

●●●

SCÈNE IX.

SATAN, MATHILDE *arrivant.*

MATHILDE, *le cherchant des yeux.* Maître, êtes-vous là?

SATAN *descendant et venant près d'elle.* Eh! oui, femme.....je m'impatiente! voilà, jour pour jour, heure pour heure, une année que je t'ai envoyée auprès d'Ambrosio; c'est ce terme que j'avais fixé pour l'accomplissement de mes desseins sur lui. Es-tu prête à me rendre compte de la mission que je t'avais confiée?

MATHILDE. Oui.

SATAN. Bien, commence... et auparavant, approche un peu que je te regarde... (*La considérant*). Eh!... je n'ai pas fait preuve de mauvais goût en te choisissant parmi les compagnes de damnation pour te charger de séduire le prieur des Franciscains. Tu es jolie... et sur ma parole, c'est un sot s'il t'a résisté.

MATHILDE. Maître, vous raillez sans doute.

SATAN. Non, je te trouve charmante; je suis content de t'avoir donné la préférence!... Oh! c'est qu'elle exigeait de l'adresse et de la persévérance l'entreprise que tu as tentée? Un être mortel, seul entre tous ceux de la création, n'avait jamais été flétri du contact du vice. Que dis-je? pendant une jeunesse entière de mortifications et de sacrifices, la plus légère souillure n'avait point altéré la pureté de son âme, et cependant il aimait! Une pauvre orpheline, pénitente assidue à son confessional, lui avait révélé une existence nouvelle. Mais sa piété, mais la naïve candeur d'Antonia étaient un obstacle insurmontable à mes projets. Je n'hésite point alors pour éveiller les passions endormies du Prieur, c'est à ses yeux qu'il faut que je parle! La première étincelle jetée sur ce foyer ardent allumera un vaste incendie. A ma voix, tu revêts une forme animée, vivante, je suspends tes tortures; je t'arrache à ces gouffres profonds où je te replongerai quand ta tâche sera finie. Toi, qui au temps de tes orgies joyeuses, vendais à la grandesse espagnole tes faveurs de courtisane, assez cher même à ce que l'on prétend, tu te couvres d'un habit mignon de novice, tu croises dévotement tes mains sur ta poitrine, et je t'enferme au cloître pour débaucher un moine.

MATHILDE. C'est fait.

SATAN. Vraiment!

MATHILDE. Il ne vous échappera point, maître; je vous le jure.... il a déjà un pied dans l'enfer.

SATAN. Ah! je tirerai tant que l'autre viendra.

MATHILDE, *souriant.* Il a lutté avec courage avant de succomber. C'est une bouffonne comédie que nous avons jouée là, lui et moi! le pauvre franciscain! comme il s'est défendu.

SATAN, *vivement et riant.* Conte-moi cela!... ce doit être drôle!

MATHILDE. D'abord, selon les instructions que j'avais reçues de vous, je me suis présentée au couvent sous le nom de Rosario, demandant le noviciat en pleurant, baisant d'un air contrit la robe de bure du vénérable Prieur, implorant sa pitié pour un faible enfant abandonné qu'une irrésistible vocation appelait au service de Dieu.

SATAN, *avec une émotion comique.* Et il a ouvert ses bras au faible enfant abandonné?

MATHILDE. Il a plaint mes malheurs, il a essuyé mes larmes.

SATAN. Saint homme!

MATHILDE. Dès ce moment, je ne l'ai point quitté. Je connaissais par vous et par moi-même, car je l'accompagnais souvent chez dona Jacinthe, l'impression vive qu'Antonia avait produite sur lui. Je m'aperçus que loin de diminuer et de s'affaiblir, cette impression première s'était changée en une ardente passion. Un besoin vague de plaisir le tourmentait à son insu, à l'aspect d'une femme, la rougeur colorait son visage, ses lèvres devenaient tremblantes et pâles.... oh! alors, j'ai été certaine du succès! que vous dirai-je enfin? une nuit, il est entré dans ma cellule....

SATAN. Et il n'en est sorti que le lendemain matin.

MATHILDE, *souriant.* Oui!

SATAN, *riant aux éclats.* Ah! ah! ah! ah! j'aurais voulu être là, moi!... et maintenant, est-il bien bourrelé de remords, s'est-il condamné à une douloureuse pénitence pour expier le crime qu'il a commis?

MATHILDE. Maintenant, je ne lui inspire que de l'horreur! une sombre agitation s'est emparée de lui: c'est un délire continuel. Heureusement, un souvenir qu'il cherche vainement à bannir de sa mémoire est là, sans cesse à ses côtés: il le

...uit à la prière, il trouble son sommeil, il charme ou épouvante ses rêves. Antonia, Antonia, ce nom se mêle involontairement dans sa bouche à celui du juge suprême devant lequel il s'humilie ! Ce nom, je le lui ai entendu prononcer sous les flagellations sanglantes de la discipline, sous la cendre dont son front est couvert, au milieu des angoisses qui le tuent. Antonia, c'est elle qui vous donnera Ambrosio, si vous devez le posséder jamais ! Que la beauté de la jeune orpheline soit l'écueil contre lequel vienne se briser la vertu du moine !.... Qu'elle soit à lui, qu'elle lui appartienne, quels que soient les moyens qu'il vous faudra employer pour la jeter dans ses bras, car il a mis en elle sa joie, ses peines, son avenir !... elle, elle seule peut ouvrir l'enfer sous ses pas !

SATAN. Au lieu d'une âme, je ne demande pas mieux que d'en avoir deux, mais comment faire ?

MATHILDE, *avec un calme railleur.* J'ai déjà commencé, moi, à entraîner la victime au bord du précipice.... la faible enfant y tombera-t-elle tôt ou tard ?

SATAN. Qu'importe le temps ? il me faut mon moine. C'est un défi que j'ai jeté à la face de Dieu !

MATHILDE. Écoutez, maître ! vous reposez-vous sur moi du soin d'accomplir jusqu'au bout la mission que vous m'avez donnée ?

SATAN. Sans réserve ?

MATHILDE. La vie et la mort, vous mettez tout dans le monde à ma disposition...

SATAN. Tout.... évoque les puissances infernales, crée des êtres fantastiques, anéantis d'une parole, d'un signe, l'existence qui nuira à la réussite de ton œuvre de damnation, je ne pose de limite à ta volonté souveraine que celle-ci : Tu m'appelleras, si tu décides Ambrosio à signer le pacte qui le liera à Satan.

MATHILDE. Je vous appellerai.... un mot encore. Cette croix de feu que vous avez arrachée de mon front en me revêtant de ces pieux habits, j'aurai peut-être besoin de la faire reparaître, rouge et ardente.

SATAN. Ta volonté suffira.

MATHILDE. Bien !... à présent, je cours à l'église de Santa-Maria.... ma place est auprès du fiancé.... malheur....

La foudre commence à gronder.

SATAN. Mon moine ! mon moine !.... à quelque prix que ce soit...... entends-tu bien ?

MATHILDE. Adieu.

SATAN, *avec rage.* Ame et corps, sang et chair, pour que je le déchire ou que je le brise sur ces rochers !.... va-t-en maintenant.

MATHILDE. Nous nous reverrons bientôt !

Mathilde part. Satan gravit une haute cime de rochers et regarde Mathilde de loin. Tonnerre, éclairs.

SATAN, *du haut du rocher, à Mathilde.* Mon moine !

FIN DU PREMIER ACTE.

ACTE DEUXIÈME.

Le théâtre représente une salle du couvent. Une grille au fond. Sur le devant une table couverte de livres.

SCÈNE PREMIÈRE.

AMBROSIO *assis*, PLUSIEURS MOINES, *autour de lui, mais à distance.*

AMBROSIO, *brusquement à un moine.* Vous pouvez vous retirer frère Anselme. le religieux de notre ordre pour lequel vous intercédez n'obtiendra jamais sa grâce.

ANSELME. Je ferai observer à notre vénérable prieur qu'un repentir sincère...

AMBROSIO. Ne suffit pas pour un aussi grand crime.

ANSELME. Est-ce donc un crime qu'un moment d'égarement ?

AMBROSIO, *troublé mais se remettant.* Un moment d'égarement ! Enlever une fille à sa mère ! et d'ailleurs qui vous a donné le droit de discuter le mérite des punitions que j'inflige ?

ANSELME. Le cachot où il gémit est humide et malsain... il y mourra !

AMBROSIO, *avec émotion.* Vous croyez... J'irai le voir.

ANSELME. Oh ! la présence du vertueux Ambrosio lui rendra plus amère encore le souvenir de sa faute (*mouvement d'Ambrosio*) mais aussi avec quelle joie il recevrait les consolations du saint prieur des franciscains ?

AMBROSIO, *l'interrompant.* Assez, assez, frère Anselme (*il fait signe à un autre religieux de s'approcher*). Ne m'avez-vous pas dit que quelqu'un me demandait au parloir ?

UN RELIGIEUX. C'est de la part de monseigneur le duc de Médina Cœli.

AMBROSIO. Que me veut-il ?

LE RELIGIEUX. Il vous supplie instamment de vous rendre auprès de madame la duchesse dont la conscience réclame vos conseils.

AMBROSIO. Ils sont d'une bizarre nature, ces grands du monde ! il semble que les hommes du seigneur leur doivent, comme leurs vassaux, obéissance et hommage. Ils vous envoient un de leurs laquais à livrée, pour vous prévenir qu'ils daigneront vous attendre dans leurs hôtels somptueux, et la commission faite, ils pensent être quittes envers vous. (*au religieux*). Répondez au duc de Médina que si notre pieux ministère est utile à sa noble épouse, le confessional des franciscains est ouvert à toute heure. Elle y peut venir.

LE RELIGIEUX. Une foule considérable de fidèles assiège, en ce moment, la porte de la chapelle : la chaire évangélique vous réclame. Le peuple de Madrid brûle du désir d'entendre votre éloquente voix appeler les bénédictions du ciel sur ses travaux.

AMBROSIO. Je ne prêcherai pas aujourd'hui... mes frères. J'ai besoin de solitude... et de repos.

ANSELME. Nous nous retirons.

AMBROSIO, *à un autre religieux qui tient deux lettres.* Ces lettres sont-elles pour le couvent ? (*Signe affirmatif du moine*) Donnez. (*il les place sur la table qui est devant lui*).

ANSELME, *s'approchant.* Notre excellent prieur n'oubliera pas le malheureux que j'ai recommandé à sa bonté.

AMBROSIO. Non.

(*Les religieux sortent en saluant profondément Ambrosio.*)

SCÈNE II.

AMBROSIO, *seul.*

Je n'aurais qu'à descendre en moi-même pour me faire un devoir de la miséricorde et du pardon. Je punis sévèrement dans un infortuné des erreurs qui sont les miennes. Je n'ai de pitié et de faiblesse que pour moi... Oh ! s'ils lisaient au fond de mon âme, tous ceux qui se prosternent à mes pieds, qui m'encensent, comme un idole, que je leur inspirerais d'horreur ! (*il décachette les lettres qui sont devant lui et en lit une*) Rome..... C'est du cardinal Gonsalvi, secrétaire de notre vénérable pontife. (*il lit*). » La renommée de vos » hautes vertus, de votre piété profonde, » de votre éloquence chaleureuse et per- » suasive est parvenue jusqu'au chef au- » guste de la chrétienté, je crois pouvoir » vous annoncer qu'à la première pro- » motion... » (*Parlé*). Un chapeau de cardinal... (*jetant la lettre*). Merci ! (*il se lève et se promène avec agitation*). Un vain hochet, l'admiration de l'Espagne, les jouissances de l'orgueil ne suffisent plus à Ambrosio. Que m'importe que mon nom vole de bouche en bouche, qu'on jette des fleurs sur mon passage. Cela donne-t-il joie et bonheur ?... le bonheur ! j'ai cru le connaître... Oh ! malédiction sur eux qui m'ont marqué ainsi d'un sceau ineffaçable ; qui m'ont dit : tu éteindras en toi les plus tendres sentimens de la nature, les plus vives émotions de l'âme..... tu seras seul étranger au milieu de tes semblables. Ils jouiront des voluptés de ce monde et tu t'en priveras, ils aimeront... (*avec larmes*) et tu n'aimeras pas ! Ah ! malédiction ! malédicon. (*après une pause et se cachant la tête dans ses mains*). Pauvre fou ! (*après une autre pause, il se rassied*). Ne dirait-on pas qu'un large capuchon de bure, des sandales, et une tonsure de moine sont d'infaillibles moyens de séduction auprès d'une femme, et que le prieur des franciscains est plus sûr de plaire qu'un élégant cavalier de Madrid ?... Ah ! je voudrais mourir.

SCÈNE III.

AMBROSIO, MATHILDE, *au fond.*

MATHILDE. Il est seul...

AMBROSIO, *sans voir Mathilde.* Je forme mille projets que la réflexion me fait abandonner ensuite.

MATHILDE, *au fond, l'appelant doucement.* Ambrosio !

AMBROSIO, *l'apercevant et à lui-même avec dépit.* Mathilde!

MATHILDE. Pardon.. je vous dérange peut-être...

AMBROSIO, *sèchement.* Non !

MATHILDE. Puis-je rester quelques instans près de vous? je ne vous ai pas vu ce matin à la prière... Les regards de Mathilde vous ont longtemps cherché

AMBROSIO. Je ne suis pas sorti de ma cellule.

MATHILDE. Je n'ai pas osé venir vous y trouver.

AMBROSIO. J'avais besoin de rester livré à moi-même.

MATHILDE. Autre fois, quand vous souffriez, vous m'appeliez vers vous.

AMBROSIO. Je ne souffre pas.

MATHILDE. Croyez-vous qu'il soit facile de tromper Mathilde ? ce soin que vous mettez maintenant à m'éviter, cette agitation violente qui tourmente votre âme, tout ne m'avait que trop ouvert les yeux... Vous avez des chagrins profonds... et j'en connais la cause.

AMBROSIO, *se levant.* Vous !

MATHILDE. Écoutez moi, Ambrosio ! je ne vous parlerai du passé que pour justifier les droits que j'avais à votre confiance: que d'efforts cependant n'ai-je pas tentés, pour arracher de mon sein ces coupables désirs que vous ne partagiez pas alors ? me séparer de vous c'était mourir ! je l'ai essayé ! je me suis jetée en pleurant à vos genoux, je vous ai dit : chassez-moi, mon père... je suis une femme... vous ne m'avez pas chassée.. j'ai été perdue.

AMBROSIO. A quoi servent ces vains regrets ? vous avez eu votre part de la faute, moi la mienne... laquelle des deux est la plus forte ? je n'en sais rien, et en vérité, cela m'importe peu. Je ne comprends pas bien à présent ce que signifie l'honneur d'une femme, et la vertu d'un moine.

MATHILDE. Ce ne sont pas des reproches que je vous adresse, Ambrosio ! je ne viens même pas me plaindre de votre indifférence.

AMBROSIO. Je ne vous comprends pas.

MATHILDE. Une autre avant Mathilde possédait le cœur d'Ambrosio.

AMBROSIO. Vous vous trompez.

MATHILDE. Non.

AMBROSIO. Encore une fois, vous vous trompez !

MATHILDE. Si je vous la nommais ?

AMBROSIO, *vivement,* Silence !

MATHILDE. Elle est si belle Antonia ?

AMBROSIO. Antonia.

MATHILDE. Vous pâlissez.... rassurez-vous.. Vous n'entendrez pas un seul mot de regret sortir de ma bouche. Il y a long-temps déjà que je me suis accoutumée à votre froideur.. je le sais, les faibles liens qui nous ont unis sont brisés, les sermens que vous m'avez faits sont rompus. .... une femme ordinaire ne vous aurait point pardonné ce cruel abandon. Mathilde l'excuse.... Mathilde est prête même à un plus grand sacrifice... puisqu'elle ne peut rien désormais pour votre bonheur , que celle qui vous inspira la première une passion que je vous pardonne de m'avoir cachée.... que celle là accomplisse la douce tâche que s'était imposée Mathilde.. (*avec entraînement*). Oui, mon Ambrosio, je me défendrai le moindre murmure, je pleurerai quelquefois sans doute en songeant à ma félicité passée, mais je te cacherai mes larmes... tout ce qu'il faudra employer de soins et d'efforts pour te conduire au but secret de tes vœux, je l'emploierai.. et ce but tu l'atteindras, car Antonia t'aime.

AMBROSIO, *vivement et avec un cri.* Elle m'aime !

MATHILDE. J'en suis sûre.

AMBROSIO. Qui te l'a dit ?

MATHILDE. Elle ?

AMBROSIO. Elle ?

MATHILDE. Sa bouche n'a pas parlé, mais son cœur m'a découvert son secret.

AMBROSIO. Tu l'as vue ?

MATHILDE. Aujourd'hui.

AMBROSIO. Et... Elle m'aime !

MATHILDE. Tu m'écoutes maintenant... Ambrosio ne dissimule point ta joie; laisse la éclater devant la malheureuse Mathilde.. ah ! quel aurait été ton délire si tu avais entendu Antonia !

AMBROSIO. Antonia! Elle a prononcé le nom d'Ambrosio ! Elle s'est plainte de mon absence peut-être.... Oh ! ne me cache rien.. tes paroles m'énivrent.

MATHILDE. Elle s'abandonnait à moi avec confiance. « Qu'il est digne d'envie » s'écriait-elle, le sort des pieux habitans » du couvent des franciscains. A chaque » instant du jour, ils voient leur ver- » tueux prieur, ses saints discours les en- » couragent et les fortifient.... leurs » prières se mêlent aux siennes. » Et puis, ses regards étincelaient, elle portait sa main à son cœur, comme pour y comprimer une sensation délicieuse, comme pour y refouler un aveu qui allait monter sur ses lèvres...

AMBROSIO, *avec transport*. Assez... assez... je n'ai pas de force pour des émotions si rapides et si puissantes. (*se promenant avec agitation*). Oh! ce que je demandais m'est donc accordé! plus de longues heures de solitude sans un espoir qui vint les charmer, plus de nuits sans sommeil et sans rêves... A moi l'amour de cet ange, à moi son existence tout entière... Oh! je n'y croyais pas...

MATHILDE. N'y crois pas trop encore.

AMBROSIO. Comment.

MATHILDE. Tu ne connais pas Antonia.

AMBROSIO, *troublé*. Tu m'as dit qu'elle m'aimait?

MATHILDE. T'ai-je dis que son amour serait plus fort que sa vertu?

AMBROSIO. Oh! tu te joues de mes tortures?

MATHILDE. Non!... mais je ne veux pas que tu l'abuses...

AMBROSIO. Tais toi.

MATHILDE. Voilà bien Ambrosio! parce qu'il s'abandonne sans réserve à la fougue ardente de ses passions, il ne juge pas possible qu'un autre ait le courage de les vaincre... (*s'approchant de lui*). sais-tu que cet amour dont Antonia brûle pour toi, lui semble un crime.

AMBROSIO. Je sais que je mourrai, si elle ne m'appartient...

MATHILDE. Elle mourrait peut-être aussi plutôt que de t'appartenir (*à voix presque basse*). Ce n'est pas une crainte frivole, un doute à peine éclairci, que j'exprime, c'est une conviction profonde acquise par mon entretien avec Antonia... Ainsi ne te berce pas d'une illusion qui augmenterait tes tourmens au lieu de les adoucir... tu ne réussiras jamais!

AMBROSIO. Jamais!

MATHILDE. Cependant...

AMBROSIO. Achève.

MATHILDE. Si tu te sentais capable d'une énergique résolution... si d'indignes préjugés ne te retenaient pas...

AMBROSIO. Eh bien.

MATHILDE. Tu ne voudrais pas?

AMBROSIO. Peut-être.

MATHILDE, *après un moment de silence*. Écoute et ne m'interromps pas... le moment est venu de te dévoiler une partie fort importante de ma vie qui t'est encore inconnue. Si quelque chose dans mon récit t'épouvante, et t'irrite, songe

que mon unique but est de rendre la paix à ton cœur.

AMBROSIO. J'attends.

MATHILDE. Un an s'est écoulé depuis que je suis auprès de toi... le nom que je porte, le rang que j'occupais dans le monde, je ne te les ai pas laissés ignorer, je t'ai même entretenu, je crois, du changement survenu dans la fortune de mon père, mais je ne t'en ai pas expliqué la cause... nous étions pauvres, les privations les plus dures, les besoins les plus impérieux accablaient sa vieillesse et mon enfance... tout à coup à la misère succéda l'opulence, sans que ma jeune raison se fût expliqué cette étonnante énigme, car la source de nos richesses était intarissable... mon père mourut et c'est alors, seulement, que je devins confidente d'un secret que j'ai gardé jusqu'ici tout entier dans mon sein, et dont je n'ai pas encore fait usage.

AMBROSIO. Quel est ce secret?

MATHILDE. Je vais te l'apprendre. c'est à lui que nous devions notre opulence... (*avec intention*) et le pouvoir d'obtenir un plein succès pour tous les vœux que nous formions.

AMBROSIO, *répétant et appuyant sur les mots*. Pour tous les vœux que vous formiez.

MATHILDE. Tous! et ce secret, le voici... Parmi les sciences que la curiosité de mon père le portait à approfondir, il ne négligea point celles que quelques hommes faibles regardent comme impie, d'autres, moins éclairés, comme chimérique, l'art qui nous met en relation avec des puissances supérieures à nous. (*Mouvement d'effroi du moine qui écoute attentivement mais en frémissant*). Ses profondes recherches, son application continuelle à l'étude de la nature, le conduisirent à la fin au but qu'il avait si ardemment souhaité d'atteindre. Il donna des lois aux élémens, il subvertit à son gré l'ordre immense et régulier du monde, son œil pénétra dans l'avenir, et les esprits infernaux furent soumis à ses commandemens...

AMBROSIO. Pas un mot de plus... je te comprends. c'est la damnation éternelle que tu m'offres en échange d'Antonia!

MATHILDE, *avec entraînement*, Non!... nul contrat ne te livrerait à l'enfer... s'il y a quelques dangers, ce sera pour Mathilde... c'est elle qui invoquera le ministère des démons, pour elle sera le crime dont tu recueilleras tout le fruit.

AMBROSIO. Je rougirais de ma con-

quête si je l'achetais à ce prix. La fraude
et la violence. à la place de l'amour; un
corps inanimé dans mes bras ! l'enfer entre Antonia et Ambrosio !... quel triomphe ! oh ! non... je ne pourrais pas...

MATHILDE. C'est pourtant l'unique ressource qui te reste.

AMBROSIO. Va-t-en.

MATHILDE. Je ne t'ai pas tout appris...
tu ignores que tu as un rival !

AMBROSIO. Un rival !

MATHILDE. Qu'Antonia, pour éteindre
dans son cœur l'ardeur criminelle qui la
dévore, s'est décidée à lui donner sa
main.

AMBROSIO. Quand ?

MATHILDE. Aujourd'hui, en ce moment
peut être !...

AMBROSIO. Tu mens !

MATHILDE. Je mens.... quitte ta robe
de bure, prends l'habit d'un riche seigneur
de Madrid, cours à l'église de Santa-Maria
et là, aux marches de l'autel, tu verras
agenouillés devant Dieu Antonia et son
jeune fiancé; tu entendras leurs sermens
d'hymen et tu reviendras me dire après si
j'ai menti.

AMBROSIO, avec fureur. Oh !... oh !...
s'il était vrai !

MATHILDE. Cours donc.

AMBROSIO, hors de lui. Malheur, malheur
à qui me l'enlèvrait... jamais stilet espagnol bien aiguisé n'aurait été plus droit à
un cœur d'homme que le mien.

MATHILDE. Calme toi... j'entends du
bruit.

AMBROSIO. Oui, j'irai à Santa-Maria !
j'arracherai de son front le voile nuptial ,
et je l'entraînerai morte ou vive, jusqu'ici.

MATHILDE. On entendra ses cris...

AMBROSIO, se jettant dans un fauteuil.
Désespoir !... désespoir !...

MATHILDE. Voilà quelqu'un.

(*Ambrosio reste insensible et immobile, la
tête cachée dans ses deux mains. Mathilde
va à la porte de la cellule où l'on a frappé
trois légers coups.*)

SCÈNE IV.

LES MÊMES , LE FRÈRE ANSELME.

ANSELME. Le prieur n'est-il pas ici ?

MATHILDE. Il prend quelques instants de
repos... le voilà !

ANSELME. Alors je me retire.

MATHILDE. Que lui voulez-vous ?

ANSELME. C'est une dame âgée qui s'est

présentée à la porte du couvent accompagnée
d'un jeune français et qui demande avec instance à lui parler. Je lui ai répondu que
l'heure où le prieur se rend au parloir étant
passée, il était impossible de le voir,... elle a
insisté plus vivement encore en m'assurant
que notre respectable supérieur aurait la
bonté de la recevoir, elle s'appelle dona
Jacinte.

AMBROSIO, se levant vivement. Qu'entends-
je ?... qu'elle vienne.

(*Anselme sort.*)

SCÈNE V.

LES MÊMES, DONA JACINTE, GUSTAVE.

DONA JACINTE , se jettant aux genoux
d'Ambrosio. Ah ! mon père, nous venons
implorer vos conseils et votre appui.

AMBROSIO. Relevez vous, ma fille. Que
puis-je faire pour vous ?

DONA JACINTE. Pardon... mais l'émotion que j'éprouve... la scène douloureuse
dont je viens d'être témoin...

AMBROSIO. Vous pleurez ?

DONA JACINTHE. Nous n'avons plus d'espoir qu'en votre paternelle intervention...
Antonia...

AMBROSIO. Eh bien !

GUSTAVE. Comme frère d'Antonia, je
demanderai à dona Jacinthe la permission
de donner moi-même ces détails au révérend Ambrosio. Il y a un an un jeune et
riche cavalier de la province de Murcie
avait demandé et obtenu la main de ma
sœur... mais des raisons puissantes de famille l'avait forcé à ajourner cette union.
il y avait six mois qu'il était parti, pour
Valence, dans le dessein de solliciter le consentement de son père... pendant ces six
mois, nous n'avions reçu de lui aucunes
nouvelles.

AMBROSIO, avec une joie mal déguisé. J'entends... il a manqué aux sermens les plus
saints, aux promesses les plus sacrées.

GUSTAVE. Non... il est revenu, apportant ce consentement si desiré. C'était
hier... il devait repartir aujourd'hui
même... mais avec son épouse; le mariage
fût fixé pour ce matin, Antonia révêtit sa
parure de fiancée.... elle semblait heureuse... nous nous rendîmes à l'église de
Santa-Maria.

AMBROSIO, à part. Oh ! que je souffre.

GUSTAVE. Le prêtre joignit leurs mains...

AMBROSIO, d'un ton de voix étouffé. Ils
sont mariés.

GUSTAVE. Non !

AMBROSIO. Que dites vous?...

GUSTAVE. Antonia a refusé.

AMBROSIO. Ah!

GUSTAVA, *après l'avoir regardé.* Jamais, jamais, a-t-elle dit en tombant évanouie sur les marches de l'autel... sa pâleur était effrayante, je l'ai cru morte... il y a dans ce passage subit de la résignation à la volonté formelle que vient d'exprimer ma sœur, quelque chose d'étrange que vous pourriez peut-être m'expliquer.... la bonne madame Jacinthe qui connaît la haute influence que vous exercez sur l'esprit d'Antonia, prétend qu'elle ne confiera qu'à vous son secret. Elle m'a amenée, presque malgré moi, auprès de vous, mon père, nous vous prions de vous rendre dans notre maison. Nous vous attendrons demain.

MATHILDE. Répondez que vous ne pouvez pas sortir demain du couvent.

JACINTHE. Vous viendrez, n'est-ce pas.

AMBROSIO. Si les devoirs que j'ai à remplir...

GUSTAVE, *à part.* Il se trouble.

MATHILDE, *à Jacinthe.* Vous ne pouvez pas douter de l'empressement que notre respectable prieur mettrait à accéder à votre désir; mais, il s'est imposé, par un vœu solennel une longue et profonde retraite... ne vaudrait-il pas mieux conduire ici vous même votre fille.

AMBROSIO, *bas à Mathilde.* Mathilde...

JACINTHE. Certainement.... mais le pieux Ambrosio y consent-il?

AMBROSIO, *agité.* Madame.... l'intérêt que je vous porte.... la sainteté de la mission que vous me confiez.... (*A part.*) Oh! je respire à peine.

MATHILDE. Nous vous attendrons...

JACINTHE. Demain!

MATHILDE. Demain!

GUSTAVE, *à part.* J'y serai et j'éclaircirai mes soupçons.

JACINTHE. Vous nous rendrez le bonheur, mon père! car cette chère enfant est le seul lien qui m'attache à la vie, c'est mon unique espoir dans ce monde... je l'aime comme si elle était à moi.

AMBROSIO, *à part.* Je la verrai.... ici...

JACINTHE, *bas.* Si elle avait un autre amour.... obtenez d'elle qu'elle vous apprenne son secret.... elle ne manquera pas de confiance pour vous...

AMBROSIO, *à part.* Pour moi!

JACINTHE. Sauvez, sauvez Antonia.... adieu... je retourne près d'elle. (*Se précipitant sur sa main.*) Oh! que je baise votre main.... adieu.

(*Elle sort lentement.*)

AMBROSIO, *sortant de sa stupeur et faisant quelques pas.* Non, non!... qu'elle ne vienne point...

MATHILDE, *le retenant.* Silence donc... ton bonheur dépend maintenant de toi!

SCÈNE VI.

LES MÊMES, RELIGIEUX, LE FRÈRE ANSELME, *les religieux passent et s'arrêtent au fond du théâtre.*

ANSELME. Mon père, voici l'heure de la prière du soir, nous vous attendons.

MATHILDE, *bas.* Pense à Antonia!

AMBROSIO. Dieu m'appelle.... allons prier!

FIN DU DEUXIÈME ACTE.

ACTE TROISIÈME.

L'intérieur de la cellule d'Ambrosio.

SCÈNE PREMIÈRE.

AMBROSIO, *seul.*

AMBROSIO. Elle va venir!.. je respire à peine.... mes lèvres sont sèches et brûlantes... tout mon sang s'est retiré vers mon cœur! je souhaite sa présence et je la crains?... Que je souffre... que je souffre!... Ah! ce sont des tortures de damné! (*Il prête l'oreille*). Non ce n'est pas elle encore... tant mieux!... Oh qu'elle ne vienne pas!.... elle serait perdue! (*avec force*) perdue!..... déshonorée, et puis abandonnée à d'éternels remords... (*se cachant la tête dans ses mains*). Non....

non?... je serais un monstre! (*avec exalta-tion*) N'ai-je plus rien d'humain en moi ? Cette vertu dont j'étais si fier, est-elle endormie seulement.. ou morte?.. hier quand dona Jacinthe me suppliait à genoux de donner le repos et le bonheur à sa fille adoptive, des pleurs se sont échappés de mes yeux : en ce moment sans doute, si Antonia eût été devant moi, j'aurais eu la force de me vaincre, je me serais senti capable d'une noble et grande résolution... je l'aurais sauvée! et cette nuit, nuit d'angoisses et de pénibles rêves, je pensais à cette jeune fiancée qu'il dépendait de moi de rendre à son époux, à ces liens augustes et sacrés, brisés si près de l'autel, et je m'accusais, et je me tordais les mains de douleur, et je maudissais mon fatal amour... Oh ! si elle venait maintenant !.. (*on entend ici frapper deux coups à la porte*) C'est elle. (*après une pause*). Entrez...

La porte s'ouvre, Antonia, pâle, tremblante, paraît sur le seuil en s'appuyant sur l'un des côtés de la porte, elle n'ose approcher.

SCÈNE II.

AMBROSIO, ANTONIA.

AMBROSIO, *la regardant*. Comme elle est pâle !... Oh! je n'ose pas lui parler, sa vue a rallumé en moi ce feu que je voulais éteindre. (*Il fait quelques pas et dit d'une voix faible*) Approchez, Antonia. (*Antonia soulève sa tête baissée et marche lentement vers Ambrosio*). Dona Jacinthe m'a prié instamment de consacrer à vous entretenir quelque heures du temps que je n'emploie point au service de Dieu : ayez confiance en moi.

ANTONIA. Je vous écoute, mon père!

AMBROSIO Vous savez quel intérêt je porte à tout ce qui vous regarde. Admis dans votre maison... confident de vos secrets de famille... rien ne m'est caché... (*Mouvement d'Antonia*) Ne tremblez pas... j'avais déjà remarqué cette tristesse profonde que vous dissimuliez en vain sous un air enjoué et riant : souvent sans que vous vous en soyez doutée, j'ai surpris une larme furtive, un soupir étouffé... Antonia, vous souffrez et Ambrosio ignorait... il ignore encore la cause de vos chagrins.

ANTONIA, *se cachant la tête dans les mains*. Oh !...

AMBROSIO, *vivement*. Ne croyez pas que je cherche à lire, malgré vous, dans votre âme.. j'ai à m'acquitter d'un devoir... et je vais le faire.... répondez-moi... vous avez promis votre main..... à un jeune seigneur de Murcie.

ANTONIA. Oui.

AMBROSIO. Il y a un an !

ANTONIA. Un an.

AMBROSIO. C'est à peu près à l'époque où je fus appelé auprès de dona Jacinthe malade..... pour lui prodiguer mes secours.

ANTONIA. A peu près.

AMBROSIO. Cette promesse, elle ne vous avait pas été arrachée.. vous aviez consenti librement à cette union...

ANTONIA. J'étais pauvre, sans appui... un irréparable malheur pouvait m'enlever mon frère... et puis je n'aimais personne.

AMBROSIO. Hier à l'église de Santa-Maria, au moment de prononcer un serment, qui devait vous enchaîner pour la vie..... Vous avez refusé !

ANTONIA. J'ai refusé.

AMBROSIO. Pourquoi.

ANTONIA. Ah ! mon père, ayez pitié de moi ! voyez... je me soutiens à peine, achèverez-vous de briser ce cœur de femme qui n'a plus de courage que pour souffrir? que vous importent les raisons qui m'ont déterminée à rompre ce mariage?... il est rompu.. et pour jamais !

AMBROSIO. Pour jamais.

ANTONIA. C'était un parjure qu'on demandait à Antonia, c'était un exécrable mensonge que l'on contraignait, ma bouche à prononcer... Celui qu'on me destinait pour époux croyait que je partageais ses sentiments. Je m'étais interrogée avant de me résoudre à rejeter ses vœux ! et si je n'avais trouvé en moi que de l'indifférence....

AMBROSIO. Achevez?

ANTONIA, *avec force*. Mon père! mon seul espoir est désormais en vous ! il est à côté de ce couvent, une pieuse retraite ouverte aux jeunes filles sans fortune.. que l'on m'y conduise ! obtenez de mon frère qu'il consente à cette séparation cruelle, elle est nécessaire. Là du moins, je pourrai cacher ma vie et pleurer en silence !

AMBROSIO, *avec une émotion amère*. Antonia, vous ignorez ce que coûtent des vœux éternels ! les liens qui nous engagent à Dieu sont parfois plus pesants que l'on ne pense.

ANTONIA. Ils donnent le courage de se vaincre et de souffrir !

AMBROSIO. Pas toujours... Oh sans doute ceux qu'appelle une sainte vocation dans ce muet et solitaire asile, ceux qui n'y rapportent du monde aucun souvenir de tristesse, aucune pensée de regret, ceux là sont heureux ou peuvent l'être, et encore ne sont-ils pas à l'ab.i des passions humaines, plutôt assoupies qu'étouffées en leur sein !... mais il est des âmes ardentes qui ont vécu d'une autre vie, que se sont abandonnées sans réserve à de douces et tendres émotions, qui n'ont pas été desséchées par la superstition et l'égoïsme... celles là se brisent et s'éteignent au cloître, c'est une lutte continuelle, opiniâtre, acharnée entre de prétendus devoirs et la nature : ce sont des tourmens de chaque jour, de chaque heure, de chaque instant...

ANTONIA, *avec larmes et entraînement.* Eh bien, je les préfère à ceux que j'éprouve ! les miens sont aussi de chaque jour, de chaque heure, de chaque instant; ils sont poignans et sans remède, je le sais, mais on les voit ici, mais les regards curieux lisent sur tous mes traits, le mal secret qui me dévore... Mais mon pauvre frère se désespère et pleure... Oh ! de grâce, un cloître pour Antonia ! toute la rigueur des lois célestes pour une faible fille qui soutient contre elle-même un combat inégal ! une porte à gonds de fer qui se ferme sur elle et qui ne s'ouvre plus ! les secours de la religion qui consolent et qui fortifient !... Ou c'est fait de moi, mon père... je suis perdue...

AMBROSIO, *qui a montré une vive émotion se promène agité. A part.* Que se passe-t-il en moi ? de quel poison subtil ses paroles ont brûlé mon sang ?...

ANTONIA, *d'une voix altérée.* Mon père! qu'avez-vous ?

AMBROSIO, *avec agitation.* Antonia !

ANTONIA. Votre agitation m'épouvante !

AMBROSIO, *s'animant par degrés.* Pourquoi le sort ne m'a-t-il fait naître auprès de vous, sous le même toit, dans la même condition ! avec une âme qui comprend si bien la vôtre, pourquoi m'a-t-il séparé d'Antonia? je vous aurais vue à chaque instant, j'aurais commencé pour vous une existence, que vous auriez embellie. Quel avenir s'ouvrait alors devant nous, que d'espérance de bonheur !

ANTONIA, *effrayée.* Mon père !

AMBROSIO. Au lieu de cela, il m'a pris au berceau pour m'ensevelir dans un cloître : il m'a jeté sur la tête un capuchon de moine, et j'ai grandi au milieu des austérités, des superstitions et de la peur, n'ayant d'homme que le nom et les désirs, craignant toujours un Dieu qui nous ordonne de dompter nos passions et qui nous en a refusé la force.

ANTONIA, *avec douleur.* Ah !

AMBROSIO. Et pourtant je l'ai appelé à mon aide quand j'ai senti mon courage défaillir. Je l'ai invoqué à genoux pour moi... et pour toi !

ANTONIA. Pour moi.

AMBROSIO, *avec une voix terrible.* Oui, pour Ambrosio qui t'adore, et pour Antonia qui partage son coupable amour.

ANTONIA, *violemment émue.* Assez... assez !

AMBROSIO. Maintenant, que son tonnerre tombe sur moi s'il le veut ! Je t'aimerai !

ANTONIA. Ne blasphémez pas !

AMBROSIO. Je t'aimerai. Je suis las de cette lutte horrible, qui s'est engagée entre moi et lui.... Puisque le combat est livré, que le plus fort des deux triomphe... qu'il m'anéantisse ou que tu m'appartiennes ?

ANTONIA, *cherchant à s'échapper.* Laissez-moi... laissez-moi !

AMBROSIO, *la retenant.* Reste !

ANTONIA. Pitié! pitié, pour Antonia. Ambrosio, j'embrasse vos genoux. Ce n'est pas vous que j'accuse, oh non, c'est moi, c'est moi seule. C'est pour moi que je vous demande grâce et pardon. Ces tourmens que vous ressentez, n'est-ce pas moi qui les cause, cette passion fatale qui vous égare, n'est-ce pas moi qui l'ai allumée dans votre sein? avant de me connaître vous étiez tout entier à ce Dieu que vous outragez à présent, vous aviez foi en sa bonté, vous vous prosterniez à ses pieds avec ferveur... mais moi, vous ne savez pas combien je suis coupable. Avant que vous ne vinssiez dans la maison de doña Jacinthe, je vous aimais,... oui, je vous aimais, Ambrosio, chaque jour entraînée par un mouvement irrésistible, j'allais à l'église des franciscains. Je recueillais avidement les éloquentes paroles que vous prononciez du haut de la chaire évangélique. Quand votre voix commençait une prière, je m'agenouillais pour prier avec vous, pas une pensée, pas un soupir, pas une larme qui ne fut pour Ambrosio...

AMBROSIO, *hors de lui.* Antonia !.. mon Antonia !

ANTONIA. O mon père, n'est-ce pas moi qui ai commis le crime, n'est-ce pas moi qui dois l'expier !

AMBROSIO. Que les mêmes châtimens nous frappent. Mais que les mêmes plaisirs nous unissent ?

ANTONIA, *effrayée.* Que voulez-vous ?

AMBROSIO. Toi, et la malédiction du ciel ! (*il la saisit et la presse violemment dans ses bras*).

ANTONIA, *s'échappant de ses bras.* Oh ! la mort plutôt !

AMBROSIO. Le bonheur.

ANTONIA. Non,...., la mort avec sa cruelle agonie, avec le fer ou le poison ! La mort plutôt que la honte ! Toi, qui nous entends là haut, toi qu'il outrage et que je révère, regarde ton plus fervent apôtre ! Franciscains, brisez la porte de cette cellule et venez voir votre prieur ! il a ravi par ruse, une faible enfant, à la vigilance de son frère, pour la déshonorer et la flétrir !

AMBROSIO. Silence !

ANTONIA. Oh ! je n'ai plus peur maintenant !.... il a vu sans pitié mes larmes et mon désespoir.

AMBROSIO. Tais-toi donc.

ANTONIA. Et puis, après, il aurait dit à mon frère.... voilà la fiancée de Santa-Maria ! tu peux la conduire à son époux.

AMBROSIO. Oh !

ANTONIA. Tel était le sort que m'avait réservé Ambrosio.... mais qu'il m'écoute. (*Elle se rapproche vivement de lui.*) Et qu'il me juge ! j'ai combattu de tout ce que j'avais de force et de courage, ce criminel amour..... j'ai succombé sans cesse et dans ce moment même où l'horreur et l'indignation devraient seules remplir mon âme.... j'ai senti là, que je n'oublierais jamais Ambrosio... si les nouveaux efforts que je tenterai sont inutiles, un dernier moyen me restera encore.... il est sûr, je l'emploierai.... adieu.

(*Elle se précipite vers la porte.*)

AMBROSIO, *marchant sur ses pas.* Tu ne sortiras pas !

ANTONIA, *ouvrant la porte d'un ton calme.* Aimes-tu mieux que je rende témoins de ton crime les pieux habitans de ce cloître ? mon frère est là ! (*Ambrosio reste indécis entre la colère et l'effroi.*) Ambrosio, nous ne nous reverrons plus.

(*Elle sort lentement. Ambrosio la suit quelque temps des yeux et court précipitamment vers la porte.*)

AMBROSIO. Antonia ! Antonia !

(*Il revient sur le devant de la scène avec agitation.*)

SCÈNE III.

AMBROSIO, *seul. Il se jette sur une chaise en proie au désespoir.*

Désespoir !... désespoir....., où aller ? que devenir ? que faire ? elle est partie... elle me fuira... je ne la reverrai plus !... (*Se levant avec colère.*) Tombez sur moi, écrasez-moi de vos débris, murs épais où l'âme de l'homme est prisonnière, où l'air n'arrive point à la poitrine, où l'on ne peut pas respirer !... la paix, la paix de la tombe au malheureux moine !.... elle est partie.... et je ne l'ai pas retenue de mes bras vigoureux, je ne l'ai pas étreinte de mes baisers ardents ?... Sa candeur, son amour, ses larmes, tout m'effrayait et pourtant je la veux... il me la faut !

SCÈNE IV.

AMBROSIO, MATHILDE, *au fond.*

MATHILDE. Eh bien... tu l'as vue ?

AMBROSIO, *allant vers elle.* Oh ! viens me consoler, viens me rendre le courage.... Mathilde, elle est perdue pour moi !

MATHILDE. Pas encore !

AMBROSIO. Perdue, te dis-je !

MATHILDE. Tu demandais le bonheur, tu as craint de le saisir.

AMBROSIO, *avec enthousiasme.* Je le demandais avec l'amour d'Antonia.

MATHILDE. Tu ne l'auras jamais ainsi ; tu te flattais qu'elle serait pour toi une seconde Mathilde, qu'un entrainement irrésistible la jetterait dans tes bras, et maintenant que ton espérance est déçue tu t'irrites et tu pleures.

AMBROSIO. Oh ! si tu l'avais entendue s'accuser à genoux d'avoir allumé en mon sein une coupable flamme, me crier pardon d'une voix suppliante, car sa candeur naïve ne me reprochait rien à moi, c'est elle seule qu'elle maudissait ! je la contemplais en extase sans avoir la force de lui répondre...., sa main pressait ma main... je n'osais pas... et quand elle s'est arrachée d'auprès de moi, quand elle a disparu, en me faisant un horrible serment, je suis resté immobile, à la même place. ... j'étais anéanti.....

MATHILDE, *avec un sourire moqueur.* Ambrosio s'est montré généreux.

AMBROSIO, *avec abandon.* Ne m'abandonne pas Mathilde... j'ai besoin de tes conseils.

MATHILDE. Mes conseils ne seraient pas suivis.

AMBROSIO, *avec enthousiasme.* Je suis prêt à tout pour obtenir Antonia.

MATHILDE, *le regardant fixement.* Nous allons voir...

SCÈNE V.

LES MÊMES, UN RELIGIEUX.

LE RELIGIEUX. Une lettre pour le révérend prieur!

AMBROSIO. Une lettre pour moi?

LE RELIGIEUX. C'est une femme âgée qui l'a apportée au couvent.

(*Ambrosio, prenant la lettre et faisant signe au religieux de sortir.*)

SCÈNE VI.

AMBROSIO, MATHILDE.

AMBROSIO, *la lettre à la main.* Je tremble!

MATHILDE. Lis.

AMBROSIO, *ouvrant la lettre lentement, la parcourant et poussant un cri.* Ah!...

MATHILDE. Qu'as-tu?

AMBROSIO, *pleurant.* Antonia!

MATHILDE. Empoisonnée! je le savais!

AMBROSIO, *il se jette dans un fauteuil et laisse tomber sa lettre.* Malheureuse! C'est moi qui l'ai tuée.

MATHILDE, *prenant la lettre et lisant.* «J'ai mieux aimé mourir.... »

AMBROSIO, *se lève vivement.* Donne, donne!... (*Lui arrachant la lettre vivement.*) « J'ai mieux aimé mourir.... » Oh!... courons, courons vite... Il est peut-être encore temps.

MATHILDE. Non, les secours de l'art lui seraient inutiles dans une heure elle n'existera plus.

AMBROSIO, *voulant s'arracher de ses mains.* Tu me trompes.

MATHILDE. Dans une heure, te dis-je... il n'y a au monde que deux puissances capables de la sauver.... Dieu.... ou l'enfer.

AMBROSIO. Toujours l'enfer !

MATHILDE. Dieu ne t'accordera pas sa vie.... Dieu la rappelle à lui, parce qu'elle souffre trop ici bas... essaie de l'implorer en sa faveur, prosterne toi au pied de ses autels, offre lui tes misérables jours, en échange de ceux d'Antonia..... il restera sourd à tes larmes.

AMBROSIO, *avec violence.* Être incompréhensible, qui donc es-tu !... tu nies la clémence de Dieu , et tu me parles sans cesse de l'enfer..... des lueurs funèbres s'élancent de tes yeux, un rire amer et satanique contracte ta bouche.... j'étais vertueux, j'aurais étouffé mon coupable amour pour Antonia..... mais pas un instant, pas une minute , où tu ne sois à mes côtés , me poussant dans l'abîme, si j'hésite à m'y précipiter; m'entraînant à un nouveau crime si je tente de me repentir... Es-tu envoyé vers moi pour accomplir une horrible mission ?

(*En ce moment la croix de feu qui a paru dans le prologue apparaît rouge et ardente sur le front de Mathilde.*)

MATHILDE, *à Ambrosio.* Regarde !

AMBROSIO, *reculant d'horreur.* Oh !...

MATHILDE. Décide-toi, maintenant..... Antonia est là.... étendue sur son lit de douleurs, des tortures aiguës la dévorent... la laisseras-tu périr, Ambrosio? Tu n'as qu'à prononcer un mot , et ce visage noirci par le poison reprend ses brillantes couleur; ce corps défiguré se ranime, alors, un vœu formé sera aussitôt accompli: richesses, plaisirs , voluptés..... rien ne manquera à l'heureux Ambrosio.... décide-toi.....

AMBROSIO, *après une pause.* Attends !...

MATHILDE, *lui montrant la pendule.* C'est dans une heure...

AMBROSIO, *après une seconde pause.* Que me demandes tu..... pour la vie de mon Antonia ?

MATHILDE. Ton âme!

AMBROSIO, *avec effroi.* Mon âme ?... jamais !

MATHILDE. Homme pusillanime !.... j'ai pitié de toi !

AMBROSIO. Renoncer à ma part des félicités éternelles! sentir cette croix de feu, comme un stigmate brûlant , empreinte sur mon front réprouvé.... n'avoir plus rien en moi de la création céleste... oh!... je n'accepterai pas ce marché infâme.

MATHILDE, *lui montrant toujours l'horloge.* Les momens s'écoulent.... et le poison fait des progrès....

AMBROSIO, *se jetant à ses genoux.* Grâce! grâce pour elle , je t'en supplie à genoux.

MATHILDE. Adieu.

AMBROSIO, *la retenant.* Ne t'en vas pas! ne t'en vas pas !

MATHILDE. Que résous-tu ?

AMBROSIO, *après une pause.* Attends !

MATHILDE, *à part.* Il est à moi.

AMBROSIO, *se parlant.* Je suis un fou ! la peur m'égare.... j'ai déjà bien offensé Dieu.... et pourtant un remords salutaire me donnerait des droits à sa miséricorde....

MATHILDE, *à part.* Le malin moine songe au moyen de me tromper.

AMBROSIO, *toujours à lui-même.* Il est toujours temps de se repentir, quand on se repent sincèrement; un peu plus tôt, un peu plus tard... qu'importe!

MATHILDE. (*à part.*) Je te dévine.

AMBROSIO, *toujours à lui-même.* Mais si ce n'était pas vrai....

MATHILDE, *haut.* Eh bien !

AMBROSIO, *vivement.* Attends donc ! (*à lui-même.*) Il y a de nombreux exemples dans nos chroniques de semblables contrats rompus au moment même de recevoir leur exécution.... il suffit d'une foi vive et d'un exorcisme.... (*Avec explosion.*) Allons, j'en courrai les chances ! (*Haut.*) Mathilde.

MATHILDE. Es-tu décidé?

AMBROSIO. Oui.

MATHILDE. Tu acceptes?

AMBROSIO. Oui.

MATHILDE. Alors je puis l'appeler.

AMBROSIO. Qui ?

MATHILDE. Celui qui seul a le droit de recevoir ce terrible engagement. Le premier ange foudroyé par Dieu, Satan.

AMBROSIO. Appelle.

(*Le moine se place près de la table. Mathilde est au milieu du théâtre. Elle commence son évocation. L'esprit infernal s'empare d'elle; elle éprouve une violente agitation.*)

MATHILDE. Viens donc, toi qu'un art magique a soumis à ma volonté, toi qui n'obéis qu'au génie du mal qui t'invoque, viens, il y a ici une large moisson de crimes à recueillir : ce n'est pas un de ces êtres vulgaires, rebut de la création, que je vais te donner pour sujet et pour esclave ; c'est l'idole de la catholique Espagne, le vertueux directeur des royales consciences, c'est le prieur des franciscains! (*Le bruit de la foudre se mêle ici à la voix de Mathilde.*) Bien tu m'as répondu!... n'est-il pas vrai que la proie est belle ? tu as rugi de joie au fond de ton antre brûlant.... arrive, arrive!..... Ambrosio, es-tu prêt?

AMBROSIO. Quand il voudra!

MATHILDE, *d'une voix terrible.* Le voici.

(*La boiserie s'ouvre. Satan s'élance et entre dans l'appartement.*)

SCÈNE VII.

LES MÊMES , SATAN.

SATAN. Qui m'as demandé?

MATHILDE. Ce moine.

SATAN. Qu'exige-t-il de moi?

MATHILDE. Je vais te l'apprendre.

AMBROSIO, *vivement.* Un moment!... comme l'affaire me regarde. C'est à moi de faire les conditions....

SATAN. Parle.

AMBROSIO. Une femme que j'adore expire à cette heure dans d'horribles tortures ! La sauveras-tu?

SATAN. J'en ai le pouvoir si tu te hâtes !

AMBROSIO. Cette femme ne s'est tuée que pour n'être pas à moi. Me la donneras-tu?

SATAN. Cette nuit!

AMBROSIO. Les desirs que j'aurai seront-ils satisfaits, quelque soit l'objet que j'ai envie de posséder.

SATAN. Tous!

AMBROSIO. Combien de temps cela durera-t-il?

SATAN. Dix ans !

AMBROSIO. A ce prix là, je te vends mon âme.

SATAN. Je la prends.... mais écoute à ton tour.

AMBROSIO. J'écoute.

SATAN. Tu portes encore en toi une essence immortelle ! consens-tu à t'en dépouiller?

AMBROSIO. J'y consens.

SATAN. Renonces-tu librement à ton créateur, à son fils qui est mort pour toi sur la croix?

AMBROSIO. A tous les deux!

SATAN. Sans subterfuge, sans réserve, sans recours futur à la miséricorde divine?

AMBROSIO. Oui.

SATAN, *lui jettant un parchemin sur la table.* Ce parchemin contient tes conditions et les miennes, à toi l'un , à moi l'autre, signe.

AMBROSIO. Laisse moi lire!

MATHILDE , *vivement.* Tu n'en aurais pas le temps, la minute qui va s'écouler est la dernière d'Antonia.

AMBROSIO, *se précipitant sur le parchemin.* Je vais signer.

(*Mathilde lui présente une plume de fer. Il signe et parcourt le parchemin.*)

SATAN. Remets-moi ce parchemin!

AMBROSIO. Prends! (à part) ses promesses étaient sincères... j'ai bien tout lu!

MATHILDE, à part. Oh non!

SATAN. Cours auprès de ton Antonia. Tu la retrouveras plus charmante que jamais... elle t'appartient... au revoir!

AMBROSIO. Dans dix ans!

(Satan s'élance par le même panneau de boiserie en poussant un grand éclat de rire.)

SCÈNE XVII ET DERNIÈRE.

LES MÊMES, hors SATAN.

AMBROSIO, avec force. C'est fait. (Avec exaltation.) Et maintenant, élu de l'enfer, marche sans crainte dans ta force et dans ton audace. Cours de crimes en crimes, assouvis tes passions, jette le blasphème à la face de Dieu, brise ses images, et souille son sanctuaire. Tu as dix ans pour cela. Loin, bien loin, le cloître et sa solitude, les mômeries de l'autel, les mortifications de la pénitence! aux vents le capuchon de bure, le monde, le monde avec tous ses charmes et toutes ses voluptés! des sourires et des embrassemens de femmes! des orgies nocturnes, du vin d'Espagne à longs flots! la belle vie! c'est une éternité!

MATHILDE. Tu n'as qu'à former un desir.... Il sera aussitôt satisfait!

AMBROSIO. Je veux des fêtes, des danses, de joyeux compagnons de table.... je veux une riche villa près des bords du Guadalquivir, un palais pour Antonia.

MATHILDE. Tu l'auras.

AMBROSIO. Les plus beaux chevaux de l'Andalousie, des meutes bruyantes! une cour comme le roi d'Espagne.

MATHILDE. C'est cela!

AMBROSIO. Et Antonia dans les bras du moine.

MATHILDE. Tu as maintenant tout pouvoir sur elle.

AMBROSIO, avec force. J'en userai.

MATHILDE. Ta conscience seule...

AMBROSIO. Ma conscience! Satan l'a emportée avec lui!

FIN DU TROISIÈME ACTE.

ACTE QUATRIÈME.

Le théâtre représente une riche maison de campagne. Un grand jardin.

SCENE Ire.

DIÉGO, SPOLETTO, DOMESTIQUES.

DIÉGO. Allons, Spoletto, ne t'afflige donc point de ce qui nous arrive. Nous chercherons ailleurs.

SPOLETTO. Après trente années de service nous donner notre congé!

DIÉGO. C'est peut-être l'habitude du duc d'Armanda, notre nouveau maître, quand il achète une propriété.

SPOLETTO. C'est moins encore à lui que j'en veux qu'à cette femme qui l'accompagne toujours. Elle ne veut, dit-elle, pour la servir, que de jeunes et brillans cavaliers.

DIÉGO. Ma foi, à te parler franchement, les gens qui fréquentent ce château depuis qu'il est vendu et ceux qui l'habitent ne me conviennent nullement, et, pour mon compte, je ne suis pas fâché d'en sortir.

SPOLETTO. Il est vrai qu'un bon chrétien n'y peut pas faire son salut!

DIÉGO. Sans cesse des bals et des fêtes!

SPOLETTO. Les paroles les plus licencieuses sortent de la bouche de chaque convive. Oh! la sainte inquisition aura quelque jour affaire ici.

DIÉGO. Ce duc d'Armanda, si riche, si magnifique, personne ne le connaît. Et tiens, Spoletto, je le crois au fond un abominable hérétique.... tu sais le grand Christ qui décorait la chapelle! eh bien, je l'ai trouvé hier brisé et foulé à terre. L'aumônier ne dit plus la messe le matin. Ses prières du soir ont cessé...

SPOLETTO. Silence!... il me semble apercevoir le duc.

DIÉGO, regardant. Oui... comme il a l'air joyeux! La senora Mathilde l'accompagne.

SPOLETTO. Elle ne le quitte jamais.

DIEGO. Retirons-nous !

(*Ils sortent en saluant profondément Ambrosio et Mathilde qui entrent*).

ꙮ ꙮꙮꙮꙮꙮꙮꙮꙮꙮꙮꙮꙮꙮꙮꙮꙮꙮꙮꙮ ꙮꙮꙮꙮꙮꙮꙮ

SCÈNE II.

MATHILDE, AMBROSIO, *sous le costume de duc. Mathilde en riches habits de femme.*

AMBROSIO, *riant aux éclats.* Ah ! ah ! ah ! ah ! ah ! ah ! ah !

MATHILDE. M'expliqueras-tu cette étrange gaité ?

AMBROSIO, *riant toujours.* ah ! ah ! ah ! ah ! ces pauvres franciscains !

MATHILDE. Que leur est-il arrivé ?

AMBROSIO. Oh ! rien... presque rien... ah ! ah ! ah ! ah !

MATHILDE. Il paraît que l'aventure est plaisante.

AMBROSIO. Délicieuse !

MATHILDE. Tu es peut-être allé leur rendre visite.

AMBROSIO. Précisément !

MATHILDE. Ils te croyaient perdu pour leur sainte maison !

AMBROSIO. Plus que cela !

MATHILDE. Damné ?

AMBROSIO. Oui.

MATHILDE. Eh ! bien, ils avaient deviné juste.

AMBROSIO. Certainement et il fallait les voir les mains jointes, en signe de douleur, sur leurs poitrines. Quand ils m'ont aperçu paré de ces brillans habits, au milieu du chapitre qu'ils tenaient pour percer le mystère de ma disparution subite, une terreur profonde s'est emparée d'eux. Une rumeur sourde a couru le long des bancs de la vaste église du cloître. Les regards étaient baissés vers la terre, les lèvres qui s'étaient ouvertes pour me maudire étaient pâles et tremblantes. Qu'ils étaient drôles comme cela !

MATHILDE. Leur as-tu parlé ?

AMBROSIO. Je leur ai demandé gravement ma robe de prieur que j'avais oubliée au couvent : je voulais ma robe, et je l'ai prise, et puis, j'ai entonné, d'une voix formidable, les pieuses litanies et les sacrés cantiques...

MATHILDE. C'est bien.

AMBROSIO. Mais ce n'est pas tout. Avant de partir, je leur ai fait poliment mes adieux, en véritable seigneur de la cour d'Espagne. Je les ai tous invités, pour ce soir, à la fête que je donne ici.

MATHILDE, *riant.* ah ! ah ! ah ! ah ! ces bons pères.

AMBROSIO. Venez, mes moines, leur ai-je dit venez partager les plaisirs de votre ancien prieur. Il y a bal et festin chez moi, d'excellent vin et de jolies femmes. Parmi les vêtemens brodés d'or qui parent mes nobles convives, on remarquera mieux vos longues robes brunes. vous danserez aussi : avec votre pieuse confrairie j'ai de quoi former vingt quadrilles de capuchons.

MATHILDE. Et qu'ont-ils répondu ?

AMBROSIO. Ils ont appelé sur ma tête la colère de l'éternel... j'ai ri : ils m'ont nommé impie, réprouvé : j'ai ri plus fort ; enfin, je me suis sauvé, les exhortant à purifier le lieu saint souillé par ma présence et à me faire brûler vif, s'ils le pouvaient.

MATHILDE. Moi, pendant qu'Ambrosio profanait ainsi la religion dont il fut autrefois le fervent apôtre, j'employais mes instans et mon adresse à assurer le succès de ses vœux. J'ai pris le nom d'une noble dame, parente éloignée d'Antonia et je me suis introduite auprès d'elle.

AMBROSIO. Tu l'as vue ?

MATHILDE. Elle se ressent encore du mal violent qui a menacé ses jours. Mais ses beaux yeux noirs ont déjà recouvré leur vivacité ordinaire. Elle sera demain plus charmante qu'auparavant.

AMBROSIO, *avec enthousiasme.* Oh ! je n'aurais pas donné mon âme en échange d'un autre bien que la vie de mon Antonia ! elle morte, que m'importait le reste ? qu'avais-je à demander au monde que son oubli et le repos ? la solitude du monastère ne m'aurait point pesé alors. Mais avec elle, avec son amour, quelle existence que la mienne maintenant ! l'idée seule que cet ange sera à moi, que nos deux cœurs seront unis dans les mêmes joies et dans les mêmes peines, me paie, et au delà, les sacrifices que sa conservation m'a coûtés, la perte de mon salut, l'abjuration de mon Dieu et jusqu'à la damnation éternelle qui m'attend !

MATHILDE. Tu l'aimes donc bien !

AMBROSIO. Si je l'aime ! tiens... mets ta main là. (*Il place la main de Mathilde sur son cœur*) Tu viens de me parler d'elle et j'ai peine à respirer.

MATHILDE, *souriant.* Le bonheur calmera cette agitation violente, un regard d'Antonia te rendra le calme que tu as perdu.

AMBROSIO. C'est cette nuit que Satan me l'a promise !

MATHILDE. Il tiendra sa promesse,

AMBROSIO. Je veux que cette villa devienne sa demeure : je veux la cacher à ~us les yeux.

MATHILDE. Dans une heure elle sera en on pouvoir !

AMBROSIO. Qui me conduira auprès d'elle ?

MATHILDE. Une main invisible te guidera.

AMBROSIO. Mais tu seras là pour m'aider à l'enlever.

MATHILDE. J'y serai... Ecoute : à minuit, tu te dirigeras vers la maison de Dona Jacinthe, les portes s'ouvriront devant toi. Tu trouveras Antonia endormie....

AMBROSIO. Si elle veillait !

MATHILDE. Un rameau d'argent que je te remettrai, présent mystérieux du maître que nous servons, te prêtera un utile secours. Il suffit que tu en touches légèrement Antonia, pour qu'aussitôt un sommeil profond et léthargique s'empare d'elle.

AMBROSIO. Ensuite ?

MATHILDE. Moi, je m'avancerai dans une gondole aussi près que possible des bords du Guadalquivir qui coule sous la fenêtre même d'Antonia ; un refrain de boléro t'avertira de mon arrivée ; des amis sûrs m'accompagneront.....

AMBROSIO. Et la gondole emportera sur les flots la proie du moine.

MATHILDE. Mais prends garde à Gustave ! il ne faut pas qu'il t'aperçoive.

AMBROSIO. Qu'ai-je à craindre de lui !

MATHILDE. Il connaît ton amour pour sa sœur.

AMBROSIO. Qu'importe !

MATHILDE. Il te hait !

AMBROSIO. Oh ! je le lui rends bien... c'est de vieille date.... haine de français et d'espagnol ! cela ne finit qu'avec du sang.

MATHILDE. Tu porteras des armes.

AMBROSIO. Oui.... un poignard sous les plis de ma robe de moine.

MATHILDE. Tu reprendras donc tes premiers habits !

AMBROSIO. C'est sous ces habits que mon cœur a battu pour Antonia.... c'est avec eux que j'achèverai mon entreprise... ce sera un défi de plus au ciel !

MATHILDE. Ainsi, tout est bien convenu !.... (regardant au fond) mais déjà nos convives arrivent en foule.

AMBROSIO. Donne l'ordre à mes gens qu'on les fasse passer dans les appartemens voisins sans qu'ils entrent ici.

(Mathilde va au fond et donne cet ordre.)

MATHILDE. La compagnie est nombreuse.

AMBROSIO. Les connais-tu, toi, mes convives !

MATHILDE, à part en souriant. Si je les connais.... (haut) Tous !

AMBROSIO. Bon !... tu me les montreras à mesure qu'ils se présenteront.... ah ! commande aussi que les sons joyeux de la musique donnent le signal de la danse.

(Mathilde donne l'ordre, la musique se fait entendre, un domestique placé dans le fond annonce chaque personnage qui traverse au fond du théâtre).

LE DOMESTIQUE. Le marquis de Las Amarillas, le comte d'Alfuente, la duchesse d'Alméida.....

AMBROSIO. Tiens c'est une de mes pénitentes.... son mari doit être avec le cardinal de Ximenès.

MATHILDE. Les voici tous les deux.

LE DOMESTIQUE. Le duc d'Alméida et son éminence le cardinal de Ximenès.

AMBROSIO. Maintenant, je peux révéler les secrets du confessional...... Je ferai battre le cardinal par le mari !

(La foule passe toujours. Enfin le fond du théâtre reste vide. La musique continue toujours.)

MATHILDE. A présent, sortons il est temps.

AMBROSIO. Tout est prêt ? Ta gondole....

MATHILDE. M'attend près du rivage.

AMBROSIO. Tu vas me remettre ce rameau d'argent dont la vertu doit endormir Antonia ?

MATHILDE. Je te le donnerai avant de nous séparer.

AMBROSIO. Et le signal de ton arrivée sera le refrain d'un boléro ?

MATHILDE. Oui !

AMBROSIO. C'est dit !

MATHILDE. Partons. Nous reviendrons à la fête avec Antonia.

Ils sortent. Le théâtre change. La chambre d'Antonia comme au premier acte, d'un côté un lit à rideaux blancs, de l'autre une porte. Une autre porte du côté du lit. Au fond deux larges fenêtres donnant sur le Guadalquivir. Une épée attachée à la muraille. Une harpe, lampe, table.

ᴥᴥᴥᴥᴥᴥᴥᴥᴥᴥᴥᴥᴥᴥᴥᴥᴥᴥᴥᴥᴥᴥᴥᴥᴥᴥᴥ

SCÈNE III.

GUSTAVE, seul. Il entre lentement.

Elle est encore au jardin ! l'air pur d'une belle soirée ranimera ses forces éteintes. Pauvre sœur !.... Je connais enfin la cause de son mal et je crains bien qu'il ne soit sans remède.... Elle ne soupçonne pas que j'aie percé cet horrible mystère. Si elle savait quelle haine profonde j'ai vouée à l'infâme Ambrosio!.... mais non.... elle l'aime toujours: je suis même contraint de ne point tirer vengeance de son affront, la vie du moins doit m'être sacrée, car à cette vie peut-être tient celle d'Antonia..., Et cette crédule dona Jacinthe qui a reçu le misérable dans sa maison, qui par une criminelle confiance, a servi son infernale passion !... où nous égare une piété fausse? quelle immense responsabilité elle a prise là devant Dieu... Je lui pardonne... elle nous chérit tant, ma sœur et moi !.... Les voici qui rentrent !.... chère Antonia!.... que tes tourmens me font souffrir!

ҩҩ҈ҩ҈ҩ҈ҩ҈ҩ҈ҩ҈ҩ҈ҩ҈ҩ҈ҩ

SCÈNE IV.

GUSTAVE, ANTONIA, DONA JACIN-THE, *la soutenant.*

D. JACINTHE. Reposez-vous un peu ma fille!.... vous sentez-vous mieux?

ANTONIA, *assise.* Oui... beaucoup mieux!.... cette promenade m'a fait du bien!

GUSTAVE. Quelques heures de sommeil achèveront de te rétablir.

ANTONIA. Mon bon frère! pourquoi ne m'as-tu pas accompagnée? tu sais que les plus douces consolations qu'Antonia puisse recevoir, lui viennent de toi, qu'une parole d'amitié sortie de ta bouche me donne du courage.... Je pensais à toi, Gustave, en traversant ces riantes allées que nous avons parcourues ensemble si souvent... j'étais impatiente de revenir ici, j'avais besoin de te revoir!

D. JACINTHE. Excellente enfant!

ANTONIA. Oh! je vous chéris aussi, vous notre seconde mère, vous qui avez recueilli au berceau les deux pauvres orphelins ! de quels soins touchans vous nous avez entourée! sans vous la misère et l'abandon étaient notre seul partage... le ciel se chargera de vous récompenser pour nous.

GUSTAVE, *à Jacinthe.* Notre reconnaissance est l'unique prix dont nous puissions payer vos bienfaits..... mais il est tard, Antonia!..... ta faiblesse exige du repos.... nous allons nous retirer.

ANTONIA, *(le retenant et avec une tendresse mêlée d'humeur.* Non... non... ne vous en allez pas sitôt... J'oublie mes chagrins auprès de vous; laissez-moi jouir de ce moment de bonheur... Gustave!... place sur cette table mon carton de dessins.... je t'en prie. (*Gustave va chercher le carton et le place sur la table.*) Merci !... maintenant, je suis contente..; je causerai avec vous en travaillant !

D. JACINTHE, *s'approchant d'elle.* Il y avait longtemps que vous ne vous étiez livrée à ces occupations paisibles !

ANTONIA, *en souriant.* C'est vrai.... le reproche est juste et mon frère surtout aurait droit de me l'adresser!.. (*Cherchant dans son carton.*) Je veux achever cette miniature. (*A Gustave avec émotion.*) C'est ton portrait !

GUSTAVE. Mon portrait ?

ANTONIA, *travaillant.* Oui... c'est une surprise que te ménageait ta sœur... il est bien ressemblant... (*Gustave s'approche vivement.*) Ne regarde pas encore!

GUSTAVE. Et tu le destines?...

ANTONIA. A moi!... j'ai déjà celui de notre mère qu'elle m'a donné en mourant. Je placerai le tien où j'ai placé celui-ci... là... sur mon cœur... si je te perdais aussi... si Dieu t'appelait à lui avant moi.....

GUSTAVE. Écarte ces douloureuses pensées.

ANTONIA, *se levant vivement.* Oh ! je t'afflige... pardonne!... j'ai tant souffert depuis que l'existence a commencé pour moi... chaque pas que j'ai fait dans la vie a été marqué par tant de pertes cruelles, par tant d'angoisses et de tourmens, que j'ai acquis le droit de tout craindre, Si je t'ouvrais mon âme, si je te peignais la terreur involontaire qui m'assiége, les présages funestes que m'envoient les rêves de la nuit, tu partagerais mon effroi. Je cherche en vain à rejeter loin de moi les idées funèbres qui me poursuivent; cette journée nous sera fatale.

GUSTAVE. Que dis-tu ?

ANTONIA. Tu sais.... ce sont de ces pressentimens sinistres qui viennent briser l'âme sans que la raison puisse se les expliquer. C'est comme une parole douce et triste qui descend du ciel pour vous annoncer un malheur et pour vous y préparer... il semble qu'alors, tout dans la nature, ait une voix pour gémir avec vous, qu'elle se revête d'une teinte plus sombre pour vous avertir par son deuil... voilà ce que j'éprouve en cet instant, mon frère, voilà ce qui fait couler ces larmes qui tombent, brûlantes, sur ton sein.... je te presse dans mes bras, et je frémis en songeant que tu vas tout-à-l'heure t'en arracher pour quitter Antonia!

GUSTAVE. Ne la reverrai-je pas demain?

ANTONIA. Demain... reste avec moi... veillons ensemble... d'ailleurs je ne dormirai point!

GUSTAVE. Veux-tu donc ajouter encore aux maux que je ressens? Ne te suffit-il point que j'aie tremblé pour tes jours qui me sont si chers, que j'ai baigné de mes pleurs la couche où tu languissais, expirante? Le calme seul peut te sauver, et tu nourris dans ton âme une agitation qui te tue!.. oh! tu n'aimes pas ton frère!

ANTONIA, avec caresse. Ne me gronde pas!... ne me gronde pas!... je t'obéirai!

GUSTAVE. Écoute, Antonia! il offense Dieu, celui qui n'a pas confiance en sa bonté, celui qui doute de sa puissance.

ANTONIA. Dieu ne ferme pas toutes les blessures!

GUSTAVE. Il répand sur elles un baume consolateur quand on l'appelle à son secours... adieu... le repos que tu vas prendre écartera de ton esprit ces images pénibles... à demain!

ANTONIA, embrassant Gustave. Mon frère!

(Elle embrasse dona Jacinthe).

D. JACINTHE. Mon Antonia!... je vais prier pour vous!

ANTONIA. A demain!...

(Ils sortent.)

⦿⦿⦿⦿⦿⦿⦿⦿⦿⦿⦿⦿⦿⦿⦿⦿⦿⦿⦿⦿⦿⦿⦿⦿⦿⦿⦿⦿

SCÈNE V.

ANTONIA seule. Elle va prier pour moi!... oh! que demandera-t-elle à Dieu que je ne lui aie déjà demandé? Ils me disent d'espérer en son appui et il n'a pas exaucé les vœux que je lui adressais! Je me suis traînée au pied de ses autels en suppliante et il m'a repoussée sans pitié!.. C'est une horrible destinée que la mienne!

(Elle passe la main sur son front). Je sens là comme un cercle de feu qui presse et étreint mon front.... quoi! l'aspect de ce ciel d'azur, cette paix profonde qui m'environne, rien ne parle à mon cœur; tout cela est glacé pour lui!....

(Elle porte les yeux vers les fenêtres ouvertes par lesquelles on aperçoit les flots du Guadalquivir).

Que l'air est pur! que les parfums qui s'exhalent des bords fleuris du Guadalquivir sont doux à respirer!.... (Elle s'approche d'une des fenêtres) comme il coule majestueux et calme ce fleuve, orgueil de ma patrie!..... c'est le rendez-vous accoutumé des nobles dames et des galans cavaliers de Madrid.... maintenant, cent barques légères sillonnent son sein, et de joyeux chants se mêlent aux sons de la mandoline...... moi je souffre et je pleure...

(Ici on entend un prélude, et le refrain: Qu'on trouve douce etc., etc.

ANTONIA émue. Oh! c'est la chanson des gondoliers de Madrid. Je la sais. Je l'ai souvent accompagnée des sons mélancoliques de ma harpe. (Comme par un mouvement machinal, elle court vers sa harpe et chante en s'accompagnant).

AIR NOUVEAU D'AUBER.

Dans ce monde impie et frivole,
Qui nous soutient, qui nous console?
Ambrosio! de sa parole,
Le charme assoupit nos chagrins.
Lorsque sonne l'heure dernière,
Avant de fermer sa paupière,
Qu'on trouve douce une prière
Du beau prieur des franciscains.

ANTONIA, avant de chanter, s'est retirée de la fenêtre. On voit alors, vis-à-vis de la fenêtre s'arrêter une barque occupée par plusieurs hommes.(Avec agitation et quittant vivement sa harpe). Ambrosio! Ambrosio!... oh! je ne l'oublierai donc jamais? à ce nom tous mes sens tressaillent, tous mes souvenirs se réveillent.... (percevant la barque) une barque sous cette fenêtre!

UNE VOIX, partant de la barque. Salut à la charmante Antonia!

ANTONIA, avec effroi. C'est la voix de Rosario!... oh! non, c'est impossible...

LA VOIX.

Ainsi parle un peuple en délire,
On l'aime, on le vante, on l'admire.
On croit que le ciel seul l'inspire,
Mais il rompt les nœuds les plus saints!
Oh! prends garde à toi, pauvre femme,
Car hier, par un pacte infâme,
A l'enfer il vendit son âme,
Le beau prieur des franciscains.

ANTONIA, (Elle se précipite en poussant un cri vers la fenêtre et la ferme). Mensonge! mensonge!... (elle court vers la porte de son frère). Mon frère!... oh! viens! ne me laisse pas seule.... j'ai peur.... (après un moment de silence). Folle que je suis! mon imagination malade ne se nourrit que d'idées tristes et lugubres. je rêverai de meurtre cette nuit!.. (Elle fait un pas vers son lit). Essayons de dormir; mon frère me gronderait demain, quand je le reverrai... (Elle se place sans se déshabiller sur son lit). Quelle chaleur accablante! ces vêtemens légers me pèsent... (Elle détache la mantille qui couvre son sein et pose sa tête sur son oreiller en la soutenant de son bras). Je vais encore penser à lui! (Ses yeux se ferment. La musique du refrain de la chanson précédente reprend en

sourdine. On s'aperçoit qu'Antonia tressaille et lutte contre le charme et le sommeil.
Toujours cette chanson !.. qu'elle me plaît !

(*elle répète ce refrain à demi voix*).

Oh ! quelle est douce une prière,
Du beau prieur des franciscains.

(*A ce moment la porte placée vis à-vis du lit d'Antonia s'ouvre d'elle même. Ambrosio paraît, tenant le mirthe d'argent à la main*).

✿✿✿✿✿✿✿✿✿✿✿✿✿✿✿✿✿✿✿✿✿✿✿✿✿✿✿✿

SCÈNE VI.

AMBROSIO, ANTONIA *endormie.*

AMBROSIO, *à la porte.* Elle dort ! (*Il fait quelques pas*) Comme elle est pâle !... sa belle figure a gardé les traces du poison.. mais du moins c'est encore la vie ; ce cœur qui allait cesser de battre s'est ranimé... oh ! que je te contemple avec joie, toi que Dieu eût laissée expirer dans d'épouvantables tortures et que l'enfer a sauvée ! (*Il s'approche du lit d'Antonia*). Tu ne sais donc point que tu me dois cette existence nouvelle que les plaisirs vont charmer maintenant ! pourtant, je le sens à l'émotion brûlante qui s'empare de moi, mon souvenir berce ton sommeil.. et peut-être qu'un rêve délicieux te parle d'Ambrosio !

ANTONIA, *rêvant.* Ambrosio !

AMBROSIO. Elle m'a nommé !

ANTONIA, *rêvant.* Grâce ! grâce !.... nous serions perdus tous les deux !.. que me demandes-tu ? pourquoi m'entourer de tes bras ?... pourquoi brûler ma bouche de baisers.... va-t-en... va-t-en... je t'aime !

AMBROSIO, *avec enthousiasme.* Oui, oui, tu m'aimes ! Ambrosio, libre des sermens qui le lient aux autels, serait l'idole d'Antonia, qu'il fût paré du manteau des grands d'Espagne ou couvert des habits de l'indigence ! tes bras s'ouvriraient pour l'enlacer, ta bouche pour répondre à ses caresses.... le prieur des franciscains t'épouvante, (*Il se promène avec agitation*). Heureusement ils sont rompus les nœuds qui m'attachaient au ciel ! j'ai donné ma part de félicités de l'autre vie en échange des félicités de celle-ci... (*montrant Antonia*) ceci m'appartient, car je l'ai payé...

ANTONIA, *se réveillant en sursaut et poussant un cri.* Ah !

AMBROSIO. Elle se reveille !

ANTONIA, *se soulevant à demi.* Quel son-

ge affreux !.... il était là.... mon frère ! mon frère !

(*Ambrosio etend le mirthe d'argent vers Antonia, qui, après quelques efforts, laisse tomber sa tête et se rendort. Il s'élance vers elle*).

AMBROSIO, *près du lit, étendant la main d'Antonia.* A moi !... à moi jusqu'à la damnation éternelle qui m'attend !...

✿✿✿✿✿✿✿✿✿✿✿✿✿✿✿✿✿✿✿✿✿✿✿✿✿✿✿✿

SCÈNE X.

LES MÊMES, GUSTAVE.

GUSTAVE, *entrant.* C'est le moine !

AMBROSIO, *effrayé.* Gustave !

GUSTAVE, *allant vers le lit d'Antonia.* Antonia ! tu vas être vengée.... éveille-toi !

AMBROSIO. Elle ne t'entend point. J'ai seul le pouvoir de faire cesser son sommeil ?

GUSTAVE, *secouant violemment Antonia.* Antonia !... oh !.. serait-ce la mort ?

AMBROSIO. Non !... non ! elle vivra pour Ambrosio !

GUSTAVE. J'ai promis que le secret de ma sœur serait enseveli avec toi dans la tombe !

AMBROSIO, *de même.* Es-tu sûr de tenir parole ?

GUSTAVE. A l'instant même !

AMBROSIO. Tu pourrais te tromper !

GUSTAVE. L'outrage sera puni, te dis-je : que je te tue en brave, ou que je t'assassine, c'est à ton choix, tu périras de ma main.

AMBROSIO. Ou toi de la mienne !

GUSTAVE, *lui montrant une épée attachée à la muraille.* Le sang d'un moine n'a pas encore rougi mon épée !...

AMBROSIO, *portant sa main sous sa robe.* Le sang des français a déjà rougi mon poignard.

GUSTAVE. Oh ! certes, on le cache sous les plis de la robe monacale !

AMBROSIO. On le tient prêt à frapper quand on veut s'en servir !

GUSTAVE. Il tremble dans la main d'un lâche.

AMBROSIO. Il va droit au cœur d'un ennemi, dans la main d'un moine (*le frappant*) sens-tu ?

GUSTAVE, *tombant.* Ah !

AMBROSIO. Et à présent la sœur va me suivre en passant sur le corps inanimé de son frère ! elle n'a plus que moi sur la terre, plus de liens que mon amour ;

plus d'abri pour reposer ta tête que la couche nuptiale dans le riche palais d'Ambrosio ! Que cette barque qui doit arriver est lente ! que le signal tarde ! (*Il écoute*) il me semble entendre le bruit des raines ! Ah !

AMBROSIO, *s'élançant vers le lit d'Antonia et la soulevant à demi.* Viens ! viens,

maintenant, fiancée du moine. Une joyeuse compagnie te demande. L'orgie a commencé.... viens !

MATHILDE, *entrant avec des gondoliers e voyant le cadavre de Gustave.* Bien ! celui-ci ne se réveillera point.

(*La toile tombe*).

FIN DU QUATRIÈME ACTE.

ACTE CINQUIÈME.

Un Palais. Préparatifs de fête. Table de Jeu, Vins et sorbets.

SCÈNE PREMIÈRE.

MATHILDE, *seule, entrant en costume de femme.*

La barque vient d'arriver: nos convives sont encore dans les salons voisins !... oh ! j'ai retrouvé, avec ces habits élégans, tous les goûts de ma première vie; je suis redevenue ce que j'étais: la plus jolie et la plus folle courtisanne de Madrid. Nous jouons ici une singulière comédie !... Si Ambrosio en connaissait les acteurs !...

LE CARDINAL, *en dehors.* Suivez-moi, messieurs, suivez-moi !

SCÈNE II.

MATHILDE, LE MARQUIS DE LAS AMARILLAS, LE COMTE D'ALFUENTE, LE CARDINAL DE XIMÈNES, LA DUCHESSE D'ALMÉIDA, *d'autres personnages dans le fond.*

LE CARDINAL. Je ne vous avais pas trompé, la belle enchanteresse est de retour.

LE COMTE. Nous étions inquiets de votre disparition subite.

LE MARQUIS. Nous hasardions sur elle mille conjectures.

LA DUCHESSE. Et si nous n'avions pas aperçu parmi nous son éminence, nous aurions cru à un enlèvement.

LE COMTE. Son éminence en est capable.

LE MARQUIS. Ce ne serait pas la première fois.

LE CARDINAL. Ah ! messieurs, quelle opinion vous avez d'un prince de l'Église !

MATHILDE. Et d'une dame de qualité !

LE MARQUIS. Vraiment je vous admire: vous avez le meilleur ton du monde; vous remplissez votre rôle à ravir.

LE CARDINAL. Dites donc, vous autres, comment me trouvez-vous en cardinal ?

LE MARQUIS. Et moi en marquis ?

LE COMTE. Et moi en comte ?

LA DUCHESSE. Et moi en duchesse ?

LE CARDINAL. J'ai l'air bien caffard.

LE MARQUIS. Nous avons les airs les plus distingués....

MATHILDE. Vous êtes tous à merveille.

LE CARDINAL. Le maître sera content.

(*On entend un gémissement étouffé.*)

LE MARQUIS. Il me semble entendre un gémissement étouffé ?...

MATHILDE. De cette chambre !...

(*Tous se rapprochent et prêtent l'oreille.*)

LE CARDINAL. C'est la voix du moine.

LA DUCHESSE. Il est donc là ?...

MATHILDE. Eh oui.

LE CARDINAL. Avec Antonia ?...

MATHILDE. Elle-même, mon cher cardinal. Elle se sera peut-être réveillée.

LE CARDINAL. Ah ! je comprends.

MATHILDE. Il est sans doute maintenant au comble de ses désirs, notre saint prieur des franciscains, à moins que le repentir ne soit venu, qui l'épouvante, et l'arrête ? Oh ! que son dernier crime se consomme vite ! qu'il se hâte de saisir au passage quelques lueurs fugitives de bonheur, car les momens sont comptés.

LE COMTE. Bah! n'en a-t-il pas pour dix ans?

LE MARQUIS. Oui, oui, ce sont les termes du marché.

LE CARDINAL. Pourvu cependant que le maître ne l'ait pas trompé comme il en a trompé tant d'autres.

LE COMTE. Trompé!

LE CARDINAL. Parbleu.... cela s'est vu... et si j'avais été auprès d'Ambrosio quand il a signé le parchemin, je l'aurais prévenu de bien le lire pour s'assurer si le maître avait réellement écrit *dix ans*. Au reste, c'est un sot s'il a signé sans lire; et puis le maître, par extraordinaire, était peut-être, ce jour là de bonne foi. Mais, qu'importe! notre mascarade va finir! employons les instans qui nous restent. Ambrosio est là qui se venge des privations du cloître dans les bras de son Antonia. En bons compagnons associons-nous à son triomphe! commençons nos danses! et buvons du vin d'Espagne à la santé des époux!

MATHILDE. C'est cela! l'orgie de l'enfer!

LE CARDINAL, *montrant la chambre.* Quand il sortira de là, je gage qu'il aura le sourire à la bouche et le regard brillant.

LE COMTE. Moi, je gage au contraire, qu'il sera pâle et défait, dévoré de remords.

LE CARDINAL. Il sera gai!

LE COMTE. Il sera triste!

LE CARDINAL. Triste ou gai, que nous importe! amusons nous, chantons! cavaliers à vos dames!

LE COMTE. A nous du vin!

LE MARQUIS. A moi des cartes!

LE CARDINAL. Qui veut faire des armes avec monseigneur le cardinal?

UN CONVIVE. Moi!

LE CARDINAL. Ce ne sont pas des épées bénies, je t'en préviens, la pointe en est affilée et pénétrante.

LE CONVIVE. Je vous ménagerai. (*Ils se mettent en garde et se portent des bottes en riant; dans le fond des valses; à une table on boit, à l'autre on joue*).

LE COMTE *vidant sa coupe.* Excellent le vin du moine!

LE MARQUIS. Qui parie?... Il y a encore deux milles piastres à faire.

●●●

SCÈNE III.

LES MÊMES, AMBROSIO.

AMBROSIO. Je les tiens... (*Un grand silence. Les convives se lèvent lentement et se groupent derrière lui quand il descend la scène sans les regarder*). Elle dort encore... Je l'ai contemplée longtemps en silence... Je n'ai pas osé l'arracher à son sommeil... une puissance plus forte que celle de l'enfer m'a retenu.... Elle était là sans défense... Et belle... Enfant, j'ai pitié de toi!... (*Il se retourne et aperçoit tout le monde qui l'entoure*) En place, messeigneurs, en place! ne vous dérangez pas: j'apporte à la fête ma part de joie et d'énivrement... Voyez! le plaisir anime tous mes traits... Marquis, défendez bien mes deux mille piastres. (*Au cardinal qui a repris sa lutte au fleuret*) Cardinal je serai plus adroit que vous. (*Il chancelle comme un homme ivre, passe la main sur son front et va se jeter dans un fauteuil*). Ah!

LE MARQUIS. Qu'a-t-il donc?

LA DUCHESSE. Le remords vient.

MATHILDE. Vous souffrez.

AMBROSIO. Moi?... non!

LE CARDINAL *s'approchant.* C'est vrai! votre figure est altérée par la douleur.

LE MARQUIS. Vous éprouvez une agitation violente.

LA DUCHESSE. Ce cher duc! que lui est-il arrivé?

MATHILDE. Vous nous cachez quelque chose.

AMBROSIO *vivement et levant.* Et non encore une fois, non!... Je n'ai rien... Je suis content... Damnation sur vous que j'ai appelés ici pour partager mes plaisirs, pour me faire raison le verre en main, et qui n'apportez que de l'ennui à ma fête!.. Allons! que l'on déride ces fronts soucieux!... Pourquoi m'entourer ainsi comme une consultation de médecins auprès d'un malade? faut-il que je vous donne l'exemple, moi?... Où en est votre partie, marquis! (*se plaçant à la table*) Je joue pour vous (*il joue*).

LE MARQUIS. Remarquez-vous avec quel mouvement convulsif il distribue les cartes?

LA DUCHESSE. Sa maîtresse est peut-être morte!

AMBROSIO *se levant.* C'est gagné!

LE MARQUIS. Vous jouez mieux que moi!

AMBROSIO. Et à présent, une coupe pleine! (*prenant une coupe*) Voilà ce qui endort les chagrins, ranime la gaîté et donne des forces contre le remords. Allons, messeigneurs, jusqu'à l'ivresse! Cardinal de Ximenès, le vin que vous buvez quand vous officiez à la chapelle du Roi d'Espagne, ne vaut point celui-là!

LE CARDINAL. Oh! ne dites pas de mal

du vin de sacristie. Je l'aime beaucoup.

AMBROSIO. Qui sait chanter ici ?

LE CARDINAL. Moi !

AMBROSIO. Bon ! vous nous entonneriez une chanson d'église, triste et lugubre, avec des signes de croix et des soupirs. Ce n'est pas cela qu'il nous faut: une vive et franche chanson, ou les gais refrains d'un buveur !

LE MARQUIS. Il a raison ; et si je ne craignais pas d'être indiscret, je prierais notre aimable duc....

AMBROSIO. Je veux bien....

MATHILDE *à part.* Ne croirait-on pas, à voir les élans de cette gaîté bruyante, que le calme est dans son cœur ?... et pourtant ses lèvres sont pâles et sèches; et la sueur dégoutte de son front... Oh c'est une cruelle agonie !

AMBROSIO, *chantant.*

Quand un vin généreux fume
Dans un cristal transparent;
Quand une Andalouse allume
Dans l'âme un feu dévorant;
Quand un bal joyeux réclame
L'emploi de quelques instans :
Le vin, le bal et la femme,
Tout m'enivre en même temps.
Vienne la fin de l'orgie,
L'œil vif, la lèvre rougie,
J'attends!

LA DUCHESSE. Votre chanson est charmante.

AMBROSIO. C'est là l'existence, voyez-vous : à quoi nous servent les privations, et cette chimère que l'on nomme vertu ! On use ses jours dans une assoupissante apathie : on arrive au terme avec des regrets de plus et des jouissances de moins ; et tout cela pour l'espérance de je ne sais quelle félicité céleste qui ne vaut, certes, pas ce qu'elle nous coûte.

LE CARDINAL. Au second couplet !

(*Pendant l'intervalle des couplets, les danses recommencent dans le fond*).

AMBROSIO.

Si ce Dieu qui m'a fait naître,
Me condamne sans retour ;
S'il me défend de connaître
Et les plaisirs et l'amour ;
Puis, qu'un prêtre ose paraître
Avec des mots pénitens:
Sous mes pieds, le Dieu, le prêtre,
Je les foule en même temps.
Vienne la fin, etc.

(*se levant hors de lui*).

Oui... malédiction sur Dieu!... haine et séparation éternelle entre lui et moi !.. Je ne lui appartiens plus maintenant.... Que j'ai subi de tortures sous son joug de fer !... malédiction !... malédiction !...

(*Il reste un moment dans une agitation extraordinaire ; puis il reprend*).

Et quand ce Dieu nous rejette,
Quand il nous ferme les cieux,
Satan alors nous achète,
Et le marché vaut bien mieux :
Tous ceux qu'a souillés un crime,
Endurcis ou repentans,
Dans l'épouvantalbe abîme
Sont lancés en même temps.

(*Un rire général et moqueur accueille ce dernier couplet : Ambrosio est d'une émotion difficile à décrire..il va pour vider sa coupe, y porte les lèvres et la jette par un mouvement spontané*).

Je succombe... Tout mon sang est glacé dans mes veines... Je sens là comme un poids brûlant qui me consume.... mes larmes ne peuvent pas passer... (*se levant*) Que l'on cesse ces danses... elles me fatiguent !... hors d'ici ! laissez-moi seul. Votre présence irrite mon mal.... Le sol tremble et tourne sous mes pieds...

LE CARDINAL, *bas à Mathilde.* Vraiment on penserait en le voyant ainsi, qu'il est arrivé au terme du contrat... c'est l'agonie du damné...

MATHILDE, *bas aussi.* Le maître a été plus rusé que lui... et quand minuit aura sonné, ce sera fait.

LE CARDINAL. Ah! ah! ah! c'est drôle... mais retirons-nous... nous reviendrons.

MATHILDE, *à Ambrosio.* Ici et ailleurs, visible ou invisible, il y aura toujours quelqu'un près de toi.

(*Tout le monde se retire*).

SCÈNE IV.

AMBROSIO, *seul.*

Où suis-je ?.. pourquoi ce silence qui règne autour de moi ?... Il y avait tout-à-l'heure ici de joyeux convives! je chantais, je crois. Plus rien ! (*avec un ton d'effroi*). Insensé ! Oh ! ma tête s'égare, le remords me déchire. Antonia! Antonia. (*La cloche sonne. il reste quelque temps absorbé dans ses pensées, puis tout à coup prête l'oreille pour écouter*). La cloche du couvent! on vient me chercher : me voilà !.. Écoutez! l'orgue sacré a mêlé ses sons au murmure des voix qui prient. (*Il prend un air de recueillement, croise ses mains sur sa poitrine et s'écrie d'un ton inspiré*). Franciscains ! Franciscains !... suivez votre prieur à la chaise évangélique !.. Peuple de Madrid, prosterne toi! (*se retournant avec humeur, comme s'il parlait à quelqu'un*). Encore vous, frère Amselme ! vous vous jetez à mes pieds ? vous me demandez miséricorde pour l'infâme ministre du seigneur qui a oublié ses devoir ? Mais vous ne savez donc pas ce qu'il a fait ? il a séduit une faible fille, il l'a flétrie, deshonorée ! anathême , anathême ! (*Il étend la main pour maudire; il se promène ensuite : l'orchestre répète doucement l'air de la chanson. Il reprend, mais lentement*).

> Et quand ce Dieu nous rejette,
> Quand il nous ferme les cieux,
> Satan alors nous achète,
> Et le marché vaut bien mieux.

(*poussant un grand cri*) Ah ! c'est sur moi qu'il faut dire anathême, sur moi qui n'ai de force ni pour le crime, ni pour la vertu. (*plus vivement*). Réveillez-vous au fond de mon cœur, magnifiques élans de piété et de repentir ! Athlète jeté à terre dans la lice, recommence la lutte au lieu de crier merci ! Prieur des franciscains, rappelle-toi ces temps de bonheur et de calme où du haut de la chaire évangelique, descendait ta sainte parole pour consoler et pour bénir. (*Tonnerre*). La foudre gronde... Oh ! je comprends... assez, assez de crimes et de parjures (*courant à la porte d'Antonia*). Antonia ! Antonia !... (*Il recule tout effrayé*)..

SCÈNE V.

ANTONIA, AMBROSIO.

ANTONIA, *à peine éveillée se précipitant vers lui*. Ah ! mon frère !... mon frère ! (*Elle cache sa tête dans le sein du moine et paraît comme égarée*).

AMBROSIO, *avec douleur*. Son frère !

ANTONIA. Oh ! pourquoi n'es-tu pas près de moi pendant mon sommeil ? quel rêve affreux !... Il était là : j'étais perdue !

AMBROSIO, *la repoussant*. Insensée ! laisse-moi donc ! je suis le moine ; je suis cet Ambrosio qui te fait horreur. Il n'y a qu'un instant, tu étais en sa puissance : eh bien, j'ignore ce que j'ai éprouvé, si c'est pitié, amour, remords, mais j'ai senti mon cœur se briser et des larmes couler de mes yeux. (*avec entraînement*). Oh ! maintenant, fuis vite et ne me maudis pas. (*courant à la porte du fond et l'entr'ouvrant*). Adieu , adieu pour jamais.

ANTONIA, *restant à sa place, et sans comprendre*. Que dit-il ?

AMBROSIO, *d'un ton terrible*. Mais tu ne m'as donc pas entendu, jeune fille... ou ta raison est égarée... Regarde, c'est moi qui, hier, au couvent des franciscains, t'ai fait un criminel aveu; qui, aujourd'hui, ici, même, ai reculé d'épouvante devant ma victime : regarde bien... me reconnais-tu ?

ANTONIA, *poussant un cri*. Ah !

AMBROSIO, *avec désespoir*. Fuis donc, dans quelques mininutes peut-être, je ne le voudrai plus.

ANTONIA, *hors d'elle*. Au secours, au secours !

AMBROSIO, *la saisissant au moment où elle a gagné la porte du fond*. Ah ! ce n'est point contre moi que tu dois en demander.... vois.... je suis à tes genoux.... un mot de consolation, un regard de bonté avant de me séparer de toi.

ANTONIA. Malheureux !... tu parais bien souffrir ?

AMBROSIO. Oui , je souffre... oh ! je t'ai tant aimée, je t'aime tant encore ! Antonia ! écoute une dernière prière.... Entre toi et moi va s'élever désormais une barrière insurmontable.... Oh ! si en t'éloignant de ces lieux, si en passant près d'une pieuse et sainte demeure, quelque prêtre ayant le pouvoir de délier et de pardonner, se présentait à ta vue, mon Antonia , dis , en lui indiquant ce palais : Allez là mon père, allez là; car en ces lieux gémit et se roule dans les souffrances un infortuné qui veut revenir à Dieu ; allez le sauver mon père,... Et toi, ange, ne te souviens d'Ambrosio que pour le plaindre et le recommander au ciel.

ANTONIA. Il m'exaucera, je l'espère... je l'invoquerai pour toi..., et pour moi... car désormais il me faut un cloître.... où la paix de la tombe !

(*Elle retire doucement sa main de celle d'Ambrosio le regarde un instant et sort.*

SCÈNE VI.

AMBROSIO , seul.

A moi aussi la paix de la tombe, quand Dieu m'aura envoyé son pardon.... Des dix ans de jouissances qui m'étaient promis, un seul jour s'est écoulé.... à minuit, un seul jour !.... Je n'ai pas encore jeté les yeux sur le contrat infernal qui me lie... mon existence nouvelle m'occupait tant.... Je me rappelle cependant que je voulais lire avant de signer. Il est là ce contrat funeste !.... Si j'osais.... voyons....

(*Il met en tremblant la main dans son sein. A ce moment, un prêtre, qui est entré depuis quelques instans dans la galerie sans faire aucun bruit, s'approche d'Ambrosio et lui parle.*)

SCÈNE VII.

AMBROSIO, SATAN, *en prêtre.*

SATAN. Mon fils !

AMBROSIO, *l'apercevant.* Ah! c'est Dieu qui vous envoie, mon père.

SATAN. Dieu pardonne toujours à qui veut se repentir.

AMBROSIO, *vivement.* Et je me repens de toute la puissance de mon âme, mon père: je me repens avec sincérité et douleur ; mais les crimes dont je me suis souillé sont si grands que je doute que Dieu lui-même voulût me les remettre; car vous ne savez pas qui je suis ! ces habits brillans qui me recouvrent ne sont pas les miens.... je suis aussi un prêtre.
(*Il tombe à genoux.*)

SATAN. Quelle horreur!....

AMBROSIO. L'orgueil, l'amour, ont creusé l'abîme où je suis tombé : d'erreur en erreur, je suis arrivé aux plus effoyables excès: le rapt, l'assassinat....

SATAN. Un prêtre!

AMBROSIO. Je ne l'étais plus. J'avais rejeté loin de moi ce pieux caractère dont l'église m'avait revêtu. Une femme, que j'idolâtrais, résistait à ma fatale passion. Je la demandais au ciel, cette femme.... le ciel répondait à mes cris de souffrance en m'envoyant l'anathême.... je me suis lassé.... enfin, pour elle....

SATAN. Eh bien ?

AMBROSIO. Eh bien, j'ai vendu mon âme !

SATAN. Malheureux !...

AMBROSIO. Et maintenant, mon père, maintenant, que je suis ici, agenouillé et dévoré de remords, je regrette de l'avoir laissée s'échapper de mes bras. J'hésite encore à déchirer le pacte infernal qui m'en assure la possession. Je suis prêt à quitter cette humble posture de suppliant, pour courir l'enlever de nouveau à son toit paisible et vivre avec elle mes dix années de damnation.

SATAN. Mon fils, croyez-vous qu'un pareil langage vous obtienne la clémence du Dieu.

AMBROSIO. Oh!... je m'égare, mon père.

SATAN. N'est-ce point assez de ce que vous avez fait déjà? vendre votre âme !

AMBROSIO. Oui, c'est là mon abominable forfait.

SATAN. Vous exposer à la damnation éternelle!

AMBROSIO. Pitié! pitié! mon père.

SATAN. A la perte de votre caractère sacré de chrétien !

AMBROSIO. Je passerai ma vie dans les austérités de la pénitence.

SATAN, *avec malice.* Et, ce qui vaut la peine qu'on y songe, au danger de voir les promesses de Satan violées aussitôt que faites; car il faut y regarder à deux fois avant de traiter avec lui.

AMBROSIO. Oh ! grâce, grâce!

SATAN. Il est fin, trompeur... Quand il peut se dispenser d'acheter les âmes, il les vole.

AMBROSIO, *à part.* Que dit-il?

SATAN. Et tenez, mon fils, j'en ai eu dernièrement encore la preuve certaine. Un pauvre cardinal conçut l'idée de se vendre à lui pour satisfaire ses passions... il s'agissait d'une femme, je crois.

AMBROSIO. Comme moi.

SATAN. Il l'appela. La foudre, étincelant dans l'air, annonça la présence de l'ange déchu.

AMBROSIO Oh ! ne réveillez pas ces souvenirs qui troublent toujours mon imagination délirante.

SATAN. Il lui proposa, ainsi qu'à vous, designer un marché ce marché était de dix ans.

AMBROSIO. Comment!

SATAN. La signature des deux parties fut apposée sur les parchemins couleur de feu. L'un de ces parchemins fut remis au cardinal. Quelque temps à après, il lui prend envie d'examiner son contrat... il crie, il se roule à terre, il se tord les mains en le lisant.

AMBROSIO. Qu'y avait-il donc d'écrit?

SATAN. Au lieu de dix ans, il y avait un jour.

AMBROSIO. Un jour !

SATAN. Et il n'était plus temps. Il était minuit. La dernière des vingt-quatre heures était sonnée.

AMBROSIO. Attendez... attendez... (*Il fouille dans son sein en tire le parchemin qu'il lit*) Oh ! malédiction ! un jour, un jour !... mon père ! votre absolution ou je suis perdu! (*Minuit sonne*).

SATAN. Il t'a trompé aussi?

AMBROSIO. Minuit... c'est l'heure....

mon père, entendez-vous... miséricorde!

SATAN *d'une voix forte.* A genoux.

AMBROSIO. Mais vous n'entendez donc pas?

SATAN. Te repens-tu bien ?

AMBROSIO. Oui, oui : je me repentais auparavant.

SATAN. Tu ne retomberas plus dans la même faute ?

AMBROSIO. Je mourrai au cloître.

SATAN. Je t'absous.

AMBROSIO *se relevant.* Ah ! (*le dernier coup de minuit sonne*) voilà le dernier tintement de la cloche... Puissances infernales, le prieur des franciscains vous échappe!

SATAN *rejetant son capuchon et riant.* Ah! ah! ah! ah! ah ! ah ! ah.!

AMBROSIO. Oh!

SATAN *le saisissant.* Ici, ici ! Moine, tu m'appartiens.

AMBROSIO *voulant s'enfuir.* Pardon, pardon!

SATAN. Faut-il donc que ma main brûle ta chair... que mes doigts aigus y pénètrent profondément? (*lui enfonçant sa griffe dans l'épaule*) Tiens!

AMBROSIO *poussant un cri de douleur.* Ah!

SATAN. Saint prieur, je ne t'emporterai pas ainsi ! tu vas reprendre ta robe de moine, et nous allons monter ensemble au plus haut pic de la Sierra-Morena.

AMBROSIO. Laisse-moi.

SATAN. Viens, viens!

(Changement. La Sierra-Morena.)

SCENE VI.

AMBROSIO, SATAN.

SATAN *traînant Ambrosio parmi les rochers.* Repose-toi : nous ne sommes pas arrivés.

AMBROSIO *en moine, sa robe en lambeaux.* Oh ! je souffre d'horribles tortures.

SATAN. Oui, ton corps est déchiré par les pointes aiguës de ces rocs; le sang ruisselle et se mêle à tes larmes... allons plus haut!

AMBROSIO. Je me meurs !

SATAN *au haut du pic.* As-tu encore quelque force?... tes yeux peuvent-ils encore voir?... tiens, regarde cet abime... en découvres-tu le fond? Adieu !

AMBROSIO *disparaissant.* Ah !

SATAN *riant.* Ah! ah! ah! ah! J'ai mon moine !

(Des démons surgissent de tous côtés et forment une ronde infernale. Eclats de tonnerre. Tam-tam. Pluie de feu. Tableau final.

FIN.

Le 4e acte ne se joue pas à Paris. Le cardinal peut se remplacer par un moine d'un des couvens d'Espagne.

NOTA. Dans toute la pièce, au lieu du mot *Guadalquivir,* lisez : *Mançanares.*

Imprimerie de Mad. De Lacombe, 1, faubourg Poissonnière.

REINE,
CARDINAL ET PAGE,

COMÉDIE EN UN ACTE,

MÊLÉE DE CHANT,

Par M. Ancelot,

REPRÉSENTÉE POUR LA PREMIÈRE FOIS, A PARIS, SUR LE THÉATRE NATIONAL DU VAUDEVILLE, LE 5 DÉCEMBRE 1832.

PERSONNAGES.	ACTEURS.	PERSONNAGES.	ACTEURS.
LOUIS XIII, roi de France.	M. HIPPOLYTE.	COMTESSE DE GLARIS, dame d'honneur d'Henriette, femme de Charles Ier.	Mlle ATALA B.
CARDINAL DE RICHELIEU, premier ministre.	M. FONTENAY.	COMTESSE DE LANNOY, dame d'honneur d'Anne d'Autriche............	Mlle A. ALPHONSE.
DUC DE BUCKINGHAM, ambassadeur d'Angleterre.	M. ADRIEN.	UN HUISSIER de la reine.	M. CASSEL.
COMTE D'HARCOURT, page de la reine........	M. ÉM. TAIGNY.	DAMES, SEIGNEURS, etc.	
ANNE D'AUTRICHE, reine de France..........	Mlle BROHAN.		

L'action se passe à Paris, en 1625.

Le théâtre représente un salon ouvrant sur d'autres salons. Portes au fond; portes latérales. Une fenêtre à droite de l'acteur. De chaque côté, une table couverte d'un tapis, avec papiers, écritoire, etc. Sur la table, à gauche de l'acteur, est un riche coffret; près de chaque table est un fauteuil à dossier très-élevé.

SCÈNE PREMIÈRE.

D'HARCOURT, LA REINE, LA COMTESSE DE LANNOY.

(Au lever du rideau la reine est assise près de la table à gauche de l'acteur; la comtesse de Lannoy est debout de l'autre côté de la table; le page est debout vers le milieu du théâtre, un livre ouvert à la main.)

D'HARCOURT, *lisant.* «... Et le pauvre » écuyer reçut enfin le prix de tant d'a- » mour, de souffrance et de discrétion : » il fut aimé. »

(Il ferme le livre.)

LA REINE. Ce récit m'a vivement intéressée, et je m'applaudis beaucoup de l'idée que j'ai eue, depuis un mois, de charger notre page, M. d'Harcourt, de nous faire chaque matin quelque lecture.

LA COMTESSE. Une chose seulement m'étonne; c'est que toutes les histoires que mon jeune cousin a eu l'honneur de lire devant votre majesté racontent les aventures de pages, écuyers ou simples chevaliers, qui finissent toujours par être aimés de quelques reines ou princesses.

LA REINE. C'est vrai; je ne l'avais pas encore remarqué!... Mais c'est vous, ma chère comtesse, à qui j'avais confié le choix des livres.

LA COMTESSE. Je les ai changés plusieurs fois, et, ce matin, il me semblait bien avoir pris le récit des hauts faits du chevalier Bayard.

LA REINE. Voyons donc le livre?

D'HARCOURT, *embarrassé.* Si votre majesté le souhaite, je vais lire autre chose.

LA REINE, *remarquant son embarras.* Non, monsieur, donnez ce livre.

D'HARCOURT, *remettant le livre en tremblant.* Le voici !... (*A part.*) Que va-t-elle penser ?

LA REINE, *qui a parcouru le livre.* (*A part.*) Il ne lisait pas !... il inventait !... (*Haut et sévèrement.*) Monsieur D'Harcourt, je n'aurai plus besoin de vos services pour mes lectures.

LA COMTESSE. Comment !... Qu'y a-t-il donc ?

LA REINE. Rien, rien !... Mais je ne me soucie plus d'entendre lire : je lirai moi-même. (*A D'Harcourt, en lui lançant un regard sévère.*) Voyons, monsieur, ces papiers que vous m'avez apportés de la part du cardinal de Richelieu.

(*Le page lui remet les papiers.*)

LA REINE, *les parcourant.* Encore !...

LA COMTESSE. Quoi donc ?

LA REINE. Regardez : des vers.

LA COMTESSE, *jetant les yeux sur le papier.* En l'honneur de Votre Majesté?... Ses charmes ; ses vertus, ses belles mains.....

LA REINE. Conçoit-on que depuis quelque tems je trouve ainsi des vers au milieu de tous mes papiers ?... et jusque dans les rapports sur les révoltes des huguenots et le siége de La Rochelle?

LA COMTESSE. Quand le premier ministre est poète.....(*à demi-voix*) et amoureux peut-être ?

LA REINE, *souriant.* Quelle folie !... Un cardinal commettre des inconséquences... dignes d'un page !

(*Elle jette un regard sévère sur D'Harcourt.*)

D'HARCOURT, *à part.* Elle m'a deviné !

LA REINE, *à D'Harcourt.* Voilà, monsieur, une lettre que vous allez copier sur-le-champ ; et je vous prie de le faire avec plus de soin qu'à l'ordinaire.

(*Le page se place à la table à droite, et écrit ; la reine se lève.*)

LA REINE, *à la comtesse.* Le cardinal semble peu disposé à la gaîté : jamais sa mauvaise humeur n'exerça tant d'influence sur l'esprit du roi que depuis un mois. Ah ! ma chère comtesse, qu'une reine est à plaindre !

LA COMTESSE. Elle est femme !... Mais il y a quelquefois des malheurs dont les femmes sont si heureuses !... Ah ! le premier ministre serait moins maussade s'il ne trouvait pas tant de grâces, tant de noblesse dans le nouvel ambassadeur d'Angleterre qui est venu chercher en France la princesse Henriette pour la conduire au roi Charles Ier, son époux.

LA REINE. Vous croyez ?.

LA COMTESSE. Et surtout si cet ambassadeur ne répétait pas sans cesse que la reine de France est la plus belle personne du monde.

LA REINE. Ah !... le duc de Buckingham dit cela, comtesse? .. Mais que m'importe?... on me jette ainsi des paroles de flatterie, on donne des éloges à la beauté d'une femme, on excite sa coquetterie, on vante son bonheur...

AIR *des Teniers.*

Hélas ! pourquoi ne peut-on nous convaincre,
Et nous cacher ce qu'il nous faut souffrir ?
Des longs chagrins que l'ame ne peut vaincre,
En nous flattant on pense nous guérir :
Ah ! si du moins l'erreur où l'on nous plonge
Nous arrachait à la réalité !...
Mais à travers l'éblouissant mensonge,
Se montre encor la triste vérité.
On trouve encor la triste vérité.

LA COMTESSE. Est-ce la reine de France, la belle Anne d'Autriche, qui parle ainsi, et semble mécontente de son sort?

LA REINE. Mon sort?... eh bien ! oui, c'est celui d'une reine ! La contrainte, le devoir, voilà tout !... la vanité peut encore avoir sa part ; peut-être aussi la coquetterie?... mais n'est-il rien de plus dans l'ame d'une femme? (*Elle regarde fixement la comtesse, rapproche sa figure de la sienne, et lui dit plus bas :*) S'il lui venait jamais au cœur un désir d'être aimée?... si jamais l'amour?...

LA COMTESSE, *effrayée et reculant.* Ah ! madame !...

LA REINE, *riant.* Vous tremblez déjà, comtesse?... rassurez-vous, c'est une plaisanterie !... Mais voyez : à cette supposition vous avez pâli !... C'est une belle destinée, n'est-ce pas? elle doit bien exciter l'envie cette femme de vingt ans, qui, seulement en prononçant le mot d'amour, a glacé sa confidente. Allons, remettez-vous, comtesse !... (*Avec ironie.*) Quelle toilette devons-nous choisir pour ce soir? suis-je bien ainsi? ajouterons-nous quelques bijoux?... Essayons ces pierreries?... Voilà de quoi remplir le vide du cœur, occuper un tems importun, et charmer une vie inutile.

(*Pendant tout ce tems, le page, occupé à écrire, a, de moment en moment, prêté l'oreille et montré qu'il prenait part à ce qui s'est dit.*)

LA COMTESSE, *avec affection.* Ah ! madame, je ne vous vis jamais ainsi, et je m'afflige !... Quand les biens qu'on possède cessent de plaire, c'est qu'on désire une chose impossible à posséder.

LA REINE, *la regardant, et paraissant ne pas vouloir répondre.* Si je mettais cette agrafe de diamans?

(*Elle tire l'agrafe du coffret qui est sur la table.*)

LA COMTESSE. C'est un don magnifique

du roi Louis XIII ; et il n'y a pas une semblable parure dans tout Paris.

LA REINE. Ne m'avez-vous pas dit, monsieur D'Harcourt, que, dans le tems, vous aviez été chargé de cette affaire par le roi ? Il y a quelque chose de singulier à ce sujet, il me semble.

D'HARCOURT, *s'approchant.* Oui, madame ; sa majesté savait que je connaissais le fameux joaillier Cardillac, et je fus envoyé pour qu'il remît enfin ce bijou : il l'avait travaillé avec tant de soin, il était si passionné de son ouvrage qu'il ne voulait plus le céder à quelque prix que ce fût. Je l'eus enfin !... mais je sais que plusieurs personnes de la cour ont vainement essayé d'en obtenir de lui un tout semblable qu'il conserve, dit-on ; c'est un homme singulier, dont le caractère bizarre a fait souvent parler.

LA REINE. Bien, monsieur D'Harcourt, retournez à votre travail. (*D'Harcourt va se rasseoir et écrire.*) (*A la comtesse.*) Je vais aujourd'hui me parer de ces diamans.

LA COMTESSE. Ce présent est une preuve du désir de vous plaire qui occupe votre royal époux.

LA REINE, *dédaigneusement.* Me plaire ?... à moi !... et mes filles d'honneur ?

LA COMTESSE. Oh !... la calomnie seule...

LA REINE. Il les courtise par ennui, les délaisse sans raison, ne sachant ce qu'il veut, ni ce qu'il craint ; triste, inquiet et sombre, supportant avec humeur et dépit le joug de Richelieu, auquel il n'a pas le courage de se soustraire... Qu'attendre de sa faiblesse ?... que peut-il pour le bonheur des autres, lui qui n'a pas même la force de vouloir le sien ?

LA COMTESSE. Ah ! madame !...

LA REINE. Pardonnez, chère comtesse !... vous êtes la seule personne au monde à qui j'ose parler avec confiance ; et ces pensées qui m'affligent souvent se sont, depuis quelques jours, tellement pressées et agitées dans mon ame, que je n'ai plus la force de les contenir !... Je souffre !... (*Tout-à-coup l'expression de sa figure change.*) Mais il faut du courage !... Allons, imaginons quelque fête pour ce soir ; je donne bal, je reçois, je ne veux pas rester oisive aujourd'hui !...

AIR : *Amis, voici la riante semaine.*
Autour de moi je veux que tout s'agite,
Que mille jeux enchantent nos loisirs ;
De notre cour qu'on assemble l'élite,
Du mouvement, du bruit et des plaisirs !
Par là, dit-on, à l'ennui qui les presse
Il est des gens qui savent échapper ;
Pour du bonheur ils prennent cette ivresse !...
Peut-être aussi mon cœur va s'y tromper !

(*Au page :*) Voyez, monsieur D'Harcourt, y a-t-il du monde ? faites entrer.

(D'Harcourt sort un instant.)

LA COMTESSE, *à part.* Pauvre femme !.. que je la plains !

LA REINE. Il doit être venu quelqu'un ?

D'HARCOURT, *rentrant.* Les dames et les officiers de service ! (*La reine semble attendre.*) Quelques grands dignitaires ! (*La reine attend encore.*) L'ambassadeur d'Espagne !

LA REINE, *d'un air mécontent.* C'est tout ?

D'HARCOURT. Oui, madame !... Ah ! j'oubliais un gentilhomme de l'ambassade d'Angleterre ; il attend le moment où le duc de Buckingham pourra être reçu par votre majesté.

LA REINE, *vivement.* Et pourquoi ne le dites-vous pas ?... En vérité, vous êtes d'une étourderie impardonnable !... Il peut venir à l'instant.

(D'Harcourt va dire quelques mots dans le fond, puis revient ; la reine s'est approchée de la table de droite, et semble donner son attention aux papiers dont le page s'est occupé précédemment.)

LA COMTESSE, *à la reine.* Il me semble que l'ambassade se prolonge au-delà du terme fixé d'abord.

D'HARCOURT, *revenu et placé près de la comtesse.* Ah ! de plus d'un mois !... c'est singulier !

(La reine le regarde sévèrement.)

LA COMTESSE. Les préparatifs du mariage qu'il est venu célébrer au nom du roi son maître ont sans doute nécessité ce retard.

D'HARCOURT, *avec humeur et ironie.* Il paraît qu'il ne partira pas.

LA COMTESSE. Toute la cour en raffole : il est si beau, si brillant !... Ses manières sont si gracieuses et si nobles.

D'HARCOURT. Ah ! ma cousine, sa fatuité, son arrogance...

LA REINE, *avec colère.* En vérité, monsieur D'Harcourt, vous vous permettez des expressions... vous abusez étrangement de mes bontés pour vous, et de la liberté que je vous accorde !..... oser parler ainsi du duc de Buckingham !...... (*Se reprenant, et avec plus de calme*) d'un ambassadeur !.... Savez-vous bien, monsieur, que c'est un tort grave de manquer de respect à un homme comme lui ? Il représente le roi d'Angleterre.

LA COMTESSE, *à part.* Comme elle le défend !

D'HARCOURT, *bas à la comtesse.* Je ne puis le souffrir.

LA COMTESSE, *l'examinant.* Vous ne

pouvez le souffrir?... (*A part.*) Et la reine prend sa défense!...

UN HUISSIER, *annonçant.* Sa grâce le duc de Buckingam.

(Il entre, salue la reine.)

L'HUISSIER, *annonçant.* Son éminence le cardinal de Richelieu.

LA COMTESSE, *à part.* Il l'a suivi de près.

(Elle sort.)

SCÈNE II.

BUCKINGHAM, LA REINE, RICHELIEU, D'HARCOURT, *dans le fond.*

RICHELIEU. Que votre majesté me pardonne un empressement trop vif peut-être!... Comment modérer le dévoûment à sa souveraine, quand c'est la beauté qui règne?

LA REINE. Un langage aussi galant sied-il à votre habit, monsieur le cardinal?

BUCKINGHAM. J'ai envie, moi, d'accuser son éminence de n'avoir pas découvert en plusieurs années ce que nous avons vu le premier jour de notre arrivée ici : c'est qu'il peut exister un mérite tellement supérieur qu'il est au-dessus même de la louange.

RICHELIEU, *souriant.* Vous oubliez, monsieur le duc, que nous sommes dans l'usage de louer Dieu.

BUCKINGHAM, *lançant un coup-d'œil furtif vers la reine.* Moi je me contente de l'adorer.

RICHELIEU. En silence?

BUCKINGHAM. En silence.

LA REINE, *souriant.* Dieu ne voit-il pas le fond des cœurs?

RICHELIEU, *à part.* Ils s'entendent.

D'HARCOURT, *à part.* Heureux Buckingham!

RICHELIEU. Savez-vous, monsieur l'ambassadeur, que je quitte à l'instant un des objets de vos adorations!

BUCKINGHAM, *souriant.* J'ai peur que vous ne vous trompiez, monsieur le cardinal.

RICHELIEU. Et qui se réjouit de quitter enfin la France avec vous..... après-demain.

LA REINE. Après-demain!..... vous partez?

BUCKINGHAM. Ici, je l'avais oublié!.... Comment se souvenir de ce qui afflige?

RICHELIEU. La comtesse de Glaris ne l'oublie pas, et la jeune reine d'Angleterre, dont elle a gagné les bonnes grâces, se propose de célébrer votre mariage aussi-

tôt après son arrivée à Londres : elle veut ainsi vous témoigner à tous deux sa bienveillance.

LA REINE. Ah!...

BUCKINGHAM, *à part.* La reine a pâli!... je suis aimé! (*Haut.*) Je vous remercie, monsieur le cardinal, pour ce que je viens d'apprendre grâce à vous!... Vous ne savez pas tout ce que je vous dois.

AIR *du Passe-Partout.*
Croyez à ma reconnaissance!
D'un bonheur qui doit m'enchanter,
Mon cœur tremblant repoussait l'espérance,
Mais, grâce à vous, je n'en puis plus douter.
Pour tenir les clefs de saint Pierre,
Votre éminence aujourd'hui peut s'offrir,
Je rêvais le ciel sur la terre,
Et vous venez de me l'ouvrir.

D'HARCOURT, *à part.* Le fat!...

RICHELIEU, *à part.* Eh mais! il se réjouit!... me serais-je trompé?

L'HUISSIER, *annonçant.* Le roi!...

SCÈNE III.

BUCKINGHAM, LA REINE, LE ROI, RICHELIEU, D'HARCOURT, *dans le fond.*

LE ROI, *entrant par la porte de droite, des papiers à la main.* Enfin, vous voilà, monsieur le cardinal!... Madame, recevez mes hommages. Monsieur le duc, je vous salue.

LA REINE. Je remercie votre majesté du soin qu'elle veut bien mettre à me chercher.

LE ROI. Si je ne me trompe, vous semblez mécontente.

LA REINE. Moi?... non, sire!...

LE ROI. Oh! pardonnez-moi!... Mais, avant tout, les affaires. Savez-vous que vous avez donné, ces jours-ci, tant d'humeur et de découragement au cardinal, qu'il lui a pris fantaisie de me laisser tout le poids du travail.

LA REINE. Ah! sire! quel bonheur si, vous en rapportant à vous-même du soin de votre royaume, vous gouverniez par vos lumières?... N'est-ce donc pas le plus grand bien du monde?... Régner!...

LE ROI. Des avis deviennent quelquefois nécessaires, et des affaires que vous seul pouvez éclaircir, monsieur le cardinal, m'embarrassent et me fatiguent. (*A Buckingham.*) Monsieur l'ambassadeur vient prendre de la reine son audience de congé?... Ah! ce sera une ambassade mémorable que la vôtre!... et personne, à la cour de France, n'oubliera le brillant et magnifique duc de Buckingham, je vous assure.

RICHELIEU, *ironiquement.* Certes, nos jeunes seigneurs se souviendront que, malgré leurs folies, on peut les surpasser en luxe et en profusion. Ils se parent de bijoux et de perles, mais aucun d'eux ne les jette sur ses pas pour laisser à la foule le soin de les ramasser.

LE ROI. Et c'est ce que nous avons vu faire à votre grâce, duc de Buckingham! Cette munificence l'emporte sur celle d'un souverain. De notre tems, à vrai dire, il est plus d'un sujet qui veut avoir le pas sur son maître, ce dont parfois les rois ont grand ennui.

RICHELIEU. Il en est aussi qui n'ont qu'une pensée : la gloire et la puissance de celui qu'ils servent.

LE ROI, *affectueusement.* Oui, oui, et les rois ne seront pas ingrats. Écoutez un peu, monsieur le cardinal : une affaire importante m'occupe... (*Le roi va s'asseoir près de la table de gauche; Buckingham, de l'autre côté, s'est rapproché de la reine qui s'est assise près de la table à droite; le cardinal, remarquant ce mouvement, voudrait se rapprocher d'eux; le roi le retient, et dit :*) Laissons la reine recevoir l'ambassadeur, et profitons des instans; ce que j'ai appris m'inquiète. (*A demi-voix.*) Nos troupes ont encore reçu un échec sous les murs de La Rochelle, et.....

(*Il continue de parler tout bas à Richelieu, qui est distrait, et par ses gestes témoigne qu'il voudrait entendre ce que disent Buckingham et la reine. Le page est dans le fond, au milieu, et donne aussi une grande attention à la conversation particulière de Buckingham.*)

BUCKINGHAM, *à demi-voix.* Oui, reine; un mot, et cette absence ne durera pas : je reviens avant peu, si vous y consentez.

LA REINE, *à demi-voix.* Et votre mariage?

BUCKINGHAM, *à demi-voix.* Il ne peut se faire; je n'aime pas la comtesse de Glaris.

LA REINE, *à demi-voix.* Votre ministère, votre puissance à Londres?

BUCKINGHAM, *plus haut.* Je quitte tout pour l'ambassade de France.

RICHELIEU. *Il a paru écouter ce que le roi lui dit tout bas; mais par le fait il n'a prêté l'oreille qu'à la conversation de la reine; il entend les derniers mots de Buckingham, et s'écrie :*) Alors nous déclarons la guerre à l'Angleterre.

LA REINE. La guerre!

BUCKINGHAM. La guerre!

LE ROI. Que dites-vous là, monsieur le cardinal : la guerre!... Y pensez-vous?

RICHELIEU. Sans doute!... Le parlement veut accorder des secours aux huguenots.

LE ROI. Mais...

RICHELIEU. Et la guerre sera peut-être le seul moyen d'écarter les dangers qui menacent votre majesté.

LE ROI. Des dangers?...

RICHELIEU. Sire, ils sont plus pressans que vous ne l'imaginez.

BUCKINGHAM, *au roi.* Il n'est point de sacrifices que le roi, mon maître, ne soit disposé à faire pour maintenir la paix que son mariage vient de sceller.

LE ROI. J'espère bien aussi, quoi qu'en dise M. le cardinal, que rien ne la troublera, et croyez que je place le choix fait par le roi d'Angleterre du duc de Buckingham pour le représenter ici, au nombre des raisons d'amitié qui existent entre nous.

RICHELIEU, *à part.* Le pauvre homme!

LE ROI. J'ai entendu vos dernières paroles, milord, et je serai charmé que vous nous prouviez votre satisfaction de notre accueil en revenant au même titre pour un plus long séjour.

BUCKINGHAM. C'est mon plus grand désir.

RICHELIEU, *à part.* Nous l'empêcherons bien.

LE ROI, *à demi-voix à Richelieu.* Que diable! cardinal, où avez-vous donc l'esprit? je suis obligé de réparer vos gaucheries!... Mais aussi ma diplomatie n'est pas maladroite.

RICHELIEU. Oh certes!... (*A part.*) Il ne verra rien!

LE ROI. Écoutez-moi donc!...

(*Il parle bas à Richelieu.*)

BUCKINGHAM, *à demi-voix.* Vous le voyez, madame, sa majesté désire mon retour : daignez l'autoriser, et mes vœux sont comblés.

LA REINE, *à demi-voix.* Y songez-vous, milord?

D'HARCOURT, *à part, surveillant Richelieu.* Comme il regarde!

BUCKINGHAM, *à demi-voix.* Puis-je supporter la vie, si vous seule me bannissez?

LA REINE. Milord!...

D'HARCOURT, *à part.* La reine est émue!.....

BUCKINGHAM, *à demi-voix.* Parlez!... c'est ma mort, c'est ma vie que vous allez décider.

LA REINE, *à part.* Comment cacher ce qui se passe là?

BUCKINGHAM, *à demi-voix.* Vous vous taisez?...

(*D'Harcourt qui surveille tous les mouvemens de Richelieu, le voit quitter le roi, qui s'est rassis et est occupé à lire les papiers qu'il tenait à la main, et s'approcher de la reine.*)

D'HARCOURT, *à part.* Elle est perdue!...
(*Il s'avance précipitamment entre la reine et
Richelieu.*) Madame!...

LA REINE, *étonnée.* Eh bien?

D'HARCOURT. J'ai cru que votre majesté
m'appelait.

LA REINE, *se levant.* En vérité, monsieur D'Harcourt, vous devenez fou. (*A
part.*) Espionnée de tous côtés!

LE ROI. Ah ça! cardinal, qu'avez-vous
donc aujourd'hui?... vous ne m'écoutez
pas?... c'est moi qui m'efforce en vain de
vous faire prendre une décision dont la
promptitude peut seule assurer le succès,
et vous semblez occupé d'autre chose?

BUCKINGHAM, *souriant.* Un premier ministre cardinal gouverne les chose de la
terre et celles du ciel; il a bien des affaires
en tête!... Il veut connaître et diriger à
son gré les cœurs comme les actions, le
spirituel et le temporel, n'est-il pas vrai?

RICHELIEU. Oui, milord, et rien ne lui
échappe.

LE ROI. C'est fort bien; mais l'objet
dont je vous parlais ne peut se remettre,
et nous allons passer dans notre cabinet;
suivez-moi, monsieur le cardinal. Madame, vous pouvez recevoir les adieux de
Sa Grâce, et, je vous prie, insistez pour
son retour. A revoir, monsieur l'ambassadeur.

RICHELIEU, *à part.* Les laisser seuls!...
il est aussi trop aveugle?...

LE ROI, *qui a fait un mouvement pour sortir,* s'arrête. Eh bien! monsieur le cardinal, ne m'obéirez-vous pas au moins une
fois?

RICHELIEU. Sire, je vous suis.
(*Dans son trouble il va passer devant le roi; il le
heurte et recule.*)

LE ROI, *avec humeur.* Passez, monsieur,
passez!... ne sait-on pas que vous êtes le
maître ici?

RICHELIEU. Ah! sire... mon trouble...

LE ROI, *sèchement.* Passez donc!...

RICHELIEU, *prenant un flambeau sur la
table de gauche.* Votre majesté l'ordonne?... ce sera donc comme le dernier de ses
serviteurs.

LE ROI, *souriant.* Ah!... c'est s'en tirer
en homme d'esprit. Allons travailler, mon
cher cardinal.
(*Le roi et Richelieu sortent par la porte de droite.*)

SCÈNE IV.

BUCKINGHAM, LA REINE.

LA REINE, *à part.* Ah! surtout ne disons
rien!

BUCKINGHAM, *à part.* Il faudra bien
qu'elle parle.

LA REINE. *Elle s'assied à gauche.* Ainsi,
vous nous faites espérer, milord, que le
parlement ne prêtera pas son appui à des
rebelles, et que la paix pourra n'être point
troublée?

BUCKINGHAM. En doutez-vous, reine?...
Ai-je donc si mal exprimé ma pensée, ou
votre majesté est-elle si insouciante de la
connaître, qu'elle puisse douter qu'un
désir de la reine de France ne soit un ordre pour Buckingham?

LA REINE. La guerre de la Ligue a tellement agité les premières années de notre règne, que, pour nos sujets comme
pour nous, le repos est devenu un besoin
et le premier des biens.

BUCKINGHAM. Rien désormais ne pourra
le détruire; car une fois sans inquiétude
sur sa puissance, une reine ne peut éprouver d'émotions!... sa vie est un ciel sans
nuages; elle ignore qu'il est des passions
sur la terre.

LA REINE. Elle ne doit pas le savoir.

BUCKINGHAM. Ah! si c'était le devoir
seul qui lui prescrivit de l'ignorer?

LA REINE. Vous espérez donc que votre
retour à Londres changera des dispositions un peu hostiles?...

BUCKINGHAM. Votre majesté n'a-t-elle
pas ordonné?... Mais pourquoi faut-il
qu'elle ait le droit de commander?... pourquoi ce diadème qui annonce sa puissance?... n'est-elle pas plus forte mille fois
avec un regard qu'elle laisse tomber?

LA REINE, *souriant.* Vous croyez?

BUCKINGHAM. Pourquoi un sceptre en
des mains si belles? l'admiration précède toujours l'obéissance et la rend trop
facile.

LA REINE, *avec un sourire.* Ainsi, je n'ai
qu'à vouloir?

BUCKINGHAM. Un mot prononcé par
cette voix si douce, et les plus rebelles
seront à vos pieds.
(*Il va pour s'agenouiller, la reine l'arrête.*)

LA REINE, *avec émotion.* Duc de Buckingham!... (*D'un ton plus sévère.*) Monsieur l'ambassadeur!...

BUCKINGHAM. Toutes les puissances de
la terre, se prosternant devant vous, n'éveilleraient-elles donc que la colère?... un
peu de pitié ne viendrait-il pas adoucir
leurs maux?

LA REINE, *souriant pour cacher son trouble.* De la pitié pour ceux qui excitent tant
d'envie!

BUCKINGHAM, *tristement.* L'envie!...

LA REINE. Si la renommée ne nous a

point abusée, de nombreuses et brillantes conquêtes à la cour de Londres...

BUCKINGHAM. À Londres?.. oui!... cela se peut!... mais qu'importe? l'impossible seul a du prix à mes yeux!

LA REINE. L'impossible?...

BUCKINGHAM. Oui, l'impossible!... Je pourrais sans doute obtenir l'amour de quelque jeune et belle femme, qui accorderait en même tems une portion de son cœur à la vanité, une autre à l'ambition, et donnerait quelque chose encore à des calculs d'intérêt et de fortune!... L'amour est-il donc là comme je l'éprouve, comme je le comprends?... oh! non... Mais faire naître la sympathie dans le cœur de celle qui, placée au-dessus des autres, n'a jamais senti le bonheur de partager les émotions qu'elle inspire; lui apprendre que vivre c'est animer une autre ame, voir s'y réfléchir ses sentimens et ses idées!... ah! ce serait là le comble de la félicité, de l'amour, du délire!... car une telle femme accorderait tout à la seule fidélité du cœur, à une affection mutuelle, au bonheur d'aimer et d'être aimée.

LA REINE, émue. Ne parlez pas ainsi!... de telles pensées ne peuvent pas, ne doivent pas naître; elles ne doivent pas être comprises!... Voir partager des émotions qu'il faut toujours comprimer ou cacher; sentir un cœur dévoué qui ne battrait que pour nous! oh! non, non, duc de Buckingham, ne dites pas que cela se pourrait!... mais bien plutôt dites, répétez sans cesse que c'est impossible.

BUCKINGHAM. Oui!..... parce qu'aucun homme n'est digne de ce bonheur! parce que la fortune a placé trop haut l'objet de tant d'amour.

LA REINE, essayant de cacher son émotion. N'est-il pas des hommes que leurs talens placent plus haut que la fortune des rois?

BUCKINGHAM. Le pensez-vous?

LA REINE. Si je le pensais?

BUCKINGHAM. Un cœur fidèle saurait jusqu'au tombeau se dévouer à celle qu'il adore.

LA REINE. Un tel amour n'existe pas.

BUCKINGHAM. Si seulement cet amour pouvait s'exprimer sans déplaire?

LA REINE. S'il déplaisait, feindrait-on de ne pas l'entendre?

BUCKINGHAM. Au nom du ciel! encore un mot!...

LA REINE. Ah!... ne me forcez pas à tout dire.

BUCKINGHAM. Laissez-moi donc tout deviner.

LA REINE, le regardant avec une tendre émotion. Buckingham!... oh! gardez bien mon secret!...

(Elle cache sa figure dans ses mains et va s'asseoir à gauche.)

BUCKINGHAM. Rois de la terre, enviez mon bonheur! il est plus haut que votre puissance, plus grand que votre fortune! le monde entier n'a rien qui l'égale!... Je me sens digne d'une noble destinée! un mot m'a élevé au-dessus de tous les hommes; il n'est rien que je ne puisse entreprendre!... talens, vertus, bonheur; tout m'est donné par elle!

LA REINE. Mon Dieu!... mon Dieu!...

BUCKINGHAM, très-tendrement. Madame! est-il vrai?... (La reine lève la tête, et lui tend la main qu'il porte à ses lèvres.) Ah! que je suis heureux!... mon ame est remplie de joie, d'ivresse, de folie!... Je voudrais vous voir heureuse comme moi!... je voudrais que le monde entier fût heureux!... Si quelque infortuné réclamait un secours, un bienfait, ah! que mon ame serait disposée à l'écouter!.... Le bonheur qui me transporte est au-delà de ce que je peux supporter avec ma raison!... Un tel bien, c'est trop pour un mortel!... Chère et belle reine!... que ne puis-je répandre autour de moi la joie, les trésors!... Ah!...

(Il détache une aiguillette de diamans placée à son épaule.)

LA REINE. Que faites-vous?

BUCKINGHAM. Voyez ces diamans!... ils sont d'un prix immense... (Il s'approche de la fenêtre et jette les diamans.) Qu'ils fassent la fortune de quelqu'un!.. que cet instant où je fus si heureux soit encore béni par un autre que moi!...

LA REINE. Ah!..... Buckingham!..... qu'est-ce qu'un trône comparé au bonheur de posséder un cœur tel que le vôtre?

BUCKINGHAM, se jetant à ses pieds. Ce cœur est à vous seule!... disposez à jamais de mes pensées et de ma vie.

LA REINE. Pour vous seul aussi le cœur d'Anne d'Autriche aura eu une pensée d'amour!... pour vous seul elle aura cessé d'être reine!..... elle aura eu un jour de bonheur!

BUCKINGHAM. Quel beau jour!...

LA REINE. Qu'un gage toujours présent vous le rappelle sans cesse!... Cette agrafe, que je la remplace par celle que je porte!... (Elle détache l'agrafe de diamans qui est à son corsage, et la place sur l'épaule de Buckingham qui est à genoux devant elle; au moment où l'agrafe est attachée, et où le duc vient de baiser la main de la reine, D'Harcourt entre précipitamment.) Dieu!...

BUCKINGHAM, *à part*. Maudit page !...

LA REINE, *avec colère*. Encore !... Que venez-vous faire ici ?... Sortez.

D'HARCOURT. Madame !..... Son Éminence le cardinal de Richelieu.

LA REINE. Ah !...

RICHELIEU, *entrant*. Qui vous a prié de m'annoncer ?

BUCKINGHAM, *à part*. Sans le page, il arrivait bien !

(D'Harcourt se retire.)

SCENE V.

BUCKINGHAM, RICHELIEU, LA REINE.

LA REINE, *qui a composé son visage*. Monsieur le cardinal, le roi et toute la cour ne tarderont pas à se rendre ici pour le bal : vous trouverez bon que je me retire chez moi jusqu'à leur arrivée.

(Elle sort par la porte à gauche.)

RICHELIEU. Je demande pardon à Sa Grâce le duc de Buckingham !.... je suis venu peut-être... mal à propos ?

BUCKINGHAM. Qu'importe ?

RICHELIEU. On sait que dans les affaires d'état, comme dans les affaires d'amour, les difficultés n'effraient pas Votre Grâce.

BUCKINGHAM. Elles m'amusent presque autant que la mauvaise humeur d'un rival dédaigné.

RICHELIEU. Ah !...

BUCKINGHAM. Mais je m'en voudrais d'occuper un tems réclamé par tant de soins divers, et je salue Votre Éminence avec un profond respect.

AIR : *Walse du Mari par interim.*

De grands desseins préoccupent votre ame ;
Sur votre front je crois lire l'ennui ;
Du monde entier quand le sort vous réclame,
Je ne veux pas vous disputer à lui.
(*A part*.)
Ici bientôt le plaisir me ramène ;
Quel heureux sort m'attend pendant le bal !
Là, je verrai me sourire une reine ;
Là, se donner au diable un cardinal.

ENSEMBLE.

De grands desseins, etc.

RICHELIEU.

Certain projet préoccupe mon ame,
Mais je saurai l'accomplir aujourd'hui ;
De me venger quand le soin me réclame,
Un imprudent doit prendre garde à lui.

SCENE VI.

RICHELIEU, seul.

L'insolent !... Et le roi, le roi qui ne veut rien voir !.... Je suis parvenu pourtant à jeter quelques inquiétudes dans son ame !... oh ! il faudra bien qu'il l'éloigne, qu'il le chasse !... La guerre, plutôt mille fois la guerre, que cet arrogant ambassadeur !... Quoi ! cette femme si belle, si hautaine !... ah ! que de soins pour écarter d'elle tout ce qui pourrait trouver les moyens de lui plaire !... Je l'ai devinée ; son cœur a besoin d'affections !... et moi... moi seul... la reine de France !... Qu'il y avait d'orgueil dans le regard de ce Buckingham !... Comme il semblait heureux, et sûr de son succès !... Quelque preuve, quelque gage échappés à l'imprudence de la reine, auraient-ils... Je l'ai bien examinée, et, si je ne me trompe, certain bijou qui brillait à son corsage, quand il est entré, n'a plus frappé mes yeux... S'il était possible ?... Il est si fat que j'aurais bientôt son secret... et alors... alors je serais maître d'elle... Oui !... le bonheur ou la vengeance !

SCENE VII.

LE ROI, entrant par la porte de droite, RICHELIEU.

LE ROI. Eh bien ! mon cher cardinal, déjà chez la reine !

RICHELIEU. Peut-on mettre trop d'empressement pour une fête que Sa Majesté a préparée ?..... Mais quel air soucieux, sire ?

LE ROI. Oui, les soupçons qui vous sont venus à l'esprit sur le duc de Buckingham...

RICHELIEU. Oh ! ce n'est pas moi, sire !... Votre Majesté seule...

LE ROI. C'est vrai... mais vous m'avez fait remarquer l'inquiétude que j'éprouvais.

RICHELIEU. Je me suis étonné seulement du trouble qui agitait Votre Majesté ; car, pour que je pusse concevoir une telle pensée, il faudrait qu'une preuve irrécusable...

LE ROI. Sans doute !... et cela est impossible !... la reine est un peu coquette, un peu vaine de sa beauté ; mais elle est si fière !...

RICHELIEU. A qui le dites-vous, sire ?

LE ROI. Enfin, monsieur le cardinal, si je vous disais que, même avec moi, moi le roi, elle a parfois un air dédaigneux qui m'impose !... Et un ambassadeur !... ah ! ah !... ah ! j'étais fou !

RICHELIEU. Vous croyez ?...

LE ROI. C'est comme si l'on me disait que vous... Mais non, pourtant, non, c'est différent ; parce qu'un homme d'épée..... Et puis, le duc est fort bien !

RICHELIEU. Il est vif, léger, entreprenant !...

LE ROI. Soit!..... mais la reine de France!... Allons, allons, c'est une étrange folie qui nous avait passé par la tête; n'y pensons plus!... Et, je vous en prie, n'ayez plus de querelles avec la reine, parce que, voyez-vous, c'est moi qui en souffre!..... Je me suis vu forcé à un travail inouï!... j'ai essayé de me passer de vous.

RICHELIEU. Il paraît que Votre Majesté ne s'en est pas bien trouvée?

LE ROI. Je dois en convenir, la fatigue m'accable, et je voudrais bien pouvoir me dispenser de ce bal; mais la reine ne me le pardonnerait pas!... Je vais entrer chez elle, et obtenir du moins la permission de n'y pas rester long-tems.

(Il entre chez la reine, à gauche.)

SCÈNE VIII.

RICHELIEU, seul.

Rendez-lui donc des services!..... Comment compter sur ce faible monarque?... Il faudra pourtant bien qu'il demeure en ma puissance!..... Si la naissance m'a mis au-dessous d'eux, mon génie m'a donné le droit de leur commander!...... Oui, tout m'obéira ici!... tout!... même cette femme si fière!... Ah! on arrive!... ne laissons rien échapper.

(Les portes s'ouvrent; D'Harcourt et d'autres pages entrent. La comtesse de Lannoy et d'autres dames d'honneur sortent de chez la reine; un huissier annonce dans le fond.)

UN HUISSIER, annonçant. M. le grand-écuyer, M. le duc d'Épernon, Mme la duchesse de Chevreuse, M. de Marillac, M. de Bassompierre.

(Ils entrent tous, et, après avoir salué le cardinal, se rangent dans le salon.)

L'HUISSIER. Mme la comtesse de Glaris.

RICHELIEU, à part. La prétendue de Buckingham!... ah! je l'attendais.

SCÈNE IX.

LA COMTESSE DE GLARIS, RICHE-LIEU, FOULE DE COURTISANS, dans le fond et sur les côtés, D'HARCOURT.

RICHELIEU, allant au-devant de la comtesse de Glaris. La belle comtesse de Glaris permet-elle que je lui présente mes respectueux hommages?

LA COMTESSE DE GLARIS. Vous savez, monsieur le cardinal, qu'au milieu de cette cour brillante, vous êtes une des personnes que je vois avec le plus de plaisir.

RICHELIEU. J'ai peur que ce ne soit pas dire beaucoup, car vous semblez bien empressée de la quitter.

LA COMTESSE DE GLARIS. Ces cérémonies, ces fêtes, cette foule, ont fini par m'affliger; car elles ne laissent point de tems pour s'occuper des gens qu'on aime.

RICHELIEU. Ils sont eux-mêmes si occupés!

LA COMTESSE DE GLARIS. Vous, monsieur le cardinal, qui savez quels liens doivent avant peu m'unir au duc de Buckingham, je ne crains pas de vous exprimer mes inquiétudes et mon chagrin.

AIR : Un page aimait la jeune Adèle.

Dans cette cour l'ingrat qui me délaisse
Ne parle plus de notre heureux hymen;
Et, triomphant enfin de ma faiblesse,
Je veux parfois renoncer à sa main.

RICHELIEU.

Gardez-vous-en , c'est moi qui vous en prie.
Dans vos liens il le faut engager.
Redoublez de coquetterie,
Ne fût-ce que pour m'obliger.

LA COMTESSE DE GLARIS. Allons, puisque l'église me l'ordonne, je tâcherai d'obéir à ses commandemens.

RICHELIEU. S'il est distrait ici, il reviendra uniquement à vous, dès que l'enivrement de ses succès dans cette cour sera passé; mais il faut partir!... Je ne vous cache pas qu'il est urgent de l'emmener.

LA COMTESSE DE GLARIS. Et comment empêcher un nouveau retard?

RICHELIEU. Si vous le vouliez bien!

LA COMTESSE DE GLARIS. Si je le veux?

D'HARCOURT, à part, les observant. Que disent-ils?

LA COMTESSE DE GLARIS. Quitter la France, avec le duc de Buckingham, voilà ma seule pensée, mon seul désir en ce moment.

RICHELIEU. Eh bien! il est possible que je le force à partir ce soir même.

LA COMTESSE DE GLARIS. Est-il vrai?... Ah! des droits éternels à ma reconnaissance!

RICHELIEU. Mais il faudra me seconder.

LA COMTESSE DE GLARIS. De tout mon pouvoir.

D'HARCOURT, à part. Quelque complot contre la reine!... et je ne peux rien entendre!

L'HUISSIER, annonçant. Sa Grâce le duc de Buckingham, ambassadeur d'Angleterre.

SCÈNE X.

LES MÊMES; BUCKINGHAM, puis LA REINE.

BUCKINGHAM. Madame, veuillez agréer mes salutations.

L'HUISSIER. Messieurs, la reine!

LA REINE. Je vous remercie de votre empressement à venir à cette fête donnée dans mes appartemens; le roi désire que son absence ne nuise point à nos jeux; nous danserons donc sans apparat, et pour notre plaisir. Le faste, l'éclat, m'ont souvent fatiguée; ils effarouchent toujours la joie, et le bonheur n'a pas besoin d'eux.

BUCKINGHAM. Jamais fête a-t-elle réuni rien d'aussi beau, d'aussi enivrant?

(Il y a échange de regards entre la reine et lui.)

D'HARCOURT, *à part.* Qu'il est heureux!

(Richelieu examine avec la plus grande attention toute la toilette de Buckingham, et reconnaît à son épaule les diamans de la reine.)

RICHELIEU, *à part.* Ah!..... j'avais deviné!

LA REINE, *cherchant à détourner l'attention de Richelieu.* Eh bien! monsieur le cardinal?

RICHELIEU. Rien n'égale la magnificence de Sa Grâce le duc de Buckingham : chaque jour on remarque quelque chose de nouveau, d'inattendu dans sa parure.

D'HARCOURT, *à part.* Dieu! c'est l'agrafe de la reine!...

LA REINE. Ces futilités peuvent-elles attirer l'attention d'un premier ministre?

BUCKINGHAM, *avec hauteur.* C'est aller au-delà de son devoir.

RICHELIEU. Mais, milord, chacun se renferme-t-il exactement dans le sien?

LA REINE. Allons, que le bal commence.

(Elle offre la main à Buckingham; ils disent quelques mots tout bas. On se place pour les danses.)

RICHELIEU, *amenant la comtesse de Glaris sur le devant.* Comtesse, le moment est venu.

LA COMTESSE DE GLARIS. Que faut-il faire?

(On danse. D'Harcourt suit de l'œil tous les mouvemens de Richelieu.)

D'HARCOURT, *à part.* Un danger la menace!... tout pour la sauver.

RICHELIEU, *à demi-voix, à la comtesse de Glaris.* Comtesse, vous voyez cette agrafe de diamans que porte le duc?

LA COMTESSE DE GLARIS. Eh bien?

RICHELIEU. Il faut la lui dérober adroitement.

LA COMTESSE DE GLARIS. La dérober?...

(D'Harcourt s'est glissé du côté de Richelieu et de la comtesse pour tâcher d'entendre; Richelieu s'en aperçoit.)

RICHELIEU, *au page, qui se trouve près de lui.* C'est un beau spectacle qu'un bal!

D'HARCOURT. Il est dommage qu'un cardinal n'y serve à rien.

RICHELIEU. Mais un bal peut lui servir à quelque chose.

(La reine et Buckingham dansent ensemble et parlent bas; le bal est dans sa plus grande activité; la comtesse de Glaris est toujours près de Richelieu; le page est forcé de s'éloigner.)

LA COMTESSE DE GLARIS, *à demi-voix.* Vous disiez donc que ces diamans..

RICHELIEU. Ont été donnés par une femme.

LA COMTESSE DE GLARIS. Par une femme!.. J'ai une rivale?...

RICHELIEU. Bien dangereuse.

LA COMTESSE DE GLARIS. Le perfide!...

RICHELIEU. Faites ce que je vous dis, et leurs liens sont rompus à jamais.

LA COMTESSE DE GLARIS. Il faut donc?

RICHELIEU. Enlever ces diamans et me les remettre.

LA COMTESSE DE GLARIS. Et si j'y parviens?...

RICHELIEU. Il est forcé de partir.

LA COMTESSE DE GLARIS. Comment cela?...

RICHELIEU. Cet agrafe, vous dis-je, dans mes mains, à l'instant, et demain le duc est sur la route de Londres avec vous, et sauvé d'un grand danger.

LA COMTESSE DE GLARIS. Vous l'aurez.

(Richelieu s'éloigne, parle à d'autres dames, et ne s'approche plus de la comtesse, dont un seigneur est venu prendre la main et qui figure dans la danse.)

LA REINE. Du courage, messieurs, que rien n'interrompe nos plaisirs.

(La comtesse de Glaris, dans une passe, fait un mouvement de la main du côté de l'agrafe; D'Harcourt s'en aperçoit.)

D'HARCOURT, *à part.* C'est à l'agrafe qu'elle en veut!... Ah! je devine tout. (*Il s'approche de Buckingham.*) Milord... ces diamans vont se détacher.

BUCKINGHAM. Vous vous trompez.

(La danse continue; Richelieu a vu que le page a empêché d'enlever les diamans; il fait un geste de dépit. Dans un mouvement de la danse la comtesse de Glaris réussit à enlever l'agrafe de l'épaule de Buckingham, et la remet à Richelieu.)

LA COMTESSE DE GLARIS, *bas.* Il partira.

RICHELIEU, *bas.* Dès ce soir!... (*Haut et avec joie.*) Il faut convenir qu'un bal est une bien belle chose.

BUCKINGHAM. Je n'en ai jamais vu où l'on fût si gai, si heureux!

LA REINE. Que nous avons bien fait de bannir l'étiquette pour aujourd'hui!..... C'est la première fois que moi, pauvre reine, toujours contrainte, j'ai connu les plaisirs d'une jeune femme.

RICHELIEU. Je vous assure que, moi aussi, je ne croyais pas qu'un bal pût m'amuser autant.

D'HARCOURT, *à part.* Quelle expression

de joie!... Ah! ils ont réussi!... l'agrafe a disparu!... Malheureuse reine!...

LA REINE. Allons!... une nouvelle sarabande.

D'HARCOURT, *s'approchant de Buckingham.* Pardon!... je le disais bien à votre grâce tout-à-l'heure, l'agrafe de diamans ne tenait pas; elle s'est détachée.

BUCKINGHAM. Grand Dieu!

LA REINE, *avec un grand trouble.* Cela n'est pas possible.

RICHELIEU, *d'un ton hypocrite.* Qu'est-ce donc? qu'a-t-on perdu?

D'HARCOURT. Des diamans d'un grand prix.

BUCKINGHAM. Ah! d'un prix inestimable... Tous mes trésors pour les retrouver!...

LA REINE, *le contenant d'un regard.* Ils se retrouveront, monsieur le duc!... Il faudra bien qu'ils se retrouvent.

UN HUISSIER, *annonçant.* Le souper de sa majesté est servi.

D'HARCOURT, *bas à Buckingham.* Vous chercheriez en vain!...

BUCKINGHAM. Comment?

D'HARCOURT, *passant près de la reine. Bas.* L'agrafe est entre les mains du cardinal.

LA REINE. Je suis perdue!

D'HARCOURT, *à part.* Quelle idée!... Ah! il faut la sauver à tout prix.

(*Il sort précipitamment.*)

RICHELIEU, *à part.* Elle est tremblante! (*Haut.*) Qu'avez-vous, reine? vous vous trouvez mal...

LA REINE. Moi! non, monsieur, non! Je n'ai rien, que voulez-vous que j'aie? de la fatigue peut-être? Je vais me reposer pendant le souper, je n'y paraîtrai pas!... Allez, mesdames, je veux rester seule un instant.

RICHELIEU, *avec ironie.* La joie a bien vite disparu!...

BUCKINGHAM, *à la reine.* Remettez-vous...

LA REINE, *à demi-voix.* On vous regarde! sortez.

RICHELIEU. Obéissons à ce désir soudain de solitude qu'éprouve sa majesté : retirons-nous!... (*Avec intention.*) Voici bientôt l'heure où je dois travailler avec le roi.

LA REINE, *à part.* Avec le roi!...

RICHELIEU. Daignez, madame, agréer nos respectueux hommages. (*A part en sortant.*) Son sort est dans mes mains.

(*Tout le monde se retire.*)

SCÈNE XI.

LA REINE, *puis* LA COMTESSE DE LANNOY.

LA REINE, *seule un moment.* C'est Richelieu!... c'est lui! il veut me perdre, se venger!... que faire?... et personne, personne pour me secourir, pour m'aider de ses conseils.

LA COMTESSE DE LANNOY, *qui s'était tenue dans le fond.* Ah! madame...

LA REINE, *avec effroi.* Comtesse!... vous aussi, vous m'écoutiez! vous!

LA COMTESSE DE LANNOY. Je donnerais ma vie pour vous préserver d'un danger.

LA REINE. Vous ne savez donc pas que je suis coupable?

LA COMTESSE DE LANNOY. Je vois que vous êtes malheureuse.

LA REINE. Oui, bien malheureuse!... Mais coupable, le suis-je donc en effet? non! non!.. Eh quoi! femme, je n'ai pas le droit d'accorder une affection innocente? Reine, je possède des trésors, je ne peux disposer d'un inutile bijou!... Ils se sont entendus, ligués!... Richelieu excitera la jalousie du roi!... Ces cœurs glacés envient à mon âme un sentiment, une pensée qui sort de ce cercle d'ennui et de phrases convenues... S'ils m'avaient laissé une part de ce pouvoir qui les fatigue, ma vie n'eût pas été sans intérêt, sans but... mais non, rien!... Et quand je trouve un cœur qui me comprend, quand j'oublie un instant que je suis malheureuse, tout ce qui m'entoure se ligue contre moi pour me perdre!... (*Elle s'assied.*) Eh bien! qu'ils viennent, je les attends!... Je n'essaierai pas d'échapper à mon sort; je ne veux plus y penser.

LA COMTESSE DE LANNOY. Ah! cette cruelle indifférence est celle du désespoir. Tout peut se réparer... Vous vous trompez... ce n'est pas la haine, c'est l'amour qui conduit Richelieu.

LA REINE, *comme frappée d'une idée nouvelle.* L'amour!

LA COMTESSE DE LANNOY. La jalousie!... voilà ce qu'il éprouve.

LA REINE, *se levant vivement.* La jalousie!... l'amour!... Ah! s'il était vrai?...

LA COMTESSE DE LANNOY. Vous n'en sauriez douter.

LA REINE. Le cardinal!... amoureux!... de moi!... Oh! alors... alors, je sauvée!... Appelez M. D'Harcourt. (*La comtesse sort un instant.*) Puisse-t-elle ne pas se tromper!... Oh! oui, elle a raison... Ah! monsieur le cardinal, je me vengerai.

LA COMTESSE DE LANNOY, *rentrant*. Madame, mon jeune cousin n'est pas là ; on assure l'avoir vu sortir courant comme un fou ; il s'est jeté sur un cheval, il est parti au galop.

LA REINE. Au moment où j'ai besoin de ses services !... Mais vous, comtesse, vous, ne pourriez-vous aller dans les salles voisines, où la foule est encore réunie, et prier le cardinal de venir me parler à l'instant.

LA COMTESSE DE LANNOY. J'y cours.

LA REINE. Allez, il ne faut pas que Richelieu voie le roi avant qu'il m'ait parlé.

LA COMTESSE DE LANNOY. Tâchez d'obtenir de lui ces diamans...

LA REINE. Oh ! oui , oui... il faudra que je les obtienne... Je me confie à vous, ma chère comtesse.

SCÈNE XII.

LA REINE, *seule*.

Il viendra ! essayons un peu mon empire... Ah ! si je l'amenais à se déclarer, il serait en mon pouvoir !.... nous verrons... Mais ce page, où peut-il être allé ? Il paraissait souffrir pendant que le duc était là !... et, en me rappelant maintenant ses paroles, ses actions, il me semble qu'il me défendait contre l'espionnage de Richelieu... et moi, je le repoussais, je l'accusais !... Bon jeune homme..... Dieu !... le roi !...

SCÈNE XIII.

LE ROI, LA REINE.

LE ROI, *entrant par la porte de gauche*. Comment ! reine, vous êtes ici, seule ?

LA REINE. J'ai eu besoin de quelques instans de repos ; mais je vais rejoindre nos convives.

LE ROI. Eh bien ! je vais paraître au bal avec vous.

LA REINE. Avec moi !...

LE ROI. Oui, et je me retirerai bientôt avec le cardinal.

LA REINE, *à part*. Ah ! s'il le voit avant moi, plus d'espoir !... (*Haut.*) Eh quoi ! travailler encore !... à cette heure !... Ah ! sire, je vous en prie, ménagez-vous davantage.

LE ROI. Je me sens bien maintenant, et je veux parler à Richelieu.

LA REINE, *à part*. Que faire ? (*Haut.*) Le bal était charmant.

LE ROI. Vous avez dansé ?

LA REINE. Oui, sire ; vous savez que j'aime ce divertissement.

LE ROI. Et votre danseur était ?...

LA REINE. L'ambassadeur d'Angleterre.

LE ROI. Ah !...

LA REINE. J'ai cru devoir cette distinction au caractère dont il est revêtu.

LE ROI. Son départ n'est pas retardé ?

LA REINE. Je ne le crois pas, sire.

LE ROI, *à part*. Ce Richelieu !.., avec ses idées ?...

LA REINE, *à part*. Il a déjà des soupçons.

SCÈNE XIV.

LE ROI, LA REINE, LA COMTESSE DE LANNOY.

LA COMTESSE DE LANNOY, *arrivant très-vite et s'arrêtant à l'aspect du roi*. Madame...

LE ROI. Eh bien ! qu'y a-t-il ?

LA COMTESSE DE LANNOY. Je venais annoncer à sa majesté que les danses vont recommencer. (*Bas, à la reine.*) Le cardinal va venir.

LA REINE, *bas*. Que résoudre ?

LE ROI. Allons, madame.

LA REINE. Encore un moment, sire.

LE ROI. Comme vous voudrez.

LA REINE. J'ai déjà tant souffert de la chaleur.

LE ROI. J'attendrai.

(*Il s'assied à sa droite.*)

LA REINE, *à part*. Quel supplice !

LA COMTESSE DE LANNOY, *à part*. Délivrons-la !... (*Haut.*) Ah ! madame, si vous voyiez quels succès obtiennent au bal vos demoiselles d'honneur !... Mlle de Lafayette est aujourd'hui d'une beauté admirable !

LE ROI. Ah !...

LA COMTESSE DE LANNOY. Et le duc de Luynes ne la quitte pas une minute.

LE ROI, *se levant, à part*. Le duc de Luynes !... (*Haut.*) Décidément, je vais me rendre au bal : vous viendrez quand la fatigue dont vous vous plaignez le permettra.

LA REINE, *à part*. Je respire !

LA COMTESSE DE LANNOY, *à part*. Je savais bien que je le forcerais à s'en aller.

LE ROI. Ne nous faites pas attendre trop long-tems.

(*Il salue la reine et sort.*)

LA REINE, *à la comtesse*. Vous dites donc qu'il va venir ici ?... Mais s'il voyait le roi ? s'il lui parlait ?... Oh ! mon Dieu !...

LA COMTESSE DE LANNOY. Que votre majesté se rassure... j'entends le cardinal.

LA REINE. Ah ! tout n'est pas perdu !... Chère comtesse, laissez-nous seuls. (*A elle-*

même.) Allons, il faut tenter de combattre le sort.

SCÈNE XV.

LA REINE, RICHELIEU. *La comtesse l'introduit et se retire.*

RICHELIEU, *à part, en entrant.* Que va-t-elle dire?

LA REINE, *à part.* Le voilà!

RICHELIEU. Madame, vous voyez mon empressement à me rendre à vos ordres : qu'il me soit garant d'un dévouement sans bornes.

LA REINE. Je vous remercie, monsieur le cardinal.

RICHELIEU, *à part.* Oh oh!... comme elle est gracieuse!

LA REINE. Vous parlez de votre dévouement, et pourtant j'ai plus d'une fois eu sujet d'en douter.

RICHELIEU. Vous? madame.

LA REINE. Oui, et je ne cache pas que ce doute m'affligeait.

RICHELIEU, *à part.* Ah! voici le combat qui s'engage. (*Haut.*) Votre majesté semblait y attacher peu de prix.

LA REINE. C'est en quoi vous vous trompiez.

RICHELIEU. Je me trompe rarement sur ce qui se passe au fond des cœurs, même quand les paroles cherchent à le dissimuler...

LA REINE. Je vous assure que vous étiez dans une grande erreur.

RICHELIEU. Il me serait bien doux d'y renoncer.

LA REINE. Oui, vos dispositions à mon égard m'ont souvent occupée.

RICHELIEU. Il serait possible?...

LA REINE. Et je n'ai pu résister au désir d'avoir aujourd'hui même une explication avec vous à ce sujet. Veuillez vous asseoir.

RICHELIEU, *à part.* Nous y voilà!

LA REINE. Si je dois en croire ce que vous dites, vous serez satisfait, je pense, de trouver une occasion de me convaincre de vos sentimens.

RICHELIEU. Ce serait pour moi un bonheur véritable.

LA REINE. Je désirerais donc...

RICHELIEU, *à part.* Vraiment je le sais bien ce qu'on désire. (*Haut.*) Vous désirez, madame?...

LA REINE, *à part.* Je ne sais comment lui dire?

RICHELIEU, *à part.* Voyons de quelle façon elle y viendra.

LA REINE. Je vous le répète, monsieur le cardinal, je suis inquiète de vos dispositions pour moi; vous avez pu le remarquer.

RICHELIEU. Tout à l'heure, il est vrai, j'ai cru voir une anxiété cruelle se peindre sur un bien beau visage; mais, s'il faut tout dire, je n'ai pas pensé être le mortel heureux qui troublait ainsi votre tranquillité.

LA REINE. Souvent une préoccupation de l'esprit fait voir les choses sous un aspect bien éloigné de la vérité.

RICHELIEU, *avec une feinte bonhomie.* Je suis tout-à-fait de votre avis.

LA REINE, *avec un embarras mal déguisé.* Ne se pourrait-il pas que, dans le badinage le plus innocent, on trouvât les moyens de nuire à la personne qui le mériterait le moins?

RICHELIEU. Cela s'est vu.

LA REINE. Si une bagatelle sans conséquence, passant dans des mains malveillantes, pouvait causer à une femme de grands chagrins, celui qui... réellement... aurait pour elle quelque attachement, ne devrait-il pas lui épargner toute inquiétude à ce sujet? (*Elle regarde Richelieu qui n'a pas l'air de la comprendre.*) Vous ne répondez pas?

RICHELIEU. J'attends, madame.

LA REINE. Eh bien, monsieur, si le hasard, car je ne veux supposer aucun mauvais dessein, vous avait mis à même de me rendre un service de ce genre?

RICHELIEU. Je ne comprends pas.

LA REINE, *à part.* Il ne veut pas m'entendre!... (*Haut.*) Mais enfin si vous étiez le maître de mon repos?

RICHELIEU. Moi!... daignez vous expliquer...

LA REINE, *avec un mouvement d'impatience.* Que je m'explique!... j'y consens : celui qui, par hasard, ou autrement, posséderait une chose, peu importante par elle-même, mais qui cependant pourrait compromettre une femme aux yeux de son époux, et qui ne s'empresserait pas de la lui rendre, celui-là certes aurait de bien méchans projets.

RICHELIEU, *avec une bonhomie affectée.* Quoi donc!... Si je comprends bien, un objet sans importance, détourné de sa destination, excite cette inquiétude si vive que je lis sur vos traits, ordinairement si calmes, et toujours si beaux?

LA REINE. Vous vous trompez, cela me trouble fort peu, en vérité.

RICHELIEU. Ah!... il serait bien coupable, bien digne de colère, celui dont les mains infidèles n'auraient pas su garder un gage de vos bontés pour lui.

LA REINE, *à part*. L'insolent!...(*Haut.*) Vous pensez cela?

RICHELIEU. Oh! ce serait indigne!... Et cela vous rendrait malheureuse?

LA REINE, *commençant à s'emporter*. Oui, je suis malheureuse?... et mille fois plus que qui que ce soit au monde; mais c'est de ne voir autour de moi que des cœurs faux et perfides, c'est d'être obligée de me défier sans cesse, d'être toujours craintive, isolée, sans appui, ne trouvant que des ennemis dans ceux-là même que ma bonté admet à partager les honneurs et les plaisirs de mon rang.

RICHELIEU. Des ennemis?... Qui donc?

LA REINE. Vous!

RICHELIEU. Moi, grand Dieu!... Vous me soupçonnez!...

LA REINE, *plus calme*. Oui, monsieur le cardinal!... Ce n'est point assez que vous ayiez éloigné de moi le cœur du roi; que vous ayiez séduit son esprit au point de posséder seul le pouvoir qu'il devait exercer; enfin, il ne vous suffit pas de régner en son nom!...

RICHELIEU. Ah!...

LA REINE. Il faut encore que moi, faible femme, reine sans puissance, épouse sans amour; je voie mes innocens loisirs, mes affections de famille, mes amitiés devenir l'objet de persécutions continuelles.

RICHELIEU. Eh quoi! madame, vous m'accusez!... moi!...

LA REINE, *avec colère, se levant*. En secret depuis long-tems!... mais l'artifice me devient importun, et je m'explique enfin sans détours. Pour mieux abuser encore de votre empire sur un trop faible monarque, vous l'avez séparé de sa mère; vous voulez plus aujourd'hui... Le séparer de moi, voilà votre but.

RICHELIEU, *un peu effrayé*. Moi, juste ciel!...

LA REINE. Oui, vous!... Et votre perfidie doit se servir d'un vain prétexte de jalousie pour me perdre... au nom du duc de Buckingham.

RICHELIEU. Le croyez-vous réellement, madame?

LA REINE. Mais une reine de France tomberait de trop haut pour que celui qui la pousserait ne fût pas entraîné dans sa chute!... Et vous retirerez peu de fruit de votre aveugle haine!... Voilà, monsieur le cardinal, ce que Anne d'Autriche avait à vous dire.

RICHELIEU. Madame, au nom du ciel et de la justice, écoutez un accusé!... vous ne pouvez ainsi le condamner sans l'entendre.

LA REINE. Et qu'avez-vous à dire?

RICHELIEU. Je reviens à peine de ma surprise!.. Vous parlez de haine, de projets contre vous?!... Mon Dieu! qu'on est à plaindre, qu'on est mal jugé, et que les choses se montrent sous un aspect différent, suivant qu'on les regarde d'un ou d'autre côté!

LA REINE. Comment.

RICHELIEU. Oh! oui!... Mais, quelle que soit la diversité des opinions, il n'est pourtant venu à l'esprit de personne que la haine pût se placer dans un cœur à côté du nom de la reine de France. On a osé dire bien des choses, mais celle-là on ne l'imaginerait pas.

LA REINE, *d'un ton dédaigneux*. Et que dit-on?

RICHELIEU. On dit... Mais je ne sais si je peux le répéter!... Il est vrai qu'en voyant une reine si belle, si jeune, si gracieuse, on oublie qu'elle est reine pour se souvenir qu'elle est femme, et l'on pense alors qu'une couronne ne défend pas toujours contre l'amour.

LA REINE. L'amour!...

RICHELIEU. On pense qu'il doit naître dans le cœur de tous ceux qui la voient, et peut devenir une passion violente chez ceux qui ont le bonheur de l'approcher.

LA REINE, *à part, comme se sentant soulagée*. Ah!

RICHELIEU. Ils disent donc... (car la ville et la cour parlent sans preuves, et, si vous ne l'exigiez, je ne rapporterais pas ces vains bruits qui m'ont plus d'une fois effrayé), ils disent que l'austère dignité du sacerdoce et mon respect pour la reine me font seuls renfermer dans mon cœur un sentiment qui l'irrite et le dévore; ils disent... (ce sont eux qui parlent ainsi) que jaloux, même du roi, je voudrais...

LA REINE, *à part*. Il y vient enfin!...

RICHELIEU. Je crains de continuer...

LA REINE, *souriant*. Non, non!.... Je veux tout savoir; car il me semble, en vérité, que le public dit de singulières choses.

RICHELIEU. Il ose ajouter que je n'enlève à la faiblesse du roi un pouvoir dont il n'est pas capable d'user, que pour le confier aux lumières d'un esprit supérieur à son âge comme à son sexe.

LA REINE. Ah! le public dit cela?

RICHELIEU. Il dit encore qu'animée par mes ennemis et par ses préventions, la reine, fière et dédaigneuse, joint pour moi aux douleurs d'un sentiment sans espérance, des procédés si durs ; si injustes, que mon âme irritée cherche à se venger de ses vives souffrances, en la tourmentant quelquefois un peu dans ses plaisirs ou dans ses caprices.

LA REINE. Mais tout cela serait-il donc possible ?

RICHELIEU. Cela se répète chaque jour.

LA REINE. Vous me surprenez étrangement !... Je ne conçois guère qu'on vous accuse de m'aimer.

RICHELIEU. Cela est si concevable quand on vous a vue !

LA REINE. Il faut avoir une grande envie de trouver des coupables.

RICHELIEU. Il est si facile de le devenir.

LA REINE. On n'a aucune preuve de cet amour prétendu.

RICHELIEU. Vous croyez bien à ma haine.

LA REINE. Oh ! c'est différent.

RICHELIEU. Il vous serait plus difficile d'en trouver la raison.

LA REINE. Difficile ?... Je ne le pense pas.

RICHELIEU. Puisque les preuves que vous croyez avoir de ma haine sont justement celles qu'on donne de mon amour.

LA REINE, souriant. Voilà un procès embarrassant à juger.

RICHELIEU, à part. Elle m'a écouté sans colère.

LA REINE. Qui se trompe du public ou de moi ?

RICHELIEU. Le public ne se trompe guère.

LA REINE. Mais, monsieur le cardinal, vous blâmez tous mes amusemens.

RICHELIEU. Quand je ne peux pas les partager.

LA REINE. Vous en voulez à tous ceux que j'aime.

RICHELIEU. Comment ne pas être envieux ?

LA REINE. Vous résistez à toutes mes volontés.

RICHELIEU. Daignez me donner un ordre, et vous verrez.

LA REINE. J'ai bien envie de vous prendre au mot.

RICHELIEU. J'écoute... Votre Majesté hésite ?

LA REINE. Il est dangereux de commander : on peut trouver si vite les limites de son pouvoir.

RICHELIEU. Celui de la beauté n'en a pas.

LA REINE. Vous consentiriez ?...

RICHELIEU. A quoi ? madame.

LA REINE. Vous ne devinez pas ce qu'en ce moment je peux exiger de vous ?

RICHELIEU. Et si je devinais ? si j'obéissais ?... que gagnerais-je ?

LA REINE. Amis... ou ennemis.

RICHELIEU. Ami ! Ce mot est bien doux !... Mais n'est-il pas un homme ?....

LA REINE, vivement. Il partira !... Une imprudence a failli me coûter trop cher !.. Il faut qu'il parte !...

RICHELIEU. Eh bien ! vous l'emportez !... mais une amitié sincère ?...

LA REINE. Sincère !... (A part.) Nos victoires, à nous autres pauvres femmes, nous coûtent toujours quelque chose. (Richelieu met la main à sa poche pour en tirer l'agrafe.)

RICHELIEU. Soyez donc satisfaite ! (On le voit prêt à poser l'agrafe sur la table ; Buckingham entre précipitamment.) Ah ! Buckingham !...

(Il demeure caché par le dossier de la chaise.)

SCÈNE XVI.

LA REINE ; BUCKINGHAM ; RICHELIEU.

BUCKINGHAM. Pardon , madame ; si j'entre sans me faire annoncer !.... Le roi danse, le damné cardinal a disparu, et j'accours...

LA REINE, troublée. Vous, milord !...

BUCKINGHAM. Un seul mot !... car la foule va bientôt arriver jusque dans cette salle !.. Ah ! Richelieu a justifié toute votre haine.

LA REINE, embarrassée. Mais... je ne le hais pas !

BUCKINGHAM. Et votre mépris pour son ridicule amour. Apprenez que la comtesse de Claris , inspirée par ce méchant homme , parlait à l'instant même au roi de ces diamans...

LA REINE. Grand Dieu !

BUCKINGHAM. Quel effroi !... Vous voir souffrir !... vous !... Oh ! non, non !... ma vie , s'il le faut , pour épargner une minute de tourment à celle que j'adore.

LA REINE. Un tel langage !... ici !... en ce moment !...

BUCKINGHAM. Tout est-il donc désespéré ?... Quelle preuve ?...

LA REINE. Cette agrafe...

BUCKINGHAM. Peut se remplacer.

LA REINE. Non... C'est un présent du roi ; il n'en existe qu'une semblable, et Cardillac ne la cédera pas.

BUCKINGHAM. Ah ! si je l'avais su !...

LA REINE. Richelieu me perdra !

BUCKINGHAM. N'auriez vous pu, par quelque feinte amitié?... vous en aviez l'espoir !...

LA REINE. Moi!... je n'ai pas dit cela!

RICHELIEU, *qui a remis l'agrafe dans sa poche; à part.* Ah! je serai vengé!

LA REINE. Voici le roi!

SCÈNE XVII.

BUCKINGHAM, LE ROI, RICHELIEU, LA REINE, LA COMTESSE DE LANNOY, LA COMTESSE DE GLA-RIS, TOUTE LA COUR, *puis* D'HAR-COURT.

LE ROI. Que vois-je?... ici sans vos femmes!... avec milord!...

LA REINE, *écartant la chaise.* Et monsieur le cardinal.

LE ROI. Ah!...

BUCKINGHAM, *à part.* Il était là!... (*Il rit.*)

RICHELIEU. Sa Majesté avait désiré me parler pour une affaire particulière.

LE ROI. Et monsieur le duc?...

BUCKINGHAM. Est venu dire un dernier adieu.

LE ROI, *examinant la toilette de la reine.* Tantôt elle avait cette agrafe!... on ne m'a pas trompé.

RICHELIEU. Au moment où Votre Majesté est entrée, sire, la reine se proposait de reparaître au bal : son retard a été causé par certain bijou...

LE ROI. Qui donnait peut-être à madame de justes inquiétudes.

LA REINE. Plus d'espérance!...

(Elle tombe effrayée sur le fauteuil près de la table à gauche; en ce moment D'Harcourt se glisse au milieu de la foule, et place furtivement sur cette table un petit écrin ouvert.)

D'HARCOURT, *à demi-voix.* Madame!...

LA REINE, *apercevant l'écrin dans lequel est l'agrafe.* Ah!...

D'HARCOURT, *à demi-voix.* Cardillac n'a pu me résister.

LE ROI. Eh bien! madame?...

RICHELIEU. La reine semble souffrir?..

LA REINE, *qui a vivement mis la main sur l'agrafe.* Moi?... non, non!... je me sens

bien au contraire, très-bien!... (*Elle se lève.*) Pardonnez-moi, sire... que disiez-vous donc?

LE ROI. Que le bal va continuer, et que j'attends que vous ayiez ajouté à votre parure l'agrafe précieuse et unique dont je vous ai fait présent.

RICHELIEU, *à part.* Voilà le moment difficile!

BUCKINGHAM, *à part.* Que faire?

LA REINE, *attachant l'agrafe à son corsage.* Je m'empresse de me conformer à vos désirs.

LE ROI. Ah?...

RICHELIEU, *à part.* Je suis pris!

BUCKINGHAM, *à part.* Elle est sauvée!

LE ROI, *bas à Richelieu.* Ah ça! cardinal, que signifie une semblable accusation!

RICHELIEU. On peut être trompé, Sire!

LE ROI, *bas.* Soupçonner la reine!... vous mériteriez...

LA REINE. Monsieur le cardinal ne paraît pas à son aise!... qu'a-t-il donc?

RICHELIEU. Rien, madame?... j'avoue ma défaite et je m'incline devant mon vainqueur.

LA REINE. Ma victoire n'est point inexorable. Rentrons-nous au bal, sire?

LE ROI. Sans doute!... qu'il se prolonge jusqu'au jour, et que Sa Grâce le duc de Buckingham y partage nos plaisirs.

LA REINE, *appuyant sur ces paroles.* Et que demain, en quittant la France, il ne conserve que le souvenir de l'amitié du roi.

BUCKINGHAM. Qu'il me soit permis de ne rien oublier.

RICHELIEU, *à part.* Désormais personne n'approchera plus d'elle.

LE ROI, *à part.* J'étais bien sûr de la vertu de la reine.

(D'Harcourt s'est rapproché de la reine; elle jette sur lui un regard de tendre intérêt et lui donne mystérieusement sa main, qu'il porte à ses lèvres.)

LA REINE. Pauvre enfant!...

(On s'achemine pour rentrer au bal.)

FIN.

LES JOURS GRAS
SOUS CHARLES IX,

DRAME HISTORIQUE EN TROIS ACTES,

Par MM. Lockroy et Arnould,

REPRÉSENTÉ POUR LA PREMIÈRE FOIS, A PARIS, SUR LE THÉATRE NATIONAL DU VAUDEVILLE,
LE 8 NOVEMBRE 1832.

PRSONNAGES.	ACTEURS.	PERSONNAGES.	ACTEURS.
CHARLES IX...............	M. FONTENAY.	UN OFFICIER............	M. BALARD.
HENRI DE NAVARRE......	M. ADRIEN.	UN GENTILHOMME......	M. PROSPER.
LE DUC D'ALENÇON......	M. ÉMILE TAIGNY.	UN HUISSIER...........	M. CASSEL.
LA MOLE, favori du duc d'A-		MARGUERITE DE NAVARRE	Mme ALBERT.
lençon..................	M. VOLNYS.	RENÉ, frère de La Mole.....	Mme THÉNARD.
LE COLONEL DES SUISSES.	M. DEROUVÈRE.	CONJURÉS.	
MONTFERRIER...........	M. HIPPOLYTE.	GARDES SUISSES.	
RUGGIERI..............	M. ARMAND.	MASQUES.	

ACTE PREMIER.

Une salle autour de laquelle sont suspendus divers costumes de bal. A gauche, sur le premier plan, une porte masquée ; sur le second, une croisée. A droite, au premier plan, une autre porte masquée ; un peu au fond, un comptoir sur lequel sont des gants, des masques, des fioles renfermant des essences, etc. Une grande porte au fond.

SCENE PREMIERE.

RENÉ, *appuyé sur un canapé. Il a sur le vi-sage un demi-masque, et s'enveloppe d'un manteau noir, très-court et sans broderies, qui laisse voir dessous un costume élégant. Un peu au fond,* DEUX PERSONNAGES, *dont l'un est déguisé en devin, l'autre en riche cavalier.* RUGGIERI, *qui achève d'ha-biller ce dernier.*

RUGGIERI. Le col rabattu, à l'italienne... c'est cela. (*A René, qui fait un geste d'im-patience.*) Pardon, mon gentilhomme : je suis à vous dans l'instant. Ce n'est point parce que ces habits sortent de ma bou-

SUPPL.

tique, mais je vous jure, foi de Florentin, que notre roi Charles IX, à qui Dieu donne meilleure santé, n'en a pas de plus riches. Là !... j'ai fini ; vous pouvez re-joindre votre mascarade. (*Les reconduisant.*) Bonne chance ces trois jours gras, voisins, j'irai chez vous mercredi enterrer le car-naval.

SCENE II.

RENÉ, RUGGIERI.

RUGGIERI. Me voilà prêt à vous servir, mon jeune gentilhomme.

RENÉ. C'est bien. Cette fenêtre donne sur la rue ?

RUGGIERI. Vous voyez.

RENÉ , *à lui-même , après avoir ouvert la croisée.* Au même étage ; c'est cela.

RUGGIERI. Vis-à-vis la vieille hôtellerie des *Quatre Fils Aymon.*

RENÉ. Il n'y a dans la maison d'autre escalier que celui-ci ?

RUGGIERI. Pas d'autre.

RENÉ. Point de double issue ?

RUGGIERI. Non , mon jeune seigneur.

RENÉ. Tant pis.

RUGGIERI. Pardon , je ne comprends pas.

RENÉ. Écoute-moi. (*Il s'assied et dépose sur le canapé sa toque et son manteau.*) Un jour , c'était un dimanche gras , comme aujourd'hui , un jeune gentilhomme masqué , comme je suis là , se présenta chez un parfumeur, astrologue, empoisonneur ; un homme de ta profession , enfin , et lui dit : « Mon maître , tu aimes l'argent et tu n'en as pas. Eh bien ! je peux t'en faire gagner plus en un jour que tu n'en gagnes en six mois , et tu ne courras ni la chance de la corde, ni celle du bûcher. Il s'agit de me rendre un service. J'ai besoin de ta maison pour une heure , de ta maison tout entière... veux-tu me la céder ? » En disant ces mots , il lui jeta une bourse.

RUGGIERI. Santa Madona ! pleine d'or ?

RENÉ. Et le marché fut conclu.

RUGGIERI , *à part.* Laisser échapper une aussi forte somme !.. Mais ce gentilhomme qui est là avec sa femme ! (*Il indique le premier plan à droite.*) Qui diable s'en doutera ? il ne sortira qu'à la nuit.

RENÉ , *se levant.* Maître Ruggieri, vous êtes bien long à me comprendre.

(*Il lui jette une autre bourse.*)

RUGGIERI. J'ai saisi parfaitement. Le marchand accepta la proposition (*allant vers le premier plan à gauche*), et montra au jeune seigneur une porte invisible qui conduisait dans un cabinet. Au moindre bruit, en poussant un ressort, on pouvait s'y cacher.

RENÉ. C'était inutile , puisqu'on était seul.

RUGGIERI , *regardant à droite.* Oh ! mesure de précaution. Au reste, dans cette maison , rien de ce qui se disait dans une chambre n'était entendu dans l'autre.

RENÉ , *frappant contre les boiseries avec sa sarbacane.* Oui , mais n'y avait-il qu'une porte ?

RUGGIERI , *à part.* Diavolo !.. (*Haut.*)

On n'en connaissait pas d'autre , monseigneur.

(*Il va prendre son manteau et son chapeau.*)

RENÉ. Où vas-tu ?

RUGGIERI. Le conte ne dit-il pas que , les conditions acceptées , le marchand montra l'heure et se retira aussitôt ? (*Saluant.*) Mon gentilhomme... (*Au moment où il se relève , il reçoit une boulette sur la figure.*) Oh !

RENÉ. Qu'as-tu donc ?

RUGGIERI. Oh ! un peu plus , j'étais aveuglé.

RENÉ. Que veux-tu dire ?

RUGGIERI. Juste dans l'œil. Monseigneur s'amuse ?

RENÉ. Tu rêves , sans doute.

RUGGIERI. Je suis pourtant certain d'avoir reçu une balle sur le visage. C'est monseigneur avec sa sarbacane.

RENÉ , *lançant un regard du côté de la croisée qui est restée ouverte.* Ah ! (*Il fait un signe d'intelligence, et cherche autour de lui.*) Vous êtes fou , maître Ruggieri.

RUGGIERI. Non, mais presque aveugle. Elle doit être à terre. Eh ! per *Dio !* la voilà , j'en étais sûr.

RENÉ. C'est bien... donne.

RUGGEIRI. Une balle de papier...

RENÉ. Donne, te dis-je.

RUGGIERI. C'est un singulier passe-tems...

RENÉ. Tais-toi.

SCENE III.

RENÉ , LA MOLE , *il a un manteau noir et un demi-masque comme René ;* RUGGIERI.

RENÉ , *mystérieusement , à La Mole , sur le devant de la scène.* Tous tes ordres sont exécutés, frère. (*Lui remettant la boule de papier.*) Voici ce qu'on t'envoie.

LA MOLE. Merci , René. Dès que tu auras vu entrer quelqu'un ici , tu iras m'attendre au Louvre , chez monseigneur d'Alençon, mon maître et le tien ; mais ne lui dis pas que tu m'as vu.

RENÉ. Ne me renvoie pas, frère tu ne m'as pas confié tes secrets , mais j'ai peur quand je ne suis pas près de toi. Laisse-moi veiller autour de cette maison ; personne ne me remarquera , je te le jure.

LA MOLE. Tu as peur , enfant ? et pourquoi ? Qui t'a dit que je courais un danger ? M'as-tu jamais vu m'occuper d'autre chose que de plaisirs ? Pourquoi trembler toujours pour moi ?

RENÉ. Oh ! c'est que notre vieux père est mort, notre mère morte aussi ; c'est que je n'ai plus que toi au monde, vois-tu : et que je t'aime.

LA MOLE. Et moi ! René ! mon bon frère !... Que nous sommes enfans tous deux !... Va m'attendre au Louvre.

RENÉ. C'est ta volonté, frère, ce sera la mienne.

(Il lui indique la porte que lui a montrée Ruggieri.)

LA MOLE, refermant la porte du cabinet après en avoir examiné le ressort. Maître Ruggieri, combien avez-vous de dominos roses?

RUGGIERI. J'en ai vingt noirs, monseigneur.

LA MOLE. Eh bien, il m'en faut pour demain cinquante de la couleur que je vous dis.

RUGGIERI. Vous les aurez.

LA MOLE. Ce sera une charmante mascarade. Ah ! n'oubliez pas, en sortant, de fermer la porte de la rue lorsqu'on vous le dira.

RUGGIERI. Monseigneur peut être tranquille... Il suffit de la tirer pour qu'elle paraisse fermée.

LA MOLE. N'importe ; faites ce qu'on vous ordonne.

RUGGIERI, à part. Du tout... du tout... s'il prenait à l'autre la fantaisie de sortir !

LA MOLE, bas à René. Dans une heure, j'irai te retrouver au Louvre.

SCENE IV.

LA MOLE, regardant sortir René.

Pauvre enfant !... son inquiétude est bien naturelle, il n'a que moi au monde. (Il déroule la boule de papier qu'on lui a remise, et lit.) « Sans vous connaître, nous nous sommes engagés dans une entreprise où nous risquons notre tête, s'il est vrai qu'Henri de Navarre réclame le secours de nos épées, faites-nous voir, comme vous nous l'avez promis, la reine de Navarre qui sert d'intermédiaire entre vous et lui, alors nous serons prêts. » Ils font tous la même demande. Marguerite ! la tromper ainsi ! Dieu m'est pourtant témoin que je l'aime !... pour cette fois encore, il le faut... (Il tire ses tablettes et écrit.) « Vous la verrez dans un instant à cette croisée. » (Il fait une boule avec ce papier ; va à la croisée, fait un signe, et lance le billet avec sa sarbacane.) Bien, la voilà à son adresse.

SCÈNE V.

LA MOLE, MARGUERITE, elle est en domino et masquée.

MARGUERITE. Voilà une sentinelle qui se tient aux aguets, et qui se laisse surprendre.

LA MOLE, ôtant son masque. Elle n'a qu'un regret, c'est de n'avoir pas été surprise plus tôt.

MARGUERITE, sur le devant de la scène, s'appuyant sur La Mole, et lui remettant son masque qu'il jette sur le canapé. Il n'y a pas de ma faute. J'ai donné en passant dans une telle masse de peuple et de bourgeoisie, qu'il m'eût été impossible de vous voir, si je n'avais pris des rues détournées, au risque de me perdre. Pourquoi changer chaque fois le lieu de nos rendez-vous ? Aujourd'hui chez Ruggieri ; il y a trois jours, chez Zamet.

LA MOLE. Ne pouvons-nous être observés?

MARGUERITE, en riant. Oui, mais je vous demanderai un guide alors ; car je ne connais pas tous ces quartiers où vous me conduisez.

LA MOLE. Celui-ci vous paraît-il aujourd'hui moins gai que le quartier du Louvre? On n'y voit à la vérité ni jeunes gentilshommes, avec leurs pages à livrée, leurs varlets bariolés, ni belles dames au balcon, ni garde française ou suisse frappant le pavé de leurs hallebardes ; mais n'admirez-vous pas toute cette bourgeoisie désespérément brave, frisée et godronnée, qui a déserté les maisons pour s'entasser dans les rues? qui parle, crie, et se heurte tout à la fois, se précipite sur les pas d'un homme parce qu'il a un masque sur le visage, et rit aux éclats, comme si tout-à-coup elle était devenue folle? J'aime ce bruit, cette ivresse, cette foule sans ordre, où chacun dit son mot, où tout le monde est compagnon.

MARGUERITE. En vérité, à vous entendre, on serait tenté de se mettre à la croisée pour voir tout cela.

LA MOLE, allant vers la fenêtre. Ne riez pas, madame, je gage que dans cette rue, d'ordinaire si triste, il passe quelque masque, car j'entends du bruit.

MARGUERITE, faisant quelques pas vers lui. Laissez ; je ne suis pas curieuse.

LA MOLE, il se place près de la croisée, en s'effaçant un peu, de manière à n'être pas vu. Sur mon âme, ces gens ont singé nos seigneurs de la cour.

MARGUERITE, *s'approchant un peu de la croisée.* Vous n'y pensez pas, de vous exposer à être vu.

LA MOLE. En voilà un qu'à ses larges épaules, à son gros ventre, à sa jambe épaisse, on pourrait prendre pour le duc de Mayenne.

MARGUERITE, *qui est arrivée près de la croisée.* Vous êtes fou, monsieur de La Mole... Continuons ensemble vos observations, elles m'intéresseront peut-être.

LA MOLE, *mettant un genou en terre.* Oh! pardon, belle dame; je suis coupable... Quel homme à ma place s'occuperait d'autre chose que de son bonheur!...

MARGUERITE, *lui tendant la main qu'il embrasse.* Oui, je serais en droit de me fâcher; car, en quelque lieu que nous soyons, il faut toujours que je vienne vous chercher à la croisée. (*Ses regards se portent en face.*) Relevez-vous, on nous a vus...

LA MOLE. Vraiment?

MARGUERITE. Relevez-vous, vous dis-je. Là, en face, il y avait du monde derrière les rideaux.

LA MOLE. Vous croyez?

MARGUERITE. J'en suis sûre.

LA MOLE, *à part.* Moi aussi. (*Haut, en fermant la croisée.*) Oh! quelque voisin, qui probablement ne s'occupait pas de nous. Eh bien! daignerez-vous m'accorder un pardon que je mérite si peu? Daignerez-vous oublier mes folies pour ne vous souvenir que de mon amour?...

(*Il a conduit Marguerite près du canapé, et s'est assis sur des carreaux à ses pieds.*)

MARGUERITE. Le méritez-vous?

LA MOLE. Non; car je suis si heureux quand je m'assieds à vos pieds, comme cela, tenant une de vos mains dans les miennes, que rien ne peut m'absoudre d'avoir retardé d'un instant cette félicité si pure. Je voudrais que la mort me surprît ainsi, Marguerite...

MARGUERITE, *lui passant la main dans les cheveux.* Monsieur de La Mole, voilà encore une mascarade qui vous passe.

LA MOLE. Ne vous raillez pas de moi, madame, à moins qu'à ce prix mes torts ne soient expiés.

MARGUERITE. Entendez-vous ces ris, cette gaîté?

LA MOLE. Oui; ils sont ivres de joie, moi, de bonheur. Laissez-les passer, Marguerite, laissez-les. Ces acclamations ne vous semblent-elles pas, comme à moi, un bruyant concert, qui rend nos amours plus tendres, plus cachés, plus seuls? On dirait qu'un monde entier nous sépare de la foule;

car nous ne parlons pas la même langue; nous n'avons pas les mêmes pensées; nous sommes à nous, à nous seulement. Ces cris qui retentissent jusqu'ici donnent à notre isolement plus de charme encore. C'est un ravissement indicible qui s'empare de l'ame, et qui la transporte au ciel.

MARGUERITE, *riant.* Oh! n'allons pas si loin... Vous avez lu cela dans quelque vieux roman de chevalerie!... (*Lui prenant la tête sur ses genoux.*) Ne te fâche pas à ton tour... Je suis folle et rieuse, tu le sais; mais je n'en trouve pas moins tes paroles douces, elles n'en résonnent pas moins dans mon cœur. Eh mon Dieu! crois-tu que je ne sois pas heureuse, moi, qui te vois là... à mes pieds... qui contemple à loisir cette tête charmante, dont je ne voudrais jamais me séparer? car elle sera toujours à mes côtés...

LA MOLE. Vous l'aimez trop, belle dame, pour qu'elle vous quitte jamais...

MARGUERITE. Je n'ai pas une tendresse égale à la tienne, n'est-ce pas? Je n'ai pas comme toi un langage qui persuade... mais je t'aime, et je t'aimerai tant, et je te le dirai tant, que tu le croiras.

LA MOLE. Marguerite!... ma reine bien-aimée!... Pourquoi faut-il qu'ici seulement vous puissiez me parler avec ces douces paroles!...

MARGUERITE. Gardons-nous de rien laisser paraître au Louvre. Je tremble que quelque chose de tout ceci n'arrive à l'oreille du roi mon frère.

LA MOLE. Comment.

MARGUERITE. Mme de Sauve a des soupçons, si j'en puis juger par quelques mots qui lui sont échappés. Oh! sois tranquille... on ne parviendra pas à nous séparer.

LA MOLE. Mme de Sauve! la plus adroite coquette de la cour et la plus dangereuse!...

MARGUERITE. Je ne serai pas en reste avec elle. Tant qu'elle s'est bornée à tromper mon pauvre frère d'Alençon, qui est bien l'homme le plus innocent qu'il y ait dans ce royaume de France, et à lui donner pour rival heureux le roi de Navarre, sans nuire à personne, j'ai gardé un religieux silence. Un amant en titre, un autre préféré en secret, cela se voit tous les jours, et elle a quelquefois été moins scrupuleuse. Mais elle s'est attaquée à moi: ma vengeance ne s'est pas fait attendre. Hier, au bal masqué, pendant que mon frère le duc d'Alençon cherchait partout sa belle maîtresse, j'ai entendu deux voix qui me sont parfaitement connues, celles du roi de Navarre et de Mme de Sauve, se dire: « A demain : j'y serai. » Il ne m'en a pas fallu davantage. Le lieu du rendez-vous? je l'ignore ; mais un billet envoyé ce matin à mon frère l'a instruit de tout ce manège , et il doit être sur leurs traces !

LA MOLE. Que dites-vous? c'est à moi , son favori , son confident , son serviteur dévoué , que monseigneur a confié ce soin.

MARGUERITE. Il pouvait mieux s'adresser , vous en conviendrez ; mais je suis sûre que sa jalousie ne le laissera pas en repos , et qu'il s'est mis de son côté en campagne, jurant Dieu , comme le roi notre frère, et se promettant de tirer de cette perfidie une vengeance éclatante. Ah ! ah ! ah ! s'il parvient à les découvrir ! Voyez-vous d'ici nos deux amans tout occupés de leur tendresse , dans quelque maison écartée , et la figure du duc d'Alençon qui vient se placer entre eux. Le roi de Navarre confus , mon frère criant, Mᵐᵉ de Sauve qui tombe en faiblesse, qu'on emporte chez elle à demi évanouie. Ah ! ah ! Elle passe une nuit affreuse , je vais la voir demain matin , je me charge du raccommodement, si elle veut se taire ; elle accepte , et rien à l'avenir ne vient troubler nos amours.

LA MOLE. Je vous admire , ma reine. C'est vous qui auriez dû négocier la paix entre la cour et les huguenots.

MARGUERITE. Peut-être. Il n'y a dans cette affaire que le roi de Navarre qui soit à plaindre. Je le crois véritablement amoureux de Mᵐᵉ de Sauve ; et bien qu'il ne se donne aucune peine pour me cacher sa passion , je m'en veux de le chagriner ; car après tout c'est mon mari.

(On entend remuer la serrure de la porte à droite.)

LA MOLE. Quelqu'un ici ! qu'est-ce donc? (Il cherche à ouvrir le cabinet de gauche.) Oh ! maudite serrure !... Ne sortez pas.

(Au moment où la porte se ferme sur Marguerite le roi de Navarre paraît.)

SCENE VI.

LA MOLE, HENRI.

LA MOLE. Le roi de Navarre !

HENRI. La Mole !

LA MOLE. Sire. (A part.) C'est dans cette maison qu'il a donné rendez-vous à Mᵐᵉ de Sauve?

HENRI. C'est vous, monsieur de La Mole.. (A part.) L'a-t-on envoyé pour me surprendre?

LA MOLE, à part. C'est ici que le duc d'Alençon viendra le chercher !...

HENRI, à part. Comme il est embarassé!...

LA MOLE, à part. Nos gens en face qui peuvent entrer et le voir !...

HENRI, à part. Il a l'air aussi penaud que moi...

LA MOLE, à part. Et Marguerite qui est là !...

HENRI, à part. Ah ! je devine... il était ici avec quelqu'un... Voyons-le venir.

LA MOLE, à part. C'est à lui à parler.

(Long silence.)

HENRI. Quelle belle soirée ! on se croirait au printems.

LA MOLE. Aussi, depuis ce matin toute la ville est dehors.

HENRI. Je n'ai jamais tant vu de mascarades.

LA MOLE. Ni moi... Ruggieri ne revient pas.

HENRI. Si vous voulez l'attendre, il vous faudra de la patience.

LA MOLE. Ce n'est pas d'aujourd'hui qu'il me met à l'épreuve. Aussi je ne conçois point, à moins d'affaires importantes, que l'on s'obstine à demeurer lorsqu'il n'y est pas.

HENRI. Ni moi...

LA MOLE, à part. L'apparence qu'ils s'en aille.

HENRI, à part. Du diable s'il me quitte la place ! (Haut.) Monsieur de La Mole?

LA MOLE. Sire?

HENRI. Nous avons tous deux à parler à Ruggieri. Laissons-lui un mot d'écriture, voulez-vous?

LA MOLE. J'allais vous le proposer, sire.

HENRI, fouillant dans sa poche. J'ai là mes tablettes.

LA MOLE, fouillant dans sa poche. Et moi les miennes.

HENRI, écrivant. « Double traître. »

LA MOLE, écrivant. « Florentin damné. »

HENRI. » Tu m'as fait prendre dans un piége. »

LA MOLE. » Tu m'as menti comme un » payen. »

HENRI. » Tâche que la dame que tu » sais ne sorte pas du cabinet. »

LA MOLE. » Arrange-toi pour que nul » ne voie la personne qui était avec moi. »

HENRI. » Je serai de retour aussitôt que » j'aurai pu me débarrasser d'un fâcheux. »

LA MOLE. » Je reviendrai dès que j'aurai » échappé à un importun. »

HENRI. » Le gentilhomme de gauche. »

LA MOLE. » Le gentilhomme de droite. »

HENRI. Et maintenant , allons-nous-en.

LA MOLE. Tous deux?

HENRI. Tous deux.

LA MOLE. Va comme il est dit, sire.

HENRI. Ces papiers sur le comptoir.

LA MOLE. Quelqu'un !

SCENE VII.

LA MOLE, LE DUC D'ALENÇON (*il a un demi-masque sur le visage*), **HENRI.**

LA MOLE ET HENRI, *ensemble.* Le duc d'Alençon !...

D'ALENÇON. Quand on se cache, il faut savoir fermer la porte, et ne pas se contenter de la pousser.

LA MOLE, *à part.* Je l'avais bien dit... il vient chercher Mme de Sauve.

D'ALENÇON. J'étais sûr de te trouver ici, La Mole : merci.

LA MOLE. Il n'y a pas de quoi, monseigneur, je vous jure.

D'ALENÇON. J'arrive à tems, à ce qu'il paraît.

HENRI. A qui donc en avez-vous, beau sire ?

D'ALENÇON. A quelqu'un qu'on appelle Henri de Navarre.

HENRI. Vraiment ! et, s'il vous plaît, pourquoi ?

D'ALENÇON. Vous pourriez vous dispenser de le demander.

HENRI. Du diable ! si je vous comprends.

D'ALENÇON. Imaginez tout autre moyen de vous tirer d'affaires, mon maître ; trouvez une excuse, un prétexte, mais celui-ci ne vaut rien, je vous en avertis.

HENRI. J'en suis fâché ; mais je vous répète que je ne sais ce que vous voulez dire.

D'ALENÇON. Pauvre innocent, qui ne se doute pas du motif qui m'amène ! qui ne comprend pas encore que je sais tout ! il faut lui en donner les preuves !... Tenez, monseigneur, connaissez-vous cette écriture ?

HENRI, *prenant le billet, et à part.* Celle de ma femme !

D'ALENÇON. Eh bien ! vous ne lisez pas ?

HENRI, *lisant.* « Le roi de Navarre est en bonne fortune... Devinez avec qui ! » (*A part.*) Oh ! la rusée ! quel tour elle me joue !

LA MOLE, *à part.* Et Ruggieri qui va rentrer !

HENRI. « Devinez avec qui ! » Ma foi ! cela m'embarasserait fort.

D'ALENÇON. J'ai été plus habile, et, du premier coup, j'ai nommé la perfide qui vous favorise et qui me trahit, Mme de Sauve.

HENRI. Quoi ! sur un mot écrit par votre sœur, que vous savez si légère !... C'est un grand travers, d'Alençon, de croire ainsi ce qu'on dit, de soupçonner tout le monde, de ne pas s'en fier un peu sur son propre mérite et sur la vertu de sa maîtresse...

D'ALENÇON. Sa vertu ! Ah ! choisissez un autre moment pour m'en parler, je vous prie.

HENRI. Et quand bien même le hasard ne m'aurait pas conduit ici..... quand ce billet dirait la vérité... n'y a-t-il que Mme de Sauve au monde ? Vive Dieu ! je sais à la cour plus d'une belle personne, qui, sans avoir l'honneur de vous appartenir, n'en rendraient pas moins digne d'envie le gentilhomme qu'elles daigneraient honorer de leurs bontés. Si vous avez le projet de les corriger de leur galanterie... si vous avez résolu de vous instituer le vengeur des faiblesses de nos grandes dames... vous vous taillez là une rude besogne, mon cher beau-frère... prenez-y garde.

D'ALENÇON. Raillez à votre aise... mais vous ne me tromperez pas ; et d'abord, je vous préviens que, quelque discours que l'on tienne, quelque chose qui arrive... (*prenant une chaise et s'asseyant devant la porte du fond*) je ne bouge pas d'ici.

HENRI, *en faisant autant devant la porte de droite.* Ni moi.

LA MOLE, *de même à gauche.* Ni moi.

D'ALENÇON. Quand je devrais y passer la nuit.

HENRI. Quand les espions, dont le roi m'entoure devraient venir m'y chercher.

LA MOLE. Quand je serais sûr de n'en pouvoir sortir.

HENRI. Oh ! je me pique au jeu.

D'ALENÇON. C'est chez moi un défaut de famille.

LA MOLE. Et chez moi, donc !

D'ALENÇON. Voyons qui cédera le premier.

LA MOLE. Voyons !

HENRI. Voyons !

(*Long silence.*)

D'ALENÇON, *frappant du pied avec impatience.* Allons ! nous resterons ici long-tems. (*La porte du fond s'ouvre.*) Heureusement ! on vient nous tirer d'embarras.

SCENE VIII.

LA MOLE, RUGGIERI, *apportant des dominos* ; **LE DUC D'ALENÇON, HENRI.**

RUGGIERI. J'ai déjà une partie des domihos... mes deux gentilshommes ! et un troisième !...

D'ALENÇON. Tu arrives à propos, vieux coquin.

RUGGIERI. Qu'est-ce ceci, messeigneurs? Permettez...

(Il va pour sortir.)

D'ALENÇON. Oh! tu ne t'en iras pas. Réponds... il y a quelqu'un ici?

RUGGIERI, *les yeux tantôt sur Henri, tantôt sur La Mole. qui lui font des signes menaçans.* Mais... vous voyez.

D'ALENÇON. Tu sais bien que ce n'est pas cela que je te demande, Italien... Ta maison ne se compose pas de cette salle seulement?

RUGGIERI, *même jeu.* De... cette salle?...

D'ALENÇON, *mettant la main sur sa dague.* Tu ne parleras pas !...

RUGGIERI, *balbutiant de plus en plus.* Si fait... si, monseigneur, si...

HENRI. C'en est trop, monsieur d'Alençon.

D'ALENÇON. Je ne vous interroge pas, monsieur.

HENRI. Ah! je le crois! mais sachez que s'il y avait ici quelqu'un, comme vous le supposez, j'aurais déjà fait cesser cette inquisition indigne d'un gentilhomme.

LA MOLE. Sire, vous vous oubliez; vous insultez mon maître.

D'ALENÇON. Silence, La Mole. Comment! tu te laisses prendre à cela? Des injures, pour que je vous en demande raison! et pendant que j'irai avec vous dans quelque rue voisine, sur l'escalier, que sais-je? mettre, comme un sot, flamberge au vent! ce damné coquin fera évader la dame? oh! non, non: cette ruse ne vous réussira pas plus que les autres, mon maître: vous ririez trop à mes dépens.

LA MOLE, *à part.* Pas même cette ressource.

HENRI, *à part.* Aucun moyen de lui faire prendre le change. Oh! quelle idée !

D'ALENÇON, *à Ruggieri.* Ne t'occupe pas de cette plaisanterie. Elle ne t'empêchera pas de me répondre. Il y a dans ta maison un rez-de-chaussée?

RUGGIERI. Oui... monseigneur... (*Se tournant vers La Mole.*) Je ne compromets personne.

D'ALENÇON. Tu vas m'y conduire.

RUGGIERI. Oui, monseigneur.

D'ALENÇON. A l'instant. (*Bas à La Mole.*) Tous deux, seuls. Des menaces et de l'or; il me découvrira tout.

LA MOLE, *à part.* Ah! mon Dieu! il va lui dire aussi... (*Haut.*) Monseigneur...

D'ALENÇON. Eh bien !

LA MOLE, *à part.* Laisser l'un ici! l'autre qui peut tout apprendre!... au plus pressé. (*Haut.*) Je vous suis.

D'ALENÇON, *bas.* Y penses-tu? s'il nous échappait ?

LA MOLE, *bas.* Impossible. Pas d'autre issue.

D'ALENÇON, *bas.* Nimporte.

LA MOLE, *bas en l'entraînant.* Tous deux nous sommes plus sûrs de réussir; venez, monseigneur.

D'ALENÇON, *en dehors.* Ne vous impatientez pas, beau sire.

(On entend fermer la porte.)

HENRI. M'enfermer! ah! ceci passe la raillerie. (*Il écoute un instant.*) A merveille !

SCENE IX.

HENRI, *puis* MARGUERITE.

HENRI, *allant vivement au cabinet de droite, dont il ouvre la porte.* Attendez encore!... (*Il referme la porte et court au cabinet de gauche.*) Oh! je ne trouverai pas le ressort! (*Il frappe avec le doigt. La porte s'ouvre: Marguerite paraît masquée: en le voyant, elle recule et veut rentrer.*) Et vite, vite, madame, prenez mon bras, je vous en conjure. Si vous saviez dans quelle position je me trouve! je ne parlerai jamais de tout ceci, je ne chercherai pas à vous connaître. Vous savez peut-être qui je suis; tenez, voici une bague; quelque grand service dont vous ayez besoin, envoyez-la-moi, et il vous sera rendu, je vous le jure. Mais prenez mon bras, madame, prenez-le. (*A part.*) Allons! elle n'acceptera pas. (*Haut.*) Je les entends, ils viennent; vous serez vue aussi... madame, madame, nous n'avons plus qu'un instant... (*Au moment où la porte s'ouvre, il prend vivement le bras de Marguerite qui se laisse faire.*) Ah! ce n'est pas sans peine.

SCENE X.

MARGUERITE, HENRI, LE DUC D'ALENÇON, LA MOLE.

D'ALENÇON. Les voilà! vous avez donc enfin pris votre parti, monsieur?

HENRI. Oui, j'avoue que cela m'a coûté un peu.

LA MOLE, *reconnaissant Marguerite.* Ah! mon Dieu !

HENRI. Mais puisque, pour abréger une explication fatigante, madame a bien voulu se montrer, je n'ai plus rien à cacher maintenant. Oui, cédant à mes vives instances, madame m'a accordé un entretien. (*Bas.*) Ne me démentez pas. (*Haut.*) Oui, elle daigne m'honorer de son amitié.(*Bas.*) C'est nécessaire.

D'ALENÇON. J'ai peine à contenir ma colère.

HENRI. Que vous dirai-je? mon faible mérite a trouvé grâce à ses yeux, et, fier de la préférence qu'elle me donne, persuadé que je ne peux la justifier que par un dévouement sans bornes, je lui ai juré un amour et une fidélité qui ne finiront qu'avec ma vie. (*On entend sous le masque. un rire étouffé*) (*A part.*) Tiens elle entend à merveille la plaisanterie.

LA MOLE, *à part.* Que diable dit-il là?

D'ALENÇON. Tant d'impudeur me confond, je l'avoue. (*A Marguerite.*) Quoi! lorsque ma seule présence devrait vous faire mourir de honte, vous souffrez que devant moi, devant vous, on tienne un pareil langage? vous n'essayez pas de le démentir? A quoi bon garder un masque, madame, avec un front qui ne rougit plus?

HENRI. Tout beau, monsieur! savez-vous si nous n'avons pas à craindre des regards? s'il n'y a pas au monde quelque mari dont il faille nous cacher? (*Marguerite fait un signe affirmatif.*) Précisément: vous voyez.

D'ALENÇON. Eh! ne sais-je pas qui elle est!

HENRI. Vous me ferez plaisir de me l'apprendre alors; car je vous donne ma foi de gentilhomme que je ne m'en doute pas.

D'ALENÇON. Ah! pour le coup!

HENRI. C'est étrange: mais cela est. Je n'ai jamais vu madame que masquée; je ne la verrai que masquée: ce sont nos conventions que j'ai jurées et que je tiendrai. Elle m'est aussi inconnue à moi qu'elle vous l'est à vous; car, malgré la certitude où vous croyez être, je vous dirais encore, comme votre billet de ce matin: Le roi de Navarre est en bonne fortune: devinez avec qui, que je ne craindrais pas que vous missiez le nom au bout.

D'ALENÇON. Vous trouvez donc que j'ai trop de patience, monsieur, et qu'il faut me lasser?

HENRI. Ce dont je puis répondre, c'est que ce n'est pas la personne que vous soupçonnez. Ça, j'en suis sûr, par exemple.

D'ALENÇON. Mais la preuve alors! la preuve!

HENRI. La preuve? parbleu! je ne demanderais pas mieux que de vous la donner.

D'ALENÇON. Il me la faut, monsieur!

HENRI. Eh! si cela dépendait de moi!... (*Marguerite indique La Mole.*) Oui..... à lui..... vous avez en M. de La Mole pleine et entière confiance? Eh bien! qu'il regarde sous ce masque...

D'ALENÇON. Je n'en croirai que moi.

HENRI. Mais, si on refuse?...

D'ALENÇON. Que moi, entendez-vous?

HENRI. Allez au diable, alors.

D'ALENÇON, *mettant la main sur son épée.* Monsieur!...

LA MOLE, *se jetant entre eux.* Que faites-vous?

D'ALENÇON, *saisissant le bras de Marguerite, qui a passé près de lui.* Mais ôtez donc ce masque, madame.

HENRI. Arrêtez!...

(Marguerite lui fait signe de ne pas regarder, pendant que La Mole se place devant lui.)

D'ALENÇON, Otez-le donc! (*Marguerite ôte rapidement son masque, et le replace aussitôt. D'Alençon poussant un cri de surprise.*) Ah!

HENRI, *écartant un peu La Mole.* Eh bien?

D'ALENÇON. Eh bien!... je.. Ah! mon Dieu! qu'est-ce que cela veut dire?

HENRI. Faut-il encore mettre l'épée à la main, monsieur?

D'ALENÇON. Non..... Mais comment se fait-il? Quoi! c'est vous!.....

(Marguerite fait signe que oui.)

HENRI, *à part.* Il paraît que d'Alençon la connaît. Et La Mole! ça n'est pas agréable pour lui!

D'ALENÇON, *à Marguerite à demi-voix.* Ah ça! mais ce billet!... ce billet!... Le roi de Navarre est en bonne fortune... Oh! j'y suis!... Oui... oui... c'est charmant!... devinez avec qui? avec sa fem..... (*Marguerite lui fait signe de se taire.*) Chut! chut! vous avez raison! Oh! oh! oh!

HENRI, *riant.* Ce cher d'Alençon! est-il heureux!

D'ALENÇON, *de même.* Ce pauvre roi de Navarre a-t-il l'air content! (*Ils se regardent tous deux, et rient aux éclats.*) Quel tour ma sœur lui a joué!... (*Haut.*) Et moi qui avais la bonhomie de croire que vous étiez ici avec Mme de Sauve.

HENRI. Voyez-vous!

D'ALENÇON. Pendant que c'était... Je

n'en reviens pas ! Et vous vous cachez ?..

HENRI. Et je me cache.

D'ALENÇON. Et cette bonne fortune, vous l'avez pour la première fois ?

HENRI. Pour la première fois.

D'ALENÇON. Ah ! ah ! ah !

LA MOLE, *qui s'est approché de lui.* Monseigneur...

D'ALENÇON, *bas.* Laisse-donc ! tu ne sais pas... je te raconterai cela. (*Regardant Henri.*) Ah ! ah !

HENRI. Que diable a-t-il donc à me rire au nez ? Oh ! vive Dieu ! m'y voilà ! c'est qu'en effet... (*Il va prendre d'Alençon par le bras.*) Chut ! chut ! taisez-vous donc devant La Mole !

D'ALENÇON. Au fait, il ne faut pas qu'il sache...

HENRI. Eh certainement ! je ne connais pas cette dame, mais j'ai quelques raisons de croire qu'elle ne lui est pas indifférente.

D'ALENÇON. En voici bien d'une autre !

HENRI. Taisez-vous donc !... vous sentez dès lors qu'il faut cacher avec soin...

D'ALENÇON, *à part.* Il croit avoir joué un tour à La Mole, à présent.

HENRI. Est-ce que vous ne lui trouvez pas une figure toute renversée ?

D'ALENÇON. Si... si... Ah ! ah !

(*Ils éclatent tous quatre et rient long-tems.*)

LA MOLE, *à part.* Ils n'en finiront pas ! et nos gens qui attendent !

D'ALENÇON. Ouvre-nous la croisée, La Mole, ou, sur mon ame ! je vais étouffer.

LA MOLE. *à lui-même.* Si j'osais ? pourquoi pas ? Je suis heureux aujourd'hui, cela me réussira peut-être.

(*Il ouvre la fenêtre, et, sans être vu, attache en dehors son mouchoir aux barreaux.*)

HENRI. Ah ! monsieur d'Alençon, j'en rirai long-tems.

D'ALENÇON. Et moi aussi, je vous jure ; et aussi cette belle dame qui, sous son masque, fait des efforts inouïs pour ne pas éclater.

HENRI. Pourquoi vous contraindre, madame ?

D'ALENÇON, *désignant La Mole du regard.* Oubliez-vous déjà qu'elle a ses raisons ?

HENRI. C'est vrai, c'est vrai.

D'ALENÇON, *à part.* Est-il singulier !

LA MOLE, *qui regardait à la porte du fond,*

Les Jours gras sous Charles IX.

venant *près du duc d'Alençon et lui présentant son masque.* Voici du monde, monseigneur ; il est inutile qu'on nous reconnaisse ; masquez-vous.

(*Ils se masquent tous deux.*)

SCÈNE XI.

HENRI, MARGUERITE, D'ALENÇON, LA MOLE, RUGGIERI, GENTILSHOMMES.

RUGGIERI, *aux gentilshommes qui le suivent.* Je vous répète, mes gentilshommes, que je n'ai plus de dominos roses.

UN GENTILHOMME. Eh bien ! tu en chercheras alors.

RUGGIERI. Impossible, à moins que vous ne soyez de la société de ce jeune seigneur.

(*Il indique La Mole.*)

LE GENTILHOMME. Précisément. (*Apercevant Henri.*) Le roi de Navarre !

TOUS. Le roi de Navarre !

(*Ils s'inclinent.*)

LE GENTILHOMME. Sire.

LA MOLE, *à part.* Que sa présence me serve au moins, après avoir pensé m'être fatale.

HENRI. Vive Dieu ! je suis en pays de connaissance, à ce qu'il me paraît. Excusez-moi, mes gentilshommes, de ne pouvoir vous nommer chacun par votre nom ; mais il y a si long-tems qu'on ne me permet plus de voir mes amis ! (*Au gentilhomme qui lui a parlé.*) N'étiez-vous pas à monsieur l'amiral ?...

LE GENTILHOMME. Oui, sire.

D'ALENÇON, *bas à Marguerite.* Ces gens sentent le huguenot en diable.... emmenons-le d'ici, car cela seul pourrait le compromettre. (*Bas à Henri.*) Vous vous oubliez, mon galant. La cour va partir pour Saint-Germain, et notre absence sera remarquée.

HENRI. Allons donc !... (*A part.*) Aussi bien quelqu'un m'attend ici, et j'ai hâte de revenir.

LA MOLE, *bas à d'Alençon.* Ne le quittez pas... (*A Marguerite.*) Ni vous non plus.

HENRI, *prenant le bras de Marguerite.* Je suis forcé de vous dire adieu, mes gentilshommes ; mais vous me paraissez bons compagnons, et je me trompe fort, ou le bal de Saint-Germain ne se donnera pas sans vous ; j'y compte.

LE GENTILHOMME. Oui, sire, nous y serons tous.

2

LA MOLE, *à part.* À merveille !

FINAL *de M. Doche.*

LE GENTILHOMME *et* LE CHŒUR.
Adieu, comptez sur nous.

HENRI.
Demain la fête vous appelle,
Me manquez pas au rendez-vous.

LE CHŒUR.
À la fête qui nous appelle,
    Chacun de nous
    Sera fidèle ;
    Nous serons tous
    Au rendez-vous.

HENRI. Au revoir donc. (*Un des gentils-hommes, en passant, lui présente un masque.*) Merci, monsieur ; au revoir ! (*Il sort avec Marguerite et d'Alençon ; bas à d'Alençon, en sortant.*) Vous ne m'en voulez plus, n'est-ce pas ?

D'ALENÇON, *riant.* Oh ! non, je vous jure.

(*Ils sortent.*)

SCÈNE XII.

LA MOLE, RUGGIERI, Gentilshommes.

LA MOLE, *bas à Ruggieri, pendant que les cavaliers descendent la scène.* Le jeune page de tantôt viendra chercher la personne qui est là ; que nul autre ne la voie : tu m'en réponds sur ta tête. (*Aux gentils-hommes.*) Eh bien ! mes gentilshommes,

savez-vous maintenant pour qui vous agissez, et croirez-vous à mes paroles ?

LE GENTILHOMME. Vous avez passé vos promesses, nous tiendrons les nôtres.

LA MOLE, *montrant Ruggieri.* Veillez sur cet homme, qui en a déjà trop entendu.

LE GENTILHOMME. C'est bien.

LA MOLE. Chacun de vous répond de ses gens ?

LE GENTILHOMME. Oui.

LA MOLE. Les armes ?

LE GENTILHOMME. Seront ici dans un quart d'heure, car, dans l'hôtellerie en face, nous ne sommes plus en sûreté.

LA MOLE. À demain donc, à Saint-Germain.

LE GENTILHOMME. À demain.

LA MOLE. En dominos roses.

LE GENTILHOMME. Tous.

LA MOLE. À huit heures.

TOUS. C'est dit.

LE CHŒUR.
Demain la fête nous appelle ;
    Chacun de nous
    Sera fidèle ;
    Nous serons tous
    Au rendez-vous.

(*La Mole s'éloigne. Les gentilshommes se pressent autour du comptoir et demandent les dominos.*)

FIN DU PREMIER ACTE.

ACTE II.

Une salle du château de Saint-Germain. Portes au fond et sur le côté.

SCÈNE PREMIÈRE.

MARGUERITE, LE DUC D'ALENÇON, *assis;* LA MOLE, *appuyé sur le fauteuil de Marguerite.*

D'ALENÇON. Vous êtes bien sûre, ma sœur, qu'il cherchera à vous connaître. Je ne lui en ai pas laissé le tems hier, car je n'ai pas voulu le quitter de toute la soirée, et nous sommes venus ensemble à Saint-Germain. Il paraissait fort inquiet, fort impatient; il voulait toujours retourner à Paris; mais enfin La Mole lui a dit je ne sais quoi qui l'a calmé. Moi, d'abord, à sa place, je n'aurais pas de repos que je n'aie découvert...

LA MOLE. Et pourquoi, monseigneur? pourquoi mettre ainsi un nom propre à chacun de ses plaisirs? c'est leur enlever ce qu'ils ont de piquant et de mystérieux. Hier, par exemple, celui que la reine Marguerite a choisi pour ce rendez-vous a été lui qu'elle aime; c'est lui qu'elle aime; qu'importe le reste? (*Marguerite est tournée du côté de son frère, et cache ainsi son visage à La Mole.*) De peur de se trahir, la reine est obligée de garder le silence, mais dans ce silence un amant devine des paroles passionnées; elle lui cache son visage; il le voit cependant. Il sait que ses yeux s'animent, que sa bouche sourit, et dans cette singulière position, pleine de liberté et de contrainte, où l'amour est pressant et réservé, éloquent et muet en même tems, la plus légère faveur vaut toutes les autres: une main qu'on presse à la dérobée, (*Marguerite lui tend la main en cachette*) un baiser rapide, (*il lui baise la main*) ont mille fois plus de prix que les plaisirs et les aveux les plus vifs.

MARGUERITE. La Mole a raison, mon frère.

D'ALENÇON. Tu dois le savoir. Je m'en rapporte aussi parfaitement à lui. Si jamais pensée sérieuse s'est logée dans cette tête sans jugement...

LA MOLE. Ma foi! monseigneur, à qui la faute? L'écho ne répète que ce qu'on lui fait dire, et je suis à votre service.

D'ALENÇON. Plaît-il?

(*On entend sonner huit heures.*)

LA MOLE, *à lui-même.* Huit heures!..... Quand un neuvième coup de ce marteau tombera sur ce timbre... ce sera la fin d'un règne et le commencement d'un autre....

(*Il ouvre la fenêtre et regarde dans la cour.*)

D'ALENÇON. Que regardes-tu là?

LA MOLE. Une partie de la compagnie des Suisses qui rentre au château. (*A part.*) Pourquoi reviennent-ils déjà?

MARGUERITE. On dit qu'à la chute du jour des bandes armées se sont montrées dans la campagne. Il faut que l'inquiétude que cause leur présence soit grande ici, car à chaque instant on fait sortir à leur rencontre de nouvelles troupes de soldats.

LA MOLE, *à part.* Je l'avais prévu.

MARGUERITE. De telle sorte que, si cela continue, nous serons bientôt sans défenseurs au château.

LA MOLE, *à part.* J'y compte bien.

D'ALENÇON. Pourvu que toute cette équipée ne vienne pas troubler notre fête!

LA MOLE. Bah! monseigneur... Je suis arrivé à Paris, triste et rêveur, la veille de Saint-Barthélemy..... et, huit jours après, j'étais gai et insoucient. Au tems où nous vivons, il faut prendre l'habitude de danser entre deux arquebusades. Tenez, voici déjà des masques qui arrivent.

D'ALENÇON. J'aurai encore le tems de prier Sourdis de m'arranger en chanson l'aventure d'hier.

LA MOLE. Pourquoi?

D'ALENÇON. Pour la chanter ce soir au bal.

MARGUERITE. Vous n'y pensez pas.

(*Ils se lèvent.*)

D'ALENÇON. Je tairai les noms.

LA MOLE. Belle ruse, en vérité! (*A part.*) Il faut l'éloigner avant qu'il ne parle. (*Haut.*) Le roi de Navarre ne devinera pas que c'est de lui qu'on se moque!...

D'ALENÇON. C'est que cela est si plaisant!... Oh laissez-moi faire, je vous en prie.

MARGUERITE. Vous m'avez promis le secret, mon frère.

LA MOLE. Henri n'est pas homme à entendre la raillerie... il porte son honneur sur la pointe... et mal vous en prendra peut-être.

D'ALENÇON. Qu'il se fâche!

LA MOLE. Une querelle!... encore mieux!... Beau moyen pour gagner les bonnes grâces de votre mère et du roi!... On vous mettra aux arrêts, monseigneur; car vous êtes en tutèle, et chacune de vos fautes est sévèrement punie. Demandez ensuite à Catherine de Médicis et à Charles la lieutenance générale du royaume, que vous brûlez d'obtenir, et que vous n'aurez pas!... Vive Dieu! à votre place, je m'y serais pris autrement. Ne pouvant avoir la couronne de France, comme votre frère aîné, Charles IX, j'aurais commandé des armées et gagné des batailles comme votre second frère, le duc d'Anjou, et on m'aurait peut-être trouvé, comme à lui, un royaume de Pologne... Mais vous ne l'avez pas voulu; et puisqu'aujourd'hui l'envie de ferrailler vous tient si fort, monseigneur, employez-la du moins à des services qui vous méritent une récompense... Montez à cheval avec vos gentilshommes qui partent maintenant, et faites le tour de la ville. S'il n'y a pas de danger, la promenade vous rafraîchira le sang; ou si l'on tire seulement un coup d'arquebuse... à vous tout l'honneur... nous dirons que vous avez sauvé la monarchie... Mais je gage que vous n'irez pas!...

D'ALENÇON. Tu as, pardieu, l'air de m'en défier.

LA MOLE. Oui.

D'ALENÇON. J'irai.

LA MOLE, à part. J'en étais sûr. (Haut à la fenêtre.) Mes gentilshommes, attendez, s'il vous plaît. Monseigneur le duc d'Alençon part avec vous. Ils ne m'entendent pas... Je vais les prévenir.

D'ALENÇON. Tu es bien pressé!

(La Mole sort par le fond.)

SCÈNE II.

MARGUERITE, D'ALENÇON.

D'ALENÇON. Ce fou de La Mole me fait faire ce qu'il veut. Je n'ai pas la moindre envie de courir les champs à cette heure.

MARGUERITE. Je m'en doute bien; n'importe, partez, puisque vous l'avez dit. Moi je vais voir notre pauvre frère Charles, qui depuis hier n'a pas quitté le lit; et s'il est un peu moins souffrant que d'habitude, si ses douleurs lui laissent quelque relâche, je saisirai le moment favorable, et j'obtiendrai de lui, pour vous, l'argent que vous avez perdu ce matin à la paume contre Henri. Mais soyez discret.

D'ALENÇON. À la bonne heure.

MARGUERITE. Adieu.

D'ALENÇON. À cette nuit; je vous reverrai au bal.

(Marguerite sort par le fond.)

SCÈNE III.

D'ALENÇON, puis LE COLONEL DES SUISSES, UN OFFICIER ET QUELQUES SOLDATS.

D'ALENÇON. Et le plustôt possible, je vous en réponds; à moins que nous ne trouvions à qui parler, ce que je ne crois pas; et alors, du diable si je passe la nuit à me morfondre dans la campagne.

LE COLONEL, dans la salle du fond, à l'officier qui le suit. Un garde à la place de celui-ci. Deux autres à chaque bout de la galerie.

(Trois gardes suisses traversent la galerie.)

D'ALENÇON. Qu'est-ce donc? on remplace la garde française par la garde suisse! monsieur le colonel, ne sommes-nous plus sûrs de la fidélité de nos gens?

LE COLONEL. Ne soyez pas inquiet, monseigneur.

D'ALENÇON. Mais, a-t-on découvert quelque chose, pour prendre de telles précautions? que se passe-t-il?

LE COLONEL. Vous l'ignorez? Le roi de Navarre vient d'être arrêté.

D'ALENÇON. Arrêté! qui vous l'a dit, monsieur?

LE COLONEL. C'est moi qui ai exécuté l'ordre, monseigneur.

D'ALENÇON. De qui?

LE COLONEL. Du roi.

D'ALENÇON. Du roi!...

SCENE IV.

D'ALENÇON, LE COLONEL, LA MOLE.

LA MOLE, *à part en entrant.* Henri prisonnier ! Maudite maison de Ruggieri. (*Haut.*) Allons, monseigneur, descendez, et à cheval.

D'ALENÇON, *au colonel, sans écouter La Mole.* Mais pourquoi cet ordre, monsieur ?

LE COLONEL. Le roi de Navarre s'est absenté hier soir de la cour où toutes ses démarches sont surveillées ; on a des soupçons...

D'ALENÇON. Sur lui !... il n'aura pas de peine à se justifier.

LA MOLE, *à d'Alençon.* On n'attend plus que vous, monseigneur.

LE COLONEL. Le roi paraît fort irrité... L'affaire est grave : on parle de réunion secrète, de complot...

D'ALENÇON. C'est une calomnie... (*A part.*) Ah ! ma foi ! tant pis pour les secrets de Marguerite. (*Haut.*) C'est une calomnie, vous dis-je : annoncez-moi au roi.

LA MOLE. Mais tous vos gentilshommes sont déjà à cheval.

LE COLONEL. Daignez m'excuser, monseigneur ; je ne le puis : j'ai des ordres importans à remplir.

(*Il sort par le fond.*)

D'ALENÇON. Eh bien ! monsieur, je me présenterai seul ; il faudra bien qu'on m'ouvre.

SCENE V.

LA MOLE, D'ALENÇON.

LA MOLE, *l'arrêtant,* Où allez-vous ?

D'ALENÇON. Ne l'ai-je pas dit ?

LA MOLE. Mais vous n'y songez pas ; vous n'avez qu'un instant ; les portes du château vont se refermer.

D'ALENÇON. Plus tard nous verrons ; mais auparavant il faut que je parle au roi.

LA MOLE. Plus tard vous ne le pourrez pas. Ah ! ils sont partis, et personne ne sort plus, je l'avais bien dit.

D'ALENÇON. Que m'importe à présent ? Je laisserais Henri paraître devant le roi malade et souffrant, et qui, dans un accès de colère, peut la condamner sans vouloir l'entendre !

LA MOLE. Vous n'irez pas chez votre frère.

D'ALENÇON. Charles saura quelle est cette maison suspecte ; quels sont les conspirateurs : moi, Marguerite et M. de La Mole.

LA MOLE. Vous ne le direz pas.

D'ALENÇON. Monsieur !

LA MOLE *. Non : vous ne le direz pas !

D'ALENÇON. Vous m'expliquerez cette insolence à mon retour.

LA MOLE. Eh ! sur-le-champ, monseigneur, puisque votre fol entêtement me force à tout vous apprendre ; puisque pour vous retenir il ne me reste plus que ce moyen, et que, si je vous laisse sortir, vous allez perdre d'un mot l'œuvre de toute une année.

D'ALENÇON. Parlez donc : je vous écoute.

LA MOLE. Et avec attention ; car je jure Dieu que jamais paroles plus graves ne sont tombées dans votre oreille. Chacune d'elles vous révèle une pensée à remuer un royaume, un secret qui peut déplacer une couronne ; écoutez donc, monseigneur ! Hier soir, trois hommes sont entrés chez Ruggieri : ils y ont ri ensemble, parlé intrigues, amours et plaisirs ; mais de ces trois hommes, deux ignoraient que leur présence était un complot ; et quand l'un disait à des compagnons de plaisir : « Demain, à neuf heures, à Saint-Germain » ; il disait : « Demain, à neuf heures, vous tirerez l'épée du fourreau. » ; et celui qui expliquait ainsi ses gestes, qui traduisait ses paroles, celui qui faisait ainsi mouvoir à leur insu ces deux volontés si folles et si rieuses, c'est le plus fou, le plus frivole, le plus obscur des trois... C'est moi.

D'ALENÇON. Que veux-tu dire ?

LA MOLE. Qu'hier vous conspiriez, comme vous conspirez aujourd'hui, depuis un an.

D'ALENÇON. Moi !

LA MOLE. Vous et Henri, et sans le savoir ni l'un ni l'autre. Ecoutez encore, monseigneur. Combien de fois, en quittant Catherine, ne vous êtes-vous pas écrié devant moi : « Ma mère me hait ; elle n'a de fa- » veurs que pour son fils bien-aimé, le duc » d'Anjou. Je n'obtiens riens ; je ne peux » rien ; et, quand il régnera, je ne serai » qu'un officier de sa suite. » Puis vous vous tordiez les mains comme un enfant

* D'Alençon, La Mole.

qui se désespère; et moi, je me disais:
« Le duc d'Anjou ne régnera pas, et je ferai
» du duc d'Alençon un roi de France. »
Cette pensée, je l'ai mûrie long-tems, et,
pour la conduire à bien, je l'ai caché même
à ceux qui vont l'exécuter. Sous le nom du
roi de Navarre, j'ai réuni les huguenots
échappés à la nuit de Saint-Barthélemy;
sous le nom du roi de Navarre, j'ai gagné
les mécontens de tous les partis. Ils ne
vous connaissent pas, vous: c'est pour
Henri seulement qu'ils croient agir; c'est
pour le tirer de l'esclavage où il languit à
la cour, qu'ils seront ici, tous, dans une
heure, en habit de bal; mais ce but appa-
rent une fois rempli, une fois maîtres du
château, de la personne du roi; quand je
leur dirai: « A la place d'un duc d'Anjou
» qui sera bientôt Henri III, et que vous
» savez votre ennemi, voici un prince franc
» et loyal, que vous pouvez d'un mot
» mettre sur le trône. » Croyez-vous qu'ils
hésiteront à le proclamer? Voilà ce que j'ai
fait, monseigneur.

D'ALENÇON. Toi, La Mole! sans me consulter!..

LA MOLE. Vous consulter! et qu'auriez-
vous fait de plus? Tout n'est-il pas prêt?
Les bandes armées qu'on a vues autour de
Saint-Germain n'y sont-elles pas par mon
ordre pour attirer les troupes? et je vous
envoyais au devant d'elles, parce que je
tremble que mon secret ne s'échappe par
votre bouche. Vous consulter? L'heure
n'est-elle pas bien choisie? Votre mère vous
déteste? vous n'osez lever les yeux quand
elle attache les siens sur vous? Votre mère
est à Blois. La voix de Charles IX vous fait
trembler? Son regard va fouiller vos secrets
au fond de votre cœur? Charles est malade
et ne voit personne. Le duc d'Anjou est son
héritier? le duc d'Anjou est en Pologne; et
dans une heure vous êtes proclamé!...
Ah! voilà votre visage qui s'anime maintenant, votre main qui presse la mienne,
votre bouche qui s'ouvre pour me remercier; et vous ne criez plus que je suis un
insolent quand je vous dis: N'allez pas
avouer au roi que vous étiez chez Ruggieri.
Non, sur votre vie et la mienne, n'y allez
pas! Henri est sans cesse observé; ses plaisirs même et ses amours sont suspects.
Hier, il est entré dans la maison de Ruggieri à visage découvert; on l'a vu; la
maison a été fouillée, des armes saisies,
deux hommes pris; le reste s'est sauvé en
se défendant.

D'ALENÇON. Et ces deux hommes ont
parlé!

LA MOLE. Faut-il donc vous redire encore
qu'ils ne connaissent et n'ont pu nommer
que le roi de Navarre?

D'ALENÇON. Mais Henri est perdu.

LA MOLE. Compromis seulement. Il ne
peut rien avouer, nommer aucun complice;
il ne sait rien. Il faut du tems, même à
Charles IX, pour faire un criminel d'un
accusé; et Charles est mourant, vous di-
je; et l'heure que j'ai marquée va sonner.
Dieu lui mesure sa vie, et moi son règne.
Comprenez donc bien que ses soupçons
peuvent briser, sans la rompre, vingt an-
neaux de cette chaîne mystérieuse; qu'il
peut flairer le sang vingt fois, sans découvrir la trace, pourvu qu'il ne vienne pas
droit à moi, blasphémant Dieu, et criant:
j'ai dit à Alençon: « Frère, qui conspire? »
et d'Alençon m'a répondu: « La Mole. »

D'ALENÇON. Ah! ne crains rien!... toi,
mon sauveur!... te trahir! Je jure que
jamais!...

LA MOLE. Pas de sermens, monseigneur;
mais partez, et taisez-vous. Un royaume
pour une heure de silence!

D'ALENÇON. Un royaume!... Écoute, si
l'on m'interrogeait, je jurerais que j'ai
passé la soirée chez Mme de Sauve.

LA MOLE. Soit!

D'ALENÇON. Je vais chez elle, pour
qu'elle ne me démente pas.

LA MOLE. Et n'en sortez que lorsque j'irai
vous trouver.

D'ALENÇON. Je m'y renferme.

LA MOLE. Venez donc! enfin!

D'ALENÇON. Marguerite!

LA MOLE. Deux mots seulement, et partons.

SCENE VI.

LA MOLE, D'ALENÇON, MARGUE-
RITE.

MARGUERITE. Henri arrêté! est-il vrai,
messieurs?

LA MOLE, *bas à Marguerite*. A toutes les
questions qu'on pourra vous faire, madame, répondez: « Le duc d'Alençon était
hier soir chez Mme de Sauve. »

MARGUERITE. Pourquoi?

LA MOLE. Vous le saurez.

MARGUERITE. Mais...

LA MOLE. Si tu m'aimes.

MARGUERITE. Je le dirai.

LA MOLE. Allons, monseigneur, que je vous voie partir.

(Ils sortent tous deux par le fond.)

SCÈNE VII.

MARGUERITE.

(Un grand nombre de masques en dominos de toutes couleurs traversent la galerie du fond, se rendant dans les salles du bal.)

MARGUERITE. L'arrestation de Henri ne leur cause aucune surprise; ils semblent en connaître le motif, et La Mole, pour toute réponse, me recommande de dire que mon frère était hier chez Mᵐᵉ de Sauve. Que signifie tout cela? que se passe-t-il? La fête aura lieu : rien n'est changé. (*Un homme en domino vert a quitté la galerie du fond. Il a l'air d'examiner la salle où est Marguerite et s'approche d'elle.*) Ah! voici un domino qui regarde et s'approche avec précaution... est-ce à moi qu'il en veut?

SCENE VIII.

MARGUERITE, MONTFERRIER.

MONTFERRIER, *mystérieusement.* L'événement que nous venons d'apprendre n'empêche rien, madame ; qu'il ne s'inquiète pas et nie tout.

MARGUERITE. Qu'est-ce donc ! cet homme me fait peur.

MONTFERRIER. Dites-lui bien, madame, que nous sommes à notre poste ; tous armés.

MARGUERITE. Armés?

MONTFERRIER. Et à l'heure convenue prêts à agir. Je retourne près d'eux.

MARGUERITE. Mais c'est donc un complot.

MONTFERRIER. Silence, madame! on peut vous entendre. Ne m'avez-vous pas compris?

(Il va pour sortir.)

MARGUERITE. Vous ne sortirez pas d'ici!.. Quelqu'un !

MONTFERRIER. Que faites-vous, madame ?

(Un officier s'avance.)

MARGUERITE. Arrêtez cet homme !

MONTFERRIER. Trahison ! mais vous me perdez.

(On l'arrête.)

MARGUERITE. Fouillez-le : il est armé... et gardez de le laisser échapper.

SCÈNE IX.

MARGUERITE, LA MOLE, MONTFERRIER, *gardé au fond.*

LA MOLE, *voyant Montferrier.* Un homme arrêté !... qui a donné cet ordre?

MARGUERITE. Moi !

LA MOLE. Vous ! et pourquoi ?

MARGUERITE. Cet homme, je ne le connais pas; il est venu me parler de gens armés, de complot...

LA MOLE, *à lui-même.* Et je ne puis le faire échapper sans me découvrir. (*Haut.*) Marguerite, qu'avez-vous fait?

MARGUERITE. Je vous dis que cet homme est armé, qu'il s'agit d'un complot.

LA MOLE, *à demi-voix.* Mais savez-vous pour qui?

MARGUERITE. Que m'importe?

LA MOLE. Henri n'est-il pas déjà arrêté?

(Montferrier disparaît avec deux gardes.)

MARGUERITE. Ah! ce n'est pas pour lui, il ne conspirait pas... ses ennemis veulent le perdre.

LA MOLE. Qui vous l'a dit?... votre frère n'est-il pas parti pour qu'on ne l'interroge pas?

MARGUERITE. Mon frère !

LA MOLE. Enfin, eux ou un autre, il y aura une victime, et c'est toi qui la livres !

MARGUERITE. La Mole !

LA MOLE. Faites relâcher cet homme, Marguerite.

MARGUERITE. Le puis-je?

LA MOLE. Il le faut... parlez à ces soldats... prétextez une erreur, une méprise...

UN HUISSIER, *annonçant à droite.* Le roi !

LA MOLE. Il est trop tard !.. Silence au moins!

SCÈNE X.

CHARLES, *il est pâle et très-souffrant.* LA MOLE, MARGUERITE, LE COLONEL DES SUISSES, PLUSIEURS OFFICIERS ; RENÉ, *entrant à gauche.*

CHARLES, *très-agité.* Ah ! ma sœur ici !.. Nous vous aurions mandée. (*Au colonel des Suisses.*) Monsieur le colonel !

(*Pendant qu'il donne des ordres au colonel et que l'officier du fond lui rend compte de l'arrestation de Montferrier, René est entré par la porte de côté, et s'est approché de La Mole. Le colonel sort.*)

RENÉ, *à demi-voix.* Frère, je te cherche.

LA MOLE. Que veux-tu ?

RENÉ. Mme de Sauve n'est pas venue à Saint-Germain.

LA MOLE. Comment ?

RENÉ. Hier même elle n'est pas rentrée chez elle.

LA MOLE. Pourquoi ?

RENÉ. Forcés dans leur retraite, les hommes de chez Ruggieri l'ont vue... elle avait tout entendu, peut-être, et de peur d'une indiscrétion, ils l'ont emmenée avec eux.

LA MOLE. Ah ! cours à l'instant chez elle... Dis à monseigneur d'Alençon que c'est moi qui ai tout conduit, qu'il ne s'inquiète pas de cette absence, mais retiens-le, qu'il ne se montre pas ici ; va.

CHARLES, *allant s'asseoir et voyant René.* Quel est ce jeune homme ?

LA MOLE. Sire, c'est mon frère, que j'envoyais dans les salles du bal.

CHARLES. Laissez sortir cet enfant. (*Il s'assied, René s'éloigne.*) Nous n'étions pas attendu, je crois, et notre présence doit surprendre. Nous ne sommes pas aussi près de la tombe qu'on se plaît à le dire... on nous verra au bal. Dans la gaîté de ses sujets le roi doit avoir sa part. D'ailleurs, un pauvre et triste malade, un mourant, peut bien songer encore à des fêtes : les plus joyeux ne s'occupent pas toujours de plaisirs. Qu'en pensez-vous, Marguerite ?

(*Le colonel des Suisses rentre.*)

MARGUERITE. Je ne sais de qui vous voulez parler, mon frère.

CHARLES. Voici quelqu'un qui pourra vous l'apprendre.

MARGUERITE. Henri !...

LA MOLE, *à part.* Ah ! j'aurais mieux fait d'écrire mon secret sur les murs de cette salle, que d'entrer hier dans cette maison de Ruggieri.

SCENE XI.

CHARLES, MARGUERITE, LA MOLE, HENRI, *conduit par des gardes,* LE COLONEL DES SUISSES, MONTFERRIER, OFFICIERS, *au fond*[*].

CHARLES. Avancez, mon beau cousin, et répondez.

HENRI. Avant tout, vous me direz sans doute pourquoi ces hommes me tiennent depuis une heure sous bonne escorte, par votre ordre, refusant de répondre à mes questions. Est-ce caprice de malade, intrigue ou divertissement de carnaval, pour vous égayer ? Vous auriez dû vous informer d'abord si la plaisanterie est de mon goût.

CHARLES. Ah ! vous vous piquez facilement.

HENRI. Que voulez-vous ? j'ai le caractère mal fait.

CHARLES. Et moi de même, je vous en avertis. Est-ce aussi plaisanterie de prince et de bon chrétien de placer la trahison aux portes d'un roi malade, et de le faire assister par des assassins au lieu de confesseur ?

HENRI. Qui a fait cela ?

CHARLES, *se levant.* Par la mort de Dieu ! c'est vous !.

HENRI. Êtes-vous dans votre bon sens ?

CHARLES, *se rasseyant.* Vous allez en juger. Où avez-vous été hier soir ?

HENRI. M'avez-vous mis en tutèle ? je refuse de le dire.

CHARLES. Je le dirai pour vous : chez un Italien nommé Ruggieri, qui a disparu. Vous y étiez avec...

HENRI. Tout beau ! mon cousin.

CHARLES. Laissez-moi achever.

HENRI, *montrant Marguerite.* Nous ne sommes pas seuls. J'ai été chez Ruggieri... j'en conviens... cela suffit.

CHARLES. Oh ! vous ne vous en tirerez pas ainsi... Vous y étiez avec une femme.

HENRI, *à part.* Pas moyen de nier devant elle.

CHARLES. Et cette femme, entrée avec vous, est sortie avec vous.

HENRI. Vous croyez ?

_____

[*] La Mole, Marguerite, Charles, Henri.

CHARLES. Car on ne l'a pas trouvée, aussitôt après votre départ. Son nom ?

HENRI. Le nom de cette femme qui est sortie avec moi ?

CHARLES. Direz-vous que vous ne le savez pas ?

HENRI. Oui, par Dieu ! et je mentirais si je disais le contraire.

CHARLES. Ma patience est à bout, monsieur.

HENRI. Mais vous me demandez ce que je ne sais pas.

CHARLES. Encore !

MARGUERITE, à part. Il se perd, et ne voudra pas nommer celle qu'il connaît.

CHARLES. Savez-vous que vous jouez à perdre votre tête ? Pour la dernière fois, quelle est cette femme ?

MARGUERITE. Eh ! mon frère ! c'est moi.

CHARLES. Vous !

HENRI, à part. Elle !

CHARLES, à Henri. Et vous ne le saviez pas ?

HENRI. Ma foi ! non.

MARGUERITE. Je ne voulais pas être reconnue, et pendant ce rendez-vous j'ai toujours gardé mon masque. Me pardonnerez-vous, Henri, de vous avoir trompé ?

HENRI. C'est moi qui suis coupable. (A part.) Voilà de la générosité, ou je ne m'y connais pas.

CHARLES, à Marguerite. C'était vous ?

MARGUERITE. Moi.

HENRI, à part. C'est qu'on jurerait qu'elle dit la vérité. (Haut.) Eh bien ! Charles, voilà donc mon crime. S'agit-il là de complices et d'assassins ? Les espions que vous clouez à mes pas vous volent votre argent.

CHARLES. Ne raillez pas encore, mon cousin.

HENRI. Ils vous servent bien mal.

CHARLES. M'ont-ils mal servi quand ils m'ont appris qu'à peu d'intervalle l'un de l'autre, deux hommes masqués avaient été vous rejoindre ?

LA MOLE, à part. Il va me nommer.

HENRI. Ah ! j'ai encore d'autres complices !... deux, dites-vous ? Avec celui que vous avez déjà découvert, cela fait trois conspirateurs bien dangereux ; je vous en réponds, et qui venaient là avec des projets inquiétans !

CHARLES. Assez, sans doute, pour qu'on ait saisi un dépôt d'armes dans la maison qu'ils venaient de quitter.

HENRI. Des armes ! (A part.) Ah ! diable ! il serait prudent de ne nommer personne. (Haut.) Et c'est à moi que vous vous adressez pour les connaître ?

CHARLES. A vous, qui devez être leur chef ; à vous, qui me direz aussi pourquoi vingt ou trente misérables étaient cachés chez Ruggieri ?

HENRI, à part. Mais c'est une caverne que cette maison-là.

CHARLES. Nommez-les donc, monsieur ; et je jure Dieu qu'il n'y aura pas de grâce pour eux.

HENRI. Vous avez eu tort de parler ainsi, Charles. Si j'étais aussi instruit que vous le supposez, je ne dirais rien maintenant. Je ne suis pas le pourvoyeur de vos bourreaux.

LA MOLE, à part. Je respire !

CHARLES. Vous avez pris vos avantages, mon cousin, et joué finement le plus beau de votre jeu. Mais voyons qui gagnera la partie.

HENRI. J'accepte. J'ai été chez Ruggieri, mais j'ignorais qu'il y eût des armes ; j'ignorais que des hommes y étaient cachés. Ce complot, dont je suis le chef, prouvez-le, j'y consens, et j'engage ici ma parole de roi de répondre aux accusations portées contre moi, mais contre moi seul. Voilà mon enjeu, mon cousin : mettez le vôtre, et commençons.

CHARLES. Je ne vous ferai pas attendre... Qu'on introduise cet homme. (Il fait un signe, on amène Montferrier.) Votre nom ?

MONTFERRIER. Montferrier.

CHARLES. Votre religion ?

MONTFERRIER. Protestant.

CHARLES. Dans quel but êtes-vous venu à Saint-Germain ?

MONTFERRIER. Je ne sais si je dois répondre.

CHARLES. Quand je vous l'ordonne !

MONTFERRIER. Je ne crains rien pour moi, sire. Je suis sacrifié, sans doute. Mais cependant je puis me taire encore, et ne pas trembler, comme d'autres l'ont fait peut-être, parce que je suis arrêté.

HENRI. Vrai Dieu ! je crois, monsieur, que vous me regardez en parlant ainsi. Vous faut-il ma permission pour dire ce que vous savez ? je vous la donne.

MONTFERRIER. Vous le voulez ?

HENRI. Je l'exige.

MONTFERRIER. Je dirai tout.

HENRI. J'y compte.

MONTFERRIER, *à Charles.* Interrogez-moi donc, sire.

CHARLES. Vous avez des armes ?

MONTFERRIER. Oui.

CHARLES. Vous conspirez ?

MONTFERRIER. Oui.

CHARLES. Pour qui ?

MONTFERRIER. Pour Henri de Navarre.

HENRI. Vous en avez menti, par la gorge !

CHARLES, *à Henri, en se levant.* Taisez-vous, monsieur !

HENRI. Voilà la première fois que je vois cet homme.

MONTFERRIER. C'est vrai. Nous savions que le roi de Navarre, trop surveillé à la cour, craignait d'assister à nos rendez-vous; aussi une autre personne répondait pour lui.

HENRI. C'est un tissu de mensonges.

MONTFERRIER. J'en suis fâché, sire; mais vous m'avez dit de parler. Les premières propositions nous ont été faites en votre nom, par un homme que nous n'avons jamais vu que masqué. Il nous fallait un gage de la sincérité de ses paroles... aussi nous le donna-t-il. Une femme, qui devait avoir toute la confiance du roi de Navarre, vint dans une maison indiquée. A un jour, à une heure convenus, elle se montra à une fenêtre en face de la maison où nous étions...

MARGUERITE, *à part.* Ah !...

MONTFERRIER. Et cette femme...

CHARLES. C'est...

MONTFERRIER. La reine Marguerite.

HENRI. Marguerite !...

MARGUERITE. Moi !...

CHARLES, *à sa sœur.* Ah ! vous avez parlé trop vite tout à l'heure... (*A Montferrier.*) Cette femme... (*montrant Marguerite*) c'est bien elle que vous avez vue ?

MONTFERRIER. Oui, à la fenêtre, comme il était convenu.

CHARLES. Hier soir, chez Ruggieri ?

MONTFERRIER. Je ne connais pas Ruggieri.

CHARLES. Où donc ?

MONTFERRIER. Il y a quatre jours, chez un nommé Zamet.

MARGUERITE, *à part.* Zamet !... il y a quatre jours !... Ah ! La Mole !...

CHARLES, *à Marguerite.* Qu'avez-vous à répondre ?

MARGUERITE. Cet homme se trompe, ou il est gagné. J'étais seule ici... si je conspirais avec lui, l'aurais-je fait arrêter ?...

LA MOLE, *à part.* Bien ! Le voilà maintenant enferré à ne plus s'y reconnaître, et l'heure s'avance.

MONTFERRIER. Mais si j'avais parlé faussement, si je n'avais su que la reine Marguerite était instruite de nos projets, me serais-je adressé à elle ?

CHARLES. Oh ! je finirai par renouer ce fil qui se brise dans mes mains. Enfin que doit-on faire ?

MONTFERRIER. Délivrer le roi de Navarre, s'emparer de votre personne.

CHARLES. Quel est votre rôle ?

MONTFERRIER. Je dois ouvrir la porte nord-est du château à des amis qui sont dans Saint-Germain.

CHARLES. Combien êtes-vous ?

MONTFERRIER. Trente.

CHARLES. Rien que trente ?

MONTFERRIER. A l'endroit que j'indique.

CHARLES. Et ailleurs ?

MONTFERRIER. Je l'ignore : je sais seulement qu'il sont très-nombreux.

CHARLES. Tous déguisés ?

MONTFERRIER. Presque tous. C'est ainsi qu'ils ont dû pénétrer dans le château.

CHARLES. Déguisés comme vous ?

(On voit passer au fond un assez grand nombre de dominos roses.)

MONTFERRIER. Non : nous portons seuls le domino vert.

CHARLES. Quelqu'un !

L'OFFICIER. Sire !

CHARLES. Y a-t-il déjà beaucoup de monde d'arrivé ?

L'OFFICIER. Les salles du bal ne peuvent contenir la foule.

CHARLES, *se levant.* Damnation ! ils sont tous ici !... comment lever maintenant ces masques ? fouiller toutes ses poitrines ? sous ces figures peintes et immobiles comment reconnaître un sourire ou une menace? (*A Montferrier.*) Il y a une heure marquée?

MONTFERRIER. On nous a dit que tout serait prêt à neuf heures.

CHARLES, *regardant la pendule.* Ah!... monsieur le colonel! ici! Les troupes sont-elles rentrées au château?

LE COLONEL. Pas encore, sire.

CHARLES. Des courriers sur tous les points, monsieur, et qu'elles reviennent ventre à terre. (*A Montferrier.*) Qui doit donner le signal? (*montrant Henri et Marguerite*) lui ou elle.

MONTFERRIER. Ni lui, ni elle.

CHARLES. Qui donc?

MONTFERRIER. Cet homme masqué qui accompagnait toujours la reine Marguerite, et qui doit se faire connaître seulement à neuf heures.

CHARLES. Ah! c'est une trame ourdie par un démon! cet homme où le trouver? où est-il? près de moi, peut-être; et quand il lèvera son poignard, je ne pourrai pas crier à l'assassin! Que tout le monde sorte!

LA MOLE. *à part.* Tout est sauvé.

CHARLES, *à l'officier, montrant Montferrier.* Que cet homme vous conduise! des gardes aux portes de cette salle!

LA MOLE, *à part.* Je viendrai les relever.

CHARLES. Et des courriers, des courriers sur toutes les routes!

LA MOLE, *à part.* Ils arriveront trop tard...

(*Tous sortent. Charles parle bas à l'oreille du colonel, en lui montrant Henri.*)

SCENE XII.

CHARLES, MARGUERITE, *au fond.*

MARGUERITE, *à part.* Ah! La Mole! qu'ai-je appris?

CHARLES, *d'une voix entrecoupée.* Me prendre ainsi dans leurs piéges!... Ils sont partout... autour de moi, à mes côtés, sous mes pieds, sur ma tête... comme des ombres, et prêts à frapper à la voix de cet être invisible que je ne puis saisir... Comme moi, ils comptent les minutes..... mais ils sont tranquilles..... ils rient entre eux, ils ne craignent rien.... et moi,

ils m'ont arraché tout tremblant de mon lit de douleurs, et ils ont appelé la mort à leur secours... car je souffre!... et il me semble que ma vie s'en va avec chacune de mes vaines menaces.... Il mourra cependant avant moi...

MARGUERITE. Qui donc doit mourir?

CHARLES. Ah! viens ici, toi!... toi que je retrouve dans tous ces complots, et qui ne veux pas parler!... A qui donc crois-tu sauver la vie en te taisant?

MARGUERITE. Charles!

CHARLES. As-tu fait tes adieux à Henri de Navarre?

MARGUERITE. Pourquoi?

CHARLES. C'est qu'il est allé dire au bourreau ce qu'il refuse au roi...

MARGUERITE. Lui!...

CHARLES. L'ordre est donné...

MARGUERITE. Henri!...

CHARLES. N'est-ce pas lui leur chef?

MARGUERITE. Oh! non... non...

CHARLES. Mais qui?

MARGUERITE. Ce n'est pas lui.

CHARLES. Ah! tu le connais donc?...

MARGUERITE, *aux gardes.* Rappelez-le!...

CHARLES, *aux gardes.* Je ne l'ai pas dit... (*A sa sœur.*) Eh bien!

MARGUERITE. Oh! je ne pourrai jamais...

CHARLES. Tu connais le coupable, Marguerite, et tu ne veux pas sauver ton mari?...

MARGUERITE. O mon Dieu!..

CHARLES. Son nom....., ou la tête de Henri...

MARGUERITE. Ah! La Mole!...

CHARLES, *aux gardes.* La Mole et Henri de Navarre..... (*A sa sœur.*) La Mole, dis-tu!... C'était lui chez Zamet, chez Ruggieri... lui, qui t'entraînait à ces rendez-vous!..... Et tu ignorais dans quel but?...

MARGUERITE. Oh! je l'aimais... c'est là mon seul crime... Henri n'est pas coupable... on s'est servi de son nom...

CHARLES. Pour en cacher un autre... Et qui donc peut songer à porter la couronne de France?... Ah! un frère, peut-être?...

SCÈNE XIII.

CHARLES, MARGUERITE, D'ALEN-
ÇON, *entrant par la porte du fond.*

D'ALENÇON. S'est-on moqué de moi?
Depuis hier soir, Mme de Sauve...

CHARLES. Oh! je vais le savoir!...

D'ALENÇON. Le roi!...

CHARLES, *regardant dans la galerie.* Ils
reviennent! entrez dans ce cabinet!.....
entrez.

D'ALENÇON. Moi!

CHARLES, *le poussant.* Entrez donc! je
vous suis.

SCÈNE XIV.

MARGUERITE, LA MOLE, HENRI,
GARDES *au fond.*

LA MOLE. Pourquoi me rappelle-t-on?
Quelqu'un a parlé ici.

HENRI. Où donc est le roi?

MARGUERITE. Dans cette chambre.

HENRI. Allons! (*A La Mole.*) Asseyons-
nous ici, monsieur; car il va nous faire
attendre. (*Ils s'asseyent près de la fenêtre,
à une table sur laquelle est un jeu d'échecs.* *)
Je n'ai pas voulu dire que je vous
avais vu hier, cela vous eût compromis
sans me sauver. Mais si je connaissais l'audacieux qui s'est ainsi servi de mon nom,
ma foi! je le nommerais, car Charles est
fort courroucé; il pourrait me faire un
mauvais parti. Tout m'accuse: ce dépôt
d'armes, les rapports de cet homme...
(*Ils arrangent leur partie.*)

LA MOLE. D'après ce qu'il a dit, quand
neuf heures sonneront...

HENRI. Oui, mais jusque-là...

LA MOLE. Il est vrai que cette aiguille
est bien lente!

HENRI, *regardant Marguerite.* D'ailleurs,
il y a dans toute cette affaire des choses
que je tremble d'approfondir. (*A La Mole.*)
Qu'avez-vous donc?

LA MOLE. Le roi n'est pas seul?
(*Ils écoutent.*)

HENRI. C'est, par Dieu! la voix de
d'Alençon. Je crois la reconnaître. Et
vous?

LA MOLE. Moi aussi. Il est venu ici,
madame?

* Henri, La Mole, Marguerite.

MARGUERITE. Tout à l'heure.

LA MOLE. Et il est entré avec le roi?

MARGUERITE. Oui.

HENRI, *reprenant la partie.* Diable! si
on l'interroge, il avouera que vous y étiez
aussi.

LA MOLE. J'en ai peur, sire. (*Moment de
silence.*) Ah! j'entends la voix du roi.....
Il s'emporte!..... il menace!..... plus
rien.

HENRI. Notre homme dit tout. Mais
vous en serez quitte à meilleur marché que
moi.

LA MOLE. Peut-être.

HENRI. On ne conspire pas sous votre
nom..... Je n'entends plus parler. Ah! la
porte s'ouvre.

SCÈNE XV.

HENRI, LA MOLE, MARGUERITE,
LE COLONEL DES SUISSES.

LE COLONEL. Monsieur de La Mole, rendez-moi votre épée, je vous arrête.

LA MOLE. Pourquoi, monsieur?

LE COLONEL. Pour avoir formé et dirigé
seul un complot sous le nom du roi de
Navarre.

HENRI. Lui!

LE COLONEL. Pour avoir conduit à des
rendez-vous, dans plusieurs maisons et
entre autres, il y a quatre jours, chez
Zamet, et hier soir chez Ruggieri, la
reine Marguerite.

HENRI. Monsieur de La Mole!...

LE COLONEL, *à Henri.* Vous êtes libre,
sire.

HENRI, *à La Mole.* Que Dieu me veuille
assez de bien pour que vous le soyez un
jour!

LA MOLE. Qu'importe, sire; le bourreau
se chargera de régler tous mes comptes.

(*On entend sonner neuf heures. Le rappel bat
au quartier des Suisses. La galerie du fond se
remplit de soldats et de gentilshommes l'épée
au poing.*)

LE COLONEL. A cheval! à cheval,
messieurs! le roi part à l'instant pour
Paris.

LA MOLE. Neuf heures sonnent, monseigneur.

FIN DU DEUXIÈME ACTE.

ACTE III.

Une salle du Louvre. A droite, sur le second plan, une porte conduisant dans les salles basses; à gauche, sur le second plan, une autre porte allant chez le roi; au fond, une galerie vitrée conduisant dans les appartemens du Louvre. Derrière, une seconde galerie conduisant à l'extérieur.

SCÈNE PREMIÈRE.

CHARLES, *dans un fauteuil*; LE CO-
LONEL DES SUISSES, UN OFFICIER.

LE COLONEL, *à l'officier à voix basse*.
Il faudrait appeler le médecin du roi.

L'OFFICIER, *de même*. Sa majesté l'a défendu; et pourtant elle s'est trouvée si
faible en sortant du tribunal, qu'elle nous
a ordonné de l'asseoir ici.

LE COLONEL. Il est tems que la reine-
mère revienne, car le roi est bien mal,
monsieur. S'il mourait à présent, qui sait
ce qui arriverait. Le duc d'Alençon est
seul à la cour, et l'arrêt de M. de La Mole
n'est pas signé.

L'OFFICIER. Pas encore.

LE COLONEL. Il revient à lui!

CHARLES, *d'une voix éteinte*. Eux! toujours eux! à moi! quelqu'un!

(L'officier sort par le fond.)

LE COLONEL. Sire...

CHARLES. Tenez-vous là, monsieur. Ils
auront peut-être peur de vous; ils ne me
craignent pas, moi.

LE COLONEL. Qui donc, sire?

CHARLES. Eh! tous ces huguenots morts
avec l'amiral!... ce n'est rien... un rêve...
Quel est ce jeune homme, qui, au moment
où l'on a prononcé la sentence, s'est évanoui en jetant des cris?

LE COLONEL. Un frère de La Mole.

CHARLES. Un frère!... j'en ai deux!...!
l'un attend ma mort avec impatience;
l'autre voulait la hâter. A-t-on dressé l'é-
chafaud dans les salles basses?

LE COLONEL. Oui, sire; votre majesté
s'est fait arrêter ici; veut-elle qu'on la
conduise dans ses appartemens?

CHARLES. Non, pas encore. Ces galeries
du Louvre sont si sombres et si longues!...
Le roi de Navarre s'est-il présenté?

LE COLONEL. Sire, le voici.

SCÈNE II.

CHARLES, HENRI, L'OFFICIER, *au
fond*.

HENRI. Vous m'avez fait appeler?

CHARLES. Oui... approchez.

L'OFFICIER, *à la porte du fond*. Sire...

CHARLES. Qu'y a-t-il encore?

L'OFFICIER. La reine Marguerite demande à entrer.

HENRI. Est-ce pour une entrevue que je
viens ici? Je me retire.

CHARLES. Non; car je ne veux pas la
voir. (*L'officier sort*.) Epargnons-lui la
honte de paraître devant vous. (*Le colonel
entre chez le roi*.) Vous êtes le seul, monsieur, à qui je puisse, en mourant, dire
merci de ce que vous avez fait; car vous
n'avez pas conspiré; et cependant, vous
pouviez le faire, vous. Roi sans puissance
et sans liberté, gardé à vue dans ma cour!
C'est ma mère qui l'a voulu ainsi... la
vôtre est morte!... vous ignorez ce que
c'est que la volonté d'une mère!... la
vôtre est morte!...

HENRI. Charles, pourquoi répéter toujours: votre mère est morte?

CHARLES. Quittez la cour... Vous êtes
libre.

HENRI. Morte! votre bouche se referme
après ce mot. Vous n'osez dire: morte empoisonnée, n'est-ce pas?

CHARLES. Oh! ce n'est pas moi! ce n'est
pas moi!

HENRI. Mais vous le saviez... qui donc?

CHARLES. Il n'y a pas loin du château de
Blois ici. Ma mère va revenir; ne l'attendez pas. Que je vous sache éloigné de la
cour, vous qui auriez pu conspirer contre
ma vie, et qui ne l'avez pas fait. Adieu! car
je ne vous reverrai plus, n'est-ce pas?

HENRI. Charles! avez-vous encore des
secrets à révéler?

(Le colonel rentre en scène.)

L'OFFICIER, *de la porte du fond.* Sire, excusez-moi : la reine Marguerite vous supplie de la recevoir. Elle a attendu à votre porte toute la nuit et tout le jour.

CHARLES, *se levant.* Le roi de Navarre pourra seul entrer dans mon appartement; vous entendez? (*A Henri.*) S'y présentera-t-il, monsieur?

HENRI. Oui.

(L'officier sort.)

CHARLES. Ah! c'est bien! qu'on m'emmène. (*Le colonel s'approche et le soutient. Charles à Henri.*) N'attendez pas ma mère... adieu!

(Il sort avec peine par la porte à gauche, toujours soutenu par le colonel.)

~~~~~~~~~~~~~~~~~~~~~~~~~~~~~~~~~~~~~~

SCÈNE III.

HENRI, *puis* D'ALENÇON.

HENRI, *après avoir suivi Charles des yeux.* Morte empoisonnée!.... La mère a fait le crime, et le fils l'a souffert!...

D'ALENÇON, *entrant par le fond; il est pâle et fort agité.* Il m'avait cependant bien promis la grâce de La Mole. (*Apercevant Henri.*) Eh bien! le roi?

HENRI. Mourant.

D'ALENÇON. Personne ne peut donc le voir?

HENRI. Je le verrai avant de partir.

D'ALENÇON. Vous quittez Paris?

HENRI. On me le conseille. Je vais donner mes ordres. Adieu!

(Au moment où il sort par la porte de droite, Marguerite paraît au fond. Elle est pâle et défaite, et vient s'asseoir lentement devant la porte qui conduit chez le roi.)

~~~~~~~~~~~~~~~~~~~~~~~~~~~~~~~~~~~~~~

SCÈNE IV.

D'ALENÇON, MARGUERITE, *puis* L'OFFICIER.

D'ALENÇON, *s'asseyant dans le fauteuil qu'occupait Charles.* Charles mourant et qui se cache à tous les yeux pour ne pas tenir sa promesse!... Pauvre La Mole!... Malédiction sur moi qui t'ai trahi!..... je serais maintenant roi de France, et tu ne périrais pas! (*Apercevant Marguerite.*) Marguerite!... coupable et bien à plaindre aussi!.... Ma sœur, vous attendez en vain, notre frère ne vous recevra pas: (*A l'officier qui traverse le théâtre, un papier à la main.*) Pour qui donc ce papier, monsieur?

L'OFFICIER. Pour le roi, monseigneur.

D'ALENÇON. Ah! la sentence de La Mole, peut-être?

L'OFFICIER. Elle n'est pas signée.

D'ALENÇON. Et vous la portez à mon frère?

L'OFFICIER. Il le faut, monseigneur.

D'ALENÇON. Vous n'irez pas, monsieur.

L'OFFICIER. Que dites-vous?

D'ALENÇON. Non, monsieur, non, cet arrêt, le roi ne doit pas le signer.

L'OFFICIER. Mais, monseigneur...

(Marguerite se lève et se place immobile devant la porte qui conduit chez le roi.)

D'ALENÇON. Savez-vous bien qu'avant tout j'ai demandé la grâce de La Mole? que si mon frère ne me l'avait promise, il n'aurait rien découvert? que je n'ai parlé qu'à ce prix? Il me l'a promise, entendez-vous?... Il me l'a promise sur sa parole, et, en ne lui portant pas cette sentence, vous lui éviterez un parjure.

L'OFFICIER. Monseigneur, c'est à regret...

D'ALENÇON. Ah! monsieur, différez au moins de quelques instans.

L'OFFICIER. Je ne le puis, monseigneur... mon devoir...

D'ALENÇON. Votre devoir!... et si dans une heure le roi n'est plus, qui vous tiendra compte de ce que vous faites? moi, moi seul qui commanderai ici, car ma mère et mon frère sont absens... moi, qui demanderai compte de leur conduite à tous les assassins de La Mole, juges ou bourreaux... Que me répondrez-vous alors, vous qui aurez remis la sentence?

UNE VOIX, *en-dehors.* Au secours! au secours! le roi se meurt.

MARGUERITE, *arrachant à l'officier le papier qu'il tient.* Ah! mon frère! c'est vous qu'on apporte * !

L'OFFICIER. Que faites-vous, madame?

MARGUERITE. Votre roi, le voici... c'est lui, c'est le duc d'Alençon... (*A son frère.*) Mais parlez donc, à présent!... dites-lui donc que vous êtes maître ici, que dans deux minutes vous serez roi, que dans deux minutes vous ferez tomber sa tête, s'il désobéit.

_____

* L'officier, Marguerite, d'Alençon.

D'ALENÇON. Marguerite, donnez-moi ce papier... Tenez...

(Il le déchire.)

L'OFFICIER. Monseigneur...

D'ALENÇON. La Mole, où est-il? qu'on l'amène... Vous entendez, qu'on l'amène; où est-il?

L'OFFICIER. Ici près, dans la salle qui a servi de tribunal.

D'ALENÇON. Ah! c'est lui! (Aux soldats qui conduisent La Mole dans la première galerie du fond.) Arrêtez! vous me répondez tous de lui sur votre tête.

(L'officier va parler aux soldats.)

SCÈNE V.

D'ALENÇON, LA MOLE, MARGUE-RITE, L'OFFICIER et les GARDES au fond.

LA MOLE. Qu'est-ce donc, monseigneur?

D'ALENÇON. Viens! je te sauve.

MARGUERITE. Il peut le faire.

D'ALENÇON. On m'obéit maintenant.

MARGUERITE. Le roi est mourant.

LA MOLE. Ah!... Aujourd'hui le trône appartiendra donc au duc d'Alençon, s'il ose le prendre! Le ciel fait pour vous ce que je voulais faire, monseigneur.

D'ALENÇON. Que m'importe le trône? c'est ta vie qu'il me faut. Viens.

LA MOLE. Sauvez-la donc en maître. Avec la couronne au front, vous parlerez haut à votre tour, et ceux qui tenteront de désobéir seront des sujets rebelles.

D'ALENÇON. Mais ta vie d'abord.

LA MOLE. Sauvez-la ainsi, vous dis-je; oh! alors elle me sera chère. Allons, monseigneur! votre fortune est encore une fois dans vos mains. De tous ceux qui devaient tirer l'épée, bien peu sont arrêtés. Je n'ai nommé aucun complice. La partie n'a été que différée et vous l'avez plus belle qu'hier.

D'ALENÇON. Eh bien! que faut-il faire?

LA MOLE. Rassembler vos gentils-hommes.

D'ALENÇON. Oui.

LA MOLE. Parler à la garde française.

D'ALENÇON. Elle sera à moi.

LA MOLE. Vous emparer de tous les postes du château.

* L'officier, d'Alençon, Marguerite.

D'ALENÇON. Oui.

LA MOLE. Puis, quand Charles aura cessé d'exister, vous déclarer le maître en plein parlement.

D'ALENÇON. Le sort en est jeté.

LA MOLE. Vous êtes fils de France, monseigneur; votre frère le duc d'Anjou est en Pologne, vous êtes seul ici; à vous la couronne.

D'ALENÇON, à l'officier et aux gardes. Allons! suivez-moi, messieurs!

SCÈNE VI.

MARGUERITE, D'ALENÇON, LA MOLE, LE COLONEL DES SUISSES.

LE COLONEL. La reine-mère vient d'arriver au Louvre; elle vous fait demander monseigneur.

D'ALENÇON et MARGUERITE. Ma mère!

LA MOLE. Eh bien!

D'ALENÇON. Malheureux! il est trop tard.

LA MOLE, l'amenant sur le devant de la scène. Et pourquoi? Osez la faire arrêter.

D'ALENÇON. Qui s'en chargerait?

LA MOLE. Moi!...

D'ALENÇON. Ma mère!

LA MOLE, remontant le théâtre. Votre mère et celui qu'elle envoie. Gardes!

D'ALENÇON. Que vas-tu faire? La Mole! non, non, je ne le veux pas.

LA MOLE, avec dédain. Ah! monseigneur!

MARGUERITE, avec désespoir. La reine-mère ici.

D'ALENÇON. Oh! je voulais le sauver d'abord.

MARGUERITE*. Et vous ne le pourrez plus maintenant qu'elle est arrivée, car il a osé attaquer les droits du duc d'Anjou et c'est un crime que Catherine ne pardonne pas.

D'ALENÇON. Mon Dieu! que faire à présent? si elle voit le roi, plus d'espoir!

MARGUERITE. Que faire? prendre le seul parti qui nous reste : aller au-devant d'elle, la retenir, et pour l'empêcher d'arriver jusqu'à cette chambre, vous jeter à ses pieds, y pleurer, vous accuser, tout lui dire. Pendant qu'elle vous écoutera,

* D'Alençon, Marguerite, La Mole.

que vous demanderez pardon pour vous,
je demanderai grâce pour lui. Cette porte
est fermée ; mais par cette galerie , j'entrerai. Oh ! ils ne me refuseront pas, cette
fois. Je verrai mon frère... Venez, venez ,
à genoux tous les deux ; vous devant
votre mère, moi près du lit d'un mourant.
Vous la retiendrez , n'est-ce pas ?... Oh !
oui ! quelques instans... Allez ! c'est par
là qu'elle doit venir.

(Elle sort par la première galerie à gauche ;
d'Alençon par la seconde à droite.)

SCÈNE VII.

LA MOLE, LE COLONEL DES SUISSES, SOLDATS *au fond.*

LA MOLE , *regardant sortir d'Alençon.* Et
je voulais en faire un roi !... j'étais bien
fou !.,.. (*Se tournant vers le colonel.*) Monsieur, vous avez reçu sans doute des ordres qui me concernent, et je suis prêt à
vous obéir... Mais j'ai un frère dont je suis
séparé depuis hier , et qu'une fois rentré
dans ma prison, on ne me permettra plus
de voir. Je n'ai trouvé que des bourreaux en bas... Vous êtes un soldat, vous,
et vous comprendrez que j'ai besoin d'embrasser mon frère... Veuillez m'accorder
cette faveur, monsieur.

LE COLONEL. Cet entretien ne sera pas
long.

LA MOLE. Oh ! quelques instans.... puis
je vous suivrai dans mon cachot, et j'espère que la reine-mère ne m'y laissera
pas long-tems.(*Le colonel fait un signe à un
des soldats qui sort à droite par la seconde
galerie.*) Oh ! vous n'irez pas loin pour
le trouver... le pauvre enfant me suit partout. (*Au colonel.*) Merci, monsieur. Votre action est vraiment noble, car vous
savez que personne ne me vous
tiendra compte de ce que vous faites....
Merci.

(Il va s'asseoir sur une chaise à gauche. Le colonel sort, après avoir donné quelques ordres au
chef des gardes.)

SCÈNE VIII.

LA MOLE, LES SOLDATS *au fond* , RENÉ ,
*s'avançant lentement vers son frère, après
que les soldats l'ont fouillé pour voir s'il n'a
pas d'armes.*

LA MOLE, *lui tendant la main.* Bonjour,
René.

RENÉ. Bonjour , frère.

LA MOLE. Comme ta main est glacée !...
Ah ! oui... je comprends... toute une longue nuit d'hiver passée à la porte d'une
prison... Il fait humide et froid sur les
dalles du Louvre , n'est-ce pas ?... Pauvre
enfant, qu'on aura repoussé sans pitié !..
à qui on n'a pas même jeté un manteau
pour se couvrir !... Tu ne me réponds
pas ?... Allons, René !.. là... sur mes
genoux... Mon père te tenait ainsi quelque
tems avant de mourir... et tu lui souriais...
et, trop jeune pour lui parler, tu éten-
dais vers lui tes bras, et tu ne refusais pas
de l'embrasser , lui !... (*René se jette à son
cou et le tient long-tems embrassé sans lui rien
dire.*) Ah ! bien ! bien ! mon bon René !..
ton silence me faisait mal... car je suis
bien coupable envers toi... Notre père, en
mourant, m'avait dit : « Jean ; tu es le
seul appui qui reste à ton frère.... fais à
ton tour pour lui ce que j'ai fait pour toi...
aime-le comme l'enfant de ma vieillesse...
ne l'abandonne pas qu'il n'ait plus besoin
de tes soins... » Je te pris dans mes bras...
et le lui jurai sur sa tête et la mienne.,...
et voilà maintenant que je te laisse seul,
et que je vais paraître devant lui sans avoir
tenu ma promesse.

RENÉ. Oh ! nous te pardonnons tous
deux, frère ; mais il va te revoir, et moi
je te quitte...

LA MOLE. Oui, c'est affreux... Et pourtant ce bonheur que je goûte à te parler,
à t'entendre, on aurait pu encore me le
ravir...on aurait pu se défaire de moi dans
ma prison...

RENÉ. J'ai pensé cela toute la nuit.

LA MOLE. Et alors qui aurait recueilli
mes paroles? qui se serait chargé de mes
dernières volontés?...

RENÉ. Dis-les-moi.

LA MOLE. Il le faut, puisque je n'ai
d'ami que toi... puisque je ne verrai que
toi... Mais auras-tu la force de les exécuter, enfant ?

RENÉ. Oui.

LA MOLE. Quelque douloureuses qu'elles puissent être !

RENÉ. Oui, frère.

LA MOLE. Tu me le promets , n'est-ce
pas ?

RENÉ. Je te le promets.

LA MOLE. Merci, René ; car c'est un
service pénible que je te demande, un
cruel devoir que je t'impose. Écoute donc...

trouvé en arrivant à la cour, de nobles
mes qui rivalisaient d'éclat et de beauté;
is une seule attira mes regards.... et
le-là, je l'aimai de cet amour profond
vrai qui ne s'en va qu'avec la vie.... Tu
ras un jour ce que c'est qu'aimer ainsi...
is toi, celle à qui tu consacreras ton
istence sera libre.... elle ne se devra
à toi seul.... et si jamais on soupçonne
elqu'un d'un complot, elle ne dira pas :
C'est René qui l'a fait! »

RENÉ. Quoi ! frère ! on t'a trahi !

LA MOLE. Ne l'accuse pas!... Il y avait
s devoirs à remplir, vois-tu ! La pau-
e femme est bien à plaindre à présent.
le se traîne aux pieds de Charles IX;
mandant une grâce qu'elle n'obtiendra
int. Ne l'accuse pas ! Tes paroles se-
ien trop amères ; elles corrompraient les
uls souvenirs que j'aie conservés de la
e : elle et toi ! Tout le reste s'est éva-
oui comme un songe. Je n'ai plus que
s deux pensées au cœur ; elle et toi ;

RENÉ. Je me tairai, frère.

LA MOLE. Oh ! c'est que je l'aimais bien :
toutes les paroles que nous sommes
tes sont demeurées là ; et toutes les pro-
nesses que je lui ai faites, je les ai tenues :
en reste une. Quand nous étions tous deux
uls à nous parler d'amour, souvent elle
le répétait, en passant sa main dans mes
heveux : « Promets-moi que cette tête
era toujours à mes côtés. » Et je lui répon-
ais en riant : « Vous l'aimez trop, belle
lame, pour qu'elle vous quitte jamais :
on, rien ne vous en séparera, pas même
a mort, je le jure. » Cette idée nous pa-
aissait un rêve alors, car nous étions heureux et pleins d'existence, et cependant le
êve se réalise, et le moment qui semblait
si loin est arrivé.

RENÉ. Oui.

LA MOLE. Écoute bien maintenant, enfant ; écoute bien. Voici une lettre qui re-
trace ces paroles que nous prononcions
sans cesse, comme si un pouvoir invisible
nous les eût dictées : tu la remettras à celle
que j'aime. Elle s'appelle Marguerite de
Navarre.

RENÉ. Oui, frère.

LA MOLE. Puis, quand le bourreau aura
rempli sa tâche, que tout le monde se sera
retiré en disant : « c'est fini ; » toi, tu pas-
seras par là, c'est la dernière volonté de
ton frère, et cette chevelure qu'elle a tant
aimée tu la porteras à la reine Marguerite.

RENÉ. Oui, frère.

LA MOLE. Tu le feras, n'est-ce pas ? et
tu me pardonneras, car c'est un cruel
devoir que je t'impose ! Tu le feras !
René ! René ! Ah ! malheureux ! je l'ai
tué ! enfant ! reviens à toi ! René !...

(Il se lève et assied René sur le fauteuil.)

RENÉ. Oh ! ce n'est rien..., rien...
Donne-moi ta lettre.

LA MOLE. Non ; cela dépasse tes forces.
René ! René ! me pardonneras-tu ?

RENÉ. Donne-moi ta lettre, frère.

LA MOLE. Oui, ton courage est grand ;
mais ce que je te demande est au-dessus de
lui.

RENÉ. Donne-la-moi et meurs tranquille, car tes volontés seront exécutées.

(Il prend la lettre.)

LA MOLE, lui serrant la main. Oh merci !
merci ! René ! Et maintenant, comme
deux hommes qui se quittent, mais pour
se revoir un jour, un dernier baiser, et
adieu.

(Ils s'embrassent.)

RENÉ. Adieu !

(La Mole s'arrête au fond ; René court à lui et
l'embrasse encore. La Mole sort avec les gardes
par la seconde galerie. — Demi-nuit à la rampe
et au théâtre.)

SCÈNE IX.

RENÉ, appuyé contre une colonne au fond ;
puis MARGUERITE, venant de chez le
roi par la première galerie.

RENÉ, les yeux fixés sur la Mole, qui s'é-
loigne. Ainsi je n'ai plus rien au monde !

MARGUERITE. Refusée encore ! toujours !
Il ne veut pas me voir !

RENÉ, s'approchant. Madame...

MARGUERITE. Seul ici ; ton frère, ton
frère, où est-il ?

RENÉ. Dans son cachot ; pour peu d'instans sans doute.

MARGUERITE. Oui... et pourtant la
reine-mère n'a pas vu le roi, nous pour-
rions le sauver, nous en aurions le tems
encore.

RENÉ. Tout est fini, maintenant.

MARGUERITE. Non, non ! tant que le
coup ne sera pas frappé. La volonté d'un
seul homme suffirait pour tout arrêter.
Dire qu'il y a ici, près de nous, quelqu'un
qui d'un mot a le droit de faire grâce, et

ne pouvoir arriver jusqu'à lui ! ne pouvoir le lui demander, ce mot ! Cette pensée me rendra folle.

SCÈNE X.

MARGUERITE, RENÉ, HENRI, deux Gentilshommes *au fond*.

HENRI, *aux gentilshommes*. Nous partons dans un quart d'heure, messieurs. Attendez-moi dans cette galerie.

MARGUERITE. Ah !.... (*A René.*) Laisse-moi seule un instant ; laisse-moi, je t'en conjure.

RENÉ. Hâtez-vous, madame, car je vous apporte les derniers adieux de mon frère.
(Les gentilshommes ont disparu ; René se retire dans la galerie.)

SCÈNE XI.

HENRI, MARGUERITE.

MARGUERITE, *à Henri qui traverse le théâtre*. Vous allez chez le roi, monsieur.

HENRI. Oui.

MARGUERITE. Mais personne ne peut entrer dans sa chambre.

HENRI. J'y entre, moi.

MARGUERITE. Ah ! quelques paroles encore.

HENRI. Que voulez-vous ?

MARGUERITE. Un mot, pour quelqu'un qui va mourir.

HENRI. Et qui vous autorise à me le demander ? est-ce l'anneau que vous portez au doigt ? Vous n'oseriez invoquer cette promesse, madame ; car elle a été faite à une femme perdue.

MARGUERITE, *lui présentant l'anneau*. Aussi, n'est-ce que cette femme-là qui la réclame ; mais elle en demande l'exécution ; elle est en droit de l'exiger.

HENRI. De moi ?

MARGUERITE. De vous ; car, depuis cette promesse, elle vous a sauvé la vie.

HENRI. Elle ?

MARGUERITE. Hier, à Saint-Germain, quand tous les soupçons étaient accumulés sur vous, quand personne ne prenait votre défense, quand le roi avait déjà ordonné de frapper. C'est elle qui pouvait

se taire et qui a parlé ; elle qui a livré une tête en place de la vôtre.

HENRI. Elle !

MARGUERITE. Cette femme avait dans le cœur un amour coupable ; et pourtant elle n'a pas hésité, elle vous a préféré à lui.

HENRI. Malheureux !

MARGUERITE. Et maintenant, répétez-lui qu'elle est une femme perdue, reniez-la pour votre épouse, livrez-la sans défense au mépris de la cour ; mais ne la repoussez pas, quand elle vous dit : « Je vous ai sauvé la vie, il me faut la sienne. »

HENRI. Vous auriez dû laisser agir votre frère, madame.... j'aurais moins souffert que je ne souffre aujourd'hui, entre un roi qui s'accuse de la mort de ma mère, et une femme qui me déshonore.

MARGUERITE. Oui, vous êtes à plaindre, monsieur ; et les remords du frère et la honte de la sœur n'expieront jamais les tourmens qu'ils vous font subir. Si Charles demande grâce à son lit de mort, Marguerite devant vous garde le silence, car elle se reconnaît indigne de pardon, mais prête à exécuter tout ce qu'on lui ordonnera, si on exauce sa prière, à s'exiler de la cour, à renoncer au monde ; prête à ne jamais revoir celui pour qui elle vous a outragé ; elle vous répète encore : « Je vous ai sauvé la vie, il me faut la sienne. »

HENRI, *à part*. O mon Dieu ! (*Haut.*) Écoutez-moi, madame, c'est pour la dernière fois. Je quitte Paris : vous y resterez, vous.

MARGUERITE. Oui, monsieur.

HENRI. Vous vous souviendrez que de ce jour commence notre séparation.

MARGUERITE. Oui.

HENRI. Et vous ne chercherez jamais à me revoir.

MARGUERITE. Jamais.

HENRI. C'est bien. Adieu, madame.

MARGUERITE, *se relevant pour le suivre*. Mais à ce prix aurai-je sa grâce ?
(Henri lui fait un geste qui la retient et entre chez le roi. Ici le théâtre n'est plus éclairé que par une lampe suspendue au plafond.)

SCENE XII.

MARGUERITE, *puis* RENÉ.

MARGUERITE. Sa grâce! oh! ma vie à celui qui l'obtiendrait!.... il ne m'a rien répondu.... Parlera-t-il au roi?.... oui, car sans cela il m'eût repoussé avec plus de rigueur encore...Les minutes s'écoulent et la reine-mère va venir... retiens-la, mon bon frère! retiéns-la encore! un seul espoir me reste, et à chaque bruit de pas je le sens qui m'échappe.

RENÉ. Daignerez-vous m'entendre, madame?

MARGUERITE. Ah! c'est vous René! eh bien! vous m'avez parlé de votre frère.

RENÉ, *lui remettant la lettre.* Lisez ce qu'il vous envoie.

MARGUERITE, *embrassant la lettre.* Oui.... oui.... de lui!.... (*Après avoir lu.*) Ah! cela ne sera pas!... vous n'aurez pas à remplir cet affreux devoir!

RENÉ, *indiquant la porte à droite.* Je viendrai par là, madame, et je frapperai à cette porte.

MARGUERITE. René!... vous l'ignorez, vous : on va peut-être m'accorder sa vie.

RENÉ. Je viendrai par-là, madame.

MARGUERITE. Quoi! voulez-vous me ravir jusqu'à ce dernier espoir?

RENÉ. Maintenant, il n'y a plus de pardon.

MARGUERITE. Charles peut le signer.

RENÉ. Regardez donc dans cette galerie, madame.

(*On voit à travers les portes vitrées passer la reine-mère et sa suite.; des pages portent devant elle des torches allumées.*)

MARGUERITE. Ah! voilà la reine-mère qui va chez le roi!

RENÉ. Elle a passé près du cachot de mon frère.

MARGUERITE, *avec le plus grand abattement.* Plus rien à présent, rien à espérer. (*A René.*) C'est moi qui l'ai perdu... moi, qui l'ai tué... (*Tombant à genoux.*) Enfant! aies pitié de moi!

RENÉ, *à lui-même.* Il n'a plus que quelques instans à vivre.

MARGUERITE. René! un mot à celle qu'il a aimée!... un mot qui la console!

RENÉ. Mon frère vous a pardonné, madame. Mais moi!... vous m'avez tout ravi.

MARGUERITE. Oui, c'est vrai. . toi aussi, tu dois me haïr.... Allons, relève-toi, pauvre femme que tout le monde repousse, et reste seule avec tes remords.

RENÉ. Ils vous puniront, madame; mais me rendront-ils, à moi qui ne suis pas coupable, à moi qui n'avais rien fait au ciel, me rendront-ils ce que je perds?

L'OFFICIER, *sortant de chez le roi, une lettre à la main.* Pour vous, madame.

MARGUERITE, *se tournant vers René, après avoir ouvert la lettre.* Tiens! enfant!...

RENÉ. Ah! la grâce? (*Lui baisant la main avec transport.*) Ah! madame!.... grâce! grâce!

(*Il sort en courant.*)

SCENE VIII.

MARGUERITE, L'OFFICIER.

MARGUERITE. Ah! (*Elle est tombée presqu'évanouie dans les bras de l'officier, qui la fait asseoir dans un fauteuil. Revenant à elle.*) La Mole! grâce... oui... grâce pour lui... merci... merci, mon frère!... Il a pardonné! n'est-ce pas? Vous étiez là!.... oui... vous avez entendu?... Il a pardonné!... C'est que cela est si doux qu'on dirait un rêve! Non... non, il est sauvé!.. sauvé, maintenant!

UNE VOIX. *dans le lointain.* Le roi est mort!... le roi est mort!... le roi est mort!...

MARGUERITE. Mort! mon frère!

LA VOIX. Vive le roi Henri III, et Catherine, régente de France!

MARGUERITE. Déjà. (*A l'officier.*) Allez dire à la reine-mère que sa fille lui demande à se retirer de la cour. (*L'officier sort. On voit un gentilhomme traverser le fond du théâtre, tenant des papiers.*) Des ordres! (*Un autre gentilhomme traverse le théâtre, tenant aussi des papiers.*) De nouveaux ordres... ô mon frère! un autre pouvoir succède au tien. On ne te craint plus, maintenant; ta dernière volonté fut un pardon : sera-t-elle respectée?... (*On entend frapper trois coups à la porte de côté.*) René!... ah! la régente a commencé son règne.

(*René a entr'ouvert la porte; Marguerite tombe évanouie. La toile tombe.*)

FIN.

IMPRIMERIE DONDEY-DUPRÉ, RUE SAINT-LOUIS, N° 46, AU MARAIS.

PÈRE ET PARRAIN,

COMÉDIE-VAUDEVILLE EN DEUX ACTES,

Par MM. Ancelot et Anicet Bourgeois,

REPRÉSENTÉE POUR LA PREMIÈRE FOIS, A PARIS, SUR LE THÉATRE NATIONAL DU VAUDEVILLE, LE 11 NOVEMBRE 1833.

————✦✦✦————

PERSONNAGES.	ACTEURS.	PERSONNAGES.	ACTEURS.
PAUL DE RENNEVILLE.	M. LAFONT.	LAMBERT, apprenti.....	M. BALLARD.
CHARLES DE MAUBERT	M. HIPPOLYTE.	DOROTHÉE, religieuse,	
BOULAIN, tapissier-ébé-		sœur de Boulain.......	Mme GUILLEMIN.
niste...............	M. BERN.-LÉON.	PAULINE, fille de Bou-	
FÉRON, commis-voyageur,		lain	Mme THÉNARD.
beau-frère de Boulain...	M. FONTENAY.	UNE NOURRICE.......	Mme LACAZE.

La scène se passe chez Boulain, en 1788, au premier acte; en 1804, au second.

∞∞

ACTE PREMIER.

1788.

Le théâtre représente une grande salle formant arrière-boutique. — Meubles gothiques. Portes au fond ; à droite, au dernier plan, la première marche de l'escalier conduisant à la chambre à coucher de Boulain ; à gauche, une porte conduisant à la chambre de Féron, et servant aussi de porte dérobée.

SCÈNE PREMIÈRE.
FÉRON, BOULAIN, DOROTHÉE.

(Au lever du rideau, Féron, assis devant une table, écrit des adresses. Boulain, debout derrière lui, relit une des circulaires qu'il envoie. Dorothée, de l'autre côté du théâtre, examine une corbeille de baptême, et ouvre, l'une après l'autre, toutes les boîtes de bonbons.)

BOULAIN, *lisant.* « Le sieur Jean-Chry-
» sostôme Boulain, tapissier-ébéniste, a
» l'honneur de vous faire part de l'heureuse
» délivrance de dame Boulain, son épouse..

DOROTHÉE, *ouvrant une boîte.* Pralines...

BOULAIN, *même jeu.* « La mère et l'en-
» fant se portent bien.

DOROTHÉE, *même jeu.* Conserves...

BOULAIN, *même jeu.* « Paris, ce 15 juin
1788. »

SUPPL.

DOROTHÉE, *fermant la boîte.* J'emporterai tout cela.

FÉRON, *se retournant.* Ah ça! mon cher
beau-frère, est-ce que vous allez encore
long-tems me corner cela aux oreilles?
c'est pour la centième fois, au moins, que...

BOULAIN. Je ne m'en lasserai jamais...

FÉRON. Alors, lisez tout bas.

BOULAIN. Ah! mon cher Féron, on voit,
de reste, que vous êtes célibataire, vous ne
pouvez pas sentir tout ce qu'il y a de douceur conjugale et paternelle dans ces mots si
simples, mais si touchans : « La mère et
l'enfant se portent... »

FÉRON. Mais si vraiment. Est-ce que je
ne suis pas enchanté comme vous de savoir ma sœur hors de danger... Cette chère
Adèle! si bonne, si douce !... Est-ce que

je n'aime pas déjà de tout mon cœur la jolie petite poupée dont avant-hier elle vous a fait cadeau?

BOULAIN. Poupée?

FÉRON, *riant*. Ah! ah! ah! Parbleu! ne faut-il pas déjà l'appeler mademoiselle Boulain?

BOULAIN. N'est-ce pas qu'elle me ressemble?

DOROTHÉE. Pas le moins du monde.

FÉRON, *à part*. Heureusement pour elle.

BOULAIN. Je vous assure, ma sœur, qu'il y a quelque chose... tenez, par exemple, elle a mon regard tendre et fin, mon sourire et... Ah! mon Dieu! est-ce que vous n'avez pas entendu crier?

DOROTHÉE, *se moquant de lui*. Qui? Mlle Boulain? vous rêvez... je n'ai rien entendu.

BOULAIN. C'est drôle! depuis qu'elle est au monde, j'ai toujours sa voix dans les oreilles.

DOROTHÉE, *sèchement*. Sainte-Vierge! je le crois bien! elle est assez perçante pour ça.

BOULAIN. Mademoiselle ma sœur, vous n'avez jamais que des choses désagréables à me dire... Il paraît que les douceurs dont vous vous bourrez depuis ce matin ne vous ont pas changée.

DOROTHÉE. Ah! mon pauvre frère, le mariage vous a rendu bien ridicule!

BOULAIN. Ma chère sœur, le couvent vous a rendu diablement méchante!

DOROTHÉE. Monsieur mon frère, taisez-vous, ou vous serez obligé de chercher une autre marraine, je vous en avertis.

BOULAIN, *à part*. Hum! elle le ferait comme elle le dit.

FÉRON, *se levant*. Voilà toutes les adresses mises! je vais charger un de vos apprentis d'en faire la distribution, n'est-ce pas?

BOULAIN. C'est à merveille, et je vous remercie mille fois de tout le mal... d'ailleurs à charge de revanche.

FÉRON. Merci! l'état de garçon me plaît, à moi. Si je prenais une femme, je tomberais mal, j'en suis sûr; je l'ai déjà échappé belle... Il y a vingt ans, j'allais me marier, quand on vint m'apprendre que ma future...

BOULAIN. Hein!

FÉRON. J'en eus la sueur froide des pieds à la tête... quelques jours plus tard,

j'étais... enfin... comme on n'a pas tant de bonheur deux fois, on ne m'y reprendra plus.

BOULAIN. Eh bien! vous avez tort... non, vous êtes comme moi, vous n'avez pas une tête à ça, et puis comptez-vous pour rien le bonheur d'avoir des enfans? des enfans!

FÉRON. Eh bien! vous en ferez pour moi, et je les aimerai comme s'ils étaient les miens.

BOULAIN. Excellent frère! Est-ce que vous n'allez pas embrasser Adèle, ce matin?

FÉRON. Si fait! mais avant il faut que je monte dans ma chambre; j'ai là-haut quelque chose pour votre femme... oh! rien d'important; c'est un petit secret entre nous deux. (*A part.*) A présent qu'elle est tout-à-fait hors de danger, je peux bien lui remettre cette boîte; elle me gêne, d'ailleurs. (*Haut.*) Ah ça! mon cher beau-frère, vous savez que pour vous j'ai retardé mon départ autant que je l'ai pu; mais c'est ce soir à neuf heures que je me mets en route pour le Havre.

BOULAIN. Oh! vous nous resterez bien encore pour demain.

FÉRON. Impossible. Le vaisseau chargé par la maison de commerce pour laquelle je voyage depuis sept ans n'attend que moi pour mettre à la voile; ainsi donc, le dîner de famille, le baptême, il faut que tout ça soit terminé à neuf heures, ou bien on se passera de moi.

AIR : *Je saurai bien la faire marcher droit.*

C'est à regret que je vous quitte ainsi,
Mais on m'attend et le vent me seconde.
Je suis fâché d'aller au Nouveau-Monde,
Lorsque ma nièce entre dans celui-ci.

BOULAIN.

J'entends, je crois, l'enfant crier là-bas?

DOROTHÉE.

Vous êtes fou, mon pauvre frère!

BOULAIN.

Ah! quel beau jour! mais aussi quel tracas!
C'est bien fatigant d'être père!

ENSEMBLE.

FÉRON.

C'est à regret que je vous quitte ainsi,
Mais on m'attend et le vent me seconde.
Je suis fâché d'aller au Nouveau-Monde,
Lorsque ma nièce entre dans celui-ci.

BOULAIN.

Je n'entends pas que vous partiez ainsi;
Qu'importe à moi que le vent vous seconde?
Il faut, avant d'aller au Nouveau-Monde,
Voir votre nièce entrer dans celui-ci.

DOROTHÉE.

Il n'entend pas que vous partiez ainsi,
Qu'importe à lui que le vent vous seconde?
Il faut, avant d'aller au Nouveau-Monde,
Voir votre nièce entrer dans celui-ci.

(Féron sort par la gauche.)

SCÈNE II.

BOULAIN, DOROTHÉE.

DOROTHÉE. Il court grand risque de ne pas voir sa nièce chrétienne; car il manque encore quelque chose d'essentiel pour commencer la cérémonie.

BOULAIN. Quoi donc?

DOROTHÉE. Le parrain.

BOULAIN. Oh! il viendra... M. Paul de Renneville ne manquerait pas à sa parole pour tout au monde.

DOROTHÉE. Il avait pourtant promis de venir à votre noce, et il n'y a pas paru.

BOULAIN. C'est vrai, mais il était malade.

DOROTHÉE, avec intention. Adèle aussi était malade, ce jour-là.

BOULAIN. La pauvre enfant! C'était bien naturel... L'émotion, la crainte... une fille est toute bouleversée dans un pareil moment; vous le savez bien.

DOROTHÉE. Comment? je...

BOULAIN. Oh! pardon, j'ai dit une bêtise, vous ne devez pas savoir ces choses-là.

DOROTHÉE. Enfin, si M. de Renneville n'arrive pas à tems.

BOULAIN. Je remettrai la cérémonie.

DOROTHÉE. Y pensez-vous? différer encore de laver votre enfant du péché originel?

BOULAIN. Hum!... nous sommes sûrs, au moins, que de long-tems elle n'en aura pas d'autres à...

DOROTHÉE. C'est une impiété... Vous tenez donc bien à ce que M. Paul soit parrain de votre fille?

BOULAIN. Si j'y tiens! mais vous avez donc oublié que si je suis honorablement établi, je le dois à Mme de Renneville... C'est elle qui m'a protégé depuis ma sortie d'apprentissage... C'est M. Paul qui, plus tard, a mis mon magasin à la mode, en me donnant pour pratiques tous nos élégans du jour... Enfin, c'est lui et son excellente mère qui m'ont fait connaître

Adèle. En la voyant, j'en étais devenu tout de suite amoureux comme un fou, et c'est encore à M. Paul que je dois d'avoir vu se terminer mon mariage, en huit jours.

DOROTHÉE. Se marier en huit jours!

BOULAIN. Ma foi, on ne se dépêche jamais trop d'être heureux. J'avais long-tems attendu, comme vous, avant de me décider; mais, les années arrivaient chez moi, comme chez vous; et je n'avais pas, comme vous, en perspective, un couvent pour pis-aller.

DOROTHÉE. Que voulez-vous dire, mon frère? je suis entrée au couvent par vocation.

BOULAIN. C'est possible: mais cette vocation vous est venue un peu tard.

AIR: *Je loge au quatrième étage.*

Nous connaissons cette méthode,
Elle est vieille depuis long-tems;
On trouve le couvent commode;
Lorsqu'on arrive à quarante ans:
Dans cet asile secourable,
Une fille, sans hésiter,
Fuit les tentations du diable
Quand il renonce à la tenter.

SCÈNE III.

BOULAIN, LAMBERT, DOROTHÉE,
puis la NOURRICE.

LAMBERT. Monsieur Boulain! monsieur Boulain!

BOULAIN. Qu'est-ce?

LAMBERT. Je vous annonce...

BOULAIN. Le parrain?

LAMBERT. Non... mais quelque chose d'aussi essentiel pour Mlle Boulain... La nourrice.

BOULAIN. Ah! mon Dieu! je l'oubliais... C'est juste... nous l'attendions... je ne sais plus vraiment où j'ai la tête... Fais-la vite entrer, que je l'examine! Peste! c'est que c'est fort important.

LAMBERT. Entrez la Bourguignonne?

BOULAIN. Oui... oui... entrez... Voyons un peu... regardez-la donc, ma sœur! Eh! eh! mais nous ne sommes pas mal, fraîche comme du satin. (*Lui tâtant les joues.*) Voilà une peau douce comme du velours de soie... (*Lui prenant la main.*) Ceci est différent; nous tombons dans le velours d'Utrecht.

DOROTHÉE. Est-ce que vous n'aurez pas

bientôt fini votre examen? Cela devient immoral.

BOULAIN, *à part.* Hum! vieille folle. (*Haut.*) Quel âge a votre dernier, nourrice?

LA NOURRICE, *avec révérence.* Huit mois, mon bon monsieur.

BOULAIN. Ah! vous êtes veuve, à ce qu'on m'a écrit!

LA NOURRICE, *de même.* C'est vrai.

BOULAIN. Depuis peu?

LA NOURRICE, *même jeu.* Trois ans, mon bon monsieur.

BOULAIN. Trois ans! (*A part.*) Je ne m'attendais pas à celui-là. Eh bien! elle est franche, au moins.

DOROTHÉE, *bas.* Mon frère, c'est scandaleux... cette femme me fait rougir jusqu'au blanc des yeux.

BOULAIN. Faites semblant de ne pas comprendre.

DOROTHÉE. Est-ce que vous allez confier votre fille à cette...

BOULAIN. Pourquoi non? Ce n'est pas une éducation morale que je lui demande.. C'est qu'elle est très-bien la Bourguignonne.

(*Il la regarde.*)

LA NOURRICE, *souriant.* Quelle drôle de figure il a donc ce gros-là? comme il me regarde!

BOULAIN. Ne vous gênez pas, nourrice, riez, riez... ça me fera plaisir.

LA NOURRICE. Oh! c'est que si une fois je m'y mets... je suis rieuse, d'abord... puis, vous avez un air si cocasse... Ah! ah! ah!

BOULAIN. Trente-deux dents... Elle les a toutes, et superbes... Venez par ici, nourrice; je vais vous présenter à ma femme et à ma fille. Tâchez de plaire à toutes les deux comme vous me plaisez à moi, et vous serez contente... Entendez-vous? vous serez contente, Bourguignonne.

(*Il lui prend la taille.*)

DOROTHÉE. Mon frère...

BOULAIN. Oh!... ma sœur, restez ici; vous ferez les honneurs de la maison à M. Paul, quand il arrivera, et vous me ferez prévenir... Allons, déridez-vous donc... C'est une belle fête que celle du baptême d'une jolie fille.

AIR: *Amis, voici la riante semaine.*

La jeune fille, en entrant dans la vie,
De l'espérance est l'image à mes yeux;
Ah! puisse-t-elle, à tous les maux ravie,
Jusqu'à la fin entendre un chant joyeux!
Sur son berceau, que sa famille implore,
Un avenir de bonheur et d'amour!
Par nos concerts saluons son aurore;
C'est un matin qui promet un beau jour!

DOROTHÉE. Mon Dieu! comme vous êtes devenu poétique.

BOULAIN. N'est-ce pas?... C'est la joie!.. Allons, faites comme moi... Et vous, nourrice, venez.

(*Il sort avec la nourrice par la droite.*)

SCENE IV.

DOROTHÉE, *seule.*

Mon pauvre frère me fait pitié... A-t-il foi dans son bonheur!... En vérité, une femme est bénie, quand elle tombe à un mari de cette pâte-là!... Ah! si j'en avais pu trouver un pareil!... Mais, où a-t-il les yeux, je vous le demande, d'appeler chez lui un homme dont le nom seul fait tressaillir sa femme?... Grâce à Dieu, je ne suis pas médisante; mais je gagerais ma croix et mon bénitier que cette petite Adèle, cet abrégé de toutes les perfections, trompe ou a trompé son mari... Oh! si je pouvais en avoir la preuve, comme je me vengerais de cette pie-grièche et de son frère, de ce M. Féron, qui vante sans cesse les vertus de sa sœur, et qui a toujours l'air si goguenard en me regardant. Ah! les hommes!!! parce qu'on a quarante ans, à peu près, ils ne peuvent plus vous regarder sans rire... Eh! mon Dieu! est-ce ma faute, à moi, si je suis restée célibataire?

AIR: *Ah! si madame me voyait.*

Certes, j'ai vu bien des galans,
Et je n'étais pas trop sauvage;
Mais, sans parler de mariage,
Ils s'en allaient avec le tems,
Et diminuaient tous les ans!
A m'obtenir de ma famille
Si l'un d'eux s'était décidé,
Je ne serais point vieille fille!..
Je n'aurais pas mieux demandé!

SCENE V.

DOROTHÉE, FÉRON.

FÉRON, *entrant vivement par la gauche, sans voir Dorothée.* C'est bien extraordinaire... ce matin encore je l'ai vu sur ma commode... Quelqu'un est entré dans ma chambre... On m'a volé...

DOROTHÉE. On vous a volé, monsieur Féron, chez mon frère? Y pensez-vous?

FÉRON. Vous avez raison, mademoiselle, ça n'est pas présumable, et pourtant je ne retrouve plus un petit coffret de bois noir qu'hier soir encore j'avais chez moi.

DOROTHÉE. Un petit coffret noir?

FÉRON. Oui, qui ne vaut pas, j'en suis sûr, deux pièces de vingt-quatre sous... mais c'était un dépôt qu'on m'avait confié... Oh! mais il faut qu'il se retrouve... Je mettrais plutôt toute la maison sens dessus dessous.

DOROTHÉE. Vous n'aurez pas tant de mal à vous donner, je l'espère; je puis vous mettre sur la voie.

FÉRON. Vraiment! Oh? dites-moi vite où est ce coffret.

DOROTHÉE. Dans ma poche.

FÉRON. Comment?

DOROTHÉE. Vous allez me trouver bien indiscrète. Ce matin, en effet, je suis entrée dans votre chambre, dont la porte était restée toute grande ouverte... J'allais y chercher un miroir : le mien s'était brisé... J'aperçois cette petite boîte... je la crois à mon frère, et je la prends pour y mettre, au couvent, mon rosaire et mes chapelets... Je vous la rends absolument telle que je l'ai trouvée... Je n'ai pas même eu le tems de songer à l'ouvrir.

FÉRON. Ah! je respire?

DOROTHÉE. Vous tenez donc bien à ce coffret?

FÉRON. Moi... pas du tout; mais je vous le répète, c'est un dépôt, et je...

DOROTHÉE. Allons, allons... Cela vous vient de quelque dame, convenez-en.

FÉRON. Oh! mon Dieu non. Ce coffret appartient à ma sœur... Il y a huit ou neuf jours, en voyant approcher le terme fatal où les femmes se trouvent placées entre la vie et la mort, Adèle me remit cette boîte, en me faisant promettre de la donner, si elle mourait, à quelqu'un qu'elle me nomma... mais je n'aurai pas ce triste message à remplir.. Grâce au ciel, ma chère sœur est tout-à-fait hors de danger, et je vais lui reporter tout de suite ce coffret... Ah! quand vous me l'aurez rendu, pourtant.

DOROTHÉE, *qui a écouté avec attention, et qui tire lentement la boîte de sa poche.*

Oh! la voilà! (*A part.*) Que veut dire ce mystère? (*Haut.*) Elle est jolie, cette boîte... Elle s'ouvre par un secret, sans doute, car je n'y vois pas de serrure.

FÉRON. Cela ne nous importe guère. Donnez.

DOROTHÉE. Laissez-moi donc examiner un peu... (*En tournant et retournant la boîte dans ses mains, elle touche le secret; la boîte s'ouvre, et une partie des lettres qu'elle contenait s'en échappe et tombe à terre.*) Ah! mon Dieu, voilà la boîte ouverte.

FÉRON. Et tout ce qu'elle contenait à terre... Par Dieu! vous avez la main heureuse!

(*Il se baisse pour ramasser ce qui est tombé.*)

DOROTHÉE, *qui a regardé au fond de la boîte.* Que vois-je? Un portrait!

FÉRON, *se relevant.* Heim! Qu'est-ce que vous avez vu?

DOROTHÉE, *avec joie.* Oh! rien... Seulement, je sais maintenant à qui vous deviez remettre ce dépôt.

FÉRON. C'est un peu fort... Je ne vous l'ai pas dit.

DOROTHÉE, *avec explosion.* A M. de Renneville.

FÉRON. C'est vrai... Où est le mal?

DOROTHÉE. Connaissez-vous M. Paul?

FÉRON. Oui, je l'ai vu, il y a deux ans, quand ma sœur entra chez Mme de Renneville comme ouvrière à l'année.

DOROTHÉE, *lui montrant un médaillon.* Eh bien! voyez.

FÉRON, *surpris.* C'est lui.

DOROTHÉE. Comment son portrait se trouve-t-il dans les mains d'Adèle avec ces lettres?

FÉRON. Ces lettres!... Elles sont de lui.

DOROTHÉE. Je l'aurais parié.

FÉRON, *à part.* Qu'ai-je dit! (*Haut.*) Je me trompais.

DOROTHÉE, *avec joie.* Non, monsieur Féron, vous ne vous trompiez pas... et ces lettres sont des lettres d'amour.

FÉRON. Pouvez-vous penser?

DOROTHÉE. Oh! votre trouble prouve assez, mon cher monsieur, que ma conviction est la vôtre. Vous n'osez pas vérifier le fait... Mon frère s'en chargera.

FÉRON. Comment?

DOROTHÉE. Oh! vous ne comptez pas

que maintenant je vous rendrai ce portrait avec ces deux lettres que je tiens.

FÉRON. Si fait, par Dieu! vous me les rendrez... Et qu'en feriez-vous? Les irez-vous porter à Boulain, à Boulain si confiant, si heureux... que cette découverte tuerait peut-être.

DOROTHÉE. Puis-je souffrir qu'il soit trompé plus long-tems?

FÉRON. Eh! mon Dieu, si le mal est fait, ce dont je doute encore, à quoi servira de parler? Pourquoi rendre inutilement malheureux trois êtres à-la-fois: Boulain, votre frère, que vous devez aimer, car il faut bien que vous aimiez quelque chose au monde; Adèle, qui se repent sans doute... et cet enfant, cet enfant innocent de tout cela... que Boulain chérit à présent, et qu'il repousserait peut-être... cet enfant dont vous allez être marraine.

DOROTHÉE. Moi... Jamais!

FÉRON. Oh! je vous y forcerai bien.

DOROTHÉE. Et comment, s'il vous plaît?

FÉRON. En vous parlant raison d'abord; et puis, si cela ne suffit pas, en vous rappelant que, pour avoir le droit d'être sans pitié pour les erreurs des autres, il faut soi-même n'avoir jamais eu rien à se reprocher.

DOROTHÉE. Ma réputation est intacte, monsieur.

FÉRON. C'est possible... parce que je l'ai bien voulu.

DOROTHÉE. Vous?

FÉRON. Oui, moi... que vous ne connaissez pas..; mais qui vous connais... moi que vous n'avez jamais vu, et que pourtant vous avez dû épouser.

DOROTHÉE. Plaisantez-vous, monsieur?

FÉRON. Le moment serait au moins mal choisi... Je vais aider votre mémoire... Il y a vingt ans de cela.

DOROTHÉE. Vingt ans!

FÉRON. Oui, mademoiselle Dorothée, car vous avez quarante-un ans, et moi j'en ai quarante-trois. Votre frère était en apprentissage à Rouen... Vous étiez seule chez une vieille tante qui vous avait élevée. On m'avait vanté vos attraits, vos vertus... Vous ne méritiez que la moitié de ces éloges; car le même jour où, séduit par votre figure que j'avais entrevue, je me laissai conduire chez votre tante pour faire ma demande, je trouvai cette dame toute en larmes... Vous vous étiez fait enlever la veille.

DOROTHÉE. C'est faux... C'est une indignité!

FÉRON. Oh! ne me démentez pas si haut; j'ai conservé, par pure curiosité, la lettre que votre tante m'écrivit le lendemain pour me demander le secret.

DOROTHÉE, à part. Oh! le maudit homme!... (Haut.) On m'avait fait violence, monsieur... et d'ailleurs, on courut après nous, et l'on nous atteignit à la première poste, ainsi...

FÉRON. Oh! pardonnez-moi; il y a justement dans la lettre que ce ne fut qu'à la huitième, ce qui est bien différent. Je gardai sur tout cela le plus profond silence, et j'avais tout-à-fait oublié cette aventure, lorsqu'en arrivant ici, il y a un mois, je vous y retrouvai. Je ne vous aurais pas reconnue, je l'avoue; mais j'avais fort bien retenu votre nom... Voyons, maintenant, voulez-vous que le monde apprenne deux scandales à la fois?

DOROTHÉE. En vérité, monsieur, vous m'avez mal jugée; je n'avais en tout cela que de bonnes intentions, et je croyais que la morale exigeait...

FÉRON. Je vais vous dire ce qu'exige la morale, et je le devinerai mieux que vous, moi, qui ne suis pas religieuse. Il faut me rendre ce portrait et ces lettres qu'Adèle ne reverra plus. J'attendrai M. Paul, dût-il ne revenir que dans un mois. Je trouverai le moyen de lui parler en particulier, et une fois là, seul à seul, je lui dirai tout ce que j'ai sur le cœur, et je lui en dirai long, soyez tranquille... je le menacerai de tout dévoiler à Mme de Renneville, sa mère, à Boulain même s'il ne me jure sur l'honneur que, pendant une année au moins, il ne mettra plus le pied dans cette maison. Adèle, à qui je ne dirai que deux mots en la quittant, oubliera M. de Renneville et reportera sur sa fille cet amour coupable maintenant, mais qui redeviendra ainsi pur comme l'enfant qui en sera l'objet. Voilà, je crois, ce que veut la morale. A moi donc ces lettres et ce portrait!

DOROTHÉE, à part, en les donnant. Hum! sans la lettre de ma tante...

FÉRON. Voilà Boulain qui descend... vous vous tairez, c'est convenu: moi, je ne parlerai pas de certaine épître que vous savez, et nous serons à tout jamais les meilleurs amis du monde.

SCENE VI.

DOROTHÉE, FÉRON, BOULAIN,
LAMBERT, *puis* PAUL.

BOULAIN, *entrant vivement.* Le voilà! le
voilà!

FÉRON. Qui?

BOULAIN. Le parrain! de ma fenêtre,
je l'ai vu... je l'ai reconnu... ma sœur,
ouvrez la porte, ouvrez-la à deux battans... ah! je suis si content, que, tout-à-
l'heure, j'ai sauté tout mon escalier à la
fois sans m'en apercevoir.

LAMBERT, *entrant par le fond.* Notre
bourgeois! voilà M. de Renneville!

BOULAIN, *lui jetant son bonnet à terre.*
Ote donc ton bonnet, manant... salue...
salue... jusqu'à terre... Mon cher beau-
frère, ma sœur, je vais vous présenter...
(*A Paul qui entre.*) Ah! enfin vous arrivez!

PAUL, *avec une certaine émotion.* Je me
suis fait attendre, je le vois; mais les
routes sont si mauvaises... Bonjour, mon
cher Boulain... Monsieur Féron, mademoiselle, je vous salue.

BOULAIN. Hein! comme il est poli, pour
un grand seigneur.

PAUL. Vous êtes toujours heureux, mon
cher Boulain; car tout dans votre maison
respire un air de fête?

BOULAIN. Si je suis heureux! Mais songez donc qu'il y a maintenant de plus ici
une fille, plus jolie que sa mère... une
fille dont je suis le père et dont vous allez
être le parrain... est-ce qu'il n'y a pas là
de quoi faire tourner la tête?

PAUL, *avec émotion.* Oui... oh! je comprends toute votre joie... j'y prends part
plus que vous ne pensez.

BOULAIN. Oh! vous avez tant d'amitié
pour moi et pour ma femme.

DOROTHÉE, *à part.* Que de mal mon
frère se donne pour être tout-à-fait ridicule!

FÉRON, *bas.* Pour Dieu, taisez-vous.

BOULAIN. Il faut absolument que vous
veniez embrasser ma petite Pauline... c'est
le nom que sa mère lui donne déjà.

PAUL. Oui... oui... mais laissez-moi
quelques minutes pour me remettre...
(*A part.*) Je crains toujours que mon émo-

BOULAIN. Ma femme aussi sera bien
heureuse de vous voir... Voilà plus de
deux mois que vous n'étiez venu... Mais
à présent votre filleule vous amènera
plus souvent, je l'espère.

FÉRON, *à part.* Ah! mon Dieu! il me
fait mal... Je jure bien de rester garçon
toute ma vie.

BOULAIN. Mais je vous étourdis là de
mon bonheur, et je ne songe pas que vous
devez avoir besoin de vous rafraîchir...
Ma sœur...

PAUL, *passant entre Boulain et Dorothée.*
Ne dérangez personne, je vous prie... Mademoiselle, voulez-vous bien me permettre de commencer mon rôle de parrain?
(Il lui donne une petite boîte.)

DOROTHÉE, *la prenant.* Monsieur, je...
Oh! la jolie croix!...

PAUL. J'ai voulu qu'elle fût digne de
vous être offerte.

DOROTHÉE. C'est qu'elle est superbe...
L'abbesse elle-même n'en a pas une pareille... toutes mes sœurs du couvent en
seront jalouses. (*A Féron.*) Regardez donc.

PAUL. J'ai dû faire quelque chose aussi
pour ma filleule. (*Donnant un parchemin.*)
Tenez, Boulain.

BOULAIN. Que vois-je? un contrat de
rente de douze cents livres!... Ah! monsieur...

AIR *du Vaudeville de Préville et Taconnet.*

Un tel bienfait peut-il être accepté?
On vous doit tant déjà dans la famille...
Non, non; c'est trop de générosité...
Je dois vous refuser au nom de notre fille.

PAUL.

Quoi! tant de façons pour si peu!
Vous accepterez, je l'espère.
De cet enfant, mon ami, devant Dieu,
Ne vais-je pas être le second père?

FÉRON, *à part.* Allons, plus de doute.

BOULAIN. Je suis tout confondu de tant
de bontés!

SCENE VII.

FÉRON, DOROTHÉE, BOULAIN,
CHARLES DE MAUBERT, PAUL.

CHARLES, *à la cantonnade.* Allez au
diable, je veux parler à Boulain, et je
lui parlerai.

FÉRON, *bas à Boulain.* Qu'est-ce que
c'est que ce monsieur?

BOULAIN. Je ne me trompe pas ; c'est monsieur de Maubert, une de mes meilleures pratiques.

PAUL, *à part.* Charles !

CHARLES, *encore au fond.* Ah ! ça mon cher Boulain, vous tranchez donc maintenant du grand seigneur ? Comment ! vous défendez votre porte ?

BOULAIN. Mille pardons, monsieur ; mais c'est que j'avais du monde.

CHARLES. Ah !... Et qu'est-ce que c'est que votre monde ?... Tiens ! Paul de Renneville ! Que diable fais-tu donc ici ?

PAUL. Et d'où sors-tu donc, toi que, depuis plus d'un an, on ne rencontre plus nulle part ?

CHARLES. Ma foi, mon cher, j'étais en purgatoire... je faisais pénitence de mes menus péchés auprès d'une vieille grande tante, chez laquelle je m'étais mis à l'abri de mes créanciers qui n'ont pas eu le courage de me poursuivre jusqu'au fond de l'Auvergne, pays superbe, mais le plus ennuyeux de la terre. Pour y passer mon tems, j'ai fait le Caton, l'hypocrite auprès de ma respectable parente qui m'a enfin généreusement octroyé, pour les dépenser en bonnes œuvres, quelque cent mille livres dont j'ai bravement fait tort au clergé de la province, héritier présomptif de la bonne douairière. Boulain, j'ai loué un petit hôtel charmant qu'il faut me meubler avec ce goût exquis que je vous connais... Je vous paierai comptant... mais je veux être servi à la minute.

BOULAIN. Mon Dieu, monsieur, je ne demanderais qu'à vous être agréable ; mais aujourd'hui il m'est tout-à-fait impossible de m'occuper de... J'ai un enfant à faire baptiser... Ces choses-là passent avant tout.

CHARLES. Ah ! vous êtes donc marié, Boulain ?

BOULAIN. Oui, monsieur, pendant votre absence... et comme vous voyez, je n'ai pas perdu mon tems... (*A part.*) Oh ! quelle idée ! Au fait, c'est un bon enfant... et je suis sûr qu'il acceptera. (*Haut.*) Monsieur de Maubert, vous allez me trouver bien hardi d'oser prendre la liberté de...

CHARLES. Voyons... de quoi s'agit-il !

BOULAIN. Vous êtes, à ce que je vois, l'ami de M. de Renneville, qui a bien voulu me faire l'honneur d'être le parrain de ma fille.

CHARLES. Vraiment ?

BOULAIN. Oui... et... enfin... je serais infiniment flatté si monsieur voulait bien être du petit repas de famille qui précédera la cérémonie.

CHARLES. Moi !... Oh ! parbleu, je le veux bien... Ça sera drôle... je veux voir comment vous vous amusez, vous autres... ainsi, monsieur Boulain, me voilà votre convive... faites de moi un témoin si vous voulez, je suis à vous.

BOULAIN. En vérité, monsieur, je suis confus... (*A Féron.*) Comme ces grands seigneurs sont aimables, hein !

FÉRON. Je trouve celui-là passablement impertinent.

BOULAIN. Chut !

CHARLES. Voilà qui est dit... Paul, nous passerons cette journée ensemble... nous parlerons de mes anciens amis que je n'ai pas encore revus, de mes anciennes maîtresses que certes je ne reverrai pas. Tu me diras les noms de tes nouvelles, mauvais sujet ?

DOROTHÉE. Quel vilain homme !

PAUL, *à Charles.* Tais-toi donc.

CHARLES. Ne veux-tu pas faire de la décence ou de la modestie ? Si on te croit ici un Caton, je te démasquerai, cher ami, je sais la liste, et j'en régalerai les convives au dessert !... Par exemple, je serai obligé de m'arrêter à la petite... Ah ! mon Dieu, aide-moi donc... Cette petite fille dont tu raffolais, à mon départ...

PAUL, *à part.* Il me fait trembler.

BOULAIN, *à part.* Il est fort drôle, ce monsieur de Maubert... il nous amusera beaucoup.

CHARLES. Ah ! j'y suis... la petite...

PAUL, *bas, en lui prenant le bras.* Au nom de l'honneur, tais-toi... La femme de Boulain se nomme Adèle Féron.

CHARLES, *bas.* Vraiment ? Imbécille, qui ne l'ai pas deviné, en te voyant ici... Ah ! ah ! ah !

BOULAIN. Il rit de si bon cœur, qu'il me donne envie d'en faire autant. Ah ! ah ! ah !

DOROTHÉE, *à part.* Certes, je ne me placerai pas à côté de cet homme-là.

PAUL, *bas à Charles.* Plus un mot maintenant qui puisse éveiller les soupçons, Boulain, ne comptiez-vous pas aller à l'église tout commander pour la cérémonie ? Je vous accompagnerai.

BOULAIN. Oh ! mais c'est trop, cent fois

trop de bonté... Lambert! Lambert! ma canne, mon chapeau... Monsieur de Maubert, le dîner est pour six heures... le baptême pour huit... J'ai voulu avoir un baptême aux flambeaux.. ça fera mieux, n'est-ce pas?

FÉRON, *qui s'est approché de Paul.* Pardon, monsieur de Renneville; mais il faut que vous trouviez un prétexte pour rester ici, car j'ai à vous parler.

PAUL, *bas.* A moi, Monsieur?

FÉRON, *bas.* Et à vous seul.

BOULAIN. Je suis maintenant tout à vos ordres, monsieur de Renneville.

PAUL. Mon ami, j'oubliais tout à l'heure que mon domestique doit venir ici prendre plusieurs instructions dont il a besoin, et voici l'heure.

BOULAIN. C'est juste... c'est juste... je vais tout seul.

CHARLES. Du tout. Je vous suivrai, moi... Vous savez que je vous ai donné toute ma journée... Nous allons commander les choses en grand... Il faut que ce baptême fasse du bruit dans le quartier.

BOULAIN. Il en fera, monsieur, il en fera. Ma sœur, occupez-vous de surveiller le dîner... qu'on ne nous fasse point attendre. Partons!

CHARLES, *à part.* Je le ferai causer en route.

AIR : *Sous ce riant feuillage.* (Fiancée.)
Marchons à l'instant même ;
Il faut que vos amis
Pensent être au baptême
De l'enfant d'un marquis.

ENSEMBLE.
BOULAIN.
Marchons à l'instant même ;
Il faut que mes amis, etc.
CHARLES.
Marchons à l'instant même ;
Il faut que vos amis, etc.

SCÈNE VIII.
PAUL, FÉRON.

PAUL, *à part.* Pourquoi ne veut-il parler qu'à moi seul? Il a peut-être besoin de ma protection.

FÉRON, *à part.* Voilà le moment critique.

PAUL. Nous sommes seuls, monsieur Féron, qu'avez-vous à me dire?

FÉRON, *à part.* Allons, il ne s'agit pas de manquer de courage... Il faut sauver Boulain et ma sœur... ma sœur surtout. (*Haut.*) Monsieur de Renneville...

PAUL. Eh! qu'avez-vous, mon ami? comme vous êtes pâle! souffrez-vous?

FÉRON. Ne faites pas attention... ça se passera.

Père et Parrain.

PAUL. Asseyez-vous!

FÉRON. Mais...

PAUL. Je le veux... et maintenant parlez-moi sans crainte. Avez-vous quelque chose à me demander? soyez sûr d'obtenir de moi tout ce qu'il sera en mon pouvoir de vous accorder.

FÉRON, *le regardant.* Ce n'est pas là un méchant homme; il comprendra son devoir. (*Haut et lui montrant la boîte.*) Connaissez-vous cette boîte, monsieur?

PAUL. Non.

FÉRON, *après un moment de silence.* Cela peut être... mais ces lettres qui y sont renfermées, vous les connaissez, n'est-ce pas?

PAUL. Ciel!

FÉRON. La main qui les a tracées pressait tout à l'heure la main d'un honnête homme indignement trompé.

PAUL. Oh! parlez plus bas!

FÉRON. Eh! monsieur, n'ai-je pas un aussi grand intérêt que vous à ce que tout ceci reste ignoré? ne suis-je pas le frère d'Adèle?

PAUL. Comment se fait-il que ces lettres, ce portrait, que je croyais anéantis depuis long-tems, se trouvent entre vos mains?

FÉRON. Peu importe.

PAUL. Que prétendez-vous en faire?

FÉRON. Je ne le sais pas encore.

PAUL. Enfin que voulez-vous de moi?

FÉRON. Si j'étais votre égal, monsieur, si j'étais noble et grand seigneur, enfin, et qu'une querelle, un combat à mort pût avoir lieu entre nous sans que tous les yeux s'ouvrissent pour en chercher la cause, je vous dirais : Monsieur, entre gens d'épée, l'épée seule peut terminer tout cela ; mais je ne suis qu'un pauvre commis-marchand.. si je vous provoquais, je vous crois assez homme d'honneur pour penser que vous accepteriez mon défi ; alors quel motif donner à un événement aussi étrange? entre vous et moi, il faut un bien sanglant affront pour amener une rencontre. On chercherait à deviner ; on dirait : Féron n'a vu M. de Renneville que chez Boulain, Féron n'est pas marié, on ne lui connaît pas de maîtresse ; mais Féron a une sœur... On dirait cela, monsieur, et vainqueur ou vaincu, je perdrais infailliblement celle que j'aurais voulu sauver. Il m'a donc fallu chercher un autre moyen d'arriver à mon but ; mais, pour le trouver, il me faut votre aide ; monsieur, me la refuserez-vous?

PAUL. Oh! sachez bien, monsieur Féron, que des mains de tout autre, ces lettres seraient rachetées du plus précieux de mes biens, du plus pur de mon sang... Ce langage vous étonne... vous avez cru,

2

n'est-ce pas, que j'avais eu pour Adèle un de ces caprices dont mes pareils croient honorer une fille du peuple, jeune, belle et se confiant en leur amour. Vous vous êtes trompé, monsieur ; j'aimais Adèle, comme on n'aime qu'une fois dans sa vie ! la pauvre enfant oublia comme moi quelle distance nous séparait, et quand la raison enfin nous éclaira, Adèle était perdue ! Avec la certitude de son déshonneur, une pensée de mort lui vint...

FÉRON. Pauvre Adèle !

PAUL. Ah ! vous ne savez pas ce que j'ai souffert en la voyant si malheureuse ? ma tête s'égarait... Ma mère découvrira tout, me disais-je ; elle si vertueuse, si sévère, me maudira pour avoir déshonoré sa maison... Un jour, ma mère me fit appeler ; j'étais tremblant ; mais le sourire que je vis sur ses lèvres m'apprit qu'elle était encore sans défiance... elle avait à mon insu arrangé un mariage pour Adèle ; elle me confia ce projet et me nomma Boulain. Mon cœur se déchira ; mais au prix même d'un odieux mensonge, je devais sauver Adèle... J'approuvai donc hautement le dessein de Mᵐᵉ de Renneville. Prières, menaces, je mis tout en usage auprès d'Adèle pour la décider à cet hymen dont la pensée seule répugnait à son ame honnête. Mais la pauvre fille, sans appui, sans parens, ne pouvait résister long-tems à moi qui la suppliais, à ma mère qu'une plus longue résistance aurait éclairée... Elle céda ! Ce fut un crime ; car nous trompions un homme qui se fiait en nous ; mais ce crime est à moi seul, monsieur, et vous me voyez prêt à tout faire pour le réparer.

FÉRON. A tout faire, dites-vous ?

PAUL. Oui, monsieur ; pour assurer le repos de Boulain, pour que les jours d'Adèle s'écoulent sans nuages.

FÉRON. Il faudrait...

PAUL. Une séparation, n'est-ce pas ? Je l'avais prévu... aussi depuis son mariage, n'ai-je fait à Boulain que de bien rares visites.

FÉRON. Ces visites, quelque rares qu'elles soient, entretiennent un feu qu'il faut éteindre. Vous allez me promettre de ne plus voir Adèle, et cette promesse sera sincère ; mais en la faisant vous compterez trop sur vos forces, et quand je ne serai plus là pour vous en faire souvenir, vous l'oublierez, monsieur, vous reverrez Adèle, et un instant d'imprudence peut la perdre sans retour. Il faut donc mettre entre ma sœur et vous une barrière insurmontable. Monsieur, demain je m'embarque au Hâvre ; des intérêts qui ne sont pas les miens m'appellent impérieusement en Amérique, pour toute une année au moins. Je vais laisser mon Adèle sans défenseur, sans appui ; elle sera seule, la pauvre enfant, seule contre vous et son amour ! Personne ne sera là pour lui rappeler son devoir, pour soutenir son courage. Ah ! pour que je ne parte pas le désespoir dans le cœur, ne sentez-vous pas qu'il me faut plus qu'une promesse, qu'il me faut la certitude que, durant cette année, vous ne pourrez pas revoir Adèle ? cette certitude, monsieur, je la veux, je la veux à tout prix.

PAUL. Monsieur !..

FÉRON. Oh ! vous me la donnerez, monsieur de Renneville ! au nom de l'honneur, vous me la donnerez.

PAUL, *après un instant de silence.* Monsieur Féron ! votre main ! Quoi qu'il arrive, je mériterai votre estime !

FÉRON. Ah ! monsieur...

PAUL. Avant une heure, vous aurez ma réponse ; mais, par pitié, par grâce, laissez-moi, laissez-moi seul... car ma tête se perd et mon cœur est brisé.

FÉRON. J'attendrai. (*A part.*) Ma pauvre sœur ! j'espère encore la sauver. (*Haut en sortant par le fond.*) J'attendrai, monsieur.

SCENE IX.

PAUL, *seul.*

Ma réponse ! je lui ai promis une réponse ! et quelle sera-t-elle ? Que faire ? que résoudre ? il me croit donc bien du courage, ce Féron, puisqu'il me dit : Quittez-la pour toujours ! Adèle, ne plus te revoir... n'entendre plus ta douce voix qui m'allait si bien à l'ame ! perdre tout ce qui me reste encore de mon bonheur passé... oh ! non, c'est impossible...(*Se levant.*) Je ne viendrai plus dans cette demeure. L'honneur m'en défend désormais l'entrée... mais, au moins, je respirerai le même air que mon Adèle... oh ! non, je m'abuse... Féron disait vrai, la force me manquera... et puis la vue de cet enfant ne deviendra-t-elle pas plus tard un supplice pour moi ? Je l'entendrais donner à un autre ce titre de père si doux à recevoir, pour un autre serait son amour, ses naïves caresses. Oh ! partons ! partons ! il m'a parlé de l'Amérique ! de l'Amérique si belle, si fière de sa jeune liberté ! Là peut-être il y aura pour moi des dangers et de la gloire ! Adèle, Pauline, je ne vous verrai plus !...

Air : *Un matelot.* (Mᵐᵉ Duchamge.)

Le devoir parle et l'honneur me l'ordonne,
Il faut partir, mes beaux jours sont passés !

Objets chéris, vous qu'ici j'abandonne,
Vous dira-t-on les pleurs que j'ai versés ?
Pour un pays dont commence l'histoire,
Demain, hélas ! j'aurai quitté ce lieu.
Dans les combats, j'y peux trouver la gloire ;
Mais le bonheur, je vais lui dire adieu !

SCÈNE X.

CHARLES, PAUL, Domestiques de Charles.

CHARLES, *entrant et s'adressant à ses domestiques.* C'est cela, mes amis, pressez les préparatifs... je ne précède Boulain que de quelques pas ; le pauvre homme est retenu au coin du faubourg ; il reçoit mille félicitations par heure sur sa paternité... (*Plus bas, s'approchant de Paul.*) Pour moi, c'est à monsieur Paul de Renneville que j'ai réservé mes complimens.

PAUL, *bas.* Charles, je t'en supplie, trève de raillerie... songe à tout ce qu'un mot imprudent pourrait amener de malheurs.

CHARLES. Laisse-moi donc... Voudrais-tu, par hasard, me faire prendre Boulain pour un Orosmane, un Othello?.. le brave homme verrait des étoiles en plein midi, si on le voulait bien.

PAUL. Charles, si tu as quelque amitié pour moi, tu ne risqueras pas l'honneur d'une femme... tu n'empoisonneras pas le reste de sa vie.

CHARLES. Allons, allons, ne prends donc pas ce ton tragi-comique, et laisse-moi m'amuser ; j'irai jusqu'au but, mais je ne le dépasserai pas... une pareille occasion ne se présentera peut-être plus ; les Boulain sont rares, j'en tiens un, tu ne le tireras pas sitôt de mes mains.

PAUL. Charles!...

DOROTHÉE, *entrant par la droite.* Voilà nos parens, nos invités.

SCÈNE XI.

CHARLES, DOROTHÉE, PAUL, FÉRON, Parens et Invités, *puis* BOULAIN *et* LA NOURRICE.

CHŒUR DES PARENS.
AIR : *La belle nuit, la belle fête.* (Deux Nuits.)
Accourons tous, chantons ensemble
Le jour heureux qui nous rassemble.
Honneur au père forluné !
Surtout honneur au nouveau-né !
Dans d'avenir, bonheur au nouveau-né !

CHARLES. Je vous annonce M. Chrysostôme Boulain... place! place!

BOULAIN. Mes amis, mes parens, vos congratulations me touchent sensiblement ; je voudrais bien vous faire un petit discours analogue à la circonstance, mais le bonheur m'a fait un singulier effet... il m'a rendu tout bête.

CHARLES. Et vous êtes si heureux, monsieur Boulain.

BOULAIN. C'est vrai, monsieur. Mes amis, mes parens, je vais vous faire l'honneur de vous présenter au parrain de ma fille... à mon protecteur, à mon bon ange, à mon génie tutélaire, à M. Paul de Renneville, enfin.

FÉRON. A table !

TOUS. A table !

BOULAIN. Oui, à table, car le baptême est pour huit heures et il ne faut pas être trop pressé quand on dîne... Ah ! une seule observation : messieurs, mesdames, soyons gais, soyons fous même, mais ne faisons pas trop de bruit, vu que la chambre de ma femme est au-dessus.

TOUS, *criant.* C'est juste.

CHARLES. Je propose la première santé à Mme Boulain.

TOUS. A Mme Boulain !

BOULAIN. Au nom de mon épouse, je vous fais raison.

CHARLES. La seconde à l'heureux père.

TOUS. Oui, oui, à Boulain.

BOULAIN. Du tout... du tout... cet honneur ne m'appartient pas... non...

DOROTHÉE. Mais, mon frère, c'est l'usage.

BOULAIN. Je me moque de l'usage. Messieurs, remplissez vos verres et puis répétez en chœur après moi : A M. de Renneville !

CHARLES, *riant.* Il a parbleu raison, à Paul tout l'honneur.

TOUS. A M. de Renneville !

BOULAIN. Nous porterons ma santé au dessert.

CHARLES. C'est cela, et celle de la nourrice... au champagne !

BOULAIN. Au champagne, dites-vous... mais je n'en ai pas.

CHARLES. Nous en aurons... j'ai voulu apporter aussi ma part à cette fête.

BOULAIN. Nous aurons du champagne.. décidément mon baptême fera du bruit.

FÉRON, *à Paul.* Qu'avez-vous ? vous me semblez inquiet.

PAUL. La gaîté de Charles m'effraie.

FÉRON. Pensez-vous qu'il s'oublie à ce point ?

PAUL. Je ne le quitterai pas d'un instant.

CHARLES, *à Boulain.* Eh bien ! monsieur Boulain, nous ne mangeons pas.

BOULAIN. C'est vrai... le bonheur ça m'a donné comme une indigestion, rien ne peut passer.

CHARLES. Buvons, par Dieu ! Buvons !

BOULAIN. C'est ça... je peux boire encore.

CHARLES, *demandant.* Mon champagne !

BOULAIN. Déjà !

CHARLES. Cela va nous égayer tout de suite.

BOULAIN. Va comme il est dit... et puisque je ne peux pas avaler, eh bien ! je je vas vous chanter quelque chose pour m'occuper.

CHARLES. Bravo ! chantez ! je remplirai votre verre.

TOUS. La chanson ! la chanson !

BOULAIN. Oh ! je suis de parole, la voilà ! et vous ferez chorus.

AIR *nouveau de M. Doche.*

C'est le vin seul que j'aime ,
Et voici mon refrain :
Gloire à l'eau du baptême !
Mais buvons du bon vin.

TOUS.

C'est le vin seul que j'aime, etc.

BOULAIN.

Le jour où l'on baptise
Un enfant au berceau,
Quoique je le méprise,
Il faut bien chanter l'eau.

C'est le vin seul que j'aime, etc.

Cette eau, que je révère,
Coule pour nous sauver ;
Mais jamais dans mon verre
Je ne veux la trouver.

C'est le vin seul que j'aime, etc.

Sans être trop crédule,
De cette eau je fais cas ;
Chantons-la sans scrupule,
Puisqu'on ne la boit pas.

C'est le vin seul que j'aime, etc.

CHARLES. Bravo ! Boulain, vous chantez comme un rossignol... à mon tour !

BOULAIN. Comment ! vous allez nous faire l'honneur de nous chanter quelque chose... un grand seigneur , ça doit avoir une bien belle voix.

CHARLES. Je ne chante jamais, Boulain, et je me garderais bien de me risquer après vous... Je veux vous faire un conte... oh ! mais un conte à rire jusqu'aux larmes.

BOULAIN. Oh ! la bonne idée ! On m'endormait toujours avec des contes quand j'étais petit.

DOROTHÉE. Nous écoutons.

TOUS. Chut ! chut !

PAUL , *bas à Féron.* Que va-t-il leur dire ?

FÉRON, *bas.* Quelque baliverne.

CHARLES. Il était une fois...

BOULAIN. Ah ! c'est ça ... c'est bien ça.

DOROTHÉE. Mais taisez - vous donc , Boulain.

CHARLES. Il était une fois.... un jeune et beau chevalier qui devint éperdument épris d'une gentille bachelette... le chevalier était pressant... la bachelette était vive , tendre. Enfin...

BOULAIN. Gazez ! gazez !

CHARLES. Hein ?

BOULAIN Je vous dis : gazez !.. à cause de ma sœur qui est religieuse.

CHARLES. Enfin vous devinerez tout ce qui arriva.

BOULAIN. Ça se devine tout de suite.

CHARLES. Le mal fait , il fallut le réparer... le chevalier ne le pouvait pas... il était grand seigneur... et la bachelette n'était qu'une pauvre fille...

DOROTHÉE. C'est très-intéressant.

PAUL, *à part.* Que dit-il ?

CHARLES. On chercha dans le pays et l'on trouva un manant, gros , court, assez jeune et assez bête pour ce qu'on en voulait faire...

BOULAIN , *lui présentant son verre pour trinquer.* A la vôtre ! monsieur de Maubert.

CHARLES , *après avoir trinqué.* On lui présenta la demoiselle qui se donna pour innocente... Le manant la prit pour telle et le mariage fut conclu.

BOULAIN. Ça commence à devenir drôle.

FÉRON, *bas à Paul.* Cette histoire...

PAUL , *bas.* Il va nous perdre.

BOULAIN. Du champagne !.. et la suite.

TOUS. Oui... oui... la suite.

CHARLES. Oh ! la suite est bien plus comique.

PAUL. Assez , Charles, assez ; je connais la suite de ce conte et vous ne pouvez la dire à ces dames.

BOULAIN. Ah ! pourquoi ça ?.. en gazant !.. la suite... je veux la suite.

PAUL. Et moi, je m'oppose à ce que Charles aille plus loin.

CHARLES. Ah ! tu t'y opposes ?

PAUL. Oui , par respect pour ces dames.

CHARLES, *buvant un dernier verre de champagne.* J'en demande bien pardon à ces dames , mais je continuerai.

BOULAIN, *un peu étourdi.* Bah ! ces dames savent bien ce que c'est.

PAUL , *avec fierté.* Vous ne continuerez pas , vous dis-je.

CHARLES. Et qui m'en empêchera ?

PAUL. Moi !

FÉRON. Contenez-vous.

PAUL. Charles, votre conduite est indigne d'un galant homme.

CHARLES. Ta colère est bien plus amusante que mon histoire.

FÉRON, *à part.* Il me fait trembler ?

PAUL , *se levant.* Pour la dernière fois , Charles, je vous défends d'achever, ou...

CHARLES. Oh ! oh ! des menaces !...

BOULAIN. Eh bien ! eh bien ! qu'est-ce que c'est ?.. pour un conte en l'air ? Ça n'a pas le sens commun ! C'est ce diable de champagne qui est cause de tout cela.

CHARLES. Vous avez raison!.. allons, je serai plus sage que Paul!...

PAUL. Si vous êtes offensé...

CHARLES. Quoi! me couper la gorge avec un ami pour de pareilles balivernes? non, non!

BOULAIN. A la bonne heure!

LAMBERT, *entrant.* Voilà M. le bedeau qui vient dire que M. le curé attend le baptême.

BOULAIN. C'est juste, nous sommes en retard : nourrice, allez chercher l'enfant.

FÉRON, *bas à Paul.* Vous le voyez, monsieur : à chaque instant, ma sœur peut être compromise.

PAUL, *bas.* Vous avez raison!.. Elle ne le sera plus, monsieur Féron; je vais partir.

FÉRON, *bas.* Partir!..

PAUL, *bas.* Avec vous, ce soir!

FÉRON, *bas.* Ah! monsieur!

PAUL, *bas.* Silence!..

BOULAIN. Voici la nourrice et l'enfant.

CHARLES. Allons!.. Votre bras, monsieur Boulain.

BOULAIN. Partons.

CHŒUR.

AIR de *Pâques fleuries.* (Fra Diavolo.)
Mais l'heure sonne;
On carillonne!
Allons donc tous
Au rendez-vous!
Pour le baptême,
Le curé même,
Impatient,
Attend
L'enfant.

FIN DU PREMIER ACTE.

ACTE II.

1804.

Le théâtre représente un salon.

SCENE PREMIERE.

FÉRON, PAULINE, BOULAIN, PAUL DE RENNEVILLE.

BOULAIN. Allons, mon cher beau-frère, encore un verre à votre heureux retour, après seize ans d'absence!

FÉRON. Volontiers.

BOULAIN. Ah! dam! vous êtes bien étonné, sans doute, de tous les changemens que vous trouvez en France. (*On entend du bruit au dehors.*) Tenez, écoutez, c'est la voix enrouée des crieurs publics.

VOIX DANS LA COULISSE. « Voilà le détail » de toutes les fêtes qui auront lieu dans » Paris, à l'occasion du sacre de sa ma- » jesté l'Empereur Napoléon par sa sain- » teté le Pape Pie VII. »

BOULAIN. Eh bien, qu'en dites-vous?

FÉRON. Je dis que vous vivez vite en France, et qu'il ne faut pas s'absenter long-tems si l'on veut reconnaître le pays.

BOULAIN. En effet, 1788 ne ressemble guère à 1804 : nous avions un roi à votre départ, nous avons un empereur à votre retour.

AIR de *Mazaniello.*
Partout nous promenons la foudre,
Les Autrichiens sont battus;
On nous laisse coiffés en poudre,
On nous retrouve à la Titus!
Aussi le beau sexe raffole
De nos modes, de nos guerriers,
Et le tems présent ne désole
Que l'Autriche et les perruquiers.

Vous accompagniez alors jusqu'aux fonts baptismaux une petite poupée de deux jours (car c'est ainsi que vous l'appeliez) qui criait et qui pleurait, et vous pouvez embrasser aujourd'hui une jolie fille de seize ans qui chante comme une alouette. Ah! tout est bien changé! Le tems ne respecte rien : ma pauvre Adèle! si elle était encore là, quel plaisir elle aurait à revoir son frère!

FÉRON. J'ai appris sa mort aux États-Unis.

BOULAIN. Il y a quatorze ans! Depuis le jour de votre départ avec M. de Renneville, tout juste après la cérémonie du baptême (car vous nous l'avez enlevé) cette bonne Adèle a langui deux années, puis je l'ai perdue!.. Pauline n'a pas connu sa mère.

PAULINE. Et c'est là mon seul chagrin!.. Combien je l'aurais aimée!.. Chaque jour je vais m'agenouiller devant son portrait qui est dans la chambre de mon père, et je la prie de bénir sa fille.

FÉRON. Bien, mon enfant, très-bien!.. Mais, je l'avoue, ce qui me surprend le plus, c'est de revoir ici monsieur Paul de Renneville.

PAUL. Pourquoi donc cela, monsieur Féron?

FÉRON. Après un séjour de quatre ans en Amérique, vous m'aviez quitté pour repasser en France, à travers mille dangers, et je ne m'attendais pas, au bout de seize ans, à vous trouver établi chez mon beau-frère.

BOULAIN. Ah! vous avez raison, ce n'est pas la place du marquis de Renneville : mais j'ai eu beau dire, je n'ai rien obtenu, et ma foi je n'ai pas le courage de m'en plaindre.

PAUL. Quand vous saurez l'histoire de ma vie depuis le jour où je vous quittai en Amérique, vous me comprendrez peut-être, monsieur.

PAULINE. Et certes vous ne l'accuserez pas.

PAUL. Lorsque je revis ma patrie, je la trouvai menacée par toute l'Europe, c'était en 1793; mon intention était de me joindre aux défenseurs de la France, car vous savez que je ne partageais pas de funestes préjugés; mais que vis-je en arrivant à Paris? Toute ma famille avait péri sur l'échafaud ou à l'étranger; moi-même j'avais été porté sur la liste des émigrés, mes biens avaient été vendus, et mes jours étaient proscrits. M. Boulain m'offrit un asile; sa femme n'existait plus; l'enfant que j'avais tenu sur les fonts du baptême avait cinq ans; il me rattachait au présent par les souvenirs du passé. J'acceptai le refuge qui m'était offert. Je m'unis aux travaux de M. Boulain, je fus assez heureux pour que mes soins et mes efforts lui devinssent utiles et contribuassent à l'extension de son commerce.

BOULAIN. Oh! c'est bien vrai! Si j'ai quitté ma boutique, si j'ai maintenant de riches magasins, si je suis le fabricant de meubles le plus renommé de tout Paris, c'est à vous, à vous seul que je le dois, monsieur le marquis.

PAUL. Il n'y a plus de marquis, mon cher Boulain.

BOULAIN. Laissez donc, laissez donc, c'est en bon chemin, ça reviendra.

PAUL. Quand l'orage fut passé, j'aurais pu sans doute reparaître dans le monde, redemander des titres, des places que peut-être on ne m'aurait pas refusés; mais les honneurs sont peu de chose pour qui s'est accoutumé au bonheur.

PAULINE. Et que serait devenue l'éducation de votre filleule? car vous saurez, mon oncle, que, si j'ai appris quelque chose, c'est que mon parrain a été mon maître : il a dirigé toutes mes études, il a formé mon esprit et mon cœur; dessin, peinture, musique, c'est lui qui m'a tout enseigné, et je suis sûre que sans lui je serais une ignorante. Oh! qu'il a bien fait de ne pas nous quitter!

PAUL, avec intention. Vous l'entendez, monsieur, et vous comprenez ce qui se passe dans mon cœur. Je suis maintenant l'associé de M. Boulain; ailleurs peut-être je serais riche, entouré de faveurs et de dignités; ici je suis aimé... Pensez-vous que je puisse éprouver un regret?

FÉRON. Non sans doute, et vous acquerrez de nouveaux droits à l'estime que je vous ai vouée il y a seize ans.

BOULAIN. C'est égal!... J'ai certainement bien du plaisir à vous voir : il me manquerait quelque chose si vous n'étiez plus là...

PAULINE, à part. Et à moi donc!

BOULAIN. Mais quand je pense que vous êtes marquis...

PAUL. N'y pensez pas plus que moi.

BOULAIN. Patience, patience!... Je ne serai pas toujours marchand de meubles, et ma fille...

PAULINE. Qu'est-ce donc que vous voulez faire de moi, mon père?

BOULAIN. Cela ne vous regarde pas, mademoiselle. Est-ce que vous ne prenez pas votre leçon de musique aujourd'hui?

PAUL. Monsieur Boulain a raison, Pauline, voici bientôt l'heure. Avez-vous étudié le morceau qu'hier nous avons essayé ensemble?

PAULINE. Oui, et je vais chercher mes cahiers, puis je reviens. Ensuite j'irai assister à la messe annuelle qu'on dit à l'église voisine pour ma tante Dorothée.

BOULAIN. C'est juste.

PAULINE. Embrasse-moi, mon oncle; à revoir, mon père; et vous, monsieur mon maître et mon parrain, attendez-moi ici, je vais venir vous retrouver.

SCENE II.

FÉRON, PAUL, BOULAIN.

BOULAIN. Vit-on jamais rien de plus charmant que cet enfant-là?

FÉRON. Elle a parlé de sa tante Dorothée : la chère religieuse a donc aussi payé sa dette.

BOULAIN. Il y a cinq ans qu'elle est morte.

FÉRON. Si elle a conservé dans l'autre monde les habitudes de médisance qu'elle avait dans celui-ci, les gens de sa connaissance auront de fameux comptes à rendre dans la vallée de Josaphat.

BOULAIN. Vous étiez toujours en querelle.

FÉRON. Oh! je lui pardonne de grand cœur.

BOULAIN. Ah ça! que dites-vous de ma Pauline?

FÉRON. Elle est charmante, et me rappelle sa mère, ma pauvre sœur.

BOULAIN. C'est vrai, c'est vrai... Tout le monde dit pourtant qu'elle a mes yeux... Est-ce que vous ne trouvez pas, hein?

FÉRON. Elle a de fort jolis yeux.

BOULAIN. N'est-ce pas? C'est ce que tout le monde dit... Et que de grâce, que de dignité dans le maintien!..... Oh! quand on pourra acheter des lettres de noblesse!..

PAUL, souriant. Monsieur Boulain!

FÉRON. Toujours le même !

BOULAIN, à *Paul*. Vous avez beau dire : ma Pauline, votre filleule, a tout ce qu'il faut pour être une grande dame.

FÉRON. Tâchez qu'elle soit heureuse ; cela vaudra mieux. Ne songez-vous pas à la marier bientôt ?

BOULAIN. Oh ! les prétendans sont nombreux. Il y en a un que M. de Renneville protége.

FÉRON. Quel est-il ?

PAUL. C'est le fils d'un riche négociant de Bordeaux, M. Eugène Moreau, un jeune homme rempli d'honneur et de talens, qui a fait son droit à Paris, et qui se propose de suivre la carrière du barreau dans son pays.

FÉRON. Ah ! celui que j'ai vu ici hier, il m'a semblé très-bien.

BOULAIN. Certes, je n'ai rien à dire contre lui ; mais Pauline la femme d'un avocat de province...

PAUL. Je le crois capable de faire son bonheur. Il y a un mois, vous le savez, nous avons fait ensemble un court voyage ; eh bien ! pendant ce tems j'ai étudié son caractère ; j'ai pu apprécier la noblesse de ses sentimens. Il ne m'a parlé que de Pauline.

BOULAIN. Pardieu ! ce n'est pas l'amour qui lui manque, ni même les bonnes qualités ; mais Pauline l'aime-t-elle ?

PAUL. Elle paraît le voir avec plaisir.

BOULAIN. Vous savez bien que je fais tout ce que vous voulez : pourtant ce n'est pas là ce que j'avais rêvé pour ma fille.

FÉRON. Croyez-moi, mon cher beau-frère, ne rêvez pas : c'est plus sûr.

BOULAIN. Ce jeune homme m'a fait part de ses intentions, c'est très-bien ; son père m'a écrit, c'est encore mieux....... Mais, avant de l'autoriser à exprimer son amour à Pauline, je voudrais savoir ce qu'elle pense.

FÉRON. C'est juste : eh bien ! il faut l'interroger adroitement.

BOULAIN. Oui, mais je ne suis pas diplomate, moi ; quand je suis devant ma fille, je ne sais que l'admirer : elle parle, je l'écoute, j'oublie ce que je voulais lui dire, je l'embrasse, et je m'en vais sans rien savoir.

FÉRON. Alors, il faut charger quelqu'un de la mission.

BOULAIN. C'est ce que j'ai pensé. Vous, monsieur de Renneville, son parrain, son maître, son ami, vous en qui elle a toute confiance, rendez-nous encore ce service. Sondez ce petit cœur-là.

PAUL. Vous le voulez ?

BOULAIN. Elle n'aura rien de caché pour vous ; et puis, si elle voulait dissimuler, vous êtes fin, vous devinerez aisément la vérité.

PAUL. Soit ! j'y consens... Son bonheur est mon vœu le plus cher.

BOULAIN. Allons, voilà qui est décidé : elle va venir pour sa leçon, faites-lui subir un interrogatoire, et que nous sachions à quoi nous en tenir.

PAUL. Fiez-vous à ma tendre amitié pour elle.

BOULAIN. Nous vous laissons : de la finesse, de la finesse ! car elle a diablement d'esprit !..... Venez, Féron ; je veux que vous visitiez mes magasins, et que vous me disiez s'il y a mieux en Amérique.

FÉRON. A revoir, monsieur de Renneville. (*A part.*) Brave et digne jeune homme !

BOULAIN, à *Paul*.

AIR : *Valse de Robin des Bois*.
Il faut interroger ma fille,
Tâchez de lire dans son cœur :
Vraiment de toute la famille
Vous devez faire le bonheur.

PAUL.
Mon cher Boulain, j'obtiendrai, je l'espère,
L'aveu de son secret.

BOULAIN.
Ma foi,
Pour ma Pauline il a le cœur d'un père ;
Il l'aime presque autant que moi.

PAUL.
Je vais interroger sa fille,
Je saurai lire dans son cœur,
Je voudrais de cette famille
Pouvoir assurer le bonheur.

SCENE III.
PAUL, seul.

Voilà donc Pauline arrivée à cet âge où la beauté commence, où le cœur devient capable d'aimer, et où l'on plaît trop pour ne pas chercher à plaire. Eugène est un bon jeune homme, dont le cœur est noble et délicat ; s'il lui plaisait, ce mariage assurerait son avenir..... Pauvre enfant !.... Puisse-t-elle avoir tout le bonheur qui a manqué à sa mère..... à sa mère que j'ai poussée si jeune au tombeau !... Malheureuse Adèle !.. Cette mort, amenée à vingt ans, par deux années de larmes, de regrets... Ah ! préservons Pauline de tout attachement dangereux !... Son bonheur peut seul m'absoudre du malheur de sa mère... elle vient, je l'entends... Je devrais l'aimer pour tant de grâces et de vertus, quand je ne l'aimerais pas comme la fille d'Adèle... (*plus bas*) comme la mienne !

SCENE IV.
PAUL, PAULINE, *entrant par la gauche*.

PAULINE. Voici mes cahiers et mes livres.

PAUL. Bien, ma chère Pauline.

PAULINE. Bien... oh non!.. Vous êtes seul maintenant, mon ami, et il faut que je vous fasse une confidence que je n'ai pas osé vous faire devant mon père et mon oncle.

PAUL. Qu'est-ce que c'est?

PAULINE. C'est qu'aujourd'hui encore j'ai bien peu travaillé, et que mon travail ne vaut rien du tout.

PAUL, souriant. Mais cela devient inquiétant.

PAULINE. Depuis bien des jours je suis comme cela, et je n'en peux pas deviner la cause.

PAUL. Eh bien! il faut discontinuer les leçons, si elles vous ennuient.

PAULINE. M'ennuyer?.. oh! par exemple, non; c'est pour moi le plus grand plaisir de la journée, et ma première pensée quand je m'éveille. Aussi, dès le matin, je me mets à mon piano; j'essaie ensuite de lire, de faire des extraits comme autrefois; eh! bien, mon ami, (souriant) c'est vraiment une chose fâcheuse : je commence un beau morceau de musique avec attention, et je ne sais comment il se fait qu'au bout de quelques instans je m'aperçois que mes doigts se sont arrêtés; j'ai oublié que ma musique est là sous mes yeux... De même, quand je lis, je m'applique en commençant à retenir ce qui est dans mon livre, et quelquefois l'heure tout entière destinée à la lecture se passe, et j'en suis toujours à la même page... à laquelle je ne pense plus depuis long-tems... En vérité, c'est une maladie.

PAUL. Dont les symptômes sont connus. (A part.) Elle y vient d'elle-même.

PAULINE. Vous riez... mais c'est très-sérieux, et je vous avoue que je voulais vous consulter là-dessus, au lieu de prendre ma leçon.

PAUL. Et moi, je ne comptais pas vous la donner aujourd'hui, parce qu'il faut que j'aie votre avis sur une affaire importante.

PAULINE. Vraiment!... Eh bien! asseyons-nous, mon ami, et causons.

PAUL. Asseyons-nous.

PAULINE, gaîment. Et d'abord, quelle est cette grande affaire dont nous devons nous occuper?

PAUL, riant. Et cette importante idée qui vous occupe tant?

PAULINE. Non, non, parlez le premier. Vous avez un secret à dire.

PAUL. En auriez-vous un à cacher?

PAULINE. Je crois que j'ai deviné le vôtre.

PAUL. En vérité?

PAULINE. Oui... Depuis huit jours mon père rit sans cesse en me regardant.

PAUL. Et cela signifie?

PAULINE. Cela signifie, clair comme le jour, qu'il pense pour moi au mariage.

PAUL. Ah! oui-dà... Et si j'avais, moi aussi, deviné le secret de ma filleule?

PAULINE. Ce serait bien étonnant.

PAUL. Pourquoi donc?

PAULINE. Parce que je n'en ai pas.

PAUL. Je vous demande bien pardon! depuis quelque tems, Mlle Pauline a l'air préoccupée; elle avoue qu'elle ne songe plus à ses travaux; elle est toute rêveuse; elle rougit quand on la regarde.

PAULINE. Et cela signifie?

PAUL. Cela signifie, clair comme le jour, qu'elle pense... à l'amour.

PAULINE. Ah!

PAUL. N'est-ce pas cela?

PAULINE. Attendez donc... si vous alliez avoir deviné juste?

PAUL. Maintenant, ma filleule a si bien rougi, que je suis sûr de ne m'être pas trompé.

PAULINE. Vous m'avez presque fait peur.

PAUL. Peur... eh! pourquoi?.. Pauline sans doute aura fait un choix raisonnable.

PAULINE. Oh! le plus raisonnable.

PAUL. Un choix d'accord peut-être avec celui de sa famille.

PAULINE, de même. Je l'espère.

PAUL. Elle est aimée?

PAULINE. Elle croit en être sûre.

PAUL. Et dès long-tems déjà, cet amour...

PAULINE, mystérieusement. Écoutez, mon ami, je vais tout vous confier : depuis quelque tems je sens mon cœur plus joyeux, quoique j'aie moins souvent envie de rire. Dans nos petites réunions, quand vient le moment de la danse, j'y trouve un plaisir tout nouveau; quand nous faisons quelques promenades, les arbres me semblent plus beaux, mon cœur bat plus vite, un charme délicieux se mêle à mes rêveries, et je me sens heureuse de vivre. J'ignorais encore quel intérêt avait ainsi tout animé autour de moi, lorsqu'une absence de quelques jours me sépara d'une personne : bientôt la promenade me fatigua; la danse me sembla insipide; nos réunions me parurent désertes, et au milieu de ma famille, je me crus seule au monde. Alors je vis bien que ce qui charmait mon cœur, ce qui me donnait tant de joie, ce n'était ni la danse, ni les fleurs, ni les plaisirs! Que ma gaîté, mon bonheur, ma vie... c'était lui...

PAUL. Chère et naïve enfant!.. (A part.) C'est lui qu'elle aime!

PAULINE. Vous le voyez, mon ami, je vous dit tout.

PAUL. A qui donc adresseriez-vous vos confidences, ma chère Pauline, si ce n'était à celui qui a dévoué son existence à votre avenir ; qui a vu naître et qui a cherché à développer en vous les qualités qui vous font aimer, et qui craignait cette sensibilité, dont la douceur a tant de charmes, mais qui rend le bonheur si difficile !... Oui, Pauline, ces affections si vives de votre enfance m'avaient souvent alarmé : elles vont quelquefois se placer là où elles ne peuvent être partagées, ou bien là où elles ne doivent être que malheureuses. Je redoutais pour vous un choix dangereux.

PAULINE, souriant. Ainsi mon cœur a eu plus de raison que vous ne pensiez ?

PAUL. Et j'espère qu'il aura tout le bonheur qu'il mérite.

UN DOMESTIQUE. M. Boulain désirerait parler tout de suite à M. de Renneville.

PAUL. Dites lui que j'y vais. Il est inquiet sans doute du résultat de notre conférence ; mais je pense qu'il en sera satisfait. Il avait accueilli la demande de ce jeune homme qui réunit tous les avantages désirables, car il a un honorable caractère, une éducation distinguée, une fortune considérable.

PAULINE. Qui donc ? Quel jeune homme ?

PAUL. Ah !.. plus de franchise, Pauline. Vous savez bien que je parle d'Eugène Moreau.

PAULINE. Eugène Moreau !...

PAUL. Que servirait de feindre à présent ? N'est-ce pas de lui qu'il a été question ?... ne m'avez-vous pas avoué votre amour ?

PAULINE, à part. Comme il s'est trompé !

PAUL. Cet amour fera son bonheur et celui de votre famille... Je vais dire à M. Boulain que vous acceptez.

PAULINE. Moi ?... Non, non ! je refuse.

PAUL. Qu'entends-je ?

PAULINE. Oui, je vous dis, je vous répète que je refuse, que je n'ai pas d'amour pour M. Eugène Moreau, que je ne l'épouserai jamais.

PAUL. Mais tout à l'heure ?...

PAULINE. Ce n'est pas de lui que je parlais.

PAUL. De qui donc ?... Parmi les jeunes gens qui viennent ici habituellement, il me semblait le seul...

PAULINE. Ah ! vous croyez cela ?

PAUL. N'ai-je donc plus votre confiance ?

PAULINE. Si fait !

PAUL. Veuillez donc nommer...

PAULINE. Oh ! non pas !... Ce secret-là, je ne puis vous le dire... il faudra que vous le deviniez.

PAUL. Je vous en prie !

PAULINE. Cela m'est impossible !... pas à présent !... Mon père, à ce qu'il paraît, vous avait chargé d'interroger mon cœur, il attend ma réponse, allez la lui porter : dites-lui que je refuse M. Eugène Moreau.

PAUL, à part. Qui a donc pu lui plaire ? oh ! mon Dieu, faites que son choix ne compromette pas son avenir ?

PAULINE. Comme vous voilà soucieux.

PAUL. Un mot me tranquilliserait.

PAULINE. Je ne le dirai pas maintenant. Pardonnez-moi !

PAUL.
Air de l'Angélus.
Vous me laissez partir ainsi,
Sans me dire un mot qui m'éclaire ?
PAULINE, souriant.
Mais n'avez-vous pas, mon ami,
Une réponse à donner à mon père,
Et c'est un refus, je l'espère.
PAUL, lui prenant la main.
Cher enfant, je vois à regret
Que je n'ai plus ta confiance !..
PAULINE, souriant.
Bientôt vous saurez mon secret ;
Tâchez de prendre patience.

PAUL. Allons, il faut attendre les femmes sur les confidences... J'ajournerai ma curiosité.

SCÈNE V.
PAULINE, seule.

Oh ! comme il sera surpris, et que j'espère qu'il sera content quand il saura qu'à ces jeunes gens riches, qui pensent à moi, je préfère mille fois sa tendresse !... Quel bonheur de pouvoir lui rendre pendant toute ma vie les soins qu'il prit de mon enfance !... de partager avec lui cette fortune que ses travaux ont augmentée. Il ne m'a pas comprise... Il me croit frivole comme toutes les jeunes filles ; mon âge, le sien !.. Eh ! qu'importe ?

Air : Pourquoi ne devine-t-il pas ? (Romagnesi.)
N'est-il donc pas le plus aimable,
Et celui qui m'aime le mieux ?
Son erreur est-elle excusable ?
N'a-t-il pu lire dans mes yeux ?
Cet amour si vrai qu'il m'inspire
Par lui ne fut point soupçonné :
Il me faudra donc tout lui dire ?
Pourquoi n'a-t-il pas deviné ?

SCÈNE VI.
FÉRON, PAULINE, BOULAIN.

BOULAIN, à Féron en entrant. Je vous dis encore une fois que j'en suis bien aise.

FÉRON. Et moi, j'en suis fâché.

PAULINE. Eh bien ! qu'y a-t-il donc ? vous êtes en querelle ?

BOULAIN. Oh! ce n'est pas nouveau!.. ses opinions n'ont jamais été les mêmes.

FÉRON. Tant pis pour vous, mon cher beau-frère.

BOULAIN. Ceci est une question ; et aujourd'hui par exemple...

PAULINE. De quoi s'agit-il ?

BOULAIN. Il s'agit de vous, mademoiselle Pauline Boulain.

PAULINE. De moi !... ah ! je devine.... vous venez de voir mon parrain.

BOULAIN. Et il nous a dit que tu refuses Eugène Moreau.

PAULINE. Oui, mon père.

FÉRON. Mais il nous a dit en même tems que c'est le mari et non le mariage qui te déplait.

PAULINE. C'est vrai.

BOULAIN. Tu lui as avoué que tu aimes quelqu'un.

PAULINE. C'est vrai.

FÉRON. Et tu as obstinément refusé de dire son nom.

PAULINE. C'est encore vrai.

BOULAIN. Écoute, mon enfant, tu sais que ton bonheur est le but de toutes mes pensées, que je n'ai pas dans ce monde une autre espérance.

PAULINE. Je le sais, mon père : mais est-ce que mon refus vous afflige ?

BOULAIN. Que Dieu me garde de jamais contrarier ton cœur ? Tu ne veux pas de M. Eugène Moreau, n'en parlons plus ; mais, vois-tu, Pauline, si mon plus grand désir est de te savoir heureuse, mon devoir est aussi de veiller sur ton avenir : le choix que tu as fait...

PAULINE. Oh ! j'espère que vous ne le blâmerez pas.

BOULAIN. Encore faut-il que je le connaisse.

PAULINE. C'est juste ! Et, si j'ai refusé de tout dire à M. de Renneville, c'est que je voulais d'abord vous confier mon secret.

BOULAIN. Oui?... Eh bien, parle! Qui a mérité ton amour ?

PAULINE. Un homme charmant.

FÉRON. Ils sont tous comme cela quand on les aime.

BOULAIN. Voulez-vous bien la laisser parler ?

PAULINE. J'ose croire, mon oncle, que vous ne me démentirez pas quand je l'aurai nommé.

FÉRON. Comment ? Est-ce que je le connais ?

PAULINE. Sans doute, et depuis longtems.

FÉRON, avec inquiétude. Qu'est-ce donc ?

BOULAIN. Oh! oh! ça serait-il possible ?

PAULINE. J'ignorais ce qui se passait dans mon ame, le sentiment que j'éprouvais, je le prenais pour de l'amitié, mais j'ai bien vu que je me trompais, et lui-même, sans qu'il s'en doutât, il a contribué à m'éclairer... Si vous saviez combien je suis heureuse près de lui, combien son absence rend tout triste autour de moi ?

AIR : *Faisons la paix.* (Maison du Faubourg.)
Quand il est là,
Oui, je les comprends à merveille,
Ces auteurs qu'il me révéla ;
L'ame grandit, l'esprit s'éveille,
Quand il est là.
S'il n'est plus là,
Pour moi l'étude perd son charme,
Et sur les livres que voilà
Tombe bien souvent une larme,
S'il n'est plus là.

BOULAIN. Achève, achève, mon enfant.

FÉRON, à part. Je tremble !

PAULINE. Eh bien, mon père, n'avez-vous pas deviné? L'homme qui a formé mon cœur et mon esprit, qui, depuis mon enfance, m'a entourée de soins et de tendresse, c'est lui que j'aime, c'est avec lui seul que je peux être heureuse.

BOULAIN et FÉRON, ensemble, d'un ton bien différent. M. de Renneville ?

PAULINE. Vous l'avez dit.

BOULAIN. Quel plaisir !

FÉRON, à part. Quel malheur !

PAULINE, à Boulain. Etes-vous fâché ?

BOULAIN. Fâché !... fâché !.. Je suis le plus heureux homme du monde... Voilà mon rêve réalisé!.. Oui, oui, tu seras la marquise de Renneville, ou j'y perdrai mon nom.

FÉRON, à part. Vieux fou! Pauvre enfant!

PAULINE. Maintenant que je vous ai tout dit, que mon cœur s'est épanché dans le vôtre, je vous quitte : voici l'instant de me rendre à l'église, je cours chercher ma bonne. Embrassez-moi, mon père !

BOULAIN, l'embrassant. A revoir, mon enfant, à revoir ! Laisse-moi faire, va, laisse-moi faire, tu seras marquise.

PAULINE. Non, je serai sa femme... à bientôt, mon oncle.

○○○○○○○○○○○○○○○○○○○○○○○○○○○○○○○○○○○

SCENE VII.
FÉRON, BOULAIN.

BOULAIN. Cette enfant-là est adorable ! Elle l'aime ! c'est lui seul qu'elle aime !.. Oh! il faut que je m'asseye pour savourer ma joie tout à mon aise.

FÉRON. Vraiment oui, voilà un beau sujet de joie.

BOULAIN, assis. Et pourquoi non, je vous en prie ? Je n'osais pas l'espérer ; mais que de fois je me suis dit en le regardant : quel joli couple ça ferait !.... Savez-vous qu'il est très-bien ? Et puis, il est marquis !

FÉRON. Marquis! marquis!... vous ne voyez que cela. Mais songez donc à son âge.

BOULAIN. Son âge? Eh bien! quoi? Il n'a pas encore trente-six ans. Il y avait entre votre sœur et moi la même distance d'âge, et pourtant...

FÉRON, *à part.* Que va-t-il rappeler-là?

BOULAIN. Vous voyez que cela ne signifie rien.

FÉRON, *à part.* Quelle situation!.... Détruire tout le bonheur d'un honnête homme, apprendre à Pauline la faute de sa mère!... C'est impossible.

BOULAIN, *se levant*: Eh bien?

FÉRON. Eh bien? eh bien?... Et la naissance de M. de Renneville?

BOULAIN. Il s'en moque joliment de sa naissance!... Pour rester près de Pauline et de moi, il s'est presque fait ébéniste... Je dirai même que, sur ce sujet, il va beaucoup trop loin... mais tout s'arrangera. Dans le siècle où nous vivons, tout s'arrange avec de l'argent, et j'en ai... Je peux réaliser six cent mille francs. C'est moi qui ai meublé monseigneur l'archichancelier, monseigneur l'archi-trésorier: ils me veulent du bien, et c'est juste... car enfin, je suis un homme essentiel dans l'état; j'ai rendu des services à la France.

FÉRON. Vous?

BOULAIN. Oui, moi!

AIR: *Vaudeville de l'Apothicaire.*
Où s'est assis le tribunal?
Où s'est assis le directoire?
Où s'est assis le consulat?
De l'empire où s'assied la gloire?
Tour à tour ils se sont posés
Sur le trône que je décore!
Trois gouvernemens sont usés,
Mon velours est tout neuf encore.

FÉRON. Ah! diable!

BOULAIN. Je m'adresserai aux puissances du jour, je ferai des sacrifices s'il le faut, et vous verrez que je finirai par être baron... alors il n'y aura plus rien à dire.

FÉRON. Si ce n'est que vous êtes fou...

BOULAIN. Comment, fou? Ah! ça, mon cher beau-frère, êtes-vous revenu du Nouveau-Monde pour me dire ces choses-là?

FÉRON. Au reste, je ne sais pas pourquoi je discute avec vous sur une chose qui ne peut pas se faire, qui ne se fera pas.

BOULAIN. Qui ne se fera pas?... Ah! je vois ce que c'est!... Toujours vos idées révolutionnaires... Vous ne voulez pas qu'il y ait une marquise dans votre famille; mais j'en suis fâché pour vous, il faudra que vous en passiez par là. Je suis le père de ma fille peut-être?

FÉRON. Vous ne savez ce que vous dites.

BOULAIN. Comment!.. je ne sais ce que je dis? Ah ça, suis-je ou ne suis-je pas son père., voyons?

FÉRON. Eh! mon Dieu, je ne vous chicane pas là-dessus.

BOULAIN. Laissez-moi donc faire son bonheur comme je l'entends.

FÉRON. Son bonheur!.. Vous me feriez damner!

BOULAIN. Vous êtes un idéologue, un démocrate, un vieux jacobin.

FÉRON. Vous êtes un...

BOULAIN. Qu'est-ce que je suis, s'il vous plaît?

FÉRON. Un insensé!.. Mais il est inutile de se quereller plus long-tems; M. de Renneville, qui a plus de raison que vous...

BOULAIN. Refusera Pauline peut-être? Vous verrez qu'il voudra faire le malheur d'une fille charmante, dont il est aimé, qui est pétrie de grâces et d'esprit, avec trente mille livres de rente!... Allons donc, vous me faites rire.

FÉRON, *à part.* Son malheur!... c'est vrai... elle l'aime!.. Et comment faire sans lui révéler... Pauvre Pauline!..

BOULAIN. Vous allez voir... j'entends Pauline..... Et mais, qu'est-ce que cela? M. Paul qui la soutient?

FÉRON. Comme elle est pâle!

SCÈNE VIII.

FÉRON, BOULAIN, PAULINE, PAUL.

PAUL, *faisant asseoir Pauline.* Remettez-vous, chère Pauline, remettez-vous.

BOULAIN. Ma fille!.. Qu'y a-t-il donc? La voilà toute tremblante.

FÉRON. Qu'est-il arrivé?

PAUL. Je ne sais encore: je viens de voir rentrer Pauline tout en larmes; mais elle va nous dire...

PAULINE. Pardonnez-moi l'inquiétude que je vous cause. Ce n'est rien, mais j'ai été si troublée...

BOULAIN. Achève donc, je suis tout bouleversé, moi!

PAULINE. Depuis quelques jours, j'avais cru remarquer que j'étais suivie par un monsieur qui, partout où je le rencontrais, attachait sur moi ses regards avec affectation; je n'en avais rien dit parce que j'espérais qu'il cesserait ses poursuites, et que d'ailleurs je pouvais me tromper. Mais aujourd'hui, à peine étais-je entrée dans l'église, que je l'ai aperçu; il est venu se placer à côté de moi, et au moment où je sortais, il s'est approché; ne tenant aucun compte de mon trouble et des observations de ma bonne, il m'adressait les plus étranges discours; et, malgré ma résistance, il se disposait à s'emparer de mon bras, quand le ciel m'a envoyé un défenseur, M. Eugène Moreau, qui passait par là, m'a reconnue; il s'est précipité vers nous, a reproché à mon persécuteur l'indignité de sa conduite, et me délivrant de ses obsessions, m'a ramenée jusqu'ici où il m'a remise aux mains de M. Paul : voilà tout.

PAUL. Le lâche!... insulter une femme sans défense!

BOULAIN. Et qu'a-t-il dit, ce scélérat-là?

PAULINE. Des choses que je n'écoutais guère et que je comprenais encore moins; mais, au moment où il se querellait avec M. Moreau, le mot de grisette a frappé mon oreille.

BOULAIN. Grisette!... ma fille!... grisette!.... oh! si j'avais été là!..... Il n'y a qu'un des parvenus de ce tems-ci qui ait pu se permettre.. ah! sous l'ancien régime..

PAULINE. Mais non, mon père!..... car M. Moreau lui a demandé son nom, et je l'ai entendu qui répondait : le comte Charles de Maubert.

PAUL. Charles de Maubert!...

BOULAIN. Ah! ah!...

FÉRON. Charles de Maubert!... n'est-ce pas lui qui, il y a seize ans...

PAUL. Très-probablement!.... et dites-moi, Pauline, M. Moreau ne lui a-t-il pas demandé son adresse?

PAULINE. Oui, et il a dit rue Cérutti, n° 15.

PAUL. Rentrez, ma chère Pauline, et remettez-vous de l'émotion que vous avez éprouvée.

PAULINE. Oh! ce n'est plus rien maintenant.

FÉRON, passant près de Pauline. Chère enfant, viens, viens recevoir les soins des gens qui ne veulent que ton bonheur. Aussi bien, j'ai à te parler.

BOULAIN. Oui, viens, et sois tranquille!.. Bientôt on ne t'appellera plus grisette, tu n'iras plus à pied, tu auras une voiture.

FÉRON. Allons!...

BOULAIN. Je vous dis qu'elle aura une voiture!... je veux qu'elle ait une voiture.

SCÈNE IX.
PAUL, seul.

Charles de Maubert!..... ah! je bénis cette nouvelle insolence qui me permet de le rencontrer et de m'acquitter envers lui. Par quelle fatalité faut-il qu'à seize ans de distance le même homme vienne blesser mes plus douces affections?..... Rue Cérutti, n° 15! C'est à deux pas d'ici!... (Il va pour sortir, Boulain entre.) Comment?.... c'est vous, Boulain!...

SCÈNE X.
PAUL, BOULAIN.

BOULAIN, très-gravement. Oui, monsieur de Renneville!... il faut que je vous parle.

PAUL. A moi?...

BOULAIN, d'une voix étouffée. A vous!

PAUL. Que me voulez-vous?

BOULAIN. Regardez-moi!..... est-ce que vous ne me trouvez pas dans la figure quelque chose d'étrange, de surnaturel? hein?

PAUL. En effet!..... qu'avez-vous donc, mon ami?

BOULAIN, avec explosion. Ce que j'ai?... j'ai le sang qui me bout dans les veines; j'ai le frisson, la fièvre, le transport!..... on a appelé ma fille grisette, monsieur! on l'a appelée grisette!..... ma Pauline, mon enfant, mon trésor!...

PAUL. Ah! je comprends votre indignation!... cependant...

BOULAIN. Non, non..... vous ne pouvez pas la comprendre!..... il faut être père pour ça!... quand on est père, voyez-vous, l'insulte faite à votre enfant, ça vous va droit au cœur.

PAUL, à part. Oui!... droit au cœur!

BOULAIN. Aussi, je ne me connais plus!... je suis comme un fou, un lion déchaîné!...

PAUL. Mon ami, calmez-vous!...

BOULAIN. Je ne peux pas, monsieur de Renneville!..... je ne peux pas!..... c'est comme une attaque de nerfs qui me court des pieds à la tête.

PAUL, à part. Il ne sait pas qu'il y a dans mon cœur plus de colère que dans le sien. (Haut.) Boulain, qu'avez-vous à me dire? hâtez-vous : il faut que je sorte. (A part.) Il n'aurait qu'à m'échapper encore!

BOULAIN. Ce que j'ai à vous dire?..... voici! monsieur Paul, vous êtes mon meilleur ami, le parrain de ma Pauline que ce scélérat... enfin il faut que vous me serviez de témoin, et que vous veniez avec moi chez ce M. Charles de Maubert, tout de suite!

PAUL. Comment!... vous voulez?...

BOULAIN. Lui apprendre la politesse.

PAUL. Y pensez-vous, mon ami?..... un duel!...

BOULAIN. Ce sera le premier, c'est vrai.

PAUL. A votre âge!...

BOULAIN. La colère n'a pas d'âge.

PAUL. Mais vous ne savez pas tenir une épée.

BOULAIN. Parbleu, ça n'est pas beaucoup plus lourd qu'un marteau de tapissier, et j'ai encore le poignet solide. Enfin, monsieur, je veux me battre, je le veux!... c'est mon devoir, c'est mon droit et je me battrai!

PAUL. Boulain, mon ami, vous savez si j'aime Pauline; vous savez que pour elle, pour la venger d'un outrage, je donnerais ma vie!...

BOULAIN. Oui, sans doute!..... mais je suis son père, et vous n'êtes que son parrain.

AIR: *Aux braves hussards du deuxième.*
Il faut punir une insolente audace;
De mon devoir ne soyez pas jaloux!
Vous n'avez droit qu'à la seconde place,
Vous souffrirez que je passe avant vous;
N'essayez point d'enchaîner mon courroux!
Ah! croyez-moi, le Ciel en qui j'espère,
Et qui bientôt me rendra triomphant,
Donne toujours la force au bras d'un père,
Quand il s'agit de venger son enfant.

PAUL. Ecoutez-moi, Boulain: j'ai réfléchi comme vous sur ce qui vient d'arriver; mon ami, vos jours appartiennent à Pauline, et vous ne les exposerez pas pour un mot, outrageant sans doute, mais qui, s'il est retracté, peut encore se pardonner.

BOULAIN. Se pardonner!.. il l'a appelée grisette!

PAUL. Je le sais!... mais si M. de Maubert, éclairé par moi, qui suis son ancien ami, venait ici faire des excuses convenables.

BOULAIN. Des excuses?..... croyez-vous qu'avec des excuses ça puisse s'arranger?

PAUL. Certainement.

BOULAIN. C'est que, voyez-vous...

PAUL. Songez à Pauline! à sa douleur si elle savait...

BOULAIN. Taisez-vous! taisez-vous, ne me parlez pas de ma fille! si vous me parlez d'elle, je vais pleurer et je n'aurai plus de courage.

PAUL. Vous n'aurez pas à l'employer. Laissez-moi seulement un quart d'heure; je cours chez M. de Maubert, et je vous l'amène.

BOULAIN. Vous me l'amenez! vous me l'amenez!... et s'il refuse?

PAUL. Il ne refusera pas.

BOULAIN. Mais promettez-moi...

PAUL. Je vous promets que tout s'arrangera à l'amiable!... fiez-vous à moi.

AIR: *Ne raillez pas la garde citoyenne.*
Je vous en prie, il faut me laisser faire,
De votre honneur, Boulain, je suis jaloux;
J'ai senti là tout ce que souffre un père,
Et je comprends votre juste courroux.
BOULAIN.
Je vous suivrai.
PAUL.
Ne craignez rien, vous dis-je!
Je vais le voir et tout peut s'arranger.
BOULAIN.
Vous le voulez?
PAUL.
Demeurez, je l'exige!
(A part.)
C'est à moi seul, Pauline, à te venger.
ENSEMBLE.
PAUL.
Je vous en prie, etc.
BOULAIN.
Puisqu'il le veut, il faut le laisser faire!
De mon honneur monsieur Paul est jaloux;
Il a senti tout ce que souffre un père,
Et je suis sûr qu'il comprend mon courroux.

SCENE XI.
BOULAIN, *seul, s'asseyant.*

Allons!... il l'a voulu... ce M. de Maubert, dit-il, nous fera des excuses; ça pourra s'arranger à l'amiable!..... à la bonne heure!... (*Il se lève.*) Mais, j'y pense!... à l'amiable?... est-ce bien sûr? je ne sais pas!..... il me semble à présent que j'ai lu dans ses regards... ah! mon Dieu! voudrait-il donner lui-même à ce muscadin une leçon de politesse?... oh! mais je ne dois pas le souffrir, je ne le souffrirai pas!... imbécille que je suis de n'avoir pas eu cette idée-là tout de suite!..... il est peut-être encore tems, et je cours...

SCENE XII.
BOULAIN, PAULINE, FÉRON

FÉRON. Où allez-vous donc si vite, monsieur mon cher beau-frère?

BOULAIN. Je vais... je vais... ça ne vous regarde pas!... mais, grand Dieu! qu'est-ce que je vois? qu'est-il arrivé encore à ma fille? pourquoi cet air si triste?

PAULINE. Ce n'est rien, mon père.

BOULAIN. Ce n'est rien, ce n'est rien!... je te demande bien pardon; on n'est pas triste sans motif. Je gage que c'est ton oncle qui t'aura troublé l'esprit avec ses beaux discours?

PAULINE. Si je devais croire à ce qu'il m'a dit, j'avoue que je serais bien affligée.

BOULAIN. Voyez-vous ça! Il t'a dit sans doute que tu avais tort d'aimer M. de Renneville?

PAULINE. Oui.

BOULAIN. Que tu ne serais jamais sa femme?

PAULINE. Oui.

BOULAIN. Eh bien! moi, je te dis le contraire.

PAULINE. Mais, mon père, cela dépend-il de vous? et, s'il est vrai, comme l'assure mon oncle, qu'il ait une autre passion dans le cœur?

BOULAIN. Une autre passion!...

PAULINE. Qui doit l'empêcher de répondre à mon attachement, mon oncle l'affirme.

BOULAIN. Monsieur Féron, ceci est trop fort! vous osez l'accuser, lui!... savez-vous bien ce qu'il fait peut-être en ce moment pour elle?

FÉRON. Quoi donc?

PAULINE. Parlez, mon père.

BOULAIN. Je gagerais presque qu'il est allé se battre pour la venger.

PAULINE. Se battre!.. exposer ses jours!.. et vous ne l'avez pas retenu?

FÉRON. Vous ne l'avez pas suivi!...

BOULAIN. J'allais courir après lui quand

vous êtes entrés, et puis je ne suis pas bien sûr...

PAULINE. Se battre!... pour moi!... oh! de quel côté est-il sorti? venez, mon père, venez.

FÉRON, à part. Il n'aura pas de repos qu'il n'ait ensorcelé la malheureuse enfant!

PAULINE. Je vous en prie, je vous en conjure, mon père, courons sur ses pas, il est peut-être encore tems, je ne veux pas qu'il se batte pour moi !... on ne m'a pas offensée... je ne veux pas qu'il se batte!

BOULAIN. Ecoute donc!... n'est-ce point sa voix que j'entends?...

PAULINE, ouvrant la porte. Oui, oui, c'est lui !..... (Paul entre; elle se jette dans ses bras.) Ah!.... il n'est pas blessé!.... je suis trop heureuse.

SCÈNE XIII.
FÉRON, BOULAIN, PAULINE, PAUL.

PAUL. Chère Pauline! qu'aviez-vous donc?

PAULINE. Oh! que c'est mal de nous causer de telles frayeurs! d'exposer votre vie!... si vous saviez comme je tremblais?

PAUL. Comment!.. qui a pu vous dire?..

FÉRON. C'était donc vrai?

BOULAIN. Et M. de Maubert?...

PAUL. D'ici à deux mois, il n'insultera plus personne.

BOULAIN. Ah! vous m'avez trompé!..... mais c'est égal! je crois que je vous en aime davantage, car ça me prouve que vous chérissez Pauline autant que je le désirais.

PAULINE. Méchant!... vous ne songiez donc pas à nous?

PAUL. Au contraire!... Mais est-ce là ce qui a jeté sur vos traits ce voile de tristesse?

PAULINE. Cela... et autre chose encore.

PAUL. Qu'y a-t-il?

BOULAIN. Il y a qu'il est tems...

FÉRON, l'arrêtant. Boulain!...

BOULAIN. Ah! je veux parler et je parlerai!

FÉRON, à part. Que faire?... je ne peux pourtant pas lui dire...

PAULINE, bas à Boulain. Mon père, cette affaire me regarde; il faut que mon sort se décide!...... permettez que je cause un instant seule avec M. de Renneville. Vous l'aviez chargé de sonder mon cœur, laissez-moi interroger le sien.

BOULAIN, de même. Tu as raison, c'est le plus sûr !.., Tu as tant d'esprit !... Et moi, je ne dirais peut-être que des bêtises.

PAULINE. Emmenez mon oncle.

BOULAIN. Laisse-moi faire.

PAUL, à part. Qu'a-t-elle donc?

BOULAIN. Mon cher monsieur de Renneville, votre filleule veut vous parler à vous seul.

PAUL. Ah!...

BOULAIN, à Féron. Monsieur mon beau-frère voudra bien m'accompagner.

FÉRON. J'aurais désiré, cependant...

BOULAIN. Parler à M. de Renneville?... Vous aurez tout le tems, et vous souffrirez bien, j'espère, que votre nièce ait la préférence?

PAUL. Il s'agit donc d'une affaire...

BOULAIN. Très-importante! (bas à Pauline.) Je suis sûr de mon fait, et je vais écrire à Eugène Moreau qu'il peut retourner à Bordeaux.

FÉRON, à part. Paul est honnête homme!... Mais il faut qu'elle se marie promptement; je vais écrire à Eugène Moreau de venir.

BOULAIN, arrivé au fond. Allons, mon cher beau-frère, suivez-moi.

SCÈNE XIV.
PAULINE, PAUL.

PAUL, à part. Je ne puis me défendre d'une cruelle inquiétude! (Haut.) Pauline, vous étiez si joyeuse tantôt!... Que s'est-il donc passé?

PAULINE. Rien.

PAUL. Cette espérance de bonheur, qui brillait dans vos yeux, je ne la retrouve plus. Des larmes l'ont remplacée!... Ah! parlez, qu'avez-vous?

PAULINE. Que puis-je vous dire?

PAUL. Tout!... tout ce qui se passe dans votre cœur! Ne sentez-vous pas que le mien vous est dévoué?

PAULINE. Je le croyais,... mais, que sait-on? Peut-être je m'étais trompée?

PAUL. Ah! je ne mérite pas ce reproche.

PAULINE. Que voulez-vous? On est jeune, étourdie, on croit plutôt son cœur que sa raison; on espère ce qu'on désire; puis une circonstance imprévue vous apprend que votre bonheur est menacé.

PAUL. Votre bonheur menacé!... non pas, non, Pauline?.... Cet amour si naïf dont vous me parliez ce matin, dont l'objet m'est encore inconnu, car je n'ai pas voulu forcer votre confiance; eh bien, rencontrerait-il quelques obstacles? Certes ils ne viendraient pas de moi; au contraire, je pourrais contribuer à les détruire!.. Voyons, mettez-moi à l'épreuve, confiez-moi tout, et vous verrez si quelque sacrifice me coûte pour assurer votre avenir tel que votre cœur le souhaite!... Mais d'abord, pourquoi tant tarder à me faire connaître votre choix? Serait-il possible qu'il fût indigne de vous?

PAULINE, vivement. Oh non !... c'est le meilleur et le plus noble des hommes... Celui qui mérite le plus d'être aimé. Mais...

PAUL. Mais?...

PAULINE. Mon cœur confiant ne lui connaissait aucune affection qui pût rivaliser avec sa tendresse pour moi ; je croyais sentir que tous ses vœux, tout son amour n'appartenaient qu'à moi seul ; je devinais qu'il n'osait encore exprimer un sentiment que peut-être la différence de nos fortunes l'empêchait d'avouer, et dont pourtant il savait bien que je ne doutais pas !... Eh bien ! aujourd'hui je crains qu'une erreur cruelle ne m'ait abusée, qu'une autre femme...

PAUL. Comment?... Que dites-vous?

PAULINE. Je n'aurais pas ainsi livré toute mon ame à cet amour qui est devenu mon espérance et ma vie, si d'abord je n'avais cru deviner que j'étais aimée !... Ecoutez-moi, car le moment est venu de tout vous dire. Un jour j'entendis ces mots prononcés par lui : « Toi que j'aimerai toujours... Toi à qui j'ai consacré toute mon existence !... » Et un portrait recevait mille caresses qui prouvaient la sincérité de son amour.

PAUL, à part. Grand Dieu ! que dit-elle?

PAULINE. J'étais là, près de lui, il ne me voyait pas ; je m'approchai, je me penchai un peu, j'aperçus les traits de cette figure qui lui était si chère, et...

PAUL, avec anxiété. Et?...

PAULINE. Il me sembla reconnaître les miens.

PAUL, à part. Quelle erreur, juste ciel !

PAULINE. Je ne pus donner à cette image qu'un coup-d'œil bien rapide, mais je vous le répète, il me sembla que c'étaient mes yeux, mon sourire... Me suis-je abandonnée à une illusion?... La prévention m'abusait-elle?...

PAUL. Quoi ! Pauline, vous avez vu?...

PAULINE. Ah ! je ne me trompais donc pas !.. Pardonnez-moi, mon ami ; d'avoir surpris votre secret.

PAUL. Mon secret !...

PAULINE. Oui, je le savais depuis longtems, et cette confiance dans votre amour augmentait encore le mien... Aujourd'hui, l'on a voulu jeter des soupçons dans mon ame... mais ils viennent de s'effacer... N'avez-vous pas dit tout à l'heure que votre cœur m'est dévoué?

PAUL, à part. Malheureux que je suis !

PAULINE, le regardant. Mon Dieu ! Paul, qu'avez-vous donc?... Serait-il vrai? Me serais-je abusée?...

PAUL. Ah, Pauline ! qu'avez-vous fait?

PAULINE. Que vois-je?... Vous me repoussez !

PAUL. Et c'est là mon châtiment !

PAULINE. Ah ! cet effroi... cette pâleur m'en disent assez !... Et j'ai cru qu'il m'aimait !

PAUL, se rapprochant d'elle. Pauline, Pauline, vous êtes, je le jure, ce que j'ai de plus cher au monde !... mais.....

PAULINE. Eh bien?

PAUL, à part. Quel supplice !...

PAULINE. Mon Dieu ! que signifient donc ce trouble, cette hésitation?... Paul, au nom du ciel, ne m'abusez pas !... (Vivement et plus bas.) Savez-vous qu'on peut mourir d'avoir été trompé? Savez-vous qu'on m'a dit que ma mère était morte d'un amour malheureux pour un ingrat... qui l'avait abandonnée?

PAUL. Que dites-vous, Pauline? Quel horrible souvenir !

PAULINE. C'est la vérité.

PAUL. Et qui a pu vous apprendre?...

PAULINE. Un jour, les discours de ma tante Dorothée...

PAUL. Votre tante !...

PAULINE. Il y a long-tems déjà, et pourtant je ne l'ai pas oublié ; car je le sens aussi, moi, c'est une chose affreuse d'avoir cru à l'amour, et de voir que c'était une erreur !

PAUL. Si vous saviez !...

PAULINE. Expliquez-vous donc !... Ce portrait...

PAUL. Celle qu'il représente n'existe plus.

PAULINE. Ah !... Et vous l'aimiez?

PAUL. Je l'aimais.

PAULINE. Comme elle a dû regretter la vie!

PAUL. Elle mourut de chagrin...

PAULINE. Elle aussi !...

PAUL. Ecoutez-moi, Pauline ! Il n'y a plus à balancer ; ce que je viens d'apprendre me décide ; votre bonheur l'ordonne ! C'est le secret de mon cœur, l'histoire de ma vie tout entière que je vais confier à votre attachement... et à votre raison... Armez-vous de courage, il en faut !... J'étais jeune, riche, né dans une position où l'on rapporte tout à soi ; où l'on apprend à regarder les femmes moins comme les objets d'un sentiment profond et délicat qui peut étendre son influence sur notre vie, que comme des occasions de plaisirs et de distractions qui doivent être sacrifiés à nos intérêts. J'aimai une jeune fille sage et belle ; j'obtins son amour ; elle mit en moi tout son bonheur ; elle n'eut plus qu'une volonté, la mienne. J'aurais demandé sa vie, qu'elle me l'eût donnée sans hésiter !... Eh bien, je fis plus !... j'exigeai qu'elle devînt la femme d'un autre !.....

PAULINE. Comment?...

PAUL. Je croyais qu'elle ne pouvait être la mienne !... Vous êtes étonnée, Pauline!... Vous ne savez pas encore ce que ce monde hypocrite, qui loue la vertu et méprise le vice en public, tolère d'infamies, quand la fortune de ceux qui les commettent éblouit ses yeux!.. Un honnête homme fut trompé!... mes amis d'alors en rirent beaucoup!... moi, pourtant, je tremblai en jetant aux bras d'un autre la jeune fille, coupable pour m'avoir aimé, qui s'était fiée à mon honneur, et dont la naïve et crédule innocence avait espéré me dévouer son avenir! Elle obéit!.. Elle était si pauvre!... Et moi j'étais si riche!... Mais, après deux années de larmes dévorées en silence, elle mourut!...

PAULINE. Ah!... deux années!...

PAUL. J'étais loin d'elle... et déjà le regret d'une mauvaise action et le souvenir de son amour avaient détruit le bonheur et la joie de ma jeunesse!... une main sûre me remit de sa part une lettre et un portrait qui ne m'ont plus quitté! Depuis cette époque, de grands malheurs ont troublé ma vie, renversé ma fortune et mon existence dans le monde!... mais rien n'a jamais approché de l'impression que me fit éprouver cette triste lettre... si ce n'est, Pauline, votre aveu d'aujourd'hui! Écoutez, il faut que tout vous soit connu! (*Il lit.*)

« Je vais mourir!... Je n'ai pu résister » au malheur de ma situation. Vous avoir » connu, Paul, avoir eu l'espérance de » vous consacrer sa vie; et vous perdre » pour toujours c'était la mort! Quand » vous lirez ces lignes, les dernières que » ma main tracera, il ne restera plus rien » de celle qui vous a tant aimé! rien que » cette enfant pour qui je vous implore » aujourd'hui!... Veillez sur elle!... et, » si les malheurs de sa mère ont inspiré » à votre cœur quelque pitié, tachez d'é- » carter de votre fille les dangers qui ont » perdu la pauvre Adèle! »

PAULINE. Adèle!... Et ce portrait!... (*Paul lui présente le portrait en détournant la tête; elle le prend, le regarde, et recule en jetant un cri déchirant.*) Ma mère!... c'était ma mère!

PAUL. Ah! le ciel me punit trop!... Et voilà donc les suites d'une faute irréparable! Elle seule me restait au monde; c'était le dernier lien qui m'attachait à la vie, et il se brise!... Elle me fuit maintenant, elle me hait, elle me maudit peutêtre!... ah! je suis bien malheureux!

PAULINE, *se rapprochant avec émotion*. Malheureux!... vous!... ah, pardon!...

PAUL. Quoi!... tu ne me maudis pas!

PAULINE. Vous maudir! vous, mon...

PAUL, *lui mettant la main sur la bouche*. Silence!... enfant! .. Silence!...

AIR : *De votre bonté généreuse.*

À tes côtés j'ai vécu sans famille,
Et j'ai seize ans veillé sur ton bonheur;
Je tremble, hélas! en t'appelant ma fille,
Car dans ce mot tout est joie et douleur!
Toi qui m'aimas, pauvre Adèle, pardonne!
Du haut des cieux, dans mes bras tu la vois!
Ce nom si doux, permets que je le donne
Pour la première... et la dernière fois!

PAULINE, *s'écartant*. On vient!...

SCENE XV.
BOULAIN, PAULINE, PAUL.

BOULAIN, *une lettre à la main*. Voilà, voilà le congé de M. Eugène Moreau en bonne forme! Il retournera seul à Bordeaux... car tout est arrangé sans doute?

PAULINE, *prenant la lettre*. Oui, tout est arrangé; mais vous avez eu tort d'écrire; il ne faut pas renvoyer M. Eugène Moreau.

(*Elle déchire la lettre.*)

BOULAIN, *stupéfait*. Oh! oh!... En voici bien d'une autre!... Qu'est-ce que cela veut dire?

PAUL. Cela veut dire, monsieur Boulain, que Pauline réfléchira; que ce mariage peut lui promettre une existence paisible et honorable, et qu'elle a autant de raison que de vertu!...

BOULAIN. Comprenez quelque chose aux caprices des femmes, si vous pouvez!

FÉRON, *entrant par le fond*. Je vous annonce M. Eugène Moreau; il est en bas.

BOULAIN. Bien!... vous étiez du complot!... Je devais m'en douter!... Allons, il était écrit que ma fille ne serait pas marquise.

PAUL, *à part*. Puisse-t-elle être heureuse!

FIN.

IMPRIMERIE DONDEY-DUPRÉ, RUE SAINT-LOUIS, 46, AU MARAIS.

JEANNE VAUBERNIER,

OU

LA COUR DE LOUIS XV,

COMÉDIE EN TROIS ACTES,

Par MM. de Rougemont, Lafitte et A. Lagrange,

REPRÉSENTÉE POUR LA PREMIÈRE FOIS, A PARIS, SUR LE THÉATRE ROYAL DE L'ODÉON,
LE 17 JANVIER 1832.

PERSONNAGES.	ACTEURS.	PERSONNAGES.	ACTEURS.
LOUIS XV	M. FERVILLE.	ZAMORE, nègre	M. JEMMA.
LE COMTE JEAN DU-		JEANNE	Mme A.-DORVAL.
BARRY	M. PROVOST.	LA MARQUISE DE ST.-	
LE DUC DE CHOISEUL.	M. ARSÈNE.	SORLIN	Mme LAGARDÈRE.
LE DUC D'AIGUILLON..	M. FÉLIX L.	ROSE	Mme DUBOURJAL.
LE DUC DE LA VRIL-		DÉSIRÉE	Mlle AUBÉ.
LIÈRE	M. DUPARAI.	VIRGINIE	Mlle ADÈLE.
LE CHANCELIER MAU-		LEBEL, personnage muet.	
PEOU	M. MOESSARD.	PAGES.	
L'ABBÉ TERRAY	M. DELAISTRE.	GRANDS SEIGNEURS.	
LE MARQUIS DE SAINT-		HUISSIERS.	
SORLIN	M. ALBERT.	LAQUAIS.	
NICOLAS MATHON	M. DAVESNE.	DEMOISELLES DE BOUTIQUE.	

La scène se passe à Paris, au premier acte; et à Versailles, au second et au troisième.

ACTE PREMIER.

Le théâtre représente une boutique de marchande de modes, rue Saint-Honoré, au Papillon-Galant.

SCÈNE PREMIÈRE.

JEANNE, ROSE, DÉSIRÉE, VIRGI-
NIE *et quelques autres jeunes filles sont
assises en rond au milieu de la boutique,
et continuent de jouer.*

ROSE, *à Désirée.* Et où étais-tu donc?

DÉSIRÉE. J'étais chez le mousquetaire,
le mousquetaire, le...

SUPPL.

VIRGINIE. Vous en avez menti...

TOUTES, *riant.* Ah! vous en avez!.. un
gage! un gage!....

VIRGINIE. Le voilà...

DÉSIRÉE. Mon Dieu, mesdemoiselles,
nous jouons toujours, et moi je crains que
madame ne revienne de Versailles au moment où nous y penserons le moins.

JEANNE. Sois donc tranquille. Madame

16

ne peut pas être de retour à Paris avant ce soir ; elle a tant de choses à faire à Versailles. D'abord, il faut qu'elle aille ce soir chez la comtesse d'Egmont, qui essaiera vingt chapeaux avant d'en trouver un qui la rajeunisse de dix ans... Ensuite elle a un rendez-vous chez la maréchale de Mirepoix, qui s'est mis dans la tête de ressusciter les modes de madame de Pompadour...

ROSE. Dites donc, mesdemoiselles, est-ce que le roi n'a pas encore nommé à la place de madame de Pompadour?

JEANNE. Non... C'est un ministère vacant...

ROSE. Il faut être de la cour pour occuper ce poste-là, n'est-ce pas?

JEANNE. Il faut être jolie... et plaire au roi.

ROSE. J'avais toujours entendu dire que c'était une place réservée à la noblesse, que c'était un de ses priviléges.

DÉSIRÉE. Est-ce que madame de Pompadour était noble?... La fille d'un boucher!... Mais la vérité c'est que le roi ne choisit ses maîtresses que parmi les femmes mariées.

JEANNE. Par respect pour les mœurs... c'est bien dommage pour nous... n'est-ce pas, mesdemoiselles?... Nous, qui sommes encore à pourvoir.

DÉSIRÉE. Oh! je crois qu'aucune de nous ne porte ses vues si haut... mais au lieu de bavarder nous ferions mieux de tirer les gages.

TOUTES. Oui, oui... tirons les gages.

ROSE. Mêle bien.

DÉSIRÉE. Qu'ordonnes-tu?

ROSE. J'ordonne au gage touché de chanter une chanson.

DÉSIRÉE, montrant le gage. Un étui.

ROSE. C'est à moi... justement j'en sais une toute nouvelle.

COUPLETS.

AIR nouveau, musique de M. Piccini.

Quand vous venez dans nos vergers,
Voyez les maux que vous y faites,
Vos yeux font mourir les bergers
Et votre gosier les fauvettes.
Qui chantera donc le printems
S'il n'est plus d'oiseaux ni d'amans?
Mais un doux espoir, de nos cœurs
Suspend les cruelles alarmes,
Ceux que font mourir vos rigueurs
Sont ressuscités par vos charmes;

Vos attraits sont pour les amans
Ce qu'aux oiseaux est le printems.

DÉSIRÉE, mêlant de nouveau les gages. A une autre!

ROSE. J'ordonne au gage touché de nous raconter une histoire.

DÉSIRÉE, montrant le gage. Un dé...

JEANNE. C'est à moi... mais je ne sais pas d'histoire.

TOUTES. Tant pis... il nous en faut une.

JEANNE. Je ne sais que la mienne... la voulez-vous?

TOUTES. Oui, oui, la tienne.

JEANNE. D'abord, mesdemoiselles, vous saurez que je suis née au village de Vaucouleurs.

DÉSIRÉE. Ah! où est née Jeanne d'Arc.

JEANNE. Oui, nous sommes du même pays, mais pas de la même famille... On m'a quelquefois dit que j'étais la fille d'un gentilhomme... Mais la vérité est que le mari de ma mère était un roturier et bien pauvre... car lorsqu'il mourut nous fûmes fort embarrassées... heureusement mon parrain habitait la capitale, et nous partîmes tout de suite pour Paris... J'avais douze ans, j'étais gentille!... On me mit au couvent de Sainte-Aure, c'est drôle de chose qu'un couvent!... c'est singulier tout ce qu'on y apprend... sans le vouloir, c'est bien l'éducation la plus complète! Il y avait des jeunes filles de toutes les classes... j'avais deux amies... Geneviève Mathon, la fille d'un riche pâtissier de la rue de la Harpe... la meilleure créature! et puis Marguerite d'Aytré! Une Choiseul, la nièce du ministre... Dieu! qu'elle était fière et méchante!... Ne voilà-t-il pas qu'un jour, il y a de cela deux ans, oui... à peu près... il vient un homme demander l'abbé Grisel... l'aumônier du couvent. Un abbé bien aimable. Il ne nous parlait jamais de l'enfer dans la crainte de nous faire peur : c'était dans l'hiver, le jour de la mort de ce pauvre comte de Lally..... Cet homme, en passant auprès de moi, s'arrête... il me regarde avec des yeux!... je ne les oublierai jamais : Mademoiselle, me dit-il, promettez-moi de m'accorder la première grâce que je vous demanderai quand vous serez reine de France.

TOUTES. Bah!

VIRGINIE. C'était un fou.

JEANNE. C'est bien possible. Je n'eus rien de plus pressé que de raconter tout cela à la récréation... Eh bien! vous ne croiriez pas... il y en a qui se fâchèrent de la préférence que m'avait accordée l'inconnu. Marguerite d'Aytré, surtout. Oh! elle me fit une moue! on aurait dit que j'étais reine de France, et que je lui soufflais sa place.

ROSE. Moi, je te cède ma part de la couronne.

JEANNE. Bientôt nous sortîmes toutes les trois du couvent, mademoiselle d'Aytré pour se marier à un marquis, le marquis de Saint-Sorlin, Geneviève pour succéder à sa mère dans sa boutique du faubourg Saint-Jacques... et moi pour entrer chez madame Labille, marchande de modes, rue Saint-Honoré, n. 256.

DÉSIRÉE. Et tu n'as pas conservé de relation avec la marquise?

JEANNE. Non... elle était si fière... et puis franchement, je ne la crois pas susceptible d'amitié; tandis que Geneviève Mathon m'a toujours donné des preuves d'un véritable attachement.

ROSE. Ajoutons à cela que Geneviève a un frère très-joli garçon, qui allait voir ces demoiselles au couvent, et qui faisait la cour à Jeanne.

JEANNE. Oui, c'est vrai... Nicolas Mathon est un honnête garçon...

VIRGINIE. Tu l'aimes donc?...

JEANNE. Oui, je l'aime.

ROSE. Et le comte Jean?

JEANNE. Je l'estime...

DÉSIRÉE. Je ne sais pas comment on peut estimer un homme de quarante ans, qui joue toutes les nuits, et jure à tout moment.

JEANNE. Eh bien! mesdemoiselles, si vous le connaissiez... certainement il n'est pas beau... ses manières sont quelquefois un peu brusques, c'est un joueur déterminé... mais il est homme d'honneur quand il a donné sa parole, il la tient... et sans la protection qu'il a bien voulu m'accorder après la mort de mon parrain... je lui dois bien de la reconnaissance.

DÉSIRÉE. Moi... je ne sais pas encore qui j'aimerai... parce que l'amour... ça ne dépend pas de notre volonté... mais l'estime, c'est différent, et je n'estimerai jamais que les jeunes seigneurs... passé trente ans, je les respecterai de tout mon cœur... je jure bien ici...

○○

SCÈNE II.

LES MÊMES, LE COMTE JEAN.

LE COMTE, entrant. Morbleu, ne jurez pas...

TOUTES, surprises. Ah!

LE COMTE, entrant. Comment... ma vue vous fait peur!

ROSE. Oui, cela me fait toujours cet effet-là.

JEANNE, riant. Deux minutes plutôt: vous auriez été joliment attrapé... vous auriez entendu...

LE COMTE. Mon éloge? (Tirant de sa poche des bonbons, des colifichets et les jetant à toutes les demoiselles.) Voilà des matériaux pour un nouveau chapitre.

TOUTES. Qu'il est aimable!... Qu'il est gentil!

LE COMTE, à Jeanne. Vous voyez; je ne leur fais pas dire.

JEANNE. Non, mais vous avez des avocats qui parlent pour vous.

ROSE. Est-ce que vous avez été parrain?

LE COMTE. Non... pas que je sache... mais j'ai passé la nuit la plus heureuse.

JEANNE, vivement. Où cela?

LE COMTE. Au jeu... J'ai fait rafle d'un millier de louis au comte Saint-Marsault, gentilhomme tourangeau, dont le grand-père était sellier de la cour... il montait dans les carrosses du roi... pour les essayer... Du reste, il ne peut pas se plaindre, je lui ai rendu un grand service...

JEANNE, souriant. En lui gagnant son argent...

LE COMTE. Sans compter celui-là... Imaginez-vous que le petit-fils du sellier de la cour est amoureux fou d'une chapelière de la rue des Petits-Champs.

ROSE. Madame Régnier...

LE COMTE. Précisément... petite brune... qui a le mari le plus ridicule... Cet impertinent-là prétend qu'il a épousé sa femme uniquement pour lui... monsieur ne la quittait pas d'une seconde, ce qui gênait singulièrement notre gentilhomme de la Touraine... je l'ai mené chez le duc de la Vrillière, l'homme le plus accommodant du royaume, et crac... ce digne ministre lui a signé une lettre de cachet, et ce soir notre mari sera à la Bastille.

JEANNE. Comment, faire arrêter un honnête homme !...

LE COMTE. Nous n'avons rien trouvé de mieux.

JEANNE. C'est une horreur !

LE COMTE. Ma chère amie, vous n'entendez rien au gouvernement.

JEANNE. Je le déteste votre duc de la Vrillière.

ROSE. Bon ! bon ! quand le roi saura tout cela.

LE COMTE. Jamais. Est-ce que vous croyez qu'on étourdit sa majesté de toutes ces misères-là ?

ROSE. Comment il y a des choses qui se font dans le royaume et que le roi ignore ?

LE COMTE. Oui, ma belle... on ne lui dit pas tout.

ROSE. Eh bien ! si j'étais auprès de lui, moi je ne voudrais rien lui cacher.

LE COMTE. Quoi ! pas même les visites du marquis Saint-Exupéri ?

ROSE. Taisez-vous, méchant !

LE COMTE. Pourquoi rougir ? c'est un joli cavalier, beau joueur, il perd très-loyalement... (S'adressant à Virginie.) Il ne ressemble pas à son cousin, le petit chevalier de Morlincourt, la plus mauvaise tête !... mais un excellent cœur.

VIRGINIE. Vous êtes bien la plus mauvaise langue !... Mesdemoiselles, si vous m'en croyez, nous planterons là M. le comte Dubarry.

DÉSIRÉE. Quand il sera tout seul, il ne scandalisera plus personne.

(Désirée, Virginie et Rose sortent en riant par une porte de côté. — Les autres demoiselles de boutique occupent les comptoirs.)

SCÈNE III.

LE COMTE, JEANNE, DEMOISELLES DE BOUTIQUE.

JEANNE. A quoi bon les tourmenter ainsi ?

LE COMTE. C'est une revanche que je prends... (S'extasiant devant Jeanne.) Est-elle jolie ! Hein ! Regardez-moi encore.

JEANNE, lui tournant le dos. Je n'aime pas les complimens.

LE COMTE. Ventrebleu ! avec ces yeux fripons et cette figure angélique, on doit faire donner au diable... toute la noblesse et le clergé du royaume.

JEANNE. Oh ! je ne suis pas si ambitieuse.

LE COMTE. Jeannette, si j'étais roi de France... tous mes trésors y passeraient.

JEANNE. Ah ! pourquoi n'êtes-vous pas roi de France ?..

LE COMTE. Ai-je réellement besoin de l'être !... Cette diable de prophétie de votre inconnu me trotte dans la cervelle... Le drôle peut se flatter de m'avoir fait passer de méchantes nuits... mais je la réaliserai sa prophétie !

JEANNE. Comte Jean, si l'on vous entendait, on vous prendrait pour un fou.

LE COMTE. Fou... Le roi doit l'être de cette figure-là.

JEANNE. Laissez donc, je ne suis pas faite pour ce pays-là.

LE COMTE. Précisément ; c'est ce qu'il y aura de piquant.

JEANNE. Une grisette !

LE COMTE. Fruit nouveau, qui, transplanté à Versailles, n'y perdra rien de son parfum et de sa fraîcheur.

JEANNE. Mon cher comte, je n'y brillerais pas... toutes vos femmes de qualité sont si jolies...

LE COMTE. Des visages qu'on sait par cœur... Et puis toutes ces figures-là sont de la connaissance de sa majesté.

JEANNE. Et croyez-vous donc que moi aussi je ne serais pas flattée d'essayer le pouvoir de mes attraits sur un cœur de roi !... Je vous dirais le contraire... vous ne me croiriez pas... mais y penser est une sottise.

LE COMTE. Ventrebleu ! Jeannette..... vous avez affaire à un de ces cerveaux toulousains qui n'abandonnent pas facilement le projet qu'ils ont conçu... Quand une fois j'ai chaussé une idée... Que diable, je vous aime... je suis votre ami... véritable. Laissez-moi faire... je sais mieux que vous... ce qui me convient... Je ne serai heureux que quand je vous aurai faite reine de France.

JEANNE, riant. A la façon de Mme Pompadour.

SCENE IV.

Les Mêmes, LA MARQUISE DE SAINT-SORLIN.

(Pendant le commencement de cette scène, le comte Jean va causer avec les demoiselles qui sont au comptoir.)

LA MARQUISE. Mme Labille?

JEANNE. Elle est absente, madame; mais si c'est quelque chose que madame désire...

LA MARQUISE. Absente... quand on a besoin d'elle! quand la fête la plus importante se prépare...

JEANNE, *la regardant*. Eh! mais je ne me trompe pas... c'est Marguerite d'Aytré.

LA MARQUISE, *avec dédain*. Qu'est-ce que c'est?

JEANNE. Tu ne me.. Vous ne me reconnaissez pas?

LA MARQUISE, *avec impertinence*. Moi!.. c'est la première fois que je vous vois, ma bonne.

JEANNE, *imitant la marquise*. Et moi, ma chère, c'est la centième que je te parle.

LA MARQUISE. Qu'est-ce que c'est que ce ton-là?

JEANNE. Ce ton-là... c'est celui dont nous faisions usage autrefois au couvent de Saint-Aure.

LA MARQUISE. Au couvent!

JEANNE. Où j'ai eu l'honneur d'être élevée avec mademoiselle Marguerite d'Aytré, dont la fierté ne s'est point démentie... Cependant, je dois l'avouer, elle avait de bons momens... elle était d'une humeur charmante, quand elle voulait faire une méchanceté.

LA MARQUISE. Mademoiselle!

JEANNE. Et surtout les jours où elle recevait en cachette les visites d'un jeune chevau-léger...

LA MARQUISE, *la reconnaissant*. Ah! Jeannette!...

JEANNE. J'étais bien sûre que tu me reconnaîtrais...

LA MARQUISE. Que nous ayons été ensemble au couvent de Saint-Aure... c'est un fait que je ne puis nier; mais si j'ai dérogé quelquefois en me mêlant à vos jeux... ce n'est pas une raison pour oublier votre position et la mienne; il est de certaines convenances que dans le monde l'on doit toujours respecter.

JEANNE. Eh! mon Dieu, marquise, ne sois donc pas si fière! qui sait ce qui peut un jour m'arriver?... Telle que vous me voyez, je suis aussi sur le chemin des honneurs... (*Désignant le comte Dubarry que la marquise n'avait pas aperçu.*) Un grand seigneur m'honore déjà de son amitié, et le comte Dubarry...

LE COMTE, *s'avançant*. Oui, marquise... ma parole... je porte beaucoup d'intérêt à Mlle Vaubernier.

LA MARQUISE, *saluant*. Eh! monsieur le comte... que ne disiez-vous cela plutôt... je me fournirai toujours ici de préférence.

JEANNE. Trop honnête.

(Elle va sonner et les demoiselles de boutique arrivent.)

SCENE V.

Les Mêmes, ROSE, VIRGINIE, DÉSIRÉE.

JEANNE. Mesdemoiselles, voyez ce que veut Mme la marquise de Saint-Sorlin?

LA MARQUISE. Un chapeau à la Duportail.

(Virginie sort par la porte de côté.)

JEANNE. Servez-la bien, je vous prie, mesdemoiselles, je vous la recommande... c'est une de mes anciennes amies... une de mes compagnes du couvent de Sainte-Aure.

DÉSIRÉE. Celle qui était si bonne?

JEANNE. Non, l'autre...

DÉSIRÉE. Ah! oui...

LA MARQUISE. En vérité, mademoiselle, si ce n'était par égard pour M. le comte...

LE COMTE. Allons, marquise... un peu d'indulgence... c'est une espiègle, une véritable espiègle... riez, comme moi, de ses folies.

LA MARQUISE. C'est impossible...

LE COMTE. Non, parbleu!.. elle est dans son droit... Il y a furieusement d'esprit dans cette petite tête-là.

LA MARQUISE. Et passablement d'impertinence...

JEANNE. Je chasse sur les terres de tout le monde.

LE COMTE. Allons, Jeannette... grâce...

JEANNE. Je ne la refuse jamais quand on me la demande. (*Du ton le plus aimable.*) Que désire madame?

LA MARQUISE, *sèchement*. Plus rien, mademoiselle, j'instruirai Mme Labille de la politesse de ces demoiselles pour une personne comme moi.

JEANNE, *lui présentant un chapeau que Virginie vient de lui remettre*. Je suis sûre que vous ne garderez pas rancune à ce chapeau-là !

LA MARQUISE. Dieu ! qu'il est joli...

JEANNE. Nous autres femmes... nous savons quelle est la corde qu'il faut toucher pour émouvoir notre sensibilité.

LA MARQUISE. C'est le seul de cette forme ?... de cette couleur ?

JEANNE. Le seul...

LA MARQUISE. Il est charmant !... j'aurai avec cela le plus joli costume... sous le masque... ce chapeau-là fera fortune... il doit attirer les regards du roi.

LE COMTE, *étonné*. Du roi !...

LA MARQUISE, *se reprenant vivement*. Des princes, de toute la cour... Oh ! ce peut être une belle soirée !... Louis XV a promis d'y venir... et c'est à qui voudra plaire à un si grand prince...

LE COMTE, *à part*. Dieu me damne, je crois qu'elle y pense.

LA MARQUISE. Vous avez raison, je ne vous garderai pas rancune. (*A une demoiselle.*) Si vous voulez porter le chapeau dans ma voiture.

JEANNE. Quand je vous disais qu'elle avait de bons momens.

LE COMTE. Marquise, permettez-moi de vous offrir la main. J'espère, chemin faisant, détruire vos préventions sur Mlle Vaubernier et la réhabiliter tout-à-fait dans votre esprit.

JEANNE, *au comte Jean qui offre sa main à la marquise*. Vous m'abandonnez, monsieur le comte ?

LE COMTE. Je reviens dans l'instant.

JEANNE. Quand on est près d'une jolie femme, sait-on jamais l'heure à laquelle on peut la quitter ?

LA MARQUISE. Elle est piquée.

SCENE VI.

LES MÊMES, *hors* LE COMTE *et* LA MARQUISE.

ROSE. C'est donc là cette demoiselle d'Aytré, dont tu nous parlais ce matin ?

JEANNE. Ai-je été plus loin que la vérité ?

DÉSIRÉE. C'est singulier !... dans la noblesse il n'y a que les hommes d'aimables... les femmes sont d'une hauteur... d'une pruderie...

JEANNE. De loin... mais vues de près, ce n'est plus cela... Soyez franches, mesdemoiselles, il entre beaucoup de reconnaissance dans le jugement que nous portons des grands seigneurs : ils nous paraîtraient moins aimables, s'ils ne nous trouvaient pas si jolies.

DÉSIRÉE. Eh bien ! est-ce que la reconnaissance n'est pas une vertu ?

ROSE, *qui a remonté la scène*. Silence, mesdemoiselles, voici M. Nicolas Mathon.

SCENE VII.

LES MÊMES, NICOLAS MATHON.

TOUTES *à la fois*. Bonjour, monsieur Nicolas.

NICOLAS. Pardon, mesdemoiselles,.... c'est un billet pour Mlle Jeanne...

JEANNE, *le prenant*. Pour moi ?... Bonjour, monsieur Mathon, et de quelle part ?

NICOLAS. De la part de ma sœur... c'est une invitation de bal.

ROSE. Tout le monde danse donc aujourd'hui !... la ville et la cour...

NICOLAS. C'est à l'occasion du mariage d'une de nos parentes, Babet Coulon... qui épouse son cousin-germain...

DÉSIRÉE. Un bon parti ?

NICOLAS. Oui, mademoiselle, d'abord ils s'aiment beaucoup... et puis il a un joli fonds de commerce dans l'épicerie... Il est vrai que sa future lui apporte en dot deux mille livres.

ROSE, *souriant*. Deux mille livres... oui... oui... voilà un riche parti !

NICOLAS. Mademoiselle, quand on n'a pas d'autre ambition que celle de son état, d'autre désir que de travailler pour faire honneur à ses affaires et bien élever ses enfans, je vous assure qu'un commerce comme celui de mon cousin Giraud suffit au bonheur... Savez-vous que cet homme-là peut mettre de côté, tous les ans, cinq cents livres de bénéfice?

ROSE. C'est un bonheur économique!

JEANNE, à Nicolas. Monsieur Mathon... je suis bien touchée de l'amitié de votre sœur et de son souvenir...

NICOLAS. Mademoiselle, le bal sera ouvert à huit heures, rue de la Vieille-Bouclerie, n. 6, au quatrième, la porte à droite... d'ailleurs, je viendrai moi-même vous chercher.

DÉSIRÉE. Un bal rue de la Vieille-Bouclerie... que dirait la marquise?

JEANNE. Eh! mon Dieu, on s'amuse aussi bien là qu'à Versailles.

NICOLAS. Oh! certainement!... pour moi, il suffit que vous y soyez!

DÉSIRÉE, à Nicolas. Toujours amoureux...

NICOLAS. Eh! mademoiselle, comment cesser de l'être!... Depuis... (Jeanne le regarde.) depuis le jour où j'ai conçu l'espoir d'épouser mademoiselle Vaubernier, il ne se passe pas d'heure que je ne pense à elle, au bonheur qui nous attend en ménage... Si j'étais majeur!... mais il me faut attendre, le consentement de mes parens... je suis sûr qu'ils ne me le refuseront pas...

ROSE, à Fanchette. Sais-tu qu'il parle fort bien pour un pâtissier.

JEANNE, à Nicolas. Et d'où le savez-vous?

NICOLAS. Présumant que ma profession serait, non pas un obstacle à notre mariage, mais peut-être un objet de répugnance pour vous... j'ai obtenu de mon père qu'il me placerait dans une étude de notaire... je travaillerai... je me distinguerai, j'aurai du moins à offrir à celle que j'aime un rang, de la fortune...

VIRGINIE, à Rose. S'il était seulement mousquetaire!

JEANNE, émue. Mon cher Mathon... je reconnais bien là votre cœur...

NICOLAS. C'est si naturel!... employer sa vie à rendre heureuse celle qui nous est chère!... Pour 10,000 livres j'aurai une belle charge de notaire... Nous sommes bien connus dans la bourgeoisie... et nous aurons une nombreuse clientèle...

DÉSIRÉE, à Jeanne. Dis donc... je crois que tu vas prendre le plus long pour arriver... au trône de France.

JEANNE. Eh bien! je ne sais; quelque chose me dit que le bonheur serait là.

(Toutes reprennent leur place aux comptoirs et laissent Jeanne et Nicolas sur l'avant-scène.)

JEANNE. Ainsi, monsieur Mathon, vous pensez que votre famille ne s'opposerait pas à votre mariage?

NICOLAS. Ma sœur vous aime beaucoup... mon père vous voit avec plaisir... il n'a que moi de garçon, et dès que je lui aurai dit que mon bonheur dépend... de vous seule.

JEANNE, touchée. Vous m'aimez donc bien?

NICOLAS, avec candeur. Ah! mademoiselle, encore plus si c'est possible!

JEANNE. Eh bien! au diable les projets de grandeur, et tout ce qu'on avait rêvé pour moi... Oui, j'irai au bal... nous causerons... je deviendrai la femme d'un notaire de Paris... Mais si nous nous trompions tous les deux sur nos propres sentimens... si vous aviez un jour des regrets?

NICOLAS. Oh! jamais!

JEANNE. Et moi... si je ne vous rendais pas heureux!... Je crois que vous avez trop bonne opinion de moi... je suis bien étourdie...

NICOLAS, souriant. Nous causerons de tout cela au bal, n'est-ce pas?

JEANNE, avec bonhomie. Oui.

NICOLAS. Je m'en vais porter cette bonne nouvelle à ma sœur, et nous reviendrons ensuite vous prendre tous les deux. (Il sort et revient.) Ah! mon Dieu! suis-je étourdi... j'oublie le principal... Mademoiselle, j'espère que vous me ferez, comme l'autre jour, le plaisir de danser encore avec moi, la première contredanse?

JEANNE, avec une intention marquée. Comme l'autre jour?... De tout mon cœur.

NICOLAS. Eh bien, me voilà plus heureux qu'un roi!

(Nicolas sort tout joyeux.)

SCENE VIII.

Les Mêmes, *hors* NICOLAS.

JEANNE. Ce cher Nicolas!... il donnerait
sa vie pour moi. Ah! si je n'avais pas cette
maudite tête... ce désir de briller!... C'est
pourtant bien naturel!... Au surplus,
femme d'un notaire... c'est le premier
rang (*en soupirant*) chez les bourgeois.
Mais, comme disait ce monsieur, il vaut
mieux être le premier dans un village que
le second dans une grande ville.

DÉSIRÉE. Et que dira le comte Dubarry?

JEANNE. En épousant Mathon, je n'aurai ni château, ni diamans, ni équipages,
mais du moins je ne travaillerai plus... et
le travail c'est mon antipathie... je le hais
à la mort.

ROSE. Est-ce que tu crois que je l'aime?

TOUTES, *repoussant leur ouvrage.* Et moi
donc?

JEANNE. Il est si agréable d'être sa maîtresse... et une fois mariée on n'obéit à
personne... on fait ses volontés... C'est
bien décidé, mesdemoiselles, vous pouvez
me faire votre compliment d'avance.

SCENE IX.

Les Mêmes, LE COMTE DUBARRY

LE COMTE. Victoire! Nous allons ce soir
au bal de la cour!

JEANNE. Qui cela?

LE COMTE. Vous.

JEANNE, *surprise, suffoquant de joie.* Moi!
moi au bal de la cour! vous voulez rire...
(*Toutes les demoiselles éclatent de rire.*) Ne
dites donc pas de ces sortes de choses.

LE COMTE. Je viens d'accompagner la
marquise chez tous ses marchands; Dieu
sait quel chemin elle m'a fait faire!... Elle
ne vous en veut plus; vous pouvez compter...

JEANNE. Sur son amitié?

LE COMTE. Non, sur sa protection.

JEANNE. Je suis femme à m'en passer.

LE COMTE. C'est ce que je lui ai dit....
En admirant l'élégance et la richesse de
son costume de bal... il m'est venu une
idée bouffonne qui doit la faire mourir de
chagrin.

JEANNE, *vivement.* Ah! voyons donc?...

LE COMTE. Bonne pièce!... Vous le saurez plus tard... L'essentiel, en ce moment,
est de vous préparer pour le bal... ma voiture est là qui vous attend.

JEANNE, *avec crainte.* Ce n'est donc pas
une plaisanterie?

LE COMTE, *comiquement.* L'action la plus
sérieuse de ma vie...

JEANNE. Non, je n'oserai jamais.

LE COMTE. Dans quelques instans on va
apporter chez moi votre costume, vos bijoux, vos parures... Dieu soit loué! je suis
en fonds... Jamais argent n'a été gagné
plus à propos. Et qu'on dise qu'il n'y a pas
de Providence!...

JEANNE. Monsieur le comte... non, vrai,
vrai... cela est impossible.

LE COMTE, *faisant de mémoire le costume
de bal, de manière à tenter Jeanne.* Robe à
la maréchale, fourreau de soie brochée...
gros de Tours à lames d'argent.

JEANNE, *dont la tête se monte à mesure.* A
lames d'argent! Non... non...

LE COMTE. Manchettes à la duchesse,
fichu de dentelle brodée en or.

JEANNE. Brodée en or!

LE COMTE. Girandoles montées à jour...
collier à la reine, en perles fines, de chez
Grandsire.

JEANNE. Girandoles... collier...

LE COMTE. Il ne manque plus qu'une
chose...

JEANNE, *vivement.* Laquelle?

LE COMTE. Un chapeau à la Duportail,
pareil à celui de la marquise... Il faut que
ces demoiselles se mettent à l'ouvrage et
nous en fassent tout de suite un.

JEANNE, *souriant.* C'est inutile, nous en
avons là quatre ou cinq.

LE COMTE. Semblables?

JEANNE. Semblables... On dit toujours:
C'est le seul, c'est le premier! nous n'en
avons pas d'autres, afin de flatter celle qui
veut en faire l'emplette. Cela fait que lorsqu'il en paraît un second, il en est enchantée!... elle se figure que c'est elle qui
en a fait venir la mode. Rose, donne le
n. 2. Dépêche-toi, Rose, dépêche-toi. —
Mesdemoiselles, aidez-moi, je vous prie.
(*Chacune s'empresse autour d'elle.*) Virginie, défais-moi mon tablier; Désirée,
donne-moi mon fichu. — Au bal du roi,
quel bonheur!... C'est donc bien vrai,

monsieur le comte, vous ne me trompez pas !

LE COMTE. Etes-vous prête, ma reine ?

JEANNE. Me voilà, me voilà.

LE COMTE. Partons.

JEANNE, *imitant le ton de madame Saint-Sorlin*. Mesdemoiselles, portez ce chapeau dans ma voiture.

ROSE. Adieu le pauvre Mathon !

(Toutes accompagnent Jeanne jusqu'à la porte en lui faisant leurs adieux.)

FIN DU PREMIER ACTE.

ACTE II.

Le théâtre représente un des bosquets de Versailles. Il fait nuit. Illumination.

SCÈNE PREMIÈRE.

LE DUC D'AIGUILLON , LE DUC DE CHOISEUL.

(M. de Choiseul est en scène, M. d'Aiguillon entre.)

D'AIGUILLON. Déjà! ... l'empressement est naturel... M. de Choiseul veut-il bien recevoir mes complimens?

CHOISEUL. Et de quoi donc... mon cher d'Aiguillon?

D'AIGUILLON. De la dissimulation avec moi, duc?... Je n'ai ni sœur, ni nièce à mettre sur les rangs..

CHOISEUL. Ah ! je devine... il est encore question de cette pauvre petite marquise de Saint-Sorlin...

D'AIGUILLON. Dont le mari vient d'être nommé capitaine au régiment d'Agénois, en garnison à Saint-Germain.

CHOISEUL. Oh! le vilain pays que ce Versailles!... on y dénature tout. Qu'y a-t-il, je vous prie, d'extraordinaire à ce que sa majesté voie avec plaisir une jeune et jolie femme?... à ce que cette femme soit comprise au nombre des personnes invitées à une fête de la cour?

D'AIGUILLON. C'est ce que je leur dis... rien de plus simple... si j'avais une parente jeune et jolie... j'en ferais tout autant... Un gentilhomme doit donner l'exemple du dévouement au roi... il doit se rendre utile... ou agréable à la monarchie.

CHOISEUL. Songez donc que ce n'est point ici une fête particulière, il y a cinq à six cents invitations... Le corps diplomatique et l'Opéra, rien n'a été oublié... Soubise a même obtenu que la Guimard danserait un menuet... Cette distraction du roi est fort innocente, et je ne crois à ma nièce aucun projet sérieux sur le cœur de sa majesté.

D'AIGUILLON. J'en suis ravi.

CHOISEUL, vivement. Pourquoi?

D'AIGUILLON. Parce que mon oncle Richelieu a une protégée.

CHOISEUL. En vérité!

D'AIGUILLON. Charmante, pleine de folie et d'esprit... vingt ans... des yeux ravissans... d'une famille recommandable.

CHOISEUL. Mais de quoi se mêle-t-il, M. de Richelieu?... A son âge... ne ferait-il pas mieux de songez à la retraite?

D'AIGUILLON. Croyez, monsieur le duc, que si mon oncle avait pensé que ses projets contrariassent les vôtres...

CHOISEUL. En vérité, mon cher d'Aiguillon, je n'en ai point... mais cela ne m'empêche pas de trouver singulier que M. de Richelieu se croie autorisé à gouverner le roi.

D'AIGUILLON. Eh! non... il ne s'agit que de lui choisir une favorite.

CHOISEUL. Eh ! ne sais-je pas tout l'empire qu'une femme peut prendre sur le cœur de sa majesté? N'ai-je pas été témoin de l'influence de madame de Pompadour?

D'AIGUILLON, souriant. Personne en effet, n'a pu davantage apprécier cette influence.

CHOISEUL , de même. Mon cher duc, j'ai toujours eu en vue la gloire et le bonheur de sa majesté.

D'AIGUILLON. C'est bien comme cela que mon oncle l'entend... Oh! c'est du désintéressement tout pur.

(On entend dans la coulisse ces mots qui terminent une conversation : Eh bien! parbleu! une lettre de cachet!)

D'AIGUILLON. Voilà la Vrillière qui s'annonce.

SCÈNE II.

LES MÊMES , LA VRILLIÈRE.

CHOISEUL , riant. Salut au ministre le plus occupé de France !

LA VRILLIÈRE. M. de Choiseul, si mon ministère n'a ni l'éclat, ni l'importance du votre... il n'en a pas moins ses douceurs ; la facilité d'obliger tout le monde est un avantage qui a bien son mérite.

D'AIGUILLON. Eh, sans doute !.. qui n'a

pas un parent, un ami, un créancier à faire mettre à la Bastille?...

LA VRILLIÈRE. Vous riez!... si vous étiez dans le secret de mon département, vous en comprendriez toute l'utilité.... J'ai sauvé l'honneur de plus d'une famille, et si je ne craignais pas d'être indiscret....

D'AIGUILLON. Est-ce que la discrétion est aussi de votre département?

LA VRILLIÈRE. Du reste, en taisant les noms.... dans ce moment-ci, messieurs, une jeune femme, d'une haute naissance, éloignée de son époux depuis un an, reçoit la nouvelle d'un retour très-prompt... retour effrayant pour elle... elle se désole, se tourmente, ne parle de rien moins que d'attenter à ses jours, de se noyer... Je l'apprends... je cours la voir... je me fais conter ses peines... j'en parle au roi dont la bonté est inépuisable, et sa majesté, par une lettre de cachet, qui est partie ce matin, a daigné exiler M. de Châtillon dans ses terres de l'Aunis, jusqu'à ce que les chagrins de la comtesse soient entièrement dissipés. Vous le voyez, messieurs, mon ministère a tout sauvé, la paix et l'honneur.

CHOISEUL. De M. de Châtillon.

LA VRILLIÈRE, étonné. Comment!.. j'ai prononcé son nom?

D'AIGUILLON, souriant. N'allez pas nous envoyer une lettre de cachet pour mettre votre indiscrétion à couvert.

CHOISEUL. Il faudrait qu'à point nommé il en eût une sur lui....

LA VRILLIÈRE, frappant sur ses poches. Je ne marche jamais sans provision...

D'AIGUILLON. Quoi! même au milieu d'une fête!

LA VRILLIÈRE. Et si, grâce à cet esprit de vertige qui commence à être de mode à la cour, quelque père, oncle, frère ou mari, ne comprenait pas toute l'étendue du dévouement d'un sujet à son roi...

D'AIGUILLON. Vous vous chargeriez de compléter son éducation.

(On annonce le roi.)

SCENE III.

LES MÊMES, LOUIS XV, PAGES *portant des torches*, SEIGNEURS, DE MAUPEOU, L'ABBÉ TERRAY.

LOUIS XV, *traversant dans le fond*. Allons, messieurs, que l'on s'amuse.

LA VRILLIÈRE. Sire, si quelqu'un, ce soir, se permettait de ne pas s'amuser.... j'ai là...

LOUIS XV, *souriant*. Oh! monsieur le duc... trop de zèle...

(Le roi et sa suite disparaissent laissant en scène l'abbé Terray et Maupeou.)

SCENE IV.

L'ABBÉ TERRAY, DE MAUPEOU.

MAUPEOU. L'abbé, vous ne suivez pas?

L'ABBÉ TERRAY. Non, j'ai de l'humeur, je m'arrête... je n'irai pas plus loin... toutes ces fêtes-là, chancelier, me font mal; elles ajoutent aux embarras de nos finances... elles augmentent la haine qu'on me porte. Oh! je sais tout: l'édit qui suspend les rescriptions est, aux yeux des gens intéressés, un crime qu'ils ne peuvent me pardonner. C'est une opération injuste, disent-ils... Est-ce que j'ai jamais parlé de sa justice?... Dans l'alternative où j'étais d'employer ce moyen, ou bien de laisser manquer à la fois tous les services... j'ai préféré le moindre mal.

MAUPEOU. Eh! mon cher contrôleur, laissez-les crier.

L'ABBÉ TERRAY. Il le faut bien... mais ce luxe, ces frivolités, ces fantaisies ruineuses auxquelles je m'opposerais inutilement... tout cela irrite le peuple; les prodigalités de Mᵐᵉ de Pompadour ont obéré le trésor pour long-tems.

MAUPEOU. Et le règne d'une nouvelle favorite...

L'ABBÉ TERRAY. Le roi est notre seigneur et maître, je respecte ses volontés... mais s'il fait un nouveau choix, les finances du royaume sont à tous les diables.

MAUPEOU. Allons... allons, Terray.... vous voyez tout en noir.

L'ABBÉ TERRAY. Si vous étiez à ma place, si vous aviez sondé comme moi les profondeurs de l'abîme, et connu toute l'étendue du mal auquel j'ai remédié. Veut-on maintenir désormais au même niveau la recette et la dépense?... prévenir le retour des désordres que j'ai réparés ?... des réformes, des économies, la suppression des abus, et l'abus le plus grand est une favorite qui puise à pleines mains dans les coffres de l'état et fait du trésor public le patrimoine de sa famille.

MAUPEOU. Moi, qui n'ai ni votre humeur, ni votre éloquence, je laisse faire.

L'ABBÉ TERRAY. Oui, vous trouvez des motifs de consolation partout, mais les parlemens ne sont pas dociles.

MAUPEOU. Nous les briserons.

L'ABBÉ TERRAY. Il vaut encore mieux pour la tranquillité du royaume, toucher à la bourse du peuple qu'à la justice du roi... les parlemens résisteront.

MAUPEOU. Ne disiez-vous pas, tout-à-l'heure, que Louis XV était le maître absolu.

L'ABBÉ TERRAY. Oui, après sa favorite, son ministre, ses courtisans et son valet de chambre... Les rois absolus sont les esclaves de tout le monde.

MAUPEOU. Ma foi, s'il sort du bal ce soir une nouvelle Châteauroux, une nouvelle Pompadour, je vous conseille, mon cher abbé, de m'imiter, et d'être un des premiers à lui faire votre cour.

L'ABBÉ TERRAY. Vous vous croyez donc bien certain...

MAUPEOU. Une indiscrétion m'a mis à même de connaître le déguisement de Mme de Saint-Sorlin... tout-à-l'heure je viens de la rencontrer... Oh ! sur l'honneur, je n'aurais pas cru les Choiseul capables de descendre si bas ! Croiriez-vous que je viens de voir la marquise au bras du comte Dubarry, l'un des premiers garnemens du royaume très-chrétien.

L'ABBÉ TERRAY. Vous me surprenez...

MAUPEOU. Mais un Dubarry, un homme perdu de réputation, qui a tous les vices... du peuple, et à qui je ne connais qu'une qualité... si c'en est une, de ne pas tricher au jeu.

L'ABBÉ TERRAY. C'est impossible.... vous vous serez trompé.

MAUPEOU. Impossible !... regardez.... les voilà qui viennent de ce côté.

L'ABBÉ TERRAY. Je me sauve.

(Il sort.)

MAUPEOU. Attendez-moi donc...

SCENE V.

DE MAUPEOU, LE COMTE DUBARRY, JEANNE.

MAUPEOU, au comte, saluant. Mon cher comte... madame... que je sois au moins l'un des premiers à vous féliciter d'un succès.... qui ne peut vous échapper.... et à vous demander la faveur de me déclarer hautement votre chevalier.

LE COMTE. Accordé, chancelier, par lettres-patentes de ce jour...

(Maupeou sort.)

SCENE VI.

JEANNE, LE COMTE DUBARRY.

LE COMTE. En voilà un qui nous servira à en prendre d'autres.

JEANNE. Quel est ce monsieur-là ?

LE COMTE. Ce gros homme... dont les jambes sont aussi épaisses que les idées.... c'est le chancelier de Maupeou.

JEANNE. Je me souviendrai de lui.

LE COMTE. Pour Dieu, Jeannette, mon enfant, n'allez pas vous prendre de belle amitié pour des paroles de cour.... ça ne signifie rien du tout.

JEANNE. Comme au couvent.

LE COMTE. Rappelez-vous qu'il n'y a pas de forêt qui ne soit plus sûre que le château de Versailles.... quand un voleur vous arrête au milieu d'un bois, il ne vous assomme pas de politesses avant de vous dépouiller... tandis qu'à la cour on vous étouffe en vous caressant.

JEANNE. Oh ! soyez tranquille, je ne me laisserai pas étouffer.

LE COMTE. Le premier pas est fait... mais ce n'est rien... la position est délicate... Le succès dépend ici d'une foule de choses.. dont heureusement vous êtes la principale.

JEANNE. Tenez, comte... je vous l'avoue, j'avais plus de courage avant d'entrer...

LE COMTE. Le cœur vous manquerait au moment de livrer bataille !

JEANNE. Oui... je crois que je suis poltronne... Pendant qu'on m'habillait, l'élégance de cette parure, la nouveauté du costume, l'éclat des diamans, cette foule de colifichets dont on m'affublait, la jalousie de mes compagnes, l'envie de me venger de la marquise, tout cela m'occupait, m'étourdissait, me donnait un courage que vous preniez soin d'entretenir par vos saillies... Quand je le sentais faiblir, mon miroir était là... qui me disait en face... ce que vous me disiez à l'oreille... mais tout le long du chemin j'ai réfléchi... et cela me porte malheur toutes les fois que cela m'arrive.

LE COMTE. Ça n'a pas le sens commun.

JEANNE. J'ai été vingt fois sur le point de faire retourner les chevaux.

LE COMTE. Ils ne vous auraient pas écoutée... Mais qui diable vous fait peur ici ?

JEANNE. Tout le monde... je n'y suis pas à mon aise, je vais avoir un air gauche... un air provincial, je sens la bourgeoise d'une lieue... et lorsqu'il s'agit de paraître devant un roi de France.

LE COMTE. Mais ce roi est Louis XV, prince bon et faible, qui n'a jamais résisté au pouvoir de deux beaux yeux. Allons, allons, soyez bien jolie, voilà l'essentiel, et puis, Dieu fasse le reste !

JEANNE, souriant. Vous ne désespérez donc pas ?

LE COMTE. Désespérer, moi !... Je crois à la réussite comme à moi-même ; j'ai pris des mesures si sages !... Vous riez ! mais jamais plan de campagne n'a été mûri avec cette profondeur : j'ai fait secrètement prévenir le mari de cette pauvre marquise de Saint-Sorlin... il sera aussi de la fête... votre costume, semblable à celui de la marquise, trompera tous les yeux... je l'ai retenue pour le premier quadrille, afin de vous laisser le tems de la supplanter à votre aise... C'est du Vauban tout pur... J'ai fait, en conséience, tout ce que l'honneur me prescrivait ; je ne vous demande que de ne pas détruire mon ouvrage ; ne prenez aucune peine pour être différente de vous-même, et je vous réponds du succès.

JEANNE. Eh bien, soit. Au fait, un roi, c'est un homme ; lorsqu'il rend hommage à la beauté, elle a sur son cœur le même empire que sur le vôtre... Se conduire avec lui comme s'il tenait un lit de justice, c'est de la sottise. Que risqué-je, après tout ?

LE COMTE. J'étais sûr que vous goûteriez ma morale... charmante...

Jeanne Vaubernier.

JEANNE. Si je lui plais .. il m'aimera à sa façon ; moi je l'aimerai à la mienne.

LE COMTE. Folle ! vous voilà donc raisonnable... Ainsi, vous direz au roi ?...

JEANNE. Tout ce qui me passera par la tête.

LE COMTE. Cependant, avec des ménagemens...

JEANNE. A quoi bon ?... J'aime autant que du premier abord il me voie telle que je suis.

LE COMTE. Pas d'imprudence au moins.

JEANNE. Je jouerai avec lui... à visage découvert.

LE COMTE. Prenez garde de l'offenser.

JEANNE. De quoi s'offenserait-il ?... Ces dames de la cour l'ont habitué à des flagorneries ridicules... moi, je lui dirai la vérité.

LE COMTE. Un moment, Jeannette... vous me feriez aller à la Bastille.

JEANNE. Il sera étonné... séduit... C'est un attrait si grand que la nouveauté ! Je ne sais pourquoi je me sens un courage... une hardiesse...

LE COMTE. Qui me fait trembler.

JEANNE. Tous les obstacles s'évanouissent devant mes espérances... Le roi lui-même, au milieu de toute sa cour, ne saurait m'intimider...

LE COMTE, regardant dans la coulisse. Plus bas... le voici.

JEANNE, intimidée et saisissant le comte par le bras. Ah ! mon Dieu, éloignons-nous, voilà ma peur qui me revient.

LE COMTE, l'entraînant. Venez... venez... je vois que vous aurez encore long-tems besoin de mes conseils.

(Ils disparaissent dans les bosquets.)

SCÈNE VII.

LOUIS XV, suivi de plusieurs seigneurs à qui il fait signe de s'éloigner.

Mon pauvre Lebel, je ne te ferai pas compliment... cette fête-là ressemble à toutes les autres... Rien qui fasse deviner une nouveauté qui promette une surprise, de l'étiquette, de l'ennui... vrais plaisirs de rois !... auxquels je me suis que trop accoutumé. Pourtant ne désespérons pas encore... le bal ne fait que commencer... nos jolies femmes de cour aiment à se faire attendre... il y a peut-être sous le masque des figures qui me sont inconnues... Ah! si cela était vrai!... Eh! mais, Lebel m'a parlé tous ces jours-ci d'une jeune marquise de Saint-Sorlin... dont les traits m'ont déjà frappé... en jetant son nom à l'oreille de quelques masques... il me sera facile de savoir si elle est arrivée...

SCENE VIII.

LA MARQUISE DE SAINT-SORLIN, à LOUIS XV.

LA MARQUISE, *qui est entrée avant la fin du dernier couplet et guettait l'instant de s'approcher.* Ah! sire, pouvait-elle retarder le moment d'adresser à votre majesté les expressions de sa reconnaissance?

LOUIS XV. Eh! pourquoi donc?... Que me devez-vous, madame?

LA MARQUISE, *qui a soin de cacher sa figure avec son masque qu'elle tient à la main.* Vous avez daigné signer notre contrat de mariage.

LOUIS XV. Oui, cela a porté bonheur à quelques-uns.

LA MARQUISE. Votre majesté a bien voulu donner une compagnie à M. de Saint-Sorlin.

LOUIS XV. C'était justice. J'aime Choiseul, il me sert avec zèle... vous êtes sa parente... c'est une dette que j'ai acquittée.

LA MARQUISE. C'est un bienfait dont mon cœur gardera toujours la mémoire.

LOUIS XV. Je ne l'oublierai point, et son avancement sera aussi rapide que vous pouvez le désirer.

LA MARQUISE. Ah! sire, comme votre majesté possède le secret de se faire aimer! Comme elle sait doubler le prix d'une faveur par la grâce qu'elle daigne mettre à l'accorder!

LOUIS XV. Nous sommes quelquefois obligé de nous faire pardonner notre puissance.

LA MARQUISE. Eh! qui ne bénirait pas la vôtre? sire, elle n'est employée qu'à faire des heureux! Les arts multiplient votre image, la poésie célèbre vos louanges, la France y applaudit... et moi, sire, humble et pauvre sujette, partageant l'admiration de l'Europe, j'adresse au ciel des vœux pour qu'il vous comble de tous ses biens.

LOUIS XV. Ah! vous priez pour votre roi?....

LA MARQUISE. J'étais bien jeune lors du danger qui, dans le voyage de Metz, menaça les jours de votre majesté et mit toute la France en émoi... Oh! comme la douleur profonde qui se répandit partout à cette affreuse nouvelle m'est encore présente! Comme elle frappa mon imagination!... Je ne l'oublierai jamais... Depuis, j'ai toujours désiré de contempler les traits d'un prince que l'amour de ses sujets avait surnommé le Bien-Aimé!... Je mêlais, je ne sais pourquoi, son nom à mes prières, à mes chagrins, à mes espérances, à toutes les actions de ma vie... on eût dit que sa gloire était la mienne... sa renommée un bien que je défendais contre mes propres ennemis... j'enviais le bonheur de celles que leur naissance appelait auprès de lui, qui, chaque jour, pouvaient donner sans crainte un libre essor à leurs véritables sentimens... Il me semblait que, placée au milieu d'elles, ma sincérité aurait effacé la leur... et que ma tendresse aurait surpassé leur dévouement.

(Le comte Dubarry, qui était dans le fond et a écouté avec impatience ces paroles, s'avance comme étourdiment, puis feignant d'être surpris de la présence du roi.)

SCÈNE IX.

LES PRÉCÉDENS; LE COMTE JEAN.

LE COMTE. Pardon, sire!...

LOUIS XV. Qu'est-ce?

LA MARQUISE, *d'un ton de reproche.* Comte!

LE COMTE. Oui, oui, madame... je suis un indiscret de venir réclamer la parole que vous m'avez donnée.

LOUIS XV. Quelle parole!

LA MARQUISE. C'est... ce n'est rien...

LE COMTE. Ah! madame... ne dépréciez pas une semblable faveur! Sire, Mme la marquise avait eu la bonté de me permettre de figurer avec elle dans le premier quadrille de la soirée.

(On entend la musique du bal en sourdine.)

LOUIS XV. Allez, allez, madame la marquise... il faut toujours tenir à sa parole.

LA MARQUISE. Sire, j'obéis.

(Elle donne la main avec humeur au comte Jean. A peine le comte Jean et la marquise sont-ils sortis de scène, que Jeanne rentre par le côté opposé. Pendant le monologue du roi, elle exprime par sa pantomime le désir qu'elle aurait de parler au roi... puis tout-à-coup saisie de crainte, elle recule jusqu'à ce qu'enfin elle aborde le roi.)

○○○○○○○○○○○○○○○○○○○○○○○○○○○○○○○○○○○○○○

SCÈNE X.

LOUIS XV, JEANNE, *un peu éloignée.*

LOUIS XV. Cette femme s'est exprimée avec une sorte de chaleur, d'enthousiasme, de vérité !... Oui, mais c'est toujours de l'amour pour un roi, et ces dévouemens-là ont tous une monotonie !...... Est-ce donc que les femmes n'ont qu'une manière de dire : je vous aime?.... Il y a des momens où j'envie le sort du plus obscur de mes sujets... au moins ils n'ont pas toujours du bonheur... le même bonheur... on les boude, on les gronde... ils se brouillent, se raccommodent... on les refuse... Une fois pourtant... cela m'est arrivé... à moi, roi de France !.. oui... la femme d'un notaire... rien n'a pu la séduire, la toucher.. et cependant au fond... elle m'aimait... c'est la seule...

JEANNE, *s'avançant, à part.* Je me risque...

LOUIS XV, *l'apercevant.* Déjà !...

JEANNE. *à part et se cachant avec son masque comme a fait la marquise.* Oh ! ce déjà-là n'est pas pour moi.

LOUIS XV. Voilà un empressement !.. vous avez quitté le comte Dubarry ?

JEANNE. Oui, sire... c'est de son consentement que je suis ici.

LOUIS XV. C'est un homme que j'aime.. qui sait vivre... à qui je veux du bien.

JEANNE. Sire, il faut lui en faire.

LOUIS XV. Oh! rien ne presse... et ce n'est pas auprès de vous que je m'occuperai de lui... je vous l'avouerai, madame la marquise.

JEANNE, *riant à part.* Marquise !...

LOUIS XV. Tout-à-l'heure... j'étais sous le charme... il y a dans le choix de vos expressions une élégance !...

JEANNE. Sire, c'est du hasard... car je les prends comme elles me viennent.

LOUIS XV. Vraiment ?

JEANNE. Je dis toujours ce que je pense.. et je ne m'amuse point à chercher de belles paroles qui ne seraient pas aussi franches que moi.

LOUIS XV. Votre esprit m'enchante !...

JEANNE. Vous êtes bien bon, sire... si c'est là de l'esprit... je vous promets d'en avoir toujours au service de votre majesté.

LOUIS XV. Voilà un langage qui a bien perdu de sa dignité... Ainsi donc, madame, j'ai eu le bonheur d'occuper votre pensée.

JEANNE. Oh! oui, sire, souvent... mais j'étais si loin d'espérer ce qui m'arrive aujourd'hui... approcher votre majesté !.. la voir !.... lui parler !.... causer avec elle !...

LOUIS XV. Ainsi, madame, vous désireriez être au nombre des personnes que j'honore de mon amitié?

JEANNE. Ah ! sire, voilà un mot qui gâte tout! que j'honore !.... Si j'obtenais l'amitié... d'un roi... je serais ravie... enchantée... mais je voudrais que, de son côté, le roi fût un peu ravi... enchanté aussi.

LOUIS XV. Et comment ne le serait-il pas?

JEANNE. Je voudrais qu'il ne me parlât pas d'amitié du haut de son trône.

LOUIS XV. Ce n'est pas le roi que vous aimeriez !

JEANNE. Oh ! la puissance... la gloire... le rang... sont autant de filets auxquels nous nous laissons prendre, nous autres pauvres femmes !... mais ces filets-là ne nous retiennent pas toujours... être aimée d'un roi, d'un contrôleur-général, d'un maréchal de France !... c'est beaucoup pour l'ambition... Mais s'ils ne veulent pas nous élever jusqu'à eux... ou descendre jusqu'à nous... il se trouve presque toujours dans l'intervalle... quelqu'un qui comble la distance.

LOUIS XV. L'amour d'un roi ne doit rien laisser à désirer.

(Ici le marquis de Saint-Sorlin traverse le fond de la scène; il aperçoit le roi causant familièrement avec une femme; il cherche à s'assurer en écoutant si c'est la marquise.)

JEANNE. Pour la vanité?... oui, sire... Oh ! c'est capable de tourner la tête à la plus fière... mais si jamais un roi... roi de France, ce qu'il y a de plus grand au monde... à mes yeux, s'avisait d'être amoureux de moi... je lui dirais : Prince, aimez-moi, si cela vous plaît, rien de mieux... mais cachez-moi bien le roi, si vous voulez que je vous aime.

LOUIS XV, *lui baisant la main.* Ah ! madame... jamais... jamais... il ne se montrera à vos regards.

∞∞∞∞∞∞∞∞∞∞∞∞∞∞∞∞∞∞∞∞∞∞∞∞∞∞

SCÈNE XI.
LES MÊMES, LE MARQUIS DE SAINT-SORLIN.

LE MARQUIS, *trompé par le déguisement de Jeanne, s'avance vivement et se place entre elle et le roi.* Sire !

LOUIS XV, *étonné.* Monsieur le marquis de Saint-Sorlin !

LE MARQUIS. Je suis prêt à mourir pour le service de votre majesté... mais lui sacrifier mon honneur... jamais !

LOUIS XV. Que dites-vous ?

LE MARQUIS, *à Jeanne.* Madame, instruit de vos projets ambitieux, je suis accouru les déjouer... Quoi ! vous n'avez pas été arrêtée par l'idée de causer le désespoir d'un mari dont vous êtes l'idole... Et vous, sire, vous, dont les premières années furent si glorieuses, vous n'avez pas craint de souiller vos cheveux blancs en attentant à l'honneur d'un gentilhomme !

JEANNE, *à part.* Cheveux blancs !... oh ! le maladroit !

LOUIS XV. Monsieur, l'honneur d'un gentilhomme est de respecter son roi.

LE MARQUIS. Le roi !... je le respecte... la personne du roi est sacrée... Si je n'avais vu que l'homme en lui... mon épée m'aurait fait raison de cette injure.

JEANNE. L'imprudent !

LOUIS XV. Vous osez !

LE MARQUIS. Ah ! sire, j'aime ma femme... je l'aime de toutes les puissances de mon âme... me priver de son affection, c'est m'ôter mon bonheur... mon avenir... ma vie... ah ! plus que ma vie... L'ambition des Choiseul, les conseils de sa famille ont pu l'égarer un moment... mais vous, sire, de grâce, ne l'entourez pas des prestiges de cette puissance royale qui tenterait, hélas ! une tête plus forte que la sienne.

LOUIS XV. Monsieur le marquis, madame a été invitée à la fête que nous donnons, elle y est venue... tout cela est fort simple, et je ne vois là rien de contraire aux lois de l'honneur... La priver d'un semblable plaisir serait contraire aux lois de la galanterie... vous resterez donc, si bon vous semble, mais vous ne nous priverez pas de Mme la marquise.

LE MARQUIS. Sire, pardon si j'insiste...

LOUIS XV. Madame est chez moi... si elle désire vous suivre, qu'elle s'explique ; car, dans le cas contraire, la maison du roi de France est un asile hospitalier, inviolable, et surtout pour les dames... Parlez, madame, vous avez entendu M. le marquis.

JEANNE, *toujours sous le masque.* Sire... quitter le bal pour suivre monsieur !... non.

LE MARQUIS. Vous voulez donc, madame, m'entraîner à un éclat ?

LOUIS XV, *élevant la voix.* Prenez garde, monsieur... un mot de plus et vous me forceriez de vous punir !

(*On entre de tous côtés et presque tout le monde vient entourer le roi.*)

∞∞∞∞∞∞∞∞∞∞∞∞∞∞∞∞∞∞∞∞∞∞∞∞∞∞

SCÈNE XII.
LE ROI, LE MARQUIS, JEANNE, CHOISEUL, LE COMTE JEAN, LA VRILLIÈRE, D'AIGUILLON.

LOUIS XV. Messieurs, ce n'est rien, c'est un fou qui achève un sermon.

LE MARQUIS, *ne pouvant plus se contenir.* Madame ! au nom des droits que j'ai sur vous...

JEANNE. Des droits !... vous n'en avez aucun...

LE MARQUIS. C'en est trop !

JEANNE, *se démasquant.* Faites-les donc valoir... je vous en défie !...

LE MARQUIS. Ciel !

CHOISEUL, *à part.* Ce n'est pas ma nièce !

D'AIGUILLON. Une jolie femme !

LE COMTE. Je m'en vante.

LOUIS XV. Quelle est cette jeune beauté ?

LE COMTE, *s'avançant.* Sire, permettez-moi de vous présenter ma belle-sœur, la comtesse Dubarry. (*Elle veut parler.*) Silence, et laissez-moi faire...

CHOISEUL, *bas à Jean.* Comte Jean, je parie mille louis que ce n'est pas...

LE COMTE, *de même.* Monsieur le duc, je joue quelquefois... mais je ne parie jamais.

LOUIS XV, *à Lebel qui écrit à mesure sur des tablettes.* Lebel, vous inviterez à souper pour demain Mme la comtesse Dubarry.

JEANNE. Sire !

LOUIS XV. Le marquis de Chauvelin.

LE COMTE, *bas à Jeanne.* Un homme d'esprit !

LOUIS XV. Le duc de Richelieu.

LE COMTE, *de même.* Un roué !

LOUIS XV. Le duc de la Vauguyon.

LE COMTE, *de même.* Un dévot !

JEANNE, *de même.* Un hypocrite !

LE COMTE, *qui doit se trouver à droite de Jeanne.* Vous voilà reine de France !

LOUIS XV. Ah ! j'oubliais !...

LA VRILLIÈRE. Sire, je m'en doutais, une lettre de cachet pour le marquis ?

LOUIS XV. Non... le gouvernement de Cambray !

LE MARQUIS, *confus et s'inclinant.* Quoi ! sire !

LA VRILLIÈRE. Alors... une lettre de cachet pour la marquise ?

LOUIS XV. Elle suivra son époux.

LE MARQUIS. Ah ! tant de générosité !

LA VRILLIÈRE. Je ne pourrai pas en placer une ce soir.

FIN DU DEUXIÈME ACTE.

ACTE III.

Le théâtre représente un salon des petits appartemens de Versailles. Une porte au milieu donnant dans une galerie. Une porte latérale conduisant dans le boudoir de la comtesse. En face une croisée. Dans la ferme, une porte secrète. Une grande table recouverte d'un tapis; papiers, plumes, écritoire, fauteuils et tabourets de cour.

SCÈNE PREMIÈRE.

L'ABBÉ TERRAY, LE COMTE JEAN.

(Ils entrent en scène.)

LE COMTE. Non, l'abbé, je ne plaisante point, je parle sérieusement, je suis outré!.. N'êtes-vous pas chargé de la feuille des bénéfices en l'absence de M. de Jarente?

L'ABBÉ. Oui.

LE COMTE. Ne vous ai-je pas recommandé l'abbé Daminois pour le premier siége vacant?

L'ABBÉ. C'est vrai...

LE COMTE. Et vous n'en tenez aucun compte?

L'ABBÉ. Les mœurs de votre protégé sont si douteuses!

LE COMTE. C'est un avantage qu'il a sur les autres prélats.

L'ABBÉ. Entre nous... votre abbé Daminois est un joueur!

LE COMTE. Il gagne toujours.

L'ABBÉ. Il aime les femmes!

LE COMTE. Il ne s'attache jamais.... je tiens fort à ce que le premier évêque que je nomme ne soit pas évincé... que diable, M. de Jarente n'y regardait pas de si près... je vous revaudrai cela plus tard auprès de la belle-sœur... Chut! j'aperçois le cousin Maupeou.

L'ABBÉ, souriant. Et depuis quand êtes-vous parens?

LE COMTE. Est-ce qu'il n'est pas le cousin né de toutes les maîtresses passées, présentes et futures de sa majesté?

SCÈNE II.

LES MÊMES, MAUPEOU, sortant du boudoir de la comtesse, D'AIGUILLON, venant de dehors.

LE COMTE. Eh bien! messieurs, quelles nouvelles? serons-nous enfin présentés?... Morbleu! on n'a pas fait la moitié tant de façon pour cette petite Pompadour.

D'AIGUILLON. Patience! nous touchons à la réussite... L'archevêque de Paris s'est déclaré pour nous.. Brissac, La Vauguyon, Duras, Montbarey, tout ce qui tient à la cour n'aspire qu'à trouver le moyen de faire accorder ce qu'on doit d'égards aux Choiseul avec le besoin qu'on a de la protection de la favorite, madame de Saint-Sorlin elle-même...

LE COMTE. Ce n'est pas ce qu'elle a fait de mieux... moi, je ne me fie pas à votre marquise, c'est une emmiellée, une fine mouche.

D'AIGUILLON. Partout elle vante la générosité de la comtesse.

LE COMTE. Ainsi vous la croyez à nous, corps et ame franchement!

L'ABBÉ. Franchement! non... mais financièrement, oui. La comtesse lui a fait avoir une pension de trente mille livres, et j'escompte tous les mois son amitié en bons sur l'Hôtel-de-Ville.

LE COMTE. Plaise à Dieu qu'elle fasse honneur à sa signature!... les banqueroutes... d'amitié sont si communes à la cour!

D'AIGUILLON. J'espère, mon cher comte, que vous ne doutez pas de la mienne?

LE COMTE. Vous, d'Aiguillon, ce n'est pas d'en avoir peu, c'est d'en montrer trop que je vous blâme... les mauvaises langues vont un train!... (Montrant l'abbé et le chancelier.) Quant à ces messieurs..... à tort ou à raison, le public les confond dans ses éloges avec ma belle-sœur. (A l'abbé.) L'abbé, voici un pater que vous ferez bien de ne pas recommander au prône... (On se

rapproche de lui, le comte lit.) « Notre père
» qui êtes à Versailles, votre nom soit
» glorifié, votre règne est ébranlé, votre
» volonté n'est pas plus faite à la cour qu'à
» la ville. Rendez-nous notre pain quoti-
» dien que Terray nous a ôté; pardonnez
» à Choiseul qui soutient vos intérêts,
» comme vous pardonnez à La Vrillière qui
» les a vendus; ne succombez plus aux ten-
» tations de la Dubarry, mais délivrez-nous
» de ce diable de chancelier. Ainsi soit-
il » La pièce est curieuse !

(Il rit ainsi que d'Aiguillon.)

MAUPEOU. Vous trouvez cela plaisant?...
ça n'a pas le sens commun... si je tenais un
de ces maudits écrivains !

LE COMTE. A votre place... j'en ferais
jeter une demi-douzaine à la Bastille, pour
l'exemple.. ces gens-là sont toujours coupables de quelque chose... quand ils n'é-
crivent pas, ils pensent.

MAUPEOU. Et quand un écrivain pense,
on ne sait pas où ça peut le mener...

D'AIGUILLON. Ah ! si j'étais ministre !...

LE COMTE. Vous le serez... il le faut.

MAUPEOU. Si cette charmante comtesse
voulait s'en donner la peine, son repos et
le nôtre se trouveraient assurés. Que
demandons-nous !... Les choses du monde
les plus faciles à obtenir, si elle le veut...
Un mot... un sourire... une bouderie de sa
part, Louis XV est à ses pieds; je chasse
les robes rouges... Terray fait revenir les
jésuites... et d'Aiguillon remplace M. de
Choiseul.

LE COMTE, *à demi-voix.* Les jésuites et
moi, nous ne sommes pas cousins.

D'AIGUILLON. Hier soir, j'ai quitté la
comtesse dans les meilleures dispositions;
elle a enfin compris la nécessité de se mêler des affaires de l'état.

LE COMTE. C'est ma prière de tous les
jours... Mais pour Dieu, gouvernez donc
le royaume... gouvernons le royaume, il
n'en sera pas plus mal pour cela.

MAUPEOU. Chut!... le roi assiste à la toilette de la comtesse.

LE COMTE. Ah ! Frérot est là !... eh bien!
il gouvernera avec nous... Pour mon
propre compte, j'ai déclaré une guerre à
mort à la famille des Choiseul... Un Choiseul! qui s'avise de m'accuser d'épuiser le
trésor royal !... J'y puise, souvent... mais
voilà tout.

D'AIGUILLON, *qui regarde la porte du bou-*

doir de la comtesse. La porte s'ouvre... c'est
le roi... il est seul.

SCENE III.

LES MÊMES, LOUIS XV, *sortant du cabinet.*

LOUIS XV, *au comte Jean.* En vérité,
comte Jean, votre belle-sœur n'est pas
raisonnable aujourd'hui... je ne sais qui de
nouveau lui a monté la tête contre les
Choiseul...

LE COMTE. Sire, la haine invétérée du
ministre et les nouvelles impertinences de
la duchesse de Grammont.

LOUIS XV. Ces querelles me tourmentent,
m'affligent... M. de Choiseul n'a pas tous
les torts qu'on lui prête... il a trop d'esprit
pour se déclarer ouvertement contre une
personne que j'honore de mon amitié... Au
surplus, je veux que tout cela finisse... A
commencer d'aujourd'hui, le conseil s'as-
semblera chez la comtesse.

LE COMTE. Voilà une bonne parole...

L'ABBÉ TERRAY, *au comte.* Dites à votre
protégé qu'il est nommé.

LOUIS XV. Messieurs, dans une heure,
à la chapelle... je n'aime pas qu'on manque le service divin.

(Les courtisans s'inclinent.)

LE COMTE. Sire, j'y serai.

LOUIS XV. L'abbé de Vermont doit
prêcher.

LE COMTE. J'aime beaucoup les sermons
de l'abbé Vermont : on les écoute, et ça
ne vous empêche pas de penser à vos
affaires.

LOUIS XV. Aussitôt après la messe, je
recevrai l'envoyé de Varsovie.

D'AIGUILLON. Quoi, sire !...

LOUIS XV. Je ne puis pas moins faire
pour mon frère de Pologne... Ensuite,
travail des ministres ici.

LE COMTE, *se frottant les mains.* Ici !

LOUIS XV. Êtes-vous content, comte
Jean ?

LE COMTE. Oui, sire, parfaitement
content.... Voilà un commencement qui
promet...

LOUIS XV. J'entends la comtesse... Adieu,
messieurs... adieu...

(Ils sortent tous trois.)

SCENE IV.

LOUIS XV, LA COMTESSE, *elle entre en scène en faisant sauter deux oranges.*

LA COMTESSE. Saute, Praslin ! saute, Choiseul ! saute, Praslin !

LOUIS XV, *à part.* Elle y tient.... (*A elle.*) Encore !

LA COMTESSE. Toujours, jusqu'à ce qu'elles tombent... Saute, Choiseul ; saute, Praslin ; saute... (*Une orange tombe.*) J'en accepte l'augure. (*Le roi veut ramasser l'orange.*) Sire, ne gâtez pas mon pronostic.

LOUIS XV. Voyons, madame la comtesse, parlons raison.

LA COMTESSE, *boudant.* Oh ! vous allez prendre votre figure d'étiquette !

LOUIS XV. Eh bien ! causons comme vous l'entendrez.

LA COMTESSE, *avançant un fauteuil, puis un tabouret.* Voici un fauteuil et un tabouret. Voulez-vous être roi ? voulez-vous ne voir en moi qu'une humble sujette ? En ce cas, (*montrant le fauteuil*) vous ici, (*montrant le tabouret*) moi là. Si, au contraire...

LOUIS XV, *s'asseyant dans le fauteuil.* Je prends ma revanche, et je fais le roi.

LA COMTESSE, *s'asseyant.* Alors, j'ai tabouret à la cour, et je suis présentée.

LOUIS XV. Sans doute ; mais patience...

LA COMTESSE. Sire, si vous ne fixez pas le jour de ma présentation, savez-vous ce qui arrivera ?... un beau matin ; devant toute la cour, j'irai dans les grands appartemens, nous verrons si vous me ferez mettre à la porte.

LOUIS XV. Hier encore le duc de Richelieu et le chancelier plaidaient votre cause avec une chaleur...

LA COMTESSE. Je leur arracherais les yeux s'ils parlaient autrement.

LOUIS XV, *souriant.* La punition n'en serait pas une pour M. de Maupeou : la justice doit être aveugle ; et quant au maréchal, il lui resterait son bâton.

LA COMTESSE. Qu'il a noblement gagné en combattant les ennemis de votre majesté, et dont il se rend digne aujourd'hui en me protégeant contre les miens...

LOUIS XV. Mais.... il vous faut une marraine ?

LA COMTESSE. Avec de l'argent et des promesses, à la cour, on a tout ce qu'on veut. J'en ai une, la comtesse de Saluces, qui demande un cordon bleu pour son mari, un gouvernement pour son frère, un régiment pour son neveu, et je ne sais quoi pour elle.

LOUIS XV. Nous verrons à les lui donner.

LA COMTESSE. Ainsi, pour cette fois ma présentation est assurée ?...

LOUIS XV. Oui ; mais n'en dites rien encore... Il faut que je fasse parler à mes filles... qu'on dispose la dauphine.... et, d'ici un mois....

LA COMTESSE, *se levant et repoussant son tabouret avec impatience.* Allons, me voilà renvoyée aux calendes grecques.

LOUIS XV. La colère ne vous sied pas... je vous donne ma parole, parole de roi.... que d'ici un mois vous serez présentée.

LA COMTESSE. Un mois ? soit... j'attendrai... mais à une condition.....

LOUIS XV. Laquelle ?

LA COMTESSE. Vous renverrez les Choiseul.

LOUIS XV. Non.

LA COMTESSE. Oh ! si...

LOUIS XV. Vous voulez une brouillerie, comtesse Dubarry.

LA COMTESSE. Non, Louis de France... ce serait moi qui paierais les frais du raccommodement.... Oh ! j'y ai été prise.

LOUIS XV. Ce renvoi est impossible.....

LA COMTESSE. Eh bien ! les hostilités vont recommencer entre nous, et je vais traiter de puissance à puissance. (*Prenant un air comiquement grave.*) Sire, vous voyez d'ici cet appartement où votre majesté aime à oublier les ennuis de l'étiquette.

LOUIS XV. Ah ! c'est pour moi le paradis.

LA COMTESSE. Eh bien ! le paradis vous est interdit jusqu'à nouvel ordre.

(*Elle sonne.*)

LOUIS XV. Que faites-vous ?

SCENE V.

LOUIS XV, LA COMTESSE, ZAMORE.

LA COMTESSE, *à Zamore qui entre.* Ecoute bien.

ZAMORE. Oui ; madame la comtesse.

LA COMTESSE. Ce soir tu te placeras à cette porte. (*Montrant la porte par où elle est entrée en scène.*) Tu ne laisseras pénétrer personne chez moi, quel que soit son rang, sa qualité.... Tu entends bien!...

ZAMORE. Oui, madame la comtesse.

LOUIS XV, *souriant.* Voilà une consigne affreuse.... je la ferai lever.

LA COMTESSE. Vous le pouvez, sire, pour vous rien de plus facile... (*A Zamore.*) Zamore, cette défense ne regardera pas la personne qui se présentera.... avec cette orange.... tu m'as bien comprise?

ZAMORE, *avec malice.* Oui, madame la comtesse.

(Il sort.)

SCÈNE VI.

LOUIS XV, MADAME DUBARRY.

LA COMTESSE. Sire...

LOUIS XV. Madame la comtesse.

LA COMTESSE. Voulez-vous gagner l'orange?

LOUIS XV, *à part.* Il y a dans tout ce qu'elle fait un charme.... un piquant!... (*A la comtesse.*) Vous en voulez donc beaucoup aux Choiseul?

LA COMTESSE. Si je leur en veux, sire! la sœur de ce ministre n'a-t-elle pas voulu m'enlever votre cœur? et lui, ne m'a-t-il pas abreuvée d'outrages afin de m'avilir à vos yeux et me ravir votre amitié?.. votre amitié! qui est tout pour moi... Non pas parce que vous êtes roi de France; mais parce que vous êtes Louis, Louis le Bien-Aimé. Nous sommes seuls, je puis vous ouvrir tout mon cœur... en faveur de ma bonne, de ma franche amitié; j'espère que vous me pardonnerez des familiarités qui m'échappent quelquefois dans notre intimité... vous avez daigné m'élever jusqu'à vous, faire d'une grisette une grande dame. Eh bien! la grisette, en retour de tant de bienfaits, veut vous rapprocher d'elle, vous donner des noms qui comblent la distance immense qui la sépare de vous, et alors, je ne sais quelle barrière disparaît, je ne sais quelle inconvenance de langage s'empare de moi, Jeanne Vaubernier a besoin de trouver un nom qui puisse aller de pair avec le sien, et sans le savoir, sans le vouloir.....

entraînée que je suis par quelque chose qui vient de là... ma foi!.. je me permets de vous tutoyer, sire!... parce que je t'aime, la France.

LOUIS XV, *transporté et se levant.* Adorable! adorable! Ah! je ne connais rien qui soit au-dessus de vous.

LA COMTESSE. Les Choiseul ont pourtant voulu nous séparer, sire.

LOUIS XV. Ah! plutôt!...

LA COMTESSE. Achevez... une bonne résolution.

LOUIS XV. Que dira la France?

LA COMTESSE. La France est bonne enfant... elle dira tout ce que nous voudrons lui faire dire.

LOUIS XV. Ah! je rougirais de l'avouer à d'autres!... je n'entends rien aux affaires: ce cardinal de Fleury m'a laissé ignorer bien des choses, et maintenant je suis comme un aveugle qui a besoin d'un conducteur.

LA COMTESSE. Et si le conducteur mène mal?.. gare l'abîme!..

LOUIS XV. Pour mon successeur... Que voulez-vous? je crains la cabale des Grammont, Mesdames, la Dauphine, les Rohan.

LA COMTESSE. A votre place je dirais à tout ce monde-là d'aller se promener.

LOUIS XV. Mon ministre m'est nécessaire... je suis habitué à sa manière précise de me présenter les affaires, à la clarté de ses idées qui préviennent la discussion.

LA COMTESSE. Alors, c'est moins le besoin de Choiseul qu'une habitude de paresse!

LOUIS XV. Je crois que oui.

LA COMTESSE. Eh bien! prenez un ministre de ma façon... j'ai la main heureuse... avec lui vous n'aurez que la peine de signer.

LOUIS XV. Encore votre protégé!.. le duc d'Aiguillon, n'est-ce pas?

LA COMTESSE. C'est l'homme qu'il vous faut pour renvoyer ces maudits parlemens qui se moquent de vos volontés... Voyez comme il a tenu tête à ce La Chalotais!

LOUIS XV. Sais-je, moi, si M. d'Aiguillon serait capable?....

LA COMTESSE. Tout le monde dit que c'est un homme à talent.

LOUIS XV, *souriant.* Il y a long-tems que tout le monde en dit autant de M. de Choiseul...

LA COMTESSE, *piquée*. En ce cas, sire...
il ne me reste plus qu'à me taire et à déplorer en secret ma sotte crédulité.

LOUIS XV. Que dites-vous?

LA COMTESSE. J'avais cru pouvoir me reposer sur la protection que Louis XV m'avait promise contre mes ennemis..... mais sa majesté fait alliance avec eux.

LOUIS XV. Madame, vous m'offensez.

LA COMTESSE. Eh bien! monsieur la France, je vous en rendrai raison.

LOUIS XV. Je devrais vous faire coucher à la Bastille.

LA COMTESSE. Je suis donc meilleur que vous, car je n'ai jamais pensé à vous y envoyer. (*On entend la sonnerie d'une pendule.*) Sire, vous oubliez la messe... voici l'heure... que vos pensées ne soient plus à la terre...

LOUIS XV, *lui baisant la main*. Adieu, comtesse... adieu...

LA COMTESSE. Ne m'oubliez pas dans vos prières!

(Le roi sort.)

SCÈNE VII.

LA COMTESSE, *seule*.

Le coup est porté... il ne résistera pas à une seconde attaque..... il est si bon!....
(*Riant.*) Je ferai aussi des ministres... qui me l'aurait dit?... La cour est un singulier pays... il perd bien de sa dignité à être vu de près... Eh! ce pauvre duc d'Aiguillon, que j'ai promis d'instruire du résultat de cet entretien... écrivons-lui un mot... et calmons sa jalousie.

(Elle va se placer à la table et sonne. Zamore entre.)

SCÈNE VIII.

ZAMORE, LA COMTESSE.

ZAMORE. Madame la comtesse m'appelle?..

LA COMTESSE. Une bougie. (*Zamore sort un instant. La comtesse écrivant et répétant les mots à mesure.*) « Venez vite, je suis » seule... Vos reproches n'ont pas le sens » commun... la puissance de votre rival » ne peut vous enlever mon amitié... Je » gémis autant que vous de ce partage... » mais comment l'empêcher?... » (*Zamore rentre apportant la bougie. La comtesse lui parle tout en terminant sa lettre et en la cachetant.*) Zamore, la maréchale de Mirepoix est furieuse contre vous, et avec rai-

son... ce que vous avez fait à son coureur est mal, très-mal... ce pauvre diable est blessé, il est au lit... est-ce que par hasard vous auriez le cœur méchant?.. (*En le regardant fixement.*) Est-ce que j'aurais à me repentir un jour de vous avoir accueilli!.. ce qui autrefois était malice, espièglerie... est méchanceté à votre âge, souvenez-vous-en!

ZAMORE. Oui, madame la comtesse.

LA COMTESSE, *se levant*. Porte ce billet au duc d'Aiguillon, et qu'on m'avertisse dès qu'il arrivera; surtout, Zamore, que je n'aie plus de plaintes contre vous.

SCÈNE IX.

ZAMORE, *seul*.

Pourquoi les gens de la maréchale me manquent-ils?... Pourquoi sont-ils sans cesse à m'appeler nègre?.. Est-ce ma faute à moi si je suis né sur les côtes de Guinée... Ils sont bien fiers parce qu'ils sont blancs... C'est pas déjà si beau d'être blanc!

SCÈNE X.

ZAMORE, LA MARQUISE.

LA MARQUISE. On m'avait dit que madame la comtesse Dubarry était dans le salon.

ZAMORE. Madame, elle est chez elle.

LA MARQUISE. Annonce-moi.

ZAMORE. Pardon, madame la marquise, ma maîtresse m'a donné une commission pressée... Je devrais déjà être chez M. le duc d'Aiguillon.

LA MARQUISE, *comme frappée d'une idée*. D'Aiguillon! tu ne le trouveras point à son hôtel... je le quitte à l'instant... il est chez madame de Mirepoix.

ZAMORE. Ah! mon Dieu!

LA MARQUISE. Qu'as-tu?

ZAMORE. Je n'ose pas y aller.

LA MARQUISE. Voilà ce que c'est que de faire de mauvais tours.... la maréchale ne te pardonnera jamais d'avoir fait blesser ce pauvre Lafleur.

ZAMORE. Si vous saviez comme il cherchait à m'humilier!.. lui et tous les laquais de la maréchale... comment donc faire?... c'est pressé.

LA MARQUISE. Donne. J'ai pitié de ton

embarras... je la ferai porter par Saint-Jean.

ZAMORE. Vrai !... Ah ! que vous êtes bonne... je vais dire à Picard qu'il vous annonce tout de suite.

(Zamore sort par la porte du milieu, emportant la bougie. Pendant la scène suivante, un laquais traverse le théâtre et entre chez la comtesse, qui, un peu après, sortira de son boudoir.)

SCENE XI.

LA MARQUISE, seule.

Une lettre au duc d'Aiguillon ! Il y a peut-être là-dedans le renvoi d'une favorite et d'un courtisan... Si on était bien curieuse !... Après tout, si le roi est trompé.. il n'a que ce qu'il mérite... quand on place son amour dans une Dubarry !... et ce qui m'enrage, Richelieu, Duras... il est si bête !... Noailles, Soubise... il est si plat !... tout cela lui fait la cour... jusqu'au duc d'Ayen... cette langue de vipère... qui n'a pas d'épigramme pour la favorite... Oh ! il n'y a pas de doute, d'Aiguillon est son amant... Ah ! que Choiseul voudrait bien être à ma place... tenir ce billet... comme il en romprait le cachet !... ce serait peut-être un grand service à rendre à Louis XV... cette femme-là l'a ensorcelé... et comment ?... qu'a-t-elle pour plaire à ce point ?... un langage trivial, une tournure sans grâces, une figure commune, qui ne dit rien !

SCENE XII.

LA COMTESSE, LA MARQUISE.

LA MARQUISE, cachant vivement la lettre et changeant de ton. Eh ! venez donc, chère comtesse, venez recevoir mes félicitations !

LA COMTESSE. Comment, marquise, vous savez déjà ?

LA MARQUISE. Est-ce qu'il y a des secrets à Versailles ?... il n'est bruit que de votre présentation... et vous savez quel intérêt je prends maintenant à tout ce qui vous touche.

LA COMTESSE. Oui, la cour nous a rapprochées... J'ai parlé hier au roi pour votre fils.

LA MARQUISE. Je suis venue pour vous demander des nouvelles, et je n'osais vous parler de ce cher Gustave.

LA COMTESSE. En sortant du collége, il

sera de la première promotion de colonels ; j'ai la parole de sa majesté.

LA MARQUISE. Que vous êtes bonne !... A propos, j'oubliais le plus important : vous êtes raccommodée avec les Choiseul ?...

LA COMTESSE. Moi !... du tout.

LA MARQUISE. Est-ce que le conseil ne s'assemble pas ici... chez vous ?

LA COMTESSE. C'est une fantaisie du roi... mais je doute qu'elle opère un rapprochement... Si M. de Choiseul faisait bien, il n'attendrait pas que le roi lui demande son portefeuille.

LA MARQUISE. On se résigne difficilement à abandonner le pouvoir.

LA COMTESSE. Il est impossible que nous restions tous les deux en place... et moi, je tiens beaucoup à conserver la mienne...

LA MARQUISE. Adieu, comtesse... je vais porter à Gustave l'assurance de sa nomination. (A part.) Et consulter M. de Choiseul.

SCENE XIII.

LA COMTESSE, seule.

Me voilà seule enfin !... d'Aiguillon ne peut tarder... (Un petit bruit se fait entendre vers la porte secrète.) Ah ! il est exact.

SCÈNE XIV.

LA COMTESSE, LE DUC D'AIGUIL-LON.

LE DUC. Me voici... je n'ai pas pu quitter avant la fin de la messe... mais j'ai esquivé la réception de l'envoyé de Varsovie, tant j'étais impatient de vous voir.

LA COMTESSE. Mon billet avait dû vous rassurer.

LE DUC. Quel billet ?

LA COMTESSE. Celui que je vous ai écrit, que Zamore vous a porté.

LE DUC. Je n'ai rien vu, rien reçu.

LA COMTESSE. Vous sortez de votre hôtel ?

LE DUC. J'y suis passé en venant ici.

LA COMTESSE. Et on ne vous a rien remis de ma part ?

LE DUC. Rien.

LA COMTESSE. Comment se fait-il?

LE DUC. Seulement on m'a dit que vous me demandiez et je suis accouru...

LA COMTESSE. Zamore est étourdi... mais je ne puis soupçonner sa fidélité.

LE DUC. S'il avait oublié..... égaré le billet?

LA COMTESSE. Vous me faites trembler... Dieu! s'il était tombé entre les mains de mes ennemis!...

LE DUC. Je me rappelle que pendant la messe... le roi m'a regardé avec une attention particulière...

LA COMTESSE. Je ne puis rester dans cette incertitude... il faut absolument que je m'assure par moi-même. (*Elle fait quelques pas, et s'arrête avec effroi.*) Ciel!... on s'avance dans la galerie.

LE DUC. C'est le roi... le conseil...

LA COMTESSE. S'il vous trouvait ici dans ce moment!... Fuyez...

D'AIGUILLON *va pour sortir par la porte secrète.* Et moi qui ai fermé la porte!

LA COMTESSE. Que faire? (*Montrant son boudoir.*) Là... chez moi.

D'AIGUILLON. Chez vous? Ah! madame... et si le roi.... Vous seriez perdue!...

LA COMTESSE, *indiquant le dessous de la table.* Eh bien!... ici, ici.

D'AIGUILLON, *se cachant.* Du courage... du sang-froid.

LA COMTESSE, *toute tremblante.* J'en aurai.

<hr />

SCÈNE XV.

D'AIGUILLON, *caché*, LOUIS XV, LA COMTESSE DUBARRY, CHOISEUL, MAUPEOU, L'ABBÉ TERRAY.

(Les ministres portent avec eux leurs portefeuilles. Ils restent debout pendant toute la scène. Le roi s'assied et se lève de tems en tems, suivant les besoins de la scène.)

LOUIS XV, *continuant une conversation.* Messieurs, cet envoyé de Pologne m'a ému.

CHOISEUL. Sire, le partage de la Pologne serait une chose souverainement injuste...

LOUIS XV *fait signe à la comtesse de s'asseoir.* Tel a toujours été votre avis, monsieur de Choiseul; vous n'aimez pas la czarine.

CHOISEUL. Oui, sire, je n'ai cessé de répéter qu'il était de l'intérêt de la France de s'unir à la Turquie, pour opposer une barrière à l'ambition de Catherine.

LOUIS XV. Choiseul, mes généraux sont vieux.

CHOISEUL. Sire, vos colonels sont jeunes.

LOUIS XV. La guerre a des chances dont on ne peut prévoir l'issue.

CHOISEUL. Votre majesté n'a point oublié celles de Roçoux, de Fontenoy.

LOUIS XV. Entamons avec la Russie quelques négociations en faveur de la Pologne.

CHOISEUL. Oui, sire, un maréchal de France et cent mille hommes..., voilà les plénipotentiaires que j'ai l'honneur de proposer à votre majesté.

LOUIS XV. Autant vaudrait alors déclarer la guerre à l'Autriche, à la Prusse..

LA COMTESSE. Sire, moi aussi je suis du parti de la guerre... je voudrais qu'on donnât une leçon à ce petit roi de Prusse, qui s'avise de numéroter les amitiés du roi de France... Et puis, les Polonais sont si braves!... ils m'intéressent.

LOUIS XV, *souriant.* J'aime à voir, madame, que vous partagiez l'opinion de mon premier ministre.

LA COMTESSE. Quand il s'agit de la gloire de votre majesté, je ne prends conseil que de moi-même.

CHOISEUL. De quel droit, en pleine paix, trois souverains s'arrogent-ils le pouvoir de démembrer ce royaume? Ce partage de la Pologne, injuste pour elle, est humiliant pour nous. Une décision de cette importance, prise en dehors du cabinet de Versailles! quand il ne devrait pas se tirer un coup de canon en Europe sans la permission du roi de France!... Se flatte-t-on que ces Polonais, arrachés à leur patrie, deviendront tout-à-coup Russes, Autrichiens ou Prussiens, suivant la volonté du prince sous la domination duquel on les fera passer?... Erreur!... En Prusse, en Autriche, en Russie, ils seront toujours Polonais; dans trente, dans cinquante ans, ils se souviendront de l'acte tyrannique qui les a arrachés à leur patrie... à leur famille, et malheur à qui les forcera de s'en souvenir!

LOUIS XV. Ah! messieurs, si j'avais vingt ans de moins!...

MAUPEOU. Mais, monsieur de Choiseul,

ignorez-vous donc que nous n'avons pas un régiment au complet?

CHOISEUL. La cause est si belle!... un mot de sa majesté, et toute la jeunesse de France accourra sous les drapeaux.

TERRAY. Mais nous n'avons pas un sou dans les coffres.... Si vous voulez la guerre... il faut vous résigner à la banqueroute.

LA COMTESSE. Où passent donc les revenus du royaume?

CHOISEUL. C'est vous, madame, qui le demandez!

LA COMTESSE. En effet, monsieur le duc, j'aurais dû me souvenir que de grandes familles, largement traitées par la fortune, n'en sont pas moins avides des faveurs royales et de bons sur le trésor.

CHOISEUL. En recevant la récompense de leur dévouement, madame, ces familles-là ne trahissent point le prince qui les comble de ses bienfaits.

LOUIS XV. Monsieur le duc!

CHOISEUL. Sire!... il y a des momens où un serviteur fidèle n'a pas le courage de cacher la vérité à son roi.

LOUIS XV. La vérité!

LA COMTESSE. Expliquez-vous, monsieur le duc.

LOUIS XV, *à Terray et Maupeou, leur faisant signe de s'éloigner.* Messieurs, nous reprendrons plus tard cette affaire de la Pologne... je vous ferai appeler.

(Les deux ministres sortent.)

°°

SCÈNE XV.

LOUIS XV, LA COMTESSE, D'AIGUILLON, *caché*, LE DUC DE CHOISEUL.

LA COMTESSE. Monsieur le duc... avez-vous bien pesé l'expression dont vous venez de vous servir?

LOUIS XV. Oui, Choiseul... vous haissez la comtesse... c'est un des torts de votre famille... mais vous avez été trop loin... et je pense que vous ne vous refuserez pas à prier madame d'oublier cette offense.

LE DUC. Sire! en vous éclairant sur la conduite d'une personne qui abuse de votre amitié, je crois accomplir un devoir...

LOUIS XV. Encore!...

LA COMTESSE. Prouvez... prouvez, monsieur...

CHOISEUL, *cherchant dans sa poche.* Cette lettre m'a été adressée, sous enveloppe...

LOUIS XV. Une lettre!... anonyme sans doute... ce n'est pas la première fois que l'intrigue et la jalousie ont employé de semblables ruses pour vous perdre auprès de moi... Choiseul, comment pouvons-nous ajouter foi...

CHOISEUL, *présentant la lettre.* Sire, cette lettre est de madame...

LA COMTESSE. Ma lettre!...

(Le roi prend la lettre que Choiseul lui présente, et paraît indécis.)

LA COMTESSE. Lisez... lisez, sire...

LOUIS XV, *lisant l'adresse.* Au duc d'Aiguillon!... (Il fronce le sourcil.) Votre protégé!

LA COMTESSE. Oui, sire... parce qu'il vous est véritablement attaché.

LOUIS XV, *à lui-même.* Au duc d'Aiguillon!...

LA COMTESSE. Comment sortir de là?... Ah!...

(Cette exclamation doit indiquer qu'elle vient de trouver un moyen de se tirer d'embarras.)

LOUIS XV. « Venez vite... je suis seule... » Vos reproches n'ont pas le sens commun... la puissance de votre rival ne » peut vous enlever mon amitié... Je gé- » mis autant que vous de ce partage... » Mais comment l'empêcher?... »

(Pendant ce tems, la comtesse a fait passer au duc d'Aiguillon papier, plume, encre, etc.)

LOUIS XV, *abattu.* Duc de Choiseul, vous m'avez rendu un service dont je ne vous sais pas gré... Et vous, madame...

LA COMTESSE. Sire!... pas un mot de plus... ou vous vous repentiriez d'un arrêt injuste.

LOUIS XV. Ce billet n'est pas de vous?

LA COMTESSE. Mon écriture est assez facile à contrefaire, et vos grands seigneur sont capables de tout... Avant tout, sire, je suis franche, ce billet est de moi.

LOUIS XV. Vous l'avouez...

(La comtesse est restée assise jusqu'à ce moment. Ici, elle se lève, se tient contre la table, et à chaque phrase, marquée de guillemets, du couplet suivant, elle frappe avec la main contre la draperie de la table, pour faire comprendre, que d'Aiguillon écrit sous la table ce qu'elle dicte.)

LA COMTESSE. Où donc est le mal? qu'y trouvez-vous à redire?... (Avec une *intention marquée.*) Ces quatre lignes sont la réponse à un billet que j'ai reçu ce matin de M. d'Aiguillon. » Il demandait à me voir. » J'y ai consenti. » Il me reprochait la tiédeur que je mettais à le servir, et il craignait de ma part une réconciliation avec son rival, M. de Choiseul... » Je l'ai rassuré... » Il gémit sur le partage de la Pologne. » Je m'en afflige comme lui... Rien au monde de plus simple.

LOUIS XV. En effet, Choiseul, ceci s'explique assez bien.

CHOISEUL, *ironiquement.* Votre présence d'esprit me confond... Notre chancelier demande quatre lignes de l'homme le plus innocent pour y trouver de quoi le faire pendre... Vous faites le contraire avec une adresse... et les quatre lignes les plus coupables...

LA COMTESSE. Arrêtez, monsieur le duc... Pour conserver la paix dans ce château, j'ai souvent supporté des injures... bien plates... des calomnies bien ridicules... J'ai dévoré mes larmes en secret, et, le cœur plein de chagrins amers, montré au roi un front calme, un visage riant.. mais rappelez-vous bien que mettre en doute mon amitié pour le prince qui a daigné me combler de bienfaits est une offense que je ne pardonne pas.

CHOISEUL, *légèrement.* Je n'ignore point, madame, que vous portez à M. d'Aiguillon un intérêt très-vif.

LA COMTESSE. Je ne m'en suis jamais cachée... Ce matin encore je le proposais à sa majesté pour vous remplacer.

CHOISEUL, *de même.* Aussi ne doutai-je point de l'existence d'une correspondance.. diplomatique, très-active entre vous deux. Il ne vous sera donc pas difficile de me réduire au silence par la lecture du billet que vous avez reçu.

LA COMTESSE. Je vous avoue que n'y attachant aucune importance...

CHOISEUL. La lettre d'un ami !...

LA COMTESSE. Un billet insignifiant.

LOUIS XV. Cela se garde au moins un jour ou deux...

LA COMTESSE, *cherchant négligemment sur la table.* Je ne sais ce que j'ai fait de ce chiffon de papier.

(Elle frappe sur la table; d'Aiguillon lui passe le billet qu'il a écrit.)

CHOISEUL, *souriant.* Je comprends votre embarras...

LOUIS XV. Comtesse, pourquoi vous refuser à me donner cette satisfaction, à moi !...

LA COMTESSE. A vous, sire !

LOUIS XV. Oui.... ce billet de d'Aiguillon...

CHOISEUL. Madame ne l'a plus...

LA COMTESSE, *comme venant de le trouver.* Pardon, monsieur le duc, le voici.

LOUIS XV *s'en empare.* Ah! (*Il l'ouvre et lit.*) « Madame la comtesse, j'ai le plus grand besoin de vous voir. »

LA COMTESSE, *demandant sa lettre au roi.* La mienne, sire.

LOUIS XV *lui donne sa lettre et répète.* « J'ai le plus grand besoin de vous voir. »

LA COMTESSE, *lisant.* » Venez vite, je » suis seule. »

LOUIS XV, *de même.* « Vous ne pressez » point assez votre présentation, et vous » négligez un peu vos amis les plus sin- » cères. »

LA COMTESSE, *de même.* « Vos reproches » n'ont pas le sens commun. »

LOUIS XV, *de même.* « Si vous occupiez » la place qui vous est due, votre influence » viendrait au secours de cette pauvre » Pologne, dont le partage est, dit-on, » arrêté. »

LA COMTESSE, *de même.* « Je gémis » comme vous sur ce partage; mais com- » ment l'empêcher ? »

LOUIS XV, *continuant.* « Je crains de plus » en plus l'adresse et l'influence de M. de » Choiseul »

LA COMTESSE, *de même.* « La puissance » de votre rival ne peut vous enlever mon » amitié. »

LOUIS XV. Ah! qu'ai-je besoin d'en lire davantage !..... Monsieur de Choiseul !....

CHOISEUL *lui remet son portefeuille.* Sire, j'attendrai les ordres de votre majesté.

(Il sort.)

SCENE XVII.

LOUIS XX, LA COMTESSE, D'AIGUILLON, *caché.*

LOUIS XV. Ah! madame, combien je suis honteux d'avoir pu douter un moment!...

LA COMTESSE. En sa présence je me

suis contenue, mais cette scène m'a causé une souffrance !... Ah ! sire, mes forces m'abandonnent.

(Elle feint de tomber évanouie sur le fauteuil.)

LOUIS XV, *dans la plus grande agitation.* Ah ! mon Dieu ! elle se trouve mal..... Quelqu'un !... Que faire ?... et je suis seul ! Ah ! ouvrons cette fenêtre; un peu d'air.. (*Il ouvre la fenêtre avec impatience.*) Quelqu'un donc ! (*Il sonne.*) Des sels ! des sels !

(Il entre dans le boudoir.)

LA COMTESSE, *à d'Aiguillon, pendant que le roi est sorti.* Eh ! vite, sauvez-vous.

(D'Aiguillon se sauve par la fenêtre. Le roi entre et fait respirer des sels à la comtesse qui revient peu à peu.)

LOUIS XV. Comtesse, comtesse !

LA COMTESSE. Rassurez-vous, sire, je suis mieux.

LOUIS XV. Ah ! ce M. de Choiseul...

LA COMTESSE. Ce n'est plus rien.

SCÈNE XVIII.

LOUIS XV, LA COMTESSE, LE COMTE JEAN.

LOUIS XV, *au comte Jean qui entre.* Qu'on me cherche partout le duc d'Aiguillon.

LE COMTE, *intrigué, et regardant sa sœur.* Le duc d'Aiguillon, sire...

LA COMTESSE. Eh ! oui, faites donc ce que le roi vous ordonne...

LE COMTE, *toujours un peu inquiet.* Sire, la foule est si grande dans les salons... Je ne crois pas l'avoir vu, le duc d'Aiguillon.

LA COMTESSE. Voyez... allez à son hôtel.

LE COMTE, *à l'huissier.* Le roi demande M. d'Aiguillon.

L'HUISSIER, *répétant dans la galerie :* Le roi demande M. d'Aiguillon.

UNE VOIX, *dans le lointain.* Le roi demande M. d'Aiguillon.

LOUIS XV, *à la comtesse.* M'en voulez-vous encore ?

LA COMTESSE. Je suis trop bonne...

LOUIS XV, *à l'huissier.* Faites entrer.

SCENE XIX.

LES PRÉCÉDENS, D'AIGUILLON, TERRAY, MAUPEOU, LE COMTE JEAN, LA MARQUISE, FOULE DE COURTISANS, *qui n'entrent pas dans la salle.*

L'HUISSIER, *annonçant.* M. le duc d'Aiguillon.

LE DUC. Sire, je me rends à vos ordres.

LOUIS XV. Monsieur le duc, je suis content de vous. (*Lui donnant le porte-feuille de Choiseul.*) Servez-moi toujours de même.

LE COMTE. Sire, il n'y manquera pas... Je suis sa caution.

LA MARQUISE. Voilà le royaume de France en de belles mains.

FIN.

IMPRIMERIE DONDEY-DUPRÉ, RUE SAINT-LOUIS, 46, AU MARAIS.

LES
DEUX DIVORCES,

COMÉDIE-VAUDEVILLE EN UN ACTE,

Par MM. Th. et Hip. Cogniard,

REPRÉSENTÉE POUR LA PREMIÈRE FOIS, À PARIS, SUR LE THÉÂTRE DES NOUVEAUTÉS,
LE 12 NOVEMBRE 1831.

PERSONNAGES.	ACTEURS.	PERSONNAGES.	ACTEURS.
GUILLAUME, menuisier....	M. MONTIGNY.	LEFÈVRE, vieux tailleur....	M. DUBOURJAL.
THÉRÈSE, sa femme.......	Mme GAUTHIER.	Mme LEFÈVRE, sa femme,	
RÉMI, garçon menuisier....	M. ARMAND.	portière...............	Mlle LECOMTE.

La scène est à Paris.

Le théâtre représente une cour ; à gauche l'atelier de Guillaume ; devant la porte, un établi, des outils et des planches ; à droite la loge de Mme Lefèvre et le corps-de-logis ; au fond une porte cochère.

SCENE PREMIERE.

Mme LEFÈVRE, seule.

(Elle est assise devant la scène et parcourt le journal.)

Ah ça, ousque j'en étais donc ? « Un suicide... c'est pas ça... Nouvelles étrangères... je me moque des étrangers... Ah! la chambre des députés ! voyons la chambre des députés... c'est ce qui m'intéresse, moi... (*Elle lit.*) Eh mais ! qu'est-ce que c'est que ça?... voyons... hum!... Monsieur monsieur... Sco... de Scho... Schonen.. » Tant pis... le nom n'y fait rien... « vient de présenter à la chambre des députés..... une loi... sur le divorce... » Comment ! y serait possible... oui, c'est bien ça.. « Une loi sur le divorce. » Qu'est-ce qu'il y a après?..«On ne doute pas que cette loi.. que cette loi... »Dieu!...y a-t-il des gens qui vont être contens de cette affaire-là...« On ne doute pas que cette loi... » Les maris n'ont qu'à bien se tenir...ces scélérats-là... nous allons voir maintenant...»On ne doute pas que cette loi... ne soit aussitôt. « Eh

mais ! j'y pense.. v'là ma nièce Thérèse qui va pouvoir... Ah! maître Guillaume, vous couchez dehors... vous battez ma nièce... voici une loi qui est juste... et qu'était demandée par toutes les positions *sociables* et politiques... «que cette loi ne soit aussitôt. «Ça ne fait rien, j'en sais assez comme ça... plions le journal... et faisons part à Thérèse... Mais c'est Rémi... voilà un ouvrier exact... et matineux !

SCENE II.

RÉMI, Mme LEFÈVRE.

Mme LEFÈVRE. Bonjour, mon garçon.

RÉMI. Bonjour, mère Lefèvre... ça va bien ?

Mme LEFÈVRE. Mais oui... assez bien, sauf mes *stratagèmes* d'estomac qui me tourmentent toujours... les quartiers de lune.

RÉMI. Et le bourgeois?

Mme LEFÈVRE. Le bourgeois... le bourgeois... il rentre à une belle heure...

RÉMI. A quelle heure qu'il a donc rentré?

Mᵐᵉ LEFÈVRE. A quelle heure !... y n'a pas rentré du tout; comme quoi je dirai toujours qu'un homme marié... qui découche, et qui, à six heures du matin, n'a pas encore rentré... est un libertin.

RÉMI. Ah dam! voyez-vous, mam' Lefèvre, mon bourgeois est dans l'chagrin... de ce que le commerce y va pas..., et y tâche de s'étourdir.

Mᵐᵉ LEFÈVRE. S'étourdir!.. s'étourdir!.. v'là leux raisons à ces scélérats d'hommes... qu'ont des épouses et pas d'principes... Ah! si M. Lefèvre se permettait la quarante-deuxième partie de ce que fait Guillaume... je saurais bien le ranger subitement à l'obéissance... rien que d'y penser, ça me bouleverse les sens!...

AIR : *Que d'établissemens nouveaux!*

Quand un homm' ne couch' pas chez soi,
Pour son épous' la chose est dure,
Monsieur Lefèvre, sur ma foi !
Ne m'a jamais fait cette injure.
J'enrag' contre ces gueux d'maris,
Dont, par malheur, le mond' fourmille :
Mariez-vous donc pour êtr' seul' tout's les nuits.
Autant vaut, ma foi! rester fille.

RÉMI. C'est que c'est vrai ce que vous dites là.

Mᵐᵉ LEFÈVRE. Thérèse est une petite femme si douce et si avenante!

RÉMI. Dieu de Dieu !... si Mᵐᵉ Guillaume était aussi bien ma femme qu'elle est l'épouse de son mari... je ne serais pas... assez je ne sais quoi... pour la laisser comme ça passer les nuits toute seule..., Qu'elle doit se désoler !

Mᵐᵉ LEFÈVRE. Se désoler !... ah! elle n'est pas si bête... Comme je lui dis chaque jour ; ma chère nièce, car tu sais que je suis ta tante... ma chère nièce, que j'lui dis, ton mari se comporte comme un vaurien ; tu t'as assez abîmé les yeux à pleurer pendant six mois...

RÉMI. Abîmer des yeux comme ça !

Mᵐᵉ LEFÈVRE. Hein?..

RÉMI. J'ai rien dit...

Mᵐᵉ LEFÈVRE. Je croyais que tu avais fait une *exéclamation*... Pour te finir, que Dieu merci! c'te pauvre Thérèse est maintenant consolée ; elle a pris une partie décisive ; c'est ce qu'on doit faire quand on a un mari qui n'a ni ordre ni politesse... Tiens, c'est comme le locataire du quatrième ; il nous doit vingt-sept sous depuis la *Quasimodo*... et y ne les paie pas, sous prétexte qu'il n'a pas le sou... C'est-y quand on n'a pas l'sou qu'on achète jusqu'à trois falourdes à la fois avec un paquet de chandelles... Et dire que la voisine du dessous entend rouler des pièces de cent sous tout la nuit!... Ah! que les mortels deviennent peu *sociables*!... mais toi, mon petit Rémi, qu'a d'la conduite et des sentimens extérieurs, soutiens la maison, mon garçon, et rappelle-toi ce que dit le proverbe : La vertu reçoit tôt ou tard sa récompense...

RÉMI. Soyez tranquille, mam' Lefèvre, je n'lâcherai pas le bourgeois pendant qu'il est dans l'besoin. J'l'avais prié de me postuler un grade de sergent, comme quoi je m'étais battu en juillet... Et il y avait tout à parier que j'obtiendrais ma demande ; j'avais même préparé pour mon départ le sac de rigueur... Le v'là qui m'attend. (*Il montre un sac de soldat suspendu à un clou.*) Mais j'y renonce par attachement pour mam' Guillaume, car je n'peux pas, voyez-vous, la laisser ainsi livrée, seule et sans défense, à la colère du patron... Quand y rentre et qu'il a flûté le vin à quinze... ça me fait mal, moi, de voir M. Guillaume aussi injuste.

AIR de *Garrick.*

Oui, chaque jour je vois avec douleur
Que pour sa femme il a l'ame aussi dure,
Mais j'ai trouvé le moyen par bonheur
D'la soulager des trait'mens qu'elle endure :
Quand le bourgeois est furieux, voyez-vous,
J'fais tout d'travers pour qu'y m'cherche querelle ;
Alors sur moi s'apaise son courroux,
Il crie, y m'bat, et quand je r'çois ses coups,
Je m'dis : c'est autant d'moins pour elle. (*bis*).

C'te pauvre mam' Guillaume, pus souvent.... Ah! ben!... pus souvent que j'voulusse la quitter... ah! ah!...

Mᵐᵉ LEFÈVRE. Bien, Rémi, bien, mon garçon... tu parles comme un député... Ah! voici mon homme qui a fait sa toilette.

⋄⋄⋄⋄⋄⋄⋄⋄⋄⋄⋄⋄⋄⋄⋄⋄⋄⋄⋄⋄⋄⋄⋄⋄⋄⋄⋄⋄⋄⋄⋄⋄⋄

SCÈNE III.

RÉMI, M. LEFÈVRE, Mᵐᵉ LEFÈVRE.

M. LEFÈVRE. Bonjour, madame Lefèvre, voulez-vous accepter l'étrenne de ma barbe?... une fois n'est pas coutume...

Mᵐᵉ LEFÈVRE, *lui tendant la joue.* Allons, prenez... et dépêchez-vous.

LEFÈVRE, *après l'avoir embrassé.* Dieu!

que ma femme est aimable ce matin..... Bonjour, Rémi.

RÉMI. Bonjour, père Lefèvre, avez-vous bien dormi c'te nuit?

(Il va à son établi.)

LEFÈVRE. Mais oui... n'est-ce pas, madame Lefèvre, que j'ai très-bien dormi?...

Mᵐᵉ LEFÈVRE. C'est bon... allez-vous bavarder pendant un demi-siècle... comme à vot'habitude...

LEFÈVRE. Ah! par exemple, ça ne m'arrive pas souvent, vois-tu, une fois n'est pas coutume.

Mᵐᵉ LEFÈVRE. Vous n'avez que cela à la bouche: une fois n'est pas coutume..... Monsieur Lefèvre, je vous prie de ne pas raisonner... Ce que c'est que le mauvais exemple... vous verrez que Guillaume me perdra mon mari...

LEFÈVRE. Comment ça, me perdre!... Madame Lefèvre, vous vous exagérez...

Mᵐᵉ LEFÈVRE. Est-ce fini?... vous tairez-vous?... je vous défends de fréquenter dorénavant ce mauvais sujet de Guillaume; *au lieu* de vous occuper de lui, vous feriez mieux d'aller porter le pantalon du voisin... J'espère que vous ne le livrerez pas sans toucher...

LEFÈVRE. Ah! ah!

Mᵐᵉ LEFÈVRE. Qu'est-ce que vous dites?

LEFÈVRE. Je dis: ah! ah!... certainement que je ne le livrerai pas sans toucher.

Mᵐᵉ LEFÈVRE. Faites comme si ça ne vous était pas arrivé.

LEFÈVRE. Ça m'est arrivé... ça m'est arrivé... possible!... mais une fois n'est pas coutume... ousqu'est le paquet? Dis donc, madame Lefèvre, donne-moi mon paquet.

Mᵐᵉ LEFÈVRE. Tenez, le voici; embrassez-moi et décampez.

LEFÈVRE. Plus souvent que je livrerai san s toucher... Adieu, Ursule! (Il l'embrasse.) Nous disons: un fond de culotte à trente sous... et une doublure de vingt-sept sous... ça fait... voyons...

RÉMI, à son établi. Cinquante-sept.

LEFÈVRE. Ça fait-il cinquante-sept.

Mᵐᵉ LEFÈVRE. Comment! vous êtes encore là, monsieur Lefèvre, mais vous voulez donc me faire mourir?

LEFÈVRE. J'm'en vas, j'm'en vas..., nous disons cinquante-sept... et ne pas li-

vrer sans toucher... (Il sort en répétant:) cinquante-sept... cinquante-sept.

SCÈNE IV.

RÉMI, Mᵐᵉ LEFÈVRE, puis THÉRÈSE.

Mᵐᵉ LEFÈVRE. Dieu merci! le voilà parti... c'est pas sans peine... Maintenant faut que j'aille consoler ma pauvre Thérèse...

RÉMI. Tenez, la voilà qui vient... elle n'a pourtant pas l'air triste.

Mᵐᵉ LEFÈVRE. Ça ne prouve rien... tu n'peux pas connaître le cœur de la femme, mon garçon; tu donneras encore plus d'un coup de rabot avant d'y comprendre quelque chose.

SCÈNE V.

RÉMI, THÉRÈSE, Mᵐᵉ LEFÈVRE.

THÉRÈSE, entrant. Bonjour, ma tante... bonjour, Rémi.

RÉMI. Bonjour, bourgeoise... ça va pas mal, et vous?

Mᵐᵉ LEFÈVRE. Eh bien! ma pauvre Thérèse, ton mari n'a pas rentré coucher?

THÉRÈSE. Ah dam! il aura eu affaire loin d'ici, ou bien il aura été avec ses amis...

Mᵐᵉ LEFÈVRE. Comment?... et tu permets...

THÉRÈSE. Il faut bien permettre ce qu'on ne peut empêcher.

Mᵐᵉ LEFÈVRE. Et pourquoi que tu ne pourrais pas l'empêcher donc?... vois M. Lefèvre, est-ce qu'il découche, lui?

RÉMI. C'est ça une pâte d'homme!

Mᵐᵉ LEFÈVRE, à part. Il faut que j'l'instruise, c'te jeunesse. (Haut.) Rémi, va-t-à l'atelier, mon garçon... nous avons besoin d'être seules et sans témoins pour un petit bout de tems.

RÉMI. Oui, mam' Lefèvre... Au revoir, mam' Guillaume, j'm'en vas. (A Thérèse.) C'est égal, voyez-vous, si j'étais aussi bien vot' mari... ah! j'vous jure bien que j'rais jamais... Mais j'suis pas vot' mari, et alors... j'vas à l'atelier... (A part.) C'est égal... j'ai bien fait de lui dire ça.

(Il sort.)

SCENE VI.

THÉRÈSE, Mme LEFÈVRE.

Mme LEFÈVRE. Bonté divine !... que la nature est *bizarre* ! Ah ça !... Thérèse, toi qui pleurais hier, t'es donc enfin résignée, mon enfant ; je t'en félicite et j'en suis fort aise... car ton mari ne mérite pas qu'on se tourmente pour lui... (*Regardant Thérèse qui s'essuie les yeux.*) Eh bien ! qu'est-ce qui te reprend, v'là que tu te rattristes !...

THÉRÈSE. Ma bonne tante, vous comprenez bien que, devant Rémi, je n'veux pas avoir l'air d'être tout-à-fait brouillée avec Guillaume, que j'ai la faiblesse d'aimer encore, malgré sa mauvaise conduite... je fais tout ce que je peux pour me résigner, mais quand je pense à l'avenir !

Mme LEFÈVRE. T'as été trop bonne avec lui... Il faut mener les hommes, vois-tu, sans quoi les hommes nous mènent... Pourquoi n'as-tu pas suivi mon exemple ?. Vois M. Lefèvre !... il ne se permet jamais d'éternuer sans m'en demander la permission... voilà un homme !

THÉRÈSE. Je croyais qu'en étant bonne ménagère, et en l'aimant bien, ça suffirait...

Mme LEFÈVRE. Pauvr' jeunesse... tu ne raisonnes guère en philosophie... mais c'est pas ça du tout... au contraire.

AIR : *Dans un castel, dame de haut lignage.*

Quand une femme est toujours douce et bonne,
Après l'mariag' quand en' dit jamais : non,
Pour son mari ça devient monotone,
L'ennui bientôt arriv' dans sa maison :
Pour être heureus', ma chèr', dans son ménage,
Il faut, crois-moi, de la sévérité :
Si j'cri' si fort, et si j'fais tant d'tapage,
C'est pour avoir un peu d'tranquillité. (*bis.*)

Enfin t'es malheureuse, et il faut trouver un moyen pour sortir de la situation guignolante ousque t'es placée...

THÉRÈSE. C'est aussi mon intention, ma tante, et si Guillaume ne veut pas changer de conduite... eh bien !...

Mme LEFÈVRE. Eh bien !... ah !... je vois que tu ne peux plus supporter le joug insatiable de ton époux... il est tems d'user de tes droits municipaux... Thérèse... ma chère nièce... rassure-toi ; la chambre des députés a compris que tu ne pouvais être

à la merci d'un époux barbare pendant ta vie durante... Tiens... lis !

(*Elle lui présente le journal.*)

THÉRÈSE, *le prenant.* Que voulez-vous que je lise !

Mme LEFÈVRE, *mettant ses lunettes et lui montrant du doigt.* Tiens, regarde... là...

THÉRÈSE, *lisant.* Le divorce ?

(*Elle semble rêver tristement.*)

Mme LEFÈVRE. Oui... ma fille... le divorce... et pendant que ton mari va dans les guinguettes... néglige son travail, et t'abandonne pour courir...

THÉRÈSE, *pleurant.* Ah ! assez... je sais quels sont ses torts... Oui, Guillaume mène une conduite affreuse... il cause mon malheur... mais divorcer !... moi !...

Mme LEFÈVRE. Et pourquoi pas... lorsque c'est le seul moyen ?

THÉRÈSE, *l'interrompant.* Vous vous trompez... ma tante... jusqu'à ce jour, j'ai tremblé devant Guillaume, et ma faiblesse a pu être cause de ce qui arrive ; mais aujourd'hui je suis décidée à parler avec fermeté... oui... je sens que j'aurai le courage de demander à mon mari un compte de sa conduite... peut-être parviendrai-je à lui faire avouer ses torts...

Mme LEFÈVRE. Comme ça, à la bonne heure !... soutiens l'orgueil de ton *sesque*, car c'est humiliant pour une jolie femme comme toi d'être traitée comme une perverse. Thérèse, je t'approuve, aussi vrai que je m'appelle Lefèvre, du nom de mon mari... A propos de mon mari, faut que j'aille lui préparer sa soupe ; adieu, Thérèse... du courage, mon enfant, ne te laisse pas faiblir, et compte sur ta tante Lefèvre. (*Fausse sortie.*) Si Guillaume se reportait encore à des moyens violens et peu délicats... tu trouveras toujours chez nous à ton service... de l'amitié et un lit de sangle... mais faut espérer que tout s'arrangera.

AIR : *On m'avait vanté.*

Mon enfant, garde l'espérance
De r'trouver l'cœur de ton époux ;
Suis les conseils de ma prudence,
Et la paix reviendra chez vous.
Ma chèr', quand not' mari nous *vosque*,
A ses devoirs on peut l'ranger :
Ces messieurs sav'nt que notre *sesque*
A toujours moyen d's'venger.

THÉRÈSE.

Oui, ma tante, j'ai l'espérance
De r'trouver l'cœur de mon époux ;
J'écout'rai votre expérience,
Et la paix reviendra chez nous. (*bis.*)

SCÈNE VII.

THÉRÈSE, seule.

Oui, j'aurai le courage de faire à mon
mari les reproches qu'il mérite... il le
faut... car... je ne puis plus vivre comme
ça... (*Une pause.*) Qui aurait pensé, il y a
un an, que ce Guillaume, si doux, si
prévenant... deviendrait aussi dérangé...
et me rendrait si malheureuse!

Air : *En amour comme en amitié.*

Le jour d'hymen pour moi fut un beau jour,
Nous étions pauvr's, mais dans notre ménage,
A la misèr' nous opposions l'amour,
Et mon mari jurait d'être fidèle et sage;
J'entrevoyais un avenir si doux!
Et maintenant aux pleurs je suis réduite;
Hélas! déjà l'amour a pris la fuite:
La misèr' seule est restée avec nous. (*bis.*)

Ah! je crois que je l'entends... oui...
c'est lui... Allons... essuyons ces larmes, je
ne veux plus être faible...

SCÈNE VIII.

GUILLAUME entre tout défait, THÉRÈSE.

THÉRÈSE, *à part.* Dans quel état... mon
Dieu!

GUILLAUME, *à part.* C'est elle... gare les
reproches!...

THÉRÈSE. Vous revenez de bonne heure!

GUILLAUME. C'est vrai.

THÉRÈSE. Autrefois vous rentriez fort
tard... Il paraît que maintenant... vous
ne rentrerez plus du tout.

GUILLAUME. Ah! assez, je n'accorde à
personne le droit de blâmer mes actions.

(*Il s'assied.*)

THÉRÈSE. Savez-vous pourtant... que
cette conduite me lasse?... Guillaume,
vous ne serez pas assez injuste pour exiger que je reste indifférente à tout ce que
vous faites... Vous ne vous plaindrez pas,
je l'espère, d'avoir été poursuivi de mes
reproches; Dieu sait que, jusqu'à ce jour,
j'ai eu de la patience..... de la résignation.

(*Elle pleure.*)

GUILLAUME. Une belle résignation!...
en effet..... à voir votre visage, aussitôt
que je suis à la maison, je parie n'en pas

trouver d'aussi maussade dans les douze
arrondissemens.

THÉRÈSE. Le moyen d'être gaie... quand
vous ne travaillez pas, et que je vois chaque jour nos dettes s'accroître...

GUILLAUME, *se levant.* Ah!... je te préviens une bonne fois pour toutes... que
ça me lasse d'entendre bougonner... ça me
lasse! (*Avec ironie.*) Vous parlez de votre
patience... laissez-moi donc... vous êtes
bien pressée, au contraire, d'aller pleur-
nicher chez toutes les commères du quartier.

THÉRÈSE. Moi?...

GUILLAUME. Oui... vous!

THÉRÈSE. Je vous jure...

GUILLAUME. Ah! ne jurez pas... faites
ce que vous voudrez, peu m'importe...
mais du moins ne trouvez pas mauvais
que je vive comme bon me semble.

THÉRÈSE, *fortement.* Vous m'écouterez
une dernière fois, cependant... il est impossible de continuer un genre de vie pareil... Savez-vous que nous voilà sans
argent?

GUILLAUME, *tapant sur son gousset.* Je
le sais, mais on empruntera... on a des
amis.

THÉRÈSE, *avec ironie.* Vos amis! pouvez-vous bien espérer des secours de tels
hommes!... Jusqu'à ce jour n'ont-ils pas
vécu à vos dépens!... Vos amis!... ce
sont eux qui vous ont fait négliger
votre commerce, contracter des dettes...
ce sont eux enfin qui vous ont entraîné
dans la position malheureuse où vous
êtes... et quand vous n'aurez plus de pain,
allez leur tendre la main, et vous les
verrez rire de votre confiance et insulter à
votre misère... les voilà, vos amis.

GUILLAUME, *dont la colère a été croissante.* Savez-vous bien, Thérèse, que ma
patience est à bout?... J'ai écouté vos
reproches jusqu'à la fin... écoutez-moi à
votre tour. Sachez donc que si je suis
devenu un mauvais sujet, comme vous le
dites, ce n'est pas la faute de ceux que
je fréquente... mais bien la vôtre... Oui,
si je néglige mon travail, si je passe toutes
les journées dehors, c'est que je ne saurais trouver qu'ennui et dégoût à la maison... Tout ici me rebute, me fatigue...
Et ces amis, que vous accusez, ont eu
seuls le secret de me consoler de la misère du tems... tandis que vous ne faisiez
qu'accroître mes chagrins; et en supposant que ces amis soient tels que vous le

dites, du moins, eux; je puis les quitter, et m'en débarrasser quand bon me semblera... Je ne puis pas être condamné, de par la loi, à vivre éternellement avec eux... tandis que vous...

THÉRÈSE, *se contenant à peine.* Achevez... tandis que moi...

GUILLAUME. Eh bien! tandis que vous... je dois toute ma vie vous avoir près de moi... entendre vos reproches, et pour m'y soustraire il n'est aucun moyen...

THÉRÈSE, *à part.* C'en est trop, par exemple. (*Haut, d'un air résolu.*) Vous vous trompez, Guillaume, il en est un...

GUILLAUME, *étonné.* Il en est un?.. et lequel?...

THÉRÈSE. Le divorce!

GUILLAUME, *la regardant avec surprise.* Le divorce?

(*Nota.* Le reste de cette scène doit se jouer avec dépit.)

THÉRÈSE. C'est le seul moyen.

GUILLAUME. En effet... c'est le seul moyen... mais nous ne l'avons pas encore, le divorce...

THÉRÈSE. Ce ne tardera pas, je l'espère... et dans un mois, dans six semaines au plus...

GUILLAUME. Six semaines... nous avons le tems d'attendre!

THÉRÈSE. Qui vous oblige?

GUILLAUME. Dam!

THÉRÈSE. Si vous tenez tant à vous séparer de votre femme...

GUILLAUME. Eh bien!

THÉRÈSE. Eh bien!... vous pouvez le faire sur-le-champ.

GUILLAUME. Ah!... ça te ferait donc grand plaisir?...

THÉRÈSE. Comme à vous.

GUILLAUME. Certainement que j'en serais enchanté!

THÉRÈSE. Et moi de même.

GUILLAUME. Puisque c'est ainsi... madame... séparons-nous.

THÉRÈSE. Demain si vous voulez.

GUILLAUME. Pourquoi pas aujourd'hui?

THÉRÈSE. Eh bien!... aujourd'hui même.

GUILLAUME. C'est cela... et dans six semaines... quand la loi sera rendue...

THÉRÈSE. Tout sera confirmé.

GUILLAUME. Nous ne serons plus rien l'un pour l'autre... alors...

THÉRÈSE. Alors... nous serons heureux... vous voulez dire?... je n'en doute pas... vous surtout, Guillaume.

GUILLAUME. Moi... pas plus que vous...

THÉRÈSE. Si fait... car vous pourrez épouser une autre femme.

GUILLAUME. Une autre femme.

THÉRÈSE. La bouchère du coin, par exemple... Mme Gervais.

GUILLAUME. Mme Gervais.

THÉRÈSE. Vous me direz peut-être que vous ne l'aimez pas?

GUILLAUME. Moi, je l'..... Eh bien! oui..... je l'aime..... je l'aime beaucoup.

THÉRÈSE. Je le sais depuis long-tems.

GUILLAUME. Et au fait..... elle en vaut bien la peine..... elle est fort bien, Mme Gervais, et elle m'a dit cent fois..... que si j'étais libre...

THÉRÈSE, *vivement.* Eh bien! mais vous l'êtes... épousez-la donc.

GUILLAUME. Mais certainement... je l'épouserai.

THÉRÈSE. A la bonne heure.

GUILLAUME. Et de votre côté, vous pourrez en faire autant.

THÉRÈSE. Moi... jamais!

GUILLAUME. Jamais!..... et pourquoi?

THÉRÈSE. Ce n'est pas que je manquerais de maris pour vous remplacer... si j'en voulais un...

GUILLAUME. Je n'en doute pas... quand on est jolie comme vous...

THÉRÈSE. Il y en a d'autres qui me trouvent jolie.

GUILLAUME. Tant mieux.

THÉRÈSE. Et quand ce ne serait que ce pauvre Rémi... qui, j'en suis sûre...

GUILLAUME. Comment!..... Rémi!... il oserait?...

THÉRÈSE. Au fait, ce garçon n'est pas plus mal qu'un autre...

GUILLAUME. Il est gentil!

THÉRÈSE. Mais je ne suis pas décidée à me remarier... Ainsi ce que j'en dis...

GUILLAUME, *fortement.* Vous avez raison de ne plus m'en parler... parce que, voyez-vous... votre Rémi...

THÉRÈSE. Ah! vous allez vous mettre en colère?... vous oubliez que tout cesse d'être commun entre nous... que nous n'avons plus le droit de nous adresser des reproches..... enfin, que nous allons nous séparer...

GUILLAUME, *avec calme.* C'est juste; et puisque nous en sommes venus là... que c'est une affaire arrêtée...

THÉRÈSE. Autant vaut nous quitter bons amis... n'est-ce pas?

GUILLAUME. Très-bons amis... Ainsi, Thérèse, adieu...

THÉRÈSE. Adieu, Guillaume.

GUILLAUME. Je vous quitte sans haine, sans regrets... Je reviendrai tantôt chercher mes effets... et tout sera dit... Éloignés l'un de l'autre... nous serons heureux..

THÉRÈSE. Oui, nous serons heureux...

GUILLAUME. Chacun de notre côté...

THÉRÈSE. C'est ça, chacun de nôtre côté.

GUILLAUME.

AIR : *Noble dame.*

Plus de chagrins... allons, ma chère,
Sans regrets, cessons d'être époux,
Puisque d'un avenir prospère
L'espoir va renaître chez nous.

THÉRÈSE, *à part.*

Il peut me quitter sans douleurs,
Et moi je sens couler mes pleurs...
Ah! tâchons de les retenir,
Que j'sois du moins seule à souffrir! (*bis.*)

GUILLAUME, *pendant la fin de l'air.*
Adieu!...

THÉRÈSE, *de même.* Adieu!...

(Elle rentre dans la maison en essuyant ses larmes.)

SCENE IX.

GUILLAUME, *seul.*

(Il regarde sortir Thérèse. Après une pause.)

Allons... allons... je suis content de la détermination que j'ai prise... Me voilà divorcé!... Combien de fois n'ai-je pas désiré ce qui arrive?... Cette femme-là ne me convenait pas du tout... D'abord un caractère abominable... et puis, comme physique... rien de remarquable, et je ne sais pas comment elle a pu plaire à ce petit Rémi... une figure... dam! une figure... au fait elle n'est pas mal, sa figure... Oui, oui... de la fraîcheur... de jolis yeux... Oh! c'est une jolie femme que ma Thérèse... Quand je dis ma Thérèse... c'est comme un fait exprès, je la regardais tout-à-l'heure pendant qu'elle était animée par la colère... je lui trouvais je ne sais quoi... C'est étonnant que je n'aie pas remarqué tout cela... J'la vois pourtant tous les jours...

AIR *du Vaudeville de l'Apothicaire.*

Elle est charmante en vérité,
Jamais je n'l'ai trouvé si belle,
J'ai courtisé plus d'un' beauté,
Qui cependant valaient moins qu'elle;
Oui, je l'admir' plus que jamais,
Je n'y conçois rien, sur mon ame,
Je lui trouv' mill' nouveaux attraits
Depuis qu'elle n'est plus ma femme. (*bis.*)

Oui, mais l'expérience du passé doit me faire tenir sur mes gardes... Allons chez Mme Gervais... Va-t-elle être étonnée?... Elle est jolie Mme Gervais... cependant, Thérèse est mieux... et puis Mme Gervais n'est plus de la première jeunesse... faut en convenir... tandis que Thérèse... Mais à quoi bon penser à tout cela? je vais être riche! riche!... Ce qui m'étonne un peu, c'est que Thérèse a bien vite pris son parti... et puis ce petit Rémi... Bah! tout est pour le mieux!...

SCENE X.

RÉMI, GUILLAUME.

RÉMI. Qu'est-ce que ça veut donc dire tout ça?... je n'y comprends rien... Ah! v'là l' bourgeois, *mutus...* Bonjour, bourgeois...

GUILLAUME. Bonjour...

RÉMI. Est-ce que c'est possible... bourgeois, qu'ça soit vrai, ça?

GUILLAUME. Quoi ça? imbécille!

RÉMI. Imbécille! imbécille!.. bourgeois, je ne suis pas un imbécille pour ne pas croire qu'ça soye vrai que vous partiez en voyage.

GUILLAUME. En voyage!... Qu'est-ce qui t'a dit cela?

RÉMI. C'est vot' femme... mam' Guillaume que j'ai vue faire vos paquets... à preuve.

GUILLAUME, *à part.* Ah! déjà!... elle est bien pressée... (*Haut.*) Eh bien! oui, mon garçon, je pars pour des affaires de famille; et si tu veux, il ne tient qu'à toi d'en faire autant.

RÉMI. Comment?

GUILLAUME, *à part.* Faisons-le parler. (*Haut.*) J'ai vu ce matin M. Gobin, tu sais, qui fait partie de la commission des récompenses nationales...

RÉMI. Ah!... oui... M. Jean Gobin... connu... Après?

GUILLAUME. Eh bien! c'est aujourd'hui que les nominations ont lieu, et il m'a promis que ta demande serait prise en considération... ainsi tu dois tout espérer...

RÉMI. je suis flatté de la considération, mais j'veux plus être sergent.

GUILLAUME. Et pourquoi ça?

RÉMI. Non, j'veux plus partir..... j'ai changé d'avis... Bourgeois, j'vous remercie pas moins de ce que vous avez fait pour moi.

GUILLAUME. Il n'y a pas de quoi. (*A part.*) Allons, décidément ce gamin-là en tient pour ma femme. (*Haut.*) A ton idée, mon garçon; et puisque tu restes ici... je te recommande Thérèse.

RÉMI, *transporté.* Vrai! parole d'honneur!... ah! quel bonheur!

GUILLAUME. Comment! t'es content de me voir partir!

RÉMI. Ah! bourgeois, je dis pas ça.. mais, voyez-vous, ce qui me comble de contentement, c'est que vous me recommandez vot' femme... mam' Guillaume!... allez... vous pouvez dormir ben tranquille... je n' la quitterai pas vot'femme: je m'attache à ses pas... et si queuqu' godelureau vient flaner contre elle... j' prends l' gros maillet d'la boutique... et... faudra voir! Ah! bourgeois, je le répète, vous pouvez dormir tranquille.

GUILLAUME, *impatienté.* C'est bon... je ne te demande pas tout ça... avec ton air effarouché...

RÉMI. J'ai l'air effarouché?... je suis fâché, bourgeois, d'avoir l'air effarouché... de c' que ça vous a donné l'air vexé.

GUILLAUME, *à part.* Je déteste ce garçon-là... Allons, il faut que j'aille chez Mᵐᵉ Gervais... (*Haut.*) Tiens, c'est mon cher oncle Lefèvre!

●●●●◌◌◌◌◌◌◌◌◌◌◌◌◌◌◌◌◌◌◌◌◌◌◌◌◌◌◌◌◌●●●●

SCÈNE XI.

RÉMI, GUILLAUME, LEFÈVRE.

GUILLAUME. Bonjour, mon cher oncle.

LEFÈVRE. Ah! c'est toi... bonjour, bonjour, Guillaume... Adieu, mon garçon...

(*Il veut rentrer chez lui.*)

GUILLAUME, *l'arrêtant.* Comment! adieu.

LEFÈVRE. Oui... vois-tu, ma femme me dit que tu me perds... et que chaque fois que je te vois, tu me fais faire un pas vers le crime... tu sens bien que ce n'est pas mon idée... mais Mᵐᵉ Lefèvre...

RÉMI, *à part.* Y en a-t-il des jobards!

GUILLAUME. Comment! mon oncle, vous n'avez pas plus de caractère que ça.

LEFÈVRE. Je n'ai pas de caractère! par exemple, tu ne me connais guère... Moi, Thomas Lefèvre, pas de caractère!

GUILLAUME. Allons, vous avez peur de votre femme.

LEFÈVRE. C'est pas vrai, je n'en ai pas peur... je suis le maître chez moi.

AIR : *Un cordon, s'il vous plaît.*

Sur quelques points (*bis*) par bonté d'ame
Je veux bien céder quelquefois,
Pour faire plaisir à ma femme
Je fais semblant d'suivre ses lois
Mais je sais conserver mes droits ;
Car si je flatte ses manies,
Si j'écout' tout's ses fantaisies,
Si j'obéis à tous ses vœux,
Passé ça, je fais c'que je veux;
Oui, vraiment, passé ça j'fais c'que j'veux. (*bis.*)

Mais, vois-tu, ça m'ennuie quand elle crie et qu'elle me bougonne.

GUILLAUME. J'entends; et c'est pour ça qu'elle vous mène par le bout du nez. Allons, vieux, un peu d'énergie, venez boire un coup avec votre neveu... Il n'y a pas de mal à ça, et puis j'ai quelque chose à vous communiquer.

LEFÈVRE. Très-volontiers..... dis donc, avant pourtant j' voudrais voir Mᵐᵉ Lefèvre, d'autant que j'ai là cinquante-sept sous à lui remettre.

GUILLAUME. Vous lui donnerez ça plus tard, nous serons ici dans une minute.

LEFÈVRE. Pourtant j'aimerais mieux...

GUILLAUME. Allons donc, n'avez-vous pas peur qu'on vous gronde?

LEFÈVRE. Plus souvent... je te répète que je suis le maître chez moi, et j'accepte ton invitation... cependant...

GUILLAUME. Encore!

LEFÈVRE. Non, non, je suis à toi.

GUILLAUME. A la bonne heure... allons.

(*Il remonte la scène*.)

* Rémi, Lefèvre, Guillaume*.

LEFÈVRE, *bas à Rémi.* Dis donc, Rémi, tu diras à Mᵐᵉ Lefèvre que c'est seulement pour me rafraîchir... et que je vais revenir tout de suite... cette pauvre poule, qu'elle ne s'impatiente pas.

RÉMI. Ça suffit.

LEFÈVRE. Dis bien que c'est mon neveu qui l'a absolument voulu... entends-tu?

RÉMI. Soyez tranquille, monsieur Lefèvre.

GUILLAUME. Partons-nous enfin, mon oncle?

LEFÈVRE. Oui, me v'là.

GUILLAUME.

AIR : *Valse de Robin.*

Allons donc, soyez raisonnable,
Mon oncle, soyez homme enfin.
Eh! corbleu! l'on n'est pas coupable
Pour aller boire un verr' de vin.

LEFÈVRE, *à Rémi,*

Si contre moi ma femme s'allume,
Tu diras que j'suis à côté;
Dis-lui qu'un' fois n'est pas coutume,
Et je vais boire à sa santé.

ENSEMBLE.

GUILLAUME *et* RÉMI.

Allons donc, soyez raisonnable,
Mon oncle,
Pèr' Lefèvr', } soyez homme enfin, etc.

LEFÈVRE.

Oui, je veux être raisonnable;
Oui, mon n'veu, je suis homme enfin.
Eh! corbleu! l'on n'est pas coupable
Pour aller boire un verr' de vin.

SCENE XII.

RÉMI, *seul.*

Les voilà partis! Ah! M. Guillaume ne se doute pas que je sais tout, que j'ai tout entendu... ils divorcent! Mam' Guillaume va être libre! quel bonheur! J'vas donc pouvoir l'aimer sans être exposé à devenir incestueux... j'vas pouvoir lui dépeindre ma flamme et lui faire la cour à toutes les minutes de la semaine, sans craindre les torgnolles du bourgeois... Oh! eh! quel bonheur!

AIR : *Mon ami l'Établi.*

Ah! combien mon cœur est joyeux,
Comm' l'espoir vous donn' de la force !
Ma foi! viv' la loi du divorce !
Les amans, les maris, çarend tout l'monde heureux;
Oui, tout le monde heureux.

Il est bien just' qu'on se sépare
Lorsque l'un de l'autre on est las.
Vivre en s'boudant, quel cauchemare,
L'amour ne se commande pas.

C'était trop, sur mon ame,
D'vouloir, en vérité,
Qu'on adorât sa femme
A perpétuité.

Ah! combien mon cœur, etc.

Cett' loi vraiment est des plus sages,
Et je suis sûr que maintenant,
Tout ira mieux dans les ménages,
Grâce à ce nouveau changement;
Il suffit qu'à nos dames
Le divorc' soit permis,
Pour que toutes les femmes
Veuill'nt garder leurs maris.

Ah! combien mon cœur, etc.

SCENE XIII.

RÉMI; Mᵐᵉ LEFÈVRE.

Mᵐᵉ LEFÈVRE. Où peut-il être fourré ce M. Lefèvre... Dieu, que cet être-là est inconséquent pour son âge!... voilà une demi-heure qu'il court les rues... Ah! c'est toi, Rémi...

RÉMI. Oui, c'est moi... Dites donc, madame Lefèvre, voulez-vous que je vous dise un secret!

Mᵐᵉ LEFÈVRE. Un secret! conte-moi donc ça, mon garçon.

RÉMI. Oui, mais faut pas encore en parler.

Mᵐᵉ LEFÈVRE. Foi d'honnête femme, ça ne passera pas la porte cochère.

RÉMI. Eh bien! c'est que mam' Guillaum'...

Mᵐᵉ LEFÈVRE. Ma nièce?

RÉMI. Elle divorce d'avec son mari.

Mᵐᵉ LEFÈVRE. Elle divorce!

RÉMI. C'est comme je vous le dis; ils profitent de la nouvelle loi... M. Guillaume sort d'ici, à telles enseignes qu'il a emmené le père Lefèvre pour boire un coup.

Mᵐᵉ LEFÈVRE. Est-il bien possible que M. Lefèvre aille trinquer avec un divorceur... un homme qui n'a plus de famille, un mauvais sujet; monsieur Lefèvre, vous me revaudrez ça... Eh! mon Dieu! si Guillaume allait endoctriner mon mari... si M. Lefèvre allait méconnaître à son tour les liens de l'hyménée.... (*Pleurant.*) Ah! Rémi, je suis une femme bien malheureuse!

RÉMI. Allons... calmez-vous, il n'y a pas de danger... Tenez, j'aperçois vot' homme qui revient. (*A part.*) Courons faire un doigt de cour à la bourgeoise.

(Il entre dans l'atelier.)

Mᵐᵉ LEFÈVRE. Il revient !... comment fera-t-il pour supporter ma présence ?

SCENE XIV.

Mᵐᵉ LEFÈVRE, M. LEFÈVRE.

LEFÈVRE *la figure enluminée. Il chante.*

Vive le vin, vive le franc buveur,
Plus on est de fous,
Vive le jus divin.

(*Riant.*) Ah ! ah ! tiens, c'est toi, mon épouse. Ah ! ah ! ah !

Mᵐᵉ LEFÈVRE. Malheureux ! dans quel état ?

LEFÈVRE, *chantant.*

Qu'il égaie ma vie.

Mᵐᵉ LEFÈVRE. Finirez-vous de chanter, monsieur Lefèvre ? quelle a été votre conduite depuis que vous m'avez quittée ?... répondez, intrigant.

LEFÈVRE. Ma conduite ! ma conduite est celle d'un galant homme... d'un vrai galant homme... j'ai fait...

Mᵐᵉ LEFÈVRE. Vous avez fait des horreurs !... et l'argent du voisin.

LEFÈVRE. Des horreurs !... possible !... une fois n'est pas coutume.

Mᵐᵉ LEFÈVRE. L'argent du voisin, je vous demande ?

LEFÈVRE. J'ai touché, je n'ai pas livré sans toucher.

Mᵐᵉ LEFÈVRE. Mais où est-elle ?... répondrez-vous ?

LEFÈVRE. *Où elle est ?...* l'argent du voisin ?... Voilà !... j'ai touché l'argent du voisin... et ensuite, le marchand de vin l'a touché... (*Il rit.*) Hé ! hé ! il est bu l'argent du voisin... hé ! hé !

Mᵐᵉ LEFÈVRE. Mais tu es un misérable, un monstre, un débauché.

LEFÈVRE, *avec fierté.* Je m'importe peu de vos *épithètes*, je les méprise vos épithètes.

Mᵐᵉ LEFÈVRE. Va-t'en, tu n'es qu'un jésuite, qu'un sans-culotte !

LEFÈVRE. Un sans-culotte ! madame Lefèvre, ce que vous dites là est indécent.

Mᵐᵉ LEFÈVRE. Tu n'es qu'un chouan !

LEFÈVRE ; *outré.* Madame Lefèvre !

Mᵐᵉ LEFÈVRE. Oui, je te le répète, tu n'es qu'un chouan.

LEFÈVRE, *s'échauffant peu à peu.* Elle l'a dit deux fois... une fois, je l'aurais supporté, parce qu'une fois n'est pas coutume... mais deux fois !... Madame mon épouse, vous êtes une bavarde et une vieille sorcière.

Mᵐᵉ LEFÈVRE, *menaçant son mari qui recule peu à peu.* Sorcière ! sorcière ! Homme sans principes et sans religion, vieux grigou... je vais te prouver....

(Elle veut lui arracher les yeux.)

LEFÈVRE, *prenant un balai et le levant sur elle.* Arrière, épouse criminelle !

Mᵐᵉ LEFÈVRE, *indignée.* Ah ! c'en est trop ; tu oses lever la main sur moi !

LEFÈVRE. La main, jamais !... le balai, je ne dis pas. (*Jetant son balai.*) Au reste, il y a une manière d'arranger les épinards.

Mᵐᵉ LEFÈVRE. Laquelle ? monstre !

LEFÈVRE. C'est de divorcer comme Guillaume et Thérèse.

Mᵐᵉ LEFÈVRE, *stupéfaite.* C'est donc ça ce que tu voulais, vieux coureur ?... Eh bien ! oui, je divorce. Ça ne sera pas long... Je suis chez moi ici... Je vais te faire ton paquet, et tu iras chercher une femme comme moi pour faire ta soupe et pour te préparer ton café le matin.

LEFÈVRE. Tu le mangeras toute seule ton vieux café à la chicorée : garde ton café de femme, moi je reprends mon énergie d'homme, comme a dit Guillaume, et je ne me laisserai pas conduire par le bout du nez, parce qu'on a l'air trop abject.

Mᵐᵉ LEFÈVRE. Quelle avanie !

AIR *de la Petite Coquette.*

Plus d'mariage entre nous,
Cessons d'être époux,
Je n'suis plus vot' femme.

LEFÈVRE.

J'en suis charmé, madame,
Car cette union
Faisait mon guignon.

Mᵐᵉ LEFÈVRE.

Pour vous j'n'ai que d'la haine,
Et je n'puis plus vous supporter.

LEFÈVRE.

Et moi j'brise ma chaîne,
Car je suis trop las d'en porter.

ENSEMBLE.

Plus d'mariage entre nous,

Cessons d'être époux,
Je n'suis plus vot' (femme.
Vous n'êtes plus ma (
J'en suis charmé, madame,
J'm'en réjouis sur mon ame.

Car cette union
Faisait mon guignon.

Mme LEFÈVRE. Adieu donc, monsieur,
adieu! je vais faire votre paquet, et je
vous défends de mettre les pieds chez moi;
et si.... vous.... Mais non.... c'est vous
qui l'avez voulu...c'est fini....

ooooooooooooooooooooooooooooooooooooooo

SCENE XV.

M. LEFÈVRE, THÉRÈSE, Mme LE-
FÈVRE.

THÉRÈSE, *retenant Mme Lefèvre.* D'où
vient ce bruit?... Comment, c'est vous,
ma tante?... qu'avez-vous?

Mme LEFÈVRE, *pleurant.* Ah! ne m'en
parle pas, ma chère nièce!... ne m'en
parle pas.... c'est un trait de ton mari :
il m'a perdu le mien.

LEFÈVRE. Le vôtre!... je ne *la* suis
plus, votre mari !... Le divorce étant dans
les lois du royaume, je profite des lois du
royaume.

THÉRÈSE. Comment! mon oncle, après
trente années de mariage?

LEFÈVRE. Trente années de servitude et
d'oppression, tu veux dire...

Mme LEFÈVRE. Non, Thérèse, ne cherche pas à arranger les affaires... c'est trop
avancé.... notre divorce est *consumé....* Je
vais tout préparer. Qu'il parte, qu'il
aille courir le monde : un jour peut-être
il se repentira de m'avoir quittée; il reviendra avec un catarrhe, des fluxions de
poitrine et un rhume de cerveau ; mais il
sera trop tard. (*S'approchant de Lefèvre.*)
Vous l'entendez, monsieur, il sera trop
tard.

(Elle rentre chez elle)

THÉRÈSE. Songez donc, père Lefèvre,
à ce que vous allez faire.

LEFÈVRE. Je fais ce que je dois, Mme Lefèvre *infectait* avec moi un ton de supériorité et je ne l'ai pas *soufferte;* ça m'outrait.
Je n'aime pas les monopoles; à bas les monopoles!.. D'ailleurs, c'est fini, elle-même
l'a dit, notre divorce *consommatus est....*
Une fois n'est pas coutume.

THÉRÈSE. Mais, mon oncle...

LEFÈVRE. Non! c'est inutile.

AIR : *Gentille fiancée.*

Jusqu'à c'jour je fus trop bête,
Je suis las du conjungo;
Chez moi c'était un cass' tête,
Et je n'étais qu'un zéro.
Retourner avec ma femme,
Non, non, ça ne se peut plus,
J'aim'rais mieux sur mon ame,
Le choléra-morbus.

THÉRÈSE.

Vous êtes trop sévère
Calmez votre colère.

LEFÈVRE.

Ne l'espèr' pas, ma chère,
Rien ne peut m'apaiser.
Et je veux divorcer.

THÉRÈSE.

Vous voulez divorcer.

LEFÈVRE.

Oui, je veux divorcer. (*bis.*)

THÉRÈSE. Mais cependant....

LEFÈVRE. Non! ne cherche donc pas à
m'influer... Adieu, ma nièce ; je vais voir
si mon paquet est prêt. (*Fausse sortie.*
Avec emphase.) Avant de partir, je te
donnerai ma bénédiction.

(Il entre chez lui.)

ooooooooooooooooooooooooooooooooooooooo

SCENE XVI.
THÉRÈSE, *puis* RÉMI.

THÉRÈSE. Nous avons donné ici un
mauvais exemple. Heureusement que cette
affaire n'aura pas pour ma tante des suites
fâcheuses... je l'espère du moins... Tandis que moi, j'ai perdu Guillaume sans
retour !

RÉMI, *paraissant au fond.* La voilà!...
O Dieu! qu'est-ce que je vas lui dire?

THÉRÈSE. Je vais rester seule avec
Rémi... Ce pauvre garçon se donne un
mal pour me plaire...

RÉMI. Voyons, voyons, il n'y a plus à
reculer. Allons, Rémi, de l'aplomb. (*Il
s'approche vivement.*) Madame Thérèse?

THÉRÈSE. Tiens, vous étiez là, Rémi?

RÉMI. Si j'étais là! oui, que j'y étais
là. (*A part.*) Voici le moment de dépeindre ma flamme.

THÉRÈSE. Avez-vous terminé les deux
malles qui ont été commandées hier matin !

RÉMI. Si je les ai terminées! certainement que je les ai... c'est-à-dire non...
je ne les ai pas terminées... mais la

cause... (*A part.*) Ah ! quelle idée ingé-
nieuse ! (*Haut.*) Mais la cause, bourgeoise, que je ne les ai pas terminées,
c'est que...

THÉRÈSE. C'est que ?...

RÉMI, *intimidé.* C'est que... c'est que
je n'ai pas eu le tems de les terminer.
(*A part.*) Je n'oserai jamais... je dois
avoir l'air fort bête.

THÉRÈSE. Mon mari part, vous le savez, Rémi ; j'espère qu'en son absence
vous travaillerez avec assiduité ?

RÉMI. Si je travaillerai avec assiduité !
c'est-à-dire que je ne quitterai pas l'atelier ni la verlope... je serai là tous les
jours, dès six heures du matin, à abattre
des copeaux : il n'y aura pas de lundi qui
tienne... Seulement le dimanche, quand
la semaine aura été bonne ; eh bien ! si
vous voulez accepter mon bras en manière de passe-tems, nous irons hors barrière ; et là nous prendrons une demie
avec une gibelotte et un radis noir... ou
autre chose ; n'importe... et ensuite, si le
cœur vous en dit, nous reviendrons finir
la journée chez les Funambules ou Madame Saqui ; et s'il n'y a pas de place,
nous irons à l'Ambigu... Ah ! soyez tranquille, bourgeoise, vous ne serez pas malheureuse ; je ferai marcher votre commerce ; vos affaires prospéreront... Moi,
d'abord, je me mettrai en quatre pour ça,
et ma seule récompense sera de vous entendre dire : C'est à Rémi que je dois tout
ça !

THÉRÈSE. Ce bon Rémi !

RÉMI.

AIR *de Caleb.*

Non jamais je n'vous caus'rai de peine,
Rémi vous aime et vous l'prouv'ra ;
J'travaill'rai tous les jours d'la semaine ;
Y a d'l'argent dans ces deux bras-là :
Près d'vous j'aurai l'ame joyeuse,
Car mon bonheur il est ici.

THÉRÈSE.

Près d'moi son ame est joyeuse,
Et son bonheur il est ici,
Ah ! combien je serais heureuse
Si Guillaume pensait ainsi !

ENSEMBLE.

Pour lui c'est un délice ;
Il peut parler d'amour ;
Moi je suis au supplice,
Je perds tout en ce jour. (*bis.*)

RÉMI.

Ah ! pour moi quel délice !
Que d'bonheur en un jour !
Le moment est propice
Pour lui parler d'amour. (*bis.*)

RÉMI. Oui, je vous le jure, mam'Thérèse ; je dis mam' Thérèse, car je sais que
vous ne devez plus vous nommer mam'
Guillaume.

THÉRÈSE. Comment ?

RÉMI. Le mot est lâché, tant pire...
Eh bien ! oui, je sais que votre mari n'est
plus votre époux ; et cette idée-là me
décide à vous dépeindre l'état de mes
sentimens... car vous avez dû vous apercevoir combien je vous idolâtre... Mam'
Thérèse, ne vous fâchez pas, et veuillez
me dire si je ne vous suis pas un être trop
insignifiant.

THÉRÈSE. Quoi ! Rémi, vous m'aimez ?

RÉMI. Oh ! *voui*, et d'une force ma-
jeure. Mam' Thérèse, vous ne me répondez pas ? n'importe, je sais ce que parler
veut dire.

(*Il se jette à genoux.*)

THÉRÈSE. Que faites-vous, Rémi ?

RÉMI. Ne faites pas attention.

SCENE XVII.

THÉRÈSE, RÉMI, GUILLAUME.

GUILLAUME. A merveille !

RÉMI, *à genoux. Apercevant Guillaume,
à part.*) En v'là un qu'est embêtant !
(*Haut.*) Pardon si je suis aux pieds de
votre femme, bourgeois : c'est dans de
bonnes intentions et pour le bon motif.
(*Il se lève.*) Je veux l'épouser en légitime :
et puisque vous voilà, je serais flatté,
bourgeois, d'avoir votre assentiment à
la chose.

GUILLAUME, *furieux.* Toi, épouser
Thérèse !

RÉMI, *interdit.* Du moment que vous
n'êtes plus son époux, et que vous voulez
vous remarier avec une autre, avec la
grosse bouchère, par exemple... car je
sais que vous voulez t'être boucher.

GUILLAUME, *se promenant tristement.*
Ah ! c'est vrai ; j'avais oublié ; mais pour
le quart d'heure fais-moi le plaisir de
t'en aller ; j'ai à parler à Thérèse avant
de la quitter.

RÉMI, *d'un air d'importance.* Je ne m'y
oppose pas... Adieu, bourgeois. (*A Thérèse.*) Bourgeoise, lorsque vous serez mon
épouse, vous ferez tout ce que vous voudrez ; j'ai du courage, des économies.

GUILLAUME, *s'impatientant.* Allons,
nous laisseras-tu ?

RÉMI. Je pars. (*A Thérèse.*) Je veux faire toutes vos volontés, et il n'y aura pas à dire que...

GUILLAUME. Ah !

RÉMI. Bourgeois, ne vous fâchez pas ; j'étais bien aise de vous prouver que mam'Thérèse n'aura pas affaire à un coureur... Adieu. (*A part.*) J'vas faire quatre pouces de toilette, et je reviens. (*Haut.*) Adieu, bourgeois ; adieu, bourgeoise. (*A part.*) Dieu ! la jolie petite femme que je vais posséder là !

(*Il sort en sautant.*)

SCÈNE XVIII.

THÉRÈSE, GUILLAUME.

GUILLAUME, *à part.* Elle ! appartenir à Rémi !

THÉRÈSE. Eh bien ! mon ami, auriez-vous de mauvaises nouvelles à m'apprendre ?

GUILLAUME. Non, Thérèse, non, au contraire, Mme Gervais consent à tout.

THÉRÈSE. Elle consent ! que vous devez être heureux ! vous serez riche.

GUILLAUME. Oui, c'est vrai, je serai riche, (*à part*) mais heureux...

THÉRÈSE. On a bien raison de dire qu'un bonheur ne vient jamais sans un autre.

GUILLAUME. Comment ?

THÉRÈSE. On est venu acquitter le mémoire de ce commerçant que nous avions cru insolvable.

GUILLAUME. Vraiment !

THÉRÈSE. Mille francs !... c'est de l'argent trouvé, car nous n'y comptions pas... nous partagerons, n'est-ce pas ?

GUILLAUME. Non, tu garderas tout... Cet argent t'appartient... je ne suis plus rien ici.

THÉRÈSE. Guillaume, je t'en prie, acceptes-en la moitié.

GUILLAUME.

Air de *Téniers*.

Je ne le puis, oh ! non, c'est inutile,
Le tems n'est plus où nous ne formions qu'un.

THÉRÈSE.

Oui, je le sais, en quittant cet asile,
Tout entre nous cesse d'être commun.
Dans un instant je ne s'rai plus ta femme ;
De tous mes droits tu vas te dégager ;

Mais jusque-là, ces droits je les réclame,
Un' fois encor', laisse-moi partager. (*bis.*)

GUILLAUME, *ému.* Je te le répète, je n'ai pas besoin d'argent, tu le sais bien ; maintenant je vais avoir de la fortune.

THÉRÈSE. Je n'insiste pas. (*A part.*) Comme il est triste !

GUILLAUME, *à part.* Pourrais-je la voir passer dans les bras d'un autre !... Que de chagrins je me suis préparés ! (*Haut.*) Vous allez être bien heureuse, n'est-ce pas, Thérèse, avec Rémi, car vous l'aimez... n'est-il pas vrai ? avouez-le sans crainte.

THÉRÈSE. Vous vous trompez, Guillaume, je ne l'aime pas.

GUILLAUME, *joyeux.* Tu ne l'aimes pas !

THÉRÈSE, *avec intention.* Mais il est bon, Rémi, c'est un excellent ouvrier... et puis il rendrait sa femme heureuse, lui... il est si respectueux, si prévenant... Mais pourquoi parler de cela ? l'heure s'avance, tu dois avoir quelques affaires.

GUILLAUME. Des affaires ? Eh ! qu'importe !... le moment de notre séparation n'arrivera-t-il pas assez tôt ! Quelques minutes encore, Thérèse, et tout sera rompu entre nous... et bientôt il ne vous restera plus que le souvenir d'un homme que vous ne pourrez regretter.

THÉRÈSE. Guillaume !

GUILLAUME, *à part.* Pour moi, je sens maintenant que je la regretterai toujours...

LEFÈVRE, *chez lui.* C'est inutile... non, non, madame.

THÉRÈSE. Le père Lefèvre sort de chez lui... Ah ! tu ne sais pas que le pauvre oncle, la tête montée par la boisson, veut divorcer aussi.

GUILLAUME. Par exemple, est-il possible !

THÉRÈSE. C'est nous qui sommes cause de ça.

SCÈNE XIX.

THÉRÈSE, GUILLAUME, LEFÈVRE
portant un paquet au bout d'un bâton.

LEFÈVRE, *à la porte de la loge.* N...i... ni, c'est fini... une fois n'est pas coutume... Ah ! c'est mon neveu et son *exe* femme... Bonjour, mon *exe* nièce.

GUILLAUME. Que m'apprend-on, mon oncle ? comment ! vous divorcez ?... c'est une plaisanterie.

LEFÈVRE. C'est pas une plaisanterie... le divorce étant dans les lois du royaume, je profite des lois du royaume... D'ailleurs, tu sais que tu m'as conseillé toi-même ce matin...

GUILLAUME. Ce matin, j'ai eu tort... et vous avez tort ce soir... Rentrez chez votre femme (*regardant Thérèse*), il en coûte trop de se séparer !

THÉRÈSE. Quel espoir !...

LEFÈVRE. Ah ça ! sais-tu que tu es tant soit peu girouette, mon neveu ? Tu dis une chose, une autre... moi, je n'ai qu'une parole... Et le divorce étant dans les lois du royaume... c'est que je suis las d'être dans mon ménage... ce qu'était ta femme dans le tien... un zéro en chiffre.

THÉRÈSE. Mon oncle !

LEFÈVRE. Je dis vrai, ma femme est une despotique... Enfin, croirais-tu qu'elle m'a appelé chouan ; parce que j'ai été boire un verre de vin avec toi !... Non, c'est qu'il n'y avait pas moyen de dire oui lorsqu'elle avait dit non... C'était absolument comme toi avec ta femme.

GUILLAUME. Je conviens que vous avez raison.

LEFÈVRE. L'être le plus débonnasse se fatigue au fur et à mesure qu'il se lasse. Si je voulais me donner un petit air de promenade... eh ben ! fallait voir le tapage... Pourtant c'est dur de rester toujours comme un esclave à la maison... demande à la femme.

GUILLAUME. Oui, c'est vrai. (*A part.*) Combien je fus coupable !

LEFÈVRE. J'aime pas l'arbitraire... je ne peux le tolérer l'arbitraire... Tiens, Guillaume, l'autre jour tu rudoyais Thérèse : c'était avant-hier... eh ben ! tu t'es en allé, et t'as bien fait... Parce que je suis vieux, vois-tu : mais ta femme pleurait, et j'aurais pas été maître d'un premier mouvement... Mais vous divorcez, tout est dit : quant à moi, je suis bien décidé.

GUILLAUME. Mais où allez-vous comme ça ?

LEFÈVRE. Je ne suis pas embarrassé... j'ai un peu d'argent, des bras et des jambes, je suis tailleur en vieux ; eh ben ! j'irai mettre des fonds de culotte dans les cours étrangères.... Allons, Guillaume, partons.

(*Il veut entraîner Guillaume, qui est abattu.*)

Mme LEFÈVRE, *dans la coulisse*. Lefèvre ! Lefèvre !

LEFÈVRE, *s'arrêtant et se troublant*. Mais je crois que c'est la voix de ma femme... Allons, Guillaume, en route, éloignons-nous... car je ne veux pas m'attendrir... le *pathétique* me fait trop de mal.

 oooooooooooooooooooooooooooooooooooo

SCÈNE XX.

Les Mêmes, Mme LEFÈVRE.

Mme LEFÈVRE *s'arrête sur le seuil de sa porte et s'essuie les yeux avec son mouchoir.* Mon Dieu ! mon Dieu !... il s'en va, mon Lefèvre...

LEFÈVRE. Je ne suis plus votre Lefèvre, épouse *irascible*.

Mme LEFÈVRE. Je t'obéirai maintenant : tu feras tout ce que tu voudras.

LEFÈVRE. Il est trop tard.

(*Il dépose peu à peu son paquet à terre.*)

Mme LEFÈVRE. Grâce !

LEFÈVRE. Il n'y a pas de grâce... je pars... je vais errer dans des lieux arides.

Mme LEFÈVRE, *s'évanouissant*. Arides.... ah ! j'en mourrai !

THÉRÈSE, *la soutenant*. Ma tante, reprenez vos sens... Mon Dieu ! elle s'évanouit.

GUILLAUME, *à Lefèvre*. Eh quoi ! vous pouvez voir ça d'un œil sec ?

LEFÈVRE. Tu te trompes, je n'ai pas l'œil sec.

GUILLAUME. C'est vous qui la mettez dans cet état ; pouvez-vous la laisser ainsi !

LEFÈVRE*. Moi, la laisser ainsi.... (*Il s'approche de sa femme.*) Eh ! mon Dieu, ses nerfs travaillent.... que faire !... Au secours ! (*A Guillaume.*) Mon ami, va chercher du *vulnéraire*... De grâce, ma femme, mon Ursule.... (*Il lui frappe dans les mains.*) Elle ne revient pas... et c'est moi... Allons, je suis un profond scélérat !

THÉRÈSE. Rassurez-vous, la voilà qui revient à elle**.

* Lefèvre, Guillaume, Mme Lefèvre, Thérèse.
** Guillaume, Lefèvre, Mme Lefèvre, Thérèse.

LEFÈVRE, *aux genoux de sa femme.* Il se peut! oui, elle ouvre l'œil... Ah! regarde, regarde, Ursule, c'est ton Thomas, c'est ton Thomas qui est à tes pieds.

AIR *de la Vieille.*

Excuse-moi, ma chère amie,
Ah! pardonne un moment d'erreur;
Je l'jure ici, toute ma vie,
Pour toi seule a battu mon cœur;
Pardonne-moi, je t'en supplie,
Et chez nous reviendra l'bonheur,
Car des époux je s'rai l'meilleur.

Mme LEFÈVRE.

Vous abusez de mon ame sensible,
Malgré vos torts, ingrat, je vous chéris;
Relevez-vous.

LEFÈVRE.

O ciel! est-il possible,
Elle pardonne, ô ciel! est-il possible! -

Mme LEFÈVRE, *parlant.* Mon Thomas!

LEFÈVRE, *de même.* Mon Ursule!

ENSEMBLE.

Plus de divorce'! nos chagrins sont finis,
Pour être heureux restons unis. (*bis.*)

(*M. et Mme Lefèvre s'embrassent, et se regardent tendrement. Après une pause.*)

GUILLAUME, *à Thérèse.*

Même air.

De leur bonheur je suis bien aise,
Tout seul je dois quitter ces lieux;
Adieu, mon oncle, adieu, Thérèse...

THÉRÈSE, *attendrie.*

Adieu, Guillaum', soyez heureux.

LEFÈVRE.

Pauvre Guillaume! pauvre Thérèse!

THÉRÈSE, *à part.*

Pour moi quel moment douloureux!

GUILLAUME.

Il me faut donc quitter ces lieux!

Mme LEFÈVRE, *à Guillaume.*

Pouvez-vous bien délaisser tant de charmes?

GUILLAUME, *ému.*

Ah! par pitié laissez-moi, mes amis,
Je dois-partir *...

LEFÈVRE, *l'arrêtant et lui montrant Thérèse qui sanglote.*
Guillaume, vois donc ses larmes.

GUILLAUME.

Moi la quitter lorsque coulent ses larmes.

(*Il s'approche de Thérèse. Pendant cette phrase, trémolo à l'orchestre.*)

Thérèse, jamais!... oui, je t'ai méconnue: oui, j'ai oublié mes devoirs... mais

* Thérèse, Guillaume, Lefèvre, Mme Lefèvre.

pardonne-moi..... le bonheur, il est près de toi, et je sens là que je réparerai mes torts... Réponds, dis, dis que tu me pardonnes.

THÉRÈSE, *émue après une pause, et tendant la main à Guillaume.*

Plus de divorce', nos chagrins sont finis,
Pour être heureux restons unis.

TOUS LES QUATRE.

Plus de divorce', etc.

SCENE XXI.

LES MÊMES, RÉMI; *il accourt tout joyeux et en toilette.*

RÉMI.

Même air.

J'accours près d'vous, objet d'ma flamme.

(*Il regarde Guillaume et Thérèse qui se tiennent embrassés.*)

Que vois-je, ô Dieu! j'suis stupéfait.

GUILLAUME, *apercevant Rémi.*

Tu m'as d'mandé Thérès' pour femme,
Ma réponse est dans ce billet.

(*Il lui présente une lettre.*)

RÉMI, *la prenant.*

Quelle crainte agite mon ame,
Je tremble en ouvrant ce billet.

LEFÈVRE, *à sa femme.*

Que peut contenir ce billet?

RÉMI, *lisant.* « Monsieur, (*trémolo à l'orchestre, comme ci-dessus*) d'après l'avis de la commission des récompenses nationales, vous êtes nommé sergent dans le 24e de ligne, et vous êtes tenu de vous rendre d'ici à trois jours sous les drapeaux de l'armée. »

(*Rémi, après avoir lu, s'efforce de cacher son émotion et de prendre une contenance ferme; il va décrocher son sac et le met sur ses épaules.*)

Suite de l'air.

(*Lentement.*)

Ah! je comprends ce qu'il me reste à faire.

(*A Thérèse.*)

Ad'eu, madame, adieu donc, mes amis:
Je vais chercher un destin plus prospère,
Pensez quequ'fois au pauvre militaire.

(*Il essuie ses larmes.*)

Que vos chagrins soient à jamais finis,
Pour être heureux restez unis.

ENSEMBLE.

Que nos chagrins soient à jamais finis:
Plus de divorce', restons unis!

(*Lefèvre serre la main de Rémi qui s'éloigne. La toile tombe.*)

* Thérèse, Guillaume, Rémi, M. Lefèvre, Mme Lefèvre.

FIN.

IMPRIMERIE DE DONDEY-DUPRÉ, RUE SAINT-LOUIS, 46, AU MARAIS.

INDIANA,

DRAME EN CINQ PARTIES.

Par MM. Léon Halevy et Francis.

Musique de M. Paris.

Représenté pour la première fois à Paris, sur le théâtre de la Gaîté, le 2 novembre 1833.

PERSONNAGES.	ACTEURS.	PERSONNAGES.	ACTEURS.
LE COLONEL DELMARE	MM. Joseph.	INDIANA	Mmes E. Sauvage.
SIR RALPH.	Jemma.	BÉATRIX, vieille fille au service d'Indiana.	Chéza.
RAYMOND DE CERIGNY	Maillard.	LAURE DE NANGIS	Estelle.
LE COMTE DE CERIGNY, son père.	Cudot.	Un Notaire	
PIERRE, jardinier du colonel.	Lemesnil.	Un vieux Valet, personnage mue Domestiques.	

La scène est au Lagny, aux environs de la forêt de Fontainebleau.

PREMIÈRE PARTIE.

Le théâtre représente un salon de campagne meublé avec une simplicité antique. A droite de l'acteur la porte d'un escalier dérobé; plus loin, de ce côté, une grande cheminée de marbre blanc, incrusté de cuivre doré, dans laquelle un feu vif est allumé. A gauche une autre porte; une troisième dans le fond ouvrant sur un vestibule. Des bougies brûlent sur la cheminée. Soirée d'automne.

SCENE I.

INDIANA, RALPH, *puis* DELMARE.

Indiana et sir Ralph sont assis près de la cheminée; un troisième fauteuil vide est près d'eux.

INDIANA, *tristement.* Ma pauvre Ophélia! que lui avait-elle fait?

DELMARE, *entrant, un fouet de chasse à la main.* Cette chienne semblait installée pour toujours au salon; je l'ai guérie de l'envie d'y revenir..

INDIANA, *avec anxiété.* Ah! monsieur, vous l'avez tuée!

DELMARE. Ceci, madame, est un reproche que je comprends fort bien, et que vous ne m'avez pas épargné depuis le jour où j'eus le malheur de tuer votre épagneul à la chasse. N'est-ce pas une grande perte? Un chien qui forçait toujours l'arrêt, et qui s'emportait sur le gibier! Quelle patience n'eût-il pas lassée? Au reste, vous ne l'avez tant aimé que depuis sa mort; auparavant vous n'y preniez pas garde; mais maintenant que c'est pour vous l'occasion de me blâmer...

INDIANA. Vous ai-je jamais fait un reproche?

DELMARE, *avec douceur.* Je ne dis pas cela... mais il y a dans les larmes de certaines femmes des reproches plus sanglans que dans toutes les imprécations d'une autre... Morbleu! madame, vous savez bien que je n'aime pas à voir pleurer autour de moi.

INDIANA. Vous ne me voyez jamais pleurer, je pense.

DELMARE. Eh! ne vous vois-je pas sans

cesse les yeux rouges ? C est encore pis, ma foi. (*Il se promène avec agitation. Moment de silence. Revenant près d'Indiana.*) Comment vous trouvez-vous ce soir, Indiana?

INDIANA. Comme à l'ordinaire, je vous remercie.

DELMARE. Comme à l'ordinaire... ce n'est pas une réponse, ou plutôt c'est une réponse de femme, une réponse normande, qui ne signifie ni oui ni non, ni bien ni mal.

INDIANA, *avec calme et sans humeur.* Soit, je ne me porte ni bien ni mal.

DELMARE, *avec rudesse.* Eh bien! vous me tompez... je sais que vous ne vous portez pas bien; vous l'avez dit à sir Ralph ici présent. Voyons, parlez, monsieur Ralph, vous l'a-t-elle dit?

RALPH. Elle me l'a dit.

Indiana adresse à Ralph un regard de reproche.

＠＠＠＠＠＠＠＠＠＠＠＠＠＠＠＠＠＠＠＠＠＠＠＠＠＠＠＠＠＠＠

SCÈNE II.

Les Mêmes, PIERRE.

PIERRE, *entrouvrant la porte du fond et sans entrer.* Monsieur le colonel?

DELMARE, *brusquement.* Qu'est-ce?

PIERRE. C'est pour vous dire que je vais faire une ronde dans le parc avant d'aller me coucher.

DELMARE. Eh bien! fais ta ronde.

PIERRE, *entrant.* Oui, mon colonel... mais... je voudrais un fusil.

DELMARE. Un fusil?

PIERRE. Oui, mon colonel... vous savez bien... par rapport à ces voleurs qui s'introduisent la nuit dans votre parc, pour y chipper du bois.

DELMARE. Ah! tu as parbleu raison... J'oubliais... Tu crois donc, mon ami, que des voleurs se sont introduits dans mon parc les nuits précédentes?

PIERRE. Si je le crois? j'en suis sûr; j'en ai des preuves.

DELMARE. Des preuves?

PIERRE. Est-ce que, quand il y a de la neige sur la terre, un être quelconque peut marcher dessus sans y laisser des traces?

DELMARE. Sans doute; mais il n'y a pas de neige maintenant.

PIERRE. Non, monsieur; non, il n'y en a pas encore, c'est vrai; pourtant dans le mois de novembre ça ne serait pas extraordinaire... Mais, quoiqu'il n'y en ait point, c'est tout comme... parce que, voyez-vous, monsieur, moi, j'en ai fait de la neige.

DELMARE. L'imbécile.

PIERRE. Imaginez-vous qu'hier au soir... à la nuit close...sans être vu de personne...

j'ai sablé avec de la farine toute l'allée qui longe le mur, par où ce que je soupçonnais que les voleurs entraient d'habitude.

DELMARE. Bah!

PIERRE. Je ne suis qu'un paysan...qu'un jardinier, mais j'ai d'la malice, allez.

DELMARE. Enfin, tu as vu sur cette neige de ta façon...

PIERRE. Des pas d'homme en quantité... Il faut qu'ils soient au moins une douzaine, ces gueux-là... C'est pas l'embarras, il m a semblé que les pas avaient tous la même grandeur... on aurait dit que c'étaient les mêmes jambes... Quoique ça, voyez-vous, il n'y a pas qu'un voleur...ils sont plusieurs, allez... C'est ce qui fait que je suis bien aise d'avoir un fusil... Et, si vous donniez l'ordre aux autres domestiques, de m'accompagner... vous ne feriez peut-être pas mal.

DELMARE. Tu es donc poltron?

PIERRE. Dam! mon colonel, j'avoue que tout seul...

DELMARE. Eh bien! tu ne seras pas seul... je vais t'accompagner, moi... (*Prenant deux fusils de chasse dans un coin du salon.*) Voici pour nous deux... Cette aventure me plaît...elle me rappellera mes campagnes... Faisons notre ronde, et malheur aux maraudeurs!

INDIANA, *avec effroi.* Comment! vous tueriez un pauvre paysan pour si peu?

DELMARE. Je tuerai tout homme que je trouverai la nuit à rôder dans mon enclos... Si vous connaissiez la loi, madame, vous sauriez qu'elle m'y autorise.

INDIANA, *avec feu.* Eh bien! la loi est affreuse! (*D'un ton plus bas.*) Mais vos rhumatismes... vous oubliez qu'il pleut et que vous souffrirez demain si vous sortez ce soir.

DELMARE. Ah! vous avez bien peur d'être obligée de soigner le vieux mari, n'est-ce pas? Mes rhumatismes, mes rhumatismes... vous aviez bien besoin de m'y faire songer! voilà que je les sens maintenant C'est égal... viens, Pierre.

PIERRE. Voilà, colonel.

Ils sortent tous deux.

＠＠＠＠＠＠＠＠＠＠＠＠＠＠＠＠＠＠＠＠＠＠＠＠＠＠＠＠＠＠

SCÈNE III.

RALPH, INDIANA.

INDIANA, *après quelques momens de silence.* Ce n'est pas bien, mon cher Ralph, vous avez dit à mon mari que je me portais mal... je vous avais défendu de répéter des paroles qui m'étaient échappées dans un moment de souffrance... et M. Delmare est le dernier que j'aurais voulu instruire de l'état de ma santé.

RALPH. Vous avez tort, vous avez tort, sur ma parole, de vous laisser aigrir ainsi contre le colonel... c'est un homme d'honneur, un digne homme.

INDIANA. Mais qui vous a dit le contraire, sir Ralph?

RALPH. Eh! vous-même, sans le vouloir. Votre tristesse, votre état maladif, et comme il le remarque lui-même, vos yeux disent à tout le monde et à toute heure que vous n'êtes pas heureuse.

INDIANA. Sir Ralph, vous allez trop loin, je ne vous ai pas permis de savoir tant de choses.

RALPH. Je vous fâche, je le vois; que voulez-vous? je ne suis pas adroit; étranger, je ne connais pas les subtilités de votre langue, et puis, j'ai beaucoup de rapports avec votre mari, en ce que j'ignore, soit en anglais soit en français, ce qu'il faut dire aux femmes pour les consoler... Mais, je t'en prie, ma chère cousine... sois raisonnable... reprends ta gaîté, ta fraîcheur, ta vivacité d'autrefois; rappelle-toi notre délicieuse retraite de l'île Bourbon... et notre enfance si joyeuse; et notre amitié aussi vieille que toi; vois-tu, Indiana, le bonheur est toujours à notre portée... il ne faut souvent qu'étendre la main pour le saisir... Que te manque-t-il? tu as une honnête aisance préférable à la richesse, un excellent mari qui t'aime de tout son cœur, et, j'ose le dire, un ami sincère... dévoué...

INDIANA, pressant la main de Ralph. Je le sais. (Retirant tout à coup sa main.) Mais où est donc mademoiselle Laure de Nangis? que fait-elle à cette heure-ci dans sa chambre?

RALPH. D'ordinaire elle descend tard au salon.

INDIANA. Oui, c'est vrai.

RALPH. A propos, ne doit-elle pas bientôt nous quitter?..

INDIANA. J'espère bien qu'elle passera l'hiver avec nous; elle a écrit à son tuteur pour lui demander à prolonger son séjour (Après une légère pause.) Vous direz encore que je suis folle... mais une catastrophe se prépare autour de nous... il y a ici un danger qui pèse sur quelqu'un... sur moi, sans doute... Tenez, Ralph, je me sens émue comme à l'approche d'une grande phase de ma destinée... je me sens mal... j'ai peur...

RALPH, inquiet. Indiana! (A part.) Elle pâlit. (Haut.) Indiana!.. faut-il que j'appelle Béatrix?

Ralph tire à plusieurs reprises la sonnette de la cheminée; Béatrix paraît; elle entre par la porte à droite.

●●

SCENE IV.

RALPH, LAURE DE NANGIS, INDIANA, *assise sur un canapé*, BEATRIX.

BÉATRIX, *courant à Indiana.* Ah! mon Dieu!..

RALPH. Arrivez donc, Béatrix... elle se trouve mal....

LAURE, *entrant du fond, à part.* Le malheureux! il est perdu! (*Haut et avec agitation.*) Qu'y a-t-il donc?.. (*Apercevant Indiana et courant à elle.*) Ah!

INDIANA. Merci... je suis mieux... je suis mieux, mes amis.. (*Laure regarde avec inquiétude vers la porte du fond.*) Mais Laure, qu'avez-vous vous-même?.. Vous semblez souffrir?..

LAURE. Quelle idée!.. je n'ai rien.

INDIANA. Pauvre amie!.. c'est moi qui vous tourmente! mon mal vous brise plus que moi-même. (*La regardant.*) Mais vous avez quelque chose... vos traits sont altérés... votre chevelure est humide... vous êtes donc sortie?

LAURE, *avec une sorte d'égarement.* Mon Dieu! madame, savez-vous pourquoi M. Delmare est dans le parc?

INDIANA. Pourquoi? mais attendez donc, je ne sais plus... vous me faites peur...

LAURE. M. Delmare prétend qu'il y a des voleurs dans le parc.

BÉATRIX. Il fait sa ronde avec Pierre tous deux armés de fusils.

INDIANA. Eh bien!

LAURE. Eh bien! n'est-il pas affreux de songer qu'ils vont tuer un homme?

INDIANA, *se levant épouvantée.* Tuer!

LAURE, *avec des sanglots étouffés.* Ah!.. oui... ils le tueront!

INDIANA. Mais, non, que dites-vous là?.. ils ne trouveront personne... est-ce que vous croyez aux voleurs?..

LAURE. Si c'étaient des voleurs...

BÉATRIX. Sans doute, mais peut-être quelque pauvre paysan qui vient ramasser une poignée de bois pour sa famille...

INDIANA. Oui, en effet, ce serait affreux... mais ce n'est pas probable... à l'entrée de la forêt de Fontainebleau, et lorsque l'on peut si facilement y prendre du bois, ce n'est pas dans un parc qu'on viendrait s'exposer.... Bah! rassurez-vous toutes les deux... nous sommes des enfans... je ris de nous, maintenant.

LAURE, *allant et venant avec agitation.* Je

ne puis partager votre calme.... c'est plus fort moi... j'éprouve un trouble, une anxiété... ah! que je souffre.

RALPH, *lui pressant le bras fortement.* Vous avez donc perdu l'esprit tout-à-fait? ne voyez-vous pas que vous l'épouvantez, et que vos sottes frayeurs lui font un mal affreux.

En ce moment un coup de fusil se fait entendre; Indiana, Laure et Béatrix tressaillent.

RALPH. Misérables terreurs de femmes!

INDIANA, *marchant vers la porte.* Non, Ralph, je vous dis qu'il y a du sang humain répandu...

A ce moment Laure, jetant un cri, se tient immobile, la tête tournée vers la porte.

PIERRE, *dans la coulisse.* Il y est! il y est! bien ajusté; le larron est par terre.

INDIANA, *hors d'elle.* Vous l'entendez!

ᗅᗅᗅᗅᗅᗅᗅᗅᗅᗅᗅᗅᗅᗅᗅᗅᗅᗅᗅᗅᗅᗅᗅᗅᗅᗅᗅᗅ

SCÈNE V.

RALPH, INDIANA, DELMARE, *son fusil à la main,* LAURE, *et* BÉATRIX, *dans le fond.*

DELMARE, *à Indiana qui allait sortir.* Où allez-vous, madame?

INDIANA. Vous venez de tuer un homme! Ce bruit... ce coup de fusil...

DELMARE. Rassurez-vous! il n'y a ni mort, ni blessé... un homme tombé de peur et évanoui par sa chute, rien de plus... On l'amène ici.

Pierre et des domestiques portent Raymon de Cérigny évanoui, ils le placent près de la cheminée sur un fauteuil.

DELMARE. La! le feu de cette cheminée suffira pour le ranimer.

ᗅᗅᗅᗅᗅᗅᗅᗅᗅᗅᗅᗅᗅᗅᗅᗅᗅᗅᗅᗅᗅᗅᗅᗅᗅᗅᗅᗅ

SCÈNE VI.

RALPH, RAYMON DE CÉRIGNY, PIERRE, *derrière le fauteuil de Raymon,* INDIANA, DELMARE, LAURE, *et* BÉATRIX, *dans le fond avec les domestiques.*

LAURE, *à part.* Lui! juste ciel!

PIERRE. C'est qu'il ne remue pas.

RALPH. Vite de l'eau... quelques secours...

PIERRE. Allons donc, l'ami, réveillez-vous!

DELMARE. Pas tant de bruit! pas tant de cris! Ce n'est qu'une plaisanterie... mon fusil n'était chargé que de sel... je crois même que je ne l'ai pas touché.

INDIANA, *qui s'aperçoit que Raymon est vêtu avec recherche, quoique en habit de chasse.* Ah! cet homme n'est pas un voleur.

PIERRE. Où c'est un voleur de distinction, car il est bien mis.

DELMARE, *regardant le blessé d'un air sévère, à part.* Un jeune homme!

INDIANA, *prenant la main de Raymon.* Sa main est blessée. (*A Delmare.*) Ce sang, monsieur, ce sang... est-ce la peur qui l'a fait couler?.. ces fortes contusions annoncent une chute grave.

PIERRE. Je le crois bien. Il est tombé de plus de vingt pieds de haut. Il enjambait le sommet du mur quand le colonel l'a ajusté. A-t-il une belle chaîne?

DELMARE, *considérant Raymon avec attention, à part.* Cela est étrange.

PIERRE, *prenant à part Delmare pendant que les autres continuent à prodiguer des secours au blessé.* Monsieur le colonel, ce voleur-là ressemble comme deux gouttes d'eau à un jeune propriétaire tout nouvellement installé dans le voisinage, et que j'ai vu parler, il y a trois jours, à mademoiselle Laure de Nangis à la fête champêtre de Roubelle, ous qu'elle était allée avec la vieille Béatrix.

DELMARE, *bas à Pierre.* Ah! il parlait à mademoiselle Laure de Nangis. (*A part, regardant le groupe d'Indiana, de Laure, de Béatrix, de Ralph et de Raymon.*) Madame Delmare prend bien de l'intérêt à ce jeune fat qui pénètre chez moi par-dessus les murs.

LAURE, *avec un cri de joie.* Il revient à lui.

RAYMON, *reprenant connaissance.* Où suis-je!

DELMARE. Chez moi, monsieur! (*Ici un changement s'opère dans la position des acteurs qui sont placé dans l'ordre suivant: Ralph, appuyé sur la cheminée, Raymon assis, Delmare, Indiana, Laure, Pierre, Béatrix et les domestiques dans le fond.*) Chez le colonel Delmare, dons la maison de qui vous vouliez vous introduire... Veuillez vous nommer... vous trouverez sans doute naturel mon désir de savoir qui vous êtes.

RAYMON, *d'une voix faible.* Je vous le dirai, monsieur, quand nous serons seuls... jusque-là, épargnez-moi l'embarras de me faire connaître dans la situation ridicule et fâcheuse où je me suis placé.

DELMARE. Cela est vraiment bien dommage; mais je vous avoue que j'y suis peu sensible... et comme il vous importe à vous comme à moi d'expliquer devant mes gens votre présence chez moi, vous ne trouve-verez pas mauvais que j'insiste pour obtenir cette explication à l'instant même.

RAYMON. Eh bien, monsieur, je vais vous satisfaire, et je prie toutes les personnes qui m'ont donné des soins de vouloir bien entendre l'aveu de ma faute. Je sens qu'il importe beaucoup ici qu'il n'y ait pas de méprise sur ma conduite, et il m'importe à moi-même de ne pas passer pour ce que je ne suis pas.

LAURE, à part. Que va-t-il dire?

RAYMON, à Delmare. Sachez donc quelle supercherie m'amenait chez vous. Vous avez établi, monsieur, par des moyens très simples, dit-on, et à vous seul connus, une fabrique qui, par ses effets et ses produits, surpasse de beaucoup toutes celles de ce genre établies dans le pays. Mon frère possède en Angleterre un établissement à peu près semblable, mais dont l'entretien absorbe des fonds immenses. Ses opérations devenaient très malheureuses, lorsque j'ai appris le succès des vôtres; alors j'ai pensé à venir vous demander quelques conseils, comme un généreux service qui ne pourrait nuire à vos intérêts; mais la porte de votre jardin m'a été rigoureusement fermée, et lorsque j'ai insisté pour m'adresser à vous, on m'a répondu que vous ne me permettriez pas de visiter votre établissement. Rebuté par un refus désobligeant, je résolus alors, au danger même de ma vie et de mon honneur, de sauver l'honneur et la vie de mon frère. Je me suis introduit chez vous la nuit, par-dessus les murs, et j'ai tâché de pénétrer dans l'intérieur de la fabrique afin d'en examiner les rouages; déterminé, en un mot, à dérober votre secret pour en faire profiter un homme.

LAURE, à part. Je suis sauvée!

RAYMON. Telle a été ma faute; maintenant, monsieur, si vous exigez une autre réparation que celle que vous venez de vous faire, aussitôt que j'en aurai la force, je suis prêt à vous l'offrir et peut-être même à vous la demander.

DELMARE. Je crois, monsieur, que nous devons nous tenir quittes. (Aux domestiques.) Soyez témoins, vous autres, de l'explication que monsieur m'a donnée. Je suis beaucoup trop vengé, en supposant que j'aie besoin de vengeance. Sortez maintenant et laissez-moi causer de mon exploitation avantageuse.

Il prononce ces derniers mots avec ironie et en regardant Raymon et Indiana. — Pierre et les domestiques sortent.

SCÈNE VII.

RALPH, DELMARE, RAYMON, INDIANA, LAURE, BÉATRIX.

INDIANA, à Raymon. Eh bien! monsieur, comment vous trouvez-vous maintenant?

RAYMON. Mieux, beaucoup mieux... merci, madame.... (A part.) Qu'elle est jolie!

DELMARE, serrant fortement la main de Ralph et le prenant à l'écart. Mon ami, c'est une intrigue admirablement tissue... Je suis parfaitement content de l'esprit de ce jeune homme, mais mordieu!... il me paiera cher l'affront que je ressens au fond du cœur...

RALPH. Je ne vous comprends pas.

DELMARE, sans lui répondre, et haut à sa femme. Madame, je crois que monsieur peut maintenant se passer de vos soins... vous devez être entièrement rassurée sur son compte... veuillez vous retirer avec Béatrix et mademoiselle. (Montrant Laure). J'ai besoin de causer avec monsieur.

INDIANA, à Raymon, sans remarquer le ton avec lequel Delmare prononce ces paroles. Allons, monsieur, je vous souhaite une nuit paisible... j'espère que cet accident n'aura pas pour vous des suites fâcheuses.

DELMARE, avec emportement. C'est bien, madame, laissez-nous... Vous aussi, sir Ralph... éloignez-vous... je veux être seul avec monsieur.

RALPH. Puisque vous l'exigez, je me retire.

Il sort avec Indiana, Béatrix et Laure qui se retire lentement.

DELMARE, à Raymon. Je vais les suivre pour m'assurer que personne ne pourra nous écouter... Je reviens à l'instant.

Il sort par le fond après les autres.

SCÈNE VIII.

RAYMON.

Maudite aventure! ce Delmare ne m'a pas cru... mon explication, bonne pour ses gens, ne l'a pas été pour lui... Il va me demander la vérité... c'est un homme intraitable qui ne se contentera d'aucun détour... il faudra tout lui dire... d'ailleurs, je ne saurais en douter, il s'imagine que je venais ici pour sa femme... pour cette charmante Indiana que j'ai vue ce soir pour la première fois... Oh! oui, je dois le désabuser... il y va de ma loyauté, de ma délicatesse... mais, puis-je compromettre une jeune fille digne de tous les respects... une jeune fille qui, confiante en mon amour, en mon honneur, a permis ces rendez-vous nocturnes, innocens pour elle, pour moi seul coupables... Oh! non... non, jamais... cet homme me tuera plutôt que de me faire parler.

SCÈNE IX.

RALPH, RAYMON.

RALPH, *entrant, à part.* J'ai déterminé Delmare à me laisser venir à sa place; ce n'est pas sans peine.

RAYMON, *apercevant Ralph.* Que me veut celui-ci?..

RALPH. Monsieur... le colonel Delmare m'a chargé d'obtenir de vous l'explication qu'il exige sur votre présence dans sa maison.

RAYMON. J'en suis fâché, monsieur, car si je reconnais au colonel le droit de m'interroger, je ne puis en aucune façon vous accorder un pareil droit.

RALPH. Il me l'a délégué, monsieur.

RAYMON. Je ne puis admettre d'intermédiaire... ceci, monsieur, est une affaire entre le colonel et moi... au surplus, j'ai fait à M. Delmare les seuls aveux que j'eusse à lui faire.

RALPH. Il ne vous croit pas, monsieur.

RAYMON, *irrité.* Monsieur...

RALPH. Je vous dis qu'il ne vous croit pas. Vous êtes homme d'esprit, et vous sentirez qu'il ne peut vous croire.

RAYMON. Et que pense donc le colonel Delmare?

RALPH. Il pense que vous vous êtes introduit chez lui pour un motif que vous 'vez intérêt à lui cacher.

RAYMON. Mais encore?

RALPH. Que vous veniez ici pour un rendez-vous... pour un rendez-vous d'amour!

RAYMON. Ah! il croit cela.

RALPH. Il y a deux femmes dans cette maison, madame Delmare et Mlle Laure de Nangis... Pour laquelle des deux veniez-vous? voyons, monsieur, il faut parler... Allons, convenez-en, vous veniez pour mademoiselle Laure de Nangis.

RAYMON. Monsieur...... mademoiselle Laure de Nangis est sage et vertueuse.

RALPH. C'est donc pour Indiana?

RAYMON, *impatienté.* Peut-être.

SCÈNE X.

DELMARE, RALPH, RAYMON.

DELMARE, *entrant brusquement.* Rétractez-vous.

RALPH. Delmare!

RAYMON, *à part.* Il écoutait!

DELMARE. Rétractez-vous, ou vous êtes mort.

Il court à son couteau de chasse qui est suspendu à un clou dans l'angle de la cheminée du côté de la porte du fond.

RALPH, *arrachant le couteau de Delmare.* Colonel!...

DELMARE. Malédiction! mais je sais le parti qui me reste à prendre.

Il tire fortement le cordon d'une sonnette.

RALPH. Que faites-vous?

DELMARE. Je veux que sa complice vienne ici.

RAYMON. De grâce, arrêtez...

SCÈNE XI.

Les Mêmes, BÉATRIX.

BÉATRIX. Qu'est-ce donc, monsieur?·

DELMARE. Dites à madame Delmare se lever et de venir à l'instant.

BÉATRIX. Madame n'est pas couchée.

DELMARE. Elle n'est pas couchée?

BÉATRIX. Non, ni mademoiselle Laure non plus; nous avons pensé que monsieur pourrait peut-être avoir besoin de nos soins.

DELMARE, *à part.* Quelle audace! (*Haut*) Allez, qu'elle vienne!

Béatrix sort.

SCÈNE XII.

RALPH, DELMARE, RAYMON.

RAYMON, *à part.* Oh! non... non... il ne m'est pas permis de me taire (*Haut à Delmare.*) Écoutez-moi, monsieur, écoutez-moi; poussé à bout par les questions de monsieur (*montrant Ralph*). J'ai pu lui répondre de manière à autoriser des soupçons qui, je vous le jure, n'ont pas le moindre fondement... je n'ai jamais parlé à madame Delmare. Je ne l'ai jamais vu avant cette fatale soirée...

RALPH. Mais, monsieur...

DELMARE. Laissez-nous, Ralph... laisez-nous... dites à ma femme de se hâter.

Ralph sort.

RAYMON, *à Delmare.* Ah! monsieur, qu'allez-vous faire?.. je vous le répète, c'est pour la première fois aujourd'hui que j'ai vu madame Delmare; apprenez la vérité... je venais ici pour mademoiselle Laure de Nangis.

DELMARE. La preuve, monsieur! la preuve!..

RAYMON. La preuve!..

DELMARE. Je la veux.

RAYMON. Eh bien! monsieur, cette preuve, je la possède... mais la plus grande discrétion, je vous en supplie... et il faut tout ce que cette situation a d'extrême pour que je trahisse un pareil secret... Lisez, monsieur...

Il lui remet une lettre.

DELMARE, *à part, lisant.* Une lettre... de Laure... un rendez-vous!.. (*Avec joie.*) c'était pour elle.

Il rend la lettre à Raymon.

〰〰〰〰〰〰〰〰〰〰〰〰〰〰〰〰〰〰〰〰〰〰〰〰

SCÈNE XIII.

DELMARE, INDIANA, LAURE, RAYMON; RALPH *et* BEATRIX *dans le fond*

INDIANA. Béatrix nous a effrayées... qu'y a-t-il donc?

DELMARE, *embarrassé.* Ce qu'il y a... ce qu'il y a, ma bonne amie... oh! plus rien... c'est monsieur, qui tout à l'heure... il nous avait alarmés... et j'avais peur que votre présence... (*Lui baisant la main.*) Pardonne-moi de t'avoir dérangée.

LAURE, *à part.* Je respire.

RALPH, *à part.* La joie de Delmare... l'agitation de Laure... c'est elle! plus de doute.

DELMARE. Monsieur Raymon de Cérigny, vous pouvez à votre volonté passer la nuit dans ma maison, ou vous faire conduire dans ma voiture au village prochain.

RAYMON. Je vous rends mille grâces, monsieur, et c'est cette dernière offre que j'accepte.

INDIANA. Vous n'êtes pas trop faible, monsieur.

RAYMON. Non, madame... il ne me reste de tout ceci que le souvenir de vos bontés.

RALPH, *à Raymon.* Bonsoir, monsieur.

RAYMON. Je vous salue. (*A part.*) Au moins celui-là ne sait rien.

RALPH, *bas à Raymon.* Vous regardez trop Mᵐᵉ Delmare... prenez-y garde, Mˡˡᵉ Laure de Nangis est jalouse.

Raymon lance un regard furieux sur Ralph, qui lui répond par un sourire froid et moqueur; Raymon sort en saluant Delmare, Indiana et Laure; et, en passant devant celle-ci, il lui fait un signe d'intelligence, comme pour lui dire: Ils ne se doutent de rien.

FIN DE LA PREMIÈRE PARTIE.

DEUXIÈME PARTIE.

à Paris.

Le théâtre représente un salon meublé avec élégance; un tapis. A gauche de l'acteur il doit y avoir deux portes, l'une au second plan dans l'angle; dans le fond, une porte qui ouvre sur un vestibule.

SCÈNE I.

BÉATRIX, PIERRE.

Au lever du rideau, Pierre, assis sur un fauteuil, pleure à chaudes larmes; debout à ses côtés, Béatrix cherche à le consoler.

BÉATRIX. Allons, voyons, Pierre, ne pleurez pas comme ça.

PIERRE, *suffoquant.* Hi! hi! hi!

BÉATRIX; *le contrefaisant.* Hi! hi! hi!

PIERRE. Moquez-vous de moi.

BÉATRIX. N'ai-je pas raison de me moquer de vous?.. Ne dirait-on pas vraiment que vous avez perdu tout ce que vous aviez de plus cher au monde?

PIERRE. N'ai-je pas perdu la santé?.. y a-t-il quelque chose au monde de plus cher que la santé?.. je ne dors pas... je mange pas... je bois pas... je ne ris pas... je dépéris... je meurs... je ne veux plus rester dans votre chien de Paris... je veux retourner au Lagny... Mon Lagny... mon Lagny... je veux mon Lagny.

BÉATRIX. Eh bien! retournez à votre Lagny... demandez votre compte au colonel...

PIERRE. C'est ce que je ferai... et pas plus tard qu'aujourd'hui, encore.

BÉATRIX. Après tout, pourquoi nous avez-vous suivis?.. personne ne vous y forçait... c'est vous qui avez demandé à nous accompagner à Paris.

PIERRE. J'ai été un sot.

BÉATRIX. Il fallait rester dans *votre Lagny*, avec vos cheveux en marchand de salade, votre veste de camelot et vos gros souliers ferrés... vous étiez un joli garçon comme ça, allez!

PIERRE, *se levant.* Je suis peut-être plus

joli comme me voilà hein?.. Voyez un peu comme ça me va votre costume de groom.

BÉATRIX, *riant.* Sans doute, vous êtes un peu grotesque.

PIERRE. Grotesque! je suis atroce!.. et dire qu'il y a bientôt trois mois que j'ai consenti à me fagoter de la sorte. Ah! chienne d'ambition! gueuse d'amour-propre! Faut-il que j'sois bête d'avoir quitté mes gros souliers ferrés, ma veste de camelot et mes grands cheveux qui me tenaient si chaud aux oreilles. Et tout ça, pourquoi? pour avoir l'air d'un carnaval... car je n'ai pas l'air d'autre chose... Ah! mes melons!.. ah! ma salade... ah! mes artichauts, mes pauvres artichauts, n'y a que vous qui me rendrez la santé et le bonheur!

BÉATRIX. Enfant que vous êtes, vouloir retourner dans votre village!

PIERRE. Certainement.

BÉATRIX. Redevenir un lourd manant!

PIERRE. Qu'est-ce que cela me fait?

BÉATRIX. Vivre comme une brute!

PIERRE. Ça m'est égal.

BÉATRIX. Pierre, renoncez à votre projet... renoncez-y... restez à Paris, et vous ne vous en repentirez pas.

PIERRE. À d'autres.

BÉATRIX. Avec votre figure douce et intéressante, vos yeux vifs et spirituels, vous ne pouvez manquer de réussir et de faire un brillant chemin dans le monde.

PIERRE. C'est comme si vous chantiez.

BÉATRIX. Vous vous trouvez grotesque, ridicule, avec ce costume... je me charge de vous donner des avis, des conseils, et avant peu vous serez le groom le plus élégant, le plus séduisant de la capitale... Vous vous plaignez de vous ennuyer, de vivre dans la tristesse et le chagrin: eh bien! je vous procurerai de la distraction, je vous mènerai dans les promenades, dans les bals publics... au Prado... au Vauxhall... On m'a dit que c'étaient des lieux ravissants... car je n'y ai jamais mis les pieds, telle que vous me voyez... Mais pour vous, Pierre, pour vous, je renoncerai à mes habitudes tranquilles... je me lancerai dans le tourbillon du monde. Ce que je veux, mon ami, ce que je veux... c'est votre joie... c'est votre bonheur... Hein? Pierre... hein? qu'en dites-vous?

PIERRE. Vous êtes une vieille folle.

Il sort.

SCÈNE II.
BÉATRIX, *seule.*

BÉATRIX. L'ai-je bien entendu? il m'a appelée vieille folle! L'impertinent! Eh bien! cherchez donc à être agréable aux jeunes gens... voilà comme ils sont reconnaissans... Le petit ingrat... le petit monstre!.. qu'il s'en aille... qu'il retourne dans son village... qu'il soit un paysan, un lourdaud, ça m'est bien égal... Oh! non... ça ne m'est pas égal... ça ne me sera jamais égal... il est si gentil!.. Mais quand je suis entrée dans ce salon, où j'ai trouvé ce petit sot tout en pleurs, j'allais chez ma maîtresse porter une lettre que l'on venait de me remettre pour elle... portons-la-lui bien vite, cette lettre qui ne peut manquer de lui faire plaisir, si j'ai bien reconnu la main de la personne qui me l'a écrite. (*Tirant la lettre de sa poche, et examinant la suscription.*) La voilà; oh! oui... c'est bien là l'écriture de mademoiselle Laure de Nangis, de cette pauvre demoiselle qui a dû retourner auprès de son tuteur, quand nous avons quitté le Lagny pour venir à Paris, et qui aurait bien voulu nous suivre. A la vérité, je ne sais pas trop si c'est seulement par amitié pour madame qu'elle désirait l'accompagner... Moi j'ai toujours pensé...

DELMARE, *dans la coulisse et appelant.* Béatrix!

BÉATRIX. C'est la voix de monsieur.

SCÈNE III.
RALPH, DELMARE, BÉATRIX.

DELMARE, *entrant, suivi de Ralph.* Béatrix! (*L'apercevant.*) Ah! c'est vous.

BÉATRIX. Monsieur...

DELMARE. Dites à madame que nous sommes au salon, et que nous désirons lui parler.

BÉATRIX. Oui, monsieur.

RALPH. Mais pourquoi la déranger? Passons au moins chez elle.

DELMARE. Du tout! elle peut bien venir ici... (*A Béatrix.*) Allons, va.

BÉATRIX, *à part en sortant par la gauche.* Toujours le même!

SCÈNE IV.

RALPH, DELMARE.

DELMARE. Et vous prétendez encore qu'elle n'ira pas à ce bal?

RALPH. Je n'ai jamais prétendu cela.

DELMARE. Voilà qui est fort, par exemple. Comment vous ne m'avez pas dit...

RALPH. Je vous ai dit qu'Indiana ne voulait pas aller à ce bal.

DELMARE. Eh bien!

RALPH. Ceci est bien différent, car elle peut fort bien ne pas vouloir aller à ce bal et pourtant y aller.

DELMARE. Ah! oui... je comprends. C'est-à-dire que je suis un despote, un brutal... qui ne souffre pas de contradictions, qui veut être obéi bon gré mal gré... et que la pauvre et malheureuse Indiana, jouet de mes caprices, victime de mes exigences, est la plus à plaindre des femmes... Oh! telle est votre pensé sir Ralph!.. Mais voyez un peu à quel point je suis despote et tyran... Chez moi venait un homme dont l'esprit et les manières me plaisaient, un homme qui était franchement mon ami! Eh bien! j'ai rompu avec cet homme du moment où je me suis aperçu que sa présence était désagréable à ma femme et à monsieur... est-ce vrai, cela?.. Depuis deux mois M. Raymon de Cérigny a-t-il jamais remis les pieds dans cette maison? Voulez-encore une preuve de ma tyrannie? Il était convenu que nous passerions cet hiver au Lagny; je voulais présider moi-même aux travaux de ma fabrique, qui est loin de prospérer comme on le croit, et qui aurait besoin de ma surveillance de tous les jours et de tous les instant... Eh bien! j'ai consenti à revenir à Paris, parce que vous et ma femme vous vous ennuyez à la campagne... Je pourrais citer encore bien d'autres exemples de ma tyrannie et de mon despotisme envers votre infortunée cousine... Ah! Ralph, vous êtes bien injuste à mon égard!.. Quoi qu'il en soit, l'ambassadeur d'Espagne nous a invités au bal qu'il donne ce soir Indiana a promis de nous y accompagner, et je veux qu'elle nous y accompagne... Si elle ne venait pas avec nous, on ne manquerait pas de dire que je ne la mène nulle part... que je la tiens sous les verroux... que je fait son malheur... Il faut qu'elle vienne à ce bal.

SCÈNE V

RALPH, DELMARE, INDIANA, BÉATRIX, puis PIERRE, LAURE DE NANGIS, un vieux Valet.

INDIANA, entrant à gauche, suivi de Béatrix. Oui, Béatrix, oui... elle arrive ce soir... (Apercevant Delmare et Ralph.) Ah! pardon... je vous ai fait attendre... mais j'avais à lire une lettre qu'elle m'apportait, une lettre qui m'a fait un plaisir... Vous ne savez pas?.. mademoiselle Laure de Nangis vient passer le reste de l'hiver avec nous... oui... elle me l'a écrit. Mais elle est en retard... elle devait arriver presque en même temps que sa lettre..

PIERRE, annonçant. Mademoiselle Laure de Nangis.

INDIANA. Ah!

LAURE, entrant, suivi d'un vieux valet, et courant dans les bras d'Indiana. Ma bonne amie.

INDIANA. Que je suis contente de vous revoir!

LAURE, Moi, je suis plus heureuse que je ne saurais dire. (Saluant Delmare et Ralph.) Messieurs...

DELMARE, à Laure, en lui rendant son salut. Soyez la bien venue parmi nous, mademoiselle. *

INDIANA. Cette chère Laure. Mais Béatrix, allez vite tout disposer dans la chambre verte... c'est là que logera notre jeune amie... (A Laure.) C'est la chambre la plus commode et la plus gaie que nous ayons... (A Béatrix.) Mais allez donc...

BÉATRIX. J'y cours, madame. (Elle sort.)

INDIANA. Et vous, Pierre, menez ce brave homme à l'office, et donnez-lui tout ce dont il aura besoin.

PIERRE. Je ne demande pas mieux. Allons, venez, monsieur, je vais vous conduire à l'office, où je trinquerai avec vous par politesse, et parce que le vin des maîtres est toujours meilleur que celui des domestique. (Il sort avec le vieux valet de Laure.)

SCÈNE VI.

RALPH, DELMARE, LAURE, INDIANA.

DELMARE, à Laure. Ah çà, vous êtes donc parvenue à décider votre tuteur à vous laisser venir nous rejoindre?..

* Ralph, Delmare, Laure, Indiana, Béatrix, Pierre et le vieux valet dans le fond.

LAURE. Ce n'est pas sans peine, je vous l'assure... il ne voulait pas absolument... mais j'ai fait la malade une quinzaine de jours . Le médecin, que j'avais mis dans a confidence, m'a ordonné de la distrac-tion... et me voilà.

DELMARE. A merveille... Eh bien! puisque, par ordonnance du médecin, il vous faut de la distraction, nous vous en donnerons... et, pour commencer le traitement, nous vous emmenons ce soir au bal.

LAURE. Vraiment!

INDIANA, Sans doute, si vous le désirez; mais je pense que vous devez avoir besoin de repos, et qu'il vous conviendra mieux de rester ici... n'est-ce pas?..

LAURE. Un bal... c'est si joli... pourtant, je suis horriblement fatiguée ;. Allons, allons, il faut être raisonnable, je resterai à la maison.

INDIANA. Je vous tiendrai compagnie.

LAURE. Oh non! colonel, j'exige que vous la meniez au bal.

DELMARE. D'autant qu'elle ne peut s'en dispenser, elle a formellement promis.

INDIANA. Vous saurez m'excuser, monsieur, auprès de la femme de l'ambassadeur: je ne puis laisser mademoiselle seule.

DELMARE. Oh ! vous êtes bien heureuse d'avoir ce prétexte-là à me donner... je ne suis pas votre dupe... je sais fort bien que votre intention n'était pas de venir avec nous... il suffisait que cela me fît plaisir.. et puis, vous êtes bien aise de pouvoir faire dire dans le monde que je suis votre tyran... Enfin, restez, madame, restez, puisque vous le voulez... je ne puis pas vous emmener de force... mais corbleu, madame! que ce soit la dernière fois que votre volonté se montre contraire à la mienne! Venez, Ralph.

RALPH. Je vous suis. (A part.) Allons, l'accès n'a pas été aussi violent que je le craignais.

Delmare et Ralph sortent

oooooooooooooooooooooooooooooooooooooooooo

SCÈNE VII.

INDIANA, LAURE.

LAURE. Ah! madame... combien je suis désolée!.. c'est pour moi... à cause de moi, que vous vous êtes attiré ce désagrément... mais pourquoi n'avoir pas voulu aller à ce bal?

INDIANA. Ah ! j'ai pour cela des raisons... des raisons puissantes... Si M. Delmare les connaissait . loin de me blâmer, il me

saurait gré de ma conduite... mais je suis née pour souffrir... que ma destinée s'accomplisse!.. Ma pauvre Laure!.. ne vous mariez jamais par obéissance ou par raison.

LAURE. Oh ! j'aimerai celui que j'épouserai... et puis tous les maris ne ressemblent pas à M. Delmare.

INDIANA. Ah! Laure! vous êtes mon amie, je puis vous dire cela : je ne suis pas heureuse. Hélas! lorsque je repasse ma vie dans ma pensée... que d'illusions déçues!.. que de beaux rêves évanouis!.. Elevée au désert, négligée de mon père, vivant au milieu d'esclaves pour qui je n'avais d'autres secours, d'autres consolations que ma pitié et mes larmes, je m'étais habituée à dire : Un jour viendra où tout sera changé dans ma vie, où je ferai du bien aux autres, un jour où l'on m'aimera, où je donnerai tout mon cœur à celui qui me donnera le sien ! En attendant... souffrons... taisons-nous... et gardons notre amour pour récompense à qui me délivrera! Bientôt je devins la femme du colonel Delmare, et lorsque je me surprenais à dire encore par habitude : Un jour viendra... un homme viendra... il m'a fallu renfermer ce vœu téméraire au fond de mon ame, et me dire : Il faut donc mourir !

LAURE. Indiana ..

INDIANA. Hélas ! quelle que fût ma résignation, mon cœur silencieux et brisé appelait toujours à son insu un jeune cœur généreux pour le réchauffer... l'être que j'avais le plus aimé jusqu'alors, c'était ma sœur de lait... la compagne de mon enfance... l'homme qui m'avait témoigné le plus de prédilection, c'était mon flegmatique cousin, sir Ralph! quels alimens pour la dévorante activité de mes pensées! mais, enfin, il est venu, cet homme qui devait me comprendre et que je devais aimer.

LAURE. Qu'entends-je ?

INDIANA. Oh! ne vous effrayez pas... je ne suis point coupable... je n'ai jamais cessé de respecter mes devoirs... je l'ai toujours évité du moment que j'ai connu mon amour pour lui... je l'aurais revu à ce bal! j'ai eu le courage de n'y point aller... Mais. Laure, si vous saviez quelle pureté, quelle noblesse de sentimens! ce n'est point un amant qui cherche le bonheur là où il n'est pas... le bonheur pour lui ce serait de me respecter, de me protéger, de me défendre... si vous saviez comme sa parole est tendre et caressante... comme son ame tout entière m'entourerait de sollicitude et d'amour... si vous saviez... mais vous le connaissez.

LAURE. Je le connais?

INDIANA. Vous rappelez-vous l'aventure du Lagny... vous rappelez-vous ce jeune homme qui fut apporté évanoui, blessé...

LAURE. Eh quoi! ce serait...

INDIANA. Lui!

LAURE. Raymon!

INDIANA. N'est-ce pas qu'il est bien digne d'être aimé... son esprit, ses gracieuses manières, tout en lui vous séduit, vous captive.

BÉATRIX, *entrant du fond.* Tout est prêt dans la chambre de mademoiselle. (*Elle pose sur la table une riche lampe allumée qu'elle tient à la main.*)

SCÈNE VIII.

BÉATRIX, INDIANA, LAURE.

LAURE, *à part.* Juste ciel! qu'ai-je appris?.. l'ingrat!.. l'infidèle!.. et moi, qui ai fait le voyage exprès pour le voir, pour lui parler... l'assurer de ma tendresse...

INDIANA, *s'approchant de Laure.* Qu'avez-vous donc?

LAURE. Oh! rien... la fatigue de la route... mais, si vous voulez le permettre, je vais me retirer...

INDIANA. Certainement... Béatrix, conduis-la.

LAURE, *à part.* O Raymon! Raymon!

INDIANA. Allons, reposez bien.

LAURE. J'essaierai. (*Elle sort avec Béatrix.*)

INDIANA, *les accompagnant jusqu'à la porte.* A demain!

SCÈNE IX.

INDIANA.

Cette chère Laure... je suis bien aise de l'avoir auprès de moi... Avec elle, au moins, je pourrai penser tout haut... elle m'est attachée, dévouée... Mais il est déjà tard... maintenant, le colonel et Ralph sont au bal... ils se livrent à la joie, au plaisir... et moi... (*Elle s'assied sur un fauteuil à droite.*) Oh! mais... je n'ai pas de regrets... ma conscience est tranquille... je suis satisfaite... et je le sens pourtant, au poids qui m'oppresse et à ces larmes que je ne puis retenir, c'est une soirée de bonheur que j'ai perdue.

RAYMON, *qui est entré par la seconde porte de gauche, et qui, chaussé pour le bal, s'est approché sans bruit sur le tapis.* Indiana, c'est moi!

INDIANA, *se levant.* Ciel! vous, monsieur, ici! chez moi!

SCÈNE X.

INDIANA, RAYMON.

RAYMON. Calmez-vous... je suis entré sans être vu.

INDIANA. Eh quoi!.

RAYMON. J'étais à ce bal où vous deviez aller... j'y avais été dans l'espoir de vous y rencontrer... mais voyant votre mari seul avec Ralph... je suis accouru... Mais vous avez pleuré... pourquoi ces pleurs?. (*Avec douceur.*) Je veux le savoir.

INDIANA, *se rasseyant, et avec un accent qui part du cœur.* Pourquoi le demandez-vous? Je ne dois pas vous le dire.

RAYMON. Et bien! moi, je le sais, Indiana; rien de ce qui vous concerne ne m'est indifférent. J'ai voulu tout connaître de vous, et je n'ai rien appris que ne m'eût révélé un instant passé chez vous, lorsqu'on m'apporta tout sanglant, tout meurtri à vos pieds, et que votre mari s'irrita de vous voir, si belle et si bonne, me faire un appui de vos bras, un baume de votre douce haleine! Lui, jaloux! oh! je le conçois bien, car, à sa place, je le serais, Indiana!.. ou plutôt à sa place, je me tuerais... car être votre époux, madame, vous posséder, vous tenir dans ses bras, et ne pas vous mériter, n'avoir pas votre cœur, c'est être le plus misérable ou le plus lâche des hommes.

INDIANA. Oh ciel! taisez-vous!.. taisez-vous!.. pourquoi me parlez-vous de lui? pourquoi voulez-vous m'enseigner à le maudire? ce n'est pas moi qui vous autorise à ce crime; moi, je ne le hais pas, je l'estime... je l'aime.

RAYMON. Dites que vous le craignez, car le despote a brisé votre ame; et la peur s'est assise à votre chevet depuis que vous appartenez à cet homme. Pauvre enfant! si jeune et si belle, avoir tant souffert! car ce n'est pas moi que vous abuseriez, Indiana, moi qui vous regarde avec d'autres yeux que ceux de la foule; je sais que si le ciel l'eût voulu, s'il vous eût donnée à moi, à moi, malheureux! qui devrais me briser la tête d'être venu si tard, je vous aurais tant aimée, que vous m'auriez aimé aussi, et que vous auriez béni votre chaîne!

INDIANA, *se levant.* Assez... assez... vous me faites du mal... ne me parlez pas ainsi,

à moi qui ne dois pas être heureuse! Ne me
montrez pas le ciel sur la terre, à moi qui
suis marquée pour mourir.

RAYMON, *l'entourant de ses bras.* Pour
mourir! toi, mourir! Indiana! mourir
avant d'avoir vécu! avant d'avoir aimé...
Non, tu ne mourras pas... car maintenant
ma vie est liée à la tienne... tu es la femme
que j'avais rêvée, la pureté que j'adorais...
De tout temps, tu m'étais destinée, Indiana! les hommes et leurs lois de fer ont
disposé de toi; mais que nous importent
les hommes et les lois, si je t'aime encore
aux bras d'un autre, si tu peux encore
m'aimer, maudit et malheureux comme
je suis de t'avoir perdue? Vois-tu, Indiana,
tu m'appartiens! car ce ne sont pas des
circonstances vulgaires qui nous ont réunis! ce n'est ni le hasard, ni le caprice!
c'est la fatalité, c'est la mort qui m'a ouvert les portes de cette vie nouvelle! c'est
ton mari, c'est ton maître qui, obéissant
à son destin, m'a apporté tout sanglant
dans sa maison, et qui m'a jeté à tes pieds
en te disant: Voilà pour vous! et mainte-
tenant rien ne peut nous désunir!

INDIANA. Lui peut nous désunir! hélas!
hélas! vous ne le connaissez pas.

RAYMON, *la pressant avec force contre son
cœur.* Qu'il vienne! qu'il vienne m'arracher cet instant de bonheur! je le défie:
reste là, Indiana, reste contre mon cœur;
c'est là ton refuge, ton abri, ton avenir!

INDIANA. Taisez-vous, taisez-vous... ne
me parlez pas d'avenir... car j'ai vécu tout
un jour, et je ne désire plus rien.

*Elle pâlit, porte la main à son cœur et perd con-
naissance.*

RAYMON, *la plaçant sur un fauteuil, et
couvrant ses mains de baisers.* Indiana!
diana! reviens à toi... Indiana! c'est moi
qui t'appelle... grand Dieu... quelle pâleur! et personne!.. réduit à appeler du
secours... il le faut... quelle situation!

Il sonne, Laure entre.

SCÈNE XI.

INDIANA, *évanouie,* RAYMON, LAURE.

LAURE, *entrant.* Mais qu'est-ce donc?

RAYMON, *à part, en voyant Laure.* Laure!

LAURE, *poussant un cri à la vue de Raymon.* Raymon!

RAYMON. A Paris.

LAURE. Près d'elle.

RAYMON. Dans cette maison.

LAURE. Eh quoi! monsieur?..

RAYMON. Silence! je savais votre retour... je croyais Indiana au bal... j'ai été
obligé de feindre...

*Il retourne auprès d'Indiana et cherche à la rap-
peler à elle*

LAURE, *à part.* Le fourbe!

RAYMON, *toujours occupé d'Indiana.* Mais
du secours, Laure! du secours!.. par grâce,
par pitié du secours!..

LAURE. Vous l'aimez donc beaucoup?

RAYMON. Que dites-vous?

LAURE. Je sais tout.

BÉATRIX, *dans la coulisse.* Allons donc,
Pierre, allons donc... c'est chez madame.

LAURE. On vient... sortez...

BÉATRIX, *toujours dans la coulisse.* On a
sonné à plusieurs reprises.

LAURE, *à Raymon.* Mais sortez donc.

RAYMON. Laure... les apparences m'ac-
cusent... je me justifierai... jusque-là soyez
prudente...

LAURE. Ne craignez rien pour son honneur... je me tairai... les voilà... sortez!

*Raymon sort par la porte de gauche, et immédia-
tement après Béatrix et Pierre entrent par celle
du fond. Tous les deux accourent auprès d'Indiana, et de concert avec Laure ils lui prodi-
guent les secours que sa position réclame.*

FIN DE LA DEUXIÈME PARTIE.

TROISIÈME PARTIE.

Le théâtre représente un boudoir meublé avec
élégance; un tapis. A droite de l'acteur, une
porte conduisant à l'appartement d'Indiana; à
gauche, une autre porte; une troisième dans le
fond, ouvrant sur un salon.

SCÈNE I.
BÉATRIX.

Au lever du rideau, elle se mire devant une
psyché.

Allons, allons, ce bonnet me va fort
bien... monsieur Pierre ne sait ce qu'il
dit... Mais pourquoi faire attention aux paroles de ce petit sot?.. ne suis-je pas habituée à l'entendre tout contredire?.. Ah!
mon Dieu! j'ai été bien mal inspirée quand
je l'ai empêché de retourner dans son village... il serait encore simple, ingénu, do-
cile... tandis qu'aujourd'hui... Comme en
quelques mois Paris vous change un jeune
garçon!

SCÈNE II.

PIERRE, BÉATRIX.

PIERRE, *entrant dans le fond en chantant.*
Que de grace et de majesté !

BÉATRIX. Allons, voyons, voulez-vous bien vous taire ?.. je vous demande un peu, ce genre !

PIERRE. Ce genre-là en vaut bien un autre... c'est celui de ceux qui ne sont pas des imbéciles... nargue du chagrin et vive la gaîté.

BÉATRIX. Oubliez-vous où vous êtes.

PIERRE. Je suis dans un boudoir... où est le mal ?.. quand les maîtres ne sont pas à la maison, on serait bien sot de rester dans l'antichambre. Il s'assied dans un fauteuil.

BÉATRIX. Eh bien !.. eh bien !..

PIERRE. Hein ! on est bien là-dedans. (*Il frappe sur les bras du fauteuil.*) Allons, allons, rassurez-vous, Béatrix... il ne reviendront pas de sitôt, allez... M. Delmare vient de sortir pour aller chez son homme d'affaires, et madame est au bois de Boulogne avec son cousin sir Ralph... je lui souhaite bien du plaisir avec cet original-là... Mais, j'y pense... vous avez peut-être vu une méchanceté de ma part dans le refrain que je chantais tout à l'heure en entrant. (*Parlant.*) « Que de grace et de majesté ! » Parole d'honneur, je n'y ai pas mis de malice.

BÉATRIX. Comme si je ne vous connaissais pas...

PIERRE, *se levant.* Eh bien ! là... vrai... vous vous trompez ! après ça, Béatrix, vous êtes par trop susceptible... vous êtes comme les sourds, vous vous figurez toujours qu'on se moque de vous.

BÉATRIX. Vous êtes si aimable, si galant avec moi...

PIERRE. C'est que vous êtes un peu exigeante ; avec vous il faudrait toujours avoir du miel sur les lèvres... il y a pour ça trop de mouches à Paris... et puis, dire des niaiseries, des fadaises... je ne suis pas de cet acabit-là, moi.

BÉATRIX. Pourtant, vous avez la parole douce et tendre avec cette petite soubrette de la maison voisine. Belle conquête !.. vous pouvez en vanter... une mijaurée, une coquette qui se moquera de vous, et qui, un de ces quatre matins, vous plantera là pour écouter un autre adorateur.

PIERRE. Ça m'est bien égal, ah ! mon Dieu !.. à son aise... quand elle voudra... je n'y tiens pas... vous croyez que cela me ferait de la peine... je ne suis pas plus amoureux d'elle... que de vous. Amoureux !.. moi !.. pas si bête ! je suis comme les grives... je viens quand le raisin commence à mûrir, et je m'en vas aussitôt que les vendanges sont faites... comprenez-vous la parabole ?

BÉATRIX. Allons, allons, monsieur l'oiseau de passage.

PIERRE. Tout ce qu'il y a de plus oiseau de passage... voltiger c'est amusant... j'aime ça moi... Ah ! c'est qu'en amour comme en toute autre chose, j'ai profité des exemples que j'ai eus sous les yeux depuis que je suis à Paris.

BÉATRIX. Oh ! vous ne tarderez pas à surpasser vos modèles.

PIERRE. Je me suis dégrossi promptement, n'est-ce pas ? Qu'est-ce qu'il y a que je suis dans la bonne ville de Paris ?.. six mois à peine ! eh bien ! j'ai la tournure élégante... la démarche facile, la parole idem... Il n'y a pas le plus petit mot à redire sur mon service... je me tiens à cheval comme un jockey de lord Seymour ; je saute lestement derrière le cabriolet, et sur mon marche-pied je suis aussi gracieux qu'une de ces petites poupées sur le piano de madame... Quand à mon éducation intellectuelle... les progrès n'ont pas été moins rapides. Au Lagny je n'avais jamais épelé que le catéchisme... maintenant, je lis les journaux et les romans en vogue... aussi je commence à me faire une opinion sur les choses er sur les hommes. L'homme ! qu'est-ce que l'homme ?.. un long et grand bocal, dans lequel se trouve pêle-mêle du miel, du sel, du poison, du lait, des brioches, des poires tapées, des rubans de toutes les couleurs et des cornichons... Et dire que c'est à vous, à vous, Béatrix, que je dois tout ça !.. sans vous je serais encore une buse, une brute... je croirais encore à l'amitié, à la fidélité, à la vertu, à la reconnaissance... Oh ! c'est votre bon génie qui vous a inspirée, où plutôt c'est le mien, mon bon génie, qui fait que...
Il lui prend la taille.

BÉATRIX, *se formalisant.* Eh bien ! eh bien ! monsieur !..

PIERRE. Pardon... je m'oubliais.

BÉATRIX, *à part.* Je m'oubliais... encore une méchanceté !

PIERRE, *à part.* Vieille béguine ! (*Haut.*) Mais parlons d'autre chose.

BÉATRIX. Je n'ai pas le tems de vous écouter davantage.

PIERRE. Ce que j'ai à vous dire est très important ; il s'agit de notre sort, de notre avenir.

BÉATRIX. Hein ?

PIERRE. La fortune du colonel branle dans le manche.

BÉATRIX. Comment ?..

PIERRE. Le château et la fabrique du Lagny sont en vente.

BÉATRIX. Sans doute ; mais qu'est-ce que cela prouve ?

PIERRE. Ça prouve que les affaires de M. Delmare ont été de mal en pis... et que ses créanciers font vendre ses propriétés.

BÉATRIX. Qui a dit cela ?

PIERRE. J'ai entendu quelques mots que le colonel se disait en soliloque quand il est sorti tout à l'heure... je suis sûr de mon affaire.

BÉATRIX. Nos pauvres maîtres ! ils seraient ruinés !

PIERRE. Ils ne seront peut-être pas ruinés tout-à-fait, mais ça les forcera à réduire leur budget... à nout congédier... Il nous faut prendre les devants et chercher bien vite à nous placer dans une autre maison.

BÉATRIX. Oh ! moi... je ne quitterai jamais ma bonne maîtresse.

PIERRE. Vous dites des bêtise... Est-ce qu'il faut tenir comme ça à des maîtres ?.. Et puis, quand le feu est à la maison, on ne doit pas attendre que la couverture vous tombe sur le dos pour déménager... Tenez, Béatrix, le père de monsieur Raymon, monsieur le comte de Cérigny, est riche, vieux et veuf ; c'est une bonne condition pour nous, et si vous voulez...

BÉATRIX. Silence ! voilà monsieur.

Le colonel entre.

SCÈNE III.

DELMARE, PIERRE, BÉATRIX.

DELMARE, *tenant une lettre à la main.* Madame est-elle rentrée ?

PIERRE. Non, monsieur.

DELMARE, *à part.* Tant mieux. *(Haut.)* Il n'est venu personne en mon absence ?

BÉATRIX. Personne, monsieur.

DELMARE, *brusquement.* C'est bien ! sortez.

PIERRE, *bas à Béatrix.* Nous n'avons pas dix jours à rester à son service.

Il sort avec Béatrix.

SCÈNE IV.

DELMARE, *seul frappant sur la lettre qu'il tient à la main.*

DELMARE. Maudit homme ! maudit fripon ! Où diable avais-je la tête en lui laissant cet argent à sa disposition ? quatre-vingt-dix mille francs, c'est une somme. Oh ! mais je vais partir... j'arriverai peut-être à tems... et alors... *(Il met la lettre dans sa poche.)* Mais pouvu qu'Indiana ne rentre pas avant mon départ... je ne voudrais pas lui apprendre... et puis je n'aime point à parler d'affaires avec une femme.

PIERRE, *annonçant.* M. Raymon de Cérigny.

SCENE V.

DELMARE, RAYMON.

DELMARE, *avec joie et à Raymon.* Ah ! vous voilà ; vous arrivez à propos.

RAYMON. Qu'y a-t-il donc, colonel ?

DELMARE. Je pars, mon ami.

RAYMON. Vous partez !

DELMARE. Pour Bruxelles... dans une heure... peut-être plutôt ; j'attends une voiture de poste.

RAYMON. Auriez-vous donc reçu de fâcheuses nouvelles ?

DELMARE. Eh ! mon Dieu ! oui, ce banquier, à ce que l'on m'écrit, est plus mal que jamais dans ses affaires... je veux le voir, connaître sa véritable situation... Bref, je pars, et, en mon absence... j'attends de vous un service.

RAYMOND. Un service ? parlez. Sagit-il des affaires du Lagny ?

DELMARE. Non ; j'ai tout terminé à ce sujet... mes créanciers ont demandé à se charger du Lagny en me donnant quittance... J'ai consenti à ce traité à forfait... Ils y gagneront, je le sais, mais je n'aurai plus de tracasseries, et puis, dès ce jour, je suis assuré que mon honneur est à l'abri de toute atteinte.

RAYMON. Mais, enfin, quel est donc le service que vous attendez de moi ?..

DELMARE. Quels que soient les arrangemens que je prenne avec ce banquier, je ne veux plus rester davantage en France... oh ! j'y suis bien décidé... et d'ailleurs, que faire ici maintenant ? J'ai du courage, de l'activité et la connaissance des affaires ; l'avenir est devant nous ; j'ai déjà élevé une fois l'édifice de ma fortune, je puis le recommencer. Ma femme possède encore une chétive habitation à l'île Bourbon ; c'est là que je veux me retirer pour me livrer de nouveau au commerce.

RAYMOND. Mais madame Delmare aura-t-elle le même courage ? ne craignez-vous pas quelque résistance à vos projets d'expatriation?

DELMARE. Eh! justement; je prévois des larmes, des maux de nerfs... Le diable soit des femmes! Indiana m'est entièrement soumise, sur ce point seul elle me résistera, car je l'ai déjà pressentie à ce sujet. Je n'aurais, je le sais, qu'à commander impérieusement, et elle céderait; mais je voudrais qu'elle se prêtât de bonne grâce à ce départ, et votre influence peut l'obtenir.

RAYMON. C'est m'en supposer beaucoup trop colonel...

DELMARE. Elle paraît avoir en vous de la confiance, et si vous voulez employer votre ascendant, vous parviendrez facilement à lui faire entendre raison.

RAYMON. Vous me donnez là une mission très-délicate... pourtant j'essaierai... je tenterai... Mais il me semble qu'avec votre cousin, sir Ralph, vous auriez plus de chances de succès qu'avec moi...

DELMARE. Du tout! Ralph me nuirait plus qu'il ne me servirait... Ralph! ah! depuis long-tems j'aurais dû m'affranchir de la surveillance importune de cet homme... mais des obligations puissantes, des services rendus, un serment que sa mère mourante a exigé de moi... tout m'a forcé à le garder avec nous... tout m'a fait une loi d'être faible et presque ridicule... Sans cesse il me contredit... il me blâme... il me fatigue... c'est à n'y pas tenir... et puis j'ai sur lui certain soupçons....

RAYMON. Comment!

DELMARE. Quand j'ai parlé de mon projet de retour aux colonies, Ralph a toujours rejeté bien loin cette idée. Suivant lui, j'étais un extravagant, un insensé, de quitter Paris; j'aurais des ressources que je ne trouverais nulle part; et puis Ralph n'était-il pas là pour m'aider de sa grande fortune et de l'immense crédit dont il jouit auprès de l'un de nos ministres? son crédit, son argent, je ne veux rien de cet homme...

RAYMON. Ah! colonel, je vous devine... mais vos soupçons sont injustes... sir Ralph aime sa cousine comme sa sœur, ou plutôt comme sa fille, car il l'a élevée dès sa plus tendre enfance.

DELMARE. Sans doute; c'est ce qu'il m'a dit le jour de mon départ de l'île Bourbon pour l'Europe... C'était là ses propres expressions... Il me semble encore le voir me supplier de l'emmener avec nous; il me semble encore l'entendre me dire: «Trouvez bon que je me fixe auprès de vous et que nous passions tous trois notre vie ensemble; vous êtes un peu jaloux de votre femme, mais vous êtes plein d'honneur et de probité; quand je vous aurai donné ma parole que je n'eus jamais d'amour pour Indiana et que je n'en aurai jamais, vous pourrez me voir avec aussi peu d'inquiétude que si j'étais votre beau-frère.» Et moi, niais que je suis, j'ai cru que cette déclaration était franche et loyale... je l'ai accueillie avec une sorte d'ostentation de confiance... Il ne m'est pas venu à l'idée qu'on ne vendait pas à la hâte et à perte ses propriétés, qu'on ne suivait pas une cousine à trois mille lieues de sa patrie sans éprouver pour elle un autre sentiment que celui de l'amitié! Oh! que les maris sont faciles à duper!

RAYMON. Encore une fois, vous faites injure à sir Rolph...

～～～～～～～～～～～～～～～～～～～～

SCÈNE VI.

DELMARE, UN DOMESTIQUE, RAYMON.

UN DOMESTIQUE, *entrant par le fond.* Monsieur le colonel...

DELMARE. Que voulez-vous?

LE DOMESTIQUE. Votre voiture est prête.

DELMARE. Je descend. (*A Raymon.*) Allons! je compte sur vous... dites-lui que j'ai été obligé de partir sans l'attendre. Vous aurez soin de m'excuser, n'est-ce pas?.. Adieu!.. au revoir!

Il sort, suivi du domestique.

～～～～～～～～～～～～～～～～～～～～

SCÈNE VII.

RAYMON, *seul.*

C'est moi qui doit engager Indiana à quitter Paris, à s'embarquer pour l'île Bourbon!.. moi qui ai tout sacrifié pour elle, qui ai renoncé au brillant avenir qui m'était promis pour vivre aux lieux où elle vit, respirer l'air qu'elle respire, pour lui dire : Je t'aime! je t'aimerais toute la vie! Hélas! je suis un insensé... Cet amour qui était mon espoir, mon seul bonheur en ce monde, n'est-il pas la cause de tous les maux que j'endure?.. Suis-je encore cet amant qui se contentait d'un regard, d'un mot, d'un sourire... qui, en retour de sa tendresse, en échange de sa passion délirante, ne demandait que de vaines preuves d'amour un serrement de main... un soupir... des regrets et des larmes? Ce bizarre mélange d'amour exalté de résistance stoïque, a usé mon courage... je

sens qu'il est tems que ce combat finisse...
Oh ! oui, qu'elle s'éloigne... quelle perte !..
Mais si elle refusait de partir... si elle
s'obstinait à demeurer à Paris... alors...
alors ce serait à moi de m'éloigner... D'ailleurs, ne suis-je pas à la veille d'exécuter
ce projet ?.. Sir Ralph, qui veut à tout prix
me séparer de sa cousine, ne s'emploie-t-
il pas en ce moment pour me faire nommer premier secrétaire d'ambassade à Londres !.. Sir Ralph a du crédit... (*Apercevant
Indiana qui entre.*) Indiana !

∞∞∞∞∞∞∞∞∞∞∞∞∞∞∞∞∞∞∞∞∞∞∞

SCÈNE VIII.

RAYMON, INDIANA.

INDIANA. Que viens-je d'apprendre ?
M. Delmare est parti pour Bruxelles ?

RAYMON. Sa présence y est indispensable... cette maison de banque lui donne de
graves inquiétudes, il s'agit du reste de
votre fortune... pourtant il ne perd pas
tout espoir... et il supporte ce coup avec
un courage...

INDIANA. Et vous a-t-il parlé, Raymon,
de ses projets pour l'avenir ?

RAYMON. Précisément : il a, dit-il, des
ressources en cas de malheur.

INDIANA. Des ressources...

RAYMON. Il parle d'une habitation que
vous avez à l'île Bourbon. Il veut s'y retirer et recommencer là à parcourir la carrière du commerce.

INDIANA. Ah ! il vous a dit cela.

RAYMON. Oui, et, savez-vous, Indiana,
le rôle qu'il m'a imposé en partant ? il faut
que je vous supplie de vous embarquer
pour l'île Bourbon, que je vous exhorte à
me quitter... Croyez-vous qu'il ait bien
choisi son avocat ?

INDIANA. Pourquoi venez-vous me parler de tout ceci ? avez-vous peur que j'o-
béisse ? Rassurez-vous, Raymon, mon
parti est pris... ma soumission aura des
bornes. Il fallait une grande occasion à
ma résistance, et la voici. Fallait-il dépenser mon énergie pour des misères ? oh !
non : il verra que j'ai aussi une force, une
volonté ; mais quand il le verra, c'est qu'il
s'agira de ma destinée tout entière, et que
je serai prête à payer de ma vie ma révolte.
Je sais à quoi je m'exposerai... je sais ce
qu'il faudra braver, ce qu'il faudra sacrifier ; je suis prête à franchir ce rude passage de ma destinée.

RAYMON, *avec une surprise mêlée de joie.*
Qu'entends-je ?

INDIANA. Ah ! je crains que vous ne sa-

chiez pas ce que c'est qu'aimer une femme
comme moi ! Non, vous ne le savez pas...
Pourtant vous ne devez pas avoir oublié ce
que je vous ai dit en acceptant votre amour...
« Raymon, vous disais-je, je n'ai pas encore aimé, et je ne donnerai pas mon cœur
vierge et entier en échange d'un cœur flétri, mon amour enthousiaste pour un
amour tiède ; ma vie tout entière en échange d'un jour rapide. »

RAYMON. Indiana ! mon cœur aussi est
jeune et brûlant... et s'il n'est pas digne du
vôtre, nul cœur ne le sera jamais... Oui,
si je vous aime, c'est parce que votre ame
est pure et divine, c'est qu'un feu céleste
l'anime et qu'en vous je ne vois pas seulement une femme, mais un ange.

INDIANA. Je sais que vous possédez
le talent de louer, mais je n'ai pas besoin
d'hommage, c'est de l'affection qu'il me
faut... Il faut m'aimer sans partage, sans
espoir de triompher des sermens que j'ai
faits... Oui, Raymon, oui, je vous l'ai dit
je vous le répète, pour que vous le sachiez
bien... En vous, je veux un protecteur,
un ami sincère, dévoué, prêt à me sacrifier tout, fortune, devoir, famille, tout,
monsieur ! parce que je mettrai le même
dévouement dans la balance, et que je la
veux égale... Vous voyez bien que vous
ne pouvez pas m'aimer ainsi.

RAYMON. Je jure d'être à vous, Indiana !
je vous consacre ma vie, ma volonté...

INDIANA, *vivement, en apercevant Ralph
qui entre dans le fond.* Taisez-vous ! voici
mon cousin...

RALPH, *à part.* Encore avec elle !

∞∞∞∞∞∞∞∞∞∞∞∞∞∞∞∞∞∞∞∞∞∞∞

SCÈNE XI.

INDIANA, RAYMON, RALPH.

INDIANA, *bas à Raymon.* Qu'il ne sache
rien... qu'il ne se doute de rien...

RAYMON, *passant auprès de Ralph, et prenant ainsi le milieu de la scène.* Eh bien ! sir
Ralph, on vous a sans doute dit que le
colonel était en route pour Bruxelles, et
les motifs qui avaient nécessité ce brusque
départ.

RALPH, Oui, on m'a dit... (*A mi-voix.*)
A demain votre départ, à vous....

RAYMON. Demain !

RALPH, *du même ton.* Je sors de chez le
ministre... j'aurai ce soir votre commission.

INDIANA, *à part, en s'approchant d'eux.*
Que se disent-ils donc ?..

RALPH. Silence ! elle doit tout ignorer.

RAYMON. Sans doute. (*A part.*) Demain !

partir demain : Oh ! non, après ce qu'elle m'a dit, je ne dois plus partir. *(Haut à Indiana.)* Madame, je vous demande mille pardons, mais il faut que je prenne congé de vous... quelques visites indispensables .. *(Bas.)* J'ai besoin de vous parler seul, il s'agit de nos projets de bonheur.

INDIANA, *bas.* Eh bien ! dans une heure..., par là.

Elle lui montre la porte de l'escalier dérobé.

RAYMON. Vous excusez, sir Ralph... au revoir.

RALPH. Au revoir, Monsieur.

RAYMON, *à Indiana, en lui baisant la main.* Adieu, madame... *(Bas.)* Dans une heure.

RALPH, *à part.* Il est tems qu'il s'éloigne de Paris.

Raymon sort par le fond.

SCÈNE X.

INDIANA, RALPH.

RALPH, *à part.* Si je ne me trompe pas... si j'ai su bien observer... il vient d'obtenir un rendez-vous... Imprudente Indiana ! ah ! je suis plus imprudent qu'elle... pourquoi n'ai-je pas eu le courage de l'éclairer ?

INDIANA, *à part.* Qu'a-t-il donc ? nous aurait-il entendus ?

RALPH, *à part.* Qu'il parte sans qu'il puisse la revoir.

INDIANA, *à part.* Je ne sais, mais je tremble.

RALPH. Eh bien ! Indiana ! qu'avez-vous ? vous paraissez mal à l'aise, souffrante.

INDIANA. Oui... en effet... je ne me sens pas bien.

RALPH. Seriez-vous malade ? alors il faut rentrer chez-vous.

INDIANA. Mais, non !... je ne suis pas malade à ce point... ma tête... ma tête seulement est lourde et pesante... et puis, mon ame est triste.

RALPH, *lui prenant la main.* Comme le soir où votre mari et Pierre, prenant chacun un fusil, furent visiter le clos du Lagny, vous étiez souffrante et vous aviez des idées tristes ; c'est ce qui me fait presque croire à la vérité des pressentimens.

INDIANA, *à part.* Où veut-il en venir ?

RALPH. Te souviens-tu, Indiana, que tu te sentis plus mal qu'à l'ordinaire ? moi, je me rappelle tes paroles, comme si elles retentissaient encore à mon oreille. « Vous me traiterez de folle, disais-tu, mais il y a un danger qui se prépare autour de nous, et qui pèse sur quelqu'un, sur moi sans doute, ajoutais-tu... je me sens l'ame comme à l'approche d'une grande phase de ma destinée... j'ai peur... » Ce sont tes propres expressions, Indiana !

INDIANA. Je ne suis plus malade... je ne crois plus à ces vaines frayeurs.

RALPH. Moi, j'y crois, car ce soir-là tu fus prophète, Indiana ! un grand danger nous menaçait, une influence funeste enveloppait notre paisible demeure.

INDIANA. Mon Dieu ! je ne vous comprends pas.

RALPH. Tu vas me comprendre, ma pauvre amie... c'est ce soir-là que Raymon de Cérigny entra dans votre maison... tu te souviens dans quel état... on l'apporta chez toi évanoui, blessé... Ce fut une fatale soirée ! que de mal elle a causé !

INDIANA. Je ne sais de quel mal vous voulez parler.

RALPH. Je veux parler de l'infortunée Laure de Nangis... sans lui, elle ne serait pas dans le déplorable état où elle est.

INDIANA. Comment !

RALPH. Sans lui, cette jeune et charmante fille brillerait encore dans le monde... Sans son fatal amour, elle ne gémirait pas loin de nous, privée de sa raison.

INDIANA. Que voulez-vous dire ?

RALPH, *continuant* Ce qui m'a toujours étonné, c'est que vous n'ayez pas deviné le véritable motif qui amenait au Lagny M. Raymon de Cérigny par-dessus les murs.

INDIANA, *à part.* Quel soupçon ! ah ! malheureuse ! *(Petite pause. Haut.)* C'est la première fois que je vois votre antipathie pour M. de Cérigny employer des moyens indignes de vous ; mais je ne vois pas en quoi il importe à votre vengeance d'entacher la réputation d'une fille qui me fut chère, et que son malheur devrait vous rendre sacrée... Je ne vous ai pas fait de questions, sir Ralph, je ne sais de quoi vous me parlez... veuillez me permettre de n'en pas écouter davantage... je désire être seule.

RALPH, *à part.* Je l'avais prévu... je ne pouvais l'éclairer qu'en m'attirant sa haine. *(Haut.)* Adieu, ma cousine.

INDIANA, *se levant.* Adieu, monsieur.

Ralph sort.

SCÈNE XI.

INDIANA, *seule.*

INDIANA. Que m'a-t-il dit ?... Laure ! pauvre Laure ! il serait vrai que ton infortune!... Mais, non... c'est un mensonge, une infâme calomnie... Le cruel! détruire à jamais mon repos... Raymon! un lâche hypocrite... lui! si bon... si noble!... Oh! le justifier, c'est lui faire tort!... S'il avait dit vrai?... si le soupçon qu'il a jeté dans mon cœur était une réalité.... si Laure.... Ah! c'et affreux.... quelle idée!... oui, je saurai tout. (*Elle va à une toilette qui est placée à droite de l'acteur, et elle en sort une petite cassette d'ébène; puis regardant la cassette, et d'abord sans l'ouvrir.*) Hélas! quand je les ai demandés, quand je les ai réclamés comme un souvenir, un gage d'amitié, ces cheveux que le médecin ordonna de détacher de la tête de cette infortunée, je ne me doutais pas qu'ils pouvaient être ceux d'une rivale. Je crois l'entendre... (*On frappe à la porte, de l'escalier dérobé.*) C'est lui!... ouvrons... (*Elle va à la porte, tire le verrou et revient s'asseoir sur un fauteuil, de manière à tourner le dos à Raymon.*) Oh! mon Dieu! aie pitié de moi!.. je risque tout mon sort sur cette épreuve.

SCÈNE XII.
INDIANA, RAYMON.

RAYMON, *entrant.* Personne ne m'a vu.
Il referme la porte et remet le verrou.

INDIANA, *tirant de la cassette une longue chevelure de femme attachée avec un ruban noir,* Je tremble maigré moi.

RAYMON, *jetant un regard sur Indiana.* La voilà! délicieux moment! que nul ne puisse venir troubler mon bonheur! (*Il va vers la porte du fond qu'il ferme au verrou, puis accourant vers Indiana.*) Indiana!
Indiana l'air sérieux, le regarde fixement sans lui répondre.

RAYMON. Ma bien-aimée! avez-vous peur de moi? (*Apercevant les cheveux qu'Indiana rassemble et lisse dans ses mains.*) Mais... que tenez-vous donc là?

INDIANA, *en l'observant.* Les reconnaissez-vous?

RAYMON. Ciel! ces cheveux!.. son trouble... son agitation... saurait-elle!.. oh!.. malheur! je serais perdu.

INDIANA, *à part.* Ralph m'avait dit vrai. (*A Raymon, d'une voix affaiblie.*) Sortez, monsieur, sortez.

RAYMON. En quoi donc ai-je eu le malheur de vous déplaire?

INDIANA. Votre émotion à la vue de ces ces cheveux... cet intérêt pour une autre.

RAYMON. Pouvez-vous me blâmer. je

ne puis le croire, Indiana : Laure n'est-elle pas notre amie!.. ne nous a-t-elle pas donné des preuves d'un dévouement sans bornes?.. L'infortunée, en voyant cette chevelure dont elle aimait tant à se parer, je me suis rappelé le mal affreux qui la dévore, et qui, bientôt peut-être, va nous l'enlever.

INDIANA. Vous me trompez; laissez-moi.

RAYMON. Non... non... révoque cet ordre... je t'en prie... je t'en conjure .. révoque cet ordre, tu t'es abusée... je ne suis pas coupable... (*Se jetant à ses genoux.*) Tu es celle que j'aime... la seule femme que j'aie jamais aimée...

INDIANA, *avec émotion.* Hélas! je l'avais cru...

RAYMON, *avec chaleur.* Oh! crois-le... crois-le toujours... ne doute jamais de moi, de ma tendresse, de ma constance; Indiana... ma vie... mon bien... mon bonheur! je suis ton amant, ton amant fidèle et dévoué... je suis à toi, à toi jusqu'au tombeau... Oh! dis que tu me rends ton cœur, ta confiance... dis que tu m'aimeras.

INDIANA. Raymon...

RAYMON. Tu m'aimeras?

INDIANA. Le dois-je encore?..

RAYMON. Tu m'aimeras toujours, n'est-il pas vrai?.. (*En ce moment on frappe à la porte de l'escalier dérobé.*) Ciel! que signifie?..

INDIANA. Silence!

RAYMON. Un papier glisse sous la porte! (*Il court, ramasse le papier et il jette les yeux dessus.*) C'est écrit au crayon!

INDIANA. Lisez.

RAYMON, *lisant.* « Votre mari est ici, signé Ralph! — C'est une fausseté!

INDIANA. Ralph n'a jamais menti, mais vous avez le tems de fuir!.. partez!

RAYMON. Non, je ne veux pas; je soupçonne quelque odieuse trahison, et vous n'en serez pas seule victime... je reste, et ma poitrine vous protégera.

INDIANA. Il n'y a pas de trahison, n'entendez-vous pas? on vient! (*On frappe à la porte du fond.*) C'est lui! fuyez!
Elle pousse Raymon dehors, et referme la porte sur lui.

SCÈNE XIII.
INDIANA, *seule.*

O mon Dieu! mon Dieu!.. (*On frappe de nouveau.*) Entrez! Lui! mon mari! mais pourtant il ne frappe pas d'ordinaire pour entrer chez moi.... quelle pensée!.. (*Elle court à la porte qu'elle examine d'un regard rapide.)* Fermée au verrou ! ô ciel ! que lui dire ? *(Elle ouvre ; et voyant paraître Ralph, elle manifeste une surprise mêlée de joie.)* Ralph! *(Petite pause.)* Comment! c'est vous!

RHLAH, *à part.* Je ne me trompais pas... il était ici!

◦◦◦◦◦◦◦◦◦◦◦◦◦◦◦◦◦◦◦◦◦◦◦◦◦◦◦◦◦◦◦◦◦◦◦◦◦◦◦

SCÈNE XIV.

RALPH, INDIANA.

RALPH ; *à Indiana.* Je vous avais quittée souffrante, Indiana !

INDIANA. Merci ! je suis remise... tout-à-fait remise.

RALPH. Indiana... on dirait que ma présence vous importune.

INDIANA. Non... mon Dieu, non... mais troublée... tourmentée d'un retour aussi étrange...

RALPH, *à part.* Elle a lu mon billet.

INDIANA. Dites, Ralph, dites ! qui ramène le colonel ?

RALPH. Je ne lui ai pas encore parlé... j'ai voulu être là... à vos côtés... s'il montait chez vous.

INDIANA, *lui prenant la main.* Noble et bon Ralph!

RALPH, *apercevant Delmare qui entre,* Le voilà !

DELMARE, *à part.* Toujours ensemble !

◦◦◦◦◦◦◦◦◦◦◦◦◦◦◦◦◦◦◦◦◦◦◦◦◦◦◦◦◦◦◦◦◦◦◦◦◦◦◦

SCÈNE XV.

RALPH, DELMARE, INDIANA.

INDIANA, *courant à Delmare.* Ah ! monsieur... que devons-nous penser?.. vous serait-il arrivé un accident, un malheur?..

DELMARE. Madame, nous sommes ruinés... complètement ruinés.

RALPH. Comment?

DELMARE. C'est comme je vous le dis... cet infâme banquier a pris la fuite.

INDIANA. Qui vous a appris cela?

DELMARE. Un exprès, un courrier qu'un ami m'avait expédié aussitôt après l'avénement, et que j'ai rencontré à quelques postes d'ici.. Mon voyage devenant inutile, j'ai rebroussé chemin et me voilà !.. Pauvre Indiana ! plus d'espoir pour nous! il ne reste plus rien.

RALPH, *qui s'est approché.* Ne nous reste-t-il pas un ami? oui, colonel, oui ! ma personne, ma fortune, tout est à votre service.

DELMARE. Je m'attendais à ce bel élan de générosité... mais je vous suis obligé...

je ne veux rien devoir à des étrangers... je suis encore, Dieu merci ! d'âge et de force à réparer ce malheur.

INDIANA. Je vous comprends... Le dernier coup qui vient de vous frapper n'a pas abattu votre courage, et vous songez à vous expatrier.

DELMARE. J'y suis décidé.

INDIANA. Mais, aux colonies, que ferez-vous?.. Vous comptez sur cette habitation qui nous reste à l'île Bourbon ; mais rappelez vos souvenirs ; elle est sans rapport, sans valeur ; autrement l'aurions-nous conservée? elle serait vendue... Ah ! monsieur, réfléchissez ! soyez prudent ! ne jouez pas aussi légèrement votre avenir !

DELMARE. Madame, ai-je l'habitude de vous consulter sur ce que je veux faire ?

INDIANA. J'ai tort... partez.

DELMARE. Vous voulez dire partons.

INDIANA. Vous savez bien que je me suis déjà expliquée avec vous à ce sujet.

DELMARE. Je sais que vous êtes ma femme, et que vous devez me suivre partout.

INDIANA. Vous ne serez pas despote à ce point.

DELMARE. Dès demain je vous emmène.

INDIANA. Demain.

DELMARE. Oui, ce séjour de Paris m'est devenu insupportable ; demain nous nous mettons en route pour Bordeaux.

INDIANA. Monsieur, je vous en prie... je vous en supplie... révoquez cet ordre ! n'exigez pas de moi un sacrifice qui est au-dessus de mes forces... Mais, vous ne l'ignorez pas... je suis faible ! d'une santé délicate, je ne pourrai jamais supporter une traversée longue et pénible ; je mourrai en route... Prenez-moi en aide, en pitié !.. Laissez, laissez-moi ici ; plus tard, dans un an, dans quelques mois, j'irai vous rejoindre.

DELMARE. Dans quelques mois comme dans un an, votre santé ne serait pas meilleure qu'aujourd'hui... Votre santé ! je sais à quoi m'en tenir à cet égard... Mais, il ne s'agit point de cela... je hais les explications... Ainsi, demain matin soyez prête, madame, quand je donnerai le signal du départ.

INDIANA. C'est votre dernier mot ?

DELMARE. Vous m'avez entendu.

INDIANA, *avec calme.* Eh bien! monsieur, je vous le déclare positivement, je ne vous suivrai pas.

DELMARE. Nous verrons cela.

INDIANA. Oh ! vous le verrez !

DELMARE. Enfant! faible roseau !.. mais tenez... croyez-moi, rentrez chez vous.

INDIANA, *d'un très-grand sang-froid.*
Pourquoi donc?

DELMARE. Pourquoi?.. je le veux.

INDIANA. Ah! voilà une raison.

DELMARE, *la prenant par le bras et la poussant vers sa chambre.* Mais rentrez donc!

RALPH. Monsieur Delmare!

DELMARE. Vous... mêlez-vous de vos ffaires.

INDIANA. Oui, Ralph; oui... laissez... Monsieur a le droit d'être brutal.

DELMARE, *se possédant à peine.* Ah!..

INDIANA. Et vous voulez que je vous suive.... que je m'exile avec vous.., que je sois votre victime de tous les jours... de tous les instans... jamais!

Elle rentre chez elle.

DELMARE. Enfin... maintenant, agissons avec prudence.

Il court à la porte d'Indiana qu'il ferme à la clef.

SCÈNE XVI.

DELMARE, RALPH.

RALPH. Que faites-vous?

DELMERE, *ôtant la clef de la serrure.* Je l'enferme.

RALPH. Vous l'enfermez!

DELMARE. C'est ma femme... ainsi je la mets en garde contre des conseils qui ne lui seraient que funestes; et jusqu'au moment de mon départ, je m'assure de sa personne.

RALPH. Malheureuse femme!

La toile tombe.

FIN DE LA TROISIÈME PARTIE.

QUATRIÈME PARTIE.

Une salle à manger; une porte à gauche; une autre au fond. A droite une fenêtre.

SCÈNE I.

BÉATRIX, *puis* PIERRE.

BÉTRIX, *assise.* Ma pauvre maîtresse... mon Dieu... mon Dieu... et personne ne revient... (*Apercevant Pierre qui rentre par le fond et courant à lui.*) Ah! Pierre.

PIERRE. Ah! vous voilà, vous; je vous cherche dans le salon et je vous trouve dans la salle à manger.

BÉATRIX. Eh bien! qu'avez-vous appris?

PIERRE. Rien.

BÉATRIX. Rien!

PIERRE. J'ai interrogé tous les voisins.. pas un ne l'a vue... il faut qu'elle se soit enfuie bien avant bien le jour... Voyez-vous, Béatrix, une fois enfermée à double tour... elle se sera monté la tête... elle aura ouvert la fenêtre, et crac, dans le jardin... après tout, ce n'est qu'un premier étage... et puis du jardin, elle aura été bientôt dans la rue, au moyen de la petite porte... et de la rue... cherche...

BÉATRIX. Où peut-elle être allée?..

PIERRE. Je vous le demande aussi. Ah! les femmes... une femme, Béatrix, une femme à imagination, comme madame Delmare, c'est la grêle, le cauchemar, l'enfer au naturel... Vous êtes aussi à imagination, vous, n'est-ce pas?

BÉATRIX. Merci.

PIERRE. Ni M. Ralph, ni le colonel ne sont donc encore rentrés?..

BÉATRIX. Ils ne rentreront que quand ils l'auront trouvée, ou qu'ils auront perdu tout espoir.

PIERRE. C'est qu'il est déjà près de midi.

BÉATRIX. Chut! paix!

PIERRE. Quoi donc?

BÉATRIX. J'entends, je crois, la voix de sir Ralph dans l'antichambre.

PIERRE. Oui, vraiment.

BÉATRIX. S'il revenait avec elle.

Courant à sir Ralph, qui entre, soutenant Indiana.

SCÈNE II.

INDIANA, RALPH, PIERRE, BÉATRIX.

RALPH, *à Pierre et Béatrix, après avoir fait asseoir Indiana.* Laissez-nous seuls.

BÉATRIX. Oui, monsieur... allons, retirons-nous, Pierre, retirons-nous.

PIERRE. Volontiers.

Fausse sortie.

RALPH. Ah! prévenez M. Delmare que votre maîtresse est rentrée.

BÉATRIX. Le colonel n'y est pas, monsieur; il est encore à la recherche...

Indiana tressaille.

RALPH. C'est bien, allez...

Pierre et Béatrix sortent.

SCÈNE III.

INDIANA, RALPH.

RALPH. Eh bien, Indiana...

INDIANA. Ah ! mon ami...

RALPH. Tu souffres encore ?

INDIANA. Non, je me sens mieux maintenant... pauvre Ralph !

RALPH. Ma cousine, j'exige de vous une promesse... c'est le dernier témoignage d'amitié dont je vous importunerai.

INDIANA. Parlez ! quelle est cette promesse ?

RALPH. Eh bien... jurez-moi de ne plus jamais attenter à votre vie.

INDIANA. Pourquoi me dites-vous cela, Ralph ? je ne l'ai jamais voulu... je crains Dieu... sans cela !..

RALPH. Écoutez-moi, Indiana !.. tout à l'heure, quand je vous ai saisie dans mes bras, vous aviez oublié Dieu, et par conséquent tout l'univers, votre cousin Ralph comme les autres.

INDIANA. Eh bien ! oui... j'avais tout oublié... c'est vrai... je marchais... je marchais... et quand je me trouvai tout à coup au bord de cette eau frémissante, je la sentis qui m'attirait dans son sein... j'avançais toujours... un homme accourut... me saisit par le corps, m'enveloppa de son manteau... m'appela... mes idées s'étaient confondues... je ne voyais plus rien, mais quelque chose me disait « celui qui est là, celui qui te sauve... c'est Ralph... puisque tu souffres... puisque tu meurs... Ralph doit être là. »

RALPH. Oui, j'étais là ! après vous avoir vainement cherchée partout, je pensais que, pour vous retrouver, il me fallait suivre les bords de la rivière... Mais, ma cousine, me permettrez-vous de vous adresser une question ?

INDIANA. Toutes celles que vous voudrez, mon cher Ralph.

RALPH. Eh bien ! dites-moi, quand avez-vous quitté cette maison... ce matin ou cette nuit ?

INDIANA. Cette nuit.

RALPH. Et à quelle heure ?

INDIANA. A minuit ; j'ai erré dans les rues... sur les promenades... que sais-je où j'ai été...

RALPH. Ainsi, à votre départ, vous n'aviez pas votre raison...

INDIANA. Si, Ralph, j'avais toute ma raison... je suis partie avec une idée arrêtée, un but bien positif... décidée à me soustraire à la tyrannie de M. Delmare, je devais aller demander protection et refuge à M. Raymon de Cérigny... Vous voyez... je suis franche avec vous... je me dirigeai donc vers la demeure de Raymon... mais au moment d'arriver, je m'arrêtai tout à coup... je réfléchis... je compris que j'étais coupable, que je me perdais sans retour... Alors, alors... j'errai comme une insensée, comme une folle... roulant mille projets dans ma tête... et dans mon exaltation, la mort me parut sans doute le seul parti que j'eusse à prendre, puisque vous m'avez retrouvée au moment où j'allais cesser de vivre. (*On entend une sonnette retentir avec force.*) Grand Dieu ! c'est Delmare !

RALPH. Oui, c'est lui !

INDIANA. Ah ! mon cousin, mon cousin, si vous m'aimez... vous m'épargnerez la vue de cet homme dans l'état où je suis... Je ne veux pas lui faire pitié... J'aime mieux sa colère que sa compassion.

RALPH. Vous ne songez qu'à sa colère, vous ne songez pas à sa douleur.

BÉATRIX, *accourant*. Monsieur le colonel...

INDIANA. Épargnez-moi sa vue, au nom du ciel !

RALPH, *indiquant la porte à gauche*. Eh bien, entrez là.

Indiana entre à gauche ; Béatrix sort par le fond après l'entrée de Delmare.

SCÈNE IV.

DELMARE, RALPH.

DELMARE, *entrant*. Elle est ici ! J'ai assez couru pour la retrouver... Le ciel la confonde ! Je ne veux pas la voir, car je la tuerais.

RALPH. Vous ne pensez pas qu'elle vous entend.

DELMARE. Ah ! c'est vous... En effet, vous seul deviez avoir le pouvoir de la retrouver.

RALPH. Colonel !

DELMARE. Au surplus, nous allons causer tout à l'heure... Mais où est-elle ?

RALPH. Elle est dans un état à ne pouvoir supporter aucune émotion pénible... Modérez-vous !

DELMARE. J'en ai bien supporté d'autres, moi, depuis ce matin ! Où est, s'il vous plaît, le plus à plaindre, le plus accablé, d'elle ou de moi ? Malheur ! malheur à elle ! Il faut que je la traite comme elle mérite de l'être ! Je veux la voir à présent... je veux la voir !

INDIANA, *paraissant, et avec un calme imposant.* Me voici, monsieur!

DELMARE, *changeant de ton.* Ah! c'est vous!

SCÈNE V.

DELMARE, INDIANA et RALPH, *dans le fond.*

INDIANA. Vos imprécations, monsieur, m'ont rendue plus forte que je ne m'y attendais. J'aime mieux ce courroux qui me réconcilie avec moi-même, qu'une générosité qui eût excité mes remords.

DELMARE. Daignerez-vous m'apprendre, madame, où vous avez passé la matinée et *peut-être* la nuit?

INDIANA. Non, monsieur! mon intention n'est pas de vous le dire.

DELMARE. En vérité! Vous espérez me le cacher!

INDIANA. J'y tiens fort peu... Si je refuse de vous répondre, c'est absolument pour la forme... Je veux vous convaincre que vous n'avez pas le droit de m'adresser cette question.

DELMARE. Je n'en ai pas le droit, qui donc est le maître ici, de vous ou de moi?

INDIANA. Je sais que je suis l'esclave, et vous le seigneur; la loi de ce pays vous a fait mon maître : vous pouvez lier mon corps, gouverner mes actions; vous avez le droit du plus fort, et la société vous le confirme. Mais ma volonté, monsieur, vous n'y pouvez rien. Cherchez un instrument de supplice qui vous donne prise sur elle! Dieu seul peut la courber et la réduire.

DELMARE. Orgueil insensé! Vous abusez de la pitié que l'on a de vous... Mais vous verrez bien qu'on peut dompter ce grand caractère sans se donner beaucoup de peine.

INDIANA. Je ne vous conseille pas de le tenter... votre repos en souffrirait, votre dignité d'homme n'y gagnerait rien.

DELMARE, *lui serrant fortement la main.* Vous croyez!

INDIANA, *sans changer de visage.* Je le crois.

RALPH, *se jetant entre Delmare et Indiana, et saisissant vivement le bras au colonel.* Monsieur Delmare!.. (*Changeant de ton, et avec émotion.*) Vous lui faisiez mal.

DELMARE, *hors de lui.* Vous êtes bien audacieux, M. Ralph! (*A Indiana*). Ainsi, madame, vous entrez en révolte ouverte contre moi... vous refusez de me suivre à

l'île Bourbon .. vous voulez vous séparer, eh bien, morbleu, moi aussi...

INDIANA. Quand vous voudrez, monsieur.

DELMARE. Aujourd'hui même.

INDIANA. Aujourd'hui, soit.

DELMARE. Dans un instant... sur-le-champ, nous allons dresser l'acte de séparation... le signer... et...

INDIANA. A vos ordres.

DELMARE. Allez donc vous préparer à me suivre chez l'homme de loi.

INDIANA. J'y vais, Monsieur

Elle sort par le fond.

SCÈNE VI.

DELMARE, RALPH, *puis* PIERRE.

DELMARE, *à lui-même.* Oui, vraiment, je veux me séparer... je suis las d'une existence cent fois pire que l'enfer... Elle sera libre... Mais, j'y pense... si chez cette femme exaltée.,, irréfléchie, tout avait été raisonné, calculé... si, de concert avec Ralph... Oh! non, non... je ne serai pas leur jouet... leur dupe... (*Appelant*). Hôla, Pierre...

PIERRE, *entrant.* Monsieur...

DELMARE. Des chevaux de poste.

PIERRE. Ils sont dans la cour depuis six heures du matin.

DELMARE. Qu'on attelle.

PIERRE. Tout de suite.

DELMARE. Oui, tout de suite. (*A Pierre, qui va pour sortir.*) Ah... Pierre...

PIERRE, *revenant.* Monsieur...

DELMARE. Que madame ignore l'ordre que je viens de te donner.

PIERRE. C'est dit, monsieur.

RALPH, *à part.* Voilà qui est étrange.

DELMARE, *à Pierre.* C'est tout... sors.

PIERRE. Je sors. (*A part*). Est-ce qu'il voudrait partir seul... incognito? planter là sa femme?.. Il ne serait ni le premier ni le dernier.

Il sort.

SCÈNE VII.

DELMARE, RALPH.

DELMARE, *à lui-même.* Oui, oui, dans une heure au plus nous serons loin de Paris. Mais la prudence et ma dignité exigent que je chasse à l'instant cet homme de chez moi. (*Allant à Ralph*). Monsieur Ralph...

RALPH. Colonel...

DELMARE. Je m'étonne que vous soyez encore là. Votre présence en ces lieux est une inconvenance niaise, si elle n'est une bravade, un défi jeté à ma ridicule patience de mari.

RELPH. Vous êtes fou.

DELMERE. Oh! non, je ne le suis plus! je l'étais, quand j'ai consenti à vous laisser vivre près de nous! vous avez répondu à ma confiance par le parjure; mais le temps des ménagemens est passé... tout est rompu entre nous... bref, je suis maître chez moi...je reçois qui me convient... je ferme ma porte à qui me déplaît... et je vous prie de sortir d'ici et sur-le-champ.

RALPH. Très bien... vous usez d'un droit que vous avez... je n'ai rien à dire... vous allez être obéi... j'attendrai dans la cour tout aussi bien qu'ici.

DELMARE. Vous attendrez! quoi donc!

RALPH. Croyez-vous qu'Indiana ira seu-.e avec vous chez cet homme de loi? Non. monsieur, non... j'accompagnerai Indiana... je serai son conseil... la loi l'autorise à prendre un conseil... et la loi, monsieur, est plus forte que votre volonté!

DELMARE, Sans doute, mais il n'est plus question d'homme de loi, d'acte de séparation... j'ai réfléchi... je serais un imbécille de rendre à votre cousine une liberté qu'elle paraît désirer avec tant d'ardeur : elle est ma femme... elle restera ma femme, ma sujette, toujours soumise à mes désirs... Je serai malheureux, je le sais; mais elle ne sera pas plus heureuse que moi, et puis, j'aurai au moins la satisfaction de n'avoir point été votre jouet, votre dupe à tous les deux. Oui, monsieur Ralph, oui... c'est comme ça... On met en ce moment des chevaux de poste à ma voiture, et tout à l'heure, bon gré mal gré, en route pour l'île Bourbon. Mais, comme je viens de vous le dire... sortez de chez moi! que je ne vous revoie jamais!

RALPH. Vous me reverrez pourtant à l'île bourbon...

DELMARE. Vous auriez l'audace?

RALPH. De vous suivre; oui, colonel.

DELMARE. Je vous le défends.

RALPH. Ce droit-là, monsieur, vous ne l'avez pas.

DELMARÉ, furieu... Je ne l'ai pas.

RALPH. Non! que vous me chassiez de chez vous, vous le pouvez... que vous me défendiez, à moi, l'ami d'enfance d'Indiana, à moi, votre meilleur ami, de franchir jamais votre seuil, vous le pouvez; mais me défendre de faire trois mille lieus pour respirer le même air que vous, pour fouler le même sol, pour vivre sous le même ciel... Oh!.. vous ne le pouvez plus! la mer, la terre, le ciel sont libres et appartiennent à tous... Tenez, je vais imiter votre franchise... Vous êtes violent, colonel; il faut que tout ploie sous votre volonté de fer! de long-tems vous ne pardonnerez à Indiana son imprudente démarche! la voilà exposée à tous vos emportemens; loin de ses amis, elle a besoin d'un appui, si elle invoque un protecteur, faudra-t-il que tout reste sourd à sa prière? non, colonel! entre elle et vous il y a un rôle à remplir, celui de médiateur, et ce rôle-là, aucune volonté, aucune puissance au monde ne pourra m'empêcher de le remplir.

DELMARE. Ainsi donc, vous levez le masque... vous vous proclamez le champion de madame Delmare, son chevalier! eh bien! moi, je vous annonce que si vous exécutez votre outrageante résolution, je regarderai cette conduite comme une insulte qui ne pourra se venger qu'avec du sang.

RALPH. Permis à vous de verser le mien mais je ne tirerai jamais l'épée contre le mari d'Indiana.

DELMARE. Moi je n'aurai pas vos scrupules; et je vous déclare que si je vous rencontre, soit à Bordeaux, soit sur le brick où je prends passage, soit à l'île Bourbon, je me fais à l'instant justice de de vous comme d'un malfaiteur, ennemi de ma tranquillité et de mon repos... c'est mon dernier mot, songez-y.

RALPH, avec calme. J'y songerai.

Delmare sort.

SCENE VIII.

RALPH, seul.

Pauvre insensé! voilà bien les hommes! ils ferment les yeux à la réalité, et ne les ouvrent qu'à des périls imaginaires!.. malheureuse Indiana! au fond, Delmare n'est point méchant; une femme de l'espèce commune eût dominé cet homme d'une trempe vulgaire : elle eût dit comme lui, et se fût réservé le plaisir de penser autrement, elle eût feint de respecter ses préjugés, et les eût foulés aux pieds en secret; enfin, elle l'eût caressé et trompé... Elle, faible et intrépide, veut lutter avec cet homme de fer! il la brisera... Je veux, je dois la défendre... dût-il me tuer, je partirai.

SCÈNE IX.

RAYMON, RALPH.

RAYMON, *entrant vivement par le fond.* Ah !.. sir Ralph... ne me cachez rien... cette voiture... ces chevaux de poste, que je viens de voir en entrant... c'est pour le départ d'Indiana ?.. Il l'emmène, n'est-ce pas! il l'emmène à l'île Bourbon ?..

RALPH. Oui, monsieur.

RAYMON. Il l'emmène malgré elle... de force ?..

RALPH. Qui vous a dit cela ?

RAYMON. Oh! il ne peut en être autrement... Vous savez, comme moi, qu'Indiana a toujours été opposée à ce départ... elle a dû vous le dire... elle me l'a dit, à moi... Hier encore, elle me l'a répété... et cette nuit n'a-t-elle pas fui de cette maison ?.. dans son désespoir n'a-t-elle pas voulu mourir? Pourquoi cette fuite, pourquoi ce suicide ?.. c'était pour ne pas partir... c'était pour se soustraire à son odieux tyran... Oh! j'ai été bien inspiré... j'ai bien fait d'accourir .. un instant de retard, peut-être il n'était plus temps !

RALPH. Que voulez-vous dire monsieur ?

RAYMON. Vous ne le devinez pas! vous ne le devinez pas en me voyant aussi agité, aussi ému, aussi tremblant de colère que de crainte... vous ne le devinez pas! mais vous ne pouvez l'ignorer... je l'aime! Je l'aime, cette femme qu'un mari despote et brutal tourmente et torture à plaisir... je l'aime avec ardeur, avec passion... Si j'avais consenti à quitter Paris, à m'éloigner d'elle, c'était par humeur, par dépit de ne pouvoir triompher de sa vertu... mais, je l'ai revue... elle m'a parlé... je suis certain d'être aimé... je ne veux plus la fuir... Non, je ne vais pas à Londres... je l'ai écrit au ministre... plus de place... plus de titre... plus d'honneur. Ce que je veux, ce que j'ambitionne... ce que j'obtiendrai tout à l'heure, c'est Indiana! non plus Indiana gémissante sous un joug de fer, Indiana aux bras d'un autre, et esclave des préjugés, mais Indiana sans liens, sans entraves, heureuse de son amour, et libre de ses actions.

RALPH. Malheureux! vous calomniez Indiana... mais vous êtes en délire, en démence.

RAYMON. Que parlez-vous de délire, de démence, de calomnie... j'aime Indiana... elle m'aime... je serai son appui, son protecteur... c'est son vœu, son désir, sa volonté.

RALPH. Ainsi, vous prétendez qu'Indiana foulerait aux pieds tout respect, toute estime... que, sans pudeur, elle quitterait son mari pour se jeter dans vos bras ?..

RAYMON. Elle me l'a dit.

RALPH. Vous mentez.

RAYMON. Monsieur !

RALPH. Vous mentez, vous dis-je.

RAYMON. Par l'enfer!

RALPH. Par tout ce que vous voudrez!

RAYMON. Sir Ralph... si d'une main je n'ai pas fait rentrer dans votre gorge vos insolentes paroles; et si je n'ai pas imprimé l'autre sur votre front, c'est qu'entre hommes comme nous, un démenti ne doit se laver qu'avec du sang !

RALPH. Très-bien, nous nous battrons, mais pas aujourd'hui.

RAYMON. Demain?

RALPH. Ni demain.

RAYMON. Vous moquez-vous ?

RALPH. Du calme, monsieur, du calme, et écoutez-moi sans m'interrompre. Malgré les promesses qu'elle vous a faites, Indiana, dans un instant, va suivre son mari à l'île Bourbon... là... seule, sans appui, continuellement en lutte avec son maître, l'infortunée ne tarderait pas à succomber sous le poids de sa misère. Je pars donc pour la protéger, la défendre et pour lui rendre le repos et le bonheur... Grace à mes sages conseils, grace à l'éloignement, à la nécessité d'oublier un rêve qui lui a troublé la raison... dans un an au plus, elle vivra en paix avec son mari, elle sera heureuse, et n'aura plus besoin de moi... Alors, je reviendrai en France, et entre nous deux ce sera un duel à mort... car, si un démenti veut du sang, la haine en demande aussi... (*Raymon fait un mouvement d'impatience; Ralph lui saisit la main et la lui serre avec violence.*) Écoutez-moi ! j'ai été patient avec vous... depuis six mois, je sais tout et je n'ai rien dit... à la chasse, au Lagny, j'ai surpris votre premier baiser, et je ne vous ai pas jeté à bas de votre cheval; j'ai croisé souvent dans les bois vos messages d'amour, et je ne les ai point déchirés à coups de fouet... Quand hier, j'ai découvert que vous aviez trompé ma vigilance, que vous vous étiez introduit chez Indiana secrètement, au lieu d'enfoncer la porte et de vous lancer par la fenêtre, j'ai été paisiblement vous avertir de l'approche du mari, et sauver la vie de l'un, afin de sauver l'honneur de l'autre. Vous voyez que je suis clément et miséricordieux, et que je sais pratiquer la patience avec les gens que je hais, et l'indulgence avec ceux que j'aime. Mais, le temps se passe... (*On entend dans la cour le fouet des postillons.*) J'entends qu'ils vont partir... Il faut que je me hâte... Adieu! dans un an.

RAYMON, *l'arrêtant*. Ralph... Ralph... oui, vous avez raison... je suis un fou, un extravagant, je me suis bercé d'une vaine chimère...Qu'Indiana parte, qu'elle parte, mais que je puisse lui parler, la voir encore une fois...

RALPH. Demeurez, monsieur, demeurez !

RAYMON. Non, non... Je vous suis.

RALPH. Si vous franchissez le seuil de cette porte, je n'attendrai pas un an pour assouvir ma vieille haine; je vous aurai tué que vous ne serez pas encore arrivé jusqu'à Indiana.

INDIANA, *dans la coulisse*. Laissez-moi, laissez-moi !

RALPH. Ces cris ?

RAYMON. C'est la voix d'Indiana.

INDIANA, *entrant éperdue par le fond*. Du secours, du secours !

Apercevant Raymon, elle se réfugie dans ses bras.

RALPH. Malheur !

DELMARE, *dans la coulisse*. Arrière, valets, arrière !

INDIANA, *dans les bras de Raymon*. Protégez-moi, Raymon, protégez-moi.

RAYMON. Ne crains rien; je suis là.

RALPH, *à Indiana et Raymon*. Vous êtes deux insensés... Indiana, retournez... et partez sans délai avec votre mari.

INDIANA. Jamais.

DELMARE, *écartant les domestiques qui cherchent à le retenir, et entrant avec une paire de pistolet à la main*. Arrière donc! Il me faut la vie de ce Ralph.

∞∞∞∞∞∞∞∞∞∞∞∞∞∞∞∞∞∞∞∞∞∞∞∞∞∞∞∞∞∞∞∞∞∞

SCÈNE X.

INDIANA, RALPH, RAYMON, DELMARE, BÉATRIX, PIERRE, *et* AUTRES DOMESTIQUES *dans le fond*.

RAYMON, *se jetant entre Ralph et Delmare*. Calmez-vous, colonel, calmez-vous.

DALMARE. Non, je veux le tuer; l'infâme!.. je veux le tuer !

RAYMON, *le retenant*. Colonel...

BÉATRIX *et* PIERRE, *se jetant aussi au-devant du colonel*. Monsieur...

Raymon et les domestiques désarment Delmare.

DELMARE, *avec la rage d'un homme qui*

ne peut se venger. Ah!.. (*Montrant Ralph.*) Mais voyez-le donc avec son sang-froid de glace... Ne dirait-on pas qu'il est étranger à tout ce qui se passe ici?

INDIANA, *passant devant Ralph, et se trouvant ainsi la droite de Raymon*. Il l'est en effet. (*Mouvement de Delmare.*) Oui, monsieur; je vous l'ai déjà dit... et je vous le répète, sir Ralph est étranger à nos débats, à nos infortunes mutuelles... Si je l'avais écouté, je serais soumise et résignée à mon malheur... mais j'ai été sourde à sa voix, parce que tôt ou tard une séparation était indispensable... Bref, cette séparation, vous me l'avez offerte ce matin... je la réclame... je la veux, je l'exige.

DELMARE. Vains mots que tout cela. Je vous ai dit que vous viendriez avec moi à l'île Bourbon, et vous y viendrez!

RAYMON. Pourtant, monsieur...

DELMARE. Je l'emmènerai morte ou vive.

RAYMON. Mais, enfin, monsieur... si ses plaintes sont justes... si vous la rendez malheureuse...

DELMARE. M. Raymon, croyez-moi, ne vous mêlez pas de cela.

RAYMON. Madame s'est mise tout à l'heure sous ma protection, et je serais un lâche si je l'abandonnais.

RALPH, *à part*. Voilà.

DELMARE. Ah! vous lui promettez aussi aide et appui contre moi.

RAYMON. Sans doute; elle ne sera plus votre esclave ni votre victime.

DELMARE. Prenez-y garde, monsieur, je suis soupçonneux.

INDIANA, *à part*. Juste ciel!

DELMARE, *à part*. Au fait, si je m'étais abusé... si j'avais à tort accusé Ralph... si...

INDIANA, *à part*. Que dit-il? oh! quelle pensée... il serait sans pitié pour lui! (*Haut, et allant à Delmare.*) Monsieur... par grâce... par pitié... mettons un terme à ce scandale... eh bien!.. puisque vous le voulez... je vous suivrai...

RAYMON. Madame !..

INDIANA, *à Delmare, sans répondre à Raymon*. Oui, monsieur; oui, je suis prête à vous suivre.

RALPH, *retenant Raymon qui fait un geste d'impatience, et bas*. Silence! songez à son honneur.

DELMARE, *à Indiana*. Vous êtes bien décidée?

INDIANA. Bien décidée; partons sur-le-ch mp.

DELMARE. Je le veux bien. (*A part en*

continuant d'observer Raymon.) Il est calme... je me suis trompé. (*Haut à Indiana.*) Allons, partons!

INDIANA, *à part.* Encore ce sacrifice!

RALPH, *à Raymon, et bas.* Du courage! dans un an je vous donnerai de ses nouvelles.

Tableau général.

FIN DE LA QUATRIÈME PARTIE.

CINQUIÈME PARTIE.

La porte à droite de l'acteur est celle d'un escalier dérobé qui conduit au jardin. Celle à gauche mène au grand salon du château. Au-dessus de chacune de ces deux portes et dans cette dernière partie seulement se trouvent deux portraits de tabellions.

SCÈNE I.

PIERRE, *donnant des ordres à un domestique, puis* LE NOTAIRE, ET LE COMTE DE CÉRIGNY.

LE COMTE, *entrant du fond.* Pierre!

PIERRE. Monsieur le comte?

LE COMTE. Va dire à mon fils que le notaire est arrivé, et que nous l'attendons pour signer le contrat...

Il entre à gauche.

PIERRE, *au domestique avec importance.* Va dire à M. Raymon, notre jeune maître, que le notaire vient d'arriver, et que monsieur son père le demande tout de suite pour signer le contrat.

LE DOMESTIQUE. Mais il me semble que c'était vous que monsieur le comte...

PIERRE. Qu'est-ce à dire, valet? obéissez. (*Le domestique sort.*) Il a une très-bonne tournure ce notaire-là, ce n'est pas étonnant, il vient de Fontainebleau... et puis à présent, tous les notaires... ce sont des petits-maîtres, des beaux-fils, comme on dit ; tandis qu'autrefois... Scélérats de tabellions, va... étaient-ils laids ces animaux-là... (*Montrant les portrait qui sont au-dessus des deux portes de droite et de gauche.*) Enfin, en voilà deux là... Je vous demande un peu si av c leurs crinières frisées ils n'ont pas l'air de véritables lions en colère?.. et dire que des monstres comme ça se sont transformés presque tout d'un coup en élégans fashionables... Gueuse de civilisation, va, a-t-elle marché!.. Au train dont elle menace de marcher encore... les hommes deviendront

des Amours et les femmes des Vénus. Je voudrais vivre jusque-là. (*Apercevant Béatrix qui entre par le fond.*) Bon! voilà une des futures Vénus... quoique ça, avec celle-là, la civilisation aura du tirage.

SCÈNE II.

PIERRE, BEATRIX.

BÉATRIX. Eh bien! le notaire est arrivé?...

PIERRE. Il n'y a plus que le marié à venir...

BÉATRIX. Comment! il n'est pas encore descendu... Par exemple... il est un peu long à faire sa toilette.

PIERRE. C'est que je crois qu'il n'est pas pressé de s'emberlificoter dans les liens de l'hymen.

BÉATRIX. Vraiment! Tout le monde ne vous ressemble pas, petit mauvais sujet ; vous ne trouvez de bonheur, vous, qu'à faire le papillon... M. Raymon de Cérigny, notre nouveau maître, est un homme sage, raisonnable ; il a compris qu'il était tems de faire une fin.

PIERRE. Tenez, Béatrix, je gagerais que notre jeune maître a du regret d'avoir consenti à ce mariage-là... Voyez-vous... il a une passion dans le cœur, ce jeune homme... une passion malheureuse, un amour impossible... Il venait souvent chez le colonel Delmare.

BÉATRIX. Eh bien!

PIERRE. Eh bien! on ne m'ôterait pas de l'idée qu'il aimait madame Delmare. Tenez, s'il a tant tourmenté son père pour acheter le Lagny, c'est que ce château a appartenu à son tendre objet.

BÉATRIX. Laissez donc... M. Raymon aime Mademoiselle Laure de Nangis... La preuve, c'est qu'il l'épouse. Que d'avantages pour lui dans cette union!... Mademoiselle Laure est riche, jeune, belle ; et que de tendresse, que d'amour chez cette fiancée-là!...

PIERRE. Ça, il faut que la petite personne ai une fameuse dose d'amour... après ce qui lui est arrivé ; car enfin, voyez-vous, sa folie... c'était M. Raymon qui en était la cause..... Ah ça, croyez-vous, là, en conscience, que la raison lui soit tout-à-fait revenue?

BÉATRIX. Certainement, tout-à-fait ; songez donc qu'il y a un siècle que le docteur Blanche l'a rendue à son vieux tuteur et à la société dont elle fait l'ornement.

PIERRE. Un siècle... un siècle... Vous

les faites courts les siècles... A ce compte-
là vous devez au moins dater de quarante
siècles, vous.

BÉATRIX. Impertinent!

PIERRE. Dame, écoutez donc... mademoiselle Laure est sortie de chez le docteur
Blanche...

BÉATRIX. Trois mois après le départ de
M. et madame Delmare pour l'île Bourbon.

PIERRE. Voilà maintenant dix-huit mois
qu'il sont partis.

BÉATRIX. Il y en a donc quinze que
mademoiselle Laure a recouvré la raison.

PIERRE. Ce qui fait que vous avez cinquante ans.

BÉATRIX. Cinquante ans!

PIERRE. Comptez : quarante siècles à
quinze mois le siècle... juste cinquante ans,
pas un jour de plus ni de moins.

BÉATRIX. Eh bien ! après... est-ce vieux
ça?

PIERRE. Allons, allons... maintenant, je
suis fixé... vous avez cinquante ans... si
vous n'en avez pas davantage.

BÉATRIX. S'il n'y a pas de quoi?... vous
êtes un ingrat; après tout ce que j'ai fait
pour vous.

PIERRE. Ah! décidément, elle en tient
pour moi d'une manière affreuse.

BÉATRIX. Voici la jeune mariée.

SCÈNE III.

PIERRE, BÉATRIX, LAURE, puis RAYMON.

LAURE. Monsieur Raymon n'est pas là?

BÉATRIX. Non, mademoiselle.

LAURE. Ah !

BÉATRIX. Il doit être encore chez lui, occupé à se parer pour la signature de votre
contrat.

PIERRE, *voyant entrer Raymon par la porte
de droite.* Tenez, le voilà.

RAYMON, *à part.* Laure !

Il pousse vivement la porte qui se ferme, la clef
reste en dehors.

BÉATRIX, *à part.* Tiens, il vient du jardin.

LAURE, *à Pierre et à Béatrix.* Sortez.

PIERRE, *à part.* Et moi qui le croyais là-
haut... j'en suis toujours pour ce que j'ai
dit : il n'est pas pressé de s'emberlificoter
dans les liens de l'hymen.

Il sort avec Béatrix par le fond.

SCÈNE IV.

RAYMON, LAURE.

RAYMON, *à part.* Comment m'excuser?

LAURE. D'où venez-vous donc, Raymon?
cet escalier dérobé ne conduit qu'au jardin;
vous promeniez-vous donc quand nous
étions tous à vous attendre au salon?...
Cette conduite est étrange.

RAYMON. Veuillez me pardonner, Laure;
mais tout-à-l'heure une indisposition subite... J'ai cru que le grand air... et... (*Avec
un empressement contraint.*) Mais entrons au
salon. (*Lui présentant la main.*) Veuillez
permettre.

LAURE. Vous n'êtes pas encore peut-
être bien remis de votre indisposition?

RAYMON. Parfaitement.

LAURE. Raymon... vous n'êtes pas à votre aise... vous souffrez.

RAYMON. Non, je vous assure. (*A part.*)
Soupçonnerait-elle ?

LAURE. Il en est temps encore, Raymon,
le contrat n'est point signé... vous pouvez
refuser ma main.

RAYMON. Que dites-vous là?

LAURE. Mieux vaut une rupture avec
éclat, une humiliation même, pour moi,
qu'une union qui ferait le malheur de votre vie entière.

RAYMON. Ce langage me surprend...
Qui vous fait présumer?

LAURE. Je ne me trompe pas, Raymon,
c'est malgré vous que vous faites ce mariage.

RAYMON. Ah! Laure!

LAURE. Vous vous serez dit : « Elle est
à plaindre, elle a beaucoup souffert, elle
souffre encore... plus de bonheur, plus d'a-
venir pour elle... jamais le monde n'oubliera son fatal amour pour moi; jamais
elle ne pourra se marier... allons, allons,
du courage, épousons-la. » Et, content de
vous, satisfait de votre délicatesse, empressé de remplir un devoir, vous avez dé-
pêché votre père au château de mon tuteur; votre père... qui, abusé par vous,
m'a fait un touchant tableau de vos regrets,
de vos douleurs, et de votre sincère tendresse. Et moi, confiante, crédule, ou-
blieuse du passé, j'ai prié, sollicité mon
tuteur : j'ai obtenu de lui votre pardon,
son consentement; lui, votre père et moi,
nous sommes accourus au Lagny; tout a
été convenu en peu de jours; le notaire est
là avec nos témoins; le contrat est prêt;
on attend nos signature. Mais, monsieur,

je ne veux pas d'un mariage par compassion, par pitié, et dès ce moment...

RAYMON. Arrêtez, Laure, arrêtez ; vous m'accusez à tort, vos reproches sont injustes. Moi, vous épouser par compassion, par pitié... vous ne le pensez pas... vous vous estimez trop pour le penser.

LAURE. Si vous m'aimiez, Raymon, si vous étiez heureux de me donner votre nom, vous seriez tout autre que vous ne montrez à mes yeux. A chaque instant, rêveur, pensif, sans cesse embarrassé, contraint... et puis, aujourd'hui, cette froideur, cette indifférence, ce peu d'empressement... Oh ! je n'en saurais douter, votre cœur n'est pas à moi ; non, il ne m'appartient pas. Plein de doux et tendres souvenirs, il est encore, il sera toujours à celle qui a causé tous mes maux..

RAYMON. Par grace, Laure, par grace, ne vous tourmentez pas ainsi ; vos plaintes sont sans motif,... vos soupçons imaginaires.

LAURE. Encore de vagues paroles ! Mais dites-moi donc sans hésiter que vous ne l'aimez pas, cette femme ; dites-moi donc que vous n'y pensez plus, que vous l'avez à jamais oubliée. Mais non, vous me mentiriez ; son image est toujours devant vos yeux, son souvenir dans votre ame, son nom sur vos lèvres. Ah ! dans ce château, que vous devez être heureux ! tout vous parle d'elle. Mais aimez, aimez-la bien... gardez-lui votre cœur, votre foi, elle vous sera fidèle à l'île Bourbon comme elle l'a été ici à son époux.

RAYMON. Laure, prodiguez-moi les plaintes, les reproches, les injures, mais respectez une femme qui a droit au respect et à l'estime de tous.

LAURE. Vraiment !

RAYMON. Je vous en prie.

LAURE. Vous me faites pitié ; du respect et de l'estime à une Indiana !

RAYMON. Laure !

LAURE. Il faudrait ne l'avoir pas connue, ne pas savoir sa vie par cœur...

RAYMON. Laure, au nom du ciel !

LAURE. Une femme qui s'est affichée tour à tour avec sir Ralph et vous ; une femme...

RAYMON. Qui n'a jamais méconnu ses devoirs ; sachez-le, mademoiselle, sachez-le, mademoiselle, sachez-le ; Indiana a toujours été un modèle de sagesse et de vertu.

LAURE. Il suffit ; mais je n'en entendrai pas davantage. Je vais prévenir votre père que tout est rompu entre nous.

RAYMON. J'y consens.

LAURE. Plus de contrat, plus de mariage !

RAYMON. A merveille.

LAURE. Vous ne désiriez que cela ; vous êtes au comble de vos vœux.

RAYMON. C'est vrai.

LAURE. Eh bien ! moi aussi je suis satisfaite. Adieu !

Elle sort par la gauche.

SCÈNE V.
RAYMON.

Oui, oui, que tout soit fini, rompu entre nous... qu'elle quitte ce château ; qu'elle parte ; que je ne la revoie jamais. D'ailleurs elle l'a deviné : mon cœur ne peut être à elle. Impérieuse, exigeante, jalouse, elle m'aurait rendu le plus malheureux des hommes.

SCÈNE VI.
RAYMON, M. DE CERIGNY.

RAYMON, *à part.* Mon père !

M. DE CÉRIGNY. Que viens-je d'apprendre ?

RAYMON. Ne le savez-vous pas !

M. DE CÉRIGNY. Laure ne s'est point expliquée, elle n'a dit que ces mots : « Plus de contrat, plus de mariage ! » Qu'est-il donc arrivé ? Apprenez-le-moi, hâtez-vous, mon fils.

RAYMON. Les convenances, les préjugés du monde, une fausse délicatesse, vos instantes prières, tout m'avait fait consentir à cette union ; j'étais décidé à me sacrifier plutôt que de faire un éclat humiliant pour mademoiselle de Nangis. Mais c'est elle qui a tout fait, qu'il en soit comme elle l'a voulu. D'ailleurs, c'est peut-être une heureuse inspiration qui lui est venue. Notre maison n'aurait-elle pas été un enfer perpétuel, quand Laure aurait su que mon cœur est plein du souvenir d'une autre femme, et que je ne vivais que pour aimer cette autre femme ?

M. DE CÉRIGNY. Mais enfin..

RAYMON. Je vous l'ai dit, j'aime Indiana de toutes les forces de mon ame... L'absence, l'éloignement, le tems, la réflexion, rien n'a pu porter atteinte à mon amour. Elle est là, toujours là !...

M. DE CÉRIGNY. Insensé !

RAYMON. Vous l'avouerai-je, mon père, vous l'avouerai-je ? Depuis son départ je lui ai écrite des lettres brûlées, exaltées, délirantes de passion et de désespoir..... Elle a dû les recevoir ces lettres, et tôt ou tard elle aura pitié de moi; elle accourra, elle viendra me rendre son cœur et son amour.

M. DE CÉRIGNY. Malheureux! elle n'est pas libre.

RAYMON. Qu'importe!...

M DE CÉRIGNY. Mais à tes lettres brûlantes qu'à-t-elle répondu?

RAYMON. Répondu... En effet... ce silence... cet oubli... ah! je le sens... j'ai tort... je suis coupable... Oui, je blasphème, je calomnie Indiana... Fidèle à ses devoirs, jamais elle ne quittera son époux pour se jeter dans les bras d'un amant.

M. DE CÉRIGNY. Crois-moi, mon ami, n'aliène pas le présent pour un avenir douteux... ne refuse pas le bonheur qui se présente à toi... mademoiselle de Nangis te l'offre, ce bonheur, accepte-le... viens lui dire qu'elle sera ton épouse.

RAYMON. Quoi! mon père, vous voulez?

M. DE CÉRIGNY. Oui, je le veux. Tu as donc oublié qu'en abandonnant la pauvre Laure, elle ne sera pas la seule qui se plaindra de ton abandon! Ne sais tu pas qu'il y a d'autres yeux que les siens qui verseront des larmes amères?... une autre bouche que la sienne qui pourra te maudire?

RAYMON. Mon père!

M. DE CÉRIGNY. Viens!

RAYMON. Oui, il le faut... je cède à vos instances... que la paix règnent au moins chez ceux qui m'entourent, si elle ne peut régner dans mon cœur. (*Ils sortent tous les deux par la gauche.*)

SCENE VII.

PIERRE, *entrant un bougeoir à la main.*

Je suis infiniment contrarié de n'avoir pas entendu la conversation. Ont-ils signé... n'ont-ils pas signé le contrat? mais qu'est-ce que ça me fait?... je suis venu ici pour allumer les bougies, allumons-les. (*Il allume les bougies qui sont sur la cheminée.*) Au moins il ne se casseront pas le nez en sortant; quand je dis en sortant, c'est-à-dire en allant se coucher... puisque tous tant qu'ils sont là dedans, ce sont nos hôtes pour cette nuit... nous les hébergeons dans notre château... Quoique ça, je m'étonne que M. le comte de Cérigny n'ait pas donné ce soir une fête... un bal... Une noce sans violon, ça me fait l'effet d'un jour

sans soleil; ça doit être triste et embêtant comme un orgue de Barbarie.

SCENE VIII.

PIERRE, UN DOMESTIQUE.

LE DOMESTIQUE, *entrant du fond.* Il y a un étranger qui demande à parler à M. Raymon.

PIERRE. Il fallait lui demander son nom?

LE DOMESTIQUE. C'est ce que j'ai fait.

PIERRE. Il se nomme?

LE DOMESTIQUE. Sir Ralph!

PIERRE. Sir Ralph! va vîte faire ta commission.

Le domestique entre à gauche.

SCÈNE IX.

PIERRE.

Sir Ralph! je le croyais parti pour l'autre monde.

Sir Ralph entre par le fond; il est suivi d'un domestique qui porte une boîte à pistolet, et qui la pose sur une table à gauche.

SCENE X.

RALPH, *au fond* PIERRE, Le Domestique de sir Ralph, et l'autre Domestique, RAYMON.

RAYMON, *entrant.* Sir Ralph! sir Ralph! (*Aux valets.*) Sortez!

RALPH, *à son domestique.* Suis-les. (*Pierre et les domestiques sortent.*)

SCÈNE XI.

RALPH, RAYMON.

RALPH. Eh bien! Monsieur! vous ne m'attendiez plus, n'est-il pas vrai?

RAYMON. Mais, monsieur...

RALPH. Auriez-vous donc oublié notre duel?...

RAYMON, *à part.* Notre duel... en effet... (*Haut.*) Mais, Monsieur, vous deviez venir au bout d'un an... et après dix-huit mois...

RALPH. Vous m'avez cru mort?

RAYMON. Je n'aurai pu faire une autre supposition.

RALPH. Je vous en remercie, d'ailleurs les causes de ce retard ont été tout-à-fait indépendantes de ma volonté; mais enfin me voici! toujours prêt, monsieur, à vous donner la satisfaction que vous exigez pour l'offense que je vous ai faite.

RAYMON. Je l'exigerai, monsieur, si vous ne consentez à désavouer les expressions injurieuses dont vous vous êtes servi dans le temps à mon égard; mais comme, de mon côté, je n'hésite pas à convenir que j'eus des torts, j'ose me flatter que, du vôtre, vous rétracterez les mots outrageans dont j'ai dû vous demander réparation.

RALPH. Je ne rétracte rien, absolument rien; au surplus, j'ai apporté ces armes dans le cas où vous tiendriez absolument à vous brûler la cervelle avec moi, et je suis prêt à m'en servir quand vous le voudrez; mais je dois vous déclarer aussi que ma visite a un autre but, et je vais vous l'apprendre sans détour.

RAYMON. Je vous écoute.

RALPH. Vous savez, monsieur, que je quittai Paris pour suivre ma cousine aux colonies. Mais ce que vous ne savez peut-être pas, c'est que M. Delmare me l'avait formellement défendu.

RAYMON. Je l'ignorais.

RALPH. J'arrive à Bordeaux... En descendant de ma voiture, la première personne qui s'offre à moi, c'est le colonel... Hors de lui, presque en démence, il m'insulte publiquement et me donne rendez-vous pour le lendemain au point du jour. J'y viens, Delmare accourt, mais ce n'est plus un furieux altéré du sang d'un ennemi, d'un rival; c'est un homme en larmes (oui il pleurait) qui se jette dans mes bras! Le malheureux, avant de se rendre sur le terrain, avait voulu trouver les preuves de ma perfidie et de la trahison de madame Delmare; pendant le sommeil d'Indiana, il avait brisé la cassette où elle renfermait ses lettres... Qu'y avait-il trouvé?.. votre correspondance avec sa femme! voilà pourquoi il se jetait dans mes bras, tout en pleurs, et me demandait pardon.

RAYMON. Après, monsieur?

RALPH Dès ce jour, je redevins à ses yeux l'ami fidèle et dévoué qu'il avait un instant méconnu; je m'embarquai avec le colonel et Indiana; je vins habiter près d'eux à l'île Bourbon, et ne les quittai plus jusqu'au jour où Delmare, miné par le désespoir, mourut en maudissant sa femme et en prononçant votre nom.

RAYMON. Quoi! M. Delmare?

RALPH. Il n'est plus... Indiana est libre.

RAYMON, *réprimant un mouvement.* Continuez, monsieur.

RALPH. Alors, une nouvelle existence s'ouvrit pour moi; Indiana semblait vous avoir oublié; et, seul avec elle, dans ces lieux témoins de notre première intimité, devenu son protecteur, son ami, sa providence, j'osai lui parler d'amour.

RAYMON. Vous!

RALPH. Vous ne m'aviez pas deviné, n'est-ce pas sous le vil travestissement que j'avais pris pour vivre près d'un époux aussi défiant que M. Delmare. Vous n'aviez pas senti qu'il m'avait fallu élever autour de moi un mur de glace, afin de détourner tous les soupçons. Tous, vous me refusiez une ame; et je n'avais pas le droit de montrer même l'énergie de la colère et de la vengeance; car c'eut été me trahir et vous apprendre que j'étais un homme. Eh bien! oui... j'étais un homme; je souffrais, j'aimais! En apprenant cet amour, Indiana ne manifesta ni dédain, ni colère. J'allais partir pour la France, car vous m'attendiez; je prétextais des affaires de famille, et au retour, si je ne succombais pas dans ce duel, Indiana devait m'épouser; non qu'elle m'aimât, elle était trop franche pour me le dire.., mais par un sentiment d'amitié, de raison, de reconnaissance peut-être, elle se jetait dans mes bras comme dans ceux d'un frère. Ivre de joie, de bonheur, je recevais sa main avec transport, et j'entrevoyais l'amour dans l'avenir Une lettre arriva de France; lettre fatale! elle était de vous, monsieur, de vous, qui m'avez causé plus de tourmens que n'en pourrait imaginer le génie du mal. Que lui disiez-vous dans cette? je l'ignore; mais en la lisant, je la vis se troubler, chanceler, pâlir, puis se jeter tout en larmes dans mon sein en me disant : « Raymon, c'est Raymon, il est malheureux! il m'appelle. » A ces mots elle s'arrêta, car elle vit que la mort entrait dans mon ame; mais je vis aussi combien elle vous aimait encore! « Indiana, lui dis-je avec calme, parlez, que voulez-vous faire? — Ah! Ralph, Ralph! je vous reconnais : partir! partir pour la France, car il m'attend et il souffre. — C'est bien, ajoutai-je, je vous suivrai... » — J'ai eu cet horrible courage, monsieur; j'ai accompli jusqu'au bout le sacrifice, car c'est ainsi que j'aime. Je ne suis pas venu seul, Indiana m'accompagne, je vous l'amène pour qu'elle soit votre épouse.

RAYMON, *hors de lui.* Grand Dieu! monsieur, que me dites-vous? Indiana est en France.

RALPH. Elle est ici.

RAYMON, *épouvanté.* Ici?

RALPH. Dans une allée solitaire du parc où elle m'attend.

RAYMON, *dans la plus grande agitation.*
Ah! monsieur, que m'apprenez-vous?

RALPH. Elle prévoyait le transport que vous causerait cette nouvelle, et a voulu que je vous préparasse à la revoir.

RAYMON. Indiana!.. Indiana dans ces lieux!

RALPH. Quand elle a su à Paris que vous les habitiez, elle a vu combien vous teniez aux souvenirs que ce séjour vous rappelle: nous sommes partis sur-le-champ pour le Lagny. Mais je ne me trompe pas; (*Courant à la porte de l'escalier dérobé.*) J'entends du bruit de ce côté.

RAYMON. On monte précipitamment cet escalier.

RALPH. On ouvre cette porte.

RAYMON, *hors de lui.* Si c'était...

La porte s'ouvre.

RALPH. Indiana.

~~~~~~

SCENE XII.

RALPH, INDIANA, RAYMON.

INDIANA, *poussant vivement la porte qui se referme, et courant à Raymon.* C'est moi, c'est moi, je n'ai pu maîtriser mon impatience. Oh! tu m'attendais, n'est-ce pas? tu avais compté les mois, les jours; mais tu savais aussi que je ne pouvais manquer à ton appel... me voilà, me voilà.

RAYMON, *à part.* Juste ciel!

RALPH, *à Indiana.* Eh bien! tu le vois, Indiana, tu avais trop peu présumé de mon courage.

INDIANA. O Ralph! Ralph! que je suis heureuse! (*A Raymon.*) Mais reconnais-moi donc, c'est moi, c'est ton Indiana... c'est ton esclave que tu as rappelé de l'exil, et qui est venue de trois mille lieues pour t'aimer et te servir.

RAYMON, *à part.* O fatal moment!

RALPH, *à part en observant Raymon.* Mais qu'a-t-il donc?

INDIANA, *à Raymon.* Mon Dieu, mon Dieu! tu ne me parles pas... tu ne me dis rien... Qu'as-tu donc?.. Le bonheur fait mal... il tue... je le sais bien. Ah! tu souffres, je t'ai surpris trop brusquement... Essaie donc de me regarder... vois comme je suis pâle... comme j'ai souffert... mais c'est pour toi, et tu ne m'en aimeras que mieux... Dis-moi un mot, un seul.

RAYMON, *d'une voix étouffée.* Je ne saurais parler.

RALPH, *à part, observant toujours Raymon.* Il y a ici quelque mystère?

INDIANA. Eh bien, pleure... pleure dans mon sein! mais de joie! de bonheur! car tu sais, je puis être à toi... Dispose de moi, de mon sang! de ma vie! Je suis ton bien, tu es mon maître!

RAYMON. Indiana! Indiana!

Au moment où Raymon prononce ces mots, Laure entre par la porte de droite.

RAYMON, *l'apercevant.* Laure!

RALPH, *à part.* Une femme!

LAURE, *id.* Indiana! Ralph!

INDIANA. Mademoiselle de Nangis!

~~~~~~

SCENE XIII.

RALPH, INDIANA, RAYMON, LAURE.

LAURE, *se remettant sur-le-champ, et s'adressant à Raymon avec beaucoup de sang-froid.* Inquiète de votre longue absence, je venais voir si votre indisposition de tantôt vous retenait loin de nous... mais je m'aperçois que j'ai été indiscrète. (*A Indiana.*) Madame Delmare, vous vous plaisez, ce me semble, à mettre trois personnes dans une étrange situation! mais je vous remercie de m'avoir donné le rôle le moins ridicule; et voici comment je m'en acquitterai... Veuillez vous retirer.

RALPH, *à part.* Qu'entends-je?

INDIANA, *à Raymon avec énergie et dignité.* Que veut donc cette femme, et de quel droit me donne-t-elle des ordres chez vous?

LAURE. Vous êtes ici chez moi, madame.

RALPH, *à part, avec une agitation croissante.* Il se pourrait!

INDIANA, *secouant avec force le bras de Raymon.* Mais parlez donc, monsieur! dites-moi donc si c'est là votre maîtresse ou votre femme?

RALPH, *à Raymon.* Parlerez-vous? Est-ce votre femme?

RAYMON. Oui, monsieur.

RALPH, *d'une voix terrible.* Marié!

INDIANA, *la tête perdue.* Marié! marié!

RALPH, *courant à la boîte de pistolets.* Eh bien! c'est à la justice de Dieu que j'en appelle. (*Il prend deux pistolets.*) Raymon de Cérigny, tu vas me rendre compte de tout ceci.

RAYMON. Point de bruit, monsieur, point d'éclat.

RALPH. Tu trembles! lâche! infâme!

RAYMON, *saisissant un des deux pistolets.* C'en est trop!

LAURE. Arrêtez! arrêtez!

INDIANA. Ciel! que vois-je? des armes!
(*A Raymon.*) Arrêtez! arrêtez!

LAURE, *à Ralph.* Oh! monsieur, je vous
en supplie, ayez pitié de moi.

RAYMON, *à Laure.* Laure, laissez-nous.
(*A Ralph.*) Venez, monsieur.

INDIANA, *à tous deux en leur barrant le
passage.* Vous ne sortirez pas

RALPH, *à Raymon.* Allons, suivez-moi.

LAURE, *à Raymon.* Je ne vous quitte
pas.

RAYMON, *la repoussant.* Laure, restez
ici! je vous l'ordonne.

Il sort avec Ralph par la porte du fond, qu'il referme à double tour.

SCÈNE XIV.
LAURE, INDIANA.

LAURE, *avec effroi.* Nous sommes enfermées dans cette chambre.

INDIANA, *montrant la porte à gauche.*
Mais cette porte.

LAURE. Conduit au salon...aucune issue
dans le parc.

INDIANA. Cet escalier dérobé.

LAURE. Ah! oui... (*Elle court à la porte
de droite qu'elle essaie d'ouvrir.*) Fermée aussi; la clé est en dehors!

INDIANA. Tout est donc perdu!

LAURE. Tout!

INDIANA. O mon Dieu! toi que j'ai si
long-temps outragé par mon indigne et
coupable amour, prends ma vie... prends-
la, mais sauve mon généreux défenseur

LAURE. On vient! Ciel! c'est M. de Cérigny.

SCÈNE XV.
LAURE, INDIANA; M. DE CÉRIGNY,
Parens et Amis, *puis* RALPH.

M. DE CÉRIGNY, *entrant de gauche suivi
des parens et amis.* Quel est donc ce
bruit? (*Apercevant Indiana.*) Madame Delmare!

INDIANA. Oh! monsieur, monsieur... il
en est temps encore? retenez-les.

M. DE CÉRIGNY. Que voulez-vous dire?
Laure, que se passe-t-il ici?

INDIANA. Je vous dis que Ralph et votre
fils se battent! ils sont dans le parc... C'est
un duel à mort!

M. DE CÉRIGNY. O mon Dieu!.. courons!

LAURE. Nous ne pouvons sortir d'ici,
Raymon nous a enfermées.

En ce moment deux coups de pistolet se font entendre.

INDIANA. Tout est fini!

M. DE CÉRIGNY. Je n'ai plus de fils!

LAURE. Juste ciel!

Moment de silence; bientôt on entend la clé de
la porte du fond tourner deux fois dans la serrure; la porte s'ouvre, c'est Ralph.

LAURE, *en voyant Ralph.* Lui
Elle tombe dans un fauteuil.

INDIANA, *en voyant Ralph.* Ah!
Elle tombe à ses genoux.

RALPH, *en relevant Indiana.* Indiana! il
te reste un frère!

FIN.

Imprimerie de J.-R. Mevrel, passage du Caire, 54.

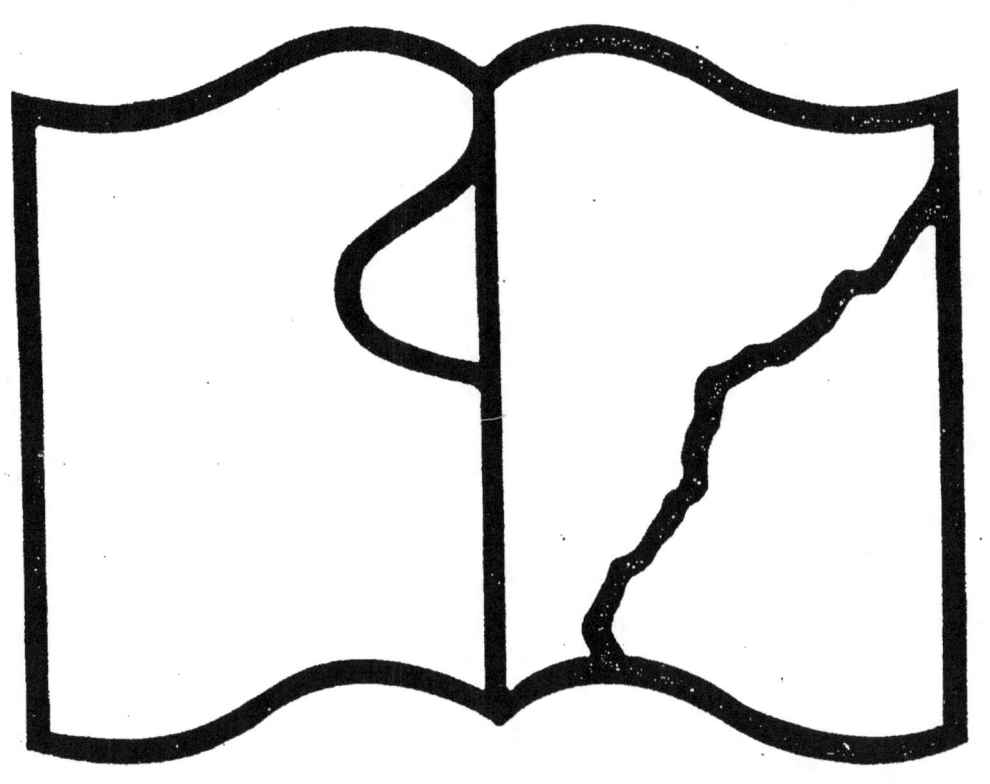

Texte détérioré — reliure défectueuse

NF Z 43-120-11